NEUKIRCHENER

Michael Klessmann

Pastoralpsychologie

Ein Lehrbuch

Neukirchener

© 2004
Neukirchener Verlag
Verlagsgesellschaft des Erziehungsvereins mbH, Neukirchen-Vluyn
Alle Rechte vorbehalten
Umschlaggestaltung: Hartmut Namislow
Druckvorlage: Dorothee Schönau
Gesamtherstellung: MVR-Druck, Brühl
Printed in Germany
ISBN 3-7887-2050-6

Für Hilu

Für meine Lehrer
William D. Russell (Saint Louis, USA),
Dietrich Stollberg und
Klaus Winkler (†),
sowie die früheren Kolleginnen und Kollegen des
Seelsorgeinstituts in Bethel.

Ich verdanke ihnen sehr viel!

Einleitung

In meiner jahrelangen pastoralpsychologischen Arbeit als Supervisor in der Seelsorgeausbildung am Seelsorgeinstitut an der Kirchlichen Hochschule Bethel und als Praktischer Theologe an der Kirchlichen Hochschule Wuppertal, in zahlreichen Fortbildungskursen und Vorträgen habe ich immer wieder die Erfahrung gemacht, dass viele, die mir dort begegneten, nur recht vage Vorstellungen von Pastoralpsychologie hatten: Dieser Arbeitszweig gehört ihrer Meinung nach »irgendwie« mit Psychologie und mit Seelsorge zusammen. Solche Erfahrungen haben mich bewogen, den Versuch zu unternehmen, Grundlagen pastoralpsychologischer Theoriebildung zusammenfassend und überblicksartig darzustellen – in der Hoffnung, dass die Bereicherung und Differenzierung der Wahrnehmung und des theologischen Denkens, die ich immer wieder durch pastoralpsychologische Ansätze erlebt habe, sich auch anderen mitteilt. Ein Forschungssemester an der Kirchlichen Hochschule Wuppertal machte es mir möglich, die vielen Materialien, die ich für Vorlesungen und Vorträge schon erarbeitet hatte, zu einem neuen Ganzen zusammenzufügen.

Die *Ziele*, die dieses Lehrbuch der Pastoralpsychologie verfolgt, möchte ich vorweg benennen:
1. Es geht mir darum, pastoralpsychologische Basisinformation anzubieten. Zwar gehören psychologische Einsichten inzwischen zum Alltagswissen; der Neuigkeitswert der Psychologie ist längst nicht mehr so groß, wie er etwa in den 1970er Jahren war.[1] Trotzdem sind Überblickskenntnisse oder gar detaillierte Einsichten in bestimmte Bereiche der Psychologie und Psychotherapie, vor allem im Blick auf deren Bedeutung für religiöse bzw. kirchliche Praxis, bei Studierenden der Theologie und bei Pfarrerinnen und Pfarrern nach meinem Eindruck relativ gering. Deswegen erscheint es mir sinnvoll, knappe Einführungen in die verschiedenen psychologischen Schulen und ihre Methoden zu geben, vor allem deren anthropologische Bedeutung herauszuarbeiten. Ich hoffe, dass diese jeweils begrenzten Einführungen dazu angetan sind, einen zureichen-

---

1 Darauf weist mit Recht *Hauschildt* 2000, 13 hin.

den ersten Eindruck zu vermitteln, der hoffentlich »Lust auf mehr« macht (vgl. dazu die Hinweise auf vertiefende Literatur am Ende jedes Kapitels).
2. Pastoralpsychologie ist nicht nur eine Teildisziplin der Praktischen Theologie, sondern auch eine Grunddimension aller ihrer Teilbereiche.[2] D.h. Pastoralpsychologie kann auf alle Bereiche religiös-kirchlichen Handelns bezogen werden. Häufig wird Pastoralpsychologie als die psychologische Fundierung der Seelsorge verstanden; dies erscheint mir als eine Engführung, die ich überwinden möchte, indem ich zu den wichtigsten Teilbereichen der Praktischen Theologie pastoralpsychologische Erkenntnisse zusammentrage.
Einerseits kommt Pastoralpsychologie in manchen Teilbereichen der Praktischen Theologie sowie der theologischen Fort- und Weiterbildung als selbstverständlicher Bestandteil der wissenschaftlichen Analyse und Methodik vor (man denke nur an Ergebnisse aus Kommunikationstheorie, aus Ritual- und Symboltheorie); andererseits ist dieses Potential noch lange nicht ausgeschöpft und vor allem nicht wirklich eingeholt und umgesetzt!
3. Pastoralpsychologische Forschungen und Erkenntnisse sind naturgemäß höchst vielfältig und entsprechend z.T. weit verstreut veröffentlicht. Das vorliegende Lehrbuch beabsichtigt, einen Teil dieser pastoralpsychologischen Erkenntnisse zusammenzuführen und gebündelt vorzustellen. Eine Übersicht über die pastoralpsychologische Diskussionslage wird dadurch hoffentlich erleichtert.
4. Das vorliegende Lehrbuch stellt keinen einheitlichen und geschlossenen Entwurf von Pastoralpsychologie dar. Eben dies scheint mir in der postmodernen Gegenwart weder möglich noch wünschenswert. Ich stelle unterschiedliche Theorieansätze nebeneinander, zum Teil ergänzen sie sich, zum Teil stehen sie in Spannung zueinander oder widersprechen sich sogar. Eben darin spiegeln sie aber die gegenwärtige Übergangssituation einer Pastoralpsychologie, in der »alte« Theorien nach wie vor für manche plausibel erscheinen, während sie für andere schon indiskutabel geworden sind. Diese Spannungen kann und will ich nicht glätten; ich versuche sie so wiederzugeben, wie ich sie wahrnehme.
5. Pastoralpsychologie in Deutschland hat einen Teil ihrer Wurzeln in den USA; in den 1960er und 70er Jahren haben viele der jetzt z.T. schon pensionierten deutschen theologischen Kolleginnen und Kollegen dort Pastoralpsychologie kennen- und schätzen gelernt. Die theoretischen und praktischen Ansätzen von Autoren wie *Anton Boisen, Seward Hiltner, Howard Clinebell* und anderen waren auch für die Entstehung der deutschen Pastoralpsychologie entscheidend wichtig. Nach meinem Eindruck wird die nordamerikanische pasto-

---

2 Vgl. *Wahl* 1990.

Einleitung 9

ralpsychologische Diskussion seit den 80er Jahren in Deutschland kaum noch wahrgenommen. Das erscheint mir als ein bedauerlicher Mangel, der die Bandbreite und Kreativität unserer eigenen Theorie und Praxis einschränkt. Ich habe deswegen versucht, für das vorliegende Lehrbuch auch amerikanische Autorinnen und Autoren einzubeziehen bzw. auf deren Veröffentlichungen zu verweisen.

Das Buch richtet sich an Studierende der Theologie, an Pfarrer und Pfarrerinnen, Vikare und Vikarinnen, sowie andere Interessierte, die über keine speziellen Vorkenntnisse im Bereich Pastoralpsychologie verfügen.
Es ist schwierig, ein Grundlagenbuch zu schreiben, das für Anfänger verständlich ist und in seiner notwendigen Tendenz, den Stoff knapp zusammenzufassen und zu vereinfachen, ihn nicht verfälscht. Ob mir das gelungen ist, müssen andere beurteilen.
Das Buch stellt keine Praxisanleitung dar; ich führe in verschiedene Theorien ein und mache gelegentlich Andeutungen zu den Konsequenzen, die sich daraus für die Praxis ergeben.
Die einzelnen Kapitel sollen in sich lesbar und verständlich sein, Wiederholungen bestimmter Grundannahmen waren deswegen nicht ganz zu vermeiden.

Mein Dank gilt zunächst der Deutschen Forschungsgemeinschaft: Sie hat mir einen zweimonatigen Forschungsaufenthalt an der Claremont School of Theology in Claremont / Kalifornien ermöglicht. Dort hatte ich Gelegenheit, durch anregende Gespräche mit dem Kollegen Prof. Dr. William Clements und ausgiebiges Literaturstudium neue Entwicklungen der amerikanischen Pastoralpsychologie zur Kenntnis zu nehmen.
Besonders dankbar bin ich den Kolleginnen und Freundinnen, die Teile des Manuskripts gelesen und mir wertvolle kritische Anregungen gegeben haben: Elisabeth Hölscher, mit der mich eine jahrelange freundschaftliche Zusammenarbeit verbindet, Kerstin Lammer, Anna Christ-Friedrich und meine wissenschaftliche Assistentin Anja Kramer.
Ekkehard Starke vom Neukirchener Verlag ermutigte mich zu diesem Projekt; die DGfP gewährte einen großzügigen Druckkostenzuschuss, um den Preis erschwinglich zu halten.
Johannes Becker und Nicole Kuhns haben Korrektur gelesen; Frau Dorothee Schönau und Frau Christine Kregeloh haben das Manuskript formatiert und druckfertig gemacht sowie das Register erstellt. Ihnen allen gilt mein herzlicher Dank.

Wuppertal, im November 2003   Michael Klessmann

Inhalt

Einleitung 7

Kap. 1: Was ist Pastoralpsychologie? 17

1.1 Religion als Kommunikation 17
1.2 Kommunikation – anthropologische und theologische Aspekte 20
1.3 Kommunikationswissenschaftliche Aspekte 22
1.4 Pastoralpsychologie als Psychologie 26
1.5 Pastoralpsychologie als Theologie 30
1.6 Pastoralpsychologie als Praxis 34
1.7 Ein Beispiel pastoralpsychologischen Vorgehens 34
1.8 Pastoralpsychologische Hermeneutik 41
1.9 Pastoralpsychologie und Konflikt 52
1.10 Ziele der Pastoralpsychologie 54

Kap. 2: Der gesellschaftliche Kontext als Horizont
        gegenwärtiger Kommunikationsbedingungen 57

2.1 Das fragmentierte Ich in der Postmoderne 58
2.2 Strategien der Selbstvergewisserung 63
2.3 Zeitdiagnosen 68
2.4 Konsequenzen für Kommunikation und pastoral-
    psychologisches Denken 78
2.5 Der Kontext der Volkskirche in Deutschland 83
2.6 Zur Kritik an der Individuumszentrierung
    der Pastoralpsychologie 84

Kap. 3: Entstehung und Entwicklung gegenwärtiger
        Pastoralpsychologie 89

3.1 Anfänge 89
3.2 Vorläufer 91
3.3 Oskar Pfister 92
3.4 Pastoralpsychologie im Gefolge C.G. Jungs 97
    3.4.1 Otto Haendler 98
    3.4.2 Walter Uhsadel 101
3.5 Übergänge 102

3.6	Zur Entstehung der Seelsorgebewegung	104
	3.6.1 Pathos des Aufbruchs	104
	3.6.2 Funktionsverlust der Seelsorge	105
	3.6.3 Die amerikanische Seelsorgebewegung	107
	3.6.4 Die Wiederentdeckung der Psychoanalyse	112
3.7	Gründung der Deutschen Gesellschaft für Pastoralpsychologie	114
3.8	Wirkungen	114

Kap. 4: Was ist der Mensch? Modelle des Menschseins aus psychologischer Sicht ... 117

4.1	Psychoanalyse	118
	4.1.1 Psychoanalyse als Triebpsychologie: Der Mensch wird von der Geschichte seiner Konflikte getrieben	120
	4.1.2 Psychoanalyse als Ich-Psychologie: Der Mensch kann vernünftig und konfliktfrei handeln	139
	4.1.3 Psychoanalyse als Selbstpsychologie (Narzissmustheorie): Der Mensch konstituiert sein Selbst im Spiegel empathischer Zuwendung	147
	4.1.4 Psychoanalyse als Objektbeziehungstheorie: Der Mensch lebt aus seinen (frühkindlichen) Beziehungserfahrungen	153
4.2	Tiefenpsychologie nach C.G. Jung: Der Mensch wird von seinen archetypischen Strukturen geleitet	159
4.3	Humanistische Psychologie: Der Mensch ist im Grunde seines Wesens konstruktiv	170
	4.3.1 Humanistische Psychologie allgemein	170
	4.3.2 Gestalttherapie / Integrative Therapie	174
	4.3.3 Personzentrierte Psychotherapie nach Carl Rogers	179
4.4	Verhaltenstherapie / Behaviorismus: Der Mensch ist durch Lernprozesse weitgehend formbar	185
4.5	Systemische Familientherapie: Persönlichkeitsentwicklung geschieht im System der Familieninteraktion	195
4.6	Körpertherapie: Der Mensch ist Leib	202
4.7	Schluss	212

Kap. 5: Gottesbilder – Psychologische Theorien zu Entstehung und Funktion von Religion und Glaube ... 215

5.1	Einleitung	215
5.2	Religion als Illusion (S. Freud)	217
5.3	Religion und Individuation (C.G. Jung)	220
5.4	Religion als Überwindung der Angst (E. Drewermann)	225
5.5	Religion und Urvertrauen (E. Erikson)	228
5.6	Religion und Narzissmus (H. Kohut)	230
5.7	Religion und Möglichkeitsraum (D. Winnicott, A.M. Rizzuto)	233
5.8	Gottesbilder und Selbsterleben	238

Inhalt 13

5.9	Gebet als Erziehung des Wunsches	240
5.10	Ausblick	243

Kap. 6: Kirche 245

6.1	Kirche als Institution / Organisation	245
6.2	Gemeinde als soziales System	249
6.3	Kirche als Gemeinschaft	253
6.4	Leitung und Leitungsstile in der Kirche	255
	6.4.1 Leitungsstile	256
	6.4.2 Leitungspersönlichkeit	258
6.5	Macht in der Kirche	261
6.6	Konflikt und Konfliktlösung in der Kirche	269
	6.6.1 Konfliktentstehung	270
	6.6.2 Konfliktbearbeitung	274

Kap. 7: Gottesdienst 278

7.1	Gottesdienst in anthropologischer Perspektive	278
7.2	Gottesdienst als rituelles Geschehen	280
7.3	Gottesdienst als symbolisches Handeln	294
7.4	Gottesdienst als Kommunikationsgeschehen	310
7.5	Gottesdienst zwischen Regression und Progression	318
7.6	Gottesdienst als Prozess von Erinnern, Wiederholen, Durcharbeiten	321

Kap. 8: Kasualien 327

8.1	Einführung	327
8.2	Der Lebenszyklus der einzelnen Person	330
	8.2.1 Die epigenetische Theorie Erik Eriksons	331
	8.2.2 Daniel J. Levinson	336
	8.2.3 Feministische Alternativen	339
8.3	Der Lebenszyklus der Familie	340
8.4	Integrale Amtshandlungspraxis	345
8.5	Erzählende Rekonstruktion der Lebens- und Glaubensgeschichte	347
8.6	Bedeutung des Segens in den Kasualien	349
8.7	Einzelne Kasualien in pastoralpsychologischer Sicht	351
	8.7.1 Taufe	351
	8.7.2 Konfirmation	354
	8.7.3 Trauung	356
	8.7.4 Bestattung	359

Kap. 9: Predigt 369

9.1	Predigt als Beziehungsgeschehen	369
9.2	Predigt als Kommunikation	373

9.3	Predigt als offene symbolische Kommunikation	380
9.4	Predigt als Lebensdeutung	384
9.5	Predigt und Text	386
9.6	Predigt als Lernprozess	388
9.7	Die Person des Predigers / der Predigerin	390
	9.7.1 Zur Vorgeschichte der Fragestellung	391
	9.7.2 Otto Haendler	393
	9.7.3 Vom Ich-Sagen in der Predigt	396
	9.7.4 Die Persönlichkeit des Predigers / der Predigerin nach Riemann	398
9.8	Die Hörenden	401
9.9	Predigtanalyse	404

Kap. 10: Seelsorge 407

10.1	Seelsorge als Kommunikation	408
	10.1.1 Seelsorge und Methode	409
	10.1.2 Modelle interpersonaler Kommunikation	412
	10.1.3 Nonverbale Kommunikation	423
10.2	Die Bedeutung verschiedener Psychotherapieverfahren für die Seelsorge	427
	10.2.1 Psychoanalytisch orientierte Seelsorge	431
	10.2.2 Gesprächstherapeutisch orientierte Seelsorge	437
	10.2.3 Gestalttherapeutisch orientierte Seelsorge	443
	10.2.4 Systemisch orientierte Seelsorge	445
	10.2.5 Verhaltenstherapeutisch orientierte Seelsorge	449
	10.2.6 Seelsorge und Krisenintervention	452
	10.2.6.1 Seelsorge als Krisenintervention	452
	10.2.6.2 Posttraumatische Belastungsstörung	454
	10.2.7 Narrative Therapie in der Seelsorge	456
10.3	Gender-Perspektiven	460
	10.3.1 Feministische Seelsorge	460
	10.3.2 Seelsorge mit Männern	463
10.4	Wirkungsforschung in Psychotherapie und Seelsorge	464
	10.4.1 Wirkungsforschung in der Psychotherapie	465
	10.4.2 Was wirkt in der Seelsorge?	467
10.5	Seelsorgliche Diagnostik	474
10.6	Die Person des Seelsorgers / der Seelsorgerin	477

Kap. 11: (Religiöse) Entwicklungs- und Lernprozesse 482

11.1	Entwicklung und Lernen	482
11.2	Grundlinien psychoanalytischer Entwicklungspsychologie	484
	Exkurs: Gewissen und Religion	493
11.3	Kognitive Entwicklung nach Jean Piaget	499

11.4 Moralische Entwicklung ... 503
    11.4.1 Lawrence Kohlberg ... 504
    11.4.2 Carol Gilligan ... 506
11.5 Entwicklung des Glaubens nach James Fowler ... 508
11.6 Zusammenfassung ... 515

Kap. 12: Helfen / Diakonie ... 517

12.1 Motivation zum Helfen ... 517
12.2 Das Helfersyndrom / berufliche Deformation ... 520
12.3 Burnout ... 524
12.4 Diakonie als institutionalisiertes Hilfehandeln ... 526
    12.4.1 Die Geschichte der Diakonie als Geschichte einer Doppelbindung ... 527
    12.4.2 Der Anspruch der Diakonie als Versuch einer Abwehr .. 530
    12.4.3 Die Annahme des Schattens als Möglichkeit zum »besseren Leben« ... 533

Kap. 13: Beruf: Pfarrer / Pfarrerin ... 538

13.1 Person und Amt ... 538
13.2 Personale Kompetenz ... 540
13.3 Identität im Pfarramt ... 546
13.4 Zur Glaubwürdigkeit des Pfarrers / der Pfarrerin ... 549
13.5 Frauen und Männer im Pfarramt ... 552
13.6 Motivation zum Pfarramt ... 556
13.7 »Der Pfarrer ist anders« ... 558
13.8 Rollenbilder im Pfarramt ... 563
13.9 Der Pfarrer / die Pfarrerin als religiöse Übertragungsfigur ... 568
13.10 Die Person des Pfarrers / der Pfarrerin und die Grundformen der Angst nach Fritz Riemann ... 570

Kap. 14: Gruppe und Gruppendynamik ... 576

14.1 Gruppenforschung ... 577
14.2 Gruppenprozesse ... 581
    14.2.1 Der Begriff Gruppe ... 581
    14.2.2 Die Beziehungsebene in einer Gruppe ... 582
    14.2.3 Phasen des Gruppenprozesses ... 584
14.3 Gruppenleitung ... 586
14.4 Ziele der Gruppendynamik ... 587
14.5 Methoden der Gruppendynamik ... 591
14.6 Zur Wirkung der Gruppendynamik ... 593
14.7 Gemeinde als Ensemble von Gruppen? ... 595

Kap. 15: Erfahrungsfelder aus pastoralpsychologischer Sicht 597

15.1 Schuld / Sünde und Vergebung / Rechtfertigung 597
    15.1.1 Sünde 600
    15.1.2 Rechtfertigung 603
    15.1.3 Rechtfertigung als Erfahrung von Annahme
           in der Seelsorge 604
15.2 Schuld 606
    15.2.1 Adäquate und neurotische Schuldgefühle 606
    15.2.2 Schuld als Normübertretung 610
    15.2.3 Schuld als Problem des Selbstbewusstseins 613
15.3 Vergebung als Prozess 616
15.4 Hilfe zur Schuldfähigkeit 620
15.5 Angst und Glaube 621
    15.5.1 Angst als Grunddimension menschlicher Existenz 621
    15.5.2 Zum Umgang mit Angst 622
    15.5.3 Angstbewältigung im christlichen Glauben 623

Kap. 16: Fort- und Weiterbildung in Pastoralpsychologie 629

16.1 Einleitung 629
16.2 Zielsetzungen pastoralpsychologischer Fort- und Weiterbildung . 630
16.3 Methoden pastoralpsychologischer Fort- und Weiterbildung 634
    16.3.1 Einzel- und Gruppentherapie 634
    16.3.2 Selbsterfahrungsgruppen 635
    Exkurs: Gruppenarbeit in der Klinischen Seelsorgeausbildung 635
    16.3.3 Berufspraxis unter Supervision 636
    16.3.4 Balint- und Fallbesprechungsgruppen 637
    16.3.5 Rollenspiel 638
    16.3.6 Bibliodrama 639
    16.3.7 Gesprächsmethodik 640
    16.3.8 Spiritualität 641
    16.3.9 Ausbildungssupervision 642
    16.3.10 Theoriebildung 642
    16.3.11 Fortbildungsstrukturen 643
16.4 Deutsche Gesellschaft für Pastoralpsychologie (DGfP) 644
16.5 Pastorale Supervision 648
16.6 Seelsorge für Pfarrer und Pfarrerinnen 655
16.7 Organisationsberatung 656
16.8 Schluss 659

Literatur 661
Namensregister 687
Begriffsregister 693

Kapitel 1: Was ist Pastoralpsychologie?

These: Pastoralpsychologie als Grunddimension der Praktischen Theologie untersucht Kommunikationsprozesse im Bereich von Religion und Kirche; symbolisch-ritueller Kommunikation wird besondere Aufmerksamkeit gewidmet. Pastoralpsychologie fragt danach, wie – aus psychologischer Perspektive betrachtet – religiöse und – als deren Spezialfall – kirchliche Kommunikation zu verstehen ist, welche Bedingungen diese Kommunikation braucht, um lebensförderlich und heilsam zu sein bzw. unter welchen Bedingungen Kommunikation (und damit Leben) erschwert oder gar verhindert werden.
Zur Erläuterung dieser These wird von den zentralen Begriffen »Religion«, »Kommunikation« und »Hermeneutik« zu reden sein.

1.1 Religion als Kommunikation

Religion stellt ein System von Glaubenssätzen, Symbolen, Geschichten, Mythen und Ritualen dar in Bezug auf das Ganze des Lebens, auf etwas Letztgültiges, Heiliges. Oder mit *Gerhard Ebeling*: Religion meint »die geschichtlich geformte vielgestaltige Verehrung einer Manifestation des Geheimnisses der Wirklichkeit.«[1] Jede Religion enthält eine Fülle von auf Transzendenz bezogenen Symbolen und Ritualen, mit dessen Hilfe es Menschen gelingen kann, sich mit Sinn und Ziel ihres Lebens auseinander zu setzen, sich mit der Daseinsmacht, die ihr Leben aus der Sicht ihres Glaubens trägt, in Beziehung zu setzen. Es geht um das Anerkennen, Verstehen und Deuten dessen, »was es mit dieser Welt und unserem Leben in letzter Instanz auf sich hat, von woher wir also kommen und wohin wir gehen«,[2] was wir glauben und hoffen können. Religion bezeichnet zutiefst ein kommunikatives Phänomen.

Das Urbild aller Religionen ist der Weg, die Reise, sich aufmachen, sich auf die Suche begeben.[3] Das hat sicher mit dem nomadischen Ursprung vieler Religionen zu tun; gleichzeitig steckt darin die Erfahrung, dass gelingendes Leben nie zu »ha-

---

1 *Ebeling* 1979, Bd. I, 117.
2 *Gräb* 1998, 39.
3 Vgl. *Houtepen* 1999, 338.

ben« ist, sondern uns immer voraus liegt und auf uns zu kommt, so dass Menschen immer wieder aufbrechen und neue Wege suchen müssen. Sich aufmachen, suchen, fragen, Perspektiven entwickeln, sich öffnen für Neues etc. sind kommunikative Vorgänge, selbst da, wo sie in der Einsamkeit einer mönchischen Einsiedelei oder der Meditation geschehen.

Religion und Glaube sind zu unterscheiden, aber nicht zu trennen: Religion kann als die Lebensbedingung des Glaubens bezeichnet werden, der Glaube als Kritik der Religion.[4] Diese Verhältnisbestimmung impliziert ein jeweils charakteristisches Begriffsverständnis: Religion erscheint hier als menschliches Bedürfnis nach Sinn, Sicherheit und Geborgenheit, Glaube dagegen als Vertrauen und Sich-Verlassen auf etwas außerhalb meiner selbst, das nur empfangen und erfahren, nicht aber selbst hergestellt werden kann. Es handelt sich um zwei Bewegungsrichtungen, die sich ständig gegenseitig durchdringen und sich kritisch herausfordern. Das religiöse Bedürfnis bildet den Anknüpfungspunkt; es wird begrenzt und relativiert durch die Erfahrung, dass das Geheimnis der Wirklichkeit – z.B. in Gestalt von Güte und Liebe – uns begegnet und nur vertrauensvoll empfangen werden kann.[5]

Religion geschieht als Kommunikation – ein mehrschichtiger und komplexer Vorgang ist damit angesprochen: Vorgegeben ist die öffentliche Gestalt von Religion,[6] wie sie in den vom christlichen Abendland geprägten Ländern in öffentlichen und kulturellen Bezugnahmen auf Gott, auf ein höchstes Wesen, auf ethische Normen, aber auch in Kunst, Musik und Architektur unübersehbar ist; vorgegeben ist auch die kirchlich geprägte Gestalt von Religion, also die überkommene religiöse Sprache einer Gemeinschaft, wie sie in der Liturgie des Gottesdienstes, beim Tischgebet, im Religionsunterricht und bei vielen anderen Gelegenheiten Verwendung findet. Diese Sprach- und Vorstellungsmuster sind wiederum geprägt von der jeweiligen Gesellschafts- und Milieuzugehörigkeit, die alles Mitteilen und Verstehen beeinflusst. Die Einzelnen mit ihren individuellen Vorstellungen, Bildern und Wünschen von Leben und Tod finden sich in diesen Strom der kollektiven Sprache ein und entwickeln in einem ständigen teils bewusst, teils unbewusst ablaufenden Konstruktions- und Austauschvorgang ihre eigenen Perspektiven, ihre individuellen Bilder und Vorstellungen vom Leben. So bildet sich in jedem Menschen eine Ansammlung von mehr oder weniger bewussten, von mehr oder weniger individuellen oder traditionellen Vorstellungen, Bildern und Gefühlen im Blick auf das, was im Leben unbedingt wichtig und ernst zu nehmen ist.

---

4 Im Anschluss an *Ebeling* 1979, 138f.
5 Vgl. auch *Schweitzer* 1987, 220ff.
6 *Rössler* [2]1994, 90ff unterscheidet öffentliche Religion von der kirchlich geprägten, die wiederum nicht mit der individuellen oder privaten Gestalt identisch ist.

1.1 Religion als Kommunikation

Gott als der Grund des Lebens, als das Unbedingte ist nie direkt, sondern nur in symbolischen Sprachformen aussagbar; religiöse Kommunikation ist deswegen primär symbolisch-rituelle Kommunikation.

Ernst Lange hat 1967 den Begriff der »Kommunikation des Evangeliums«[7] eingeführt und damit daran erinnert, dass auch kirchliches Handeln als Kommunikationsprozess zu begreifen und als solcher zu untersuchen und zu analysieren ist. Kirchliches Handeln soll im Folgenden als Spezialfall religiöser Kommunikation verstanden werden.

Dabei ist zu berücksichtigen, dass sich religiöse Kommunikation sowohl innerhalb der Kirche ereignet als auch außerhalb ihrer institutionellen Gestalt. Es ist geradezu ein Charakteristikum der Gegenwart, dass ein großer Teil der religiösen Kommunikation aus der Institution Kirche ausgewandert ist, insofern von Kirche kaum noch wahrgenommen wird – und dennoch von besonderer Bedeutung für die kirchlichen Versuche der Kommunikation des Evangeliums ist.

Kommunikation ist lebensnotwendig; sie kann heilsam und dem Leben förderlich sein, wenn sie Verstehen und Vertrauen in Beziehungen fördert; das wird aus theologisch-anthropologischer wie aus psychologischer Sicht immer wieder unterstrichen. Kommunikation kann aber auch destruktive Wirkungen haben, wenn sie zur Herrschaftsausübung benutzt wird und Beziehungen verhindert.

Pastoralpsychologie ist eine junge Teildisziplin, vor allem aber eine Grunddimension der Praktischen Theologie.[8] Versteht man Praktische Theologie als Wissenschaft von der Wahrnehmung gelebter Religion im Alltag,[9] so fügt Pastoralpsychologie dieser Wahrnehmung eine spezifische Perspektive hinzu: Gelebte Religion, religiöse Kommunikation, kirchliches Handeln – also nicht nur die Seelsorge, wie es weithin angenommen wird – können und sollen aus pastoralpsychologischer Perspektive betrachtet und analysiert werden. Eine zusätzliche und fremde Perspektive wird eröffnet, die durch ihre Fremdheit neue Einsichten und Handlungsmöglichkeiten ermöglicht.

Pastoralpsychologie unterscheidet sich von Praktischer Theologie dadurch, dass die Psychologie ihre bevorzugte Bezugswissenschaft ist, während Praktische Theologie als ganze auch noch mit anderen Wissenschaften (Soziologie, Ethnologie, Semiotik, Geschichtswissenschaft, Philosophie etc.) zusammenarbeitet. Pastoral*theologie* bezeichnet demgegenüber die Berufstheorie des Pfarramtes.

Eine Abgrenzung der Pastoralpsychologie gegenüber der Religionspsychologie ist schwierig. »Religionspsychologie erforscht in erster Linie die religiösen Erfahrun-

---

7 *Lange* 1982, 13.
8 Vgl. *Wahl* 1990, 41ff.
9 Vgl. dazu ausführlicher *Failing/Heimbrock* 1998.

gen, Haltungen und Ausdrucksformen.«[10] Religionspsychologie untersucht die ganze Breite religiöser Ausdrucksformen, Pastoralpsychologie konzentriert sich auf kirchliche Kommunikationsprozesse, die an ihren Rändern natürlich offen sind zu allgemein religiösen Phänomen. So wie die Grenzziehung zwischen kirchlicher und religiöser Kommunikation eher eine pragmatische und forschungspraktische ist, so ist die Grenze zwischen Pastoralpsychologie und Religionspsychologie keine grundsätzliche.

1.2 Kommunikation – anthropologische und theologische Aspekte

Das Phänomen »Kommunikation« ist grundlegend zur Charakterisierung des Menschen als Beziehungswesen, für seinen Glauben, seine Religion. Joh 1,1 »Im Anfang war das Wort« könnte auch übersetzt werden: Im Anfang war Kommunikation. Alles menschliche Leben ist aus Kommunikation erwachsen und entstanden und wird durch Kommunikation erhalten. Entwicklungspsychologische Beobachtungen bestätigen diesen Befund.
Was ist Kommunikation? Phänomene wie Gespräch, Diskussion, Streit, Dialog, Begegnung, Austausch, Mitteilung, aber auch Gesten, Mimik und ritualisierte Verhaltensweisen zählen dazu. Der Mensch ist ein soziales Wesen, er verwirklicht sein Wesen in wechselseitigen Austauschprozessen: Menschen reden miteinander, lachen miteinander, geraten aneinander, sorgen füreinander, hören voneinander, arbeiten miteinander, streiten miteinander – dieses »einander« verweist auf die Verbundenheit, auf das soziale Wesen des Menschen. »Communicatio« bedeutet Verbindung, Mitteilung zwischen zwei getrennten, unverbundenen Wesen. Kommunikation heißt Verbindung herstellen. Kommunikation ist unabdingbar zur Verständigung der Menschen untereinander und zur Identitätsbildung: Nur im Gespräch mit anderen finden wir, wer wir sind. Ich wird am Du, sagt *Martin Buber*.[11]
Dieser anthropologische Sachverhalt wird auch theologisch bestätigt: In der Bibel ist schon in der Schöpfungsgeschichte davon die Rede, dass der Mensch ein Beziehungswesen ist. Die Aussage »Gott schuf den Menschen ... als Mann und als Frau« (Gen 1,17) hebt weniger auf die geschlechtliche Verschiedenheit ab als auf die Einsicht, dass der Mensch von Anfang an in Beziehung und das heißt eben auch in Kommunikation lebt. (Vgl. auch Gen 2,18: Es ist nicht gut, dass der Mensch allein sei; ich will ihm eine Hilfe schaffen als sein Gegenüber.) Gott beauftragt den Menschen, sich die Erde untertan zu machen; das geschieht u.a. dadurch, dass er die Tiere benennt. Etwas zu benennen heißt, in Beziehung zu treten.

---

10 *Vergote* 1970, 12; vgl. *Fraas* ²1993. Das Verhältnis von Pastoralpsychologie und Religionspsychologie erörtert auch Morgenthaler 2002, 287–300. *Morgenthaler* befürwortet eine Rezeption empirischer Forschungsmethoden auch für die Pastoralpsychologie.
11 Vgl. *Buber* 1965 (a), 7ff.

1.2 Kommunikation – anthropologische und theologische Aspekte

Allerdings weisen die ersten Kapitel der Bibel auch sehr deutlich auf die Ambivalenz der Kommunikation hin: Sprache stiftet einerseits Verstehen, andererseits aber auch Verwirrung, Kränkung und Tod (z.B. »Kain und Abel«, Gen 4 oder »der Turmbau zu Babel«, Gen 11). Sprache/Kommunikation ist Ausdruck der kreativen wie der destruktiven Fähigkeiten des Menschen.
Der Mensch verwirklicht sich in gelingender Gemeinschaft, in glückender Verständigung. Liebe, Vertrauen, Wertschätzung, Anerkennung, Respekt – all dies ist an »erfolgreiche« Kommunikation gebunden. Wenn Verständigung dauerhaft misslingt, verfehlen Menschen sich selbst und ihre Beziehungsmöglichkeiten. Es ist inzwischen hinreichend belegt: Da, wo Menschen daran gehindert werden, ihre Kommunikationsfähigkeit zu entfalten, werden sie am Menschsein, an der Menschwerdung gehindert.[12]
Auch »Beziehung zu Gott« meint einen kommunikativen Sachverhalt. Gott wird in der jüdisch-christlichen Tradition als ein redender Gott beschrieben, der durch das Wort die Welt erschafft; er redet die Menschen an, geht auf sie zu, er will nicht – wie in der griechischen Tradition von der Apatheia, der Unbewegtheit, der Unempfindlichkeit Gottes – bei sich selbst und für sich selbst bleiben. Säkular formuliert: Der Ursprung des Lebens ist Kommunikation.
Der Mensch ist zunächst primär Empfänger von Kommunikation, er muss sich öffnen für das, was ihm entgegen kommt. Erst aus dem Empfangen und Empfangen-Haben kann das eigenständige Konstruieren und (Weiter-)Geben wachsen. Paulus sagt: Glaube kommt aus dem Gehörten (Röm 10,17): Zunächst sind wir darauf angewiesen, angesprochen zu werden; daraus erwächst die Fähigkeit zur Antwort. Diese theologische Aussage ist auch entwicklungspsychologisch richtig und entsprechend zu entfalten.
Wo es um das Leben selbst geht, um seinen Grund, sein Ziel, seinen Sinn und sein Geheimnis, da ist Kommunikation lebens- und überlebenswichtig. Kommunikation hat eine verfügbare, lehr- und lernbare Dimension und eine unverfügbare. Erfülltes Leben stellt sich ein, wird als Geschenk erfahren in gelingender Kommunikation, die wir dann als Einverständnis oder auch als Liebe bezeichnen.
Pastoralpsychologie fragt nach den individuellen und systemischen Bedingungen religiöser Kommunikation: Gelingt sie überhaupt noch in den christlichen Kirchen in Deutschland? Ist religiöse Sprache noch anschlussfähig an Alltagssprache und damit an Alltagserfahrung? Verstehen kirchendistanzierte Menschen, welche Erfahrungen gemeint sind, wenn von Gott, Gnade oder Sünde die Rede ist? Dient die Vermittlung solcher Erfahrungen dazu, dass Menschen sich besser ver-

---

12 Vgl. die Hospitalismusforschungen von *René Spitz* und anderen, zusammenfassend dargestellt bei *Schenk-Danzinger* [6]1972, 48ff.

ständigen können über das, was sie glauben und wonach sie suchen im Hinblick auf Leben und Tod, auf Freude und Leid? Dass sie Vertrauen fassen in ihre Mitmenschen, in sich selbst und in den Grund des Lebens, in Gott? Dass sie gleichzeitig auch kritischen »Weltabstand« (*Henning Luther*) gewinnen und nicht einfach aufgesogen werden vom Trend dessen, was gerade in Mode ist?
Pastoralpsychologische Perspektiven können einen Beitrag leisten, um den Lebens- und Erfahrungsbezug und darin die heilsamen Dimensionen religiöser Kommunikation neu zu entdecken.

1.3 Kommunikationswissenschaftliche Aspekte

Im Bereich der Kommunikationswissenschaft wird unterschieden zwischen
– Interpersonaler Kommunikation (face to face)
– Kleingruppenkommunikation
– Organisationskommunikation und
– Massenkommunikation.[13]

Pastoralpsychologie konzentriert sich auf interpersonale und Kleingruppenkommunikation; Organisationskommunikation findet nur selten entsprechend Aufmerksamkeit. Massenkommunikation unterliegt anderen Gesetzmäßigkeiten, ist daher von der Pastoralpsychologie kaum zureichend zu erfassen.

»Kommunikation ist die Bedeutungsvermittlung zwischen Lebewesen.«[14] Kommunikation *im engen Sinn* meint die bewusste und zielgerichtete Bedeutungsvermittlung,[15] *im weiteren Sinn* hat alles Verhalten (von Menschen und auch von Institutionen!) eine kommunikative Dimension. Wir sprechen dann vom kommunikativen Handeln: Soziales Handeln ist immer kommunikatives Handeln, teilt etwas mit, ist in Beziehungen eingebunden. Es gelingt nur unter der Voraussetzung, dass Verstehen und Verständigung möglich sind.

Paul Watzlawick nimmt beide Aspekte auf, indem er in jeder Kommunikation eine Inhaltsebene (die mitzuteilende »Sache«) von einer Beziehungsebene (die kommunikative Dimension des Verhaltens, die beispielsweise Interesse oder Langeweile vermittelt) unterscheidet[16] (⇒ Kap 10).

Die allgemeine Intention eines Kommunikationsvorgangs besteht darin, verstanden zu werden; die spezielle Intention möchte, dass die mit der Mitteilung verbundene Intention auch befolgt oder umgesetzt wird.

---

13 *Maletzke* 1998, 41.
14 *Maletzke* 1998, 37.
15 Vgl. *Delhees* 1994: »Soziale Kommunikation ist immer beabsichtigte Kommunikation« (13).
16 *Watzlawick/Beavin/Jackson* ³1972.

1.3 Kommunikationswissenschaftliche Aspekte

Kommunikation ist ein zweipoliges Geschehen: Eine Mitteilung, ein Verhalten von A trifft auf B, der es »irgendwie« aufnimmt oder ignoriert (aber auch das ist eine Mitteilung), versteht, missversteht, es auf seine Weise auslegt etc. Dies wiederum beeinflusst A's Verhalten ($\Rightarrow$ Kommunikation, Kap. 10.1).
Gelingende Kommunikation setzt Wahrnehmung voraus und erfordert in begrenztem Maß ein geteiltes Zeichenrepertoire. A teilt B mit Hilfe eines Mediums (Worte, Verhalten, Bilder, technische Medien etc.) etwas mit, B entschlüsselt aktiv und auf spezifische Weise, was ihm/ihr mitgeteilt wird. Wahrnehmen und Verstehen ist kein passiver Vorgang, sondern immer aktive, interessegeleitete Selektion, Konstruktion und Produktion: Jemand hört und versteht das, was ihm/ihr vertraut ist und in das Koordinatensystem der eigenen Weltsicht im weitesten Sinn hineinpasst ($\Rightarrow$ Kap 2.3).

L. *Festinger*s Theorie der kognitiven Dissonanz[17] versucht Regeln aufzustellen, nach denen konsonante bzw. dissonante Meinungen kommuniziert werden: Eine Person hat das Interesse, in ihrem kognitiven System ein Gleichgewicht zu halten. Dissonante, also den vorhandenen Annahmen widersprechende Kognitionen (z.B. »ich fahre gern Auto« und »ich setze mich für Umweltbelange ein«) werden so bearbeitet, dass sich die Dissonanz reduziert, und zwar durch die Addition weiterer konsonanter Vorstellungen (»durch die Entwicklung von Katalysatoren ist der Schadstoffausstoß in neuen Autos sehr gering«), durch die Subtraktion dissonanter Kognitionen (»die Forschungen in diesem Bereich sind uneindeutig«, »Umweltschützer dramatisieren das Geschehen«, abweichende Meinungen werden vergessen etc.) oder durch Substitution (»die Bahn hat auch einen hohen Schadstoffausstoß bei der Energieerzeugung«, »es geht in der modernen Gesellschaft nicht anders« etc.). Durch derartige Mechanismen des »Umhörens« werden Dissonanzen reduziert, und man kann an der einmal gefassten Einstellung festhalten.

Wenn man von »Wahrnehmungseinstellung« (*Winkler*) spricht oder den Begriff »Kommunikationsmuster« benutzt, muss man also in doppelter Hinsicht einerseits nach Konstruktionsmustern der Mitteilung, andererseits nach Mustern der Wahrnehmung / des Verstehens, die ihrerseits aktive Vorgänge darstellen, suchen. Solche Muster sind von einer Vielzahl von Faktoren abhängig:
– soziale Einbindung, der gesellschaftliche Kontext. In der Soziologie war lange von Schichtzugehörigkeit die Rede; das Schichten-Modell ist jedoch angesichts des Individualisierungsschubs zunehmend in Frage gestellt worden. Die Kultursoziologie hat den Begriff der Milieuzugehörigkeit eingeführt.[18] Die Phänomenologie spricht von der Lebenswelt der Menschen und dem damit verknüpften Deutungshorizont oder auch vom Alltag.[19] Der Begriff des Alltags bezeichnet

---

17 Vgl. dazu ausführlicher *Frey/Greif* (Hg.) 1987, Art. Dissonanz, 147ff.
18 *Schulze* ⁵1995, 169ff.
19 Vgl. *Schütz/Luckmann* 1975.

nie nur den banalen Alltagsablauf, sondern schließt den immer schon implizierten Sinnhorizont, der alles Handeln – mehr oder weniger vorbewusst – leitet, ein. Die »kleinen Theorien« des Alltags bzw. der Lebenswelt greifen die »großen« Religionstheorien auf und gestalten sie verstärkend oder destruierend um (z.b. die weitverbreitete Meinung »Gott hilft dem Tüchtigen«). Die Konstruktion von Wirklichkeit, von Selbst-, Menschen- und Gottesbildern ist dergestalt von Milieu- und Lebensweltzugehörigkeit abhängig.

- Geschlecht: Die Psycho- und Soziolinguistik behauptet (übrigens ganz in Übereinstimmung zu Ansätzen feministischer Psychologie von *Carol Gilligan* oder *Nancy Chodorow*), dass Männer anders reden und verstehen als Frauen. Da auf diese Weise jedoch in der Regel nur die altbekannten Klischees über Männer und Frauen reproduziert werden,[20] setzt sich zunehmend die Einsicht durch, dass eine Dekonstruktion und Destabilisierung von Weiblichkeits- und Männlichkeits-Stereotypen angesagt ist.[21]
- Milieu- und Geschlechtszugehörigkeit und ihre speziellen Weltdeutungsmuster werden gesellschaftlich vermittelt im Prozess der Sozialisation – Sozialisation verstanden als »der globale, ganzheitlich konzipierte Prozess der Entstehung der menschlichen Persönlichkeit in wechselseitiger Abhängigkeit von der gesellschaftlich mitgeformten sozialen und dinglichen Umwelt«.[22]
- Aus der Sozialisation entwickelt sich eine psychische Struktur, eine Charakterstruktur: Bestimmte Persönlichkeitsmerkmale werden auf Grund immer wiederkehrender Interaktionen in der wichtigsten Bezugsgruppe, bevorzugt der Familie, habituell. Fritz Riemann hat diesen Zusammenhang für die von ihm entwickelte Persönlichkeitstypologie dargestellt.[23]
- Bestandteil der psychischen Struktur sind bestimmte Abwehrstrukturen, also die Ausbildung und Bevorzugung spezifischer Abwehrmechanismen (⇒ Kap. 4.1.2).
- Bewusste und unbewusste Interessen, die momentaner oder habitueller Natur sein können. Es gehört zu den psychoanalytischen Grundannahmen, dass unter jeder bewussten Intention, jedem bewusstem Interesse ein abweichendes, möglicherweise gegensätzliches mehr oder minder unbewusstes Interesse liegt.

Beispiele: Der lobend gemeinte Satz »Das hast du gut gemacht« kann den anderen klein machen; der mit einer tröstenden Absicht gesprochene Satz »Ist doch nicht so schlimm« nimmt die Schmerzen des Gegenüber nicht ernst usw.

20 So z.B. sehr deutlich bei *Tannen* 1991. Tannen fasst ihre Grundthese in den Satz zusammen, dass Männer eine Berichtssprache sprechen, Frauen dagegen eine Beziehungssprache (78f).
21 Vgl. beispielsweise im Blick auf die Homiletik *Bobert-Stützel* 1997, 112–128.
22 *Hurrelmann/Ulich* ^{5}1998, 8.
23 *Riemann* (1961) 1992 (⇒ Kap. 13.10).

1.3 Kommunikationswissenschaftliche Aspekte

Psychologie mit ihren Unterdisziplinen ist eine Bezugswissenschaft, um Kommunikationsvorgänge zu untersuchen; während Kommunikationswissenschaft die sozialen und medialen Bedingungen von Kommunikation beschreibt und analysiert, geht es der Psychologie stärker um die personalen Ausgangsbedingungen bei Sender und Empfänger, um die Beziehungsdimension im Kommunikationsvorgang, um die bewussten und unbewussten Interessen und Motivationen in diesem Prozess.

Die Konzentration auf interpersonale Kommunikationsvorgänge ist einerseits methodisch notwendig, um eines abgrenzbaren und damit handhabbaren Forschungsfeldes willen; andererseits ist die Grenzziehung willkürlich und darf nicht rigide durchgezogen werden. Denn jede interpersonale Kommunikation ist eingebettet in kulturell, gesellschaftlich und gruppenspezifisch dominante Kommunikationsmuster und -inhalte. Eine Untersuchung individueller Kommunikationsphänomene ohne Berücksichtigung dieser Interdependenz mit kulturellen Mustern der Deutung von Wirklichkeit wäre kurzschlüssig.

Die hier in Frage stehende Kommunikation bezieht sich auf das Phänomen Religion. Ein Teilbereich dessen ist die Kommunikation des Evangeliums: ein Begriff, der in der Kirche vorwiegend klischeehaft verwendet wird und von kirchendistanzierten Menschen, wenn überhaupt, nur noch historisch verstanden wird.
Das Evangelium erzählt Geschichten von Menschen, die sich in der Begegnung mit Gott oder mit Jesus von Nazareth getröstet *und* befreit, angenommen *und* zum Aufbruch ermutigt erfahren haben. Die Geschichten sind Tausende von Jahren alt, spielen in einer völlig anderen Lebenswelt als der unseren, setzen ganz andere Lebensbedingungen voraus. In ihnen sind Grunderfahrungen von Angst und Verzweiflung einerseits, von Vertrauen, Trost und Hoffnung auf Gottes wirksames Handeln andererseits aufgezeichnet.
Kann die weitere Vermittlung dieser Geschichten, ihre Neuauslegung und Aktualisierung trotz des garstigen Grabens der großen historischen Differenz auch in der Gegenwart noch ähnliche Wirkungen, nämlich Trost und Befreiung, Annahme und Mut zum Aufbruch auslösen? Diese Frage zu bearbeiten, ist nicht nur eine inhaltliche Angelegenheit, sondern in hohem Maß eine Sache der jeweiligen Kommunikation und ihrer Beziehungsebene – diesem Aspekt wendet die Pastoralpsychologie ihre Aufmerksamkeit zu. Dass es dabei nicht nur um die sonntägliche Verkündigung geht, dürfte deutlich sein; Kommunikation des Evangeliums ist eine Chiffre, die sich auf alle Tätigkeitsbereiche der Kirche bezieht. In Predigt und Seelsorge, in der Jugendarbeit und im Frauenkreis, aber auch in der Verwaltung geht es letzten Endes immer um die Kommunikation des Evangeliums. Damit ist ernst zu machen, indem die verschiedenen Arbeitsbereiche unter dieser Hinsicht analysiert werden.
Ein Aspekt, der den Vorgang weiter kompliziert, ist darin zu sehen, dass das Phänomen »Evangelium« eine höchst auslegungsbedürftige Größe darstellt; die Auslegung des Evangeliums orientiert sich wiederum an bestimmten Interessen und vorgängigen Urteilen (»Vor-Urteilen«): Es gibt nicht *das* objektive Evangelium, das zeigt bereits ein flüchtiger Blick in die Geschichte und die kulturelle Vielfalt des Christentums: Das Evangelium der Pietisten, das ein persönliches Verhältnis zu Jesus Christus in den Vordergrund stellt und darin Trost und Stabilisierung in allen widrigen Lebensverhältnissen erhofft, unterscheidet sich grundlegend vom Evangelium der lateinamerikanischen Befreiungstheologen, die in Jesu Kommen Anstiftung und Ermutigung zum Kampf für mehr Gerechtigkeit in der gegenwärti-

gen Gesellschaft, vielleicht sogar zum gesellschaftlichen Umsturz sehen. Das Evangelium volkskirchlich orientierter Kirchenmitglieder, die darin Kulturgut und Sinnstiftungsfaktor für Krisensituationen und Lebensübergänge sehen, ist etwas anderes als das Evangelium überzeugter kerngemeindlicher Kirchenmitglieder, die daraus Lebenshoffnung und ethische Verpflichtung für ihren Alltag entnehmen. Diese verschiedenen Versionen des Evangeliums haben eine geringe gemeinsame Schnittmenge; pastoralpsychologisches Zielsetzung ist es u.a., auch diese verschiedenen Versionen des Evangeliums kritisch zu untersuchen, die in ihnen liegenden Interessen und Kommunikationstatbestände offen zu legen und sie in ihrer Herkunft und gegenwärtigen Funktion im größeren Lebenskontext zu verstehen (⇒ Symbol, Kap. 7.3).

1.4 Pastoralpsychologie als Psychologie

Pastoralpsychologie ist *ein* Weg, die Vielfalt der religiösen Kommunikationsprozesse und -ebenen im Bereich von Religion und Kirche zu untersuchen und umfassender zu verstehen. Die Pluralität und Komplexität der Wirklichkeit verlangt eine entsprechende Vielfalt an Deutungs- und Verstehenszugängen. Ein und dasselbe Phänomen kann aus ganz unterschiedlichen Perspektiven betrachtet werden. Theologie als Wissenschaft, als Reflexion des Lebens auf der Basis einer spezifischen Glaubenstradition ist ein Zugangsmodus, der durch andere – philosophische, psychologische, soziologische, kulturgeschichtliche etc. – bereichert, vertieft, ergänzt und korrigiert werden kann. Pastoralpsychologie konzentriert sich auf die psychologische Perspektive und bringt sie gezielt in ein interdisziplinäres Gespräch mit Religion, Kirche, Theologie ein. Psychologie ist einerseits eine inzwischen selbstverständliche Dimension in der Selbstauslegung des modernen Menschen; andererseits bringt sie – gerade im Blick auf Theologie und kirchliche Praxis – immer wieder eine Differenz ins eingefahrene Verstehen, sie verfremdet in heilsamer Weise das, was als selbstverständlich schon immer gedacht wird. Sie arbeitet auf der Grenze zwischen den Disziplinen und ist vor allem an dem Fremden interessiert.[24]

Dietrich Stollberg definiert 1968 Pastoralpsychologie *als Psychologie im Dienst kirchlicher Praxis*.[25] Pastoralpsychologie bezieht sich auf die gesamte Praxis der Kirche und nicht nur auf die Seelsorge. In dreifacher Hinsicht wird diese Aussage erläutert:
1. Pastoralpsychologie dient der theologischen Erkenntnis: Durch die psychologische Interpretation eines theologischen Begriffes wird dessen theologischer Gehalt auf neue Weise verständlich und zugänglich.
2. Pastoralpsychologie dient der Menschenkenntnis: Vor allem in der Seelsorge, aber sicher auch in anderen Bereichen pastoraler Arbeit ist es vorteilhaft, wenn der Pastor / die Pastorin mehr über die Menschen wissen, mit denen sie zu tun haben, und über das, was in der Interaktion mit diesen Menschen geschieht.

---

24 Vgl. *Scharfenberg* 1992.
25 *Stollberg* 1977.

1.4 Pastoralpsychologie als Psychologie

3. Pastoralpsychologie dient der Selbsterkenntnis: Pastorale Arbeit ist vorwiegend Beziehungsarbeit; um solche Beziehungsarbeit sinnvoll und erfolgreich tun zu können, sollte der Pastor / die Pastorin über eine differenzierte Selbst- und Fremdwahrnehmung verfügen, vor allem die eigenen Beziehungsanteile (Gefühle, Phantasien etc.) einigermaßen kennen, um die eigenen Stärken und Grenzen und deren Auswirkungen auf den Umgang mit anderen Menschen wissen. Deswegen ist Selbsterfahrung ein unverzichtbarer Bestandteil jeder pastoralpsychologischen Aus- und Fortbildung (⇒ Kap. 16).

Kritisch ist zu *Stollbergs* Position anzumerken:
- Unklar bleibt, was die Präposition »im Dienst« bedeutet: Wird die Psychologie zur Dienstmagd der Theologie? Und nach welchen Kriterien werden psychologische Erkenntnisse ausgewählt? Anders gefragt: Wie kann es zu einem gleichberechtigten Dialog zwischen Psychologie und Theologie kommen? Lassen wir uns von psychologischen Erkenntnissen in Frage stellen? Und stellen wir umgekehrt auch Erkenntnisse der Psychologie aus theologischer Perspektive in Frage?
- Stollberg bezieht die Pastoralpsychologie auf kirchliche Praxis; m.E. ist es unbedingt notwendig, diesen Punkt zu erweitern und von religiöser Praxis insgesamt zu sprechen. Es gibt einen immer stärker zunehmenden Anteil religiöser Praxis außerhalb der Kirchen, und es wird immer wichtiger, diese religiöse Praxis auch kritisch im Blick zu haben.
- Der Begriff der Psychologie als Wissenschaft ist ein unabgegrenzter Begriff, weil er eine große Vielzahl von Ansätzen, Theorien und Forschungsperspektiven in sich vereint. In der Pastoralpsychologie geht es bisher vorrangig nur um tiefenpsychologische Ansätze. Diese Auswahl ist als historisch gewachsen zu verstehen, sie resultiert aus einer besonderen hermeneutischen Affinität beider Wissenschaften; Ansätze aus der humanistischen Psychologie, aus der Verhaltenspsychologie, aus der systemischen Psychologie und aus den Körpertherapien sollten auch für die Pastoralpsychologie relevant werden (⇒ Kap. 4).

Damit ist eine wissenschaftstheoretische Vorentscheidung getroffen: Pastoralpsychologie bezeichnet einen *Zweig der Psychologie*, die sich auf religiöse bzw. pastorale Kommunikation (einschließlich Verhalten/Handeln) bezieht. Diese Option scheint mir deswegen wichtig, um die Unabhängigkeit der Pastoralpsychologie von der impliziten Normativität der religiösen und pastoralen Handlungsfelder zu gewährleisten. Anders gesagt: Pastoralpsychologie kann sich nur entfalten, wenn sie theologische oder ethische Vorentscheidungen zeitweise suspendiert und in diesem Sinne so weit wie möglich unvoreingenommen aus psychologischer Sicht analysiert und fragt – und die Ergebnisse dann wiederum mit theologischen Deutungsansätzen in Beziehung setzt. Allerdings ist hier notwendigerweise ein subjektiver und eklektischer Faktor im Blick auf Auswahl und Ansatz der jeweiligen psychologischen Schule anzusetzen – denn dass es *die* Psychologie nicht gibt, dürfte deutlich sein.
Pastoralpsychologie muss also aus der komplexen Vielfalt der Psychologie als Wissenschaft wiederum das auswählen, was ihr im Blick auf den zur Debatte stehenden Gegenstand als plausibel und weiterführend

erscheint. Das sind vor allem die psychologischen Schulen, die aus der psychotherapeutischen Praxis entstanden sind und wieder in diese einmünden. In der Vergangenheit hat es in der Pastoralpsychologie ein Deutungsmonopol der Psychoanalyse gegeben; dieses Monopol soll im vorliegenden Lehrbuch um Ansätze aus der humanistischen, behavioristischen und systemischen Psychologie erweitert werden. Trotzdem bleibt der psychoanalytische Ansatz dominant, weil er vielen Weiterentwicklungen innerhalb der Psychologie zugrunde liegt und das ausdifferenzierte Theoriegebäude der Psychoanalyse nach wie vor einen großen heuristischen Wert besitzt.

Ein Beispiel für die Dominanz eines psychoanalytischen Modells ist der Ansatz von *Klaus Winkler* in seinem Aufsatz »Die Funktion der Pastoralpsychologie in der Theologie«.[26] »Es geht uns darum, daß das kritisch-reflektierende und gezielte Handeln im Raum der Kirche wirkungsvoller wird. Dies geschieht im seelsorgerlichen Bereich durch den begrenzten Dialog zwischen zwei Disziplinen mit sehr unterschiedlichen Grundannahmen. Indem wir hier theologische Aussagen und *psychoanalytische Methodik* (Hervorhebung von mir, M.K.) aufeinander beziehen, bemühen wir uns in erster Linie um verbesserte Situationsanalysen. Wir zielen dabei aber gleichzeitig auf die Erweiterung des Problembewußtseins ab, soweit dieses die Erlebensformen des Glaubens betrifft. Es geht dem Pastoralpsychologen also um die Eröffnung neuer Fragestellungen in jenem anthropologischen Bereich, der einerseits immer weitergehend empirisch erschlossen wird und der uns als Christen andererseits unbedingt etwas angeht. Die Pastoralpsychologie stellt im Rahmen der Praktischen Theologie den Versuch dar, durch ihre besondere Wahrnehmungseinstellung für kirchliches Handeln bzw. für seelsorgerliches Verhalten neuen Spielraum zu gewinnen.«[27]
Es geht um eine bewusst einseitige psychologische (bei *Winkler* psychoanalytische) Perspektive auf kirchliche Praxis. Im Vordergrund steht dabei für *Winkler* die »Aufarbeitung emotionaler Komponenten des Denkens und Handelns«,[28] z.B. verdeckte Motivationen (etwa Rivalität, Streben nach Macht), unbewusst hemmende Ängste, unkontrollierte Vorurteile, die Entdeckung der individuellen Determinanten, die das Leben, Glauben und Hoffen des einzelnen Christen bestimmen, bis hin zur Entwicklung dessen, was Winkler das »persönlichkeitsspezifische Credo« nennt,[29] also den Versuch, die individuelle Ausprägung des Glaubens ernst zu nehmen, sie bewusst und kritisch zu fördern.

Bereits die Tatsache, dass die Psychoanalyse wiederum einen in sich hoch differenzierten und komplexen Wissenschaftsbereich darstellt, legt es nahe, auch innerhalb der Pastoralpsychologie eine Vielfalt psychologischer Zugänge zu Wort kommen zu lassen. Ein psychologischer und pastoralpsychologischer Methodenpluralismus entspricht der Strittigkeit und Vielfalt der Wirklichkeit, die nie als solche zuhanden

26 *Winkler* 1974, 105ff.
27 *Winkler* 1982 (a), 866f.
28 *Winkler* 1974, 112.
29 *Winkler* 1974, 119f.

ist, sondern sich nur aus der Mehrzahl der Wahrnehmungsperspektiven erschließt.[30]

Im Hintergrund steht eine lange Debatte über die Zuordnungsmöglichkeiten von Theologie und Humanwissenschaften. Verschiedene Modelle sind in der Vergangenheit vorgeschlagen worden. *Richard Riess* hat idealtypisch den Modus der *Ablehnung* der Psychologie durch die Theologie unterschieden von der *Auslieferung* der Theologie an die Psychologie und diese beiden wiederum abgesetzt vom Modell eines *Dialogs* zwischen zwei grundsätzlich gleichwertigen Partnern.[31] *Klaus Winkler* hat den letzteren Aspekt noch zugespitzt und die Notwendigkeit einer kreativen Konkurrenz zweier gleichrangiger Gegenüber herausgestellt.[32]
Heribert Wahl spricht von einem »Interaktions- und Dialog-Modell«;[33] *Sabine Bobert-Stützel* bezeichnet ihr Modell als das von »zwei Anderen in Interaktion«; die Spannungen und die jeweilige Andersartigkeit des Gesprächspartners werden nicht übersehen, Übereinstimmungen sind jedoch möglich.[34]
Hilfreich ist auch *Hermann Steinkamps*[35] »Paradigma der konvergierenden Optionen«: Dabei geht es darum, in beiden Wissenschaften nach gemeinsamen erkenntnisleitenden Interessen zu suchen, die dann zugleich Kriterien für eine sinnvolle Auswahl aus der verwirrenden Komplexität der einzelnen Wissenschaft sein können. *Steinkamp* nennt als Beispiel die Option für das »Subjekt« als Ausgangs- und Zielpunkt einer solchen interdisziplinären Suchbewegung. Allerdings macht gerade dies Beispiel auf die Schwierigkeiten des Paradigmas aufmerksam:
1. Es ist so allgemein formuliert, dass eine Eingrenzung der Suchbewegung nach wie vor schwierig ist und mehr oder minder zufällig-selektiv bleiben wird.
2. Das Paradigma enthält klare normative Implikationen, sodass auch weiterhin die Gefahr bestehen bleibt, von einer vorgefassten normativen Position aus Nachbarwissenschaften zu selektieren und sie damit möglicherweise ihres kritischen Impetus' zu berauben.

Ich gehe im Folgenden eher pragmatisch vor, indem ich im Blick auf die zu untersuchenden religiös-kirchlichen Kommunikationsbereiche nach Schnittstellen und Überschneidungen suche und entsprechend psychologische Zugänge auswähle: Im Blick auf Gottesdienst und Kasualien erscheint es sinnvoll, psychologische Symbol- und Ritualtheorien heranzuziehen, Predigt und Seelsorge unter dem Aspekt ihrer verbalen und nonverbalen Kommunikationsabläufe zu untersuchen, Kirche als Gemeinschaft von systemischer und sozialpsychologischer Sicht her zu betrachten.

---

30 Insofern erscheint mir die Konzentration des neuen pastoralpsychologischen Ansatzes von *Andreas Wittrahm* auf die Psychologie von Klaus Riegel als ausschließliche Referenztheorie auch wiederum problematisch. *Wittrahm* 2001.
31 *Riess* 1973, 31ff.
32 *Winkler* 1988, 444–456. Allerdings ist hier anzumerken, dass das Interesse an einem interdisziplinären Gespräch ganz überwiegend von der Theologie artikuliert wird und auf Seiten der Psychologie auf eine geringe Resonanz stößt.
33 *Wahl* 1990, 45.
34 *Bobert-Stützel* 2000, 117f.
35 *Mette/Steinkamp* 1983, 164ff.

Pastoralpsychologie geht heuristisch vor, d.h. man muss und kann ausprobieren, welche Zugänge sich als weiterführend erweisen.

Pastoralpsychologie will kritische Wissenschaft sein, indem sie theologisch-kirchlich selbstverständlich gewordene Denkmuster und Verhaltensgewohnheiten (Klischees) aufdeckt, Unbewusstes, Verdrängtes und Marginalisiertes ans Licht holt und zu neuen Fragen, veränderten Sichtweisen und letztlich auch veränderten Verhaltensweisen anregt.

1.5 Pastoralpsychologie als Theologie

Pastoralpsychologie repräsentiert nicht nur eine psychologische Perspektive, sie ist auch ein Teilbereich der Theologie.

Im Zuge der Ausdifferenzierung theologischer Fachbereiche entlang den gesellschaftlichen Differenzierungsprozessen hat sich die Pastoralpsychologie als eine der jüngsten Teildisziplinen der Praktischen Theologie etabliert. Gleichzeitig versteht sie sich als eine Dimension *aller* religiösen und kirchlichen Kommunikation,[36] umgreift also die von Dietrich Rössler herausgearbeiteten drei Formen neuzeitlicher Religion, nämlich die privaten, die kirchlichen und die öffentlichen Gestaltungen.[37] Ihr Anspruch zielt darauf ab, durch die psychologische Reflexion religiöser Kommunikation auch die Art und Weise des theologischen Denkens zu verändern.

Aus Sicht der Pastoralpsychologie muss Theologie eine subjekthafte Wissenschaft sein bzw. werden, die dem Zusammenhang von Theologie und Biographie, von Theologie und Erfahrung einen breiten Raum einräumt. Der Erfahrungsbezug wird zu einem Kriterium »guter Theologie«; Erfahrungsmangel dagegen führt zum Absterben von Theologie und Kirche.

Theologische Fragen brechen an und in Lebensthemen bzw. Lebensereignissen auf, theologische Reflexion ist in Beziehungen und Emotionen eingebettet, wird *auch* von Interessen und Vorlieben geleitet; Theologie muss konkret und kontextuell sein und die Spannung zwischen einem Lebensereignis und seiner Sinndeutung bedenken und ausarbeiten. Sie muss die lebensbezogene und subjektive Seite des Glaubens immer wieder neu entdecken und ernst nehmen; darin konkretisiert sich der Erfahrungsbezug der Theologie. Pastoralpsychologie leistet Hilfestellung, um den Lebensbezug, den Subjektbezug und die Kontextualisierung von Theologie zu intensivieren.

Ein Beispiel: Wenn die Theologie vom Ziel der Freiheit eines Christenmenschen spricht, ist nach der Konkretion dieser Freiheit bzw. des Prozesses der Befreiung zu fragen. Aus psychoanalytischer Perspektive könnte damit etwa die Freiheit vom Wiederholungszwang bezeichnet werden. Wiederholungszwang bezeichnet

36 Vgl. *Wahl* 1990, 41–61.
37 *Rössler* ²1994, 90ff.

1.5 Pastoralpsychologie als Theologie

ein Verhalten, »wodurch das Subjekt sich aktiv in unangenehme Situationen bringt und so alte Erfahrungen wiederholt, ohne sich des Vorbilds zu erinnern, im Gegenteil den sehr lebhaften Eindruck hat, dass es sich um etwas ausschließlich durch das Gegenwärtige Motiviertes handelt.«[38] Dieses im engen Sinne neurotische Verhalten lässt sich erweitern zu der Aussage: Menschen neigen dazu, Interaktionserfahrungen aus der Kindheit auch im späteren Leben zu wiederholen. Kinder reproduzieren emotional getönte Verhaltensmuster ihrer Eltern; Entscheidungen bei der Partnerwahl stellen häufig Neuauflagen alter Muster dar; Familientherapie hat darauf aufmerksam gemacht, in wie hohem Maß Kinder durch unbewusste Delegationen von Seiten der Eltern gebunden sind. Diese Wiederholungsmechanismen machen Menschen zutiefst unfrei. Größere Freiheit stellt sich ein, wenn solche Mechanismen aufgedeckt und bewusst gemacht werden können. Der Mut zu dieser oft schmerzlichen Wahrheit könnte im Glauben an einen liebenden Grund des Seins entstehen und wachsen.

Erfahrung zeichnet sich nach *G. Ebeling* aus durch einen Lebensbezug (auch wenn die unmittelbare Lebenserfahrung zunächst diffus und mehrdeutig erscheint), einen Geschichtsbezug (Erfahrung bildet sich aus wiederholten Wahrnehmungen, ist also auf Gedächtnis angewiesen), einen Wirklichkeitsbezug (das Konkrete, das Einzelne wird erfasst und in einen größeren Zusammenhang eingeordnet) und einen Wahrnehmungsbezug (Erfahrung ist zunächst an sinnliche Wahrnehmung gebunden).[39]
Anders gesagt: Erfahrung bezeichnet einen Prozess, in dem eine Sinneswahrnehmung, ein Erlebnis, ein Widerfahrnis gedeutet, den bisherigen Koordinaten der Lebenswelt zugeordnet und damit sinnhaft und verstehbar gemacht wird. Aus einem undeutlichen Erlebnis oder Widerfahrnis wird auf diese Weise eine gedeutete Erfahrung. Erfahrung ist mithin ein aktiver Konstruktionsprozess, für den die jeweilige kulturelle Umgebung den Einzelnen Bedeutungen zur Verfügung stellt. In den Worten von *Aldous Huxley*: »Experience is not what happens to you, it's what you *do* with what happens to you.«[40]

In der konstruktivistisch orientierten Psychotherapie wird Erfahrung in einem Dreischritt beschrieben:[41] Jedes Widerfahrnis, jede Begegnung löst einen zunächst diffusen, körperlich bezogenen »felt sense«, ein Gespür aus. Dieses Gespür wird symbolisch repräsentiert durch Worte und Bilder. Erst in der Repräsentation klärt und differenziert sich das bis dahin undeutliche Gespür: Das Bauchgrimmen beispielsweise wird als »Hunger« gedeutet und nicht als Beginn einer Darmgrippe; das Lachen eines anderen Menschen als fröhliche Zustimmung zum eigenen Verhalten und nicht als Lächerlich-Machen; das Gespür wird von Angst als so bedrohlich, dass Verhaltenskonsequenzen angesagt sind. Dabei ist die Wortwahl Bestandteil des Konstruktionsprozesses: Je nachdem, mit welchen der genannten Alternativen jemand das wahrgenommene Gespür interpretiert, verändert sich das zugehörige Gefühl.

---

38 *Laplanche/Pontalis* 1972, Bd. 2, 627.
39 Vgl. *Ebeling* 1975, 3–28.
40 Zitiert bei *Kegan* 1982, 11.
41 Zum Folgenden vgl. *Watson* und *Greenberg* 1996, 253–274.

Der dritte Schritt, den wir nur in manchen Fällen vornehmen, besteht aus einer reflexiven Überprüfung des Wahrgenommenen und des Gedeuteten: Was spüre ich da wirklich? Und passt die Deutung tatsächlich zu dem Wahrgenommenen?

Der Prozess der Deutung trägt nicht nur individuell-subjektiven Charakter, sondern wird von den Deutungsmustern der umgebenden Kultur und Bezugsgruppe entscheidend mit bestimmt. Krankheit wird von denen, die sich einer schulmedizinischen Betrachtungsweise zuordnen, als lästige und möglichst schnell mit allen Mitteln zu überwindende Störung einer einzelnen Körperfunktion gedeutet, von anderen, die sich eher alternativ-medizinisch orientieren, als Körpersignal, dessen Bedeutung für den Lebensstil man ergründen und entsprechend ernst nehmen sollte. Ein religiös sozialisierter Mensch wird den heil überstandenen Unfall vielleicht als Bewahrung deuten und entsprechende Dankbarkeit empfinden, während ein säkularer Zeitgenosse erleichtert von einem glücklichen Zufall spricht.
Kategorien der Lebensdeutung sind in der Gegenwart in hohem Maß psychologisch bestimmt; deswegen ist es wichtig, dass Theologie und Kirche diese Sprache und Denkweise kennen und sie für eine Kontextualisierung der Theologie nutzen. An der Neuinterpretation theologischer Begriffe lässt sich die Bedeutung dieser Perspektive beispielhaft zeigen ($\Rightarrow$ Kap. 15):

- Bereits *Paul Tillich* hat darauf verwiesen, wie die Begriffe Sünde und Gnade im Licht psychoanalytischer Deutung wieder einen für heutige Menschen nachvollziehbaren Charakter gewinnen.[42] Das Wort »Sünde« muss von seinen moralischen Konnotationen befreit und als »universale und tragische Entfremdung« des Menschen von seinem essentiellen Sein verstanden werden. Eine Theologie, die auf die potenzielle Vernünftigkeit, die Willenfreiheit des Menschen und seine Fähigkeit zum Guten setzt, muss sich durch Freuds Entdeckung der unbewussten Triebkräfte an die »dämonischen Strukturen« erinnern lassen, »die unser Bewusstsein und Handeln bestimmen.« Der Satz des Paulus »Denn das Gute, das ich will, das tue ich nicht; sondern das Böse, das ich nicht will, das tue ich« (Röm 7,19) gewinnt angesichts der Annahme eines triebhaften Unbewussten beklemmende Realität.
Vor dem Hintergrund eines solchen vertieften Sündenverständnisses kann auch der Begriff der Gnade neue Bedeutung gewinnen« ($\Rightarrow$ Kap. 15.1.2).[43]
- In der christlichen Tradition ist die menschliche Eigenliebe häufig als im Gegensatz zur Gottesliebe stehend begriffen worden.[44] Sünde wurde vielfach als amor sui (Liebe seiner selbst) interpretiert; Gott zu lieben heißt, sich selbst zu hassen, formulierte Luther; und Selbstlosigkeit und von sich selbst Absehen galt immer wieder als Voraussetzung und Begleiterscheinung der Liebe zu Gott und zum Nächsten.
Die Narzissmustheorie *Heinz Kohut*s ($\Rightarrow$ Kap. 4.1.3) weist demgegenüber darauf hin, dass Selbstliebe eine notwendige Voraussetzung ist, um andere lieben

---

42 Zum Folgenden *Tillich* 1970 (a), 304–315; ders., 1970 (b), 325–335.
43 *Tillich* 1970 (a), 314.
44 Vgl. *Schneider-Flume* 1985, 88–110.

1.5 Pastoralpsychologie als Theologie 33

zu können; es ist ein Irrtum zu meinen, dass aus Selbstlosigkeit, die sich leicht zu Selbstabwertung oder gar Selbsthass steigert, Liebe zum Nächsten wachsen könne. Selbstliebe kann nur entstehen, wenn zuvor das Selbst des Kindes hinreichend und bedingungslos geliebt worden ist, wenn ihm »von außen« Liebe (*Kohut* nennt sie Empathie) entgegengekommen ist.
Damit erscheint eine Zusammenschau von Selbst- und Gottesliebe möglich, wie sie schon Augustin formuliert hat: »Denn es kann nicht sein, dass jemand, der Gott liebt, sich selbst nicht liebt ...«[45] Der Mensch, der sich als von Gott geliebt begreift, ist frei, sich selbst und andere zu lieben. Die Anstrengung moralischer Selbstkonstitution ist hier aufgehoben. Aus der Erfahrung, geliebt zu sein und selber lieben zu können, kann sich ein Gefühl der Lebensfreude entwickeln, die sich unverfügbar einstellt angesichts dessen, was einem geschenkt worden ist, und angesichts der daraus erwachsenen eigenen Fähigkeiten und Kräften.

- Theologische Anthropologie ist Jahrhunderte lang vom Phänomen der Schuld des Menschen her aufgebaut worden. Der Mensch wird zwangsläufig schuldig am Willen Gottes, an den Geboten Gottes; deswegen bedarf er immer wieder der Vergebung, der Rechtfertigung seiner Übertretungen. Neuere Anthropologie im Gefolge der Narzissmustheorie arbeitet heraus, dass inzwischen für viele Menschen an die Stelle der Wahrnehmung von Schuld und Schuldgefühlen das Erleben von Scham getreten ist. Der schuldige Mensch wird abgelöst durch den tragischen Menschen, wie es *Heinz Kohut* formuliert hat. Während Schuld und Schuldgefühl aus dem Übertreten von Normen und Geboten resultieren, erwächst Scham aus dem Erleben, den eigenen Ansprüchen und Idealen nicht genügt zu haben. Damit wird die Rede von Schuld, Vergebung und Rechtfertigung in bestimmten Kontexten kaum noch als relevant erlebt. Scham ist nicht mit Vergebung zu begegnen, sondern nur durch verlässliche, kontinuierliche Annahme und Wertschätzung. Für die Rede von Gott bedeutet diese Einsicht, dass statt des Richters, der Schuld zurechnet und vergibt, stärker seine Treue und Liebe im Vordergrund stehen sollte.

Schließlich gewinnt Pastoralpsychologie als Theologie kritische Perspektiven gegenüber der Psychologie:
- Z.B. dann, wenn Psychologie sich implizit nicht mehr als begrenzte und überprüfbare Wissenschaft versteht, sonder normative weltanschauliche bzw. ethische Ansprüche erhebt. Psychologie konkurriert im Bewusstsein vieler Menschen mit Religion, sie füllt die Lücke, die mit dem Rückgang der Bedeutung von Religion entstanden ist. Diese Entwicklung wird dadurch begünstigt, dass Psychologien, wie *Don Browning* es ausdrückt, »Metaphern der Letztgültigkeit« (»metaphors of ultimacy«) und »Prinzipien der Verpflichtung« (»principles of obligation«) enthalten, mit denen sie den Charakter wissenschaftlicher Hypothesenbildung überschreiten.[46] Ein Beispiel sind die Wachstums-Metaphern der humanistischen Psychologie: Selbst-Aktualisierung ist danach in jedem Fall anthropologisch und

---

45 *Augustin*, De moribus ecclesiae catholicae, 1, 26, 48; MPL 32, 1331, zitiert bei *Schneider-Flume* 1985, 90.
46 *Browning* ³1989.

ethisch als gut zu betrachten und zu fördern. Hier sollte Pastoralpsychologie als Theologie kritisch mit der Psychologie über die philosophischen und ethischen Implikationen ins Gespräch kommen.
– Psychologie/Psychotherapie haben oft keine inhaltlich bestimmten Kriterien für ihre Arbeit, sie neigen dazu, Menschen wieder an die jeweiligen Verhältnisse anzupassen (z.b. wenn es in der narrativen Therapie heißt, der Klient/die Klientin solle eine story entwickeln, die »angemessener« ist. Was ist das Kriterium für diese »Angemessenheit«?). Theologie bringt ethische Kriterien ins Gespräch ein, z.b. den Aspekt der Gemeinschaftsgerechtigkeit, der Liebe oder der Freiheit.

1.6 Pastoralpsychologie als Praxis

Schließlich ist Pastoralpsychologie auch eine Form der Praxis, in der psychologische und theologische Perspektiven im Umgang mit Menschen und ihrer religiösen Kommunikation konvergieren und konkret werden. Pastoralpsychologische Praxis geschieht nicht nur in einer von therapeutischen Erkenntnissen bereicherten und kompetenten Seelsorge, sondern auch im Umgang mit Ritualen und Symbolen, in der Berücksichtigung von kognitiven und emotionalen Entwicklungsprozessen, im reflektierten Umgang mit Gruppen, in der differenzierten Wahrnehmung von Leitungsaufgaben usw. Pastoralpsychologische Fragestellungen erwachsen aus der Praxis (*Oskar Pfister* beispielsweise erkannte im Umgang mit der Not der Industriearbeiter in Zürich schnell die Grenzen seiner herkömmlichen seelsorglichen Kompetenz, bei der Suche nach einer Kompetenzerweiterung stieß er auf die Psychoanalyse *Sigmund Freud*s), werden psychologischer und theologischer Reflexion zugeführt, die dann wiederum eine veränderte Praxis freisetzen. Pastoralpsychologen/Pastoralpsychologinnen müssen deswegen eine spezifische Feldkompetenz mitbringen, um diesen Regelkreis von Praxis ⇒ Theorie ⇒ Praxis selber an einer Stelle und anhand einer exemplarischen Methode nachvollziehen zu können. Pastoralpsychologie als Praxis enthält dann immer eine Methodik der Aus- und Fortbildung (⇒ Kap. 16).

1.7 Ein Beispiel pastoralpsychologischen Vorgehens

An einem Beispiel, das *F.W. Lindemann* unter dem Titel »Pastoralpsychologisches Vorgehen im Trauerfall«[47] veröffentlicht hat, lässt sich die Vielfalt der in Rede stehenden Aspekte und die Bereicherung des Verstehens verdeutlichen.

---

47 In: *Blühm* 1993, 76ff.

1.7 Ein Beispiel pastoralpsychologischen Vorgehens

1. Szene: Anmeldung einer Bestattung
Morgens um 8.30 ruft Peter G. bei der Pastorin Käthe P. an – sie wollte gerade eine Konfirmandenfreizeit vorbereiten – und teilt ihr in persönlichen Worten den Tod seiner Frau Anna mit. Die Pastorin kennt den Sohn der G.s. Von ihm hatte sie erfahren, dass die Mutter mit Krebs in der Klinik liege, sie hatte aber keine Ahnung gehabt, dass ihr Sterben so nahe bevorstand. Sie hatte sich nicht um Anna G. gekümmert, weil die vor Jahren aus der Kirche ausgetreten war. Das hatte die Pastorin gekränkt: Sie hatte Anna gemocht, eine sehr tatkräftige, lebendige Frau, deren Engagement sie gerne in der Gemeinde genutzt hätte.
Peter G. fragt die Pastorin, ob sie die Trauerfeier halten könne. Er und sein Sohn seien ja noch Mitglieder der Kirche, und auch seine Frau sei eigentlich dem Anliegen des christlichen Glaubens verbunden geblieben. Die Pastorin ist angerührt von der Nachricht und der Art, wie Herr G. es ihr mitteilt; sie spürt eine Neigung, seinem Wunsch sofort zu entsprechen, sie äußert ihre Anteilnahme, nimmt sich dann aber absichtlich zurück und verweist auf die kirchenrechtliche Schwierigkeit, einen nicht zur Kirche gehörigen Menschen kirchlich zu beerdigen. Sie wolle sich aber um einen Kompromiss bemühen.
Aus pastoralpsychologischer Sicht lohnt es sich, zunächst den Fokus der Aufmerksamkeit auf die Person der Pastorin zu richten. Es geht darum, *genauer zu verstehen*, was in der Pastorin vor sich geht, welche Gefühle, welche Konflikte sie durchlebt.

Man kann sich vorstellen, wie das z.B. in einer Supervisionsgruppe geschähe, wenn die Pastorin dieses Beispiel dort zum Thema machte. Man kann sich aber auch durch eine vorübergehende, probeweise Identifikation mit ihr in die Situation hineinversetzen: Wie würde es mir an dieser Stelle gehen? Was löst schon allein die Fallschilderung in mir aus?

Die Nachricht vom Tod der Anna G. hat die Pastorin traurig gemacht und auch erschreckt: Anna G. ist nicht viel älter als sie selbst; plötzlich ist der Gedanke an das eigene Sterben hautnah da. Zwei ungefähr gleichaltrige Frauen, da sind die Chancen und die Gefahren einer Identifikation besonders groß. Außerdem mochte sie die jetzt verstorbene Anna; von ihr fühlte sie sich allerdings auch gekränkt: Sie hat deren Kirchenaustritt ein wenig persönlich genommen. Als sie (die Pastorin) neu in die Gemeinde kam, hätte sie gern einiges verändert, da wäre ihr die Mitarbeit von Frauen wie Anna sehr recht gewesen. Annas Kirchenaustritt hat sie entsprechend enttäuscht und verunsichert. Inzwischen hat Käthe P. ein realistisches und kräftiges berufliches Selbstgefühl entwickelt; die Kränkung ist nicht mehr wirklich aktuell. Das ermöglicht es ihr, zunächst einmal Anteilnahme zu äußern und noch ein paar Fragen zum Hergang des Sterbens zu stellen, bevor sie dann behutsam auf die Schwierigkeiten einer Bestattung eines aus der Kirche Ausgetretenen hinweist. Wenn die Kränkung noch frischer gewesen wäre, hätte sie vielleicht schneller und schroffer auf die kirchenrechtlichen Probleme verwiesen – oder gerade umgekehrt, um nichts von der Kränkung merken zu lassen, mit besonderem Entgegenkommen sofort zugesagt, die Bestattung zu übernehmen.

Neben den persönlichen, innerpsychischen Konflikten der Pastorin kann man noch typische *Rollenkonflikte* ausmachen: der Konflikt zwischen der Frau, Ehefrau, Mutter einerseits und der Pfarrerin andererseits, der Konflikt zwischen der einfühlsamen Seelsorgerin und der auch der Kirchenordnung verpflichteten Gemeindeleiterin.

Und schließlich ein übergreifender Konflikt in der Einschätzung der Kirche als Institution: Für die Pastorin ist die Kirche als Institution wichtig, sie versteht sich (mehr oder weniger) als deren Repräsentantin, während für Peter G. nur die individuelle Hilfe in einer Krisensituation zählt und der institutionelle Aspekt für ihn nebensächlich ist. Gleichzeitig weiß Käthe P: Wenn sie zu rigide auf der äußeren Ordnung besteht, wird sie möglicherweise die Familie abschrecken, auch noch den Mann und den Sohn als Kirchenmitglieder verlieren – sie muss also einen »mittleren Kurs« fahren, um auch in der Konkurrenz zu anderen sinnstiftenden Organisationen bestehen zu können und das Image der Kirche, der Gemeinde nach außen zu fördern.

Also: Pastoralpsychologie fragt nach der Gefühlslage der Pastorin, nach den inneren Konflikten und nach den Rollenkonflikten. Sie versucht zu verstehen, was bei Käthe P. abläuft, gerade wenn die Betroffene im aktuellen Moment sich selbst dessen vielleicht gar nicht bewusst war. Pastoralpsychologie arbeitet gezielt mit der Unterscheidung von bewussten und unbewussten Ebenen, Motiven oder Konflikten.

Modelle der Psychodynamik, wie sie von verschiedenen Psychotherapieformen entwickelt worden sind (⇒ Kap. 4), und exemplarische Theorien zur Persönlichkeitsentwicklung (⇒ Kap. 11) können dazu beitragen, die Pastorin und ihr Verhalten genauer zu verstehen.

2. Szene: der Trauerbesuch
Peter G. erscheint Freitag Abend zum Trauergespräch im Pfarrhaus. Er wirkt angestrengt, nimmt sich offenbar sehr zusammen und sagt, er habe eine Stunde Zeit, weil er Verwandte vom Bahnhof abholen müsse.
Er fragt die Pastorin als erstes, was sie im Blick auf die Bestattung habe erreichen können: Käthe P. berichtet, dass der Superintendent ihr geraten habe, die Bestattung im neben der Kirche gelegenen Gemeindehaus und ohne Talar zu halten. Peter bedauert das, sieht aber auch, dass es ein fairer Kompromiss ist, und akzeptiert.
Die Pastorin fragt Peter nun nach seiner verstorbenen Frau. Er erzählt, wie sie sich kennen gelernt hätten, erzählt über ihre Beziehung zu den Kindern, warum sie aus der Kirche ausgetreten sei, ihr kulturelles Engagement, wie ihr Musik so viel bedeutet habe und wie sie in den letz-

ten Jahren mit der Krankheit gerungen habe. Er möchte mit Freunden bei der Trauerfeier ein Streichquartett spielen.
Sie sprechen über den Ablauf der Trauerfeier; dann fragt die Pastorin zum Schluss noch, ob Anna gewusst habe, dass sie sterben müsse. Er sagt, sie hätte nicht über ihren Tod gesprochen, sie hätte immer gehofft, dass es doch noch besser werde. Aber ihm sei aufgefallen, dass sie sich viel intensiver als vorher mit ihrer eigenen Geschichte, der Beziehung zu ihren Eltern usw. auseinander gesetzt habe. Während Peter das erzählt, erscheint er weicher, nicht mehr so hektisch. Er und die Kinder hätten beschlossen, als »Motto« über die Traueranzeige zu schreiben: Sie lebt in unserer Liebe.
Aus pastoralpsychologischer Perspektive kann man in dieser Szene einen genaueren Einblick in die Situation von Peter G. bekommen und einige interessante Beobachtungen zum Ablauf und zur Struktur des Gesprächs machen:
Zunächst fällt auf, dass Peter G. zum Trauergespräch ins Pfarrhaus kommt; sonst ist es üblich, dass die Pfarrerin zu den Angehörigen geht; dadurch wird unterstrichen, dass die Angehörigen die Leidenden sind, die passiv sein dürfen und Zuwendung brauchen.
Peter G. akzeptiert diese Rolle für sich offensichtlich nicht; er behält die Rolle des Aktiven bei, der auch in dieser Krise der Trauer Herr der Lage bleibt. Das ist seine Form der Krisenbewältigung. Während viele Menschen in einer Trauersituation regredieren, also auf frühere Bewältigungsmechanismen zurückgreifen, passiv werden und versorgt werden wollen, tut er das Gegenteil: Er reißt sich zusammen und behält die Kontrolle. Eine solche Haltung hat sicherlich Vorteile, weil es im Todesfall eines Angehörigen viel zu regeln und zu erledigen gibt. Gleichzeitig ist darauf zu achten, dass in einer solchen Haltung die Gefühle der Trauer - einschließlich ihrer Ambivalenz, Trauer, Wut, Enttäuschung etc. – möglicherweise nicht genügend Raum bekommen. Im anfänglichen Schock über den Tod sind solche Verhaltensweisen des öfteren zu beobachten; wenn daraus eine dauerhafte Haltung wird, spricht man von einer pathologischen Trauerverarbeitung, die zu einer Einengung der Verhaltensmöglichkeiten des Betroffenen führt (⇒ Kap. 8.7.4).
Weiter fällt auf, dass Peter G. auch im Gespräch die Initiative ergreift. Er setzt den Zeitrahmen und beginnt das Gespräch, indem er fragt, was sie im Blick auf die Durchführung der Bestattung erreicht habe. Die Pastorin lässt diese Umkehrung des üblichen Ablaufs, auch die zeitweise Umkehrung der Rollen geschehen. Das kann situativ sinnvoll sein – gleichzeitig kann es problematisch sein: Die Pastorin braucht ja zur Durchführung der Bestattung bestimmte Informationen, sie muss für ihre Ansprache mehr über die Verstorbene und die Situation der Familie wissen, sie muss mit den Angehörigen den Ablauf des Rituals durchsprechen; und es wäre wünschenswert, wenn ihr zumindest ansatzweise der Einstieg in ein seelsorgliches Gespräch gelänge.

Käthe P. übernimmt wieder die Führung des Gesprächs, indem sie nach der Verstorbenen fragt. Peter G. erzählt ausführlich, sie muss nur gelegentlich nachfragen. Sie fragt noch mal nach dem Kirchenaustritt Annas; an diesem Punkt hängt ihre Einstellung zu Anna, also auch die Frage, mit welchem Gefühl sie die Bestattung wird halten können. (Das ist deswegen besonders wichtig, weil man davon ausgehen kann, dass eine verborgene, nicht wahrgenommene Ambivalenz der Pastorin in der Gestaltung des Ablaufs zum Ausdruck kommen würde!)
Sie schneidet dann den Ablauf der Trauerfeier an, ein unverzichtbares Element, weil die Angehörigen Sicherheit brauchen – im Gegensatz zu früheren Zeiten kann man heute nicht mehr davon ausgehen, dass die Menschen mit dem Ablauf einer Bestattungsfeier vertraut sind.
Interessant – und problematisch – erscheint es, dass Käthe P. nach diesem Teil das Gespräch nicht zum Abschluss bringt (sie ist für den Verlauf und einen sinnvollen Abschluss verantwortlich), sondern noch einmal neu einsetzt mit der potentiell brisanten Frage nach der Einstellung Annas zu ihrem Sterben. Die Frage ist brisant, weil daran alle möglichen Gefühle und Konflikte aufbrechen könnten. Wie würde die Pastorin am Ende des Gesprächs damit umgehen können?
In dieser Situation hört sie von Peter, dass Anna selbst und beide zusammen das Thema vermieden bzw. verdrängt hätten; Käthe P. kann das jetzt nur respektieren: Sie ist nicht in einem therapeutischen setting, sondern in einer Situation, die der Vorbereitung eines Rituals dient, damit selber Teil des Rituals ist und insgesamt zur Entlastung der Betroffenen beitragen soll. Trotzdem ist oft gerade das Verdrängte das Wichtige, weil dort ein Konflikt zu vermuten ist. Käthe P. benutzt ihre freien Einfälle, um besser zu verstehen, warum Peter und Anna vielleicht nicht über ihren Tod gesprochen haben. Käthe weiß, dass es zwischen Peter und Anna gelegentlich Konflikte über die Verteilung der Haus- und Familienarbeit gegeben hat. Peter war beruflich sehr absorbiert, hatte nicht so viel Zeit für die Familie, wie Anna es gerne gesehen hätte. Könnte es sein, dass Peter sich jetzt Vorwürfe macht, Anna nicht genügend entlastet zu haben? Könnte das auch seine jetzige Aktivität und Hektik ein wenig erklären? Außerdem: Durch ihre Krankheit musste er dann doch zurückstecken, viel für sie und die Kinder da sein – könnte in ihm ein versteckter Groll auf Anna sein, der es ihm schwer gemacht hätte, über Krankheit und Tod mit ihr zu sprechen? Vermutungen, Einfälle, Umkreisungen, es bleiben viele offene Fragen, aber es ist sicher wichtig, auf unterdrückten, verdrängten Ärger zu achten.
Also: Pastoralpsychologie fragt nach der Gefühlslage und den inneren Konflikten des Gegenüber, die dessen Verstehensmuster mit bestimmen, und nach der Dynamik der Interaktion zwischen beiden Gesprächspartnern: Wie ist der Verlauf der Interaktion zu verstehen, welche verborgenen, nicht bewussten Motive spielen eine Rolle etc.?

1.7 Ein Beispiel pastoralpsychologischen Vorgehens 39

Erkenntnisse zur Psychodynamik, Persönlichkeits- und Entwicklungstheorien (⇒ Kap. 4 und 11), Modelle der Seelsorge (⇒ Kap. 10), sowie Einsichten in die Dynamik von Trauer (⇒ Kap. 8.7.4) sind hilfreich, um die Situation genauer zu verstehen.

3. Szene: Die Bestattung
In der folgenden Woche findet die Trauerfeier im Gemeindehaus statt: Der Saal ist voll, vorne auf der Bühne stehen Stühle für ein Streichquartett, rechts davor ein vergrößertes Foto der Verstorbenen, mit Blumen umrankt, auf der anderen Seite ein Rednerpult. Peter G. begrüßt die Gäste und sagt ihnen, dass Angehörige und Freunde Musik spielen wollen, um auf diese Weise von Anna Abschied zu nehmen. Nach einem ersten Musikstück tritt die Pastorin – nicht im Talar – ans Rednerpult und liest Verse aus Röm 8 und Ps. 39. Nach einem weiteren Quartettsatz stellt sie das Leben der Verstorbenen dar; sie spricht dann über die Tageslosung aus Phil 3/20f.

›Unsere Heimat aber ist im Himmel, von dannen wir auch warten des Heilandes Jesus Christus, des Herrn, welcher unsern nichtigen Leib verklären wird, dass er gleich werde seinem verklärten Leib nach der Wirkung seiner Kraft, mit der er kann auch alle Dinge sich untertänig machen‹. Sie spricht über ›unseren nichtigen Leib‹, Annas Kampf mit der Krankheit, den Schmerz der Familie und die Dankbarkeit für die Zeit mit Anna hier und Annas Liebe. Sie zitiert die Traueranzeige ›Sie lebt in unserer Liebe‹ und deutet diesen Satz als Ausdruck bleibender Dankbarkeit, in der die Tote lebendig bleiben soll im Gedächtnis der Ihren: So werde der nichtige Leib verklärt, verwandelt.

Es folgt ein heiterer Mozartsatz. Dann geht die Gemeinde zum Grab, die Pastorin spricht die Bestattungsformel und betet das Vater Unser. Ein Redner hält einen Nachruf.
Aus pastoralpsychologischer Perspektive ist es lohnend, neben der Beziehungsdynamik auch nach der Inszenierung und der Funktion des Rituals und nach den verwendeten Symbolen und ihrer Wirkung zu fragen.
Wieder fällt auf, dass Peter G. die Trauerfeier eröffnet; da es keine im strengen Sinn kirchliche Veranstaltung ist, ist auch dieser Kompromiss möglich. Bei der eigentlichen Bestattung übernimmt die Pastorin die Leitung.
Der Ablauf der Trauerfeier folgt im Großen und Ganzen dem agendarischen Ablauf: Es zeigt sich da ein typisches Element, das für viele Rituale gilt: Eine stereotype Handlungsvorgabe, die gleichzeitig einen gewissen Handlungsfreiraum, individuellen Gestaltungsraum freigibt.
Das Ritual wird durch verschiedene symbolische Mittel gestaltet: der Raum und die Art und Weise seiner Herrichtung, die Blumen, das Bild der Verstorbenen, das Rednerpult, die Musik – das Arrangement gehört in den Bereich der präsentativen Symbolik (⇒ Kap. 7), die unmittelbar das Erleben anspricht und deswegen in seiner Wirkung nicht

gering einzuschätzen ist. Dabei ist zu berücksichtigen, dass ein Versammlungssaal eine andere Atmosphäre schafft als eine Kirche; die Familie hat dies bewusst aufgenommen und den Raum nach ihren Wünschen gestaltet.

Musik kann Gefühle und Erinnerungen zum Ausdruck bringen und gleichzeitig Gefühle wachrufen und verstärken; Musik ergreift uns auf einer vorbewussten Ebene, sie drückt Trauer über den Tod der Verstorbenen aus und ist zugleich der Versuch, Trost anzubieten, sich in die überindividuellen Zusammenhänge der Musik zu bergen.

Das Bild der Verstorbenen erinnert an ihr gesundes Leben, das Bild soll die Erinnerung der Anteilnehmenden prägen und die dunklen Aspekte der Krankheit und des Sterbens in den Hintergrund drängen.

Von der präsentativen Symbolik zu unterscheiden ist die diskursive Symbolik: Zur diskursiven Symbolik gehört vor allem die Sprache, wiederum in doppelter Hinsicht als Sprache des Rituals und als Sprache der Auslegung eines biblischen Textes.

Die Sprache des Rituals hat einen vorrangig ästhetischen Charakter: Ein Text wie Röm 8 wird zum Klingen gebracht wie im Theater, seine poetische Qualität wird durch die Rezitation herausgestellt. Zweierlei wird damit geleistet: Zum einen spricht er unmittelbar die sinnliche Wahrnehmung an, zum anderen schließt er die Hörenden zu einer großen Traditionsgemeinschaft zusammen: Generationen vor uns haben sich durch einen solchen Text stärken lassen, und auch in der Gegenwart schließt uns der Text zusammen als die, denen die Liebe Gottes gilt.

Anders die Textauslegung die Predigt: Hier geht es gezielt und explizit um Glaubens- und Lebensdeutung. Die gegenwärtige Situation des Abschiednehmens, der Trauer wird gedeutet von einem Text aus der biblischen Tradition her. Aus pastoralpsychologischer Perspektive (im Unterschied zu exegetischen oder homiletischen Aspekten) ist die eigentliche Frage, ob und wie es der Pastorin gelingt, einerseits mit Hilfe des Textes das Erleben der Trauergemeinde anzusprechen und durch die symbolische Deutung zu erhellen und ein wenig zu transformieren, andererseits von der Situation der Trauergemeinde her diesen spezifischen Text neu lebendig und relevant werden zu lassen. Es ist eine immer wieder umstrittene Frage, ob eine solche diskursive Deutung in einer Krisensituation wie einer Trauerfeier wahrgenommen werden kann oder ob sie nicht im Gesamt des Rituals gleichsam untergeht.

Also: Pastoralpsychologie fragt nach der kommunikativen Funktion der Amtshandlung als Ganzer, des Rituals, der Symbole und der Predigt (und damit des Glaubens und der Theologie der Pastorin): Was bewirken die verschiedenen Elemente in diesem Fall? Was könnten sie bewirken bzw. ermöglichen? Wo liegen ihre Grenzen, bzw. was verhindern sie? Wie legen sich Text und Situation gegenseitig aus? Gelingt es der Pastorin, ihre Theologie »persönlichkeitsspezifisch« zur Sprache zu bringen? Entspricht der rituelle Ablauf mit seinen unter-

1.8 Pastoralpsychologische Hermeneutik

schiedlichen Elementen den Inhalten, die die Familie und die Pastorin zum Ausdruck bringen möchten, oder kommt es diesbezüglich zu Spannungen oder gar Widersprüchen?

Theorien zur Funktion von Ritualen und Symbolen (⇒ Kap. 7), von Amtshandlungen und ihrer Einbettung in den Lebens- und Familienzyklus (⇒ Kap. 8) können bei der Planung und Durchführung des rituellen Ablaufs der Bestattung hilfreich sein, sie können zu einer gezielteren Kontextualisierung der Handlung beitragen.

Das Beispiel und seine Kommentierung zeigen, wie Pastoralpsychologie als Psychologie, als Theologie und als Praxis ineinander greifen.[48] Die jüdisch-christliche Tradition hat lange die Vorgaben gemacht, wie sich der Mensch verstehen kann und soll; inzwischen haben wenigstens teilweise die Sozialwissenschaften, vor allem die Psychologie, diese Funktion übernommen. Es ist deswegen von besonderer Bedeutung, dass sich die Theologie mit der Psychologie auseinander setzt und in Gestalt der Pastoralpsychologie eine aus beiden Quellen gespeiste religiöse Theorie und Praxis entwickelt.

1.8 Pastoralpsychologische Hermeneutik

1.8.1 Hermeneutik wird üblicherweise verstanden als die Lehre vom Verstehen zwischen Menschen; dazu gehört, nicht nur das zu erfassen, was Menschen direkt, verbal oder nonverbal, zum Ausdruck bringen, sondern auch den Hintergrund an Wirklichkeitsdeutungen, die sie sich zu eigen gemacht haben. Kommunikationsprozesse und Wirklichkeitsdeutungen sind so vielfältig und komplex, dass es eine Fülle von Verstehenszugängen und entsprechend eine Vielfalt an Hermeneutiken gibt. Sie bilden ganz unterschiedliche Wirklichkeitsdimensionen ab und schaffen im Verstehensprozess neue, weil Verstehen nie nur ein rezeptiver, sondern immer auch ein aktiv konstruierender Vorgang ist. Einige markante Punkte aus der Geschichte hermeneutischer Theoriebildung seien im Folgenden knapp dargestellt; sie bezeichnen Einsichten, an denen auch pastoralpsychologische Hermeneutik nicht vorbeigehen sollte.

D.F. Schleiermacher bestimmt geisteswissenschaftliche Hermeneutik als »Kunstlehre des Sichverständigens«.[49] Er unterscheidet zwei Grundformen des Verstehens: das »komparative«, grammatische Verstehen, das durch philologische Analyse einen Text oder eine Rede intersubjektiv nachvollziehbar erscheinen lässt, und das »divinatorische«, psychologische Verstehen, das ein kongeniales Sich-Hineinversetzen in den

---

[48] Mit dieser dreifachen Charakterisierung der Pastoralpsychologie nehme ich eine Anregung von *Chris R. Schlauch* auf aus seinem Aufsatz 1996, 237–249.
[49] Zum Folgenden vgl. *Oeming* 1998; *Berger* 1999.

Autor erfordert. Jedes tiefere Verstehen ist ein Wagnis, weil es darauf basiert, die Intentionen eines Autors zu erahnen, zu erfühlen. Missverstehen stellt sich deshalb fast zwangsläufig ein; Ziel allen hermeneutischen Bemühens muss es sein, sich auf Verstehen und Wahrheit hin auszurichten. Das kann gelingen, wenn beide Formen des Verstehens ineinander greifen: «Verstehen in der Sprache und Verstehen im Sprechenden.«[50] Divinatorisches Verstehen ist immer auf den konkreten, einmaligen Kontakt zum Gegenüber bezogen, der Erfahrungsbezug der Hermeneutik ist damit gegeben. Gleichzeitig ist *Schleiermacher* so realistisch, dass er das Missverstehen eher als Regel denn als Ausnahme sieht.

W. Dilthey arbeitet den Unterschied zwischen naturwissenschaftlichem und geisteswissenschaftlichem Verstehen heraus. Während naturwissenschaftliches Verstehen kausalanalytisch vorgeht, beruht geisteswissenschaftliches Verstehen auf erlebendem Nachvollzug: »Die Natur erklären wir, das Seelenleben verstehen wir.«[51]

Der erlebende Nachvollzug ist nur möglich auf der Basis des im Hintergrund vorhandenen Zusammenhangs des Seelenlebens. Jedes Individuum ist in Intersubjektivität eingebunden, es versteht sich selbst nur in einer »Sphäre von Gemeinsamkeit«. Gemeinsamkeit ist sprachlich strukturiert. Diese kommunikativ strukturierte Gemeinsamkeit ermöglicht sowohl Identifikation des einen mit dem anderen als auch das Festhalten an der eigenen Unterschiedenheit. Insofern kann *Habermas*, *Dilthey* interpretierend, formulieren: »Ich-Identität und umgangssprachliche Kommunikationen sind komplementäre Begriffe ... Selbstbewusstsein konstituiert sich im Schnittpunkt der horizontalen Ebene intersubjektiver Verständigung mit Anderen und der vertikalen Ebene intrasubjektiver Verständigung mit sich selber.«[52]

Während die geisteswissenschaftlich orientierte Hermeneutik vorwiegend von bewussten Kommunikations- und Verstehensprozessen ausging, stellte *S. Freud* zum ersten Mal methodisch reflektiert die Unterscheidung von bewusstem und unbewusstem Seelenleben in den Vordergrund seiner hermeneutischen Bemühungen. Menschliche Kommunikation wird immer von unbewussten Triebregungen und entsprechenden Abwehrbewegungen mitbestimmt. Der »manifeste« Ausdruck oder Inhalt ist immer auf seine »latente« Dynamik hin zu befragen; manifester und latenter Gedanke stehen meistens in Spannung zueinander. Diese Grundgedanken einer »Hermeneutik des Verdachts« hat *Freud* schon in der Traumdeutung von 1900 im Detail ausgeführt. Verstehen heißt dann, die Bedeutung solcher unbewussten Impulse und ihren das Verhalten determinierenden Einfluss zu erfassen. Die Bedeutung lässt sich in der Regel zurückführen auf individuell-

---

50 *Schleiermacher* 1959, 56.
51 *Dilthey* (1894) 1957, 144.
52 *Habermas* 1973, 199.

1.8 Pastoralpsychologische Hermeneutik

biographische Konflikte, vor allem aus der Zeit der Kindheit; diese Konflikte werden in der gegenwärtigen therapeutischen Beziehung reinszeniert und können in einem längeren dialogischen Prozess der Deutung, d.h. der Einfühlung und sinnhaften Zuordnung zu anderen Ereignissen, erschlossen und verstanden werden. Damit ist Verstehen nicht abstrakt und distanziert möglich, sondern an die Erfahrung, an die methodisch exakte Wahrnehmung der Begegnung zweier Interaktionspartner gebunden. Therapeutisches Verstehen zielt darauf ab, Unbewusstes bewusst zu machen, den Wiederholungszwang zu durchbrechen, dadurch die verhaltensbestimmende Macht des Unbewussten zu überwinden und neue Freiheit zu eröffnen. Verstehen hat also bei *Freud* ein dezidiert aufklärerisches Interesse: »Wo Es war, soll Ich werden«.[53]

Verstehen kommt aber nie an sein Ende, ist nie abgeschlossen und vollendet, das macht *Paul Ricœur* deutlich in seiner Interpretation des Symbols und der Metapher. Symbol ist nach *Ricœur* definiert durch die semantische Struktur des Doppelsinns. Diese Struktur fordert Denken und Interpretation heraus; die Interpretation kommt nie an ihr Ende, weil echte Symbole überdeterminiert sind. »Diese authentischen Symbole sind wahrhaft regressiv-progressiv – durch die Reminiszenz und die Antizipation, den Archaismus und die Prophezeiung.«[54] Die Bedeutung eines Textes ist nicht identisch mit dem, was der Autor sagen wollte; es gibt nicht »die Sache« eines Textes, vielmehr ist sie immer schon durch die Interpretation erweitert, verfremdet und verändert; und das ist kein Verfallsprozess, sondern notwendige Bedingung allen Verstehens.

Was in der Psychoanalyse als Zirkel von Übertragung und Gegenübertragung im therapeutischen Prozess beschrieben wird, hat *Hans Georg Gadamer* als hermeneutischen Zirkel allen Verstehens generalisiert. Verstehen beschreibt er als ein Verschmelzen verschiedener Sinnhorizonte, verschiedener geschichtlich gewachsener, häufig auch unbewusster Vorverständnisse, die sich im Gespräch begegnen. Ein Mensch bringt bestimmte Lebenserfahrungen und Weltverständnisse mit; wenn Neues (z.B. in Gestalt eines fremden Textes) auf ihn zukommt, versucht er/sie, es im Kontext dieser mitgebrachten Vor-Urteile aufzufassen und zuzuordnen; dabei werden die eigenen Urteile natürlich auch verändert. So kommt es zu einem ständigen Prozess von Horizontverschmelzungen: »In Wahrheit ist der Horizont der Gegenwart in steter Bildung begriffen, sofern wir alle unsere Vorurteile ständig erproben müssen. Zu solcher Erprobung gehört nicht zuletzt die Begegnung mit der Vergangenheit und das Verstehen der Überlieferung, aus der wir kommen. Der Horizont der Gegenwart bildet sich

---

53 *Freud* 1933, St. A. I, 516.
54 *Ricœur* 1974, 507f. Ähnliches sagt Ricœur über die Metapher in: *Ricœur/Jüngel* 1974, 49.

also nicht ohne die Vergangenheit. Es gibt so wenig einen Gegenwartshorizont für sich, wie es historische Horizonte gibt, die man zu gewinnen hätte. Vielmehr ist Verstehen immer der Vorgang der Verschmelzung solcher vermeintlich für sich seiender Horizonte.«[55]
Verstehen ist an Sprache gebunden, Weltverstehen identisch mit Sprachverstehen. Sprache wiederum ist nicht einfach als Werkzeug zu sehen; wir sind von Sprache umgriffen, leben in ihr. Sprache ist auf Gespräch, auf Dialog angelegt.
Kritisch ist zu *Gadamer* zu sagen, dass sein Begriff der Horizontverschmelzung als eine optimistische »Hermeneutik des Einverständnisses« verstanden werden kann, angesichts derer die Individualität, die Fremdheit, die Provokation des Gegenüber (auch des Textes) und die Erfahrung des Missverstehens *als produktive Orte* für das Verstehen verloren zu gehen drohen.
Zu ganz anderen Fragestellungen und Perspektiven kommt man denn auch bei der Beschäftigung mit »emanzipatorischen Hermeneutiken«.[56] Im Gefolge der Befreiungstheologie etwa geht es nicht länger darum, »Welt« als Anwendungsfall der Verkündigung zu begreifen; vielmehr wird das Evangelium von der konkreten sozialen Situation und der Notwendigkeit der Befreiung aus versklavenden Verhältnissen her ausgelegt. Die Analyse der jeweiligen historisch-sozialen Situation (z.B. der gesellschaftlichen Strukturen, die Armut produzieren) hat hier das gleiche Gewicht wie die des biblischen Textes. Die soziale Analyse und das sich daraus entwickelnde Interesse ist das leitende Vorverständnis, das im Gespräch mit dem Gegenüber, sei es ein Text, sei es eine Person, kritisch auf seine Angemessenheit zu überprüfen ist. Die Frage nach dem Situationsbezug jeder Kommunikation steht hier am Anfang.
Feministische Bibelauslegung sucht mit ihrer »Hermeneutik des Verdachts« – strukturell vergleichbar dem psychoanalytischen Verdacht – nach den verborgenen Interessen von Texten, von Textauslegung, von Kommunikation. Jede Kommunikation ist in bestimmte individuelle und gesellschaftliche Interessen (z.B. die Interessen von Männern und von ihnen geschaffener patriarchaler Strukturen) verstrickt und neigt, bewusst und unbewusst, dazu, diese zu perpetuieren. Kritische Wachsamkeit ist nötig, um den Schein wissenschaftlicher Objektivität als eben auch interessegeleitet immer neu aufzudecken.
Die »Hermeneutik der Fremdheit«, die *Klaus Berger* entwickelt, verfolgt das Interesse, in der Rekonstruktion und Respektierung des Fremden »den Reichtum der Texte sichtbar werden zu lassen.«[57] Ein biblischer Text ist »ein unvereinnahmbar eigener«, er kann nicht selbstverständlich für heute als gültig erklärt werden. Nur in der Begegnung

---

55 *Gadamer* [4]1975, 289.
56 Vgl. *Berger* 1999, 41ff.
57 *Berger* 1999, 78.

1.8 Pastoralpsychologische Hermeneutik

mit Fremdem ereignet sich Neues: »Fremdheit ist die Bedingung von Wirkung. Denn eine in ihrer Fremdheit wieder erschlossene Schrift kann selbst auch neue Erfahrung vermitteln.«[58]

Ein ähnliches Interesse wie *Berger* formuliert die interkulturelle Hermeneutik, wenn sie im interkulturellen Dialog von der Erfahrung der Fremdheit und des Unverständnisses in der Begegnung ausgeht. Eine solche »Hermeneutik des Unverständnisses«[59] hat zu tun mit der kulturellen Differenz zwischen Kommunikationspartnern sowie mit einem konstruktivistischen Begriff des Verstehens: Danach ist Verstehen nicht das Entdecken einer immer schon irgendwie vorhandenen Bedeutung und keine passive Rezeption von außen kommender Reize, sondern immer aktive, subjektive Konstruktion, die notwendig Eigenes zum Wahrgenommenen hinzu tut. Wir »haben« die Welt nur in Form der Konstrukte, die wir uns – sozial und kulturell vermittelt – von ihr machen. Damit stoßen in der Begegnung zwei jeweils unterschiedlich strukturierte und gefüllte Konstrukte aufeinander, und es bedarf in der Regel eines langen, mit gegenseitigem Respekt und Interesse geführten herrschaftsfreien Dialogs, um zu einem relativen Einverständnis zu finden (⇒ Konstruktivismus Kap. 2, narrative Seelsorge, ⇒ Kap. 10).[60]

Überblickt man diese hier nur ganz knapp angerissenen hermeneutischen Ansätze, so ergeben sich für eine pastoralpsychologische Hermeneutik einige wichtige Eckpunkte, die zu berücksichtigen sind:

- Verstehen und Auslegen sind wechselseitige, an Sprache gebundene Prozesse.
- Die Erfahrung von Fremdheit, Unterschiedlichkeit und Unverständnis der Kommunikationspartner steht am Anfang jeder Begegnung, auch der Begegnung mit einem biblischen Text. Respekt vor der Fremdheit des/der Anderen ist unabdingbare Voraussetzung eines weitergehenden Verstehensprozesses.
- Trotzdem ist über Einfühlung relative Annäherung möglich. Diese Annäherung ist im Dialog immer wieder kritisch zu überprüfen.
- Das Verstehen symbolischer Sprache ist ein nie abgeschlossener, kreativer Prozess der Horizonterweiterung.
- Verstehen könnte man auch als Suche nach Gemeinsamkeit, auf dem Hintergrund von Fremdheit, beschreiben.
- Der Versuch der Einfühlung ist an Wahrnehmung gebunden und damit nah an der Lebenserfahrung der Beteiligten. Diese Erfah-

---

58 *Berger* 1999, 81.
59 Der Begriff stammt von *Körtner* 1994, 51ff.
60 *Sundermeier* 1996, 128ff. spricht als Religions- und Missionswissenschaftler von der Notwendigkeit einer »xenologischen Hermeneutik«, die den dialektischen Zusammenhang von Differenz und Zusammengehörigkeit in der Begegnung mit Fremden bedenkt.

rungsnähe ist besonders charakteristisch für pastoralpsychologische Hermeneutik.
- Ein anderes charakteristisches Merkmal besteht in der Übernahme der psychoanalytischen Unterscheidung von bewusstem und unbewusstem Seelenleben; aus dieser Unterscheidung folgt eine »Hermeneutik des Verdachts«, die immer noch anderes hinter dem, was prima facie gegeben ist, vermutet.
- Verstehen ist ein Konstruktionsprozess, dessen Bedingungen wiederum durch die Untersuchung der situativen Faktoren und der Persönlichkeitsanteile der Beteiligten erhellt werden können.

1.8.2 Auch pastoralpsychologische Hermeneutik gibt es nur im Plural, abhängig jeweils von den verschiedenen psychologischen Schulen und unterschiedlichen theologischen Deutungsmustern, mit denen Pastoralpsychologen arbeiten. Sie greifen jedoch alle zurück auf eine Struktur, die der Begründer der Pastoralpsychologie, *Anton Boisen*, entwickelt hat.[61] *Boisen* (1876–1965) war kongregationalistischer Pfarrer und Krankenhausseelsorger; er wurde selber mehrere Male mit der Diagnose »schizophren« in eine psychiatrische Klinik eingewiesen. Seine Krankheitserfahrungen verstand er als ihn unbedingt angehende Botschaft an sich selbst, sie zeigten ihm fundamentale Analogien zwischen extremen psychischen Zuständen und religiösen Erfahrungen auf: »Wir haben herausgefunden, dass solche akuten Verwirrungszustände, wie man sie in jedem psychiatrischen Krankenhaus beobachten kann, auffallende Ähnlichkeiten mit bestimmten religiösen Erfahrungen aufweisen.«[62] Um Menschen in solchen psychischen Ausnahmesituationen hilfreich begleiten und zu ihrer Heilung beitragen zu können, ist es nach *Boisen* notwendig, dass die Theologen/Theologinnen nicht nur die historischen Dokumente der Bibel, der Kirchengeschichte, der dogmatischen Theologie lesen und verstehen gelernt haben, sondern auch die »living human documents«, also die Menschen »in all ihrer Komplexität und Unbestimmbarkeit«.[63] Weil es in psychologischen Krisen um Erfahrungen von Leben und Tod geht, um Sinn und Ziel des Lebens, um das, was als »ultimate concern« das Leben trägt, sind sie religiös bedeutsam; die krisenhaften Lebenserfahrungen sind gleichsam offen für eine religiöse Tiefendimension, für eine »Erfahrung mit der Erfahrung« (*Ebeling*), die auch als Gotteserfahrung bezeichnet werden kann. Um zu lernen, wie man mit den »living human documents« sensibel und weiterführend umgehen kann, ist ein »learning by doing« notwendig: Die Erfahrung religiöser bzw. seelsorglicher

---

61 *Joan E. Hemenway* spricht von den drei Vätern der Clinical Pastoral Education, *William S. Keller*, *Richard C. Cabot* und *Anton Boisen* in 1996, 8ff. Genauer dazu ⇒ Kap. 3.
62 *Boisen* 1971, 297.
63 *Boisen* 1971, 247ff.

1.8 Pastoralpsychologische Hermeneutik

Praxis, die supervisorisch (durch verbatim festgehaltene Fallstudien) reflektiert und ausgewertet wird, führt zu vertieftem Verstehen und damit zu neuer veränderter Praxis und erweitertem Horizont. Die Texte der Bibel bzw. der Kirche und die Texte der Lebensgeschichten der betroffenen Menschen sollen nach *Boisen* in Beziehung gesetzt und einem wechselseitigen Auslegungsprozess unterzogen werden, einem Auslegungsprozess, der in beiden Hinsichten mit denselben methodischen Einsichten arbeitet. Zu dem methodischen Instrumentarium gehört die Frage nach dem unbewussten Hintergrund eines Textes, nach seinen Interessen und seiner Beziehungsstruktur. Joachim Scharfenberg hat diese Einsichten *Anton Boisens* als das »schibboleth der Pastoralpsychologie« bezeichnet.[64]

Konkretisiert am obigen Beispiel der Bestattung: Die Pastorin, die Personen der Trauerfamilie und die bei der Trauerfeier anwesende Gemeinde, sie alle haben auf Grund ihrer ganz unterschiedlichen Biographien und Vorgeschichten eine je spezifische individuell-*personale Eigendynamik,* die zum Teil wahrnehmbar ist, z.T. verborgen bleibt; im Moment ihres Zusammentreffens bei der Bestattungsfeier entwickelt sich zwischen den Personen zugleich eine besondere *Beziehungsdynamik.* Beide Perspektiven müssen notwendigerweise kontextualisiert werden, denn sie sind unweigerlich mit einer bestimmten *Situationsdynamik* verknüpft und von ihr umgeben: die Situation des Abschiednehmens und der Trauer, der Kontext einer christlich ausgerichteten Trauerfeier in einem Gemeindehaus etc. In die Textur der Situation fließen nun das Ritual mit seinen historischen Texten ein, Lieder, biblische Worte, eine Predigt, die darauf abzielen, das Selbstverständnis der Beteiligten auszulegen, zu klären, zu differenzieren, dazu beizutragen, dass die Angehörigen und Freunde besser leben können – traditionell wird diese Zielsetzung als Trost oder Glaubensstärkung bezeichnet. Das kann nur gelingen, wenn beide »Texte«, die der Personen und ihrer Situation und die der biblischen und liturgischen Tradition wirklich aufeinander bezogen werden, sich gegenseitig auslegen und durchdringen, die biblischen Texte als Verstehenshilfe für gegenwärtige Lebenserfahrung herangezogen werden, gegenwärtige Beziehungsdynamik als aktuelle Spiegelung religiöser Grunderfahrungen, wie sie die Bibel erzählt, erschlossen werden.

Ein eindrückliches Beispiel für einen solchen Prozess wechselseitiger Auslegung gibt *Christoph Morgenthaler* in seinem Aufsatz »Der unvollendete Pullover«.[65] Eine sterbenskranke Frau wird von einem Vikar besucht. Der möchte die Frau

---

64 *Scharfenberg* 1986, 157. Vgl. auch *Gerkin* 1984. Gerkin unternimmt hier in Fortsetzung des Anliegens von Boisen den Versuch, die Sprachen der Theologie und der Psychotherapie als verschiedene Deutungsmuster des Lebens zueinander in Beziehung zu setzen.
65 *Morgenthaler* 1997, 242–258.

trösten und erzählt ihr, angesichts der bevorstehenden Osterfeiertage, vom leidenden und auferstandenen Jesus. Die Frau reagiert darauf nicht. Statt dessen erzählt sie nach einer Pause von einem Traum, in dem sie etwas »fertig machen« wollte; das bringt sie auf ihren Wunsch, noch eine bunte Strickjacke fertig stricken zu können. »Und plötzlich lebt Frau R. auf. Sie ist wie verwandelt. Ausgiebig spricht sie von der Farbe, vom Muster der Jacke. Gegenüber vorher spricht Frau R. jetzt mit kräftiger Stimme und hoffnungsvollen Worten.«[66]
Auf der Sachebene reden beide Gesprächsteilnehmer aneinander vorbei; und im Blick auf den Tröstungsversuch des Vikars sagt *Morgenthaler* zu Recht: »Der theologische Monolog kann verstanden werden als Abwehr, als Ausweg aus einer emotional schwierigen Gesprächssituation.«[67] Auf der symbolischen Ebene jedoch ereignet sich etwas anderes. In der Symbolik von Kreuz und Auferstehung geht es um Dimensionen der Wahrnehmung von Wirklichkeit, die sich mit den Gegensatzpaaren von Wirklichkeit und Möglichkeit, Ohnmacht und Macht, Verzweiflung und Hoffnung, Scheitern und Neuanfang beschreiben lassen. Und eben dies vollzieht sich in der Situation; die Dramaturgie der Situation spiegelt diese Spannung: Angesichts ihrer verfallenden Körperlichkeit spricht die Frau – plötzlich lebendig werdend – in den Sprachformen ihres Alltags von ihrer Hoffnung, von Auferstehung. »Auferstehung würde korreliert mit einem sehr bescheidenen Ereignis: mit dem halbwegs gelungenen Gespräch eines jungen Vikars mit einer schwerkranken Dame über einen Pullover, der unvollendet seiner Vollendung harrt und doch schon so neue Lebensgeister weckt. Auferstehung würde korreliert mit einem Moment gelungenen Lebens, mit einem bescheidenen poetisch-kreativen Akt ...«[68] Sollte es nicht zur theologischen und seelsorglichen Kompetenz des Vikars gehören, dass er die Situation der Frau und den symbolischen Kommunikationsprozess zwischen den beiden zu lesen und entschlüsseln kann, wie er das mit theologischen Texten gelernt hat? Gerade darin käme Theologie zu ihrer eigentlichen Intention: Dass sie nicht in der historisierenden Auslegung stecken bleibt, sondern gegenwärtige Lebenssituationen verstehend neu zu erschließen hilft. Wie in der Emmaus-Geschichte käme es dann nachträglich zu der staunenden Entdeckung, dass der Auferstandene anwesend war, wo neue Lebensperspektive und Hoffnung sich eröffneten.

Menschen legen sich selber ständig aus, indem sie von sich und ihrem Leben erzählen; sie suchen sich und ihr Handeln zu verstehen, ihm einen Sinn abzugewinnen; dazu ziehen sie ihr Alltagswissen mit seinen verschiedenen Bestandteilen heran. Ein Gegenüber ist dabei nützlich, weil es im Gespräch die eigene Position in Übereinstimmung und Unterscheidung mit dem/der anderen zu konturieren hilft. Die professionelle Situation der Seelsorge, Beratung, Psychotherapie methodisiert diesen dialogisch angelegten Auslegungsprozess in spezifischer Weise: Die beobachtende Distanz der Beraterin und eine wissenschaftlich reflektierte, die Details aus übergreifender Perspektive zuordnende Metapsychologie dienen dazu, den Verstehensprozess nicht zufällig, sondern methodisch reflektiert zu gestalten.

---

66 *Morgenthaler* 1997, 243. Diese Sätze stammen aus dem Gesprächsprotokoll des Vikars.
67 *Morgenthaler* 1997, 249.
68 *Morgenthaler* 1997, 253. Vgl. den strukturell ganz ähnlichen Ansatz in *Hölscher/Klessmann* 1994, 391–399.

1.8 Pastoralpsychologische Hermeneutik

Religiosität, in welcher Form auch immer, ist Bestandteil einer solchen Selbstauslegung. Das Bild, das eine religiöse Einstellung vom Menschen und seiner Stellung in der Welt zeichnet, bestimmt Selbstverständnis und Verhalten deutlich mit, sei es im Sinne des lutherischen Sündenbekenntnisses »Ich armer, elender, sündiger Mensch«, sei es im Sinn von Ps 8 »Was ist der Mensch? ... du hast ihn wenig niedriger gemacht als Gott«, sei es im Sinne solcher aus theologischer Sicht fragwürdiger Alltagsmaximen wie »hilf dir selbst, so hilft dir Gott«. Im Unterschied zur Alltagssituation wird anlässlich einer Kasualie oder eines seelsorglichen Besuchs ein explizites religiöses Deutungsangebot an die Betroffenen herangetragen, mit der Zielsetzung, als Hilfe bei der Selbstauslegung zu fungieren.

Pastoralpsychologie geht es darum, genauer zu untersuchen, »wie das Religiöse in den Prozess der Auslegung des Selbst verflochten ist.«[69] Welche Funktion kommt den religiösen Inhalten und Gestaltungen zu? Wo und wie ermöglichen sie Freiheit zu selbstverantwortetem Lebensvollzug, und wo und wie engen sie ein und fördern eher Fremdbestimmung? Diese Kriterien sind wiederum psychologisch beschreibbar und differenzierbar als Beziehungsfähigkeit, Autonomie und Ich-Stärke einerseits versus Abhängigkeit und Ich-Schwäche andererseits. Das Gegenüber, sei es ein Text, sei es eine Person, sei es eine berufliche Konfliktsituation, ist dabei nicht gewissermaßen passives Objekt, das mit psychologischen Kategorien zu analysieren wäre, die dann nur der Bestätigung des eigenen Ansatzes dienen.[70] Der Text wird nicht länger wie ein Patient behandelt, sondern als eigenständiges Subjekt ernst genommen. Es geht immer um das Beziehungsgeschehen Text – Ausleger, Klientin – Beraterin, Pastor – Gemeinde im Rahmen einer spezifischen Situation. Das Wechselspiel dieses Beziehungsgeschehens kann ausgelegt werden aus psychoanalytischer Perspektive als Übertragung und Gegenübertragung, humanistisch-psychologisch als Begegnung, die unter Bedingungen von Annahme, Einfühlung und Wertschätzung Wachstum und Bereicherung der Person ermöglicht, unter lernpsychologischen Prämissen als Lernprozess usw.

In jedem Fall ist Selbst- und Weltauslegung, Sinnfindung und Situationsdeutung ein ständiger, offener Prozess, in dem Bedeutungen immer neu geschaffen und verändert werden. Die Person, das Selbst ist in diesem Prozess sowohl Rezipient als auch Produzent: Sinn und Bedeutung wird immer zugleich empfangen und geschaffen, ist Geschenk und Produkt in einem (⇒ Objektbeziehungstheorie, Kap. 4.1.4). Das Gegenüber im Gespräch (Gesprächspartner, Seelsorgerin, Therapeutin) macht im Dialog etwas ausdrücklich, was in abgekürzter Form auch in der Person, in ihrem Inneren, abläuft.

---

69 *Morgenthaler* 1992, 92.
70 So beispielsweise die frühe psychoanalytische Textauslegung, die überall ödipale Strukturen wiederfand.

Die Komplexität dieses Auslegungsprozesses hat *Joachim Scharfenberg* einzufangen versucht mit der Entwicklung eines hermeneutischen Zirkels,[71] den ich aufgreife und ein wenig verändere.

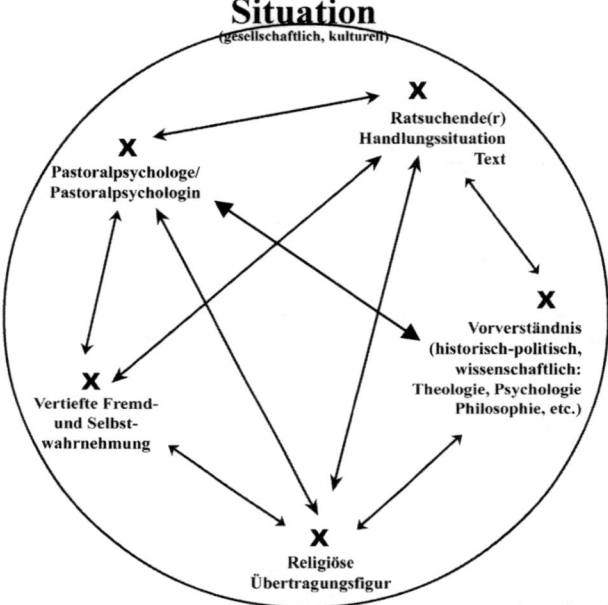

Folgende Faktoren spielen eine Rolle und beeinflussen sich gegenseitig:
- Es gibt einen Theologen, eine Pastoralpsychologin, einen Prediger, eine Jugendleiterin: Sie bringen ihre Biographie, ihre religiöse Einstellung und ihre professionelle Kompetenz in die Begegnung unvermeidlich mit ein.
- Ein Gegenüber, eine Klientin, oder auch ein Text oder eine Handlungssituation (z.B. in einer supervisorischen Situation ein zu analysierender Gottesdienst oder ein seelsorgliches Gespräch) tritt in Kommunikation mit dem Theologen / der Pastoralpsychologin. Auch dieses Gegenüber ist nicht vorstellbar ohne individuelle Biographie bzw. situationsgebundene Besonderheiten.
- Die Begegnung ist getragen, umgeben und geprägt von der jeweiligen Situation: Das ist zunächst die historische, ökonomische, soziale und politische »Großwetterlage« (*E. Lange*), die unser Verhalten, Denken und Fühlen unweigerlich prägt.[72] Dann bestimmen eine

---

71 *Scharfenberg* 1985, 32f.
72 Ich sehe hier eine Analogie zur Bedeutung des Globe in der Themenzentrierten Interaktion (TZI), Vgl. dazu *Matzdorf/Cohn* 1992, 39ff, speziell 72f.

1.8 Pastoralpsychologische Hermeneutik

Reihe »individueller« Faktoren die Situation: Die Wohnung einer Person beim Hausbesuch, die Zusammensetzung der Jugendgruppe und der Ort ihres Treffpunktes, die liturgische Strukturierung eines sonntäglichen Gottesdienstes oder eines Kasualgottesdienstes in einem konkreten Kirchengebäude, ausgerichtet auf eine spezifische Gruppe von Menschen etc.
- Der Pastoralpsychologe sollte über eine »vertiefte Selbst- und Fremdwahrnehmung« verfügen, d.h. über eine angemessene Wahrnehmung der emotionalen Befindlichkeit des Gegenüber als auch des eigenen Vorverständnisses bzw., psychoanalytisch gesprochen, der eigenen Gegenübertragung.
- Bestandteil einer vertieften Selbst- und Fremdwahrnehmung ist die Wahrnehmung der eigenen Rolle als »religiöse Übertragungsfigur« (⇒ Kap. 13.9), die dazu einlädt, dass Menschen bewusste und unbewusste religiöse Erwartungen und Sehnsüchte, aber auch Ängste projizieren und damit, ganz unabhängig von dem, was in einer Situation verbal und handlungsbezogen geschieht, eine bestimmte religiös aufgeladene Situation konstellieren.
- In jede Deutung fließt das wissenschaftliche und das zeitgenössische Vorverständnis aus den Bereichen Theologie/Psychologie/ Soziologie/Philosophie/Kunst etc. sowie das politisch-historische »Weltbild« bzw. die Gesellschaftsanalyse des Pastoralpsychologen / der Pastoralpsychologin mit ein.

Im Unterschied zu *Scharfenberg* gebe ich dem psychoanalytischen Paradigma nicht die ausschließliche Priorität, sondern trage der Tatsache Rechnung, dass Pastoralpsychologen/Pastoralpsychologinnen sich auch von anderen psychologischen Ansätzen her verstehen und von diesem Hintergrund her die Situation strukturieren.

Die Kriterien, die *Joachim Scharfenberg* für die Pastoralpsychologie eingefordert hat, scheinen mir unverändert wichtig zu sein:[73]

1. Pastoralpsychologie soll eine hermeneutische Psychologie sein, d.h. sie soll ausgerichtet sein auf das Verstehen von Menschen und von Texten. Texte, auch biblische Texte, sind als Niederschlag von Interaktion zwischen Menschen zu sehen und von daher mit denselben Mitteln zu verstehen und auszulegen, die man in der Begegnung von Menschen heranzieht.

2. Pastoralpsychologie sollte eine dynamische Psychologie sein, d.h. sie muss der innerpsychischen Dynamik menschlicher Kommunikation gerecht werden.(z.B.: der spannungsvollen Einheit von bewussten und unbewussten Aspekten der Kommunikation)

3. Pastoralpsychologie sollte eine psycho-historische Orientierung aufweisen, d.h. sie sollte die Zusammenhänge zwischen individuellen

---

73 Scharfenberg 1985, 49.

Lebensvollzügen und geschichtlich-symbolischen Phänomenen zeigen können.[74]

4. Pastoralpsychologie sollte eine Konfliktpsychologie sein, um den Einsichten religiöser Anthropologie gerecht zu werden (s.u.).

Ob damit schon eine »eigene Psychologie« der Pastoralpsychologie geschaffen ist, wie es *Scharfenberg* angestrebt hat,[75] möchte ich bezweifeln. Pastoralpsychologie bleibt kritisch-selektiv auf Vorgaben aus dem Bereich der psychologischen Wissenschaft bezogen. Sie ist Ausdruck eines kreativen Miteinander und einer produktiven Konkurrenz zwischen Theologie und Psychologie.

1.9 Pastoralpsychologie und Konflikt

Konflikte sind auf vielfache Weise Bestandteil des menschlichen Lebens. Ein Konflikt bezeichnet nicht zu vereinbarende Handlungstendenzen oder Interessen[76] (⇒ Kap. 6). Zu unterscheiden sind intrapersonale, interpersonale, intergruppale, internationale und strukturelle Konflikte. In bestimmten gesellschaftlichen Bereichen, vor allem in Theologie und Kirche, werden Dissens und Konflikt immer noch abgewertet, als vermeidbar und möglichst zu vermeidend betrachtet. Vorstellungen von Harmonie und Konsens bestimmen, vor dem Hintergrund biblischer Mahnungen zu Liebe, Eintracht und Geduld, nach wie vor kirchliche Kommunikationsbemühungen.

Aus sozialpsychologischer Perspektive erscheinen Konflikte jedoch nicht nur als Störung und Beeinträchtigung von Kommunikationsabläufen, sondern auch als Anregung zu produktiven Veränderungen, als Chance zur individuellen Reifung. *Richard Sennet* verdeutlicht unter Hinweis auf entsprechende Untersuchungen, »dass Menschen durch verbale Konflikte eher zusammengehalten werden als durch verbale Übereinstimmung. Im Konfliktfall sind sie zu gründlicherer Kommunikation gezwungen, um die Differenzen auszutragen.«[77] Gemeinschaft bildet sich aus der Wahrnehmung und Verarbeitung von Konflikten, nicht aus der formalen Übereinstimmung in gemeinsam geteilten Grundlagen. »Sympathie ... ist das plötzliche Verständnis einer anderen Person, das ... nicht sofort erfolgt, sondern erst nach einer langen Periode des Widerstands oder des Mißverständnisses.«[78]

Pastoralpsychologie, darauf hatte schon *Joachim Scharfenberg* hingewiesen, muss eine Konfliktpsychologie sein, um religiöser und psy-

---

74 Vgl. die dafür inzwischen klassischen Arbeiten von *Erikson* (1958) 1975; *ders.* 1971 (c).
75 *Scharfenberg* 1985, 48: »... dass der Pastoralpsychologe ... seine eigene Psychologie schaffen muß.«
76 Vgl. *Deutsch* 1976, 18ff.
77 *Sennett* ^{6}1998, 197.
78 *Sennett* ^{6}1998, 198.

1.9 Pastoralpsychologie und Konflikt

chologischer Anthropologie gerecht zu werden. Das gilt in mehrfacher Hinsicht:
- Der kurze Abriss hermeneutischer Positionen hat gezeigt, in welchem Ausmaß Fremdheit und damit Missverstehen und Konflikt alle Verstehens- und Kommunikationsbemühungen bestimmen. Gegenüber einer Hermeneutik des Einverständnisses ist eine Hermeneutik der Differenz und des Konflikts verstärkt zu entwickeln. Dazu leistet Pastoralpsychologie einen Beitrag.
- Aus entwicklungspsychologischer Sicht wird die psycho-soziale Entwicklung des Menschen durch das Entstehen von Ungleichgewichten, durch Spannungen und Konflikte im Subjekt selbst (z.B. nach Freud zwischen Triebbedürfnissen und Normen des Über-Ich) und zwischen dem Subjekt und seiner Umgebung (z.B. zwischen den unterschiedlichen Bedürfnissen des Kindes und denen seiner Mutter, zwischen den Wünschen Einzelner und gesellschaftlichen Zwängen und Notwendigkeiten etc.) vorangetrieben. Entwicklung und Konflikt gehören untrennbar zusammen.
- Konflikte weisen auf Probleme hin, verhindern Stagnation, regen neue Impulse an, geben Anstöße zu individuellen und gesellschaftlichen Veränderungen. Eine positive Neubewertung von interpersonalen Konflikten ist überfällig.
- Postmoderne Pluralität zeichnet sich durch Heterogenität und Dissens aus; der Widerstreit von Überzeugungen und Lebensstilen, von sozialen und politischen Interessen und Interessengruppen bildet den Normalfall und nicht länger die Ausnahme. Der kreative Streit um die Wahrheit tritt an die Stelle von Harmonie und Einmütigkeit, wie sie in früheren Zeiten propagiert wurden.

Mit dem Stichwort »Konfliktpsychologie« ist auch die wissenschaftstheoretische Position der Pastoralpsychologie bezeichnet:
Pastoralpsychologie steht in der Spannung verschiedener psychologischer und psychotherapeutischer Konzepte und Schulen, deren Grundannahmen häufig nicht miteinander kompatibel sind, sondern sich z.T. deutlich widersprechen. Eine Pastoralpsychologie, die nicht länger die Dominanz *eines* psychotherapeutischen Paradigmas fortschreiben will, muss daran interessiert sein, die Differenzen zwischen den einzelnen Konzepten herauszuarbeiten ($\Rightarrow$ Differenzwahrnehmung, Kap. 2) und mit den daraus resultierenden Spannungen und Konflikten kreativ zu arbeiten.
- Pastoralpsychologie steht in der Spannung zwischen Psychologie und Theologie. Auch wenn man das von *Klaus Winkler* skizzierte Konzept einer kreativen und partnerschaftlichen Konkurrenz zwischen beiden Wissenschaftszweigen zugrunde legt (s.o. 29), bleiben auf theologisch-kirchlicher Seite viele Vorbehalte und Ängste gegenüber der Psychologie, die es ernst zu nehmen und zu bearbeiten gilt. Psychologie kann kritische Impulse gegenüber einer lebens- und erfahrungsfernen Theologie bereitstellen, Theologie kann An-

sprüche einer Psychologie, die sich als absolut gebärdet, hinterfragen. In jedem Fall liegt in dieser Interdisziplinarität der Pastoralpsychologie ein Konfliktpotenzial, das es auszuschöpfen gilt.
– Pastoralpsychologie ist als Bestandteil postmoderner Dekonstruktionsbemühungen zu verstehen. *J. Derrida* hat die Metapher vom Nüsseknacken zur Kennzeichnung von Dekonstruktion herangezogen: »... Wo immer Dekonstruktion eine Nussschale findet – ein sicheres Axiom, eine prägnante Maxime – da sollte sie geknackt und in ihrer Ruhe gestört werden ... Man könnte sagen: Nussschalen knacken, das ist Dekonstruktion.«[79] Und der australische Psychoanalytiker *Michael White* beschreibt Dekonstruktion als einen Prozess, in dem selbstverständlich erachtete Realitäten und Praktiken in Frage gestellt werden. »In diesem Sinn sind Methoden der Dekonstruktion Versuche, das Vertraute exotisch zu machen. ...«[80] – und, so füge ich hinzu, das Exotische vertraut zu machen. Indem Pastoralpsychologie religiöse Kommunikation mit psychologischen Kategorien analysiert, trägt sie zu konstruktiver Verfremdung theologischer Themen und kirchlichen Handelns bei.

Eine Metapher für das Verhältnis von Psychologie und Theologie ist nicht die des Schmelztiegels, sondern der Collage: Einzelne Ansätze stehen nebeneinander, berühren sich, stehen in Spannung zueinander, sind aber nicht aufeinander reduzierbar oder miteinander zu verschmelzen.
Ein Ziel pastoralpsychologischer Arbeit ist es, verschiedene Konfliktanteile zu identifizieren und aktiv miteinander ins Gespräch zu bringen. In Gespräch und Auseinandersetzung werden Differenzen und Verbindungen deutlicher, wird das Nicht-Passende identifiziert, und es entsteht Gemeinschaft im Prozess des Suchens und sich auseinander Setzens – angesichts der Vielfalt der inhaltlichen Konzepte.

1.10 Ziele der Pastoralpsychologie

Eine Reihe von Zielsetzungen pastoralpsychologischer Arbeit sollen abschließend genannt werden; ihre Auflistung stellt keine Reihenfolge oder Gewichtung dar.
– Pastoralpsychologie sucht religiöse, d.h. symbolisch-rituelle, und speziell kirchliche Kommunikationsformen aus psychologischer Perspektive zu verstehen, ihre lebensförderlichen, heilsamen Dimensionen herauszuarbeiten und zu verstärken sowie ihre destruktiven, einengenden Seiten zu reduzieren und aufzulösen. Lebensförderlich ist Kommunikation dann, wenn sie frei, d.h. ohne Zwang, und spontan abläuft, wenn ihr Ziel, verstanden zu werden und zu

---

79 *Derrida* 1997, 31f.
80 Zitiert bei *Hoyt* (Hg.) 1996, 9.

1.10 Ziele der Pastoralpsychologie

verstehen, erreicht wird, wenn Inhalts- und Beziehungsebene weitgehend übereinstimmen.
– Ein wichtiger Bestandteil dieses Prozesses ist es, unbewusste, verdrängte Anteile der Kommunikation zu entdecken und bewusst zu machen, damit Ausstieg aus dem Wiederholungszwang zu eröffnen (s.o.) und neue Freiheit zu ermöglichen. Pastoralpsychologie hat mit dieser Zielsetzung einen emanzipatorischen Impetus.
– Pastoralpsychologie arbeitet mit der Prämisse, dass Wahrnehmung und Bewusstmachung bereits heilende und befreiende Konsequenzen haben kann.
– Pastoralpsychologie konzentriert sich auf die symbolische Dimension von Kommunikation und sucht deren Vieldimensionalität, ihren Bedeutungsüberschuss herauszuarbeiten. Für den reflektierten Umgang mit Symbolen (Worten, Bildern, Geschichten) in Predigt und Gottesdienst, in Seelsorge und Unterricht, ist dies von großer Bedeutung.
– Voraussetzung pastoralpsychologischer Arbeit ist eine genauere und vertiefte Wahrnehmung seiner selbst und des/der anderen im jeweiligen gesellschaftlichen, beruflichen und privaten Kontext. Einbegriffen ist dabei die Wahrnehmung des Fremden in sich selbst und bei dem jeweiligen Gegenüber sowie der Respekt und der Versuch der Annahme dieses Fremden.

Wahrnehmen impliziert ein vorläufiges Aussetzen des Bewertens. Bewerten (im Sinn von »gut – schlecht«) schränkt die Wahrnehmungsfähigkeit ein. Weiterführend ist dagegen die Fragestellung: Was ermöglicht bzw. was verhindert ein bestimmtes Verhalten, eine Theorie, eine Regel?

– Pastoralpsychologie nimmt nicht nur Fremdes wahr, sondern stellt geradezu Fremdheit her, indem sie hinter der bekannten »Oberfläche« religiöser und liturgischer Kommunikation eine Beziehungsdynamik vermutet, die neue, verfremdende Zugänge eröffnet.
– Die Orientierung der Pastoralpsychologie an Wahrnehmung und Einfühlung in die emotionalen Dimensionen führt dazu, Erfahrung (s.o.) als Zugang zur Theologie einen hohen Stellenwert einzuräumen.
– Es geht der Pastoralpsychologie darum, die Sprach- und Dialogfähigkeit der Theologinnen und Theologen zu stärken. Angesichts der dialogischen Struktur von Kommunikation muss auch Theologie dialogisch strukturiert sein, wie es beispielsweise *Paul Tillich* in seiner Methode der Korrelation als Ausdruck der wechselseitigen Verschränkung von Frage und Antwort gezeigt hat.
– In der pastoralpsychologischen Wahrnehmungseinstellung kommt der/die Einzelne zu Ehren. Wahrnehmen verbaler und nonverbaler Kommunikation, Aufmerksamkeit auf Verdrängtes, Einfühlen in schwer auszusprechende Erfahrungen – all das dient letztlich dazu, dass der/die Einzelne sich verstanden fühlen kann, Zusammenhänge begreift, wächst, reift und frei werden kann von einengenden

Vorstellungen und Verhaltensvorschriften, kurz: besser leben kann. Die Wiederentdeckung des Subjekts, die *Henning Luther* für die Praktische Theologie reklamiert hat, wird in der Pastoralpsychologie methodisch reflektiert eingelöst. Darin liegt die Stärke der Pastoralpsychologie, angesichts derer der berechtigte Vorwurf, die Pastoralpsychologie vernachlässige den sozialen Kontext, sich relativiert (⇒ Kap. 2).
- Den vorangehenden Punkt kann man mit *Klaus Winkler* auch so umschreiben: Pastoralpsychologie ermutigt zu persönlichkeitsspezifischer Lebens- und Glaubensgestaltung, in der vorgegebene Tradition und gegenwärtige Lebens- und Glaubenserfahrung zu einer individuellen, eigenständigen und unverwechselbaren Gestalt, zu einem »persönlichkeitsspezifischen Credo« zusammenfinden.[81]
- Pastoralpsychologie wird den Einzelnen nur gerecht, wenn sie deren Einbindung in die größeren kulturellen und gesellschaftlichen Systeme und den sich daraus ergebenden wechselseitigen Austausch berücksichtigt.
- Pastoralpsychologie übt Kirchen- und Religionskritik überall da, wo sie destruktive Kommunikationsprozesse feststellt, die im Wiederholungszwang erstarrt sind und keine neuen Erfahrungen mehr freisetzen.
- Pastoralpsychologie übt Psychologiekritik überall da, wo Psychologie sich anmaßt, letztgültige Aussagen über den Menschen treffen zu können, damit ihre Begrenzung als phänomenologische oder empirische Wissenschaft außer Acht lässt.

Vertiefende Literatur:
Pastoralpsychologische Gesamtdarstellungen:
- *Joachim Scharfenberg*, Einführung in die Pastoralpsychologie, Göttingen 1985.
- *Isidor Baumgartner*, Pastoralpsychologie, Düsseldorf 1990 (aus katholischer Perspektive).
- *Isidor Baumgartner* (Hg.), Handbuch der Pastoralpsychologie, Regensburg 1990 (30 Kapitel von unterschiedlichen Autoren zu fast allen Themen der Pastoralpsychologie).

81 *Winkler* 1982 (a), 865–876.

Kapitel 2: Der gesellschaftliche Kontext als Horizont gegenwärtiger Kommunikationsbedingungen

Wer die Menschen und ihre (religiöse) Kommunikation verstehen will, muss sich mit dem gesellschaftlichen Kontext, mit der Welt, in der sie leben, befassen. Kommunikation ist immer kontextuell, an den größeren Rahmen naturgegebener (z.b. geographischer), gesellschaftlicher und kultureller Gegebenheiten gebunden. Individuell-subjektive Relevanzstrukturen bilden sich intersubjektiv und in gesellschaftlich bestimmten Sinnzusammenhängen aus.[1]
Das Konzept der Lebenswelt kann als sinnvoller Vermittlungsbegriff zwischen individueller und gesellschaftlicher Situation fungieren.
Gesellschaft bezeichnet das Große und Ganze, »die Gesamtheit der Institutionen und kommunikativen Prozesse, die als Bedingungen individueller Lebensführung und Lebensplanung wie auch als deren Sinnhorizont wahrgenommen werden. So sind individuelle und gemeinschaftliche Lebensvollzüge als immer schon in Gesellschaft verwickelte, von ihr geprägte und auf sie hingeordnete verstanden.«[2] Der Begriff des Horizonts verdeutlicht, dass Gesellschaft die Einzelnen, die in ihr leben, immer schon umgreift und bestimmt.
Lebenswelt repräsentiert demgegenüber einen schon gedeuteten Ausschnitt aus der Gesellschaft: Lebenswelt steht bei *Edmund Husserl* im Gegensatz zur Vorstellung einer objektiven Welt. Welt ist dem Menschen immer nur subjektiv und situationsgebunden zuhanden. Vereinfacht könnte man sagen: Lebenswelt ist Welt in Beziehung zu anderen Menschen, zu bestimmten Gegenständen und Rahmenbedingungen, ist immer schon gedeutete Welt.
Alfred Schütz definiert Lebenswelt wie folgt: »Unter alltäglicher Lebenswelt soll jener Wirklichkeitsbereich verstanden werden, den der wache und normale Erwachsene in der Einstellung des gesunden Menschenverstandes als schlicht gegeben vorfindet ... Sie (die Lebenswelt, MK) ist der unbefragte Boden aller Gegebenheiten sowie der fraglose Rahmen, in dem sich mir die Probleme stellen, die ich bewältigen muß.«[3]

---

1 *Schütz/Luckmann* 1975, 245.
2 *Werbick*, Art. Gesellschaft. LexRP Bd. I, 2001, 699.
3 *Schütz/Luckmann* 1975, 23.

Lebenswelt in diesem Sinn zeichnet sich dadurch aus, dass sie nie nur ein individuelles Phänomen darstellt, sondern immer intersubjektiv vermittelt ist; und dass sie nicht nur die kruden Alltagsgegenstände einschließt, sondern auch die »Sinnschichten«, die wir den Dingen beilegen. Lebenswelt enthält also immer auch den subjektiven und kollektiven »Wissensvorrat«, wie er sich in selbstverständlichen, unhinterfragten Annahmen über die Wirklichkeit, über das Leben niederschlägt, z.B. in Form von Sprüchen, Weisheiten, Lebensregeln etc. Auch die Alltagsreligiosität mit ihren einfachen Grundannahmen (»Es gibt einen Herrgott da droben«, »das Leben ist ungerecht«, »hilf dir selbst, dann hilft dir Gott«) gehört zu dieser Lebenswelt.

Skizzenhaft will ich im Folgenden auf einige für den deutschen (und vielleicht noch westeuropäischen und nordamerikanischen) Kontext gegenwärtig relevante Deutungen von Welt und Gesellschaft hinweisen; sie sind für pastoralpsychologisches Denken, für das Verstehen religiöser Kommunikationsprozesse von Bedeutung. Pastoralpsychologische Arbeit braucht die doppelte Aufmerksamkeit einerseits auf das gesellschaftlich-kulturelle Bedingungsgefüge, andererseits auf die inter- und intrapersonalen Kommunikationsprozesse.

Ich gehe zunächst phänomenal-beschreibend vor und gebe dann einen kurzen Überblick über die im Hintergrund stehenden Kategorien.

Es sei noch einmal ausdrücklich auf die Begrenztheit dieses Vorgehens verwiesen. Im Grunde müsste an dieser Stelle eine ausgeführte Gesellschaftstheorie und Kulturanthropologie stehen,[4] auch die Bedeutung von Wirtschaft und Arbeitsmarkt müssten dargestellt und reflektiert werden.

2.1 Das fragmentierte Ich in der Postmoderne[5]

Leben ist in der Gegenwart zum Projekt geworden, zum Gesamtkunstwerk[6], das man – als »Selbstunternehmer«(*Ulrich Beck*) – in Angriff zu nehmen und durchzuführen hat. Identität zu gewinnen war seit dem Zerbrechen der »traditionsgeleiteten Gesellschaft« (*David Riesman*) schon immer ein prekäres Unterfangen; Vieles deutet darauf hin, dass es in der Postmoderne, unter den Umständen von Pluralisierung und Individualisierung, noch deutlich schwieriger und anspruchsvoller geworden ist. Einerseits ist der/die Einzelne in einem für frühere Generationen unvorstellbaren Maß frei und selbstbestimmt geworden, gleichzeitig ist diese Autonomie immer höchst zerbrechlich und gefährdet, weil sie fast nur noch auf der eigenen Subjektivität und kaum

---

4 Vgl. *Schneider-Harpprecht* 2001, der die Bedeutung einer Kulturanthropologie für die Seelsorge im Kontext Südbrasiliens nachzeichnet.
5 Zum Folgenden vgl. *Klessmann* 2002 (a), 25ff.
6 Vgl. *Beck* 1998, 637ff.

2.1 Das fragmentierte Ich in der Postmoderne

noch auf verallgemeinerbaren, Halt gebenden Strukturen und Lebensmodellen beruht.
Ein stabiles, abgegrenztes und aktives Ich wird als Illusion entlarvt, es gibt keine unmittelbar gegebene Selbstgewissheit mehr, das haben, im Gefolge *Nietzsches*, schon expressionistische Dichter und Maler zum Ausdruck gebracht.[7] *Gottfried Benn* sieht das »verlorene Ich« als zersprengt in unendlich viele Einzelteile.[8] *Robert Musil* schildert in dem Roman »Der Mann ohne Eigenschaften« Personen, bei denen man nicht mehr sagen kann, dass ihr Ich organisierendes Zentrum ihres Handelns wäre; vielmehr stößt diesen Menschen – ohne ihr Zutun – dauernd etwas zu; die Hauptfigur, Ulrich, ist ein Mann, der sich gewissermaßen selbst erfindet und ständig zwischen Wirklichkeit und Möglichkeit hin und her pendelt. Sein »Ich« erscheint nur als eine Leerstelle, die auf irgendeine Weise gefüllt werden muss; Musil nennt Ideale und Moral, vor allem aber das Handeln – dauerndes angestrengtes Handeln – als Möglichkeiten, es zu füllen oder es nicht mehr zu spüren.[9]
In der bildenden Kunst zeigen z.B. die Porträts von *Picasso* Gesichter, die in ihre Bestandteile zerfallen und merkwürdig verzerrt, ja verschoben anmuten und jede innere Kohärenz verloren zu haben scheinen.
In der Gegenwartskunst ist diese Fragmentierung des Ich noch krasser ins Bild gesetzt, weil sie von den Künstlern und Künstlerinnen offenbar noch viel deutlicher empfunden wird.[10] Die verwischten Selbstporträts von *Francis Bacon* beispielsweise stellen die herkömmliche Sichtweise eines freien, unabhängigen und wenigstens körperlich deutlich konturierten Individuums in Frage. Identität, die klar identifizierbar ist, die sich unterscheiden lässt und Sicherheit in der Unterscheidung bietet, gibt es hier nicht mehr. »Die unverwechselbaren Züge verflüssigen sich, und die Ichstrukturen lösen sich bis zur Unkenntlichkeit auf.«[11]
In den Kunstwerken bildet sich ab, was im sozialpsychologischen Diskurs schon von *Adorno* als »Ende des Identitätszwangs« und als Entwicklung hin zu einer multiplen Identität, zu einer Identitätscollage beschrieben worden ist. »Wer sich in wechselnden Sinnsystemen bewegen, sich unter divergenten Lebensaspekten bewähren muß, der darf sich nicht durch zuviel ›Identität‹ belasten, d.h. er darf sich nicht festlegen, sondern muß beweglich bleiben, offen und anpassungsfähig.«[12]
Während führende Theoretiker dieser Identitätsdebatte den »Auszug aus dem stahlharten Gehäuse der Hörigkeit«, als das *Max Weber* das puritanistisch-protestantische Arbeitsethos des 19. und beginnenden

---

7 Vgl. *Zweite* 2000, 27ff.
8 *Benn* [2]1999, 205.
9 *Musil* 1988. Vgl. zum Vorangehenden auch P. L. Berger 1994, 111ff.
10 Vgl. *Welsch* [5]1998, 168–200.
11 *Zweite* 2000, 44.
12 *Keupp* 1988, 145.

20. Jahrhunderts bezeichnet hatte, in den späten 80er und frühen 90er Jahren noch als ungeahnten Freiheitsgewinn feierten, sind sie zehn Jahre später zurückhaltender geworden: Die zunehmende Neigung zur Gewalt und zur rechtsradikalen Vereinfachung und Regression scheint als Reaktion auf die »ontologische Bodenlosigkeit der Postmoderne« (*Zygmunt Baumann*) verstanden werden zu müssen. Wir merken langsam, dass die »Erfindung des eigenen Lebens« (*Albrecht Grözinger*) eine unglaubliche Überforderung für die meisten Zeitgenossen darstellt. Denn: »Es fehlen sowohl ein schützendes Dach als auch ein tragendes Fundament. Für das Leben als Landstreicher sind offenbar die meisten Menschen nicht besonders gut vorbereitet und ausgerüstet.«[13] Metaphern wie der Landstreicher (*Keupp*), der Flaneur (*Grözinger*), der nervöse Prometheus (*P. Berger*) kennzeichnen die Ambivalenz eines solchen Lebensgefühls.

Erst langsam wird erkennbar, was jenes vielgescholtene Gehäuse der Hörigkeit denn auch an Positivem angeboten hat: *Keupp* spricht von »Zugehörigkeit und Anerkennung«[14] – in Form von Schicht- und Standeszugehörigkeit, durch ein klares Autoritätsgefälle im staatlichen und privaten Bereich, durch ein verbindliches Arbeitsethos. All das ist verloren gegangen. Aber Identität, und sei sie noch so brüchig und fragmentiert, lebt von Zugehörigkeit und Anerkennung.

In einer biographische Reminiszenz von *Fulbert Steffensky* werden beide Seiten sehr anschaulich geschildert:

»Aufgewachsen bin ich in einem katholischen Dorf. Wer in diesem Dorf lebte, konnte dem Kollektiv nicht entgehen. Jeder kannte jeden, eine Tatsache mit oft schrecklichen Konsequenzen. Es war nicht nur das einzelne Subjekt bekannt, man kannte die Menschen auch in ihrer Herkunft, und man war immer schon definiert als der Sohn des X und die Tochter der Y. Jeder sah jeden, und jeder kontrollierte jeden. Das Potential von Bösartigkeit in einer solchen Situation ist offenkundig. Aber die Öffentlichkeit des Subjekts war nicht nur zu seinem Schaden. Man sah auch, wenn einer in Not war und litt; man sah, wenn er trauerte. Die Hilfsbereitschaft eines solchen Gebildes war so groß und so selbstverständlich wie die Bosheit.

Das Dorf hatte eine »Lehre«. Es war dem einzelnen immer gesagt, woran zu glauben und was zu tun war. Der Nachteil liegt auch hier auf der Hand: Denken und Freiheit waren verboten. Der einzelne war immer schon Beute der Toten, der Vergangenheit, des Allgemeinen. Kann man einer solchen Situation einen Vorteil abgewinnen? Vielleicht diesen: Der einzelne brauchte sich nicht ständig neu zu erfinden in dem, was er glauben und was er als Lebensabsicht verfolgen sollte. Es war etwas da, was man übernehmen konnte und wovon man sich zumindest abwenden konnte. Denn das sind zwei Möglichkeiten des Subjekts, das eigene Gesicht zu finden: dass man etwas übernimmt und sich einfügt oder dass man sich von einer vorliegenden und angebotenen Lebensgestalt abwendet und sie verlässt. ...

In einem Seminar habe ich einmal mit Studenten den Zusammenhang von Tradition und Identität behandelt. Die Teilnehmer des Seminars kamen überwiegend aus der

---

13 *Keupp/Höfer* 1997, 26.
14 *Keupp/Höfer* 1997, 26.

2.1 Das fragmentierte Ich in der Postmoderne

Großstadt und kannten traditionell vorgeformte Situationen kaum. Durch einen Zufall waren einige Studierende dabei, die früher zu Freikirchen gehörten, diese aber verlassen hatten. Sie kämpften gegen ihre eigene Vergangenheit und beklagten sich über die Restriktionen, die sie dort erleiden mussten. Eine Hamburger Studentin sagte schließlich zu ihnen, als sie deren Abneigung gegen die eigene Vergangenheit erlebte: »Ihr habt es gut. Ihr könnt wenigstens von etwas weggehen!«
Das Kollektiv meiner Kindheit hatte viele Gesten der Selbstvergewisserung und der Selbstverdeutlichung. Man stieß dauernd auf Feste, Bräuche, Rituale, Ordnungen, in denen die Menschen ihre Absichten und ihren Glauben ausdrückten und erneuerten. Was sie wollten und woran sie glaubten, fand so eine Figur, und so blieben ihre Wünsche langfristig und waren nicht der jeweiligen Zufälligkeit ausgesetzt.
Es waren ein Kollektiv und eine Lehre da, es lagen Gesten der Selbstverdeutlichung vor. Ich will damit nicht sagen, dass jenes Dorf damit schon ein sinnvolles Lebensgebilde war. Dazu unterdrückte es das Subjekt zu sehr, und dazu waren die dort eingeübten Lebensinhalte zu zweideutig. Aber es gab etwas, das Lebensgewissheit hätte möglich machen können und ohne das eine solche Gewissheit schwer zu erlangen ist: ein Kollektiv, eine Lehre und eine Figur dieser Lehre in den Gesten der Selbstdeutung.
Meine Tochter wächst in der Großstadt anders auf. Es ist kaum ein Kollektiv da, das sie sieht und kontrolliert. Die Familie ist fast das einzige. Eine Familie aber ohne Zusammenhang zu anderen Gruppen und ohne ihre Unterstützung ist meistens schwach. Das bedeutet, dass sie einsamer groß wird, als wir es geworden sind. Es gibt weniger Menschen, die ihr dabei helfen. Sie hat weniger Lehrer und Lehrerinnen. Und so ist sie viel mehr darauf angewiesen, selbst zu erfinden und sich selber auszudenken, was sie trägt im Leben, was man mit Ernst verfolgen und wofür man leben kann. Sie ist frei, aber einsam. Wir waren unfrei, aber nie allein. Die Frage des Dorfes war: Wie verhalte ich mich, damit das übermächtige Allgemeine mich nicht verschlingt; dass es mich atmen und Subjekt werden lässt? Die neue Frage der Stadt ist: Wie entkommen wir unserer Einsamkeit und Gestaltlosigkeit? Wie können wir uns verbinden mit einem Allgemeinen, das trägt? Wo sagt uns einer, welche Absichten wir mit unserem Leben haben sollen, und wie entkommen wir unserer subjektiven Beliebigkeit?«[15]

Der amerikanische Sozialphilosoph *Richard Sennett* beschreibt in seinem Buch »Der flexible Mensch«,[16] durchaus vergleichbar der Erzählung von *Steffensky*, zwei Generationen italienischer Einwanderer in den USA und deren Verhaltensweisen im Wechselspiel mit den gesellschaftlichen Veränderungen: Der Vater Enrico hat zwanzig Jahre lang Toiletten geputzt, dabei kontinuierlich gespart, sich ein kleines Haus gekauft und für das Studium seiner Söhne Geld zurückgelegt. Die Zeit seines Lebens verläuft kontinuierlich, der Erfolg – wenn nichts Dramatisches dazwischen kommt – stellt sich langfristig ein, und ist berechenbar. Seine Lebensgeschichte ist übersichtlich; er hat in seiner Nachbarschaft Anerkennung gefunden und das Gefühl gewonnen, der Autor seines Lebens zu sein.

---

15 *Steffensky* 1989, 8f.
16 *Sennet* [6]1998.

Sein Sohn Rico hat Elektrotechnik studiert, geheiratet und nach mehreren beruflichen Abstechern eine Consulting-Firma gegründet. Er und seine ebenfalls beruflich erfolgreiche Frau haben es zu Wohlstand gebracht – und zugleich steht für beide im Vordergrund die Angst, die Kontrolle über ihr Leben zu verlieren. Zum einen hat dieses Paar in wenigen Jahren bereits viermal den Arbeitsplatz gewechselt mit entsprechenden Umzügen, zum anderen sind sie jetzt in einer beruflichen Situation, in der sie dauernd von den Interessen und Bedürfnissen anderer, nämlich ihrer Kunden, fremdbestimmt werden.

Die Veränderungen der Arbeitsstrukturen und damit der Strukturierung von (Lebens-) Zeit hat gravierende Auswirkungen. »Das sichtbarste Zeichen dieses Wandels könnte das Motto ›nichts Langfristiges‹ sein ... Heute muß ein junger Amerikaner mit mindestens zweijährigem Studium damit rechnen, in vierzig Arbeitsjahren wenigstens elfmal die Stelle zu wechseln und dabei seine Kenntnisbasis wenigstens dreimal auszutauschen.«[17]

Die Entwicklung in Deutschland ist noch nicht so weit fortgeschritten, und doch gilt auch für unsere Situation:
»Vieles spricht dafür, dass wir im Übergang zu einer anderen Arbeitsgesellschaft leben ... Über Jahrzehnte wurde das Normalarbeitsverhältnis eintrainiert: Der Mann und die eine oder andere Frau gehen zu einer festen Zeit an einen festen Ort und arbeiten – auf Basis eines unbefristeten Vertrags – von morgens bis abends, von Montag bis Freitag. Das bringt Langeweile, aber auch Sicherheit, psychische wie materielle. Im Jahr 2010 wird nur noch jeder zweite Beschäftigte so arbeiten. Berufsanfänger erleben das bereits heute als Ausnahme. Ihre erste Stelle ist entweder in Teilzeit, meist zeitlich befristet, oder bloß eine Projektarbeit. Da heißt es, immer auf dem Sprung sein: neuer Job, neuer Arbeitgeber, neuer Ort. Gebrochene Erwerbsbiografien lautet eines der Stichworte – statt eines geregelten Arbeitslebens das ständige Auf und Ab als Regel, auch im materiellen Sinne.«[18]

Was bedeutet das Motto »nichts Langfristiges« für die betroffenen Menschen, ihre Beziehungs- und Kommunikationsmuster? *Sennet* sagt:
»›Nichts Langfristiges‹ ist ein verhängnisvolles Rezept für die Entwicklung von Vertrauen, Loyalität und gegenseitiger Verpflichtung.«[19]

Bindungen brauchen Zeit, brauchen einen langen Zusammenhalt und Kontinuität; das steht in Widerspruch zu dem, was der neue Kapitalismus von seinen Arbeitnehmern erwartet. Der Charakter eines Menschen bildet sich in langfristigen emotionalen Erfahrungen, durch das Erleben von Treue, gegenseitiger Verpflichtung und die Verfolgung langfristiger Ziele. Wie aber können langfristige Ziele verfolgt, Erfahrungen von

---
17 *Sennet* [6]1998, 25.
18 *W. Storz*, Mit Kindern arbeiten. Frankfurter Rundschau vom 20.3.2002.
19 *Sennett* [6]1998, 27f.

2.2 Strategien der Selbstvergewisserung

Dauer und Kontinuität in einer ganz auf das Kurzfristige ausgerichteten Arbeitsgesellschaft gemacht werden? »Wie kann ein Mensch in einer Gesellschaft, die aus Episoden und Fragmenten besteht, seine Identität und Lebensgeschichte zu einer Erzählung bündeln?«[20]

»Was zwischen den polaren Gegensätzen des Driftens und der festen Charaktereigenschaften eines Menschen fehlt, ist eine Erzählung, die Ricos Verhalten organisieren könnte. Erzählungen sind mehr als einfache Chroniken von Geschehnissen; sie gestalten die Bewegung der Zeit, sie stellen Gründe bereit, warum gewisse Dinge geschehen, und sie zeigen die Konsequenzen. Enrico, der Vater, hatte so eine Erzählung für sein Leben, linear und kumulativ, eine Erzählung, die in einer hochbürokratisierten Welt Sinn machte. Rico lebt statt dessen in einer Welt, die von einer kurzfristigen Flexibilität und ständigem Fluß gekennzeichnet ist. Diese Welt bietet weder ökonomisch noch sozial viel Narratives. Unternehmen zerfallen oder fusionieren, Jobs tauchen auf und verschwinden, wie zusammenhanglose Geschehnisse. Kreative Zerstörung, hat Schumpeter gesagt, erfordert Menschen, Unternehmer, die sich um die Folgen der Veränderung keine Gedanken machen, die nicht wissen wollen, was als nächstes kommt. Die meisten Menschen aber nehmen Veränderung nicht so gleichgültig auf.
Ganz sicher möchte Rico nicht so gedankenlos leben, obwohl er sich im Überlebenskampf gut geschlagen hat. ›Veränderung‹ bedeutet Drift. Rico hat Angst, dass seine Kinder ethisch und emotional zu Driftern werden könnten – aber er kann ihnen keine Rezepte für ihr Leben geben. Die Lektionen, die er ihnen erteilen möchte, sind zeitlos – was auch heißt, sie sind so allgemein, dass sie kaum noch anwendbar sind. Vielleicht hat die Veränderung und die mit ihr einhergehende Verwirrung in ihm die Verwirrung und Angst erzeugt, die ihn zum anderen Extrem trieb. Vielleicht kann er deshalb sein Leben seinen Kindern nicht als Modell vor Augen halten. Und vielleicht fehlt deshalb auch, wenn man ihm zuhört, das Gefühl der Entfaltung seines Charakters oder der Entwicklung seiner Ideale.«[21]

Eine schwer lösbare Spannung tut sich auf: Auf der einen Seite ist Identitätsarbeit angesagt, die dauernde Anstrengung, sehr unterschiedliche Rollenerwartungen und Identitätsbausteine so weit miteinander zu verknüpfen, dass sie nicht in separate Bestandteile auseinander fallen; die Anstrengung, sich im offenen Diskurs mit signifikanten Anderen um Anerkennung und Zugehörigkeit eben nicht nur in einer, sondern in ganz unterschiedlichen Lebenswelten zu bemühen; auf der anderen Seite die Erfahrung, dass Zugehörigkeit und Anerkennung nur begrenzt mit gutem Willen und Anstrengung herstellbar sind, sondern zu einem erheblichen Teil einem »unverdient« zufallen und geschenkt werden.

2.2 Strategien der Selbstvergewisserung

Je pluraler die Lebenswelt erscheint, je weniger äußere, Halt gebende Strukturen vorhanden sind, je fragmentierter das Ich erlebt wird, desto dringender und wichtiger wird es für die Einzelnen, Möglichkeiten und

20 *Sennett* [6]1998, 31.
21 *Sennett* [6]1998, 36f.

Strategien der Selbstvergewisserung zu finden. Wenn es keine unmittelbare Selbstgewissheit mehr gibt – wie kann man sich seiner selbst noch vergewissern? Wenn sich die haltenden äußeren Strukturen verflüssigen und auch das eigene Ich kein in sich stabiles Steuerungszentrum mehr ist – wo und wie kann man Halt und Orientierung gewinnen? Ich nenne im Folgenden vier Strategien der Selbstvergewisserung, die für die Gegenwart besonders charakteristisch erscheinen:

1. Erlebnisorientierung
Der Begriff der Erlebnisorientierung – *G. Schulze* spricht von »Erlebnisrationalität«[22] – meint, dass alles im Leben zum Erlebnis, zum »event« werden muss. »›Erlebe dein Leben‹ ist der kategorische Imperativ unserer Zeit.«[23] Nicht Pflicht oder Dienst sind Leitkategorien, sondern der Erlebniswert eines Ereignisses.
»Bei allem Krisenbewußtsein gilt das Leben doch als garantiert. Jetzt kommt es darauf an, es so zu verbringen, daß man das Gefühl hat, es lohne sich. Nicht das Leben an sich, sondern der Spaß daran, ist das Kernproblem, das nun das Alltagshandeln strukturiert.«[24] Es geht nicht mehr um die Frage, ob wir Brot zum Essen haben, sondern welche Brotsorte wir nehmen sollen; war es früher selbstverständlich, dass ein Paar Kinder bekam, wägen sie heute ab, ob sie tatsächlich Kinder wollen; vielleicht ist die Karriere doch wichtiger und erfüllender – und wenn ja: Wann passt es am besten zu den beruflichen Situationen? Auch Religion ist nicht mehr fragloser Bestandteil des Alltags: Man schaut sich um, wählt aus, fragt: Was bringt es mir? Was habe ich davon? Wo fühle ich mich am wohlsten?
Schulze weist auf bestimmte Konsequenzen dieser Erlebnisrationalität hin:
a. Sie ist subjektbestimmt, d.h. das Subjekt macht aus einer Situation ein Erlebnis. Das Subjekt ist die unhintergehbare Autorität – und gleichzeitig ist dieses Subjekt natürlich auf gesellschaftliche Vorgaben, auf allgemein akzeptierte Deutungsmuster angewiesen. Die Werbung nutzt diese Tatsache nach Kräften aus.
b. Das Subjekt ist in einen Prozess ständiger Reflexion eingebunden. Im unablässigen Gespräch mit sich selbst, mit Freunden, mit vermeintlichen Fachleuten, im Erzählen, Bewerten, Vergleichen und Abwägen gilt es herauszufinden, was man will, was einem gefällt, wofür man sich entscheiden sollte. Autoritäre und monologische Vorgaben werden nicht mehr akzeptiert.
Diese Erlebnisorientierung als hedonistisch abzuqualifizieren, führt zu einem Missverstehen des Phänomens. Es geht aus sozialpsychologi-

---

22 *Schulze* [5]1995, 40ff.
23 *Schulze* [5]1995, 59.
24 *Schulze* [5]1995, 60.

scher Perspektive um den Versuch, die Fragmentierung des Lebens, die Belastung und Verunsicherung angesichts dauernden Wahl- und Entscheidungszwangs durch die Intensität des Erlebens zu kompensieren. Wenn etwas Spaß gemacht hat, wenn es neu und aufregend war, wenn es sich gelohnt hat, wenn es etwas gebracht hat, dann war es richtig und sinnvoll; weitergehende Überlegungen – etwa ethischer Natur – erübrigen sich. So wird die Erlebnisqualität, die Erlebnisintensität zum handlungsleitenden Maßstab. Selbst die vielgescholtene Leistungsorientierung, die in unserer Gesellschaft nach wie vor eine bedeutsame Rolle spielt, gewinnt durch die Erlebnisrationalität ihre besondere Färbung: Leistung geschieht nicht mehr selbstverständlich aus Pflichtgefühl heraus, sondern soll öffentlich anerkannt werden.

2. Körperorientierung
Eng verbunden mit der Erlebnisorientierung ist eine ausgeprägte Körperorientierung:[25] Angesichts flüchtiger und immer häufiger medial vermittelter Beziehungs- und Kommunikationsstrukturen erscheint die körperliche Existenz noch als unbezweifelbare und dauerhafte Basis individueller Selbst- und Welterfahrung. Im 19. und beginnenden 20. Jahrhundert wurde der Körper tendenziell eher diszipliniert und unterdrückt; in der 2. Hälfte des 20. Jahrhunderts kehrt er wieder zurück als ein zu gestaltendes Projekt. Wenn man den Körper nur richtig pflegt, »designed« und durchstylt, wie es neudeutsch heißt, verheißt er nicht nur Lebensfreude, sondern geradezu Lebenssinn. Der Körper wird zur Identitätsbühne, auf der man sich in bis dahin ungeahntem Maß stilisieren und inszenieren kann; die Gender-Debatte zeigt, in welchem Ausmaß das biologische Geschlecht (sex) kulturell-gesellschaftlich maskiert und verfremdet werden kann. Und die Medien suggerieren, dass Qualität und Intensität des Erlebens mit einem schönen, attraktiven und sportlichen Körper zunehmen. Dass man dem Körper auch ausgeliefert ist – im Prozess des Alterns, im Falle von Krankheit, in der Begrenzung körperlicher Leistungsfähigkeit –, wird ausgeblendet.

3. Konsumorientierung
Etwas zu kaufen, ist nicht mehr Selbstzweck, sondern wird zum Erlebnis; der Konsum hat seinen eigentlichen Zweck außerhalb seiner selbst. Es geht nicht primär um den Erwerb eines Gebrauchsgegenstandes, den man aus Gründen eines vorhandenen Mangels wirklich braucht und von seiner Nützlichkeit her in seinem Wert beurteilt; der Markenartikel enthält – ganz abgesehen von seinem Gebrauchswert – einen symbolischen Mehrwert, die Werbung versteht es trefflich, gera-

---

25 Vgl. *Kamper/Wulf* 1982; *Hemminger* 2000, 30f; *Klessmann/Liebau* 1997.

de diesen Bedeutungsüberschuss in den Vordergrund zu stellen: Wenn ich dieses Kleid, diesen Anzug, dieses Parfüm kaufe, steigen meine Chancen, für einen Moment aus dem grauen Alltag herausgehoben zu sein und mein Leben als schöner, reicher, liebenswerter und sinnerfüllter zu erleben. Konsum wird auf diese Weise zum Erlebnis, zur Identitätsstütze, zum Sinnangebot.[26]

4. Selbstreflexion
Die Erlebnis-, Körper- und Konsumorientierung wird gewissermaßen zusammengehalten durch eine ungeheure Zunahme an Selbstreflexion, an Selbstthematisierung, häufig unter Zuhilfenahme populär-psychologischer Theorien (einschließlich Esoterik). Erlebnisse findet man nicht einfach als gegeben vor, sie sind Produkt eines Verarbeitungsprozesses. Erst durch gestaltende Aneignung, erst im Prozess der Rekonstruktion werden Ereignisse zu Erlebnissen. Endlose Selbstreflexion und das Gespräch mit anderen sind die dazu notwendigen Mittel. Weil die Wahlmöglichkeiten unendlich groß sind, muss und will man sich ständig Rechenschaft darüber geben, sich ständig vergewissern, ob man mit Blick auf die Bezugsgruppe und die eigenen Sehnsüchte und Wünsche auch das Richtige tut oder getan hat. »Ich will mein Leben möglichst intensiv leben«, sagt eine junge Frau. Um dieses Ziel zu erreichen, bedarf es des dauernden Abwägens, Vergleichens und Entscheidens. Angst entsteht angesichts der Überlegung, ob man etwas Wichtiges verpasst oder das Falsche mitgemacht hat. »Ein subjektiver Prozeß soll sich vollziehen, von dem man, sich selbst beobachtend, sagen kann, daß er einem gefalle. Das Projekt des schönen Lebens entpuppt sich als Projekt einer bestimmten Form der Selbstbeobachtung.«[27]
Lässt sich in diesen verschiedenen Selbstvergewisserungsstrategien eine zu Grunde liegende Struktur entdecken?
– Die Strategien sind für die Einzelnen zum Leben und Überleben notwendig, weil haltende Strukturen, die dem Lebensentwurf einen festen Rahmen geben könnten, nur noch rudimentär vorhanden sind. Je stärker Verunsicherung erlebt wird, die aus der Vielfalt der Orientierungsmöglichkeiten und Identitätsbestandteile erwächst, desto mehr bedarf es solcher Selbstvergewisserungsstrategien, die die Angst begrenzen und auffangen sollen. Ein kaum zu lösender circulus vitiosus.
– Die Selbstvergewisserungsstrategien sind – in einem neutralen Sinne gemeint – ich-bezogen: Das individuelle, auf sich selbst gestellte Ich des Menschen als Wahrnehmungs- und Steuerungszentrum der Person muss die ständige Konstruktion und Reflexion leisten.

26 Vgl. *Gräb* 1996, 172ff.
27 *Schulze* 1995, 46.

2.2 Strategien der Selbstvergewisserung

Kommunikation dient der Selbstdarstellung im Alltag und der Bestätigung des Selbstwertgefühls.
- Die individuellen Selbstvergewisserungsstrategien sind wiederum in gesellschaftlich vorgegebene Muster eingebettet. *Ulrich Beck* hat gezeigt, wie die Individualisierung zugleich von neuen Standardisierungen (z.B. von der Mode, von Tendenzen des Marktes) unterlegt ist.[28] Das bedeutet, dass jene Selbstvergewisserungsstrategien durch eine merkwürdige Spannung gekennzeichnet sind: Einerseits erscheinen sie als Ausdruck individueller Wahl, gleichzeitig laufen sie zu einem erheblichen Teil unbewusst standardisiert, fast reflexhaft und zwanghaft ab. Der/Die Einzelne kann sich ihnen nur schwer entziehen.
- Die Strategien werden als hilfreich und zugleich als anstrengend erlebt; sie fordern zu dauernder Leistung, zur dauernden Selbststilisierung heraus; und sie sind – da die Wahlmöglichkeiten unbegrenzt erscheinen – prinzipiell grenzenlos: Man könnte immer noch mehr, noch Besseres, noch Erlebnisreicheres für sich tun oder entdecken, wenn man die Kraft, die Zeit, den Einfallsreichtum und das nötige Geld dazu hätte.

Hat die Wiederentdeckung der Religion, wie wir sie allerorten beobachten können, mit diesen gesellschaftlichen Veränderungen zu tun? Ist sie auch als eine Strategie der Selbstvergewisserung zu begreifen? Stellt Religion, Esoterik etc. den Kitt dar, mit dem für manche die Kurzfristigkeit der Lebens- und Arbeitsverhältnisse besser auszuhalten und zu bewältigen ist? Religion bietet die Erzählungen an – auch wenn sie längst nicht mehr als allgemein akzeptiert gelten können –, mit denen sich die Einzelnen mit dem Kollektiv verknüpfen können; Religion ermutigt dazu, z.B. durch die Kasualien an wichtigen Knotenpunkten des Lebens, die eigene Biographie im Horizont der Geschichte Gottes mit den Menschen zu verstehen. Religion leitet dazu an, sich nicht nur von der eigenen aktiven Lebensleistung her zu verstehen, sondern auch als rezeptiv vom tragenden Grund des Lebens her. Religiöse Kommunikation, so könnte man verallgemeinernd sagen, zielt in ihren verschiedenen Gestaltungen, sei es als seelsorgliches Gespräch, sei es als Predigt oder als Liturgie, auf Lebensdeutung ab und ist insofern immer wieder Anstoß zur Reflexion über die eigene Identität ($\Rightarrow$ Kap. 9.4).

Die Coping-Forschung weist genau auf diesen Zusammenhang hin: Religion hilft beim coping stressbelasteter Situationen, weil sie eine Gemeinschaft und ein übergreifendes Sinngefüge zur Verfügung stellt.[29]

---

28 *Beck* 1986, 208ff.
29 Vgl. *Taylor* [4]1999, 214.

Allerdings ist natürlich auch religiöse Kommunikation nicht mehr einheitlich, nicht mehr fraglos in der Tradition verankert, sondern fragmentiert und pluralisiert, und auch religiös orientierte Menschen können und müssen wählen.

2.3 Zeitdiagnosen

Die zentralen Begriffe, die in den obigen Skizzen als Beschreibung von Lebenswelt und Gesellschaft wiederholt auftauchten, sollen noch einmal systematisierend aufgenommen und in ihren Konsequenzen für gegenwärtige Kommunikationsanforderungen auch im religiösen Bereich bedacht werden.

Postmoderne als eine geistesgeschichtliche Strömung, die alle Wissenschaftszweige betrifft, bezeichnet das Ende aller Einheits- und Ganzheitskonzeptionen.[30] Vertreter der Postmoderne richten sich gegen jedes Absolutheitsdenken, sei es im Staat, sei es in den Wissenschaften; denn jedes Ganzheitsdenken grenzt notwendig das Partikulare, das Besondere, das Abweichende aus und wird damit totalitär. Postmoderne Theorie macht sich zur Anwältin des Besonderen und derer, die gesellschaftlich ausgegrenzt werden. Differenzen und Unterschiede werden positiv gewertet, Dissens und Konflikt als erwünscht betrachtet: Es gilt, sie wahrzunehmen und auszuhalten, ohne gleich nach einem vereinheitlichenden Konsens zu rufen.

Ein methodisch wichtiger Bestandteil postmoderner Philosophie ist der Prozess der *Dekonstruktion*. Der Begriff stammt ursprünglich aus der Literaturwissenschaft und Philosophie und bezeichnet nach seinem Urheber, dem französischen Philosophen *Jacques Derrida*, den Sachverhalt, dass wir nicht hinter die Sprache zurück können. Sprache steht in keiner direkten Beziehung zu einer Welt »da draußen«. Es gibt keine ein für alle Mal festgelegten Bedeutungen außerhalb oder hinter der Sprache.[31]

Aus dem sprachphilosophischen Zusammenhang ist der Begriff längst ausgewandert und hat umfassendere Bedeutungen angenommen. *Derrida* hat es im Gespräch mit *John Caputo* so ausgedrückt:

»... alles geht in der Dekonstruktion in Richtung auf Offenheit, Aufdecken, Ausdehnung und Vielschichtigkeit, in Richtung auf unerhörte, ungeträumte zukünftige Möglichkeiten. ... Die eigentliche Bedeutung und Zielsetzung von Dekonstruktion besteht darin zu zeigen, dass die Dinge – Texte, Institutionen, Traditionen, Gesellschaften, Glaubensüberzeugungen und Verhaltensweisen jeder Art – keine festgelegten Bedeutungen, keine determinierten Zielsetzungen haben, dass sie immer mehr sind als das, was einmal festgelegt worden ist, dass sie über die Grenzen hinausgehen, die sie gegenwärtig einnehmen. Was wirklich in den Dingen geschieht,

---

30 Vgl. zum Folgenden *Welsch* [5]1998; *Grözinger* 1998.
31 Vgl. *Merrell* 1985, 1f.

2.3 Zeitdiagnosen 69

was wirklich passiert, ist immer zukünftig ... Wo immer Dekonstruktion eine Nussschale findet – ein sicheres Axiom, eine unerschütterliche Maxime – geht es darum, sie zu knacken und die Ruhe zu stören ... Man kann sagen: Nüsse knacken, ist das, was Dekonstruktion meint ...«[32]

Der australische Psychoanalytiker *Michael White* beschreibt Dekonstruktion folgendermaßen:[33]

»Nach meiner lockeren Definition hat Dekonstruktion mit Prozessen zu tun, die selbstverständlich erachtete Realitäten und Praktiken in Frage stellen: Jene sogenannten ›Wahrheiten‹, die von den Bedingungen und dem Kontext ihrer Produktion abgelöst sind; jene abstrakten Sprachformen, die ihre Vorurteile und Einseitigkeiten nicht zu erkennen geben; jene gewohnten Praktiken des Selbst und der Beziehungen, die das persönliche Leben unterdrücken. Viele Methoden der Dekonstruktion verfremden diese gewohnten und im Alltag für selbstverständlich gehaltenen Realitäten und Praktiken, indem sie sie objektivieren. In diesem Sinn sind Methoden der Dekonstruktion Versuche, das Vertraute exotisch zu machen ...« – und man müsste wahrscheinlich ergänzen: das Exotische vertraut machen.

Die Dekonstruktion aller Ganzheits-Phänomene bezieht sich aus postmoderner Sicht auch auf die sog. Meta- oder Groß-Erzählungen: Als Meta-Erzählungen gelten z.B. die aufklärerische Idee von der zunehmenden Emanzipation des Menschen durch die Vernunft, die marxistische Idee von der Befreiung der Menschheit durch die Revolution des Proletariats, die kapitalistische Idee von der Beglückung der Menschheit durch Reichtum sowie die jüdisch-christliche Vorstellung von der Geschöpflichkeit des Menschen, seiner Sündhaftigkeit und Erlösungsbedürftigkeit und von der Erlösung durch einen von Gott gesandten Messias. Diese Meta-Erzählungen haben in der Gegenwart ihre Legitimationskraft und allgemeine Verbindlichkeit verloren – und es sind keine neuen Meta-Erzählungen in Sicht, die deren Stelle einnehmen könnten.

Auch absolute Werte wie Wahrheit, Gerechtigkeit, Menschlichkeit müssen in den Plural gesetzt werden. Gerechtigkeit beispielsweise gibt es nicht als formale Gleichheit, sondern höchstens als Berücksichtigung der Unvergleichbarkeit und Unterschiedlichkeit von Personen und Sachverhalten.

Für die Pastoralpsychologie heißt das, dass die Dominanz eines einzigen psychologischen Paradigmas, der Psychoanalyse, nicht länger aufrecht zu erhalten ist; eine Vielzahl psychologischer Perspektiven muss zum Zuge kommen, um der Komplexität und Vielfalt der Realitätskonstruktionen einigermaßen gerecht zu werden.

---

32 *Derrida/Caputo* 1997, 31f.
33 Zitiert bei *Hoyt* 1996, 9.

Entsprechend hat ein autonomes, für sich seiendes Subjekt in dieser Theorie keinen Platz mehr; eine einheitliche Ich-Instanz erscheint nicht mehr denkbar. An seine Stelle tritt ein flexibles, instabiles Geflecht von Sprachspielen, mit denen sich der Mensch in seinen verschiedenen Beziehungen bewegt.
Der Philosoph *Wolfgang Welsch* spricht in dieser Hinsicht vom »schwachen Subjekt«. Das schwache Subjekt ist durchlässig gegenüber den verschiedenen gesellschaftlichen Erwartungen und Angeboten, zeichnet sich durch die Fähigkeit aus, Übergänge zwischen ihnen herstellen zu können. Es ist nicht mehr das einheitliche, geschlossene, starke Subjekt, sondern das innerlich plurale, dessen verschiedene Anteile der Pluralität der äußeren Wirklichkeit entsprechen. *Welsch* hat in diesem Zusammenhang den Begriff der Transversalität geprägt. Das schwache, transversale Subjekt ist nicht an Herrschaft und damit an Einheit interessiert, sondern an Vielheit und Unterschiedlichkeit, es entwickelt Sensibilität für Differenzen, Umbrüche und Verschiebungen, es fördert und will die Fähigkeit, aus dem »Gehäuse der Hörigkeit« auszuziehen und »ohne Angst verschieden zu sein« (*Adorno*). Wo und wie man allerdings lernen kann, ohne Angst verschieden zu sein, bleibt offen (⇒ Identität, Kap. 4.1.2 und 13.3).
Dieses schwache Subjekt hat jedoch die außerordentlich »starke« Fähigkeit, seine Welt und sich selbst zu konstruieren. Die Philosophie und Psychologie des *Konstruktivismus* repräsentiert die andere Seite der Medaille der Dekonstruktion. Wenn es keine Realität mehr »da draußen« gibt, der sich unsere Vernunft abbildend annähern könnte (so die aristotelische Bestimmung der Wahrheit: »adaequatio intellectus ad rem«) bzw. wenn wir »die« Realität nicht erkennen können, dann bleibt nur als Konsequenz, dass der Mensch seine Realität selbst konstruiert. Schon *Immanuel Kant* hat herausgearbeitet, wie mit Hilfe der apriorischen Strukturen von Raum und Zeit Wahrnehmung und Wissen zu einem aktiven Prozess der Strukturierung von Erfahrung werden.
»Human beings are meaning-making creatures«,[34] dieser Satz bildet den Ausgangspunkt für die verschiedenen Versuche, genauer zu verstehen, wie sich der Prozess des meaning-making vollzieht. Die Welt, so *Rosen*, begegnet uns wie ein Rorschach-Test;[35] der Test muss interpretiert werden, um einen Sinn abzugeben; es gibt keine im Vorhinein feststehende richtige oder falsche Interpretation. Der Mensch ist kein passiver Empfänger von Information, sondern aktiver Konstruk-

---

34 *Rosen* in: *Rosen/Kuehlwein* 1996, 3. Der Band gibt eine gute Einführung in die Vielfalt konstruktivistischer Ansätze.
35 Der Rorschach Test gehört zu den projektiven Testverfahren, in denen an Hand von Tintenklecks-Bildern die Assoziationsfähigkeit und die unbewusste Persönlichkeitsdynamik der Testperson untersucht werden kann. Vgl. *Zimbardo* [6]1995, 547f.

teur, »der aus den Begegnungen des Lebens Bedeutung konstruiert und organisiert.«[36]
Diese Konstruktionen vollziehen die einzelnen Personen nicht allein und solipsistisch, sie sind angewiesen auf die Bedeutungs-Konstruktionen ihrer Umwelt, ihrer Bezugsgruppe, ihrer Kultur. Bedeutung und Wissen, nicht nur in ihrer kognitiven, sondern auch in ihrer emotionalen Dimension, werden interaktiv hergestellt. Konstruktionen verändern sich mit dem Wachstum und der Reifung der Person, vor allem aber mit den Veränderungen der Umwelt, des familiären Systems, der Kultur und der Gesellschaft. »Alte« Konstrukte erscheinen auf einmal nicht mehr angemessen und müssen, um aufgetretene Diskrepanzen zu bearbeiten, überprüft werden.
Auch Religion ist ein Element der Bedeutungs-Konstruktionen der Umwelt. Jahrhunderte hindurch hat sie den Bedeutungskosmos und damit das Verhalten der Menschen tief greifend geprägt. Diese Verbindung hat sich gelockert. Religion ist zu einer Sinngebungs-Konstruktion unter vielen anderen geworden; damit stellt sich für die Kirchen die Frage, wie sie die Sinnangebote der jüdisch-christlichen Tradition so in die Bedeutungsgebung der Menschen einfließen lassen können, dass sie weiterhin Wirkungen erzielen.

Anknüpfungspunkte für Psychotherapie und Seelsorge wie für die Homiletik liegen auf der Hand:
1. Menschen leben in ihren Konstruktionen, nehmen sie für »die« Wirklichkeit, geben ihnen gewissermaßen ontologischen Status und wiederholen die darin enthaltenen Rollenerwartungen und -zwänge immer wieder. Wenn die Konstruktionen, die Stories eines Menschen nicht mehr zu denen seiner Umwelt »passen«, ergeben sich Diskrepanzen, die wir gemeinhin als Lebensprobleme, als Schwierigkeiten, als Neurosen bezeichnen. Narrative Therapie / Seelsorge (⇒ Kap. 10.2.7) fokussiert auf die Stories der Klienten und bietet Hilfe an, um neue Geschichten und Metaphern zu erarbeiten, die der gegenwärtigen Lebenssituation angemessener sind.
2. Gerade in der Seelsorge bietet es sich an, Geschichten der jüdisch-christlichen Tradition und individuelle Lebensgeschichten in ein Gespräch miteinander zu bringen. Individuelle Geschichten können dadurch eine heilsame Verfremdung erfahren, in einen neuen Bedeutungshorizont gerückt werden; die biblischen Geschichten werden ihrerseits kontextualisiert und erscheinen in neuem Licht.
3. Das Hören einer Predigt ist nicht nur ein Vorgang passiver Rezeption, sondern immer aktive Konstruktion, abhängig von einer Vielzahl persönlicher und kultureller Vorgaben (⇒ Predigt, Kap. 9). Diese individuelle Konstruktionsleistung gilt es zu ermutigen und nicht abzuwerten.

Den Diskurs um die Postmoderne könnte man als philosophische Grundlegung der *multikulturellen Gesellschaft*, wie sie aus soziologischer Sicht beschrieben wird, begreifen: In der multikulturellen Gesellschaft gibt es nicht länger eine dominante gesellschaftliche Gruppe, der

---

[36] *Rosen* 1996, 4.

alle anderen als Minderheiten gegenüberstehen; es gibt im Grunde nur noch eine Vielzahl von Minderheiten, die einem Mosaik, ohne allgemeinverbindliche Führung und Integration, gleichen. *Ein dominantes und einheitliches Deutungsschema ist nicht mehr vorhanden.* Um in einer solchen Gesellschaft leben zu können, ist Differenz-Aufmerksamkeit notwendig, Respekt vor der Verschiedenheit, vor der Andersartigkeit der Anderen und die Anerkennung der prinzipiellen Gleichrangigkeit der verschiedenen Lebens- und Glaubensentwürfe. A. *Grözinger* hat das die Fähigkeit zur produktiven Differenz-Erfahrung genannt.[37] Postmoderne, multikulturelle Gesellschaft beinhaltet notwendig Prozesse der *Individualisierung und Pluralisierung.* Diese Phänomene sind inzwischen vielfach beschrieben, sie werden aber in der Kirche in ihren Auswirkungen für das kommunikative Handeln m.E. immer noch nicht genügend ernst genommen.

In seinem Buch »Risikogesellschaft« von 1986 sagt *Ulrich Beck*: »Im Zentrum dieses Kapitels steht die Einschätzung, daß wir Augenzeugen eines Gesellschaftswandels innerhalb der Moderne sind, in dessen Verlauf die Menschen aus den Sozialformen der industriellen Gesellschaft – Klasse, Schicht, Familie, Geschlechtslage von Männern und Frauen – freigesetzt werden.«[38]

Individualisierung ist zunächst positiv als ein Freisetzungsprozess aus traditionellen Bindungen zu begreifen. Diese Bindungen prägen nicht mehr die individuelle Biographie; es ist möglich – mit unterschiedlichen Schwierigkeiten –, sie abzustreifen und eigenständige Lebensmuster zu wählen. Dass Arbeiterkinder gute Bildungschancen haben, dass Frauen »Männerberufe« ergreifen können, dass familiäre Herkunft weder im positiven noch im negativen Sinn eine Biographie bestimmt, sind Beispiele solcher Freisetzungen.

Aber der Prozess der Individualisierung bringt auch neue Abhängigkeiten mit sich: »Der Einzelne wird zwar aus traditionalen Bindungen und Versorgungsbezügen herausgelöst, tauscht dafür aber die Zwänge des Arbeitsmarkts und der Konsumexistenz und der in ihnen enthaltenen Standardisierungen und Kontrollen ein«.[39] Die Absicherungen, die Schichtzugehörigkeit, Familie oder traditionelle Religionszugehörigkeit auch bedeuten, gehen verloren, der/die Einzelne wird zum »Handlungszentrum«, zum »Planungsbüro« seines Lebens. »Gefordert ist ein aktives Handlungsmodell des Alltags, das das Ich zum Zentrum hat, ihm Handlungschancen zuweist und eröffnet und es auf diese Weise erlaubt, die aufbrechenden Gestaltungs- und Entscheidungsmöglichkeiten in bezug auf den eigenen Lebenslauf sinnvoll kleinzuarbeiten.«[40]

---

37 *Grözinger* 1994, 26.
38 *Beck* 1986, 115.
39 *Beck* 1986, 211.
40 *Beck* 1986, 217.

2.3 Zeitdiagnosen

In dieser Entwicklung liegt eine Chance für die Betroffenen, aber auch eine tendenzielle Bedrohung und Überforderung: Für alle Konsequenzen aus meinen Entscheidungen, für alle Fehler bin nur ich selbst verantwortlich; den komplexen und anonymen Verhältnissen kann man häufig nur noch sehr begrenzt die »Schuld« geben. Es gibt nur noch wenige verbindliche und orientierende Normen; die Anforderungen an individuelle Entscheidungs- und Steuerungsfähigkeit sind hoch.

Solche Freisetzungsprozesse gehen notwendigerweise einher mit entsprechenden Pluralisierungstendenzen in der Gesellschaft. Wenn es nicht mehr die großen und verbindlichen Meta-Erzählungen gibt, wenn kaum noch allgemein verbindliche Verhaltensnormen vorhanden sind, dann ist prinzipiell alles möglich. »Anything goes«. Arbeitsformen, Lebensformen, Beziehungs- und Kommunikationsmuster individualisieren und pluralisieren sich.

Und die Menschen haben die Wahl, das ist die entscheidende Konsequenz, die sich daraus ergibt. Sie können sich entscheiden, woanders zu leben und zu arbeiten; sie können den Lebenspartner / die Lebenspartnerin aus einem anderen Land, einer fremden Kultur wählen; sie können eine andere Religionen annehmen; sie können ihr biologisches Geschlecht und die bis vor kurzem damit verbundenen Rollenvorgaben in großer Freiheit gestalten.

Peter Berger hat vom »Zwang zur Häresie«,[41] vom Zwang zur Wahl gesprochen. In allen Lebensbereichen zwischen verschiedenen Alternativen zu wählen ist nicht nur möglich, sondern notwendig und unvermeidbar. Wo man sich früher in das Schicksal oder die Tradition mehr oder weniger ergeben einfügte, muss heute aktiv und selbstverantwortlich entschieden werden. »Normalbiographie verwandelt sich in Wahlbiographie« hatte schon *Beck* formuliert.[42] Der Sohn übernimmt nicht mehr selbstverständlich den Beruf des Vaters, sondern entscheidet nach Neigung, Leistungen in der Schule und Berufsaussichten; der Partner / die Partnerin kommt nicht mehr notwendigerweise aus demselben Lebensmilieu; welche Lebensform man als Paar leben will, ist offen; die Religion oder Weltanschauung der Eltern ist nicht mehr verpflichtendes Erbe für die Kinder.

Die Konsequenzen aus dieser Notwendigkeit des permanenten Wählens beschreibt *Berger* so: »Schicksal erfordert keine Reflexion, doch der Mensch, der sich gezwungen sieht, seine Wahl zu treffen, ist auch gezwungen sich anzuhalten und nachzudenken. Je mehr Wahlmöglichkeiten, desto mehr Reflexion. Der Einzelne, der notgedrungen nachdenkt, wird sich seiner selbst immer mehr bewußt. Das heißt, er wendet seine Aufmerksamkeit von der objektiv gegebenen Außenwelt zu seiner Subjektivität. Wenn er dies tut, geschehen gleichzeitig zwei

---

41 *Berger* 1992.
42 *Beck* 1986, 217.

Dinge: Die Außenwelt wird immer fragwürdiger, und seine Innenwelt wird immer komplexer.«[43]

Im Zusammenhang mit dem Stichwort »Dekonstruktion« und »Pluralismus« muss auf die Gender-Debatte hingewiesen werden, an der Pastoralpsychologie nicht vorbeigehen kann. Die Dekonstruktion der Geschlechterrollen, die Einsicht, dass das biologische Geschlecht (sex) immer und unvermeidlich von sozialen Rollenzuschreibungen (gender) überlagert und geformt wird, hat zu einer lange überfälligen Differenzierung auch in diesem Bereich geführt. Die feministische »Hermeneutik des Verdachts« ist ein wichtiger Bestandteil postmoderner Dekonstruktion. Es gibt streng genommen nicht »den« Menschen, es gibt nicht »den« Mann oder »die« Frau, sondern nur einzelne Männer, einzelne Frauen, die, eingebunden in unterschiedliche kulturelle und soziale Milieus, ihre individuellen Identitäten ausbilden und darin auch wieder Gemeinsamkeiten entdecken. Psychologische Theorien haben die unterschiedlichen Sozialisationsprozesse für Mädchen und Jungen erforscht, die zu den traditionellen Rollenzuschreibungen geführt haben, und ihre gesellschaftliche Ideologisierung (als entspräche dem gesellschaftlichen Konstrukt eine unveränderliche biologische Gegebenheit) aufgedeckt. Auch die Pastoralpsychologie berücksichtigt diese Erkenntnisse und bezieht sie auf verschiedene Kommunikationsprozesse im Bereich der Praktischen Theologie (⇒ Kap. 10.3 und 11.2).

Der Begriff der *Erlebnisgesellschaft* ist für den vorliegenden Zusammenhang vor allem unter zwei Aspekten von Bedeutung:
Es geht erstens um eine Ästhetisierung des Alltagslebens, um eine bestimmte Art und Weise der Verarbeitung und Aneignung von Alltagserlebnissen nach der Maxime: »Richte die Situation so ein, dass sie dir gefällt.«[44] Das Subjekt und seine Reflexionsfähigkeit sind gefordert, um das »Projekt des schönen Lebens« im gewünschten Sinn zu realisieren. An die Stelle einer traditionalen, ethisch ausgerichteten Lebensführung treten erlebnisrationale, ästhetische Maßstäbe (s.o.).
Zweitens: Sosehr die Erlebnisrationalität subjektbestimmt ist, sosehr ist sie gleichzeitig milieuabhängig. Das Subjekt tritt nie völlig original und singulär in Erscheinung, es ist immer durch Stile und Milieus vermittelt. Zwar sind die fünf Milieubeschreibungen, die *Schulze* vorlegt, wiederum relativ grobe Schemata; entscheidend ist jedoch ihr Vermittlungscharakter zwischen Individuum und Gesellschaft. (*Schulze* spricht vom »Modell der abgestuften Kollektivitätsgrade«.[45]) Auch für pastoralpsychologische Arbeit ist es wichtig, die entsprechenden Zielgruppen-Differenzierungen zur Kenntnis zu nehmen:

G. *Schulze* unterscheidet fünf verschiedene Milieus (»soziale Milieus sind Gemeinschaften von Weltdeutung«[46]), die sich an der Erlebnisrationalität, am Le-

---

43 *Berger* 1992, 35.
44 *Schulze* [5]1995, 42.
45 *Schulze* [5]1995, 224.
46 *Schulze* [5]1995, 267.

2.3 Zeitdiagnosen

bensstil der Menschen orientieren. Übertragungen auf den religiös-kirchlichen Bereich liegen nahe.[47]

1. Zum *Niveaumilieu* zählen gebildete ältere Menschen (ab 40), die sich an Hochkultur orientieren. Sie lesen überregionale Tages- und Wochenzeitungen, hören klassische Musik, gehen ins Theater oder Museum. Gottesdienst verstehen sie als ein Kulturangebot (z.b. Kantatengottesdienste, thematische Gottesdienste mit bekannten Rednern etc.), Religion ist für sie interessant, wenn sie gleichzeitig ein Bildungsangebot darstellt.
2. Weniger gebildete ältere Menschen repräsentieren das *Harmoniemilieu*. Sie orientieren sich an Trivialkultur (Hitparaden, Volksmusik, Heimatfeste, Illustrierte). Der Wunsch nach einer heilen, konfliktfreien Welt ist ausgeprägt, man »gibt sich gepflegt, ordentlich, korrekt, dezent, unauffällig und traditionsbewusst.« Religion soll eine überzeitliche Ordnung garantieren, sie bestätigt den status quo. Die gelungene rituelle Inszenierung von Kasualien (Taufe, Trauung) spiegelt den Traum vollkommenen bürgerlichen Glücks.
3. Zum *Integrationsmilieu* rechnet man ältere, mittelmäßig gebildete Menschen. Sie orientieren sich stark an Geselligkeit (Frauenhilfe, Männerkochgruppe) und am reichhaltigen Angebot der Gemeinde (von allem etwas). Verbundenheit mit Kirche hängt für sie an der Verbundenheit mit einer solchen Gruppe.
4. Das *Selbstverwirklichungsmilieu* repräsentieren jüngere Menschen mit hoher oder mittlerer Bildung. Sie sind gesellschaftlich-sozial engagiert mit dem Ziel, sich selbst und die eigenen Wertvorstellungen zu verwirklichen, beispielsweise in Frauengruppen oder Dritte-Welt-Gruppen. Diese Menschen definieren sich vom ethischen Engagement her (Jesus als Vorbild!) und kritisieren die Bürgerlichkeit und Verbürokratisierung der Kirche.
5. Zum *Unterhaltungsmilieu* gehören jüngere, wenig gebildete Menschen, die eine starke Nähe zum Trivialschema haben. Sie wollen das Leben aktiv genießen und vor allem ausgiebig konsumieren. Die Freizeitindustrie (Discos, Spielhallen, Fitnessstudios, Videotheken) sucht ihr Unterhaltungsbedürfnis zu befriedigen; Kirche erscheint für sie nur von Interesse, wenn sie passende Unterhaltungsangebote macht (Kirchendisco, Jugendclub).

Die Diagnose *»narzisstische Gesellschaft«* findet bestimmte Charakterzüge narzisstischer Persönlichkeiten in gesellschaftlichen Strukturen und Verhaltensmustern wieder (⇒ Kap. 4.1.3): »Abhängigkeit von der stellvertretenden Wärme, die andere zur Verfügung stellen, verbunden mit Angst vor eben dieser Abhängigkeit, ein Gefühl innerer Leere, grenzenlose unterdrückte Wut und unbefriedigte orale Wünsche« prägen nach *Christopher Lasch* die Alltagsbeziehungen in unserer Gesellschaft.[48]

Horst Eberhard Richter beschreibt den Entwicklungsprozess des Menschen seit dem 16. Jahrhundert bis zur Gegenwart als einen Prozess, in dem der Glaube an die göttliche Allmacht, die den Menschen schützt und straft, sich auflöst und ersetzt wird durch eine narzisstische Identifikation. »Die grandiose Selbstgewissheit des Ich ist an die Stelle der Geborgenheit in der großen idealisierten Elternfigur getreten. Deren gewaltige Macht taucht nun als maßlose Überschätzung der eigenen

---

47 Vgl. dazu *Hauschildt* 1998, 392–404; *Becks* 2001, 75ff.
48 *Lasch* 1979, 74.

Bedeutung und Möglichkeiten auf. Das individuelle Ich wird zum Abbild Gottes.«[49]
Diese Entwicklung bedeutet, dass die großen und tiefsitzenden Ängste des Menschen angesichts seiner tatsächlichen Abhängigkeit von der Natur, von den Alterungsprozessen, von Schmerz, Krankheit und Tod verleugnet und verdrängt werden müssen. Eine Vielzahl gesellschaftlicher Techniken dient dazu, jene narzisstischen Allmachtsphantasien zu stabilisieren und alles, was sie gefährden könnte, zu eliminieren: Wissenschaft und Technik suggerieren eine immer vollkommenere Weltbeherrschung, die Unausweichlichkeit von Leiden, Gebrechlichkeit und Endlichkeit wird abgespalten (z.b. durch das Aufbewahren leidender Menschen in dafür speziell vorgesehenen Institutionen) oder durch Konsum und Party-Kultur überspielt. »Das Scheitern ist das große moderne Tabu.«[50]
Die entsprechende kompensatorische Pose ist das kollektive »keep smiling«, die scheinbare Freiheit von Angst, Spannung und Leiden; der Bluff ist die bare Münze, der Blender wird für echt gehalten, Identität besteht vorwiegend aus Image. Aber, so sagt *Arno Gruen*, »das meint nicht, dass diese Leute sich innerlich zufrieden fühlen. Sie müssen ja dauernd in Bewegung sein, um immer mehr, mehr und größer, größer zu werden ... diese Menschen [können] gar nicht aufhören ..., denn wenn sie nicht dauernd vorne sein können, wenn sie nicht dauernd neue Frauen, neue Reisen, neue große Industriezusammenstellungen zu Stande bringen können, dann fühlen sie sich im Grunde minderwertig. Diese Menschen fühlen sich leer, weil sie gar keinen Zugang haben zu dem, was das Eigene ist.«[51]

Als eine Illustration dieses Typus erscheint mir *Andy Warhol*: »If you want to know all about Andy Warhol, just look at the surface of my paintings and films and me, and there I am. There's nothing behind it.« Die Identität ist das Image, das Image die Identität.[52]

Lasch weist darauf hin, dass dieser Persönlichkeitstyp genau den Anforderungen der Wirtschaft und ihrer Organisationen entspricht: Dort wird der ehrgeizige, erfolgsorientierte, allseits verfügbare Arbeitnehmer gesucht, persönliche Bindungen und ethische Prinzipien sind dem eher abträglich. Gesellschaftliche Struktur und individuelle Persönlichkeitsentwicklung verstärken sich auf diese Weise gegenseitig.
Der äußeren Pluralisierung muss eine innere entsprechen. Die spätbürgerliche, gut integrierte Persönlichkeit, das einheitliche Subjekt, das seine *Identität* mit Beginn des Erwachsenenalters gefunden hat, kommt

49 *Richter* 1979, 27.
50 *Sennet* [6]1998, 159.
51 Zitiert nach *Weber* 2000, 59f.
52 Zitiert bei *Zweite* 2000, 196ff.

2.3 Zeitdiagnosen

in der pluralen, multikulturellen Gesellschaft nicht mehr zurecht. Die Identitätstheorie von *Erik Erikson* u.a., die den Akzent auf das Moment der Kontinuität und Einheitlichkeit in der Entwicklung legt, scheint für die modernen Gesellschaften nicht mehr zu passen. *Heiner Keupp* hat auf die mögliche Belastung durch zu viel Identität hingewiesen (s.o.): Identität im klassischen Sinn erscheint hier geradezu als Belastung und Zwang! Stattdessen wird, wie in vielen anderen Lebensbereichen auch, eine Dekonstruktion gefordert, die *H. Keupp* mit dem Begriff der »*Patchwork-Identität*« beschrieben hat; er meint damit eine multiple Persönlichkeit in einem nicht-pathologischen Sinn. »Angesichts der partikularisierten Lebenssituation des modernen Menschen ... ist ein ständiges Umschalten auf Situationen notwendig, in denen ganz unterschiedliche, sich sogar gegenseitig ausschließende Personenanteile gefordert sein können. Diese alltäglichen Diskontinuitäten fordern offensichtlich ein Subjekt, das verschiedene Rollen und die dazugehörigen Identitäten ohne permanente Verwirrung zu leben vermag.«[53] Man spricht auch von der Identitäts-Collage oder der Bastel-Biographie. Dass diese Bastel-Mentalität dann wieder für neue Standardisierungen und Moden ausgesprochen anfällig ist, darf als Kehrseite allerdings nicht verschwiegen werden.

Die ersten Ansätze dieser Theorie waren in den ausgehenden 80er Jahren mit viel Enthusiasmus konzipiert worden; inzwischen sieht man die Schattenseiten deutlicher, vor allem angesichts einer die individuellen Entwicklungsmöglichkeiten stark begrenzenden Wirtschaftslage.[54] Es ist »Identitätsarbeit« notwendig, um diese Patchwork-Identität aufrechtzuerhalten und nicht an ihr zu leiden oder sich überfordert zurückzuziehen;[55] bestimmte Voraussetzungen sind nötig, um sich eine solche Identitätsarbeit, ein »Leben mit ›riskanten Chancen‹« leisten zu können:[56]

1. Identitätsarbeit bedarf einer ausreichenden materiellen Basis.
2. Man braucht soziale Ressourcen, so etwas wie Beziehungs- und Verknüpfungsfähigkeit. Je fragmentierter und fragiler die Identität des Einzelnen ist, desto wichtiger werden soziale Netzwerke, die Unterstützungs- und Austauschmöglichkeiten bereitstellen.
3. Wichtig sind Fähigkeiten zum Aushandeln, weil Ziele, Wege dahin und Normen ständig neu diskutiert und entschieden werden müssen. Ein gutes Maß an Konfliktfähigkeit ist dazu wichtig.

---

53 *Keupp* 1988, 137.
54 *Eschmann* 2000, 21, A. 84 zitiert T. Polednitschek, Die Götzen der Scham: »Beim näheren Hinsehen entpuppt sich die Postmoderne als eine Philosophie und Psychologie der Sieger, für Menschen, die in unserer Kultur und Gesellschaft selbstbewußt genug sind, den vorhandenen Möglichkeitsraum auch zu nutzen. Ihrer Wahrnehmung entzogen bleiben die Verlierer ...«
55 Vgl. *Keupp/Höfer* 1997.
56 *Keupp* 1994, 336ff.

4. Ambiguitätstoleranz ist gefordert, also die Fähigkeit, Verunsicherung nicht nur zu ertragen, sondern vielleicht geradezu zu suchen und zu genießen. *Christa Wolff* hat es mit dem Begriff »Freude aus Verunsicherung ziehen« umschrieben.
5. Statt Herrschaft und Unterwerfung, Konkurrenz und dem männlichen Autonomiemodell geht es mehr um Sich-in-Beziehung-setzen, Austausch, Distanz und Nähe ermitteln.
6. »Die genannten psychischen, sozialen und materiellen Ressourcen und Kompetenzen haben ein Gefühl des Vertrauens in die Kontinuität des Lebens zur Voraussetzung, ein Urvertrauen zum Leben und seinen natürlichen Voraussetzungen.«[57]

Die Ansprüche, die eine solche Identitätsarbeit an die betroffenen Subjekte stellt, sind beträchtlich; je höher die Ansprüche sind, desto mehr wachsen die Möglichkeiten des Scheiterns.

2.4 Konsequenzen für Kommunikation und pastoralpsychologisches Denken

Wie schlägt sich Gesellschaft mit ihren genannten charakteristischen Kennzeichen als Deutungshorizont in der Lebenswelt, im Alltag der Menschen nieder? Wie gehen diese Gegebenheiten in die Kommunikationsstrukturen ein? Welche Konsequenzen ergeben sich daraus für religiöse bzw. kirchliche Kommunikation? Wie kann pastoralpsychologische Theoriebildung diesen Zusammenhang angemessen berücksichtigen?

a. Das Zerbrechen aller Einheitsvorstellungen bedeutet, dass die Menschen sich nicht mehr in vorgegebene Großerzählungen bergen können, sondern die Story ihres Lebens selbst erfinden und gestalten müssen. Sinn und Ziel sowohl im Rückblick auf die abgelaufene Biographie als auch im Vorgriff auf die noch offene Zukunft sind selbstständig zu entwerfen. Selbstreflexion, Austausch und Diskussion mit anderen, Gelegenheit zum Gespräch und zum Erzählen erhalten dadurch ein bisher nicht da gewesenes Gewicht. Insofern erscheint es plausibel, wenn die Möglichkeit, das eigene Leben zu erzählen und sich darin neu zu finden, hoch eingeschätzt wird, ja von Seiten der Betroffenen fast schon in sich eine religiöse Qualität zugeschrieben bekommt (⇒ Kap. 8.5). Für Religion und Kirche erwächst daraus die Aufgabe, die Fähigkeit der Menschen zum Sich-Selbst-Entwerfen im Dialog zu stärken. *Uta Pohl-Patalong* spricht von der notwendigen Unterstützung einer Individualisierungs- und Pluralisierungskompetenz.[58] Die Auseinandersetzung

---

57 *Keupp* 1994, 346f.
58 *Pohl-Patalong* 1996, 255f.

2.4 Konsequenzen für Kommunikation und pastoralpsychologisches Denken 79

mit psychologischen Konzepten zu zentralen anthropologischen Themen ist dabei hilfreich.

b. Kommunikation muss als radikal individualisiert und pluralisiert anerkannt werden. Sprach- und Verstehensformen sind immer weniger gemeinschaftlich geteilt, sondern persönlichkeits- und situationsspezifisch differenziert. Am Beginn von Kommunikation steht Differenz und Fremdheit, und nicht Einverständnis; diese Erkenntnis einer interkulturellen Hermeneutik wird mehr und mehr auch für die Alltagskommunikation in der pluralen Gesellschaft gelten. Dieser Prozess ist zunächst ebenfalls als Freisetzungsprozess zu begreifen, der allerdings auch die Gefahr zunehmender Zersplitterung in sich birgt. In der religiösen Kommunikation ist diese Entwicklung mit Händen zu greifen: Religiöse Kommunikation ist nicht nur milieuabhängig, sondern inzwischen in hohem Maß auch personabhängig: Vorwiegend die persönliche Glaubwürdigkeit des Pfarrers / der Pfarrerin lässt deren Botschaft glaubwürdig erscheinen.

c. Die implizite Devise postmoderner Gesellschaft »Nichts Langfristiges« (s.o.) wirft die Subjekte radikal auf sich selbst zurück. Strukturen, Traditionen, Werte und Beziehungen sind ständig von Veränderungen bedroht und verlangen enorme Bewältigungsfähigkeiten (coping) von den Betroffenen. Kirche kann ein Forum für Austausch und Vernetzung sein, wenn sie sich in die Sprachwelten der Betroffenen einfühlen kann; dazu kann Pastoralpsychologie einen Beitrag leisten.

d. Kommunikation vollzieht sich multiperspektivisch: Es ist inzwischen Common Sense, dass es für die Lebens- und Wirklichkeitsdeutung nicht nur eine, sondern eine ganze Reihe von gleichberechtigt nebeneinander stehenden wissenschaftlichen und alltagsbezogenen Verstehens- und Erklärungsansätzen gibt. Religiöse Kommunikation sollte deswegen nicht auf exklusive und konfessorische Eindeutigkeit abzielen, sondern die Fähigkeit der Beteiligten stärken, Differenzen wahrzunehmen und auszuhalten und zugleich Verbindungen zwischen unterschiedlichen Positionen herzustellen, abzuwägen und zu einer begrenzten, eigenständigen und subjektiv verantworteten Stellungnahme zu finden.

e. Kommunikation soll erlebnisorientiert und erfahrungsnah sein. Damit muss sie zwangsläufig dialogisch und interaktiv werden. Autoritäre, direktive und monologische Strukturen, die sich der demokratischen Partizipation, der Vernunftprüfung, dem Vergleich des Erlebniswertes entziehen, werden kaum noch akzeptiert.

f. Kommunikation hat neben der Inhaltsebene immer eine Beziehungsebene oder auch affektive Dimension, die die Übermittlung des Inhalts in hohem Maß mitbestimmt. Eine Berücksichtigung dieses Zusammenhangs (⇒ Kap. 10.1.2) erhöht die Glaubwürdigkeit von Kommunikation und ihren Erlebniswert.

g. Face to face-Kommunikation hat fast immer mit der Bestätigung (oder Nicht-Bestätigung) des eigenen Selbstkonzepts, des eigenen Selbstwertgefühls zu tun. Kommunikation, die das Selbstwertgefühl unterstützt und stärkt, wird besser angenommen als eine, durch die Menschen sich in Frage gestellt fühlen. Für religiöse Kommunikation erwächst daraus die Notwendigkeit einer sensiblen Gratwanderung zwischen Anpassung und Auseinandersetzung mit Fremdheit.

h. Religiöse Kommunikation, speziell in Predigt und Seelsorge, muss die Situation der Pluralisierung und Fragmentierung in den Lebenswelten der Menschen ernst nehmen und berücksichtigen. Einfühlung in das Lebensgefühl der Menschen angesichts dieser diffizilen Situation wird zu einer wichtigen pastoralen Aufgabe. Pastoralpsychologie stellt dafür das notwendige Instrumentarium zur Verfügung.

Mit diesen Punkten wird noch einmal unterstrichen, wie die Freiheiten der modernen Gesellschaft Chancen und Bedrohungen zugleich darstellen. Menschen, die in einer so gekennzeichneten sozio-kulturellen Situation leben, haben offenkundig Orientierungsbedarf und Sicherheitsbedarf angesichts der immer auch Angst machenden Vielfalt. Sie brauchen permanent das Gespräch, um sich zurechtzufinden und um Entscheidungen zu treffen. Die ins Uferlose angewachsene Beratungsliteratur und die weiter steigende Nachfrage nach Psychotherapie und Beratung zeigen diesen Orientierungsbedarf deutlich an.

Da, wo Menschen deutlich von der Vielfalt der Wahlmöglichkeiten überfordert sind, werden sie einen Rückzug in autoritäre oder fundamentalistische Strukturen vorziehen. Fundamentalismus, Rechtsradikalismus und ähnliche Entwicklungen sind als Abwehr der ängstigenden Vielfalt und der raschen Veränderungsprozesse zu deuten und entsprechend ernst zu nehmen.[59]

Die Entstehung der Pastoralpsychologie kann man in diesen gesellschaftlichen Kontext einzeichnen: Pastoralpsychologie verstärkt die Tendenz zur Dekonstruktion und bietet gleichzeitig Möglichkeiten an, bewusster und gezielter damit umzugehen:

1. Pastoralpsychologie verstärkt den Trend zur Selbstreflexivität, indem sie prinzipiell die Frage nach der Funktion und der Sinnhaftigkeit eines Verhaltens allgemein und speziell im Bereich von Religion und Kirche aus psychologischer Sicht stellt. (Zum Beispiel: Welche Funktion hat ein Gottesdienst? Was löst er in den Teilnehmenden aus? Was ermöglicht, was verhindert er?) Diese Frage im Blick auf religiöses Verhalten zu stellen, ist in der Kirche immer noch relativ ungewohnt, und doch ist es reizvoll, mit diesem

---

59 Vgl. zum Thema *Lange* 1996.

2.4 Konsequenzen für Kommunikation und pastoralpsychologisches Denken 81

Blickwinkel neue Sinndimensionen und entsprechende Verhaltensalternativen zu erschließen. Gleichzeitig liegt darin eine zusätzliche Verunsicherung, weil eben nichts mehr »einfach so« geschieht. Traditionelle theologische oder liturgische Begründungszusammenhänge sind plötzlich nicht mehr die einzig möglichen.

2. Berufung auf die Autorität einer Tradition, der Kirche, des Amtes, des Wortes Gottes ist nicht zuletzt durch die Einführung der Frage nach der psychologischen Funktion problematisch geworden. Einsichten und Verhaltensweisen müssen aus sich heraus relevant und legitim erscheinen: Vernunft, Vermittlung in andere, auch psychologische Sprachspiele und Alltagsplausibilitäten sind zu wichtigen Kriterien auch im Bereich der Religion geworden. Theologen und Theologinnen müssen die Fähigkeit zur Übersetzung theologischer Sprache in säkulare und vice versa mitbringen bzw. erwerben; die Psychologie übernimmt eine wichtige Funktion als säkulare Welt- und Lebensdeutung und ist deswegen nicht zu vernachlässigen.

3. Pastoralpsychologie lässt sich als eine Form der Dekonstruktion verstehen: Theologische Sprachspiele gewinnen aus psychologischer Perspektive eine andere Dimension; bewusste Absichten und Feststellungen werden durch unbewusste Interessen möglicherweise konterkariert; Macht wird in ihrer persönlichen und strukturellen Interessebedingtheit durchschaut usw.

4. Pastoralpsychologie hat einen intensiven Erfahrungsbezug, weil sie ständig nach den Gefühlen, Interessen und Phantasien der in Frage stehenden Kommunikation fragt. Die aus Seelsorge und Psychotherapie gewohnte Nähe zum Menschen, zu dessen Wahrnehmungen und Erfahrungsmodalitäten, überträgt sich auf die Untersuchung anderer religiöser Bereiche. Es geht immer wieder um die Frage, ob beispielsweise bestimmte Aussagen über den Menschen und sein Verhalten »stimmig sind«, ob sie vor der Erfahrung Bestand haben oder nicht.

Manche Formulierungen in Gebeten und Predigten wie »Wir denken nur an uns«; »immer vergessen wir dich« stellen unter diesem Aspekt unangemessene Verallgemeinerungen dar. Erfahrungsbezug heißt auch, die Menschen und Phänomene genau wahrzunehmen und entsprechend zu differenzieren.

5. Ein Sonderbereich dieses Erfahrungsbezugs ist darin zu sehen, dass Pastoralpsychologie auf die prinzipielle Ambivalenz jeden Verhaltens und aller Gefühle auch im Bereich von Religion und Kirche aufmerksam macht. Pastoralpsychologie unterstellt mit der Psychoanalyse, dass es nie nur ein Motiv für ein bestimmtes Verhalten gibt, sondern immer ein ganzes Motivbündel. Die Wirklichkeit wird damit komplexer, aber auch reichhaltiger ($\Rightarrow$ Ambivalenz, Kap. 4.1.1).

6. Wer der Vielfalt der Motive nachgeht, übt Differenzwahrnehmung ein: Der Prozess der Bewusstmachung in Psychotherapie und Seelsorge kann verstanden werden als ein Prozess, in dem immer wieder Unterscheidungen und Zuordnungen getroffen werden. Die Fähigkeit, im eigenen Erleben zu unterscheiden, erhöht die Bereitschaft, auch außerhalb des Selbst Verschiedenes wahrzunehmen, sich auf Gespräche mit fremden Perspektiven und Interessen einzulassen, sowie die Fähigkeit, im Konfliktfall nach einer konstruktiven Lösung zu suchen. Damit wird modellhaft ein Verhalten eingeübt, das sich mit den traditionell monologischen Angeboten der Kirche nicht mehr zufrieden gibt. Pastoralpsychologie fördert eine kirchenkritische Einstellung und fordert die Entwicklung von vielfältigen, dialogisch und interaktiv strukturierten Angeboten.
7. Im Zuge der Entnormierung und Entinstitutionalisierung gewinnt die Dimension der persönlichen Beziehungen neues Gewicht: Systeme – auch die Kirche – werden zunehmend abstrakt und dadurch unglaubwürdig. Verhaltensweisen wie personale Authentizität, Glaubwürdigkeit, Verbindlichkeit erhalten dem Soziologen *A. Giddens* zufolge ungeahnte Bedeutung als »Zugangspunkte« zur Glaubwürdigkeit von Systemen.

»Zugangspunkte sind Stellen, an denen eine Verbindung zustande kommt zwischen Einzelpersonen oder Kollektiven ohne Fachkenntnisse und den Vertretern abstrakter Systeme. Dies sind die Orte, an denen abstrakte Systeme verwundbar sind, aber zugleich Kreuzungspunkte, an denen Vertrauen gewahrt oder aufgebaut werden kann.«[60]

Gesellschaftliche Systeme, Institutionen und Organisationen selber genießen eine geringe Wertschätzung, das kann jedoch durch persönlich glaubwürdige Repräsentanz kompensiert werden. In der Psychotherapie haben solche Werte schon immer einen besonderen Stellenwert gehabt; institutionelle Religion und ihre Vertreter und Vertreterinnen können davon lernen.
8. Unter den gegenwärtigen gesellschaftlichen Bedingungen entsteht verstärkter Orientierungs- und Beratungsbedarf, weil bisher selbstverständliche Konsensstrukturen zerbrochen oder abhanden gekommen sind. Allerdings geht der Beratungsbedarf an den Kirchen als Institutionen weitgehend vorbei. Trotzdem hat Kirche mit Seelsorge und Beratungsarbeit Chancen vor allem mit niedrigschwelligen Angeboten (Telefonseelsorge, Beratungsstellen, Krankenhausseelsorge), die frei sind von moralisierenden oder missionierenden Absichten.
9. Individualisierung im soziologischen Sinn ist nicht mit Individualismus, Egoismus und Vereinsamung zu verwechseln! Individuali-

---

60 *Giddens* 1995, 113.

2.5 Der Kontext der Volkskirche in Deutschland

sierung im Sinn des beschriebenen Freisetzungsprozesses ist als Grundkategorie der Teilhabe an Gesellschaft, als Chance der Freiheit zu akzeptieren und sollte nicht abgewertet werden.

2.5 Der Kontext der Volkskirche in Deutschland

Religiöse Kommunikation und pastoralpsychologisches Handeln finden nicht nur im gesellschaftlichen Kontext statt, sondern auch in konkreten kirchlichen Strukturen. In Deutschland ist deswegen die gegenwärtige volkskirchliche Struktur und ihre krisenhafte Lage kurz zu bedenken.
Der Begriff der Volkskirche, der bei *F.D.E. Schleiermacher* noch eine emanzipatorische Bedeutung im Gegenüber zur Synthese von »Thron und Altar« hatte, ist längst zum Synonym für die Anpassung der Kirche an den durch das Grundgesetz abgesicherten Status quo gesellschaftspolitischer Gegebenheiten in Deutschland geworden. Merkmale der Volkskirche sind:[61]
- sie ist relevantes Teilsystem der Gesellschaft;
- die Organisation ihrer Arbeit vollzieht sich flächendeckend;
- sie repräsentiert ein plurales Meinungsspektrum;
- distanziertes Mitgliedschaftsverhalten wird nicht sanktioniert;
- die Kirche kooperiert auf den verschiedensten Ebenen mit gesellschaftlichen und staatlichen Institutionen;
- durch den staatlich garantierten Religionsunterricht ist die Volkskirche Bestandteil des Bildungssystems;
- die Volkskirche hat in rechtlicher Hinsicht eine Stabilität, die kaum noch ihrer inneren Lebendigkeit und Glaubwürdigkeit entspricht.

Die Kommunikationsbemühungen der Kirche sind vor diesem Hintergrund, trotz neuer Evangelisations- und Missionsbestrebungen, von erstaunlicher Sicherheit und Selbstverständlichkeit geprägt. Dem stehen eine Reihe von Krisenfaktoren gegenüber, die sich – in Auswahl – mit *Wolfgang Huber* so zusammenfassen lassen:[62]
- Die Volkskirche in Deutschland steckt in einer Mitgliederkrise: Während noch 1950 der Anteil der Kirchenmitglieder bei 96% der Bevölkerung lag, ist er Mitte der neunziger Jahre auf ca. 70% abgesunken; die Kirchen verlieren seither pro Jahr knapp ein Prozent ihrer Mitgliedschaft.
- Die Volkskirche befindet sich in einer Finanzkrise durch den z.T. drastischen Rückgang des Kirchensteueraufkommens.
- Das Stichwort »Mitarbeiterkrise« bedeutet, dass die finanzielle Situation es nicht erlaubt, den bisherigen Stand der Zahl der Mitarbeitenden zu halten; da kirchliche Arbeit zum allergrößten Teil »Be-

---

61 Vgl. *Hüffmeier* 1995, 35ff.
62 Zum Folgenden *Huber* 1999, 223ff.

ziehungsarbeit« darstellt, also auf die persönliche Zuwendung durch Vertreter und Vertreterinnen von Kirche angewiesen ist, setzt ein negativer Regelkreis ein.
– Den Kern der verschiedenen Krisenfaktoren bildet eine Orientierungskrise oder, mit *Ernst Lange* gesagt: Die Kirche hat ein Sprach- und Relevanzproblem. Angesichts der Pluralisierung von Wirklichkeitswahrnehmungen und -deutungen ist die Verbindlichkeit christlich begründeter religiöser Kommunikation deutlich zurückgegangen; Zeitgenossen konstruieren sich ein religiöses Patchwork, in dessen Rahmen traditionell christlich-dogmatische Sinnannahmen nur noch eine geringe Rolle spielen.[63]

Die genannten Krisenfaktoren verunsichern viele der hauptberuflich im Bereich von Religion und Kirche Tätigen. Es kommt zu Erneuerungsimpulsen (z.b. im Bereich Gemeindeaufbau oder Gottesdienst), die kreative Züge tragen; daneben gibt es Rückwärtsbewegungen, die am Hergebrachten festhalten (und dadurch das Sprachproblem nur vergrößern); in der Mehrzahl ist ein mehr oder weniger bewusstes/unbewusstes »weiter wie bisher« zu beobachten.

Pastoralpsychologie kann zu einer genaueren Wahrnehmung dieser krisenhaften Situation beitragen und den erwähnten Beziehungsaspekt jeder religiös-kirchlichen Arbeit erhellen und damit einen Beitrag zum Krisenmanagement leisten. Die pastoralpsychologische Reflexion der verschiedenen Handlungsfelder soll diese Möglichkeiten im Einzelnen erhellen.

2.6 Zur Kritik an der Individuumszentrierung der Pastoralpsychologie

Der Pastoralpsychologie (bzw. der Seelsorgebewegung) ist immer wieder vorgeworfen worden, sie vernachlässige die strukturelle, gesellschaftliche Bedingtheit individuellen Leidens, sie sei blind gegenüber sozialen, politischen und historischen Zusammenhängen, sie liefere sich dem therapeutischen Paradigma aus und individualisiere und pathologisiere damit zwangsläufig in unzulässiger Weise das Leiden der Menschen. Einige Schlaglichter dieser Kritik sollen kurz referiert werden:[64]

– Schon 1972, also noch in den Anfangsjahren der Pastoralpsychologie, hat *Yorick Spiegel* scharf formuliert:

»Trotzki hat einmal über die Therapeuten gesagt, das weltweite neurotische Elend sei ihr Broterwerb. Dagegen wäre nichts zu sagen, wenn das CPT [Clinical Pastoral Training, MK] wirklich versuchen würde, seinen Ursachen nachzugehen. Prüft man jedoch die Literatur der Pastoralpsychologie, seine

---

63 Dies hat auf der Basis einer großen empirischen Umfrage sehr anschaulich dargestellt *Jörns* 1997.
64 Vgl. *Wittrahm* 2001, 61ff.

2.6 Zur Kritik an der Individuumszentrierung der Pastoralpsychologie

Fallanalysen und theoretischen Exkurse, so findet sich kaum ein Hinweis dazu. Zwar wird dann und wann schematisch von einer industrialisierten und bürokratischen Gesellschaft gesprochen, aber dies bleibt Etikett. Unreflektiert wird die Illusion genährt, nicht die Individualität als solche, sondern nur einzelne Individuen befänden sich in der Krise.[65]

- In ähnlicher Weise kritisiert *Henning Luther*, eine an bestimmten Defizitvorstellungen orientierte Seelsorge habe das Ziel, den Einzelnen aus der befremdenden Grenzsituation seines Leidens herauszuholen und wieder in die alltägliche Normalität einzupassen.

»Diese Personalisierung verhindert nun aber, daß die Wahrnehmung der befremdenden Grenzsituation die Augen öffnet über die ›Wahrheit‹ – oder besser ›Unwahrheit‹ unserer alltäglichen Situation ... Die Personalisierung der Grenzsituation verharmlost diese ...«[66]

Henning Luther wirft der Pastoralpsychologie also vor, dass sie Menschen an die vorfindliche gesellschaftliche Wirklichkeit anpasst und zu wenig den gesellschaftskritischen Impuls, den sie aus der Theologie gewinnen könnte, umsetzt.

- *Isolde Karle* spricht von einer Individuumszentrierung der Pastoralpsychologie, die aus einer Blindheit gegenüber gesellschaftlichen Prozessen erwachse. Dem Nestor der deutschen Pastoralpsychologie, *Joachim Scharfenberg,* hält sie vor, dass er die Individuumszentrierung moderner Seelsorgelehre zwar als problematisch wahrnehme, sie aber angesichts des von ihm favorisierten psychoanalytischen Paradigmas nicht zu überwinden vermöge.[67] Gesellschaftliche Probleme würden auf individuelle Fehler und Verhaltensdefizite reduziert, letztlich das individuelle Bewusstsein (einschließlich des Unbewussten) als Urheber des Sozialen verstanden, während aus systemtheoretischer Perspektive das Bewusstsein nicht der Welt zugrunde liege, sondern eine Systemart neben anderen erkennenden Systemen darstelle.[68]
- *Andreas Wittrahm* kommt nach Durchsicht verschiedener pastoralpsychologischer Konzepte zu der Schlussfolgerung, dass die Auseinandersetzung mit zeitkritischen Gesellschaftsanalysen weitgehend fehle und deswegen einer Engführung der Pastoralpsychologie auf den therapeutischen Bereich Vorschub geleistet werde. »Es ist davon auszugehen, dass eine umfassendere Rezeption des Postmoderne-Diskurses in der Pastoralpsychologie die alleinige Ausrichtung auf Krisenkonzepte relativieren ... könnte.«[69]

---

65 *Spiegel* 1972, 150.
66 *H. Luther* 1992, 232.
67 *Karle* 1996, 73 u.ö.
68 *Karle* 1996, 119f. Zur kritischen Auseinandersetzung vgl. *Klessmann* 1998, 49ff.
69 *Wittrahm* 2001, 215.

- Larry K. Graham diagnostiziert für die USA in ähnlicher Weise: »In Kreisen pastoraler Beratung und Seelsorge wird den sozialen und politischen Problemstellungen wenig oder gar keine Aufmerksamkeit geschenkt.« Und er fügt hinzu: »Bei genauerer Betrachtung habe ich erkannt, dass alle pastoralen Situationen eine verwirrende Vielfalt von Verknüpfungen aufweisen zwischen den Seelen der Menschen und den größeren Kräften, die sie beeinflussen.«[70]

Auf diese Kritik antworte ich mit einer Mischung aus Zustimmung und Widerspruch:
1. Die Pastoralpsychologie hat auf Grund ihres psychotherapeutischen Paradigmas eine Einseitigkeit entwickelt, die in der Tat die Konsequenz haben *kann*, dass die strukturelle Dimension individuellen Leidens vernachlässigt wird. Es gibt auch in der Psychotherapie wenige Konzepte und Autoren, die den gesellschaftspolitischen Zusammenhang individuellen Leidens ausdrücklich zum Thema machen. *Wilhelm Reich, Erich Fromm, Alexander Mitscherlich, Thea Bauriedl* sind hier u.a. zu nennen; das therapeutische Paradigma und Setting haben sie jedoch nur geringfügig modifiziert. Das hat m.E. mit dem nächsten Punkt zu tun:
2. In jeder Situation bleibt die Notwendigkeit bestehen, angesichts konkreten Leidens helfend zu intervenieren. Helfen steht immer in der Gefahr, gesellschaftliche Ungerechtigkeiten und Gefährdungen der Einzelnen zu stabilisieren, Einzelne an ein ungerechtes System anzupassen, weil die übergeordnete Perspektive gegenüber der aktuellen Not zeitweise in den Hintergrund treten muss. Trotzdem sind die Helfenden nicht davon entbunden, anthropologische und therapeutische Konzepte zu entwickeln, die die Bedeutung des jeweiligen Kontextes angemessen berücksichtigen.
3. Einsichten der systemischen Therapie werden seit einigen Jahren in zunehmendem Maß auch in der Pastoralpsychologie einbezogen – nicht nur als zusätzliche therapeutische Methode, sondern als grundsätzliche Erweiterung des Wahrnehmungshorizonts: Das Subjekt ist nicht nur auf dem Hintergrund seiner individuellen Biographie zu verstehen, sondern auch aus der reziproken Interaktion mit den umgebenden Systemen Familie, Gesellschaft, Kultur und Ökosystem. Eine systemische Perspektive ermöglicht eine neue Art von Kontextualisierung, die sowohl zu Kritik familial-gesellschaftlicher Zusammenhänge wie auch zu lösungsorientierter Zukunftsbezogenheit anregt ($\Rightarrow$ Kap 4.5 und 10.2.4).[71]

---

70 *Graham* 1992, 12f. Vgl. auch die Zusammenfassung der US-amerikanischen Diskussion zu diesem Thema bei *Schneider-Harpprecht* 2001, 261ff.
71 Vgl. Morgenthaler 1999; Götzelmann 2000.

2.6 Zur Kritik an der Individuumszentrierung der Pastoralpsychologie

4. Damit wächst das Bewusstsein der Kontextabhängigkeit und -verflochtenheit allen seelsorglichen oder therapeutischen Handelns.[72] Systemische Perspektiven zeigen, wie der/die Einzelne als Subsystem größerer Systeme zu begreifen ist; an »Beziehungsgerechtigkeit« in sozialen Systemen zu arbeiten, wird zu einer wichtigen Zielsetzung auch für die Seelsorge.[73] Interkulturelle Hermeneutik sensibilisiert für die Bedeutung kultureller Kontexte und entwickelt entsprechende Konzepte.[74] Feministische und narrative Konzepte wissen sich sozialer Gerechtigkeit als Ziel therapeutischer bzw. seelsorglicher Arbeit verpflichtet.[75] Die Wahrnehmung gesellschaftlicher und struktureller Zusammenhänge verändert dann auch die Deutungsangebote und Interventionsmöglichkeiten. So kann z.b. das Wissen um Zusammenhänge von Arbeitslosigkeit und Erkrankungsrisiko individualisierende Pathologisierung reduzieren und Rat Suchende deutlich entlasten.
5. Der Vorwurf der Defizitorientierung und potentiellen Pathologisierung der Rat Suchenden angesichts des therapeutischen Paradigmas beruht m. E. auf einem Missverständnis. Die Psychoanalyse hat zunächst aus der Kenntnis pathologischen seelischen Lebens auch auf das »normale« psychische Funktionieren geschlossen, inzwischen jedoch diese Schlussfolgerungen vielfach mit entwicklungspsychologischen Erkenntnissen, die zu erheblichen Teilen auf der Beobachtung von Kindern beruhen, bestätigt. Eine einseitige und ausschließliche Orientierung an krankhaften Phänomenen kann inzwischen nicht mehr unterstellt werden.
6. Die genannte Einseitigkeit und Schwäche der Pastoralpsychologie ist zugleich ihre spezifische Stärke. Mit Hilfe des psychotherapeutischen Paradigmas ist Pastoralpsychologie in der Lage, individuelle Biographie und zwischenmenschliche Beziehungen so differenziert zu betrachten, zu analysieren und entsprechende Hilfsmöglichkeiten zu entwickeln, wie das anderen Wissenschaften nicht gelingt.
7. Pastoralpsychologie kann dann auch dazu beitragen, ein genuines Anliegen protestantischer Theologie einzulösen: die Würde und Einzigartigkeit des Individuums zu schützen; darauf zu verweisen, dass der/die Einzelne immer mehr ist als das, was ihnen gesellschaftlich-funktionale Zuschreibungen zutrauen; auf dem Geheimnis der Personalität des Menschen zu insistieren. Daraus ergibt sich eine kritische Perspektive gegenüber allen ideologischen Funktionalisierungen (»der Mensch ist nichts als ...«), aber auch gegenüber Versuchen, die Einzelnen dem Kollektiv anzupassen.[76]

---

72 Vgl. *Pohl-Patalong* 1996; Steinkamp 1994.
73 Vgl. *Graham* 1992; *Morgenthaler* 1999; *Schneider-Harppprecht* 2003.
74 Vgl. dazu *Federschmidt* u.a. 2002.
75 Vgl. dazu *Riedel-Pfäfflin / Strecker* 1999, 82ff.
76 Vgl. *Bernet* 1988. Bernet zeigt, wie die Kirche bis in die Gegenwart hinein den

8. Gesellschaft hat immer einen Doppelcharakter: Sie stellt Lebensbedingungen und Plausibilitäts- und Mentalitätsstrukturen zur Verfügung, die eine die Einzelnen einengende und krank machende oder befreiende und stärkende Funktion haben; beide Aspekte sollten in Seelsorge und Beratung selbstverständlich berücksichtigt werden. Die daraus erwachsende Verantwortung kann sich – über die Arbeit mit Einzelnen hinaus – in bestimmten Formen der Öffentlichkeitsarbeit konkretisieren: Die Telefonseelsorge weist in ihren Jahresberichten immer wieder auf gesellschaftlich ausgeblendete Themenbereiche hin, die Veröffentlichung von Fallberichten lenkt die Aufmerksamkeit auf pathogene Lebenszusammenhänge.[77] In dieser Weise kann Pastoralpsychologie die Wahrnehmung und Wertschätzung des einzelnen Menschen und die Berücksichtigung des jeweiligen Lebenskontextes wirksam verknüpfen.
9. Einzelseelsorge oder -beratung kann in Gruppen- und Projektarbeit überführt werden: In Gruppen erleben Einzelne wechselseitige Unterstützung, Entlastung und Solidarisierung.
10. Pastoralpsychologie untersucht die Psychodynamik von Beziehungen, ihre Entwicklungsmöglichkeiten, ihre Pathologien und leistet dadurch einen Beitrag zum Verstehen gesellschaftlicher Mikrostrukturen.[78]
11. Pastoralpsychologie bedarf einer kritischen Perspektive im Blick auf die psychologischen Zugänge. Diese kritische Perspektive kann aus dem Gespräch mit der Theologie erwachsen, wobei die Theologie nicht ihrerseits normativ feststellen kann, was akzeptabel erscheint und was nicht. Vielmehr ist hier der Streit um die Wirklichkeit angesagt.

Vertiefende Literatur:
Wolfgang Welsch, Unsere postmoderne Moderne, Berlin [4]1993.
Heiner Keupp / Renate Höfer (Hg.), Identitätsarbeit heute, Frankfurt a.M. 1997.
Albrecht Grözinger, Differenz-Erfahrung. Seelsorge in der multikulturellen Gesellschaft, Waltrop 1994.

Einzelnen / die Einzelne als Störfaktor, den es in die Gemeinde zu integrieren gilt, begriffen hat.
77 Ein gelungenes Beispiel dafür ist der Bericht von *Kurt Lückel* 1990.
78 Den Zusammenhang zwischen Beziehungspathologien und der Entstehung von Gewalt untersucht beispielhaft aus psychoanalytischer Perspektive *Bauriedl* [3]1993. Vgl. auch *Klessmann* 2001 (b).

Kapitel 3: Entstehung und Entwicklung gegenwärtiger Pastoralpsychologie

3.1 Anfänge

Wo Menschen zusammen leben, miteinander sprechen und schweigen, zu anderen und zu sich selbst in Beziehung treten, kurz: kommunizieren, spielt ihre psychische Befindlichkeit eine wichtige Rolle. Wie jemand in die Welt schaut, ob vorwiegend mit Offenheit und Freude oder eher verschlossen und scheu, ob jemand mit Angst oder eher mit Mut und Hoffnung in die Zukunft blickt – all das wirkt sich auch aus auf die Art und Weise, wie jemand seinem Glauben Ausdruck verleiht, mit welchen Bildern und Gefühlen er/sie lebt und glaubt – wie umgekehrt die Bilder und Formen des Glaubens zurückwirken auf das Lebensgefühl, mit dem sich jemand in der Welt vorfindet. Das war immer so, man hat es immer gewusst – darauf nimmt auch die Bibel vielfältig Bezug. Nur wird dieser Sachverhalt nicht ausdrücklich auf seine Bedeutung und Funktion hin reflektiert.

Biblische Geschichten berichten von der Kommunikation zwischen Menschen und ihren *Emotionen* dabei, von der Scham Adams und Evas, vom Zorn Kains, von der Trauer und Depression Sauls, von der Liebe zwischen David und Jonathan, von der Einsamkeit und Angst Jesu, vom Streit der Jünger untereinander, von den Problemen in der Gemeinde im Umgang mit gesetzlich-ängstlichen Mitchristen (1Kor 8) usw. Biblische Geschichten berichten selbstverständlich von *Beziehungen* zwischen Menschen, zwischen Paaren, Eltern und Kindern, Priestern und Laien, Fremden und Nicht-Fremden. Und natürlich ist auch immer wieder die Rede von der Kommunikation zwischen Gott und den Menschen (Gen 2, Ex 3) bzw. von den Vorstellungen und Bildern der Menschen über Gott, über das Reich Gottes, über das Ende der Zeit.

Bei der Schilderung solcher Phänomene benutzt jede Zeit ganz selbstverständlich die psychologischen oder anthropologischen Kategorien, die ihr dafür zur Verfügung stehen. Im *Alten Testament* spiegelt sich das in der Anthropologie, die sich charakteristisch von der des klassischen Griechentums unterscheidet. Eine der wichtigsten Kennzeichnungen des Menschen in der hebräischen Bibel ist der Begriff »nefesch«;[1] Luther

---

1 Dazu *Wolff* ³1977, 25ff.

hat das Wort fälschlich mit »Seele« übersetzt, es bedeutet genauer die »Lebendigkeit«, das »Leben« des Menschen. Der Mensch hat nicht nefesch, sondern er ist nefesch – und zwar in einer bestimmten Hinsicht: Vom Wortstamm her meint nefesch den Schlund, den Rachen, die Kehle, also das Organ der Nahrungsaufnahme und Sättigung; von daher wird nefesch ein Wort für den bedürftigen Menschen. *H.W. Wolff* fasst seine Begriffsuntersuchung folgendermaßen zusammen: Wir sehen damit »den Menschen als das einzelne Lebewesen gekennzeichnet, das das Leben weder aus sich selbst gewonnen hat noch erhalten kann, sondern das in vitalem Begehren auf Leben aus ist, wie das die Kehle als Organ der Nahrungsaufnahme und des Atmens und der Hals als besonders gefährdeter Körperteil verdeutlichen. Zeigt so nefesch vor allem den Menschen in seiner Bedürftigkeit und Begehrlichkeit, so schließt das seine emotionale Erregbarkeit und Verletzlichkeit ein.«[2]

Ganz anders als das hebräische Denken nimmt die *griechische Antike* eine Seele im Leib des Menschen an. Die Seele gilt als Erlebniszentrum des Menschen, sie ist die Quelle seines Empfindens, seines Wollens, Denkens und Träumens. Unsere sinnliche Wahrnehmung bleibt an der Äußerlichkeit der Dinge hängen; nur die Geist-Seele kann sich der Wahrheit nähern, weil sie allein in der Lage ist, die unveränderlichen Ideen (die Idee des Guten, des Schönen etc) in sich aufzunehmen. Nur die Ideen sind das wahrhaft Seiende, während die Welt der Dinge eher eine Art von Schattenwelt darstellt. Die Seele ist das eigentliche Selbst des Menschen und überdauert seine leibliche Existenz.[3]

Die theologischen und anthropologischen Ansätze im *Neuen Testament* und bei den Kirchenvätern schwanken zwischen diesen beiden Ansätzen, dem – sehr vergröbert gesagt – ganzheitlich-hebräischen und dem eher dualistisch-griechischen Denken. Am Umgang mit der Leiblichkeit des Menschen wird diese Zwiespältigkeit besonders deutlich: *Thomas Bonhoeffer* zeigt, wie beispielsweise Clemens von Alexandrien (ca. 150–220 n.Chr.) einerseits in der Tradition der Gnosis die Leiblichkeit abwertet und das Fundament des Lebens im Geistigen sucht, wie er andererseits durch das Bekenntnis zur Menschwerdung des Gottessohnes der Leiblichkeit des Menschen eine neue Bedeutung zuschreibt: Das Fleisch, so sagt Clemens, ist Ort der Dankbarkeit und des Gotteslobs.[4]

Man könnte auf diese Weise die Kirchengeschichte durchmustern und nach den impliziten psychologischen Annahmen der Kirchenväter und -mütter fragen; das wäre reizvoll, würde aber den Rahmen dieses Buches sprengen.[5]

Jede Epoche hat ihre philosophischen und psychologische Theorien, ihre Vorstellungen von dem, was den Menschen und sein Leben, seine

---

2 *Wolff*³1977, 47.
3 Vgl. *Jüttemann/Sonntag/Wulf* 1991.
4 *T. Bonhoeffer* 1985, 101.
5 Einige wenige Hinweise finden sich auch bei *Pompey* 1990, 23ff.

Seele ausmacht, welche Gedanken, Gefühle und Willensanstrengungen ihn bestimmen. Es gibt aber selten eine Art von *Meta-Reflexion*, also Reflexion darüber, welche Auswirkungen eine bestimmte Art von Psychologie oder Anthropologie auf die Praxis der Kirche, auf Predigt und Unterricht etc. hat. »Psychologie« – nicht als Wissenschaft im heutigen Sinn, sondern als Wissen um seelische Vorgänge – ist ein selbstverständlicher Teil des Alltagsbewusstseins, auch der Alltagsfrömmigkeit. Aber erst wenn dieser Zusammenhang ausdrücklich reflektiert wird, entstehen Ansätze einer Psychologie als Wissenschaft, entstehen Pastoralpsychologie oder auch Religionspsychologie (⇒ zur Unterscheidung von Religions- und Pastoralpsychologie Kap. 1.1).

3.2 Vorläufer

Vorläufer einer Pastoralpsychologie im heutigen Sinn sind Ende des 19. Jahrhunderts zu finden, als vor allem Praktische Theologen beginnen, die Modernisierungsprozesse und ihre Auswirkungen für Kirche und Theologie genauer wahrzunehmen.[6] *Paul Drews* (1858–1912, Professor für Praktische Theologie in Jena und Halle) und *Otto Baumgarten* (1858–1934, Professor für Praktische Theologie in Jena und Kiel) gelten als Vertreter einer entschlossenen Hinwendung zur Empirie: Die kirchlich-religiöse Wirklichkeit der Gegenwart wird zum wichtigen Forschungsgegenstand der Praktischen Theologie. Soziale und ökonomische Strukturbedingungen sollen in ihren Auswirkungen auf das psychische und religiöse Leben der Menschen wahrgenommen und untersucht werden. Speziell für die Seelsorge stellt *Baumgarten* für den Pastor die Forderung auf, sich in andere Menschen einfühlen und ihnen gut zuhören zu können: »Die Seele der Seelsorge ist die Sympathie, das mehr noch instinktive als reflektive Erfassen der inneren Situation, in der sich jemand befindet. Ein Trost mag objektiv richtig und noch so wertvoll sein, trifft er die Seele nicht in ihrem gegenwärtigen Zustand, dann bleibt er Gerede und verletzt sogar ... Man muß eben ganz und gar in den Anderen sich eingefühlt haben, so daß in seinem Gefühl das Gegenüber aufhört und er zu uns redet wie zur eigenen Seele. Da hilft nur Stärke des eigenen Tastens oder der Fühlfäden.«[7] Aus dem Zitat wird einerseits das engagierte Bemühen deutlich, dem Gegenüber im Gespräch wirklich gerecht zu werden, andererseits auch die Begrenztheit dieses Bemühens angesichts mangelnder psychologischer bzw. psychotherapeutischer Theorie und Methodik.
In ähnlicher Weise versucht *Friedrich Niebergall* (1866–1932, Professor für Praktische Theologie in Heidelberg und Marburg) im Blick auf den Prozess der Predigt die psychologischen Bedingungen herauszuar-

---

6 Zum Ganzen vgl. *Stahlberg* 1998.
7 *Baumgarten* 1910, zitiert nach *Stahlberg* 1998, 279f.

beiten, die gegeben sein müssen, um den »modernen Menschen« mit der biblischen Botschaft zu erreichen. Den zweiten Teil seiner Predigtlehre beginnt er mit den Sätzen: »Nach dem Samen wollen wir den Acker betrachten, also die Menschen, die zum Guten angeregt, und die in allerlei Druck und Trübsal getröstet werden sollen. Hierbei kommt es auf eine möglichst genaue und vollständige Erkenntnis der Seele im menschlichen Geistesleben an ... Darüber muß man unterrichtet sein, will man mit Erfolg auf die Menschen einwirken.«[8]

Niebergall entwickelt dann eine Art von Assoziationspsychologie,[9] mit deren Hilfe er versucht, den Zusammenhang von Bedürfnissen, Vorstellungen, Gefühlen und Handeln zu verstehen und zu entfalten – »im Dienste der Anweisung zur rechten Evangeliumsdarbietung«. Auch wenn Ausgangspunkt und Details von *Niebergalls* Ansatz überholt sind: Grundlegend wichtig bleibt, dass er mit Hilfe der Psychologie eine klare Subjektbezogenheit der Praktischen Theologie und ihrer Teildisziplinen anstrebt. In *Niebergalls* eigenen Worten: »... dass man auf den wirklichen Menschen von heute zielt und ihn auch in seinen Lebensinteressen packt.«[10]

3.3 Oskar Pfister

Einer der ersten, der als Pastoralpsychologe im modernen Sinn zu bezeichnen ist, ist der Schweizer Pfarrer *Oskar Pfister* (geb. 1873 in Wiedikon bei Zürich, gest. 1956 in Zürich).[11] *Pfister* ist Pfarrerssohn, er wächst auf in der Tradition der Liberalen Theologie, studiert Theologie in Zürich, Basel und Berlin, wo er u.a. *Adolf von Harnack* hört. *Pfister* nimmt deutlich die sozialen Probleme seiner Zeit wahr: Als Gemeindepfarrer in Zürich sieht er die Verarmung des Industrieproletariats, die sich bekämpfenden nationalistischen und sozialistischen Bestrebungen in der Schweiz und in Deutschland; er interessiert sich zunehmend für die Frage, wie die Kirche auf die psychosozialen Notlagen der Menschen besser und kompetenter eingehen könnte.

Auf der Suche nach zusätzlicher Kompetenz als Gemeindepfarrer für den Umgang mit den Nöten und Problemen seiner Gemeindeglieder stößt *Pfister* im Jahr 1908 auf die Psychoanalyse *Sigmund Freuds*. Er ist begeistert von dieser Methode, übernimmt sie mit erstaunlichen Erfolgen für seine eigene Seelsorge, verfasst viele Aufsätze und Bücher, um die Psychoanalyse für die Seelsorge und die Pädagogik zu erschließen; und er schreibt verschiedene Arbeiten, in denen er Phäno-

---

8 *Niebergall* 1920, 70.
9 Vgl. dazu *Neel* ²1974, 41ff.
10 *Niebergall* 1920, 2.
11 Literatur zu Pfister: *Schmidt-Rost* 1996, 185ff; *Scharfenberg* 1986, 40ff; *Plieth* 1994, 31ff; *Nase* 1993; *Jochheim* 1998.

mene aus der Kirchengeschichte psychoanalytisch aufzuhellen versucht (z.B. »die Frömmigkeit des Grafen Zinzendorf«, 1910); seine beiden bekanntesten und wichtigsten Werke sind »Analytische Seelsorge«, Göttingen 1927 und »Das Christentum und die Angst«, Zürich 1944.
Den Ansatz des Buches »Analytische Seelsorge« will ich kurz vorstellen:[12] Mit »Analytischer Seelsorge« meint *Pfister* »diejenige Tätigkeit, welche durch Aufsuchung und Beeinflussung unbewußter Motive religiöse und sittliche Nöte und Schäden zu überwinden trachtet.« (10).
Während nach *Pfister* Beichte und Seelsorge bislang nur auf bewusste Phänomene Bezug nehmen, also mit Nöten und Leiden, die dem Bewusstsein zugänglich sind, oder mit bewusstem moralischem Fehlverhalten rechnen, geht es in der analytischen Seelsorge darum, »die unter der Schwelle des Bewußtseins befindlichen Mitregenten« (12) ernst zu nehmen. Dieses Unbewusste versteht *Pfister*, *Freud* folgend, primär als das Verdrängte: »Eine Abstoßung von gefühlsbelasteten Inhalten aus dem Bewußtsein oder, von der anderen Seite her betrachtet, eine Flucht des Ich vor gewissen, ihm peinlichen Triebansprüchen und Inhalten, ein Sichverschließen vor ihnen. Sie kommt dann zustande, wenn – die nötigen Anlagen vorausgesetzt – ein Gedanke oder Wunsch wegen seiner Peinlichkeit dem Bewußtsein unerträglich wird oder werden müsste.« (13).
Das, was verdrängt worden ist, verliert seine Wirkung nicht, im Gegenteil, es wirkt unbewusst weiter, manifestiert sich indirekt, verhüllt, verzerrt – in Gestalt von Träumen, Halluzinationen oder Zwangshandlungen.
Das Ziel der Analytischen Seelsorge besteht darin, die Ursachen, den ursprünglichen Sinn der Verdrängung zu verstehen, sie dadurch aufzuheben und die frei werdende Energie wieder dem bewussten, nach sittlichen Maßstäben zu gestaltenden Leben zuzuführen. Diese Seelsorge zielt auf eine Versittlichung, d.h. die ursprüngliche Triebenergie wird »in den Dienst des religiösen Ideals« (17) gestellt und damit sublimiert.
»Und wie sucht die analytische Seelsorge dieses Ziel zu erreichen? Das Verfahren ist nicht einfach und leicht auszuüben. Wer mit einer Art Beichtpraxis auszukommen glaubt, irrt sehr ... Man analysiert Träume, Stimmungen, einzelne Handlungen in Gegenwart und Vergangenheit und erlangt so eine immer genauere Einsicht in die Bedingungen und Ursachen, die zur sittlichen und religiösen Fehlentwicklung führten.« (18).
Deutung, Umgang mit dem Widerstand und Handhabung der Übertragung sind – wie in der Freudschen Analyse – die entscheidenden Werkzeuge.

---

12 *Pfister* 1927. Die Seitenangaben im Text beziehen sich auf dieses Werk.

Pfister erzählt das folgende Fallbeispiel:
»Eines Sonntags wurde ich vor dem Morgengottesdienst von einer 35jährigen Lehrerin um sofortige Hilfe gebeten, da sie sich in ihrer Verzweiflung nicht mehr zu helfen wisse. Sie hatte einen Selbstmordversuch gemacht, indem sie in einem Nachen auf den See hinausfuhr, um sich die Pulsader zu öffnen und dann ins Wasser zu stürzen. Im letzten Augenblick versagte aber die Entschlußkraft, und die Lebensmüde kam mit einer leichten Wunde am Handgelenk davon. Es handelte sich um eine geistig und sittlich hervorragend begabte, dazu dem Christentum treu ergebene Frauenseele, die sich seit Jahren unglücklich fühlte, wiewohl sie in ihrem Berufe und in gemeinnütziger Tätigkeit hingebungsvoll und mit größtem Erfolg tätig war. Von ihren Standesgenossinnen viel beneidet, mußte sie immer angestrengter gegen Lebensüberdruß und Versuch zum Selbstmord kämpfen, bis sie endlich zusammenbrach.

Bei der Analyse stellte es sich heraus, dass die Liebe der Bedauernswerten von früh an eine starke Bindung an den Vater aufwies. Als junges Mädchen war sie die Herzensfreundin trefflicher Jünglinge, wies aber alle Bewerbungen zurück, indem sie erklärte, dass sie keinerlei Berufung zur Ehe verspüre. In ihr glühte der uneingestandene Lebensplan, den geistig hochstehenden Vater, der es an Zärtlichkeit fehlen ließ, zu übertreffen. Auch er war Lehrer und Gelehrter, leider aber fehlte in seiner Pädagogik die Kunst der Seelsorge. Die Tochter war stolz darauf, ihn an äußeren Erfolgen zu übertreffen. Als es aber geschehen war, brach der greise Vater körperlich und seelisch zusammen, und die Tochter geriet in schwere innere Not. Jeden Morgen erwachte sie mit Tränen aus ihren Träumen, in denen die einstigen Bewerber nacheinander auftauchten. Bei der Analyse erkannte sie, dass ihre Liebe an den Vater gekettet gewesen war, aber eine starke Verdrängung erlitten hatte. Im Bewußtsein war wenig Neigung zu ihm aufzufinden. Dafür setzte sich der zuvor nicht klar durchschaute Plan fest, dem bewunderten Mann in der äußeren Laufbahn den Vorrang abzulaufen. Jetzt war das Ziel erreicht, und seine Nichtigkeit trat zutage. Die Liebesverdrängung ließ sich nicht länger aufrecht erhalten. Zuerst machte sich im Schlaf das Liebesbegehren geltend; dann aber wurde auch das Wachleben von ihm erfaßt. Der Schmerz über die vermeintlich verlorenen Jahre und die Mutlosigkeit gegenüber ihrer Sehnsucht nach Liebe schufen die Verzweiflung, die das Leben wegwerfen wollte und analytische Seelsorge zur Notwendigkeit machte.

Die Analyse hatte einen vollkommenen Erfolg. Die Hemmungen wichen. Nach einigen Monaten kam eine glückliche Verheiratung mit einem tüchtigen Manne zustande, und ein reiches Ehe- und Mutterglück entschädigte für das ausgestandene Leid. Es sei noch ausdrücklich hervorgehoben, dass es sich keineswegs um eine Kranke handelte.« (48)

Pfister sieht sich mit dieser Art der Analytischen Seelsorge ganz im Gefolge der Absichten Jesu. Jesus ist in *Pfisters* Verständnis nicht primär an der Heilung von Symptomen interessiert, sondern an der Aufhebung des zugrunde liegenden religiös-sittlichen Konfliktes. Wenn Jesus bei der Begegnung mit dem Gelähmten (Mk 2) sagt, »dir sind deine Sünden vergeben«, dann zeigt er damit, dass er zuerst auf die Beseitigung von dessen innerster Not abzielt. Diese innerste Not hat häufig mit Dämonen zu tun, mit unbewussten Mächten und Kräften.

»Und so darf denn die analytische Seelsorge den Anspruch erheben, die wissenschaftlich verfeinerte Ausführung von Grundgedanken zu

3.3 Oskar Pfister

sein, die in Jesus selbst zum ersten Mal aufleuchteten und in seiner eigenen Heilandstätigkeit die herrlichsten Siege feierten.«(24) Die Wiederherstellung der Liebe zu Gott, zum Nächsten und zu sich selbst ist das oberste Ziel der Seelsorge.

Pfister unterscheidet zwischen der psychoanalytischen Methode und der psychoanalytischen Weltanschauung. Die Methode ist weltanschaulich neutral und kann deswegen ohne Schwierigkeiten im Dienst einer christlichen Seelsorge eingesetzt werden.[13]

Zwei Punkte sind in *Pfister*s *Freud*-Rezeption besonders wichtig:

– *Pfister* identifiziert die Psychoanalyse mit dem Handeln Jesu. Das gelingt nur, weil er auf der einen Seite eine naive Jesus-Frömmigkeit vertritt, auf der anderen Seite die Psychoanalyse zu einer Methodik reduziert, ihre späteren metapsychologischen, philosophischen Weiterentwicklungen und Differenzierungen nicht mehr zur Kenntnis nimmt. In dieser Sichtweise lässt sich die Psychoanalyse bruchlos vom Christentum übernehmen: Psychoanalyse dient dazu, alle Glaubens- und Liebeshindernisse wegzuräumen und damit zu einer optimalen Verwirklichung der Liebe beizutragen. Christlicher Glaube erscheint hier wie eine möglichst weitgehende Verwirklichung religiös-sittlicher Vollkommenheit.

– Diese Zielsetzung hat wiederum mit *Pfister*s Begriff der Liebe zu tun: Während für *Freud* die Libido Sexualenergie oder mit sexuellen Vorstellungen und Phantasien besetzte psychische Energie darstellt ($\Rightarrow$ Kap. 4.1.1), versucht *Pfister,* den Begriff auszuweiten: Liebe konkretisiert sich für ihn als Gottes-, Nächsten- und Selbstliebe; sie ist eine Art von Gotteskraft, die sich im Leben entfalten soll und will. (*Pfister* ist damit *Jung*s Begriff der Libido viel näher als *Freud*s Konzept.) Sein großes Alterswerk »Das Christentum und die Angst« stellt den Versuch dar, die Störungen und Hemmungen der Liebe und in ihrer Folge die daraus entstehende Angst, wie sie das Christentum in seiner Geschichte immer wieder induziert hat, aufzudecken und zu einer besseren Realisierung der ursprünglichen Liebe Gottes beizutragen.

Die Parteinahme *Pfister*s für *Freud* war außergewöhnlich, weil *Freud* zu Beginn des Jahrhunderts in weiten Kreisen der Ärzte- und Lehrerschaft und auch in den Kirchen wegen seines angeblichen »Pansexualismus« verschrieen war und z.T. vehement abgelehnt wurde.[14] *Pfister* hat sich jedoch von diesem Image der Psychoanalyse nicht abschrecken lassen. Das zeigt der rege Briefwechsel zwischen den beiden von

---

13 Eine gute Zusammenfassung der Gedanken Pfisters findet sich in seinem Aufsatz »Psychotherapie und Seelsorge« (1929), wieder abgedruckt in *Läpple/ Scharfenberg* 1977, 87–98.

14 Vgl. dazu auch die Auseinandersetzung zwischen O. Pfister und F.W. Foerster um die Bedeutung der Psychoanalyse in der Seelsorge, kurz dargestellt bei *Stahlberg* 1998, 124; vgl. auch *Schmidt-Rost* 1988, 83ff.

1909 bis zu *Freuds* Tod 1939. Darin bleibt *Pfister* einerseits ein großer Bewunderer *Freuds*, andererseits jedoch immer auch ein kritisches Gegenüber.
Freud war beeindruckt davon, dass und wie *Pfister* die Psychoanalyse für die Seelsorge nutzte. Er schreibt dazu:

»An sich ist die Psychoanalyse weder religiös noch das Gegenteil, sondern ein unparteiisches Instrument, dessen sich der Geistliche wie der Laie bedienen kann, wenn es nur im Dienste der Befreiung Leidender geschieht. Ich bin sehr frappiert, daß ich selbst nicht daran gedacht habe, welche außerordentliche Hilfe die psychoanalytische Methodik der Seelsorge leisten kann, aber es geschah wohl, weil mir als bösem Ketzer der ganze Vorstellungskreis so ferne liegt.«[15]

Hier taucht – nun von *Freuds* Seite – noch einmal das Stichwort auf, das auch bei *Pfister* schon eine Rolle spielte und das in der zukünftigen Debatte über die Beziehung zwischen Seelsorge und Psychoanalyse immer wieder zum Thema wird: Ob die Psychoanalyse lediglich ein »Instrument« sei, weltanschaulich neutral und damit zu verschiedenen Zwecken einsetzbar, oder ob doch eine ganze Anthropologie dazugehöre, so dass sie mit bestimmten christlichen Grundannahmen nicht vereinbar sei.
Pfisters Arbeit und seine Schriften sind weitgehend folgenlos geblieben. Es gibt für lange Jahre keine *Freud*-Rezeption mehr in der Theologie, in der Seelsorge in Deutschland. Das hat mehrere Gründe:

- Trotz aller Kritik, die er an Freud übte, war *Pfister* ein begeisterter und in mancher Hinsicht auch naiver Anhänger der Psychoanalyse. Ein Ansatz wie die Psychoanalyse löst sowieso schon Angst aus, wenn dieser Ansatz dann noch mit Vehemenz und Überschwang vertreten und propagiert wird, nimmt die Abwehr eher noch zu.
- Die Nationalsozialisten waren militant antijüdisch, die Psychoanalyse als eine in hohem Maß von jüdischen Menschen entwickelte und vertretene Wissenschaft wurde entsprechend angegriffen, verleumdet und unterdrückt. Bei der spektakulären Bücherverbrennung im Mai 1933 wurden auch Schriften von *Freud* verbrannt. Ironisch merkte *Freud* dazu an: »Im Mittelalter hätten sie mich verbrannt, heutzutage begnügen sie sich damit, meine Bücher zu verbrennen.«[16] Die Zeiten waren einer Verbreitung der Psychoanalyse nicht günstig, auch nicht in der Kirche.
- Die Dialektische Theologie hatte in ihren Anfängen einen ausgeprägten antipsychologischen Affekt: Es klingt fast wie eine Antwort auf *Pfister*, wenn *Eduard Thurneysen* 1928 schreibt: Es geht in der Seelsorge »nicht ... um die Pflege der Frömmigkeit, nicht um religiöse Beleuchtung des Lebens und der Zeitlage, nicht um Mitteilungen darüber, was der Mensch zu tun oder zu lassen habe, nicht um religiös-sittliche Aufklärung und Belehrung zwecks Pflanzung einer neuen Gesinnung ... sondern um die Verkündigung der rettenden Gnade Gottes allein.«[17] Und er fährt fort gezielt mit Blick auf die Psychoanalyse:

15 *Sigmund Freud / Oskar Pfister,* Briefe 1909–1939, Frankfurt 1963, 13.
16 Zitiert bei *Gay* 1989, 665.
17 *Thurneysen* (1928), wieder abgedruckt in *Wintzer* 1985, 74.

»Das seelsorgerliche Gespräch soll sich grundsätzlich und darum auch praktisch unterscheiden von dem Gespräch, das der an uns sich Wendende etwa führt oder führen könnte mit dem Arzt, mit dem Psychologen, mit dem Psychanalytiker (sic!), dem Juristen ... Wir sollen uns davon (sic!) hüten, die Bereiche jener Instanzen zu betreten, wir sollen nicht den Psychologen spielen, nicht den Arzt ... Es ist dies heute vor allem wegen der Versuchung nach der Seite der Psychoanalyse hin zu sagen nötig. Die Ratlosigkeit der Theologie (und vielleicht auch die der Psychoanalyse!) zeigt sich in einer bedenklichen Neigung zu Grenzüberschreitungen und fragwürdigen Vermählungen von kirchlicher Seelsorge und Psychanalyse.«[18]

Erst mit dem Aufkommen der Pastoralpsychologie im heutigen Sinn wurde *Pfister* wiederentdeckt und gewürdigt, vor allem durch *Joachim Scharfenberg*.[19]

3.4 Pastoralpsychologie im Gefolge C.G. Jungs

Eine andere Art von Pastoralpsychologie entstand durch die Rezeption von *Carl Gustav Jung* (⇒ Kap. 4.2) in der Theologie. *Jung* (1875–1961), Psychiater in Zürich, war zunächst ein einerseits begeisterter, andererseits von vornherein auch sehr eigenständiger Anhänger *Freud*s, auf den *Freud* für die weitere Entwicklung der Psychoanalyse große Hoffnungen gesetzt hatte. Es kam 1913 zwischen beiden zum Bruch, vor allem weil *Jung* den sexuell bestimmten Libido-Begriff *Freud*s nicht mehr mittragen, sondern im Sinn einer allgemeinen psychischen Energie erweitern wollte.

Diese Abwendung von einer vorwiegend sexuellen Ätiologie der Neurosen ist für die *Jung*-Rezeption im Bereich der Kirchen von großer Bedeutung gewesen; *Jung* war so gesehen leichter zu akzeptieren, weniger anstößig. Darüber hinaus ist wichtig, dass *Jung* sich ausführlich mit religiösen Phänomenen beschäftigte, seine Neigung zum Okkulten war seit seiner Kindheit ausgeprägt, und seine Entdeckung des kollektiven Unbewussten wurde gerade von Theologen positiv aufgenommen (⇒ Kap. 5.3).

Immer wieder setzte er sich mit der Gottesfrage auseinander: »Ich finde, daß alle meine Gedanken um Gott kreisen wie die Planeten um die Sonne ... .«[20] Oder: »Damals wurde mir klar, daß Gott, für mich wenigstens, eine der allersichersten unmittelbaren Erfahrungen war.«[21] Es war naheliegend, dass ein Psychoanalytiker, der sich zum einen deutlich von *Freud* distanziert hatte, der zum anderen eine solche grundlegende religiöse Ausrichtung an den Tag legte, leichter von der Theologie zu rezipieren war.

---

18 *Thurneysen* (1928), wieder abgedruckt in *Wintzer* 1985, 87.
19 Vgl. das Kapitel zu Pfister bei *Scharfenberg* 1968, 13ff.
20 *Jung* 1963, 6.
21 *Jung* 1963, 6.

Es gab in den 1920er und 30er Jahren einen Kreis von Theologen (prominente Mitglieder: *Alfred Dedo Müller*, 1890–1972, Professor für Praktische Theologie in Leipzig; *Otto Haendler*, 1890–1981, Professor in Greifswald und Berlin; *Walter Uhsadel*, 1900–1985, Professor in Tübingen; *Adolf Köberle*, 1898–1990, Professor in Basel und Tübingen[22]), der gegenüber der *Jung*schen Psychologie großes Interesse zeigte. Die Mitglieder dieses Kreises kamen einerseits aus einer von der Jugendbewegung geprägten kirchlichen Jugendarbeit, andererseits aus einer eher erwecklichen Kirchlichkeit, viele gehörten der Michaelsbruderschaft an; sie wollten sich für eine Erneuerung der Liturgie sowie für eine neue Ganzheitlichkeit des Glaubens einsetzen. Zwar war auch für sie Verkündigung der Zentralbegriff der Seelsorge, aber doch nicht in der verbalen Ausschließlichkeit, wie das etwa bei *Thurneysen* der Fall war. Sie gingen davon aus, dass Verkündigung durch Menschen geschieht und auf Menschen abzielt; deshalb war eine psychologische Kenntnis des Menschen für sie von besonderer Wichtigkeit.

3.4.1 Otto Haendler

Diese Ausrichtung zeigt sich beispielhaft an *Otto Haendler*.[23] *Haendler* war Pfarrer gewesen, Predigerseminardirektor in Stettin, Praktischer Theologe in Greifswald und Berlin, und hatte sich selber einer psychoanalytischen Ausbildung unterzogen. Es war seine Absicht, in seinen Arbeiten, vor allem auch in der Homiletik, »psychologische Gesichtspunkte zu ihrem Recht kommen« zu lassen.[24] Das sei von verschiedenen Aspekten her notwendig:

Zum einen geht es ihm in der Homiletik um das Subjekt der Predigt, also um die Person des Predigers. *Haendler* betont, dass sich die klassische Homiletik mit drei Faktoren, dem Wesen der Predigt, der Gemeinde und dem Prediger, beschäftigt habe. Letzterer sei jedoch immer vernachlässigt worden; man habe sich vorwiegend mit dem Wesen der Predigt auseinander gesetzt. Dabei sei die Person und die Subjektivität des Predigers für das Gelingen der Predigt von großer Bedeutung. Zum anderen ist für *Haendler* eine psychologische Betrachtung des Glaubens sinnvoll und notwendig: »Glaube ist ein existentiell entscheidendes Geschehen im Menschen, welches seine Stellung zu Gott bestimmt. Insofern ist Glaube eine theologische Angelegenheit und unterliegt theologischer Beurteilung. Glaube ist aber zugleich ein Geschehen in der Seele des Menschen, das, unbeschadet seiner metaphysischen Beziehung, in dieser und mit ihren Kräften sich vollzieht. Und

---

22 Vgl. zum Folgenden *Jochheim* 1993, 464f.
23 Zu Haendler vgl. *Voigt* 1993; außerdem das Themenheft der Zeitschrift WzM 34, April 1982, 131ff.
24 *Otto Haendler* 1949, 22. Die folgenden Seitenangaben im Text beziehen sich auf dieses Werk.

3.4 Pastoralpsychologie im Gefolge C.G. Jungs

niemand wird leugnen, daß echter Glaube den seelischen Zustand des Menschen wandelt, also beeinflußt, Geschehnisse in ihm hervorruft und ihn ändert. Glaube ist also zugleich eine psychologische Angelegenheit und der psychologischen Untersuchung zugänglich.« (26) Grenzüberschreitungen von beiden Seiten sind zu vermeiden; es geht um eine fruchtbare Verbindung, in der der Respekt vor der Grenze des jeweils anderen Faches gewahrt bleibt.

Die Richtung der Psychologie, an der sich *Haendler* vorwiegend orientiert, ist die komplexe Psychologie *Jungs*: »... seine Gesamtauffassung bietet mit ihrem tieferen und universalen Erfassen des Unbewußten und damit auch aller mythischen und mythologischen Kräfte und Vorstellungen doch den fruchtbareren Boden für eine Verknüpfung psychologischer und seelsorgerlicher Arbeit.« (35)

Psychologische Kenntnisse sind nach *Haendler* notwendig, damit die Prediger und Seelsorger etwas über sich selbst lernen, gerade über ihre »Schatten«; psychologische Kenntnisse eröffnen neue Wege für die Menschen, sie können aufzeigen, dass Unglaube z.B. ein Symptom einer tiefer liegenden Störung ist, die es zu bearbeiten gilt, und sie können in neuer Weise kirchliche Grundbegriffe erschließen (z.B. Sünde oder Beichte).

Was *Haendler* dann im Einzelnen über die Person des Predigers sagt, ist weitgehend überholt: Es ist in einer Sprache vorgetragen, die vom Pathos der dreißiger Jahre bestimmt ist, etwa wenn häufig vom Schicksal die Rede ist (z.B. das Amt als Schicksal, oder »Theologie und Bekenntnis als Schicksal«). Weiterführend und auch heute noch aktuell sind immer wieder einzelne Gedanken dahingehend, dass der Prediger z.B. seinen Typus gemäß den *Jungschen* Typen – introvertiert und extravertiert – und damit seine Stärken und Schwächen kennen sollte (63); dass eine glaubwürdige Verkündigung aus der Tiefe der Person, aus dem Selbst als dem leitenden Urbild (57) kommen muss; dass jeder zur »Realisierung des eigenen Christentums« (69) finden müsse. (⇒ Kap. 9.7.2)

Ein großer dritter Teil der Homiletik handelt von der Meditation, die traditionell als eine Phase der Predigtvorbereitung (Exegese – Meditation – Predigt) verstanden wird und die *Haendler* neu entdecken und vertiefen möchte. *Haendler* setzt sich hier vor allem mit der Bedeutung der Bilder auseinander und nimmt manches vorweg, was wesentlich später in der Symboldiskussion wieder zum Thema wurde.

Er sagt: In der Begegnung mit dem Evangelium oder im Glauben geschieht das Entscheidende nicht bewusst, sondern unbewusst! Die Person des Menschen ist in Schichten zu denken, das Bewusste baut auf dem Unbewussten oder auf dem Intuitiven auf. Zwischen Bewusstsein und Unbewusstem gibt es eine verbindende Mittelschicht, die Bildschicht, die bei Kindern stärker noch als bei Erwachsenen die Wahrnehmung steuert. »Und doch ist gerade das Bild, es komme im bewußten oder unbewußten Leben, die Hilfe, die uns im wirklichen Leben weiterführt. Das Bild, in dem wir die Wirklichkeit oder ein Stück von ihr ›sehen‹, ermöglicht uns das eigentliche Verstehen. Rationales Denken ist diskursiv, auch das schnellste rationale Denken ist eine zeitliche Aufeinanderfolge von Begriffen und Gedanken. Weil es diskursiv ist, ist es zugleich in der Bewegung. Es ruht nicht, sondern es eilt. Alles wesenhafte Verstehen aber ist nicht diskursiv. Es erfaßt nicht die Einzelzüge nacheinander. Solange nur das geschieht, ist eben nicht Verstehen da, sondern erst wenn die Einzelzüge sich zu einem lebendigen Ganzen zusammenschließen. Ebenso ist erst dann Verstehen da, wenn wir nicht mehr an den Einzelstücken entlang eilen, sondern vor dem Ganzen verweilen. Einheitlich und verweilend aber sind wir eben vor dem Bild. Es ist ganzheitlich und es ruht, darum kann man es anschauen und bei ihm bleiben und sein Leben in sich aufnehmen. Leben aufnehmen aber ist Verstehen.«[25]

Vergleichbar mit dem, was später *Paul Tillich* über die Funktion der Symbole geschrieben hat, sagt *Haendler*, dass das Wesenhafte, das Eigentliche nur im Bild erfassbar ist; deshalb ist auch Gotteserkenntnis nur über Bilder und Symbole möglich. Meditation bezeichnet für ihn die Kunst, in die Bildschicht einzugehen und ihre Erkenntnisse zu empfangen. Predigt erwächst nicht aus einem vorwiegend rational geprägten Bedenken des biblischen Textes, sondern durch ein ganzheitliches, intuitives, die Bildschichten der Seele aktivierendes Meditieren.

Haendler selbst ist große Anerkennung und Breitenwirkung versagt geblieben: Seine Schriften sind z.T. während des Krieges erschienen, d.h. die äußeren und die inneren Bedingungen für die Aufnahme eines solchen neuen Ansatzes waren ungünstig.

Die Lage der Kirche während des Nationalsozialismus war schwierig: Die Bekennende Kirche war von der Dialektischen Theologie bestimmt, die in ihrer antipsychologischen Ausrichtung die Beschäftigung mit dem psychischen Innenleben des Menschen als Rückfall in Selbsterlösungsversuche des Menschen verstand. Schließlich ist *Haendler*s Sprache schwierig nachzuvollziehen: Er hat eine eigentümliche Sprache, die sich kaum an den allgemeinen oder vorherrschenden theologischen oder psychologischen Sprachgebrauch anschließt.

Vielleicht hat *Haendler* am meisten dadurch gewirkt, dass *Joachim Scharfenberg* und *Klaus Winkler* seine Schüler waren und durch ihn auf eine pastoralpsychologische Spur gesetzt wurden.[26]

---

25 *Otto Haendler* 1949, 158. Haendlers Einsichten basieren auf der Theorie von Jung, ähneln aber auch Erkenntnissen der Gestaltpsychologie, die Haendler allerdings wohl nicht gekannt hat.
26 Scharfenberg und Winkler haben 1971 einen Band mit Aufsätzen von Haendler herausgegeben: *Otto Haendler*, Tiefenpsychologie, Theologie und Seelsorge. Göttingen 1971.

3.4.2 Walter Uhsadel

Ein anderes Beispiel für die Rezeption *C.G. Jungs* für die Seelsorge stammt von *Walter Uhsadel* in seinem Buch »Evangelische Seelsorge« von 1966.[27] *Uhsadel* bindet als Lutheraner die Seelsorge an das kirchliche Amt, das er als von Gott gestiftet versteht. Amt und Seelsorge verknüpft *Uhsadel* folgendermaßen: »Die Aufgabe ist vielmehr die: die Bedeutung christlichen Lebens- und Weltverständnisses in der Gestalt konkreten kirchlichen Lebens aufzuzeigen und umgekehrt, christlich-kirchliches Leben verantwortlich an die Probleme zu binden, die ihm das Leben in der Welt stellt.« Der Auftrag speziell des seelsorglichen Amtes ist »Lebenshilfe für den einzelnen Christen.« (48) Diese Lebenshilfe ist nicht nur als irdische Fürsorge gedacht, sondern auch als Hilfe zum ewigen Leben. (49)
Vor dem Hintergrund eines vorherrschenden Verständnisses von Seelsorge als Verkündigung des Wortes Gottes an den Einzelnen ist dies eine erstaunliche Erweiterung des Seelsorgebegriffs. Er bleibt allerdings auf die Christen bezogen; 1966 war das Bild der Volkskirche offensichtlich noch so ungebrochen, dass *Uhsadel* so schreiben konnte, ohne sich der Exklusivität dieser Formulierung bewusst zu sein.
Mit der Übernahme des Begriffes der Lebenshilfe wird es möglich, in neuer Weise nach der Bedeutung der Psychologie für die Theologie bzw. für die Seelsorge zu fragen.

»Der in der Theologie weit verbreitete Argwohn gegenüber der Psychologie ist aus mancherlei Gründen verständlich. Zweifellos ist er auch durch unzureichende Versuche, psychologische Erkenntnisse theologisch zu verwerten, entstanden. Der tiefere Grund liegt doch wohl darin, dass die Tiefenpsychologie uns Aufschlüsse über Menschen gegeben hat, die nur jenen Aufschlüssen an die Seite gestellt werden können, die die moderne Physik über das atomare Geschehen erbracht hat. Dass darin etwas Beunruhigendes für die Theologie liegt, ist nur zu begreiflich. Es bedeutet ja nicht weniger, als dass ihre Vorstellungen vom Menschen von Grund auf revidiert werden müssen. Das hat Konsequenzen nach der einen Seite bis in die Interpretation biblischer Texte, nach der anderen Seite bis in die Amtsstube des Pfarrers. Man wird sich von selbstverständlich gewordenen Denkgewohnheiten trennen und bereit sein müssen, für das Verstehen von Texten und von Menschen neue Sichtweisen zu akzeptieren. Das erfordert freilich ein elementares und fundamentales Umdenken. Mit der raschen Übernahme einiger psychoanalytischer Techniken in die traditionelle Theologie und Seelsorge ist es nicht getan. Solche Versuche waren es gerade, die einen berechtigten Argwohn hervorgerufen haben. Unsere Frage ist also: Wie können Theologie und Psychologie in die rechte Korrelation treten? Aus der Beantwortung dieser Frage kann sich erst ergeben, welche Hilfe für die Seelsorge aus der Psychologie erwächst, Hilfe für eine wirklichkeitsnahe, radikal nach Wahrheit fragende Seelsorge an dem Menschen, dem der Dienst der Kirche heute gilt.
Die unerläßliche Vorbedingung dafür ist die Einsicht, dass jeder spezifisch menschliche Lebensvorgang seinen psychologischen Aspekt hat.« (55f)

---

27 *Uhsadel* 1966.

Uhsadel stellt fest, dass nur die Tiefenpsychologie für die Theologie als Gesprächspartnerin in Frage kommt, weil sie sowohl menschliche Grundstrukturen beschreibt als auch empirisch arbeitet. Unter Tiefenpsychologie versteht *Uhsadel* die Psychologie von *Carl Gustav Jung*, weil der von einem »tiefen Respekt vor der Theologie« (58) durchdrungen sei, deswegen auch die religiösen Phänomene sowohl in einzelnen Menschen als auch in Kultur und Gesellschaft ernst nehme. Während moderne Theologen (*Bultmann* u.a.) annähmen, der moderne Mensch sei areligiös und unmythisch, zeige die *Jung*sche Psychologie, dass dies nicht der Fall sei, dass vielmehr auch der moderne Mensch »durch und durch religiös bestimmt ist«. (59) Das apologetische Interesse *Uhsadels* wird hier deutlich.

Uhsadel referiert dann kurz die Theorien von *Freud* (vgl. seine zusammenfassende Wertung *Freud*s S. 69!) und *Adler* und dann wesentlich ausführlicher die von *Jung*. *Uhsadel* weist deutlich daraufhin, dass *Jung* in psychologischer Hinsicht und nicht theologisch von Gott oder vom Glauben redet,[28] trotzdem sieht er in der grundsätzlichen Offenheit für diese Phänomene den eigentlichen Grund dafür, dass *Jung* sich gut als kritischer Gesprächspartner für die Theologie, besonders für die Seelsorge eignet.

»Fragen wir nach dem Ertrag für die Seelsorge, so wäre er darin zu sehen, daß der Seelsorger erkennt, wie wenig mit hergebrachten Vorstellungen und theologischen Meinungen über die Bedürfnisse derer, die seinen Rat suchen, getan ist. Er bedarf einer differenzierten Menschenkenntnis, die ihn in die Lage versetzt, den Ratsuchenden besser zu verstehen, als er sich verstehen kann.« (90f)

Das Auffällige ist dann allerdings, dass die Psychologie *Jung*s in den weiteren Ausführungen zu einzelnen Aufgaben der Seelsorge (Formen der Einzelseelsorge, der seelsorgerliche Besuch etc.) keine Rolle mehr spielt. Daran wird deutlich, wie sehr die Begegnung mit der Psychologie für *Uhsadel* noch Postulat bleibt und nicht integriert ist.

3.5 Übergänge

Hinzuweisen ist noch auf *Adelheid Rensch, Adolf Köberle, Adolf Allwohn* und die frühen Arbeiten von *Hans Joachim Thilo* als Vorläufer gegenwärtiger Pastoralpsychologie. Sie repräsentieren eine Übergangsphase, in der einerseits das kerygmatische Paradigma noch deutlich dominant ist; andererseits zeigt sich dessen Begrenzung in der Praxis der Kirche immer deutlicher, so dass ein Dialog mit den Humanwissenschaften und entsprechende methodische Anleihen nahe liegen.

---

28 Uhsadel sagt, die Annahmen Jungs stünden »in Korrelation« zu biblischen Erkenntnissen über den Menschen, *Uhsadel* 1966, 88.

3.5 Übergänge

Diese zögerliche, konzeptionell noch unklare Haltung lässt sich an den frühen Arbeiten *Hans-Joachim Thilos* gut veranschaulichen. *Thilo* gehörte zu den ersten Theologen, die eine psychoanalytische Ausbildung absolvierten.[29] Sein erstes Buch »Der ungespaltene Mensch«[30] nennt er im Untertitel »ein Stück Pastoralpsychologie«. Die ganze Breite pastoralen Handelns, die Begegnung mit Menschen unterschiedlicher Lebensalter und in verschiedenen Lebenssituationen macht er ebenso zum Thema wie die Liturgie oder die Bedeutung von Räumen und Zeiten für die Verkündigung. Unübersehbar ist die Spannung, die sich hier zwischen der Leitperspektive Verkündigung und den immer wieder eingestreuten Erkenntnissen aus der Psychoanalyse *Freuds* bzw. der Tiefenpsychologie *C.G. Jungs* ergibt. So hilfreich psychologische, speziell psychoanalytische Einsichten für das Handeln des Pastors sein können, so sehr betont *Thilo* zu diesem Zeitpunkt doch auch die unüberbrückbare Differenz zwischen Theologie und Psychologie, zwischen Seelsorge und Psychotherapie. »Der Sinn des Gesprächs gipfelt in der Weisung«,[31] heißt es beispielsweise im Kapitel über das Gespräch; und gleich anschließend schränkt er diesen Satz wieder ein, indem er auf die Gefahr der Überforderung des »Seelsorgekindes« verweist. Ein gleichberechtigter, offener Dialog zwischen Theologie und Psychologie ist ihm zu diesem Zeitpunkt noch nicht möglich – wenngleich in seiner Betonung der Inkarnation als theologischem Ausgangspunkt die Grundlage für spätere Weiterentwicklungen in der »Beratenden Seelsorge« liegt.[32]

Natürlich haben auch Vertreter der kerygmatischen Seelsorge die Bedeutung der Psychologie für die Seelsorge, für die kirchliche Praxis insgesamt wahrgenommen. *Eduard Thurneysen* betont, wie wichtig die Psychologie für die Menschenkenntnis in der Seelsorge ist: »Das Ansprechen des Menschen im Seelsorgegespräch setzt Menschenkenntnis voraus: Die Seelsorge bedarf darum der Psychologie als einer Hilfswissenschaft, die der Erforschung der inneren Natur des Menschen dient, und die diese Kenntnis vermitteln kann. Sie hat sich dabei kritisch abzugrenzen gegen ihr wesensfremde weltanschauliche Voraussetzungen, die mitlaufen, und die das ihr eigene, aus der Heiligen Schrift erhobene Menschenverständnis beeinträchtigen könnten.«[33] Entscheidend, das macht dieses Zitat hinreichend deutlich, ist der Primat der Heiligen Schrift, die die Auseinandersetzung und Übernahme der Psychologie begrenzt. Der Dialog zwischen Seelsorge und Psychologie steht hier unter der Vorgabe der Abgrenzung. Die Berührungs-

---

29 Thilo machte diese Ausbildung als Kriegsgefangener in Oxford in den Jahren zwischen 1945 und 1948. Vgl. dazu ausführlicher *Kölsch* 2001, 46.
30 *Thilo* 1957.
31 *Thilo* 1957, 80.
32 *Thilo* 1971.
33 *Thurneysen* 1948, 174.

angst der Theologen vor der Psychologie lässt ein gleichberechtigtes Gespräch noch nicht zu.[34] Die als Autoren und Autorinnen einer Übergangsphase gekennzeichneten Arbeiten haben nicht zu einer tiefer greifenden Veränderung der Situation der Seelsorge in Deutschland geführt. Sie sind eher Hinweise auf die Krise der Seelsorge, der Praktischen Theologie überhaupt.

3.6 Zur Entstehung der Seelsorgebewegung

Die Seelsorgebewegung verdankt ihr Entstehen einer Reihe von gesellschaftlichen und kirchlichen Veränderungsprozessen:

3.6.1 Pathos des Aufbruchs
In den ausgehenden 60er Jahren entstand in der Bundesrepublik ein Klima des Wandels, des Aufbruchs, der Veränderung.[35] Die Nachkriegsjahre, der Wiederaufbau, die Zeit des Wirtschaftswunders waren zu einem gewissen Ende gekommen, die Wünsche der Menschen nach wirtschaftlicher Sicherheit waren einerseits weitgehend erfüllt, andererseits kam es in den frühen 60er Jahren zu den ersten Rezessionserscheinungen in der deutschen Wirtschaft. Ein Memorandum zur Lage der Seelsorge, das 1970 von der VELKD verabschiedet wurde, skizziert die gesellschaftliche Situation der 60er Jahre aus der Sicht der Kirche folgendermaßen:[36]
1. Das Gefühl der Sicherheit ist brüchig geworden, viele Menschen erleben in einem bisher nicht gekannten Maß Existenzangst, Einsamkeit und Identitätsunsicherheit.
2. Die alten Ordnungen lösen sich auf bzw. zerbrechen; es kommt zu einer Vielfalt von Werten, Normen, Zielvorstellungen und Lebensformen, in denen sich die Einzelnen allein und ohne Vorgaben zurechtfinden müssen.
3. Massenmedien und wissenschaftliche Entwicklungen stellen alte Selbstverständlichkeiten in Frage, lösen einerseits viel neue Unsicherheit aus, lassen aber auch religiöse Fragen in neuer Weise aufbrechen.
4. Die Menschen erleben sich zunehmend als winzige Rädchen innerhalb eines großen unüberschaubaren Apparats ohne die Möglichkeit der verantwortlichen Teilhabe und Möglichkeiten zur Mitgestaltung.

Diese Situation der Verunsicherung und des Wandels in den 60er Jahren (man denke auch an das Aufkommen der Beatles, an die sogenannte Sexwelle, die neuen Filme von *Alexander Kluge* und *Volker Schlöndorff*) spitzte sich zu in einer besonderen, vor allem von Studenten und

---
34 Ausführlicher zum Verhältnis von Seelsorge und Psychologie vgl. *Plieth* 1994.
35 Vgl. *C. Kleßmann* 1988, 245ff und 256ff.
36 *Reller* 1971.

3.6 Zur Entstehung der Seelsorgebewegung

Intellektuellen getragenen Protestbewegung, der »außerparlamentarischen Opposition« (APO), und einer allgemeinen Politisierung, gerade an den Universitäten; als Auslöser dafür können – stichwortartig – gelten: Verabschiedung der Notstandsgesetze (1968), der von den USA herüberschwappende Protest gegen den Vietnamkrieg, der plötzlich das hässliche Gesicht des Kapitalismus offenbarte; die gleichzeitige Rezeption der Kritischen Theorie, des Neomarxismus durch *Herbert Marcuse, Max Horkheimer, Theodor W. Adorno, Jürgen Habermas* u.a.; der sogenannte Bildungsnotstand, (mit entsprechenden Studienreformdiskussionen); die Entstehung des Sozialistischen Deutschen Studentenbundes (SDS, mit *Rudi Dutschke* als führendem Kopf); die Wahl *Gustav Heinemann*s zum Bundespräsident und *Willy Brandt*s zum Bundeskanzler (beides 1969).

Diese Jahre zeichneten sich aus durch ein »Pathos des Aufbruchs«, durch die optimistische Annahme von der Veränderbarkeit der gesellschaftlichen Verhältnisse. *Rudi Dutschke* antwortete auf das Stichwort von den geringen Veränderungsmöglichkeiten in der Politik so: «Wir können es ändern. Wir sind nicht hoffnungslose Idioten der Geschichte, die unfähig sind, ihr eigenes Schicksal in die Hand zu nehmen ... Wir können eine Welt gestalten, wie sie die Welt noch nie gesehen hat, eine Welt, die sich auszeichnet, keinen Krieg mehr zu kennen, keinen Hunger mehr zu haben, und zwar in der ganzen Welt. Das ist unsere geschichtliche Möglichkeit.«[37]

3.6.2 Funktionsverlust der Seelsorge

Die 60er Jahre waren auch eine Zeit der *Verunsicherung für die Kirchen* in Deutschland. In den Nachkriegsjahren und den Jahren des Wiederaufbaus hatten die Kirchen noch eine relativ unangefochtene Autorität gehabt, hatten den religiös-moralischen Kitt für das Wirtschaftswunder geliefert. In den 60er Jahren kam es zum ersten Mal zu einer Kirchen-Austrittswelle größeren Stils, vor allem Akademiker und Vertreter des gehobenen Mittelstandes kehrten der Kirche den Rücken. In diese Jahre fallen der Abbau von Konfessionsschulen sowie erste Diskussionen über die Notwendigkeit theologischer Fakultäten an staatlichen Universitäten. All das führte zu ziemlicher Verunsicherung und einer Legitimations- und Identitätskrise der Pfarrerschaft.

In der Kirche selbst verbreitete sich ein bis dahin ungewohnter Pluralismus aus, man denke nur an die Entstehung der Jesus-People-Bewegung (seit 1967) und die Gründung der »Bekenntnisbewegung ›Kein anderes Evangelium‹« (1966).

Auch das »Pathos des Aufbruchs« ergriff die Kirchen und die Theologie: Begriffe wie »Weltverantwortung« und »gesellschaftliche Mitverantwortung als Teil des kirchlichen Verkündigungsauftrages« gewan-

---
37 Zitiert bei *C. Kleßmann* 276.

nen durch die ökumenische Diskussion im Bereich der Kirchen an Gewicht und fanden ihre Zuspitzung in einer »Politischen Theologie« (*Johann Baptist Metz*) bzw. einer »Theologie der Revolution« (*Richard Shaull*), die auf eine revolutionäre Veränderung gesellschaftlicher und kirchlicher Verhältnisse abzielten.

Im Bereich der Praktischen Theologie entstand eine intensive Hinwendung zu den Humanwissenschaften, vor allem zu Psychologie und Soziologie. Man spricht von der »empirischen Wende« in der Praktischen Theologie. Der Begriff der Kommunikation wurde als Oberbegriff für viele Bereiche kirchlichen Handelns entdeckt. Verkündigung wurde neu definiert als »Kommunikation des Evangeliums«, als »Verständigungsbemühung mit dem Hörer« (*Ernst Lange*); sie wurde damit ebenso der humanwissenschaftlichen Analyse zugänglich wie die Kommunikation zwischen zwei Menschen im seelsorglichen Gespräch oder die Kommunikation in einer Gruppe. Die Entdeckung und Einbeziehung humanwissenschaftlicher Erkenntnisse in die praktisch-theologische Reflexion und in die Praxis der Kirche schien eine größere Effizienz kirchlichen Handelns zu versprechen, eine zunehmende Professionalisierung und damit einen Ausweg aus dem von vielen als belastend empfundenen Dilettantismus und Generalismus der Pfarrerschaft.

Vor dem Hintergrund dieser Aufbruchstimmung wurde umso schmerzlicher deutlich, dass die tatsächliche Seelsorge in Deutschland mehr und mehr an Bedeutung verloren hatte. Das Paradigma der Seelsorge im Gefolge der Dialektischen Theologie – »Seelsorge ist Verkündigung des Wortes Gottes an den Einzelnen« (*Thurneysen*) – war nicht nur eine theologische Interpretation geblieben, sondern hatte in seiner Wirkungsgeschichte methodische Konsequenzen gefunden: Das Alltägliche galt als das Vorläufige, man musste zum Eigentlichen, nämlich dem Zuspruch des Evangeliums von der Sündenvergebung, kommen. Aus diesem theologischen Anspruch erwuchs eine Methodik des Gesprächsverlaufs: »Es muß zum Zuspruch kommen. Das Gebet darf nicht vergessen werden«, sagt *Trillhaas* 1958.[38]

Sicherlich ist damit der Ansatz *Thurneysen*s, etwa sein Verständnis des Bruchs im seelsorglichen Gespräch, überzeichnet, wie spätere Autoren mit Recht herausgearbeitet haben;[39] die Wirkungsgeschichte *Thurneysen*s ist jedoch zunächst so verlaufen und hat dem Ansehen der Seelsorge deutlich geschadet.[40]

Die Krankenhausseelsorge bildete besonders anschaulich den Zustand der Seelsorge in Deutschland ab: Sie wurde in den 50er und 60er Jahren stark vernachlässigt, viele pensionierte Pfarrer wurden gebeten, diesen Dienst noch zu übernehmen; seit der Zeit hat sich bei älteren

---

38 *Trillhaas* 1958, 191.
39 Vgl. *Kurz* 1985; *Grözinger* 1996.
40 Ähnlich wie Trillhaas formuliert z.B. auch *Fichtner* 1957, 95ff.

3.6 Zur Entstehung der Seelsorgebewegung

Menschen das Bild gehalten, dass der Krankenhauspfarrer jemand ist, der durch die Zimmer eilt, Gebete oder biblische Worte spricht, Spruchkarten verteilt, aber im Grunde die Einzelnen und ihre je besondere Lage gar nicht wahrnimmt, nicht wirklich mit ihnen ins Gespräch kommt, geschweige denn Kontakt mit der Mitarbeiterschaft des Krankenhauses aufnimmt.[41]

Diese Situation wurde in den ausgehenden 60er Jahren mehr und mehr unerträglich – und es waren gerade die Krankenhausseelsorger, die eine Reform der Krankenhausseelsorge und der dazu befähigenden Weiterbildung forderten. Ihre Forderungen stießen bei der EKD, speziell bei dem damaligen Berliner Bischof *Kurt Scharf*, auf offene Ohren[42]; sie führten u.a. zur Errichtung eines Lehrstuhls mit dem Schwerpunkt Seelsorge an der Kirchlichen Hochschule Bethel, zur Gründung eines von der EKD getragenen Seelsorginstituts dort und zur Berufung von *Dietrich Stollberg* als Lehrstuhlinhaber und Direktor des Seelsorginstituts nach Bethel.

Die Krankenhausseelsorge formulierte einen Leidensdruck bzw. einen Reformanspruch, der für weite Kreise der Kirche und der Pfarrerschaft überhaupt zutraf.

Wolfgang Steck hat drei Gründe für die Verunsicherung der Pfarrerschaft genannt:[43]

1. Der Verlust an sozialer Orientierung des Pfarrers in seiner Umwelt: Der Beruf verliert an Prestige, vor allem bei Außenstehenden; der Pfarrer bekommt weniger Anerkennung, bleibt deswegen mehr im vertrauten und anerkannten Binnenmilieu.
2. Die Auflösung der Geschlossenheit der kulturellen Lebenswelt: Es kommt zu einer deutlicheren Trennung von Berufs- und Privatleben, die nicht mit einer entsprechenden Professionalisierungstendenz kompensiert wird.
3. Belastung der persönlichen Identifikation des Pfarrers mit seinem Beruf: Viele Pfarrer haben ein Gefühl der Irrelevanz und Inkompetenz in ihrer Tätigkeit; damit reduziert sich ihre Identifikation mit dem Beruf.

3.6.3 Die amerikanische Seelsorgebewegung

Die Forderung nach einer Reform der Seelsorgeausbildung entstand zum einen aus den offenkundigen Defiziten der Praxis, zum anderen aus dem Bekanntwerden der amerikanischen Seelsorgebewegung. Da gab es eine innovative Alternative zur desolaten Seelsorgesituation in

---

41 Das wird auch aus Fichtners methodischen Hinweisen deutlich: Er betont, dass Krankenbesuche Zeit brauchen, dass man mindestens 10–12 Minuten pro Besuch veranschlagen müsse. *Fichtner* 1957, 94f. Diese Mahnung ist nur verständlich, wenn viele Besuche sogar noch kürzer ausfielen!
42 Vgl. die kleine Schrift von *Scharf* 1967.
43 *Steck* 1974, 13ff.

Deutschland und damit die Möglichkeit, den Defiziten der Praxis und des eigenen Berufsbildes abzuhelfen.

Der Beginn der Clinical-Pastoral-Education-Bewegung (CPE) in den USA ist auf einem ähnlichen strukturellen Hintergrund zu sehen wie später die Seelsorgebewegung in Deutschland:[44] Zu Beginn des Jahrhunderts war in den USA eine wachsende Unzufriedenheit mit der akademisch-theologischen Ausbildung zu beobachten. Vor diesem Hintergrund schlug der Psychiater *Richard Cabot* 1925 ein klinisches Jahr für Theologiestudierende vor, ein Jahr, in dem es unter Supervision darum gehen sollte, »Theologie ans Krankenbett« zu bringen. *Cabot* führte Fall-Konferenzen für Mediziner und Theologen ein, zum einen, um Diagnosen zu stellen und zu überprüfen, vor allem aber, um die Funktion einer Krankheit im Leben eines Patienten besser zu verstehen. Einer der Teilnehmenden an *Cabot*s Fallkonferenzen war *Anton Theophilus Boisen* (1876–1965), der später als der eigentliche Vater der CPE bezeichnet wurde.

Boisen erlebte mehrere psychotische Episoden, die etwas von seiner persönlichen und der allgemeinen kulturellen Spaltung zwischen Rationalität und Emotionalität widerspiegeln. Zugleich begriff er seine psychiatrische Erkrankung als religiöse Erfahrung, nahm sie deshalb zum Ausgangspunkt, um in einem empirischen Sinn genauer nach dem Zusammenhang von psychischer Erkrankung und Religion zu fragen. Krisen (sogar die schweren psychiatrischen Krisen) sind für *Boisen* Ausdruck einer Störung des bisherigen Lebensgleichgewichts; aber er versteht sie gleichzeitig als Versuch – oder als Herausforderung –, angesichts des gestörten Gleichgewichts eine neue Antwort zu finden auf die Frage »Wer bin ich?« »Wozu bin ich auf der Welt?« »Was soll aus mir werden?« Krisen können insofern zukunftsgerichtet sein, ein kreatives Potential enthalten.

Das setzt voraus, dass man lernt, eine Krise, eine Krankheitssituation, ein Leiden zu verstehen. In diesem Zusammenhang hat *Boisen* den berühmt gewordenen Ausdruck geprägt, die Studenten müssten lernen, die »living human documents« zu lesen, also die Menschen, mit denen sie zu tun haben, zu verstehen und als Quellen für ihren Glauben, für ihre Theologie zu betrachten (⇒ Kap. 1.8).

Boisen wollte mit diesen Ideen die Methodik des Theologiestudiums verändern, aber keine Spezialausbildung für Seelsorge, geschweige denn für Krankenhausseelsorge schaffen. Neben dem Studium der historischen Texte aus Bibel und Kirchengeschichte sollte das Studium der »living human documents« stehen – und in der Auseinandersetzung mit beiden entsteht theologische Identität, die sich sowohl der Offenbarungsgeschichte als auch der Gegenwart der Menschen verpflichtet weiß.

---

44 Die folgende Darstellung bezieht sich besonders auf *Thornton* 1979 und *Hall* 1992; vgl. auch *Stollberg* 1969.

3.6 Zur Entstehung der Seelsorgebewegung

»Das bedeutet eine tiefgreifende Verschiebung der Aufmerksamkeit und eine neue Methode des Herangehens und, letztendlich eine neue Autorität, die nicht auf der Tradition, sondern auf der Erfahrung fußt... Das theologische Training der Zukunft wird eine andauernde Sache sein: Die Gemeinde wird das Laboratorium sein, Menschen in Schwierigkeiten bilden das Hauptanliegen, und die kirchliche Hochschule stellt Informationen zur Verfügung und Supervision der Methoden.
Die Aufmerksamkeit verschiebt sich von der Vergangenheit zur Gegenwart, von Büchern zum Rohstoff des Lebens. Erfahrung wird nicht länger dem System angepasst, sondern das System der Erfahrung... Wenn wir die menschliche Persönlichkeit in Gesundheit und Krankheit, im Glück und im Elend studieren, wenn wir geduldig und systematisch die Motiv-Kräfte und ihren Verlauf erforschen und die Gesetze, die sie regieren, formulieren, dann sind wir vielleicht in der Lage, die Grundlagen für eine neue Theologie zu legen.«[45]

Diese neue Theologie wurde auch Klinische Theologie genannt bzw. man sprach von der Klinischen Methode theologischer Forschung.[46] Sie zeichnet sich dadurch aus, dass sie mit der Erfahrung der Menschen arbeitet und dieser Erfahrung – in gut liberaler Tradition – zutraut, dass sie einen Weg zu Gott eröffnet.
1925 begann *Anton Boisen* mit vier Theologiestudenten am Worcester State Hospital in Massachusetts, wo er selber Krankenhauspfarrer war, das erste Clinical Pastoral Training (CPT, später Clinical Pastoral Education, CPE). Zentrale methodische Elemente waren die Fallanalysen mit Hilfe von verbatims (wortgetreuen Aufzeichnungen des Seelsorgegesprächs), persönliche Supervision der Ausbildungskandidaten, und in allem der Versuch, die Psychodynamik sowohl der Auszubildenden als auch der Menschen, mit denen sie als Seelsorger und Seelsorgerinnen zu tun hatten, besser zu verstehen. (⇒ pastoralpsychologische Aus- und Fortbildung)
Eine weitergehende Systematisierung, die der beginnenden »Seelsorgebewegung« in den USA eine tiefere theoretische Fundierung gab, hat *Seward Hiltner* geleistet.[47] Für *Hiltner* ist, in Auseinandersetzung mit der von ihm als deduktiv bezeichneten europäischen Theologie und Seelsorge, ein induktiver Ansatz um der Menschen willen unabdingbar. Er beschreibt den Regelkreis des Theorie-Praxis-Verhältnisses idealtypisch so: Den Ausgangspunkt bildet eine Einzelerfahrung (learning by doing); sie wird zunächst mit den Erfahrungen anderer verglichen und dann verallgemeinert; sie wird einem Bezugssystem zugeordnet, so dass sich eine Theorie bildet, die dem in Frage stehenden Verhalten gerecht wird. Die Theorie wird an der Praxis überprüft; auf Grund veränderter oder neuer Praxiserfahrungen muss sich dann die Theorie verändern. *Boisens* Postulat, dass es zu einem Dialog zwischen den historischen Texten und den living human documents kom-

---

45 *Boisen*, zitiert nach *Hall* 1992, 10.
46 So der Titel der Dissertation von *Asquith* 1976.
47 Vgl. zum Folgenden die Überblicksdarstellung bei R. *Riess* 1973, 201ff.

men müsse, ist hier methodisch eingeholt. Der Rat und Sinn suchende Mensch in der Seelsorge macht es erforderlich, dass psychologisch und theologisch reflektierte Wahrnehmung miteinander ins Gespräch kommen. Eine klinische oder seelsorgliche Theologie zeichnet sich aus durch eine lebendige Korrelation zwischen Emotionalität und Rationalität, zwischen Leben und Glauben, zwischen Theologie und Psychologie, zwischen Theorie und Praxis.

Dieses von *Paul Tillich, Carl Rogers* und *Kurt Lewin* inspirierte Modell ist zur Grundlage für die amerikanische Seelsorgeausbildung geworden: Nicht nur die Arbeit an Fällen anhand von Gesprächsprotokollen, auch der Prozess der Selbsterfahrung in der Gruppe, die Auseinandersetzung mit der Psychodynamik der Gruppenmitglieder lebt von der zirkulären, besser spiralförmigen Bewegung »Erfahrung – Verstehen und Deuten – vertiefte Erfahrung«; diese Bewegung bezieht sich nicht nur auf die psychologisch zu verstehende Dimension einer Beziehung, sondern auch auf die theologische.

Die weiteren Details in der Entwicklung der CPE-Bewegung – die Gründe für ihre Spaltung in den 1930er Jahren und die lange Entwicklung hin zur gemeinsamen Gründung der Association for Clinical Pastoral Education (ACPE) im Jahr 1967 – müssen hier nicht dargestellt werden. In den Standards von 1953 wurde CPE definiert als

»... eine Gelegenheit für Theologie-Studierende oder Pastoren/Pastorinnen, Seelsorge zu lernen in interpersonalen Beziehungen in einem geeigneten Zentrum, sei es ein Krankenhaus, ein Gefängnis oder eine andere klinische Situation, in dem ein integriertes Programm von Theorie und Praxis individuell supervisiert wird durch einen qualifizierten Chaplain-Supervisor in Zusammenarbeit mit einem gemischt-professionellen Team.«[48]

Im Jahr 2001 formuliert die »Association for Clinical Pastoral Education (ACPE)« Ziele, die über den Seelsorge-Kontext hinausgehen und, an *Boisen* anknüpfend, wieder die Ausbildung für das Pfarramt insgesamt in den Vordergrund stellen.

»Clinical Pastoral Education ist interkonfessionelle Ausbildung für das Pfarramt. Es bringt Theologiestudierende und Pastoren/Pastorinnen in supervisierte Begegnungen mit Menschen in Krisensituationen. Aus der intensiven Begegnung mit Menschen in Notsituationen und durch das feedback der Peers und der Lehrenden entwickeln die Auszubildenden neue Wahrnehmung ihrer selbst und der Menschen, die sie begleiten. Aus der theologischen Reflexion der besonderen menschlichen Situationen gewinnen sie ein neues Verständnis des Pfarramtes. Aus der Erfahrung, mit einem interdisziplinären Team Menschen zu helfen, werden sie fähig, interpersonelle und interprofessionelle Beziehungen zu entwickeln.«[49]

---

48 Zitiert nach *Hall* 1992, 83.
49 The ACPE Directory 2001–2002. Decatur, Georgia.

3.6 Zur Entstehung der Seelsorgebewegung

Die sehr differenzierten Ausbildungsstandards stellen einen Rahmen dar, der Raum lässt für eine große Vielfalt der methodischen Gestaltung und der Settings (Krankenhaus, Gefängnis, Altenheim, Gemeinde, Inner-city-Kirchen mit speziellen Projekten etc.) zur Durchführung der Ausbildung.[50]

Seit ihrer Gründung ist diese Form der Seelsorgeausbildung in den USA zu einer großen Bewegung mit mehr als 250 Ausbildungsstätten und hoch differenzierten Ausbildungsrichtlinien geworden. Die großen amerikanischen Kirchen machen fast alle die Teilnahme an einem zwölfwöchigen CPE zur Voraussetzung für das theologische Examen. Die Ausbildung ist selbstverständlich ökumenisch orientiert. Viele ausländische Teilnehmende haben die CPE in ihre Heimatkirchen hineingetragen, so dass es inzwischen in vielen Ländern dieser Erde Formen der CPE gibt. In den 50er und 60er Jahren lernten auch die ersten Europäer (vor allem Niederländer und Deutsche) die amerikanische Seelsorgeausbildung kennen. Seit 1972 gibt es einen intensiven internationalen Austausch.

C. Hall hat das grundlegende Anliegen der CPE folgendermaßen zusammengefasst:

CPE ist »ein Versuch, die Botschaften des Kopfes und des Herzens zusammen zu bringen. CPE entwickelte sich aus der Unzufriedenheit mit den intellektuellen Annahmen der systematischen Theologie, die von der religiösen Erfahrung abgetrennt waren, und aus dem Unbehagen mit einem Pfarramt, das auf dieser Trennung aufbaute... Klinische Theologie ... verlangt Offenheit gegenüber den eigenen Gefühlen und derer, denen man als Pastor/Pastorin begegnet; es geht darum, die Bedeutung dieser Gefühle und ihre Beziehung zu theologischen Konzepten herauszufinden ... Nur eine klinische Theologie, die einen dauernden Dialog zwischen Theorie und Erfahrung, Konzept und Gefühl führt, die offen ist gegenüber neuen Einsichten über Gott und die Menschen, ist eine geeignete Grundlage für die Seelsorge.«[51]

Diese Anliegen machten die amerikanische CPE-Bewegung für die kirchliche Situation in Deutschland sehr anziehend. In den 70er Jahren wurden in Deutschland mehrere Zentren für Seelsorgeausbildung gegründet (Hannover, Bethel, Frankfurt, Stuttgart u.a.). Die Teilnahme an mindestens einem sechswöchigen Kurs in Klinischer Seelsorgeausbildung (KSA) wurde in zunehmendem Maß zur verbindlichen Voraussetzung mindestens für die Übernahme eines seelsorglichen Funktionspfarramtes.

Bestimmte Unterschiede zwischen einem direkt aus den USA importierten Modell der KSA und einem durch die Vermittlung der holländischen Pastoralpsychologie hindurchgegangenen waren zu beobachten: *Hans-Christoph Piper* u.a. brachten von *Heije Faber* und *Wybe Zijlstra* ein stärker didaktisch durchstrukturiertes Fort-

---

50 *Hall* 1992, 163ff gibt ein paar Beispiele für diese Ausbildungsvielfalt.
51 *Hall* 1992, XV.

bildungsmodell mit,[52] während Supervisoren und Supervisorinnen, die in den USA gelernt hatten, stärker den gruppendynamisch-unstrukturierten Charakter der Arbeit betonten (zu Details der Ausbildung ⇒ Kap. 16).

Nicht nur die Seelsorge, sondern fast alle Bereiche der Praktischen Theologie, besonders auch Homiletik und Religionspädagogik, wurden von der Seelsorgebewegung im Lauf der 70er und 80er Jahre mit beeinflusst und geprägt. Mindestens in der zweiten Ausbildungsphase ist es selbstverständlich geworden, die erwähnten Grundintentionen zu berücksichtigen:
- Theologie soll kein rein intellektuelles Unterfangen sein, sondern die Emotionalität des Menschen mit einbeziehen.
- Es gilt, die Beziehung zwischen Seelsorger und Rat Suchendem, zwischen Lehrerin und Schülerin, zwischen Predigerin und Hörenden differenziert wahrzunehmen.
- Damit kann Theologie, Predigt, Seelsorge, Unterricht lebensbezogen, alltagsnah, erfahrungsnah werden; es kann zu einem gleichberechtigten Dialog zwischen Tradition und Situation kommen.

Mit der Verwirklichung dieser Intentionen hat die Seelsorge eine exemplarische und wegweisende Funktion für die anderen Bereiche kirchlichen Handelns übernommen.

3.6.4 Die Wiederentdeckung der Psychoanalyse

Parallel zum Bekanntwerden der amerikanischen CPE in Deutschland gab es eine Wiederentdeckung der Psychoanalyse in ihrer Bedeutung für Theologie und Seelsorge durch *Joachim Scharfenberg, Hans-Joachim Thilo, Klaus Winkler, Dietrich Stollberg* u.a.

Die Psychoanalyse *Sigmund Freuds* war in theologischen Kreisen in Deutschland bis in die 60er Jahre hinein geradezu tabuisiert; bei der Tiefenpsychologie *C.G. Jungs* lagen die Verhältnisse anders (s.o.). Angesichts dieser weit verbreiteten skeptischen Einstellung war die Habilitation von *Joachim Scharfenberg* »*Sigmund Freud* und seine Religionskritik als Herausforderung für den christlichen Glauben«[53] ein wegweisendes Unterfangen. Scharfenberg stellt *Freuds* Ansatz ausführlich dar; er sieht in *Freuds* Religionskritik eine Art von »Fremdprophetie«, die für den christlichen Glauben heilsame Wirkungen haben könne.

Scharfenberg zeigt auf, dass und wie *Freud* die Sprache des Menschen als das, was ihn krank macht und ihn heilen kann, entdeckt hat.[54] Alles seelische Leben gilt *Freud* als prinzipiell sinnvoll, es ist einem heilenden Verstehen und heilender Deutung zugänglich. *Freud* versteht den neurotisch erkrankten Menschen als einen, der bestimmte traumatische

---

52 *Reinhard Miethner* hat dieses Modell dargestellt in dem Buch *Andriessen/ Miethner* 1985, Anhang III, 15ff.
53 Göttingen 1968.
54 Zum Folgenden *Scharfenberg* 1968, 126ff.

3.6 Zur Entstehung der Seelsorgebewegung 113

Erinnerungen ins Unbewusste verdrängt hat und dadurch gleichsam geschichtslos geworden ist. Er kann seine Lebensgeschichte nicht mehr sinnvoll rekonstruieren und weiterführen. Die verdrängten Erinnerungen sind zu einem Fremdkörper geworden, der das weitere Erleben und Empfinden beherrscht und verzerrt. Neue Erfahrungen können nicht wirklich als neu erlebt werden, das Neue wird zum Alten verfälscht, in einem Wiederholungszwang bestimmt die traumatische Vergangenheit Gegenwart und Zukunft.

Aufgabe der psychoanalytischen Behandlung ist es, mittels der Sprache jene Verdrängungen langsam aufzuheben. »Es sind dies die Stunden der Behandlung, in denen durch die Sprachfunktion der Deutung in der Übertragung die regressive Richtung allmählich in eine progressive verwandelt, das Zeitkontinuum wieder hergestellt und den inneren Vorgängen im Ich die Qualität des Bewusstseins verliehen wird.«[55] Wenn es gelingt, unbewusste, traumatisierende Erinnerungen bewusst zu machen und ihrer das Verhalten determinierenden Wirkungen zu berauben, wird das Wesen der Sprache, nämlich zu befreien, deutlich. »Jede psychoanalytische Behandlung ist ein Versuch, verdrängte Liebe zu befreien, die in einem Symptom einen kümmerlichen Kompromissausweg gefunden hatte.«[56] Authentische Geschichten treten wieder an die Stelle der »falschen« Geschichten.

Angesichts dieser Entdeckungen kann man die Psychoanalyse als eine Hermeneutik bezeichnen, die strukturelle Ähnlichkeiten zu einer theologischen oder philosophischen Hermeneutik aufweist – auch wenn dieser hermeneutische Ansatz immer wieder durch den naturwissenschaftlichen Ansatz bei *Freud* selbst verdeckt worden ist. *Jürgen Habermas* hat diesbezüglich vom szientistischen Selbstmissverständnis der Psychoanalyse gesprochen.[57]

Mit dieser Arbeit eröffnete sich die Möglichkeit einer neuen Wertschätzung der *Freud*schen Psychoanalyse in Theologie und Seelsorge. 1972 erschien von *Joachim Scharfenberg* das Buch »Seelsorge als Gespräch«, in dem er psychoanalytische Erkenntnisse für das Verständnis und die Methodik der Seelsorge fruchtbar zu machen sucht;[58] später wurden dann psychoanalytische Ansätze auch auf andere Bereiche kirchlichen Handelns, wie den Gottesdienst und die Liturgie, angewandt, z.B. durch *Hans Joachim Thilo* in seiner Arbeit »Die therapeutische Funktion des Gottesdienstes«.[59]

Es entstanden tiefenpsychologisch orientierte Fortbildungsmöglichkeiten für Pfarrerinnen und Pfarrer, vor allem in der Hannoverschen und der Badischen Landeskirche.

---

55 *Scharfenberg* 1968, 130.
56 *Freud* 1907, St.A. X, 80.
57 *Habermas* 1973, 300ff.
58 Vgl. auch hier das Kapitel »Heilung als Sprachgeschehen«, 1972, 35ff.
59 Kassel 1985.

Das Bekanntwerden der CPE in Deutschland sowie die Rezeption der Psychoanalyse stießen im Bereich der Kirche, speziell der theologischen Fakultäten, auf eine schon längere Zeit laufende Studienreformdiskussion (seit 1967), in der eine entschlossene Hinwendung zu den Humanwissenschaften gefordert wurde. Die Praktische Theologie sollte, einem Gutachten der »Gemischten Kommission zur Reform des Theologiestudiums« zufolge, eine neue Bedeutung bekommen, sie sollte zur »Integrationswissenschaft«[60] für die gesamte Theologie werden. Innerhalb einer neu konzipierten Praktischen Theologie solle die Seelsorge einen zentralen Stellenwert einnehmen und das bisher dominante Verkündigungsparadigma ablösen. Der Realitätsverlust der Theologie insgesamt komme in der Praxis der Seelsorge am deutlichsten zum Vorschein – wie umgekehrt eine Reform der Seelsorge nicht nur die kirchliche Praxis verändern, sondern auch eine Neuausrichtung der Theologie zur Folge haben könne.

3.7 Gründung der Deutschen Gesellschaft für Pastoralpsychologie

1972 kam es in Altenkirchen zur Gründung der Deutschen Gesellschaft für Pastoralpsychologie (DGfP); Pastoralpsychologen und Pastoralpsychologinnen aus verschiedenen Arbeitsfeldern schlossen sich zu einem ökumenischen Berufsverband zusammen,
- um pastoralpsychologische Theorie und Methodenlehre durch gegenseitigen Austausch und Kooperation zu intensivieren und zu fördern;
- um Aus- und Fortbildungsaktivitäten zu koordinieren und zu standardisieren;
- um wirkungsvoller kirchenpolitische Aktivitäten gegenüber Kirchenleitungen und Bistümern initiieren zu können.

Inzwischen hat die DGfP ca. 600 Mitglieder und ist in fünf Fachsektionen (Tiefenpsychologie [T], Klinische Seelsorgeausbildung [KSA], Gruppe – Organisation – System [GOS], Personzentrierte Psychotherapie und Seelsorge [PPS], Gestalttherapie und Psychodrama in der Pastoralarbeit [GPP]) gegliedert; Zielrichtung und Ausbildungsangebote der einzelnen Sektionen werden im Kapitel »Aus- und Fortbildung in Pastoralpsychologie« vorgestellt (⇒ Kap. 16.4).

3.8 Wirkungen

Die Pastoralpsychologie ist in Deutschland schnell und wirkungsvoll rezipiert worden, vor allem aus zwei Gründen:
- Sie versprach und lieferte eine wirkungsvolle Methode für die Seelsorge und viele Bereiche der Pfarramtsführung – sei es durch KSA, Tiefenpsychologie, Gesprächstherapie oder Gruppendynamik: Ein

---

60 Zitiert bei *Jochheim* 1993, 471.

3.8 Wirkungen

humanwissenschaftlich fundiertes Handwerkszeug der Beziehungsgestaltung stand zur Verfügung; es erschien wirkungsvoll, ermöglichte eindeutigere, klarer abgegrenzte Kompetenzen, die den Pfarrer / die Pfarrerin aus ihrem Generalismus und Dilettantismus herauszunehmen versprachen.

– Ein neues Bild, eine neue Identität des Pfarrers / der Pfarrerin zeichnete sich ab: »Die Seelsorgebewegung beförderte einen neuen Typ Pfarrer«, orientiert am Berufsbild des Therapeuten oder anderer Professioneller: Die Ausstattung mit bestimmten angebbaren Kompetenzen und erlernbaren methodischen Verfahren, die Ausrichtung auf bestimmte Zielgruppen, die mehr oder weniger klare Trennung von Beruf und Privatleben waren Kennzeichen dieser Art neuer Professionalisierung.

Pastoralpsychologie ist seither zu einem etablierten Teilbereich kirchlicher Theorie und Praxis geworden. In der Gegenwart, nach über 30 Jahren, ist jedoch ein deutlich zu beobachtender Rückgang, eine Ernüchterung eingetreten. Die Dominanz des therapeutischen Paradigmas, das seinerzeit das kerygmatische abgelöst hatte, wird in seiner Angemessenheit in Zweifel gezogen und weicht neuer Pluralität in der Praktischen Theologie; manche Autoren haben schon ein Ende der Seelsorgebewegung heraufbeschworen.[61] Differenzierter hat *Eberhardt Hauschildt* davon gesprochen, dass nicht das Ende der Seelsorgebewegung, »wohl aber das Ende der Dominanz einer Theorie und Praxis von Seelsorge allein unter der (tiefen)psychologischen Perspektive« zur Debatte stehe.[62]

An den theologischen Fakultäten ist die Wirkung der Pastoralpsychologie erstaunlich gering geblieben; ihre Bedeutung hing (und hängt) stark an einzelnen Personen (Professoren/Professorinnen oder Lehrbeauftragten); mit deren Weggang verliert die Pastoralpsychologie an Einfluss. Die stark an personalen Beziehungen orientierte Pastoralpsychologie hat es wenig verstanden, Strukturen aufzubauen, die diesem Bereich der Praktischen Theologie bleibende Geltung verschaffen (z.B. in Examensrichtlinien). Damit hat Pastoralpsychologie Zielsetzungen und Inhalte des Theologiestudiums in Deutschland wenig verändert; diese umfassende Intention des pastoralpsychologischen Ansatzes steht nach wie vor aus.

Ganz anders dagegen ist die Wirkung der Pastoralpsychologie in der zweiten Ausbildungsphase und in der Sonderseelsorge zu sehen. In der Vikarsausbildung oder der Krankenhaus-, Altenheim- oder Gefängnisseelsorge sind bestimmte methodische Ansätze nicht mehr wegzudenken. Allerdings erscheinen sie dort manchmal als rein methodische Hilfsmittel, deren Einbettung in einen größeren theoretischen Rahmen häufig in den Hintergrund tritt.

---

61 So z.B. *Schieder* 1994.
62 *Hauschildt* 2000, 18.

Als die sicherlich bleibenden Wirkungen der Entstehung der Pastoralpsychologie nenne ich vier Punkte:
1. Die Praxis der Kirche (und die Praktische Theologie als Theorie dieser Praxis) ist nicht mehr denkbar ohne den Dialog mit den Humanwissenschaften: Seelsorge ohne Kenntnis psychotherapeutischer Ansätze ist nicht mehr vorstellbar, ebenso wenig Predigtlehre ohne Rückgriff auf kommunikations- und rezeptionswissenschaftliche und linguistische Theorien, Jugendarbeit (allgemeiner: Gruppenarbeit) ohne praktische Kenntnisse von Gruppendynamik und Entwicklungspsychologie, Religionspädagogik ohne Kompetenzen in der allgemeinen Pädagogik.
2. Durch den Dialog mit den Humanwissenschaften verändert sich auch das theologische Denken, also auch die Theorie, nicht nur die Praxis. Vor allem in der theologischen Anthropologie ist das unübersehbar. Die große theologische Anthropologie von *Wolfhart Pannenberg* basiert auf einer ausführlichen und tief gehenden Auseinandersetzung und In-Beziehung-Setzung der theologischen Annahmen über den Menschen mit den psychologischen und soziologischen Deutungen.[63] Im Sinne einer Kontextualisierung von Theologie ist Pastoralpsychologie unverzichtbar.
3. Die zweite Ausbildungsphase hat sich nachhaltig verändert, und zwar sowohl die Ausbildungsmethoden (es ist weitgehend selbstverständlich, quasi empirisch mit »Fallmaterial« zu arbeiten) als auch die Ausbildungsinhalte (exemplarische Arbeit in einem humanwissenschaftlich akzentuierten Bereich).
4. Das Pfarrbild hat sich gewandelt: Es gibt deutliche Tendenzen hin zur Professionalisierung, die inzwischen allerdings auch wieder in neuer Weise kritisch gesehen werden. Auch der Generalismus des Pfarrers / der Pfarrerin hat bestimmte Vorteile und enthält Chancen, wenn er bewusst wahrgenommen und nicht einfach als Mangel an Kompetenz erlebt wird.

Vertiefende Literatur:
Martin Jochheim, Die Anfänge der Seelsorgebewegung in Deutschland. Ein Beitrag zur neueren Geschichte der Pastoralpsychologie, ZThK 90 (1993), 462–493.
Charles E. Hall, Head and Heart. The Story of the Clinical Pastoral Education Movement, Journal of Pastoral Care Publications 1992.
Martina Plieth, Die Seele wahrnehmen. Zur Geistesgeschichte des Verhältnisses von Seelsorge und Psychologie, Göttingen 1994.

63 *Pannenberg* 1983.

Kapitel 4: Was ist der Mensch?

Modelle des Menschseins aus psychologischer Sicht

Menschenbilder sind gefährlich und unentbehrlich zugleich. Sie sind gefährlich, weil sie Menschen auf bestimmte Merkmale und Verhaltensweisen festlegen und damit zur Grundlage von Machtmissbrauch, zum Anlass bewusster und unbewusster Manipulation werden. Das Bilderverbot der jüdischen Tradition zielt darauf ab, das Geheimnis Gottes *und* des Menschen zu wahren; in diesem Sinn gilt es, immer wieder vor der einengenden, festlegenden und funktionalisierenden Macht der Bilder zu warnen.[1]

Menschenbilder sind unentbehrlich, insofern unsere Wahrnehmung immer schon auf vorgegebene Raster oder Modelle angewiesen ist: Objekte, für die wir keinen Begriff und keine Vorstellung haben, nehmen wir nicht wahr! Vorinformationen, vorgängige Raster (Vor-Urteile) bestimmen unsere Wahrnehmung: Ein frommer Mensch nimmt das Innere einer Kirche anders wahr als ein säkularisierter Kunsthistoriker. Eine Beraterin geht mit den Beziehungsproblemen eines Paares anders um, je nachdem ob sie psychoanalytisch oder verhaltenstherapeutisch geprägte Vorstellungen vom Menschen und von der Paardynamik hat.

Wahrnehmen und Verstehen ist nicht nur ein rezeptiv-passiver, sondern ein aktiv-konstruierender Vorgang, ein Prozess der Bedeutungskonstruktion und -zuweisung. Der wiederum hängt auch von den zugrunde liegenden Menschenbildern ab.

Menschenbilder sind so gesehen zwangsläufig und unvermeidlich; wenn man mehrere nebeneinander stellt, helfen sie, die Vielfalt menschlicher Wirklichkeit differenziert in den Blick zu nehmen, den naiven, im wahrsten Sinn »ein-fältigen« Zugang aufzulockern und auszudifferenzieren.

Allerdings sollten wir uns der Vorläufigkeit und Bruchstückhaftigkeit aller Bilder sowie ihrer Ambivalenz bewusst sein. Bilder sind nur Annäherungen an eine bestimmte Realität, die sich als solche (»der Mensch an sich«) nie zeigt. Nicht ein Modell allein, sondern nur ihre Vielzahl erfasst menschliche Kommunikation, menschliches Verhalten einigermaßen zureichend. *Realität ist nur multiperspektivisch einzu-*

---

[1] Vgl. *Weimer* 1995, 70f.

fangen – und selbst dann entzieht sie sich in einem letzten Sinn. Insofern ist es für einen qualifizierten, professionell betriebenen pastoralpsychologischen Umgang mit Menschen angemessen und notwendig, eine Vielzahl von Menschenbildern zu kennen, nebeneinander zu stellen und danach zu fragen, was sie jeweils für das Verstehen der Wirklichkeit der Menschen austragen. Jede Perspektive repräsentiert nur einen Teilbereich und ist deswegen auf die Ergänzung und kritische Herausforderung durch andere Perspektiven angewiesen. Eine einzige dominante Meta-Perspektive gibt es nicht (mehr).
Religiöse Menschenbilder sind auf den Austausch mit anthropologischen Einsichten anderer Wissenschaften angewiesen; psychologische und soziologische Erkenntnisse sind inzwischen selbstverständliche Bestandteile der westlichen Kultur geworden. Deutungsversuche des Menschen aus Sicht der Religion müssen sich im Dialog mit den Nachbarwissenschaften bewähren. Deren wissenschaftlicher Charakter macht sie den religiösen Menschenbildern nicht eo ipso überlegen. Auch Psychologie und Soziologie beruhen, gerade im Bereich ihrer anthropologischen Grundannahmen, auf vorwissenschaftlichen Setzungen, die nicht im strengen Sinn bewiesen werden können, deren Plausibilitäten jedoch mal mehr, mal weniger einleuchten, deren heuristischer Charakter nützliche Einsichten eröffnet.
Pastoralpsychologie setzt sich naturgemäß besonders mit den Menschenbildern aus dem Bereich der Psychologie auseinander. Im vorliegenden Kontext sind die verschiedenen psychologischen Modelle des Menschseins gedacht *als erweiterte und kritische Verstehenshilfe* für Christinnen und Christen, um genauer zu erfassen, was der Mensch *auch* ist und was religiöse Vorstellungen vom Menschen nicht übersehen sollten.[2] Gleichzeitig ist auch theologische Kritik an den psychologischen Modellen notwendig; denn Psychologie ist für viele zur unhinterfragten Wahrheit mit einem quasi religiösen Anspruch geworden und hat beinahe mythische Züge angenommen. Hier gilt es, den Streit um die Wahrheit auf der Ebene der Erfahrung offen zu halten.

4.1 Psychoanalyse

Psychoanalyse als Wissenschaft ist gut einhundert Jahre alt. Das Erscheinen der »Traumdeutung« im Jahre 1900 markiert *Sigmund Freud* (1856–1939) zwanzig Jahre später durchaus selbstbewusst als deren eigentlichen Beginn.[3]
Der Begriff »Psychoanalyse« bezeichnet drei unterschiedliche Perspektiven:

---

2 Vgl. *Kießling* 2001, 32ff; *Brunner* 1990, 63–85.
3 *S. Freud* 1923 (b): »Die Psychoanalyse ist sozusagen mit dem zwanzigsten Jahrhundert geboren; die Veröffentlichung, mit welcher sie als etwas Neues vor die Welt tritt, meine ›Traumdeutung‹, trägt die Jahreszahl 1900.«, GW XIII, 405.

4.1 Psychoanalyse

- eine Methode zur Erforschung psychischer Vorgänge;
- eine Theorie menschlichen Erlebens und Verhaltens;
- eine Methode zur Behandlung psychischer Störungen, also eine Form der Psychotherapie.[4]

In diesen drei Perspektiven ist Psychoanalyse durchgehend die Wissenschaft von den unbewussten seelischen Vorgängen. Es besteht eine Art Regelkreis zwischen der Wissenschaft (Theorie) und der Praxis der Psychotherapie: Am Anfang stand die Praxis der Therapie und der Selbstanalyse: Die Phänomene, die *Freud* begegneten, forderten ihn immer wieder neu zur Hypothesenbildung heraus, die dann wiederum seine Praxis veränderten.

Seit den Anfängen ist ein großes, hoch komplexes, keinesfalls einheitliches Theoriegebäude entstanden, das man mit dem amerikanischen Psychoanalytiker *Fred Pine* in die Bereiche

- Trieb-Psychologie,
- Ich-Psychologie,
- Objektbeziehungstheorie und
- Selbst-Psychologie

einteilen kann.[5] Diese vier »Psychologien der Psychoanalyse«[6] schließen einander nicht aus; sie repräsentieren jeweils unterschiedliche Perspektiven im Blick auf das psychische Funktionieren des Menschen und ergänzen einander: »Ich glaube, dass Menschen triebhafte Wünsche haben (»urges«), dass ihre Beziehungen zu anderen von (oftmals verzerrten) Erinnerungen geprägt werden, die sie mit sich herumtragen, dass sie Lebensweisen haben, die wir ›Abwehr‹ und ›Anpassung‹ nennen, und dass sie subjektive Erfahrungen machen, die wir normalerweise mit dem ›Selbst‹ in Zusammenhang bringen.«[7] Um diese unterschiedlichen Erlebens- und Verhaltensweisen zu verstehen, braucht man theoretische Modelle; eben das sollen die genannten vier Perspektiven leisten. Sie finden sich ansatzweise schon bei *Freud* selber; sein Hauptinteresse galt jedoch der Ausarbeitung einer Psychologie der Triebe und ihrer Schicksale.[8]

Im Folgenden gebe ich kurze Einführungen in die genannten Theorie-Bereiche der Psychoanalyse unter der Fragestellung, welches Menschenbild hier jeweils deutlich wird. Der Psychoanalyse als Triebpsychologie gebe ich besonders viel Raum, weil sie die Grundlage aller weiteren Entwicklungen darstellt.

---

4 Vgl. *S. Freud* 1923 (c), GW XIII, 211.
5 *Pine* 1990.
6 So *Pine* 1990, 3ff.
7 *Pine* 1990, 23.
8 Eine Arbeit *Freuds* aus dem Jahr 1915 trägt den Titel »Triebe und Triebschicksale«. St.A. III, 75ff.

4.1.1 Psychoanalyse als Triebpsychologie:
Der Mensch wird von der Geschichte seiner Konflikte getrieben

Die klassische Psychoanalyse kann man als Konfliktpsychologie bezeichnen. Nach *S. Freud*[9] ist der Mensch besetzt von triebhaften, ihm selbst meist unbewussten Strebungen, Impulsen, Wünschen und Bedürfnissen, die ständig in Widerspruch geraten mit dem, was die vorherrschenden kulturellen, ethischen und religiösen Normen als wünschenswert vertreten.

Man kann diese Konflikthaftigkeit unterschiedlich beschreiben: Es geht um den Konflikt zwischen einem unbewussten Seelenleben und dem bewussten Denken und Wollen, um den Konflikt zwischen verschiedenen »Bereichen« innerhalb der Psyche, die *Freud* ES, ICH und ÜBER-ICH genannt hat, um den Konflikt zwischen Aggression (Todestrieb) und Eros (Lebenstrieb); in diesen Spannungen enthalten ist immer schon der Konflikt zwischen Individuum und Gesellschaft.

a. Der Konflikt zwischen Bewusstem und Unbewusstem
Die Entdeckung des Unbewussten durch *S. Freud* war insofern seinerzeit revolutionär, als die herrschende Psychologie (im Unterschied zur Philosophie, man denke an *Schopenhauer* und *Nietzsche*) selbstverständlich davon ausging, dass das Psychische in jedem Fall etwas Bewusstes oder zumindest potentiell Bewusstes sei. Unbewusste Vorstellungen und Prozesse wurden entweder geleugnet oder nicht als Gegenstand der Psychologie betrachtet.
Durch Erfahrungen mit Hypnose und posthypnotischer Suggestion, durch die Untersuchung von Fehlleistungen und Träumen und durch die Analyse von neurotischen Symptomen festigte sich in *Freud* immer mehr die Überzeugung, dass es ein unbewusstes Seelenleben gibt – und zwar in einem dreifachen Sinn:[10]
1. Man kann Unbewusstes beschreibend konstatieren: Eine Vorstellung ist zu einem bestimmten Zeitpunkt gegenwärtig und bewusst, sie verschwindet dann vielleicht eine lange Zeit hindurch (wird »vergessen«) und taucht irgendwann später wieder auf. In dieser Zwischenzeit kann man den Inhalt auch als vorbewusst bezeichnen – d.h. er ist prinzipiell bewusstseinsfähig.
2. Die Analyse der posthypnotischen Suggestion und vor allem neurotischer Symptome legt jedoch einen weiteren Schritt nahe: Es gibt unbewusste Vorstellungen, die – in ihrer Unbewusstheit – *aktiv und wirksam sind* und bleiben: Der hypnotisierte Patient führt Handlungen aus, die ihm der Hypnotiseur befohlen hat, von denen der Patient aber nichts weiß; der neurotische Patient verhält sich in einer Weise, die er selber nicht versteht, die aber, wie dann die Analyse zeigt, mit früheren Lebenserfahrungen zu tun hat.

9   Zur Biographie Freuds vgl. das große Werk von *P. Gay* 1989; *L. Marcuse* 1972.
10 Zum Folgenden *S. Freud* 1912 (a), St.A. III, 29ff.

4.1 Psychoanalyse

3. Daraus folgert *Freud* ein Drittes: Das Unbewusste ist ein Bestandteil des menschlichen Seelenlebens, das anderen Regeln folgt als das bewusste Seelenleben. Freud unterscheidet einen »*Primärprozess*« von einem »*Sekundärprozess*«; der Primärprozess zeichnet sich dadurch aus, dass seine Inhalte zeitlos, nicht an die Realität gebunden und in sich logisch widersprüchlich sein können. Vor allem in Träumen und Phantasien bekommen wir kleine Ausschnitte dieses Primärprozesses gelegentlich zu Gesicht.

»Der Kern des Ubw besteht aus Triebrepräsentanzen, die ihre Besetzung abführen wollen, also aus Wunschregungen ... Es gibt in diesem System keine Negation, keine Zweifel, keine Grade von Sicherheit ... Die Vorgänge des Systems Ubw sind zeitlos, d.h. sie sind nicht zeitlich geordnet ... Ebensowenig kennen die Ubw-Vorgänge eine Rücksicht auf die Realität. Sie sind dem Lustprinzip unterworfen ...«[11]

Dass es ein unbewusstes Seelenleben geben könne, ist dem Alltagsbewusstsein relativ plausibel. *Freud* macht darüber hinaus jedoch eine zweite, viel bedeutsamere Annahme: Dass nämlich alle psychischen Prozesse prinzipiell sinnhaft sind, auch die unbewusst ablaufenden. Alles Verhalten, insbesondere Träume, Versprecher, Fehlleistungen, Vergessen, neurotische Symptome etc. haben einen Sinn; sie geschehen nicht zufällig, sondern sind in der Regel durch frühere Lebenserfahrungen determiniert und verfolgen eine verborgene kommunikative Absicht. Die Analyse der seelischen Vorgänge dient dem Zweck, den verborgenen Sinn zu entdecken.

An seinem eigenen berühmt gewordenen Traum von Irma zeigt *Freud*, wie die einzelnen Traumelemente durch seine freie Assoziation einen sinnhaften Gesamtzusammenhang ergeben.[12]
In der Arbeit an Fehlleistungen (Sich Versprechen, Vergessen etc) wird deren versteckte Bedeutung erkennbar: Ein Beispiel *Freud*s: »Oder wenn eine als energisch bekannte Dame erzählt: Mein Mann hat den Doktor gefragt, welche Diät er einhalten soll. Der Doktor hat aber gesagt, er brauche keine Diät, er kann essen und trinken, was *ich* will, so ist dies Versprechen doch ... der unverkennbare Ausdruck eines konsequenten Programms.«[13]

Die Entdeckung eines unbewussten Seelenlebens stieß in der damaligen viktorianischen Gesellschaft zunächst auf Ablehnung, weil sie, wie *Freud* selber meinte, eine Kränkung für den Menschen darstellt.

»Mit dieser Hervorhebung des Unbewußten im Seelenleben haben wir aber auch die bösesten Geister der Kritik gegen die Psychoanalyse aufgerufen ... Zwei große Kränkungen ihrer naiven Eigenliebe hat die Menschheit im Laufe der Zeiten von der Wissenschaft erdulden müssen. Die erste, als sie erfuhr, daß unsere Erde nicht

---

11 *S. Freud* 1915 (b), St.A. III, 145f.
12 *S. Freud* 1900, St.A. II, 126ff.
13 *S. Freud* 1916/17, St.A. I, 59.

der Mittelpunkt des Weltalls ist, sondern ein winziges Teilchen eines in seiner Größe kaum vorstellbaren Weltsystems. Sie knüpft sich für uns an den Namen Kopernikus, ... Die zweite dann, als die biologische Forschung das angebliche Schöpfungsvorrecht des Menschen zunichte machte, ihn auf die Abstammung aus dem Tierreich und die Unvertilgbarkeit seiner animalischen Natur verwies. Diese Umwertung hat sich in unseren Tagen unter dem Einfluß von Ch. Darwin, Wallace und ihren Vorgängern nicht ohne das heftigste Sträuben der Zeitgenossen vollzogen. Die dritte und empfindlichste Kränkung aber soll die menschliche Größensucht durch die heutige psychologische Forschung erfahren, welche dem Ich nachweisen will, daß es nicht einmal Herr ist im eigenen Haus, sondern auf kärgliche Nachrichten angewiesen bleibt von dem, was unbewußt in seinem Seelenleben vorgeht ...[14]

Der Mensch, so kann man die Entdeckung des Unbewussten zusammenfassen, ist einer, der sich zwangsläufig über sich selbst täuscht![15] Er verkennt sich immer schon selbst! Sein Selbstbewusstsein, seine Vernunft, seine guten Absichten – sie sind nicht die eigentlich wirksamen Kräfte im Leben. Das Unbewusste mit seiner vorwiegend sexuell und aggressiv getönten Triebhaftigkeit repräsentiert die eigentliche Dynamik des Lebens; die Triebe zielen letztlich in einer grenzenlosen und unersättlichen Art und Weise nur auf die Befriedigung der eigenen Bedürfnisse, wenn es nicht gelingt, diese unbewusste Triebhaftigkeit ins Bewusstsein zu heben.
In diesem Sinn ist die Entdeckung des Unbewussten auch eine Kränkung für eine religiös geprägte Vorstellung vom Menschen: Gerade das Innerste seiner Frömmigkeit, die tiefste Überzeugung seines Glaubens, sein Lieben und Hoffen kann geleitet und durchzogen sein von unbewussten Impulsen und Strebungen. Auch im Zentrum seiner Religiosität ist der Mensch nicht frei.

Wenn wir z.B. von Glaubensentscheidung oder Glaubensgehorsam sprechen, dann wird suggeriert, als ob es sich um klare, bewusst getroffene Entscheidungen für bestimmte Glaubenswahrheiten oder Verhaltensweisen bzw. gegen andere handelt. Eben dies ist angesichts der Freudschen Annahme eines triebhaften Unbewussten zutiefst fraglich.
Die Entscheidung eines jungen Erwachsenen für das Theologiestudium hat nicht nur mit dessen Glauben an Gott, seinem Engagement für die Kirche und seinem Interesse an religiösen Fragen zu tun, sondern beispielsweise *auch* mit dem – unbewussten – Wunsch, der eigenen Mutter einen Gefallen zu tun oder sich vom Vater abzugrenzen o.ä.
Das Auftreten eines Pfarrers in der Gemeinde ist durchaus nicht nur Ausdruck seines Glaubens, sondern hat auch viel damit zu tun, anderen Menschen zu gefallen, sich beliebt zu machen, Macht und Einfluss zu gewinnen und auszuüben.
Die Art und Weise, wie jemand predigt und was er/sie predigt, hat nicht nur mit dem zu tun, was er/sie exegetisch und homiletisch gelernt hat, sondern auch mit bestimmten (häufig ganz unbewussten) Persönlichkeitsmerkmalen (Wünschen, Ängsten), die wiederum mit bestimmten frühen Lebenserfahrungen zusammenhängen.

14 *S. Freud* 1916/17, St.A. I, 283f.
15 Vgl. *Koch* 1989, 284ff.

4.1 Psychoanalyse

Allerdings ist nun hinzuzufügen, dass psychische Phänomene in der Psychoanalyse (und entsprechend dann auch in der Pastoralpsychologie) wahrgenommen und gedeutet, aber nicht moralisch bewertet werden! Dass jemand Angst hat, in der Öffentlichkeit aufzutreten, dass ein anderer seinem Kommilitonen die Pest an den Hals wünscht, dass jemand ausgeprägte sexuelle Wünsche und erotische Phantasien hat, dass jemand bisher unbewusste Motive für die Berufswahl entdeckt – all das gilt es erst einmal wahrzunehmen: So ist es! Es ist weder löblich noch verwerflich, sondern einfach vorhanden! Nur wenn man ein psychisches Phänomen, ein Gefühl, einen Gedanken, eine Phantasie überhaupt erst einmal wahrnimmt und als vorhanden gelten lässt, kann man in einem zweiten Schritt versuchen, die Bedeutung, den Sinn des Wahrgenommenen zu verstehen lernen: Warum habe ich Angst, in der Öffentlichkeit zu reden? Warum bin ich so wütend auf den Kommilitonen? Was bedeuten meine sexuellen Wünsche? Wo kommen sie her? Was sagen sie mir über meine gegenwärtige Lebenssituation? etc.
Nur wer die eigenen Gedanken, Gefühle und Motive wahrnimmt und ihre Bedeutung zu verstehen lernt, kann Täuschungen abbauen: Illusionen über sich selbst, über andere, über die Welt, über den eigenen Glauben. Wenn die Pastoralpsychologie psychoanalytische Konzepte aufnimmt, ist es eine ihrer wichtigsten Intentionen, unbewusste Motivationen in der religiösen und kirchlichen Praxis aufzuspüren, um sie in ihrer Kraft zu entmachten (solange sie unbewusst bleiben), um Selbsttäuschungen aufzudecken, um neue Perspektiven und Handlungsmöglichkeiten zu entdecken. In diesem Sinn hat Pastoralpsychologie das Interesse, die Freiheit des Menschen, seinen Wahrnehmungs- und Verhaltensspielraum zu vergrößern.

b. Der Konflikt in der Struktur der Psyche
Freud hat verschiedene Hypothesen entwickelt, wie das Funktionieren des Seelenlebens verstanden werden kann; das im Folgenden dargestellte Modell bringt die Grundannahme der Konflikthaftigkeit des Seelenlebens zum Ausdruck:[16]

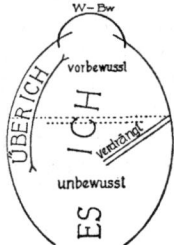

Aus: S. Freud 1933, St.A. I, 515

---

16 *S. Freud* 1933, St.A. I, 515.

Freud erläutert diese Struktur folgendermaßen (⇒ Kap. 11.2):
Das *Es*: »Wir nähern uns dem Es mit Vergleichen, nennen es ein Chaos, einen Kessel voll brodelnder Erregungen. Wir stellen uns vor, es sei am Ende gegen das Somatische offen, nehme da die Triebbedürfnisse in sich auf ... Von den Trieben her erfüllt es sich mit Energie, aber es hat keine Organisation, bringt keinen Gesamtwillen auf, nur das Bestreben, den Triebbedürfnissen unter Einhaltung des Lustprinzips Befriedigung zu schaffen. Für die Vorgänge im Es gelten die logischen Denkgesetze nicht, vor allem nicht der Satz des Widerspruchs. Gegensätzliche Regungen bestehen nebeneinander ohne einander aufzuheben ... Selbstverständlich kennt das Es keine Wertungen, kein Gut und Böse, keine Moral.«[17]

Damit ist der Ansatzpunkt für das in der Psychoanalyse so wichtige Stichwort von der *Ambivalenz* gegeben: Zwei einander widersprechende Impulse, Wünsche oder Gefühle in Bezug auf ein und dieselbe Person oder Situation können nebeneinander und gleichzeitig bestehen: Liebe und Hass, Trauer und Freude, Lust und Schmerz, Zuneigung und Abneigung. *Eugen Bleuler*, der den Begriff in einem Vortrag 1910 prägte, unterschied affektive von voluntärer und intellektueller Ambivalenz; seit *Freud* geht es vorrangig um die affektive Dimension. An der Übertragung (s.u.) in der therapeutischen Situation ist *Freud* die Ambivalenz zuerst aufgefallen: »Die feindseligen Gefühle kommen in der Regel später als die zärtlichen und hinter ihnen zum Vorschein; in ihrem gleichzeitigen Bestand ergeben sie eine gute Spiegelung der Gefühlsambivalenz, welche in den meisten unserer intimen Beziehungen zu anderen Menschen herrscht. Die feindlichen Gefühle bedeuten ebenso eine Gefühlsbindung wie die zärtlichen, ebenso wie der Trotz dieselbe Abhängigkeit bedeutet wie der Gehorsam, wenn auch mit entgegengesetztem Vorzeichen.«[18]

Was sich in der therapeutischen Situation zwischen Patient und Therapeut abspielt, hat seine Vorläufer in der Eltern-Kind-Beziehung: Das Kind liebt die Eltern, ihre liebevollen, wärmenden und schutzgebenden Seiten von ganzem Herzen; unvermeidlich stellen sich jedoch Frustrationen ein, Enttäuschungen, Schmerzen, die im Kind Gefühle von Ärger, Wut und Hass auslösen. Diese frühe Gefühlsspannung überträgt sich auf alle Beziehungen im späteren Leben. Ambivalenz gehört nach Freud unabdingbar zum Menschsein; sie ist ein »Grundmuster der Seele«,[19] das sich vor allem in nahen Beziehungen, aber auch in beruflichen Kontakten sowie gegenüber Dingen einstellen kann. Eine sehr stark ausgeprägte Ambivalenz lässt darauf schließen, dass es sich möglicherweise um die Übertragung frühkindlich-biographischer Erlebnisse auf die gegenwärtige Bezie-

---

17 *S. Freud* 1933, St.A. I, 511ff.
18 *S. Freud* 1916/17, St.A. I, 426.
19 Vgl. *Winkler* 1998, 110ff.

4.1 Psychoanalyse

hung handelt. Es gilt als ein Charakteristikum des reifen Erwachsenseins, ein gewisses Maß an mit Ambivalenzen verbundener Spannung auszuhalten und sich sogar davon anregen zu lassen. *Ambivalenztoleranz* heißt, Triebe, Wünsche, Interessen, Gefühle nicht sogleich umsetzen und realisieren zu müssen, sie vielmehr aufschieben oder sogar aufgeben zu können.

Umgekehrt ist es Ausdruck von regressiver Kindlichkeit oder einer neurotischen Tendenz, Ambivalenzen unbedingt auflösen zu wollen, d.h. die Komplexität der Wirklichkeit und unserer Wahrnehmung zu entdifferenzieren.

Auch im Bereich religiösen Verhaltens ist mit intensivem Ambivalenzerleben zu rechnen: Gott oder das Heilige können – ähnlich wie die Eltern – mit einer Mischung aus Zuneigung oder Erschrecken erlebt werden; eine solche Einstellung kann auf religiöse Symbole und Rituale übertragen werden oder auf den Pastor / die Pastorin als religiöse Übertragungsfiguren (⇒ Kap. 13.9). Im Bereich des Religiösen sollte Ambivalenz nicht als Defizit betrachtet werden, sondern als Ausdruck erwachsener Mündigkeit im Glauben.

In der Soziologie ist Ambivalenz als Spiegelung der zunehmenden Komplexität moderner Gesellschaften verstanden worden. In traditionalen Gesellschaften konnten widersprüchliche Befindlichkeiten durch Rollenvorgaben und Rituale gemildert oder gelöst werden; erst in der Moderne wird die Fähigkeit zum vernunftgeleiteten Abwägen bei widersprüchlichen Empfindungen zum Ausweis und Zielpunkt von Handlungsfähigkeit.

Die Wahrnehmung und Bearbeitung von Ambivalenzen dient also der psychischen Differenzierung. *E. Otscheret* sieht das dialogische Prinzip des Personalismus im Hintergrund und erweitert den Ambivalenzgedanken: »Die Dialogik als seelisches Prinzip bemüht sich, den anderen nicht festzulegen, nicht seiner habhaft zu werden. Ein Denken in Gegensätzen sperrt sich grundsätzlich gegen Fixierung und Verschlossenheit. Es setzt Offenheit gegenüber allem anderen voraus, lässt Ungewissheit zu und verweigert sich jeder Vorbestimmtheit.«[20]

Der Begriff *Trieb* bezeichnet nach *Freud* einen dauerhaften Drang, der im Körperlichen begründet ist, aber nur in seiner psychischen Repräsentanz als Wunsch oder Fantasie greifbar wird.[21] Seine Inhalte sind vor allem sexueller und aggressiver Natur, jedoch unterliegen sie vielfältigen Umformungen auf Grund individueller Entwicklung und kultureller Zugehörigkeit. Diese sexuellen und aggressiven Kräfte stellen ein Lebenspotential des Menschen dar, sie drängen auf Befriedigung und folgen dem Lustprinzip (im Gegensatz zum Realitätsprinzip!). Sie

---

20 *Otscheret* 1988, 53.
21 Vgl. *Pine* 1990, 33. Zur kritischen Auseinandersetzung mit dem Triebbegriff vgl. Psychoanalytische Grundbegriffe, hg. von *Mertens* ²1998, 258ff.

sind nicht an Logik oder Moral orientiert, sondern an einer lustvollen, spannungsmindernden Abfuhr (s.o. Primärprozess). Eben damit geraten die Triebe häufig in Gegensatz zu den Anforderungen der Außenwelt bzw. als dessen Repräsentanten, des Gewissens. Sie verursachen Angst, Scham- und Schuldgefühle, müssen deswegen ins Unbewusste abgedrängt werden. Ihrer Bewusstwerdung ist in der Regel ein heftiger Widerstand entgegengesetzt.

Mit dem Begriff der *Libido* bezeichnet *S. Freud* den sexuellen Wunsch, der nach Befriedigung strebt, dessen Energie und dessen Repräsentanz im Seelenleben.[22] Im Unterschied dazu wollte *C.G. Jung* den Begriff desexualisieren und ihn als psychische Energie überhaupt, als »Streben nach ...« verstehen. Freud hat sich davon immer wieder abgegrenzt und an der sexuellen Konnotation festgehalten. *Sexualität* meint in der Psychoanalyse nicht nur die erwachsene, auf den Gebrauch der Genitalien bezogene sexuelle Aktivität, sondern alle lustbereitenden Erfahrungen, die nicht auf die Stillung eines rein physiologischen Bedürfnisses (Atmung, Hunger, Durst, Ausscheidung) bezogen sind, also auch schon vom Kind erlebt werden können und sich später im Erwachsenenleben wiederfinden.[23] Nur von diesem Verständnis her erscheint die psychoanalytische Rede von der frühkindlichen Sexualität sinnvoll.

Als *Über-Ich* bezeichnet *Freud* einen Teil der Psyche, der die Normen und Werte der Eltern und damit im weiteren Sinn der Gesellschaft übernimmt. Das neugeborene Kind ist im Vergleich zu Tieren weitgehend instinktarm, das heißt, es entwickelt nicht gleichsam von innen heraus die für das Überleben und das Zusammenleben notwendigen Verhaltensregeln. An die Stelle der Instinkte tritt beim Menschen die Erziehung; er/sie muss lernen, was die Eltern, was die Gesellschaft von ihm erwarten. Zunächst werden diese Zielvorstellungen, die Normen und Werte, von außen an das Kind heran getragen durch Gebote und Verbote, durch Belohnung und Bestrafung. Langsam verinnerlicht das Kind die Normen und Werte, es braucht nicht mehr Verbot oder Bestrafung; das Kind weiß, was von ihm erwartet wird, und reagiert im Fall der Übertretung eines Gebots mit schlechtem Gewissen, mit Angst vor Strafe, vor Liebesverlust etc. Diese Verinnerlichung der elterlich-gesellschaftlichen Normen bezeichnet *Freud* als das Über-Ich ($\Rightarrow$ Kap. 11.2).
Das Über-Ich enthält bewusste, vorbewusste und vor allem auch unbewusste Anteile. Es arbeitet mit ähnlich primitiven Mechanismen wie das Es, es unterscheidet z.B. nicht zwischen Realität und Phantasie oder Wunsch: Ein aggressiver oder sexueller Wunsch löst u.U. ein so starkes schlechtes Gewissen aus, als wenn der Wunsch schon Realität wäre (unbewusstes Strafbedürfnis!).

---

22 Vgl. *Laplanche/Pontalis* 1973, 284ff.
23 »Wir gebrauchen das Wort Sexualität in demselben umfassenden Sinne wie die deutsche Sprache das Wort ›lieben‹.« *S. Freud* 1910, St.A. Ergbd. 137.

4.1 Psychoanalyse

Einen besonderen Aspekt des Über-Ichs nennt *Freud* das *Ich-Ideal*: Die Verinnerlichung der elterlichen Normen erfolgt nicht nur über Verbote und Bestrafung, sondern auch über (unbewusste) Identifikation mit einem Elternteil: Der kleine Junge möchte so sein wie der Vater, das kleine Mädchen wie die Mutter. Vater und Mutter, Großeltern, ältere Geschwister, Lehrer und Lehrerinnen, Film- oder Popstars bilden Ideale für das Kind, denen es nachzueifern wünscht. Motive und Verhaltensweisen, die diesem Ideal nicht entsprechen, werden abgewertet, verleugnet und ausgeschlossen.

Das Ich-Ideal fördert oder ist Grundlage für die Identifikation mit anderen Personen, ist somit ein wichtiger Anstoß für das, was die Verhaltenspsychologie »Lernen am Modell« nennt. Es ist wichtig, dass Kinder und Jugendliche Vorbilder und Modelle haben, mit denen sie sich identifizieren, denen sie nacheifern können – allerdings müssen sie sich später von den Vorbildern lösen und ihren eigenen Weg finden.

Die Bedeutung der Identifikation und des Ich-Ideals ist vor allem in der kirchlichen Jugendarbeit groß: Pfarrerin oder Jugenddiakon sind häufig wichtige Personen, die Jugendlichen Identifikationsmöglichkeiten anbieten und ihnen damit behilflich sind, sich von den Eltern zu lösen.

Zwischen Es und Über-Ich steht das *Ich* der Person: Das Ich versteht *Freud* als jenen Teil der Psyche, der den Kontakt zur Außenwelt herstellt und aufrechterhält. Das Ich hat die Aufgabe der Realitätsprüfung, dazu gehört die Wahrnehmung dessen, was ist, die Erinnerung an das, was war, und die Antizipation dessen, was sein wird oder sein könnte. Das Ich, sagt *Freud*, schaltet zwischen den Drang eines Bedürfnisses und seiner Umsetzung in die Tat das Denken ein, indem es das Bedürfnis an der Realität, also auf seine möglichen Konsequenzen hin, überprüft. »Wenn wir uns populären Redeweisen anpassen, dürfen wir sagen, dass das Ich im Seelenleben Vernunft und Besonnenheit vertritt, das Es aber die ungezähmten Leidenschaften.«[24]
Aber, so betont *Freud*, das Ich hat sich aus dem Es entwickelt, es ist auf die Energien des Es angewiesen und deshalb selber ziemlich schwach: »Im ganzen muß das Ich die Absichten des Es durchführen, es erfüllt seine Aufgabe, wenn es die Umstände ausfindig macht, unter denen diese Absichten am besten erreicht werden können. Man könnte das Verhältnis des Ichs zum Es mit dem des Reiters zu einem Pferd vergleichen. Das Pferd gibt die Energie für die Lokomotion her, der Reiter hat das Vorrecht, das Ziel zu bestimmen, die Bewegung des starken Tieres zu leiten. Aber zwischen Ich und Es ereignet sich allzu häufig der nicht ideale Fall, daß der Reiter das Roß dahin führen muß, wohin es selbst gehen will.«[25]

---

24 *S. Freud* 1933, St.A. I, 513.
25 *S. Freud* 1933, St.A. I, 514.

In diesem Modell der menschlichen Psyche sind Konflikte zwischen den verschiedenen Instanzen an der Tagesordnung.

»Ein Sprichwort warnt davor, gleichzeitig zwei Herren zu dienen. Das arme Ich hat es noch schwerer, es dient drei gestrengen Herren, ist bemüht, deren Ansprüche und Forderungen in Einklang miteinander zu bringen. Diese Ansprüche gehen immer auseinander, scheinen oft unvereinbar zu sein; kein Wunder, wenn das Ich so oft an seiner Aufgabe scheitert. Die drei Zwingherren sind die Außenwelt, das Über-Ich und das Es ... So vom Es getrieben, vom Über-Ich eingeengt, von der Realität zurückgestoßen, ringt das Ich um die Bewältigung seiner ökonomischen Aufgabe, die Harmonie unter den Kräften und Einflüssen herzustellen, die in ihm und auf es wirken, und wir verstehen, warum wir so oft den Ausruf nicht unterdrücken können: Das Leben ist nicht leicht! Wenn das Ich seine Schwäche einbekennen muß, bricht es in Angst aus, Realangst vor der Außenwelt, Gewissensangst vor dem Über-Ich, neurotische Angst vor der Stärke der Leidenschaften im Es.«[26]

Freuds Neurosentheorie ist trieb- und konflikttheoretisch begründet: Aus dem Es drängen sexuelle oder aggressive Wünsche und Bedürfnisse nach Befriedigung (Lustprinzip!) und geraten in ihrem Streben danach in Konflikt mit den Normen und Werten der Gesellschaft bzw. der Familie, die sich wiederum im Über-Ich niedergeschlagen haben. Dieser Konflikt löst Angst aus, Unlust, Unbehagen, Scham und Schuldgefühle, also einen Leidensdruck, den das Individuum zu vermeiden trachtet. Das Ich als vermittelnde Instanz greift zu Abwehrmechanismen (s.u.), oder es kommt zu neurotischen – krankhaften – Symptomen, die als Kompromisslösungen in diesem Konflikt gedacht sind, aber eben auch die Verhaltensmöglichkeiten des Individuums einschränken. Zwangshandlungen, Angstneurosen (Platzangst, Höhenangst etc.) gelten als Ausdruck eines solchen Konflikts.

Ein Beispiel: Ein kaufmännischer Angestellter, 52 Jahre alt, ist von seinem Chef hin und hergerissen: Er bewundert ihn wegen seiner Durchsetzungskraft, und er verachtet und hasst ihn wegen seiner skrupellosen Härte. Darin erinnert der Chef ihn an seinen Vater, der immer seine eigenen Interessen verfolgte und durchsetzte und dem gegenüber der Sohn sich nicht behaupten konnte.
Wenn er morgens zur Arbeit aufbricht, spürt er in zunehmendem Maß Angst in sich aufsteigen; eines Tages wird es so schlimm, dass er sich krank schreiben lässt; wenn er zu Hause bleibt, verschwindet die Angst.
Als er sich einer Psychotherapie unterzieht, wird der Konflikt deutlicher: Er möchte sich mit dem Chef auseinander setzen, gleichzeitig hat er große Angst davor: Zum einen erinnert der Chef ihn an seinen Vater, mit dem er nie zu streiten wagte; zum anderen fürchtet er, entlassen zu werden. Seine morgens auftauchende Angst schützt ihn davor, sich dem Konflikt mit dem Chef (und dem Vater) zu stellen.

Zur Entstehung einer Neurose kommen in der Regel drei Faktoren zusammen:

26 *S. Freud* 1933, St.A. I, 514f.

4.1 Psychoanalyse

- eine Art von Anlage in Form einer besonderen Sensibilität oder Vulnerabilität;
- belastende Kindheitserfahrungen (mangelnde Zuwendung vonseiten der Eltern, schwierige Lebensverhältnisse, Verwöhnung oder Versagung, Gewalt in der Familie);
- Belastungs- oder Stresssituationen in der Gegenwart: Probleme mit Beziehungen, mit Arbeit und Studium etc.

Freud hat in seiner Beschreibung der Neurosen vor allem den zweiten Faktor betont: Traumatische Kindheitserfahrungen, die die psychosexuelle Entwicklung des kleinen Kindes hemmen, werden in späteren Belastungssituationen wiederbelebt und können dann zu einer neurotischen Erkrankung führen. *Freud* entdeckte also einen Zusammenhang zwischen der Ausprägung oder Form einer Neurose und dem Zeitpunkt in der Entwicklung, auf den man diese Störung zurückführen konnte.

Man kann die Neurosentheorie auch nicht-triebbezogen formulieren: Leben ist dauerndem Wandel unterworfen, auf den Menschen mit Neugier, aber auch mit Angst reagieren. »Vieles, was neurotisch genannt wird, ist der Versuch, inadäquat, einseitig Lebensprobleme zu bewältigen. Da die für den Menschen adäquaten Lösungen ihm nicht zur Verfügung stehen, klammert er sich an alte Lösungen, bemüht andere für sich, verhält sich, als ob er das Wissen und die Fähigkeit habe, seine momentane Krise zu bewältigen.«[27]

c. Heilung durch Sprache

Wie können Menschen mit ihrer konflikthaften Struktur leben? Sind sie den antagonistischen Kräften ausgeliefert, sind sie dazu verdammt, mehr oder weniger neurotisch zu sein und zu leben? Gibt es Möglichkeiten der Heilung, der Konfliktlösung, des Konfliktausgleichs?

Zunächst sind einige wissenschaftstheoretische Bemerkungen nötig:
Freud ist von seinen Gegnern, nicht zuletzt von kirchlich-theologischen Gegnern, immer wieder vorgeworfen worden, seine Psychoanalyse sei im Grunde eine Naturwissenschaft, sie sei mechanistisch und biologistisch und deswegen gerade für die Theologie nicht zu gebrauchen (einmal abgesehen von seinem dezidierten Atheismus!). Dieser Streit, ob die Psychoanalyse eine hermeneutische, am Verstehen orientierte Wissenschaft oder eine Naturwissenschaft, am objektivierenden Erklären orientierte Wissenschaft sei, dauert an.
Zu dieser Einschätzung hat *Freud* selber viel beigetragen: Er hat seine ersten Erfahrungen als Mediziner im physiologischen Laboratorium gemacht, er hat selbst immer wieder den Gedanken gehabt, psychologische Probleme auf hirnphysiologische Vorgänge zurückführen zu können. Auch seine Sprache legt eine solche Absicht nahe: *Freud* hat eine vorwiegend naturwissenschaftliche, objektivierende Sprache gewählt, wenn er vom psychischen Apparat spricht, von Objektbeziehungen, von Energiequanten, die besetzt oder abgezogen werden können, von Spannung und Erregung etc.

---

27 *Dörner/Plog* [8]1994, 294.

Jürgen Habermas hat diesen Ansatz *Freud*s das »szientistische Selbstmißverständnis der Psychoanalyse«[28] genannt: *Freud* habe sich gewissermaßen über seinen eigenen Ansatz getäuscht, er habe sich immer noch als Physiologe, als Naturwissenschaftler gesehen, als er schon lange Hermeneutik betrieb.
Denn das ist das Besondere, das die Psychoanalyse auch für die Theologie interessant macht: Die Psychoanalyse stellt eine besondere Form der Interpretation, also Hermeneutik dar. *Freud* geht davon aus, dass Träume, neurotische Symptome, Symbole und Fehlleistungen gleichsam verdorbene, entstellte – aber eben grundlegend sinnhafte – Texte repräsentieren. Es geht darum, im Prozess der Analyse diese Entstellungen zu verstehen, ihren lebensgeschichtlichen Entstehungsort und damit ihren Sinn, ihre Funktion zu entdecken, dann verschwinden die Symptome wieder bzw. man kann aus dem auf den ersten Blick unverständlichen Chaos eines Traums eine sinnvolle Botschaft vernehmen.
Menschen mit einem neurotischen Symptom – am deutlichsten ist das bei Zwangssymptomen wie Waschzwang oder Grübelzwang oder bei phobischen Symptomen wie der Platzangst oder der Höhenangst zu beobachten – sind gewissermaßen an ihr Symptom gefesselt; *Freud* spricht hier vom *Wiederholungszwang*: Die Menschen sind zur Angstvermeidung gezwungen, fühlen sich gedrängt, immer wieder bestimmte, auf den ersten Blick als bizarr oder absurd erscheinende Handlungen auszuführen (beispielsweise sich dauernd zu waschen oder bestimmte Orte zu meiden); bestimmte Angstträume oder angstbesetzte Vorstellungen tauchen immer wieder auf; diese Personen bleiben damit auf einem bestimmten Entwicklungsstand stehen, es gibt im Grunde keine Veränderung, keine Entwicklung und keine oder nur begrenzte Freiheit für sie.
Das Konzept des Wiederholungszwangs ist inzwischen auch aus Sicht der Objektbeziehungstheorie erweitert worden: In den frühkindlichen Interaktionen mit signifikanten Anderen bilden sich affektiv getönte Beziehungsmuster heraus, die in späteren Beziehungen wiederholt werden. Ein solcher Entwicklungsablauf ist einerseits hilfreich – wir können nicht immer völlig von Neuem beginnen –, andererseits legt er uns auf bestimmte Erfahrungen fest und schränkt die Möglichkeit, Neues zu erfahren bzw. zu initiieren, ein.[29]

Als *Freud* die anfänglich benutzte Technik der Hypnose aufgab und an ihre Stelle die freie Assoziation (s.u.) setzte, vollzog er den Wechsel zu einem anderen Paradigma: Es wurde möglich, über die Sprache der Erinnerung das Verdrängte ans Tageslicht zu holen, es dem Bewusstsein zugänglich zu machen und damit den entstellten Text, das Symptom, zu entschlüsseln, das damit auch seine verhaltensbestimmende Wirksamkeit verlor.

Berühmt geworden ist die Geschichte der Anna O., deren Behandlung *Freud*s Kollege *Josef Breuer* im Jahr 1882 übernommen hatte. *Freud* hat diese Behandlungsgeschichte neu interpretiert und sie dadurch zum »Gründungsmythos« der Psychoanalyse gemacht.[30]
Anna O., alias *Bertha Pappenheim,* war eine 21-jährige Frau, die im Zusammenhang mit der Pflege und dem späteren Tod ihres Vaters eine Fülle von hysterischen

---

28 *Habermas* 1973, 263 u.ö., 300ff.
29 Vgl. *Reichard*, Art. Wiederholungszwang, in: *Mertens/Waldvogel* ²2002, 802–806.
30 *Appignanesi/Forrester* 1994, 105.

4.1 Psychoanalyse

Symptomen entwickelte, Lähmungen, Halluzinationen, Sprachverlust etc. *Breuer* bemerkte schnell den psychischen Hintergrund dieser Störungen; er entdeckte, dass bestimmte Symptome verschwanden, wenn Bertha über Ereignisse im Zusammenhang mit der Entstehung dieser Symptome erzählt hatte. Bertha selbst nannte diese Erzählungen die »talking cure« oder das »chimney sweeping«. *Freud/Breuer* beschrieben das Verfahren so: »Jedes einzelne Symptom dieses verwickelten Krankheitsbildes wurde für sich genommen; die sämtlichen Anlässe, bei denen es aufgetreten war, in umgekehrter Reihenfolge erzählt, beginnend mit den Tagen, bevor Patientin bettlägerig geworden, nach rückwärts bis zu der Veranlassung des erstmaligen Auftretens. War dieses erzählt, so war damit das Symptom für immer behoben.«[31]

Die kathartische Methode war gefunden. Sie setzt voraus, dass ein Mensch durch ein intensives emotionales Erlebnis so betroffen ist, dass er in der aktuellen Situation nicht angemessen reagieren kann; der Affekt erscheint gleichsam »eingeklemmt«. Der Affekt wird verdrängt; aus dem Unbewussten heraus lähmt und stört er das seelische Leben, zerstört die innere Einheit des Bewusstseins. Die kathartische Methode wirkt nun so, dass sie »dem eingeklemmten Affekt ... den Ablauf durch die Rede gestattet ...«[32] Freud und Breuer stellten sich den Vorgang so vor: Die traumatischen Ereignisse und die durch sie ausgelösten Affekte werden in der Erinnerung wachgerufen, im Erzählen neu erlebt und dadurch abreagiert.
Die psychoanalytische Methodik hat sich seither über dieses gleichsam hydraulische Modell hinaus entwickelt und gewandelt; die freie Assoziation (die Aufforderung an den Analysanden / die Analysandin, möglichst frei alle Einfälle, Gedanken und Phantasien zu äußern und auf bewusste Wertungen und kritische Einwände zu verzichten) und die »gleichschwebende Aufmerksamkeit« als entsprechende Aktivität auf Seiten des Psychoanalytikers (absichtsloses Zuhören, in dem Gedächtnis, Verstehen und Wünschen zeitweise suspendiert sind) ist zur Grundregel der analytischen Therapie geworden; geblieben ist die Grundannahme, dass heilende Wirkungen freigesetzt werden, wenn ein Patient die auslösenden Ereignisse und Beziehungsstrukturen und die in diesem Kontext erlebten Gefühle lebendig erinnern und aussprechen kann.
Die Erinnerung geschieht zunächst unbewusst in Gestalt der *Übertragung:*
Übertragung bezeichnet die Neuinszenierung verinnerlichter früher Erfahrungen in einer gegenwärtigen Beziehung.[33] Ein vergangenes Beziehungsmuster wird als unbewusste Phantasie in der Gegenwart wiederholt und verzerrt damit unvermeidlich die gegenwärtige Beziehung. Übertragung hat die Qualität eines »als ob ...«. Ein anderer Mensch wird erlebt, als ob er Vater oder Mutter wäre.

---

31 *S. Freud / J. Breuer* (1895). 1970, 31.
32 *Freud/Breuer* (1895). GW I, 97.
33 Vgl. *Müller-Pozzi* ²1995, 15.

Eine Frau verhält sich gegenüber ihrem Mann so, als ob er der sie als kleines Mädchen früher vernachlässigende Vater wäre; schon relativ unbedeutende Unaufmerksamkeiten ihres Mannes lösen bei ihr tiefe Kränkung und entsprechend Wut aus; dieser Konflikt wiederholt sich in der Psychoanalyse mit ihrem Therapeuten.
Ein Mann präsentiert in der Beratung zunächst nur »kleine« Probleme, beteuert, dass es ihm eigentlich gut geht, während ihm, wie sich später herausstellt, das Wasser bis zum Hals steht. Schließlich kommt seine Geschichte zum Vorschein: Er hatte einen jüngeren, schwer behinderten Bruder; schnell lernte er, dass er der Mutter, die mit der Pflege des behinderten Bruders am Rand der Überforderung war, keine zusätzlichen Probleme bereiten durfte. Es wurde sein Lebensmuster, dass er »eigentlich« keine Probleme hatte.

Zweierlei wird daran deutlich:
- Übertragung ist ein allgemein menschliches Phänomen; jeder Mensch tritt in Kontakt zu anderen auf der Basis der Beziehungserfahrungen, die er in den ersten Lebensjahren mit den wichtigsten Bezugspersonen gemacht hat. Insofern tragen alle Beziehungen etwas von dieser Verzerrung an sich. Es gibt keine »unvoreingenommenen« Beziehungen.
- Übertragung ereignet sich auch in der therapeutischen Beziehung und kann dort gezielt zum Gegenstand der Bearbeitung gemacht werden. In der Psychoanalyse wird sie durch das Arrangement (der Analytiker sitzt hinter der Couch, auf der der Patient liegt) ausdrücklich gefördert. Die unbewusst »inszenierte« Erinnerung kann dann in bewusste Erinnerung überführt werden und den Wiederholungszwang durchbrechen.

Der Therapeut / die Seelsorgerin reagieren ihrerseits auf einen Patienten mit einer *Gegenübertragung*. Während ursprünglich die Gegenübertragung als hinderlich für die Therapie angesehen wurde, wurde sie von *Paula Heimann* als Instrument erkannt, mit dessen Hilfe das Unbewusste des Patienten erforscht werden könnte.[34] Die spontane Gefühlswahrnehmung des Therapeuten kann verstanden werden als Hinweis auf die Art und Weise der unbewussten Beziehung zwischen Patient und Therapeut. Die Gegenübertragung ist dann nicht länger Störung, sondern im Gegenteil wichtiges diagnostisches Hilfsmittel. Ein wesentliches Ziel der psychoanalytischen Ausbildung besteht darin, die eigenen Gegenübertragungen bewusst zu machen, um sie gezielt als Instrument für die therapeutische Situation nutzen zu können.

Müller-Pozzi berichtet folgendes Beispiel:
Eine junge Frau erzählt in der Analyse, wie ihre Beziehungen mit Männern wie mit Frauen immer wieder nach kurzer Zeit abbrechen; sie merkt nicht, dass ihre »klammernde Anspruchshaltung« diese Reaktion ihrer Mitmenschen provoziert. Auf entsprechende Deutungen des Analytikers reagiert die Frau ebenfalls vorwurfsvoll und wütend; der Analytiker hat große Mühe, ihr nicht mit gleicher Münze seine Wut und Verletzung entgegenzuschleudern. Erst spät bemerkt er die Be-

---

34 Vgl. *Raguse* 1994, 66ff.

deutung seiner Gegenübertragung: »Ich war verletzt und konnte das nicht im Sinne einer Gegenübertragung als die Verletzung der Patientin sehen, die sie mir nur auf diese Weise mitteilen konnte. Sie hatte keine andere Sprache dafür.«[35]

Die Übertragung ist Teil eines Abwehrverhaltens, das Freud als *Widerstand* bezeichnet. Damit ist ein Verhalten gemeint, das ein Patient / eine Patientin möglicherweise dem Fortgang der Therapie und der zunehmenden Einsicht und Bearbeitung der eigenen Lebensproblematik unbewusst entgegensetzt.

Veränderung stellt das bisherige Lebensgleichgewicht in Frage und löst insofern Angst aus. Deswegen wird die Veränderung gefürchtet. Der Widerstand äußert sich in vielfältigen Formen: als Anpassung an die Erwartungen des Therapeuten, als Ausbleiben von Einfällen, mangelndes Interesse am therapeutischen Prozess, Vergessen des Termins der Therapiestunde etc. Eine direkte Konfrontation des als Widerstand verstandenen Verhaltens ist zwecklos; es gilt vielmehr, die Funktion des Widerstandes zu verstehen und ihn auf diesem Weg möglicherweise überflüssig zu machen.

Die Bearbeitung von Übertragungen und Widerständen geschieht im Prozess der *Deutung*, der als »das Charakteristikum der Psychoanalyse«[36] bezeichnet worden ist.
Deuten heißt, nach sinnhaften Zusammenhängen in einem auf den ersten Blick undurchsichtigen Erzähl-Material zu suchen. Im Zuhören auf das, was der Patient in freier Assoziation erzählt, in der Beobachtung der nonverbalen Reaktion, erkennt die Therapeutin Zusammenhänge, Verknüpfungen, Sinnstrukturen, die dem Patienten bisher verborgen, also unbewusst, sind. Einerseits ist ein Deutungsvorgang ein höchst individueller, subjektiver Vorgang, andererseits ist er an bestimmte vorgegebene Deutungsmuster aus der Metapsychologie der Psychoanalyse gebunden (z.B. an das Modell der konflikthaften Struktur der Psyche).
Was sich im Verstehen der Therapeutin erschließt, teilt sie dem Patienten verbal mit. Das ist nicht als ein isolierter verbaler Akt zu verstehen, sondern als geduldiger, kontinuierlicher Deutungsprozess, dessen Inhalte zunächst tentativ, vorläufig, bruchstückhaft sein werden und sich langsam verdichten, konkretisieren, bis sie im Patienten zu einem »Aha-Erlebnis«, einer emotionalen und befreienden Einsicht führen.

Alfred *Lorenzer* hat den Deutungsprozess noch differenzierter beschrieben: Das Erkennen im analytischen Prozess bewegt sich »in den kleinen Schritten eines Verstehens, das den Vorsprung, die vorauseilende Erweiterung des Verstehensspielraumes beim Analytiker ausnützt.«[37] Das Ziel besteht darin, die »symbolische Wirklichkeit« eines Menschen zu erschließen. Dabei geht es nicht nur um logi-

---

35 *Müller-Pozzi* ²1995, 39.
36 *Laplanche/Pontalis* 1972, Bd. 1, 118. Vgl. zum Folgenden auch *H.-V. Werthmann* ²1995, 315ff.; *M. Klessmann* 1996, 425ff.
37 *Lorenzer* 1973, 76.

sches Verstehen; der spezifisch psychoanalytische Fokus besteht im »szenischen Verstehen«. Szenisches Verstehen richtet sich auf die »Interaktion der Subjekte mit ihrer Mitwelt und Umwelt«, es konzentriert sich auf die Szenen, die in den Erzählungen des Patienten enthalten sind. Dieses szenische, atmosphärische Verstehen, das sich aus Wahrnehmungen, Identifikationen, Einfällen und Phantasien speist, führt den Analytiker irgendwann zu einer »Sinngestalt«, die dem Patienten zunächst noch in Form einer Hypothese und »probeweise« mitgeteilt wird: Im weiteren Gespräch wird die Hypothese modifiziert, der konkreten Biographie angenähert, gewinnt sie langsam an Evidenz, bis sie vom Patienten als erhellende Wahrheit über einen Teil seiner Lebens- und Beziehungssituation verstanden werden kann.

Mit dem Begriff der Deutung hat *Freud* einem neuen Symbolverständnis den Weg bereitet. Das Symbol eines Traumes beispielsweise ist, wie *P. Ricœur* es genannt hat, eine »Region des Doppelsinns«: »Symbol ist dort vorhanden, wo die Sprache Zeichen verschiedenen Grades produziert, in denen der Sinn sich nicht damit begnügt, etwas zu bezeichnen, sondern einen anderen Sinn bezeichnet, der nur in und mittels seiner Ausrichtung zu erreichen ist.[38]« Ein Symbol kann also Vielfaches bedeuten – und es ist von großer Wichtigkeit, sich dieser Vielschichtigkeit des Symbols verstehend anzunähern (⇒ Symbol, Kap. 7.3).

Das Störungspotential des neurotischen Symptoms besteht darin, dass es seine Vielschichtigkeit verloren hat, es ist, wie *Habermas* gesagt hat, in eine privatsprachliche Bedeutung abgesunken; durch den Zusammenhang mit einer traumatischen Szene hat es für den Betroffenen meist nur eine einzige, auch noch unbewusst gewordene Bedeutung. Diese Bedeutung gilt es, durch einen kontinuierlichen Prozess der Deutung aus dem Unbewussten heraufzuholen und das Symbol damit wieder an die allgemeine Kommunikation anzuschließen.

Heilung durch Sprache bezeichnet mit anderen Worten einen Heilungsprozess durch Wahrheit und Liebe: Die Wahrheit einer Lebensgeschichte soll aus ihren Verzerrungen befreit werden; das wird möglich in einer Beziehung, die von Gegenseitigkeit und einer verlässlichen, liebevollen, die üblichen gesellschaftlichen Wertungen ausklammernden Zuwendung des Therapeuten / der Therapeutin getragen ist.[39]

Eine wesentliche Intention der Psychoanalyse zielt auf Befreiung des Patienten / der Patientin von neurotischen Wiederholungszwängen, die das Leben einengen und die bewusste Entscheidungsfreiheit beschränken. Das von *Freud* formulierte Ziel therapeutischer Arbeit »Wo ES war, soll ICH werden« formuliert dieses Ziel prägnant.

Erich Fromm unterscheidet als Ziele der Psychoanalyse die soziale Anpassung und die Seelenkur. In der sozialen Anpassung geht es darum, gesellschaftlich wieder

---

38 *Ricœur* 1974, 29.
39 Ausführlicher zum Stichwort Heilung durch Sprache vgl. *Scharfenberg* 1968, 99ff.

funktionstüchtig zu werden und »so zu handeln wie die Mehrheit seines Kulturkreises.« Die Seelenkur ist ausgerichtet auf »die optimale Entwicklung der Möglichkeiten des Menschen und die Verwirklichung seiner Individualität.«[40]

d. Zusammenfassung, Kritik, Konsequenzen
1. In der psychoanalytischen Triebpsychologie gelten Triebe, Wünsche und Impulse, der Drang nach Lust und Befriedigung der eigenen Bedürfnisse einerseits sowie nach Aggression und Destruktion andererseits als die eigentlichen Kräfte im menschlichen Leben.[41] Auch wenn sich diese Bedürfnisse im Lauf des Lebens verändern, sich durch Erziehung und Vernunft modifizieren, ihr drängender und irrationaler Charakter bleibt bestehen und sorgt immer wieder für Disharmonien im Leben.
2. Die Struktur der Psyche, wie sie *Freud* konzipiert hat, ist eine von Grund auf konflikthafte. Immer und überall kommt es zu Spannungen und Konflikten zwischen sexueller und aggressiver Triebhaftigkeit einerseits und gesellschaftlichen Normen andererseits, zwischen Leidenschaft und Vernunft oder Moral, zwischen Liebe und Hass, zwischen Unbewusstem und Bewusstem. In dieser Annahme liegt das eigentlich Anstößige, vielleicht aber auch das besonders Realistische der Psychoanalyse. Weiterentwicklungen der Psychoanalyse, angefangen von *C.G. Jung*, haben immer wieder versucht, diese Anstößigkeit zu reduzieren und erträglicher zu machen;[42] man hat manchen Schülern *Freuds* vorgeworfen, dass sie den Blick in die Abgründe des Menschen nicht mehr wagen.[43]
3. Die psychischen Konflikte lösen intensive Gefühle von Angst, Scham und Schuld aus; diese Gefühle sind Bestandteile des Alltagserlebens, sie können darüber hinaus zu neurotisch-gestörtem Verhalten führen, Grundlage für psychische Kompromissleistungen und pathologische Charakterzüge bilden.
4. Es ist eins der wichtigsten Ziele *Freuds*, durch die therapeutische Analyse dem Ich mehr Raum und Kraft zu geben, indem die Kräfte des Es bewusst gemacht und damit ihres blinden Dranges beraubt werden. »Ihre (sc. der Psychoanalyse) Absicht ist ja, das Ich zu stärken, es vom Über-Ich unabhängiger zu machen, sein Wahrnehmungsfeld zu erweitern und seine Organisation auszubauen, so dass

---

40 *Fromm* 1966, 89.
41 Ich verzichte darauf, den umstrittenen Dualismus von Lebenstrieb und Todestrieb, wie ihn *Sigmund Freud* in seiner Schrift »Jenseits des Lustprinzips« (1920), St.A. III, 213–272, entworfen hat, zu referieren.
42 Vgl. *L. Marcuse* 1972, 20: »Freud aber sah schon damals voraus, dass Jung die Psychoanalyse auf den Weg der Respektabilität zu führen gedachte: nicht nur, was die Sexualität – auch was die Religion anbetrifft.«
43 Vgl. *Winkler* 1989, 37–52. Winkler weist darauf hin, dass Freuds Einsichten die Harmlosigkeit mancher Vorstellungen vom Menschen zunichte gemacht haben.

es sich neue Stücke des Es aneignen kann. Wo Es war, soll Ich werden. Es ist eine Kulturarbeit wie etwa die Trockenlegung der Zuydersee.«[44]

An diesem Zitat werden die aufklärerischen, emanzipatorischen Ideale *Freud*s gut erkennbar: Es geht ihm um Stärkung des Einzelnen, der relativ frei werden soll von den Normen und Werten seiner Gesellschaft, wie sie ihm durch das Über-Ich präsent sind, der auch relativ frei sein soll von den eigenen triebhaften Leidenschaften, wie sie im Es vorhanden bleiben, um dem Ich, also der von der Vernunft geleiteten Realitätsprüfung so viel Raum wie möglich zu gewähren. Es geht in der Psychoanalyse darum, »dem Ich des Kranken die Freiheit (zu) schaffen ..., sich so oder anders zu entscheiden.«[45]

5. Den frühen Kindheitserfahrungen des Menschen misst *Freud* allergrößte Bedeutung zu; sie sind für den weiteren Verlauf des Lebens prägend und determinierend. Dieser Ansatz erscheint einerseits als unverzichtbar, andererseits hat er viel Kritik ausgelöst. *Ludwig Marcuse* beispielsweise hat von einer »historisierenden Überbetonung des Beginns« gesprochen und sie als Widerstand gegen die Auseinandersetzung mit der Gegenwart und der näheren Vergangenheit interpretiert.[46] Das Leben werde damit eigentümlich geschichtslos; eine wirkliche Weiter- und Neuentwicklung in späteren Jahren sei für *Freud* kaum vorstellbar.

6. Das Konzept der Übertragung erklärt, warum menschliche Kommunikation immer wieder Missverständnisse produziert und scheitert. »Unter den unbewussten und durch meine individuelle Psychogenese geprägten Übertragungsfiguren gerät mir mein jeweiliger Beziehungspartner zum ›Gebrauchsgegenstand‹. Ich gebrauche ihn, um mich in ganz bestimmter Weise immer selber wieder zu finden, mich durch ihn in meinem Erlebnismodus bestätigen zu lassen.«[47]

7. *Freud* hat die therapeutische Bedeutung der Sprache entdeckt: Die Sprache, das Verstehen, die Kommunikation hat sowohl krankmachende als auch heilende und befreiende Wirkung. Sprache macht krank, neurotisiert überall da, wo sie Klischees unbewusst reproduziert;[48] sie hat heilende und befreiende Wirkung, wo sie sich der Vergangenheit stellt, sich mit den bis dahin unbewusst gebliebenen Strebungen und Wünschen auseinandersetzt und ihre zwanghafte Wiederholung durchbrechen kann. Freiheit als Befreiung vom Ausgeliefertsein an die eigene Triebhaftigkeit wie von überstrengen moralischen Normen der jeweiligen Bezugsgruppe bleibt eine be-

---

44 *Freud* 1933, St.A. I, 516.
45 *Freud* 1923 (a), St.A. III, 316f, Anm. 1.
46 *L. Marcuse* 1972, 35.
47 *K. Winkler* 1989, 49.
48 Zum Begriff des Klischees ⇒ Kap. 7.3.

ständige Aufgabe! Wie allerdings Freiheit inhaltlich zu fassen ist, bleibt unterbestimmt.
8. Letztlich *vertraut Freud* auf die Vernunft, auf die Einsichtsfähigkeit des Menschen, die den kulturell notwendigen Triebverzicht akzeptiert und damit Fortschritt ermöglicht.»... die Stimme des Intellekts ist leise, aber sie ruht nicht, ehe sie sich Gehör geschafft hat ... Der Primat des Intellekts liegt gewiß in weiter, weiter, aber wahrscheinlich doch nicht in unendlicher Ferne.«[49] In Abgrenzung zu den Anhängern einer Religion, deren Einstellung er als Illusion, also als Wunscherfüllung charakterisiert hat, stellt er etwas resigniert fest: »Unser Gott Logos wird von diesen Wünschen verwirklichen, was die Natur außer uns gestattet, aber sehr allmählich, erst in unabsehbarer Zukunft und für neue Menschenkinder. Eine Entschädigung für uns, die wir schwer am Leben leiden, verspricht er nicht.«[50]
Freuds Anthropologie ist wiederholt als pessimistisch und tragisch bezeichnet worden; diese Kennzeichnung hat damit zu tun, dass *Freud* zentrale Motive der griechischen Tragödie als Deutungsmythos für seine Sicht des Menschen heranzieht. Die griechische Tragödie ist strukturell dadurch charakterisiert, dass der einzelne Mensch in überindividuelle Zusammenhänge verstrickt wird, denen er sich nicht entziehen kann, für die er trotzdem die Verantwortung zu übernehmen hat. Ödipus erschlägt unwissentlich seinen Vater und heiratet ebenso unwissentlich seine Mutter – und doch wird er dafür zur Rechenschaft gezogen.
Freud sieht in diesem antiken Mythos die Darstellung eines Vorgangs, den jedes Menschenkind mehr oder weniger ausgeprägt durchläuft; der Mythos bildet eine »analytische Allegorie«,[51] die jener schicksalhaften Verstrickung angemessen Ausdruck verleiht.
Die Nähe zu christlichen Aussagen über den Menschen scheint unübersehbar: *Paul Tillich* hat davon gesprochen, dass die Psychoanalyse mit ihrem Menschenbild die christliche Theologie wieder an die dämonischen Strukturen im Menschen erinnert, weil sie den naiven und optimistischen Glauben an die bewusste, freie und auf das Gute gerichtete Entscheidungsfähigkeit des Menschen in Frage stellt.[52]
Das konflikthafte Zerrissensein des Menschen, seine Unfreiheit angesichts seines unbewussten Dranges, sein Streben, sich des Anderen zu bemächtigen und ihn/sie der eigenen Bedürfnisbefriedigung zu unterwerfen, all dies ist die Sünde des Menschen, seine Tragik und seine Schuld! Wie gehen wir mit dieser Schuld um? Wird sie möglichst ausgeblendet, nicht wahrgenommen, verdrängt, oder stellen wir uns ihr, sind bereit, sie als eigene anzuerkennen und uns mit ihr auseinander zu

---

49 *Freud* 1927, St.A. IX, 186.
50 *Freud* 1927, St.A. IX, 187.
51 *Mertens*, Ödipuskomplex, in: ders. ²1995, 217.
52 *Tillich* 1970, 314.

setzen? Auch hier weisen psychoanalytisches und christliches Denken eine ähnliche Struktur auf: »Frei ist, wer seine Schuld eingestehen kann und dabei selbst erkennt, daß er immer auch in schicksalhafte Schuldzusammenhänge verstrickt ist ...«[53] ($\Rightarrow$ Schuld/Sünde, Kap. 15).
Der Satz des Paulus aus Rm 7, 19 »Denn das Gute, das ich will, das tue ich nicht; sondern das Böse, das ich nicht will, das tue ich«; oder Lk 23, 34 »denn sie wissen nicht, was sie tun«, geben diesem Konflikt Ausdruck.
Damit wird eine Erfahrung beschrieben, die man sich mit *Freud* so erklären kann, dass wir aus dem Es heraus Dinge tun, sogar tun *wollen*, gegen die das Ich wiederum nichts ausrichten kann; das Es ist in vielen Fällen stärker ist als das Ich – und trotzdem tragen wir Verantwortung für unsere Taten. Anders gesagt: Wir sind nur in begrenztem Maß vernünftige Wesen; unsere Ratio ist eine dünne Schicht über irrationalen Motiven und Strebungen. Ein Blick in die Geschichte, in Literatur und Kunst, scheint dieser Betrachtungsweise Recht zu geben. Hier kann die Theologie methodisch von der Psychoanalyse lernen und ihren latenten Moralismus überwinden.
Allerdings wird die Theologie den tragischen Mythos als Kennzeichen für die Existenz des Menschen nicht als einzig gültige Perspektive übernehmen. Der christliche Glaube an Kreuz und Auferweckung Jesu Christi bedeutet, dass inmitten von Erfahrungen von Sünde und Entfremdung, von Tragik und Scheitern mit ihrem anscheinend ausweglosen, unbewussten Zwangscharakter Ansätze zu neuem, befreiten Leben von Gott und seiner Liebe her möglich sind.
Das Konfliktmodell *Freuds* entstand um 1900; es entspricht jedoch in neuer Weise einem postmodernen gesellschaftlichen Umfeld und Lebensgefühl. Auseinandersetzung mit Vielfalt, Aushalten und In-Beziehung-Setzen von unterschiedlichsten Strebungen und Widersprüchen, Bearbeiten der daraus erwachsenden intra- und interpersonalen Konflikte gehört zu den notwendigen und wünschenswerten Fähigkeiten menschlicher Kommunikation in der pluralen Gesellschaft.[54]
Für die Kommunikation im Bereich von Religion und Kirche hat diese Anthropologie Konsequenzen: Man wird in Predigt, Unterricht und Seelsorge stärker die Spannungen, Ambivalenzen, Differenzen und Ungleichzeitigkeiten des Alltags herausarbeiten, sensibler sein für das Ungelöste, Offene, Unabgeschlossene, deutlicher die Differenzen und Konflikte zwischen Wünschen, Absichten auf der einen Seite und der tatsächlichen Realität auf der anderen Seite betonen. Auch für den Glaubensbereich, so hat es *Klaus Winkler* in Auseinandersetzung mit *Luther* herausgearbeitet, ist von großer Bedeutung, »den Zweifeln und

---

53 *Koch* 1989, 301.
54 Vgl. *Wittrahm* 2001, 285f.

4.1 Psychoanalyse

Ambivalenzgefühlen ... nicht auszuweichen, sondern sie als Teil des Glaubensweges täglich neu zu durchschreiten ...«[55]
Die Sehnsucht nach Harmonie und Einheit erweist sich angesichts dieser Anthropologie als regressive Illusion. Und in einer narzisstischen Kultur (⇒ Kap. 2) ist es von Bedeutung, dass die Themen der Endlichkeit und Begrenztheit des Menschen, die Auseinandersetzung mit Angst und Schuld nicht verdrängt, sondern eher eröffnet und einer heilsamen Bearbeitung zugeführt werden.
Wenn der Mensch ein mit sich selbst zerrissenes Wesen ist, dann ist auch seine Kommunikation ständig von Misslingen und Missverständnis bedroht. Der Prozess der Kommunikation ist so vielschichtig und komplex, dass Missverständnis eher die Regel als die Ausnahme ist. Was die interkulturelle Hermeneutik empirisch zur Geltung bringt, wird hier schon vom anthropologischen Ansatz her plausibel gemacht (⇒ s.o. Kap. 1.8).

4.1.2 Psychoanalyse als Ich-Psychologie:
Der Mensch kann vernünftig und konfliktfrei handeln.
4.1.2.1 Ich-Psychologie als eine Variante der Psychoanalyse, die sich vorwiegend mit dem Funktionieren des Ich des Menschen befasst, ist bereits von *S. Freud* selbst entwickelt worden – eine komplizierte Theorieentwicklung, die hier nicht im Detail nachgezeichnet werden kann. Zentral bleibt die Einsicht, dass dem Ich die Aufgabe der Vermittlung zwischen Triebbedürfnissen und Anforderungen der Außenwelt zugeschrieben wird. Diese Aufgabe lässt sich ausdifferenzieren:

»Infolge der vorgebildeten Beziehung zwischen Sinneswahrnehmung und Muskelaktion hat das Ich die Verfügung über die willkürlichen Bewegungen. Es hat die Aufgabe der *Selbstbehauptung*, erfüllt sie, indem es nach *außen* die Reize kennen lernt, Erfahrungen über sie aufspeichert (*Gedächtnis*), überstarke Reize vermeidet (durch *Flucht*), mäßigen Reizen begegnet (durch *Anpassung*) und endlich lernt, die Außenwelt in zweckmäßiger Weise zu seinem Vorteil zu verändern (*Aktivität*); nach *innen* gegen das Es, indem es sich die Herrschaft über die Triebansprüche gewinnt, *entscheidet*, ob sie zur Befriedigung zugelassen werden sollen, diese Befriedigung auf die in der Außenwelt günstigen Zeiten und Umstände *verschiebt* oder ihre Erregungen überhaupt *unterdrückt*.«[56]

Dem Ich wird die Funktion der Realitätsbewältigung zugeschrieben: Realitätsprüfung (mittels Aufmerksamkeit, Wahrnehmung, Gedächtnis, Denken und Sprache), Selbstwahrnehmung und Steuerung des Verhaltens sind seine zentralen Aufgaben und Fähigkeiten. Ohne diese Ich-Funktionen wäre kaum zu verstehen, wie sich der Mensch an wechselnde Umwelten anpasst, wie er lernt und sich entwickelt.

---

55 *Winkler* 1984, 52.
56 *Freud* (1938), GW XVII, 68 (Hervorhebung im Original).

Innerhalb der Ich-Psychologie zeichnet sich dann eine weitergehende Entwicklungslinie ab (⇒ Kap. 11.2):

4.1.2.2 Anna Freuds Theorie der vom Ich ausgeübten *Abwehrmechanismen* ist zwar noch vorwiegend auf die Perspektive der Triebabwehr eingestellt, zeigt aber auch deutlich die Anpassungsaufgaben und -möglichkeiten des Ich.[57] Wenn aggressive oder sexuelle Impulse aus dem Unbewussten Angst, Scham- oder Schuldgefühle auslösen, erscheint es funktional, wenn das Ich versucht, solche Impulse umzuformen oder zu unterdrücken, um mögliche intra- und interpersonale Konflikte zu minimieren. Abwehrmechanismen sind immer zugleich auch Anpassungsmechanismen, deren spezifischer Charakter davon abhängt, wie in einer konkreten Gesellschaft aggressive oder sexuelle Impulse gesehen und gewertet werden.

Abwehrmechanismen stellen alltägliche, vorwiegend unbewusst ablaufende Kompromissbildungen dar, um Gefühle von Angst, Scham oder Schuld in erträglichen Maßen zu halten; sie sind dynamisch und veränderbar; sie können sowohl kreative Anpassungsvorgänge bewirken als auch pathologische Prozesse einleiten, vor allem dann, wenn sie deutliche Wahrnehmungs- und Verhaltenseinschränkungen nach sich ziehen. Natürlich ist auch in jeder alltäglichen, nichttherapeutischen Kommunikation mit Abwehrmechanismen zu rechnen.

Aus der im Einzelnen umstrittenen Zahl von Abwehrmechanismen sollen die wichtigsten am Beispiel von Ärger und Aggression jeweils kurz vorgestellt werden:[58]

- *Wendung gegen das Selbst*: Statt Ärger/Wut auf eine andere Person oder ein Objekt zu richten, wird sie gegen die eigene Person gewendet und manifestiert sich dort z.B. in Form von Kopf- oder Bauchschmerzen, Schuldgefühlen oder Depressionen.
- *Verkehrung ins Gegenteil*: Der ursprünglich aggressive Impuls wird in sein Gegenteil, beispielsweise übergroße Fürsorge, verkehrt. Der aggressive Charakter wird dadurch spürbar, dass sich das Objekt der Fürsorge eingeengt und bevormundet fühlt.
- *Passiv-aggressives Verhalten*: Der Ärger manifestiert sich in stillem, vorwurfsvollem Leiden, wird durch demonstratives Schweigen oder Fernbleiben zum Ausdruck gebracht.
- *Verdrängung*: Idee und Affekt werden getrennt und die bedrohliche Idee einfach vergessen; zurück bleiben unspezifische Ängste oder Ärgergefühle. Besonders verbreitet sind entsprechende frühkindliche Amnesien, in denen schmerzhafte Kindheitserfahrungen nicht mehr im Gedächtnis aufbewahrt sind und die Betroffenen nur glückliche Kindheitszeiten erinnern.

---

57 *A. Freud* (1936), o. J.
58 Vgl. ausführlicher *Klessmann* 1992, 114ff.

- *Verleugnung* beinhaltet noch einen weiteren Schritt: Der gesamte Komplex, der Anlass zum Ärger sein könnte, also Idee und Affekt, werden nicht wahrgenommen und ausgeblendet.
- *Projektion*: Gefährliche Impulse aus dem eigenen Inneren werden anderen Personen oder Objekten zugeschrieben. Nicht ich bin ärgerlich auf den anderen, sondern der greift mich an, ich bin das Opfer und muss mich verteidigen. Bei Einzelnen wie bei Gruppen (auch in der Kirche) und Völkern ist dieser Mechanismus bestens bekannt. Projektion auf einen Außenfeind schweißt eine Gruppe zusammen und erlaubt gleichzeitig eine intensive Beschäftigung mit den verpönten Inhalten (So beschäftigen sich beispielsweise Fundamentalisten ausgiebig mit den Häresien oder sexuell abweichenden Praktiken ihrer Gegner!).
- *Intellektualisieren/Rationalisieren*: Idee und Affekt werden gespalten, der Affekt unterdrückt, so dass man endlos über die Idee grübeln oder diskutieren kann, emotionslos und angeblich nur um der Sache willen.
- *Verschiebung*: Der ursprüngliche Impuls wird auf ein anderes Objekt, eine andere Person verschoben: Der Schüler, der auf seinen Lehrer wütend ist, lässt seinen Ärger beispielsweise am kleineren Bruder aus.
- *Identifikation mit dem Aggressor:* Die Aggression einer als mächtig erlebten Person, des Vaters, des Chefs oder auch Gottes, wird zur eigenen gemacht, als eigene erlebt und entsprechend vertreten.
- In der *Sublimation* wird der ursprüngliche Impuls in eine gesellschaftlich akzeptierte Handlungsweise transformiert. So kann beispielsweise der Impuls zu töten in der Jagd ausgelebt und als sinnvoll gerechtfertigt werden.

4.1.2.3 Während *Anna Freud* weiterhin das Ich vorrangig unter dem Aspekt des Konflikts mit Es und Über-Ich betrachtet, fordert *Heinz Hartmann* 1937 in einem berühmt gewordenen Vortrag, eine »nicht konfliktuöse Entwicklung« des Ich anzunehmen, »des Wahrnehmens, der Intention, der Dingauffassung, des Denkens, der Sprache, der Wiederholungsphänomene, der Produktion; die wohlbekannten Phasen motorischer Entwicklung, das Greifen, das Kriechen, das Gehenlernen; und überall auch die Problematik der Reifungs- und Lernvorgänge ...«[59]
Hartmann postuliert eine Ich-Autonomie, die eine »friedliche«, konfliktfreie psychische Entwicklung und eine gelingende Anpassung an die Außenwelt erlaubt und ermöglicht. Anpassung geschieht als Alloplastik (Veränderung der Umwelt) oder als Autoplastik (Veränderung des eigenen psychophysischen Systems).[60] Dem Ich, seiner Lern-

---

59 *Hartmann* 1970, 13.
60 *Hartmann* 1970, 28.

und Steuerungsfähigkeit wächst damit eine große Bedeutung zu. Der Mensch ist nicht länger nur ein Getriebener, sondern auch ein im Blick auf innere und äußere Notwendigkeiten vernünftig und zielgerichtet Handelnder. Allerdings bleibt der Gedanke der Umwelt bei *Hartmann* ganz abstrakt, so dass der Eindruck entsteht, es gehe ihm letztlich immer nur um die Anpassung des Ich an den status quo einer vorgegebenen Außenwelt.[61]

4.1.2.4 Bei *Erik Erikson* wird die Interdependenz von Ich und gesellschaftlicher Umwelt konkreter und historisch spezifiziert. In seinem Buch »Kindheit und Gesellschaft«[62] geht es *Erikson* darum, den somatischen Prozess, den Ich-Prozess und den Gesellschaftsprozess in ihrer Verschränkung und Wechselwirkung darzustellen. Entwicklung ist nicht nur psychosexuell, sondern auch psychosozial zu beschreiben. Triebe sind für *Erikson* nur als Triebfragmente greifbar, »die während der verlängerten Kindheit gesammelt, organisiert und mit Sinn und Bedeutung begabt werden müssen, und zwar durch Methoden der Erziehung und Unterrichtung, die von Kultur zu Kultur verschieden sind und durch die Tradition bestimmt werden.«[63]

Anhand zweier detaillierter Studien zu den sehr unterschiedlichen Sozialisationsbedingungen bei den Sioux- und bei den Yurock-Indianern kann *Erikson* zeigen, wie die drei genannten Prozesse ineinander greifen und wie sich in den verschiedenen Kulturen unterschiedliche Identitätsvorstellungen herausbilden, die wiederum die Sozialisationspraktiken bestimmen. Das Ich als Organisationsprinzip der Person entwickelt sich in ständigem Austausch, in ständiger Wechselseitigkeit mit gesellschaftlichen Vorgaben; die großen psychohistorischen Studien *Eriksons* zu *Martin Luther* und *Mahatma Gandhi* zeigen diesen Zusammenhang in vielfältigen Nuancierungen.[64]

Das Ich wird bei *Erikson* nicht mehr von einem »primären Antagonismus zwischen Es und Ich« her begriffen, vielmehr wird unterstellt, dass Es und Ich im »Normalfall« kooperieren können, sich synthetisch-integrativ zueinander verhalten.

Auf dieser Grundlage entwickelt *Erikson* das epigenetische Prinzip, also eine Theorie der fortschreitenden Entwicklung und Differenzierung psychosozialer »Komponenten«, die einerseits als universal unterstellt werden, die aber andererseits je nach Kultur und geschichtlichem Ort eine Fülle von Variationen erlauben. Entwicklung vollzieht sich *Erikson* zufolge immer konflikt- und krisenhaft, indem einerseits

---

61 Zum Ideologieverdacht, der in diesem Zusammenhang geäußert wird, vgl. *Drews/Brecht* 1975, 195.
62 *Erikson* [4]1971 (a).
63 *Erikson* [4]1971 (a), 89. Zur Darstellung des Ansatzes von Erikson vgl. auch *Klessmann* 1980, 33ff.
64 *Erikson* (1958) 1975; *ders.* (1969) 1971.

4.1 Psychoanalyse

alte Muster neuen Gegebenheiten nicht mehr genügen und entsprechend weiterentwickelt werden müssen, indem andererseits jede Entwicklungsphase auf einem prekären Gleichgewicht zweier antagonistischer Strebungen beruht. Menschliche Existenz ist insofern immer spannungsvoll und auf die Herausforderungen durch neue Entwicklungsaufgaben bezogen.

4.1.2.5 Die epigenetische Theorie hat ihr Zentrum im Identitätsbegriff: *Identität* entsteht im Verlauf einer krisenhaften psycho-sozialen Entwicklung, deren Stadien *Erikson* mit polaren Begriffspaaren gekennzeichnet hat (Urvertrauen gegenüber Urmisstrauen etc. ⇒ Kap. 8.2.1), und in Wechselseitigkeit mit einer Gruppen-Identität. Jede Gesellschaft, jede Kultur stellt gewisse Bedingungen bereit und formuliert bestimmte Erwartungen, die die Ausbildung einer individuellen Identität entscheidend mitprägen. Identität bezeichnet »eine Grundhaltung, die der junge Mensch am Ende des Jugendalters aus der erfolgreichen Synthese der postadoleszenten Trieborganisation, seines Ichs und der sozialen Realität beziehen muss. Das Gefühl der Identität umfasst das Erlebnis des nunmehr bleibenden So-Seins, das von der persönlichen Vergangenheit (die nun in Introjekten und Identifikationen nach innen hineingenommen ist) zu einer vorstellbaren Zukunft, und von der Vergangenheit der Gemeinschaft (die jetzt in Traditionen und Institutionen weiterlebt) zu einer vorhersehbaren und vorstellbaren Wirklichkeit gekonnten Schaffens und ausgefüllter Rollen reicht.«[65]
Identität bezeichnet kein biologisch zwangsläufig sich einstellendes und allein für sich zu erreichendes Ziel; Identität ist immer an die Wechselseitigkeit mit anderen Personen gebunden.
Ein Gefühl von Identität zu haben, setzt voraus, dass andere einen erkennen und anerkennen, dass sie einem »ein Ansehen« geben; in diesem Zusammenhang spricht *Erikson* von der »identitätsverleihende(n) Macht der Augen und des Gesichtes«.[66] Das Kind ist zunächst das, was andere in ihm sehen. Diese Aussage bleibt – eingeschränkt – auch für spätere Lebensphasen gültig: Das Subjekt ist immer intersubjektiv begründet. Identität ist immer eine Gratwanderung dergestalt, dass Fremdbilder als Selbstbilder sowohl übernommen als auch abgewehrt und damit auf persönlichkeitsspezifische Weise integriert werden.

Die Unterscheidung von Ich und Selbst ist immer wieder strittig. *Erikson* spricht sowohl von einer Ich-Identität wie von einer Selbst-Identität. Folgende Verhältnisbestimmung schlage ich vor: Ich-Identität bezieht sich auf den »Motor« dieses Prozesses, die aktive, synthetisierende Kraft des Ich; Selbst-Identität bezeichnet

---

65 *Erikson* 1954/55, 601f. Vgl. auch *Klessmann* 1987, 28ff.
66 *Erikson* 1971 (b), 81. *Don S. Browning* 1987, 213 hat diesen Aspekt auch besonders herausgestellt und spricht im Blick auf Erikson von einer »Psychologie des Gesichts«.

das Ziel des Prozesses, die Integration der Selbst- und Fremdbilder einer Person zu einem einheitlichen Selbst.

Identität wird mitbestimmt von einer »Ideologie«, »einem System von Ideen, ... das ein überzeugendes Weltbild bietet«,[67] das sich jemand in Übereinstimmung und Auseinandersetzung mit seiner Bezugsgruppe aneignen muss. Der Charakter von Identität als symbolische Konstruktion und der Zusammenhang von Individuum und Gesellschaft wird an diesem Punkt besonders greifbar.

Erikson grenzt sich mit der Bestimmung des Identitätsbegriffs vorwiegend von der Rollendiffusion, der Identitätsverwirrung ab. Vielleicht war ihm dieser Aspekt in den Kriegs- und Nachkriegsjahren, in denen er, selber Emigrant, mit Kriegsveteranen therapeutisch zu arbeiten hatte, vordringlich.

Dieses Identitätskonzept ist in der Kirche, vor allem im Religionsunterricht und in der Seelsorge, vielfältig rezipiert worden. Es bot sich an – in der Verknüpfung von Identität und Ideologie, von Identität und Wechselseitigkeit – als Zielperspektive, die einerseits bewahrenden Charakter hat, andererseits kritisch-kompensatorisch Einseitigkeiten einer vorwiegend kognitiv und lernzielorientierten Pädagogik in Richtung auf Integration gerade auch des biographisch-emotionalen Bereichs aufdeckt. Bei aller Problematik im Detail: Die von *K.E. Nipkow* konstatierte Aufgabe der Kirche, »lebensbegleitende, erfahrungsnahe Identitätshilfe«[68] zu leisten, dürfte meines Erachtens ihre Gültigkeit behalten ($\Rightarrow$ Kap. 11.1).

4.1.2.6 Der Einheits- und Kontinuitätsaspekt in *Erikson*s Identitätsbegriff ist in die Kritik geraten durch den symbolischen Interaktionismus von *G. H. Mead* und anderen, deren Ansatz stärker sozialpsychologisch und soziologisch bestimmt ist.[69] Das Identitätskonzept des symbolischen Interaktionismus betont die Notwendigkeit ständigen Balancierens zwischen eigenen Erwartungen und gesellschaftlichen Gegebenheiten. Anknüpfend an die von *G.H. Mead* entwickelte Differenzierung zwischen »*me*« (die übernommenen Rollenerwartungen der anderen und des gesamtgesellschaftlichen Prozesses, des »*generalized other*«) und »*I*« (die subjektive Reaktion des Einzelnen auf diese Erwartungen) beschreibt *Lothar Krappmann* den Identitätsprozess als einen Akt des ständigen Aushandelns zwischen diskrepanten Erwartungen und Selbstinterpretationen. Das Individuum muss sich ständig

---

67 *Erikson* 1970, 27.
68 *Nipkow* ²1978, 101ff.
69 Die Fortsetzung des Identitätsdiskurses gehört nicht mehr im eigentlichen Sinn in den Bereich der Ich-Psychologie; da der Identitätsbegriff jedoch ein Grenzbegriff ist, soll noch ein kurzer Ausblick auf die weitere Entwicklung gegeben werden.

auf neue, offene Interaktionssituationen einstellen, in divergenten Situationen aber auch ein gewisses Maß an Konsistenz und Kontinuität festhalten.»Ich-Identität erreicht das Individuum in dem Ausmaß, als es, die Erwartungen der anderen zugleich akzeptierend und sich von ihnen abstoßend, seine besondere Individualität festhalten und im Medium gemeinsamer Sprache darstellen kann. Diese Ich-Identität ist kein fester Besitz des Individuums. Da sie ein Bestandteil des Interaktionsprozesses selber ist, muß sie in jedem Interaktionsprozeß angesichts anderer Erwartungen und einer ständig sich verändernden Lebensgeschichte des Individuums neu formuliert werden.«[70]
Hier zeichnet sich bereits ab, wie Identität zu einem höchst anstrengenden, dem Ich aufgegebenen Projekt wird.
Diese Tendenz spitzt sich in der weiteren Theoriediskussion zu: Nicht mehr der Wunsch nach Einheit und Kontinuität des Subjekts steht jetzt im Vordergrund, sondern die Sorge, angesichts der unübersehbaren Individualisierung und Pluralisierung der Lebenswelt sich durch zu viel Identität zu belasten.»Wer sich in wechselnden Sinnsystemen bewegen, sich unter divergenten Lebensaspekten bewähren muss, der darf sich nicht durch zuviel ‚Identität« belasten; d.h. er darf sich nicht festlegen, sondern muß beweglich bleiben, offen und anpassungsfähig.«[71] Identität erscheint plötzlich als Zwang, der durch die postmodernen Lebensbedingungen befreiend aufgebrochen wird; andererseits wird die patchwork-Identität zur ständig zu leistenden Identitätsaufgabe (⇒ Kap. 2.3).
Gegenüber essentialistischen Vorstellungen von Identität, wie sie sich im Gefolge *Eriksons* nahe legen, ist zu betonen, dass Identität immer narrativ konstruiert wird. Sie bildet sich heraus im Prozess des Erzählens und Hörens, des Übereinstimmens und Sich-Unterscheidens im Austausch mit anderen (⇒ Konstruktivismus, Kap. 2.3; narrative Therapie in der Seelsorge, Kap. 10.2.7).[72]

4.1.2.7 Zusammenfassung, Kritik, Konsequenzen

- Die Vertreterinnen und Vertreter der Ich-Psychologie setzen in ihrem Verständnis des Menschen andere Akzente als die klassische Triebpsychologie. Zwar bleibt das Ich als zentrales Organisationsprinzip der Person in Kontakt und in Abwehr gegenüber den triebhaften Impulsen; der Mensch wird aber nicht mehr ausschließlich als der von inneren Konflikten Getriebene gesehen, sondern auch als einer, der »konfliktfrei« in der Lage ist, aktiv zu werden und sich seiner Umwelt optimal anzupassen. Das Ich und seine vernunftbezogenen Fähigkeiten treten stärker in den Vordergrund, die abgründige Konflikthaftigkeit bleibt eher im Dunkeln.

---

70 *Krappmann* 1973, 208.
71 *Keupp* 1988, 145.
72 Zum Stichwort »narrative Identität« vgl. *Kraus* 1996.

- Konflikte und Krisen treten bei *Erikson* im Spannungsfeld von Person und Umwelt auf; sie gehören zur Entwicklung der Person und erscheinen grundsätzlich so lösbar, dass ein lebendiges Gleichgewicht zwischen den polaren Bedürfnissen hergestellt werden kann. Zwar sind Krisen unvermeidbar, sie werden jedoch prinzipiell als Anstoß zur konstruktiven Weiterentwicklung aufgefasst.
- Der Mensch wird in zunehmendem Maß als einer gesehen, der auf Beziehungen angewiesen ist und seine Identität nur in Wechselseitigkeit mit anderen, mit dem sozialen Umfeld gewinnen kann. *Eriksons* wiederholte Bezugnahme auf die goldene Regel verdeutlicht diesen Ansatz.[73]
- Mit dem Begriff der Identität entsteht ein Grenzbegriff, der intrapsychische und intersubjektive Aspekte, innen und außen, Autonomie und Zugehörigkeit verknüpft. Allerdings wird Identität im weiteren Verlauf des Diskurses immer mehr zum anstrengenden Projekt, bei dem unklar bleibt, woher der »nervöse Prometheus« (*P. Berger*) die Energie und Fähigkeit nimmt, diese Leistung zu bewältigen. Die Gefahr der Überforderung und der regressiven Lösungsversuche nimmt zu.
- *Erikson* entwickelt aus seiner Sozialpsychologie eine Ethik: Das, was entwicklungspsychologisch gesehen wünschenswert und der jeweiligen Phase angemessen erscheint, wird auch als normativ angesehen. Jeder Entwicklungsphase wird eine Tugend zugeschrieben, die nach Möglichkeit erreicht werden sollte. Diese Ethik mündet in eine tiefe Wertschätzung der generativen Wechselseitigkeit und Fürsorge. Nicht zufällig hat *Erikson* die siebte Entwicklungsphase, die er mit dem Begriffspaar »Generativität vs. Stagnation« gekennzeichnet hat, als die wichtigste Phase des Erwachsenenalters bezeichnet. In dieser Phase prägt sich die Fähigkeit zur Fürsorge für die eigenen Kinder, für eigene Produkte aus; die »Liebe des Menschen sowohl zu seinen Werken und Ideen wie zu seinen Kindern« macht das eigentlich Menschliche aus.[74] In den Religionen wird das Bedürfnis und die Notwendigkeit umfassender Fürsorge in den Bereich des Göttlichen transzendiert.
- Andererseits steht gerade *Erikson* genügend in der Tradition *Freuds*, um nicht zu vergessen, wie leicht solche ethischen Ideale unterentwickelt bleiben oder missbraucht werden, wie wichtig es ist, eine »Ahnung des Bösen«[75] zu behalten.
- Religion kann die Ich- und Identitätsentwicklung des Menschen hilfreich unterstützen und begleiten oder sie einengend und ideologisierend behindern. Eine kritische Auseinandersetzung mit Religi-

---

73 *Erikson* 1971 (b), 192ff.
74 *Erikson* 1971 (b), 115.
75 *Erikson* [4]1971 (a), 273.

on im Sinn der von Erikson sogenannten Ideologie ist von daher unverzichtbar.
- Aus theologischer Sicht ist kritisch darauf aufmerksam zu machen, dass der Mensch sich selbst und seine Identität letztlich nicht aus sich heraus gewinnt. »Der Mensch ist begründet vor der Leistung und Herstellung seiner Identität durch die Vorgabe der Liebe Gottes. Dadurch eröffnet sich Liebe als Geschenk, als Leben-Dürfen.«[76]

4.1.3 Psychoanalyse als Selbstpsychologie (Narzissmustheorie): Der Mensch konstituiert sein Selbst im Spiegel empathischer Zuwendung

Der psychoanalytische Begriff des Narzissmus kreist um die Frage der Konstitution des Selbst und um die Möglichkeit von Selbstliebe; der umgangssprachliche Gebrauch dagegen enthält deutlich abwertende Konnotationen, bezeichnet Eitelkeit und Kränkbarkeit, einen übersteigerten Egoismus und die mangelnde Fähigkeit, andere Menschen zu lieben. Der griechische Mythos vom schönen Jüngling Narkissos, der sich im Spiegel des Wassers unsterblich in sein eigenes Bild verliebt und daran zugrunde geht, kann also ganz unterschiedlich verwendet und gedeutet werden.

S. Freud hat den Mythos herangezogen, um damit zum Ausdruck zu bringen, dass die Libido sich auf das eigene Ich richtet und deshalb anderen Objekten nicht mehr zur Verfügung steht. *Freud* sieht die Selbstliebe als Vorstufe zur reiferen Objektliebe, begreift Ich-Libido und Objekt-Libido in einer konkurrierenden Spannung. Narzissmus ist dann tatsächlich etwas Vorläufiges und weniger Wertvolles.

Eine verzweigte Debatte über Herkunft und Funktion von primärem und sekundärem Narzissmus entwickelt sich daraus, die hier nicht dargestellt werden kann.[77] Gemeinsam ist den verschiedenen Theorien, dass der Mensch als merkwürdig objekt- und weltlos gedacht wird. Weiterführend dagegen erscheint die Vorstellung von *Michael Balint*, wonach ein neugeborenes Kind den primären Wunsch hat, absolut und bedingungslos geliebt zu werden. Wenn dieser Wunsch nicht erfüllt wird, geschieht ein narzisstischer Rückzug auf sich selbst: »Wenn die Welt mich nicht genügend liebt, mir nicht genügend Befriedigung bringt, so muß ich« mich selbst lieben, selbst befriedigen.«[78] Der frustrierte Wunsch, bedingungslos geliebt zu werden stellt nach *Balint* einen Defekt, eine »Grundstörung« dar, auf die in der therapeutischen Situation der Therapeut empathisch eingehen und damit dem Patienten einen Neubeginn eröffnen kann. Damit wird auch der Narzissmus an

---

76 Schneider-Flume 1985, 114.
77 Vgl. das Referat verschiedener Narzissmustheorien bei *Meng* 1997, 45ff; *van de Spijker* 1993; *Wahl* 1994, 90ff.
78 Balint 1966, zitiert nach W. Meng, a.a.O., 69.

Beziehungserfahrungen gebunden, es gibt keine objektlose Selbstbezogenheit.
Auch *Heinz Kohuts* Narzissmuskonzept geht aus von der frühen Beziehungserfahrung des Kindes: Die Einheit mit der Mutter, das Gefühl vollkommener Geborgenheit wird unvermeidlich gestört durch die Begrenztheit der mütterlichen Präsenz und Fürsorge. Diese Frustration versucht das Kind zu kompensieren, indem es »sich neue Systeme der Vollkommenheit aufbaut«:[79] Es phantasiert sich selbst als omnipotent, verbunden mit dem Wunsch nach grenzenloser Bewunderung (Kohut spricht vom »Größenselbst« im Sinn von »Ich bin perfekt«); und es stattet sein Gegenüber, in der Regel die Eltern, mit absoluter Macht und Vollkommenheit aus, an der es selber partizipiert (»idealisierte Elternimago« im Sinn von »Du bist perfekt, und ich bin ein Teil von dir«). Die Eltern werden als *Selbst-Objekt* in Anspruch genommen: Selbstobjekte bezeichnen in *Kohut*s Verständnis Objektvorstellungen, die jemand als Teil seiner selbst, als Erweiterung und Bereichung seiner selbst erlebt.
Optimal auf die Entwicklungsbedingungen des Kindes abgestellte Frustrationen erlauben es dem Kind, das Größenselbst und die idealisierte Elternimago langsam abzubauen und reifere psychische Strukturen zu entwickeln (»umwandelnde Verinnerlichung«). »Das Kind kann langsam eine warme, realistische Liebe zu anderen Menschen, Begeisterungsfähigkeit für Menschen, Ideen und Dinge entwickeln, aber auch ein gesundes Selbstwertgefühl, das es ihm erlaubt, seine Rechte wahrzunehmen und seine Begabungen mit lebensfreundlicher Selbstbehauptung zu realisieren.«[80] Diese Entwicklung führt nun aber nicht, wie bei *Freud*, vom Narzissmus zur Objektliebe, sondern bezeichnet eine Richtung von einem archaischen zu einem reifen Narzissmus.
Einen gereiften Narzissmus als Folge therapeutischer Arbeit charakterisiert *Kohut* folgendermaßen:
– Die Fähigkeit zur Objektliebe nimmt zu: »Je sicherer ein Mensch sich seines eigenen Wertes ist, je gewisser er weiß, wer er ist, und je sicherer sein Wertsystem verinnerlicht ist – um so mehr wird er mit Selbstvertrauen und Erfolg in der Lage sein, seine Liebe zu geben ..., ohne Zurückweisung und Erniedrigung übermäßig befürchten zu müssen.«[81]
– Es kommt zu einer positiven Ich-Integration und Aufrechterhaltung eines narzisstischen Gleichgewichts.
– Die Fähigkeit zur Einfühlung (Empathie) verbessert sich signifikant.
– Freiwerdende narzisstische Energie fließt in künstlerisch-kreative Produktivität.

---

79 *Kohut* 1966, 563.
80 *Wiederkehr-Benz* 1982, 2.
81 *Kohut* (1973) 1995, 335.

4.1 Psychoanalyse

– Eine Mischung aus Idealismus und Humor stellt sich ein sowie eine Art von Weisheit, die »das affektive Annehmen der Begrenztheit der menschlichen Existenz einschließt.«[82]

Damit wird deutlich, dass der Mensch lebenslang auf Selbst-Objekte angewiesen ist; die Entwicklung hin zu mehr Autonomie bleibt verschränkt mit der Abhängigkeit von Selbst-Objekt-Repräsentanzen. Nicht nur andere Menschen, auch kulturelle Produktionen (Kunst, Religion) können Selbst-Objekte abgeben.

Ernste Störungen der Empathie-Fähigkeit der Eltern, maximale statt optimale Frustration in früher Kindheit können zu schweren narzisstischen Störungen führen, in denen das Kind jene Idealisierungen nicht aufgeben und keine realitätsbezogene Selbstsicherheit erwerben kann. Das Gefühl, ein eigenständiges Selbst zu sein, prägt sich nur schwach aus, die Neigung zu Größenphantasien wechselt mit einem geringen Selbstwertgefühl, mit einer Tendenz, sich beschämt und depressiv-leer zu fühlen, mit hoher Kränkungsanfälligkeit. Gefühle verflachen, menschliche Nähe wird als bedrohlich erlebt, das Gegenüber wird nicht als Mensch mit eigenen Rechten und Bedürfnissen wahrgenommen; auf Kränkungen reagiert ein narzisstisch gestörter Mensch mit unabgegrenzter Wut.

Ein Beispiel: Auf der Rückfahrt von einem Ausflug hatte der Kleinbus einer Reisegruppe einen Unfall, eine junge Frau hatte sich den Arm verletzt und erhebliche Schmerzen. Der Fahrer eines gerade vorbei kommenden Wagens bot an, die Frau und, weil er es eilig hatte, auch Herrn X mitzunehmen und unmittelbar zum nächsten Krankenhaus zu bringen. Unterwegs bat Herr X dann den Fahrer, doch noch einen Umweg zu machen und ihn zu einer Adresse zu bringen, wo er zu einer Party erwartet werde. Als dieser Wunsch mit Erstaunen quittiert und abgelehnt wurde, reagierte Herr X seinerseits mit Unverständnis und einem Wutanfall.[83]

Narzisstisch gestörte Menschen setzen nach wie vor unbewusst Abwehrmechanismen ein, die sich in frühen Entwicklungsphasen bewährt haben: Schmerzliche Realitäten werden verleugnet und die eigene Person mit Hilfe von Größenphantasien idealisierend aufgebläht. Ständige Zufuhr von Bestätigung und Bewunderung von außen ist notwendig, ansonsten drohen die eigenen Größenphantasien unvermittelt in Minderwertigkeitsgefühle umzuschlagen.

Narzisstische Störungen haben deswegen so tiefgreifende Auswirkungen, weil sie in ganz frühe, präödipale Zeiten zurückreichen, in denen die Psyche noch unstrukturiert ist, in denen es um den Bestand der Person, um die Sicherheit und Kohärenz des Selbst überhaupt geht und nicht, wie beim neurotisch gestörten Menschen, um spezifische Triebkonflikte oder Defekte in der Beziehungsfähigkeit.

---

82 *Kohut* 1995, 367.
83 *Symington* 1994, 119.

In der therapeutischen Situation muss der Patient lange Zeit hindurch die empathische Einfühlung und Spiegelung erfahren, die er als Kind vermisst hat. In der Sicherheit der therapeutischen Beziehung können die beschämenden und beängstigenden archaischen Bedürfnisse Ausdruck finden und bearbeitet werden.

Der Begriff des »Spiegelns« (nicht zu verwechseln mit einem technisierenden Antwortverhalten in der Personzentrierten Psychotherapie ⇒ Kap. 10.2.2) bezieht sich auf die einfühlsame Aufmerksamkeit der Mutter gegenüber den kindlichen Äußerungen, die Imitation von Gestik und Mimik des Kindes und möglicherweise auch deren Versprachlichung. Zentral ist dabei die freudige Bestätigung der kindlichen Existenz, der »Glanz im Auge der Mutter«. *Daniel Stern* weist noch auf eine weitergehende Funktion des Spiegelns hin: Die Mutter trägt durch ihr spiegelndes Verhalten dazu bei, »im Säugling etwas zu erschaffen, das nur vage oder teilweise vorhanden ist, bevor es durch die Spiegelung in seiner Existenz gefestigt wird. Dieses Konzept geht über die bloße Teilnahme am subjektiven Erleben des Anderen weit hinaus. Es besagt, dass man den Anderen verändert, indem man ihm etwas gibt, was er zuvor nicht besessen hat, oder es, falls es bereits vorhanden war, konsolidiert.«[84]

Zusammenfassung, Kritik, Konsequenzen
- *Heinz Kohut* hat den narzisstisch gestörten Menschen einen tragischen Menschen genannt.[85] Während jemand, der mit Trieb- bzw. Über-Ich-Konflikten im ödipalen Bereich zu tun hat, u.U. Schuld auf sich lädt (der schuldige Mensch), ist der narzisstische Mensch deswegen in einer tragischen Situation, weil ihm die Grundlagen seines Selbst, seines Lebens gefährdet erscheinen; er sieht sich ständig der Gefahr des Zerbrechens ausgesetzt, ohne dass er wirksam und dauerhaft etwas dagegen unternehmen könnte. Ausgeprägte Gefühle von Scham und Leere sind die Folge. *Kohut* hat darauf hingewiesen, dass Künstler wie *Picasso* oder *Kafka* das Lebensgefühl eines solchen tiefen Bedrohtseins in ihren Werken dargestellt haben (⇒ Kap. 15.1.1).
- Die populäre Vermischung von Narzissmus mit Individualismus und Egoismus ist aus der Sicht der Narzissmustheorie falsch und leistet einer fatalen Moralisierung des Phänomens Vorschub. Symptome eines pathologischen Narzissmus weisen manchmal einen solchen Charakter auf; von ihrer Entstehung her haben sie jedoch mit mangelnder Zuwendung und insofern gerade nicht mit Egoismus zu tun.
- Aus anthropologischer Sicht ist hervorzuheben, dass die spätere Selbstpsychologie (im Unterschied zu den früheren Narzissmustheorien) den Menschen grundlegend von seinen Beziehungen her begreift: Der gelingende Aufbau eines kohärenten Selbst hängt von dauerhaften, positiven Empathieerfahrungen in der frühen Kindheit

---

84 *Stern* ²1992, 207.
85 *Kohut* 1981, 120f.

4.1 Psychoanalyse

ab, wie andererseits ein fragiles Selbst aus in hohem Maß unsicheren, frustrierenden und unzuverlässigen Beziehungen erwächst. Das heißt: Der Mensch ist aus dieser psychologischen Perspektive nicht Autor seiner selbst; die Kohärenz seines Selbst ist Geschenk und Gabe.

Kohut selbst hat diesen Gedanken mit Hilfe religiöser Metaphern so zum Ausdruck gebracht: »Das Selbst bleibt zerstückelt, wenn sein Da-Sein nicht mit freudiger Erregung von seiten der elterlich-mütterlichen Umgebung begrüßt wird. Ein Echo braucht das Kind, einen Glanz im Mutterauge, der sagt: ›Du bist recht so‹. Dieser Widerhall gibt dem kleinen Jungen oder dem kleinen Mädchen das Gefühl, etwas wert zu sein, lange ehe sie ihr Selbstvertrauen in Worten ausdrücken können. Sein Fehlen ist die ›Erbsünde‹; sie schafft das Gefühl tiefster Wertlosigkeit ... Aber sein Dasein ist ebenso unverdient im Rahmen einer moralischen Anschauung; es ist die ›Gnade‹ der lebenserhaltenden elterlichen Freude am Kind. Das ist das ›göttliche‹ Echo, das zum inneren Frieden führt, das ist der ›Gott‹, der die Bruchstücke des Selbst zusammenhält ...«[86]

– Dieser Zusammenhang wird besonders eindrücklich in der Metapher des Spiegelns illustriert: In den Augen, im Gesicht der Mutter erkennt sich das Kind; in ihrem Gesicht baut es sein eigenes Bild auf. Das Gesicht der Mutter ist kein toter Spiegel, sondern einer, der mehr gibt, als zunächst vorhanden ist. »... lebendige Spiegelerfahrung bedeutet durch die Begegnung mit der bzw. dem Anderen meiner selbst Bereicherung und somit Veränderung meiner selbst.«[87] Und: »Das Gesicht ist der primäre Ort der Gnade (und Ungnade)«.[88]
– Empathie bekommt in der Selbstpsychologie eine herausragende Bedeutung; sie bezeichnet die »Fähigkeit, andere Menschen auf der Grundlage der übergreifenden Ähnlichkeit, die wir miteinander haben, zu verstehen«.[89] Die Menschlichkeit des Menschen kommt besonders in der Bereitschaft und Offenheit zum Ausdruck, sich in das Innenleben eines Anderen einzufühlen. Im Unterschied zu Freud wird daran deutlich, in welchem Ausmaß *Kohut* vom Konfliktmodell Abschied nimmt und den Zusammenhang von Selbstliebe und Altruismus thematisiert, den *H. Wahl* weitergehend auch auf das Thema der Feindesliebe bezieht.[90] Allerdings wird man kritisch fragen müssen, ob *Kohut*s Einschätzung der Möglichkeiten von Empathie nicht einen deutlich utopischen Zug trägt, der phänomenologisch kaum mehr gerechtfertigt erscheint. Empathie nimmt im Grunde die Rolle ein, die in der christlichen Tradition mit dem Begriff der Gnade bezeichnet ist.[91]

---

86 *Kohut* in einem Interview mit David M. Moss 1977, 67f.
87 *Bobert-Stützel* 1996, 62.
88 *Bobert-Stützel* 1996, 61.
89 *Kohut* 1977, 53.
90 *Wahl* 1985, 68ff.
91 Vgl. *Gorday* 2000, 461.

- Es liegt nahe, diese anthropologischen Sachverhalte theologisch zu bekräftigen und ins Grundsätzliche zu erweitern: Die Rechtfertigungslehre bestreitet die Möglichkeit einer moralischen Selbstkonstitution des Menschen. Der Mensch versteht sich im Glauben aus der unverdienten Zuwendung Gottes heraus als geliebt. Aus der erfahrenen Liebe Gottes erwächst eine Selbstliebe, die sich wiederum als Nächstenliebe konkretisiert und weitergibt. Die in der theologischen Tradition häufig anzutreffende Entgegensetzung von Selbst- und Nächstenliebe ist damit als falsche Alternative überwunden.[92]
- Es bleibt allerdings die Frage nach Funktion und Bedeutung des Gottesbildes in diesem Zusammenhang. Ist Gott die (regressive) Wiederbelebung infantiler Elternimagines, nun ins Unbedingte ausgeweitet? Erscheint Gott als Ausdrucksform eines kosmischen Narzissmus? Als Objekt der Sehnsucht nach Ganzheit und Einheit, nach einem »ozeanischen Gefühl« angesichts der fragmentierten Wirklichkeit? *Sabine Bobert-Stützel* weist auf die entwicklungspsychologische wie theologische Notwendigkeit hin, Gott wirklich in der Kategorie des Anderen zu denken. Nur als der Andere vermag Gott »dem Narcissus eine neue Perspektive auf sich selbst zurückzuspiegeln«;[93] sonst wird er zum kosmischen Übergangsobjekt reduziert.
- Den Zusammenhang von Religion und Narzissmus kann man von zwei Grundlinien her verstehen:[94] Religion kann entweder als Ausdruck narzisstischer Regression begriffen werden (Der Glaube an Gott bietet die Möglichkeit, die gegenüber den Elternfiguren unvermeidliche Frustration zu ertragen und begründet die narzisstische Gewissheit, mit dem Urgrund des Lebens verbunden zu sein; Ohnmachtsängste können durch mit einem Gottessymbol verbundene Allmachtsphantasien kompensiert werden; nicht nur esoterische Religionsformen bedienen ein solches regressives Bedürfnis.) oder als Folge und Zeichen eines gestalteten Narzissmus: Gott wird verstanden als eine Externalisierung von Aspekten der Sicherheit gebenden Elternimago. Entscheidend dabei ist jedoch, dass beispielsweise das Symbol der Treue Gottes auf eine Instanz »extra nos« hinweist, so dass der Mensch das, was die Elternimago nicht leisten kann, nicht durch ein überzogenes Ich-Ideal letztlich doch wieder selber schaffen muss.[95] Im Symbol des Kreuzes verknüpfen sich Phantasien von Allmacht und Ohnmacht und überwinden damit infantile Allmachtsvorstellungen.
- Der Mensch ist auf Spiegelung seiner selbst angewiesen; narzisstische Störung ist das Ergebnis nicht ausreichender Spiegelung; übertriebene Selbstbezogenheit und Selbstbespiegelung sind die Folge.

92 Vgl. *Schneider-Flume* 1985, 88ff.
93 *Bobert-Stützel* 1996, 67.
94 Vgl. zum Folgenden im Detail *Meng* 1997, 191ff.
95 Vgl. *Meerwein* 1977, 343ff.

Können sie möglicherweise vom Gedanken der Ebenbildlichkeit Gottes her überwunden werden? Kann der vom Grund des Lebens etwa im Segen ausgehende Glanz die erlittenen Defizite kompensieren? Ich formuliere dies vorsichtig als Frage, weil ich meine, dass sich hier göttliche und menschliche Zuwendung gegenseitig durchdringen müssen, um derartig wirksam zu sein.
- Für die kirchlich-religiöse Kommunikation lassen sich aus der so verstandenen Selbstpsychologie einige Konsequenzen benennen:[96]
Der Narzissmus des Menschen soll respektiert werden als Bestandteil seines von Gott geschaffenen Menschseins, als Voraussetzung für eine kreative Verbindung von Selbst-, Nächsten- und Gottesliebe.
Die Fähigkeit, andere als eigenständige Subjekte wahrzunehmen, sollte gestärkt werden.
Empathieerfahrungen in einer christlichen Gemeinschaft im Sinn einer »Selbstobjekt-Matrix« (⇒ Kap. 6.3)[97] sollten möglich gemacht werden.
An die Stelle von Schulderfahrungen und Schuldgefühlen tritt bei narzisstischen Menschen das Gefühl von Scham darüber, den selbst gesetzten großen Anforderungen und Zielen nicht gerecht zu werden. Christliche Rede sollte dann weniger von den an den Schuldbegriff gebundenen Kategorien von Vergebung und Rechtfertigung reden, sondern von der unwandelbaren Treue und Zuwendung Gottes.
»Die Kunst zu lieben und die Kunst zu sterben sind die wichtigste Frucht eines durch die christliche Religion gestalteten Narzissmus«.[98] Moralisierungen des christlichen Glaubens können damit überwunden werden.

4.1.4 *Psychoanalyse als Objektbeziehungstheorie: Der Mensch lebt aus seinen (frühkindlichen) Beziehungserfahrungen*

1905 schreibt *Sigmund Freud*: »Für die Psychoanalyse ist ... die Beziehung zu einem Objekt das Wesentliche.«[99] *Freud* beschäftigt sich jedoch im Folgenden nur implizit mit diesem beziehungsorientierten Ansatz, sein Hauptinteresse gilt den Triebschicksalen. Vorbereitet durch *Melanie Klein* entwickeln Psychoanalytiker wie *Ronald Fairbairn, Donald W. Winnicott, Harry Guntrip* u.a. die später so genannte Objektbeziehungstheorie (die genauer Subjekt-Objekt-Beziehungs-

---

96 Im Anschluss an *W. Meng* 1997, 315ff. Auch in der amerikanischen pastoralpsychologischen Literatur wird vielfältig auf die Narzissmusthematik Bezug genommen. Vgl. *Capps* 1993; *Saussy* 1993, 363–389; *Browning* 1987; *Gorday* 2000, 445–467; *Schlauch* 1999, 57–78.
97 So *Wahl* 1994, 511ff.
98 *Meng* 1997, 384.
99 *Freud* 1905, St.A. V, 88, Anm. 2.

theorie heißen müsste). Zwei ihrer Grundannahmen sind folgende: Jedes Kind (und auch später jeder erwachsene Mensch) hat ein unstillbares Bedürfnis danach, in Beziehung zu anderen zu sein (Von *Fairbairn* stammt der Satz: »Libido sucht im Wesentlichen Objekte«[100]). Das Bedürfnis, sich selbst als lebendig zu erleben, kann nur in der Interaktion mit anderen erfüllt werden. Deswegen ist eine liebevolle Fürsorge unabdingbar, um lebendig zu werden und zu bleiben. Die Hospitalismusforschungen von *R. Spitz* und anderen können als negative Kontrastfolie dienen: Säuglinge, die zwar korrekt gepflegt wurden, denen die Pflegepersonen aber keine liebevolle Zuneigung entgegenbrachten, zeigten depressive Symptome und verkümmerten in ihrer Entwicklung.[101]

Und weiter: Die frühen Interaktionen mit der Mutter, mit ihrem Verhalten und ihren Gefühlen gegenüber dem Kind bilden sich im Kind als diffuse Eindrücke und Bilder, genannt Repräsentanzen, ab. Der Terminus »Objekt« meint nicht einfach das äußere Gegenüber, sondern vorrangig das »innere Objekt«, d.h. die intrapsychischen Repräsentationen des/der Anderen.

»Der Ausdruck ›Repräsentanz‹ bezeichnet jene Vorstellungen, Gefühle, Erinnerungen und Erwartungen, die sich aus komplexen Mikro-Erfahrungen mit sich selbst (real oder ideal) und von den Objekten organisieren und sozusagen die psycho-mentalen ›Niederschläge‹ (*Freud*) dieser Erfahrungen darstellen: Repräsentanzen – so könnte man zugespitzt sagen – stellen innerseelisch dar, was man sich (von sich und der Welt) vorstellt.«[102]

Als interne, präverbale Vorstellungswelt färben und prägen die Repräsentanzen das Erleben und Verhalten (⇒ Kap. 11.2). In Gestalt der Erinnerung (Körpergedächtnis, atmosphärische Erinnerung, Erinnerung an konkrete Szenen) sind sie stabil und langlebig, können sich natürlich aber auch wandeln. Der Zusammenhang von Repräsentanz und Erinnerung macht deutlich, dass es sich nicht nur um passiv aufgenommene Eindrücke handelt; Erinnerung ist immer auch aktive Konstruktion und Bedeutungsgebung, die von der jeweiligen aktuellen Situation und den spezifischen Interessen der erinnernden Person abhängt. Außerdem verinnerlicht das Kind nicht primär das Bild der anderen Person, sondern die Beziehung zwischen dem Selbst und dem Anderen; ein »szenisches Arrangement«, eine Erlebnisfigur wird gebildet und im Gedächtnis festgehalten. Aus den szenischen Arrangements entwickelt sich allmählich ein kohärentes Selbst, das ich mit *H. Hartmann* als Summe der Selbstrepräsentanzen verstehe, die sich in der Interaktion mit signifikanten Anderen bilden.

---

100 »Libido is essentially object seeking.« Zitiert bei *McDargh* 1983, 206.
101 Vgl. *P.* und *R. Tyson* ²2001, 304ff.
102 *Wahl* 1994, 94.

4.1 Psychoanalyse

Die gespeicherten Erlebnisfiguren bestimmen die späteren Beziehungen mit und neigen dazu, sich zu wiederholen: Gegenwärtige Realität wird den Repräsentanzen der Vergangenheit angeglichen und damit, ähnlich wie in der Übertragung, auch verzerrt.
In der Ausarbeitung der Objektbeziehungstheorie gibt es bedeutsame konzeptionelle Unterschiede;[103] ich konzentriere mich im folgenden auf den Ansatz des englischen Kinderanalytikers *Donald W. Winnicott*[104] (1896–1971) und vernachlässige andere Positionen.
In einer Fußnote bemerkt *Winnicott*: »Ich habe einmal gesagt: ›Es gibt den Säugling gar nicht‹, womit ich natürlich meinte, dass man überall da, wo man einen Säugling findet, auch die mütterliche Fürsorge findet, und ohne die mütterliche Fürsorge gäbe es keinen Säugling.«[105]
Der Säugling und die mütterliche Fürsorge bilden eine Einheit. Im Stadium absoluter Abhängigkeit ist der Säugling darauf angewiesen, dass die Mutter eine »genügend gute Fürsorge« bereitstellen kann. »Eine ›genügend gute‹ Mutter wird ... mit einer fast völligen Anpassung an die Bedürfnisse des Neugeborenen beginnen und sich im Laufe der Zeit immer weniger anpassen, je mehr das Kind in der Lage ist, mit dieser Entsagung fertig zu werden.«[106]
Ein besonders wichtiger Teil einer genügend guten Mutter ist das Halten (holding), das sich aus der sensiblen Identifikation der Mutter mit dem Neugeborenen entwickelt und das grundlegende Bedürfnis nach umfassendem Gehaltenwerden erfüllt.[107] Die Erfahrung des Gehaltenwerdens schützt vor dem unerträglichen Gefühl des Fallens und Zerfallens, es bildet die Grundlage für den Erwerb von Urvertrauen. Sicheres Gehalten-Sein bildet die Grundlage, um loszulassen und sich zu entbinden.
Auf diese Weise kann sich »das ererbte Potential«, das jedes Kind mitbringt, positiv entfalten; das ererbte Potential begrenzt aber auch den Einfluss der Eltern: Sie bringen das Kind nicht hervor, »wie ein Künstler ein Bild schafft«,[108] sondern sie setzen einen Entwicklungsprozess in Gang und begleiten ihn hoffentlich auf optimale Weise. Wenn sich die Mutter nicht genügend mit den Bedürfnissen des Kindes identifizieren kann, entsteht ein »falsches Selbst«, d.h. eines, in dem das Kind sich den Bedürfnissen der Mutter anpasst und deswegen weniger die eigene Lebendigkeit und Kreativität entfalten kann. Wenn

---

103 Dazu *Kernberg*, Psychoanalytische Objektbeziehungstheorien, in: *W. Mertens* ²1995, 96ff.
104 Auch wenn *Martin Weimer* (2001, 115f) warnend darauf hinweist, es gäbe schon zu häufig einen »gedudelten Winnicott«. Eine umfassende Darstellung des Ansatzes von Winnicott findet sich bei *Drechsel* 1994, 149ff. Vgl. auch *Jones* 1997, 106–126.
105 *Winnicott* 2002, 50, Anm. 4.
106 *Winnicott* 1973, 20.
107 Zum Konzept des Haltens ausführlicher *Auchter* 2000, 464–476.
108 *Winnicott* 2002, 108.

die mütterliche Fürsorge über längere Zeit ausbleibt, entsteht in dieser frühen Phase beim Kind eine tiefe »Angst vor Vernichtung«.
In diesem frühen Stadium bildet sich nach *Winnicott* eine spezifische doppelte Illusion sowohl bei dem Säugling wie bei der Mutter: Im Stadium der fast vollkommenen Anpassung, wo auf jedes Bedürfnis unmittelbar eine Befriedigung erfolgt, erlebt das Neugeborene die Mutter, vor allem die stillende Brust, als Teil seiner selbst. In einem Gefühl von Omnipotenz scheint das Kind eine »magische Kontrolle« zu haben: Zwar ist die stillende Brust objektiv vorhanden; da das Kind aber noch keine Außenwahrnehmung hat, macht es die Erfahrung, dass es die Brust jedes Mal selbst erschafft, wenn es sie braucht. Umgekehrt erlebt die Mutter den Säugling als Teil ihrer selbst. Beider Erleben bezeichnet *Winnicott* als Illusion, in der etwas vorgegebenes Äußeres als Selbstgeschaffenes, als Teil des eigenen Inneren erlebt wird. Diese Illusion schafft einen dritten, einen intermediären Raum. Ein erstes Nicht-Ich wird in das Erleben des Neugeborenen einbezogen.
Sehr bald differenziert sich die totale Abhängigkeit in der Weise, dass sich der Säugling als anfänglich getrennt erlebt und ein Signal geben kann, das die Mutter aufnimmt (oder eben nicht). Eine genau abgestimmte Wechselseitigkeit ist notwendig.
»Mit der ›Fürsorge, die er von seiner Mutter empfängt‹, wird jeder Säugling fähig, eine personale Existenz zu haben; er beginnt also, das aufzubauen, was man als ›Kontinuität des Seins‹ bezeichnen könnte. Auf der Grundlage dieser Kontinuität des Seins entwickelt sich das ererbte Potential allmählich zu einem Säuglingsindividuum.«[109]
Es folgt ein Stadium relativer Abhängigkeit (*Winnicott* setzt dafür den Zeitraum von ungefähr 6 Monaten bis zu zwei Jahren an[110]), in dem die beginnenden Fähigkeiten des Säuglings und das Bedürfnis der Mutter, sich wieder stärker ihrem eigenen Leben zuzuwenden, korrespondieren. Das Kind erwirbt erste Fähigkeiten zu verstehen, es wird »auf irgendeine Weise seiner Abhängigkeit gewahr«[111] und ist deswegen in der Lage, schon eine kurze Zeit auf die Mutter zu warten.
In diesem Zusammenhang gewinnen »Übergangsobjekte« eine besondere Bedeutung für die Selbstwerdung des Kindes:[112] Ein Stück Stoff, ein Zipfel der Bettdecke, eine Puppe oder ein Teddy mildern die Angst vor dem Verlassenwerden. Der Gegenstand kann diese Trostfunktion übernehmen, weil er für das Kind einen Bedeutungsüberschuss hat: Der Zipfel der Bettdecke oder die Puppe ist mehr als das physisch anwesende Objekt, sie stehen für die tröstliche Anwesenheit eines Anderen, in der Regel wohl der Mutter, die nicht präsent ist, im Stoffzipfel

---

109 *Winnicott* 2002, 70.
110 *Winnicott* 2002, 113.
111 *Winnicott* 2002, 113.
112 Zum Folgenden *Winnicott* 1973, 10ff.

aber doch »irgendwie« spürbar wird. Diesen Bedeutungsüberschuss bezeichnet *Winnicott* erneut als »Illusion«.
Anders als bei *Freud* bezieht sich der Begriff der Illusion hier auf etwas, das zwar in die äußere Realität gehört, aber zugleich als Teil des Selbst, als Teil der inneren Realität erlebt wird. *Winnicott* konstatiert ein Paradoxon und sagt: »Das Kleinkind erschafft das Objekt (sc. im Sinn einer inneren Objektvorstellung, MK), aber das Objekt war bereits vorher da, um geschaffen und besetzt zu werden.«[113] Das Übergangsobjekt hat also einen erkenntnistheoretischen Zwischenstatus, der im Umgang mit Kindern stillschweigend auch von den Erwachsenen akzeptiert wird. Wir würden gar nicht auf die Idee kommen zu fragen: »›Hast du dir das ausgedacht, oder ist es von außen an dich herangebracht worden?‹ ... Die Frage taucht gar nicht auf.«[114] Das Übergangsobjekt repräsentiert einen intermediären Bereich, in dem sich die klassischen philosophischen Dichotomien von Innenwelt und Außenwelt, von subjektiv und objektiv, von Getrenntsein und Verbundensein in spezifischer Weise überschneiden.
Zunächst hat das Übergangsobjekt die Funktion, die langsame Trennung von der Mutter zu ermöglichen. Die spezifische Illusion des Übergangsobjekts erlaubt es, die Abwesenheit der Mutter zu ertragen, weil sie auf andere Weise eben doch als anwesend erlebt wird. In diesem Prozess ereignet sich gleichzeitig etwas Exemplarisches für das Menschsein überhaupt. »Wir behaupten nun, dass die Akzeptierung der Realität als Aufgabe nie ganz abgeschlossen wird, dass kein Mensch frei von dem Druck ist, innere und äußere Realität miteinander in Beziehung setzen zu müssen, und dass die Befreiung von diesem Druck nur durch einen nicht in Frage gestellten intermediären Erfahrungsbereich (in Kunst, Religion etc.) geboten wird.«[115]
Die Fähigkeit, Übergangsobjekte mit einem solchen Bedeutungsüberschuss (außen und innen, Nicht-Ich und Ich zugleich) zu bilden, ist nach *Winnicott* der Beginn der Symbolbildung; zugleich liegt hier die Wurzel für den kreativen Umgang mit Realität auch beim Erwachsenen. Der intermediäre Bereich wird zum Möglichkeitsraum:[116] Zunächst im kindlichen Spiel, später dann in Kunst und Religion wird ein solcher Möglichkeitsraum immer wieder belebt und neu inszeniert. Nicht die resignierte Anpassung an eine wie auch immer geartete vorgegebene Realität wie bei *Freud* gilt als oberstes Ziel; vielmehr soll die Wirklichkeit transparent werden – in der Kunst, so könnte man sagen, für die kreativen Dimensionen des Lebens, die dem Alltag gewissermaßen vorausliegen, in der Religion für den Grund und das Ge-

---

113 *Winnicott* 1973, 104.
114 *Winnicott* 1973, 23.
115 *Winnicott* 1973, 23f.
116 Den Begriff »intermediärer Bereich« ersetzt *Winnicott* auch durch den Begriff »potential space« vgl. z.B. 1973, 121ff. Vgl. auch *R. Khan* 1993.

heimnis der Wirklichkeit als ganzer, für Gott. Während Kultur bei *Freud* die Funktion hat, die Triebhaftigkeit des Menschen zu kanalisieren, entwickelt sich Kultur (und als ein Teil von ihr die Fähigkeit zum Gebrauch von Symbolen) nach *Winnicott* gleichsam natürlich aus dem Möglichkeitsraum, der in der Beziehung zwischen Mutter und Kind erlebt wird.

Wenn die Ablösung von der Mutter und die gleichzeitige Ausbildung eines eigenen Selbst gelingt, beginnt ein drittes Stadium, das *Winnicott* »Annäherung an Unabhängigkeit« nennt, ein Stadium, in dem das Kind allmählich fähig wird, »der Welt und all ihren Komplexitäten zu begegnen, weil es dort immer mehr von dem sieht, was in seinem Selbst schon vorhanden ist.«[117] Voraussetzung ist hier der Vorgang der Desillusionierung, die Rücknahme der Phantasie, die Welt selbst zu erschaffen, und die Anerkennung der Realität, des Objekts »als ein Wesen mit eigenem Recht.«[118]

Zusammenfassung, Kritik, Konsequenzen
- Mensch-Sein heißt in Beziehung-Sein. Subjekt-Objekt-Beziehungen sind grundlegend und unabdingbar für die Selbst-Werdung des Menschen. Die Qualität der Beziehungen verändert sich im Lauf des Lebens; immer aber sind wir angewiesen auf bestätigende, das Selbst bestärkende Beziehungen.
- Noch deutlicher als in der Ich-Psychologie und in der Narzissmustheorie wird in der Objektbeziehungstheorie herausgestellt, dass Personwerdung kein autonomer und selbstgenügsamer Prozess ist, sondern mit Beziehungen zu tun hat, die sensibel auf die jeweilige Situation aller Beteiligter abgestimmt sein müssen.
- Der präödipalen und präverbalen Entwicklungszeit des Menschen kommt eine große Bedeutung für alle späteren Beziehungen zu. Grundlagen für das Erleben positiver Beziehungsmuster und einen kreativen Symbolgebrauch werden hier gelegt.
- Dem Menschen wird ein Möglichkeitsraum eröffnet, der nicht einfach Illusion im Sinn von Täuschung darstellt, sondern Illusion im Sinn von kreativem Bedeutungsüberschuss. Danach ist Realität nie nur dinghaft und objektiv zuhanden, sondern sie enthält ein »Mehr«, das es zu entdecken gilt.
- Die Bildung von Repräsentanzen kann als ein erster rudimentärer Prozess der Bedeutungsgebung verstanden werden. Die frühen Repräsentanzen bilden das Beziehungsgefüge ab, in dem das Kind lebt; spätere Erfahrungen sind von diesem Hintergrund her mit geprägt.
- Das Halten als ein wichtiger Bestandteil primärer Mütterlichkeit bekommt eine symbolische Bedeutung: In einer Zeit, in der sich

117 *Winnicott* 2002, 117.
118 *Winnicott* 1973, 15.

4.2 Tiefenpsychologie nach C.G. Jung 159

Halt gebende Traditionen und Strukturen auflösen, spielen haltende Beziehungen – im privaten Bereich, im Netzwerk einer Gemeinschaft, in der Seelsorge – eine große Rolle. Die Bedeutung der Gemeinde als einer tragenden und haltenden Gemeinschaft bekommt von hier her ihre psychologische Bedeutung (⇒ Kap. 6.3).
– Objektbeziehungstheorie bietet sich an, um Gottesbeziehungen, Gottesvorstellungen der Menschen in Analogie zu ihren Objektbeziehungen zu verstehen (⇒ Kap. 5): Gott ist nicht als unwandelbar und für sich seiend zu denken, sondern als an Beziehung zum Menschen interessiert und in Beziehungen verwickelt.

Der Zusammenhang von bewussten und unbewussten Faktoren im Glauben wird aus der Sicht der Objektbeziehungs-Theorie verständlicher: Glaube als symbolische Artikulation und Inszenierung (Ritual!) im Blick auf das, was Vertrauen und Hoffnung eröffnet, lebt von den vorbewusst, vorsprachlich erfahrenen Beziehungsstrukturen zu den frühen Bezugspersonen. Hoffnung beispielsweise »ist ein unbewusstes und verkörpertes Wissen oder eine Erwartung, dass der verantwortliche andere mein Schreien hört und antwortet.«[119] Symbole und Rituale des Glaubens beziehen sich auf diese unbewusst weiterhin wirksamen analogen Beziehungsstrukturen: Entweder werden die bewussten Dimensionen des Glaubens dadurch verstärkt und integriert; oder der Glaube dient als Abwehr gegen die Wahrnehmung tatsächlicher Erfahrungen von Misstrauen, Hoffnungslosigkeit und Verlassenheit und wird dann als eigentümlich abstrakt und wenig gegründet erlebt.

4.2 Tiefenpsychologie nach C.G. Jung:
Der Mensch wird von seinen archetypischen Strukturen geleitet

»Mein Leben ist die Geschichte einer Selbstverwirklichung des Unbewussten. Alles, was im Unbewussten liegt, will Ereignis werden, und auch die Persönlichkeit will sich aus ihren unbewussten Bedingungen entfalten und sich als Ganzheit erleben. Um diesen Werdegang bei mir darzustellen, kann ich mich nicht der wissenschaftlichen Sprache bedienen; denn ich kann mich nicht als wissenschaftliches Problem erfahren.
Was man der inneren Anschauung nach ist, und was der Mensch sub specie aeternitatis zu sein scheint, kann man nur durch einen Mythus ausdrücken.«[120]

C.G. Jung war nicht so sehr an der objektivierenden wissenschaftlichen Erfassung psychischer Phänomene interessiert, sondern eher an der subjektiven oder auch mythologischen Beschreibung der beobachtbaren Vielfalt psychischer Prozesse. Seine Psychologie, sein Bild vom Menschen, sind Ausdruck seiner eigenen persönlichen Entwicklung.[121] Dementsprechend sind seine Schriften weniger systematisch, sie reprä-

119 *La Mothe* 2001, 371.
120 *Jung* 1963, 10.
121 *Jung* 1963, 225.

sentieren eine reichhaltige Ansammlung von Geschichten und Beobachtungen psychologischer, religionswissenschaftlicher bzw. ethnologischer Phänomene, aus denen man die Begriffe und anthropologischen Theorien *Jungs* stellenweise geradezu mühsam heraussuchen muss.
Carl Gustav Jung wurde 1875 als Sohn eines Pfarrers in Kesswil in der Schweiz geboren; er war offensichtlich schon von klein auf ein besonderes Kind voll mit Phantasien, Ängsten und sehr ausgeprägten Träumen, bis hin zu allen möglichen anscheinend parapsychologischen Phänomenen, die um ihn herum geschahen. Seine Mutter las ihm aus einer Art bebilderter Religionsgeschichte vor, so dass er schon früh religiöse Symbole und Rituale aus anderen Religionen kennen lernte. In seiner Autobiographie erinnert er viele der frühen Träume und Bilder und bringt sie mit seinem späteren Lebensweg in Zusammenhang. Charakteristisch ist für ihn ein Satz aus dem Beginn dieser Autobiographie: »Im Grunde genommen sind mir nur die Ereignisse meines Lebens erzählenswert, bei denen die unvergängliche Welt in die vergängliche einbrach.«[122] Er rechnet fest mit einer »unvergänglichen Welt« außerhalb, die sich durch Einbrüche – *Jung* spricht da auch von Offenbarungen – in dieser Welt bekannt macht.
Jung studierte Medizin und arbeitete dann lange als Psychiater bei dem damals berühmten Schizophrenieforscher *Eugen Bleuler* im Burghölzli in Zürich. Im Zusammenhang dieser Arbeit lernte er *Freuds* Schriften kennen; er war von dessen Ideen sehr angetan, obwohl er von Anfang an auch deutlich abweichende Meinungen vertrat. *Jung* und *Freud* lernten einander im Jahr 1907 kennen, es entwickelte sich eine anregende Freundschaft zwischen ihnen, *Freud* setzte große Erwartungen in *Jung*, der könne sein »Kronprinz« werden und seine Nachfolge in der psychoanalytischen Bewegung antreten. Nach einigen Jahren (1913) kam es jedoch zum Bruch zwischen beiden: Die Differenzen, vor allem über den Begriff der Libido, aber auch über die Deutung und Bedeutung von Symbolen und Träumen, waren zu groß. *Jung* entwickelte eine eigene Art von Tiefenpsychologie, die er als analytische oder komplexe Psychologie bezeichnete. Sie ist in sich vielfältig und stellenweise schwer zu verstehen und widersprüchlich, so dass *Jung* nicht im selben Maß eine Schultradition entwickelt hat wie *Freud*.
Jung war in den vierziger und fünfziger Jahren bei den Theologen wesentlich populärer als *Freud* (⇒ Kap. 3); das hat sich in den 70er Jahren durch die Wiederentdeckung der Psychoanalyse *Freuds* für die Theologie verändert. Seit den 80er Jahren gibt es eine neue *Jung*-Renaissance durch Autoren und Autorinnen wie *Eugen Drewermann*, *Verena Kast* und *Peter Schellenbaum*.

---

122 *Jung* 1963, 11.

4.2 Tiefenpsychologie nach C.G. Jung

In seinen Erinnerungen erzählt *Jung* von dem ersten Traum, den er im Alter von drei oder vier Jahren geträumt habe:[123]

Er steigt in ein Loch in der Erde und gelangt in einen reich ausgestatteten, dämmerigen, unterirdischen Raum; auf einem prachtvollen Königssessel befindet sich ein riesiges, stammartiges Gebilde aus Haut und Fleisch, das ganz oben ein unbewegtes Auge trägt. Den Träumer erfasst panische Angst, das Gebilde könne auf ihn zu kriechen; er hört die Stimme seiner Mutter »Ja, schau ihn dir nur an. Das ist der Menschenfresser.« Er erwacht schwitzend vor Angst.

Zwei Dinge sind an *Jung*s Interpretation dieses Traums besonders auffallend:
1. *Jung* deutet die Symbole des Traums nicht als Ausdruck persönlicher, frühkindlicher Konflikte, er sucht nicht nach dem latenten Trauminhalt hinter den manifesten Bildern, wie es Freud getan hätte. Er nimmt vielmehr die Bilder, man könnte sagen, so, wie sie sind, und versucht ihren mythologischen oder religionsgeschichtlichen Gehalt zu begreifen. Es scheint ihm klar, dass in diesem Traum eine »schreckliche Offenbarung« in sein Leben eingedrungen ist, deren Bedeutung für sein Leben es zu verstehen gilt. Diese Bedeutung erschließt sich für ihn über die mythologische Bedeutung der Traumbilder; sie sind in vieler Hinsicht überpersönlich und nicht als Ausdruck persönlicher, innerpsychischer Konflikte und ihrer Verdrängungen zu verstehen. Die Bilder des Traums sind zukunftsträchtig, sie weisen auf zukünftige Entwicklungen hin, sind voll von Keimen zukünftiger Situationen und Ideen, sie enthalten Botschaften über das, was kommen wird.
2. Der Phallus *erscheint* ihm als »ein unterirdischer und nicht zu erwähnender Gott« – ein Bild für die Bedeutung der Sexualität. Sexualität spielt ihre Rolle unterirdisch, verborgen, man erwähnt sie besser nicht; aber sie ist trotzdem ein Gott, d.h. mächtig, sie ergreift den Menschen, bestimmt sein Leben. Damit stellt sich die Frage, wie *Jung* angesichts des Themas Sexualität sein Verhältnis zu Freud bestimmt:

»Es ist ein weitverbreiteter Irrtum zu meinen, ich sähe den Wert der Sexualität nicht. Im Gegenteil, sie spielt in meiner Psychologie eine große Rolle, nämlich als wesentlicher ... Ausdruck der psychischen Ganzheit. Es war aber mein Hauptanliegen, über ihre persönliche Bedeutung und die einer biologischen Funktion hinaus ihre geistige Seite und ihren numinosen Sinn zu erforschen und zu erklären ... Als Ausdruck eines chtonischen Geistes ist die Sexualität von größter Bedeutung. Denn jener Geist ist das ›andere Gesicht Gottes‹, die dunkle Seite des Gottesbildes.«[124]

---

123 *Jung* 1963, 18f.
124 *Jung* 1963, 172.

Hier wird besonders deutlich, wie *Jung* Sexualität und Religion zusammenbringt, sie als die zwei Seiten der Ganzheit des Lebens betrachtet. Sexualität erscheint hier, ähnlich wie bei *Freud*, als eine Grundkraft des Lebens, aber nun als eine, die nicht um der Kulturentwicklung willen notwendigerweise eingegrenzt und sublimiert werden muss, die vielmehr um der Ganzheit des Lebens willen angenommen und integriert werden soll, so wie Religion, die Suche nach Anschluss an das Geheimnisvolle, an die Transzendenz, auch.

Einige Charakteristika von *Jungs* Menschenbild lassen sich unter folgenden Stichworten entfalten:[125]

4.2.1 Bewusst / unbewusst

Auch *Jung* sieht den Menschen geprägt von bewussten und unbewussten seelischen Prozessen – aber mit einer anderen Zielrichtung als *Freud*: Während es *Freud* darum ging, dem Unbewussten möglichst viel Terrain zu entreißen und es dem Ich zuzuführen, versteht *Jung* Bewusstes und Unbewusstes wie kommunizierende Röhren, wie zwei Seiten eines Systems, die eine jeweils kompensatorische Funktion haben. Es geht ihm um eine ausgewogene Balance zwischen Bewusstem und Unbewusstem. Viele psychische Probleme resultieren für ihn aus der einseitigen Betonung der *bewussten* Dimensionen des Geistes in den modernen Gesellschaften, so dass die Kräfte des Unbewussten ausgesperrt bleiben und nicht genutzt werden können. In der Psychotherapie geht es darum, wieder zu einem Gleichgewicht zwischen Bewusstsein und Unbewusstem zu kommen und damit letztendlich das zu erreichen, was *Jung* das »Selbst« nennt: die ganzheitliche Entwicklung und Entfaltung der Person. Dieses Selbst ist deutlich zu unterscheiden vom Ich, das *Jung* als Zentrum des Bewusstseins begreift.

4.2.2 Das kollektive Unbewusste

Über das persönliche Unbewusste hinaus, das aus vergessenen und verdrängten Inhalten besteht, postuliert *Jung* ein kollektives Unbewusstes im Menschen. Er findet in eigenen und fremden Träumen immer wieder Bilder, die seiner Meinung nach nicht aus einem persönlichen Hintergrund stammen können (vgl. seinen ersten Traum, s.o.). In vielen Traumbildern erkennt *Jung* mythologische Motive wieder, Überreste eines archaischen primitiven Geistes, wie sie heute noch bei Naturvölkern zu finden sind, wie sie sich in Mythen und Legenden der Völker und Religionen niedergeschlagen haben. An diesem Erbe haben die einzelnen Menschen teil, es bildet den Urgrund der Psyche und kommt in Träumen und Phantasien zum Ausdruck.

»Wie der menschliche Körper ein ganzes Museum von Organen darstellt, von denen jedes eine lange Entwicklungsgeschichte hinter sich hat, so können wir auch

---

[125] Zum Folgenden vgl. auch *Schwermer* 1987; *Singer* 1973.

4.2 Tiefenpsychologie nach C.G. Jung

erwarten, daß unser Geist in ähnlicher Weise organisiert ist. Er kann ebensowenig wie der Körper, in dem er existiert, ein Produkt ohne Geschichte sein. Mit ›Geschichte‹ meine ich nicht die bewußte Beziehung unseres Geistes auf seine Vergangenheit in Sprache und anderen kulturellen Traditionen. Ich meine die biologische, prähistorische, unbewußte Entwicklung des Geistes im archaischen Menschen, dessen Psyche der des Tieres noch sehr ähnlich war. Diese unermeßlich alte Psyche bildet die Grundlage unseres Geistes, so wie die Struktur unseres Körpers auf dem allgemeinen anatomischen Muster des Säugetiers beruht. Das geübte Auge des Anatomen oder des Biologen findet in unserem Körper viele Spuren dieses ursprünglichen Musters. Der erfahrene Erforscher der Seele erkennt in ähnlicher Weise die Analogien zwischen den Traumbildern des modernen Menschen und den Erzeugnissen des primitiven Geistes, seinen ›kollektiven Bildern‹ und seinen mythologischen Motiven.«[126]

Die Struktur der Persönlichkeit nach *Jung* kann man sich dann folgendermaßen vorstellen:

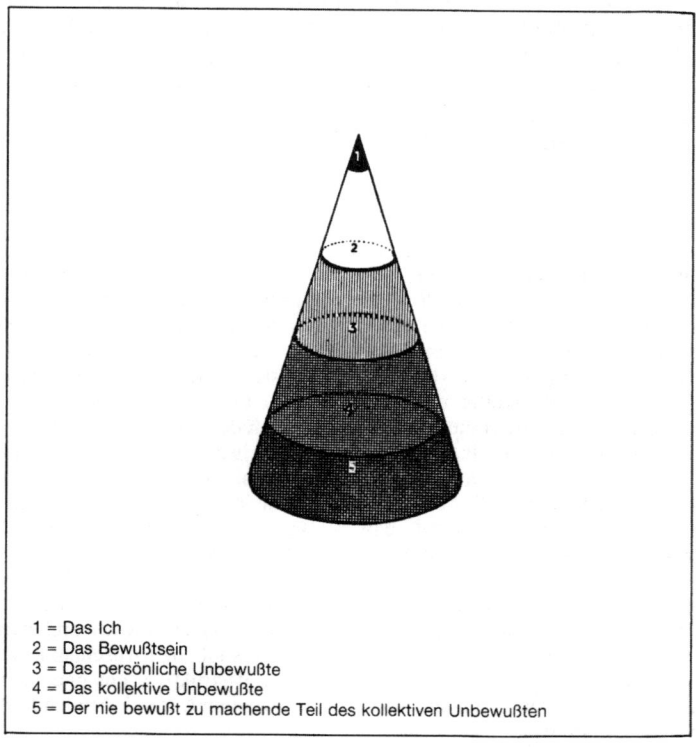

1 = Das Ich
2 = Das Bewußtsein
3 = Das persönliche Unbewußte
4 = Das kollektive Unbewußte
5 = Der nie bewußt zu machende Teil des kollektiven Unbewußten

Abb. aus *Schwermer* 1987, 84.

[126] *Jung* u.a. 1968, 67.

Die Inhalte des kollektiven Unbewussten begreift *Jung* als urtümlich, archaisch, oft auch geheimnisvoll und unklar, sie unterliegen nicht den Gesetzen der Logik, man kann sie eher intuitiv erfassen als logisch-diskursiv verstehen. Die »participation mystique«, die man aus den Religionen kennt, wird auch im Blick auf das Unbewusste zu einer angemessenen Weise des Verstehens.

4.2.3 Archetypen

Das kollektive Unbewusste ist für *Jung* nicht einfach unstrukturiert chaotisch, sondern angefüllt mit Archetypen, die man als »Symbole überpersönlichen Charakters«[127] bezeichnen kann, als »anthropologische Konstanten des Erlebens, des Abbildens, des Verarbeitens und des Verhaltens«,[128] als unbewusste, apriorische Wahrnehmungsstrukturen, in die die konkreten, persönlichen Erlebnisse hineinfallen und durch sie mitgeformt werden. *Jung* sieht in den Archetypen die Qualität von Kraftquellen, die zu neuem Leben anregen, aber auch, wenn sie nicht beachtet werden, zerstörerische Wirkungen haben können. Deswegen schreibt *Jung* ihnen eine numinose Wirkung zu: Es sind Grundmuster von Bildern, die einen Menschen ergreifen, die ihn packen, die einen zwingenden Einfluss ausüben.

Ein Beispiel kann das schwierige Konzept der Archetypen am besten verdeutlichen:[129]
Eine 40-jährige Patientin, die im Lauf der Therapie eine heftige Auseinandersetzung mit ihrer dominanten Mutter führt, wehrt sich aggressiv gegen sie, grenzt sich von ihr ab, um ihre eigene Rolle als Frau und Mutter zu finden. Trotz dieser Auseinandersetzungen bleibt die Patientin irgendwie unzufrieden, es bleibt ein nicht aufzuarbeitender Rest. Eines Tages kam sie zur Therapie und begann ein Gespräch mit einem Bild der Mutter, von dem sie spürte, dass es mehr repräsentierte als ihre konkrete Mutter, dass dieses Bild vielmehr in ihr selbst, in ihrer Mutter und auch in ihrer Großmutter vorhanden war. Jede Generation hatte irgendwie Teil an diesem Bild und lebte es jeweils neu aus in einem heftigen Kampf zwischen Mutter und Tochter. In jungianischer Terminologie erscheint hier der Archetyp der Großen Mutter. *J. Singer* beschreibt sie als eine »schreckliche Frau, deren furchtbare Macht über dem Kind schwebt; sie weiß alles, was man zum Leben wissen und lernen muß; sie teilt Strafe und Zuneigung aus nach ihren eigenen, nicht nachvollziehbaren Gesetzen, sie hat Kontrolle über Leben und Tod, weil sie Nahrung geben oder zurückhalten kann, weil sie Schmerzen zufügen oder Trost und Heilung geben kann. Jedes Mutter-Kind-Paar agiert dieses archetypische Drama aus ...«.[130] Durch die Unterscheidung der persönlichen Auseinandersetzung von der archetypischen kann man, so *Singer*, die destruktive, einengende Macht des Archetypus reduzieren und andererseits seine heilende und kräftigende Potenz zum Vorschein bringen.

127 *Kast* 1990, 114.
128 *Kast* 1990, 115.
129 Aus *Singer* 1973, 101ff.
130 *Singer* 1973, 104.

4.2 Tiefenpsychologie nach C.G. Jung

Die Archetypen – dazu gehören die Große Mutter, der Held, der weise alte Mann, die weise alte Frau, das göttliche Kind, der Drachen – tragen eine schaffende, strukturierende Kraft in sich, sie folgen sinnvollen Plänen, sie vertreten die Gesetze des Lebendigen, entsprechend werden sie vom Individuum als eine Macht erlebt, die sie ergreift, die ihr Leben anstößt, aus der Bahn wirft und/oder in eine andere Richtung lenkt, ein neues Ziel vorgibt.[131]

4.2.4 Symbole

Archetypen kommen zum Ausdruck in Symbolen, d.h. in Bildern, die in Träumen, Phantasien, in Märchen, in der Kunst, in den Religionen zu finden sind. Ein Symbol ist, wie der Begriff sagt, ein Zusammengesetztes: Ein Gegenstand, ein Bild, eine Handlung wird verstanden als Verweis auf etwas Unsichtbares, auf eine zweite, weitere Bedeutung. In einem Äußeren offenbart sich etwas Inneres, in etwas Sichtbarem ein Unsichtbares, in etwas Körperlichem ein Geistiges, in etwas Besonderem das Allgemeine; so lebt das Symbol vom Bedeutungsüberschuss. Symbolisieren heißt, die vordergründige Wirklichkeit auf eine hintergründige Wirklichkeit hin zu befragen oder die vordergründige Wirklichkeit im Spiegel einer in Bildern auftauchenden hintergründigen Wirklichkeit zu betrachten (⇒ Symbol, Kap. 7.3).
Die Symbole eines Traums beispielsweise werden in dieser Weise auf ihren Sinn hin befragt – im Unterschied zu *Freud* nicht im Blick auf mögliche Konflikte aus der Vergangenheit, sondern – durch die Methode der *Amplifikation* (Anreicherung, Erweiterung und Ergänzung des Traummaterials durch Märchen, Mythen, religionsgeschichtliche Materialien) – im Blick auf ihre zukunftsweisenden Aspekte. Auf der sogenannten *Objektstufe* werden Traumbilder mit möglichen realen Personen und Situationen in Zusammenhang gebracht, auf der *Subjektstufe* gelten sie als Ausdrucksformen der inneren Dynamik des Träumers, als Ausdruck eigener Möglichkeiten und Grenzen.

Die Unterscheidung von Subjekt- und Objektstufe wird auch in der Märcheninterpretation häufig verwendet: Wenn der Prinz die Aufgabe hat, eine verwunschene Prinzessin zu erlösen, kann man das als Hinweis auf eine real bevorstehende Beziehungsaufgabe verstehen, man kann es aber z.B. auch deuten als Herausforderung, die eigene weibliche Seite zu erlösen und zu entwickeln.

Durch die Symbole bekommen wir Zugang zum Unbewussten, zu den Archetypen; durch die Auseinandersetzung mit Symbolen beginnt ein Prozess des Lebendigwerdens, weil nun Bewusstes und Unbewusstes in einen Austausch miteinander geraten und eine möglicherweise ein-

---

[131] *Drewermann* 1993, 269ff. und *Browning* 1989, 173ff. weisen auf neurobiologische Forschungen hin, die die Annahme universaler Gehirnstrukturen in einer gewissen funktionalen Analogie zu Jungs Archetypen nahe legen.

seitig bewusste Einstellung korrigiert und weiterentwickelt werden kann.
Die Deutung geschieht unter finalem Aspekt, auf Zukunft bezogen, unter der Fragestellung: Welche Entwicklungen zeichnen sich ab? Methodisch kann das so vor sich gehen, dass Patienten gebeten werden, ihre Träume und deren Symbole zu malen, man sieht dann in einer Reihe von Bildern deutlich die Entwicklungen, die sich bei einem solchen Menschen vollziehen.[132]

4.2.5 Persona, Schatten, Anima und Animus
Bestandteil des kollektiven Unbewussten ist die *Persona*: Im Wortsinn ist damit die Maske gemeint, die Fassade, die jeder Mensch nach außen, zur Gesellschaft hin trägt und die sein Inneres verbirgt. Wenn das brave, schüchterne Mädchen träumt, als erotischer Vamp aufzutreten und Männer zu verführen, kann man in *Jung*scher Terminologie davon sprechen, dass das brave, schüchterne Auftreten ihre Persona repräsentiert, hinter der sich als nicht akzeptierter Schatten der Wunsch, aufzufallen und erotisch attraktiv zu sein, verbirgt.
Eine solche Persona ist in gesellschaftlichen Zusammenhängen zunächst funktional und sinnvoll; wenn die Diskrepanz zwischen den Wünschen und Sehnsüchten auf der einen Seite und dem tatsächlichen Verhalten auf der anderen Seite jedoch zu groß wird, leidet die Person darunter. Dann wird es wichtig, z.B. auf kompensatorische Träume zu achten, die einen Hinweis auf die andere, verborgene Seite geben, und nach Möglichkeiten zu suchen, wie jene Diskrepanz verringert werden kann.
Die Persona ist also die angepasste Seite, hinter der sich der von *Jung* sogenannte *Schatten* verbirgt. Der Schatten repräsentiert die ungeliebten, verachteten, unmoralischen, im privaten und öffentlichen Leben nicht zugelassenen Aspekte und Wünsche eines Menschen. Auch das, was man an sich selbst nicht leiden kann, eigene Schwächen und Unvollkommenheiten, Süchte und Abhängigkeiten, destruktive Impulse, Gier, Neid, Eifersucht – all das ist Bestandteil des teils bewussten, teils unbewussten Schattens.
Jung teilt also mit *Freud* durchaus die Annahme, dass der Mensch starke unmoralische, aggressive und sexuelle Impulse in sich trägt, mit denen man sich auseinander setzen muss. Anders als *Freud* spricht *Jung* jedoch nicht von der Notwendigkeit einer Kontrolle dieser Impulse, sondern von der Zielsetzung, sie zu integrieren. Was das heißt, formuliert eine jungianische Therapeutin so: »Wie schwer das ist (sc. den Schatten zu integrieren), wird klar, wenn wir statt: den Schatten akzeptieren formulieren: sich selbst akzeptieren als einen versagenden, vielleicht kleinlichen, gar nicht imponierenden, sondern oft recht kläglichen Menschen. Den Schatten zu integrieren heißt deshalb auch, das

---

132 *Kast* 1990, 29ff druckt eine solche Bildserie ab und interpretiert sie.

4.2 Tiefenpsychologie nach C.G. Jung

Leiden am eigenen Unvermögen und der eigenen Enge auszuhalten und davor nicht die Flucht zu ergreifen.« Und weiter: »Ein Mensch mit einem integrierten Schatten wird davor bewahrt, an der Diskrepanz zwischen seinen Wunschbildern von sich und anderen einerseits und der Realität andererseits zu scheitern, denn er braucht nicht dauernd die Illusion aufrechtzuerhalten, er sei ein hervorragender oder wenigstens beinahe hervorragender Mensch.«[133]
Je ausgeprägter also Wunsch- und Idealbilder sind, desto stärker droht der nicht integrierte Schatten zu werden – das ist für jedes religiöse und moralische System von Belang. Umgekehrt könnte die christliche Rechtfertigungslehre eine Ermutigung sein, sich dem eigenen Schatten zu stellen (⇒ Kap. 12.4).

Auch Persona und *Animus/Anima* sind aufeinander bezogen im Blick auf die jeweiligen Geschlechtsrollen des Mannes und der Frau. Kompensatorisch zur äußeren Geschlechtsrolle gibt es eine unbewusste, entgegengesetzte Verhaltensweise. Konkret: Eine »weibliche« Frau wird eine Seele mit ausgeprägt männlichen Zügen haben (eben den animus), ein »männlicher« Mann eine Seele mit weiblichen Zügen (die anima). Zum reifen, erwachsenen Menschen gehört es, dass er diese jeweils andere Seite wenigstens ansatzweise kennt und integriert hat. Leider ist das oft nicht der Fall. Im Gegenteil, der animus oder die anima wird unterdrückt und dann auf einen anderen Menschen projiziert, das entsprechende Verhalten wird vom anderen erwartet. Gerade bei der Partnerwahl spielt dieser Mechanismus oftmals eine Rolle: Der männliche Mann sucht die weibliche Frau und umgekehrt – statt diese Wünsche und Fähigkeiten auch bei sich selbst zu entdecken. Oder: Die hilfreiche Frau sucht den verlorenen, verkommenen Mann, den sie retten kann. Das kann nur so lange gut gehen, wie der andere das Projektionsspiel mitspielt; wenn der/die andere sich selber weiter entwickelt, passt auch dieses »Spiel« nicht mehr, und die Beziehung zerbricht.

4.2.6 Komplexe

Komplexe bezeichnen eine Struktur des Unbewussten, in der sich Beziehungsmuster und die damit verbundenen Affekte aus der Kindheit und dem späteren Leben abbilden.[134] *Jung* bezeichnet sie auch als »abgesprengte Teilpsychen«, die als Ausdruck bestimmter Lebensthemen für die weitere Entwicklung förderlich oder hinderlich sein können. Sie stehen häufig in Spannung zum bewussten Wahrnehmen und Wollen. Ausgehend vor allem von verletzenden, traumatischen Erfahrungen konstellieren und steuern sie alles weitere Erleben. Beim Komplex »Übergangenwerden« beispielsweise wird das ganze Leben betrachtet

---

133 *Kassel* 1980, 144f.
134 Vgl. *Kast* 1990, 44ff.

unter der ängstlichen Fragestellung »Werde ich übergangen?« Eine besondere Sensibilität für diese Erfahrung, Argwohn und entsprechende Projektionen strukturieren nun die Alltagserfahrung.

Symbole, vor allem Träume, bilden Komplexe ab, geben ihnen Ausdruck und eröffnen auch die Möglichkeit, die unbewussten Komplexe bewusster Verarbeitung zuzuführen. Während Archetypen mehr oder weniger universale psychische Strukturen repräsentieren, bilden sich Komplexe aus individuellen Erfahrungen und geben den Archetypen im einzelnen Menschen eine unverwechselbare persönliche Färbung.

4.2.7 Individuation

*Jung*sche Psychotherapie will die Individuation des Menschen voran bringen. Mit dem Begriff ist ein Vorgang gemeint, der die Einzelnen aus kollektiven Vorgaben löst und »die Entwicklung der individuellen Persönlichkeit zum Ziel hat«.[135] Der Mensch soll zu dem werden, der er eigentlich ist, er soll die Fülle der Lebensmöglichkeiten ausschöpfen, aber auch lernen, die jeweiligen Grenzen zu akzeptieren. Auf diesem Weg erhöhen sich sowohl seine Autonomie als auch seine Beziehungsfähigkeit zu anderen und zur Welt als ganzer. Im Symbol oder Archetyp des Selbst erscheint das Ziel der Individuation gebündelt. Das Selbst »drückt die Einheit und Ganzheit der Gesamtpersönlichkeit aus«,[136] beispielsweise in bestimmten Symbolen der Ganzheit (Kreis, Kugel etc.). Das Selbst ist Ursprung und gleichzeitig Ziel der Persönlichkeit, es ist und bleibt Postulat oder Utopie, der man sich immer nur annähern kann (⇒ Kap. 9.7.2). Psychoanalyse / Psychotherapie, die über die Symbole vor allem der Träume Unbewusstes und Bewusstes einander annähert und verbindet, kann einen wesentlichen Beitrag zur Selbstwerdung leisten.

Zusammenfassung, Kritik, Konsequenzen[137]
- *Jungs* Vorstellung vom menschlichen Unbewussten ist – das wird im Vergleich zu *Freuds* Verständnis sehr deutlich – ein grundlegend positives: Das persönliche, vor allem aber das kollektive Unbewusste enthält nach *Jung* die schöpferischen emotionalen und geistigen Fähigkeiten des Menschen wie auch die bedrohlichen und zerstörerischen Potentiale; das Unbewusste liegt der konkreten menschlichen Realität immer schon voraus und fordert im Prozess der Integration und Individuation zur ständigen Weiterentwicklung heraus.
- Integration und Individuation als ein immer fortschreitender Prozess ist möglich, wenn der Mensch seinem Schatten begegnet und dabei lernt, die Gesamtheit seiner bewussten und unbewussten Mög-

---
135 *Jung*, GW 6, 477.
136 *Jung*, GW 6, 512.
137 Zum Folgenden vgl. auch *Evers* 1987.

4.2 Tiefenpsychologie nach C.G. Jung

lichkeiten und Grenzen zu bejahen; auf diesem Weg wird er im eigentlichen Sinn Subjekt seines Lebens.
- Wissenschaftliche Erkenntnis und Methodik vermag nach *Jung* den Menschen nur begrenzt zu erfassen; ein intuitives, mythologisches Wissen, wie es in den Religionen, in der Kunst und im kollektiven Unbewussten gesammelt ist, erscheint diesbezüglich geeigneter. Das hat *Jung* immer wieder den Vorwurf eingetragen, seine Psychologie sei spekulativ und mystisch.
- Menschliches Leben ist polar, durch Gegensatzpaare konstituiert (introvertiert – extravertiert, Selbst – Schatten, animus – anima etc.); die damit verbundenen Konflikte müssen jedoch nicht lebensbestimmend sein und bleiben; die Integration oder Synthese der Konflikte auf einer höheren Ebene ist möglich und wird in der Psychotherapie oder in der persönlichen Auseinandersetzung mit den eigenen Träumen angestrebt.
- Jungs Symbolbegriff und seine Art des methodischen Umgangs damit fördert die Tendenz, Ambivalenzspannungen als kreative Ich-Leistungen auflösen zu wollen zugunsten eines archaisch-regressiven ganzheitlichen Partizipationserlebens.[138]
- *Jung* entwirklicht die soziale, historische und politische Außenwelt, indem er allein dem Psychischen Objektivität und Wirksamkeit zuschreibt. In seiner Autobiographie heißt es exemplarisch: »Das Schicksal will es nun ..., dass in meinem Leben alles Äußere akzidentell ist, und nur das Innere als substanzhaft und bestimmend gilt.«[139]
- Neben der Entwirklichung der Außenwelt ist bei *Jung* auch eine Vernachlässigung mitmenschlicher Bezüge zu beobachten: An die Stelle der Ich-Du-Beziehung tritt die Beziehung zwischen dem Ich-Bewusstsein und dem kollektiven Unbewussten. »Alle konfliktive Auseinandersetzung mit der mitmenschlichen Umwelt erscheint bei ihm als bloßer Ausfluß der Auseinandersetzung mit dem eigenen Schatten.«[140]
- Der Bereich der Sexualität tritt bei *Jung* eigentümlich in den Hintergrund; Tilman Evers spricht geradezu von einer »Retabuisierung«.[141]
- Das Bewusstsein, das ist nach dem Vorherigen schlüssig, wird bei *Jung* abgewertet gegenüber der unbegrenzten Schöpfungskraft des Unbewussten. Damit wächst die Gefahr, dass das bewusst entscheidende und das Leben verantwortende Ich im Sog der Kollektivseele und zugleich privatistisch untergeht.

---

138 Vgl. dazu ausführlicher *Winkler* 1988 (b), 334–350.
139 *Jung* 1963, 4.
140 *Evers* 1987, 94.
141 *Evers* 1987, 95.

– *Jung* kann mit seiner positiven Einschätzung der Möglichkeiten individueller Integration sicherlich als einer der Wegbereiter der humanistischen Psychologie betrachtet werden. Allerdings ist zu berücksichtigen, dass sich *Jung*s Begriff des Selbst deutlich von dem in der Humanistischen Psychologie unterscheidet.

4.3 Humanistische Psychologie: Der Mensch ist im Grunde seines Wesens konstruktiv

4.3.1 Humanistische Psychologie allgemein

Die in den USA seit den 40er Jahren entstandene, erst später so genannte Humanistische Psychologie bezeichnet eine Gegenbewegung vor allem gegen den Behaviorismus (s.u.), aber auch gegen bestimmte Grundpositionen der Psychoanalyse. Der Name ist eine Sammelbezeichnung für eine Reihe z.T. recht unterschiedlicher Ansätze,[142] die darin übereinstimmen, dass sie eine ganzheitliche Orientierung, also auch eine Sinn- und Wertorientierung, in Theorie und Praxis der Psychologie und Psychotherapie anstreben.

Die humanistische Psychologie knüpft an die frühere geisteswissenschaftliche Psychologie an; Impulse des europäischen Existentialismus (*Kierkegaard, Heidegger, Merleau-Ponty, Sarte* u.a.) und fernöstlicher Philosophie (Zen und Taoismus) verbinden sich mit Ansätzen aus Psychoanalyse und Gestaltpsychologie. Die Ganzheitlichkeit menschlicher Erfahrung (Gestaltpsychologie), das Streben nach Selbstverwirklichung und Sinnfindung und die Bedeutung zwischenmenschlicher Begegnung (*Martin Buber*) stellen die wichtigsten Ziele dieser Bewegung dar.[143]

Es geht der humanistischen Psychologie auch um einen Kampf gegen die Entfremdung des Menschen durch die Gesellschaft, speziell im Spätkapitalismus; Autoren wie *Erich Fromm* haben eine ausgesprochen politische Zielsetzung in ihrer Arbeit entwickelt, sie wollen den »humanen« Menschen, der nicht durch die gesellschaftlichen Verhältnisse entfremdet ist, sondern der sich und seine Potentiale im höchsten Maß selbst aktualisieren und verwirklichen kann. Diese politisch-emanzipatorische Zielsetzung wird bei *Fromm* besonders deutlich in der Unterscheidung von Haben und Sein (oder auch in seiner Unterscheidung von autoritärer und humanitärer Religion!): Der »Habenmodus« der Existenz ist – in Aufnahme von *K. Marx* – gekennzeichnet durch Privateigentum, Profit- und Machtgier, »Menschen werden (s.c. auf Grund dieser Normen, M.K.) in Dinge verwandelt, ihr Verhältnis zueinander nimmt Besitzcharakter an.«[144]

---

142 Vgl. die Übersicht bei *Quitmann* 1985.
143 Vgl. zum Ganzen auch *Kriz* 2001, 159ff.
144 *Fromm* 1976, 75.

4.3 Humanistische Psychologie

Haben bezieht sich auf Dinge, Sein demgegenüber auf Erlebnisse. »Die Voraussetzungen für den Seinsmodus sind Unabhängigkeit, Freiheit und das Vorhandensein kritischer Vernunft. Sein wesentlichstes Merkmal ist die Aktivität, nicht im Sinne von Geschäftigkeit, sondern im Sinne innerer Aktivität, dem produktiven Gebrauch menschlicher Fähigkeiten. Sein heißt, seinen Anlagen, seinen Talenten, dem Reichtum menschlicher Gaben Ausdruck zu verleihen ... Es bedeutet, sich selbst zu erneuern, zu wachsen, sich zu verströmen, zu lieben, das Gefängnis des eigenen isolierten Ichs zu transzendieren, sich zu interessieren, zu geben.«[145]

Mit dieser Umschreibung des Seinsmodus hat *Fromm* auch zugleich die beiden wichtigsten Begriffe der humanistischen Psychologie, *Wachstum* und *Selbstverwirklichung* oder Selbstaktualisierung genannt. Die Anhänger der humanistischen Psychologie gehen davon aus, dass jeder Mensch ein im Grunde unbegrenztes Potential an Möglichkeiten in sich trägt, das aus sich heraus nach Entfaltung strebt; der Mensch ist von seiner biologischen Ausstattung her zutiefst gut und kreativ. Er ist in der Lage, auf der Basis seiner bewussten Wahrnehmung, zu wählen, zu entscheiden, sich zu verwirklichen, Verantwortung für sein Leben zu übernehmen.

»Der Mensch ist so konstruiert, dass er auf ein immer erfüllteres Leben hindrängt, das heißt, auf etwas hin, was die meisten Leute bezeichnen würden als gute Werte wie Heiterkeit, Freundlichkeit, Mut, Ehrlichkeit, Liebe, Selbstlosigkeit und Güte.«[146]

Nach *Abraham Maslow* sind die Bedürfnisse im Menschen quasi hierarchisch gestaffelt: Wenn die grundlegenden biologischen Bedürfnisse nach Nahrung, Schlaf, Sexualität, Geborgenheit und Sicherheit gestillt sind, stellen sich automatisch höhere Bedürfnisse nach Selbstaktualisierung ein. »Gesunde« Menschen in diesem Sinn zeichnen sich aus durch

»1. eine erhöhte Wahrnehmung der Realität,
2. zunehmende Akzeptanz ihrer selbst, von anderen und der Natur,
3. zunehmende Spontaneität ...
4. zunehmende Autonomie ...
5. häufigere Gipfel-Erfahrungen ...
6. verbesserte interpersonelle Beziehungen ...
7. erheblich zunehmende Kreativität ...«[147]

Der Wachstums- und Selbstaktualisierungsprozess kommt nie an sein Ende, in jeder Lebensphase stellen sich neue Entwicklungs- und Wachstumsaufgaben und -möglichkeiten. Es sind in der Regel die ungünsti-

---

145 *Fromm* 1976, 90.
146 *Maslow* ²1968, 155.
147 *Maslow* ²1968, 25f.

gen, die entfremdenden Umstände in Familie und Gesellschaft, die Menschen an der adäquaten Entwicklung ihrer Möglichkeiten hindern. Damit kreatives Wachstum geschehen kann, sind bestimmte Rahmenbedingungen nötig: Dazu gehört ganz wesentlich die Begegnung zwischen zwei oder mehr Menschen, die von Offenheit, Echtheit und Selbstverantwortung geprägt ist. So wird beispielsweise in verschiedenen humanistischen Psychotherapieformen der Versuch gemacht, die klassische asymmetrische Beziehungsstruktur zwischen Patient und Therapeut zu reduzieren und tendenziell sogar aufzulösen. Der Patient wird zum Partner, er wird Klient/Klientin genannt, um die Eigenverantwortlichkeit zu unterstreichen; er/sie soll nicht vom Therapeuten abhängig sein, wie das ein Patient von seinem Arzt ist; der Therapeut gibt das setting der Freud'schen Analyse (der Therapeut sitzt hinter dem auf der Couch liegenden Patienten) auf, setzt sich dem Klienten gegenüber und ist dem anderen gegenüber so offen und echt wie möglich.

Zu den Rahmenbedingungen gehört weiter das »Hier und jetzt«-Prinzip, das von *Jacov Levy Moreno* (1889–1974) und *Kurt Lewin* (1890–1947) vorbereitet worden war. *Lewin* unterscheidet zwischen Lebenssituation und Momentansituation dergestalt, dass die gesamte Lebenssituation, die die sozialen und historischen Umstände einschließt, die jeweilige Momentansituation entscheidend bestimmt.[148] »Wirklich« im Sinne von wirksam ist nur das, was gegenwärtig konkret gegeben ist. Vergangenheit und Zukunft, soziale und physikalische Fakten sind nur wirksam, insofern sie gegenwärtig das Verhalten eines Menschen beeinflussen. Humanistische Psychotherapieformen haben diesen Ansatz in das genannte »Hier und jetzt«-Prinzip weiterentwickelt: In der therapeutischen Situation wird mit dem gearbeitet, was hier und jetzt wahrnehmbar ist in der einzelnen Person bzw. in der Beziehung zwischen ihr und der Therapeutin oder anderen Gruppenmitgliedern. Das kann z.B. heißen, dass man sich nicht bei der Erzählung der Details eines komplizierten Traums aufhält, sondern sich auf das Gefühl konzentriert, dass sich bei der Erzählung des Traumes hier und jetzt einstellt.

Die therapeutische Gruppe oder die Wachstumsgruppe (Growth group, encounter group, ⇒ Kap. 14) wurde das bevorzugte Mittel, um solche Prozesse der Selbstverwirklichung in Gang zu setzen: In der Begegnung mit anderen gelingt es, offen und echt zu werden, die falschen Masken und Fassaden fallen zu lassen, das eigentliche Selbst zum Vorschein zu bringen und sich darin wirklich zu begegnen. Nicht nur der Therapeut kann Prozesse der Selbstverwirklichung freisetzen, auch die Begegnung mit anderen in der Gruppe macht dies möglich.[149]

---

148 *Lewin* 1969, 44ff.
149 Grundlegend dazu *Rogers* 1970.

4.3 Humanistische Psychologie

Die Ursprünge der Humanistischen Psychologie gehen zurück auf *Freud* und *Jung*, weitere Anstöße kommen von *Otto Rank* und *Alfred Adler*. Als Vertreter der Humanistischen Psychologie im engeren Sinn sind zu nennen *Erich Fromm, Abraham Maslow, Gordon Allport, Fritz Perls, Carl Rogers, Ruth Cohn, Rollo May, Virginia Satir, Viktor Frankl*. *Maslow* hat die Humanistische Psychologie als dritte Kraft neben der Psychoanalyse und der Verhaltenspsychologie bezeichnet.

In den 60er Jahren gab es einen regelrechten Psychoboom, ausgelöst durch die Zielsetzungen der Humanistischen Psychologie. Sie passte zur Gesellschaftskritik der 68er Jahre; sie entwarf in der Zeit des Kalten Krieges ein Gegenbild vom Menschen und seinen konstruktiven Möglichkeiten. Allerdings wurde ihr zum Teil zu Recht vorgeworfen, dass sie sich zu ausschließlich auf die individuelle Selbstverwirklichung konzentriere und die kritikwürdigen politischen und sozialen Bedingungen außer Acht lasse. Die Humanistische Psychologie sei zu einer Spielwiese der gebildeten und frustrierten Mittelklasse geworden, sie verkomme zu einer neuen Religion der Selbst-Verherrlichung.[150]

Die Humanistische Psychologie hat nicht nur die Psychotherapieszene – das heißt die Vorstellungen von Zielen und Mitteln dessen, was Psychotherapie ist und bewirken soll –, sondern auch ein in den westlichen Industrieländern verbreitetes Lebensgefühl nachhaltig verändert. *Gerhard Schulze* hat in seiner Kultursoziologie in der Beschreibung von sozialen Milieus als »Gemeinschaften der Weltdeutung«[151] ein »Selbstverwirklichungsmilieu« identifiziert, das sich durch einen »ichverankerten Ich-Welt-Bezug« auszeichnet.[152] Die spezifische Erlebnisrationalität dieses Milieus ist auch für weite Bereiche von Religion und Kirche charakteristisch geworden: Die Verknüpfung von Religion und Psychotherapie, die Durchdringung religiöser Lebensvorstellungen mit psychologischen Elementen, noch weitergehend die Explikation religiöser Gehalte mit psychologischen Kategorien (z.B. auch bei *Tillich*). Auch die Entstehung der Pastoralpsychologie verdankt sich z.T. diesen Impulsen aus der Humanistischen Psychologie.

Zwei Therapieformen, die Gestalttherapie nach *Fritz Perls* und die nichtdirekte, klientenzentrierte Gesprächspsychotherapie nach *Carl Rogers*, können als Exponenten der Humanistischen Psychologie gelten; sie sind im Bereich von Seelsorge und Religionspädagogik besonders zum Tragen gekommen und sollen deswegen mit ihren Ansätzen und Menschenbildern hier ausdrücklich erwähnt werden. (Andere Ansätze wie die Themenzentrierte Interaktion nach *Ruth Cohn*[153] oder die

---

150 Diese Kritik referiert ausführlicher *Browning* 1987, 61ff.
151 *Schulze* ^{5}1995, 267.
152 *Schulze* ^{5}1995, 313.
153 Vgl. *Cohn* 1975. Eine umfassende Darstellung der Methode findet sich bei *Löhmer/Standhardt* 1992.

Logotherapie nach *Victor Frankl*[154] werden hier aus Platzgründen nicht dargestellt.)

4.3.2 Gestalttherapie / Integrative Therapie

Die Gestalttherapie wurde begründet und entwickelt von *Fritz Perls* (1893–1970), einem erst nach Südafrika und dann in die USA emigrierten deutschen Juden. *Perls* war eine ungewöhnliche Persönlichkeit, sehr kreativ und spontan, er hat sich nicht an die Regeln der psychoanalytischen Zunft gehalten, sondern in hohem Maß seine eigenen Impulse umgesetzt und verwirklicht.[155] *Perls* war zunächst in der klassisch psychoanalytischen Tradition ausgebildet, er kritisierte jedoch an der Psychoanalyse, dass sie in der Therapie zu einseitig mit der ratio arbeite und die Leiblichkeit des Menschen vernachlässige.

Der Name dieser Therapierichtung leitet sich ab von der zu Beginn des 20. Jahrhunderts einflussreichen Gestaltpsychologie (*Wertheimer, Koffka, Krüger*), einer besonderen Richtung der Wahrnehmungspsychologie. Gestalt ist ein Begriff für Ganzheit, genauer für gegliederte Ganzheit. Die Gestaltpsychologie geht von der Annahme aus, dass das Ganze mehr und anderes ist als die Summe seiner Teile und dass jede Wahrnehmung ganzheitlich strukturiert ist: Wir nehmen nicht die Einzelelemente wahr, sondern sofort die ganze Gestalt; eine Differenzierung in Einzelteile erfolgt erst in einem zweiten Schritt. Wir hören eine Tonfolge als Melodie, ergänzen wenige Töne sofort zu einer uns bekannten Melodie; aus einigen Buchstaben stellen wir unmittelbar ein ganzes Wort zusammen (deswegen sind Druckfehler oft so schwer zu entdecken!); in der Betrachtung des Kelches schwanken wir zwischen der Wahrnehmung des Kelches oder der zwei Gesichter.

Abb. aus Frambach 1993, 54.

---

154 Vgl. *Frankl* (1959) 1973; ders. [8]1971; *Schwarzkopf* 2000;
155 Das zeigt besonders eindrücklich seine Autobiographie »In and Out the Garbage Pail« 1969.

4.3 Humanistische Psychologie

Diese Beispiele zeigen, dass menschliche Wahrnehmung nicht passiv aufnimmt, was ihr entgegenkommt, sondern aktiv strukturiert; sie organisiert und bündelt von sich aus Einzelteile zu einem sinnvoll erscheinenden Ganzen.[156] Die Strukturierung der Wahrnehmung ist von den jeweiligen Interessen der Person sowie vom gesellschaftlich-kulturellen Kontext abhängig.

Das Ganze, die Gestalt, die wahrgenommen wird, hebt sich von ihrem Hintergrund ab, sie entsteht, wie man an dem Kelch-Bild sieht, nur im Kontrast zum Hintergrund. Dementsprechend unterscheidet die Gestaltpsychologie zwischen Figur (Vordergrund) und Hintergrund – je nach Interesse, je nach Motivationslage und historisch-kulturellem Kontext des Wahrnehmenden tritt mal dies, mal jenes in den Vordergrund, wird zur Figur, während das andere zum Hintergrund wird.

Gestalttherapie nimmt diese Ansätze der Gestaltpsychologie auf: Sie geht davon aus, dass der Mensch eine leib-seelische Ganzheit darstellt. Die leib-seelische Ganzheit zeichnet sich aus durch einen Drang zur organismischen Selbstregulierung, d.h. der Organismus reguliert sich selbst im Austausch mit der Umwelt, wenn man ihm Freiheit lässt, entsprechend seinen Bedürfnissen. Es kommt darauf an, die jeweils neuen und sich verändernden Bedürfnisse wahrzunehmen, zu spüren, sich mit ihnen auseinander zu setzen beziehungsweise nach Möglichkeiten ihrer Befriedigung Ausschau zu halten. In einer hochdifferenzierten Gesellschaft wird das allerdings immer schwieriger: Wir lernen systematisch, unsere Bedürfnisse gegenüber den Anforderungen der Produktion bzw. des Berufs zurückzustellen; wir verlernen zu spüren, wann wir eigentlich Ruhe brauchten, wann uns Zuwendung gut täte oder wir besser allein sein möchten usw.; die Regulierung und Strukturierung des Alltags überlagert diese Bedürfnisse und ihre Wahrnehmung. Menschen halten sich selbst ab von einer umfassenden Erfahrung ihrer Selbst im Kontakt mit der jeweiligen Umwelt, hindern sich, ihr Leben selbst zu verantworten durch Mechanismen der *Projektion* (»andere sind schuld an meiner jetzigen Situation«), *Introjektion* (wir übernehmen Einstellungen/Werte etc. von anderen und lassen uns davon bestimmen, ohne geprüft zu haben, ob sie wirklich zu uns passen), *Retroflektion* (Energie, z.B. Aggression, wird nicht nach außen gelenkt, um Kontakt herzustellen, sondern auf sich selbst zurückgelenkt und wirkt dadurch krankmachend) und *Konfluenz* (die Grenzen zwischen der eigenen Person und ihren Bedürfnissen und anderen Menschen und deren Interessen verschwimmen).

Um so wichtiger wird es, sich wieder wenigstens in Ansätzen auf umfassende Wahrnehmung unseres Selbst im jeweiligen Kontext und die Bedürfnisse, die daraus erwachsen, zu besinnen.

---

156 Die Nähe dieser gestaltpsychologischen Annahmen zum Konstruktivismus ist unverkennbar.

Aus den Grundannahmen hat *Perls*, zusammen mit seiner Frau Lore und dem amerikanischen Kollegen *Paul Goodman*, eine Reihe von therapeutischen Ansätzen entwickelt, die für den Umgang mit Menschen – und damit natürlich auch für Kommunikation im Bereich von Religion und Kirche – von Bedeutung sind:

1. Es geht in jeder Begegnung, in jeder Kommunikation um die ganze Person dessen, mit dem ich zu tun habe (und natürlich auch um die eigene Person). Vor allem die Leiblichkeit soll in neuer Weise ernst genommen werden: Das Selbst des Menschen ist ein im Leiblichen gegründetes Selbst, alle seelischen Vorgänge (Wahrnehmen, Spüren, Fühlen etc.) sind leibliche Vorgänge und Bewegungen. Für die therapeutische Praxis heißt das, dass die leibhafte, die nonverbale Kommunikation aufmerksam wahrgenommen werden muss. Die Art und Weise, wie jemand da sitzt, ob und wie er/sie die Hände bewegt oder mit den Füßen wippt, lächelt, während er etwas Trauriges erzählt, aus dem Fenster schaut und unkonzentriert erscheint usw. – all das sind zentrale Aussage über die gegenwärtige Befindlichkeit der Person; demgegenüber erscheint es als eine Reduktion des Menschen, wenn – wie *Perls* der Psychoanalyse vorwirft – nur die Sprache, nur die Gedanken und Phantasien im therapeutischen Gespräch eine Rolle spielen.
2. Wahrnehmung wird damit zu einer zentralen Kategorie für Therapie und die Begegnung mit anderen Menschen. Im Englischen steht dafür das Wort »awareness« – es meint die kontinuierliche Aufmerksamkeit, das kontinuierliche Spüren dessen, was in einem selber, im eigenen Körper gerade vor sich geht. Diese awareness haben wir in den Sozialisationsprozessen der westlichen Gesellschaften weitgehend verlernt; sie muss und kann deswegen mit Hilfe spezieller Übungen neu eingeübt werden und trägt dann zur Integration der Person entscheidend bei.
3. Eine solche awareness kann sich nur auf das beziehen, was sich in der Gegenwart, im Hier und Jetzt ereignet. Auch Erinnerungen an Vergangenes oder Phantasien über die Zukunft ereignen sich im Hier und Jetzt der Gedanken und Gefühle – und nur das, was hier und jetzt präsent ist, ist wirklich wichtig.
4. Awareness und Kontakt hängen eng zusammen: In dem, was *Perls* mit Kontakt meint, geht es um die Grenze zwischen Ich und Nicht-Ich. »Kontakt unterscheidet sich vom Zusammensein oder Mitmachen dadurch, daß er an einer Grenzlinie auftritt, wo ein Gefühl des Getrenntseins beibehalten wird, so daß die Vereinigung den Betreffenden nicht zu überwältigen droht.«[157] Im Kontakt nehme ich den anderen oder das andere deutlich wahr und gleichzeitig mich selbst. »Die Kontaktgrenze ist der Punkt, an dem man ›ich‹ in der Bezie-

---

[157] *E.* und *M. Polster* ²1975, 104f.

hung zu dem, was ›nicht ich‹ ist, erfährt; durch diesen Kontakt wird beides klarer erfahren.«[158]
Kontakt markiert eine wichtige Nahtstelle für Veränderung und Entwicklung, weil es der Punkt ist, wo jemand sich öffnet, berührt und bewegt ist; Neues kann entstehen.

5. Damit verändert sich die Rolle und Aufgabe des Therapeuten / der Therapeutin: Im Sinne des Konzepts der Ich-Du-Begegnung, wie sie *Martin Buber* entwickelt hat, soll es zwischen Therapeut und Patient zu einer Begegnung kommen, in der für beide Beteiligte Kontakt erlebbar wird. Dazu ist Voraussetzung, dass die Therapeutin aus der in der Psychoanalyse vorgeschriebenen Abstinenz heraustritt, authentisch als Person erkennbar wird und sich aktiv an der Strukturierung der Beziehung beteiligt.

6. *Perls* hat eine eigenständige Art der Arbeit mit Träumen entwickelt.[159] Er versteht den Traum als existentielle Botschaft; der Traum sagt etwas über uns selbst, über unser Leben, über das, was wir im Leben vermeiden, was uns fehlt, was wir uns wünschen, was wir nicht wollen. In der Gestalttherapie soll der/die Träumende den Traum in der Gegenwart und in der Ich-Form nacherzählen – so als würde er/sie ihn im Moment neu erleben. Über das Erzählen hinaus geht es dann auch darum, den Traum zu spielen, der Traum zu sein, sich mit einzelnen Elementen des Traumes zu identifizieren. Der Satz »Sei, der du bist« wird dann erweitert zu »sei, was du träumst«. Jeder Teil des Traums kann so im Nacherleben zu einer Botschaft werden.

Eine Frau träumt von einem Pfad, der den Berg hinauf führt. In der Identifikation mit dem Pfad, in der Neuinszenierung des Traums sagt sie: Ich bin ein angenehmer Pfad, bequem, ich bin nicht schwer zu begehen – bis sie plötzlich traurig wird und sagt: Die Leute trampeln auf mir herum – ihr wird eine ganz andere Dimension dieses Teils des Traumes bewusst.

Perls sagt, dass gerade die Widersprüche, die Paradoxa des Lebens im Traum deutlich werden können:

Eine Frau träumt: Ich gehe die Treppe hoch und trage ein schweres Bündel: In der Neuinszenierung kommt die Spannung ihres Lebens zum Vorschein: Als »Ich« des Traumes ist sie diejenige, die schwere Lasten zu tragen hat; in der Identifikation mit dem Bündel ist sie diejenige, die für andere eine Last ist.

Es geht darum, solche Widersprüche überhaupt wahrzunehmen; das ist ein erster Schritt zur Integration, in der jemand sagen und fühlen kann: So bin ich, beide Seiten gehören zu mir; eine Seite muss nicht länger verleugnet und verdrängt werden.

---

158 *E.* und *M. Polster* ²1975, 105.
159 *Perls* 1976. Vgl. auch *Lückel* 1981, 214ff.

In der therapeutischen Arbeit geht es darum, durch die Begegnung mit anderen in der Gruppe bzw. mit dem Therapeuten / der Therapeutin Wahrnehmung und Kontakt zu intensivieren, dem Organismus Gelegenheit zu geben, im Austausch mit seiner Umwelt sich selbst zu regulieren, und das heißt, Störendes aus der Vergangenheit auszustoßen und neue, »gute«, brauchbare Nahrung zu assimilieren.

Die *Integrative Therapie* von *Hilarion Petzold* stellt eine Weiterentwicklung der Gestalttherapie unter Einbeziehung des therapeutischen Theaters (*Vladimir Iljine*) und des Psychodramas (*Jakob Moreno*) dar. Die methodischen Veränderungen basieren wiederum auf einer Erweiterung und Differenzierung der zugrundeliegenden Anthropologie durch die Annahme, dass der Mensch »ein Körper-Seele-Geist-Wesen in einem ökologischen und sozialen Umfeld« ist.[160] Sowohl die Leiblichkeit als auch die soziale Lebenswelt werden hier in besonderer Weise berücksichtigt und in der therapeutischen Situation umgesetzt. Danach beruht menschliche Identität auf fünf Säulen:[161]
- Leiblichkeit,
- soziales Netzwerk,
- Arbeit und Leistung,
- materielle Sicherheit,
- Bereich der Werte.

Identität mit diesen Säulen bildet sich heraus in Interaktion, in Korespondenz im Rahmen eines Organismus – Umwelt – Feldes.
Für die therapeutische Intervention eröffnen sich vier Wege der Heilung:[162] Es geht um
- Bewusstseinsarbeit (Wahrnehmen, Bewusstwerden, Verstehen, Sinn finden);
- Nachsozialisation, Aufbau von Urvertrauen, »Nach-Beelterung«;
- Erlebnisaktivierung und Persönlichkeitsentfaltung;
- Solidaritätserfahrung in sozialen Netzwerken.

Die Hypothese, dass sich Identität in Korrespondenz bildet, führt dazu, dass in der Integrativen Therapie der Gruppe (sei es der Therapiegruppe, sei es der Ausbildungsgruppe) ein anderer Stellenwert eingeräumt wird, als das bei *F. Perls* der Fall war. Während *Perls* seine Therapie als Einzeltherapie in der Gruppe strukturiert und die Gruppe vorwiegend die Funktion des Chors hat (ihre Mitglieder geben feedback), arbeitet Integrative Therapie gezielt mit der entstehenden Gruppendynamik.

---

160 *Rahm* u.a. 1993, 73ff. Vgl. auch *Ladenhauf* 1988.
161 *Rahm* 1993, 155f.
162 *Rahm* 1993, 328ff.

4.3.3 Personzentrierte Psychotherapie nach Carl Rogers

Als einer der bekanntesten Exponenten der Humanistischen Psychologie kann *Carl R. Rogers* gelten. *Rogers* (1902–1987) ist der Begründer der klientenzentrierten Gesprächspsychotherapie oder auch nichtdirektiven Gesprächspsychotherapie, die für die moderne Seelsorge von gar nicht zu überschätzender Wirkung gewesen ist und nach wie vor ist. In späteren Jahren hat *Rogers* auch vom personenzentrierten Ansatz gesprochen und damit deutlicher zum Ausdruck gebracht, dass es nicht so sehr um eine psychotherapeutische Technik, sondern um eine Art von Lebensanschauung geht. In seinem Buch »On Personal Power – Inner Strength and its revolutionary Impact« (1977), das den deutschen Titel trägt »Die Kraft des Guten. Ein Appell zur Selbstverwirklichung«,[163] spricht *Rogers* von einer stillen Revolution, die durch seinen Ansatz ausgelöst worden ist. Die Veränderungen, die diese Revolution angestoßen habe, »zeichnen das Bild einer ganz anders gearteten Zukunft, in deren Mittelpunkt der neue selbstbestimmte Mensch stehen wird, der jetzt in Erscheinung tritt.«[164]

Man kann in diesem Zitat etwas von dem fast messianischen Selbstbewusstsein Humanistischer Psychologie spüren: Eine ganz anders geartete Zukunft, ein neuer Mensch soll in Erscheinung treten! Grundelemente der Gesprächstherapie hat *Rogers* dann auch auf die Gruppenarbeit übertragen und damit die sog. Encounter-Bewegung begründet, also eine spezielle Art von Gruppenarbeit initiiert, die mit ähnlichen Prinzipien wie die Gesprächstherapie arbeitet und das Wachstum ihrer Mitglieder fördern will (⇒ Kap. 16).

Rogers ist beeinflusst von *Kierkegaard*s Erkenntnis, es gehe darum, »das Selbst zu sein und zu werden, das man in Wahrheit ist«,[165] sowie von der Einsicht in die Wichtigkeit der Ich-Du-Beziehung, wie sie *Martin Buber* herausgearbeitet hat.

Von dem Gestaltpsychologen *Kurt Goldstein* übernimmt *Rogers* die Annahme, dass der menschliche Organismus – wie alle lebenden Organismen – eine inhärente Tendenz besitzt (eine »Aktualisierungstendenz«, die inzwischen von der Systemforschung weitgehend bestätigt worden ist), sich selbst so weit wie möglich zu entwickeln und auf größere Reife hin zu wachsen: »Ich betrachte die Selbstverwirklichungstendenz als eine grundlegende Antriebskraft des menschlichen Organismus.«[166] In dieser konstruktiven, auf Entfaltung, Erfüllung und weitergehende Differenzierung zielenden Tendenz des Organismus erlebt sich der Mensch als eins mit sich selbst, er/sie vertraut den eigenen Erfahrungen und den Impulsen, die er bei sich wahrnimmt. Böse

---

163 *Rogers* ²1978.
164 *Rogers* ²1978, 9.
165 Zitiert bei *Kriz* 2001, 169.
166 *Rogers* ²1978, 265. Vgl. auch *Lemke* 1995, 31ff.

Neigungen werden ausgeglichen durch konstruktive Impulse; die verschiedenen instinkthaften Elemente sind letztlich auf Harmonie angelegt. Mit einem schon biologistisch zu nennenden Bild vergleicht *Rogers* den Menschen mit dem Löwen, der sich auch nur seiner Natur gemäß verhält und keine Tötungsorgien zelebriert.[167]

»Für *Rogers* ist die Natur des Menschen, sofern er voll entscheidungs- und handlungsfähig ist, ›vertrauenswürdig und zuverlässig‹, ›schöpferisch und realistisch‹, ›positiv und konstruktiv‹ und ›auf Sozialisierung hin ausgerichtet‹. Der Mensch lebt ›auf Autonomie und Reife hin.‹ ›Er hat die Tendenz ..., seine Möglichkeit zu werden, ist also, sowohl selbsterhaltend als auch sozial.‹«[168]

Zu einer Störung, zu innerer Zerrissenheit und Entfremdung im Menschen kommt es jedoch, wenn jemand starre und statische familiärgesellschaftliche Konstrukte internalisiert, die in Spannung zu den organismischen Bedürfnissen und Wünschen stehen. Auf Grund von moralischen oder religiösen Leitvorstellungen gelten bestimmte Verhaltensweisen als nicht akzeptabel (in der Folge machen Eltern ihre Liebe vom Wohlverhalten des Kindes abhängig; das Kind lernt auf diese Weise, bestimmte Impulse bei sich selbst zu unterdrücken, sie gar nicht mehr wahrzunehmen.[169]). Auf diese Weise wird die ursprünglich konstruktive Selbstaktualisierungstendenz eingeschränkt und verschüttet, Wachstum und Entwicklung können sich nicht vollziehen.

Das wesentliche Ziel der Psychotherapie ist es, den natürlichen Wachstumsprozess wieder zu befreien, damit Menschen neu zu sich selbst finden und das, was in ihnen angelegt ist, verwirklichen können. »Wenn ich eine gewisse Art von Beziehung herstellen kann, dann wird der andere die Fähigkeit in sich selbst entdecken, diese Beziehung zu seiner Entfaltung zu nutzen, und Veränderung und persönliche Entwicklung finden statt.«[170]

Die zentrale Hypothese besagt also, »daß der Mensch in sich selbst über eine enorme Fähigkeit verfügt, sich selbst in der Art und Weise, wie er ist und sich verhält, zu verstehen und konstruktiv zu verändern, und daß diese Fähigkeit am besten in einer Beziehung mit bestimmten definierbaren Merkmalen freigesetzt und verwirklicht werden kann. Mit größter Wahrscheinlichkeit wird sich solche Freisetzung und Veränderung dann einstellen, wenn der Therapeut oder ein anderer Helfender seine eigene Wirklichkeit, seine Anteilnahme und ein tiefes sensitives, nichturteilendes Verstehen erlebt und kommuniziert. Diese Qualität der Beziehung ist zentral für den gesamten therapeutischen Prozeß.«[171]

---

167 *Rogers* 1973, 178f.
168 Zitiert nach *Schmid* ²1995, 102.
169 *Rogers* nennt dieses Beispiel 1978, 275.
170 *Rogers* 1973, 47.
171 *Corsini* Bd. 1, ⁴1994, 472.

4.3 Humanistische Psychologie

Kriterium für das Gelingen eines solchen Prozesses ist die Erfahrung. »Erfahrung ist für mich die höchste Autorität ... Weder die Bibel noch die Propheten, weder Freud noch die Forschung, weder die Offenbarungen Gottes noch des Menschen können Vorrang vor meiner eigenen direkten Erfahrung haben.«[172]

Später hat *Rogers* die Charakteristika einer solchen Beziehung mit den als Therapeutenvariablen bekannt gewordenen Verhaltensweisen des Therapeuten beschrieben; um einem technizistischen Missverständnis vorzubeugen, sollte man eher von »Aspekten eines zwischenmenschlichen Beziehungsangebots« sprechen:[173]

1. Eine Beziehung ist umso hilfreicher, »je ehrlicher ich mich verhalten kann.«[174] Der Therapeut legt die sonst übliche äußere, gesellschaftlich erwünschte Fassade ab, akzeptiert seine eigene authentische Realität und begegnet damit dem/der Ratsuchenden.
2. Die Beziehung wird für den anderen um so förderlicher und nützlicher, je besser der Therapeut ihn um seiner selbst willen warmherzig akzeptieren, respektieren und Zuneigung für ihn empfinden kann. Auf diese Weise kann die Beziehung zu einer von Wärme und Sicherheit geprägten werden.
3. Die Beziehung wird in dem Maß für den anderen bedeutsam, in dem es dem Therapeuten gelingt, ihn zu verstehen, sich einzufühlen. Dadurch wird der Klient ermutigt, auch die bisher vermiedenen Aspekt seiner Erfahrung zu erforschen.

Zusammenfassend: »Die Beziehung, die ich als hilfreich erfahren habe, läßt sich durch eine Art von Transparenz meinerseits charakterisieren, die meine wirklichen Gefühle durchscheinen läßt, als ein Akzeptieren dieses anderen als besonderer Person eigenen Rechts und eigenen Werts, und als ein tiefes, mitfühlendes Verstehen, das mir ermöglicht, seine private Welt mit seinen Augen zu sehen. Sind diese Bedingungen erfüllt, werde ich meinem Klienten ein Weggefährte sein; ich begleite ihn auf der beängstigenden Suche nach sich selbst, die zu unternehmen er sich jetzt frei fühlt.«[175]

In einer vertrauensvollen Begegnung mit einem anderen Menschen kann jemand mehr er/sie selbst werden. Erlebtes Vertrauen setzt Selbstvertrauen frei.

Die neuere Psychotherapieforschung hat die Bedeutung dieser Grundannahmen im Wesentlichen bestätigt. In den »Umrissen einer allgemeinen Psychotherapie«, mit denen *Klaus Grawe* seine große vergleichende Psychotherapiestudie abschließt, weist er darauf hin, dass gerade die von ihm so genannte »Beziehungsperspektive«

---

172 *Rogers* 1973, 39.
173 So *Kriz* 2001, 177.
174 *Rogers* 1973, 47.
175 *Rogers* 1973, 48.

in allen Psychotherapieformen, jenseits methodischer Differenzierungen, einen wesentlichen Beitrag zu einem positiven Therapieergebnis leistet[176] (⇒ Kap. 10.4).

Rogers war der Meinung, und hat das auch in vielen empirischen Untersuchungen demonstriert, dass diese Bedingungen für jede Art von Beziehung von großem Nutzen sind, so z.b. auch für alle Lehr- und Lernprozesse.

Die vielleicht wichtigste Entdeckung *Rogers'* besteht also darin, dass es nicht so sehr bestimmte therapeutische Techniken sind, die einem Klienten in der Therapie nützen, sondern dass es die Haltung des Therapeuten ist, die es dem Klienten ermöglicht, zu wachsen und zu sich selbst zu finden.

4.3.4 Zusammenfassung, Kritik, Konsequenzen

1. Das Menschenbild der Humanistischen Psychologie steht zunächst deutlich im Kontrast zu christlichen Vorstellungen vom Menschen, die meistens dessen Zerrissenheit, Entfremdung und Sündhaftigkeit betonen. In der Humanistischen Psychologie werden die konstruktiven Wachstumskräfte, das kreative und positive Entfaltungspotential herausgestellt. Der Mensch will und kann sich selbst verwirklichen, will Sinn und Werte realisieren. Er kann und soll Verantwortung für sein Leben übernehmen und zu dem werden, der er/sie ist. Die Verantwortung wird nicht durch ein unbewusstes Seelenleben (wie in der Psychoanalyse) eingeschränkt. Man kann darin eine optimistische, ja eine utopische Zielsetzung erkennen: Der Mensch kann immer noch mehr werden, als er gerade ist. Ob dieser anthropologische Optimismus der christlichen Sündenlehre oder der psychoanalytischen Annahme von den überall anzutreffenden Übertragungsvorgängen und unbewussten Wiederholungszwängen gerecht wird, ist eine berechtigte Anfrage.
2. Das optimistische Menschenbild der Humanistischen Psychologie greift sicherlich auch auf bestimmte Züge der jüdischen Anthropologie zurück, die keine Lehre von der Sündhaftigkeit des Menschen kennt, sondern die konstruktive Einzigartigkeit des Menschen und seine Fähigkeit, Gott nachzuahmen, herausstellt.[177]
3. Humanistische Psychologie hat darauf aufmerksam gemacht, dass christliche Anthropologie stark dazu neigt, jede Art der Selbstliebe und Selbstverwirklichung als sündig abzuwerten: Selbstliebe, so sagen humanistische Psychologen, ist Voraussetzung und Begleiterscheinung von Nächsten- und Gottesliebe. Selbstverwirklichung muss nicht zu einem Ego-Trip ausarten, sondern ist eingebunden in die Begegnung mit anderen.

---

176 *Grawe* u.a. 1994, 749ff; vgl. auch *Klessmann* 2002 (b), 144–154.
177 Am deutlichsten erscheint diese Verbindung bei *Fromm* 1991, 54ff.

4. Humanistische Psychologen beschreiben zunächst, was ihnen in therapeutischen Begegnungen auffällt; unter der Hand verwandelt sich Phänomenologie jedoch zu einer Ontologie mit entsprechenden ethischen Konsequenzen: Der Mensch kann nicht nur wachsen, er muss es, wenn er seiner Bestimmung gerecht werden will. Eine solche implizite Ethik basiert darauf, dass die Humanistische Psychologie quasi biologistische Annahmen über die Natur des Menschen macht: Diese Natur ist von einer grundlegenden Harmonie geprägt. Entsprechend kann es auch zu keinen Konflikten zwischen den Selbstaktualisierungstendenzen mehrerer Personen kommen: Im Tiefsten ist das Leben harmonisch, und alle unverzerrten, grundlegenden Bedürfnisse und Selbstaktualisierungstendenzen ergänzen einander, stehen in einem Verhältnis wechselseitiger Balance zueinander und führen nicht zum Konflikt. Reflexionen darüber, dass der Mensch als instinktarmes Wesen nur durch Sozialisation leben kann, werden nicht angestellt.
5. Die Frage, wie individuelle Selbstverwirklichung und gesellschaftliche Prozesse zusammenhängen, bleibt, außer bei *Erich Fromm*, weitgehend außer Acht. Dadurch erhält die Humanistische Psychologie eine a-historische, individualisierende Tendenz.
6. *Don Browning* charakterisiert die Humanistische Psychologie in kritischer Absicht als eine »Kultur der Freude«, die in mancher Hinsicht naiv erscheint.[178] Die Auseinandersetzung mit dem Bösen, mit den destruktiven Kräften des Menschen kommt in diesem Ansatz zu kurz; das Böse erscheint offenbar nur in Gestalt der repressiven Gesellschaft, der *Rogers* aber eine ähnlich positive Entwicklung zutraut wie dem individuellen Klienten.[179] Eine Reflexion von Gesellschaft und Umwelt unter strukturell-systemischen Aspekten findet sich nicht, mit Ausnahme von *Erich Fromm*.[180] Die Humanistische Psychologie spiegelt eine westliche, bürgerliche, individualistische Lebensperspektive.
7. Die *Ontologisierung* der Selbstaktualisierungstendenz führt zu einem erheblichen Leistungsdruck. Die Menschen müssen jetzt alles dafür tun, sich so weit wie möglich zu entwickeln, ihr kreatives Potential zu entfalten. Menschsein wird zur Aufgabe, zur Leistung.
8. Die Betonung der Erfahrung als Kriterium für alle Aussagen über den Menschen ist in ihrer Bedeutung kaum zu überschätzen; sie ist zur Grundlage der empirischen Sozialwissenschaften geworden, sie hat auch Theologie und Kirche spätestens seit den 60er Jahren geprägt und ist aus dem Diskurs über das Verständnis des Menschen

---

178 *Browning* 1987, 65 (Browning befasst sich mit Psychoanalyse [Freud und Jung], Humanistischer Psychologie, Behaviorismus, Ich-Psychologie und Narzissmustheorie. Sein theologischer Referenzautor ist *Richard Niebuhr*).
179 *Rogers* 1973, 179ff.
180 Vgl. *Schmid* 1995, 110.

nicht mehr wegzudenken. Auch Aussagen des Glaubens müssen sich an der Erfahrung bewähren.

9. Die Wahrnehmung der Leiblichkeit rückt eine wichtige anthropologische Dimension ins Zentrum der Aufmerksamkeit: In der Wahrnehmung der Leiblichkeit wird die Gegebenheit des Lebens, dessen Geschöpflichkeit besonders deutlich. Wir haben uns den Leib/Körper nicht selbst gegeben, wir haben ihn nicht selbst gemacht, er ist uns, mit den schönen und den hässlichen, den starken und den schwachen Seiten vorgegeben, und wir müssen lernen, damit zu leben. In der Wahrnehmung der Leiblichkeit wird die Brüchigkeit und Zerbrechlichkeit des Lebens besonders anschaulich. Was nicht schön ist, was anstrengt, was nicht problemlos funktioniert – all das ist Hinweis auf die Begrenztheit und Fragmenthaftigkeit des Lebens.

10. Auf den ersten Blick steht das Menschenbild der Humanistischen Psychologie deutlich in Spannung zu dominanten christlichen Vorstellungen vom Menschen. Trotzdem finden sich auch in der christlichen Tradition Anknüpfungspunkte. Die Schöpfungserzählung von Gen 1 endet mit dem Satz: »Und Gott sah an alles, was er gemacht hatte, und siehe, es war sehr gut« (Gen 1,31). In Ps 8,5ff heißt es: »Was ist der Mensch, dass du seiner gedenkst ...? Du hast ihn wenig niedriger gemacht als Gott, mit Ehre und Herrlichkeit hast du ihn gekrönt.«
Howard Clinebell hat den Gedanken des konstruktiven Wachstums explizit für Seelsorge und Beratung übernommen und Analogien aus der biblischen Tradition herausgearbeitet. Ihm zufolge richtet sich »unser größtes Wachstumsbedürfnis ... auf die Entwicklung unserer transzendenten Möglichkeiten, unseres geistlichen Selbst.«[181] Insofern betrachtet er das »geistliche Wachstum als Schlüssel zu allem persönlichen Wachstum«;[182] in den biblischen Bildern vom Wachstum aus den Psalmen oder den Gleichnissen Jesu finde sich eine Bestätigung dieses Ansatzes.
Man muss einerseits aus theologischer Sicht *Clinebell*s unkritische Übertragung biblisch-eschatologischer Bilder auf menschliches Wachstum in Frage stellen; andererseits macht er – im Gefolge anthropologischer Ansätze der Humanistischen Psychologie – auf Dimensionen des Menschseins aufmerksam, die in der jüdisch-christlichen Tradition lange Zeit hindurch vernachlässigt worden sind.

11. Was heißt das für die Kommunikation im Bereich von Religion und Kirche? Zwei Hinweise:

– Christliche Gemeinde als Gemeinschaft der Glaubenden und Suchenden kann ein Raum sein, innerhalb dessen an gelingender Kommunikation und erfüllenden Begegnungen immer neu gearbei-

---

[181] *Clinebell* 1982, 117.
[182] *Clinebell* 1982, 117.

tet wird. Dabei sollten wir im Bereich der christlichen Tradition nicht vergessen: Gelingende Kommunikation ist immer beides, Ergebnis von sorgfältiger Arbeit und Anstrengung einerseits und Geschenk andererseits.
Die Sicht von der Eigenverantwortlichkeit des Menschen erscheint einerseits als zu optimistisch; andererseits ermöglicht sie, Menschen eben bei dieser Verantwortung zu behaften, sie auf ihre Schuldfähigkeit hin anzusprechen und Hinweise auf zwanghafte Verstrickungen nur begrenzt zu akzeptieren.
– Die theologische Aussage, dass Gottes Wort Mensch geworden ist und immer neu wird, heißt, dass Gottes Wort sich auch in gelingender Beziehung und glückender Kommunikation verkörpert und darin erfahrbar wird. »Wort« ist immer verbales und leibhaftnonverbales Geschehen zugleich.

4.4 Verhaltenspsychologie / Behaviorismus:
Der Mensch ist durch Lernprozesse weitgehend formbar.

Verhaltenspsychologie/Verhaltenstherapie sind in der Pastoralpsychologie bisher weitgehend vernachlässigt worden; vor allem zwei Gründe sprechen dafür, dass die Pastoralpsychologie der Verhaltenspsychologie mehr Aufmerksamkeit als bisher widmet:
Die Verhaltenstherapie (also die therapeutische Umsetzung verhaltenspsychologischer Erkenntnisse) spielt inzwischen eine außerordentlich große Rolle im Gesamt der therapeutischen Richtungen.
Es gibt im Bereich von Religion und Kirche eine ganze Reihe von Phänomenen, die sich verhaltenspsychologisch sinnvoll und weiterführend verstehen lassen.
Verhaltenspsychologie oder Behaviorismus[183] – eine Bezeichnung, die eine ganze Reihe von durchaus heterogenen Ansätzen umfasst – entstand zu Beginn dieses Jahrhunderts in den USA. *John B. Watson* gilt als der eigentliche Begründer mit seiner 1913 verfassten programmatischen Schrift »Psychology as the Behaviorist Views it«. Andere wichtige Namen sind *Edward L. Thorndike, Iwan P. Pawlow* und *Burrhus F. Skinner*. Die um die Jahrhundertwende vorherrschende Psychologie war auf die subjektive, mentale Tätigkeit des Menschen ausgerichtet, sie befasste sich mit bewussten und unbewussten Vorgängen, mit Wahrnehmung, Denken, Gefühlen, Erinnerungen. Der Behaviorismus stufte solche Phänomene und ihre Erklärungstheorien als rein spekulativ ein und konzentrierte sich ausschließlich auf äußerlich beobachtbare Tätigkeiten, auf das Verhalten. Alles, was nicht in dieser Weise be-

---

183 Zum Folgenden vgl. *Kriz* 2001, 107ff.; Artikel Behaviorismus, in: Handbuch psychologischer Grundbegriffe, 1981; *Neel*²1974; *Rebell* 1988; *Theißen* 1983.

obachtbar und damit nicht objektivierbar war – Empfindungen, Gedanken, Vorstellungen – schloss *Watson* aus der Psychologie aus.

Watson merkte bald, dass mit dieser radikalen Eingrenzung des Gegenstandes der Psychologie viele Phänomene ausgeschlossen und nicht erklärt wurden; er führte deswegen den Begriff der »Impliziten Reaktion« ein, also ein Verhalten, das er prinzipiell oder potentiell für beobachtbar hielt, auch wenn man im Moment noch nicht über die entsprechend differenzierten Untersuchungsmethoden dafür verfügte (Beispiel: *Watson* nannte das Denken ein »implizites Sprechen« oder ein lautloses Reden, d.h. man müsste in der Lage sein, bei einem Menschen, der denkt, winzige Bewegungen der Stimmbänder festzustellen.). Alle geistigen oder psychischen Prozesse sind für *Watson* in letzter Konsequenz physiologische Vorgänge, die sich wiederum beobachten und messen lassen. Die Psychologie wird auf diese Weise eine rein naturwissenschaftliche Disziplin, die sich entsprechender empirischer Methoden bedient.

Damit entsteht ein Streit zwischen einer naturwissenschaftlich orientierten, auf Experiment und Messung beruhenden und einer hermeneutisch ausgerichteten Psychologie, die auf Introspektion, Einfühlung und Verstehen psychischer Phänomene aufbaut. Dieser Streit dauert bis in die Gegenwart an; er wird exemplarisch ausgetragen zwischen Psychoanalyse und Verhaltenstherapie[184] und spielt gelegentlich auch in die Pastoralpsychologie hinein. [185]
Verhalten ist für *Watson* eine einfache Reiz-Reaktions-Einheit. Der Mensch wird mit nur ganz wenig angeborenen Verhaltensweisen geboren, das allermeiste wird im Lauf des Lebens erworben bzw. gelernt. Das tatsächliche Verhalten eines Menschen ist also zu einem großen Teil Produkt von absichtlichen und unabsichtlichen Lernprozessen. Damit entsprach der Behaviorismus einem optimistischen amerikanischen Pragmatismus, wonach man eben nicht schon durch genetische Vorgaben festgelegt ist, sondern einem durch Lernprozesse – wenn sie denn nur richtig gesteuert werden – alle Möglichkeiten offen stehen.

Ein Beispiel für *Watson*s Theorie und Vorgehen ist das Experiment mit dem kleinen Albert:[186]
»Im Prinzip – so Watsons Gedankengang – gibt es keinen Grund, warum ein Kind sich vor Tieren ängstigen sollte, denn diese zählen nicht zu den natürlichen Angstreizen. Dagegen haben grundsätzlich alle Kinder Angst vor lauten Geräuschen. Watson machte Albert, einen kleinen Jungen, mit seinem Labor vertraut und zeigte

184 Vgl. *Bachmann* 1972.
185 *Klaus Winklers* Seelsorgebegriff als »Freisetzung eines christlichen Verhaltens« setzt einen anderen Verhaltensbegriff voraus, als ihn der Behaviorismus verwendet. Winkler versteht Verhalten mit *D. Rapaport* »als die strukturierte Gesamtheit der geistigen, seelischen und körperlichen Tätigkeiten eines Menschen. (*Winkler* ²2000, 5) Beispiele für die ungeklärte wissenschaftstheoretische Zuordnung liefern die Arbeiten von *Gerhard Besier* 1980, und aus neuerer Zeit von *Sons* 1995.
186 Zitiert bei *A.F. Neel* ²1974, 151.

4.4 Verhaltenspsychologie / Behaviorismus 187

ihm weiße Ratten und andere pelzige Objekte. Albert reagierte sehr vergnügt. Dann musste er eine Reihe von Konditionierungsexperimenten durchlaufen, die darin bestanden, dass man ihn zuerst einem lauten Geräusch aussetzte und ihm anschließend eine weiße Ratte aus der Nähe zeigte. Darauf entwickelte Albert nicht nur Angst vor Ratten, sondern auch vor anderen Pelztieren und pelzigen Gegenständen. Watson wies dann nach ..., dass erlernte emotionale Reaktionsweisen sich ändern lassen. Nachdem Albert die Angstreaktion ausgebildet hatte, ging Watson daran, sie zu löschen. Er tat dies, indem er dem Jungen seine Lieblingsgerichte vorsetzte und, während Albert aß, die weiße Ratte langsam immer weiter in sein Gesichtsfeld einführte. Sobald Albert imstande war, den Anblick des Tieres aus einer gewissen Entfernung zu ertragen, wurde die Distanz verringert, bis die Ratte schließlich beim Essen dicht neben ihm saß. Nach einer Reihe solcher Annäherungsversuche hatte der Junge seine Angst vor Ratten und pelzigen Gegenständen verloren.«

Watson fand sich bestätigt durch *Thorndikes* »Gesetz des Effekts«, wonach ein befriedigendes Ergebnis einer Verhaltenssequenz deren Stabilität und Häufigkeit erhöht (Verstärkung), während ein unbefriedigendes Ergebnis das Verhalten eher fraglich und weniger häufig werden lässt.
Auch die *Pawlow*sche Theorie der Konditionierung bestätigte die These *Watsons*:
Nach *Pawlow* wird beim Konditionierungsvorgang ein Reiz, der bisher in festem Zusammenhang mit einer Reaktion stand, durch einen neuen Reiz ersetzt. Das berühmte Beispiel ist der *Pawlow*sche Hund: Auf das Angebot von Futter setzt beim Hund spontan Speichelproduktion ein. Das Futter nennt *Pawlow* den nicht bedingten, nichtkonditionellen Reiz, den Speichelfluss die nichtbedingte, nichtkonditionierte Reaktion. Wird nun über eine Zeit hin der nichtbedingte Reiz mit einem anderen künstlichen Reiz, dem Klingelzeichen, gekoppelt, tritt die Reaktion, die Speichelproduktion, auch ohne die Gabe von Futter auf. Diese Reaktion nennt *Pawlow* dann die bedingte oder konditionierte Reaktion.
Pawlow konnte zeigen, dass man Verhalten – im Sinne solcher Reiz-Reaktions-Abläufe – sehr gezielt steuern kann: Man kann gewünschtes Verhalten verstärken und unerwünschtes Verhalten hemmen oder löschen. In diesem Sinn ist der Mensch ein Wesen, das in hohem Maß lernfähig, programmierbar und manipulierbar ist.
Der Behaviorismus hat sich weiter entwickelt und ausdifferenziert; nur auf zwei Tendenzen sei hin gewiesen:
1. In der Person *Skinners* wurde in den 60er Jahren der Behaviorismus in seiner strengen Form noch einmal berühmt. *Skinner* ist Anhänger einer extrem objektiven Schule, die die Notwendigkeit jeder erklärenden Theorie leugnet; er ist der Auffassung, dass Wissen einzig und allein durch Beobachtung gewonnen werden kann. Entsprechend führte *Skinner* neue Begriffe ein, um sich möglichst von subjektiven und nicht operationalisierbaren Konzepten abzugrenzen. So unterscheidet *Skinner* zwischen respondentem Verhalten (Ver-

halten, das von einem beobachtbaren Reiz ausgelöst wird) und operantem Verhalten (Verhalten, das ohne einen offenen Reiz geschieht, aber durch Belohnung oder Bestrafung entsprechend beeinflusst werden kann.).
Skinner hat mit den Entdeckungen zur Bedeutung von Belohnung und Bestrafung die Lerntheorie weiter differenziert:

»*Skinner* hat zum Beispiel Tauben das Kegeln beigebracht, indem er alle Reaktionen verstärkte, die der angestrebten Reaktion zufällig nahe kamen. Von Natur aus haben Tauben bekanntlich nicht die geringste Neigung zum Kegelspielen, aber sie reagieren auf Reize. Sie blicken hin, nähern sich, picken. Zuerst wurde die Taube immer dann verstärkt, wenn sie die Kugel anblickte. Sie erhielt Verstärkung, wenn sie sich der Kugel näherte. Nachdem die Taube auf diese Weise dazu gebracht worden war, sich der Kugel zu nähern, pickte sie wohl auch einmal dagegen und erhielt nun dafür Verstärkung. Eine Kugel kann dadurch, dass sie angepickt wird, ins Rollen kommen. Wenn das geschah, wurde die Taube wieder verstärkt. In erstaunlich kurzer Zeit lernte die Taube so, die Kugel eine Miniaturkegelbahn hinabzurollen. Dieser Versuch demonstriert, wie durch Verstärkung bestimmte Reaktionen ausgewählt und komplexe Handlungen oder, wie *Skinner* sagen würde, Reflexketten etabliert werden können.«[187]

Man kann daraus nun detaillierte Verstärkungspläne entwickeln, die genau festlegen, wann, wie oft und wie unmittelbar ein bestimmtes Verhalten verstärkt oder eben nicht verstärkt wird.
Dieser extreme Behaviorismus hat sich weitgehend selbst isoliert; die Reduktion allen Verhaltens auf Reiz-Reaktions-Schemata ist sicherlich zu einfach; sie basiert letztlich auf der Annahme, Geist oder Psyche sei nichts anderes als Physik. Diese Position wird nur noch selten vertreten.
2. Seit den 70er Jahren hat es im Behaviorismus eine *kognitive Wende* gegeben: Danach sind nicht nur äußerlich beobachtbare Reize verhaltensauslösend, sondern z.B. auch ideelle, subjektive Phänomene, ein Gedanke, eine Vorstellung, eine Wahrnehmung. Im Zusammenhang damit hat man mehr und mehr intervenierende Variablen angenommen, um bestimmte Verhaltenssequenzen erklären zu können (z.B. die Wahrnehmung von Verhaltenskonsequenzen).

Für die Pastoralpsychologie ist der *Begriff des Lernens* von besonderer Bedeutung: Auch religiöses Erleben und Verhalten wird gelernt – wobei Lernen alles Verhalten meint, das nicht durch autonome Reifungsprozesse oder durch äußere physikalische Einwirkung zustande kommt.
Es werden in der Regel drei Formen des Lernens unterschieden: assoziatives Lernen, operantes Lernen und imitatives Lernen.
a. Assoziatives Lernen basiert auf der Verbindung zweier Reize. Reiz A hat schon immer eine Reaktion ausgelöst, Reiz B war neutral; wer-

---

[187] *Neel* 1974, 227.

4.4 Verhaltenspsychologie / Behaviorismus

den beide Reize gekoppelt, so wird die Reaktion auf Reiz A bald auch bei Reiz B auftreten.

Ein Beispiel:[188] Orgelmusik wird fast immer im Zusammenhang mit einem Gottesdienst erlebt, d.h. die emotionale Reaktion auf »Orgelmusik« wird auch auf »Gottesdienst« übertragen und umgekehrt. Da Orgelmusik im Musikangebot der Gegenwart nur noch ein ausgesprochen kleines und exklusives Segment repräsentiert, wird diese Fremdheit und Exklusivität natürlich auch auf den Gottesdienst bezogen.

Ein anderes Beispiel: Der Beruf des Pastors ist zunächst ein »neutraler« Reiz für einen Außenstehenden; wird er jedoch kontinuierlich – sei es durch eigene Erfahrung, sei es durch die Medien – mit »anpredigen«, »salbadern«, »pastorales Gehabe« etc. verknüpft, wird die negative Reaktion auf diese Phänomene sogleich auf den »Pastor« überhaupt übertragen.

Damit wird deutlich: Emotionale Reaktionen sind in hohem Maß Ergebnis von Lernprozessen: Was gefällt oder nicht gefällt, was anzieht oder abstößt, was als heilig oder profan gilt, was als kultisch angemessenes und nicht angemessenes Verhalten gilt, wird gelernt – und zwar weitgehend kulturabhängig und gruppenspezifisch.

Aber nicht nur äußere Reize prägen das Verhalten, auch innere Vorstellungen, Bilder und Symbole (dies wird vom kognitiven Behaviorismus anerkannt!): Gerade die Religionen und ihre Texte evozieren Bilder und Symbole, also innere Vorstellungen, die über entsprechende assoziative Lernprozesse gesteuert und dann auch verhaltensrelevant werden können.

Ein Beispiel aus der Kirchengeschichte: Gedanken an eine Person des anderen Geschlechts sind in einem bestimmten Alter zunächst neutral, werden aber durch eine kontinuierliche sexualfeindliche Erziehung und Predigt negativ (»sündig«) besetzt und entsprechend unterdrückt.

b. Operantes Lernen meint die Beeinflussung eines Verhaltens durch seine Konsequenzen, also durch Lohn und Strafe oder, etwas differenzierter, durch angenehme oder befriedigende bzw. unangenehme und unbefriedigende Konsequenzen. Positive Konsequenzen erhöhen die Wahrscheinlichkeit eines bestimmten Verhaltens, fehlende Konsequenzen löschen es, negative Konsequenzen unterdrücken es! Es werden unterschieden materielle Konsequenzen (Essen, Trinken, Geld, Wertmarken), soziale Konsequenzen (Lob und Tadel) und symbolische Konsequenzen (Innere Bilder, Phantasien z.B. über himmlischen Lohn/Strafe).

Religiöses Verhalten wird zu einem erheblichen Teil durch solche Verstärker gelernt: Verteilung von Bildchen im Kindergottesdienst, Lob und Tadel der Eltern im Blick auf Gottesdienstbesuch, Feste und

---

188 Zum Folgenden vgl. *Theißen* 1983, 14ff.

festliche Veranstaltungen im Rahmen einer Gemeinde usw. Umgekehrt zeigt sich: Wo ein Verhalten gar keine Konsequenzen mehr hat – wenn es beispielsweise Eltern völlig egal ist, ob ein Kind zum Gottesdienst oder Konfirmandenunterricht geht –, wird ein Verhalten dann auch schnell gelöscht. Andererseits wird einsichtig, warum sich bestimmte Verhaltensweisen fast gar nicht ändern: Das Weihnachtsfest ist in seiner heutigen Gestalt theologisch bedenklich und wird immer wieder kritisiert; alle Reformversuche fruchten wenig, gerade die säkularisierten Menschen halten an den alten Formen fest. Ein Grund könnte sein, dass das Weihnachtsfest durch den Zusammenhang von Kirchgang (etwas »Weihevolles«) und Geschenken auf eine spezifische Weise immer neu verstärkt wird.

Theißen weist auf einen strukturell ähnlichen Zusammenhang hin: »Jahrhundertelang folgte dem religiösen Ritus der Schlachtung (also dem ›Opfer‹) ein fröhliches Gemeinschaftsmahl. Durch die Konsequenz ›Kultischer Ritus – Fleischgenuß‹ wurden die blutigen Opferfeiern so nachhaltig verstärkt, dass sie sich aller intellektuellen Kritik zum Trotz bis in die späte Antike hinein hielten und erst durch das Christentum abgeschafft wurden. Wie stark die Motivation zur Teilnahme an Opferfeiern war, geht aus dem 1Kor hervor: Vor allem ärmeren Christen fiel es schwer, auf kultische Feiern mit Fleischverteilungen zu verzichten. Die materielle Verstärkung eines (unerwünschten) religiösen Verhaltens konnte nur durch massive Gegenkonditionierung ausgeglichen werden (vgl. 1Kor 8–10).«[189]

Neben den materiellen gibt es gerade in den Religionen die sozialen und die symbolischen Verstärker: In Christus sind alle gleich, reden sich mit »Bruder« und »Schwester« an; alle sind gleichermaßen von Gott geliebt – in der Predigt, im Sakrament, in der Gemeinschaft wird das immer wieder bestätigt; in einer ungleichen und ungerechten Gesellschaft ist das ein kaum zu unterschätzender Verstärker. Bei der Entstehung des Christentums in der Spätantike oder auch im Blick auf die Bedeutung des Christentums in Südamerika angesichts der dortigen extremen Einkommensunterschiede lässt sich der Wert dieser sozialen Verstärker leicht beobachten.
In unseren Breiten haben solche Verstärker ihre Wirkung weitgehend verloren, weil wir durch die Aufklärung und die Entstehung demokratischer Prozesse das Prinzip der Gleichheit aller anerkennen.
Die symbolischen Verstärker schließlich bestanden jahrhundertelang in der Erwartung einer ausgleichenden Gerechtigkeit im Himmel bzw. in der Hölle: Die Hoffnung auf Belohnung im Himmel bzw. die Angst vor ewiger Strafe in der Hölle, wie sie in Erweckungspredigten häufig vorkamen, hat das Verhalten ungezählter Menschen tief geprägt. Auch diese Verstärker fallen in der säkularen Gegenwart weitgehend aus, weil Himmel und Hölle in der Vorstellung der Menschen keine wesentliche Rolle mehr spielen.

189 *Theißen* 1983, 17

4.4 Verhaltenspsychologie / Behaviorismus

c. Die Begriffe *Imitatives Lernen oder Modelllernen* meinen, dass Erleben und Verhalten an Vorbildern und Modellen orientiert ist. Ein erfolgreiches, überzeugendes Modell steckt an, lädt zur Identifikation ein, fordert zur Nachahmung heraus.
Schon *Plato* stellt dar, wie religiöse Überzeugungen entstehen, indem die Kinder das religiöse Verhalten der Eltern erleben und davon beeindruckt sind. Und die Entwicklungspsychologie weist daraufhin, wie die Identifikation mit einem Elternteil oder beiden Eltern ein wichtiges Durchgangsstadium der persönlichen Entwicklung darstellt.
In den 60er Jahren gab es im Blick auf die religiöse Erziehung von Kindern die These, man müsse den Kindern die Freiheit lassen, sich in einem späteren Alter selber für oder gegen den Glauben, für oder gegen die Religion zu entscheiden. Diese These übersieht die Rolle des Modelllernens: Eltern, die nichts vorleben oder nichts mit den Kindern einüben, geben natürlich auch ein Modell ab, das die Kinder entsprechend prägt, so dass es u.U. (nicht in jedem Fall) illusorisch ist anzunehmen, sie hätten in späteren Jahren wirklich die Freiheit, sich zu entscheiden.
Aus der Perspektive der Lerntheorie erscheint es plausibel, dass es mit der Kirche in den westlichen Industriegesellschaften Europas (in den USA ist das ganz anders) nicht zum besten steht, weil wichtige Lernprozesse (operantes und imitatives Lernen) entweder ganz ausfallen oder im Wesentlichen negativ verlaufen; angesichts dieser Lage erscheint mir als eine der wichtigsten Aufgaben der kirchlichen Kinder- und Jugendarbeit, diese in der Familie kaum mehr stattfindenden Kommunikations- und Lernprozesse in einem neuen Kontext zu ermöglichen.

Zusammenfassung, Kritik, Konsequenzen
1. Der frühe Behaviorismus geht davon aus, dass alles Verhalten erlernt ist; auch Verhaltensstörungen sind erworben und können dementsprechend wieder verlernt werden.[190] Der Mensch ist eine tabula rasa, die Umwelt macht ihn zu dem, was er ist. Diese Annahme ist einerseits optimistisch, insofern sie einen starken Glauben an die Veränderbarkeit des Menschen und der Verhältnisse zum Ausdruck bringt. Andererseits erscheint das Menschenbild des Behaviorismus ernüchternd: Es macht darauf aufmerksam, in welch hohem Maß der Mensch manipulierbar ist – sowohl zum Guten wie zum Schlechten. Vor allem *Skinner* hat kein Geheimnis daraus gemacht, dass es ihm letztlich um die Entwicklung einer Technologie der Verhaltensprägung geht.
2. Dieses Menschenbild ist hochgradig mechanistisch: Der/die Einzelne erscheint als Produkt oder auch Opfer der jeweiligen Lebensum-

---

190 Zum Folgenden *Willutzki* 1997, 67ff.

stände; die im Tierversuch gewonnenen Erkenntnisse werden umstandslos auf den Menschen übertragen; seine Innenwelt – Geistigkeit oder Seele – ist bedeutungslos für sein Verhalten; Kunst und Religion, Werte und Normen, Freiheit, Liebe, Gewissen und Gewissensentscheidung gelten letztlich nur als Epiphänomene. Wissenschaftlichkeit im Sinne eines strengen Empirismus wird bei *Skinner* zur Leitkategorie. Auch in der Therapie besteht die Tendenz, dass der Patient behandelt wird und nicht als Subjekt seines Problems ernst genommen wird.
3. Im Kontrast zur Humanistischen Psychologie und ihrem Optimismus weist der Behaviorismus auf die sehr begrenzte Freiheit des Menschen hin. In der Tradition des Kulturprotestantismus haben auch bestimmte religiöse Strömungen unrealistische Visionen von der Autonomie und Mündigkeit des Menschen entwickelt; Verhaltenspsychologen wie *Skinner* führen uns vor Augen, wie begrenzt und anfällig für Manipulation diese Autonomie ist.
4. Das radikal einseitige Bild des Menschen ändert sich in der kognitiven Verhaltenstherapie: Der Mensch wird neu als verantwortliches Subjekt seines Lebens gesehen, seine Wünsche und Ziele, Gefühle und Gedanken spielen eine wichtige Rolle, um sein Verhalten zu bestimmen und zu erklären. Verhaltenstherapie rechnet mit dem Teil des Menschen, der zurechnungsfähig ist, der (selbst-)verantwortlich leben und handeln kann, der nicht einfach Objekt und Opfer der jeweiligen Umstände ist, sondern seine Situation ändern und verbessern kann. Niemand muss seinen Ängsten und Zwängen ausgeliefert bleiben, daran lässt sich etwas ändern.
5. Auch nach der kognitiven Wende der Verhaltenstherapie bleibt die Annahme grundlegend, dass Verhalten, konstruktives wie destruktives, im Wesentlichen gelernt wird, dass der Mensch Ressourcen hat, die ihn grundsätzlich lernfähig und wandelbar machen, dass die aktive Auseinandersetzung mit der materiellen und sozialen Umgebung eine große Rolle für das jeweilige Verhalten spielt. Die Verhaltenstherapie bleibt symptomorientiert, sie hat nicht den ganzen Menschen im Blick, sie interessiert sich weniger für seine Geschichte, seine Biographie, sondern fokussiert auf die gegenwärtigen Probleme und Symptome. Allerdings legt sie in der therapeutischen Situation auch zunehmend Wert auf einen warmen und zugewandten Beziehungsstil seitens des Therapeuten / der Therapeutin.[191]

Für religiöse, speziell kirchliche Kommunikation sind die Lerntheorien des Behaviorismus von zwiespältiger Bedeutung:
Einerseits: Die Familie als Ort religiöser Sozialisation, als Ort der Einübung verschiedener religiöser Lernprozesse fällt inzwischen weitgehend aus. Insofern wird es für die Religionsgemeinschaften immer

---

[191] *Willutzki* 1997, 94.

4.4 Verhaltenspsychologie / Behaviorismus

wichtiger, Prozesse der religiösen Bildung für Kinder, Jugendliche und Erwachsene selber in die Hand zu nehmen. »Lebensbegleitende Identitätshilfe«, die K.E. Nipkow als Grundaufgabe der Kirche bezeichnet hat,[192] meint auch dies: Gelegenheiten für Lernprozesse im Blick auf religiöse Themen, Inhalte und Verhaltensweisen zur Verfügung zu stellen. Lebenslanges religiöses Lernen – nicht mehr begrenzt nur auf Zeiten der Kindheit und Jugend – muss viel stärker noch in den Blickwinkel der Kirchen, der religiösen Gemeinschaften rücken.

Im Unterschied zu früheren Zeiten können solche Prozesse nicht mehr monologisch und autoritativ strukturiert sein; sie müssen dialogisch verfasst sein, Gelegenheit zum Suchen und Fragen, zu vorläufigen und auf bestimmte Lebenssituationen begrenzten Antworten bereitstellen. Andererseits: Im christlichen Glauben geht es wesentlich um die Freiheit des Menschen vor Gott, es wäre paradox, wenn man versuchen würde, diese Freiheit mit manipulativen Mitteln herzustellen. Seelsorge soll beispielsweise Menschen dazu befähigen, selbstverantwortlich mit belastenden Lebenssituationen fertig zu werden, ihre eigene Identität zu finden, ihren persönlichen Glauben zu formulieren – die Mittel dazu müssen dem angemessen sein, sie müssen also Freiheit und Selbstverantwortung, Wahl und Auswahl ermöglichen und nicht offen oder verdeckt manipulativ sein. Insofern ist es nicht verwunderlich, wenn im Bereich der christlichen Kirchen der Verhaltenstherapie grundsätzlich mit kritischer Skepsis begegnet wird.

Predigt soll zur Stabilisierung, Lebensorientierung und Befreiung anregen; auch das darf nicht auf manipulativem Weg geschehen; deswegen sind die lernpsychologisch begründeten homiletischen Programme aus den 70er Jahren durchaus kritisch zu betrachten.

Menschliches Leben allgemein und religiöse Kommunikation insbesondere sind auf Lernprozesse angewiesen; die Grenze zur manipulativen Einflussnahme ist jedoch immer zu beachten. Offenbar verlangt gerade dieser Bereich besondere ethische Bewusstheit und Verantwortung.

Eine kritische und zugleich sehr problematische Auseinandersetzung mit der Seelsorgebewegung aus der Sicht der Verhaltenspsychologie stammt von *Gerhard Besier*, Seelsorge und Klinische Psychologie.[193] Seine These lautet: »Die Pastoralpsychologen bedienen sich überwiegend spekulativer Einsichtstherapien, deren Konzepte auf unbeweisbaren weltanschaulichen Wertsetzungen beruhen und seitens der Klienten eine Art Bekehrungsprozess zur Betrachtungsweise des Therapeuten voraussetzen.«(5) *Besier* selbst vertritt eine klinische Psychologie, die er auch experimentelle Psychologie nennt; sie zeichnet sich aus durch Objektivität (z.B. Unabhängigkeit vom Einfluss des Versuchsleiters), Reliabilität (Wiederholbarkeit) und Validität (durch Kontrollgruppen getestet) ihrer Verfahren. (81) Damit erklärt *Besier* die Grundan-

192 *Nipkow* ²1978, 101ff.
193 Göttingen 1980.

nahmen der Verhaltenspsychologie zu den einzig legitimen für jede Art von Psychologie.
Besier geht mit keinem Wort auf den sog. Positivismusstreit der 60er Jahre in der Soziologie ein; in diesem Positivismusstreit zwischen *Popper* und *Albert* auf der einen Seite, *Adorno* und *Horkheimer* auf der anderen Seite, geht es, grob gesagt, um Folgendes: Die Soziologie des 19. Jahrhunderts fühlte sich mehr und mehr zu den Naturwissenschaften hingezogen. Im sozialen Bereich in ähnlicher Weise wie im naturwissenschaftlichen Bereich Gesetzmäßigkeiten zu entdecken, die man experimentell überprüfen und verifizieren, mindestens aber falsifizieren konnte, erschien als Ideal auch für die Sozialwissenschaften. Die Kritische Theorie stufte ein solches Vorgehen als Sozialtechnologie ein, als reinen Empirismus, der keinen Begriff von Gesellschaft hat, die eben das, was geschieht, auch in der Forschung, erst hervorbringt. Um soziologisch denken zu können, muss man einen kritischen Begriff von Gesellschaft haben – und der ist nicht empirisch ableitbar, sondern nur philosophisch zu begründen.
Adorno schreibt: »Eine jede Ansicht von der Gesellschaft als ganzer transzendiert notwendig deren zerstreute Tatsachen. Die Konstruktion der Totale hat zur ersten Bedingung *einen Begriff von der Sache, an dem die disparaten Daten sich organisieren.*«[194]
Dieser Streit lässt sich auf die Psychologie übertragen: Reicht eine empirische Erfassung dessen, was ist, aus, oder muss es nicht auch einen kritischen Begriff von dem, was ist bzw. sein könnte (darin liegt die kritische Differenz!), geben?
Dass dies kein leerer und überflüssiger Streit ist, kann man am Beispiel der Arbeit von *Rolf Sons*, Seelsorge zwischen Bibel und Psychotherapie, 1995, sehen. Zu der Frage, welche Psychotherapieverfahren für die Seelsorge in Frage kommen, schreibt der Autor: «Genügt ein psychotherapeutisches Verfahren den Kriterien der empirischen Wissenschaft, so resultiert daraus ein höheres Maß an Verträglichkeit für die Seelsorge.«[195] Zum einen wird hier Psychotherapie und Psychologie nur in ihrer streng empirischen Variante gelten gelassen, zum anderen lässt sich Seelsorge damit den Maßstab einfach vorgeben – die empirische Wissenschaft entscheidet, was für die Seelsorge verträglich ist – und begibt sich damit ihrer eigenen kritischen Möglichkeiten.
Einen ganz anderen Ansatz- und Zielpunkt, der auch die Verhaltenstherapie einbezieht, wählt *Gerd Theißen* in seiner Studie »Psychologische Aspekte der Paulinischen Theologie«.[196] *Theißen* will die herkömmliche historisch-kritische Exegese um psychologische, genauer: religionspsychologische Aspekte erweitern. Er stellt verschiedene paulinische Texte mit entsprechenden Text- und Traditionsanalysen vor und interpretiert sie dann zusätzlich von drei verschiedenen psychologischen Verfahren her: Einmal vom lerntheoretischen Ansatz her (Religion als sozial gelerntes Erleben und Verhalten), vom psychodynamischen Ansatz (Religion als Auseinandersetzung mit dem Unbewussten) und schließlich vom kognitiven Ansatz her (Religion als Aufbau einer gedeuteten Welt).
Damit ist *Theißen* einer der wenigen Autoren, der eine Integration und Ergänzung der verschiedenen Perspektiven versucht, statt sich auf ein unfruchtbares Gegeneinander einzulassen.

---

194 Adorno u.a. ³1974, 82. (Sperrung von mir, M.K.)
195 Stuttgart 1995, 193 u.ö.
196 Göttingen 1983.

4.5 Systemische Familientherapie: Persönlichkeitsentwicklung geschieht im System der Familieninteraktionen

Systemische Psychotherapie, die inzwischen in einer Fülle von unterschiedlichen Ausprägungen existiert,[197] übernimmt Grunderkenntnisse der allgemeinen Systemtheorie, der Kybernetik, der Hypnotherapie und der Humanistischen Psychologie für den therapeutischen Bereich. Auch in Seelsorge und Religionspädagogik gewinnt systemisches Denken zunehmend an Bedeutung.
Systemisches Denken basiert auf einer Reihe von Grundannahmen, die vereinfacht so bezeichnet werden können:[198]
1. Alle Elemente im Universum sind miteinander vernetzt, haben eine dauernde reziproke Beziehung untereinander. Diese Wechselseitigkeit wird auch als Zirkularität bezeichnet; sie ist nicht überall beobachtbar, und doch immer vorhanden. Die Frage nach einer linearen Ursache-Wirkung-Relation wird damit überholt, auch im psychosozialen Bereich.

Ein Beispiel: »Was hat zur Verbesserung des gesundheitlichen Zustandes von Frau X. während einer Kur geführt?
Aufgrund der Distanz von zu Hause war Frau X. in der Lage, ein anregendes Klima, eine reizvolle Landschaft positiv auf sich wirken zu lassen, was durch die entspannende Wirkung der Bäder verstärkt worden ist; dass es Mitpatienten gibt, denen es offenbar schlechter geht als ihr, hat Frau X. neuen Lebensmut gegeben und sie offener für andere Menschen gemacht; die daraufhin möglichen Gespräche konnten ihr wiederum veränderte Lebensperspektiven nahe bringen; schließlich hat der Masseur bei Frau X. erotische Gefühle ausgelöst, die wiederum in der geschilderten aktuellen Situation zur Realisierung eines ›Kurschattens‹ führten; dieser hat aufgrund seiner anziehenden Wirkung Frau X. zu der Überzeugung bringen können, dass es doch besser sei, die Diätvorschriften einzuhalten und nicht etwa sich am Nachmittag ins Cafe zu setzen, um dort die Sahnetorte zu verspeisen.«[199]

2. Wirklichkeit lässt sich beschreiben als in Systeme und Subsysteme organisiert. Jedes Subsystem ist ein Teil im Blick auf das nächst größere System, jedes Subsystem ist gleichzeitig ein Ganzes im Blick auf die einzelnen Teile, aus denen es sich zusammensetzt. Auch die Person bildet ein Ganzes, bestehend aus verschiedenen Körperteilen und -funktionen; gleichzeitig ist die Person Teil des größeren Ganzen der Familie bzw. der Gesellschaft.

---

[197] Die Literatur ist inzwischen uferlos; ich verweise auf einige ausgewählte Titel, die als Einführung und Übersicht geeignet sind: *von Schlippe / Schweizer* ²1996; *Gurman/Kniskern* ³1981; *Griffin* 1993; *Nichols/Schwartz* ³1995.
[198] Zum Folgenden vgl. *Graham* 1992, 39ff.
[199] *Kriz* 2002, 221.

Ein System ist »ein ganzheitlicher Zusammenhang von Teilen, deren Beziehungen untereinander quantitativ intensiver und qualitativ produktiver sind als ihre Beziehungen zu anderen Elementen. Die Unterschiedlichkeit der Beziehungen konstituiert eine Systemgrenze, die System und Umwelt des Systems trennt.«[200]
Es ist also eine Frage der Betrachtung und Wertung, was man als System begreift und was nicht:

Die Mitglieder einer Familie haben quantitativ und qualitativ intensivere Beziehungen untereinander als mit der Nachbarfamilie; wenn aber eins der jugendlichen Kinder eine enge Freundschaft mit dem Kind der Nachbarfamilie beginnt, wird die Systemgrenze zur eigenen Familie fließend, und es entsteht ein neues Subsystem zwischen den Familien.

Die Interaktion im System vollzieht sich in Form von feedback-Schleifen (Eltern beispielsweise reagieren positiv oder negativ auf bestimmte Verhaltensweisen ihrer Kinder; die Verhaltensweisen der Kinder lösen wiederum das Verhalten der Eltern aus usw.); damit ist der Perspektivenwechsel von einer linearen zu einer zirkulären Kausalität eingeleitet.
Jedes System hat Subsysteme, die sich durch klare, starre oder diffuse Grenzen vom größeren System abgrenzen (im System Familie das Subsystem Eltern, das Subsystem Kinder etc.). Grenzen sind gewissermaßen Vereinbarungen über das, was zum System dazugehören und nicht dazugehören soll.
In der Therapie ist das Offenlegen, Infragestellen und Neudefinieren von Grenzen ein wichtiges Thema.

Ein Beispiel: Wie klar sind die Grenzen zwischen dem Subsystem Eltern und dem Subsystem Kinder? Wenn die Grenzen völlig fließend (Eltern betrachten sich als die Freunde ihrer Kinder oder benutzen Kinder als Partnerersatz) oder ganz rigide sind (Eltern verhalten sich autoritär und beziehen Kinder überhaupt nicht in ihre Überlegungen mit ein), kommt es in der Regel zu Problemen.[201]

Jedes System gehorcht bestimmten Regeln und/oder Mythen, d.h. ausgesprochenen oder vor allem unausgesprochenen und unbewussten Vereinbarungen und Traditionen, nach denen die Beteiligten ihre Wirklichkeit, ihr Verhalten definieren und ausrichten.

Beispiele: In unserer Familie wird nicht über Gefühle gesprochen ...
In unserer Familie ist man erfolgreich ...

---

200 *von Schlippe / Schweizer* ²1996, 55.
201 An diesem Punkt wird exemplarisch deutlich, in welchem Ausmaß jeweils normative Vorstellungen über das, was eine gut funktionierende Familie ausmacht, im Hintergrund stehen.

4.5 Systemische Familientherapie

Ein Bewusstmachen solcher Regeln und Vereinbarungen, also Metakommunikation, verhindert, dass bisher eingefahrene Kommunikationsstrukturen einfach (unbewusst) weiter praktiziert werden.

3. Charakteristisch für systemisches Denken ist die Betonung der *Homöostase*: Jedes System erhält sich, indem eine interne Balance und eine Balance mit der jeweils relevanten Umwelt aufrecht erhalten wird. Die gerade erwähnten Familienregeln etwa dienen dazu, das Gleichgewicht in der Familie zu erhalten. Die Familie pflegt Austausch mit der Nachbarschaft: Zieht sie sich völlig zurück, wird sie von außen als merkwürdig betrachtet; pflegt sie den Austausch sehr intensiv, geht der interne Familienzusammenhalt verloren. Homöostase kann allerdings auch die Funktion annehmen, Veränderungen zu verhindern.

4. Ein System erhält sich selbst, es hat eine gewisse Autonomie, genannt *Autopoiese*: Es erzeugt, reguliert und erhält sich selbst und ist von außen nicht einfach beeinflussbar, sicher nicht auf dem Weg der einfachen linearen Kausalität.

Beispiel: Man kann Kinder nicht dazu zwingen, ihre Eltern zu lieben; man kann einen Partner nicht drängen, dass er in jedem Fall »gerne und freiwillig« mit dem anderen zum Einkaufen geht usw.

Ein System kann sich aber auch selbst überschreiten. Die Teile eines Systems stehen in Beziehung – und das heißt immer auch – in Spannung zueinander; insofern kann die Veränderung eines Teils das ganze System verändern, was dann wiederum auf die Teile zurückwirkt.

Beispiel: Die Geburt eines Kindes verändert die Beziehung der Eltern untereinander wie auch deren Beziehung zur umgebenden Gesellschaft.
Die Erkrankung eines Familienmitglieds verändert die Interaktion innerhalb der Familie, aber möglicherweise auch deren Interaktion mit Nachbarschaft, Schule, Beruf etc.

Ein System ändert sich in kleinen, nur schwer vorhersehbaren Schritten; man kann ein System allerdings stören und irritieren, so dass es anfängt, sich neu und verändert zu organisieren.

Beispiele: Wenn die Kinder aus dem Haus gehen, ist das bisherige System Familie gestört, und die Eltern müssen beginnen, das Subsystem »Ehepaar«, das vielleicht über viele Jahre zugunsten des Subsystems »Eltern« ganz in den Hintergrund getreten war, neu zu organisieren.
Wenn in einer Gruppe jemand Neues hinzukommt, muss sich das System Gruppe neu organisieren, Rollen und Spielregeln neu austarieren etc.

Aus solchen und anderen Grunderkenntnissen ist die Familientherapie oder Systemische Therapie entstanden, die sich inzwischen zunehmender Popularität erfreut.[202]
Der Mensch wird nicht länger als Individuum, als Monade betrachtet, sondern als ein Wesen, das nur in ständigem Austausch mit seinem Umfeld leben und überleben kann. Bestimmte Verhaltensprobleme werden nicht intrapersonal angegangen (als Ergebnis eines inneren Konflikts, als Störung frühkindlicher Entwicklung etc.), sondern interpersonal, d.h. mit Blick auf die Beziehungen, in denen Menschen leben und im Blick auf die jeweilige Umwelt. Nicht das Individuum steht im Zentrum therapeutischer Aufmerksamkeit, sondern die Beziehungsstruktur der Familie und ihres Kontextes.
»Wo einer leidet, sind alle betroffen«.[203] Das gilt in mehrfachem Sinn:
- Wenn einer krank ist, ändert sich für alle Beteiligten die Alltagsroutine;
- Das Problem des einen kann Hinweis auf einen umfassenderen Zusammenhang sein: Eine Familie hat ein »Problemkind«, wenn ein Kind mit 6 Jahren noch Bettnässer ist. Man kann nun versuchen, dem Kind das Bettnässen abzugewöhnen; das geschieht in der klassisch verhaltenstherapeutischen Behandlung mittels einer Klingelhose. Man kann dieses Symptom aber auch so verstehen, dass die gesamte Familie unter Druck steht und eine/r – möglicherweise der schwächste oder sensibelste Teil, nämlich der/die Jüngste – den Druck nicht länger aushält und ins Bett macht. Damit erscheint das Problemkind in einer veränderten Sichtweise: Es handelt sich nicht um ein individuelles Defizit, sondern ist Hinweis auf ein Familienproblem, das es zu entdecken und zu bearbeiten gilt. Die familienbezogene Interpretation bedeutet für das bettnässende Kind als »Symptomträger« eine enorme Entlastung.
- Familie ist eine Kommunikationseinheit, ein Informationssystem, sie folgt bestimmten Spielregeln, bestimmten internen Werten und Normen, bestimmten Verhaltenscodices, die wiederum in hohem Maß von der umgebenden Kultur und ihren sozio-ökonomischen Bedingungen abhängen.[204] Von diesen Regeln und Werten ist jeder einzelne Mensch tief geprägt und beeinflusst. So gesehen trägt jede/r die eigene Herkunftsfamilie mit sich herum, ob man will oder nicht.

Systemisch orientierte Therapie und Beratung sucht zunächst einmal, das in Frage stehende System zu verstehen: Welche Regeln gelten

---

202 Zum Folgenden *von Schlippe / Schweitzer* 1996; *Held* 1998; *Morgenthaler* 1999.
203 *Hezser* 1991, 77ff.
204 *Nichols/Schwartz* 1995, 80ff. weisen darauf hin, in welchem Ausmaß die gegenwärtige Arbeits- und Leistungsgesellschaft mit ihrem konkurrenten Individualismus die Vorstellungen von Familie, von den Eltern-Kind-Beziehungen, von Erziehungspraktiken etc. beeinflusst.

4.5 Systemische Familientherapie

hier? Wer hat das Sagen? Was bedeutet das Problem für das gesamte System? Ist das vorgebrachte Problem wirklich das eigentliche Problem, oder gibt es dahinter ein ganz anderes? Das System verstehen heißt, seine unbewussten Mechanismen / Regeln bewusst machen – schon dieses Bewusstmachen verändert das System.

Wenn die Familienmitglieder plötzlich begreifen, dass sie bisher alle Rücksicht auf den herzkranken Vater genommen haben, dann funktioniert dieses Verhalten nicht mehr automatisch – und damit ist ein Ansatz zur Veränderung gegeben. (Aus dieser Erkenntnis resultiert die sog. Symptomverschreibung: Ein bisher spontanes Verhalten wird unmöglich, wenn es bewusst und gezielt ausgeübt werden soll!)

Systemische Therapie arbeitet weniger problemzentriert und mehr lösungszentriert; d.h. es geht nicht darum, wie in der Psychoanalyse, in aller Ausführlichkeit zu ergründen, woher das Problem kommt, wie es sich entwickelt hat (Vergangenheitsorientierung), sondern stärker auf Lösungspotentiale zu achten: Was muss/kann passieren, damit sich etwas ändert? In dem Zusammenhang ist auch die sog. Ressourcenorientierung von Bedeutung: Welche Ressourcen hat ein System, eine Familie? Selbst wenn eine Familie große Probleme und Defizite zeigt, hat sie auch bestimmte Fähigkeiten; die gilt es zu entdecken und zu aktivieren.

Familien durchlaufen, wie Individuen auch, einen Entwicklungsprozess ($\Rightarrow$ Kap. 8.3): Je nach Länge der Paarbeziehung, nach Alter und Status der Kinder verändern sich die »Aufgaben«, die eine Familie zu bewältigen hat. Dieser Entwicklungsprozess hat auch eine mehrgenerationale Komponente: Ein Genogramm der Familiengeschichte enthüllt häufig bestimmte wiederkehrende Muster; sie aufzudecken hat entlastenden Charakter und eröffnet Veränderungsmöglichkeiten.

Während die frühe Familientherapie ihre Aufmerksamkeit vorwiegend auf das Verhalten einer Familie, also auf die beobachtbare Struktur und Interaktion richtete, ist in zunehmendem Maß die Art der individuellen und familiären Wirklichkeitskonstruktion in den Blick genommen worden. Bestimmte *erkenntnistheoretische Prämissen* des Konstruktivismus sind dafür ausschlaggebend:

Danach gibt es Wirklichkeit immer nur als sozial konstruierte (es mag eine Wirklichkeit »an sich« geben, aber wir wissen nichts über sie, und es macht keinen Sinn, über sie zu spekulieren!). »Menschliche Wirklichkeit wird in Prozessen menschlicher Kommunikation ›gesellschaftlich konstruiert‹ in einem jeweils spezifischen historischen Kontext.«[205] Angeblich vorgegebene, ewige Wahrheiten werden als historisch und kulturell bedingte Konstruktionen (u.U. auch zum Zweck des Machterhalts) durchschaut und dekonstruiert ($\Rightarrow$ Kap. 2.3).

---

[205] *von Schlippe / Schweizer* 1996, 78.

Damit gewinnt Sprache eine besondere Bedeutung. Sprache im weitesten Sinn ist Medium solcher Prozesse, aber eben auch »Produzent« menschlicher Wirklichkeit. Die »Sache selbst« verliert zunehmend an Bedeutung, von Interesse ist vielmehr, wie ein Mensch, eine Gruppe eine Sache sieht, benennt, zuordnet.
Wirklichkeit im Sinn von Bedeutungsgebung entsteht im Dialog, im angestrebten Konsens darüber, wie Wirklichkeit zu sehen ist. Ein solcher Konsens ist nicht völlig willkürlich; er ist in der Regel an gesellschaftliche oder milieuspezifische bzw. gruppenspezifische Übereinkünfte und Vorgaben gebunden. (Wenn jemand vollständig mit solchen Übereinkünften bricht, wird er/sie als »merkwürdig« oder »psychisch krank« definiert.) Je offener und vielfältiger Wirklichkeitskonstruktionen ausfallen, desto dringender stellt sich die Frage nach ethischen und im weitesten Sinn ökologischen Maßstäben.
Für die Therapie und Seelsorge ist dieser Ansatz folgenreich (⇒ Kap. 10.2.4): Denn nun geht es um die Frage, wie ein Mensch, eine Familie die eigene Wirklichkeit konstruiert, welche Landkarte von der Welt und vom Leben sie im Kopf haben, wie sie mit dem jeweiligen größeren System zusammenhängen (sind es z.B. die Annahmen der Eltern, die jemand ungeprüft immer weiter für sich als gültig betrachtet?), wie sich diese Landkarten auf die Lebensführung auswirken, welche Rolle Religion und Glaube im Prozess der Wirklichkeitskonstruktion spielen. Auf die Familie bezogen heißt das: Familienmitglieder haben bestimmte Vorstellungen, wie ihre Familie und die jeweiligen Rollen in ihr aussehen und ausgefüllt sein sollten; und auch die Familientherapeutin hat entsprechende Ideen. Es gibt aber keine richtigen oder falschen Vorstellungen, sondern nur den Versuch, ein System nach seinen Wirkungen auf die Betroffenen und nach seinen ethischen und ökologischen Implikationen zu beurteilen.

Zusammenfassung, Kritik, Konsequenzen
Die Systemische Familientherapie bringt tiefgreifende anthropologische und wissenschaftstheoretische Veränderungen mit sich.
1. Der Mensch wird nicht länger als für sich seiendes Individuum gesehen, sondern als in ständiger Interaktion mit seiner Umwelt, mit seinen familiären Strukturen. Individuelle Psychopathologie hat eine Funktion im gesamten System; diese Funktion ist nicht linearkausal zu begreifen, sondern zirkulär. Die gegenwärtige Familie und ihre einzelnen Mitglieder sind zu verstehen im Kontext einer Mehr-Generationen-Perspektive, im Kontext der damit verbundenen Erinnerungen, Mythen, geheimen Aufträge sowie im größeren gesellschaftlichen und kulturellen Umfeld. Veränderung geschieht, indem der Kontext, das Beziehungsnetzwerk verändert bzw. anders betrachtet wird.

4.5 Systemische Familientherapie

2. Familientherapie basiert auf konstruktivistischen Grundannahmen. Wirklichkeit gibt es nicht losgelöst vom Betrachter. Wirklichkeit ist das Produkt unserer Wahrnehmung, unserer Unterscheidungen, unserer Interpretation und Konstruktion. Veränderung und Erweiterung der Wirklichkeitskonstruktion kann bereits eine wichtige Problemveränderung mit sich bringen.
3. Der ethischen Dimension in der Bearbeitung von Lebensproblemen kommt neue Bedeutung zu, wenn es im konstruktivistischen Modell keine richtigen und falschen Sichtweisen mehr gibt; nicht nur die Konsequenzen für die Betroffenen (utilitaristisches Modell), sondern auch Verträglichkeit mit ethischen und ökologischen Kriterien (deontologisches Modell) sind in einem konsensuell orientierten Verfahren zu berücksichtigen. Bestimmte ethisch verwurzelte »Partnerschaftswerte« können für Familieninteraktionen von Bedeutung sein: der Wunsch nach Gemeinsamkeit und Geborgenheit wie auch das Streben nach Unabhängigkeit und Freiheit; einander Respektieren und Ernst-Nehmen; Verlässlichkeit und Treue sowie die Bereitschaft, Konflikte offen und gleichberechtigt auszutragen.[206]
4. Kommunikation lebt von Rückkoppelung. Die systemische Therapie stellt, ganz ähnlich wie die Kommunikationstheorie, fest, dass viele Kommunikationen deswegen scheitern, weil nicht auf das wirklich Geäußerte reagiert wird, sondern eher auf die eigenen Erwartungen und Vorurteile (»Als mein Mann mich so angeguckt hat, wusste ich schon Bescheid.«). Der expliziten Rückkoppelung, dem Feedback, kommt deswegen so große Bedeutung zu, um das immer Gleiche zu unterbrechen und Neues zu ermöglichen. Das gilt für die alltägliche Kommunikation zwischen Menschen, es gilt aber natürlich besonders für deren Konstruktion von Wirklichkeit. Wir setzen auch in Theologie und Kirche zu sehr auf die eigenen Erwartungen und Vorurteile (der ist ein Pietist, der ist ein Schüler von XY) und hören dann nichts Neues mehr.
5. Systemische Perspektiven sind nicht nur für Beratung und Seelsorge im Raum der Kirche relevant. Aus systemischer Sicht ändert sich auch das Verständnis dessen, was Gemeinde ist. Gemeinde meint nicht einfach die Anzahl der Menschen, die in einer Parochie als räumlich abgegrenztem Bezirk zufällig zusammenleben, sondern ein Beziehungsnetz zwischen einzelnen Menschen, dem Evangelium und der Situation.[207] (⇒ Kap. 6.2) Es kommt darauf an, diese drei Faktoren in einer angemessenen Balance zu halten. In der Dialektischen Theologie oder im Pietismus wird das Evangelium dominant, in bestimmten Ansätzen von Vermittlungstheologie (Be-

---

[206] Vgl. *Klessmann* 1996 (a), 3–16.
[207] Vgl. *Lindner* 1994, 65ff. Lindner spricht von dem hermeneutischen Dreieck Situation – Auftrag – Ich.

freiungstheologie, psychologische Bibelauslegung) werden Situation oder Person dominant. Aus systemischer Perspektive ist die Balance zwischen den drei Faktoren offen und flexibel zu halten und zu handhaben. Dann kann Gemeinde sowohl stabilisierende als auch befreiende und vorausweisende Dimensionen haben.
6. Eine konstruktivistische Perspektive ist auch für das Phänomen der Religion von großer Bedeutung. Welche Wirklichkeit des Menschen baut eine religiöse Sichtweise auf? Es macht einen erheblichen Unterschied – bis in die Verhaltenskonsequenzen hinein –, ob man den Menschen als im Grunde gut und kreativ oder eher als sündig und schuldbeladen versteht, ob man die unbegrenzten Fähigkeiten oder die Endlichkeit und Begrenztheit in den Vordergrund stellt. Eine solche Bedeutungsgebung (die jeweils unterschiedliche Aspekte der biblischen Tradition und der Auslegungsgeschichte akzentuiert) ist in der Regel keine rein individuelle Entscheidung, sondern – unter Berücksichtigung bestimmter historischer und struktureller Gegebenheiten – ein konsensuelles Phänomen: Sie ist auf das offene, vertrauensvolle Gespräch, den Austausch, den Dialog mit anderen angewiesen. Insofern muss es das Interesse von Theologie und Kirche sein, mit den Menschen über ihre Art und Weise der Bedeutungsgebung ins Gespräch zu kommen.

4.6 Körpertherapie: Der Mensch ist Leib.

»Die Wiederentdeckung des Leibes« heißt ein Buchtitel aus dem Jahr 1981;[208] diese Wiederentdeckung bezieht sich auf den gesamten Bereich der Human- und Sozialwissenschaften und eben auch auf Religion und Kirche.
Zwar wird der Leib in zentralen Aussagen des christlichen Glaubens genannt (»das Wort wurde Fleisch« Joh 1,14; im Apostolikum ist von der »Auferstehung des Fleisches« die Rede, vgl. Rm 8,11; die Elemente des Abendmahls werden als Leib und Blut Christi bezeichnet), zwar hat Tertullian († 220) in einem berühmt gewordenen Wortspiel »caro salutis est cardo«[209] (»Das Fleisch ist der Angelpunkt des Heils«) die Quintessenz des christlichen Glaubens über den Leib zusammengefasst. Offenbar waren aber die neuplatonischen Tendenzen stärker, die den Körper, und vor allem seine sexuellen Triebkräfte, als unrein und den Geist erniedrigend, als Gefängnis der Seele zugunsten der unsterblichen und reinen Seele abgewertet, verleugnet und verdrängt haben; der deutsche Idealismus verankerte die Identität der Person im Geist, die unlösbare Verbundenheit mit dem Leib wurde dabei weitgehend

---
208 Hg. von *Pflüger* 1981.
209 Zitiert in *Schrey*, Art. Leib/Leiblichkeit. TRE 20, 642. In diesem Artikel gibt es übrigens keinerlei Bezugnahme auf humanwissenschaftliche Erkenntnisse zum Thema!

4.6 Körpertherapie: Der Mensch ist Leib

vernachlässigt. Ein unseliger Dualismus hat sich etabliert, der den Leib entweder abwertet oder – als moderne Variante – den Körper so funktionalisiert in den Vordergrund stellt, dass er als rein biologisches Produkt erscheint, das man möglichst intensiv trainieren und fit halten bzw. durch gezielte Ernährungsmaßnahmen und wenn nötig Schönheitschirurgie in die gewünschte Form und Gestalt bringen sollte.

Wie war eine solche Entwicklung möglich, angesichts der grundlegenden Tatsache, dass ein Mensch ohne seinen Leib nicht existieren kann? Die Leiblichkeit des Menschen erscheint als das nächstliegende und sicherste Datum der Person, der Identität. Alle Kommunikationsprozesse, alle geistigen und seelischen Phänomene, haben ein körperliches Substrat: Wahrnehmung ist an die Wahrnehmungsorgane gebunden, Denken an das Vorhandensein eines Gehirns, Emotionen sind unweigerlich begleitet von körperlichen Erscheinungen wie Herzklopfen, Schweißausbrüchen, Anspannung oder Entspannung.[210] Jede Krankheit zeigt uns, in welchem Ausmaß der ganze Mensch tangiert ist, wenn der Körper nicht mehr störungsfrei funktioniert.

Leib und Seele stehen in beständiger Interaktion, wie man am Beispiel Trauer oder Freude besonders deutlich sehen kann. Der Körper ist Energiequelle und Medium der Beziehungsaufnahme zu anderen Menschen, zu Gegenständen, zur Welt. Identität gibt es nicht ohne Leib; allerdings stellt die Leiblichkeit nicht eo ipso schon Identität her, aber sie ist Bedingung der Möglichkeit, nicht weniger, aber auch nicht mehr. Die sich in der Pubertät rasch verändernde Körpergestalt ist Ausgangspunkt für die von Erikson beschriebene Identitätskrise: Wer bin ich in den Augen anderer, wenn ich mich selbst kaum noch wieder erkenne? Wie verwandelt ein sich veränderndes Körpergefühl und Körperschema[211] das Selbstgefühl?

Das Verhältnis von Leib und Seele beschreibt der Prozesstheologe *John Cobb* im Anschluss an *A. N. Whitehead* folgendermaßen: »Seele« besteht aus den Erfahrungen, die wir machen und die zunächst, gerade im Kleinkindalter, vorwiegend körperliche Erfahrungen sind. Mit zunehmendem Alter mischen sich diesen Erfahrungen andere Elemente bei, die in ihrer Kumulation den Körper gewissermaßen transzendieren. Seele gibt es so gesehen nicht ohne den Körper, aber als Akkumulation von Erfahrungen geht sie auch über den Körper hinaus. Der beseelte Körper ist also mehr als der rein physikalische Körper. »One is one's soul, and in being soul one includes one's body.«[212] Da die Erfahrungen nicht nur vom Körper, sondern auch vom gesellschaftlichen Kontext abhängen, ist die Seele (die Kumulation der Erfahrungen) und damit auch der weibliche oder männliche Körper immer vom sozialen Geschlecht (gender) überformt.

---

210 Vgl. *Cannon* (1932) 1963, hier besonders bezogen auf die Emotionen von Angst und Wut.
211 Zum Begriff des Körperschemas s.u.
212 *Cobb* 2002, 87.

Unveräußerlicher Bestandteil der Leiblichkeit des Menschen ist die Sexualität; Sexualität bezeichnet eine Lebenskraft, die Leiblichkeit und Identität des Menschen in hohem Maß prägt. Sexualität ist eine Weise des In-der-Welt-Seins, die die Wahrnehmung und die Konstruktion von Bedeutungen mit bestimmt. Wenn von der Ganzheit des Lebens und des Leibes die Rede ist, kann diese nicht ohne Berücksichtigung der Sexualität gedacht werden.

Dank der Sexualität gibt es nicht »den« Menschen, sondern Frauen und Männer, weibliche Körper und männliche Körper. Auch sie sind keine unveränderlich biologischen Gegebenheiten, sondern immer sozial überformt. Die Unterscheidung von sex und gender hat darauf aufmerksam gemacht, in welch hohem Maß auch der Körper und die Vorstellungen, die wir von ihm haben, soziale Konstruktionen sind. Man denke nur an das durch und durch von Prüderie geprägte Körperbild der viktorianischen Epoche im Vergleich zu der als Befreiung des Körpers empfundenen »Sexwelle« der 1960er und 70er Jahre (⇒ Kap. Kap. 10.3 und 11.2).

Allerdings galt bis in die 1970er Jahre, bis zur Entstehung des Feminismus, die männliche Körperlichkeit und ihre Symbolik als normativ. Ein hierarchischer Dualismus – im Sinn von oben/unten, stärker/-schwächer – von Geist gegenüber Fleisch, Mann gegenüber Frau, und Mensch gegenüber Natur hatte sich entwickelt, der zur Unterdrückung der Frauen und der Natur entscheidend beigetragen hat. Frauen haben die destruktive Dynamik dieser Dualismen seither herausgearbeitet und Befreiung eingefordert.

Die westliche Zivilisation ist jedoch immer noch tief von einem Geist-Leib-Dualismus geprägt, Erziehung und Bildung, mindestens in der Stufe der schulischen und beruflichen Sozialisation, führen eher zu einer Entfremdung vom Körper als zu einer Integration. Auch die Psychotherapie war und ist über weite Strecken eine körperlose Tätigkeit. Für *Freud* bildet der Körper als Basis triebhafter Spannungen die Grundlage psychischer Aktivität; das Ich ist zunächst ein Körper-Ich;[213] und in seinen frühen Hysteriebehandlungen spielte Berührung (Druck auf die Stirn) durchaus eine Rolle. Während *Sandor Ferenczi* betont, dass Patienten körperliche Berührung vom Therapeuten brauchen, um frühe Entbehrungen zu kompensieren,[214] entwickelt *Freud* im Zusammenhang mit der Theorie der Übertragung die These von der Notwendigkeit analytischer Abstinenz, die bis heute Gültigkeit hat und vor dem Hintergrund vielfältiger Missbrauchserfahrungen auch weiterhin haben muss. Therapeutische Abstinenz heißt aber nicht, die Bedeutung des Körpers für psychisches Leiden bzw. Wohlbefinden aus dem Auge zu verlieren. Darauf haben die verschiedenen

---

213 *Freud* 1923, St.A. III, 294.
214 Zu *Ferenczi* vgl. *Weimer* 2001, 41ff.

4.6 Körpertherapie: Der Mensch ist Leib

Formen der Körper- und Kommunikationstherapie neu aufmerksam gemacht.[215]

Mit dem Stichwort *therapeutische Abstinenz* ist in allen Therapieformen ein Bestandteil des therapeutischen Rahmens bezeichnet, demzufolge Therapeut / Therapeutin und Klient / Klientin die Behandlungssituation nicht zur Befriedigung ihrer Beziehungswünsche gebrauchen.[216] Das Spezifikum der therapeutischen Situation besteht darin, dass über alles, gerade auch über Beziehungswünsche und -phantasien gesprochen werden kann, dass diese Wünsche aber nicht in Handeln umgesetzt (agiert) werden. In der psychoanalytischen Therapie kommt hinzu, dass der Analytiker sich abstinent verhält im Blick auf seine Gegenübertragungen, um die Übertragung des Patienten / der Patientin sich entwickeln zu lassen.

Die entscheidenden Anstöße zur Entwicklung einer Körpertherapie kamen von *Wilhelm Reich* (1897–1957), der zunächst *Freud*s Schüler war, sich dann aber über der Frage nach der Bedeutung der Energie (im Unterschied zur Frage nach der psychischen Struktur) im Blick auf psychische Phänomene von *Freud* trennte. Für den vorliegenden Zusammenhang ist von Bedeutung, dass Reich an der klassischen Psychoanalyse die mangelnde Wahrnehmung der körperlichen Verfassung des Patienten kritisierte.[217] Er vertrat die These, dass der Charakter eines Menschen nicht nur eine psychische Organisation darstellt, sondern sich zugleich in charakteristischen muskulären Verspannungen und Verhärtungen spiegelt. Der von ihm sogenannte Charakterpanzer enthält die erstarrte Lebensgeschichte eines Menschen; bestimmte Verkrampfungen der Muskulatur (z.B. stark ausgeprägte Kiefermuskulatur, unbewegliche Mimik, flache Atmung, bestimmte Bewegungseigentümlichkeiten etc.) sind als somatische Korrelate spezifischer frühkindlicher Konflikte und ihrer Verdrängung zu verstehen.[218] Arbeit an der Muskulatur führt deswegen direkt zu den zugrunde liegenden unbewussten psychischen Konflikten.

Der Amerikaner *Alexander Lowen* (*1910), Schüler von *Wilhelm Reich*, baute diesen Ansatz zur Bioenergetik aus.[219] *Lowen* will »die menschliche Persönlichkeit mit Hilfe des menschlichen Körpers ... begreifen.«[220] »Die Bioenergetik ist das Studium der menschlichen Persönlichkeit unter dem Blickwinkel der energetischen Prozesse des Körpers.«[221] *Lowen* kritisiert an der westlichen Kultur, dass sie geistige Bildung losgelöst von körperlicher Bildung betreibt.

---

215 *Petzold* 1980; *ders.* 1979.
216 Vgl. *Körner*, Art. Abstinenz. In: *Mertens/Waldvogel* ²2002, 1–5.
217 *Reich* 1973, 46.
218 Vgl. *Reich* 1973, 346f; vgl. *Kriz* 2001, 78ff.
219 *Lowen* 1979; *ders.* 1982. Daneben gibt es eine ganze Reihe anderer Körpertherapien. Vgl. *Petzold* ³1979; *ders.* ²1980.
220 *Lowen* 1979, 32.
221 *Lowen* 1979, 33.

»Informationen werden aber erst dann zum Wissen, wenn man sie erfährt, erlebt oder empfindet. Wir ignorieren ständig die Tatsache, dass Erfahrung, Erleben und Empfinden körperliche Phänomene sind. Man ›erfährt‹ nur das, was im Körper stattfindet. Die Intensität der Erfahrung richtet sich nach dem Ausmaß, in dem der Körper lebt. Wenn Ereignisse der Außenwelt den Körper beeinflussen, *erfährt* man sie wohl – doch was man in Wirklichkeit erfährt, ist ihre Wirkung auf den Körper.«[222]

Lowen beklagt die Spaltung zwischen Geist und Körper, zwischen Ich und Körper in vielen anthropologischen Konzepten der westlichen Welt, die zu einer entsprechenden Spaltung und nachfolgenden Leblosigkeit, Lustlosigkeit und Starre im Körper vieler Menschen führen. Bioenergetik als Psychotherapieform zielt darauf ab, den Zusammenhang, die Integration von seelischem und körperlichem Leben wieder herzustellen, den Energiefluss, die Lebenskraft von ihren Blockaden zu befreien und damit die körperliche und geistige Beweglichkeit und Kreativität zu erhöhen.

Während Körpertherapie im Gefolge von *Reich* und *Lowen* häufig mit körperlichem Druck und Konfrontation arbeitet, verwenden andere, vor allem feministische Therapieformen, weiche Zugänge nach dem Motto »Don't push the river«.[223]

Die Grunderkenntnisse der Bioenergetik greifen auf, was die philosophische Anthropologie (z.B. *Gabriel Marcel*) schon formuliert hatte: Der Mensch hat nicht einen Leib, er ist Leib. Der Körper, sei es in medizinischer Diagnose oder sportlicher Anstrengung, ist etwas, das der Mensch hat, das er objektivieren und benutzen, dem er in begrenztem Maß Gestalt geben kann. Vom Leib kann sich der Mensch nicht trennen, »Dasein ist immer nur inkarniertes Sein ... Der Leib ist nie ein Objekt unter anderen, sondern die Voraussetzung aller denkbaren und möglichen objektiven Verhaltensweisen und aller Wahrnehmungen im Objektiven ... Leiblich bin ich mir selber ein Geheimnis.«[224] Zum Leib tritt der Mensch in ein Verhältnis, indem er die Empfindungen und Reize des Körpers mehr oder weniger distanziert wahrnimmt, auswertet und zu einem Körperbild, zu einem Körperschema integriert. Dieses Körperschema, also das Wahrnehmungsmuster des Körpers gleichsam von innen her, kann sich deutlich unterscheiden von dem Körperbild, das andere Menschen von außen wahrnehmen.[225] Aus der Interaktion mit anderen, vor allem natürlich mit der Mutter zu Beginn des Lebens, bildet sich im Menschen ein weitgehend unbewusstes Körperbild und ein dazugehöriges Körpergefühl. Im Hintergrund stehen dabei die kulturell vorherrschenden, die kollektiv dominanten Körperschemata einer Bezugsgruppe, beispielsweise bei Frauen die schlanke Körper-

---

222 *Lowen* 1979, 48.
223 *Moss* 1985, 80ff.
224 *Marcel* 1985, 16ff.
225 Vgl. zum Folgenden *Klessmann* 1997 (a), 80ff.

4.6 Körpertherapie: Der Mensch ist Leib

form, bei Männern die durchtrainierte Gestalt. Zwischen dem Körper, wie ihn andere wahrnehmen, und dem verinnerlichten Körperschema kann es zu Spannungen kommen (z.b. schlanke Frauen, die sich für zu dick halten), die zur Quelle von Missverständnissen, von Missempfindungen und Belastungen werden.

Bioenergetik sowie die anderen Körpertherapien, aber auch Gestalttherapie / Integrative Therapie und Psychodrama, haben die Leiblichkeit des Menschen in ihrer Bedeutung für alle Lebensvollzüge, auch die religiösen, neu in den Vordergrund gestellt. Der Körper erscheint nicht länger nur als materielle Basis für geistige und seelische Prozesse, sondern er ist selber ein Organ unserer Wahrnehmung, ein unveräußerlicher Bestandteil im Prozess menschlicher Konstruktion von Wirklichkeit. Unsere Art und Weise körperlichen In-der-Welt-Seins prägt unsere Weltsicht, formt die Bedeutung, die wir der Welt und uns selbst geben, bestimmt die Beziehungen, in denen wir leben.

Die körperlichen Bedürfnisse und Gegebenheiten bilden den Ausgangspunkt von Wahrnehmung und Bedeutungsgebung.[226] Bei kleinen Kindern ist das offenkundig, mit fortschreitendem Alter tritt diese Körperbezogenheit mehr in den Hintergrund, sie verschwindet aber nie vollständig; das zeigt sich im Falle von Krankheit z.B. deutlich.

Eine spezifische Weise, diesen Zusammenhang von Körper und Wahrnehmung aus psychotherapeutischer Sicht zu beschreiben, hat *Eugene Gendlin* in seinem Konzept des focusing entwickelt:[227] Das focusing bezieht sich auf ein körperliches Spüren und Wahrnehmen, das Gendlin »felt sense« nennt. Er unterscheidet den »felt sense« von Gefühlen: Der felt sense ist weniger eindeutig als ein Gefühl, eine manchmal im Körper verortete »sensation« (= Sinneswahrnehmung), die jedoch, und darauf kommt es in diesem Zusammenhang besonders an, eine noch vage Bedeutung enthält, die sich entfalten kann, wenn man der körperlichen Wahrnehmung entsprechende Aufmerksamkeit schenkt. »A felt sense is a bodily sensation, but it is not merely a physical sensation like a tickle or a pain. Rather, it is a physical sense *of* something, of meaning, of implicit intricacy. It is a sense of a whole situation or problem or concern, or perhaps a point one wants to convey. It is not *just* a bodily sense, but rather a bodily sense *of* ...«[228] Während ein Gefühl eher als Reaktion auf ein Ereignis zu verstehen ist, enthält der felt sense die Komplexität einer Situation gewissermaßen im Vorhinein. In der fokussierenden Arbeit mit diesem felt sense kann sich dann die Richtung, auf die er hinzielt, entfalten.

Wenn Wahrnehmung leiblich begründet und beeinflusst ist, ist sie natürlich auch gender-spezifisch geprägt. Die männliche Körper- und Lebenserfahrung ist in der Vergangenheit in der Psychotherapie, aber

---

226 Diesen Zusammenhang greift der Begründer des Konstruktivismus, *George A. Kelly*, in seinem grundlegenden Werk »The Psychology of Personal Constructs«, New York 1955, nur ganz am Rande auf (50f.). Das Thema spielt auch sonst im Konstruktivismus erstaunlicherweise kaum eine Rolle.
227 Zum folgenden *Gendlin* 1996.
228 *Gendlin* 1996, 63. (Sperrung von Gendlin)

auch in Theologie und Kirche ontologisiert und universalisiert worden. Frauen habe das kritisiert und eigene feministische Psychotherapien und Theologien entwickelt, die zunächst das Ziel hatten, Männlichkeit und Weiblichkeit auch als soziale Kategorien, damit als historisch und gesellschaftlich bedingt und interessegeleitet, herauszustellen. So formuliert *Christa Rohde-Dachser*, »dass die gesellschaftlich zugewiesenen Geschlechtsrollen sich zwar am anatomischen Geschlechtsunterschied festmachen, in ihrer Ausgestaltung über die verschiedenen geschichtlichen Epochen und in den verschiedenen Kulturen jedoch so große Unterschiede aufweisen, dass der Versuch, sie durch Rekurs auf ›Natur‹ zu legitimieren, unhaltbar erscheint ...«[229] Die in unseren Breiten anzutreffende Geschlechterdifferenz muss man als Mythologie begreifen, die es zu entmythologisieren gilt. Das hat Auswirkungen auch für Theologie und Kirche: Gott kann nicht länger primär in männlichen Bildern vorgestellt werden, Gott muss jenseits geschlechtsbezogener Vorstellungen gedacht werden: »God must be degendered.«[230]

Zusammenfassung, Kritik, Konsequenzen
1. Eine »Wiederentdeckung des Leibes« ist offenbar immer wieder notwendig in einer Gesellschaft, die stark von einem Leib-Seele-Dualismus geprägt ist und dazu neigt, den Körper zu funktionalisieren und zu objektivieren. Auch für Theologie und Kirche steht eine solche Wiederentdeckung immer wieder an. Ebenso tut die Pastoralpsychologie gut daran, diese Dimension – angesichts der Dominanz psychoanalytischer Theorien – nicht zu übersehen.
2. Am Beispiel der Leiblichkeit kommen elementare anthropologische Einsichten besonders augenfällig zum Ausdruck:[231]
Die *Spannung von Lust und Unlust* macht sich bevorzugt am Körpererleben fest. Lust bedeutet in den meisten Fällen körperliche Entspannung, ein ungehindertes, lockeres Fließen der Bewegungen, während Unlust meistens mit Anspannung, Verkrampfung und Schmerz einhergeht.
– Die *Spannung von Für-Sich-Sein und Bezogen-Sein*: Auf der einen Seite erscheint der Körper par excellence als Ausdruck des abgegrenzten Für-Sich-Seins: Ich bin mein Körper und unterscheide mich rein körperlich klar und deutlich von jedem anderen Menschen. Auf der anderen Seite ist auch der Körper kein einsames Produkt; auch er wird, wie *Petzold* formuliert, »aus der ›Kohabitation‹ mit der Welt geboren. Hier schafft sich das Subjekt und wird geschaffen, gestaltet sich der Leib und wird gestaltet, ein fundamental ›ko-kreatives‹ Geschehen ... Der verbitterte Zug um den

---
229 *Rohde-Dachser* 1991, 23f.
230 *Suchocki* 1994, 42.
231 Vgl. zum Folgenden *Klessmann* 1997 (a), 87ff.

4.6 Körpertherapie: Der Mensch ist Leib 209

Mund hat die Demütigung als Gegenüber. Die gramgebeugte Haltung verweist auf Niederdrückendes, auf Kummer. Der müde Schritt begleitet die Überlastung. Der aufrechte Gang wird von der Bestätigung begrüßt ...«[232]
- Die *Spannung von* Fragmenthaftigkeit *und Totalität*: In der Leiblichkeit des Menschen wird seine Begrenztheit, Endlichkeit und Fragmenthaftigkeit besonders drastisch vor Augen geführt: Krankheiten, Verletzungen, Altern, Sterben sind in den meisten Fällen körperliche Erscheinungen; wir sehen besonders deutlich an unserem Körper, wie es um uns steht. (Nicht umsonst bemüht sich die Wellness-Industrie, den Körper jung und fit erscheinen zu lassen.) Andererseits eröffnen sich auch gerade in der Leiblichkeit, speziell in der Sexualität, Erfahrungen von Transzendenz, vom Überschreiten der alltäglichen Begrenztheit. Nicht zufällig werden Religion und Sexualität immer wieder in Zusammenhang gebracht. Sexuelle Begegnung kann eine entgrenzende Dynamik haben, in der sexuellen Vereinigung überschreiten Menschen die alltäglichen Begrenzungen und machen andeutungsweise Erfahrungen von Einheit, Verschmelzung und Außer-sich-sein.
3. Die Wiederentdeckung des Leibes hat die Entwicklung einer Leibbezogenen Theologie zur Folge. Das Christentum als Religion der Inkarnation ist eine Religion der Verkörperung, sagt *Sallie McFague*. Sie muss in ihren Gottesvorstellungen und ihren Menschenbildern vom Körper ausgehen: »... es beginnt mit den Bedürfnissen von Körpern, all den wunderbaren, unterschiedlichen, seltsamen und schönen Körpern auf unserem Planeten. In dieser Theologie gelten die Bedürfnisse des Körpers als zentral, wenn auch nicht als einzigartig und absolut ...«[233]
4. Eine »Theologie der Leiblichkeit« führt zu einer Rekonstruktion traditioneller theologischer Aussagen. *M. Suchocki* nennt fünf Themen:[234] Gott kann nicht länger als unwandelbar gedacht werden, sondern muss relational, in Beziehung zu Mensch und Welt gesehen werden. Die Immanenz Gottes bekommt ein stärkeres Gewicht: Gott ist dem Leben und der Leiblichkeit immanent und zugleich darauf nicht reduzierbar (Transzendenz). Gott muss jenseits von Bildern männlicher Geschlechtlichkeit gedacht werden. Gott befreit durch Ermächtigung (empowerment). Gott ist nicht länger hierarchisch und dualistisch vorzustellen, sondern in wechselseitiger und gleichrangiger Bezogenheit. Eigentliches Anliegen dieser Rekonstruktion ist Befreiung von unterdrückenden und einengenden gesellschaftlichen Bedingungen, geschlechtsbezogenen Klischees und religiösen Traditionen. Körperbezogene Psychothe-

---

232 *Petzold* 1993, 1155f. Vgl. *Graham* 1992, 73f.
233 *Mc Fague* 1994, 142. Vgl. auch *Nelson* 1992.
234 *Suchocki* 1994, 37ff.

rapie und Seelsorge leisten einen Beitrag zur Konkretion dieser Befreiungsabsicht.
5. In Aufnahme feministischer Kritik haben inzwischen auch Männer kritisch auf den Zusammenhang von Körpererfahrung und Theologie bzw. Gottesbild aufmerksam gemacht. *Tom Driver*[235] beschreibt, wie er als Kind und Jugendlicher eine von Männern geleitete Kirche erlebt; Mann zu sein, so *Driver*, war in seinen Augen nicht so sehr eine Sache des Geschlechts, sondern bedeutete, öffentliche Anerkennung zu gewinnen und Einfluss auszuüben. In diesem Sinn war Gott der größte Mann von allen. Die Männlichkeit Gottes hatte zu tun mit seiner »renown and power«, mit seinem Ruhm und seiner Macht.[236] *James Nelson* formuliert drastisch: Wenn die maskuline Identität hauptsächlich als phallische definiert wird, dann bekommt auch Gott diese Charakteristika: »Big, hard and up«.[237] Die Weichheit, Verletzlichkeit und Bezogenheit, die auch mit männlicher Genitalität zusammen hängt, geht im Gottesbild bei diesem phallischen Muster verloren.
6. Es ist an diesem Punkt hilfreich, sich noch einmal zu erinnern, dass Körper nicht nur eine biologische Gegebenheit darstellt, sondern eine von gesellschaftlichen und individuellen Vorgaben und Interessen geprägte Konstruktion. Gerade am Beispiel des Körpers zeigt sich besonders eindrücklich, wie unterschiedlich die Konstruktionen sein können: Welches Bild hat jemand vor Augen, wenn er/sie von Männern oder Frauen spricht? Den durchtrainierten, schlanken und straffen Körper, den eher weichen, schmiegsamen und fülligen Körper, oder den schlaffen, ausgezehrten, zerbrechlichen Körper?

Allerdings hat die Bioenergetik ein merkwürdig biologistisches, gesellschaftsloses Körperbild. Hier ist Kritik von konstruktivistischer Perspektive her unverzichtbar. Körpersprache ist nie eindeutig und sicher gegeben, sie ist, wie die verbale Sprache, mehrdeutig, enthält einen Bedeutungsüberschuss; sie muss entschlüsselt werden, und auch das ist ein Prozess der Konstruktion.

Dann wird klar, dass es weder im Körperbild noch im Gottesbild eine einzige Zuschreibung geben darf; die Vielfalt der Bilder ist notwendig. Nicht mehr der männliche Körper ist Metapher für Gott, weibliche Bilder und »non-gendered« Bilder müssen unbedingt hinzu kommen.

---

235 *Driver* 1996, 43–64.
236 *Nelson* 1996, 278.
237 *Nelson* 1996, 315. Vgl. *ders.* 1992, 51: »Our primal male experience of identity through separation and individuation has buttressed the theological perception that God is Absolute Other, utterly transcendent. Divine perfection is completeness: God needs nothing. Thus, we have imagined God as unilateral, nonrelational power, glorified by the weakness and dependency of humanity, deficient in the erotic power of mutuality.«

4.6 Körpertherapie: Der Mensch ist Leib

7. Auch andere theologische Aussagen erscheinen von der Perspektive der Leiblichkeit her in neuem Licht: Inkarnation bedeutet, dass Gott Fleisch wird, nicht nur einmalig in Jesus Christus, sondern in »christic reality expressed in other human beings ...«[238] Gottes Liebe darf nicht zur körperlosen Agape verkürzt werden, Elemente von Sehnsucht, Begierde und Leidenschaft gehören dazu.
8. Als Körper stehen wir der Natur nicht gegenüber, sondern sind ein Teil von ihr. Damit eröffnet sich eine andere Ausgangsbasis für eine Theologie der Natur, in der der Mensch nicht mehr der Mittelpunkt des Universums, sondern mit allen anderen Lebewesen systemisch verbunden ist.
9. In der Kommunikation des Evangeliums ist die Leiblichkeit nicht nur wichtig, sondern ein integraler Bestandteil der Verkündigung. Unsere Leiblichkeit kommuniziert die gute Nachricht; wir gebrauchen nicht nur Sprache und Worte, wir sind mit unseren Körpern Sprache. »In Christ we are redefined as body words of love ...«[239]
10. Der Körper ist ein bevorzugtes Medium menschlicher Kommunikation. Die zentrale Unterscheidung zwischen verbaler und nonverbaler Kommunikation, zwischen Inhalts- und Beziehungsebene hängt wesentlich daran, dass wir immer mit dem Körper kommunizieren. »Die Expressivität des menschlichen Körpers hat ... in erster Linie die Funktion einer laufenden Kommentierung und Verdeutlichung unserer Beziehungen zueinander.«[240] Dem Körper als ganzem, seinem Tonus, seiner Haltung kommt diese Funktion zu, insbesondere aber dem Gesicht und den Händen, also der Mimik und Gestik. Gerade an diesen bevorzugten Orten nonverbaler Kommunikation wird die kulturelle Variabilität solcher Ausdrucksformen sichtbar. Es ist leicht, bestimmte Worte und Sätze einer anderen Sprache zu lernen; die dazugehörige nonverbale Inszenierung sich anzueignen, ist jedoch wesentlich schwieriger und diffiziler. (Wir lernen in der Praktischen Theologie, speziell in Liturgik und Homiletik, welche Rolle der leibbezogenen Kommunikation im Blick auf Überzeugung und Glaubwürdigkeit zukommt.[241])
11. Die Kirchen haben lange Zeit hindurch (und tun es z.T. heute noch) ein sehr negatives Körperbild (vor allem ein negatives Frauenbild) vertreten. Unzählige Menschen haben durch die kirchliche Sexualmoral gelernt, ihren Körper mit Misstrauen und Abscheu, ihre sexuelle Lust als verdorben und bösartig zu empfinden; und sie haben gelitten unter den Konflikten, die sich daraus ergaben.

---

238 *Nelson* 1992, 51.
239 *Nelson* 1992, 52.
240 *Dreitzel* 1983, 181.
241 Vgl. dazu *Naurath* 2000; *Kabel* 2002.

Anstöße aus der Anthropologie und Körpertherapie können helfen, diese Tendenz zu korrigieren.
12. In praktischer Hinsicht wird in Theologie und Kirche die Leiblichkeit des Menschen unverändert vernachlässigt. In akademischen Lernprozessen (in therapeutischen und pastoralpsychologischen Fortbildungen ist das anders!) wird die Leiblichkeit ausgesperrt. Von daher erscheint es nicht verwunderlich, dass in der Kirche insgesamt die leibliche Dimension des Lebens übersehen oder zumindest unterschätzt wird. Besonders fällt das im Gottesdienst auf: Die leibliche Dimension des Glaubens, des Singens und Betens ist auf ein Minimum reduziert (die Gemeinde sitzt vorwiegend, andere Bewegungen außer gelegentlichem Aufstehen sind nicht vorgesehen), eine leiblich-räumlich gelingende Inszenierung spielt eine geringe Rolle. Erst in neueren Veröffentlichungen wird die leibliche Dimension liturgischer Inszenierung aufgenommen und ansatzweise ausgearbeitet.[242]

4.7 Schluss

Jedes psychologische/psychotherapeutische Konzept enthält implizite und explizite anthropologische Annahmen. Pastoralpsychologie, die vorwiegend mit psychologischen Konzepten arbeitet, sollte sich dieser Annahmen bewusst sein. Die Auseinandersetzung zwischen Theologie und Psychologie vollzieht sich stärker auf der Ebene der anthropologischen Annahmen, weniger auf der Ebene der Methodendiskussion. Aus der knappen Darstellung der verschiedenen therapeutischen Schulen und ihrer anthropologischen Implikationen in diesem Kapitel wird Folgendes deutlich:
1. Menschenbilder dienen der Menschenkenntnis. Es gibt den Menschen nicht an sich, sondern immer nur als gedeuteten und in spezifischer Weise interpretierten. Die Vielfalt der Menschenbilder, die je unterschiedliche Aspekte im Sinne von Teilwahrheiten akzentuieren,[243] ist notwendig, um der Komplexität des Menschen ansichtig zu werden und ihn nicht auf *eine* Deutung festzulegen. Die Vielfalt der Menschenbilder schützt das Geheimnis des Menschen. Erst zusammengenommen ergeben sie eine Annäherung an das, was über »den Menschen« zu sagen ist. Pastoralpsychologie arbeitet mit verschiedenen psychologischen Modellen, um der psychischen Komplexität des Menschen, seiner Kommunikation und seiner religiösen Verfasstheit gerecht zu werden. Die Vielzahl der anthropologischen Annahmen kann nicht ausgeglichen und harmonisiert werden; es ist

---

242 Z.B. *Josuttis* 1991; *Meyer-Blanck* 1997.
243 Vgl. *Parisius* 1996, 328–339.

4.7 Schluss

bewusst wahrzunehmen und auszuhalten, dass sie sich stellenweise widersprechen und zueinander in Spannung stehen.
2. Die Notwendigkeit einer Vielzahl von Menschenbildern zeigt sich vor allem bei der Beantwortung der Frage nach dem ethischen Kern: Ist der Mensch von sich aus eher gut und kreativ oder eher böse und destruktiv ausgerichtet? Die Antworten variieren, wie wir gesehen haben, in hohem Maß. Jede Antwort wird von anderen in Frage gestellt, bestritten und ergänzt; deswegen darf auch keine für sich den dominanten Anspruch auf Wahrheit erheben.
3. Anthropologische Annahmen sind Konstruktionen aus einem je spezifischen soziohistorischen, politischen und wissenschaftlichen Blickwinkel und mit einem je spezifischen kollektiven oder individuellen Interesse. Sie benennen keine objektiven, ontologischen Gegebenheiten.
4. Anthropologische Annahmen haben für die Praxis von Psychotherapie und Pastoralpsychologie eine heuristische Funktion. Sie steuern die Aufmerksamkeit im Umgang mit Menschen überhaupt, speziell im therapeutischen oder seelsorglichen Prozess. Das ist für Pfarrer und Pfarrerinnen, deren Tätigkeit ganz überwiegend als Beziehungsarbeit zu charakterisieren ist, eine wichtige Anregung.

Das heißt z.B.: Pfarrer und Pfarrerinnen sind in der Regel nicht psychoanalytisch oder systemisch ausgebildet; aber bereits das Wissen um Übertragung oder systemische Phänomene verändert den Blickwinkel und damit den Umgang mit Beziehungen.

5. Nicht nur der Mensch, auch die einzelnen Handlungsfelder von Religion und Kirche und ihre Kommunikationsprozesse können aus verschiedenen psychologischen Blickwinkeln analysiert und verstanden werden. Kommunikationsabläufe in Gottesdienst, Predigt, Seelsorge, Unterricht kann man aus triebtheoretischer, aus humanistisch-psychologischer, aus verhaltenstheoretischer, aus systemischer und körperbezogener Perspektive betrachten und dadurch jeweils unterschiedliche Aspekte bevorzugt wahrnehmen.
6. Die Auseinandersetzung mit den Menschenbildern der Psychologie trägt dazu bei, Theologie erfahrungsbezogen zu plausibilisieren. Psychologie ist in der Gegenwart ein wichtiges Medium der Selbst- und Weltauslegung, die von einer theologischen Lebensdeutung zu berücksichtigen ist ($\Rightarrow$ Kap. 15).
7. Theologie muss kritisch gegenüber psychologischen Anthropologien auftreten, wenn sie einen unbedingten Anspruch erheben, wenn Phänomenologie in Ontologie umschlägt.
8. Anthropologische Annahmen aus dem Bereich der Psychologie werden vom Menschen her entworfen, von dessen vermuteten oder unterstellten Eigenschaften, Stärken und Schwächen her; in diesem Vorgehen liegt die Stärke und zugleich die Begrenzung psychologi-

scher Anthropologie. Theologische Anthropologie wird dagegen von einem »extra nos« her entwickelt: Der Mensch wird im Tiefsten gesehen als einer, der sich und sein Leben nicht selbst begründet, sondern sich von einem Größeren, von Gott her empfängt und sich verdankt. Die für den Dialog zwischen beiden Wissenschaften entscheidende Frage liegt darin, ob es in der jeweils anderen Wissenschaft Offenheit gibt dafür, die Fremdheit des anderen Ansatzes wahrzunehmen und in den eigenen Konzepten nach Anknüpfungspunkten für die jeweils andere Erfahrung zu suchen.

Vertiefende Literatur:
- Eine übersichtliche und klare Darstellung der »großen« verschiedenen Psychotherapierichtungen gibt *Jürgen Kriz*, Grundkonzepte der Psychotherapie, Weinheim ^{5}2001.
- Ausführliche Darstellungen von insgesamt siebzig Therapierichtungen finden sich in dem von *Raymund Corsini* herausgegebenen Handbuch der Psychotherapie, Bd. 1 und 2., Weinheim ^{4}1994.
- Eine kreative Auseinandersetzung mit den anthropologischen und ethischen Implikationen der Psychologien von *Freud, Maslow, Rogers* und *Perls, Skinner, Jung, Erikson* und *Kohut* gibt *Don S. Browning* in seinem Buch Religious Thought and the Modern Psychologies, Philadelphia 1988.
Seine These: »the modern clinical psychologies contain metaphors that function in close analogy to the metaphors of ultimacy in the great religions of the world«(230). Damit überschreiten sie ihr Selbstverständnis als Wissenschaft!

- Einführend zur Psychoanalyse: *Sigmund Freud*, Vorlesungen zur Einführung in die Psychoanalyse (1915–16) und Neue Folge der Vorlesungen zur Einführung in die Psychoanalyse (1933), St.A. I, Frankfurt a.M. 1969.

Kapitel 5: Gottesbilder – Psychologische Theorien zu Entstehung und Funktion von Religion und Glaube

5.1 Einleitung

Gottesbilder sind eine Form, mit dem Leben selbst, mit Gott in Kommunikation zu treten. Gott wohnt »in einem unzugänglichen Licht« (1Tim 6,16), Das Sein selbst, das Letztgültige, das Heilige ist unvorstellbar; deswegen brauchen wir Bilder, um in Beziehung treten zu können. Gottesbilder haben zwiespältige Wirkungen: Sie trösten, stärken, stabilisieren und befreien diejenigen, die sie verinnerlicht haben; und sie tragen dazu bei, dass sich Menschen eingeengt fühlen, klein, abhängig und unselbstständig.[1] *Helmut Hark* schreibt: »In meiner therapeutischen Arbeit erlebe ich häufig, dass Menschen mit einer strengen religiösen Sozialisation und einer einengenden kirchlichen Bindung in dem Käfig ihrer Ängste und in dem Netzwerk ihrer Zwänge oder Depressionen so stark gefangen sind, daß sie kaum oder nur sehr schwer Zugang finden zu den heilenden Kräften und positiven Lebensenergien im Gottesbild.«[2]

Ein Beispiel für die möglichen neurotisierenden Wirkungen eines für pädagogische und moralische Zwecke missbrauchten Gottesbildes gibt Tilman Moser in seinem Buch »Gottesvergiftung«. Er schreibt in direkter Anrede an Gott: »Du warst einst so fürchterlich real, neben Vater und Mutter die wichtigste Figur in meinem Kinderleben ... Ein Teil meines Hasses auf meine Familie rührt daher, dass sie mir die Gotteskrankheit eingegeben hat. Du wurdest mir eingeträufelt, kaum dass die ersten Zeichen der Empfänglichkeit, der Verwundbarkeit sichtbar wurden ... Aber weißt du, was das Schlimmste ist, das sie mir über dich erzählt haben? Es ist die tückisch ausgestreute Überzeugung, dass du alles hörst und siehst und auch die geheimen Gedanken erkennen kannst. Hier hakte es sehr früh aus mit der Menschenwürde; doch dies ist ein Begriff der Erwachsenenwelt. In der Kinderwelt sieht das dann so aus, dass man sich elend fühlt, weil *du* einem lauernd und ohne Pausen des Erbarmens zusiehst und zuhörst und mit Gedankenlesen beschäftigt bist. Vorübergehend mag es gelingen, lauter Sachen zu denken oder zu tun, die dich erfreuen, oder der dich zumindest milde stimmen. Ganz wahllos fallen mir ein paar Sachen ein, die dich traurig gemacht haben, und das war ja immer das Schlimmste: dich traurig machen – ja, die ganze Last der Sorge um dein Befinden lag beständig auf mir, du kränkbare, empfindliche Person, die schon depressiv zu werden drohte, wenn ich mir die Zähne nicht geputzt hatte. Also: Hosen

---

1 *Spiegel* 1984, Bd. 1, 34ff.
2 *Hark* 1994, 151. Außerdem *Jaschke* 1992.

zerreißen hat dir nicht gepaßt; im Kindergarten mit den anderen Buben im hohen Bogen an die Wand pinkeln, hat dir nicht gepaßt, obwohl gerade das ohne dich ein eher festliches Gefühl hätte vermitteln können; die Mädchen an den Haaren ziehen, hat dich verstimmt; an den Pimmel fassen hat dich vergrämt; die Mutter anschwindeln, was manchmal lebensnotwendig war, hat dir tagelang Kummer gemacht; den Brüdern ein Bein stellen brachte tiefe Sorgenfalten in dein sogenanntes Antlitz ... Du als Krankheit in mir bist eine Normenkrankheit, eine Krankheit der unerfüllbaren Normen, die Krankheit des Angewiesenseins auf deine Gnade ...«[3]

Gottesbilder können heilsam oder krankmachend sein; sie stehen in Wechselwirkung mit den Selbstbildern eines Menschen.

Helmut Jaschke berichtet davon, wie ihm in der Psychotherapie Menschen begegnen, die ein frühkindliches Bild von Gott als dem strafenden Richter festgehalten haben, die dann in der Therapie langsam dahin finden, dieses Bild loszulassen und mit wachsendem Selbstvertrauen auch Gott in neuer Weise als Quelle ihrer Lebendigkeit entdecken.[4]

Gottesbilder bringen ein Lebensgefühl zum Ausdruck; auf diesen Zusammenhang sollte man gerade in der Seelsorge achten. Die Frau, die im Krankenhaus sagt »Gott straft mich mit dieser Krankheit«, bringt in religiöser Sprache und mit dem darin implizierten Gottesbild ein Lebensgefühl zum Ausdruck, das dem ihrer Nachbarin, die sagt: »In meinem Leben ist alles schief gegangen«, durchaus vergleichbar ist. Die unterschiedlichen Sprachspiele schaffen jedoch unterschiedliche Wirklichkeiten und Reaktionsmöglichkeiten: Die Frau, die ihre Befindlichkeit religiös benennt, begreift sich und ihre Krankheit in einer Beziehung zu Gott, dem gegenüber sie dann auch die Möglichkeit zum Gebet, zur Klage und Anklage hat, während sich die andere »dem Leben« anonym ausgeliefert fühlt.

John McDargh vergleicht den Zusammenhang von Gottes- und Selbstbildern mit den Wasserlilien, deren sichtbare Oberfläche natürlich zusammenhängt mit den Wurzeln, die aus der Tiefe des Untergrundes, aus der persönlichen Lebensgeschichte und individuellen Struktur, heraus gewachsen sind. Dabei muss klar sein, dass der Terminus »Gottesbild« nicht nur eine mentale Vorstellung, ein Bild im wörtlichen Sinn meint, sondern eine Konstellation von miteinander verschränkten bewussten und unbewussten Bildern, Erinnerungen, Eindrücken, Gefühlen und Werten.[5]

Wie entstehen Gottesbilder aus psychologischer Sicht? Wie bilden sich Religion und Glaube? Welche Funktion üben sie im Leben der Menschen aus? »Die Psychoanalyse lehrt nichts direkt über Gott, weder positiv noch negativ, aber einiges darüber, *warum* und *wie* Menschen

---

3 *Moser* 1976, 9ff.
4 *Jaschke* 1992.
5 Vgl. *McDargh* 1983, 18.

an ihn glauben.«⁶ Verschiedene psychologische Theorien geben unterschiedliche Antworten.

5.2 Religion als Illusion⁷ (Sigmund Freud)

*Freud*s Religionskritik wird nur recht verstanden, wenn man sie im Gesamtduktus seiner Psychoanalyse sieht; und diese Psychoanalyse ist – vor dem Hintergrund ihrer Anthropologie (⇒ Kap. 4.1) – von einem zutiefst emanzipatorischen Impuls getragen: *Freud* sieht den Menschen als einen, der sich – weil ein großer Teil seines Seelenlebens unbewusst ist – notwendig über sich selbst täuscht. Der Mensch täuscht sich über das Ausmaß seiner eigenen, ihm selbst unbewussten Motive (Freud nennt sie Triebe), mit denen er – angesichts eigener großer Bedürftigkeit und Angewiesenheit – einerseits auf die Befriedigung eigener Wünsche und Interessen aus ist und andererseits seine Mitmenschen und seine Umwelt rücksichtslos und letztlich destruktiv instrumentalisiert und verobjektiviert.

»Das gern verleugnete Stück Wirklichkeit hinter alledem ist, daß der Mensch nicht ein sanftes, liebebedürftiges Wesen ist, das sich höchstens, wenn angegriffen, auch zu verteidigen vermag, sondern daß er zu seinen Triebbegabungen auch einen mächtigen Anteil Aggressionsneigung rechnen darf. Infolgedessen ist ihm der Nächste nicht nur möglicher Helfer und Sexualobjekt, sondern auch eine Versuchung, seine Aggression an ihm zu befriedigen, seine Arbeitskraft ohne Entschädigung auszunützen, ihn ohne seine Einwilligung sexuell zu gebrauchen, sich in den Besitz seiner Habe zu setzen, ihn zu demütigen, ihm Schmerzen zu bereiten, zu martern und zu töten. Homo homini lupus; wer hat nach allen Erfahrungen des Lebens und der Geschichte den Mut, diesen Satz zu bestreiten?«⁸

Diese fatale Abhängigkeit von der eigenen triebhaften Unbewusstheit im individuellen wie im kollektiven Leben kann nur durchbrochen und aufgelockert werden (ganz aufgehoben werden kann sie wohl nie!), sofern das Unbewusste zugelassen, anerkannt und in seiner Bedeutung verstanden wird. Unter der Voraussetzung, dass alles Verhalten – Denken, Fühlen und Handeln – letztlich sinnhaft und damit im Lebenszusammenhang verstehbar ist, kann Unbewusstes dem Bewusstsein zugeführt und verantwortungsvoller Gestaltung geöffnet werden. Nur wenn dieser Prozess in Gang kommt, erscheint jenes Ziel am Horizont, auf das *Freud* immer wieder hinweist: Der Mensch soll frei werden und zu sich selbst finden, sich seiner selbst bewusst werden – frei von seiner Triebhaftigkeit, frei von den dadurch ausgelösten Wiederholungszwängen, hin zu einem vernünftigen, sich mit seinen unbe-

---

6 *Raguse* 1993, 255.
7 Zum Folgenden vgl. die Arbeiten von *Scharfenberg* 1968; *Ricœur* 1974; *Koch* 1989, 284–310.
8 *Freud* 1930, St.A. IX, 240.

wussten Motiven auseinandersetzenden, gegenüber den Normen der Kultur und den Gewalten der Natur verständig-illusionslosen Erwachsenen. Illusionslose Einsicht in die prinzipiell konflikthaft gedachte Realität ist jene Wahrheit, von der *Freud* meinte, dass sie den Menschen frei macht.[9]
Eine solche Einsicht, eine solche Freiheit jedoch ist anstrengend, anspruchsvoll und ängstigend, der Mensch sucht ihr auszuweichen, indem er regrediert, zurückfällt in einen kindhaften Status, in dem die schmerzliche Einsicht in die Realität doch wieder illusionär verschleiert wird, in dem andere – vor allem natürlich Vater- und Mutterfiguren – für ihn die Verantwortung übernehmen sollen, in dem die Wünsche doch wieder mächtiger erscheinen als die Realität.
Religion ist für *Freud* eine der hervorragendsten kulturellen Gestaltungen, mit deren Hilfe der Mensch jene Angst vor der Freiheit zu kompensieren sucht. So unterschiedliche Ansätze zum Verstehen von Religion *Freud* im Lauf seines Lebens entwickelt hat – Religion als Zerrbild einer Zwangsneurose, Religion als ritualisierte Sühne für eine in Urzeiten begangene Schuld, Religion als aus Wunschdenken abgeleitete Illusion –, sie konvergieren m.E. im Regressionsvorwurf. Angesichts des Schicksals, der Unabwendbarkeit von Leiden und Tod, der Konflikte mit anderen Menschen und der Umwelt und der Entbehrungen, die jede Kultur fordert, erfährt sich der Mensch letztlich als hilflos; diese Hilflosigkeit reaktiviert die frühkindliche Vatersehnsucht. Gott und die Gottesbilder, die wir mit uns herumtragen, sind ein Produkt dieser Sehnsucht:

»So wird ein Schatz an Vorstellungen geschaffen, geboren aus dem Bedürfnis, die menschliche Hilflosigkeit erträglich zu machen, erbaut aus dem Material der Erinnerungen an die Hilflosigkeit der eigenen und der Kindheit des Menschengeschlechts. Es ist deutlich, daß dieser Besitz den Menschen nach zwei Richtungen beschützt, gegen die Gefahren der Natur und des Schicksals und gegen die Schädigungen aus der menschlichen Gesellschaft selbst. Im Zusammenhang lautet es: das Leben in dieser Welt dient einem höheren Zweck ... Alles, was in dieser Welt vor sich geht, ist Ausführung der Absichten einer uns überlegenen Intelligenz, die, wenn auch auf schwer zu verfolgenden Wegen und Umwegen, schließlich alles zum Guten, d.h. für uns Erfreulichen lenkt ...«[10]

Die Vorstellung von Gott als dem übergroßen Vater bewirkt auf der Seite des Menschen: Rückgang in eine kindliche Position, Verhinderung des Erwachsenwerdens, Welt- und Lebensbewältigung auf der Basis der »ältesten, stärksten, dringendsten Wünsche der Menschheit«,[11] Hemmung eines kritischen Denkens. So versteht *Freud* die Religion; und er sieht ihre Gefahr darin, dass sie die Menschen davon

---

9 Vgl. *Freud* 1927, St.A. IX, 127–189.
10 *Freud* 1927, 152f.
11 *Freud* 1927, 164.

5.2 Religion als Illusion

abhält, alle Energien in die Gestaltung ihrer gegenwärtigen Welt zu investieren. In gut *Feuerbach*scher Manier sagt er: »Es macht schon etwas aus, wenn man weiß, daß man auf seine eigene Kraft angewiesen ist. Man lernt dann, sie richtig zu gebrauchen ... Dadurch, daß er (sc.: der Mensch, M.K.) seine Erwartungen vom Jenseits abzieht und alle freigewordenen Kräfte auf das irdische Leben konzentriert, wird er wahrscheinlich erreichen können, daß das Leben für alle erträglich wird und die Kultur keinen mehr erdrückt.«[12]

Obwohl *Freud* selber sagt, dass er sich ausschließlich mit der »Religion des kleinen Mannes« befasst,[13] also Religion nur in ihrer »popularisierten« Gestalt, in ihrer Funktion als Kompensation und Kontingenzbewältigung vor Augen hat, scheint es mir zu einfach, sein Bild von Religion nur als »Zerrbild« abzutun. Der bedeutende *Freud*-Interpret *Paul Ricoeur* schreibt: »Der Freudismus hat zwar den Glauben der Ungläubigen bereits gestärkt, jedoch kaum begonnen, den Glauben der Gläubigen zu läutern.«[14]

Jener emanzipatorische, aufdeckende Impuls der Psychoanalyse, von dem eingangs die Rede war, ist und bleibt eine dauerhafte Aufgabe für jeden Glauben, nicht nur für die fundamentalistischen[15] oder esoterischen Formen, wo Religionsfragmente zur Bewältigung der »Restrisiken des Lebens«[16] dienen und die regressiven Momente mit Händen zu greifen sind. Auch darüber hinaus brauchen wir die psychoanalytische Hermeneutik des Verdachts: Niemand ist frei davon, dass die eigenen Motive und Überzeugungen, der eigene Glaube von ihm selbst unbewussten, regressiv-illusionär-wunschhaften Strebungen mitbestimmt sind, dass Trost zur Vertröstung pervertiert, Liebe zum Machtspiel verkommt, kindliches Vertrauen in konventioneller Rechtgläubigkeit erstarrt und sich nie zu einem persönlich angeeigneten Glauben entwickelt. Das Idol (das, was ein für alle Mal fest zu stehen scheint, was als objektiv gültig und unbezweifelbar deklariert wird), so sagt *Ricoeur*, muss sterben, damit das Symbol in seiner Lebendigkeit, Vielschichtigkeit und Offenheit leben kann.[17] Dieser Prozess ist offenbar nie abgeschlossen.

Aber – so ist dann weiter zu fragen – wie kommt man aus dem Zirkel des einerseits notwendigen, andererseits selbstzerstörerischen Zweifels heraus? Wird hier aus psychoanalytischer Perspektive sichtbar, warum Glaube von Luther letztlich als Geschenk – und eben nicht als eigene

---

12 *Freud* 1927, 183.
13 *Freud* 1930, St.A. IX, 206.
14 *Ricoeur* 1977, 217.
15 Für den Fundamentalismus gilt die Umkehrung der Kantischen Definition der Aufklärung: »Fundamentalismus ist der selbstverschuldete Ausgang aus den Zumutungen des Selbstdenkens, der Eigenverantwortung ... und der Offenheit aller Geltungsansprüche, Herrschaftslegitimationen und Lebensformen in die Sicherheit und Geschlossenheit selbsterkorener absoluter Fundamente.« *Meyer* 1993, 71.
16 Vgl. *Nipkow* 1994, 111ff.
17 *Ricoeur* 1974, 505ff.

Leistung – begriffen wird?[18] Als etwas, das in seiner Wahrheit nur erbeten und erhofft werden kann? Erst wenn der schmerzhafte Prozess der Selbstprüfung wirklich angegangen wird, kann und muss die Hermeneutik des Verdachts natürlich auch gegen ihre eigenen Ursprünge gewendet werden: Ist das Verständnis von Realität bei *Freud* nicht viel zu reduziert? Gibt es nicht ein Religionsverständnis – *Henning Luther* hat es genannt »Religion als Weltabstand«[19] –, das den zwanghaften Charakter der sogenannten Realität gerade aufsprengt und das Noch-Ausstehende, Unabgegoltene aufbewahrt und einfordert, das, konträr zu *Freuds* Einschätzung, gerade nicht an die Realität anpassen, sondern diese aufbrechen, ihrer Letztgültigkeit berauben will? Ist die ausschließlich negative Bewertung der Regression und der Illusion bei *Freud* zureichend? Ist die exklusive Vorstellung einer vernünftig-erwachsenen Autonomie bei *Freud* in ihrer Einseitigkeit nicht blind für das kreative Potential von Kunst und Religion? Der enge Zusammenhang von Gottesbild und Selbstbild darf wohl auch für die Person *Freuds* selbst unterstellt werden, wenn er schreibt:

»Ich widerspreche Ihnen also, wenn Sie weiter folgern, daß der Mensch überhaupt den Trost einer religiösen Illusion nicht entbehren kann, daß er ohne sie die Schwere des Lebens, die grausame Wirklichkeit nicht ertragen würde. Ja, der Mensch nicht, dem Sie das süße – oder bittersüße – Gift von Kindheit an eingeflößt haben. Aber der andere, der nüchtern aufgezogen wurde? Vielleicht braucht der, der nicht an der Neurose leidet, auch keine Intoxikation, um sie zu betäuben. Gewiß wird der Mensch sich dann in einer schwierigen Situation befinden, er wird sich seine ganze Hilflosigkeit, seine Geringfügigkeit im Getriebe der Welt eingestehen müssen, nicht mehr der Mittelpunkt der Schöpfung, nicht mehr das Objekt zärtlicher Fürsorge einer gütigen Vorsehung. Er wird in derselben Lage wie, das Kind, welches das Vaterhaus verlassen hat, in dem es ihm so warm und behaglich war. Aber nicht wahr, der Infantilismus ist dazu bestimmt, überwunden zu werden? Der Mensch kann nicht ewig Kind bleiben, er muß endlich hinaus ins »feindliche Leben«. Man darf das »die Erziehung zur Realität« heißen, brauche ich Ihnen noch zu verraten, daß es die einzige Absicht meiner Schrift ist, auf die Notwendigkeit dieses Fortschritts aufmerksam zu machen?«[20]

Dieser hermeneutische und aufklärerische Ansatz der Religionskritik *Freuds* hat sie, trotz ihres inhaltlichen Atheismus, zu einem geschätzten Gesprächspartner der Theologie werden lassen (⇒ Heilung durch Sprache, Kap. 4.1.1).

5.3 Religion und Individuation (C.G. Jung)

Nach *Jung* ist Individuation das wichtigste Ziel menschlichen Werdens. Individuation heißt, sich zu lösen von der Persona, der gesellschaftlich

---

18 Vgl. dazu *Koch* 1989, 302ff.
19 *H. Luther* 1992, 22ff. Vgl. auch *Link* 1971, 118ff.
20 *Freud* 1927, St.A. IX, 182f.

5.3 Religion und Individuation

angepassten Maske, der Fassade, und sich auseinander zu setzen mit dem persönlichen und dem kollektiven Unbewussten, um sich mehr und mehr dem Eigenen, dem Selbst anzunähern (⇒ Kap. 4.2) – ein anstrengender, schmerzlicher, niemals zu Ende kommender Prozess. Er hat nicht nur (wie bei *Freud*) eine Aufhebung früher Verdrängungen zum Ziel, sondern verweist darüber hinaus nach vorne in eine offene Zukunft, insofern er das, was in den kollektiven Archetypen an überpersönlichen Möglichkeiten angelegt ist, ins einzelne Selbst integrieren soll.

In diesem Prozess spielt Religion für *Jung* eine wichtige Rolle, in einer allerdings sehr spezifischen und zugleich umstrittenen Weise. Während *Freud* – vielleicht in verkannter Gegenabhängigkeit – sein Leben lang gegen die Religion kämpft und gleichzeitig nicht von ihr loskommt, ist *Jung*s ganzes Werk von großem Interesse und sensibler Offenheit gegenüber allen religiösen Phänomenen durchzogen. In einem Brief von 1952 heißt es: »Ich finde, daß alle meine Gedanken um Gott kreisen wie die Planeten um die Sonne und wie diese von Ihm als der Sonne unwiderstehlich angezogen sind.«[21] Seine Träume aus der Kinder- und Jugendzeit sind voll von religionsgeschichtlich hoch interessantem Material, so dass er rückblickend sagt: »Meine ganze Jugend kann unter dem Begriff des Geheimnisses verstanden werden«;[22] und wenig später den Schlüsselsatz: »Damals wurde es mir plötzlich klar, daß Gott, für mich wenigstens, eine der allersichersten, unmittelbaren Erfahrungen war.«[23]

Für *Jung*s Gottesverständnis ist wieder ein Tag-Traum, man könnte auch sagen: eine Erscheinung, charakteristisch. Er war ins Gymnasium nach Basel gekommen; in dieser Zeit (etwa vom 11. Lebensjahr an) begann die Gottesidee ihn zu interessieren.

»An einem schönen Sommertag ... kam ich mittags aus der Schule und ging auf den Münsterplatz. Der Himmel war herrlich blau, und es war strahlender Sonnenschein. Das Dach des Münsters glitzerte im Licht, und die Sonne spiegelte sich in den neuen, buntglasierten Ziegeln. Ich war überwältigt von der Schönheit dieses Anblicks und dachte: ›Die Welt ist schön und die Kirche ist schön, und Gott hat das alles geschaffen und sitzt darüber, weit oben im blauen Himmel, auf einem goldenen Thron und‹ – Hier kam ein Loch, und ein erstickendes Gefühl. Ich war wie gelähmt und wusste nur: Jetzt nicht weiterdenken! Es kommt etwas Furchtbares ... Weil du die größte Sünde begehen würdest ...« Der junge Carl Gustav quält sich einige Tage mit diesem Zwangsgedanken, bis ihm schließlich deutlich wird, dass Gott auch seinen Mut will. »Ich fasste allen Mut zusammen ... und ließ den Gedanken kommen: Vor meinen Augen stand das schöne Münster, darüber der blaue Himmel, Gott sitzt auf goldenem Thron ... und unter dem Thron fällt ein ungeheures Exkrement auf das neue bunte Kirchendach, zerschmettert es und bricht die Kirchenwände auseinander.

---

21 *Jung* 1963, 6.
22 *Jung* 1963, 47.
23 *Jung* 1963, 67.

Das war es also. Ich spürte eine ungeheure Erleichterung und eine unbeschreibliche Erlösung. An Stelle der erwarteten Verdammnis war Gnade über mich gekommen ... Das gab mir das Gefühl, eine Erleuchtung erlebt zu haben.«[24]

Zwei Aspekte sind besonders charakteristisch:
1. *Jung* fühlt sich durch die Erscheinung unmittelbar ergriffen und bis ins Tiefste angerührt; es geht ihm seelisch und körperlich schlecht, er hat Angst, als er die Vorstellung kommen spürt, und er weint vor Erleichterung und Glück, als sie endlich da ist und er dafür nicht bestraft wird. Aus diesem Ergriffensein zieht er jene schon erwähnte Schlussfolgerung, »daß Gott, für mich wenigstens, eine der allersichersten, unmittelbaren Erfahrungen war.« Es geht *Jung* um unmittelbare, direkte, emotional anrührende Gotteserfahrungen; in der Theologie seines Vaters und der damaligen Kirche überhaupt sieht er diesen unmittelbaren Zugang gerade verstellt statt eröffnet. »Die Kirche wurde mir allmählich zur Qual, denn dort wurde laut – ich möchte fast sagen: schamlos – von Gott gepredigt, was Er beabsichtigt, was Er tut. Die Leute wurden ermahnt, jene Gefühle zu haben, jenes Geheimnis zu glauben, von dem ich wußte, daß es die innerste, innigste, durch kein Wort zu verratende Gewißheit war.«[25] Ein solches religiöses Erkennen erscheint ihm nur als »participation mystique« möglich: innerlich, ganz innig, durch Worte nicht ausdrückbar, ein nur spürbares, geheimnisvolles Ergriffensein.
2. Für *Jung* wird an dieser Erscheinung klar, dass Gott durchaus nicht nur lieb, sondern auch furchtbar ist. Er schreibt: »Gott allein war wirklich – ein verheerendes Feuer und eine unbeschreibliche Gnade.«[26] *Jung* spricht von einer »Gotteswelt«, die immer wieder in seinen Alltag einbricht: »Der Ausdruck ›Gotteswelt‹, der für gewisse Ohren sentimentalisch klingt, hatte für mich keineswegs diesen Charakter. Zur ›Gotteswelt‹ gehörte alles ›Übermenschliche‹, blendendes Licht, Finsternis des Abgrunds, die kalte Apathie des Grenzenlosen in Zeit und Raum und das unheimlich Groteske der irrationalen Zufallswelt. ›Gott‹ war für mich alles, nur nicht erbaulich.«[27]

Für *Jung* als Tiefenpsychologen gibt es nur die seelische Wirklichkeit; jede Wirklichkeitserfahrung ist durch Bilder vermittelt – und mit diesen Bildern befasst sich der Psychologe. Er kann also von Gott nur sprechen im Blick auf die Bilder, die Menschen von ihm haben, und wie sie mit diesen Bildern umgehen. Als Psychologe kann und will *Jung* keine Glaubensaussage über Gott machen, er kann Gott kein transzendentes Sein zubilligen, weil das keine empirische Aussage mehr wäre. Als Psychologe kann er nur sagen: »Diejenige psychologische Tatsache,

---

24 *Jung* 1963, 42–46.
25 *Jung* 1963, 51.
26 *Jung* 1963, 61.
27 *Jung* 1963, 77.

5.3 Religion und Individuation

welche die größte Macht in einem Menschen besitzt, wirkt als ›Gott‹, weil es immer der überwältigende psychische Faktor ist, der ›Gott‹ genannt wird.«[28] Oder noch einmal anders: »Wir brauchen nicht so sehr Ideale als ein wenig Weisheit und Introspektion, eine sorgfältige religiöse Berücksichtigung der Erfahrungen aus dem Unbewußten. Ich sage absichtlich ›religiös‹, weil mir scheint, daß diese Erfahrungen, die dazu helfen, das Leben gesunder oder schöner zu machen oder vollständiger oder sinnvoller zu gestalten, für einen selbst oder für die, die man liebt, genügen, um zu bekennen: es war eine Gnade Gottes.«[29]
Das kollektive Unbewusste, die Archetypen, sind Orte religiöser Erfahrung. Das kollektive Unbewusste bringt spontan Bilder religiösen Inhalts hervor. Die Archetypen verweisen darauf – durch ihre Inhalte und durch die Art, wie sie wirken –, dass es etwas Numinoses gibt in jedem Leben, eine überwältigende Macht, von der der Mensch ergriffen wird, ob er will oder nicht. Als Psychologe kann *Jung* wiederum nur sagen, dass den Archetypen »ein bewußtseinstranszendentes Etwas« zugrunde liegt.[30]

In Träumen oder im Malen von inneren Bildern können z.B. Mandala-Bilder oder Bilder vom »göttlichen Kind« auftauchen, in denen sich nach Jung der Archetypus des Selbst konstelliert. Das Erscheinen eines solchen Bildes ist mit Emotionen von tiefer Ergriffenheit verbunden, ein Lebensgefühl absoluter Sinnhaftigkeit stellt sich ein, die Person erlebt sich als zentriert und verbunden mit einer größeren Wirklichkeit.[31]

Die Psychologie will dem Menschen die Kunst des Sehens beibringen, damit er offen wird für die Bilder aus dem Unbewussten und die Botschaften, die sie ihm mitteilen wollen und können, sie will mögliche Hindernisse (z.B. eine vorwiegend rational ausgerichtete Lebenseinstellung) aus dem Weg räumen.
Vor diesem Hintergrund ist der häufig zitierte und ebenso häufig missverstandene Satz *Jung*s zu hören: »Unter allen meinen Patienten jenseits der Lebensmitte, das heißt jenseits der 35, ist nicht ein einziger, dessen endgültiges Problem nicht das der religiösen Einstellung wäre. Ja, jeder krankt in letzter Linie daran, daß er das verloren hat, was lebendige Religionen ihren Gläubigen zu allen Zeiten gegeben haben, und keiner ist wirklich geheilt, der seine religiöse Einstellung nicht wieder erreicht, was mit Konfession oder Zugehörigkeit zu einer Kirche natürlich nichts zu tun hat.«[32]

---

28 Zitiert bei *Kolbe* 1986, 170f.
29 Zitiert bei *Kolbe* 1986, 162.
30 *Jung* 1952, 7.
31 Vgl. die Abbildungen von Bildern, die Patienten im Therapieprozess gemalt haben, bei *Kast* ²1997.
32 *Jung*, Die Beziehung der Psychotherapie zur Seelsorge (1932) 1977, 182.

Das Ziel der *Jung*ianischen Psychotherapie, die Individuation, die Selbstwerdung ist letztlich auch ein religiöses Ziel, denn in der Begegnung und Auseinandersetzung mit den Symbolen und Archetypen begegnet das Numinose, das Heilige, das Geheimnis, ›Gott‹. Zwar bewahren die Konfessionen mit ihren Dogmen und Ritualen die ursprünglichen Gehalte religiöser Erfahrung in verdichteter Form auf; sie haben jedoch kaum noch Wirksamkeit. Es wird von Gott gesprochen, aber er wird nicht innen erfahren; Christus ist zum ethischen Vorbild geworden, zu einem Kultobjekt, das aber nicht mehr die Tiefen der Seele erreicht. Erst im Prozess der Individuation kommen Äußeres und Inneres wieder zusammen: Seelische Ganzheit zu finden, ist eine religiöse Ur-Erfahrung. Christus ist der Archetyp des wahren Menschen in doppelter Hinsicht: Zum einen ist in seiner historischen Person dieser Archetyp konkret-lebendig geworden, zum anderen zeigt sich in seinem Bild das Bild der ursprünglich mit der Schöpfung angelegten Ganzheit des Menschen. »Das Ziel der psychologischen Entwicklung ist, wie das der biologischen, die Selbstverwirklichung resp. die Individuation. Da der Mensch sich nur als ein Ich kennt, und das Selbst als Totalität unbeschreibbar und ununterscheidbar von einem Gottesbild ist, so bedeutet die Selbstverwirklichung in religiös-metaphysischer Sprache die Inkarnation Gottes.«[33] Man könnte mit *Jung* auch sagen: Der Archetypus Gott oder Christus ist die psychische Entsprechung, der »Abdruck Gottes« in der Seele.

Es gibt noch weitergehende Spekulationen Jungs über Gott als Quaternität, weil *Jung* davon ausgeht, dass nur das vollkommen ist, was auch das Böse integriert hat. Darauf gehe ich hier nicht mehr ein.[34]

Rückbindung an die eigenen und kollektiv unbewussten Tiefenkräfte, das ist für *Jung* »religio«: Begegnung mit dem Göttlichen geschieht in der Begegnung mit dem eigenen »Selbst« – wobei dieses Selbst den alles umfassenden Archetyp repräsentiert, der jeder konkreten Existenz immer schon voraus liegt. Insofern bekommt die *Jung*sche Tiefenpsychologie einen durchaus ambivalenten Charakter: Einerseits droht die Gefahr, dass sie ihre kritische Perspektive verliert, indem sie beispielsweise mythologisches Material einer bestimmten Epoche zu anthropologischen Universalien erklärt;[35] andererseits hat sie immer auch einen Zug nach vorn, ins »noch nicht«, ins Noch-Ausstehende, eben weil die Archetypen auch eine kritische Funktion gegenüber individuellen und gesellschaftlichen Normen haben.[36]

33 *Kolbe* 1986, 189.
34 Vgl. *Kolbe* 1986, 190ff.
35 Dieser Vorwurf ist *Jung* immer wieder im Blick auf seine Haltung gegenüber dem Nationalsozialismus gemacht worden. Vgl. dazu ausführlicher *Evers* 1987, 129ff.
36 Dieser Zug ins noch Ausstehende wird methodisch durch die sogenannte Amplifikation und die aktive Imagination in der Analytischen Psychologie eingelöst. Vgl. dazu *Martin* 1991, 255ff.

5.4 Religion als Überwindung der Angst

Letztlich vertritt *Jung* eine mystische Form der Religion: Gottesbegegnung ist »Selbst«-Verwirklichung, »Selbst«-Verwirklichung Gottesbegegnung – wobei eben, wie erwähnt, das Selbst im *Jung*schen Sinn viel mehr umfasst, als es das Allerweltswort »Selbstverwirklichung« heutzutage suggeriert. Eine wohlwollende Deutung wird darin die utopisch-kritische Dimension festhalten, eine kritische Lesart darauf hinweisen, dass die hier vorgestellte Transzendenz auf eine Selbstbegegnung in den Tiefen der Psyche zielt und damit nur eine Transzendenz des individuellen Bewusstseins meint. Das in der biblischen Tradition vorgestellte Anders- und Gegenübersein Gottes dürfte dem nicht entsprechen.[37]

Die Schwierigkeiten der Religionsdeutung *Jung*s haben damit zu tun, dass seine Stellungnahmen uneinheitlich und widersprüchlich ausfallen: Stellenweise sieht er sich als empirischer Psychologe, der religiöse Erfahrungen als Bestandteil des Psychischen begreift; an anderen Stellen spricht er davon, dass sich das Göttliche in menschlichen Gottesbildern abbildet; mit diesen Bildern hat sich die Psychologie auseinander zu setzen; und schließlich gibt es Aussagen von *Jung*, die ganz unmittelbar von dem Göttlichen und seinem Wesen sprechen. Entsprechend ist *Jung* in der Theologie sehr unterschiedlich aufgenommen worden: Er bietet sich als Gesprächspartner an, weil er offen ist für die religiöse Dimension des Lebens, beispielsweise wenn er die Lebensprobleme des erwachsenen Menschen als letztlich religiöse Probleme qualifiziert (s.o.). *W. Uhsadel* sagt dazu: »Wir haben es bei *Jung* mit einem Menschenverständnis zu tun, das den Menschen von seiner geistigen Selbstinterpretation, die das Religiöse einschließt, über die soziale Verantwortung bis hin zum leiblichen Leben umfaßt.«[38] *Jung*s Interpretation der anima naturaliter religiosa ist für christliche Theologie verführerisch. Ob sie wirklich weiterführend ist, sei dahingestellt.

5.4 Religion als Überwindung der Angst (Eugen Drewermann)

Die Bedeutung *C.G. Jung*s für Theologie und Kirche ist erneut durch die Rezeption von *Eugen Drewermann* bekannt geworden.

Drewermann teilt *Kierkegaard*s Diagnose: Der Mensch ist durch und durch von Angst bestimmt! Er ist »ein krankes Tier, das vor Angst wie ein Kaninchen von unbekannten Treibern querfeldein gejagt und zu Tode gehetzt wird.«[39] Die Angst des Menschen entsteht aus dem Bewusstsein subjektiver Freiheit; die Angst vor der Endlichkeit, vor der Freiheit, vor der Möglichkeit, das Leben zu verfehlen, gehört unabweisbar zur Existenz des Menschen. Die Angst ist Quelle des Stolzes wie des Bösen: Beide Phänomene sind zu verstehen als Versuche, die Angst nicht wahrzunehmen.

Die Angst gehört zur Existenz des Menschen hinzu; aber ohne Gott, so *Drewermann*, macht sie krank, ohne Gott ist sie letztlich unerträglich.

---

37 Vgl. *Winkler* 1988, 334–350.
38 *Uhsadel* 1966, 78f.
39 *Drewermann* [4]1984, Bd. 1, 118. Drewermann stellt diesen Satz als Interpretation der Anschauung S. Freuds dar!

Ziel und Sinn von Religion ist es, die Angst durch Vertrauen zu besiegen, die Angst und, in ihrer Konsequenz, das Böse zu heilen.[40]
Die kirchenamtlich richtige Theologie kann diese Aufgabe nicht leisten, weil sie den Glauben in einer verzerrten Weise verobjektiviert und die Bedeutung des Psychischen, vor allem des Unbewussten, verkennt. »Kein Wort der Kirchensprache erreicht mehr die Herzen der Menschen. Das ist ein Kernpunkt des bestehenden Problems ...«[41] Die religiöse Wahrheit ist konfessionalisiert; ihre Offenbarung ist als abgeschlossen deklariert worden, und ihre Auslegung wird von der Kirche in einer Weise verwaltet, dass sie unbrauchbar wird für das, was die Menschen eigentlich suchen.
Die Auseinandersetzung mit der Tiefenpsychologie *Jungs* ist für *Drewermann* einer der wichtigsten Auswege oder Heilmittel angesichts dieses Dilemmas. »Um diese Pervertierung des religiösen Bewußtseins im Katholizismus rückgängig zu machen, ist eine Entdeckung der Tiefenpsychologie von größter Bedeutung, die sich unauflösbar mit dem Namen *C.G. Jung* verbindet und als ›Archetypenlehre‹ eine zwiespältige Bekanntheit gewonnen hat. *Jungs* Einsicht war es, dass man die Symbole des Religiösen nicht als eine (womöglich historische!) vom Menschen unabhängige Welt verobjektivieren dürfe, sondern dass es vielmehr gelte, in der Psyche des Menschen selbst bestimmte objektive Strukturen und Vorstellungsinhalte anzuerkennen ...«[42]
Das Unbewusste setzt *Jung* nicht, wie *Freud*, mit dem Verdrängten, das es aufzuheben und aufzulösen gilt, gleich; das Unbewusste ist das eigentlich Psychische; die Mehrzahl der psychischen Vorgänge verläuft unbewusst, das Bewusstsein ist nur eine kleine Insel im Meer des Unbewussten. *Drewermann* nimmt diesen Ansatz auf und folgert: »vor allem die Symbole des Religiösen (sind) als Ausdruck einer unbewußten Weisheit der menschlichen Psyche zu betrachten.«[43]
Drewermann belegt nun *Jungs* Archetypenlehre mit modernen Erkenntnissen aus der Verhaltensforschung und der Gehirnforschung und kommt zu folgendem Schluss: »Wir verfügen auf der Ebene des Zwischenhirns über die Tatsache von angeborenen Schemata, die als typisierte Abbilder bestimmter Gegebenheiten der Umwelt früher sind als jeder mögliche Kontakt des Individuums mit der Welt draußen; diese im Verlauf der Artenentwicklung historisch entstandenen, insofern ›archaischen‹ Schemata können infolge ihrer typisierten Form sowie auf Grund ihrer hohen psychischen Bedeutsamkeit auch als Symbole ... bezeichnet werden, und nichts hindert uns jetzt mehr, im Sinne *C.G. Jungs* hier von archetypischen Symbolen zu sprechen, die als ein ech-

---

40 *Drewermann* 1984, 125f. Das Böse ist für Drewermann eine Reaktionsbildung auf die Angst des Menschen.
41 *Drewermann* 1993, 12.
42 *Drewermann* 1993, 271.
43 *Drewermann* 1993, 275.

5.4 Religion als Überwindung der Angst

tes ›Apriori‹ der Wahrnehmung und des (Um-)Welterlebens aller individuellen ›Psychologie‹ zugrunde liegen.«[44]
Das Wesen oder die Funktion der Religion besteht nach *Drewermann* darin, eine Verbindung zwischen Bewusstem und Unbewusstem, zwischen Emotionalität und Rationalität herzustellen und gerade dadurch »einen unerläßlichen, wahrhaft erlösenden Beitrag zum Gelingen des menschlichen Daseins zu leisten.«[45]
Am Beispiel der Angst lässt sich das in besonderer Weise zeigen: Angst löst sich nur im Gegenüber zu einer menschlichen Person, das ist die Ausgangsthese, die *Drewermann* entwicklungspsychologisch vielfältig belegt. Gerade bei der Entwicklungspsychologie der Mutter- oder Vatervorstellung zeigt sich, wie die individuelle Wahrnehmung der Eltern durch die Mutter- bzw. Vaterarchetypen vorstrukturiert ist. Beide fließen immer unlösbar ineinander! Diese Struktur findet sich nun auch im Religiösen: Da ist zum einen die direkte, konkrete, historisch verortete, personale Anrede, die jeder Mensch zum Leben braucht – und in und hinter ihr taucht ein absolutes Personsein auf, das jede einzelne Begegnung umgreift und trägt.

»›Religion‹ ist jetzt nicht mehr eine staunenswerte, letztlich unverständliche Information über göttliche ›Heilsgeheimnisse‹, die der Ewige und Allmächtige nach einer unendlichen Zeit des geduldigen Zuwartens just vor dreitausendachthundert Jahren mit der Berufung Abrahams in Szene zu setzen und dann vor eintausendneunhundertsechzig Jahren, pünktlich am Karfreitag des Jahres 32 unter Kaiser Tiberius, zu vollenden beliebte; Religion ist vielmehr zu verstehen als eine Form der Mitteilung der absoluten Person Gottes, die sich ausspricht in der Personwerdung jedes einzelnen Menschen ...«[46]

Kritisch ist zu *Drewermann* zu sagen:[47]
1. Das Unbewusste wird bei ihm (wie schon bei *Jung*) tendenziell ontologisiert und enthistorisiert! Die kritische, aufklärerische Absicht der *Freud*schen Psychoanalyse, verdrängende Faktoren aufzudecken und rückgängig zu machen, geht dabei verloren. Bei *Drewermann* geht es nur noch um eine Integration unbewusster Inhalte. Gibt es für diesen Prozess irgendeinen kritischen Maßstab?
2. *Drewermann* remythisiert die Angst! Obwohl er verschiedene Angstformen unterscheidet, misst er ihnen keine sinnvolle Funktion zu; es geht nur um ihre Beseitigung und Überwindung durch den Glauben bzw. die Symbole des Glaubens. Dass bestimmte Formen der Angst jedoch eine für den Einzelnen wie für die gesamte Menschheit überlebenswichtige Funktion haben, gerät aus dem Blick.

---

44 *Drewermann* 1993, 287.
45 *Drewermann* 1993, 306.
46 *Drewermann* 1993, 379f.
47 Vgl. *Wahl* 1993, 262ff.

5.5 Religion und Urvertrauen (Erik H. Erikson)

Bei *Freud* ist Religion »Triebschicksal«, bei *Jung* Begegnung mit den Tiefen des Unbewussten; bei beiden fehlt das, was die nächste Generation von Psychoanalytikern zum Thema gemacht hat: Religion als Ich-Leistung, deren Wurzeln in der prinzipiellen Angewiesenheit des Menschen auf Beziehungen liegen.
Während *Freud* dem Ich des Menschen – also seiner Fähigkeit zur Wahrnehmung und Handlungssteuerung – eine gegenüber seiner Triebhaftigkeit recht marginale Rolle zuschreibt, wird das Ich von *Anna Freud, Heinz Hartmann, Erik Erikson* und anderen in zunehmendem Maß als das psychische Organisationsprinzip begriffen, das die entscheidende Koordinations- und Organisationsfunktion zwischen der menschlichen Triebhaftigkeit und den Anforderungen der Umwelt wahrnimmt (⇒ Ich-Psychologie, Kap. 4.1.2). Das Ich erscheint nicht mehr als Spielball fremder Kräfte, sondern als aktives und kräftiges Integrationszentrum des Menschen im Zusammenhang seiner grundlegenden Beziehungshaftigkeit. In den Rahmen der Fähigkeiten des Ich zur Anpassung an die Außenwelt gehört seine Fähigkeit zur Symbolbildung,[48] man könnte auch sagen, zur Deutung des Lebens und der Welt. Die Entstehung einer solchen Fähigkeit zur Symbolbildung lässt sich entwicklungspsychologisch beschreiben: Das Kind internalisiert die Interaktionserfahrungen mit der Mutter in Form von Repräsentanzen, also in Form von emotional getönten szenischen Erinnerungen und Vorstellungen, die es ihm erlauben, ein Bild der Mutter zu evozieren, auch wenn diese nicht anwesend ist. Diese Fähigkeit differenziert sich mit zunehmendem Alter – aus dem »Ersatzobjekt« wird das »Übergangsobjekt« und schließlich das symbolische Objekt – und bildet die Grundlage sowohl für den Spracherwerb (diskursive Symbolik) wie auch für die sog. »präsentative Symbolik« in Kunst und Religion.[49]
Was muss geschehen, damit in den frühen Beziehungen ein kräftiges und zugleich flexibles »Ich« entsteht, das Symbole bilden kann, die eine sinnvolle Weltorientierung ermöglichen und gleichzeitig wiederum eine positive, Ich-stützende Funktion haben? Hier kommt *Eriksons* Charakterisierung der ersten Lebensphase des Menschen mit den Begriffen »Urvertrauen gegenüber Urmißtrauen« ins Spiel: In den frühesten Interaktionen muss der Säugling die Mutter (bzw. die bemutternde Person) und das größere Umfeld als so vertrauenswürdig und verlässlich erleben, dass er durch diese Vermittlung auch sich selbst als vertrauenswürdig empfinden kann. »Das Grundvertrauen in eine Gegenseitigkeit ist jener ›Uroptimismus‹, jene Annahme, ›daß jemand da ist‹,ohne den wir nicht leben können.«[50] Die Erfahrung von Vertrauen

---
48 Vgl. *Lorenzer* 1973, 110f.
49 Diese Unterscheidung stammt von *Langer* (1942), 1980 (⇒ Kap. 7.3).
50 *Erikson* 1975, 129.

5.5 Religion und Urvertrauen

bildet für *Erikson* den ontogenetischen Grundstein jeder Religion. Einerseits teilt *Erikson* die Annahmen der *Freud*schen Religionskritik im Blick auf bestimmte Phänomene durchaus,[51] andererseits führt er zum ersten Mal im Rahmen der *Freud*schen Tradition einen konstruktiv-funktionalen Blickwinkel ein: »Unter allen ideologischen Systemen stellt jedoch allein die Religion jenes früheste Gefühl wieder her, einem zugewandt zu sein, der Fürsorge und Vorsorge trifft.«[52] Die tiefe Sehnsucht, erkannt zu werden und zu erkennen, die Hoffnung auf eine vertrauenswürdige, verlässliche Gegenwart und Zukunft speist sich aus diesen frühen, prä-ödipalen Erfahrungen, geht aber nicht in ihnen auf. »Oder haben nicht vielmehr die Religionen an des Menschen Fähigkeit teil, sich gerade durch das Zurückgreifen auf frühere Stufen *schöpferisch neu zu beleben*? In ihrer schöpferischsten Phase rekonstruieren sie unsere frühesten Erfahrungen ...«[53]
Religion ist und bleibt lebendig, insofern es ihr gelingt, frühe – »mütterliche« – Lebenserfahrungen, deren Sehnsüchte und Gewissheiten, aufzugreifen und weiterzuführen. Das ist zweifellos ein Regressionsvorgang, dessen Bedeutung nun jedoch gegenüber *Freud* neu bestimmt wird: Es gibt eine Regression – bei vielen Krankheiten kann man das leicht beobachten –, wo der Rückgang auf eine frühere Entwicklungsstufe letztlich der Kräftigung und Stärkung des Erwachsenen-Ich dient, so dass der englische Psychoanalytiker *Michael Balint* von einer gutartigen Regression gesprochen hat, von einer »Regression um der Progression willen«[54] (⇒ Regression, Kap. 7.5).
Damit hat uns *Erikson* neu sehen gelehrt, wie grundlegend die Beziehungshaftigkeit des Menschen auch für seine Religion ist: Die Qualität der frühen Beziehungserfahrungen spiegelt sich wieder in der emotionalen Qualität des Glaubens; die Inhalte des Glaubens, die fides quae creditur, erscheinen eingebettet in dessen emotionale Basis als Vertrauen, Hoffnung und Sehnsucht (fides qua creditur).
Es ist unverkennbar, dass die religiösen Symbole und Rituale immer neu auf das Bedürfnis des Menschen nach Sinnvergewisserung, nach Neubelebung des Vertrauens antworten. *Erikson* hat dafür wiederholt auf den aaronitischen Segen hingewiesen:[55]

»Der Herr segne dich und behüte dich; der Herr lasse sein Angesicht leuchten über dir und sei dir gnädig; der Herr hebe sein Angesicht über dich und gebe dir Frieden.« (Num 6,24–26)

---

51 Z.B. der Hinweis auf die Nähe zwischen religiösen Vorstellungen und Neurose, *Erikson* 1975, 293.
52 *Erikson* 1975, 130.
53 *Erikson* 1975, 292 (Sperrung von mir, M.K.).
54 *Balint* ²1997, 161. Zur Auseinandersetzung mit diesem Konzept vgl. *Winkler* 1992, 89ff.
55 Z.B. *Erikson* 1975, 130.

In diesem Segen wird die frühkindliche, zunächst an die Mutter adressierte Sehnsucht wirklich gesehen und als einzigartig erkannt zu werden wiederbelebt und gleichzeitig durch die Adressierung dieser Sehnsucht an Gott die notwendig fragmentarische Gestalt menschlicher Wechselseitigkeit ins Absolute transzendiert (⇒ Segen Kap. 8.5).[56] Der aaronitische Segen und der Satz des Paulus aus 1Kor 13,12 (»Wir sehen jetzt durch einen Spiegel ein dunkles Bild; dann aber von Angesicht zu Angesicht. Jetzt erkenne ich stückweise; dann aber werde ich erkennen, wie ich erkannt bin.«) drücken für *Erikson* exemplarisch die religiöse Sehnsucht nach einer tragenden und unbedingten, unbegrenzten Wechselseitigkeit aus.[57]

Damit entsteht ein anderes Kriterium zur Einschätzung von Religion, nämlich die Frage, in welchem Ausmaß eine Religion, ein Glaube frühe Vertrauenserfahrungen belebt und neues Vertrauen in tragfähige Wechselseitigkeit zwischen Menschen, zwischen Menschen und der Natur, zwischen Mensch und dem Grund des Lebens, Gott, stiftet. Religion wird von ihrer Funktion her als für jede psychosoziale Entwicklung notwendig und sinnvoll beschrieben; über ihre Wahrheit in einem theologischen Sinn ist damit allerdings nichts gesagt.[58]

Aber ein solches Grundvertrauen ist nicht gezielt und absichtsvoll herstellbar, dessen war sich *Erikson* bewusst: Auch Eltern mit der besten Absicht und subjektiv großer Liebe zu ihrem Kind können es nicht herbeirufen und machen, es bleibt vielmehr – gerade in seiner Wechselseitigkeit – Geschenk und nicht Leistung. Dieser Aspekt gerät gelegentlich in der Psychoanalyse in den Hintergrund; theologische Kritik sollte darauf hinweisen:[59] Der Mensch konstituiert seine Identität und auch das seine Identität begründende Ur-Vertrauen in einem letzten Sinn nicht selbst, sondern verdankt sich einem Größeren außerhalb seiner selbst.

5.6 Religion und Narzissmus[60] (Heinz Kohut)

Es ist charakteristisch für die Weiterentwicklung der Psychoanalyse, dass sie in immer frühere Stadien der individuellen Lebensgeschichte vorzudringen und deren Bedeutung für das spätere Leben, für Krankheit und Gesundheit, zu verstehen sucht. Schon *Freud* hat die früheste

---

56 Vor allem *Pannenberg* 1983, 217ff. hat betont, wie sehr das Grundvertrauen in seiner Unbegrenztheit die begrenzten Fähigkeiten der Mutter übersteigt und insofern von seiner Zielrichtung her zutiefst ein religiöses Phänomen darstellt.
57 1Kor 13,12 zitiert *Erikson* 1975, 125.
58 Zur Bedeutung der funktionalen Fragestellung vgl. *Fuller* 1996, 371–383.
59 Vgl. *Schneider-Flume* 1985. Ihre Auseinandersetzung mit *Erikson* u.a. zielt darauf ab, die Tendenz zur Selbstkonstitution in der Identitätstheorie kritisch zu hinterfragen und aus theologischer Sicht die Konstitution des Menschen aus der Liebe Gottes bzw. aus dem geschenkten Glauben zu betonen.
60 Zum Folgenden vgl. *Henseler* 1995; *Müller-Pozzi* ²1997; *ders.* 1981, 191–203; *Schneider-Flume*, 1985, 88–110.

5.6 Religion und Narzissmus

Beziehungsform zwischen Mutter und Säugling mit dem Begriff des Narzissmus bezeichnet: Damit ist die Annahme gemeint, dass sich das Kind – gewissermaßen in Fortsetzung der intrauterinen Existenz – wenigstens für kurze Zeiten als Teil einer grenzenlosen, beseligenden Einheit mit der Mutter erlebt, und auf diese Weise die Angst und Wut über die immer wieder bedrohlich einbrechende Realität abwehren kann (⇒ Narzissmus, Kap 4.1.3). Die *Freud*-Schülerin *Lou Andreas-Salome* hat diesen symbiotischen Zustand als »Urerlebnis der Allteilhaftigkeit«, des Grenzenlosen, der kosmischen Harmonie bezeichnet.[61] Das Kind fantasiert sich als riesig, allmächtig und unverletzlich und vermag dadurch zeitweise die tatsächlich erlebte Ohnmacht und Winzigkeit zu kompensieren. In diesem immer wieder erneuerten Urerlebnis wurzelt die Konstitution des Selbst – Selbst (im Unterschied zu *C.G. Jung*) verstanden als »erlebende und erlebte Ganzheit der Person«:[62] Hier entsteht durch den »Glanz in den Augen der Mutter«, in dem sich das Kind spiegelt, »die unverbrüchliche Überzeugung, liebenswert und liebesfähig zu sein«[63] – oder, wo jenes empathische Milieu fehlt, die beständige Unsicherheit und Angst um sich selbst, das Gefühl von Leere, Sinnlosigkeit und zielloser Wut.
Verschiedene Psychoanalytiker haben die Religion als »Erbe des primären Narzißmus« bezeichnet: »Gottesvorstellung und religiöser Glaube sind somit eine Möglichkeit des Menschen, unabhängig von seinen Beziehungen zu den realen Objekten und ohne diese Beziehungen zu gefährden, die im primären Narzißmus wurzelnde Gewißheit zu bewahren, mit dem Urgrund des Lebens verbunden, trotz Trennung und Individuation ›heil‹ und ganz zu bleiben.«[64]
Durch die frühkindliche Erfahrung des primären Narzissmus ist eine Erlebnismöglichkeit angelegt, die in der Religion auf doppelte Weise wiederbelebt werden kann: Zum einen ist es die regressive Sehnsucht nach dem Einswerden, nach dem Verschmelzen mit dem Grund des Seins; in allen mystischen Traditionen von Religion kommt diese Sehnsucht zum Tragen. Dadurch erhält mystische Religiosität ihre intensive Gefühlsqualität, dadurch steht sie aber auch immer in der Gefahr, der Auseinandersetzung mit der Realität auszuweichen.[65] Zum anderen und zugleich ist eben dies aber auch eine progressive Sehnsucht, die sich mit der dieser Sehnsucht entgegenstehenden Realität gerade nicht abfindet, sondern sie aufzusprengen sucht; die der Realität gerade nicht das letzte Wort einräumt, sondern sich einem größeren Horizont öffnet.

---

61 Zitiert bei *Henseler* 1995, 131.
62 *Müller-Pozzi* 1997, 51f.
63 *Müller-Pozzi* 1997, 142.
64 *Müller-Pozzi* 1981, 197.
65 Man denke nur an das »ozeanische Gefühl«, von dem *Romain Rolland* an Freud geschrieben hatte und das Freud in sich nicht entdecken konnte. Vgl. *Freud* 1930, St.A. IX, 197f.

Religion beerbt die narzisstische Erlebnismöglichkeit und wendet sie gleichzeitig ins Grundsätzliche und Schrankenlose: Während die Möglichkeiten der Eltern, Liebe, Geborgenheit und Sicherheit anzubieten, notwendig begrenzt und fragmentarisch sind, bekennt der religiöse Glaube die Vollkommenheit und Unbegrenztheit der religiösen Beziehung, die von Gottes Liebe ausgeht.

Aus psychoanalytischer Perspektive ist also wichtig für das Entstehen von Religion, dass in der frühen Lebenserfahrung eine narzisstische Erlebnismöglichkeit, ein psychologisch beschreibbarer »Anknüpfungspunkt«, grundgelegt wird. Sozialisatorische und therapeutisch-seelsorgliche Bemühungen können hier ansetzen, indem sie Ansätze zur Nachsozialisation anbieten und darin die Grundstruktur noch einmal erlebbar machen: Das Selbst in seiner Einzigartigkeit und Unverwechselbarkeit konstituiert sich nicht aus sich selbst heraus, sondern wächst aus einer empathisch umgebenden Umwelt.

Die narzisstische Perspektive hat noch eine zweite Seite: *Heinz Kohut* weist darauf hin, dass die Lebensaufgabe eines jeden Menschen darin besteht, jene primärnarzisstischen Illusionen von der eigenen Größe und Unverletzlichkeit langsam zurückzunehmen und umzuwandeln in einen sogenannten gereiften Narzissmus, der sich vor allem in einer stabilen Selbstliebe äußert. Mit dem Wachsen einer solchen Selbstliebe nimmt auch die Fähigkeit zu, andere zu lieben, Liebe zu geben; es nimmt die Fähigkeit zu, Kreativität zu entwickeln und die eigene Person mit einem gewissen Humor in ihrer Endlichkeit und Begrenztheit wahrzunehmen.[66] Wo das nicht geschieht, bleibt eine lebenslange hohe Kränkungsanfälligkeit und das dauernde Bestreben, sich über Bestätigung von außen selbst zu stabilisieren.

Fritz Meerwein hat in diesem Kontext die Frage gestellt, ob eine solche Zurücknahme und umwandelnde Verinnerlichung narzisstischer Allmachtsvorstellungen überhaupt vollständig möglich ist, ob nicht Externalisierungen des narzisstisch besetzten Ich-Ideals notwendig und hilfreich sind. »Es könnte sich zeigen, dass im Wort ›Gott‹ eben gerade die nichtintrojizierbaren oder sekundär externalisierten Aspekte der Elternimago enthalten sind. Nicht introjizierbar, weil die Verwirklichung eines prometheischen Ideals ... nur um den Preis einer völligen Unterwerfung der psychischen Funktionen unter das Primat des Ich-Ideals denkbar ist. Was wiederum nur möglich wäre ... wenn sekundär narzisstische Prozesse psychotischen Ausmaßes einsetzen würden.«[67]
Anders gesagt: Der Glaube an Gott, an eine transzendenten Macht extra nos hätte die psychohygienische Funktion, die Menschen vor dem unbarmherzigen Diktat ihrer eigenen Größenvorstellungen und Ich-Ideale zu bewahren.

Wo ein gereifter Narzissmus wachsen kann, hat er, theologisch gesehen, eine zweifache Konsequenz:

---

66 *Kohut* 1976, 334ff. Vgl. dazu auch *Heimbrock* 1977.
67 *Meerwein* 1977, 343–369. Zitat 352.

5.7 Religion und Möglichkeitsraum

1. »Je sicherer ein Mensch sich seines eigenen Wertes ist, je gewisser er weiß, wer er ist ... umso mehr wird er mit Selbstvertrauen und Erfolg in der Lage sein, Liebe zu geben.«[68] Ein hinreichend geliebtes Selbst vermag wiederum zu lieben. Selbstliebe muss nicht abgewertet werden, Gottesliebe und Selbstliebe sind nicht als gegensätzlich und einander ausschließend zu begreifen, wie es gelegentlich in der christlichen Tradition dargestellt worden ist;[69] vielmehr: Wer sich von der Liebe Gottes getragen weiß, kann sich in seinem brüchigen Selbst gestärkt und ermutigt erleben und von der empfangenen Liebe weitergeben.
2. Das Bekenntnis zu Gottes Allmacht und Vollkommenheit schließt ein, dass dem Menschen seine Endlichkeit und Begrenztheit vor Augen geführt wird. Die »narzißtische Gesellschaft«, wie sie *Christopher Lasch, Horst Eberhard Richter* u.a. beschrieben haben[70] (⇒ Kap. 2), vermeidet die Auseinandersetzung mit Endlichkeit und Begrenztheit, vermeidet die direkte Wahrnehmung von Leiden, Krankheit und Tod. Demgegenüber könnte eine Glaubenseinsicht, wie sie paradigmatisch in Pred 5,1 formuliert ist: »Gott ist im Himmel, und du bist auf Erden«, dazu beitragen, dass eine Umformung zu einem solchen gereiften Narzissmus leichter geschehen kann – ein Prozess, der eine narzisstische Gesellschaft insgesamt wieder menschlicher werden lassen könnte.

5.7 Religion und Möglichkeitsraum (Donald W. Winnicott, Ana Maria Rizzuto)

Die Begründer der Objektbeziehungstheorie *Ronald D. Fairbairn, Harry Guntrip* und *Donald W. Winnicott* setzen sich immer wieder mit Fragen nach der Bedeutung von Religion im Zusammenhang mit der Entwicklung des menschlichen Selbst auseinander: Offenbar verbindet die Frage nach der Bedeutung von Beziehungen die psychologische und die religiöse Perspektive. »Religion hat immer die rettende Macht guter Objektbeziehungen vertreten«, schreibt *Guntrip*.[71] Und *Fairbairn* sieht ein gemeinsames Interesse zwischen Religion und Psychoanalyse, wenn sie nach der Qualität von Beziehungen fragen, die gegeben sein muss, damit Menschen leben können.
Der Mensch sucht tragfähige und liebevolle Beziehungen; was liegt näher, als anzunehmen, dass er sie auch in einem absoluten und unveränderlichen Sinn im Geheimnis und Grund des Lebens sucht? Wie die Dynamik dieses Vorgangs genauer vorstellbar ist, haben seither *Winnicott, Ana-Maria Rizzuto* und viele andere genauer zu beschreiben gesucht.

---

68 *Kohut* 1976, 335.
69 Vgl. dazu *Schneider-Flume* 1985, 90f. mit Hinweis auf *Kierkegaard* und *Nygren*.
70 *Lasch* 1979; *Richter* 1979.
71 Zitiert bei *McDargh* 1983, 207.

Winnicott, darauf habe ich schon hingewiesen (⇒ Kap 4.1.4), bringt Kunst und Religion mit einem spezifisch verstandenen Begriff der Illusion in Zusammenhang. Illusion bezieht sich auf eine Sicht der Wirklichkeit, die außen und innen zugleich ist, in mir und doch größer als ich, vorgefunden und zugleich erschaffen. Ein intermediärer Bereich, ein Möglichkeitsraum tut sich auf: Er hat die Qualität einer haltenden Umgebung (»holding environment«), bietet Sicherheit, Schutz und Vertrauen an und ermöglicht dadurch die Freiheit zu spielen und das »wahre Selbst« zu sein bzw. es wieder zu finden. Eine Patientin, die sich immer wieder bedeutungslos fühlt, sagt zu *Winnicott* im Verlauf ihrer Therapie: »Menschen benutzen Gott wie einen Analytiker – jemand, der da ist, wenn man spielt.«[72] Die Patientin hatte ihre bisherige religiöse Erziehung durch die Eltern als eine erlebt, die sich gegen ihr wahres Selbst richtet, die ihr Anpassung und Unterdrückung ihrer tatsächlichen Gefühle abverlangt; durch die Analyse eröffnet sich ihr eine Vorstellung von Gott, der sich von dieser bisherigen Erfahrung unterscheidet: eine annehmende Beziehung zum Grund des Lebens, die es ermöglicht, zu spielen, d.h. ihr wahres Selbst kennen zu lernen und auszuprobieren. Religion mit ihren Ritualen und Geschichten ermöglicht ein vorübergehendes Eintauchen in den intermediären Bereich, in den »potential space«, der einerseits frühe Erfahrungen wiederbelebt und andererseits Zukunft und Transformation eröffnet.

J. Jones weist darauf hin, dass es in diesem Verständnis eine Verwandtschaft zwischen *Winnicott*s Konzept des intermediären Raumes mit *Victor Turner*s Konzept der Liminalität gibt: »*Turner* und *Winnicott* machen darauf aufmerksam, welche transformative Kraft entsteht, wenn jemand in einen liminalen oder Übergangszustand des Bewusstseins eintritt: Die üblichen Unterscheidungen von innen und außen, subjektiv und objektiv treten vorübergehend in den Hintergrund. Solche Zustände sind zentrale Bestandteile religiöser Praxis.«[73]

Einen etwas anderen Akzent setzt *John McDargh*,[74] wenn er Glaube als Prozess des Meaning-making in einer »vorbegrifflichen, körperlichen Erfahrung der Art und Weise und der Qualität des körperlichen in der Welt Seins« gegründet sein lässt. Dieser »felt sense« artikuliert sich in Bildern, Symbolen und Geschichten, die wiederum einen Möglichkeitsraum eröffnen, in dem sich die Lebendigkeit der Person entfalten kann. Eben diesen Prozess veranschaulicht *McDargh* in der Neuinterpretation einer langen psychoanalytischen Fallgeschichte. Die Patientin Susan, die unter extrem depravierenden Lebensumständen aufgewachsen ist, hat keinerlei Gefühl für eine »grundlegende Vertrauenswürdigkeit des Lebens«, sie denkt und verhält sich wie ein Kind im mythisch-wörtlichen Stadium der kognitiven Entwicklung nach *Piaget* (⇒ Kap.

---

72 *Winnicott* 1973, 74.
73 *Jones* 1997, 120.
74 *McDargh* 1992, 7ff.

5.7 Religion und Möglichkeitsraum

11.3), d.h. sie ist nicht in der Lage, Symbole mit ihrem Bedeutungsüberschuss zu bilden bzw. zu ertragen, sie nimmt alles wörtlich. Der Heilungsprozess der Therapie besteht darin, ihr eine »haltende Umgebung« zur Verfügung zu stellen, die so viel Sicherheit vermittelt, dass sie beginnen kann, mit ihrer eigenen Fantasie und inneren Symbolik zu spielen; sie kann die »Gott-ähnlichen« Erfahrungen der haltenden und schützenden Arme und Hände ihrer Mutter erinnern und diesen »felt sense« in Worte fassen, die eine religiöse Erfahrung repräsentieren, eine Wiedergewinnung eines Grundvertrauens in das Leben.

Auch *Ana-Maria Rizzuto* ist mit ihrem Buch »The Birth of the Living God«[75] in diesem Zusammenhang zu erwähnen; sie hat in der Religions- und Pastoralpsychologie eine große Bedeutung gewonnen.[76] *Rizzutos* Thesen lassen sich folgendermaßen zusammenfassen:

- »Gott ist ein besonderer Typus von Objekt-Repräsentanz, die das Kind schafft in jenem psychischen Raum, in dem Übergangsobjekte ... ihr mächtiges, real-illusionäres Leben haben.«[77]
- Ein Kind findet und erschafft ein ganz persönlich geprägtes Bild Gottes, das sich zusammensetzt aus den bewussten und unbewussten Repräsentanzen des Selbst, der Eltern und signifikanter Anderer. »Kein Kind kommt zum ›Haus Gottes‹ ohne seinen ›Spielzeug-Gott‹ (›pet God‹) unter dem Arm«.[78]
- Das Gottesbild ist zu Beginn und auch später teilweise bewusst und teilweise unbewusst.
- Veränderungen der Selbst- und Objektrepräsentanzen auf Grund von Entwicklungs-, Anpassungs- und Abwehrprozessen im Verlauf des Lebens verändern auch das Gottesbild. Gottesbilder sind also in der Regel nicht unveränderlich gegeben und statisch.
- Das so verstandene Gottesbild trägt seinerseits zum psychischen Funktionieren, zum psychischen Gleichgewicht bei.
Das Gottesbild enthält körperlich-sensorische, emotionale und kognitive Dimensionen. Die körperlich-sensorische Dimension ist besonders wichtig; sie lässt sich mit *E. Gendlin* auch umschreiben als »felt sense«, als vorsprachliche, empfundene Bedeutung, die darauf drängt, sich in Metapher oder Symbol zu artikulieren.[79]
- Im Unterschied zu anderen Übergangsobjekten verschwindet die Gottesrepräsentanz mit zunehmendem Alter nicht einfach; sie kann unterdrückt, transformiert oder auch genutzt werden, positiv wie negativ. Es liegen inzwischen viele Fallstudien vor, an Hand derer sich zeigen lässt, wie Gottesbilder konstruktiv-heilsame oder destruktive Wirkungen auf die Entwicklung des Selbstbildes eines

---

75 Chicago/London 1979.
76 Vgl. *Finn/Gartner* 1992; *Thierfelder* 1998; *dies.* 2001, 227–248.
77 *Rizzuto* 1979, 177.
78 *Rizzuto* 1979, 8.
79 Dazu vgl. *McDargh* 1992, 1–19.

Menschen haben,[80] je nachdem, welche Elemente aus den Selbst- und Objektrepräsentanzen sie bevorzugt aufnehmen.
- Wenn sich das Gottesbild mit der sonstigen Entwicklung der Person nicht verändert, wird es in der Regel irrelevant.
- Vor allem in Zeiten von Stress oder an Lebensübergängen tauchen verdrängte Teile eines Gottesbildes wieder auf; dann wird es wichtig, sich mit ihnen gezielt auseinander zu setzen.

Manche theologische Fragestellungen erscheinen aus der Sicht der Objektbeziehungstheorie in neuem Licht: Gott begegnet dem Menschen von außerhalb seiner selbst, und zugleich wird er vom Menschen geschaffen durch die Bilder und Symbole, die wir uns notwendigerweise von ihm machen. Gott offenbart sich, und zugleich ist unsere Annäherung an die Offenbarung immer und unvermeidlich unsere Projektion. Die Erfahrung von Gehalten- und Gegründet-Sein in einem Sein, das größer ist als man selbst, wird subjektiv wahrgenommen und höchst individuell zur Sprache gebracht. Insofern ist Gott beides zugleich, außen und innen, und die Kontroverse etwa zwischen Dialektischer Theologie, die das extra nos Gottes betont, und der Mystik, die von der Erfahrung des »in nobis« spricht, könnte hier ihre Synthese finden.
Ähnliches kann man vom Glauben sagen: Glaube wird theologisch verstanden als Geschenk Gottes, er kommt aus einer Quelle außerhalb unserer selbst (extra nos) und ist doch zugleich eigene Einstellung, Aktivität und Konstruktion (in nobis). Das, was dem Menschen aus der Offenbarung, aus der religiösen Tradition entgegenkommt und zum Glauben und Vertrauen einlädt, wird zugleich in höchst persönlich-individueller Weise angeeignet und umgeformt. Bilder und Symbole der Tradition werden sowohl gefunden als auch als »meine« Symbole, mit einer unverwechselbaren Gefühls- und Beziehungsqualität, neu geschaffen. Glaube verändert sich im Lebenslauf, im Zusammenhang mit wechselnden Beziehungs- und Umweltkonstellationen. Kommt es nicht zu solchen Veränderungen, wird Glaube zu einem bedeutungslosen Relikt. Vergleichbares gilt im Blick auf Symbole oder Rituale: Ein vorgegebener Bedeutungsträger, ein Bild, eine Handlung, gewinnt seine Besonderheit durch die unvermeidlich hinzutretende subjektive Bedeutungsgebung – und gerade dieses Changieren zwischen objektiv und subjektiv erscheint als Eröffnung eines kreativen Möglichkeitsraumes. Das brutum factum einer vorgegebenen Realität ist nicht mehr, wie bei *Freud*, letzter Maßstab und Ziel einer resignierten Anpassung, sondern sie kann – in Kunst und Religion – aufgesprengt und spielerisch-deutend überstiegen werden. Wo beispielsweise der Gottesdienst als liturgisches Spiel verstanden wird, da eröffnet er einen Möglichkeitsraum, der den Tendenzen zur Funktionalisierung des Lebens widerspricht.[81]

---

80 Neben den Fallstudien von *Rizzuto* vgl. weitere Beispiele in dem Band von *Finn/Gartner* 1992.
81 Vgl. dazu *Heimbrock* 1993.

Auch die bewusste Einbeziehung der Mehrschichtigkeit von Symbolen in Predigt oder Seelsorge kann solche kreativen Räume öffnen.

5.8 Gottesbilder und Selbsterleben

»Gott ist der Gott meiner Mutter, er ist der Gott meines Herzens, er ist der Gott ihres Herzens; ich kenne keinen anderen Gott, der Gott meines Hirns ist ein Hirngespinst.«[82] (*Pestalozzi*)

Gottesbilder haben ihren »Sitz im Erleben«,[83] das verdeutlichen die obigen Ausführungen. Der Begriff der religiösen Selbsterfahrung bedeutet, eben diesen Zusammenhang von eigenen Glaubensbildern und Biographie zu bedenken, die wechselseitige Auslegung von Gottesbildern und Selbsterleben zu thematisieren. Die im Folgenden genannten drei heuristischen Modelle können für diesen Zweck exemplarisch hilfreich sein.

5.8.1 *John J. Shea* nimmt Vorstellungen *Freuds* und der Objektbeziehungstheorie auf und stellt ein zweistufiges Modell vor.[84] Ausgangspunkt ist für ihn die Tatsache, dass Menschen im Prozess ihrer Entwicklung ständig »Bilder schaffen« (*Shea* spricht von »imaging«, nicht zu verwechseln mit »imagining«!) Imaging bezeichnet einen »dauernden, grundlegenden, entwicklungsbezogenen Prozess, ein kontinuierliches Organisieren und Reorganisieren der Wahrnehmung ...«[85] mit dem Ziel, Kohärenz und Bedeutung in der Vielfalt der uns begegnenden Welt herzustellen. Religion ist in den meisten Gesellschaften ein Bestandteil dieses Imaging. Dabei betont *Shea*, dass es nicht darum geht, gewissermaßen vom Selbst distanzierte Bilder von Gott zu schaffen; vielmehr steht immer der Zusammenhang von Selbstbild und Gottesbild zur Debatte; *Shea* spricht vom »self-and-God-phenomenon«.[86] Das Imaging wird beeinflusst vom jeweiligen Entwicklungsstand des Selbst. Das jugendliche Imaging ist eingeschränkt, begrenzt (»fettered«), durch Phantasien und Übertragungen verzerrt und führt so beinahe zwangsläufig zu einem »Über-Ich-Gott«, der alle Charakteristika des Über-Ich teilt: Er wird als objekthafte Realität »dort oben« wahrgenommen, als gesetzgebende und richtende Instanz, der man sich zu unterwerfen hat, als religiös überhöhte Stimme der Eltern.
Im Erwachsenenalter, das durch »Identität in wechselseitiger Bezogenheit« charakterisiert ist, verliert das Imaging diese eingeengte Qualität, es wird umfassender und reichhaltiger, hat mehr Tiefe und ist besser in der Ganzheit der Person als leibhaftes Selbst begründet (»un-

---

82 Zitiert ohne Quellenangabe bei *Bittner* 1991, 180.
83 *Winkler* 1982 (a), 866–876.
84 *Shea* 1995 (a), 333–351; ders. 1995 (b), 411–431.
85 *Shea* 1995 (a), 338.
86 *Shea* 1995 (a), 338.

fettered«). Gott kann jetzt als der »God beyond« erlebt werden, als Liebe, Freiheit und Geheimnis, mit dem eine Ich-Du-Begegnung in einem beinahe mystischen Sinn möglich ist. »Dieser Gott ist jenseits der Subjekt-Objekt-Spaltung der Realität; er ist an einem ›Ort‹, an den man nur durch Metaphern gelangt.«[87]

Folgende Fragen können sich anschließen: Wie einengend oder wie befreiend und frei lassend erlebe ich meine Gottesbilder? Wo erkenne ich Zusammenhänge mit eigenen Lebens- und Erfahrungsmustern? Welche Veränderungen wünsche ich mir? An welchen Gottesbildern kann ich sie festmachen?

5.8.2 Die epigenetische Theorie *Erik Eriksons* bietet sich an, um den Zusammenhang von Lebensentwicklung und Symbolen des Glaubens zu thematisieren. Unter der von *Erikson* gemachten Voraussetzung, dass alle früheren Entwicklungsstadien auch in einem späteren Alter mehr oder weniger latent vorhanden bleiben, erscheint es sinnvoll, die psychosoziale Strukturentwicklung mit bestimmten Symbolen des Glaubens in Zusammenhang zu bringen.[88]
Die psychische Struktur, so die Hypothese, stellt eine Art von Filter im Blick auf die in einer religiösen Tradition vorhandenen Symbole des Glaubens dar; Symbole des Glaubens, so kann man unterstellen, spiegeln die jeweilige Persönlichkeitsstruktur wider, verstärken sie oder bahnen Neu- bzw. Weiterentwicklungen an. Im Gespräch, in der Predigt liegt es nahe, die in einem Symbol aufbewahrten Erfahrungen wechselweise auf die Lebenserfahrung einer Person und auf das Gottesbild zu beziehen und sie damit sich gegenseitig auslegen zu lassen.
– Symbolisierungen der mit dem Begriffspaar »Urvertrauen gegenüber Urmisstrauen« bezeichneten Lebensphase sind gekennzeichnet durch Suche nach Partizipation, Einheit, Geborgenheit und Vertrauen. Im positiven Sinn kommen Gottessymbole in Frage, die Gott mit einer Mutter in Verbindung bringen (z.B. Jes 66,13) bzw. mütterliche Qualitäten benennen, im negativen Fall wird die Verlassenheit von Gott (z.B. Ps 22,2) zum Ausdruck gebracht.
– Die Spannung der zweiten, mit den Begriffen »Autonomie gegenüber Scham und Zweifel« bezeichneten Lebensphase bildet sich ab in Symbolen, in denen Gott als Richter, als Verkörperung des Gesetzes und der Macht erscheint, der gegenüber sich der Mensch in die Spannung von Gehorsam und Freiheit gestellt sieht. Der Richter fordert Gehorsam, will eben darin die Freiheit des Menschen. »Man muss Gott mehr gehorchen als den Menschen« (Apg 5,29) zielt auf Freiheit im Kontext der Lebenswelt. Wo jedoch die Dynamik von Scham und Selbstzweifel überwiegen, kann auch Gott oftmals nur als der erlebt werden, der einen verunsichert und noch tiefer in die Scham treibt.

---

87 *Shea* 1995 (b), 428.
88 Vgl. zum Folgenden *Klessmann* 1980, 116ff; *ders.* 1993 (b), 102–118.

5.8 Gottesbilder und Selbsterleben

- In der dritten (»Initiative gegenüber Schuldgefühl«) und vierten (»Leistung gegenüber Minderwertigkeitsgefühl«) Lebensphase steht die Vatersymbolik im Vordergrund: Der liebende, vergebende und versöhnende Vater, der Initiative und Leistung freisetzt und Mündigkeit fördert auf der einen Seite; oder der strenge, strafende Vater, der Schuld- und Minderwertigkeitsgefühle auslöst und verstärkt, auf der anderen Seite. Über-Ich-Entwicklung und Gottesbild stehen in enger Verbindung. Die Polarität von »Identität gegenüber Identitätsverwirrung« in der Adoleszenz lässt sich in Zusammenhang bringen einerseits mit Symbolen von der Treue und Nähe Gottes, von dem in Jesus Christus mit den Menschen solidarischen Gott, andererseits mit Bildern vom fernen, verborgenen und rätselhaften Gott, zu dem man eigentlich keine tragfähige und vertrauensvolle Beziehung herstellen kann.
- Die Spannung von »Intimität gegenüber Isolierung« im jungen Erwachsenenalter gewinnt ihren symbolischen Ausdruck in Bildern von der Liebe und Nähe Gottes, zu dem man ein nahes und vertraut-liebevolles Glaubensverhältnis haben kann – gegenüber einem distanzierten Gottesverhältnis, das den Abstand und die wechselseitige Fremdheit in den Vordergrund stellt.
- Die Lebenserfahrung von »Generativität gegenüber Stagnation« im mittleren Erwachsenenalter spiegelt sich in Symbolen von Gott als dem Schöpfer und Erhalter, der mit Sorge und Fürsorge seiner Schöpfung bzw. seiner Geschöpfe gedenkt; Stagnation bildet sich da ab, wo Gott als einer vorgestellt wird, der seine Schöpfung sich selbst überlässt, so dass sie keine noch ausstehenden Möglichkeiten mehr hat.
- Die von *Erikson* mit dem Begriffspaar »Integrität gegenüber Verzweiflung« gekennzeichnete Lebensphase des Alters bildet sich ab in Symbolen des rechtfertigenden und segnenden Gottes, der Identität und Integrität zuspricht, der, in Wiederbelebung mütterlicher Elemente aus der ersten Lebenszeit, sein Angesicht leuchten lässt und Frieden gibt. Verzweiflung am Lebensabend spiegelt sich in Angst und Unruhe, in denen die Symbole des Glaubens nicht mehr tragen, sondern als nicht integrierte, fragmentierte Bestandteile einer Lebensphilosophie erscheinen.

5.8.3 Ein eher heuristisches Modell, das der religiösen Selbsterfahrung dient, knüpft an die Theorie der Persönlichkeitsstruktur von *Fritz Riemann* an; wir haben es wiederholt in der Seelsorgeausbildung eingesetzt:[89]
Eine Lerngruppe, die einen gewissen Grad an Vertrautheit miteinander erreicht haben sollte und sich mit der Persönlichkeitstheorie Riemanns

---

[89] Dieses Modell haben meine Kollegin *Elisabeth Hölscher* und ich entwickelt.

(⇒ Kap.13.10) im Blick auf die eigene Person auseinandergesetzt hat, sammelt an der Tafel eine lange Liste der biblischen Gottesbilder, die ihnen gerade einfallen. Jede Person wählt daraus drei oder vier Bilder aus, die ihr und ihrem Glauben im Moment besonders wichtig sind. In Aufnahme der vier Charakterstrukturen von *Riemann* wird dann die emotionale Qualität der Gottesbilder festgestellt. Beispielhaft heißt das: Gott als Geist wird mit Distanz in Zusammenhang gebracht, Gott als Mutter mit Nähe und Geborgenheit; Gott als Richter steht für das Element der Ordnung und Dauerhaftigkeit, Gott als Feuer für die Dimension der Veränderung und Freiheit.
Die von den Einzelnen ausgewählten Gottesbilder sollen anschließend auf ihren Zusammenhang mit den Schwerpunkten in der eigenen Persönlichkeitsstruktur hin betrachtet werden.
Im Gespräch darüber sind zwei Punkte in der Regel besonders eindrücklich:
– Es wird deutlich, wie die Persönlichkeitsstruktur und die Präferenz bei den Gottesbildern weitgehend übereinstimmen.
– Es wird deutlich, dass Menschen je nach Persönlichkeit und Lebenssituation unterschiedliche Gottesbilder haben und brauchen. Diese Einsicht ist für Seelsorge und Verkündigung von besonderer Bedeutung. Sie sensibilisiert dafür, nicht das eigene Vorverständnis als für alle selbstverständlich und nachvollziehbar vorauszusetzen, sondern eben auch im Bereich des Religiösen auf die Pluralität der Glaubensweisen und ihrer Symbolisierungen zu achten, darauf, dass andere anders sind und Anderes brauchen als man selbst.
Die genannten Modelle können dazu beitragen, den wechselseitigen Zusammenhang von Gottesbildern und Selbsterleben zu thematisieren und damit Selbst- und Gotteserfahrung zu vertiefen und zu bereichern. Kritisch ist zu diesen Modellen zu sagen, dass sie in der Gefahr stehen, Gott zum Spiegel des Selbst werden zu lassen, Gott zu funktionalisieren und darüber die Fremdheit Gottes, sein Anderssein und sein Geheimnis aus dem Blick zu verlieren. Zur Anregung religiöser Selbsterfahrung kann es zunächst hilfreich sein, in dieser Weise Gottes- und Selbstbilder in einen Austausch zu bringen; doch sollte die kritische theologische Reflexion nicht fehlen, dass Gottes Anderssein immer mehr meint, als unsere Bilder erfassen können.[90]

5.9 Gebet als Erziehung des Wunsches

Das Gebet gilt als die Urform jeder Religiosität. Beten geschieht in einer Vielzahl von Ausdrucksformen, die *Friedrich Heiler* in seiner romantisch bewegten Sprache unnachahmlich so beschrieben hat:[91]

---

90 Darauf weist *Sabine Bobert-Stützel* 2000, 384 ausdrücklich hin.
91 *Heiler* ^{5}1923, 487f.

5.9 Gebet als Erziehung des Wunsches

»... als stille Sammlung einer frommen Einzelseele und als feierliche Liturgie einer großen Gemeinde, als originäre Schöpfung eines religiösen Genius und als Nachahmung eines einfältigen Durchschnittsfrommen; als spontaner Ausdruck quellender religiöser Erlebnisse und als mechanisches Rezitieren einer unverstandenen Formel; als Wonne und Entzücken des Herzens und als peinliche Erfüllung des Gesetzes; ... als lautes Rufen und Schreien und als stille, schweigende Versunkenheit; als kunstvolles Gedicht und als stammelnde Rede; als Flug des Geistes zum höchsten Licht und als Klage der tiefen Not des Herzens; als jubelnder Dank und entzückter Lobpreis und als demütige Bitte um Vergebung und Erbarmen; als kindliches Flehen um Leben, Gesundheit und Glück und als ernstes Verlangen nach Kraft zum sittlichen Kampfe; als schlichte Bitte um das tägliche Brot und als verzehrende Sehnsucht nach Gott selber; als selbstsüchtiges Begehren und Wünschen und als selbstlose Sorge für den Bruder; als wilder Fluch und Rachedurst und als heroische Fürbitte für die eigenen Feinde und Peiniger; als stürmisches Pochen und Fordern und als frohe Entsagung und heiliger Gleichmut; ein Gottumstimmenwollen im Sinne der eigenen kleinen Wünsche und als selbstvergessenes Schauen und Sichhingeben an das höchste Gut ...«

Wenn man auf die betenden Menschen schaut, auf die Situationen, in denen sie beten, auf ihre emotionale Befindlichkeit, auf ihre Gottesvorstellungen und Lebenshoffnungen, dann wird die Vielfalt der Gebetsformen sogleich nachvollziehbar. Es erscheint nicht unwichtig, daran zu erinnern in einem Land wie Deutschland, in dem die Tradition freien Betens wenig Raum hat, in dem vor allem in Gottesdiensten das schriftlich formulierte Gebet weitgehend die Regel ist. Außerdem tendiert die theologische Bestimmung dessen, was Gebet ist, dazu, normativ verstanden zu werden und darüber die anthropologische Vielfalt auszublenden.

Gebet ist immer beides, Selbstbegegnung und Gottesbegegnung.[92] Es liegt nahe, bei der Selbstbegegnung zu beginnen, vielleicht erschließt sich dadurch auch die Gottesbegegnung auf neue Weise. Dieses Vorgehen könnte der Bemerkung *Kierkegaards* entsprechend: »Das Gebet verändert Gott nicht, wohl aber den, der es vorbringt.«[93]

Lässt sich mit psychologischen Mitteln beschreiben, was sich im Betenden vollzieht, was sich verändert – ohne dem psychologistischen Reduktionismus eines *F. Heiler* zu verfallen?[94]

Joachim Scharfenberg hat das Beten als »Erziehung des Wunsches« charakterisiert: Durch Rückbezug beispielsweise auf das Vaterunser als »Grundmodell« könnten unsere Wünsche verwandelt werden, denn sonst stünden sie ständig in der Gefahr, »zur magischen Umsetzung von Allmachtsphantasien« zu entarten.[95]

---

92 So *Ringleben*, Art. Gebet. 1988, 386.
93 »The prayer does not change God, but it changes the one who offers it.« Zitiert nach *Phillips* 1965, 56.
94 Einen interessanten Vorschlag, die Vielfalt des Betens mit Hilfe der Persönlichkeitstypologie von *C.G. Jung* zu systematisieren und zu einem persönlichkeitsspezifischen Beten zu ermutigen, hat *Clarke* 2001, 111–127 vorgelegt.
95 *Scharfenberg* 1985, 108f.

Diese These erscheint mir richtig und sinnvoll. Ein Problem liegt jedoch darin, dass *Scharfenberg* zu wenig ausführt, wie denn diese Erziehung des Wunsches vor sich gehen kann. Es darf ja meines Erachtens nicht passieren, dass Menschen angesichts dieser These von vornherein ihre Wünsche zügeln und eingrenzen. Beten stünde dann ständig unter einer Über-Ich-Kontrolle im Sinne von »Ich darf nur begrenzt, nur vernünftig und maßvoll wünschen.« Die bürgerlich-puritanischen Maximen der Mäßigkeit hätten das Gebet eingeholt.

Eine andere Metapher, die in die gesuchte Richtung weist, verwenden *Ann* und *Barry Ulanov*, wenn sie das Gebet als »primary speech« bezeichnen:[96] Wie im von *Freud* beschriebenen »Primärprozess« kann und soll erst einmal alles, was im Inneren vorhanden ist, im Gebet zum Ausdruck kommen, vielleicht nicht einmal explizit in wohl formulierter Sprachform, sondern auch in Gestalt von Bildern und Empfindungen. Die Autoren ermutigen dazu, Wünsche, Projektionen, Phantasien, Ängste und Aggressionen im Gebet, das vielleicht zunächst noch gar kein Gegenüber hat, zur Sprache zu bringen; sie regen eine Art von Selbst-Meditation an. In der traditionellen Gebets- oder Meditationspraxis gelten die eigenen Wünsche und Phantasien als hinderlich für das eigentliche Gebet; sie sollen deswegen weitestgehend außen vor gelassen bzw. unterdrückt werden – nur um, wie die Erfahrung lehrt, siebenfach zurückzukehren (vgl. Mt 12,43–45); die Psychoanalyse spricht von der Wiederkehr des Verdrängten. Im pastoralpsychologischen Ansatz der Ulanovs soll alles bewusst zugelassen und wahrgenommen werden mit »prayerful attention«.[97] Gerade unsere spontanen Einfälle und Fantasien zeigen uns, wer wir sind.

Auf diese Weise kommen wir selbst zur Sprache, entdecken uns selbst, begegnen uns selbst:

»Wir fangen an, das Selbst, das wir tatsächlich sind, zu hören, wie es auftaucht aus den Schatten-Selbsten, aus den falschen Selbsten, aus den geheuchelten Selbsten. Wir nehmen wahr, was in uns ist, das Beste und das Schlechteste. Wenn unsere besten Teile nicht gelebt werden, können sie so vergiftend wirken wie die ungeheilten schlechtesten Teile. In diesem ersten Prozess des Sammelns und Erinnerns entdecken wir, welche guten Impulse wir nicht in Handlung umgesetzt haben, welche freundlichen Worte wir nicht gesagt haben, an welche Wünsche wir uns nicht gewagt haben. Und wir entdecken unsere schlimmsten Seiten: Unseren Neid auf den Erfolg anderer, unseren Widerstand zu geben, unsere Weigerung, anderen gegenüber ganz anwesend zu sein, unsere vielfältige und große Habgier. Darüber hinaus entdecken wir unsere Ängste – die Angst etwas zu riskieren, zu lieben, sich zu fügen, die Angst zu führen, sich von anderen abzuheben und gesehen zu werden ...«[98]

Die Fantasien zulassen und ihnen mit prayerful attention begegnen heißt zweierlei:

96 *A. & B. Ulanov* 1982.
97 *A. & B. Ulanov* 1982, 37.
98 *A. & B. Ulanov* 1982, 2.

– Wir haben die Fantasien, sie sind ein wesentlicher Teil unseres Menschseins; indem wir sie wahrnehmen, stellen wir schon eine Distanz zu ihnen her, sie verfügen nicht mehr über uns. Wir müssen sie nicht zwanghaft wiederholen, sondern können sie in einem »intermediären Bereich« (*Winnicott*) kreativ nutzen als Mittel, um uns selbst zu begegnen, um mehr über uns selbst zu erfahren.
– In der Tiefe dieser Selbstbegegnung erfahren wir uns als in einem letzten, umfassenden Sinn bedürftig und verdankt, abhängig von einem größeren Sein, als wir es selber sind und herstellen können. Wo sich die Selbstbegegnung in dieser Weise öffnet, wird sie offen für eine Gotteserfahrung, eine Gottesbegegnung. »Das Sein, die Macht, der Gott, der zu uns ins Fleisch kam, begegnet uns hier im Fleisch unserer Erfahrung ...«[99] Das »Fleisch unserer Erfahrung« ist gerade da, wo wir die Differenz zwischen unserem Sein-Wollen, unserer Alltagsfassade, auch unserer Gebetsfassade mit ihren unkonkreten, verallgemeinernden Formulierungen, und unserem tatsächlichen Sein wahrnehmen.

Die Erziehung des Wunsches, von der *Scharfenberg* sprach, ist so gesehen keine Pflichtübung, sondern eine Erfahrung, die sich wie ein Geschenk einstellen kann. Sie entspricht damit vielleicht auch dem Satz des Paulus, dass wir nicht wissen, wie wir beten sollen, sondern dass der Geist in uns betet (Röm 8,26).

5.10 Ausblick

Ein 18-jähriger Berufsschüler schreibt auf die Frage, was er unter »Gott« verstehe: »Ich glaube nicht an Gott, wie ihn die Kirche mir vorschreibt, ich glaube an meinen eigenen Gott, der mich zu nichts zwingt, zu dem ich kommen kann, der mir Beistand leistet, der mich nicht verurteilt. Gott ist für mich neue Lebenskraft, die mir (z.B. nach einem Streit) verloren gegangen ist.«[100] Diese Sätze zeigen den vielfach beschriebenen Prozess der Transformation von Religion in der postmodernen Gegenwart, weg von ihrer kirchlich-institutionell bestimmten Gestalt hin zu radikal pluralisierten und individualisierten Ausdrucksformen. Die religiösen Subjekte machen sich selbst zum Maßstab ihrer individuellen Lebens- und Weltdeutung und suchen gleichzeitig das offene Gespräch darüber. Dann kann es nicht nur um eine kritische Beurteilung der Inhalte dieser subjektiven Deutungen gehen, gerade das wäre die Perspektive, die der Schreiber ablehnt; vielmehr muss es immer auch um die jeweilige Funktion dieser Religiosität gehen. Die skizzierten psychoanalytischen Fragehinsichten können dabei für eine

---

99 A. & B. *Ulanov* 1982, 7: »The being, the force, the God who came to us in the flesh meets us there in the flesh of our experience ...«
100 *Schuster* 1984, 138.

pastoralpsychologische Religionshermeneutik von Bedeutung sein. Ich nenne einige beispielhafte Aspekte und Fragen:
- Sofern man mit unbewussten Motivationen rechnet, ist Ambivalenz in jedem religiösen Verhalten zu unterstellen; Glaube ist immer vermischt mit Zweifel, Vertrauen mit Misstrauen. Das ist in Predigt oder Seelsorge etwa zu berücksichtigen.
- Gottesvorstellungen können regressive oder progressive Wirkungen haben; wie ist eine Äußerung wie die des Berufsschülers unter diesem Aspekt einzuschätzen (⇒ Regression, Kap. 7.5)?
- Es kann sich als produktiv erweisen, Entsprechungen zwischen dogmatischen Grundbegriffen und anthropologischen Grundbedürfnissen bzw. menschlicher Selbsterfahrung aufzudecken und in ihrer Bedeutung zu verstehen.
- In der Aussage des Schülers ist die narzisstische Komponente unübersehbar: Religion soll hier dazu dienen, den Selbstwert des Glaubenden zu stabilisieren. Wie kann Theologie zugleich konstruktiv und kritisch mit der Selbstwertproblematik umgehen?
- Haben bestimmte Lebens- und Weltdeutungen eine regressiv-infantilisierende Tendenz? Welche Erfahrungsfelder für Religion und Spiritualität stellen wir als Kirche zur Verfügung? In welche – von Vertrauen geprägte – Beziehungen sind sie eingebettet? Und halten sie den Umgang mit Realität offen und transparent?

Das sind, in kondensierter Form, einige Grundfragen, die sich aus der Beschäftigung mit psychoanalytischen Ansätzen zum Phänomen der Religion ergeben. Sie geben nicht vor, das Geheimnis der Religion zu erklären oder aufzulösen; aber sie beanspruchen, eine hilfreiche Perspektive zu sein, wenn die Bedeutung und Wirkung von Religion und religiöser Kommunikation in Frage steht.

Vertiefende Literatur:
Joachim Scharfenberg, Sigmund Freud und seine Religionskritik als Herausforderung für den christlichen Glauben, Göttingen 1968.
Christoph Kolbe, Heilung oder Hindernis. Religion bei Freud, Adler, Fromm, Jung und Frankl, Stuttgart 1986.
Ana Maria Rizzuto, The Birth of the Living God. A Psychoanalytic Study, Chicago/London 1979

Kapitel 6: Kirche

»Jesus hat das Reich Gottes gepredigt, und gekommen ist die Kirche.« Dieser Satz von *Alfred Loisy* soll die Kirche nicht diffamieren,[1] sondern auf einen unvermeidlichen Entwicklungsprozess hinweisen: Die Gemeinschaft der Glaubenden entwickelt, wie jede Gruppe (⇒ Gruppe, Kap. 14), notwendigerweise eine Kommunikationsstruktur, ein Gefüge von Aufgaben und entsprechenden Rollen. Nur so ist eine Gruppe auf die Länge überlebensfähig, nur so sind die Bedürfnisse der Mitglieder nach Zugehörigkeit, Anerkennung und Sicherheit verlässlich zu befriedigen. Aus der herumziehenden Jüngerschar Jesu (selbst die hatte offenbar eine rudimentäre Rollendifferenzierung zwischen dem Meister und seinen Jüngern; Judas hatte die Rolle des Kassenwarts inne) entwickelten sich die frühen Christengemeinden mit bestimmten Leitungsfunktionen; im Lauf der ersten Jahrhunderte wuchs dann eine hierarchisch organisierte Kirche.

Einige Aspekte zur Entwicklung und Funktion von Organisationen sind aus pastoralpsychologischer Sicht von besonderem Interesse; damit begebe ich mich ansatzweise in das Gebiet der Pastoralsoziologie; das erscheint mir jedoch sinnvoll, um deutlich zu machen, wie in institutionellen Zusammenhängen strukturelles Denken und damit das Vermeiden von unzulässigen Personalisierungen und Individualisierungen notwendig ist. Außerdem überschneiden sich in der Verwendung von Perspektiven der systemischen Familientherapie Pastoralpsychologie und -soziologie.

6.1 Kirche als Institution / Organisation

Institutionen antworten in der Regel auf bestimmte menschliche Bedürfnisse: Ernährung, Schutz vor Gefahren, Erziehung von Kindern, Pflege von Kultur, von religiösen Bedürfnissen etc. Aus den zu Grunde liegenden Bedürfnissen entwickelt sich eine Leitidee, eine Leitvorstellung,[2] auf deren Umsetzung und Realisierung die Institution abzielt. Ehe wird beispielsweise in der klassischen katholischen Ehetheologie als die Institution zur Kanalisierung der Sexualität und zur Auf-

---

1 Vgl. *Neuner*, Art. Loisy, 1991, 453f.
2 *Preul* 1997, 138.

zucht von Kindern verstanden; die Institution des Militärs hat die Aufgabe, das Vaterland zu verteidigen; Kirche gilt als Institution zur Pflege von religiösen Bedürfnissen usw. Man kann eine Institution daran messen, in welchem Ausmaß es ihr gelingt, diese Leitvorstellung angemessen und wirkungsvoll umzusetzen. In der Gegenwart tritt allerdings an die Stelle einer »Ideenbestimmtheit« zunehmend eine funktionale Ausrichtung: Ist die Institution zweckdienlich, nützt sie den Subjekten, ist sie ethisch zu legitimieren? D.h. neben die Ausrichtung an einer Grundidee treten viele andere Reflexionsprozesse, die möglicherweise die Grundidee verdunkeln und überlagern.
Soziale Institutionen zeichnen sich nach *David Moberg*[3] dadurch aus, dass sie
- langfristig stabil sind,
- universale Verbreitung haben, (irgendeine Form von Familie oder Erziehung gibt es in jeder Gesellschaft),
- auf menschliche Bedürfnisse, z.b. nach Gemeinschaft oder Sinngebung, antworten,
- veränderbar sind je nach kulturellen Bedingungen,
- mit anderen Institutionen in der Gesellschaft in Beziehung stehen,
- die in einer Gesellschaft dominanten Rollen vorgeben.

Wenn Interaktion und Kommunikation auf Dauer gestellt werden, wenn sich Ansätze zu Aufgabenteilung und Rollenzuweisung abzeichnen, spricht man von einer Organisation. Organisationen könnte man als verfestigte Institutionen bezeichnen. »Institutionen werden dadurch zu Organisationen, dass sie ein Gefüge von Positionen und aufeinander abgestimmten Rollen ausbilden, wobei das Verhalten der Rollenträger, des Personals einer Institution, bestimmten Regeln unterworfen ist.«[4] Das Gefüge der Positionen ist meistens hierarchisch gegliedert; die zu Grunde liegenden Regeln bestimmen auch den internen Kommunikationsfluss und dessen Struktur.

Die Institution Kirche organisiert sich beispielsweise in Form verschiedener Konfessionen, die in Deutschland wiederum durch Landeskirchen oder Bistümer konkrete organisatorische Gestalt annehmen. Eine Organisation bezeichnet ein soziales Gebilde, das auf bestimmte Ziele hin ausgerichtet ist (eine Landeskirche gibt sich eine an »Schrift und Bekenntnis« orientierte Grundordnung), einen angebbaren Mitgliederbestand umfasst, der wiederum auf bestimmte Grundnormen verpflichtet ist. Die festgelegte Zielsetzung erfordert eine entsprechende, häufig hierarchische Rollendifferenzierung in der Aufgabe der Umsetzung (z.B. im Landeskirchenamt oder in der Gemeinde) sowie ein Regelwerk (z.B. das Pfarrerdienstgesetz), in dem fachliche Kompetenzen, Kommunikationsstrukturen und Weisungsbefugnisse festgelegt sind.

---

3 *Moberg* 1984, 18ff.
4 *Preul* 1997, 204.

6.1 Kirche als Institution / Organisation

Joseph F. McCann bezeichnet dieses Modell mit der Metapher »*Organisation als Maschine*«.[5] Effektivität und Verlässlichkeit durch klar geregelte Abläufe und Zuständigkeiten sind die Kennzeichnen dieses Organisationstyps; seine Schattenseiten liegen in der Unpersönlichkeit: Menschlich-persönliche Belange sowohl bei den Beschäftigten wie bei den Kunden treten weitgehend in den Hintergrund. Diese Unpersönlichkeit wird häufig den in der Organisation Beschäftigten persönlich zur Last gelegt, im Krankenhaus z.B. dem medizinisch-pflegerischen Personal; die strukturelle Dimension des Problems wird dabei unzulässig personalisiert. Das ist auch im Bereich der Kirche zu berücksichtigen: Natürlich wünschen sich Menschen unkomplizierte, direkte Zuwendung und Engagement vor allem in Notfällen; das ist jedoch in großen Organisationen nicht immer machbar und in der Regel eben nicht auf den mangelnden guten Willen der Beteiligten zurückzuführen. In der Kirche wird diese Spannung als besonders konfliktreich wahrgenommen, weil das Selbstverständnis der Kirche als einer Verkörperung der Liebe Gottes häufig in offenkundigen Gegensatz zu organisatorisch-bürokratischen Gesetzlichkeiten und Notwendigkeiten gerät.
Deswegen erfreut sich als Kontrast zum Vorhergehenden in der Kirche die Metapher von der »*Organisation als Organismus*« großer Beliebtheit, sicher auch, weil sie biblisch begründet ist (1Kor 12). In der Sozialpsychologie geht dieses Modell auf empirische Untersuchungen in den 1940er und 50er Jahren zurück, in denen festgestellt wurde, dass das »Klima«, die Qualität der persönlichen Beziehungen innerhalb einer Organisation, innerhalb einer Arbeitsgruppe von großem Belang für die Arbeitsatmosphäre und damit für die Güte des Produkts waren. Hierarchische Strukturen und bürokratische Zwänge sollen zugunsten persönlicher Kontakte und einer daraus wachsenden tragfähigen Beziehungskultur zurückgedrängt werden. Allerdings suggeriert die Metapher ein Ausmaß an Harmonie und Einigkeit, das der Realität einer Organisation selten gerecht wird. Es wird einer Idealbildung Vorschub geleistet, die zur Unterdrückung von Differenzen und Konflikten führt und damit einer »realistischen« Arbeitsatmosphäre wiederum abträglich ist.
Das dritte Modell bezeichnet *McCann* mit dem Stichwort »*Organisation als offenes System*«. »Diese Perspektive nimmt an, dass die zu analysierende Realität eine Einheit darstellt, die aus einer Vielzahl von Elementen besteht, die durch eine Anzahl von Beziehungen miteinander verbunden sind; sie sind von einer Grenze umgeben, tauschen Ressourcen innerhalb und über die Grenzen hinaus aus und sind in ständiger Interaktion mit der äußeren Umgebung«[6] ($\Rightarrow$ Systemische Familientherapie, Kap. 4.5).

---

5 *McCann* 1993, 34ff; vgl. auch *Spiegel* 1969.
6 *McCann* 1993, 39.

Trotzdem sind Systeme in hohem Maß geprägt durch Selbstreferentialität bzw. Autopoiese,[7] d.h. sie beziehen sich auf sich selbst und erhalten sich selbst aufrecht; sie haben ihre eigene Ideenwelt, Betriebs-Philosophie und -sprache, die sich unabhängig von einzelnen Personen durchhält. (Deswegen ist es so schwierig, Organisationen zu verändern!) Entscheidungsprozesse der Organisation bauen auf früheren Entscheidungen auf und reproduzieren sich damit selbst. Impulse von außen wirken meistens nicht direkt, sondern nur, wenn sie vom System »freiwillig« aufgegriffen und dabei den eigenen Zielsetzungen entsprechend umgeformt werden. Es gibt keine einfachen und linearen Ursache-Wirkungszusammenhänge: Man kann soziale Systeme nicht direkt verändern, aber man kann als füreinander bedeutsame Umwelten Anstöße vermitteln; kleine Anstöße können sprunghafte und große Wirkungen zeitigen und umgekehrt. Es kann lohnend sein, neue Sichtweisen, Fragen, Metaphern und Visionen in die eingefahrene Routine einzuspielen. Was allerdings dabei jeweils herauskommt, ist nie vollständig planbar; Systeme reagieren kontingent, d.h. es könnte alles auch ganz anders sein.

Die Stärke des systemischen Ansatzes besteht darin, dass man die verschiedenen Elemente des Systems gleichzeitig im Blick hat und, vor allem, die Bedeutung der Umgebung angemessen gewürdigt werden kann. Denn es gilt die Maxime: Es gibt keine an sich beste Form der Organisation; die Form hängt ab von der jeweiligen Aufgabe und der Umgebung, innerhalb derer sie zu bewältigen ist. Als erfolgreich kann eine Organisation dann gelten, wenn es ihr gelingt, sich an die Veränderungen ihrer Umgebung anzupassen. Ob das allerdings im Blick auf soziale Systeme als das einzige Kriterium gelten kann, darf bezweifelt werden.

Jede Organisation, auch jeder Teil einer Organisation, muss sich mit einer Reihe von Fragen auseinandersetzen:
- Wer sind wir?
- Was ist unsere Aufgabe, unser Ziel in dieser spezifischen Umwelt?
- Welche (personellen und materiellen) Ressourcen stehen uns zur Verfügung?
- Wie können wir die Aufgabe bewältigen?

Im Bereich der Kirche geschieht dies z.B. durch die Erarbeitung von Leitbildprozessen[8] auf den verschiedenen Handlungsebenen: Gemeinde, Kirchenkreis, funktionale Dienste, Landeskirche, Evangelische Kirche in Deutschland (EKD).

---

7 Zum Folgenden vgl. *K. Gabriel*, Art. Organisation 1988, 917f; *Schmidt/Berg* 2002, 16ff; *Emlein*, 2001, 158ff; *von Schlippe / Schweitzer* 1996.
8 Vgl. die Broschüre »Visionen Erden« 2001.

6.2 Gemeinde als soziales System

In der US-amerikanischen pastoraltheologischen und -psychologischen Literatur zum Thema Gemeindeaufbau und Gemeindeleitung spielt die Systemperspektive eine ausgesprochen große Rolle. Im deutschen Kontext ist sie vor allem durch die Arbeiten von *Herbert Lindner* und *Günter Breitenbach* in die ekklesiologische Diskussion hinein gekommen.[9] Aus der Fülle der Literatur kann ich nur einen kleinen Teil hier aufgreifen. Im übrigen ist in Rechnung zu stellen, dass die Strukturen amerikanischer Kirchen deutlich von deutschen landeskirchlichen Strukturen abweichen, so dass eine Übertragung der systemischen Kategorien nur begrenzt möglich ist.

»Ein organisationales System stellt ein Ensemble von koordinierten Teilen dar, die zusammen arbeiten, um ein übergreifendes Ziel zu erreichen; dieses Ziel ist genügend eingegrenzt, um es von seiner Umgebung zu unterscheiden.«[10]

Die Veränderung einer Komponente zieht eine Veränderung fast aller anderen nach sich.
Das System »Gemeinde« stellen die Autoren folgendermaßen dar:[11]

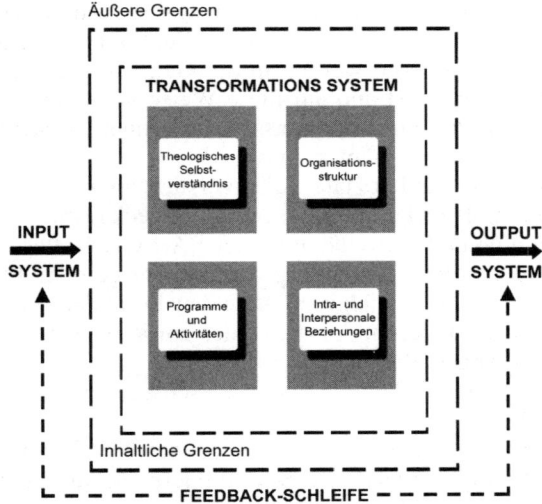

(Entnommen und übersetzt aus *Shawchuck/Heuser* 1996, 46)

---

9 *Lindner* 1994; *Breitenbach* 1994.
10 *Shawchuck/Heuser* 1996, 45f.
11 Vgl. das ähnliche, aber zugleich deutlich stärker theologisch orientierte und wesentlich komplexere Modell, das *Lindner* 1994, 107ff vorschlägt. Vgl. auch *Breitenbach* 1994, 129ff.

Die Umgebung der Gemeinde besteht aus anderen Systemen, z.B. der Kommune, der Wirtschaft der Region, dem Schulsystem der Stadt etc. Ein Austausch mit diesen Systemen ist wichtig; von dort kommt Input in Form von Mitgliedern, Anfragen und Zusammenarbeit. Insofern muss die Gemeinde ein offenes System sein; ist sie es nicht, droht sie zu verkümmern.

An diesem Punkt fällt mir auf, dass die meisten amerikanischen Autoren, die Gemeinde und Gemeindeleitung aus systemischer Perspektive betrachten, das systemimmanente Problem einer mindestens teilweisen Geschlossenheit sozialer Systeme nicht zur Kenntnis nehmen bzw. diese Geschlossenheit wieder den handelnden Personen zuschreiben.[12]

Die Grenze der Gemeinde ist zum einen physikalischer Natur (die Gemeindegrenzen, die Gebäude), zum anderen und wichtiger ihre inhaltlich bestimmte »Bewusstseinsgrenze«, die Prägungen, die diese Gemeinde durch ihre Geschichte und theologischen wie liturgischen Traditionen, durch ihre Mitglieder und Leitungspersonen im Lauf der Jahre erworben hat (z.B. lutherisch oder reformiert, liberal oder evangelikal etc.). Eine entscheidende Frage ist, als wie offen oder geschlossen diese Bewusstseinsgrenze von außen wahrgenommen wird, wie einladend oder abweisend die Gemeinde und ihre Aktivitäten wirken.
Das innere System hat eine transformative Funktion: Neue Mitglieder, neue Ideen, neues Material werden in der Gemeinde umgeformt, dem eigenen System angepasst und auf diese Weise verändert in die Nachbarsysteme, in die Außenwelt, entlassen. Das Innere System setzt sich aus verschiedenen Komponenten zusammen:
– Das theologische und soziale Selbstverständnis der Gemeinde, die Frage nach ihren Zielen, ihrem Sinn und Zweck (»mission«);
– die Programme und Aktivitäten (welche Art von Gottesdienste werden gehalten, welche Bedeutung wird Seelsorge oder Jugendarbeit beigemessen, welche Zielgruppen finden besondere Aufmerksamkeit? etc.), die wiederum Ausdruck des spirituellen Selbstverständnisses sind (»spirituality«);
– die Organisationsstruktur, die die verschiedenen Aktivitäten zusammenhält (»organisation design«);
– die Qualität der Beziehungen zwischen der Mitgliedern, zwischen Haupt- und Ehrenamtlichen etc. (»Intra/Interpersonal Relationships«).
Diese Komponenten stehen einerseits in einem offiziell und explizit definierten Verhältnis zueinander (das in einem Leitbildprozess definierte Selbstverständnis der Gemeinde bestimmt die Art und Zahl der geplanten Programme oder die Organisationsstruktur), andererseits in

---

12 Z.B. *Stevens/Collins* 1993. Unter der Überschrift »The Stuck Church« (XIIf) nennen die Autoren den überfunktionierenden Leiter, unmotivierte Mitgliedschaft etc.

6.2 Gemeinde als soziales System

einem davon unterschiedenen, halb bewusst, halb unbewusst bestimmten Verhältnis: Vielleicht ist das Selbstverständnis vor Jahren einmal definiert worden und wird jetzt de facto kaum noch beachtet.
Entscheidend für den Output des Systems ist die Feedback-Schleife, also die Frage, ob es ein funktionierendes Feedback zwischen Einzelnen und Gruppen in der Gemeinde gibt. Nur wenn das Feedback funktioniert, kann sich das System verändern und sich veränderten Gegebenheiten und Wünschen ihrer Mitglieder anpassen.
Im Idealfall befinden sich die verschiedenen Komponenten des Systems Gemeinde in einem flexiblen Gleichgewicht. Einseitigkeiten oder Störungen treten auf, wenn einzelne Elemente übergewichtig bzw. vernachlässigt werden: Wenn das theologische Selbstverständnis der Gemeinde unklar wird oder in den Hintergrund tritt, verselbstständigen sich die Aktivitäten und sozialen Beziehungen, man weiß nicht mehr, warum man dies tut und jenes lässt. Der umgekehrte Fall tritt ein, wenn das theologische Selbstverständnis, wie etwa in evangelikalen Gemeinden, so dominant wird, dass es die anderen Komponenten bestimmt: Der soziale und organisationale Bereich sind streng geistlich bestimmt, es darf dann z.B. auch keine Vielfalt und Variationsbreite innerhalb der Gemeinde geben.
Einsichten aus der systemischen Familientherapie sind für das Verstehen der Beziehungsmuster und Kommunikationsabläufe in einer Gemeinde wertvoll. Im Anschluss an *Steinke* und *Shawchuck* nenne ich einige ausgewählte Punkte, die pastoralpsychologischen Denkansätzen nahe stehen:[13]

– In jedem sozialen System kann Angst entstehen. Die Wahrnehmung von Angst und der Umgang damit bestimmen in hohem Maß, wie funktional oder dysfunktional ein System arbeitet. *Steinke* formuliert: »Es ist die Voraussetzung dieses Buches, dass wir Impulsen der Angst in der Gemeinde Aufmerksamkeit schenken und sie durcharbeiten müssen, statt von ihnen überrascht zu werden und hilflos zu reagieren oder sich von ihrem belastenden Einfluss zurückzuziehen oder, noch schlimmer, die zu schützen, die die Angst verbreiten.«[14] Angst kann ein Impuls für Veränderungen sein, oder sie kann, wenn sie chronisch wird, das gesamte System infizieren und lähmen. (Gerüchte nehmen zu, Vorwürfe werden gemacht, Differenzen geleugnet nach dem Motto »Wir sind uns alle einig« etc.) Deshalb ist Wahrnehmung von und Auseinandersetzung mit Angst unabdingbar.
– Das Konzept der Grenzen weist auf die Notwendigkeit hin, dass Menschen sich einerseits voneinander unterscheiden, andererseits aber auch in Kontakt miteinander sind und sein wollen. Der Umgang mit Angst zeigt sich am Umgang mit Grenzen: Die einen ge-

---

13 *Steinke* 1994; *Shawchuck/Heuser* 1996.
14 *Steinke*, a.a.O. Xf.

ben ihrer Angst indirekt Ausdruck, in dem sie ständig die Nähe anderer suchen; dabei verwischen ihre eigenen Grenzen (»enmeshed boundaries«), sie nehmen sich selbst kaum noch als unabhängig denkende und handelnde Wesen wahr. Die gegenteilige Verhaltensweise zeigt sich in ganz starren Grenzen bei Menschen, die möglichst die Nähe zu anderen meiden und zu Einzelgängern werden. Leitungspersonen reagieren auf Angst häufig so, dass sie zu viel Verantwortung für andere übernehmen.

- Beziehungen im System sind überwiegend von drei Mustern bestimmt: Komplementär (eine hilflose Person braucht eine helfende Person und umgekehrt), gegensätzlich (A widerspricht immer, wenn B etwas sagt), oder ähnlich (A schließt sich meistens dem an, was B tut).
- Beziehungen stehen in der Spannung von »Allein und unabhängig sein wollen« einerseits und »Zusammen sein, Unterstützung suchen/geben« andererseits; die Spannung zwischen beiden Impulsen kann Angst auslösen.
- Aufkommende Angst wird häufig durch Triangulierung reduziert, z. B. durch Klatsch: A erzählt B über C; durch Koalitionsbildung: A sucht Unterstützung bei B gegen C; durch Projektion und Verschiebung der Verantwortung: Das Presbyterium sieht die Ursache für den nachlassenden Gottesdienstbesuch beim Pastor; der Pastor findet die Arbeit des Presbyteriums ineffektiv usw.
- Auch eine Gemeinde kann einen Symptomträger oder eine Gruppe als Symptomträger haben. Es ist wichtig, nicht zu vergessen: Der Symptomträger ist nicht das Problem, sondern Ausdruck des Problems, das im System steckt.
- Veränderungen lösen Angst aus, weil sie das bisherige Gleichgewicht gefährden. Um die Balance zu halten und damit die Angst zu minimieren, werden Veränderungen häufig (unbewusst) blockiert (»das haben wir doch schon immer so gemacht«) oder Gegenmaßnahmen ergriffen (»Widerstand«).

Ein Buch, das in der US-amerikanischen Gemeindeliteratur viel Einfluss ausgeübt hat und noch ausübt, ist die 1985 von *Edwin Friedman* veröffentlichte Arbeit »Generation to Generation.«[15] *Friedman* stellt Grundprinzipien einer mehrgenerationalen Familientherapie dar und überträgt sie auf den Umgang mit Organisationen. Sein Ausgangspunkt besteht in der Annahme, dass es sich bei einer Gemeinde wegen der emotional getönten Beziehungen in ihr um eine Art von erweiterter Familie handelt; bei Pfarrern und Pfarrerinnen greifen das gemeindliche und das persönliche Familiensystem ineinander und beeinflussen sich wechselseitig, vorwiegend in der Weise, dass sich die Gemeinde »vorzüglich eignet als Arena für die Verschiebung von« wichtigen, ungelösten Familienproblemen.«[16]

15 *Friedman* 1985.
16 *Friedman* 1985, 198.

6.3 Kirche als Gemeinschaft

Veränderungen in der Pfarrfamilie oder in den Familien wichtiger Gemeindeglieder wirken sich auf die Balance in der Gemeinde aus; *Friedman* regt deswegen an, Streitfragen um Inhalte immer auf ihren Prozesscharakter hin zu untersuchen (»Wo/ Wie hat sich das Gleichgewicht in der Gemeinde / in einer Gruppe verschoben?« »Warum taucht die Streitfrage gerade jetzt auf?«). Die Unterscheidung von Inhalt und Prozess entschärft den Konflikt zunächst und ermöglicht eine distanziertere Betrachtungsweise. Auch die Wahrnehmung von schädlichen Triangulierungen, sei es mit anderen Hauptamtlichen, sei es mit Gemeindegliedern, kann hilfreich sein.

Eine differenzierte Bearbeitung dieser Themen gehört zu den Aufgaben der Gemeindeberatung;[17] es erscheint mir jedoch sinnvoll, im Rahmen eines pastoralpsychologischen Lehrbuchs die Aufmerksamkeit und Sensibilität für die kommunikativen Dimension in Institutionen und Organisationen zu erhöhen. Vielleicht wächst dann auch die Bereitschaft, Gemeindeberatung oder Supervision in Anspruch zu nehmen.

6.3 Kirche als Gemeinschaft

Eins der wesenhaften Kennzeichen von Kirche ist neben martyria (Verkündigung), leiturgia (Gottesdienst) und diakonia (sozialer Dienst) die koinonia, die Gemeinschaft der Glaubenden. Die »communio sanctorum« bezeichnet die von Gott Berufenen und Geheiligten; ihre im theologischen Sinn qualifizierte communio »käme dann durch wechselseitige Kommunikation der Gläubigen (communio im Sinne von communicatio) zum Ausdruck ...«[18] Die Einheit und Gemeinschaft der Kirche, der Gemeinde ist zunächst eine theologisch vorausgesetzte, sie wurzelt in Gottes Berufung, wie sie in der Verkündigung und Sakramentsausteilung zum Ausdruck kommt. Gleichwohl ist ihre äußere Gestalt nicht ablösbar von ihrem theologischen Gehalt, das eine muss dem anderen wenigstens ungefähr entsprechen; auch die äußere Gestalt der Gemeinde hat Kommunikationscharakter, teilt der Umwelt etwas mit, ob man das will oder nicht.[19] *Jürgen Moltmann* nimmt diesen Zusammenhang zum Anlass, Kirche als die »Gemeinschaft der Freunde« zu verstehen, die die Freundschaft und Freundlichkeit Jesu unter sich lebt und in der Gesellschaft ausbreitet.[20]

Nun wird der Gemeinschaftscharakter der Kirche, der Gemeinde in der Theologie, in Predigten vielfach als moralischer Appell zu Harmonie, Einheit und Liebe beschworen, mit durchaus zwiespältigem Ergebnis; denn gegenseitiges Verstehen, Einigkeit und Gemeinschaft lassen sich nicht verordnen, sie gelingen nicht als Ergebnis moralischer Anstren-

---

17 Vgl. dazu *Schmidt/Berg* 2002.
18 *Preul* 1997, 52f.
19 Vgl. das Kommunikationsaxiom von *Watzlawick* 1972, 50ff: »Man kann nicht nicht kommunizieren«, d.h. alles Verhalten hat Mitteilungscharakter ($\Rightarrow$ Kap. 10.1.2).
20 *Moltmann* 1975, 341ff.

gung, schon gar nicht in einer gesellschaftlichen Situation, in der Pluralität zu einem der hervorstechenden Kennzeichen des Zusammenlebens gehört.
Auf einige pastoralpsychologische Perspektiven will ich in diesem Zusammenhang kurz hinweisen:
1. Zum einen zeigen Erfahrungen aus der Gruppendynamik, dass sich in einer Gruppe ein Gemeinschaftsgefühl im Sinne gegenseitiger Wertschätzung und gegenseitigem Vertrauen in der Regel nur einstellt, wenn genügend Raum vorhanden ist, um die vorhandenen Differenzen und Fremdheiten wahrzunehmen und sich darüber auseinander zu setzen. Gemeinschaft und eine Form der Einheit, in der Pluralität anerkannt und wertgeschätzt wird, in der man »ohne Angst verschieden sein« kann (*Christa Wolff*), kann paradoxerweise nur entstehen über den u.U. schmerzlichen Weg der Bereitschaft und Offenheit der Differenzwahrnehmung und zum Konflikt. Die häufig beschriebenen Phasen eines Gruppenprozesses bezeichnen diesen Weg: Erst wenn die wechselseitige Fremdheit und Andersartigkeit wahrgenommen wird, wenn die sich daraus ergebenden Konflikte ausgetragen werden, kann langsam ein Klima des Vertrauens wachsen, das schließlich zu einem Wir-Gefühl, zu einem Gefühl von Gemeinschaft führt. Kirchliche Konsens- und Harmonievorstellungen, die diesen scheinbaren Umweg vermeiden wollen, sitzen einer Scheinlösung auf, die sich, wie Erfahrungen zeigen, als wenig tragfähig erweist.
2. *Heribert Wahl* hat aus objektbeziehungstheoretischer Sicht versucht, genauer zu beschreiben, was Kirche als Gemeinschaft auszeichnet.[21]
Der Narzissmustheorie wie der Objektbeziehungstheorie zufolge (⇒ Kap. 4.1.3 und 4.1.4) braucht ein Kind Selbstobjekte, d.h. verinnerlichte stützende und stärkende Objektvorstellungen von der Mutter, von den Eltern, erinnerte Szenen früher Interaktionen mit den wichtigen Bezugspersonen, um langsam ein eigenständiges Selbst bilden zu können. Dieser Vorgang ist nicht auf die frühe Kindheit beschränkt, sondern ereignet sich als symbolische Erfahrung (in der ein »etwas« als »etwas Anderes« erlebt werden kann) ein Leben lang, beispielsweise in der Begegnung mit Kunst und Religion und ihren säkularisierten Transformationen (z.B. im Sport, im Kino etc.). Menschen bleiben angewiesen »auf eine empathisch responsive Matrix, ein tragend-schützendes Selbst-Objekt-Milieu«[22] in Gestalt lebendiger, wechselseitiger, empathischer Beziehungen, in denen sich andere als Selbst-Objekte in Gebrauch nehmen lassen.

---

21 *Wahl* 1994.
22 *Wahl* 1994, 223.

Selbstfindung kann gelingen, wo Menschen sich als gesehen und im *Kohut*schen Sinn gespiegelt und wertgeschätzt erleben. Damit dies nun nicht erneut zu einer Überforderung gerät, ist der Verweis auf Gott als tragendes und haltendes, unbegrenzt zur Verfügung stehendes Selbst-Objekt unverzichtbar. In diesem Verweisungshorizont kann sich ein Spielraum eröffnen, in dem das von *Winnicott* beschriebene Ineinander von Vorfinden und Erfinden geschehen kann, in dem symbolische Partizipation am Grund des Lebens in »Modellszenen gelingenden Lebens«[23] möglich ist. Dass wir auf ein »Außen« angewiesen sind, kann als entwicklungspsychologisch erwiesen gelten; dieses »Außen« symbolisch als das zu erleben, was grundsätzlich und umfassend – und nicht nur schlecht und recht und zufällig – unser Leben trägt und hält, kann den Rahmen für ein »redemptives Milieu« abgeben, in dem Menschen einander wechselseitig als gute Selbst-Objekte in Gebrauch nehmen.

3. Den Charakter eines solchen redemptiven Milieus hat *Hermann Steinkamp* auf dem Hintergrund seines Verständnisses von Kirche als einer Gemeinschaft mit einer klaren »Option für die Armen« folgendermaßen operationalisiert:[24]
– Gemeinde lebt von Betroffenheit versus Rekrutierung: Menschen, die von bestimmten Problemlagen oder Themenstellungen betroffen sind, sollen motiviert werden, ihre Betroffenheit in Zusammenschlüsse und mögliche Aktionen umzusetzen.
– Selbstorganisation versus Aktivierung: Die Betroffenen sind Subjekte ihres Handelns und sollen selber die ihnen angemessen Wege der Aktivierung finden.
– Verbindlichkeit versus Geselligkeit: Verbindlichkeit stellt ein kritisches Prinzip von Mitgliedschaft dar, das auf dem Weg über Metakommunikation immer wieder aktualisiert werden muss.
– Soziale Kreativität versus Routinehandeln: Innovative Impulse erwachsen aus Kirchen-Träumen oder Reich-Gottes-Träumen und deren anfangsweiser Realisierung.
– Bekehrung versus Erbauung: Gemeinde kann glaubhaft nach innen und außen erscheinen, wenn sich eine Bereitschaft zur Bewusstseins- und Verhaltensänderung zeigt.

6.4 Leitung und Leitungsstile in der Kirche

Leitung bezeichnet ein Verhalten, mit dem eine Gruppe, eine Organisation gesteuert wird: Bestimmte vorgegebene oder gemeinsam verabredete Ziele sollen erreicht, die dazu notwendigen Strukturen, Aufgaben- und Rollendifferenzierungen entwickelt werden; die Fähigkeiten der daran Beteiligten sollen optimal angeregt und beeinflusst werden.

---

23 *Wahl* 1994, 504.
24 *Steinkamp* 1994, 98ff.

Eine solche Aufgabe ist nicht von der Leitungsperson allein durchführbar, sondern immer in Abhängigkeit von der jeweiligen Situation zu sehen, d.h. »Leitung ist eine Funktion der Leitungsperson, der Mitglieder und der Situation.«[25]
Es gibt offizielle Leitungsfunktionen, in denen jemand vom System, von der Organisation oder Gruppe mit einer Leitungsaufgabe betraut worden ist; es gibt mindestens ebenso häufig inoffizielle Leitungsfunktionen bzw. -rollen, in denen jemand den Versuch unternimmt, das Verhalten Einzelner oder der Gruppe/des Systems als ganze zu beeinflussen. Viele Leitungskonflikte resultieren aus dieser Spannung.

Die Beschreibung verschiedener Leitungsaufgaben und Leitungskonzepte gehört in die Theorie der Organisationsentwicklung; aus pastoralpsychologischer Sicht ist die Frage von Interesse, wie Kommunikationsmuster und die persönlichen Eigenheiten, die Persönlichkeitsstruktur der Leitungspersonen deren Leitungsstil prägen und beeinflussen.

6.4.1 Leitungsstile[26]

In der Organisationsliteratur werden ein personorientierter und ein aufgabenorientierter Leitungsstil unterschieden. Daraus lässt sich ein Diagramm von vier grundlegenden Leitungsstilen konstruieren, die im konkreten Fall natürlich immer nur annäherungsweise realisiert werden:

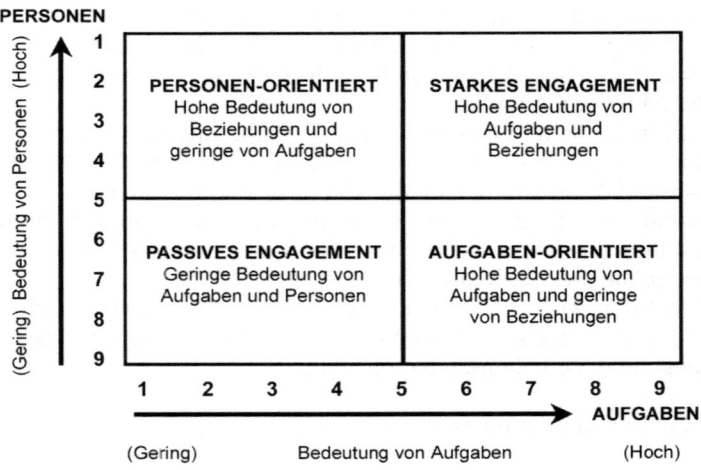

(Entnommen und übersetzt aus *Stevens/Collins* 1993, 64.)

---

25 *Stevens/Collins* 1993, 9.
26 Vgl. zum Folgenden *Hentze/Brose* 1986; *Schall* 1991; *Wunderer/Grundwald* 1980; *Klessmann* 1997 (b), 174–200.

6.4 Leitung und Leitungsstile in der Kirche

- Der *aufgabenorientierte Leitungsstil* legt besonderen Wert auf Ziele und Programme und deren Durchführung. Persönliche Beziehungen müssen sich der aufgabenorientierten Arbeit unterordnen. Die Stärke von Leitungspersonen mit diesem Konzept liegt darin, dass sie viel erreichen und die Organisation voran bringen. Die Schwäche dieses Modells ist darin zu sehen, dass Beziehungen vernachlässigt werden; außerdem bevorzugen Leitungspersonen möglicherweise diesen Stil, weil sie selber in Beziehungen unsicher sind und ein ausgeprägtes Kontrollbedürfnis haben.
- Der *personorientierte Leitungsstil* gibt den Wünschen und Bedürfnissen der Menschen, die in der Organisation arbeiten, Priorität. Die Leitungsperson pflegt die Beziehungen, ist an einer guten Arbeitsatmosphäre interessiert. Die Stärke dieses Stils liegt in der Sensibilität der Leitungsperson für Gefühle, für das Klima. Die Schwäche ist darin zu sehen, dass die Erfüllung von Aufgaben unter dieser Orientierung leidet; eine Atmosphäre von Freundlichkeit und Kameraderie kann sich ausbreiten, in der dann auch deutlich wird, dass die Leitungsperson mit diesem Stil möglichst Konflikte vermeiden und viel Zustimmung unter den Mitarbeitenden gewinnen will.
- Ein *passiver Leitungsstil* bedeutet, dass sich die Leitungsperson weitgehend aus der Wahrnehmung der Leitungsaufgabe zurückzieht und in nichtdirektiver Weise die Gruppe selber ihren Weg finden lässt. Die klassische Gruppendynamik mit einem abstinenten Leitungsstil kann für diesen Stil als Modell gelten. Die Leitung in einer Organisation ist jedoch kein gruppendynamisches Laboratorium; so wird denn auch deutlich, dass dieser Stil viel mit der Vermeidung von Konflikten zu tun hat.
- *Leitung mit starkem Engagement* sieht keinen grundsätzlichen Konflikt zwischen aufgaben- und personorientierter Leitung; gute Arbeitsbeziehungen tragen dazu bei, dass die Aufgabenorientierung ausgeprägt ist; umgekehrt tragen Erfolge in der Arbeit wiederum zum Beziehungsklima in der Organisation bei. Dieser Leitungsstil erfordert die Bereitschaft, flexibel zu handeln, die Wünsche der Beteiligten zu hören, Konflikte und Differenzen offen anzusprechen, gemeinsam nach Lösungen zu suchen und u.U. auch unpopuläre Entscheidungen zu fällen.

Quer zur Beschreibung dieser Leitungsstile liegt die Unterscheidung von autoritärem und kooperativ-partizipativem Leitungsstil. Ein autoritärer Leitungsstil zeichnet sich aus durch »Kommandieren, Kontrollieren, Korrigieren«; ein kooperativer Stil durch »Fordern, Fördern, Feedbacken«.[27] Partizipation der Beschäftigten erhöht die Arbeitszufriedenheit und damit die Qualität des »Produkts«; deswegen ist es von Bedeutung, dass Kommunikation und Information nicht nur von oben

---

27 *Schmidt/Berg* 2002, 438f.

nach unten, sondern auch von unten nach oben hin fließen kann. Der kommunikativen Kompetenz der Leitungspersonen kommt hier eine besondere Bedeutung zu.

6.4.2 Leitungspersönlichkeit

Vor diesem Hintergrund erscheint es sinnvoll, über den Zusammenhang von Persönlichkeitsstruktur und Leitungsverhalten nachzudenken. Ich nehme dazu die bekannte Theorie der Persönlichkeitsentwicklung von *Fritz Riemann* auf (ausführlicher ⇒ Kap. 10.6), erweitert um Ansätze und Beobachtungen von *Karl König*.[28]

Die Angstbewältigungsmuster, die *Riemann* beschreibt, beziehen sich auf alle Lebensbereiche, sie lassen sich beobachten an der Art und Weise, wie jemand mit der Ehepartnerin/ dem Ehepartner, den Kindern oder mit Kolleginnen und Mitarbeitern umgeht.

Es geht bei diesen Charakterisierungen nicht um Diagnosen oder Etiketten, sondern um Anregungen, die jeweiligen Stärken und Schwächen möglichst bewusst wahrzunehmen, vielleicht auch blinde Flecken zu entdecken, um dann gezielter und evtl. kompensatorisch damit umgehen zu können.

6.4.2.1 *Narzisstisch geprägte Menschen* (Selbstdarstellungs-Typ) leben (⇒ Narzissmus-Theorie, Kap. 4.1.3) unbewusst in den Phantasien eigener Größe und Wichtigkeit, mit denen sie zugleich andere für ihre Zwecke funktionalisieren oder abwerten. Aber ihre Größenvorstellungen sind höchst labil und anfällig, sie sind ständig auf neue Bestätigung und Anerkennung angewiesen. Leitungsfunktionen übernehmen solche Menschen gerne, sie füllen sie gut aus, können sich und die Organisation nach innen und außen hin glänzend darstellen und repräsentieren. Sie sind ehrgeizig, ihnen liegt an der Produktivität und am Image der Institution; zu diesem Zweck fördern sie Mitarbeiterinnen und Mitarbeiter, allerdings nur in dem Maß – hier werden die Schwächen dieses Persönlichkeitstyps deutlich –, wie sie ihrem eigenen Image zugute kommen. Narzisstische Menschen neigen dazu, andere für sich zu instrumentalisieren: Alles ist vom Erfolg abhängig, wichtige Ideen gehen von ihnen aus und gute Ergebnisse sind letztlich ihr Verdienst. Das macht die Zusammenarbeit nicht eben leicht, zumal ihr Bedürfnis nach Bestätigung und Bewunderung die Mitarbeitenden dazu verführen kann, sich in falscher Weise anzupassen und zu liebedienern.

6.4.2.2 *Schizoid geprägte Menschen* (Distanz-Typ) wirken kühl und rational, distanziert bis unpersönlich. Ihre Stärke – auch in der Leitung – ist ihre klare abstrakte Reflexionsfähigkeit, der Sinn für die großen Zusammenhänge, die leidenschaftslose, kühle Sachbezogenheit aus der

---

28 *Riemann* 1992; *König* 1999 überträgt seine Typologie ausdrücklich auf Arbeitsverhalten und das Verhalten in Institutionen.

6.4 Leitung und Leitungsstile in der Kirche

Distanz. Sie treffen Entscheidungen auf der Basis solider Sachinformationen und Analysen. Sie erwarten Sachlichkeit von ihren Mitarbeitenden, fördern und fordern Eigenständigkeit und Kritikfähigkeit. Ihre Schwäche besteht darin, dass sie relativ wenig Einfühlungsfähigkeit für ihre Mitarbeiterschaft haben und ihnen wenig emotionale Zuwendung zukommen lassen (können): Nicht nur ist ihr Interesse für Interaktionszusammenhänge schwach ausgeprägt, sie können sich auch schlecht in andere hineinversetzen, da sie wenig Zugang zu ihrer eigenen Gefühlswelt haben. Das bedeutet, ihr Leitungsstil zeichnet sich deutlich durch ein Übergewicht an Sachorientierung gegenüber einer Mitarbeiterorientierung aus. Da Mitarbeiterpflege jedoch eins der wichtigsten Leitungsinstrumente ist, wäre es ratsam, wenn Leitungspersonen mit deutlich schizoiden Persönlichkeitsanteilen gezielt Anstrengungen unternehmen, um diese Schwäche (durch Fortbildungsmaßnahmen) zu kompensieren, oder sich mit stellvertretenden Kollegen bzw. Kolleginnen umgeben, die an diesem Punkt bessere Fähigkeiten haben.

6.4.2.3 *Depressiv geprägte Menschen* (Nähe- oder Harmonie-Typ)

investieren viel Energie, um Nähe, Vertrautheit, Geborgenheit und Sicherheit herzustellen – mit der Schattenseite einer großen Bereitschaft zum Verzicht, zum Kompromiss um des lieben Friedens willen. Solche Menschen haben in der Leitung die Fähigkeit, sich um Mitarbeitende zu kümmern, warmherzige, zugewandte, einfühlsame und menschliche Chefs zu sein, mit der Kehrseite, dass es an Klarheit und Entschiedenheit mangelt,[29] dass Kritik und Eigenständigkeit nicht gefördert werden, dass Konflikte um Personen oder Sachen vermieden oder vorschnell mit einem möglicherweise faulen Kompromiss beendet werden. Die Mitarbeiterorientierung steht hier ganz im Vordergrund.

6.4.2.4 *Zwanghaft geprägte Menschen* (Ordnungs-Typ) bestimmt die

Angst vor Veränderung, vor dem Chaos, sie möchten Sicherheit durch Kontrolle, durch Bezugnahme auf Gesetze und Traditionen erreichen. In Leitungsfunktionen bedenken zwanghafte Personen Entscheidungen und neue Entwicklungen besonders gründlich und versuchen sich abzusichern durch Rekurs auf Gesetze und Verwaltungsvorschriften.[30] Sie sind genau und gründlich, Verlässlichkeit ist ihre Stärke. In theologischer Hinsicht sind sie am Wert von Tradition und der Bedeutung des Gesetzes orientiert; sie sind gute Dogmatiker, häufig auch starke Moralisten.
Ihre Schwäche besteht darin, dass sie zögerlich gegenüber Neuerungen sind, schnelle Entscheidungen, kreative Lösungen und neue Wege sind nicht ihre Sache. Sie haben Angst vor Konflikten und den damit mög-

---

29 *Riemann* 1992, 103 spricht von »Gehemmtheit im Zulangen«.
30 *Riemann*, a.a.O. 113.

licherweise verbundenen starken Gefühlen, die außer Kontrolle geraten könnten. Durch exakte Befolgung von Vorgaben und Regeln suchen sie zu vermeiden, was bei jeder Weiterentwicklung einer Organisation notwendig ist: offene Situationen, Unsicherheiten und Auseinandersetzungen über das weitere Vorgehen. In diesem Sinn sind sie gute Verwalter des Hergebrachten, aber keine Führer oder Begleiter auf neuen Wegen. Entsprechend tun sie sich schwer, die Unabhängigkeit und Kreativität der Mitarbeiterschaft herauszulocken und zu fördern.

6.4.2.5 *Hysterisch geprägte Menschen* (Veränderungs-Typ) suchen das Neue und fürchten das Unabänderliche. Sie überdecken ihre eigene Unsicherheit durch glänzende Rollenspiele, durch lebendiges, mitreißendes Reden, immer verbunden mit der entsprechenden Selbstdarstellung. Sie können sich für Neues begeistern, sie haben den Mut, etwas auszuprobieren, Ungewohntes anzudenken, die mühsame und längerfristige Ausführung überlassen sie gerne anderen. Für die Entwicklung einer Organisation sind sie mit diesen Eigenschaften ausgesprochen wichtig.

Ihre Schwäche ist in ihrer mangelnden Verbindlichkeit und Verlässlichkeit zu sehen: Ihre Ideen sind eher sprunghaft, sie ändern ihre Pläne und Konzepte schnell. Eine weitere Schwäche besteht – ähnlich wie bei den narzisstischen Menschen – in ihrem Bedürfnis nach Anerkennung, das die Mitarbeitenden dazu verführt, dem Chef nach dem Munde zu reden und kritische Rückmeldungen zurück zu halten.

6.4.3 Konsequenzen

Eine differenzierte Selbstwahrnehmung ist für die kompetente Ausübung einer Leitungsposition eine wichtige Voraussetzung. Wer eine Leitungsposition inne hat, sollte den eigenen Kommunikations- und Leitungsstil mit seinen spezifischen Stärken und Schwächen kennen. Die Gefahr, dass man ungelöste eigene Probleme in das Leitungs- und Beziehungshandeln hineinträgt, ist groß. Die oben zusammengetragenen Beobachtungen sollen dazu dienen, die Selbstwahrnehmung anzuregen und mögliche kompensatorische Maßnahmen durch Fortbildung oder Supervision zu ergreifen.

Aus den Empfehlungen für erfolgreiches Leiten füge ich noch einige besonders wichtige Punkte an:[31]
– arbeite mit dem ganzen System, nicht mit einzelnen Personen;
– unterstütze Interdependenz unter den Mitgliedern der Gemeinde / der Organisation;
– leite den Prozess, nicht die Personen;
– nimm Widerstände wahr und berücksichtige sie: Veränderungen brauchen Zeit!

---

31 *Stevens/Collins* 1993, 127ff.

6.5 Macht in der Kirche

Das Thema Macht in der Kirche ist nach wie vor höchst ambivalent besetzt:
- Priester, Pfarrer und Pfarrerinnen gelten als Repräsentanten Gottes, sie haben in symbolischer Weise Anteil an seiner Macht. In der katholischen Kirche hat sich eine ausdifferenzierte Machthierarchie gebildet; aber auch in den evangelischen Kirchen sind die Geistlichen religiöse Übertragungsfiguren (⇒ Kap. 13.9), deren Anteil an der Macht des Heiligen in der Wahrnehmung vieler Menschen nicht zu vernachlässigen ist. Dieser religiösen Zuschreibung entspricht die Tatsache, dass Priester und Pfarrer durch liturgische Gestaltung, durch Predigt, Unterricht und Seelsorge über vielfältige Möglichkeiten der Einflussnahme, der persuasiven Macht verfügen.
- Menschen im Pfarrberuf machen gleichzeitig in unserer Gesellschaft Erfahrungen von Ohnmacht und Irrelevanz. Trotz eines immer noch beachtlichen gesellschaftlichen Ansehens gelten sie häufig als etwas sonderbare Figuren am Rand des Spektrums gesellschaftlich etablierter Berufe. Ein Schwanken zwischen Größenvorstellungen und Gefühlen von Kleinheit ist oft die Folge.
- Aus theologischer Sicht wird das Thema »Macht« häufig durch den Hinweis auf die Notwendigkeit des Dienens in der Nachfolge Jesu unterdrückt. Die Argumentation ist einfach: Weil Christen Jesus nachfolgen wollen und sollen, dienen sie und haben keine Macht. Dass die Realität diesem Postulat widerspricht, wird nicht zur Kenntnis genommen. Die verdrängte Macht kehrt dann umso mächtiger in versteckter Form zurück; da sie aber eigentlich nicht vorhanden sein darf, ist es ausgesprochen schwer, an diesem Punkt ein Problembewusstsein zu schaffen, das die Voraussetzung für Veränderungen darstellt (⇒ Diakonie, Kap. 12.4).

Ein Beispiel: *N. Shawchuck*[32] unterscheidet eine »downward mobility«, wie sie in der Botschaft Jesu von Opfer und Selbstverleugnung enthalten sei, von einer »upward mobility«, die mit der Staatskirchenwerdung begann und in der Machtentfaltung der mittelalterlichen Kirche ihren Höhepunkt fand. Aus kirchengeschichtlicher Perspektive ist diese Beobachtung sicherlich richtig; sie moralisiert das Thema aber derartig, dass eine unvoreingenommene Diskussion kaum noch möglich ist. Und sie übersieht, dass die Kirche eine große Organisation geworden ist, die eine entsprechende Machtdynamik beinahe zwangsläufig entfalten muss. Eine Personalisierung im Sinne der Nachfolgethematik greift da zu kurz.

- Von feministischer Seite wird das traditionelle Machtverständnis als Ausdruck patriarchaler Gesellschaftsstrukturen kritisiert und mit dem Ideal einer »Jüngerschaft der Gleichen« kontrastiert.[33] So wün-

---

32 *Shawchuck/Heuser* 1996, 328.
33 *Schüssler Fiorenza* 1997, 1–11.

schenswert eine solche visionäre Perspektive ist – als Idealbildung zieht sie die Gefahr nach sich, eine differenzierte Wahrnehmung der komplexen Realität von Macht zu unterdrücken.
In der Diskussion zum Begriff der Macht stehen sich im Wesentlichen zwei Modelle gegenüber: Nach *Max Weber* ist Macht »jede Chance, innerhalb einer sozialen Beziehung den eigenen Willen auch gegen Widerstreben durchzusetzen, gleichviel worauf diese Chance beruht.«[34] Charakteristisch an dieser engen Definition von Macht ist das Moment der Ungleichgewichtigkeit beider Seiten und der Aspekt, dass bei einer Seite ein Widerstand zu überwinden ist. Dadurch wird Macht abgegrenzt von Einflussnahme: Nicht jede Einflussnahme sollte als Ausübung von Macht verstanden werden, sondern nur das Verhalten, das einen Menschen zu etwas zwingt. Macht wird damit zum Spielfeld von Gewalt, wenn auch möglicherweise in subtiler Form. Macht erhält so eine Konnotation von »böse« und »destruktiv«.

Davon abzusetzen ist eine weiter gefasste Begrifflichkeit. Danach bezeichnet Macht generell die Möglichkeit zur Beeinflussung eines Menschen, die »Möglichkeit, in das Leben anderer mit unterschiedlichen Zielen, in unterschiedlichen Formen, mit unterschiedlichen Folgen einzugreifen.«[35] Hinter dieser Definition steht die Lebenserfahrung, dass niemand völlig ohne Macht, ohne die Möglichkeit, Einfluss auszuüben, ist. Eltern haben Macht über ihre Kinder; sie müssen sie haben, um die Kinder, solange sie klein sind, vor Gefahren zu schützen; aber auch Kinder haben mit ihren speziellen Mitteln Macht über ihre Eltern und können sie u.U. erheblich tyrannisieren. Helfer haben Macht über Hilfsbedürftige, aber es gilt auch umgekehrt: Ratsuchende oder kranke und in ihren Fähigkeiten irgendwie eingeschränkte Menschen haben in ihrer Rat- und Hilflosigkeit oft erstaunliche Möglichkeiten, Macht und Einfluss auszuüben.

Insofern gehört Macht unabdingbar zum Leben, sie ist ein »Urphänomen des Lebens«.[36] *Rollo May* hat von der »power to be« gesprochen, die jeder Mensch besitzt bzw. besitzen muss, um leben zu können;[37] *James Poling* nennt Macht, die in Beziehungen eingebunden ist (»relational«) eine kreative Energie, die beinahe synonym ist mit dem Leben selber.[38] Woher kommt dann der ständige und fast überall zu beobachtende Missbrauch von Macht?

Offenbar kann Macht sehr verschieden wahrgenommen und ausgeübt werden; eine Unterscheidung verschiedener Machtformen ist von daher zunächst sinnvoll.

---

34 *Weber* ³1947, 28.
35 *Josuttis* 1993, 40.
36 *Josuttis* 1993, 41.
37 *May* 1972, 121ff.
38 *Poling* 1991, 23ff.

6.5 Macht in der Kirche

- Unterschiedliche Rollen im Gefüge einer Organisation begründen *Positionsmacht* oder Steuerungsmacht. Jemand hat auf Grund seiner Position oder Rolle die Verpflichtung und die Möglichkeit, Entscheidungen zu treffen, damit Inhalte, Richtungen und Strukturen vorzugeben. In der Theologie wurde solche Positionsmacht auch religiös legitimiert: Gott delegiert seine Macht an irdische Machtträger wie die Obrigkeit oder die Eltern und Lehrer (*M. Luther*). Eine reine Positionsmacht wird in der Gegenwart immer weniger akzeptiert, wenn sie nicht durch Fachkompetenz oder/und entsprechende persönliche Glaubwürdigkeit gedeckt ist. Theologen und Theologinnen in Leitungsämtern müssen Leitungskompetenzen erwerben, das Amt qua Ordination trägt nicht mehr selbstverständlich die Funktion.
- Eng verbunden mit der Positionsmacht ist *Sanktionsmacht*, also die Möglichkeit, Mitarbeitende zu belohnen oder zu bestrafen. Wer diese Form der Macht zu häufig ausübt, riskiert langfristig negative Wirkungen: Angst vor dem Chef, Unterwürfigkeit und Konformismus oder latenter Trotz und Widerstand führen zu einem Rückgang an Kreativität und Selbstständigkeit in der Organisation.
- Daneben gibt es die *Definitionsmacht*, also die Macht, Phänomene per definitionem überhaupt als existent oder nicht existent zu erklären bzw. durch einen deutlichen Wissensvorsprung die eigene Überlegenheit auszuspielen. Ärzte beispielsweise können durch ihre Diagnosen Krankheit gewissermaßen hervorrufen oder verschwinden lassen; sie können durch ihren medizinischen Wissensvorsprung Patienten in Abhängigkeit halten. Priester haben in der Vergangenheit ein bestimmtes Verhalten als »normal« oder als »Sünde« definiert.
- Im Kontrast zu diesen Machtformen, die in der Regel von oben nach unten ausgeübt werden, steht die *Informations- oder Expertenmacht*, die quer zur Hierarchie ausgeübt werden kann. Juristisch oder kaufmännisch qualifizierte Sachbearbeiter in einer kirchlichen Organisation haben durch präzise Kenntnis ihres Sachgebiets eine Informationsmacht, mit der sie beispielsweise theologische Vorgesetzte zu Entscheidungen drängen können, die aus theologischer Sicht eher problematisch erscheinen.
- Eine weitere Form von Macht nenne ich *Beziehungsmacht*, die Fähigkeit, durch freundliches und zugewandtes Auftreten, durch eine ausgeprägte Kontakt- und Kommunikationsfähigkeit andere Menschen für sich bzw. für bestimmte Ideen oder Interessen zu gewinnen. Gerade Personen, die keine Positionsmacht haben, werden durch solche Beziehungsmacht zur Konkurrenz für jemand in der Leitung.
- *System-Macht* geht im Unterschied zur Positionsmacht nicht vom Potential der eigenen Leitungsposition aus, sondern vom System als Ganzen. Die Leitungsperson kennt das System und sieht ihre Hauptaufgabe darin, die einzelnen Subsysteme anzuregen, ihre Aufgaben

zu koordinieren, Entwicklungen weiterzuführen und zu moderieren, Störungen zu beseitigen und Kommunikation zu optimieren. Diese Art von Leitung und Machtausübung ist wenig spektakulär, man kann kaum als Machtträger demonstrativ in Erscheinung treten – und doch ist sie für das erfolgreiche Zusammenspiel aller Teile einer Organisation von großer Bedeutung.

Eine andere, die obigen Stichworte erweiternde Analyse der Machtproblematik hat *Martha E. Stortz* vorgelegt.[39]
– Es gibt *Macht als Besitz*, d.h. als ein begrenztes Gut, das man haben, erwerben und akkumulieren oder nicht haben kann. Status (auch in der Kirche), Reichtum, oder Ausbildung sind Faktoren, die zu einer Akkumulation so verstandener Macht beitragen.
– *Macht als Fähigkeit* liegt in einer Person, in deren Fähigkeit, dies oder jenes zu tun oder zu bewirken. Diejenigen, die viel durchsetzen, haben dementsprechend viel Macht und Einfluss. Diejenigen, die überzeugend reden können, haben die Möglichkeit, andere zu beeindrucken.
– *Macht als Beziehung* versteht Macht als eine Qualität von Beziehungen; sie zirkuliert zwischen den Beteiligten. Macht wird netzwerkartig ausgeübt, und alle Beteiligten sind in der Doppelrolle, sowohl Macht auszuüben als auch zu erleiden.

Das Konzept »Macht als Beziehung« ist insofern besonders interessant, weil nun Beobachtungen über Machtverhältnisse gleichzeitig Aussagen über Beziehungsverhältnisse oder über Gemeinschaftsformen und über deren mögliche religiöse Grundierung sind. Bestandteile solcher religiöser Legitimation sind auch die Gottesbilder, die Einzelne oder eine Gemeinschaft in den Vordergrund stellen; Gottesbilder begründen und legitimieren unterschiedliche Arrangements von Macht. Drei Beziehungsformen von Macht beschreibt *Stortz* vor diesem Hintergrund, wobei alle drei bestimmte Stärken und Notwendigkeiten einerseits und Missbrauchsmöglichkeiten andererseits enthalten. Dieses Abwägen, das eine eindeutige ethische Verurteilung ausschließt, erscheint mir hilfreich gerade für einen pastoralpsychologisch differenzierten Umgang mit Macht.

»Macht über ...« bezeichnet Macht als Herrschaft, Zwang und Manipulation. Sie wird in der Regel durch Rolle und Status verliehen. Diese in demokratischen Gesellschaften offiziell eher verpönte Form der Macht ist jedoch nicht ganz verzichtbar, sicher nicht in der Polizeigewalt des Staates, aber in begrenztem Maß auch nicht in pädagogischen Zusammenhängen zwischen Lehrern und Schülern oder in der Beziehung von Eltern zu kleinen Kindern. Vor allem in ihrer bürokratischen Variante hat diese Form der Macht dehumanisierende Wirkungen, weil sie nicht

---

[39] *Stortz* 1997, 71–81.

6.5 Macht in der Kirche

in ein Beziehungsgefüge eingebunden ist. Darauf müsste die Kirche als bürokratische Organisation besonders achten. Es gibt Gottesbilder, die diese Form der Machtausübung stärken, z.B. die Bilder Gottes als des Herrn oder des Richters, der seinen irdischen »Dienern« Anteil an seiner Macht gibt. Eine kritische Prüfung solcher Gottesbilder und ihrer Auswirkungen ist deswegen notwendig.

Auf der anderen Seite enthält die Bibel viele machtkritische Positionen: Gott wird als derjenige dargestellt, der die »Macht über ...« abgibt, sich erniedrigt (z.B. Phil 2) und den Menschen zur »Kindschaft«, zum »Erben« (Gal 4) »ermächtigt«. Eine Kritik menschlicher Machtverhältnisse ist damit analog zu begründen.

»Macht von innen« ist charismatische Macht, die aus den eigenen spirituellen, emotionalen und kognitiven Ressourcen erwächst. Es ist die Macht der charismatischen Führungspersönlichkeiten, die durch inspirierendes Verhalten ihre Leute faszinieren oder manipulieren. Die Grenze zwischen beidem ist oft schwer zu ziehen. Der geniale Prediger wird schnell zum Guru, dem seine Nachfolger loyal und blind ergeben sind. Gott als Geist ist das Gottesbild, das zu diesem Machttypus passt; aber Gott ermutigt zur Unterscheidung der Geister; man könnte sogar sagen, Glaube ist die Unterscheidung zwischen der Macht Gottes und der Macht der Menschen.

»Macht mit ...« ist ko-aktive Macht, andere ermächtigende, solidarische Macht. Das Bild Gottes als eines Freundes des Menschen, das Bild von Gegenseitigkeit, des primus inter pares steht für diese Art der Macht, die sich etwa in der Frauenbewegung oder in der civil-rights-Bewegung beobachten lässt. Aber auch dieses Modell hat seine Schattenseiten: Es betont Solidarität und Wechselseitigkeit – gelegentlich um den Preis, dass Unterschiede und Verantwortlichkeiten geleugnet werden, dass niemand die Funktion übernimmt, herauszufordern und nach Wegen und Möglichkeiten, die über den Status quo hinausführen, zu suchen.

Das Verständnis von Macht als »Macht in Beziehung« ist besonders von dem französischen Philosophen *Michel Foucault* ausgearbeitet worden; *Hermann Steinkamp* hat dessen Stichwort von der Pastoralmacht oder der Macht der Hirten aufgegriffen und vor allem die christentumsgeschichtlichen Konsequenzen in den Vordergrund gestellt[40]: *Foucault* nennt die Macht des Hirten eine individualisierende Macht, deren Erbe der Wohlfahrtsstaat angetreten hat. Die Macht des Hirten setzt sich zusammen aus Hingabe und Wache: Der Hirte müht sich für die Schafe, und er wacht über die Schlafenden. Seine Machtförmigkeit ist auf das komplementäre Verhalten der Schafe angewiesen: Der einseitigen Verantwortung des Hirten entspricht der einseitige Gehorsam der Schafe. Ein wichtiger Teil der Hirtenmacht ist das »Kennen«. Der

---

40 Zum Folgenden *Steinkamp* 1999.

Hirte kennt die Bedürfnisse der Schafe, er weiß (durch die Beichte), was in ihnen vorgeht. Eine Rollenteilung (Klerus und Laien) etabliert sich, die durch die von *Foucault* beschriebene Entwicklung von der antiken Selbstsorge zur christlichen Seelsorge verstärkt wird: Nur noch der Experte, der Priester, besitzt das Wissen um das Heil und die Möglichkeiten, es zu erringen. Die Laien sollen sich selbst verleugnen, auf die Entfaltung ihres Selbst verzichten. Die Beichte als »Praxis des Geständnisses« eröffnet beinahe unbegrenzte Kontrolle des Hirten über seine Schafe.

Als Gegenbewegung gegen solche machtförmigen und entsubjektivierenden Beziehungsstrukturen in der Kirche benennt *Steinkamp* verschiedene Formen christlicher Freiheitspraxis, die auf Subjektwerdung der Einzelnen und solidarische Praxis der Gemeinschaft abzielen.

Aus pastoralpsychologischer Sicht erscheint mir noch ein Zwischenschritt sinnvoll, nämlich die Reflexion auf die eigenartige Spannung zwischen Tabuisierung der Macht in der Kirche einerseits und ihrer tatsächlichen Ausübung andererseits.

Manfred Josuttis konstatiert: »In der Kirche herrscht die Angst vor der Macht«.[41]

Drei Motive scheinen mir berücksichtigenswert für diese Angst:
- Die jesuanisch-neutestamentliche Aufforderung zum Machtverzicht: Herrschaft von Menschen über Menschen soll es unter Christen nicht geben. Mt 20,25 heißt es: »Ihr wisst, dass die Herrscher ihre Völker niederhalten und die Mächtigen ihnen Gewalt antun. So soll es nicht sein unter euch; sondern wer unter euch groß sein will, der sei euer Diener, und wer unter euch der erste sein will, der sei euer Knecht.«

Hierarchische Strukturen, so muss man diesen Text wohl lesen, passen nicht ins Reich Christi, sie sind Ausdruck des Reiches des Todes. Verleugnung jeder hierarchischen Macht scheint dann eine notwendige Konsequenz der jesuanischen Mahnung. Diese Denkfigur ist jedoch in sich wieder paradox: Die Machtkritik des Glaubens stellt eine neue Form der Macht an die Stelle der bekannten weltlichen Macht: die Macht der Ohnmächtigen, des Dienens, der Liebe. Das ist eine tiefgreifende Umwertung der Werte; aus der zu Grunde liegenden Struktur von »oben – unten«, von »erster – letzter« kommt sie jedoch nicht heraus. Und wir wissen, dass die Macht des Dienens oder der Liebe noch viel diktatorischer, weil unangreifbarer sein kann als eine offene, klar erkennbare Positionsmacht.

- Die Geschichte der Macht der Kirche ist eine furchtbare und destruktive Geschichte, nicht zuletzt deswegen, weil die Macht religiös legitimiert wurde und damit unangreifbar und unhinterfragbar erschien. Es war eine Macht, die nicht nur über die äußeren Lebens-

---

41 *Josuttis* 1993, 7.

verhältnisse der Menschen herrschte, sondern höchst subtil auch das Innere der Menschen, ihre Gewissen unterwarf. Solche Formen der Machtausübung und Einflussnahme sind beinahe unvermeidlich mit jeder Art der Lehre, der pädagogischen Vermittlung religiöser Inhalte verknüpft – es sei denn, diese Gefahr wird immer ausdrücklich mitreflektiert und der Kritik zugänglich gemacht.
– Schließlich hat die Angst vor der Macht in der Kirche auch mit Angst vor Aggressionen zu tun. Leitung bedeutet, Position zu beziehen und zu vertreten, Entscheidungen zu treffen, evtl. auch gegen Widerstände, Konflikte um strittige Fragen auszutragen. Angst vor Konflikten führt dazu, dass Leitungspersonen ihre Macht kaschieren; das kann so weit gehen, dass sich »inoffizielle« Machtzentren etablieren und die tatsächliche Positionsmacht als nicht transparent und damit nicht angreifbar erlebt wird.
Die Angst vor der Macht führt zu den bekannten Erscheinungen; *Josuttis* beschreibt die Folgen so:

»Nicht zuletzt die Pfarrerschaft in unserer Kirche hat ein erhebliches Ausmaß an Angst vor der Macht ihres Amtes. Hilfsbereitschaft wird dann mit Anpassungsfähigkeit verwechselt. Die Liebe wird von allen aggressiven Zügen gereinigt. Die notwendige Kritik, die unumgängliche Zumutung werden den anderen nach Möglichkeit erspart. Wer die eigene pastorale Rolle mit innerem Missbehagen wahrnimmt, vermag ihre Würde in kränkenden Situationen nicht zu verteidigen. Und wem es an persönlichem Durchsetzungsvermögen mangelt, der kann die eigene Ich-Schwäche durch übertriebene Leutseligkeit kaschieren.«[42]

Gibt es Auswege aus diesem Dilemma? Auch pastoralpsychologischer Sicht erscheinen mir folgende Aspekte von Bedeutung:
– Es gilt, die Realität der eigenen Macht, der eigenen Möglichkeiten und die damit verbundene Lust, sie auszuüben, wahrzunehmen: Es kann ausgesprochen reizvoll sein, in einem kleineren oder größeren Lebens- und Arbeitsbereich Zielvorstellungen zu entwickeln und sie umzusetzen, dadurch etwas zu bewegen, zu gestalten und zu verändern. Es tut gut zu merken, dass man andere im Sinn der eigenen Ideale und Zielvorstellungen beeinflussen kann; es macht Lust, die eigenen Stärke und Kompetenz auszuspielen und zu spüren, dass man dadurch Wirkungen erzielen kann.
Alfred Adler nimmt angeborene Strebungen nach Macht, Geltung und Überlegenheit an;[43] ihren unbewusst-triebhaften Charakter gilt es bewusst zu machen, sonst treiben sie im Unbewussten, d.h. versteckt und heimlich ihr Unwesen. Auseinandersetzung mit Fragen wie »Was reizt mich an Leitungsaufgaben?«, »Wem fühle ich mich wann und wodurch überlegen?«, »Welchen Umgang mit Macht und

---

42 *Josuttis* 1993, 131.
43 *Adler* (1926) 1987, 73ff.

Einfluss habe ich in meiner Herkunftsfamilie erlebt?« etc. können leicht auf die entsprechende Spur führen.
- Ein gutes Maß an Selbstvertrauen und Ich-Stärke kann vor Machtmissbrauch schützen. Machtmissbrauch ist oft als Kompensation von Unsicherheit, Selbstzweifel und Ich-Schwäche zu verstehen; Verdrängung und Verleugnung von Macht führt nur zur Wiederkehr des Verdrängten.
- Auch strukturelle Ungleichheiten zwischen Männern und Frauen, Erwachsenen und Kindern, Arbeitgebern und Arbeitnehmern stellen die Basis her, dass Menschen mit einem Bedürfnis, Kontrolle auszuüben oder ihr schwaches Selbst zu stabilisieren, Macht in destruktiver Weise ausüben können.
- Wir brauchen eine Neubewertung von Macht aus psychologischen und ethischen Gründen. Gerade das Konzept der »Macht in Beziehung« zeigt, wie Macht von einem entsprechenden komplementären Beziehungsgefüge lebt. Dann erscheint es weniger sinnvoll, einzelne Machtträger zu denunzieren, als vielmehr solche komplementären Strukturen aufzudecken und gemeinsam an ihrer Veränderung zu arbeiten.
- Aus dem Wahrnehmen und Neubewerten kann ein situativer Verzicht, ein Zurücknehmen von Positionsmacht erwachsen. Verzicht meint in diesem Zusammenhang eine bewusst herbeigeführte, manchmal sogar anstrengende Leistung.[44] Verzicht ist damit unterschieden von Verleugnung oder Verdrängung der Realität: Wenn jemand sich nie streitet, weil er im Lauf seines Lebens gelernt hat, alle Wahrnehmungen von Ärgergefühlen auszublenden, ist das kein Verzicht. Um Verzicht handelt es sich ebenfalls nicht, wenn jemand durch das Unterlassen einer Handlung einen Vorteil davon hat. Verzicht meint die bewusste Aussetzung eines Wunsches, eines Impulses, die schmerzlich erlebt werden kann, aber um eines übergreifenden Zieles doch geschieht.
- Dann eröffnet sich vielleicht auch die Möglichkeit, Leitungsmacht – nicht generell, sondern in einzelnen Ausdrucksformen – vom Dienstgedanken her zu überprüfen: Steht eine bestimmte Entscheidung und die Art, wie sie zustande kommt, durchgeführt und kontrolliert wird, im Dienst einer Sache bzw. des Miteinanders in der Organisation, oder sind die Anteile an Selbstdarstellung, an der Dokumentation eigener Machtvollkommenheit groß? Eine solche Überprüfung käme einem Verständnis von Macht als »empowerment«, als »Ermächtigung« anderer nahe.

Eine Konkretion dieser Thesen für den Leitungsbereich ist die von *Thomas Gordon* sogenannte »Jeder-Gewinnt-Methode« der Konfliktlösung. Sie bedeutet, dass die Leitungsperson ihre Macht nicht ausübt,

---

44 Vgl. *Winkler* 1992 (b), 386ff.

sondern folgende Einstellung zu praktizieren sucht: »Du und ich, wir haben einen Bedürfniskonflikt. Ich achte deine Bedürfnisse, aber ich darf auch meine nicht vernachlässigen. Ich will von meiner Macht dir gegenüber keinen Gebrauch machen, so dass ich gewinne und du verlierst, aber ich kann auch nicht nachgeben und dich auf meine Kosten gewinnen lassen. So wollen wir in gegenseitigem Einverständnis nach einer Lösung suchen, die ebenso deine wie meine Bedürfnisse befriedigt, so dass wir beide gewinnen.«[45]
Hier wird Machtverzicht nicht ideologisch eingefordert, sondern als ein Weg in wechselseitigem Interesse aufgezeigt. Man kann darin eine Umsetzung der goldenen Regel erkennen: »Was du nicht willst, das man dir tu, das füg auch keinem anderen zu.« Wenn solche Wechselseitigkeit im Blick auf die Ausübung von Macht öfter beherzigt würde, wäre schon viel gewonnen.

6.6 Konflikt in der Kirche[46]

Konflikte bilden eher den Normalfall als die Ausnahme überall da, wo Menschen zusammen leben und arbeiten. In der Kirche hat sich allerdings lange Zeit hindurch die Vorstellung gehalten, die Abwesenheit von Konflikt, Konkurrenz und Aggression sei der anzustrebende Idealzustand, der der christlichen Idee von der Gemeinschaft der Glaubenden am nächsten komme. Dabei wird übersehen, dass die anscheinende Abwesenheit von Konflikten möglicherweise nur auf deren Verdrängung beruht; verdrängte Konflikte vergiften jedoch langfristig das Klima einer Gemeinschaft, einer Organisation, einer Partnerschaft und führen dazu, dass die innere Lebendigkeit abstirbt. Die Ideologie der Konfliktfreiheit produziert gerade besonders schwierige, weil verdeckte und nicht offen ausgetragene Konflikte!
Wir sprechen von einem sozialen Konflikt, wenn »nicht zu vereinbarende Handlungstendenzen aufeinanderstoßen.«[47] Intrapersonale, interpersonale, intergruppale, strukturelle und Rollen-Konflikte sind zu unterscheiden.
– Die Psychoanalyse hat die Dynamik *intrapersonaler Konflikte* beschrieben: Ein aggressiver Impuls beispielsweise stößt auf ein strenges, solche Regungen verbietendes Über-Ich. In der Folge entstehen ein schlechtes Gewissen, Schuldgefühle oder Kompromissbildungen wie z.B. ausgeprägte Fürsorglichkeit. Es gehört nach psychoanalytischer Einschätzung zum reifen Erwachsensein, intra-

---

45 *Gordon* [13]1995, 190.
46 Zum Folgenden vgl. *Schmidt/Berg* 2002, 315ff; *Berkel* [4]1995; *Deutsch* 1976; *Glasl* [3]2002; *Bieger/Mügge* 1995; *Bukowski* 1991, 332–351; *Klessmann* 2001 (c), 368–383.
47 *Deutsch* 1976, 18.

personale Konflikte eine Zeit lang aushalten und die Verhaltenskonsequenzen einer Entscheidung bedenken zu können.
- *Interpersonale Konflikte* kommen zustande, wenn zwei sich ausschließende oder widerstreitende Interessen zwischen zwei oder mehr Personen aufeinanderstoßen. Die Beteiligten fühlen sich in ihren Interessen, in ihrer Selbstachtung, in ihrer Identität, in ihren Überzeugungen angegriffen, bedroht, gekränkt, nicht ernst genommen oder übersehen.

Ein Gemeindepfarrer möchte die Anfangszeit des sonntäglichen Gottesdienstes auf eine spätere Uhrzeit verlegen, um vor allem jüngere Familien zur Teilnahme zu gewinnen; die Mehrzahl des relativ alten Presbyteriums votiert dagegen. Der Pfarrer sieht sein Konzept von Gemeindeaufbau bedroht.

- *Intergruppale Konflikte* entstehen zwischen Gruppen, Bevölkerungsteilen, Nationen, wenn unterschiedliche ideologische oder ressourcenorientierte Interessen aufeinander stoßen. Die konstruktive und gewaltfreie Bearbeitung solcher Konflikte haben sich international ausgerichtete Friedens- und Konfliktberatungsorganisationen zum Ziel gesetzt; einige der Grundideen über Konfliktentstehung und Konfliktlösung sind auch pastoralpsychologisch relevant.
- *Strukturelle Konflikte* bezeichnen Konstellationen in der Gesellschaft, in Organisationen, in denen sich Menschen auf Grund der bestehenden Strukturen immer wieder und dauerhaft zurückgesetzt, gekränkt, benachteiligt fühlen: Beispiele dafür sind die Situation von Angestellten, die auf Grund ihrer untergeordneten Stellung nicht ihren Fähigkeiten entsprechend kreativ und selbstständig arbeiten können, oder die Situation von Frauen, die auf Grund ihres Frauseins für die gleiche Tätigkeit weniger verdienen als Männer.
- *Rollenkonflikte* entstehen, wenn sich verschiedene Rollen, die ein und dieselbe Person ausübt, vorübergehend oder dauerhaft überschneiden: Der dienstvorgesetzte Superintendent beansprucht, Seelsorger für die Pfarrer und Pfarrerinnen seines Kirchenkreises zu sein; die Ehefrau eines Pfarrers nimmt in der Kirche, in der ihr Mann und noch zwei Pfarrerinnen tätig sind, die Aufgabe einer Küsterin wahr.

6.6.1 Konfliktentstehung
Zugang zur Wirklichkeit haben wir nur in Form der Konstruktionen, die wir uns von ihr machen. Wirklichkeitskonstruktionen gibt es so viele, wie es Menschen gibt; selbst bei Personen, die sich gut verstehen, gibt es an vielen Punkten Differenzen in der Art und Weise, wie sie bestimmte Wirklichkeiten konstruieren, was für sie wirklich ist. Differenzen und Vielfalt sind also völlig normal und selbstverständlich. Zu Konflikten kommt es erst dann, wenn eine Seite annimmt, dass ihr Bild, ihre Auffassung der Realität die richtige und im Grunde einzig mögliche sei, während die andere Seite die Wirklichkeit verfälsche.

6.6 Konflikt in der Kirche

Die Konfrontation der unterschiedlichen Bilder von Wirklichkeit führt zu Anspannung, Ärger und Aggression, wodurch wiederum die Wahrnehmung selektiv eingeschränkt wird; Misstrauen, Gereiztheit, Rückzug vom Kontakt sind die Folgen. Eine negativer Rückkoppelungsprozess setzt ein, der weiter eskaliert, wenn er nicht unterbrochen wird. Die gestörte Beziehungsebene dominiert die Sachebene!
Friedrich Glasl hat aus der Beobachtung und Begleitung zahlloser sozialer Konflikte eine Stufenleiter der Eskalation beschrieben:[48]
1. *Verhärtung*: Die Standpunkte verhärten sich, prallen mit einer gewissen Schärfe aufeinander; man entwickelt innere Vorbehalte, die Wahrnehmung wird bereits auf dieser ersten Stufe deutlich selektiver, obwohl sich die Beteiligten noch Mühe geben, nicht in einen offenen Konflikt zu geraten.
2. *Debatte und Polemik*: Man geht nicht mehr wirklich auf die Argumente der anderen Seite ein, es geht darum, Recht zu behalten. Es kommt zu einem Ping-Pong-artigen Austausch von Argumenten, aggressive Untertöne werden deutlicher, man sucht, das Gegenüber zu verunsichern oder lächerlich zu machen.
3. *Taten statt Worte*: Man glaubt nicht mehr an eine Lösung der Spannung durch Worte, man stellt die andere Seite vor vollendete Tatsachen, tut einfach das, was man für richtig hält. Man betrachtet einander mit Argwohn und Misstrauen, das wechselseitige Einfühlungsvermögen nimmt drastisch ab; wenn an dem Konflikt mehrere beteiligt sind, entsteht in jeder Gruppe ein deutlicher Konformitätsdruck. Mit dieser Stufe ist die Grenze der Selbsthilfemöglichkeiten erreicht; darüber hinaus brauchen die Konfliktparteien Hilfe von außen, um aus der Eskalation wieder aussteigen zu können.

Diese ersten drei Stufen sind noch von dem Interesse getragen, den Streitpunkt durch Austausch und Diskussion beizulegen; das Gemeinsame steht noch im Vordergrund und soll letztendlich bekräftigt und gestärkt werden.

4. *Images und Koalitionen*: Feindbilder entstehen, die Wahrnehmungsfähigkeit ist stark beeinträchtigt: Man sieht nur noch das, was dem negativen Bild entspricht. Sich selbst erfüllende Prophezeiungen (self fulfilling prophecy) sind zu beobachten. Man bemüht sich, bisher Unbeteiligte auf die eigene Seite zu ziehen.
5. *Gesichtsverlust*: Kränkungen und Beleidigungen der Gegenseite sind keine Ausrutscher mehr, sondern beabsichtigt, man will die moralische Glaubwürdigkeit der anderen Seite zerstören, sie demaskieren. Die Sprache wird rücksichtslos, die Gegenseite nur noch als böse und verwerflich erlebt.
6. *Drohstrategien*: Beziehungsabbruch, Kündigung etc. werden angedroht und mit entsprechenden Gegendrohungen beantwortet; die

---

48 *Glasl* 2002, 92ff.

Drohungen bringen beide Parteien in einen Handlungszwang, der wiederum von »pessimistischer Antizipation« bestimmt ist.
In den Stufen 4–6 rechnen die Parteien nicht mehr mit einer konstruktiven Einigung, sondern bauen darauf, dass die gegnerische Seite verlieren wird. Ein gemeinsames Interesse wird kaum noch wahrgenommen.
7. *Begrenzte Vernichtungsschläge*: Drohungen werden in Taten umgesetzt, Sachen zerstört, Lügen verbreitet. Moralische Werte haben ihre Gültigkeit verloren: Der Gegenseite Schaden zuzufügen wird zum Hauptziel.
8. *Zersplitterung des Feindes*: Die Gegenseite soll zugrunde gerichtet werden.
9. *Gemeinsam in den Abgrund*. Mit der Vernichtung des Gegners ist auch der eigene Untergang besiegelt, was die eine Seite trotzdem noch als eine Art von Triumph erleben kann.

In den Stufen 7–9 bestimmt nur noch der Konflikt das Leben der gegnerischen Parteien. Sie haben keinen Zugang mehr zu eigenen Konfliktlösungsstrategien, nur noch Intervention von außen kann hier helfen.

Eine ganze Reihe von Variablen trägt dazu bei, ob und wie Konflikte zwischen zwei Parteien wahrgenommen und ausgetragen werden:[49]
- die Eigenschaften (z.B. intellektuelle Möglichkeiten), Wertauffassungen und Motivationen beider Seiten;
- die Weltanschauung oder Glaubenseinstellung der Beteiligten. Der Glaube eines Menschen hat oftmals eine wichtige, die Identität stützende Funktion; wenn dieser Glaube (die Kernüberzeugung) in Frage gestellt erscheint, fühlt sich die Person in besonderem Maß bedroht.
- frühere Beziehungen zueinander;
- das soziale Milieu mit seinen impliziten Regeln und Normen;
- die am Konflikt beteiligten Zuschauer;
- Strategien und Taktiken der Konfliktparteien, z.B. das Ausmaß an Offenheit und Glaubwürdigkeit;
- die Folgen eines Konflikts sowohl für den Fall, dass er gelöst wird, als auch für den Fall, dass er fortbesteht.

Konflikte werden, da sie häufig mit Aggression einhergehen, von vielen als bedrohlich und ängstigend erlebt und deswegen so lange wie möglich vermieden. Die Vermeidungshaltung hat zur Folge, dass die Betroffenen kaum über Erfahrungen in konfliktlösender Kommunikation verfügen und dann umso eher in den oben beschrieben Kreislauf der Eskalation hineinstolpern.

Die negative Bewertung von Konflikten hat zu tun mit einer Abwertung von Aggression, von starken Gefühlen überhaupt in der christlichen Tradition (z.B. Gal 5,19–22) und in der arbeitsteiligen Gesellschaft, in der Menschen möglichst störungsfrei funktionieren sollen.

---

49 Vgl. *Deutsch* 1976, 12ff.

6.6 Konflikt in der Kirche

Dabei zeigen genauere Untersuchungen, dass begrenzte Konflikte – ein »mittleres Konfliktniveau«[50] – in Beziehungen und Organisation durchaus konstruktive Auswirkungen haben können: Konflikte (im Sinn von Wettbewerb) können Kräfte und Leistung mobilisieren, erhöhen die Gruppenkohäsion, tragen dadurch zur Gruppenidentität bei, stimulieren neue Ideen und stoßen notwendige Veränderung an.

Exkurs zum Stichwort Aggression[51]
Aggression bezeichnet ein Verhalten, in dem eine Person im Sinne des lateinischen *aggredi* auf eine andere Person oder ein Objekt zugeht. In den meisten Fällen ist dies »Zugehen auf ...« mit Gefühlen von Ärger oder Wut verbunden.
Die Zielsetzung von Aggression kann unterschiedlich sein:
– Es kann das Ziel sein, die eigene Kraft und Macht einzusetzen, Kontakt (wieder-)herzustellen, aus einer festgefahrenen Situation herauszufinden, eine Verletzung oder Kränkung des Selbstwertgefühls zum Ausdruck zu bringen und wieder gutzumachen, sich von einem Übergriff zu distanzieren, gegen Widerstände ein bestimmtes Ziel zu erreichen.
– Es kann die Absicht sein, das Gegenüber zu schädigen, zu verletzen, zu quälen, zu demütigen, vielleicht sogar zu vernichten. Das kann mit verbalen (Ironie, Zynismus etc) und physischen Mitteln geschehen. Die Durchsetzung der eigenen Kraft und Möglichkeiten ist rücksichtslos, vielleicht besonders dann, wenn sie aus einer Position der Ohnmacht heraus erfolgt. Aggression in diesem Sinn geht in Gewalt und Destruktivität über.
Die zweite Bedeutung wird vorwiegend im alltäglichen und auch im wissenschaftlichen Sprachgebrauch verwendet; dabei wird die mögliche konstruktive Konnotation übersehen: Aggression als Lebenskraft, die zur Entwicklung und zur Bewältigung des Lebens immer wieder unverzichtbar ist. Die Beobachtung von Kindern zeigt, dass Aggression ein notwendiger Bestandteil zur Identitätsfindung ist. Im sogenannten Trotzalter können Kinder in der Regel »nein« sagen, bevor sie in der Lage sind, »ich« zu sagen. D.h. das »Nein« dient der Abgrenzung, der Ablösung von den Eltern und ist damit ein wichtiger Schritt auf dem Weg zur Identitätsfindung. Ähnliches geschieht im Jugendalter: Die aggressive Auseinandersetzung der Jugendlichen mit den Eltern ist wichtig, um eigenständig zu werden und eigene Vorstellungen vom Leben zu entwickeln und umzusetzen.
Verschiedene psychologische Theorien haben unterschiedliche Erklärungsansätze zum Phänomen der Aggression: Für *Konrad Lorenz* stellt Aggression einen endogenen Instinkt dar, der zwangsläufig auftritt und

---

50 *Schmidt/Berg* 2002, 318.
51 Vgl. *Klessmann* 1992.

situativ nicht veränderbar ist. Nach *Sigmund Freud* bezeichnet Aggression einen Trieb, der sich in seinen psychischen Repräsentanzen manifestiert, einerseits nach Abfuhr verlangt, andererseits in soziale Regungen umgewandelt werden kann. Nach der *Frustrations-Hypothese* ist Aggression vorwiegend das Ergebnis von Frustrationserfahrungen. Die *Lerntheorie* begreift Aggression als Ergebnis von Lernprozessen wie Lernen am Modell, Lernen durch Verstärkung oder Bestrafung. Die *Kognitionstheorie* schließlich sieht Aggression nicht nur als irrationalen Gefühlsausbruch, sondern auch als Ergebnis eines Interpretations- und Konstruktionsprozesses, also als einen teilweise kognitiven Prozess innerhalb eines vorgegebenen kulturellen Rahmens.

Man wird sicher sagen müssen, dass keine der genannten Theorien für sich das Phänomen der Aggression zureichend erfasst; erst die verschiedenen Aspekte zusammengenommen machen das komplexe Phänomen in seinen verschiedenen Facetten verstehbar.

Für die erwähnte stark negative Wertung von Ärger und Aggression im Bereich der christlichen Tradition ist es von Bedeutung, neben der ethisch eindeutig notwendigen Ablehnung von Gewalt auch die positiven und konstruktiven Folgen von Aggression anzuerkennen: Aggression ist als »power to be« (*Rollo May*) Bestandteil der Geschöpflichkeit des Menschen, sie ist unverzichtbar, damit Menschen zu sich selbst finden, damit Gerechtigkeit und Freiheit in Liebe und Respekt voreinander realisiert werden können. Der Mensch als Beziehungswesen braucht Kraft und Aggression, um Beziehungen herstellen und lebendig halten zu können.[52] Da auch die konstruktive Dimension von Aggression leicht in Gewalt und Destruktivität umschlagen kann, ist ein sorgsamer Umgang mit Kommunikation notwendig; Fähigkeiten zur Konfliktbearbeitung sind in diesem Zusammenhang hilfreich.

6.6.2 Konfliktbearbeitung

Konfliktbearbeitung geschieht, grob eingeteilt, seit alters durch Kampf (der Stärkere gewinnt), durch Flucht (der Schwächere räumt das Feld) oder durch Aushandeln eines Kompromisses. Letzteres ist der wünschenswerte Weg, weil nur so verhindert werden kann, dass das Ergebnis einer Konfliktlösung schon die Ursache des nächstens Konfliktes in sich birgt.

Für eine konstruktive Konfliktbearbeitung sind bestimmte kommunikative Fähigkeiten unabdingbar. Sie beginnen mit der Fähigkeit zur Selbstwahrnehmung bei den beteiligten Konfliktparteien. *Friedrich Glasl* schlägt eine Reihe von Fragen vor, die nicht erst in einem aktuellen Konflikt zur Selbsterkenntnis von Bedeutung sein können. Aus der langen Liste nenne ich nur einige Punkte:

---

52 Vgl. Greider 1997, 56ff.

6.6 Konflikt in der Kirche

- Inventarisieren der eigenen Ideale, Werte und Stärken im Sinn der Frage: Welche Verhaltensweisen aus diesem Katalog finde ich besonders erstrebenswert? Welche möchte ich in Zukunft verstärkt zum Ausdruck bringen?
- Das Aufspüren von verschütteten Werten, die wieder deutlicher zum Zug kommen sollten.
- Suche nach Ähnlichkeiten mit einem realen oder möglichen Gegner oder Konkurrenten; Suche nach positiven Seiten bei jemandem, der einem fremd und unsympathisch ist.
- Welche Konfliktlösungsmuster kennt jemand aus der Herkunftsfamilie, aus der Schulzeit etc.? Die Wahrscheinlichkeit ist groß, dass jemand diese Muster fortschreibt, wenn er/sie sich nicht explizit damit auseinandergesetzt hat.

Für eine kooperative Konfliktbearbeitung im engeren Sinn nenne ich im Anschluss an *Berkel* einige kommunikative Fähigkeiten, deren Abfolge im Sinne einer Spirale und nicht eines Nacheinander zu verstehen ist:[53] (Dabei sind im Folgenden nur face-to-face Konflikte, um deren Beilegung sich die Beteiligten selber kümmern, im Blick; Konflikte zwischen Gruppen, zwischen Organisationsteilen, für die Moderation von außen sinnvoll und notwendig erscheint, bleiben außer Betracht.):

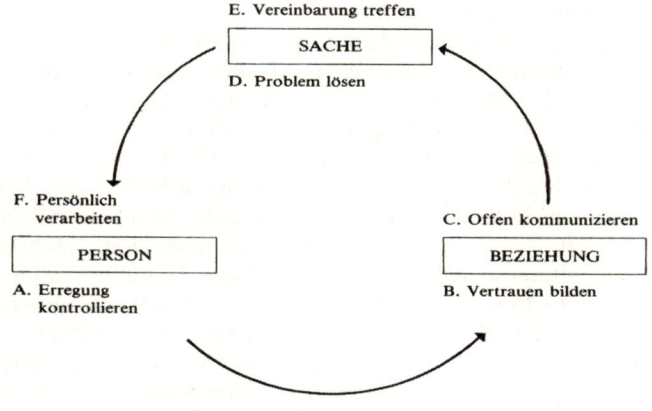

Aus: Berkel 1995, 78.

- Zunächst ist die Einsicht wichtig: Wenn eine Seite einen Konflikt konstatiert, hat ihn die andere beteiligte Seite auch, ob sie will oder nicht! In familiären oder Arbeits-Zusammenhängen kommt es immer wieder vor, dass ein Teil ein Problem, einen Konflikt anspricht, die andere Seite jedoch schlichtweg leugnet, davon betroffen zu

---

[53] Für detaillierte Ausführungen zur Konfliktbearbeitung vgl. *Berkel* 1995, 51ff.

sein. Das hat zur Folge, dass der Konflikt unterschwellig weiterschmort und eskaliert, bis ihn die andere Seite schließlich auch zur Kenntnis nimmt. Eine beiderseitige Offenheit und Bereitschaft, aufeinander zu hören, ermöglicht es, Konflikte frühzeitig zum Thema zu machen.

- Konflikte werden nicht nur gedanklich konstatiert, sie gehen immer mit einer gefühlsbetonten Erregung einher: körperliche Anspannung, Beschleunigung des Herzschlags, Schweißausbruch, Gefühle von Ärger, Wut oder auch Angst begleiten in den meisten Fällen die Wahrnehmung eines Konflikts. Vor diesem Hintergrund erscheint es als eine besonders schwierige, aber doch kaum verzichtbare Notwendigkeit, die eigene Erregung *in gewissem Maß* zu kontrollieren. Einerseits soll das Gegenüber durch die begleitende emotionale Reaktion das Ausmaß des Engagements deutlich spüren; deswegen ist auch eine vollständige Verdrängung oder Verleugnung des Ärgers nicht wünschenswert, sie vermittelt dem Gegenüber einen falschen Eindruck von der Lage des Konfliktpartners. Wenn die emotionale Reaktion jedoch unkontrolliert ausbricht, wird der/die andere möglicherweise so erschreckt und verletzt, dass eine spätere Konfliktbearbeitung deutlich erschwert wird. Eine begrenzte Kontrolle der Erregung (z.B. lautere Stimme, aber kein Schreien) ist so gesehen sinnvoll.[54]
- Offen kommunizieren bedeutet, sich nicht taktisch und mit einer undurchdringlichen, überlegenen Maske, sondern direkt, ehrlich, gefühls- und problembezogen zu verhalten. Dazu gehört auch, einseitig mit Ich-Botschaften gewissermaßen in Vorleistung zu treten. Ich-Botschaften beschreiben die eigene Gefühlslage, den eigenen Anteil am Konflikt, sie machen der anderen Seite keine Vorwürfe (im Sinn verkleideter Du-Botschaften) und sind insofern dazu angetan, bei den Beteiligten die Erregung zu reduzieren, Nachdenklichkeit und Interesse auszulösen. Zur offenen Kommunikation gehört weiter, sich, trotz der eigenen Erregung, darum zu bemühen, auf den anderen zu hören, sich vorübergehend in seine Situation hinein zu versetzen und sein Anliegen nachzuvollziehen. Schließlich kann es hilfreich sein, Unerwünschtes (»non-values«) anzusprechen: »Ich möchte nicht ...« (z.B. dass der Konflikt eskaliert, dass unsere Zusammenarbeit darunter leidet etc.) Das Interesse an einer Begrenzung des Konflikts wird daran deutlich. Auch der Hinweis auf eigene Anteile am Konflikt kann vertrauensbildend wirken.
- Wenn Ort und Zeit für eine Konfliktbearbeitung passend erscheinen, kann man versuchen, den Kern des Konflikts, das Problem, zu identifizieren. Dabei sollte man darauf achten, Sach- und Bezie-

---

[54] Klassiker für die Kommunikation kontrollierter Aggression sind nach wie vor *Bach* 1970 und *Gordon* 1972.

hungsebene nicht zu trennen; die Beteiligten sollten ihre Wünsche für zukünftige Zusammenarbeit, für zukünftiges Zusammenleben äußern; die Lösung und eine entsprechende Absprache muss ausgewogen sein, beide Seiten müssen mit dem Kompromiss zufrieden sein, es darf sich nicht eine Seite benachteiligt fühlen.
Eine erfolgreiche Konfliktlösung vertieft das Vertrauen in das Arbeitsbündnis, in die Beziehung wie auch in die eigenen kommunikativen Fähigkeiten.
Für Kommunikation im Bereich der Kirche hat eine positive Einschätzung der Funktion von Konflikten Auswirkungen: Das traditionelle Einheits- und Harmonieideal[55] erweist sich als überholt, Wertschätzung von Vielfalt in den Vorstellungen des Glaubens, im Lebensstil, damit verbunden der unumgängliche, im gegenseitigen Respekt ausgetragene Streit um die Wirklichkeit, sind für Gemeinden und kirchliche Einrichtungen notwendig. Die Abwesenheit von Konflikten entspricht nicht einem Zustand von Liebe und Frieden, wie häufig angenommen wird, ist vielmehr Grundlage von Langeweile. Um der Lebendigkeit des Glaubens und der Gemeinschaft willen ist die Einübung in Konfliktfähigkeit und Konfliktbewältigung ein erstrebenswertes Ziel.

Vertiefende Literatur:
- *Eva-Renate Schmidt / Hans Georg Berg*, Beraten mit Kontakt. Gemeinde- und Organisationsberatung in der Kirche. Ein Handbuch, Frankfurt a.M. ²2002.
- *Shawchuck, Norman / Heuser, Roger*, Managing the Congregation, Nashville 1996.
- *Herbert Lindner*, Kirche am Ort, Stuttgart/Berlin 1994.

---

55 In Kirchenordnungen ist immer noch davon die Rede, dass das Presbyterium als Leitungsorgan der Gemeinde bestrebt sein soll, seine Beschlüsse »einmütig« zu fassen. So z.B. Die Kirchenordnung der EKiR von 1998, Art. 119.

Kapitel 7: Gottesdienst

7.1 Gottesdienst in anthropologischer Perspektive

Ein Gottesdienst stellt aus religionswissenschaftlicher Perspektive eine heilige Handlung dar, die in rituell feststehenden Formen von einer Gemeinschaft als Ausdruck ihrer Gottesverehrung vollzogen wird.[1] Die Intention eines Gottesdienstes besteht in dieser Sicht darin, einerseits die Gottheit oder das Heilige zu verehren, sie durch bestimmte Vollzüge günstig zu stimmen, andererseits und gleichzeitig die Menschen, die diesen Kult vollziehen, zu heiligen und zu reinigen. Aus einer bestimmten christlich-theologischen Sicht ist Gottesdienst vor allem Gottes Dienst am Menschen, ein Geschehen, in dem Gott etwas tut, in dem sich der Grund des Lebens als für den Menschen heilsam erweist.[2] Diese im strengen Sinn theologische Bestimmung des Gottesdienstes darf jedoch nicht ausschließen, den Gottesdienst zugleich aus anthropologischer Perspektive verstehen zu wollen unter der Fragestellung, wie hier Menschen mit rituellen und symbolischen Mitteln ihrem Verständnis des Lebens, ihren Fragen nach dem Woher, Wohin und Wozu des Lebens Ausdruck verleihen. »Sie entwerfen auf dramatische oder spielerische Weise Gegenwelten und Möglichkeiten von Menschsein jenseits des Alltäglichen.«[3] Der christliche Glaube ist so gesehen eine Religion wie andere Religionen auch. Gleichzeitig stehen Religion und Glaube in einem spannungsreichen Verhältnis zueinander: Religion ist die Lebensbedingung des Glaubens, während christlicher Glaube mit seiner Unterscheidung von Evangelium und Gesetz als die Kritik der Religion verstanden werden kann.[4]
Diese doppelte Fragerichtung – nennen wir sie abgekürzt theologisch und anthropologisch – kommt in *Luthers* berühmter Torgauer Formel zum Ausdruck, in der er den Gottesdienst so charakterisiert, »daß unser lieber Herr selbst mit uns rede durch sein heiliges Wort und wir wie-

---

1 Vgl. *Lanczkowski*, Art. Gottesdienst I, TRE 14, 1985, 1ff.
2 *M. Luther* hat ein Verständnis des Gottesdienstes als Gottes beneficium in Abgrenzung zum katholischen Gottesdienstverständnis als sacrificium entwickelt. Vgl. dazu ausführlicher *Grethlein* 2001, 89ff.
3 *Heimbrock* 1993, 8.
4 Vgl. *Ebeling* 1979, 138f.

7.1 Gottesdienst in anthropologischer Perspektive

derum mit ihm reden durch Gebet und Lobgesang.«[5] Im Gottesdienst als ganzem ergeht Gottes Wort an den Menschen, erfahren wir Gottes Dienst an uns; darauf erfolgt die Antwort der Menschen, der Dienst des Menschen an und für Gott: »Got durch sein heiliges Wort erkennen, inen von Herzen furchten und ehren, glauben und traun, lieben, in der noth anrufen, preisen und bekennen, danach dem negsten dienen.«[6] All das sind Tätigkeiten von Menschen; es sind Verhaltensweisen, in denen sie auf die Begegnung mit dem Heiligen antworten und in denen ihr ganzes Denken, Fühlen und Tun (vgl. Dtn 6,5) beteiligt ist.

Im Unterschied zur Predigt, die deutlicher als diskursive, digitale Kommunikation zu charakterisieren ist (⇒ Kap. 8), hat die gottesdienstliche Kommunikation vorwiegend eine rituelle und eine symbolische Qualität. Pastoralpsychologie untersucht die spezifische Qualität und die Funktionen dieser Art von Kommunikation. Durch den psychologischen Zugang kann es gelingen, den Erfahrungsbezug des Gottesdienstes deutlicher ins Bewusstsein treten zu lassen und ein vertieftes Problembewusstsein zu schaffen.

Ernst Lange hat schon vor dreißig Jahren die anthropologische Funktion des Gottesdienstes so entfaltet (und darin implizit pastoralpsychologisches Gedankengut aufgegriffen):[7]
1. Der Gottesdienst dient der Suche der Menschen nach Identität. Da der Mensch nicht instinkthaft festgelegt ist, muss er sich ständig neu suchen und finden. Kann er das allein aus sich selbst heraus? Das Besondere der Religion ist, dass sie den Anspruch erhebt, »den Menschen von außerhalb seiner selbst zu identifizieren.«[8] Gott wird im Gottesdienst als das Woher unseres Menschseins proklamiert, der Mensch damit zugleich von dem Zwang befreit, seine Identität ausschließlich selbst aufbauen und leisten zu müssen (⇒ Identität, Kap. 4.1.2).
2. Menschen suchen nach Distanz und wenigstens teilweiser Befreiung von den gesellschaftlichen Rollen und Zwängen, die einerseits unverzichtbar sind, aber andererseits festlegen und einengen. Religion und ihre Gottesdienste haben immer etwas »Gegengesellschaftliches« gehabt. »Hier ist Raum für das Ekstatische, für das nicht zugelassene Sinnliche und sein Gegenbild, das Asketische, für das Nutzlose und Unnütze, das Festliche und das Spielerische ... Die Welt der Religion ... ist Gegenwelt ... Und also erlaubt sie Distanz, Kritik und Selbstkritik.«[9]

---

5 Zitiert nach *Schmidt-Lauber/Heinrich* ²1995, 656.
6 Ratschlag der Kulmbacher Geistlichkeit von 1530, zitiert nach *Schmidt-Lauber/ Heinrich* ²1995, 656.
7 *Lange* 1982, 83ff.
8 *Lange* 1982, 85.
9 *Lange* 1982, 86f. Vgl. *H. Luthers* These von »Religion als Weltabstand« in dem gleichnamigen Aufsatz 1992, 22–29.

3. Religion bietet u.a. im Gottesdienst die Möglichkeit, das Dasein zu feiern. Die üblicherweise erlebte Zweideutigkeit des Daseins, die dauernde Ambivalenz von Liebe und Hass, Hoffnung und Verzweiflung, Treue und Untreue wird wenigstens momentan aufgehoben in der Darstellung (nicht nur der verbalen Zusage) der Annahme des Menschen durch Gott.
4. Menschen brauchen die Möglichkeit, spielend und spielerisch mit dem Leben umzugehen. Spielend entdecken sie die unausgeschöpften Möglichkeiten des Daseins, »das Spiel ist das Übungsfeld unserer Freiheit.«[10] In diesem Sinn ist Gottesdienst die Gelegenheit, mit dem Leben zu spielen. »So gesehen ist das Abendmahl ... der Ritus, in dem Menschen Reich Gottes spielen, in dem sie das radikal Ausstehende der Erfüllung vorwegnehmen ...«[11]

Diese anthropologisch beschreibbaren Möglichkeiten des Gottesdienstes misslingen in den meisten Fällen, darauf weist bereits Lange hin. Der Gottesdienstbesuch wäre vermutlich nicht so schlecht, wie er tatsächlich ist, wenn diese vier Funktionen deutlicher erfahrbar wären.

Kann es helfen, sich aus psychologischer Perspektive dem Gottesdienst zu nähern und besser zu verstehen, wie gottesdienstliche Kommunikation abläuft bzw. welche Chancen und Hindernisse sich aus dieser Sicht auftun?

Es ist schon ein Fortschritt, dass wir den Gottesdienst nicht mehr ausschließlich vom Verkündigungsbegriff her verstehen, sondern die Vielfalt der Kommunikationsmöglichkeiten zur Kenntnis nehmen. Damit eröffnen sich dann auch neue Handlungs- und Gestaltungsräume.[12]

7.2 Gottesdienst als rituelles Geschehen

Das Ritual als routinisierte Handlungsabfolge steht in der Spannung von rigide sich wiederholender Zwanghaftigkeit und transformierender Kraft; diese Spannung gilt es zu entfalten:

Der Begriff des Ritus bezeichnet mit dem französischen Soziologen *Emile Durkheim* »Verhaltensregeln, die dem Menschen vorschreiben, wie er sich den heiligen Dingen gegenüber zu benehmen hat.«[13] Die Verhaltensregeln sind feststehend, sie ermöglichen eine gleichmäßige Wiederholbarkeit, unabhängig davon, ob die Subjekte der Handlung den Ablauf innerlich nachvollziehen oder nicht. Die Verhaltensregeln haben eine symbolische Bedeutung, einen symbolischen, auf Trans-

---

10 *Lange* 1982, 89.
11 *Lange* 1982, 90.
12 Nicht explizit berücksichtigt sind im Folgenden die symbolische Qualität des Raumes, der Musik und weiterer Gestaltungselemente des Gottesdienstes (z.B. Bilder).
13 *Durkheim* 1981, 67. Vgl. auch *Heimbrock* 1988, 45ff.

7.2 Gottesdienst als rituelles Geschehen

zendenz verweisenden Mehrwert; das unterscheidet das Ritual von den täglichen Routinen des Alltagslebens.[14]
Die Einschätzung des Phänomens des Rituals in der Sozialpsychologie wie in der Theologie hat eine Reihe von tief greifenden Veränderungen durchgemacht.

7.2.1 Am Beginn der wissenschaftlichen Auseinandersetzung mit dem Begriff des Rituals steht die abwertende Einschätzung durch die *frühe Psychoanalyse*: Lange Zeit hindurch hatte man, ausgehend von *S. Freuds* kleiner Schrift »Zwangshandlungen und Religionsübungen« von 1907,[15] das Ritual in Analogie zur Zwangshandlung, zur Zwangsneurose verstanden.[16]

»Das neurotische Zeremoniell besteht in kleinen Verrichtungen, Zutaten, Einschränkungen, Anordnungen, die bei gewissen Handlungen des täglichen Lebens in immer gleicher oder gesetzmäßig abgeänderter Weise vollzogen werden. Diese Tätigkeiten machen uns den Eindruck von bloßen ›Formalitäten‹; sie erscheinen uns völlig bedeutungslos. Nicht anders erscheinen sie dem Kranken selbst, und doch ist er unfähig sie zu unterlassen, denn jede Abweichung von dem Zeremoniell straft sich durch unerträgliche Angst, die sofort die Nachholung des Unterlassenen erzwingt.«[17]

Der Waschzwang beispielsweise – der Zwang, sich täglich 20 bis 30 mal die Hände zu waschen – gehört ebenso zu diesen neurotischen Ritualen wie die ständig gleichen Abläufe, die manche Menschen beim Zubettgehen, beim Aufstehen, bei den Mahlzeiten und in Teilen ihrer Arbeit einhalten. Das Charakteristikum dieser Handlungsabfolge ist, dass sie einerseits eine Struktur anbietet, andererseits wie unter Zwang geschieht; obwohl der Betreffende sieht, was er da tut und die zwanghafte Regelmäßigkeit im Detail lächerlich findet: Er muss die einmal festgelegt und eingeschliffene Reihenfolge einhalten. Tut er es nicht, ist unerträgliche Angst die Folge!
Freud selbst weist auf die Ähnlichkeit zwischen heiliger Handlung und neurotischem Zeremoniell hin; charakteristisch ist
– die gewissenhafte Ausführung bis in kleinste Kleinigkeiten;
– die Isolierung dieser speziellen Handlung von allem anderen alltäglichen Handeln;
– die Gewissensangst, wenn man etwas auslässt oder falsch macht.
Trotz der offenkundig auch vorhandenen Unterschiede – das religiöse Ritual wird öffentlich und in Gemeinschaft ausgeübt – glaubte sich *Freud* berechtigt, daraus die berühmte Schlussfolgerung ziehen zu dürfen, die Zwangsneurose liefere »ein halb komisches, halb trauriges

---

14 Vgl. *Hauschildt* 1993, 24–35.
15 *S. Freud* 1907, ST.A. VII, 13–21. Vgl. zum Ganzen auch *Josuttis* ²1985, 40ff.
16 Vgl. z.B. *Reik* (1927), 1973.
17 *S. Freud* 1907, St.A. VII, 13.

Zerrbild einer Privatreligion« – und, noch weitergehend, Religion sei eine »universelle Zwangsneurose«.[18]

So sehr man mit *Freud* über seine Deutung der religiösen Handlungen streiten mag und muss (vgl. die neueren Ritualtheorien, s.u.), so sehr bleibt doch auch seine Warnung vor einer gesetzlichen Zwanghaftigkeit des Gottesdienstes berechtigt und notwendig. Wer erlebt hat, wie in liturgischen Kreisen schon die falsche Wendung am Altar großes Missfallen auslöst; wer erlebt hat, wie sich Presbyterien über kleine liturgische Veränderungsvorschläge erbittert zerstreiten, der wird *Freuds* Kritik weiterhin wichtig finden als ein Mittel, um ein zentrales reformatorisches Anliegen einzuschärfen: Danach genügt es zur Einheit der Kirche, »consentire de doctrina evangelii et de administratione sacramentorum. Nec necesse est ubique similes esse traditiones humanas seu ritus aut ceremonias ab hominibus institutas ...«[19] Hier wird ein positives und unerlässliches religionskritisches Ziel formuliert, nämlich der Hinweis auf die Notwendigkeit, zu unterscheiden zwischen dem, was wesentlich ist für das Geschehen von Kirche und dem, was zwar nicht als unwesentlich, aber doch als deutlich weniger wichtig einzuschätzen ist. Daraus ergibt sich eine Gelassenheit auch gegenüber der liturgischen Gestaltung des Gottesdienstes. Die rituelle Gestaltung ist zweifellos hilfreich und sinnvoll, weil alles Leben dazu neigt, sich rituell zu strukturieren (s.u.); sie ist aber nicht überlebenswichtig; wenn eine Veränderung des rituellen Ablaufs tiefe Störungen und Ängste auslöst, ist aus psychologischer wie aus reformatorisch-theologischer Sicht etwas nicht in Ordnung.

Im übrigen sollte *Freuds* Urteil nicht nur negativ verstanden werden: Zwanghafte Verhaltensanteile haben auch eine sinnvolle strukturbildende Funktion; erst wenn sie als überwertig erlebt werden und entsprechende Angst auslösen, wird ihre pathologische Seite deutlich.

7.2.2 Ungefähr zur gleichen Zeit, als *Freud* jene Abhandlung über Zwangshandlungen und Religionsausübung schrieb, erschien in Frankreich eine ethnologische Studie über die Bedeutung von Übergangsriten (»rites de passages«) von *Arnold van Gennep*.[20] *Van Gennep* gelingt es darin, die Fülle der in den Religionen zu beobachtenden Riten im Zusammenhang mit Geburt, Pubertät, Hochzeit und Beerdigung zurückzuführen auf eine Grundstruktur: Eine Phase der Trennung vom bisherigen gesellschaftlichen Status, verbunden mit Trennungsriten wie Waschung oder Reinigung steht am Anfang eines jeden Rituals; es folgt eine Schwellen- oder Umwandlungsphase, verbunden mit Umwandlungsriten (»die Schwelle überqueren« in der Hochzeit, bei der

---

18 *S. Freud* 1907, St.A. VII, 15 und 21.
19 CA VII. BELK, Göttingen ⁵1963, 61. Der deutsche Text lautet: »Dann dies ist gnug zu wahrer Einigkeit der christlichen Kirchen, dass da einträchtiglich nach reinem Verstand das Evangelium gepredigt und die Sakrament dem gottlichen Wort gemäß gereicht werden. Und ist nicht not zur wahren Einigkeit der christlichen Kirche, dass allenthalben gleichformige Ceremonien, von den Menschen eingesetzet, gehalten werden ...«
20 *van Gennep* (1909), 1986, 29ff.

7.2 Gottesdienst als rituelles Geschehen

Ordination); eine Phase der Reintegration, verknüpft mit Angliederungsriten, z.B. in Form einer gemeinsamen Mahlzeit, die in die neue Welt aufnimmt, schließt den Prozess ab.
Im Unterschied zu *Freuds* Konzeption wird hier betont, dass Riten in Übergangszeiten, die meistens Krisenzeiten der Einzelnen wie der Gemeinschaft darstellen, eine in hohem Maß individuell und sozial integrative Funktion erfüllen.

7.2.3 Eine Fortsetzung der Forschungen *van Genneps* kann man in den inzwischen vielfach rezipierten Untersuchungen von *Victor Turner* sehen:[21] Der englische Anthropologe unterstreicht die Beobachtung *van Genneps*, dass Rituale in Situationen des Umbruchs von Einzelnen oder Gruppen ihren Ort haben.
Ritual definiert *Turner* als »vorgeschriebenes formales Verhalten bei Gelegenheiten, die nicht technischer Routine unterliegen, sondern sich auf den Glauben an mystische Wesen oder Mächte beziehen.«[22] Symbole sind die »kleinste Einheit« eines Rituals. Rituale haben immer eine symbolische, d.h. mehrschichtige Bedeutung. Symbole sind dynamische Größen, sie lösen intensive Gefühle aus und motivieren zur Handlung.
Rituale sind zu unterscheiden von Zeremonien: Rituale haben einen transformierenden Charakter, Zeremonien einen bewahrenden.[23] Dieser transformierende Charakter hat vor allem mit den Prozessen in der mittleren Phase des Rituals, dem Schwellenzustand zu tun. In dieser Zeit der »Liminalität« (limen = Schwelle) sind die Betroffenen statuslos, die gesellschaftlichen Klassifikationen und Strukturen gelten momentan nicht. In den Ritualen des Übergangs wird diese Unbestimmtheit symbolisch zum Ausdruck gebracht, indem der Zustand der Neophyten mit dem Tod, dem Dasein im Mutterschoß, mit Unsicherheit, Besitzlosigkeit, Nacktheit, Dunkelheit und Wildnis in Verbindung gebracht wird.[24] Die Personen in diesem Schwellenzustand erleben untereinander eine intensive Gemeinschaft Gleichgestellter, die sich von der sonstigen gesellschaftlichen Gemeinschaft durch den Mangel an Struktur auszeichnet. Diese Gemeinschaft bezeichnet *Turner* als communitas. In der communitas der Schwellensituation gibt es kein Oben und Unten, kein stark und schwach, kein männlich und weiblich. »Alle Eigenschaften, die Kategorien und Gruppen in der strukturierten Sozialordnung unterscheiden, sind hier symbolisch vorübergehend außer Kraft gesetzt; die Neophyten sind lediglich Übergangswesen, noch ohne Ort oder Po-

---

21 *Turner* 2000; eine gute Übersicht über Turners Theorien gibt *Boudewijnse* 1990, 1–17; *Gutmann*, Art. Ritual, in: LexRP Bd. 2, 1854ff.
22 *Turner* 1967, 19.
23 *Turner* 1967, 95: »Ritual is transformative, ceremony confirmatory«.
24 *Turner* 2000, 95.

sition in der Sozialstruktur.«[25] In bestimmten Bewegungen oder Situationen (Priesterweihe, Erwachsenentaufe etc.) kommt das dadurch zum Ausdruck, dass die Betroffenen die gleiche Kleidung tragen, die Status- und Geschlechtsunterschiede minimieren, sowie zu sexueller Enthaltsamkeit, Gehorsam und Selbstlosigkeit aufgefordert sind.
Communitas und gesellschaftliche Struktur stehen in Spannung zueinander. »Für mich tritt communitas dort auf, wo Sozialstruktur nicht ist.«[26] *Turner* charakterisiert communitas mit Bezug auf *Martin Buber* als Begegnung, als Erfahrung unmittelbarer Gegenseitigkeit, als »wesenhaftes wir«, in dem gesellschaftliche Differenzierungen und Ungleichheiten aufgehoben sind.[27] Communitas ist deswegen immer nur momenthaft erfahrbar, und diese Erfahrung gilt vielerorts als heilig: Sie überschreitet die gesellschaftlichen Normen und Rollenvorgaben, sie ermöglicht in neuer Weise Spontaneität, Unmittelbarkeit und Konkretheit und ist deswegen von Erfahrungen besonderer Kraft begleitet.
Die Erfahrung von communitas bezeichnet *Turner* auch als »flow«:[28] Damit ist eine ganzheitliche Erfahrung »with total involvement« bezeichnet. Die Aufmerksamkeit ist ganz auf den Ablauf des Rituals konzentriert, die Person fließt gewissermaßen mit dem Ritual mit, das bewusst agierende und reflektierende Ich ist vorübergehend ausgeschaltet; Einheit und Reinheit stehen im Vordergrund und finden ihren Ausdruck in Symbolen wie dem fließenden Wasser, dem Licht, dem Weißen.
Die Beteiligten werden durch diese Erfahrung revitalisiert und können damit verändert zur »alten« Struktur zurückkehren. In den Hippies der 60er Jahre sieht *Turner* Versuche, spontane communitas im Sinn einer totalen Gemeinschaft zu ermöglichen; und in den Liturgien der großen Kirchen gibt es noch Spuren ähnlicher Versuche, spontane communitas zu fördern.[29] Allerdings sind solche Phänomene nicht mehr liminal im eigentlichen Sinn zu nennen, sondern nur noch liminoid, d.h. dem Liminalen noch entfernt ähnlich[30]: Sie werden nicht mehr als allgemein verbindlich wahrgenommen, sondern individuell gewählt, sind vorübergehenderer und oberflächlicherer Natur. Trotzdem können sie einen gewissen subversiven Charakter haben und so etwas wie ein alternatives Lebensmodell darstellen (vgl. die Auswirkungen, die der Lebensstil der Hippies hatte).
Wo sich communitas im Ritual ereignet, repräsentiert sie eine Art von Anti-Struktur, die die Ideale und Utopien der ursprünglichen Bewe-

---

25 *Turner* 2000, 102. »Neophyten« (griech. »neu gepflanzt«) sind die »Neulinge im Glauben«, die neuen Bewerber für die Mitgliedschaft in einer Religion durch die Taufe, für die Mitgliedschaft in der Gruppe der Priester etc.
26 *Turner* 2000, 124.
27 *Turner* 2000, 132f.
28 *V.* und *E. Turner* 1978, 254f.
29 *Turner* 2000, 134.
30 *V.* und *E. Turner* 1978, 34f.

7.2 Gottesdienst als rituelles Geschehen 285

gung in Erinnerung ruft und ansatzweise wieder erfahrbar macht. (*Turner* spricht von Statusumkehrung: Gleichheit, Verzicht auf Besitz, auf gesellschaftliche Rollenmerkmale etc.) Diese Erfahrung hat potentiell transformierende Kraft, sie relativiert die »normale« gesellschaftliche, institutionelle Differenzierung. Für Religionsgemeinschaften liegt darin die große Chance zur Erneuerung.

Um Rituale zu verstehen, darf man sich nicht nur auf die verbalsymbolischen Anteile beschränken; man muss sich vielmehr in den Ablauf des Rituals hineinbegeben; nur so kann man die affektiv geladene Handlungssymbolik nachvollziehen.

Der Bezug dieses Ansatzes beispielsweise auf das Abendmahl öffnet neue Fragen: Im Abendmahl sind alle Teilnehmenden gleich, die gesellschaftlichen Unterschiede sind situativ aufgehoben, es soll dadurch eine revitalisierende Kraft vermittelt werden. Ermöglicht das Abendmahl noch die Erfahrung einer existentiellen oder spontanen communitas? Tendenziell hat das Abendmahl die Entwicklung von der spontanen zur normativen und ideologischen communitas durchgemacht,[31] d.h. sie ist routinisiert worden, die unmittelbare Erfahrung wird reglementiert, der spontane, transzendierende Charakter geht dabei verloren, angesichts der üblicherweise bleiernen Ernsthaftigkeit verliert sich jede Möglichkeit, hier eine spielerisch-vorübergehende Realisierung des Reiches Gottes erfahrbar werden zu lassen (s.o. *Ernst Lange!*). Angesichts des üblichen Schlückchens Saft und einer ungenießbaren Oblate verflüchtigten sich alle leibhaften Assoziationen an die belebende Freude und die utopische Vision einer gemeinsamen Mahlzeit. Lässt sich hier neue Erfahrung wiederherstellen? Unter welchen Umständen könnte das Erleben einer urchristlichen communitas gelingen? Ist ein solcher Prozess unter den Bedingungen der deutschen Volkskirche überhaupt erwünscht?

Ein Ritualverständnis im Sinne *Turner*s betont den möglichen innovativen und transformativen Charakter des Rituals: Gibt es Ansätze dazu, oder bleibt die positive Aufnahme der Thesen *Turner*s eher »wishful thinking« theologischer Autoren? In jedem Fall kann man *Turner*s Ansatz als anthropologische Plausibilisierung eines theologischen Gottesdienstverständnisses begreifen, das den Transzendenzbezug in den Vordergrund stellt.

Die transformativen Aspekte des Rituals hat *H.G. Heimbrock* unter Berufung auf *Winnicott*s Theorie der Übergangsobjekte (⇒ Kap. 4.1.4) noch einmal verstärkt: Im Ritual geht es um die spielerische Balance zwischen Erfinden und Gefunden-Werden, zwischen der »aktiven Verfügung über die Welt auf der einen Seite und der Berührung mit dem ganz anderen ... auf der anderen Seite ...«[32]

7.2.4 Ein weiterer Zugang zum Thema Ritual hat sich in der Soziologie eröffnet mit der Erkenntnis, dass Rituale zum interaktionalen Alltag der Menschen gehören, dass unser Alltag in hohem Maß ritualisiert abläuft. So drückt der amerikanische Soziologe *Erving Goffman* be-

---

31 Zu dieser Unterscheidung vgl. *Turner* 2000, 129f.
32 *Heimbrock* 1990, 39.

reits mit dem Titel seines Buches »Interaktionsrituale«[33] aus, dass menschliche Interaktion keinesfalls ständig frei und spontan abläuft, sondern bestimmten Ritualen unterliegt, d.h. im Alltag sind strukturierte, ziemlich festgelegte, und geregelte Abläufe zu beobachten, die das jeweilige Verhalten für die Beteiligten erwartbar und vorhersehbar machen. Diese Abläufe, die sich in jeder Begrüßung, bei gesellschaftlichen Einladungen, bei Eröffnungs- oder Abschlussfeiern und vielen anderen Gelegenheiten zeigen, sind nicht einfach willkürlich festgelegt, sondern folgen letztlich einem bestimmten Interesse. *Goffman* geht davon aus, dass Menschen in gesellschaftlicher Interaktion ein Image erwerben bzw. haben, das sie unter allen Umständen aufrecht erhalten wollen. Image meint das Selbstbild einer Person, das die Person von sich selber hat und das sich in den Reaktionen anderer spiegelt. Jede Gesellschaft, jede größere Gruppe hat eine Regelsystem, das Konsens darüber herstellt, wie sich die Menschen dieser Gruppe verhalten müssen, um wechselseitig »ihr Gesicht zu wahren«. Wer einen anderen Menschen freundlich grüßt, wahrt sein eigenes Image und das des Interaktionspartners. Die gegenseitige Anerkennung und Befolgung solcher Regeln hat eine stabilisierende Wirkung für die Begegnung und für die Images der Beteiligten. *Goffman* geht aber noch weiter, wenn er formuliert: »Das Image eines Menschen ist etwas Heiliges und die zu seiner Erhaltung erforderliche expressive Ordnung deswegen etwas Rituelles.«[34] Das Image des Menschen stellt also einen wesentlichen Teil des Selbst dar.

Das entspricht dem Ansatz des symbolischen Interaktionismus, wie ihn *George H. Mead* entwickelt hat, wonach die Identität einer Person in der Spannung von »I« und »me« besteht. Das »me« repräsentiert die Haltungen und Einstellungen der signifikanten Anderen einer Person X. gegenüber, worauf X. wiederum mit ihrem I reagiert, indem sie diese Erwartungen z.T. übernimmt, z.T. auch verändert. Aus der Interaktion dieser Haltungen und Erwartungen miteinander entwickelt die Person X. ihre Identität.[35]

Dann gewinnen in der Tat die Reaktionen anderer auf das Selbst zentrale Bedeutung: Das Ritual macht die Kommunikation zwischen Menschen erwartbar und voraussehbar und gewährt gerade dadurch Sicherheit und ermöglicht Vertrauen. Der Zweck besteht darin, die Kommunikation möglichst sozialverträglich zu gestalten und gegenseitige Verletzungen und Kränkungen zu minimieren.

Auch dieser Aspekt lässt sich in doppelter Hinsicht auf den Gottesdienst übertragen:
a. Die Liturgie versichert uns der wohlwollenden Zuwendung Gottes. Während die Zuwendung der Menschen immer zwiespältig, an Bedingungen gebunden

---

33 *Goffman* 1971.
34 *Goffman* 1971, 25.
35 Vgl. *Mead* (1934) 1973, 216ff.

7.2 Gottesdienst als rituelles Geschehen

und jederzeit revozierbar erlebt wird, ist die Güte Gottes unbedingt: »... der niemals loslässt das Werk seiner Hände« heißt es zu Beginn des Gottesdienstes nach rheinischer Liturgie. Gottes Liebe bezieht sich auch auf das Image, das Menschen meinen aufrecht erhalten zu müssen – mit der paradoxen Konsequenz, dass sie es angesichts unbedingter Annahme gerade nicht mehr vor sich her tragen müssen, sondern mehr so sein können, wie sie sind. (Allerdings verschweigt die Liturgie in der Regel auch nicht die Dimension des Gerichts!)

b. So wie unser Alltag ritualisiert ist, weil es sonst zur Überforderung kommt, muss auch religiöse Kommunikation ritualisiert sein. Wenn sie immer nur der spontanen Entscheidung überlassen bleibt, wird sie zur puren Anstrengung. Die Vorhersehbarkeit und Verlässlichkeit der liturgischen Kommunikation eröffnet Sicherheit und Stabilität – allerdings nur für diejenigen, die den Ablauf kennen. Damit tut sich ein Dilemma auf: Auf der einen Seite soll die Liturgie für die regelmäßigen Besucher erkennbar und vertraut bleiben, auf der anderen Seite sollen neue, auch kirchenferne Menschen angezogen werden, die gerade von der Beständigkeit eines ihnen noch dazu unverständlichen Ablaufs und fremder Sprache abgestoßen werden und jene Verlässlichkeit gerade nicht erleben können.

7.2.5
Eine weitere Perspektive zum Verständnis des Rituals bringt der Psychoanalytiker *Erik H. Erikson* ins Spiel, wenn er beschreibt, wie die Interaktion zwischen einer Mutter und ihrem Säugling keineswegs zufällig und willkürlich, sondern in hohem Maß ritualisiert abläuft.[36]

»Wir wollen damit beginnen, wie die Mutter und der Säugling einander am Morgen begrüßen. Der erwachende Säugling erweckt in der mütterlichen Person ein ganzes Repertoire gefühlsmäßigen, verbalen und manipulativen Verhaltens. Sie nähert sich ihm lächelnd oder besorgt, spricht ihn fröhlich oder ängstlich an und beginnt zu handeln: schauend, fühlend, schnuppernd entdeckt sie mögliche Quellen von Unbehagen und beginnt mit den erforderlichen Dienstleistungen, indem sie die Lage des Säuglings verändert, ihn auf den Arm nimmt usw. Dieses tägliche Geschehen ist insofern hochritualisiert, als die Mutter sich verpflichtet (wenn nicht wenig beglückt) zu fühlen scheint, wenn sie eine Pflegeleistung wiederholt, die beim Kind vorhersehbare Reaktionen auslöst und sie ermutigen fortzufahren. Eine derartige Ritualisierung ist gleichzeitig höchst individuell (›typisch‹ für eine bestimmte Mutter und ebenso auf einen bestimmten Säugling ›abgestimmt‹) und folgt dennoch stereotypen traditionellen Vorstellungen, die anthropologisch zu deuten sind. Sie wird mehr oder weniger selbstverständlich geübt oder mehr oder weniger als zwingende Verpflichtung angesehen. Das ganze Verfahren ist auf der periodischen Wiederkehr körperlicher Bedürfnisse aufgebaut, die eng mit den Erfordernissen des Überlebens zusammenhängen. Es ist ferner eine emotionale Notwendigkeit des Generationsprozesses ...«

Ritualisierung ist nach *Erikson* also eine Mischung aus förmlichen, stereotypen, immer wiederkehrenden und spontanen, improvisierten Verhaltensweisen – und eine solche Ritualisierung ist notwendig aus verschiedenen Gründen:

---

[36] *Erikson* 1978, 69. Dieser Aufsatz stellt eine Weiterentwicklung der zuerst veröffentlichten Arbeit »Die Ontogenese der Ritualisierung«. Psyche 1968, 481–502, dar.

- Das Kind soll »mit einer bestimmten Version menschlicher Existenz vertraut gemacht werden«;[37] das Ritual hat eine sozialisatorische Funktion.
- Im Ritual wird die Mutter in ihrer Rolle als Mutter bestärkt, zugleich wird dem Kind ein gutes Selbstbild vermittelt; die von *E. Goffman* beschriebene Notwendigkeit der Stärkung des Selbst und seines Image taucht hier wieder auf.
- Latente Ambivalenz wird gebunden und überwunden; dieser Funktion schreibt *Erikson* besondere Bedeutung zu: »Denn obwohl wir unsere Kinder und Kinder im allgemeinen lieben, können sie doch auch Haß und tödlichen Abscheu erwecken ... Was wir lieben oder bewundern, ist stets auch bedrohlich; Ehrfurcht wird zu Furcht und Güte kann in Zorn umschlagen. Deshalb wird ritualisierte Bestätigung im Alltagsleben wie in religiösen Riten zur periodisch wiederkehrenden Notwendigkeit ...«[38]
- Ein Gespür für die numinose Qualität des Lebens wird im Ritual grundgelegt: In seiner völligen Abhängigkeit von der Mutter und der immer neu unverdienten und liebevollen Zuwendung geschieht etwas, was in der Religion explizit zugesichert wird: »Das Numinose versichert uns der überwundenen Trennung, bestätigt uns aber auch als herausgehobene Einzelwesen und gibt uns damit die eigentliche Grundlage für ein ›Ich‹-Gefühl ...«[39]

Drei Aspekte scheinen mir im Blick auf Religion und Gottesdienst von besonderer Bedeutung:
a. Es darf oder muss zu einer Durchdringung von stereotypen, wiederkehrenden und spontanen und einmaligen Elementen, die dem konkreten Kontext Rechnung tragen, kommen. Der wiederkehrende Rahmen bietet dafür Platz und macht das Ritual dann eben doch unverwechselbar. Das Evangelische Gottesdienstbuch beispielsweise entspricht diesem Gedanken mit dem »Prinzip der festen Grundstruktur in variabler Ausformung«.[40] In der Gestaltung von Kasualien zeigt sich dieser Ansatz besonders deutlich: Ein wiederkehrender, erkennbarer Ablauf wird im Blick auf die Unverwechselbarkeit und Einmaligkeit der Adressaten spannungsvoll konkretisiert. Das ist in der Gegenwart besonders wichtig, weil sich viele Menschen nicht mehr damit zufrieden geben, ein allgemeines und für alle gültiges Ritual zu feiern; sie wollen als Individuen wahrgenommen werden (z.B. in Gebeten oder der Predigt) und brauchen gleichzeitig die wiederkehrende, stabile und stabilisierende Grundstruktur. Zu dieser Durchdringung der beiden Elemente ermutigt *Eriksons* Ritualverständnis.
b. Die Begegnung mit dem Heiligen, darauf hat *Rudolf Otto* eindringlich hingewiesen, löst immer die zwiespältige Reaktion von Faszination, Lob und Dank einerseits, von Furcht, Angst, unterdrücktem Zorn andererseits aus. Die rituelle Gestaltung eines Gottesdienstes, der liturgische Ablauf, soll genau diese Ambivalenz aufgreifen und zum Ausdruck bringen; wenn die Ambivalenz zur

37 *Erikson* 1978, 64.
38 *Erikson* 1978, 71.
39 *Erikson* 1978, 72.
40 Evangelisches Gottesdienstbuch, 1999, 17.

7.2 Gottesdienst als rituelles Geschehen 289

Sprache kommen kann, muss sie den Betreffenden nicht blockieren, sondern kann öffnen für neue religiöse Begegnung. Allerdings ist dann genau zu fragen, wo und wie dies geschieht: z.b. in Psalm-Lesungen, in denen der Wechsel von Klage und Lob zum Ausdruck kommt, in der Fürbitte, in der Gestaltung des gesamten Gottesdienstes, der weder eine ausschließlich tief ernste noch eine vorwiegend lockere und heitere Angelegenheit sein sollte.
c. Das Ritual ermöglicht einen individualisierenden Fokus: Das Ritual gilt allen und wird doch konkret und spezifisch auf Einzelne ausgerichtet (etwa bei den Kasualien). Diese Spannung gilt es wahrzunehmen und zu gestalten.

7.2.6 Man kann die Geschichte der Säkularisierung in den westlichen Gesellschaften als einen Prozess verstehen, in dem die Bedeutung und das Verständnis für den Wert von kirchlichen Ritualen zunehmend verloren ging.[41] Die oben skizzierten Forschungen haben entscheidend dazu beigetragen, den Stellenwert von Ritualen, z.b. auch für Psychotherapie und Seelsorge,[42] in neuer Weise bewusst zu machen. Ihre wichtigsten Funktionen sind individuell-psychologischer und kollektiv-sozialer Natur:
– Das Ritual entlastet das Individuum, indem es in krisenhaften Übergangssituationen Ordnung und Verhaltensanweisungen bereitstellt und Ambivalenzen zum Ausdruck bringt und bindet.
– Das Ritual nützt der Gemeinschaft, indem es die Individuen in die Verhaltensregeln und Rollenangebote der Gemeinschaft einbezieht, damit die Gemeinschaft als ganze und die Einzelnen in ihr stabilisiert.
– Das Ritual kann transformierende Kraft haben.
– Das Ritual belebt eine Wirklichkeit, die im Alltag verloren zu gehen droht.

7.2.7 In der Religion sind Rituale von besonderer Bedeutung, man kann sie als religiöses Ausdrucksverhalten bezeichnen. In der Religion geht es darum, »mit dem, was am Leben und Sterben unheimlich und furchterregend bleibt, besser fertig zu werden. Man sucht den düsteren, vielstimmigen Urwald oder die weiten Savannen des Lebens, wo man sich allseitig schutzlos vorfindet, bewohnbar, urbar zu machen, Vertrauensinseln und also Ordnungsinseln herauszuroden und abzugrenzen.«[43] *Werner Jetter* benennt folgende Funktionen des Rituals, die Aspekte der vorangegangenen Darstellung aufnehmen, vor allem aber auch die möglichen Schattenseiten zur Sprache bringen:
1. Das Ritual als Sprachgewähr und Raum der Verschonung: Das Ritual bietet Sprache an, vorformulierte Erfahrungen, festgelegte Vollzüge in krisenhaften Situationen und an den Grenzen des Lebens, wo es einem die Sprache verschlägt; der/die Einzelne muss und kann nicht jede Lebenslage von sich aus neu gestalten. Man

---
41 Vgl. *Gerson* 1984, 2.
42 Vgl. dazu *Heimbrock* 1997, 123–134.
43 *Jetter* 1986, 93.

kann sich im rituellen Gehäuse mit seinen persönlichen Anliegen aufgehoben fühlen, ohne es selber benennen zu müssen, insofern stellt es einen Raum der Verschonung dar. Das bedeutet andererseits, dass das Ritual Spontaneität und persönliche Entfaltung hemmt und einengt, geradezu Sprachverarmung bewirkt und eine Nische für Halb- und Unglauben darstellt.

2. Das Ritual als Verhaltenshilfe – die Manieren der Frömmigkeit: Das Ritual bietet Formen und Rollen an. Gerade in der Begegnung mit dem Heiligen ist der Mensch besonders unsicher (»zieh deine Schuhe aus, hier ist heiliges Land«, Ex 3,5), da hilft das Ritual, eine angemessene religiöse Haltung zu finden – verbunden mit der Gefahr, dass es zur nicht mehr verstandenen Gewohnheit erstarrt.

3. Das Ritual als Traditionsvermittler: Rituale binden an die Tradition und setzen sie fort; sie zielen auf Dauer – und sie versprechen eine Bewältigung der Zukunft durch Rückgriff auf das Altvertraute. Das Ritual enthält insofern ein grundsätzlich konservativ-bewahrendes Element, was einerseits ein sinnvoller Widerstand gegen kurzzeitige Moden, aber auch ein starrsinniges, unveränderbares Festhalten am Gestrigen sein kann.

4. Rituale als Bürgen für Ordnung und Sinn: Rituale stellen Ordnungen her, spiegeln Ordnungen wider, markieren Haltepunkte im Fluss der Zeit, binden damit die Einzelnen in die Gemeinschaft ein: Die Tages- und Jahreszeiten beispielsweise werden durch besondere Feiern und Feste rituell herausgehoben und begangen; die Zeit bekommt eine Struktur, läuft nicht einfach nur weg. Allerdings kann aus dem Angebot der Ordnung schnell der Zwang zur Ordnung werden.

5. Initiations- und Kommunionsrituale sind Medien und Indikatoren des Gemeinschafts-, Geschichts- und Wertbewusstseins: Rituale grenzen eine Gemeinschaft der Zugehörigen ab und geben ihnen durch ihre symbolischen Inhalte ein entsprechendes Zugehörigkeits- und Selbstbewusstsein. Das Ritual des Abendmahls etwa grenzt klar diejenigen, die daran partizipieren dürfen, ab von denen, die es nicht dürfen; es vermittelt gleichzeitig ein Gefühl für wesentliche Symbole des Christentums: Brot und Wein als Symbole des Heilsgeschehens, der Vergebung, der Liebe; die Gemeinschaft als Zeichen der Gemeinde etc. Die genannte Funktion der Ausgrenzung kann Integration bewirken, sie kann aber auch desintegrierende Folgen haben, wenn sie zu rigide gehandhabt wird.

6. Darstellung und Durchdringung: Im Ritual wird Glaube immer neu dargestellt (z.B. in der Taufe das Aus-dem-Wasser-neu-geboren-Werden) mit dem Ziel, dass der so dargestellte Glaube das Leben durchdringen möge. Im Ritual wird die Begegnung mit dem Heiligen inszeniert und nachvollzogen, um von diesem Nachvollzug her in den Alltag hineinzuwirken – allerdings mit der Gefahr, dass das Ritual zu einer religiösen Sonderwelt wird.

7.2 *Gottesdienst als rituelles Geschehen* 291

7. Wiederholung: Rituale leben von der Wiederholung – das ist ihre Stärke und Schwäche zugleich. Wenn etwas religiöse Bedeutung gewinnen soll, muss es einfach und wiederholbar sein! Das ist für die religiöse Erziehung oder die Gestaltung von Gottesdiensten eine wichtige Erkenntnis. Durch die Wiederholung schreibt sich die Botschaft des Rituals tief ins Gemüt ein, wird Besitz, Habitus. (Viele Menschen berichten z.B. von der Bedeutung regelmäßiger Abendgebete in ihrer Kindheit) Eben durch die Wiederholung kann es aber auch zur Dressur werden, die jeden lebendigen Nachvollzug tötet.
8. Vertretung: »In Ritualen gewinnt Inneres als Äußeres, Eigenes als Gemeinsames, Empfindung als Handlung, Eindruck als Ausdruck Gestalt.«[44] Das Geheimnis oder das Heilige bekommt symbolische Gestalt – und die das Ritual Vollziehenden haben vorübergehend Anteil an dieser Gestalt des Heiligen. Das wird auch daran deutlich, dass es eine klare Rollenteilung gibt zwischen der Person, die das Ritual leitet, und denen, die es mit vollziehen. Die Gefahr besteht darin, dass durch diese Vertretung das Heilige verdinglicht und handhabbar wird, also der symbolische Gehalt des Rituals verloren geht.
9. Vergewisserung: Im Ritual wird nicht rational erklärt, sondern emotional-ganzheitlich vollzogen und damit eine leibhaft-sinnliche Vergewisserung des Glaubens oder der Zugehörigkeit erreicht. Deshalb ist es problematisch, wenn Rituale im Vollzug noch einmal erklärt werden, das Spezifische des Rituals wird dadurch gerade zerstört. Das Ritual ist deswegen dort besonders wichtig, wo das Rationale noch nicht oder nicht mehr möglich ist, z.B. bei Kindern, bei kranken oder verwirrten oder geistig behinderten Menschen.

7.2.8 Wie ist das Ritual aus theologischer Sicht zu beurteilen? Es ist primär zweckfrei; es soll nichts mit ihnen erreicht werden – außer dass sich Menschen im religiösen Ritual mit dem Grund ihres Lebens in Beziehung setzen und in Kommunikation treten. Dieser Grundsatz kommt bereits in *Schleiermacher*s Unterscheidung von wirksamem und darstellendem Handeln zum Ausdruck: »Der Zweck des Cultus ist die darstellende Mittheilung des stärker erregten religiösen Bewußtseins.«[45] Sie ist wie die Kunst »ohne eigentlichen Zweck«. Eben deshalb bedarf sie, wie die Kunst auch, einer sorgsamen Inszenierung.

Inszenierung »beinhaltet eine gesteigerte Aufmerksamkeit für das Verhältnis von Inhalt und Form«, schreibt *Michael Meyer-Blanck*.[46] Form, Gestaltung, Sprache, Bewegung, Raum, Licht etc. sind eigenständige Medien der Kommunikation, sie müssen in sich stimmig sein und mit dem Inhalt übereinstimmen, damit die Wahrheit des Evangeliums zur Geltung kommen kann und nicht schon an einfachen inszenatorischen Diskrepanzen scheitert. »Weil das Evangelium Nachricht *ist,*

---

44 *Jetter* 1986, 105.
45 *Schleiermacher* 1850, 75.
46 *Meyer-Blanck* 1997 (a), 18. Vgl. *ders.* 1997 (b), 2–16.

muß es homiletisch und liturgisch inszeniert werden, damit es Evangelium, gute Nachricht wird.«[47]

Erst die Dialektische Theologie hat das Ritual abgewertet und einen Konflikt zwischen Ritual und Kerygma gesehen. Für *Rudolf Bohren* hat das Ritual eine heidnische Potenz, die das Kerygma übertönt. Am Beispiel der Beerdigung:[48] Das Ritual tröstet und beruhigt allein durch seinen Vollzug, das Kerygma dagegen will durch die Verkündigung der Liebe Gottes oder der Auferstehung Jesu Christi trösten. Das Ritual bewirkt durch seinen Vollzug eine Art von Stabilisierung, gibt Hoffnung und Lebensmut; die Verkündigung verspricht dieses auch, aber es ist die Frage, ob es das Versprechen auf der verbal-kognitiven Ebene einlösen kann. Das wird noch deutlicher, wenn man sich klar macht, dass die Verkündigung als Teil des Rituals wahrgenommen wird; sie gehört wie die Musik oder die Gebete einfach zum Vollzug des Ganzen – wird also möglicherweise oder sogar wahrscheinlich in ihrer spezifischen Gestalt nicht genügend gewürdigt.
Walter Neidhardt hat versucht, das Ritual theologisch wieder aufzuwerten, indem er es als Teil der Schöpfungsgnade Gottes interpretiert hat: Die von der Gesellschaft getroffene Anordnung zur Bewältigung des Außerordentlichen könne man als Ausdruck der »erhaltenden Güte Gottes« sehen.[49] Es erscheint mir richtig, das Ritual in dieser Weise theologisch aufzuwerten und anzuerkennen, dass die sozialpsychologisch heilsame und wichtige Funktion des Rituals nicht theologisch unterschlagen werden darf. Der Pfarrer / die Pfarrerin können dann wieder unbefangener und gelassener »Zeremonienmeister« sein, weil sie wissen, welcher Stellenwert solchen Zeremonien für das Leben zukommt. Trotzdem ist es wichtig, aus sozialpsychologischer und theologischer Perspektive auch ritualkritisch zu bleiben:
Das Ritual verschleiert gesellschaftliche Konflikte – deshalb ist seine Ergänzung und/oder Korrektur durch das Wort wichtig.

Beispiel: Die Beerdigung eines Menschen, der durch einen Verkehrsunfall ums Leben gekommen ist, wird wie jede andere Beerdigung auch vollzogen – nur durch das Wort ist es möglich, in dieser Situation die gesellschaftlichen Umstände, die einen solchen »überflüssigen« Tod produzieren, beim Namen zu nennen.

Das Ritual verschleiert auch individuelle Konflikte: Für den Moment seines Vollzuges hilft es den Betroffenen, stellt Stabilisierung und Gemeinschaft her, ermöglicht den Ausdruck von Trauer. Es bietet aber keine Möglichkeiten an, Trauer, Fragen nach Schuld und Vergebung,

---

47 *Meyer-Blanck* 1997 (b), 9f. Sehr konkrete Anleitung zur liturgischen Inszenierung des Gottesdienstes gibt *Kabel* 2002.
48 Zum Folgenden *Josuttis* 1974, 188ff.
49 *Neidhart* 1997, 218.

7.2 Gottesdienst als rituelles Geschehen

Verzweiflung und Hoffnung im Blick auf den konkreten Kasus wirklich durchzuarbeiten – das ist seine Grenze.
Diese sozialpsychologische Kritik kann man auch theologisch wenden: Das Ritual verspricht einen Anschein von Leben und Heil, den es nicht wirklich einlösen kann. Das Ritual vermittelt die Botschaft: Das Leben geht weiter, und alles kommt wieder in Ordnung. Die Verkündigung benennt die harte, unwiderrufliche Realität des Todes und dass Trost letztlich nicht aus unserer Wirklichkeit, sondern von einem »extra nos« kommt; in der Verkündigung kann diese Zusage auf die konkrete Lebensgeschichte zugespitzt werden. Sicher muss man damit rechnen, dass Trauernde in der Situation der Bestattung nicht besonders aufnahmefähig für neue Gedanken und Einsichten sind; trotzdem ist es wichtig, die kritische Perspektive des Evangeliums gegenüber dem Ritual nicht auszublenden.

M. Josuttis formuliert es so: »Wer vom Evangelium her im Ritual der Beerdigung das Wort ergreift, bleibt der Wirklichkeit treu: der Wirklichkeit eines radikalen Endes, der Wirklichkeit einer mörderischen Gesellschaft, der Wirklichkeit eines oft friedlosen Familienlebens, der Wirklichkeit eines in der Regel unbedeutenden Einzelschicksals. Das Evangelium befreit zu diesem Realitätsbezug, weil es die Hoffnung für den Menschen nicht aus der Wirklichkeit holt, nicht aus der Wirklichkeit seiner unsterblichen Seele, nicht aus der Wirklichkeit seiner bedeutenden Lebensleistung, auch nicht aus der Wirklichkeit einer ungetrübten Familienliebe. Weil Gott die Hoffnung der Welt ist, brauchen wir das Elend der Welt nicht zu verherrlichen und brauchen wir unser menschliches Leben auch nicht heilig zu machen und zu verklären.«[50]

Zusammenfassend ist die Ambivalenz des Rituals zu betonen, sowohl aus psychologischer wie aus theologischer Sicht: *Werner Jetter* hat Rituale als »gefährliche Unentbehrlichkeiten« bezeichnet[51] und damit angedeutet, dass Rituale in der dauernden Spannung stehen zwischen Gotteserfahrung und Götzenverehrung, zwischen Offenbarung des Geheimnisses des Heiligen und Verschleierung eben dieses Geheimnisses, zwischen Medium für den Ausdruck genuiner religiöser Bedürfnisse und toter, gesetzlicher Wiederholung des immer Gleichen, in der nur noch an die Kommunikation des Evangeliums erinnert wird, ohne dass es zu dieser selbst kommt.[52]
Diese Spannung bedeutet für die religiöse Praxis, auf eine sorgfältige, ästhetisch anspruchsvolle Inszenierung zu achten, um die Möglichkeiten des Rituals, wie sie aus humanwissenschaftlicher Perspektive deutlich werden, auszuschöpfen, und dabei zugleich die Grenzen und Gefahren eben dieser Inszenierung nicht aus den Augen zu verlieren.

---

50 *Josuttis* 1974, 206.
51 *Jetter* 1986, 112.
52 So *Jetter* 1986, 159.

7.3 Gottesdienst als symbolisches Handeln

Menschen nehmen die Wirklichkeit in hohem Maß über die Bilder wahr, die sie sich davon machen – Erinnerungen, Träume, Vorwegnahmen der Zukunft sind vorwiegend bildlicher Natur. Wer sich an die eigenen Eltern oder an zu Hause erinnert, hat in der Regel ein Bild vor Augen; viel seltener sind es Geräusche oder Gerüche. Lange bevor ein Kind die Sprache lernt, hat es eine Fülle von bildlichen (allerdings auch anderen sinnlichen!) Eindrücken. Dass der Glaube aus dem Hören des Wortes kommt, wie Paulus sagt, ist keine Erfahrungstatsache, sondern eher ein Postulat, ein theologischer Anspruch (der wiederum mit dem worthaften Verständnis Gottes in der jüdisch-christlichen Tradition zu tun hat) – aus entwicklungspsychologischer Sicht müsste man wohl eher sagen, dass der Glaube aus den Bildern, aus den szenischen Repräsentanzen (⇒ Kap. 5.6) entsteht.

In allen Religionen spielen Bilder eine große Rolle; erst das hebräische Volk hat im Jahweglauben deren Bedeutung eingeschränkt, wenn auch nie beseitigt. Dass das Judentum eine bildlose Religion sei, stimmt nur insofern, als es keine direkten Bilder von Gott zugelassen hat; gleichzeitig sprechen die Psalmen beispielsweise unbefangen von Gott als Sonne und Schild, als Burg und Fels. Insofern kann man sagen: Das alttestamentliche Bilderverbot wendet sich gegen den Gebrauch des Bildes als Abbild, mit dessen Hilfe man Gott definieren, d.h. festlegen könnte (vgl. Ex 32), nicht aber gegen den Gebrauch von Bildern als symbolische religiöse Rede.

Der Streit um die Auslegung der Wirklichkeit findet als Streit um die Bilder statt; dieser Satz war schon immer wahr, im Fernsehzeitalter gilt er in ganz besonderem Maß: Wer die besseren, schnelleren und spannenderen Bilder hat, fängt die Aufmerksamkeit der Menschen. Das ist auch ein Grund, warum sich die christlichen Kirchen besonders schwer tun: Wir bieten fast nur Worte an, kaum Bilder, geschweige denn Material für die anderen Sinne. Die sprachlichen Bilder sind häufig noch desymbolisiert, auf Information reduziert. Die Kirchen nutzen die Symbolkraft der Bilder zu wenig und neigen dazu, sie pädagogisierend zu verzwecken.[53] Auf diese Weise können wir immer weniger konkurrieren mit anderen Anbietern von Sinn, die ihr Angebot bildhaft präsentieren.

»Bilder sind wie Netze, sie helfen die Wirklichkeit zu strukturieren; sie sind geronnene Erfahrungen, die es ermöglichen, sich Wahrnehmungen, Erlebnisse und Widerfahrnisse anzueignen und zu Erfahrungen werden zu lassen.«[54] Die Religionen – und leider auch die Diktatoren –

---

53 Vgl. *Lorenzer* 1984. *Lorenzer* arbeitet heraus, wie das zweite Vatikanische Konzil die »sakramentale Verehrung des Numinosen zur katechetischen Volksbelehrung verändert« (*Lorenzer* 1984, 184), die Liturgie zur Glaubensschule macht und damit das kreative Potential des Symbolischen vernichtet.
54 *Biehl* ²1991, 13.

7.3 Gottesdienst als symbolisches Handeln

haben das immer gewusst, sie haben Bilder bereitgestellt und zur Identifikation mit ihnen eingeladen bzw. gedrängt, weil über die Identifikation mit den Bildern die Wahrnehmung und das Verhalten steuerbar sind. Bilder (re-)konstruieren die Wirklichkeit wirksamer als Worte! Man kann einerseits sagen, dass Bilder schützen, stärken und trösten.[55] In der Gefangenschaft beispielsweise stellt sich ein Soldat vor, wie es zu Hause bei seiner Familie ist – und dieses Bild hilft ihm, die Leiden durchzustehen. An dem Beispiel wird deutlich, dass Bilder auch eine befreiende Dimension haben können, weil sie die Phantasie anregen und sich damit über die vorfindliche Wirklichkeit erheben. Andererseits können Bilder auch festlegen und einengen, zum einen, wenn es nur *ein* Bild von etwas und nicht mehrere gibt, zum anderen, wenn Bilder nur Abbilder sind, die die Vorstellung einengen und nicht zur Phantasie einladen. Die Kunst im Nationalsozialismus oder der sozialistische Realismus waren solchermaßen begrenzend und festlegend, weil sie normativ die Wirklichkeit darstellen wollten bzw. sollten. Symbole, so könnte man sagen, stellen eine besondere Art von Bildern dar:

»Das Wort ›Symbol‹ stammt vom griechischen Wort ›symbolon‹, ein Erkennungszeichen. Wenn sich im alten Griechenland zwei Freunde trennten, zerbrachen sie eine Münze, ein Tontäfelchen oder einen Ring. Wenn nun der Freund oder jemand aus seiner Familie zurückkehrte, dann hatte er seine Hälfte vorzuweisen. Passte diese Hälfte zur anderen zurückgebliebenen Hälfte, dann hatte er sich als Freund oder als ein Freund zu erkennen gegeben und hatte ein Recht auf Gastfreundschaft ... Die Etymologie des Begriffs lässt erkennen, dass ein Symbol etwas Zusammengesetztes ist. Erst wenn es zusammengesetzt ist, ist es ein Symbol, und dieses Symbol wird dann ein Symbol von etwas: Hier steht es stellvertretend für die geistige Realität der Freundschaft ... Es ist hier – und das trifft auf alle Symbole zu – das Symbol ein sichtbares Zeichen einer auch unsichtbaren ideellen Wirklichkeit. Beim Symbol sind also immer zwei Ebenen zu beachten: In etwas Äußerem kann sich etwas Inneres offenbaren, in etwas Sichtbarem etwas Unsichtbares, in etwas Körperlichem das Geistige, in einem Besonderen das Allgemeine ... Dabei kennzeichnet das Symbol immer einen Bedeutungsüberschuß, wir werden seine Bedeutungen nie ganz erschöpfen können.«[56]

Der Begriff des Symbols hat seit Jahren Hochkonjunktur, nicht nur in der Theologie, sondern auch in Psychologie, Soziologie, Linguistik, Pädagogik, Psychoanalyse – um nur einige Bereiche zu nennen. In dieser Vielfalt der Ansätze, die jeweils wieder ihre eigenen begrifflichen Nuancen aufweisen, ein paar Schneisen zu schlagen, ist nicht einfach; ich versuche das, indem ich einige der Entwicklungslinien skizziere, die für den gegenwärtigen Symbolbegriff von Bedeutung sind.[57]

---

55 *Spiegel* 1984, Bd. 1, 27ff.
56 *Kast* 1990, 19.
57 Eine umfassende Rekonstruktion des Symbolbegriffs aus der Sicht verschiedener psychoanalytischer und sprachphilosophischer Schulrichtungen hat Wahl 1994 vorgelegt.

7.3.1 Entwicklung des Symbolbegriffs in der Sprachphilosophie (S. Langer)

Der Symbolbegriff wird in der Philosophie sehr unterschiedlich verstanden; für die neuere Symboldiskussion ist das Buch der Philosophin Susanne Langer, Philosophy in a new Key,[58] das wiederum an *Ernst Cassirer* anknüpft und vom symbolischen Interaktionismus (*George Herbert Mead*) beeinflusst ist, maßgebend geworden. Die wichtigsten Thesen von *Langer* sind folgende:

1. Während die empirische Wissenschaft Daten sammelt und die empiristische Erkenntnistheorie den Geist als ein Organ der passiven Aufnahme von Sinnesdaten begreift, geht *Langer* davon aus, dass geistige Prozesse symbolische Vorgänge darstellen. Geistige Tätigkeit, Denken, Sprache bezeichnet einen aktiven Transformationsprozess. Das Gehirn transformiert Erfahrung in Symbole – der Mensch hat einfach ein Bedürfnis, das zu tun, auch wenn es keinen praktischen Zweck hat. Die Fähigkeit, Symbole zu bilden, unterscheidet den Menschen vom Tier.

2. Bedeutung ist die *Funktion* eines Wortes, eines Begriffes, nicht seine Eigenschaft. Ein Subjekt legt einem Objekt eine Bedeutung bei, das Objekt hat nicht eine feststehende Bedeutung in sich selbst.[59]

3. Vor diesem Hintergrund ist die Unterscheidung von Zeichen und Symbol wichtig: »Die logische Beziehung zwischen einem Zeichen und seinem Objekt ist eine ganz einfache; ihre Verbindung ist dergestalt, dass sie ein Paar bilden, d.h. sie stehen in einer eins-zu-eins-Beziehung. Jedes Zeichen korrespondiert einem bestimmten Gegenstand, der sein Objekt darstellt.«[60] Anders gesagt: Ein Zeichen steht in direkter Weise für etwas Anderes. Wir verstehen die Spur im Schnee als Hinweis darauf, dass dort ein Tier entlanggelaufen ist (natürliches Zeichen). Die rote Ampel ist Zeichen für »Halt«, der Pfeifton auf dem Bahnhof Zeichen, dass der Zug abfährt. Künstliche, technische Zeichen sind willkürlich gesetzt, aber eindeutig.

4. Der Begriff des Symbols ist komplexer: »Symbole sind kein Ersatz für ihre Objekte, sondern Träger der *Vorstellung* des Objekts ... Wenn wir über Dinge reden, haben wir die Vorstellung von ihnen, nicht die Dinge selbst; und es sind die Vorstellungen, nicht die Dinge, die Symbole direkt ›bedeuten‹ ... Zeichen kündigen ihr Objekt an, während Symbole dazu führen, sich ihr Objekt vorzustellen«.[61] Symbole regen zum Denken an, setzen einen Denkprozess in Gang. Als Beispiel nennt *Langer*: Wenn ich zu einem Hund, der einen Besitzer namens James hat, dieses Wort sage, wird der Hund nach seinem Besitzer Ausschau halten – der Hund versteht die Lautfolge

---

58 Cambridge/Mass. (1942) 1980.
59 Hier wird die Verbindung zum späteren Konstruktivismus deutlich.
60 *Langer* 1980, 57.
61 *Langer* 1980, 60f.

7.3 Gottesdienst als symbolisches Handeln

J-a-m-e-s als Zeichen für seinen Herrn. Wenn ich zu einem Menschen, der auch einen James kennt, dieses Wort sage, wird der antworten »Ja, was ist mit James?« D.h. es wird eine Vorstellung evoziert, die noch offen ist und deswegen zu weiteren Gedanken und Vorstellungen (in Form der Frage) Anlass gibt. Ein aktiver Transformationsprozess wird in Gang gesetzt: Die Vorstellung, die jemand von einem Objekt hat, ist eine jeweils persönlich-subjektive Vorstellung und dementsprechend unterschieden von der eines anderen Menschen, auch wenn sie durch Gesellschaft, Familie, Schule etc. vorgeprägt ist.

»Die Fähigkeit, Symbole zu verstehen, d.h. all das an einem Sinnesdatum als irrelevant zu betrachten außer einer bestimmten Form, die es verkörpert, ist die hervorstechendste geistige Eigenschaft der Menschheit. Sie kommt zum Ausdruck in einem unbewußten, spontanen Abstraktionsprozeß, der die ganze Zeit über im menschlichen Geist abläuft: Ein Prozeß, in dem man in jeder Konfiguration, die dem Erleben begegnet, eine Vorstellung erkennt und sie entsprechend zu einer Konzeption formt.«[62]

5. *Langer* trifft die weitere Unterscheidung zwischen diskursiven und präsentativen Symbolen. Diskursive Symbole sind in der Regel Worte, also an Sprache gebunden; Worte sind durch Grammatik, Syntax und eine gewissermaßen offizielle Bedeutung festgelegt, so dass man sie zu größeren Zusammenhängen kombinieren und übersetzen kann. Sie sind nur im zeitlichen Ablauf zu verstehen: Man muss den ganzen Satz hören, um zu verstehen, was das Gegenüber meint. Präsentative Symbole dagegen sind Bilder oder Formen, die als ganze wirken. Von einem Bild, von einer architektonischen Form, einem Gebäude, einem Raum, von Licht und Farbe, auch von Musik haben wir sofort einen ganzheitlichen Eindruck, der durch Sprache oft schwer zu vermitteln, schwer zu übersetzen ist und doch eine ganz wichtige Dimension aller geistigen Tätigkeit, von Verstehen und sich Mitteilen, von Kommunikation überhaupt darstellt.

6. Sprache gehört im Wesentlichen zur diskursiven Symbolik, während Kunst und Musik, aber auch Rituale und Mythen eher zur präsentativen Symbolik zählen. Den Zusammenhang mit Religion stellt *Langer* folgendermaßen her: »Die Symbole, die grundlegende Ideen von Leben und Tod, vom Menschen und der Welt verkörpern, gelten natürlicherweise als heilig.«[63] Die Symbole des Heiligen, z.B. die Sonne oder das Kreuz, werden selbst wieder für heilig gehalten. Wenn aus der Vorstellung des Heiligen ein entsprechendes Verhalten gegenüber dem Heiligen folgt, entstehen Rituale. Im religiösen Symbol sind die grundlegenden Vorstellungen von Leben und Tod

---

62 *Langer* 1980, 72.
63 *Langer* 1980, 151.

aufbewahrt, im Ritual bringt der Mensch seine Haltung, vor allem seine Gefühle gegenüber diesen Vorstellungen zum Ausdruck. Die Thesen von *Langer* haben wichtige Differenzierungen eingeführt, die auch in der theologischen und pastoralpsychologischen Diskussion zum Thema aufgegriffen worden sind. Ein wichtiger Unterschied zu psychoanalytischen Konzeptionen liegt allerdings darin, dass *Langer* mit einem sehr weiten Symbolbegriff arbeitet – alle geistige Produktion ist danach symbolischer Natur; man kann bezweifeln, ob ein so weit gefasster Begriff noch aussagekräftig ist.

7.3.2 Der Symbolbegriff in der Theologie Paul Tillichs
»Aber Glaube als der Zustand des Ergriffenseins von dem, was uns unbedingt angeht, kennt keine andere Sprache als die des Symbols. Auf eine solche Feststellung erwarte ich immer die Frage: Nur ein Symbol? Aber wer so fragt, beweist damit, dass ihm der Unterschied zwischen Zeichen und Symbol fremd ist. Er weiß nichts von der Macht der Symbolsprache, die an Tiefe und Kraft die Möglichkeiten jeder nicht-symbolischen Sprache übertrifft. Man sollte niemals sagen ›nur ein Symbol‹, sondern vielmehr: ›nichts Geringeres als ein Symbol‹.«[64]
Tillich nennt fünf Charakteristika für repräsentative Symbole (die er, ähnlich wie *S. Langer*, von den diskursiven absetzt).
1. Symbole weisen über sich selbst hinaus. Das symbolische Material kann ein Wort sein, eine Gestalt, ein Ding; all dies ist nicht im wörtlichen Sinn gemeint; es weist vielmehr auf etwas anderes hin, das nicht unmittelbar dargestellt oder ausgedrückt werden kann. Wenn ein Mann einer Frau eine rote Rose überreicht, will er ihr nicht eine bestimmte Rosenart zeigen; er will etwas ausdrücken, was sich mit Worten nur umständlicher sagen lässt.
Es gibt nicht nur religiöse, sondern auch politische und gesellschaftliche Symbole; viele stammen aus dem Bereich der Natur (Sonne, Mond, Weg, Baum, Adler, Hand, etc.), andere sind künstlich-technischer Natur: Haus, Ring, Texte (z.B. Gedichte, die Internationale), Fahnen.
2. Das Symbol hat teil an der Wirklichkeit dessen, worauf es hinweist. Das Symbol repräsentiert etwas und nimmt an dessen Ehre, an dessen Wirklichkeit und Macht, teil. So wissen die Gläubigen natürlich, dass die Ikone oder das Altarbild nicht Jesus oder Maria selbst sind, sondern sie nur darstellen; und doch gewinnt das Bild als Symbol eine besondere Qualität, die die Menschen veranlasst, auch mit dem Bild ehrfurchtsvoll umzugehen. Oft verschwimmt die Grenze zwischen dem Symbol und dem, worauf es hinweist. Wenn Palästinenser eine amerikanische Fahne verbrennen, verbrennen sie nicht nur ein farbiges Tuch, sondern ein den Amerikanern sehr

---

64 *Tillich* 1970 (c), 142. Vgl. auch *ders.*, ³1986, 3.

7.3 Gottesdienst als symbolisches Handeln

wertvolles Symbol; entsprechend reagieren manche Amerikaner, als wären sie persönlich angegriffen worden.
3. Symbole werden nicht willkürlich erfunden, sie werden geboren und sterben. Ob ein Bild, ein Begriff, ein Ding zum Symbol wird, hängt davon ab, ob eine Gemeinschaft es als solches akzeptiert oder nicht. Insofern kann ein Symbol, wenn es diese gemeinschaftliche Anerkennung verliert, auch wieder zum Zeichen absinken (Man sieht das z.B., wenn eine Kirche für Touristen nur noch ästhetisch-zeichenhafte, aber keine symbolische Bedeutung mehr hat.). Entsprechend schwer ist es, neue Symbole – und Rituale – zu kreieren. Sie müssen wachsen, sie müssen angenommen werden, sie müssen sich etablieren; man kann sie nicht einfach herstellen.
4. Symbole erschließen eine tiefere Dimension der Wirklichkeit, die normalerweise verdeckt ist. In der Begegnung mit religiösen Symbolen – wenn ein orthodoxer Christ eine Ikone küsst, wenn ein katholischer Christ die Wandlung miterlebt, wenn eine evangelische Christin das Altarbild meditiert – kann er eine religiöse Erfahrung machen, sie kann etwas vom Heiligen erfahren, sie kann – wieder mit *Tillich* gesprochen – ergriffen werden von etwas Unbedingtem.
5. Symbole sind machtvoll, sie haben aufbauende, ordnende oder auch zersetzende, zerstörerische Macht. Die Bedeutung des Kreuzes während der Kreuzzüge kann das illustrieren: Für die Christenheit, die sich unter dem Kreuz zusammenfindet, um gegen die Ketzer ins heilige Land aufzubrechen, hat das Kreuz eine zusammenhaltende, ordnende, aufbauende Macht. Gleichzeitig trennt es klar zwischen Christen und Nicht-Christen und wird zum Zeichen (nicht mehr Symbol!) einer vernichtenden, zerstörerischen Macht.

Tillich fragt genauer nach, worauf denn speziell das religiöse Symbol verweist, was das in der religiösen Symbolsprache Gemeinte sei. Man kann das nach *Tillich* auf phänomenologische und auf ontologische Weise zum Ausdruck bringen: »Die Phänomenologie beschreibt das Heilige als eine Qualität in einer bestimmten Begegnung mit der Wirklichkeit.«[65] Die Phänomenologie beschreibt, wie in der Begegnung mit dem Heiligen die gewöhnliche Subjekt-Objekt-Struktur der Erfahrung transzendiert wird, wie das Subjekt gewissermaßen in den Bereich des Heiligen hineingezogen wird, so dass es für das Subjekt zu etwas Unbedingtem wird, auf das es mit Faszination und Angst (fascinosum et tremendum) antwortet. In diesem Sinn beschreibt die Phänomenologie religiöse Phänomene, sie kann aber keine Aussagen über die Gültigkeit dieser Phänomene machen.
Die Ontologie dagegen fragt nach allem, was ist, sie fragt nach dem Sein-Selbst, nach dem Grund des Seins. Die Ontologie beschreibt nicht eine religiöse Erfahrung, sondern sie sucht den Bezugspunkt für religiöse Symbole im Charakter des Seienden als solchen. »Sie deckt in der Analyse der begegnenden Welt deren Endlichkeit auf und offenbart damit ihren selbsttranszendierenden Charakter. Was jenseits der Endlichkeit ist, ist der Bezugspunkt aller religiösen Symbole. Man kann es metaphorisch bezeichnen als ›Sein-Selbst‹, als ›Seinsmächtigkeit‹, als das

---

65 *Tillich* 1986, 7.

›Letztwirkliche‹ oder als das ›letzte Anliegen‹ des Menschen (im Sinne dessen, was uns unbedingt angeht). Alle diese Begriffe sind nicht Namen für ein Seiendes, sondern Bezeichnungen für eine Qualität des Seins. Der religiöse Symbolismus gibt dieser Qualität göttliche Namen. Aber die klassische Theologie hat immer betont, daß das mit diesen Namen Gemeinte die konkreten Namen und Formen unendlich transzendiert.«[66]

Tillichs Symbolbegriff wird besonders anschaulich, wenn man ihn auf das Zentralsymbol der Religion, auf das Wort »Gott« bezieht: Wird die religiöse Sprache nicht symbolisch verstanden, »entsteht ein ›Ding‹ mit widerspruchsvollen Merkmalen, das in Wahrheit ein Unding ist.« Dieses »Schweben zwischen Setzung und Aufhebung« ist für *Tillich* notwendiges Kriterium einer angemessenen religiösen Sprache. »Im Worte ›Gott‹ schwingt ein doppeltes: Das Unbedingte, Transzendente, Letztgemeinte, und ein irgendwie gedachtes Objekt mit Eigenschaften und Handlungen. Das erste ist nicht uneigentlich, ist nicht symbolisch, sondern ist eigentlich das, was es sein soll. Das zweite dagegen ist in der Tat symbolisch, uneigentlich. Dieses Zweite aber macht den anschaulichen Inhalt des religiösen Bewußtseins aus ... Gott als Gegenstand ist eine Vertretung des im religiösen Akt Letztgemeinten, aber im Worte ›Gott‹ ist diese Gegenständlichkeit zugleich negiert, dieser Vertretungscharakter mitgemeint.«[67]

Ein Beispiel: Wenn wir von Gott als Vater sprechen, sind wir uns in der Regel bewusst, dass Gott unendlich mehr und anders ist als jeder tatsächliche Vater; gleichzeitig ist aber Gott als das Sein-Selbst für uns nur in solchen Bildern kommunizierbar. Wer das Symbol wörtlich versteht, macht Gott zu einem Götzen. Insofern schützt die symbolische Sprache das Geheimnis Gottes.

Tillichs Symbolbegriff ist in der neueren Theologiegeschichte außerordentlich wirkungsvoll geworden; in der Religionspädagogik hat sich eine Symboldidaktik entwickelt, die diesen theologischen Ansatz für die Religionspädagogik umsetzt.[68] Auch für die Pastoralpsychologie ist *Tillichs* Ansatz wichtig geworden, nicht zuletzt deshalb, weil es interessante Überschneidungen – und Differenzen – mit dem psychoanalytischen Symbolbegriff gibt.

Im Übrigen wendet sich *Tillich* mit seinem Symbolbegriff gegen *Bultmanns* Entmythologisierungsprogramm, gegen den Versuch, die Bilder und Mythen der Bibel als das Uneigentliche zu betrachten, hinter dem das Eigentliche aufzuspüren ist; zum anderen wendet er sich damit gegen konservativ-fundamentalistische Kreise, die durch ein Wörtlichnehmen der Bibel Gott verdinglichen.

---

66 *Tillich* 1986, 8.
67 *Tillich* 1964, 207.
68 Vgl. *Biehl* 1991.

7.3.3 Der Symbolbegriff in der Psychoanalyse

Der Begriff des Symbols spielt in der Psychoanalyse eine große Rolle; allerdings hat er sich im Lauf seiner Geschichte so tiefgreifend verändert und ausdifferenziert, dass sich eine knappe, zusammenfassende Darstellung nur auf einige Grundlinien beschränken kann.

S. Freud erforschte die Bedeutung der Symbole in seiner Arbeit an der Traumdeutung.[69] Seine große Entdeckung in diesem im Jahr 1900 erschienenen Buch war, dass Träume prinzipiell einen verborgenen Sinn enthalten, eine verschlüsselte Bedeutung, die man auf den ersten Blick, wenn einem ein Traum beim Erwachen merkwürdig oder ganz verrückt vorkommt, in der Regel nicht versteht. Und doch gibt es diese latente Bedeutung: *Freud* unterscheidet zwischen *manifestem Trauminhalt* – das ist das, was man beim Aufwachen erinnert – und dem *latenten Trauminhalt* oder dem Traumgedanken. Dieser latente Trauminhalt kommt direkt aus dem Unbewussten, er hat häufig eine Tendenz, die dem Bewusstsein unangenehm ist: Es handelt sich meistens um sexuell-erotische oder aggressive Wünsche und Impulse, die man sich angesichts gesellschaftlicher Regeln und Normen lieber nicht eingesteht. Also müssen sie umgewandelt werden: Das geschieht in der sogenannten *Traumarbeit*, in der die ursprünglichen Inhalte verdichtet, verschoben oder in ihr Gegenteil verkehrt werden, so dass sie beim Aufwachen in ihrer ursprünglichen Bedeutung nicht mehr erkenntlich sind. Damit fungiert der Traum als »Hüter des Schlafes«. »Traumgedanken und Trauminhalt liegen vor uns wie zwei Darstellungen desselben Inhalts in zwei verschiedenen Sprachen, oder besser gesagt, der Trauminhalt erscheint uns als eine Übertragung der Traumgedanken in eine andere Ausdrucksweise ... Der Trauminhalt ist gleichsam in einer Bilderschrift gegeben ...«[70] Eben diese Bilderschrift wird von den Symbolen gebildet. So gesehen sind die Symbole das Uneigentliche, deren eigentliche Bedeutung zu entschlüsseln ist. Das »Entschlüsseln« kann mit Hilfe der freien Assoziation nur durch den Träumer selbst (mit Hilfe des Analytikers) geschehen, weil nur der/die Betroffene die spezifischen lebensgeschichtlichen Zusammenhänge herstellen kann: Die Bedeutungen der Symbole, der Bilder liegen nicht ein für alle Mal fest, sie variieren je nach Person/Biographie und Lebensumständen. Man kann also nicht mit einem Traumbuch die gleichsam feststehenden Bedeutungen der Symbole entziffern.[71]

*Freud*s Symbolverständnis rückt das Symbol damit in die Nähe des neurotischen Symptoms: Auch das neurotische Symptom gilt als ein »Ersatzausdruck«, als eine abgewehrte, verzerrte Kompromissbildung für eine nicht akzeptable psychische Regung. Statt z.B. eine aggressive

---

69 *S. Freud* (1900), St.A. II.
70 *S. Freud*, (1900), St.A. II, 280.
71 *Freud* hat zu diesem Missverständnis selber kräftig beigetragen, indem er häufig eine klischeehafte Sexualsymbolik verwendet hat.

Regung direkt zum Ausdruck zu bringen, findet sie ihren Weg ins Gegenteil, nämlich in übergroße Fürsorge.
Dieses alte Symbolverständnis der Psychoanalyse hat der Freud-Schüler *Ernest Jones* auf folgende Formel gebracht: »Nur was verdrängt ist, wird symbolisch dargestellt, nur was verdrängt ist, bedarf der symbolischen Darstellung.«[72] Nach dieser Konzeption wäre es dann das Ziel der Therapie, möglichst alle Symbole aufzulösen, um zum Eigentlichen vorzustoßen; psychische Gesundheit würde sich durch den Nicht-Gebrauch von Symbolen auszeichnen bzw. durch den vorwiegenden Gebrauch des sogenannten Sekundärprozesses, also des vernünftigen logischen Denkens.
Anregungen zu einem veränderten psychoanalytischen Symbolbegriff haben *C.G. Jung*, die erwähnte Sprachphilosophie *S. Langers*, *Friedrich Hacker*, *Alfred Lorenzer*, *Paul Ricœur* u.a. gegeben.[73]
Hacker zieht die durchgängige Verknüpfung von Verdrängung und Symbol, wie sie *Jones* formuliert hat, in Zweifel: Das Symbol als Ergebnis von Verdrängung ist nur ein Spezialfall des Symbols. Viel wichtiger ist, dass das Symbol eine emanzipatorische Tendenz hat: Eine symbolische Vorstellung befreit vom unmittelbaren Erleben, von der gegebenen Realität, es ermöglicht Abstand und insofern Befreiung. Ein Tier reagiert unmittelbar und zwanghaft auf Futter oder eine andere Person; ein Mensch kann sich eine Vorstellung davon machen und wird auf diese Weise von der unmittelbaren Reaktion frei. Die symbolische Kommunikation ist gerade das Spezifikum menschlicher Kommunikation, das den Menschen vom Tier unterscheidet.
In Symbolen, in Vorstellungen oder Repräsentanzen vergegenwärtigt der Mensch seine Beziehungserfahrungen, insofern sind sie zur Selbstwerdung unabdingbar. In diesen Vorstellungen spielen Projektionen (ich werfe meine Wahrnehmung, meine Vorstellung auf das Objekt) und Introjektionen (das Objekt beeindruckt mich, ich nehme es in mich auf) ineinander. Für die Selbstwerdung ist es entscheidend, dass der Mensch in seiner Kindheit lernt, Repräsentanzen zu bilden, z.B. das Bild der guten Mutter zu verinnerlichen, damit dann auch die reale Mutter in ihrer Abwesenheit vorgestellt und erinnert werden kann. Selbstwerdung und Symbolbildung hängen in diesem Sinn untrennbar zusammen (⇒ Kap. 4.1.4).
Insofern kann man nun, dem alten Symbolbegriff genau entgegengesetzt, sagen: »Nicht die Verdrängung ruft die Notwendigkeit der Symbolisierung hervor, sondern der Verzicht auf den Umgang mit Symbolen schafft die Verdrängung. Das Symbol ist nicht das Symptom einer Menschheitsneurose, sondern dann, wenn man die symbolische Kommunikation einstellt, droht die Neurose.«[74]

---

72 Zitiert bei *Scharfenberg/Kämpfer* 1980, 57.
73 Zum Folgenden *Scharfenberg/Kämpfer* 1980, 61ff.
74 *Scharfenberg/Kämpfer* 1980, 67.

7.3 Gottesdienst als symbolisches Handeln

Der französische Philosoph *Paul Ricœur* definiert das Symbol als »Region des Doppelsinns«, »wo in einem unmittelbaren Sinn ein anderer Sinn sich auftut und zugleich verbirgt.«[75] Noch einmal anders: »Symbol ist dort vorhanden, wo die Sprache Zeichen verschiedenen Grades produziert, in denen der Sinn sich nicht damit begnügt, etwas zu bezeichnen, sondern einen anderen Sinn bezeichnet, der nur in und mittels seiner Ausrichtung zu erreichen ist.«[76] Symbole sind überdeterminiert, d.h. sie enthalten immer mehr, als man diskursiv sagen kann; sie enthalten regressive Elemente (Erinnerungen, Assoziationen aus der Vergangenheit) und progressive Elemente (Vorwegnahmen, Projektionen des Möglichen, des Imaginären); sie verbergen und sie enthüllen in einem. Das Symbol gibt zu denken, eben weil es vielfache Lesarten ermöglicht und herausfordert. Sobald es Doppelsinn oder vielfachen Sinn gibt, ist Interpretationsarbeit nötig – Chance und Schwierigkeit zugleich.

Joachim Scharfenberg hatte darauf hingewiesen, dass der Verzicht auf symbolische Kommunikation den Beginn einer Neurose bedeuten kann. Einen solchen Verzicht hat *Alfred Lorenzer* ein »Klischee« genannt. Ein Klischee ist gewissermaßen ein reduziertes Symbol, das seine Mehrschichtigkeit, seinen Doppelsinn völlig verloren hat und als unbewusst ablaufende Verhaltenssequenz mit innerer Zwangsläufigkeit abgespult werden muss, dem Wiederholungszwang unterliegt und insofern dem tierischen Reiz-Reaktionsschema nahe kommt.[77]

Joachim Scharfenberg hat mehrfach als Beispiel für diesen Sachverhalt von einem Patienten erzählt, der unter dem Zwang leidet, beim Ins-Bett-Gehen eine Rolle vorwärts und eine Rolle rückwärts ausführen und dabei einen geistlichen Liedvers singen zu müssen. Nach langer Analyse kommt dem Mann der verdrängte lebensgeschichtliche Konflikt wieder ins Bewusstsein: »Als Fünfjähriger liebte er es – wie alle Jungen dieses Alters –, in Haus und Garten herumzutoben. Dies war ihm aber bei Androhung schwerer Strafen verboten, da der Vater schwer krank war und nicht gestört werden durfte. Eines Tages war er wieder einmal verbotenerweise im Garten herumgetobt, dabei gestolpert, hatte einen förmlichen Purzelbaum geschlagen und war mit dem Kopf an einen Briefkasten geknallt. Mit einer blutenden Kopfwunde wurde er unter großer Aufregung aller Familienmitglieder ins Haus getragen. Wenige Tage später starb der Vater, und die Mutter sagte ihm: ›Wenn Du nicht so getobt hättest, wäre Vati nicht gestorben.‹ In der Pubertät, als es wieder um Loslösung und Rebellion ging, belebte sich der alte, schnell vergessene Konflikt neu, und es kam zum völligen Vergessen der Ursprungsszene, dafür aber zur Entwicklung des Symptoms, mit dem er symbolisch die Mordtat am Vater rückgängig zu machen und zu sühnen versuchte.«[78]

»Woran ist unser Patient ... erkrankt? Ganz sicher daran, daß er sein Symptom nicht als ein Symbol für etwas anderes, Dahinterliegendes anzusehen vermag. Es ist für ihn zur faktischen, ihn bestimmenden Wirklichkeit geworden, zu dem, was

---

75 *Ricœur* 1974, 19.
76 *Ricœur* 1974, 29.
77 *Lorenzer* 1973, 106ff, 116f u.ö.
78 *Scharfenberg* 1986, 66f.

ihn unbedingt angeht, was er deshalb zwanghaft verwirklichen muß, von dem er sich nicht distanzieren kann, das er nicht bearbeiten, nicht verändern kann. Es ist zum Klischee geworden.«[79]

Von Symbol und Klischee ist das Zeichen zu unterscheiden, das *Lorenzer* genauso wie *S. Langer* (s.o.) definiert. Die Unterscheidung von Symbol, Klischee und Zeichen will ich am Beispiel des Kreuzes verdeutlichen:

Das Kreuz als Anstecknadel am Revers einer Anzugjacke kann für einen Außenstehenden ein Zeichen sein, dass sich sein Gegenüber als Christ versteht.
Das Kreuz kann für den Betroffenen selbst ein Klischee darstellen, weil es ihn daran erinnert, dass sein Vater es ihm auf dem Sterbebett geschenkt hat mit dem Vermächtnis, den Glauben seiner Vorfahren nicht aufzugeben. Das Kreuz ist deswegen für den Mann mit einer unklaren Verpflichtung und einer traurig-ärgerlichen Erinnerung an den Vater verbunden. Wenn er ein Kreuz sieht, beschleicht ihn häufig ein unangenehmes Gefühl.
Zum Symbol wird das Kreuz erst da, wo es in seiner emotionalen Tiefe und der Vielfalt seiner Deutungsmöglichkeiten wahrgenommen und erlebt werden kann: als Ausdruck für den Konflikt von Leiden und Leben, von Folter und Erlösung, von Demut und Herrschaft usw.

Man kann aus diesen Beispielen entnehmen, wie wichtig und sinnvoll die Unterscheidung von Symbol, Klischee und Zeichen für religiöse Kommunikation sein kann. Es muss der Kirche daran gelegen sein, Klischees oder klischeebestimmtes Verhalten aufzulösen und durch symbolische Kommunikation zu ersetzen. Das bedeutet einen Freisetzungsprozess: Symbolische Kommunikation impliziert, dass es nicht nur objektiv nachweisbare, empirisch messbare Wirklichkeit gibt, dass nicht nur die wissenschaftliche Sprache und Denkweise die Realität angemessen erfasst; die Tiefendimension der Wirklichkeit erschließt sich nur symbolisch. Insofern ist die Symboldidaktik als Teil der Religionspädagogik nicht nur eine Möglichkeit, Menschen wieder neu für Religion und religiöse Zusammenhänge zu sensibilisieren, sondern eben auch ein Weg, einen platten Positivismus (nach dem Motto »Ich glaube nur, was ich sehe«) aufzubrechen.

Klaus Winkler hat darauf aufmerksam gemacht, dass klischeehafter Glaube »eine Affinität zur Vertröstung« hat, während symbolhafter Glaube wirklichen Trost freisetzen kann, weil er die religiösen Bilder auch emotional besetzt.[80]

Noch einen Schritt weiter geht *H. Wahl* mit der Rekonstruktion eines Symbolbegriffs auf der Basis der Objektbeziehungstheorie. Das Phänomen »Symbol« – das legt die Objektbeziehungstheorie nahe – ist nicht über das Substantiv zu erschließen. »Es steht vielmehr für einen spezifischen Modus, etwas in Bezug auf etwas (Anderes) zu erfahren,

---

79 *Scharfenberg/Kämpfer* 1980, 67.
80 *Winkler* 2003, 209.

etwas *als* etwas zu erleben. Diese Sichtweise wird als ›symbolische Erfahrung‹ bezeichnet.«[81] Die vom Kind aufgenommenen und gespeicherten Interaktionsszenen und Interaktionsformen können symbolischen Charakter gewinnen und als symbolische Beziehungserfahrungen in der Kunst, in religiösen Vorstellungen, in Ritualen und Gemeinschaftsformen wieder belebt werden. Das Symbolische ist dann nicht nur vieldeutige, sprachlich gebundene Verweisung, sondern auch erlebbare Modellszene für lebendige Wechselseitigkeit, für gelingendes Leben. Symbolische Beziehungserfahrungen, wie sie im Gottesdienst geschehen, verknüpfen frühe Erfahrungen von Zusammenpassen zwischen Mutter und Kind mit Symbolen einer unbedingten, tragenden Wirklichkeit, sie ermöglichen lebendige Teilhabe an dem, was die Symbole präsentieren, und tragen auf diese Weise zur Subjektwerdung und Lebendigkeit des Glaubens der beteiligten Personen bei (⇒ Kap. 6.3).

7.3.4 Religion und Symbol
Die besondere Nähe des Symbols zur religiösen Kommunikation ist im Vorangehenden immer wieder deutlich geworden, vor allem in der Symbolkonzeption von *Paul Tillich*. Sehr anschaulich hat es *A. Sabatier* zum Ausdruck gebracht: »Das Symbol ist die einzige Sprache, die für die Religion paßt. Wir haben das Bedürfnis, das kennenzulernen, was wir anbeten; denn man betet ja nicht das an, von dem uns alle Wahrnehmung abgeht. Aber es ist ebenso unvermeidlich, daß wir es nicht völlig begreifen; denn man betet hinwiederum wohl das auch nicht an, was man allzuklar begreifen würde, da ja begreifen so viel als beherrschen ist. Das nun ist die doppelseitige und widerspruchsvolle Lage der Frömmigkeit, der eben das Symbol zu entsprechen bestimmt zu sein scheint.«[82]
Religion bezieht sich auf das Heilige, auf das ganz Andere, das Geheimnis der Wirklichkeit, das Unvergleichliche – dem kann man sich nur gleichnishaft, symbolisch nähern. Das Symbolische schützt das Heilige vor Festlegung, vor Verdinglichung, es trägt dazu bei, seinen Geheimnischarakter zu wahren. Insofern ist das Symbolische unumgänglich, wenngleich immer zwiespältig: Es bleibt immer dem Missverständnis ausgesetzt. Die Kirchenväter haben versucht, durch die Formulierung von Bekenntnissen das Risiko von Missverständnissen und häretischen Deutungen einzugrenzen – nur um zu erleben, dass die Auslegung dieser Symbole neue Missverständnisse und Streitigkeiten auslöste. Nicht zufällig heißen die altkirchlichen Bekenntnisse Symbole: Sie sollen verschiedene Glaubensrichtungen zusammenführen, Grundlage einer neue Einheit im Glauben bilden; gleichzeitig sind sie selbst wiederum auslegungsbedürftig und auslegungsfähig; der Streit

---
81 *Wahl* 1994, 222.
82 Zitiert bei *Jetter* 1986, 73, Anm. 13.

darum, welche Auslegung der Schrift oder des Bekenntnisses die richtige sei, ist im Prinzip unendlich.

Das Symbol ist Grundlage eines pluralen Verstehens und Glaubens, Ausgangspunkt für einen Pluralismus in der Religion, in der Kirche – es ist kein Zufall, dass die Wiederentdeckung des Symbols in einer Zeit erfolgt, in der Pluralität eines der wesentlichen Kennzeichen der Moderne geworden ist (⇒ Kap. 2). Wer die Pluralität in der Kirche oder im Glauben als eine Gefahr sieht (alle fundamentalistischen Bewegungen tun das!), wird sich auch mit dem Symbol schwer tun (Es ist ebenfalls ein Kennzeichen des Fundamentalismus, dass er die religiöse Sprache nicht symbolisch, sondern wörtlich versteht!).

Damit ist das Symbol auch Grundlage der Freiheit des Glaubens! Was *Luther* mit Emphase betont hat, dass nämlich im Glauben jede/r frei und unabhängig ist und keinen Papst, kein kirchliches Lehramt braucht, der die richtige Deutung des Glaubens vorgibt, konkretisiert sich im Symbol. Jede/r hört, versteht, glaubt etwas anders als der/die andere – damit ist keiner schrankenlosen Beliebigkeit das Wort geredet; es bedeutet vielmehr eine Einladung, die Gemeinschaft zu suchen und sich auszutauschen über die jeweiligen unterschiedlichen Lesarten und Hörarten, um auf diese Weise gemeinsam nach der Wahrheit zu suchen. »Wahrheit ist eine Reise, die wir gemeinsam machen« heißt ein Sprichwort. So gesehen setzt das Symbol Gemeinschaft voraus und fordert zugleich zur Gemeinschaft, zur gemeinschaftlichen Suche und Verständigung heraus. Religiöse Rede als symbolische Rede braucht die Gemeinde, braucht den Dialog, den Streit um die Wahrheit.

Symbolsprache in der Religion ist weiter deswegen unverzichtbar, weil sie den ganzen Menschen ansprechen will, ihn existentiell ergreifen und anrühren und nicht nur intellektuelles Verstehen bewirken will. Glaube ist ein Akt des Ergriffenseins von dem, was eine/n unbedingt angeht – nicht nur ein Denkakt. Deswegen kommt der Glaube nicht ohne Symbole aus, die Theologie dagegen sehr wohl.

Schließlich können Symbole eine Brücke schlagen zwischen vergangenen und gegenwärtigen Lebenserfahrungen. Vergangene und gegenwärtige Lebenserfahrungen sind sicher nicht gleichförmig, aber doch an vielen Stellen mindestens analog – in dieser Analogie ist die Möglichkeit begründet, dass wir alte Symbole auch heute noch verstehen. Wenn es beispielsweise in den Psalmen heißt »und ob ich schon wanderte im finstern Tal ...« (Ps 23), dann verstehen wir dieses Bild sofort, wenngleich unsere Assoziationen dazu vermutlich im Detail ganz anders aussehen als die der Menschen, die diese Psalmen ursprünglich gebetet haben (z.B. kennen die meisten von uns überhaupt kein wirklich finsteres Tal mehr!). Gleichzeitig eröffnen Symbole Zukunft, weil sie immer »mehr« enthalten, als im Moment auszuschöpfen ist. Symbole sind der Realität immer voraus und deswegen reizvoll und anregend.

7.3 Gottesdienst als symbolisches Handeln

Die *christlichen* Symbole haben gegenüber den allgemein religiösen Symbolen eine Besonderheit, sie sind nämlich geschichtlich bezogen auf den Exodus als eine der grundlegenden Gotteserfahrungen des Volkes Israel bzw. auf den irdischen Jesus von Nazareth und seiner Ankündigung der Gottesherrschaft. Die Deutung christlicher Symbole kann also nicht von diesem Horizont losgelöst geschehen: Exodus oder Reich Gottes sind Symbole, die in ihrer Geschichte einen deutlichen Zusammenhang mit Erfahrungen von Befreiung aus versklavenden Verhältnissen haben, Erfahrungen von Gerechtigkeit in ungerechten gesellschaftlichen Strukturen, von Hoffnung angesichts hoffnungslos scheinender Lebensverhältnisse. Es ist also bei der Auslegung von Symbolen im Kontext der jüdisch-christlichen Tradition wichtig, sich nicht in der Natursymbolik zu verlieren, sondern diesen geschichtlichen Horizont und seine kritischen Perspektiven mit einzubeziehen. Freiheit, Einzigartigkeit und unverlierbare Würde wird dem Menschen vom Gott des Exodus, vom Gott Jesu Christi zugesagt, nicht von der Natur.

7.3.5 Pastoralpsychologische Aspekte des Symbols

Die Pastoralpsychologie betont noch einige besondere Aspekte des Symbolverständnisses: Auszugehen ist von der psychoanalytischen Hypothese, dass alles menschliche Erleben konflikthaft oder ambivalent strukturiert ist ($\Rightarrow$ Kap. 1.9). *Joachim Scharfenberg* benennt drei »Grundambivalenzen«:[83] Die erste hat mit der *Zeitlichkeit* des Lebens zu tun. Wir sind immer hin- und hergerissen zwischen dem Wunsch, noch einmal zurückgehen zu wollen in Zeiten, die wir als angenehm und zufriedenstellend erinnern, und vorangehen zu wollen in erhoffte und vorgestellte neue Zeiträume und Befindlichkeiten: die Grundambivalenz von Regression und Progression.

Die zweite Ambivalenz hat mit dem *Raum* zu tun: Die Einzelnen möchten Teil des Ganzen, der Erde, ihrer Gesellschaft, ihrer Familie sein – und sie möchten gleichzeitig einzigartig, unverwechselbare Individuen sein: die Grundambivalenz von Partizipation und Autonomie.

Die dritte Ambivalenz hat mit dem Erleben oder der *Konstruktion von Wirklichkeit* zu tun: Menschen möchten sich den herrschenden Verhältnissen anpassen, sich den akzeptierten Meinungen anschließen, weil sie sich nur so wohl fühlen, Anerkennung und Zuneigung gewinnen; gleichzeitig engen die Verhältnisse ein, man möchte ihnen entfliehen und in ein phantasiertes Reich der unbegrenzten Möglichkeiten auswandern: die Grundambivalenz von Anpassung und Phantasie.

Ambivalenzen gehören zum Leben, sie sind reizvoll und spannend, aber, wie das Wort »spannend« impliziert, sie spannen auch an, sie strengen an. Insofern wird es immer wieder als angenehm und wünschenswert empfunden, wenn es Situationen gibt, in denen Ambiva-

---

[83] *Scharfenberg* 1985, 54ff.

lenzen oder Konflikte »aufgehoben« werden – und *Scharfenberg* behauptet, dass eben dies im Symbol geschehen kann, und zwar dann, wenn es gelingt, dass ein öffentliches religiöses Symbol aus der jüdisch-christlichen Tradition einen individuellen Konflikt aufnimmt und darin gleichzeitig einer Lösung zuführt.
Scharfenbergs These: In den biblischen Geschichten und Symbolen kommen exemplarische Konfliktkonstellationen zur Sprache: Im Symbol werden sie aufgegriffen, ausgedrückt und bearbeitet. (Bearbeitet, insofern entweder eine bewusste Arbeit mit dem Symbol in Form einer Meditation, als Arbeit am Text, als Bibliodrama etc. geleistet wird, oder stärker vorbewusst, indem das Symbol eine andere mögliche Lösung als die bisherige eigene vor Augen führt.)[84]

Am Beispiel der Geschichte vom verlorenen Sohn (Lk 15): Hier wird der Konflikt zwischen Autonomie und Partizipation, Freiheit und Gehorsam erzählerisch dargestellt. Der jüngere Sohn macht sich auf den Weg, seine eigene Unabhängigkeit zu entdecken und auszuleben – bis er merkt, dass diese Freiheit für ihn nicht alles ist. Er geht zurück zum Vater. Stellt diese Rückkehr eine Regression dar, oder enthält sie eine Progression zu einer neuen Ebene der Reifung? Und nun die entscheidende Frage: Ist diese Entwicklung in der Identifikation für Einzelne unter den Hörenden nachvollziehbar? Ermöglicht eine solche Geschichte eine symbolische Konfliktlösung (sowohl auf der Vater-Sohn-Ebene wie auf der religiösen Ebene Gott – Mensch) für die, die in einer ähnlichen Situation leben? Ist umgekehrt eine Identifikation mit dem älteren Sohn, mit dessen Gehorsam und Pflichterfüllung möglich, aber dann auch mit der Notwendigkeit, aus diesem Muster herauszugehen und ein eigenes Lebensziel zu finden? Das Vertrauen, die Annahme des Vaters eröffnet Freiheit; stiftet die Beschäftigung mit der Geschichte diejenigen dazu an, die in Unfreiheit leben?

Für den Umgang mit biblischen Texten kann es also reizvoll sein, danach zu fragen, welche Grundkonflikte hier im Hintergrund stehen, wie sie ausgedrückt und gelöst werden.
Mit dieser Fragestellung wird methodisch eingelöst, was eine implizite Voraussetzung der pastoralpsychologischen Hermeneutik ist: Dass biblische Texte verdichtete, geronnene Lebens- und Glaubenserfahrungen sind bzw. enthalten, die auf Grund dieser Annahme von denselben Konflikten und Ambivalenzen geprägt und durchzogen sind, wie wir sie aus unserem eigenen Leben kennen. Abstrakt formuliert: Texte können mit denselben hermeneutischen Mitteln ausgelegt und verstanden werden wie Menschen und ihre Beziehungen.

84 Zur Kritik an Scharfenbergs Position vgl. *Wahl* 1994, 507f. Ohne den psychoanalytischen Hintergrund, in der Sache aber vergleichbar weist *Schweitzer* 2000, 46ff. darauf hin, dass und wie Geschichten und Mythen menschliche Grundkonflikte thematisieren. »Neue symbolische Gestaltungen der Lösung dieses Grundkonflikts machen neue Erfahrungen im realen Leben möglich, und neue Erfahrungen ermöglichen neue symbolische Gestaltungen der Lösung dieses Grundkonflikts.« (47)

7.3.6 Zusammenfassung

Zum Verstehen des Gottesdienstes als symbolisches Geschehen sind die vier Merkmale symbolischer Kommunikation, die *Werner Jetter* zusammenfassend formuliert, hilfreich:[85]

1. *Symbolische Kommunikation ist einfach*; sie konzentriert sich auf anschauliches und begrenztes Vorstellungsmaterial, das für alle leicht nachvollziehbar ist. Wenn es in einer Psalmlesung von Gott heißt »meine Zuversicht und meine Burg« (Ps 91,2), dann haben alle, die den Satz hören, eine Vorstellung von einer Burg, von ihrem schützenden und bergenden Charakter, und entsprechend »wissen« oder spüren sie, was damit gemeint ist. Es ist nicht zufällig, dass gerade die Natursymbole (obwohl eine Burg eher ein technisches Symbol darstellt) sich besonderer Beliebtheit erfreuen: Weg, Licht, Baum, Hand usw. Jede/r kennt diese Phänomene, jede/r verbindet Assoziationen und Gefühle mit ihnen, die sich leicht abrufen lassen. Wenn kirchliche Kommunikation verständlich und eingängig sein soll, muss sie symbolisch sein! Anregungen aus der Symboldidaktik können auch für den Umgang mit der Sprachgestaltung im Gottesdienst herangezogen werden.[86]

2. *Symbolische Kommunikation ist zugleich viel komplexer* als die rein verbale. Das merkt man immer dann, wenn man ein Symbol in diskursive Sprache übertragen will. Wie könnte man den Satz »Gott ist meine Burg« diskursiv übersetzen?
Die Komplexität hat damit zu tun, dass im Symbol eine ganzheitliche Kommunikation stattfindet, dass Bewusstes und Unbewusstes, Rationales und Emotionales gleichzeitig vermittelt werden. Ein Symbol ist, wie ein Gedicht, eine verdichtete Ausdrucksweise.

3. *Symbolische Kommunikation ist übergreifend* – und zwar in mehrfacher Hinsicht: Sie übergreift das rein logische Verstehen (s.o.), sie übergreift schichtspezifische oder bildungsbedingte Barrieren, sie übergreift auch geschichtliche Veränderungen: Natursymbole etwa bleiben äußerlich gleich, die Assoziationen und Gefühle, die wir mit ihnen verbinden, variieren allerdings je nach historisch-kulturellem Kontext.

4. *Symbolische Kommunikation ist vorausgreifend*: Symbole formulieren keine Ergebnisse, sie regen an zu suchen, zu denken, sich anzunähern – sie sind dem Wort und der Wirklichkeit immer voraus, enthalten immer ein »Mehr«, einen Überschuss, der nicht auflösbar ist. »Das Symbol öffnet den Boden des Lebens, so daß die Grundsituationen und Grundkonflikte durchscheinen werden: die vielversprechende Fülle des Lebens, das alles in Frage stellende Dunkel des Todes und das unheimlichste Geheimnis, das des Bösen. Das Symbol verstärkt

---

85 *Jetter* 1986, 48ff.
86 Vgl. *Früchtel* 1991; *Biehl* 1991.

durch seine Deutungsbedürftigkeit das aufhaltende Wesen der Sprache, die es den Menschen ermöglicht, nicht blind reagieren zu müssen, sondern ihr Handeln bedenken und wählen zu können ...«[87] Allerdings liegt hier auch gerade die Gefahr jedes Symbols: Aus dem Symbol des Heiligen kann ein Objekt des Heiligen werden, das Symbol wird mit dem Heiligen selbst identifiziert und damit zum Zeichen reduziert. Das Symbol verkommt zum Idol, sagt *P. Ricœur*: »Das Symbol gibt zu denken, aber es ist auch die Geburt des Idols; aus diesem Grunde bleibt die Kritik des Idols die Bedingung für die Eroberung des Symbols.«[88] So gesehen hat das Symbol immer eine religions- und ideologiekritische Absicht! Ebenso ist der Tendenz zu wehren, dass das Symbol nur die vorfindliche Wirklichkeit abbildet: Das Symbol hat einen utopischen Überschuss.
Gottesdienst als symbolisches Handeln – die Überschrift und ihre Entfaltungen sollen dazu anregen, den Verweisungszusammenhang gottesdienstlicher Kommunikation ernst zu nehmen. Im Unterschied zur diskursiven Symbolik der Predigt inszeniert die Liturgie das, was in Rede steht, bildet ab, wiederholt – aber eben in andeutender Weise, bruchstückhaft, momenthaft. Das Symbol ist gewissermaßen die Verheißung, deren Erfüllung zwar angedeutet wird, aber eben doch in ihrer Realisierung aussteht.

7.4 Gottesdienst als Kommunikationsgeschehen

Gottesdienst kann auch beschrieben werden als ein Regelsystem von verbalen und nonverbalen Kommunikationselementen[89] ($\Rightarrow$ Kommunikation Kap. 1.3 und 10.1.1). Wenn man so definiert, kann man weiterfragen: Wie ist dieses Regelsystem strukturiert, und welche Funktion erfüllt es? Wo liegen seine Grenzen?
Die *verbalen Elemente* des Gottesdienstes lassen sich verschieden differenzieren:

7.4.1 In der Liturgiewissenschaft werden die Elemente des Gottesdienstes aufgeteilt (orientiert am römischen Messformular) in ein *Ordinarium* (die konstante Grundstruktur des Ablaufs) und ein *Proprium* (die kirchenjahreszeitlich bedingte Variabilität). Durch das Ordinarium wird ein Gottesdienst wiederholbar, es macht seinen rituellen Charakter aus – ein Phänomen mit deutlicher Ambivalenz: Auf der einen Seite mangelt der Wiederholbarkeit der Situationsbezug (der Gottesdienst wird genauso gefeiert, ob politische oder gesellschaftliche Normalzeiten oder Krisenzeiten vorherrschen usw.); auf der anderen Seite liegt eben darin eine große Chance: dass eine grundlegende kultische Form

---
87 *Jetter* 1986, 51.
88 *Ricœur* 1974. 555f.
89 *Josuttis* 1974, 165.

7.4 Gottesdienst als Kommunikationsgeschehen 311

angeboten wird, die sich nicht mit der Mode ändert, sondern eine gleichbleibende Verlässlichkeit und Strukturiertheit zur Verfügung stellt. Diese Ambivalenz ist von Bedeutung unter psychologischem und wie unter theologischem Aspekt:
Unter psychologischem Aspekt brauchen wir Dauer und Kontinuität auf der einen sowie Wandel und Veränderung auf der anderen Seite. (⇒ Persönlichkeitstheorie von *Riemann*, Kap. 13.10) Es geht um eine Balance, um eine kreative Spannung zwischen beiden Polen. In einer Gesellschaft, in der Wandlungsprozesse immer schneller und tiefgreifender ablaufen und viele Menschen orientierungslos machen, kann es von Bedeutung sein, wenn an einer Stelle eine grundlegend gleichbleibende Struktur angeboten wird; sie kann eine orientierende und stabilisierende Funktion bekommen. Wenn sich diese gleichbleibende Struktur jedoch verselbstständigt, wenn sie keine symbolische Bearbeitung z.B. auch der gesellschaftlichen Veränderungsprozesse mehr ermöglicht, erscheint sie irgendwann nur noch wie ein Fremdkörper, der keine Kommunikation mehr zwischen Leben und Glauben ermöglicht.
Aus theologischer Sicht stellen der Glaube und seine Inszenierung im Gottesdienst Möglichkeiten der Kontingenzbewältigung dar: in der Anrufung Gottes, im Vertrauen auf seine Treue die Widrigkeiten des Lebens leichter zu bewältigen. Glaube und Religion haben aus theologischer Sicht jedoch auch die Funktion, sich von der Welt und ihrer Gesetzlichkeit zu befreien, deren Vorläufigkeit und Begrenztheit zu erkennen, heilsamen Abstand zu gewinnen, der wiederum neue Perspektiven und Handlungsmöglichkeiten eröffnet.
Die Wahrnehmung und Symbolisierung von Ambivalenzen in der Gestaltung von Gottesdiensten eröffnet kreative Spannungen.

7.4.2 Eine andere Aufteilung der verbalen Kommunikationselemente ist die zwischen *Sprechen, Sprechgesang und Singen*. Vor allem der Sprechgesang und das Singen erfüllen eine besondere Funktion: Es sind Kommunikationsformen für eine Gruppe, die einer gemeinsamen Stimmung oder einer gemeinsamen Absicht gemeinschaftlich Ausdruck verleihen. Solche Ausdrucksformen setzen nicht nur Gemeinschaft voraus, sie stiften und verstärken sie auch. In jedem Fußballspiel, in jeder Demonstration ereignet sich Ähnliches: Um sich gemeinschaftlich auszudrücken, bedarf es einer rhythmisch gegliederten Form, in die sich die Einzelnen einfügen können. Es geht dann bei solchen Formen kaum noch um spezifische Inhalte, sondern viel mehr um den gemeinschaftlichen Ausdruck von Gefühlen, von Ängsten, Hoffnungen und Erwartungen, also um das Gemeinschaftserlebnis.
Die Frage stellt sich, ob diese ursprüngliche Funktion in den Resten von gemeinsamem Gesang und Sprechgesang, die in einem normalen protestantischen Gottesdienst noch vorhanden sind, ihre Wirkung entfalten können oder nicht. Kann ein Gemeinschaftserlebnis entstehen,

oder wird eher Fremdheit und Befremden reproduziert? Das ist sehr unterschiedlich etwa bei einem gut besuchten Weihnachtsgottesdienst, in dem kraftvoll bekannte Lieder gesungen werden, oder in einem normalen Sonntagsgottesdienst, in dem sich 30 Hörer und Hörerinnen in einer großen Kirche verlieren.
Bei dieser Reflexion wird deutlich: In der protestantischen Tradition achten wir häufig zu stark auf den Inhalt von Liedern, beurteilen sie also nach ihrem theologischen und ästhetischen Gehalt, und übergehen dabei zu leicht ihre Gemeinschaftsfunktion, ihre emotional-expressive Funktion. Die im Protestantismus an vielen Stellen zu beobachtende Spannung zwischen Ritus und Kerygma taucht hier wieder auf.

7.4.3 Eine weitere Differenzierung der verbalen Kommunikation im Gottesdienst macht sich an der Unterscheidung von *Amtsträger und Gemeinde* fest: Da sind drei Typen verbaler Kommunikation zu unterscheiden:
a. *Kerygmatische Kommunikation*: Der Amtsträger hat der Gemeinde »im Namen Gottes« etwas zu sagen, sei es in der Predigt, sei es vermittelt durch die Lesung eines biblischen Textes, sei es durch den Segen. Er/sie will damit verkündigen, trösten, informieren, aktivieren.
b. *Dialogische Kommunikation* findet statt im Wechselgespräch zwischen Amtsträger und Gemeinde, etwa bei der salutatio (»Der Herr sei mit euch ...«) oder beim Kyrie. Natürlich ist der Dialog vorstrukturiert, aber es geschieht doch ein Austausch.
c. In der *repräsentativen Kommunikation* redet die Amtsträgerin nicht zur Gemeinde, auch nicht mit der Gemeinde, sondern im Namen und im Auftrag der Gemeinde. Besonders deutlich ist dies beim Schlussgebet, wo sich die Pfarrerin mit der Gemeinde dem Altar zuwendet und auf diese Weise dokumentiert, dass sie stellvertretend die Anliegen der Gemeinde vor Gott zur Sprache bringt.

7.4.4 Die *nonverbalen Elemente* im Gottesdienst haben lange wenig Aufmerksamkeit im Blick auf ihre Bedeutung gefunden; erst in letzter Zeit ist das ausführlicher geschehen, z.B. in dem Buch von *Manfred Josuttis*, Der Weg in das Leben.[90]
Da sind zunächst Gesten und Gebärden im Gottesdienst. Sie haben eine doppelte Funktion: Auf der einen Seite deuten sie die Unwilligkeit zur Kommunikation an, statt dessen die Sammlung und Konzentration auf sich selbst, auf das Hören (Schließen der Augen, Händefalten); auf der anderen Seite unterstreichen und verstärken sie die verbale Kommunikation beispielsweise durch die Handauflegung beim Segen.

---

90 *Josuttis* 1991.

7.4 Gottesdienst als Kommunikationsgeschehen

Zu den nonverbalen Elementen zählen die Bewegungen, und zwar nicht nur Veränderungen am Körper der Beteiligten, sondern Veränderungen mit dem ganzen Körper im Raum. In vertikaler Richtung gibt es die Bewegungen des Stehens, Sitzens und Kniens: Stehen gilt als besonderer Ausdruck der Ehrfurcht, Knien als Zeichen von Unterwerfung oder Demut, Sitzen als Voraussetzung der Sammlung und der Selbstbeherrschung, in der die Lebendigkeit des Lebens gezügelt wird.[91]
Einen Platzwechsel im Gottesdienst nimmt in der Regel nur der Liturg vor. Das Rollengefüge zwischen Liturg und Gemeinde deutet sich auch in diesem setting an: Der Liturg bewegt sich frei im Kirchenraum, die Gemeinde ist fest an ihren Platz gebannt.
Neben Gebärden und Gesten gibt es auch Berührungen, also Fühlungnahme und sinnlichen Kontakt mit einer anderen Person. Im protestantischen Gottesdienst sind Berührungen jedoch extrem selten geworden. Die häufigste Form der Berührung ist die Handauflegung bei Einführungs- und Segenshandlungen (Amtseinführung, Konfirmation, Segnung der Eltern bei der Taufe, Segnung beim Krankenabendmahl etc.). Auch hier hat man erst in neuerer Zeit die sinnliche Dimension wiedergewonnen, nicht zuletzt durch humanwissenschaftliche Erkenntnisse von der Bedeutung der Berührung.[92]
Der sogenannte Friedensgruß (in orthodoxen Kirchen auch als Friedenskuss praktiziert) ist in vielen Gemeinden eher eine Verlegenheit: Erzwungene Berührung löst Angst und Abwehr aus; sie muss aus gemeinsamer Nähe und Verbundenheit erwachsen, um tragfähig zu sein und um als Ausdruck von Gemeinschaft gelten zu können.
Schließlich sind noch die besonderen symbolischen Kommunikationsformen zu erwähnen, zum einen die symbolisch bedeutsamen Gegenstände in der Kirche, Altar, Kanzel, Taufstein; sodann die Sakramente, Taufe und Abendmahl, die sich durch eine Mischung von Symbolhandlung und dazugehöriger Deutung auszeichnen. Bei den Sakramenten lohnt die Frage, ob sie im konkreten Vollzug eine mehrschichtige Bedeutungen eröffnende Symbolhandlung darstellen oder schon zum immer feststehenden Klischee (s.o.) abgesunken sind.

7.4.5 Die Perspektive »Kommunikation« fordert dazu heraus, die *Regeln* der Kommunikation im Gottesdienst, das *Rollengefüge* und den *Rahmen* genauer zu betrachten.
Jede Kommunikation braucht Regeln, um funktionieren zu können: dass man den anderen ausreden lässt, bevor man antwortet, dass Inhalts- und Beziehungsaspekt übereinstimmen müssen, um glaubhaft zu

---

91 Vor allem *Wilhelm Reich* hat das viele Sitzen in der modernen Gesellschaft als Ausdruck einer Immobilisierung und Unterdrückung der Beweglichkeit des Lebens verstanden. Vgl. *Reich* (1951), 1978, 117ff.
92 Ich erinnere mich an Einführungen, wo die Liturgen die Hand in einem deutlich wahrnehmbaren Abstand über dem Kopf des/der Einzuführenden hielten!

wirken, dass Sender und Empfänger ein gemeinsames Repertoire an Zeichen, an Worten, an Symbolen brauchen, um sich verstehen zu können usw.
Im Gottesdienst werden die Regeln des Kommunikationsablaufs durch die Agende festgelegt. Alle für den Ablauf relevanten verbalen und nonverbalen Elemente werden dort benannt. In indikativischen Sätzen mit imperativem Sinn legt die Agende das Verhalten fest: »Der Prediger begibt sich zum Altar, die Gemeinde erhebt sich« usw.
Diese geregelte Kommunikationssituation ist durchaus mit anderen Situationen vergleichbar: eine öffentliche Gedenkfeier, eine Demonstration, eine Sportereignis – es gibt viele analoge Veranstaltungen; der Vergleich macht auch deutlich, wie restriktiv der normale Gottesdienst das Verhalten regelt.

Josuttis beschreibt diese restriktive Situation folgendermaßen: »Fragt man nach vergleichbaren Kommunikationssituationen, so kann der Blick auf Sportplatz und Parademarsch zur Verdeutlichung helfen. Auch ein Fußballspiel läuft ab nach schriftlich fixierten Regeln ... Durch diese Regeln werden bestimmte Verhaltensweisen, wie Spiel mit der Hand oder Stellung im Abseits, unter Verbot und Strafe gestellt. Aber diese Regeln setzen im Grunde nur einen Rahmen, in dem ein höchst variables Verhalten möglich und erforderlich ist. Jeder Teilnehmer eines solchen Spiels ist in jedem Augenblick mit neuen, in dieser Konstellation unwiederholbaren Situationen konfrontiert, die von ihm Initiative, Entscheidung, Partnerschaft und Einsatz verlangen. All das ist ihm im Gottesdienst abgenommen oder verwehrt. Er darf noch nicht einmal, wie die Zuschauer beim Fußballspiel, seiner Zustimmung Ausdruck geben oder den Spielleiter lautstark kritisieren. Alle kommunikativen Verhaltensvorgänge in diesem Gottesdienst sind ihm vorgeschrieben. Man muß, um Analogien zu finden, in der Tat an Situationen mit Zwangscharakter denken, an Schule im alten Stil, an Gefängnis, an Militär.[93]

Die Spannung zwischen Inhalts- und Beziehungsebene (⇒ Kap. 10.1.2) wird durch diese Beschreibung überdeutlich: Die Vermittlung einer guten, frohen Botschaft, die dem Leben Orientierung, Grundlage und Hoffnung geben soll, geschieht in einer Situation, die eine extrem reduzierte und beherrschte Körperhaltung verlangt und insofern jene genannten Zielvorstellungen nur als sublimierte Innerlichkeit zulässt, jeden wirklich lebendigen Ausdruck aber verweigert. Ein Blick in die Ökumene zeigt, dass eine so extreme Reduzierung von Lebendigkeit ein Spezifikum westlicher Kulturen darstellt, dass Gottesdienste auch mit ganz anderer Lebendigkeit gefeiert werden können. Die Wahrnehmung dieser Spannung könnte bereits dazu beitragen, sie in kleinen Schritten zu reduzieren, in dem man andere Gestaltungselemente einbezieht.
In jedem Gottesdienst ist das festgelegte *Rollengefüge* sofort offenkundig: Der Pfarrer / die Pfarrerin leitet den Gottesdienst, leitet die Inszenierung des Gottesdienstes; die Hörenden sind weitgehend passiv Teilnehmende.

93 *Josuttis* 1974, 174f.

7.4 Gottesdienst als Kommunikationsgeschehen

Karl-Heinrich Bieritz hat vorgeschlagen, die Predigt – und damit auch den Gottesdienst – von der Metapher des Spiels her zu verstehen.[94] Es gibt in jedem, so auch in diesem Spiel, eine Reihe von Spielern, die feste Rollenvorschriften zu befolgen haben. Zwischen dem Prediger als »Hauptspieler« und den Hörenden als Mitspielern besteht eine Beziehung. Der Gestaltung eines Gottesdienstes einschließlich der Predigt liegen bewusste und unbewusste Definitionen dieser Beziehung auf beiden Seiten zugrunde. Auf Seiten des Pfarrers / der Pfarrerin z.b.: Die Gemeinde schätzt mich, meine Stimme wird als angenehm wahrgenommen, ich selber habe Lust, diesen Gottesdienst zu feiern, viele hören gern meine Predigten; auf Seiten der Gemeindeglieder: Schön, dass X. wieder den Gottesdienst hält, ich schätze seine warmherzige Art etc. – das sind öffnende und ermutigende Beziehungsdefinitionen. Abwertende und verschließende Beziehungsdefinitionen auf Seiten des Pfarrers / der Pfarrerin können sein: Die meisten in der Gemeinde verstehen sowieso nicht, was ich zu sagen habe, ich fühle mich heute müde und ausgebrannt; auf Seiten der Gemeinde: Der hält schon wieder den Gottesdienst, den verstehe ich sowieso nicht, der redet immer so abstrakt etc. Solche vorgängigen Beziehungsdefinitionen prägen die Art und Weise des Redens und Hörens, die Qualität des Kontakts, des gegenseitigen Wahrnehmens und Verstehens.
Pfarrer und Pfarrerinnen sollten ihre eigenen Beziehungsdefinitionen und Kommunikationsmuster gegenüber der Gemeinde, ihre Einstellung zum Gottesdienst wahrnehmen und sich bewusst mit ihnen auseinandersetzen, um unbewusst sich einschleichende Kommunikationsverzerrungen möglichst zu verhindern.
Das Spiel des Gottesdienstes findet innerhalb eines bestimmten Spielfeldes, innerhalb eines bestimmten *Rahmens* statt: Die Einzelheiten des liturgischen Ablaufs, die kirchenjahreszeitliche Prägung und die Ausgestaltung des Raumes bestimmen das Spiel in hohem Maß.
Der Raum hat eine prägende Kraft. Es macht einen großen Unterschied, ob ein Gottesdienst in einer großen gotischen Hallenkirche statt findet, die ästhetisch schön bis überwältigend erlebt wird, über eine gute Akustik verfügt, im Winter furchtbar kalt ist oder im Sommer angenehm kühl erscheint, oder ob man sich in einem Mehrzweckraum versammelt, der nüchtern und sachlich wirkt und eine feierliche Stimmung kaum aufkommen lässt.
Es macht einen großen Unterschied, ob der Pfarrer / die Pfarrerin vor einem Altar und von einer Kanzel spricht, die in großem Abstand zur Gemeinde positioniert sind, oder von einem Altar und Pult, die nah an den Sitzreihen stehen, vielleicht sogar Interaktion und Gespräch ermöglichen.

---

[94] *Bieritz* 1982, 112ff.

Die Sprache des Liturgen / der Liturgin muss sich dem kultischen Raum anpassen: Nicht alles, was gesagt werden könnte, sollte in diesem Kontext gesagt werden, vor allem nicht auf beliebige Weise gesagt werden: Eine gewisse Ernsthaftigkeit bis hin zur Feierlichkeit der Sprache ist gefordert, während eine sehr saloppe oder zu persönliche Sprache in einem großen, kultisch-feierlichen Raum fehl am Platz erscheint.

Die Predigt ist Teil des Spiels, das Gottesdienst heißt, und gerät damit auch in das Spannungsfeld von Ritual und Information. Wird sie als Bestandteil des Rituals, also letztlich selber als Ritual wahrgenommen (eine Predigt gehört eben zum Gottesdienst, was der Pfarrer da inhaltlich sagt, ist sekundär, man kann sich dann auch eigenen Gedanken hingeben, aber grundsätzlich bewertet man den Vollzug der Predigt positiv ...), oder fällt die Predigt aus dem Spiel des Gottesdienstes in gewissem Maß heraus? Im letzteren Fall könnte sie eine auch ritual- und religionskritische Funktion übernehmen.

7.4.6 Die Perspektive »Gottesdienst als Kommunikation« fordert schließlich dazu heraus, nach den *Zielen* der Kommunikation zu fragen. Verschiedene Möglichkeiten, die sich z.T. überschneiden, sind denkbar: Der Vollzug des Gottesdienstes hat seinen Zweck in sich selbst. In der katholischen Messe geht es um die unblutige Wiederholung des Opfers Christi, nach Meinung der orthodoxen Kirche steigt im Gottesdienst Gott zum Menschen herab, heiligt ihn und führt das Werk der Erlösung weiter, wie andererseits der Mensch zu Gott emporsteigt und ihm Lob und Dank entgegenbringt; im Gottesdienst der Reformation geht es, in Luthers schon zitierter Torgauer Formel, darum, »daß unser lieber Herr selbst mit uns rede durch sein heiliges Wort und wir wiederum mit ihm reden durch Gebet und Lobgesang.«[95]

Wie unterschiedlich man den Gottesdienst auch versteht, gemeinsam ist diesen Konzeptionen, dass die gottesdienstliche Handlung ihren Zweck in sich selbst hat; sie braucht keinen zusätzlichen, außerhalb ihres Vollzuges liegenden Zweck. *Schleiermacher* hat diesbezüglich vom darstellenden Handeln im Gottesdienst (im Unterschied zum wirksamen Handeln) gesprochen.

Dieses Verständnis passt zu der erwähnten Spieltheorie: Auch Spiele werden um ihrer selbst willen gespielt; andere mögliche Ziele, sich die Zeit vertreiben, sich fit halten etc., sind sekundär; primär ist einfach der Spaß am Spiel.

Allerdings bleibt man mit solchen Beschreibungen exklusiv im theologischen Sprachfeld. Sobald man humanwissenschaftliche Perspektiven hinzuzieht, stellt sich auch bei den genannten Gottesdienstkonzeptionen die Frage, welche – humanwissenschaftlich zu beschreibenden – Ziele damit implizit oder explizit verfolgt werden (können). Dann liegen z.B. folgende Antworten nahe:

---

95 Zitiert nach *Meyer-Blank* 1997, 74.

7.4 Gottesdienst als Kommunikationsgeschehen

1. Gottesdienst soll auf verschiedene Weise Trost und Stabilisierung vermitteln: durch das Erleben von Gemeinschaft; durch die Hineinnahme in ein bekanntes und vertrautes Ritual; durch die Vergewisserung im Glauben; durch die Klärung beunruhigender Fragen etc.
2. Gottesdienst soll Spielraum und Freiraum eröffnen: Der Gottesdienst unterscheidet sich vom Alltag, er ist expressives, nicht funktionales Handeln, entwirft eine Gegenwelt bzw. Möglichkeiten von Menschsein, die sich deutlich von gesellschaftlichen Definitionen unterscheiden.
Das Konzept des »intermediären Raumes« des englischen Psychoanalytikers *Donald Winnicott* (⇒ Kap. 4.1.4) wird in diesem Zusammenhang auch auf den Gottesdienst übertragen.[96] Symbole und Rituale eröffnen nach *Winnicott* einen intermediären Raum, einen Möglichkeitsraum, der sich durch eine spezifisch verstandene »Illusion«, jenen Zwischenraum zwischen innen und außen, zwischen subjektiv und objektiv, zwischen vorgefunden und erfunden, auszeichnet. Gottesdienst als Eröffnung eines intermediären Raumes trägt dazu bei, die Anpassung an die Realität, an das Gegebene aufzubrechen und neue Lebensmöglichkeiten in den Blick zu nehmen. Gottesdienst als Spiel partizipiert an den kreativen Möglichkeiten des Menschen, verstärkt sie und stellt sie in einen umfassenden Horizont. Bereits *Ernst Lange* hat das Abendmahl als den Ritus bezeichnet, »in dem Menschen Reich Gottes spielen, in dem sie das radikal Ausstehende der Erfüllung vorwegnehmen ...«[97] Diese von *Lange* theologisch verstandene These wird durch die psychologische Reflexion *Winnicott*s und anderer plausibilisiert und ansatzweise nachvollziehbar gemacht.
3. Informationsvermittlung war eine Zielsetzung des Gottesdienstes, die vor allem in den 70er Jahren eine große Rolle gespielt hat. Information bedeutet, die Zustände der Welt nicht scheinbar neutral wie die Nachrichtensendung, sondern aus christlich-prophetischer Perspektive parteiisch-engagiert darzustellen; aus der Information soll Sensibilisierung für ungerechte Verhältnisse folgen; aus ihr wiederum wächst hoffentlich die Motivation, sich aktiv mit den Verhältnissen auseinander zu setzen und andere Lebensmöglichkeiten zu entwickeln und zu realisieren.
4. Eine weitere Zielsetzung des Gottesdienstes, insbesondere der Predigt, bezeichne ich als Angebot zur Lebensdeutung (⇒ Kap. 9.4): Wirklichkeit ist nie einfach gegeben, sondern immer konstruiert und gedeutet mit Hilfe der zur Verfügung stehenden Sprache. Erfahrung meint deutende Konstruktion dergestalt, dass eine unmittelbare sinnliche Wahrnehmung, ein Erleben einem übergeordneten

---

[96] Vgl. *Heimbrock* 1993; *Bobert-Stützel* 2000.
[97] *Lange* 1982, 90.

Verstehenszusammenhang zugeordnet werden muss, um verstanden und damit zu einer Erfahrung werden zu können. Zur Bewältigung des Alltags, um sich im Leben zu orientieren, um einen eigenen Standpunkt zur Orientierung zu finden etc. – überall sind Prozesse der Deutung, der Zu- und Einordnung notwendig. Bestandteil einer solchen Lebens- und Erfahrungsrekonstruktion ist – häufig unausgesprochen und unbewusst – auch die Religion, in welcher Form auch immer. Religion als Angebot einer letzten Sinnstruktur, als Vertrauen auf einen alles Leben tragenden Grund, als Hoffnung auf eine offene, noch nicht eingelöste Zukunft beeinflusst auch die Deutung des Lebens entscheidend. Ob beispielsweise Identität und Leben als Ergebnis eigener Tüchtigkeit und Leistung oder als Geschenk und Ausdruck der prinzipiellen Angewiesenheit des Menschen verstanden werden; ob sich die Würde des Menschen nach seiner Leistungsfähigkeit bemisst oder von Gott, dem Schöpfer, jedem Geschöpf grundsätzlich zugesprochen wird; ob das Eintreten für Frieden und Gerechtigkeit in der gegenwärtigen weltpolitischen Konstellation als hoffnungsloses Unterfangen gilt oder eine lohnende Realutopie aus Gottes Verheißung bleibt – die Einstellung zu solchen und ähnlichen Fragen ist eine Form der Lebensdeutung, die von der religiösen Einstellung mit beeinflusst wird.

7.5 Gottesdienst zwischen Regression und Progression

S. Freud hat mit seiner Religionskritik dem Christentum, im Grunde allen Religionen vorgeworfen, dass sie die Menschen auf einer infantilen Entwicklungsstufe festhalten; vor allem die Vater-Kind-Struktur werde wiederbelebt, der Mensch projiziere seine Sehnsüchte, Wünsche und Ängste auf einen übermächtigen Vater, von dem er sich alles Gute erhoffe; der Mensch werde dadurch am Erwachsensein gehindert, er weiche mit Hilfe der Religion immer wieder der erwachsenen Auseinandersetzung mit der Realität (eine die eigene Endlichkeit und Begrenztheit klar ins Auge fassende Haltung) aus ($\Rightarrow$ Kap. 5.1).

»»Regression« ist ein deskriptiver Begriff der Psychoanalyse. Er bezeichnet einen Vorgang, in dem ein Individuum oder eine Gruppe ein schon erreichtes psychisches Struktur- oder Funktionsniveau verlässt und zu einem lebensgeschichtlich früheren und/oder niedriger strukturierten Niveau des Denkens, Fühlens und Handelns zurückkehrt.«[98] Aus kognitionspsychologischer Sicht wird dieser Vorgang bestätigt als vorübergehende oder bleibende Entdifferenzierung des kognitiven Feldes oder Niveaus.

In diesem Sinn, so lautet der Vorwurf, wäre auch die Teilnahme an einem Gottesdienst als ein Regressionsvorgang zu beurteilen. Nun ist kaum zu bestreiten, dass es solche Phänomene gibt:

98 *Körner*, Art. Regression – Progression, in: *Mertens/Waldvogel* 2002, 603.

7.5 Gottesdienst zwischen Regression und Progression

- wenn Menschen beispielsweise in ihrer Gottesvorstellung auf einem kindlichen Niveau verharren, das sich deutlich von ihrem alltäglichen Funktionsniveau im Beruf oder auch im Privatleben unterscheidet;
- wenn einseitig und undialektisch nur Gottes Nähe und Liebe betont, die Erfahrung seiner Verborgenheit und seines Gerichts dagegen vernachlässigt wird;
- wenn Gemeinden konsequent Ergebnisse der historisch-kritischen Forschung vorenthalten werden, so dass sie beinahe zwangsläufig auf einem relativ naiven theologischen Stand bleiben;
- wenn Predigten unkritisch und unpolitisch einer religiösen Kontingenzbewältigung das Wort reden und damit zu einer Zementierung des status quo auch im religiösen Bewusstsein der Gläubigen beitragen;
- wenn Glaube im Sinn einer Hoffnung auf ein besseres Jenseits Menschen davon abhält, jetzt und hier auf eine Veränderung der Verhältnisse hinzuwirken.

Hier hat der Regressionsbegriff eine kritische, gesellschaftliche und kirchliche Missverhältnisse aufdeckende Funktion. Eine bestimmte christliche Sprachmetaphorik – etwa die Metaphern vom Hirten und den Schafen, oder die Rede vom Glaubensgehorsam oder die Betonung der Verworfenheit und Abhängigkeit des Menschen in traditionellen Sündenbekenntnissen – ist aus dieser Sicht in ihrer Funktion zu hinterfragen. Die Sprache unterschlägt Ambivalenzen und begünstigt autoritäre Beziehungsstrukturen.

Nun hat sich in der Psychoanalyse eine Weiterentwicklung des Regressionsbegriffs vollzogen. Der englische Psychoanalytiker *Michael Balint* postuliert für die frühe präödipale Lebensphase, die Zeit der Symbiose, einen »Bereich des Schöpferischen«, einen Bereich der Kreativität.[99] Dieser Bereich bleibt auch im weiteren Leben als ein »ständiges Reservoir schöpferischer Kräfte« bestehen; Beziehungen im Erwachsenenleben sind immer wieder von der Sehnsucht nach jener konfliktfreien Harmonie bestimmt. Diese Sehnsucht ist in der Regel nur punktuell erfüllbar, etwa in der Liebe, in der Versenkung im künstlerischen Tun, in der Meditation. Regression kann den Rückgang zu diesem Reservoir schöpferischer Kräfte bedeuten, um neu gestärkt durch den erholsamen Rückschritt nach vorne gehen zu können und einen Neubeginn zu ermöglichen.

Damit wird die Unterscheidung zwischen einer malignen und einer benignen Regression eingeführt. Die benigne Regression nennt *Balint* auch »Regression um der Progression willen«,[100] d.h. sie gleicht einem zeitweiligen Rückzug in jenen früheren Entwicklungsbereich, einem

---

99 Zum Folgenden *Winkler* 1992 (a), 89ff.
100 *Balint* ²1997, 161.

Rückzug, aus dem man gestärkt hervorgeht und sich wieder dem Alltag zuwenden kann. Schlaf, Urlaub, manche Krankheitserfahrungen haben diesen Charakter: sich zurückziehen – im Krankheitsfall sich versorgen lassen –, um dann erneut den Alltag angehen zu können. Das Ich mit seinen Wahrnehmungs-, Steuerungs- und Entscheidungsfähigkeiten geht gekräftigt daraus hervor. Eine solche Art von Regression brauchen wir offenbar immer wieder, um die Anstrengungen des Lebens bestehen zu können.
Diesen Regressionsbegriff hat *Hans Joachim Thilo* in seinem Buch »Die therapeutische Funktion des Gottesdienstes« (1985) aufgegriffen. Er nimmt allerdings das Stichwort Regression ausschließlich positiv auf und stellt unbefangen fest: »Der Gottesdienst ist das Rasthaus, in das wir müde einkehren. Hier genießen wir, hier erfrischen wir uns. Aber alles nur zu dem Zwecke, um uns wieder auf die staubige Landstraße des Lebens zu begeben, nicht um im Rasthaus sitzen zu bleiben.«[101]
Der positive und notwendige Aspekt von Regression wird herausgestellt: die Aspekte der Ruhe, der Entspannung, des Loslassens, wie sie mit dem Sonntag als dem Ruhetag gegeben sind. Damit wird Gottesdienst zu einer Veranstaltung, die sich abhebt vom Alltag mit seinem Leistungsdruck, der Hektik, der Zielstrebigkeit. Im Gottesdienst darf man sein, wie man ist, aufmerksam oder müde, deprimiert oder voller Tatendrang – es wird nichts von einem verlangt, man braucht nur dazusitzen, kann sich vom liturgischen Ablauf mitnehmen lassen, niemand kontrolliert, ob man zuhört oder nicht. Darin kann eine heilsame Regressionsmöglichkeit liegen.

Bei modernen Gottesdiensten kann es schon wieder ein Problem sein, dass sie viel Aktivität und Leistung fordern und damit jene Regression gerade verhindern! Regression erscheint für manche Menschen (auch Pfarrer/Pfarrerinnen) als ausgesprochen bedrohlich und wird deswegen um jeden Preis vermieden.

Daneben und gleichzeitig – und die Balance ist schwierig – muss die Aufgabe stehen, Progression der Menschen auf reifere und differenziertere Verhaltens-, Denk- und Empfindungsmuster zu fördern. Auch dazu muss es im Gottesdienst Anstöße geben, beispielsweise in der Predigt, oder im Schlussteil der Liturgie, den das Gottesdienstbuch mit der Überschrift »Sendung und Segen« kennzeichnet und damit genau jene Spannung von Regression und Progression anspricht.
Gibt es Kriterien für die Beurteilung regressiver bzw. progressiver Prozesse? Wann kann man von benigner, wann muss man von maligner Regression sprechen? *Hans-Günter Heimbrock* nennt drei Kriterien für den therapeutischen Prozess; zwei von ihnen sind meines Erachtens auch für die Einschätzung eines Gottesdienstes aus dieser Perspektive hilfreich:

---

101 *Thilo* 1985, 42.

1. »Die Regression erfolgt in kontrolliertem Einsatz und mit zeitlicher Begrenzung.« Anders gesagt: Das Ich ist in der Lage, einen regressiven Zustand der Ruhe, der Entspannung, der Imagination herbeizuführen und auch wieder zu beenden.
2. »Die Regression führt dauerhaft nicht zum Rückzug von Objekten, sondern verhilft dem Menschen gerade zu einer Verbesserung seiner Objektbeziehungen.«[102]

Thilo hat den zweiten Punkt als kritische Frage formuliert: Hält mich der Gottesdienst in der Haltung des Ausruhens, des Abgebens von Verantwortung fest (das wäre die maligne Form) oder gibt er mir die Kraft, mich wieder auf die Landstraße des Lebens zu begeben? Hält er mich unmündig, oder weckt er die erwachsene Lust zur Auseinandersetzung um Sinn und Bedeutung des Lebens und ist in diesem Sinn lebensdienlich? Es ist immer wieder wichtig, mit dieser Frage kritisch das Geschehen und den Ablauf eines Gottesdienstes zu betrachten.[103]

7.6 Gottesdienst als ein Prozess von Erinnern, Wiederholen, Durcharbeiten

Ob es sich letztendlich bei einem Gottesdienst um eine benigne Regression handelt oder nicht, kann vielleicht an jener berühmten Trias *Sigmund Freud*s festgemacht werden, die er als Kennzeichen des therapeutischen Prozesses herangezogen hat und die inzwischen auch zur Beschreibung und zu einem vertieften Verstehen des Gottesdienstes benutzt worden ist.[104]

Freud versucht, mit diesen Begriffen die charakteristische Situation in der psychoanalytischen Therapie zu beschreiben: Patienten erinnern sich an bestimmte Begebenheiten aus ihrer Kindheit und erzählen dies. Andere Lebenssituationen, vor allem schmerzlich-traumatische Situationen, haben sie vergessen, verdrängt – hier kommt die Wiederholung ins Spiel:

»... so dürfen wir sagen, der Analysierte erinnere überhaupt nichts von dem Vergessenen und Verdrängten, sondern er agiere es. Er reproduziert es nicht als Erinnerung, sondern als Tat, er wiederholt es, ohne natürlich zu wissen, daß er es wiederholt.
Zum Beispiel: Der Analysierte erzählt nicht, er erinnere sich, daß er trotzig und ungläubig gegen die Autorität der Eltern gewesen sei, sondern er benimmt sich in solcher Weise gegen den Arzt. Er erinnert nicht, daß er in seiner infantilen Sexualforschung rat- und hilflos steckengeblieben ist, sondern er bringt einen Haufen

---

102 *Heimbrock* 1977, 84.
103 *Rey* 1985 interpretiert charismatisches Zungenreden als einen Regressionsvorgang, der als Selbstheilungs- und Reinigungsprozess zu verstehen sei (20f).
104 *S. Freud* (1914), St.A. Erg.-Bd., 205ff. Für die Integrative Therapie hat *Hilarion Petzold* vier Phasen des therapeutischen Prozesses unterschieden: Initialphase, Aktionsphase, Integrationsphase und Neuorientierung. Vgl. dazu *Petzold* 1993, 67ff. Zur Übertragung auf den Gottesdienst vgl. *S. Schneider* 2000.

verworrener Träume und Einfälle vor, jammert, daß ihm nichts gelinge, und stellt es als sein Schicksal hin, niemals eine Unternehmung zu Ende zu führen. Er erinnert nicht, daß er sich gewisser Sexualbetätigungen intensiv geschämt und ihre Entdeckung gefürchtet hat, sondern er zeigt, daß er sich der Behandlung schämt, der er sich jetzt unterzogen hat, und sucht diese vor allen geheimzuhalten usw.«[105]

Die Wiederholung ist die Übertragung alter Lebens- und Beziehungsmuster auf den Therapeuten; der Patient wiederholt, statt zu erinnern. Dieser Vorgang wird mit dem Begriff des Agierens bezeichnet. Die Übertragung schafft »ein Zwischenreich zwischen der Krankheit und dem Leben«.[106] Ziel der Therapie ist es nun, diese Übertragungen und die hinter ihnen stehenden Widerstände wahrzunehmen und durchzuarbeiten. Das ist der Hauptteil der Therapie und die eigentlich mühevolle Arbeit: langsam und kontinuierlich jene Widerstände aufzudecken und bewusst zu machen, damit an die Stelle der unbewussten zwanghaften Wiederholung früher Konflikte, an die Stelle des Agierens, die Erinnerung und damit die freie Verfügbarkeit über die Konflikte tritt.

Es hat inzwischen mehrere Autoren gegeben, die den *Freud*schen Ansatz auf den Gottesdienst übertragen haben. Als erster ist *Yorick Spiegel* zu nennen.[107] *Spiegel* sieht die traditionelle Gottesdienstpraxis stark unter dem Aspekt der zwanghaften und quasi-neurotischen Wiederholung: Hier werde nur das ewig Gleiche wiederholt, hier gelinge es nicht mehr, durch das Ritual äußere und innere Konflikte zu bannen. Gerade die im Gottesdienst geforderte passive Haltung der Teilnehmenden, die verinnerlichte Emotionalität, die jeden direkten Ausdruck verunmöglicht, trage zu dieser zwanghaften Wiederholung bei.

In neuen Gottesdienstformen dagegen kommt für *Spiegel* ein anderes Element ins Spiel: Hier gibt es Möglichkeiten, Konflikte auszuagieren, auszuleben z.B. durch Jazz- und Beatmusik, durch die Förderung von Diskussionen im oder nach dem Gottesdienst, durch den Einbau von Phasen, in denen gespielt oder gemalt wird etc. Wo der Gottesdienst als ganzer als Spiel verstanden wird, da wird den Teilnehmenden Spiel-Raum zur Verfügung gestellt, da entsteht herrschaftsfreie Sphäre, ein Nachspielen des wahren Lebens: Spielend kann ein Verlust bewältigt oder Angst überwunden werden. »Nur wenn gottesdienstliches Spiel eine solche kathartische Funktion erreicht, bleibt Wiederholung nicht nur Entlastung und Erholung, sondern wandelt sich zum Erinnern.«[108]

Das Schwergewicht rückt damit für *Spiegel* auf das Moment des Durcharbeitens im Gottesdienst. Es gibt Widerstände gegen neue, veränderte Gottesdienstformen, aber es gibt – noch wichtiger – auch Wi-

---

105 *Freud* 1914, 219f.
106 *Freud*, 1914, 214.
107 *Spiegel* 1972.
108 *Spiegel* 1972, 23.

7.6 Gottesdienst als ein Prozess von Erinnern, Wiederholen, Durcharbeiten

derstände gegen das »Wort Gottes«, gegen seine fremden, herausfordernden, in Frage stellenden Aspekte. Diese Widerstände aufzunehmen und durchzuarbeiten, darum geht es im Gottesdienst, darin liegt sein emanzipatorisches Potential.

»Gerade dann, wenn Kritik dem Hörer unheimlich ist, wenn die Verkündigung nicht vertraut, sondern fremd klingt, kann das Fragen nach der Herrschaft Gottes einsetzen. Dies ist die Hoffnung und die Funktion, die dem Gottesdienst gegeben ist, Unheimliches in Heimliches, Wiederholung in Erinnern zu verwandeln, nicht durch Beschwichtigung, nicht durch Manipulation, sondern im Prozeß des individuellen und gruppendynamischen Durcharbeitens, bei dem der Gottesdienst nicht mehr anbieten kann als einen herrschaftsfreien Raum und eine Interpretation, theologisch gesprochen ein Wort, das dem Ausagieren und dem Bewußtsein des Besuchers gerade um eine Handbreit voraus ist.«[109]

Yorick Spiegel kommt von einer gesellschafts- und religionskritischen Haltung im Gefolge der *Marx*schen und *Freud*schen Religionskritik her, er versucht, Impulse der Studentenbewegung, der Kritischen Theorie, des Neomarxismus aufzugreifen und für eine Neugestaltung des Gottesdienstes fruchtbar zu machen. *Spiegel* will einen gesellschaftlich engagierten Gottesdienst, der eine aktive Bewusstmachung und Verarbeitung von konflikthaften Lebenserfahrungen zum Ziel hat. Diese Zielsetzung ist einseitig, sie wird in solcher Radikalität kaum noch vertreten – trotzdem ist da eine Seite des Gottesdienstes gesehen, die bleibende Bedeutung behält, weil sie das Ritual vor leerem Ritualismus schützen will.

Ganz anders liest sich der Ansatz von *Hans Joachim Thilo*.[110] *Thilo* gehört – im Vergleich zu *Spiegel* – zur Vätergeneration, er schreibt in einer veränderten gesellschaftlichen Situation (1985), und er kommt von der liturgischen Bewegung der 20er Jahre, der Berneuchener Bewegung, her. Deswegen ist bei ihm eine sehr fraglose Hochschätzung der Liturgie, des Gottesdienstes zu finden, die sich dann auch auf seine psychoanalytische Deutung des Gottesdienstes überträgt. Er nimmt, darauf hatte ich schon hingewiesen (s.o.), das Stichwort Regression positiv auf und sieht den Gottesdienst in der konstruktiven Spannung von Regression um der Progression willen.

Eine solche Wertschätzung des Regressionsbegriffs war für *Spiegel* unmöglich; für einen politisch kritischen Ansatz erschien alle Regression als »selbstverschuldete Unmündigkeit«, aus der man die Menschen unbedingt befreien müsse; erst die erwähnte spätere psychoanalytische Differenzierung des Regressionsbegriffs durch *M. Balint* öffnet neue Perspektiven. Umgekehrt wird man sagen müssen, dass *Thilo* die Gefahr unterschätzt, der Gottesdienst könne zu einem zwanghaften Ritual verkommen – *Spiegel* wie *Thilo* repräsentieren zwei extreme Positionen.

---

109 *Spiegel* 1972, 33.
110 *Thilo* 1985, 42.

Eine gewissermaßen mittlere Position nimmt *Michael Meyer-Blanck* ein in seinem Buch »Inszenierung des Evangeliums« von 1997.[111] *Meyer-Blanck* greift die an *Winnicott* erinnernde Bemerkung *Freuds* auf, die Übertragung schaffe ein Zwischenreich zwischen Krankheit und Leben, und überträgt sie auf den Gottesdienst: Der Gottesdienst inszeniert die Verheißung neuen Lebens und schafft damit ein Zwischenreich zwischen dem erinnerten Heilsgeschehen (den Geschichten des AT und NT) und dem verheißenen Heil. »Das geschehene, geschehende und zukünftige Heil wird im Gottesdienst liturgice gesetzt.«[112] Dies geschieht zunächst durch die Erinnerung: Schriftlesungen und Schriftauslegungen sind, so gesehen, nichts anderes als Erinnerungen an die Taten Gottes, wie sie unsere Vorfahren im Glauben erlebt und berichtet haben.

Das Kirchenjahr und die auf das Kirchenjahr abgestellte Perikopenordnung hat viel mit Erinnerung zu tun: Durch die Wiederkehr der Feste und der dazugehörigen Texte können sie eingeprägt werden und zur Strukturierung des Lebens beitragen.

Ein Beispiel dazu berichtet *Carl Büchsel* um 1830:
»Die alte Sitte war, zum Vormittagsgottesdienste das Evangelium zum Grunde zu legen und des Nachmittags die Epistel. Die kirchlich gesinnten Leute auf dem Lande lieben besonders die Evangelien und sehen es gerne, wenn die alten lieben Freunde wiederkehren ... Auch die Erinnerung an besondere Ereignisse in der Familie oder in der Gemeinde knüpfen sie gern an die Evangelien an. Wenn sie einen Taufschein oder einen Totenschein verlangen, so erleichtern sie das Aufsuchen dadurch, dass sie sagen, es war in der Woche, als das Evangelium vom reichen Manne, vom großen Abendmahl oder vom Jüngling zu Nain erklärt wurde.«[113]
Die Zwiespältigkeit des Phänomens *Erinnerung* wird hier deutlich:[114] Erinnerung fundiert kollektive wie individuelle Identität; Identität braucht Kontinuität, Kontinuität wird wesentlich über Erinnerung hergestellt. Erinnerung stellt Zusammenhänge, zeitlichen Ablauf und Bedeutung her. Einzelne Episoden werden dadurch sinnvoll und wichtig, dass sie sich einem größeren Lebenszusammenhang zuordnen lassen; wo das nicht möglich ist, bleiben sie isolierte, sinnlose Fragmente.
Dabei sollte bewusst bleiben, dass Erinnerung nicht nur eine sprachgebundene, kognitive Fähigkeit bezeichnet; Körpertherapie spricht vom Leibgedächtnis, die neuere Säuglingsforschung unterscheidet ein motorisches Gedächtnis (in das koordinierte Muskelbewegungen eingehen, z.B. wie der Daumen in den Mund befördert werden kann), ein Wahrnehmungsgedächtnis (in dem Gerüche, Stimmen und visuelle Eindrücke aufbewahrt werden) und ein affektives Gedächtnis (das angenehme und unangenehme Affekte speichert).
Andererseits hat Erinnerung eine Tendenz zur unbewussten Wiederholung und Verfestigung, die Veränderungen und die Aufnahme neuer Wahrnehmungen erschwert.

111 *Meyer-Blanck* Göttingen 1997 (a). Dies Buch ist ein Beispiel dafür, wie pastoralpsychologische Perspektiven auch von Autoren, die sich nicht ausdrücklich als Pastoralpsychologen verstehen, selbstverständlich in die Praktische Theologie integriert werden.
112 *Meyer-Blanck* 1997 (a), 81.
113 Zitiert bei *Meyer-Blanck* 1997 (a), 84.
114 Vgl. *Klessmann* 1995 (a), 306–321.

7.6 Gottesdienst als ein Prozess von Erinnern, Wiederholen, Durcharbeiten 325

Von der dominanten Erinnerung Abweichendes darf nicht mehr zum Bewusstsein kommen, die Erwartung richtet sich tendenziell auf die Wiederkehr des ewigen Gleichen. Hier beginnt der »Kampf um die Erinnerung«.[115] Auch die Erinnerungen an die christliche Tradition, wie sie im Gottesdienst durch Lesungen und andere Texte geschieht, steht in dieser Spannung. Gerade bei bekannten Texten oder den großen Festen ist dies zu beobachten: Man weiß schon immer, was jetzt kommt!

Natürlich unterscheidet sich der Gottesdienst in vielfacher Hinsicht von der therapeutischen Situation. Ein Ausgangspunkt ist nach *Meyer-Blanck* jedoch ähnlich: »Wer zum Gottesdienst geht, hat eine Ahnung davon, unvollständig zu existieren, wenn er/sie nicht mit den Ursprungs- und Zielmächten des eigenen Lebens kommuniziert. Allgemein anthropologisch könnte man negativ von einem Defizitbewußtsein sprechen oder positiv von einem Vertiefungs- oder Vervollkommungsbewußtsein«,[116] aus dem sich der Wunsch nach Veränderung bzw. nach Zugewinn an Lebensenergie ergibt. Dies soll geschehen durch »Dialogaufnahme mit Gott«. Die Gottesbeziehung soll im Gottesdienst sowohl unter den Defizitaspekten als auch unter den Vervollkommnungsaspekten (Zugewinn!) wiederholt werden. In diesem Sinn ist Gottesdienst ein Zwischenreich, in dem einerseits die Dimension der Sünde, der Verfehlung des Lebens, des Unglaubens und andererseits die Dimension der Nähe Gottes, seiner Gnade, damit des Glaubens und des neuen Lebens wiederholend erfahren wird.

»Der Wortgottesdienst soll das Leben des Menschen in seiner realen Zwiespältigkeit gegenüber Gott ›heraufbeschwören‹. Wie durch die Therapie die Krankheit erneut zum Ausbruch kommen soll, so soll durch den Gottesdienst die Sünde zum Ausbruch kommen, damit die Gnade ihre Macht entfalten kann.«[117]

Die Liturgie wiederholt, vergegenwärtigt das vergangene Geschehen, so dass es potentiell zum eigenen wird: Im Glauben bzw. Unglauben, im Leiden und in der Freude der damaligen Menschen soll der gegenwärtige eigene Glaube bzw. Unglaube erlebt werden können. Die Texte und ihre Auslegung, der Ablauf der Liturgie laden zur Identifikation ein.

Im Prozess des Erinnerns und Wiederholens geschieht Durcharbeiten, wenn nicht mehr agiert wird, sondern Erinnern und Wiederholen als solches erkannt und reflektiert werden. D.h. es entsteht eine Differenz zwischen dem Tun und seiner Deutung: Das Abendmahl ist nicht einfach die Wiederholung des Opfers Jesu, sondern die Erinnerung daran. Das Wort von der Versöhnung lässt die Versöhnung nicht magisch anwesend werden, sondern erinnert daran, wiederholt die Zusage – eröffnet damit die Möglichkeit, dass sich Einzelne davon ansprechen und bewegen lassen! Allerdings erfolgt die liturgische Setzung »reflexiv gebrochen, nicht religiös unmittelbar, aber sie erfolgt real und nicht

---

115 So der Titel einer Darstellung der Psychoanalyse von *Mitscherlich* 1984.
116 *Meyer-Blanck* 1997 (a), 86.
117 *Meyer-Blanck* 1997 (a), 88.

nur theoretisch. Für diese Sicht ... scheint mir der Inszenierungsbegriff insgesamt der glücklichste zu sein. Denn auch das Inszenierte im Theater ist sowohl reflektiert als auch real. Es ist erarbeitet (›durchgearbeitet‹), aber nicht abgearbeitet. Das Subjekt ist letztlich weder das Ensemble noch der Regisseur, sondern die Aufführung selbst, welche unverfügbar bleibt und eine andere Realität setzt ...«[118]

7.7 Schluss

Die Frage, ob der Gottesdienst in seiner traditionellen Form (eine Stunde streng geregelter agendarischer Ablauf am Sonntagmorgen) seine Funktionen noch erfüllt, wird seit langem gestellt.[119] Schnelle theologische Antworten wie die, der Gottesdienst sei die Mitte der Gemeindearbeit (*Daiber*), er sei das »Fest Gottes« (Stellungnahme der EKHN), er sei das »Haus der Gnade« (*Schmidt-Lauber*) etc. täuschen über die tatsächlichen Probleme hinweg. Einfache Lösungen sind nicht in Sicht – das Problem des Gottesdienstes spiegelt das Problem der Kirche in der Gegenwart insgesamt.

Deutlich ist aber auch: Lösungen können nicht nur in theologischen Bemühungen gefunden werden, sie müssen auch humanwissenschaftlich verantwortet werden können. Die verschiedenen pastoralpsychologischen Perspektiven verdeutlichen hoffentlich: Sorgfältige Inszenierung von Ritualen, sensibler und kreativer Gebrauch von Symbolen, genaue Wahrnehmung verbaler und nonverbaler Elemente in der liturgischen Kommunikation, die Eröffnung von Spielräumen, in denen sich Regression und Progression vollziehen können – all das kann ein Beitrag sein, um Erfahrungen des Lebens zu öffnen, die nicht im Vorfindlichen aufgehen, sondern auf den tragenden Grund und die noch ausstehenden Möglichkeiten des Lebens verweisen.

Vertiefende Literatur:
- *Victor Turner*, Das Ritual, Frankfurt / New York 2000.
- *Werner Jetter*, Symbol und Ritual, Göttingen 1986.
- *Joachim Scharfenberg / Horst Kämpfer*, Mit Symbolen leben, Freiburg/Olten 1980.
- *Michael Meyer-Blanck*, Inszenierung des Evangeliums, Göttingen 1997.

---

118 *Meyer-Blanck* 1997 (a), 93.
119 U.a. von *Otto* 1997, 132–144.

Kapitel 8: Kasualien

8.1 Einführung

Als Kasualie wird eine rituell-symbolische Kommunikation des Evangeliums im Kontext bestimmter biographischer Übergänge bezeichnet. Der »Kasus« der Taufe *dieses* Kindes, der Konfirmation *dieser* Gruppe von Jugendlichen, des Gottesdienstes anlässlich der Eheschließung *dieses* Paares, der Bestattung *dieses* Verstorbenen steht im Vordergrund. Neben den klassischen Kasualien werden in zunehmendem Maß Rituale für andere wichtige Lebenssituationen wie Berufswechsel, Pensionierung, Trennung/Scheidung, Jubiläen etc. entwickelt.
Friedrich Niebergall hat die Kasualie 1905 folgendermaßen definiert: »Es sind feierliche, in allen Fällen im wesentlichen gleichmäßig vollzogene symbolische Akte, die an besonderen Höhepunkten des Einzel- oder Gemeindelebens das Göttliche mit seinem Segen und seiner verpflichtenden Macht an das Menschliche heranbringen und das Menschliche hinwiederum mit Fürbitte, Dank und Gelöbnis vor Gottes Antlitz stellen.«[1]
Es geht um besondere Übergänge im Leben, in der Biographie eines einzelnen Menschen bzw. einer Familie. Der Bezug zur Gemeinde ist dabei eher nebensächlich, das individuelle Leben und sein Eingebundensein in die Familie steht im Vordergrund. Das Ziel besteht darin, diesen Höhe- oder Wendepunkt rituell zu begehen, für das Geschenkte zu danken und für das weitere, immer wieder gefährdete Leben Gottes Segen zu erbitten ($\Rightarrow$ Ritual, Kap. 7).
Ein solches Ziel wird offenbar von vielen Menschen, deren Bezug zur Kirche sonst eher marginal ist, erwünscht. Die letzte EKD-Erhebung formuliert es so: »Christsein im Lebenslauf ... meint die Einbindung des kirchlich-religiösen Beziehungsfeldes in die subjektiven Lebenszusammenhänge. Erst im lebensgeschichtlichen Rückbezug erlangen Fragen nach Kirche und Glauben, nach Christentum und Religion eine persönliche Relevanz ... An den hervorgehobenen lebenszyklischen Übergangspunkten wird das Bedürfnis nach kirchlich-religiöser Begleitung wach ...«[2]

1 Zitiert bei *Rössler* ²1994, 229.
2 Fremde Heimat Kirche, 1997, 145.

An den Übergängen des Lebens, da, wo das Außerordentliche den Alltag berührt oder in ihn einbricht, an diesen Stellen möchte man sich religiös versichern oder grundieren; dieses Bedürfnis hat damit zu tun, dass Übergangszeiten und Krisen mit Angst verbunden sind: Angst vor dem Unbekannten und vielleicht auch Unheimlichen, Angst vor der Brüchigkeit und Gefährdung des Lebens, die an solchen Punkten besonders manifest werden. Der Tod als der ständige Hintergrund des Lebens scheint momentan durch die Sicherheit des Alltags hindurch. Die Kasualien stellen symbolisch-rituelle Handlungen dar, in denen die Angst vor dem Tod beschworen und Kontakt zur Transzendenz in symbolischer Weise hergestellt und um Schutz und Begleitung gebeten werden kann.

Deswegen werden die Kasualien nach wie vor in so hohem Maß gewünscht, deswegen machen sie nach wie vor einen großen Teil der Arbeit des Pfarrers / der Pfarrerin aus. Die religiöse Deutung des Lebensübergangs geschieht durch Liturgie und Ansprache, sie geschieht in besonderen Maß auch durch die begleitende Seelsorge; denn nur dort kann ein solches Deutungsangebot dialogisch und gemeinsam erarbeitet und damit auf die individuelle Lebenssituation ausgerichtet werden.

Die Kirche hat über Jahrhunderte hindurch das Kasual- und Ritenmonopol gehabt. Nicht nur Taufe, Firmung/Konfirmation, Trauung, Bestattung waren rein kirchliche Handlungen, auch Weihen aller Art wurden ausschließlich von kirchlichen Amtsträgern vorgenommen (deswegen auch der Terminus Amtshandlungen). Die Kirche begleitete rituell und seelsorglich die natürlichen und die aktuellen Krisen des Lebens[3] (⇒ zum Begriff der Krise Kap. 10.2.6).

Dieses Ritenmonopol war und ist bis in die Gegenwart das Rückgrat der Volkskirche; damit einher geht eine Versorgungsmentalität der kirchendistanzierten Mitglieder: In krisenhaften Lebenssituationen werden die Kirche und ihr Angebot in Anspruch genommen wie die Krankenversicherung oder der ADAC; weitergehende Erwartungen und Verpflichtungen sind damit nicht verbunden.

Diese Situation verändert sich in jüngster Zeit dramatisch; statt von einem Ritenmonopol der Kirche muss man von einer Situation der Ritenkonkurrenz sprechen:[4] Die lebenszyklischen Bedürfnisse nach Feier, Vergewisserung und Sinngebung werden auf einem breiten religiösen und nichtreligiösen Markt in zunehmendem Maß abgedeckt.

Man kann einen Rückgang ritueller Bedürfnisse konstatieren, eine Verschiebung und eine Befriedigung durch andere Agenten als die Kirche:

---

3 Vgl. dazu *Riess* 1987, 115ff.
4 Vgl. *Bieritz* 1992, 3ff.

8.1 Einführung

Ein *Rückgang* ritueller Bedürfnisse hängt mit der Individualisierung des Lebens in der Postmoderne zusammen: Jede/r ist des eigenen Glückes Schmied, lebenszyklische Ereignisse sind viel weniger gemeinschaftlich eingebunden und bieten dann auch kaum mehr die Gelegenheit, rituell begangen zu werden.

Ein Beispiel: Ein Paar geht mit zwei Trauzeugen nach der Trauung auf dem Standesamt noch zusammen zum Essen, dann verschwinden die beiden in einen Urlaub und teilen ihren vielen Freunden erst viel später mit, dass sie inzwischen geheiratet haben.

Eine *Verschiebung* ritueller Bedürfnisse steht in einem ähnlichen Zusammenhang: Kinder werden nur noch selten direkt nach der Geburt getauft, wie das früher üblich war; man wählt inzwischen häufig einen Zeitpunkt, der um der Familie willen später liegt, oder damit das Kind selber auch schon mitfeiern kann – entsprechend verschiebt sich natürlich der ursprüngliche Sinn des Rituals. Konfirmation hat kaum noch etwas mit dem Übertritt in die Erwachsenenwelt zu tun; es ist eher ein etwas willkürlicher Zeitpunkt innerhalb einer langen Jugendzeit geworden. Paare heiraten, nachdem sie jahrelang zusammengelebt haben. Selbst bei Todesfällen liegen manchmal relativ lange Zeitabstände zwischen dem Todeszeitpunkt und der tatsächlichen Bestattung. Damit verlieren die Kasualien den ursprünglichen Charakter als Übergangsriten; trotzdem bleibt das Thema »Übergang« zumindest im Hintergrund lebendig und sollte entsprechend wahrgenommen werden.
Längst nicht mehr ausschließlich die Kirche, sondern eine *Fülle von anderen Agenten*, Therapeuten, Heiler und geschäftstüchtige Unternehmer bieten Rituale aller Art an; Bestattungsinstitute stellen Psychologen an; Freiberufler bieten Jugendweihen und Hochzeitsfeiern an. Durch die Medien wird das Leben ins neuer Weise ritualisiert (Tagesschau, Serien im Fernsehen etc.), Lebenssinn wird durch die Botschaft bestimmter Serien[5] und durch Werbung vermittelt.
Es stellt sich die Frage, ob die Kirche in der Lage ist, alte Rituale lebendig zu halten und/oder neue zu entwickeln. Ähnlich wie bei den Symbolen gilt auch für die Rituale: Sie werden geboren und sie sterben, man kann sie nur schwer »machen« und »herstellen« (⇒ Ritual, Kap. 7.2). Trotzdem ist die Arbeit daran unverzichtbar: die traditionellen Formen und Sinngehalte aufzugreifen und sie mit den gegenwärtigen Bedürfnissen und Ausgangslagen zu verknüpfen. Übergänge und Veränderungen (nicht nur die traditionellen lebensgeschichtlichen Übergänge, sondern auch die aktuellen Lebenskrisen wie Trennung, Umzug, Arbeitswechsel etc.) sind immer komplex, sind für die Betroffenen Herausforderung und zugleich Gegenstand der Angst: In solchen

---

5 Vgl. dazu das Themenheft der Zeitschrift Pastoraltheologie »Traumhochzeit«. Kasualien in der Mediengesellschaft, PTh 88 (1999), H. 1, 2–76.

Situationen brauchen Menschen Begleitung und Hilfe, z.T. durch Rituale, z.T. durch Seelsorge. Wenn beide Elemente, die seelsorgliche Begleitung und die rituelle Feier, ineinander greifen, hat Kirche auf diesem Markt weiterhin Chancen.
Eine der Leitperspektiven zur Gestaltung von Ritualen, die im Folgenden im Hintergrund steht, soll der Bezug auf die Lebenswirklichkeit der Betroffenen sein. Nicht nur die sorgfältige und aufmerksame Inszenierung des Rituals und symbolischer Erfahrungen ist notwendig; mindestens genauso wichtig erscheint die differenzierte Wahrnehmung der Lebenswelt der Betroffenen, einzeln und im Familienzusammenhang. Dazu haben pastoralpsychologische Perspektiven einiges beizutragen.

8.2 Der Lebenszyklus der einzelnen Person

Kasualien thematisieren herausragende biographische Wendepunkte. Es ist deswegen wichtig, einen Überblick über die Entwicklung des Menschen, die anthropologischen und generationsübergreifenden Aspekte, die Lebensthemen zu gewinnen.
Aus dem großen, kaum mehr übersehbaren Feld der Entwicklungs- und Persönlichkeitstheorie[6] greife ich einige Ansätze heraus, die relativ plausibel und in sich schlüssig sind.
Erik Eriksons epigenetische Theorie erscheint mir im Kontext des Themas Kasualien weiterhin aktuell und hilfreich, weil sie die wichtigsten Lebensthemen im Lebenszyklus formuliert, und zwar nicht nur für die Einzelnen, sondern immer unter Einbezug der Familie und Gemeinschaft, der Kultur und ihrer ethischen Orientierung. Wer wissen will, was Menschen brauchen und was sie beschäftigt in den verschiedenen Stadien ihres Lebens, findet bei *Erikson* erste Orientierung. Gleichzeitig sind bestimmte Einschränkungen zu nennen; sie beziehen sich auf drei Punkte:
– Jedes Phasenschema reduziert die Komplexität der Entwicklung einer Biographie auf einige Grundmuster, es kann insofern nur annähernden Wert haben;
– die inzwischen wichtig gewordene gender-Perspektive findet bei *Erikson* nicht angemessene Berücksichtigung;
– in der postmodernen Gegenwart erscheinen Lebensläufe immer weniger standardisiert und immer stärker individualisiert.[7]
Trotzdem kann die Beschäftigung mit exemplarischen Verläufen hilfreich sein: Sie hilft wahrzunehmen – und erlaubt dann auch, über die vorgelegten Muster hinauszugehen.[8]

6 Vgl. Handbook of Personality Psychology 1997.
7 Darauf weist *Schweitzer* hin 2001, 169–183.
8 Eine Ergänzung und Weiterführung von Eriksons epigenetischer Theorie für das Erwachsenenalter findet sich bei Vaillant 2002, 44f. Der Autor bezeichnet Eriksons Phasen als »Entwicklungsaufgaben«.

8.2.1 Die epigenetische Theorie Erik Eriksons [9]

Der Begriff der Epigenese bezeichnet den psychosozialen Entwicklungsprozess eines Menschen im Sinn einer »zeitlich fortschreitenden Differenzierung von Komponenten«.[10] Dieser Ansatz enthält eine Reihe von wichtigen Vorannahmen: Danach sind die verschiedenen Entwicklungskomponenten als Anlage von vornherein da und untereinander verbunden; sie sind angewiesen auf soziale Auslöser und den richtigen Zeitpunkt, um in den Vordergrund, in die kritische Phase zu treten. (Der »richtige« Zeitpunkt ist nie objektiv und allgemeingültig zu sehen, er hängt immer von den individuellen und sozialen Gegebenheiten ab. Die Reihenfolge der Phasen erscheint allerdings nicht austauschbar.) Wenn es gegen Ende einer kritischen Phase zu einer Lösung und Integration des Entwicklungsstadiums kommt, beinhaltet das auch die Neuintegration aller bisherigen Komponenten. Der Zusammenhang von biologischen Gegebenheiten (Reifung) und psychosozialen Auslösern ist für *Erikson* von besonderer Bedeutung. *Erikson* bezeichnet jede Entwicklungsphase mit einem polaren Begriffspaar: Damit wird einerseits der Konflikt bezeichnet, der sich zwischen biologischen Gegebenheiten, sozialem Rahmen und Möglichkeiten der Ich-Steuerung in jeder Lebensphase ergibt; andererseits ist damit die Notwendigkeit eines lebendigen Gleichgewichts angezeigt: Es geht nie um die Etablierung nur eines Verhaltenspols (⇒ Entwicklungspsychologie Kap. 11.2).

1. Urvertrauen gegenüber Urmisstrauen

Die Qualität der Mutter-Kind Beziehung, ihre ritualisierte Wechselseitigkeit in der oralen Phase ist die entscheidende Voraussetzung für ein Urvertrauen des Kindes in die Mutter und ihre Fürsorge und dadurch vermittelt auch in die Welt und in sich selbst. »Daher kann man es als die erste soziale Leistung des Kindes bezeichnen, wenn es die Mutter aus seinem Gesichtsfeld entlassen kann, ohne übermäßige Wut oder Angst zu äußern, weil die Mutter inzwischen außer einer zuverlässig zu erwartenden äußeren Erscheinung auch zu einer inneren Gewissheit geworden ist.«[11]
In der frühen Erfahrung von Vertrauen sieht *Erikson* die ontogenetische Grundlage von Religion: Die Vertrauensfähigkeit der Eltern lebt von einem überzeugenden Weltbild, von der fast körperlichen Überzeugung, dass das, was sie tun, sinnvoll ist.[12] »Wer also behauptet religiös zu sein, muß aus seiner Religion einen Glauben ableiten können, den er dem Kleinkind in Gestalt des Urvertrauens weitergeben kann. Wer behauptet, keine Religion zu besitzen, muß dieses Urgefühl aus

---

9 Zum Folgenden vgl. auch *Klessmann* 1980; *Capps* 1983.
10 *Erikson* 1973, 59.
11 *Erikson* [4]1971 (a), 241.
12 Vgl. *Erikson* 1971 (a), 243.

anderen Quellen schöpfen.«[13] Beides, die Mutter-Kind-Beziehung wie die Religion brauchen die Ritualisierung, um die überwundene Trennung und die Bestätigung als herausgehobene Einzelwesen immer neu zu bekräftigen.[14]
Die Mutter-Kind-Beziehung ist notwendig verbunden mit Erfahrungen von Schmerz, Angst, Trennung etc. Die Entstehung eines Urmisstrauens (»die Welt ist eben doch nicht verlässlich«) ist insofern unvermeidbar und letztendlich auch funktional. »Gegen diese machtvolle Kombination des Gefühls, beraubt zu sein, gespalten zu sein und verlassen zu sein, muss sich das Urvertrauen ein ganzes Leben lang aufrechterhalten.«[15]
Vertrauen, das über einen längeren Zeitraum immer wieder bestätigt wird, entwickelt sich zur Tugend der Hoffnung.

2. Autonomie gegenüber Scham und Zweifel
In der Zeit von einem bis zu drei Jahren, die *Freud* als die anale Phase bezeichnet hat, entsteht im Kind ein Gefühl von Autonomie, von Stolz über sich selbst; es erwächst aus der Fähigkeit, auf den eigenen Füßen stehen zu können, etwas bewirken zu können, sprechen und sich durch Sprache mit »nein« und »ich« von anderen abgrenzen zu können. Gleichzeitig ist dieses Autonomiegefühl anfällig und durch beschämende Erziehungsmaßnahmen kränkbar: Scham im Sinne von sich ausgesetzt und bloß gestellt zu fühlen sowie Zweifel an den eigenen Fähigkeiten überschwemmen leicht das Selbstgefühl.
Damit Eltern die Autonomie des Kindes fördern und stützen können, sind sie selbst auf »Gesetz und Ordnung« und deren ritualisierten Vollzug angewiesen, die ihre persönliche Würde und Autonomie schützen. Auch die Religionen kommen ohne ein solches richterliches Element nicht aus.
Die Tugend dieser Lebensphase sieht *Erikson* in der Entwicklung des Willens: »Wille bedeutet also die ungebrochene Entschlossenheit, sowohl Wahl wie Selbstbeschränkung frei auszuüben, trotz der unvermeidlichen Erfahrung von Scham und Zweifel in der Kindheit.«[16]

3. Initiative gegenüber Schuldgefühl
Im Alter von etwa drei bis sechs Jahren entwickeln sich die Handlungs- und Bewegungsmöglichkeiten des Kindes kräftig. Aber Realität und Phantasie sind nicht immer klar geschieden, Gedanken von Eifersucht und Rivalität gegenüber Vater oder Mutter und Geschwistern (*Freud* nennt dieses Alter die ödipale Phase), Phantasien von Größe

---

13 *Erikson* 1973, 75.
14 Den Aspekt der Ritualisierung der verschiedenen Lebensphasen entfaltet *Erikson* 1978. Zu Eriksons Ritualbegriff ⇒ Kap. 7.2.
15 *Erikson* 1971 (a), 244.
16 *Erikson* 1971 (b), 103.

und Macht und die tatsächlichen Erfahrungen von Kleinheit und Ohnmacht können Kinder erschrecken und tiefe Schuldgefühle heraufbeschwören. Die Gewissens- und Ich-Idealbildung geschieht vornehmlich durch die Identifikation mit dem gleichgeschlechtlichen Elternteil und bildet zugleich das Ethos der umgebenden Gesellschaft ab. Die Gefahr eines strengen Moralismus, der sich u.U. ungebrochen im Erwachsenenalter durchhält, hat hier seine Wurzeln.
Zielstrebigkeit nennt *Erikson* die Tugend dieser Entwicklungsphase; sie wird ausprobiert und bewährt im Element des Spiels (Rollenspiel!) und des Dramatischen.

4. Leistung gegen Minderwertigkeitsgefühl
In der sogenannten Latenzzeit[17] wird Energie frei für Lernen und Arbeiten; die Schule führt das Kind in die Technologie und das Wertesystem der Gesellschaft ein. Leistung, die Erfahrung, etwas zu können, und Erfolg begründen ein Gefühl des Stolzes, des Selbstbewusstseins, das allerdings, wenn Erfolge ausbleiben, schnell in Minderwertigkeitsgefühle umschlagen kann.
Die Tugend dieser Phase bezeichnet *Erikson* als Tüchtigkeit, verstanden als »der freie Gebrauch von Geschicklichkeit und Intelligenz bei der Erfüllung von Aufgaben, unbehindert durch infantile Minderwertigkeitsgefühle«.[18] In der Schule lernt das Kind, dass auch Lernen und Arbeit ritualisiert sind; Ritualisierung als solche wird wichtig, immer verbunden mit der Gefahr, dass sie zu reinem Formalismus erstarrt. *Capps* weist darauf hin, dass dieser Aspekt gerade in der Kirche von besonderer Bedeutung ist: Wünsche nach Lebendigkeit und zwanghafter Zeremonialismus liegen oft im Streit miteinander.[19]

5. Identität gegenüber Identitätsverwirrung
Die Pubertät mit ihren tief greifenden körperlichen Veränderungen erschüttert die bisherigen Identifikationen und Sicherheiten des jugendlichen Menschen. Die Krisen der vergangenen Phasen kehren auf neuem Niveau wieder: »Schmerzhaft gesteigertes Gefühl von Vereinsamung; Zerfall des Gefühls innerer Kontinuität und Gleichheit; ein generelles Gefühl der Beschämung; Unfähigkeit, aus irgendeiner Tätigkeit Befriedigung zu schöpfen; ein Gefühl, dass das Leben geschieht, statt aus eigener Initiative gelebt zu werden; radikal verkürzte Zeitperspektive und schließlich Ur-Mißtrauen.«[20]
Mit Hilfe der peer-Gruppe und manchmal radikaler, vereinfachender Ideologien und deren Ritualisierung (von *Erikson* »Totalismus« ge-

---

17 Zur Problematik des Begriffs in entwicklungspsychologischer Hinsicht vgl. *Tyson* und *Tyson* 2001, 71f.
18 *Erikson* 1971 (b), 108.
19 *Capps* 1983, 66ff.
20 *Erikson* 1973, 158.

nannt[21]) gelingt es Jugendlichen, diese Verwirrung durchzustehen und zu einem Gefühl der Ich-Identität zu finden, das *Erikson* charakterisiert als »das angesammelte Vertrauen darauf, dass der Einheitlichkeit und Kontinuität, die man in den Augen anderer hat, eine Fähigkeit entspricht, eine innere Einheitlichkeit und Kontinuität ... aufrechtzuerhalten.«[22]
Die Fähigkeit zur Treue als »Fähigkeit, freiwillig eingegangene Verpflichtungen trotz der unvermeidlichen Widersprüche von Wertsystemen aufrechtzuerhalten«,[23] bezeichnet *Erikson* als die Tugend dieser Entwicklungsphase. Die Gefahr, dass die hier entstehende Ideologisierung, der Totalismus, nicht überwunden werden, sondern sich in ideologischen Systemen und Religionen fortsetzen, ist groß.

Erikson ist einer der ersten gewesen, der entwicklungspsychologische Perspektiven bis ins Erwachsenenalter des Menschen hinein fortschreibt; die Differenzierungen sind zwar noch recht grob, entscheidend ist jedoch die Prämisse, dass der Mensch im Alter nicht einfach fertig ist, sondern sich weiter entwickelt.

6. Intimität gegenüber Isolierung
Die in der Adoleszenz grundgelegte Identität muss sich in einer nahen Beziehung bewähren. Nur wer sich seiner Identität einigermaßen sicher ist, kann sich in wirklicher Intimität, auch in sexueller Intimität, riskieren und hingeben. Obwohl Liebe eine der wichtigsten Erfahrungen im Leben der Person von Geburt an ist, bezeichnet sie *Erikson* erst für diese Phase als die wünschenswerte Grundtugend: Jetzt geht es um eine aktive, wählende Liebe, die zur Begründung eines Lebensstils taugt und Fundament ethischer Betroffenheit wird. Angst vor Ich-Verlust in zu großer Nähe lässt Menschen isoliert und distanziert bleiben, während eine gewisse Fähigkeit zur Distanz auch wieder die Möglichkeiten zur Intimität stärkt.

7. Generativität gegen Stagnation
Die Reife des Erwachsenenalters ist für *Erikson* keine selbstgenügsame Angelegenheit, sondern in die Generationenfolge eingebettet. »Der reife Mensch hat ein Bedürfnis danach, dass man seiner bedarf, und die Reife braucht sowohl die Führung wie die Ermutigung durch das, was sie hervorgebracht hat, und für das gesorgt werden muß.«[24] Die »zeugende« oder schöpferische Fähigkeit ist verbunden mit der Tugend der Fürsorge, jener Qualität, die für den Fortbestand des menschlichen Lebens unabdingbar ist. Fürsorge wiederum bedarf der Rituali-

---

21 *Erikson* 1978, 89.
22 *Erikson* 1973, 107.
23 *Erikson* 1971 (b), 108.
24 *Erikson* 1971 (a), 261.

8.2 Der Lebenszyklus der einzelnen Person

sierung, nicht zuletzt durch soziale Institutionen; in dieser Phase wird der Erwachsene selbst zum Ritualgeber, der der nächsten Generation das zur Verfügung stellen muss, was er/sie selbst einmal gebraucht hat. »Denn gibt es irgendeine existentielle Verantwortung im Lebenskreislauf, so muß sie darin bestehen, dass die eine Generation der nächsten jene Stärke schuldig ist, mit deren Hilfe es ihr möglich wird, die letzten Dinge auf ihre Weise zu bestehen ...«[25] Wer nicht schöpferisch sein kann, steht in der Gefahr zu stagnieren und sich nur noch mit sich selbst zu beschäftigen.

8. Integrität gegenüber Verzweiflung

»Nur wer einmal die Sorge für Dinge und Menschen auf sich genommen hat, wer sich den Triumphen und Enttäuschungen angepasst hat, nolens volens der Ursprung anderer Menschenwesen und der Schöpfer von Dingen und Ideen zu sein – nur dem kann allmählich die Frucht dieser sieben Stadien heranwachsen.«[26]
Integration heißt auch, dass die früheren Lebensphasen am Ende ihre Einheit, ihren Zusammenhang gefunden haben. Das Ende des Lebens ist nicht nur als Reflex seiner Anfänge zu verstehen, sondern die Anfänge sind auch daraufhin zu befragen, was sie im Blick auf das Ende an Chancen und auch an Hindernissen beigetragen haben.
Wenn in der Zeit des mittleren und hohen Alters Vergangenheit und Zukunftsaussichten eine gewisse Ordnung gefunden haben, wenn die Gegenwart als der eine und einzige Lebenskreis, auch angesichts des Todes, akzeptiert wird, kann man von Integrität der Person sprechen. *Erikson* bringt sie mit Weisheit als der Grundtugend dieser Phase in Zusammenhang: ein Gefühl der Verpflichtung für die nächste Generation, die Bereitschaft zu führen, zu lehren und zu beraten, sowie die Fähigkeit, Wichtiges von Unwichtigem zu unterscheiden.
Die frühen Erfahrungen von Vertrauen und Hoffnung werden jetzt neu gebraucht; wo eine derartige Integration nicht zustande kommt, drohen Menschen zu verzweifeln. Es ist wohl typisch für den Menschen *Erikson* wie für die Ausrichtung seines Werkes, wenn er diesen Abschnitt schließt mit den Worten, »dass gesunde Kinder das Leben nicht fürchten, wenn ihre Eltern genug Integrität besitzen, den Tod nicht zu fürchten.«[27]

Eriksons epigenetische Theorie spricht die wichtigen Themen im Rahmen des Lebenszyklus an. Eine Ethik der Wechselseitigkeit und der Fürsorge der Generationen steht im Zentrum und macht sie auch für religiöse Perspektiven attraktiv.

---

25 *Erikson* 1971 (b), 117.
26 *Erikson* 1973, 118.
27 *Erikson* 1971 (a), 264.

Wolfhart Pannenberg hat auf die implizite religiöse Dimension des Urvertrauens verwiesen: »Das Grundvertrauen richtet sich auf eine Instanz, die *ohne Einschränkung* fähig und bereit ist zur Bergung und Förderung des eigenen Selbstseins. Solche grenzenlose Fähigkeit und Bereitschaft manifestiert sich zwar für den Säugling in der Zuwendung der Mutter, übersteigt aber objektiv schon die in jedem Falle in der einen oder anderen Weise vorhandenen Schranken in Fähigkeit und Bereitschaft der Mutter. Daher ist das Grundvertrauen in seiner Unbegrenztheit von vornherein ein religiöses Phänomen.«[28]

Don Browning weist auf das darin enthaltene Problem hin:[29] Aus der auf den ersten Blick empirisch-phänomenologischen Beschreibung wird unter der Hand eine normative Theorie, deren Logik man sich schwer entziehen kann. Zudem ist sie, trotz ihrer polar formulierten Entwicklungsphasen, letztlich recht harmonisch ausgerichtet (*Erikson* geht im Grunde davon aus, dass die Wechselseitigkeit zwischen den Generationen immer wieder gelingt[30]) und zweifellos von einem spätbürgerlichen Lebensentwurf geprägt.

Vor allem *Henning Luther* hat eindringlich darauf hingewiesen, dass Vorstellungen von Einheitlichkeit und Kontinuität eine Illusion von Ganzheitlichkeit suggerieren, die die Fragmenthaftigkeit des Lebens übersieht. Volle Identität, so *Luther*, wäre nur möglich unter Verzicht auf Trauer über Schuld- und Versagenserfahrungen, unter Verzicht auf die Hoffnung auf Weiterentwicklung, unter Verzicht auf Liebe, die in der Begegnung mit dem/der Anderen immer Veränderung einschließt. Insofern muss Identität als »regulatives Prinzip« immer gebrochen und mit dem Begriff des Fragments vermittelt verstanden werden.
Gleichzeitig ist das Fragment jedoch Verweis auf eine offene Zukunft, es trägt den Keim zu mehr in sich, »sein Wesen ist Sehnsucht«.[31]
Donald Capps und *Charles Gerkin* haben *Erikson*s Entwicklungstheorie zum Ansatz für eine auf den Lebenszyklus bezogene Seelsorge aufgegriffen,[32] die auf Grund der Theorie sensibilisiert ist für die individuellen und familiären Lebensthemen und Entwicklungsaufgaben.

8.2.2 Daniel J. Levinson

Eine Differenzierung des Erwachsenenalters bei Männern, die über *Erikson*s Phaseneinteilung hinausgeht, hat *Daniel J. Levinson* auf der Basis von qualitativen Interviews mit 40 Männern entwickelt.[33] Er un-

---

28 *Pannenberg* 1983, 224.
29 *Browning* 1987, 230ff.
30 Das wird besonders deutlich in dem Aufsatz »Die menschliche Stärke und der Zyklus der Generationen« in *Erikson* 1971 (b), 95ff.
31 *H. Luther* 1992, 160–182.
32 *Capps* 1983; *Gerkin* 1997, 153ff.
33 *Levinson* 1978. Levinsons Buch basiert auf der gründlichen Exploration von 40 Lebensläufen von Männern. Die Beschränkung auf Männer begründet der Autor mit dem Interesse, seinen eigenen Lebenslauf besser zu verstehen, und mit dem pragmatischen Argument, dass eine Untersuchung über 40 Männer aussagekräftiger sei als eine über 20 Männer und 20 Frauen (*Levinson* 1978, 9). Zum Ganzen vgl. auch *Capps* 1993, 213ff.

terscheidet im Erwachsenenalter drei Phasen, die jeweils durch eine
Übergangszeit eingeleitet werden: Frühes (von etwa 20–40), mittleres
(40–65) und spätes Erwachsenenalter (von 65 an). *Levinson* konzentriert seine Darstellung auf das frühe und mittlere Erwachsenenalter
und nimmt hier weitere Differenzierungen vor:
Das *frühe Erwachsenenalter* teilt er noch einmal auf in vier Phasen;
vor allem der zweiten Subphase (»Entering the Adult World«) schreibt
er wichtige Aufgaben zu:
– einen Traum finden und ihm Gestalt geben;
– einen Beruf finden;
– eine Liebesbeziehung/Ehe finden und gestalten;
– einen »Mentor« finden;
– Freundschaften gestalten.
Die Bewältigung dieser Aufgaben zielt darauf ab, »one's own man« zu
werden;[34] in diesem Rahmen unterscheidet *Levinson* noch einmal zwei
Grundmuster: Den einen gelingt es, eine stabile Struktur im Blick auf
Beziehungen und Beruf in ihr Leben zu bringen; andere haben eher
eine instabile Struktur.

Man wird davon ausgehen müssen – und dieser Aspekt kommt bei *Levinson* nur
sehr kurz zum Ausdruck –, dass die gesellschaftlichen Veränderungen (Stichworte:
Individualisierung, lebenslanges Lernen, hohe Arbeitslosigkeit, hohe Scheidungsrate etc.) entscheidend dazu beitragen, dass die Lebensstrukturen mehr zur Instabilität neigen; gleichzeitig ist die Wertung, die *Levinson* hier implizit vornimmt, zu
hinterfragen: Über 20 Jahre nach der Veröffentlichung seiner Untersuchung hat
Instabilität einen anderen Stellenwert als noch in den ausgehenden 70er Jahren. Es
stellt sich eher die Frage, wodurch Menschen befähigt werden können, mit Instabilität, d.h. mit Berufs- und Partnerschaftswechsel, umzugehen und kreativ zu leben.

Der von vielen als krisenhaft erlebte Weg (ähnlich wie der Übergang
von der Adoleszenz ins frühe Erwachsenenalter) ins *mittlere Erwachsenenalter* ist nach *Levinson* bestimmt durch die Auseinandersetzung
mit einer Reihe von Polaritäten (die Frauen wohl ähnlich wie Männer
erleben):
– Die Polarität jung/alt: Mit 40 Jahren ist ein Mensch ungefähr in der
  Lebensmitte, gehört bereits zur älteren Generation, physische Begrenzungen werden deutlicher erlebt; damit stellt sich die Frage
  nach Zielen und Werten im bisherigen Leben und im Blick auf die
  Zukunft drängender als bisher.
– Die Polarität männlich/weiblich: Einerseits sind die Personen in
  diesem Alter ihrer geschlechtlichen Identität relativ sicher, andererseits verlieren die gesellschaftlichen Rollenstereotype ihre Verbindlichkeit, weil Männer ihre »weiblichen« Seiten und umgekehrt
  Frauen ihre »männlichen« Seiten entdecken und schätzen lernen.

---

[34] *Levinson* 1978, 144.

– Die Polarität schaffen/zerstören: Jeder Mensch, der 40 Jahre alt wird, hat Erfahrungen mit Destruktivität gemacht, sei es mit fremder, sei es mit eigener. Destruktivität gilt es in ihrer Dynamik zu verstehen (Selbstwerdung hat in jedem Fall mit Abgrenzung, gelegentlich auch mit Destruktion zu tun), anzunehmen, zu betrauern und damit hoffentlich zu einer neuen Integration zu finden.
– Die Polarität verbinden / sich trennen: Die Abhängigkeit von anderen hat sich reduziert, der Betreffende kann besser für sich sein, er wird auch kritischer gegenüber den Standards seiner Bezugsgruppe. Der Traum der frühen Jahre kann relativiert werden, daraus erwächst möglicherweise eine größere Weisheit.

Donald Capps hat die Beobachtungen von *Levinson* aufgegriffen und in kurzen Fallbeispielen auf die Situation der Seelsorge mit Menschen im mittleren Erwachsenenalter bezogen. Die Zielsetzung, um die es ihm dabei grundsätzlich geht, besteht darin, mit Personen dieses Alters an einer Umstrukturierung ihrer Wahrnehmung zu arbeiten.[35] Umstrukturierung bedeutet, eingefahrene Wahrnehmungseinstellungen (über Jung- und Altsein, über Mann- und Frau-sein etc.) aufzulockern, zu differenzieren und damit auch zu verändern. Gerade weil in diesem Alter noch einmal viel auf dem Spiel steht, erscheint es wichtig, auf die Chancen einer solchen Zielrichtung in der Seelsorge hinzuweisen. Mehr als zwanzig Jahre nach der Veröffentlichung von *Levinson*s Arbeit hat sich die geschlechtsspezifische Sozialisation noch nicht tief greifend verändert. Zwar liegen jetzt eine Reihe von neuen, genderspezifischen Untersuchungen für Männer und Frauen vor;[36] aber die Ergebnisse im Blick auf das Rollenbild der Mehrheit der Männer ist ernüchternd: »In einer Übersicht über die Studien der letzten 15 Jahre zum gender-Rollenkonflikt ... haben die Autoren gefunden, dass das Grundproblem in der Geschlechtsrollensozialisation für Männer in der Angst, weiblich zu wirken, lag (»fear of femininity«); diese Angst hat tiefgreifende Konsequenzen im Blick auf den gender-bezogenen Rollenkonflikt: 1. restriktive Emotionalität, 2. sozialisierte Kontrolle, Macht und Konkurrenz, 3. Homophobie, 4. restriktives sexuelles und affektives Verhalten, 5. zwanghafte Beschäftigung mit Leistung und Erfolg, 6. Gesundheitsprobleme ...[37] Diese Angst hat sich offenkundig nur geringfügig verändert, so dass auch die Sozialisationsprozesse noch lange nicht so anders ablaufen, wie es vom Bewusstsein der Wissenschaft her möglich und wünschenswert wäre. Neuere Sammelbände zum Thema repräsentieren eine begrüßenswerte Avantgarde, sind aber noch weit vom allgemeinen Bewusstsein der Männer entfernt.[38]

---

35 *Capps* 1993, 236ff; Capps greift damit den von Carl Rogers entwickelten Begriff der »perceptual reorganization« auf.
36 *Neuger/Poling* 1997; *Moessner* 1996.
37 *Neuger/Poling* 1997, 230.
38 *Krondorfer* 1996; *Culbertson* 2002; *Boyd/Longwood/Muesse* 1996.

8.2.3 Feministische Alternativen

Feminismus und gender-Forschung haben schon seit geraumer Zeit kritisiert, dass entwicklungspsychologische Theorien, die am Modell der Entwicklung des Jungen / des Mannes orientiert sind, fraglos auch auf Mädchen/Frauen übertragen werden. Die Entwicklung von Mädchen/Frauen werde in ihrer Eigenart nicht wahrgenommen bzw. erscheine gegenüber dem männlich-normativen Modell lediglich als defizitär.[39] Psychoanalytische Entwicklungspsychologie befasst sich inzwischen ausführlich mit der jeweils getrennten Geschlechtsrollenentwicklung bei Mädchen und Jungen (⇒ Kap. 11.2);[40] allerdings wird dann bei *Ph. und R. Tyson* nicht genauer spezifiziert, was denn inhaltlich das »Weiblichkeitsgefühl« bzw. »Männlichkeitsempfinden« ausmacht. Eben damit aber setzt sich eine weitergehende feministische Kritik auseinander: Sie stellt das Ziel der bisher dominanten Entwicklungstheorien von *Freud* über *Erikson* bis *Levinson*, »becoming one's own man« (s.o.), also das Ziel der Autonomie und Trennung, als ungeeignet und schädlich für Frauen, aber letztlich auch für die gesamte Gesellschaft in Frage.[41] In direkter Auseinandersetzung mit *Erikson* formuliert *Jean Baker Miller*, dass sich das Mädchen schon in der ersten Entwicklungsphase (Vertrauen gegenüber Misstrauen) nicht nur mit der Mutter identifiziert, sondern mit dem, was die Mutter tut, also mit ihrem »In-Beziehung-Sein«. »Die früheste mentale Repräsentanz des Selbst ... ist ein Selbst, um dessen Kern sich andere kümmern und das seinerseits beginnt, sich um die Emotionen anderer zu kümmern.«[42] Dieses Entwicklungsziel wird in Mädchen in unserer Gesellschaft unterstützt, in Jungen eher nicht. Das von *Erikson* benannte Ziel der zweiten Entwicklungsphase, Autonomie, bezeichnet *Baker* anders, nämlich als »In-Gemeinschaft-Aktiv-Werden«: Es führt nicht zu einem Gefühl eines von anderen getrennten Selbst, sondern »zu einem komplexeren Gefühl des Selbst in komplexeren Beziehungen zu anderen Selbsten.«[43] So bleibt auch in den weiteren Entwicklungsphasen das »In-Beziehung-Sein« für Mädchen vorrangig, auch wenn es in den westlichen Gesellschaften als defizitär abgewertet wird. Während Jungen lernen, eine von anderen unabhängige Identität aufzubauen, streben Mädchen eine »Identität in Beziehung« an – eine Zielsetzung, die letztlich auch für Jungen bzw. Männer wünschenswert wäre, weil sie eine Erweiterung der menschlichen Verhaltensmöglichkeiten beinhaltet.[44]

---

39 Eine umfassende Dekonstruktion psychoanalytischer Männer- und Vaterbilder hat *Rohde-Dachser* 1991 vorgelegt.
40 Vgl. *P. und R. Tyson* ²2001, 253ff.
41 Vgl. zum Folgenden: *Jordan/Kaplan* 1991; *Neuger* 2001; *Moessner* 1996.
42 *Miller* in *Jordan/Kaplan* 1991, 14.
43 *Miller* in *Jordan/Kaplan* 1991, 17.
44 Vgl. auch Handbook of Personality Psychology 1997. Darin speziell den Artikel von *Helson* u.a., 291–314. Die Autorinnen referieren die oben erwähnten For-

Diese feministische Kritik bzw. die positiven Akzentuierungen finde ich wichtig; allerdings scheint mir die Kritik gerade an *Eriksons* Theorie überzogen zu sein: Autonomie als partielles Ziel der Entwicklung hat bei *Erikson* nicht den Charakter von Autarkie, sondern ist immer in Wechselseitigkeit zwischen Eltern und Kind, zwischen Geschwistern und Schulkameraden einbezogen, man könnte insofern von »Autonomie-in-Beziehung« sprechen.

In einem weiteren Kritikpunkt weist *Margaret Gorman* darauf hin, dass bei *Levinson* die Perspektive »Spiritualität« keine Rolle spielt.[45] Schon *C.G. Jung* hat die These aufgestellt, dass sich im frühen Erwachsenenalter alle Energie auf Leistung und Erfolg sowohl im Beruf wie im Privatleben (Ehe, Kinder) konzentriert, während sich diese Priorität im mittleren und späten Erwachsenenalter umkehrt: Die Auseinandersetzung mit dem Schatten, mit dem Bösen und unserer Begrenztheit zieht eine Hinwendung zum inneren Leben, zur Beschäftigung mit spirituellen Fragen nach sich. Eine Hinwendung zur Transzendenz wird auch von anderen Autorinnen als charakteristisch für das mittlere Erwachsenenalter besonders von Frauen festgestellt; diese Hinwendung ist gleichzeitig als Versuch zu verstehen, das Festgelegt-Sein auf soziale Rollenerwartungen zu durchbrechen und zu überwinden.

8.3 Der Lebenszyklus der Familie

Kasualien beziehen sich nicht nur auf eine Übergangsphase einzelner Personen, sondern immer der ganzen Familie. Das Ritual verdeutlicht öffentlich, dass im Rahmen der Kernfamilie und der größeren Familie (»extended family«) eine Rollenverschiebung stattfindet (stattgefunden hat), die für alle Beteiligten zu bewältigen ist. *Edwin Friedman* macht darauf aufmerksam:

»Aus der Perspektive des emotionalen Systems beginnen Passage-Riten bereits sechs Monate bis ein Jahr früher, und sie enden in einem ähnlichen Zeitraum nach der Zeremonie ...«[46]

In einem so relativ langen Zeitrahmen lockern sich die Familienbeziehungen, deswegen ist dies für eine Familie eine besonders empfindliche und für Veränderungen im positiven wie im negativen Sinn offene Zeit. Die Chancen, die eine Kasualie unter familiärem Aspekt eröffnet, bestehen nach *Friedman* in folgenden Punkten;[47] es erschließt den Familienmitgliedern die Möglichkeit

---

schungen, stellen sie aber in den größeren Kontext anderer theoretischer Zugänge (funktional, relational, konfliktbezogen und normativ) und relativieren sie damit.
45 *Gorman* 1993, 297ff.
46 *Friedman* 1985, 167.
47 *Friedman* ²1989, 129. Friedman stellt diese Überlegungen speziell im Blick auf eine Bestattung an; ich glaube jedoch, dass sie – bis auf den Aspekt der Trauerbewältigung – auch auf die anderen Kasualien zutreffen.

8.3 Der Lebenszyklus der Familie

- wieder Kontakt mit entfernten Verwandten aufzunehmen;
- mehr über die Familiengeschichte zu erfahren;
- mehr über die emotionalen Kräfte, vor allem über die Angst-Faktoren, die eine Familie bestimmen, zu erfahren;
- Familien-Dreiecke, die bei solchen Gelegenheiten besonders sichtbar werden, wieder zu beleben oder zu verändern;
- Verantwortung in Familienangelegenheiten abzugeben oder zu übernehmen.

Für pastorale Arbeit im Zusammenhang mit Kasualien erscheint es vor diesem Hintergrund unabdingbar, etwas über den familiären Lebenszyklus zu wissen und dies in der Begleitung der Betroffenen zu berücksichtigen.

Familien sind keine statischen Gebilde, sondern entwickeln sich im Laufe der Zeit, das hat familientherapeutische Praxis und Theorie schnell erkannt. Familien machen bestimmte Phasen durch, haben spezifische Aufgaben und Herausforderungen zu bewältigen, gehen durch kritische Übergangsstadien hindurch, die mal besser, mal schlechter bewältigt werden; dabei spielt die Einbindung der Kleinfamilie in die größere Familie (»extended family«) und die Generationenfolge eine wichtige Rolle.

Die Theorie des familiären Lebenszyklus ist besonders komplex, weil die sich rapide verändernden gesellschaftlichen Faktoren hier noch viel deutlicher durchschlagen: Was ist eine »normale« oder »gut funktionierende« Familie? Wie sind die Rollen von Frau und Mann in der Familie zu beschreiben angesichts der Tatsache, dass Berufstätigkeit beider Partner inzwischen längst die Regel ist? Welche Bedeutung kommt interkulturellen, wirtschaftlichen und Bildungsfaktoren zu?[48] Was bedeutet es für das Bild von Familie, dass die Zahl nicht verheirateter und homosexueller Paare deutlich gestiegen ist? Etc.

Familie als System bewegt sich in der Zeit.[49] In seiner emotionalen Bedeutung umfasst eine Familie mindestens drei, wenn nicht vier Generationen. Nicht nur die Kleinfamilie, die zusammen lebt, ist im Blickfeld; sie ist nur ein Subsystem einer größeren Einheit, die zwar in der Regel nicht mehr zusammen wohnt, aber emotional doch, sei es positiv oder negativ, miteinander verbunden ist. Die Bedeutung der Verbindung zu den Großeltern wird häufig unterschätzt; auch die Beziehung zu verstorbenen Familienmitgliedern ist immer mit zu berücksichtigen.

---

48 Ein neues Handbuch »Counseling Families Across the Stages of Life«, hg. von *Weaver/Revilla/Koenig* 2002, verzichtet deswegen ganz auf die Zuordnung zu bestimmten Phasen und thematisiert nur noch eine Reihe von relativ typischen und wiederkehrenden Problemsituationen.

49 Im Folgenden orientiere ich mich an dem Klassiker zum Familien-Zyklus: *Carter/McGoldrick* ²1989. Dort umfangreiche weitere Literatur. Vgl. auch *Morgenthaler* 1999, 173ff.

Im Folgenden wird nur sehr knapp die zeitlich-horizontale Entwicklung der Familie nachgezeichnet; sie hat einerseits eine mehr oder minder vorhersehbare Dimension (Heirat, Geburt eines Kindes etc.), andererseits wird sie durch unvorhergesehene Ereignisse (Krankheit, Scheidung, Tod, Arbeitsplatzwechsel oder -verlust, gesellschaftliche Ereignisse) in kaum abzusehender Weise belastet. Zusätzlich komplizieren »vertikale« Faktoren[50] die Entwicklung: transgenerationale Familienstrukturen, Familienmythen, Familiengeheimnisse; auch weltanschauliche, religiöse Faktoren sind hier zu nennen. In Zeiten von Spannung und Stress »regredieren« Familien zu früheren Verhaltensmodellen, die der gegenwärtigen Situation nicht mehr wirklich angemessen sind.

1. Der Familienzyklus beginnt damit, dass der/die junge Erwachsene sich von der Herkunftsfamilie löst und sich auf den Weg macht, eine eigenständige Lebensperspektive zu entwickeln. Die Beziehungsqualität zwischen Eltern und Kind muss sich verändern in Richtung auf Anerkennung eines gleichen Erwachsenenstatus. Bleibende Abhängigkeit von den Eltern, abrupter Beziehungsabbruch oder das überstürzte Eingehen einer Paarbeziehung sind für die eigene Zukunft des Kindes keine guten Voraussetzungen.
2. Eine Familie entsteht durch Heirat oder verbindliches Zusammenleben zweier Partner; nicht nur zwei Individuen, sondern zwei Familiensysteme schließen sich zusammen und bilden ein drittes, neues System. Für die beiden Beteiligten muss klar sein, dass ihre primäre Verpflichtung jetzt in diesem System, ihrer Partnerschaft, liegt. Neue, gemeinsame Spielregeln für alle Lebensbereiche müssen entwickelt werden; da kann es sehr hinderlich sein, wenn die beiden geheiratet haben, um unbewusst Defizite aus der Herkunftsfamilie bzw. im eigenen Leben zu kompensieren. Probleme entstehen häufig an der Definition der Grenzen: Die beiden Extreme bestehen darin, dass die Grenzen entweder zu undeutlich sind, so dass die Verwandten immer wieder in die Partnerschaft »hineinfunken«, oder dass das Paar, aus Angst vor eben dieser Möglichkeit, sich zu rigide gegenüber verwandtschaftlichen Kontakten abschottet.
3. Mit der Geburt des ersten Kindes wechseln die Partner in die Rolle von Eltern, Eltern in die Rolle von Großeltern. Paare müssen lernen, die Verantwortung dieser neuen Rolle angemessen wahrzunehmen. Vor allem die Aufteilung der Rollen zwischen Mann und Frau ist angesichts doppelter Berufstätigkeit und immer noch vorhandener alter Rollenstereotype häufig besonders konfliktreich. Eltern bleiben immer auch Partner füreinander; sie müssen achtsam sein, dass die Präsenz eines Kindes / mehrerer Kinder die emotionale Intensität zwischen ihnen nicht zu sehr schmälert.

---

50 *Carter/McGoldrick* 1989, 9.

4. Mit der Ankunft eines zweiten oder dritten Kindes entsteht das Subsystem der Geschwister: Die Eltern haben inzwischen mehr Gelassenheit gewonnen; sie können die Chance wahrnehmen, dass sie nicht mehr für alles zuständig sind, dass vielmehr die Kinder auch voneinander lernen und ihre Konflikte untereinander austragen können.
5. Wenn Kinder in das Jugendlichenalter kommen, müssen neue Rollendefinitionen ausgehandelt werden; Konflikte und Auseinandersetzungen sind hier die Regel und nicht die Ausnahme. Die Jugendlichen geraten unvermeidlich in eine Identitätskrise mit schnell wechselnden, irritierenden Stimmungen und Einstellungen; sie bringen Freunde, neue Anschauungen und Lebensstile in die Familie; Eltern können nicht mehr unverändert Autorität über ihre Kinder ausüben. Flexible Grenzen sollten den Jugendlichen einerseits zunehmende Selbstständigkeit und Partnerschaftlichkeit ermöglichen, andererseits aber auch Unterstützung und Begleitung anbieten, wenn sie nicht alleine zurechtkommen. Die Eltern können und müssen sich in zunehmendem Maß wieder einander und ihren eigenen Plänen und Wünschen zuwenden.
6. Wenn die Kinder aus dem Haus gehen (»empty nest«), steht für die Eltern eine Neuorientierung als Paar an. Diese Phase kann unter den Lebensumständen unserer Gesellschaft leicht noch einmal zwanzig oder mehr Jahre umfassen; eine Vielzahl von konflikthaften Entwicklungen ist möglich: Die Eltern können diesen Wechsel als Befreiung erleben (mehr Zeit für sich als Paar, für Hobbies und Reisen etc.) oder aber, wenn die Neubelebung der Paarebene nicht gelingt, als Verlust und Desintegration. Möglicherweise kommen die Eltern in die Rolle von Großeltern, und müssen gleichzeitig damit fertig werden, dass ihre nun Urgroßeltern gewordenen eigenen Eltern u.U. hinfällig und betreuungsbedürftig werden bzw. sterben.
7. Die Familie im Alter muss sich mit der Pensionierung auseinandersetzen, muss Begrenzungen, Krankheit und Behinderung hinnehmen; eine angemessene Unterstützung durch die Kinder ist wichtig. Der Tod eines Partners ist ein sehr schwer zu bewältigendes Ereignis, es betrifft vor allem die Frauen. (Als Beispiel: Im Alter von 75–79 Jahren haben nur noch 24 % der Frauen einen Mann, aber 61 % der Männer haben noch eine Frau.[51]) Gerade die Erfahrung von Tod und Trauer betreffen nicht nur Einzelne, sondern die ganze Familie: Die Einzelnen können ihre Trauer besser bewältigen, wenn die Familie insgesamt offen kommunizieren kann.
8. Dieser hergebrachte und mehr oder weniger abgerundete Familienzyklus wird durch eine Reihe von Faktoren belastet:

---

51 *Carter/McGoldrick* 1989, 12.

- In vielen Familien wollen oder müssen beide Elternteile berufstätig sein; dadurch wird in der Regel die Kinderbetreuung deutlich erschwert.
- Fast die Hälfte der Ehen wird durch Trennung und Scheidung beendet, ohne dass damit, wenn Kinder vorhanden sind, die Familie als ganze zu Ende geht! Trennung und Scheidung stellen für alle Familienmitglieder sehr belastende Ereignisse dar; sie brauchen in der Regel lange Zeit, um mit den Gefühlen von Kränkung, Wut, Scham und Trauer fertig zu werden. Eine nicht verarbeitete Scheidung belastet nicht nur eine eventuelle Neuverheiratung (und damit die neue Familie), sondern möglicherweise auch die zukünftigen Beziehungen der Kinder.
- Der physische und psychische Missbrauch von Kindern ist erschreckend hoch und scheint eher zu- als abzunehmen.[52]

Sowohl der individuelle wie der familiäre Lebenszyklus ist mit einer Reihe von krisenhaften Übergängen verbunden. Für die pastorale Praxis leiten sich daraus Konsequenzen ab:

1. Bei Kasualgesprächen tauchen die Themen des Übergangs regelmäßig auf, häufig allerdings eher angedeutet als explizit angesprochen. Veränderung wird in der Regel als ambivalent erlebt, wird begrüßt und gefürchtet. Insofern kann entsprechendes Hintergrundwissen für die Zusammenhänge sensibilisieren und eine intensivere und aufmerksamere Begleitung ermöglichen.
2. Aus systemischer Sicht tangiert, wie schon erwähnt, jede Rollenveränderung eines Mitglieds alle anderen mit: Nicht nur der/die Einzelne vollzieht einen Übergang, sondern die ganze Familie. Das Ritual macht diesen Übergang für alle noch einmal sinnlich erfahrbar, stellt eine religiöse Begründung und Deutung zur Verfügung und versichert die Betroffenen der Solidarität der versammelten Familie wie der anwesenden Gemeinde.

Die Tatsache, dass auch Therapeuten in zunehmendem Maß Rituale für konkrete therapeutische Situationen entwickeln,[53] zeigt, wie bedeutsam das rituelle Element in Lebensübergängen sein kann.

3. Der Familie kann auch eine theologische Bedeutung zugeschrieben werden. *Cameron Lee* hat den Versuch unternommen, die von *D. Winnicott* entwickelte Beschreibung der »good enough mother« auf die Familie zu übertragen und von einer »good enough family« zu sprechen.[54] Die Familie kann ein »holding environment« zur Verfügung stellen, das Menschen auch über die frühe Kindheit hinaus brauchen, um mit den Gefährdungen und Ambivalenzen des Lebens fertig zu werden. Der Gedanke des Bundes zwischen Gott und dem

---

52 Vgl. zum Thema *Ramin* 1993; *Eichler/Müllner* 1999; Gewalt gegen Frauen als Thema der Kirche 2000.
53 Dazu ausführlicher *Imber-Black* 1989, 149ff.
54 *Lee* 1985, 182–189.

Menschen kann hier erfahrungsbezogen grundgelegt werden: Zu Beginn haben die Eltern gegenüber dem Säugling eine unbedingte Verpflichtung, die das Kind als unverdientes Geschenk erlebt. In dieser Erfahrung wird transparent, wovon wir letztlich alle leben.

8.4 Integrale Amtshandlungspraxis

Die verschiedenen EKD-Umfragen zur Kirchenmitgliedschaft haben gezeigt, dass die Bindung der Kirchenfernen an die Kirche vor allem über die lebenszyklisch bestimmten Feiern und Feste geschieht – insofern ist gerade die Verknüpfung einer seelsorglichen Begleitung mit einem Ritual-Angebot für eine spezifische Lebenswende die besondere Chance der Kirche. Der Soziologe *Joachim Matthes* hat diesbezüglich von einer »integralen Amtshandlungspraxis« gesprochen:

»Integrale Amtshandlungspraxis heißt ... Erweiterung des Amtshandlungsgeschehens um fortsetzendes seelsorgerliches Handeln im Blick auf die verschiedenen beteiligten Lebenswirklichkeiten.«[55]

Der Prozess der Integration hat eine mehrfache Zielrichtung:
- Es geht um die Vorbereitung und Einstimmung der Beteiligten auf das Ritual. Dessen Ablauf, die Bedeutung der einzelnen Elemente müssen besprochen werden; die Wünsche der Beteiligten, deren Fragen und Anliegen sollen aufgenommen werden; Informationen für die Kasualansprache müssen eingeholt werden. Dies ist das unmittelbare und am häufigsten praktizierte Ziel eines Kasualgesprächs. Wenn es jedoch dabei bleibt, werden eine Reihe von Chancen vertan, das verdeutlichen die nächsten Punkte.
- Es geht um eine Integration von Ritual und Seelsorge: Der Kasus und das ihn begleitende Ritual sind Anlass, die individuelle und die familiäre Lebensgeschichte unter den veränderten Umständen neu zu erzählen, d.h. das gegenwärtige Leben zu rekonstruieren und sich seiner Bedeutung zu vergewissern. Das unter den pluralisierten gesellschaftlichen Umständen sowieso schon fragile Lebensgerüst eines Menschen, einer Familie wird durch den Kasus zusätzlich verunsichert; insofern bedeutet es eine Chance, sich selbst, im Horizont einer christlichen Lebensdeutung, wie sie der Pfarrer / die Pfarrerin repräsentiert, neu erzählen und entwerfen zu können. Die religiöse Deutung des Anlasses kann im seelsorglichen Gespräch dialogisch erarbeitet und damit auf die spezifisch individuelle Lebenssituation und die sich daraus ergebenden Fragen und Emotionen zugeschnitten werden. Wenn an diesem Punkt und mit dieser Zielrichtung Seelsorge gelingt, kann sie eine gute Grundlage für weitere Kontakte werden.

55 *Matthes* 1975, 101.

- Jede Übergangsphase birgt reichlich Konfliktstoff in sich, weil die Rollenverteilung in der Familie neu austariert werden muss; es ist eine große Chance der Seelsorge anlässlich eines solchen biographischen und familiären Wendepunkts, die in diesem Zusammenhang auftauchenden Unklarheiten und Konflikte moderieren und zu ihrer Lösung beitragen zu können.
- Es geht um eine »Integration«, besser Einbeziehung der Generationenperspektive: Ein Ereignis wie eine der Kasualien betrifft immer die ganze Familie, das wird schon bei der Darstellung des Entwicklungszyklus der Familie deutlich. Dann ist es für den Pfarrer / die Pfarrerin wichtig, sich diesen mehrgenerationalen Zusammenhang klar zu machen und ihn in der Gestaltung der Kasualie entsprechend zu berücksichtigen (z.B. werden bei einer Taufe oder Konfirmation nicht nur die Eltern und Paten, sondern auch die Großeltern anwesend sein; bei einer Hochzeit werden die Beziehungs- und Hochzeitserfahrungen der Eltern neu belebt, bei der Bestattung einer alten Frau werden Kinder und Enkelkinder anwesend sein, die ganz unterschiedlich betroffen sein können etc.).

In der integralen Amtshandlungspraxis wird deutlich, wie rituelles und seelsorgliches Handeln zusammengehören und nicht zwei ganz verschiedene und getrennte Sparten pastoraler Tätigkeit darstellen.

Diesen Zusammenhang unterstreicht *Elaine Ramshaw* in ihrem Buch »Ritual and Pastoral Care«.[56] Sie möchte die häufig anzutreffende Spaltung zwischen einer rituellen Orientierung einerseits und einer seelsorglichen andererseits überwinden, ebenso wie die Spaltung zwischen einer rituellen Orientierung und sozialer Aktivität. »Ritual care« ist ein Bestandteil der »pastoral care«, der Seelsorge; und es ist eine wichtige Aufgabe für den Seelsorger / die Seelsorgerin herauszufinden, welche Kommunikationsform gerade angemessen ist. »Hat eine Person Wünsche, die durch ›ritual care‹ befriedigt werden können? Besteht das Bedürfnis, die Identität zu bestätigen, von der Gemeinschaft anerkannt zu werden, einen wichtigen Übergang zu markieren? Nach Heilung oder Segen? Dankbarkeit symbolisch zum Ausdruck zu bringen, einen wichtigen Zeitpunkt hervor zu heben, sich von einem Toten zu verabschieden oder zu erinnern? In all diesen Situationen kann der Pastor / die Pastorin eine symbolische Handlung oder ein Ritual vorschlagen *zusätzlich zu dem seelsorglichen Gespräch*. Pastor und Gemeindeglied können verschiedene rituelle Möglichkeiten erwägen, bis sie die finden, die für beide richtig und angemessen erscheint.«[57]

Die Autorin betont einerseits den Ort des Rituals in der Gemeinschaft, nicht zuletzt von seiner anthropologischen Funktion als Übergangsritus her; sie entfaltet dann aber detailliert die Möglichkeiten ritueller Handlungen im seelsorglichen Kontext: Gebet (dessen Inhalt aus dem seelsorglichen Hören auf die andere Person erwächst), Segen (der bei den Übergängen besonders sinnvoll ist, wo es kein offizielles kirchliches Ritual gibt, wie Umzug, Stellenwechsel etc.), Beichte und Absolution, Heilungsrituale wie Handauflegung und Ölung, Abschiedsrituale mit Sterbenden und deren Angehörigen, Rituale mit Trauernden; es folgen einfühlsame

---

56 *Ramshaw*, Philadelphia 1987.
57 *Ramshaw*, Philadelphia 1987, 73. (Hervorhebung von mir, M.K.)

Erörterungen über Rituale im Falle einer Fehl- oder Totgeburt, Rituale mit geistig behinderten Personen (die uns auf die Bedeutung des gestisch-szenischen Anteils im Ritual aufmerksam machen). Rituale dienen nicht nur individueller Bestätigung und Versicherung, sondern haben, da sie soziale Gegebenheiten und Rollenvorgaben durchbrechen, häufig auch einen befreienden Aspekt.

In einer solchen sensiblen Verknüpfung von Seelsorge und Ritual hat die Kasualpraxis der Kirchen besondere Chancen.

8.5 Erzählende Rekonstruktion der Lebens- und Glaubensgeschichte

Bestandteil der integralen Amtshandlungspraxis, das wurde schon erwähnt, ist die seelsorgliche Einladung zu einer erzählenden Rekonstruktion der Lebens- und Glaubensgeschichte. Identität ist narrativ strukturiert (⇒ Identität, Kap. 4.1.2); sie bildet sich heraus im Prozess des immer neuen Erzählens und Hörens, wird im ständigen Aushandeln mit anderen verstärkt oder in Frage gestellt und verändert. In der wiederholten Erzählung von Lebens- und Glaubensgeschichte bzw. einzelner Teilabschnitte oder Teilperspektiven gegenüber einem anderen Menschen konstituiert sich das Subjekt, konstituiert sich individuelle Biographie. Die Biographie ist bis auf einige unumstößliche Eckdaten nicht objektiv vorhanden, sondern Gegenstand der Interpretation, der Bedeutungsgebung, der Deutung. Die Erzählung dient der Selbstvergewisserung und Selbstklärung im Kontext des Beziehungsgeflechts von Familie, Ausbildung, Beruf und Gesellschaft als ganzer. Je stärker sich Gesellschaft fragmentiert und pluralisiert, desto mehr müssen die Individuen – unter Rückgriff auf gesellschaftliche Muster – ihre Identität selber konstruieren. Identität wird zur Metapher für ein nie abgeschlossenes, immer neu anzugehendes narratives Prozessgeschehen.[58]

Deutung (⇒ Kap. 4.1.1), auch in einem nichttherapeutischen Sinn, bezeichnet den Vorgang, in dem die Begegnung mit etwas Neuem den vorhandenen Sinnkoordinaten zugeordnet wird oder in dem diese Koordinaten in Frage gestellt werden müssen, um das Neue in irgendeiner Weise aufnehmen zu können.

Die Bedeutung des Gegenüber im Prozess des Erzählens ist nicht zu unterschätzen: Die Darstellung der eigenen Geschichte geschieht immer mit Bezugnahme auf das Gegenüber, setzt unter Einbeziehung des Gegenüber je unterschiedliche Akzente. (Der Tante gegenüber fällt die Geschichte anders aus als gegenüber der Freundin; der Arzt bekommt anderes zu hören als der Seelsorger.) Insofern ist die erzählte Lebensgeschichte »Ausdruck einer Hermeneutik-in-Beziehung«.[59]

---

58 Vgl. ausführlicher *Kraus* 1996, 159ff.
59 *Drechsel* 2002, 134.

An Wendepunkten oder Lebensübergängen verändert sich die Lebensgeschichte in manchmal einschneidender Weise; die Bedeutung der erzählenden Rekonstruktion gewinnt hier besonderes Gewicht: Aus der Perspektive der veränderten Gegenwart, aus der Sicht neuer Beziehungskonstellationen erscheint auch die Vergangenheit in neuem Licht und will entsprechend anders akzentuiert erzählt werden. Das Bedürfnis, unter sich wandelnden Bedingungen neu zu erzählen, sich dabei des Alten zu vergewissern und es gleichzeitig in einen neuen Horizont zu stellen, ist groß.

Seelsorge aus Anlass von Kasualien sollte diesen Zusammenhang besonders berücksichtigen: Die Rekonstruktion der Biographie unter dem Aspekt der Kasualie (»wir sind ein Paar geworden«; »wir sind eine Familie geworden«; »ich habe den Lebenspartner verloren, und wir haben den Vater verloren« etc.) ist von herausragender Bedeutung für die Betroffenen. Im Prozess des Erzählens finden die Menschen heraus, wer sie unter den veränderten Umständen sind bzw. sein wollen.

Im Erzählen der Lebensgeschichte werden Religion und Glaube thematisch; an den Lebensübergängen brechen Fragen nach Begründung und Ziel des Lebens auf, berührt Transzendenz im weitesten Sinn (als das Geheimnisvolle des Lebens, als Bedeutungsüberschuss, als Fragen, die offen bleiben) den Alltag. Wenn Kirche und ihre Vertreter und Vertreterinnen Menschen auf ihren Glauben ansprechen wollen, müssen sie sie einladen, aus ihrer Lebensgeschichte zu erzählen; denn Religion gewinnt nicht »als solche« Ausdruck, sondern vorwiegend in ihrer Verwobenheit mit der Lebensgeschichte. »Die erzählte Lebensgeschichte ist der ›Sitz‹ der Religion«, formuliert die letzte EKD-Erhebung »Fremde Heimat Kirche«.[60]

Religion und Glaube werden nicht nur im Erzählen der Lebensgeschichte zum Thema, das Erzählen selbst gewinnt eine religiöse Qualität. Denn im Erzählen formt sich Identität und Glaube; es wird deutlich, in welchem Ausmaß der/die Einzelne getragen und eingebunden ist in ein Beziehungsgeflecht mit anderen, wie stark Leben Geschenk ist. Im Erzählen ereignet sich das, wovon die Rede ist. Buber hat es so formuliert: »das Erzählen ist selber Geschehen, es hat die Weihe einer heiligen Handlung ... die Erzählung ist mehr als eine Spiegelung: die heilige Essenz, die in ihr bezeugt wird, lebt in ihr fort. Wunder, das man erzählt, wird von neuem mächtig. Kraft, die einst wirkte, pflanzt im lebendigen Worte sich fort ...«[61]

---

60 Fremde Heimat Kirche 1997, 61.
61 *Buber* 1949, 5f.

8.6 Bedeutung des Segens in den Kasualien

In allen Kasualien hat der Segen eine herausragende Bedeutung. Das lateinische Wort »benedicere« bedeutet wörtlich »etwas Gutes sagen«. Menschen leben davon – entwicklungspsychologische Beobachtungen belegen das immer wieder –, dass man ihnen Gutes sagt, Gutes wünscht, mit einem guten Gefühl an sie denkt. Segen im Sinn einer performativen Sprachhandlung lässt das Wirklichkeit werden, wovon die Rede ist; auch dazu gibt es empirische Analogien: Menschen, die gelobt werden, freuen sich, werden selbstsicherer, entfalten sich kreativ und zeigen bessere Leistungen, während andere, vor allem Kinder, die getadelt werden, von denen Lehrer und Eltern schlecht denken, ängstlich reagieren, in ihrem Selbstbewusstsein verunsichert sind und dann auch in den Leistungen nachlassen.

An den biographischen und familiären Wendepunkten des Lebens wird dessen Gefährdung, Brüchigkeit und »schlechthinnige Abhängigkeit« (*Schleiermacher*) besonders offenkundig. Vor diesem Hintergrund der Zerbrechlichkeit stellt der Segen als liturgischer Akt den/die Gesegneten in eine Beziehung zu Gott, zum Ursprung des Lebens und sagt Lebensfülle zu. Segen setzt Wirklichkeit![62] »Leben existiert nicht aus sich selbst heraus und ist sich nicht selbst genug, sondern verdankt sich einem anderen. Im Segen wird das, was gut und heilvoll ist im Leben, als Geschenk erkennbar.«[63]

Aus der Interpretation des aaronitischen Segens (Num 6,22–27) werden verschiedene Elemente des Segens deutlicher:
- Es geht um den Segen Gottes: Gott selbst, das Leben selbst denkt Gutes über uns, wünscht uns Gutes. Wir können uns nicht selbst segnen. Segen widerfährt uns, unabhängig von unserem Tun und Lassen, und oftmals steht es in deutlicher Spannung zur gegenwärtigen Realität.
  »Vielleicht ist der Segen die dichteste Stelle der christlichen-jüdischen Glaubensäußerung, weil dort dramatisiert ist, was Gnade ist: nicht erringen müssen, wovon man wirklich lebt ... Wer Gott nennt, braucht nicht selber Gott zu sein. Wer an das Leben glaubt, braucht das Leben nicht selber zu fabrizieren.«[64]
- Der Segen bezieht sich zunächst auf das Behüten. Für ein Volk, das noch halb nomadisch lebte, war das Behüten der Herde, des Besitzes, der Familie elementar. In der Gegenwart leben wir nur scheinbar sicherer, die Bedrohungen sind subtiler geworden (Umweltgifte, Unfälle im Straßenverkehr etc.). Die Ängste der Menschen liegen häufig nicht mehr so offen zu Tage; und doch wünschen sich viele Schutz und Behütet-werden durch eine höhere Macht. Umge-

---

62 So der Titel eines Aufsatzes von *Frettlöh* 1998, 77–101.
63 *Wagner-Rau* 2000, 161.
64 *Steffensky* 1993, 4f.

kehrt wird die Erfahrung, behütet worden zu sein (nach einer Krankheit, einer langen Reise) als Gotteserfahrung erlebt.
- Das zweimal erwähnte leuchtende Angesicht lässt an ein Gesicht denken, das im Lachen oder Lächeln Freude, Freundlichkeit und Wohlwollen zum Ausdruck bringt. Dass ein Kind Urvertrauen (*Erikson*) fassen kann, ist an das immer wieder freundlich lachende Gesicht der Mutter, an den »Glanz in den Augen der Mutter« (*Kohut*) geknüpft. Sich geliebt zu fühlen, auch im späteren Leben, hat immer damit zu tun, dass man sich gesehen und erkannt weiß als der/die, die man ist. Es dürfte einer der tiefsten Wünsche der Menschen sein, gesehen und wertgeschätzt und nicht verurteilt zu werden.
- Segen zielt auf Schalom, auf Frieden und Heil. Zunächst ist dieser Begriff auf einen umfassenden irdischen Zustand des Friedens und der Gerechtigkeit bezogen; zugleich ist die eschatologische Dimension kaum zu übersehen, denn Frieden auf Erden ist immer nur bruchstückhaft realisiert und angesichts von Krieg, Leiden und Ungerechtigkeit ein kontrafaktisches Versprechen, das nur Gott geben kann.
- Darüber hinaus interpretiert *Luther* das zugewandte Angesicht Gottes im aaronitischen Segen auch als Ausdruck der Zusage, dass Gott – um Christi willen – auch in den destruktiven Erfahrungen des Lebens bei den Menschen sein will. »Gesegnet – und das heißt freundlich angesehen und mit Zukunft beschenkt – ist das Leben auch dort, wo es gebrochen, schwach und schuldig ist. Gesegnet sein heißt: bezeichnet sein, und zwar mit dem Kreuzeszeichen.«[65] Diese beiden Dimensionen des Segens haben bei vielen Kasualien besonderes Gewicht: Alle Beteiligten wissen intuitiv, wie gefährdet, brüchig und schuldanfällig ihr Leben ist; der Wunsch nach Segen und Bewahrung ist deswegen an diesen biographischen Einschnitten besonders intensiv.

Gegenüber der Zusage des Segens tritt die Verpflichtung der Gesegneten, ihre Kinder christlich zu erziehen, eine »christliche Ehe« zu führen etc., in den Hintergrund. Der Segen ist aus theologischer Sicht nicht an eine Verpflichtung geknüpft; und angesichts der volkskirchlichen Realität erscheint die Aufforderung zu einem solchen Versprechen sowieso problematisch.

Eine pastoralpsychologische Perspektive macht auf verschiedene Punkte aufmerksam:
- Menschliche Beziehungen bilden, wie so oft, Erfahrungsanalogien zu theologischen Aussagen; sie helfen, die Dynamik des Segens, nämlich seinen unverfügbaren Geschenkcharakter, und die immer wiederkehrende Notwendigkeit solcher Geschenke im Lebenslauf besser nachzuvollziehen und zu verstehen. Mit Hilfe solcher An-

---

65 *Wagner-Rau* 2000, 172.

knüpfungspunkte werden theologische Aussagen besser nachvollziehbar.
- Der Segen als Bestandteil des Rituals will sorgfältig inszeniert sein. Theologisch gesehen hängt seine Wirksamkeit nicht an der Glaubwürdigkeit der Person, die ihn spendet; aus psychologischer Perspektive bedarf es aber schon einer gewissen Kongruenz von Inhalts- und Beziehungsebene (*Watzlawick*). Deswegen muss liturgische Inszenierung geübt und gelernt werden (⇒ Kap. 7.2).
- Der Segen ist, wie *Steffensky* es ausdrückt, ein Spezialfall der Poesie; er geschieht, mit *Winnicott* gesprochen, im intermediären Raum, im Möglichkeitsraum (⇒ Kap. 4.1.4). Diese symbolische Dimension sollte nicht pädagogisierend-erklärend aufgehoben werden.[66]

8.7 Einzelne Kasualien in pastoralpsychologischer Sicht

Rituale setzen das, worum es inhaltlich geht, in Szene. Rituale sind nonverbale Sprachformen. Damit ist das Problem der gegenwärtig in der Kirche praktizierten Kasualien bereits implizit benannt: Der szenische Anteil an den Kasualien ist in den meisten Fällen so reduziert, dass er nur noch wenig aussagekräftig ist und am besten noch erzählend – im Seelsorge-Gespräch oder in der Kasualansprache – zur Geltung gebracht werden kann. *Eine Bewusstmachung der szenischen Gehalte und ihrer ursprünglichen symbolischen Funktion ist deswegen wichtig.*

8.7.1 Taufe

Die Taufe ist wohl die wichtigste Kasualie im Bereich der christlichen Kirchen; sie ist eindeutig biblisch bezeugt, sie ist den Jüngern Jesu aufgetragen und erfreut sich auch unter volkskirchlichen Bedingungen immer noch einer erstaunlich hohen Wertschätzung. Gleichzeitig erscheint gerade bei dieser Kasualie der szenisch-symbolische Anteil äußerst zurückgenommen: Das Taufbecken ist meistens eine flache Schale, entsprechend werden nur noch ein paar Tropfen Wasser auf den Kopf des Täuflings geträufelt, ein neues Gewand wird nicht mehr angezogen, eine Ölung findet nicht mehr statt.
Aus pastoralpsychologischer Sicht sowie angesichts der Verstehensbedingungen heutiger kirchendistanzierter Menschen erscheinen mir folgende symbolische Aspekte von besonderer Bedeutung (dabei wird die hohe Komplexität der vollen Taufliturgie nicht berücksichtigt[67]):

---

66 *Lorenzer* 1984 hat der katholischen Kirche vorgeworfen, durch die Liturgiereformen des II. Vatikanischen Konzils den poetisch-symbolischen Gehalt der Liturgie durch Maßnahmen der Indoktrinierung, Pädagogisierung und Intellektualisierung zerstört zu haben.
67 Dazu siehe *Jilek*[2] 1995, 294–332.

1. Die Taufe beginnt an der Kirchentür; der *Weg* der Tauffamilie von der Kirchentür in die Kirche und zum Taufstein stellt ein wichtiges Element des Ritus dar.
2. Bei der eigentlichen Taufhandlung steht die *Symbolik des Wassers* im Vordergrund. Die mythologischen Ursprünge der Wasser-Symbolik sind einerseits wichtig, andererseits hauptsächlich für Insider interessant: Das Wasser repräsentiert das anfängliche Chaos, aus dem Gott die Welt schafft, so stellen es mit unterschiedlichen Akzenten das babylonische Enuma Elish, das Gilgamesch Epos und die biblische Schöpfungsgeschichte dar; Israel wird aus dem Wasser des Roten Meeres gerettet; der Mensch wird aus dem Fruchtwasser geboren. Leicht nachvollziehbar ist für heutige Menschen die angenehme, entspannende, Leben ermöglichende und die potentiell bedrohliche und Tod-bringende Qualität des Wassers. Das Leben eines Säuglings, eines kleinen Kindes erscheint besonders gefährdet und zerbrechlich: Die Spannung in der Erfahrung von geschenktem Leben und zugleich bedrohtem Leben, die Ambivalenz von Leben und Tod, Freude und Angst, dürfte den meisten Eltern unmittelbar gegenwärtig und mit relativ starken Gefühlen verbunden sein.

Leben und Tod – damit ist nicht nur das unmittelbare physiologische Leben bzw. der physiologische Tod gemeint; beide Phänomene assoziieren wir symbolisch auch mit den Polaritäten von Trennung und Verbindung, Desintegration und Integration, Stillstand und Bewegung.[68] Trennung kann gerade für Kinder eine besonders bedrohliche Erfahrung sein; Desintegration bezieht sich auf körperliche Verletzung und Verstümmelung, aber auch auf die Desintegration des Familiensystems; Stillstand, Sich-nicht-mehr-Bewegen-Können wird von vielen als Tod im Leben gesehen.

Die Taufe greift diese Spannung im Element des Wassers auf und setzt zugleich mit dem Segen Gottes etwas dagegen. Durch die Reduktion des Wasserritus auf ein Besprengen des Kopfes des Kindes mit Wasser ist die Wasser-Symbolik allerdings stark reduziert; sie kann im Grunde nur in der Taufansprache bzw. im Kasualgespräch entfaltet werden.

Der Gedanke der Reinigung, der auch mit dem Wasser verbunden ist, dürfte einerseits relativ spät in die christliche Tauftheologie gelangt sein,[69] andererseits ist in der Gegenwart kaum noch plausibel zu machen – oder nur in moralischen Kategorien –, wovon ein Kind gereinigt werden müsste.

---

68 *Bregman* 1987.
69 Vgl. *Lawler* 1980, 7–35. Der Autor arbeitet heraus, dass die Identifikation mit Tod und Auferstehung Christi in der Taufe das anfängliche Motiv darstellt, das erst später durch das Reinigungsmotiv verdrängt worden sei.

Im 3. Jahrhundert mündet die Taufe in die Eucharistie, in der den neu Getauften nicht nur Brot und Wein sondern auch Milch und Honig gereicht wurde, um damit die Vorfreude auf das gelobte Land auszulösen.[70]

Auf die ursprüngliche Bedeutung des Wasserritus in der Taufe macht *Ronald Grimes* aufmerksam, indem er eine Kontrasterfahrung erzählt:[71] Er war eingeladen worden, mit einer Gruppe von Haitianern, die den Vodun-Kult praktizieren, an einem Ritual teil zu nehmen.

»An einem späten Nachmittag, nach anstrengenden physischen und spirituellen Übungen in Matsch und Regen, näherten wir uns einem sprudelnden Strom im Wald. Wir stiegen zu einem Wasserfall auf ..., der nicht besonders großartig war, sondern ziemlich normal, ein wenig größer als wir. Die Haitianer ... führten uns einzeln unter den kalten Strom des Wassers. Einige zogen ihre Kleider aus, andere behielten sie an ... Es wurde nicht gesprochen; hilfreiche Hände hielten einen und schützten vor dem Ausrutschen auf den glatten Steinen. Der Schock des kalten Wassers, das erschreckte Einatmen (›gasping‹), das das Schweigen der Woche durchbrach, und die eindrückliche Sanftheit unserer Lehrer – all das machte einen tiefen Eindruck ›bis auf die Knochen‹. Was dieses ›etwas‹ war, konnte ich nicht benennen, ich kann es heute noch nicht ... In diesem kalten, nassen Augenblick verstand ich, glaube ich, Taufe zum ersten Mal. ... Später las ich Erzählungen frühchristlicher Initiation mit großer Traurigkeit und Sehnsucht. Ich hatte nicht gewusst, dass Taufen damals bei Sonnenaufgang durchgeführt wurden und dass die Täuflinge nackt ins Wasser stiegen ... Ich stelle mir vor, wie ich da stehe, frierend und nackt unter den schläfrigen Kandidaten ... Für einen Moment bin ich einer von ihnen, peinlich angerührt, mit rotem Gesicht, neu geboren, obwohl ich alt und bärtig bin. Wie seltsam, wie wundervoll ist dieses initiatorische Geburts- und Wasser-Zeug.«
Grimes fügt hinzu, dass dieses Ritual nicht in eine dauerhafte Gemeinschaft mündet, wie das früher der Fall war. Das Ritual findet in einer kurzfristigen und vorübergehenden Gemeinschaft statt; offenbar geht es in der Gegenwart kaum noch anders.

3. Die Frage nach dem *Namen* des Kindes und die Taufe auf den Namen des dreieinigen Gottes signalisiert eine wichtige Spannung: Der Name ist Ausdruck der Einzigartigkeit des Kindes und der in ihm angelegten Tendenz zur Individuation, zur Autonomie; gleichzeitig wird das Kind mit der Taufe in die Gemeinschaft der Glaubenden aufgenommen. Das Kind ist den Eltern anvertraut; aber es ist nicht ihr Besitz, sondern gehört als »Kind Gottes« einem Größeren. Diese Spannung zwischen Autonomie und Gemeinschaft sollte möglichst sichtbar zum Ausdruck gebracht werden, indem zumindest die Kinder der Gemeinde in einem Kreis um die Tauffamilie herum stehen.

4. *Kreuzeszeichen und Taufsegen* (verbunden mit Handauflegung) für das Kind: Das Kind ist mit seinem zerbrechlichen Leben auf den

---

70 *Lawler* 1980, 22.
71 *Grimes* 2000, 123f.

sinnlich vermittelten Segen Gottes angewiesen; dieser Segen ist nicht nur für die guten Tage zugesagt, sondern auch für Erfahrungen von Leiden und Begrenzung des Lebens (s.o.).
5. *Lichtritus*: Die Taufkerze erinnert an die Osterkerze, an das Licht, das von der Auferstehung her in der Dunkelheit scheint und Orientierung und Wärme gibt. Die Kerze ist keine Taschenlampe, d.h. die Flamme ist klein und »verletzlich«, sie muss mit Aufmerksamkeit begleitet werden. Die Taufkerze bietet die Möglichkeit an, Tauferinnerung zu pflegen, indem diese Kerze am jährlichen Gedenktag wieder angezündet wird.
6. Der *Segen der Eltern* bzw. der Familie bindet die gesamte Familie in den Ritus ein und verdeutlicht, dass die Taufe ein Familienereignis ist:[72] Die Taufe eines Säuglings markiert den für jede Familie einschneidenden Übergang von der Zweier-Beziehung des Paares zur Dreibeziehung als Eltern-Kind-Familie (s.o.). Dieser Übergang wird in der Taufe religiös begleitet und gedeutet und zugleich öffentlich gemacht. Die Chancen und die Belastungen für das eigene Leben und die Partnerschaft, Freude, Angst, Verwirrung und Wut angesichts dieses Übergangs können sowohl in der Taufansprache wie in der begleitenden Seelsorge angesprochen und damit aus der Verstecktheit heimlicher Gefühle herausgeholt werden. Auch die Veränderungen für evtl. vorhandene Geschwister sowie für die jetzt zu Großeltern gewordenen Eltern sollten nicht vergessen werden. Geburt und Taufe machen in besonderer Weise deutlich, dass sich das Familiensystem verändert hat.[73]

8.7.2 Konfirmation
1. Die Konfirmation verdankt sich vor allem einem katechetischen Anliegen im Sinn eines nachgeholten Taufunterrichts; von daher sind die symbolisch-rituellen Elemente der Konfirmation begrenzt. Trotzdem können sie herausgearbeitet werden:
Die Konfirmation ist durch den gesellschaftlichen Wandel (verlängerte Ausbildungszeiten) kein Übergangsritus mehr.[74] Die Jugendzeit hat sich gegenüber früheren Generationen enorm verlängert (umfasst etwa die Jahre von 10–20). Die Konfirmation fällt mitten in diese Zeit. Trotzdem wird sie von vielen als feierlicher Abschluss der Kindheit und damit als Übergang in eine dann allerdings nicht so genau bestimmbare andere Lebensphase gesehen. Insofern bleibt

---

72 Eine detaillierte Auseinandersetzung mit diesem Thema gibt *Pence* 1998, 185ff. Pence setzt natürlich die kirchliche Situation der USA voraus, die eine ganz andere Intensität seelsorglicher Begleitung eines Paares schon während der Schwangerschaft ermöglicht, als das unter volkskirchlichen Bedingungen in Deutschland denkbar wäre.
73 Vgl. dazu ausführlicher *Morgenthaler* 1999, 192ff.
74 Vgl. *Schweitzer* 1993, 119–136.

es bedeutsam, wenn die Jugendlichen in einer Zeit der besonderen Identitätsunsicherheit (s.o. *Erikson*) vor der gemeindlichen Öffentlichkeit in ritualisierter Weise je einzeln angesprochen werden, dadurch einerseits in ihrem Weg der Individuation gestärkt und andererseits der Zugehörigkeit zur Familie und Gemeinde versichert werden.
– Der Einzug in die Kirche als vorbereitender Weg ist ernst zu nehmen.
– Namensnennung und individueller Konfirmationsspruch (nach Möglichkeit im Gespräch mit den Jugendlichen und ihren Eltern ausgesucht) unterstreichen den Respekt vor der Individualität dieses Menschen.
– Handauflegung und Segen sagen Gottes Gegenwart und Schutz in einer besonders turbulenten und verunsichernden Lebensphase zu.

So gesehen kann die Konfirmation insgesamt eine Identitäts- und Selbstwert-stärkende Funktion haben.

2. Die Identitätskrise des/der Jugendlichen ist nicht nur eine individuelle Krise, sondern bringt auch eine Störung bzw. Veränderung der bisherigen Interaktionsmuster der Familie mit sich. Die Verselbstständigung des/der Jugendlichen enthält für Eltern und Großeltern die Aufgabe, loszulassen und partnerschaftlichere Umgangsformen einzuüben. Die Feier verdeutlicht öffentlich und augenfällig, dass der/die Jugendliche jetzt kein Kind mehr ist, schon weitgehend selbstständig sein Leben bewältigen kann und in absehbarer Zeit die Herkunftsfamilie verlassen wird. *Jan Hermelink* hat diese systemische Perspektive gezielt herausgegriffen und die Konfirmation als Ritual einer potentiell heilsamen rituellen Verstörung des Systems Familie beschrieben.[75]

Systeme (⇒ Kap. 4.5 und Kap. 10.2.4) können auf Grund ihrer partiellen Geschlossenheit und Autopoiese nicht direkt beeinflusst und verändert werden; Veränderungsprozesse werden durch Verstörungen angestoßen; Verstörung ist grundsätzlich notwendig, um Veränderung zu ermöglichen; sie ist besonders da heilsam, wo sie eingefahrene Ordnungen und Regeln zu verflüssigen hilft.

Die Konfirmation – und das gilt im Grunde für alle Kasualien – bietet einen wichtigen Anlass, in dessen Rahmen sich die Familienverhältnisse abbilden und dadurch möglicherweise bewusst werden; in der Bewusstwerdung liegt wiederum das Potential für Verflüssigung bisheriger Sichtweisen und Familienstrukturen.

– Im Zusammenhang der Familienfeier kommen die Großfamilie oder zumindest Teile derselben zusammen, Geschichte(n) und Struktur der Familie werden lebendig, Brüche und Kontinuitäten

---

75 Zum Folgenden *Hermelink* 2001, 481–500.

kommen erneut zur Sprache, die betroffene Kleinfamilie erfährt Wertschätzung und Bestätigung.[76]
- Im feierlichen gottesdienstlichen Ritual wird demonstriert, wie sich der/die Jugendliche aus den Bindungen zum Elternhaus löst und sich in die Gemeinschaft der Gleichaltrigen hineinstellt. Die für die meisten Familien inzwischen fremdartig erscheinende liturgische Inszenierung bildet die Fremdheit und zunehmende Selbstständigkeit des/der Jugendlichen gegenüber der Herkunftsfamilie ab. Der den Einzelnen zugesprochene Konfirmationsspruch und der Segen bestätigt die Jugendlichen in ihrer Einzigartigkeit, unabhängig von familiären oder schulischen Verhältnissen.
- Die religiöse Dimension individueller und familiärer Entwicklung wird in der Liturgie des Gottesdienstes symbolisch-rituell dargestellt und in der Ansprache explizit deutend aufgegriffen; ihre Zielsetzung liegt darin, im Blick auf die Subjektivitäten der Beteiligten sowohl vergewissernde wie auch befreiende Impulse zu vermitteln.

So ist der Kasus der Konfirmation in die Ambivalenz von Schmerz und Sehnsucht eingebunden: Schmerz über die sich abzeichnende Ablösung des Kindes, Sehnsucht nach bleibender Bindung und Kontinuität.[77]

8.7.3 Trauung

Die kirchliche Trauung sollte genau genommen »Gottesdienst anlässlich der Eheschließung« heißen. Denn das Paar muss bereits legal verheiratet sein, wenn es in die Kirche kommt. Der Gottesdienst sollte nicht durch die Sprache und einzelne rituelle Elemente den Anschein erwecken, als würde hier erst die Ehe geschlossen.[78]

1. Zielsetzung des Rituals
Als Ritual hat der Gottesdienst anlässlich der Eheschließung mehrere Funktionen:[79]
- Durch seine öffentliche Inszenierung trägt er Entscheidendes bei zur Integration des Paares als Paar im Rahmen der beiden Familien und sonstigen Bezugsgruppen von Freunden, Nachbarn und Arbeitskollegen;

---

76 Allerdings sollte man auch nicht übersehen, dass solche Familienfeiern gelegentlich mit Eklat und bleibender Verstimmung enden, weil alte Brüche nicht verheilt sind und ein Ertragen unterschiedlicher Lebensstile nicht immer möglich ist.
77 Vgl. dazu *Lämmermann* 1997, 308–321.
78 Vgl. dazu ausführlicher *Klessmann* 2003, 354ff. Zum Thema Ehe aus pastoralpsychologischer Sicht vgl. *Thilo* 1978.
79 Vgl. auch *Daiber* 1973, 578–597.

8.7 Einzelne Kasualien in pastoralpsychologischer Sicht

– er bietet Sinn und Lebensdeutung an in einer Situation, die die Betroffenen mit Erwartungen befrachten, die sie in der Regel kaum artikulieren können; eine Relativierung des überfrachteten Ideals der romantischen Liebe ist ansatzweise möglich, indem auf Ambivalenzen als unvermeidlicher Bestandteil aller Beziehungen verwiesen wird;
– er stabilisiert die Beziehung durch die Einbindung des Paares in eine Tradition und in die größere Gruppe der Familie und Freunde.

Die pastorale Aufgabe besteht darin, die christliche Tradition als Sinnangebot (die partnerschaftliche Liebe wird getragen und neu belebt, wo sie sich aus der umfassenden Liebe Gottes heraus versteht, und sie ist an der Gemeinschaftsgerechtigkeit Gottes zu messen) mit der Lebenssituation des Paares so zu verknüpfen, dass für die Betroffenen ein Zuwachs an Lebensorientierung und Selbstvergewisserung möglich wird. Diese Aufgabe setzt voraus, dass der Pfarrer / die Pfarrerin das Selbstverständnis des Paares kennen lernt (einen ersten Eindruck gewinnt über den Anfang ihrer Beziehung, über positive und negative Beziehungserfahrungen, über ihre Zukunftserwartungen) und sie mit seiner/ihrer theologischen Auffassung von Liebe, Ehe und Sexualität in Beziehung setzt. Das Allgemeine der Tradition und das Individuelle dieses Paares sollen sich verbinden, sowohl im Ritus wie in der Predigt. In zunehmendem Maß erwarten die Menschen, dass auch im Ritual persönliche, unverwechselbare Akzente gesetzt werden, in denen sie sich als Individuen – und nicht als austauschbare Objekte – angesprochen wissen können. Um diese Verknüpfung zu erreichen, sind ausführliche Vorgespräche und eine aktive Beteiligung der Betroffenen in der Gestaltung des Rituals von großer Bedeutung.

Die symbolisch besonders wichtigen Stationen im gottesdienstlichen Ritual sind der Weg von der Kirchentür zum Altar; das (nach Möglichkeit) selbst formulierte und selbst gesprochene Versprechen macht das Paar zum Subjekt und nicht nur zum Empfänger dieses Rituals; die Formel »bis der Tod euch scheidet« begrenzt narzisstische Allmachtswünsche der Liebe; der Segen verweist in besonderer Weise auf die Gefährdung der Beziehung und stellt sie unter Gottes Schutz.

2. Familienperspektive

»Eine Hochzeit ist wie ein Eisberg: nur ein Achtel der sich bewegenden Masse ist sichtbar, aber hinter der Entscheidung und dem Prozess steht eine emotionale Bewegung, die sich über Generationen hin aufgebaut hat.«[80] Mit dieser dramatischen Metapher wird ausgedrückt, dass die Eheschließung eines Paares in beiden beteiligten Familien tief gehende emotionale Prozesse freisetzen kann, die in der Regel mit deren eigenen Beziehungsgeschichten zu tun haben. Vor allem die häufig

---

80 *Friedman* 1985, 179.

auftretenden Schwierigkeiten mit der jeweiligen Schwiegerfamilie (der neue Partner/Partnerin wird nicht akzeptiert, ein Teil der Familie kommt nicht zur Hochzeit etc.), so *Friedmans* These, basieren jeweils auf deren früheren Erfahrungen, so dass auch der Versuch einer direkten Auseinandersetzung mit diesem Konflikt scheitern muss, wenn nicht die weiter gehenden Hintergründe bewusst werden.

Darüber hinaus aktualisiert die Trauung des Paares Erinnerungen an glückliche und konflikthafte Zeiten bei den Eltern und Großeltern und setzt dadurch möglicherweise indirekt weitere Dynamik in Gang.

3. Aspekte der Paarbeziehung

Seit dem 19. Jahrhundert gilt die Emotion der Liebe zwischen den beiden Partnern als Grundlage für Paarbeziehung und Ehe. *H. Jellouschek* spricht von sieben Ideologien, die das gegenwärtige neo-romantische Liebesideal ausmachen; dieses Ideal trägt entscheidend dazu bei, dass viele Menschen Liebe und Ehe als Widerspruch erleben und an dieser Spannung scheitern.[81]

a. Verbreitet ist die Annahme, Liebe sei eine auf Dauer gestellte Verliebtheit; die Utopie der Verliebtheit stellt jedoch nur einen Anfang dar, der durch einen kontinuierlichen Prozess der »Beziehungsarbeit« in dauerhafte Realität überführt werden muss.

b. Verbreitet ist die Annahme, Liebe sei ein Zustand der Dauerverschmelzung und Harmonie. Angesichts solcher regressiver, frühe symbiotische Wünsche neu belebender Verschmelzungsphantasien wird übersehen, dass Individualität, Autonomie und Distanz keine Gegensätze zur Liebe sind, sondern ihre Bestandteile.

c. Weit verbreitet ist die Annahme, Liebe sei eine Form der Selbstverwirklichung, in der der Partner / die Partnerin als Erweiterung des eigenen Ich erlebt wird. Die Notwendigkeit von Hingabe (nicht gleichbedeutend mit Selbstaufgabe!) an den anderen und seine/ihre Fremdheit wird dabei vernachlässigt.

d. Liebe wird oft als Totalanspruch aneinander verstanden: Paare wollen einander alle Bedürfnisse nach Wärme, Geborgenheit, Zuwendung und Anregung erfüllen und überfordern sich damit heillos. Eine Paarbeziehung sollte deswegen in ein Freundschafts-Beziehungsnetz eingebunden sein, das die Paarbeziehung von zu hohen Erwartungen entlasten kann.

e. Die Möglichkeit, sich gegenseitig sexuelle Lust zu bereiten, wird für viele zum Kriterium gelingender Paarbeziehung. Die Konzentration auf den Orgasmus zerstört jedoch die vielfältigen und weit gespannten Möglichkeiten körperlichen Beziehungserlebens. Außerdem wird übersehen, dass sexuelle Befriedigung eine Begleiter-

---

81 Zum Folgenden *Jellouschek* 1992.

scheinung ist, die sich in umfassender Hingabe (die Zeit und Aufmerksamkeit braucht) aneinander wie von selbst einstellt.
f. Verbreitet ist die Annahme, Liebe sei ein spontaner Wachstums- und Entwicklungsprozess, der durch eine formale Strukturierung wie die Eheschließung nur behindert werde. Verbindlichkeit und Dauer bedürfen jedoch der Formgebung, die wiederum das labile Gefühl der Liebe trägt und unterstützt.
g. Die Liebe in der Paarbeziehung ist für viele zur Religionserwartung, zum Heilsersatz geworden. Religiöse Sehnsucht nach Glück und Ganzheit macht sich an der Liebe fest und überfordert sie damit völlig. Eine erfahrungsbezogene Religiosität kann demgegenüber diese Überforderung abmildern. »Es ist nötig, dass der Mensch sich diesem ›Darüber hinaus‹ öffnet, ihm einen Platz in seinem Bewusstsein einräumt, sonst gerät er immer wieder in Gefahr, die Vision mit der Wirklichkeit zu verwechseln.«[82]

Pfarrer und Pfarrerinnen sollen in seelsorglichen Gesprächen im Umfeld der Trauung keine Paarberatung durchführen, dazu haben sie in aller Regel weder den Auftrag noch die Kompetenz. Fragen nach Motiven der Partnerwahl[83] und Aufmerksamkeit auf das Selbstverständnis des Paares können jedoch Einstiege in hilfreiche Gespräche eröffnen, die dem Paar Einsichten über sich selbst vermitteln und dem Pfarrer / der Pfarrerin Anregungen für eine wirklich konkrete und situationsbezogene Gestaltung des Rituals und der Ansprache geben.

8.7.4 Bestattung

8.7.4.1 Jeder Bestattung geht das *Sterben* eines Menschen voraus. Das Zu-Ende-Gehen des Lebens stellt einen individuellen und einen sozialen Vorgang dar; er kann plötzlich und unvorhersehbar eintreten (Unfall, Herzinfarkt) oder sich in einem längeren Zeitablauf vollziehen, etwa bei einer chronischen Krankheit. Menschen, die über einen Zeitraum hin ihr Sterben miterleben, machen einen Prozess des Abschiednehmens und der Trauer um ihr eigenes Leben durch, den *Elisabeth Kübler-Ross* seinerzeit detailliert beschrieben und damit einem neuen Forschungsgebiet, der Thanatologie, zum Durchbruch verholfen hat.

In ihrem grundlegenden Buch »Interviews mit Sterbenden«[84] unterscheidet die Autorin auf der Basis vielfältiger Beobachtungen und Begleitungen sterbender Menschen fünf nicht in jedem Fall strikt aufeinander folgende Phasen der Auseinandersetzung mit dem eigenen Sterben.
a. Die Diagnose einer infausten Erkrankung wird häufig mit einem Nichtwahrhaben-Wollen und Der-Bedrohlichkeit-ausweichen-Wollen aufgenommen. Auch Angehörige, Pflegepersonal und Seelsorger nei-

---

82 *Jellouschek* 1992, 143.
83 Vgl. dazu *Thilo* 1978, 163ff.
84 *Kübler-Ross* 1972; die englische Originalausgabe »On Death and Dying« erschien 1969.

gen im ersten Moment dazu, sich einer solchen Verdrängungshaltung anzuschließen.
b. Häufig geben die Patienten ihrem Zorn und Ärger über die Ungerechtigkeit des Lebens bzw. Gottes Ausdruck. Dieser Zorn trifft alle, die gerade anwesend sind; er sollte als Ausdruck der Verzweiflung ernst genommen, aber nicht als persönlicher Angriff verstanden werden.
c. Um noch eine längere Lebenszeit zu gewinnen, verlegen sich manche Menschen auf das Verhandeln mit den Ärzten oder mit Gott.
d. Vielfach stellt sich eine Depression ein, eine reaktive Depression als Antwort auf die bereits erlittene Krankheit, Ohnmacht und Schmerzen, und eine sozusagen prospektive Depression im Blick auf den endgültigen Abschied vom Leben. Die Möglichkeit, Schmerzen und Ängste aussprechen zu können, ist wichtig, um den kontakthemmenden Aspekt von Depression nicht noch mehr zu fördern.
e. Die Phase der Zustimmung beschreibt *Kübler-Ross* als eine ruhige und stille Zeit, in der sich der/die Kranke auf den Tod vorbereiten und ihn annehmen will.

Das von *Kübler-Ross* vorgeschlagene Phasenschema ist wegen seiner Abfolge und der darin enthaltenen Normativität vielfach kritisiert worden. Wichtig erscheint, diese Abfolge nicht schematisch zu verstehen, sondern als Hinweis, dass man mit ganz unterschiedlichen Reaktionen rechnen muss.

Besonderen Wert legt die Autorin darauf, sterbenskranken Menschen auf keinen Fall die Hoffnung zu nehmen; dazu bedarf es einer offenen und direkten Beziehung, die auf Täuschungsmanöver verzichtet.

8.7.4.2 Auf den Tod einer nahestehenden Person reagieren Menschen mit *Trauer*.

Trauer definiert *S. Freud* als »die Reaktion auf den Verlust einer geliebten Person oder einer an ihre Stelle gerückten Abstraktion wie Vaterland, Freiheit, ein Ideal usw.« Sie ist gekennzeichnet, analog zur Melancholie, »durch eine tief schmerzliche Verstimmung, eine Aufhebung des Interesses für die Außenwelt, durch den Verlust der Liebesfähigkeit, durch die Hemmung jeder Leistung ...«[85] Der/die Hinterbliebene muss, *Freuds* triebenergetischem Konzept zufolge, die libidinöse Besetzung von diesem Objekt, von dem verstorbenen Menschen abziehen; dagegen sträubt er sich zunächst. Das Objekt wird in der Vorstellung festgehalten und erst allmählich frei gegeben. Diesen konfliktreichen Vorgang bezeichnet *Freud* als Trauerarbeit. »Das Normale ist, dass der Respekt vor der Realität den Sieg behält. Doch kann ihr Auftrag nicht sofort ausgeführt werden. Er wird nun im einzelnen unter großem Aufwand von Zeit und Besetzungsenergie durchgeführt und

---

[85] *Freud* (1917), St.A. III, 198.

8.7 Einzelne Kasualien in pastoralpsychologischer Sicht 361

unterdes die Existenz des verlorenen Objekts psychisch fortgesetzt. Jede einzelne der Erinnerungen und Erwartungen, in denen die Libido an das Objekt geknüpft war, wird eingestellt, überbesetzt und an ihr die Lösung der Libido vollzogen.« Am Ende dieses Prozesses »wird aber das Ich nach der Vollendung der Trauerarbeit wieder frei und ungehemmt.«[86]
Auch ohne die Triebtheorie *Freuds* mit zu übernehmen, hat sich seither die Einsicht durchgesetzt, dass Trauer einen notwendigen und sinnvollen psychischen Reaktionsprozess bezeichnet und dass »Trauerarbeit«, das Durchleben und Durchleiden der Trauer sowie das Bearbeiten der Ambivalenzgefühle gegenüber dem/der Toten, unabdingbar ist für eine gelingende Trauerbewältigung. Wenn Trauerarbeit vermieden wird, stellen sich leicht pathogene Folgen ein.
Trauer ist ein normaler Bestandteil des Lebens und keine Krankheit. »To be wounded is not to be sick.«[87] Das Ineinander von Verbindung und Trennung repräsentiert vom Kleinkindalter an grundlegende Lebensprozesse, die immer wieder durchlebt werden. Jede auch nur vorübergehende Trennung ist mit Trauer und Schmerz verbunden, Leben ohne Trauer insofern nicht vorstellbar. Trauer bezieht sich nicht nur auf den Tod einer nahestehenden Person, sondern auch auf den Verlust eines Tieres, eines Berufs, von Eigentum, den Verlust eines Partners / einer Partnerin durch Trennung und Scheidung etc. Die Art, Intensität und Länge der Trauer ist unvorhersehbar und in manchen Fällen nie zu Ende.
Trauer verändert sich im Lauf der Zeit; deshalb war es in der Vergangenheit üblich, diesen Ablauf, in Analogie zu den Phasen, mit denen *Elisabeth Kübler-Ross* das Sterben beschrieben hat, in Phasen oder Stufen zu systematisieren.
In seiner klassischen Zusammenfassung der Trauertheorie unterscheidet *Yorick Spiegel* vier Trauerphasen:[88]
a. eine Phase des Schocks von wenigen Stunden bis zu ein/zwei Tagen. Angehörige erscheinen in dieser Zeit wie gelähmt und können die Realität des Verlustes nicht aufnehmen.
b. In einer kontrollierte Phase, die in der Regel bis zum Beginn der Bestattung anhält, erfahren sich Angehörige als passiv und emotional distanziert: Die Welt erscheint ihnen unwirklich; Phänomene der Derealisation und Depersonalisation können auftreten. Die Betroffenen erleben sich möglicherweise als kalt und gefühllos oder verstricken sich in alle möglichen ziellosen Aktivitäten.

---

86 *Freud* (1917), St.A. III, 198f.
87 *Mitchell/Anderson* 1983, 57.
88 *Spiegel* 1973, 57ff. Vgl. auch *Kast* 1982. *Kast* unterscheidet die Phasen des Nicht-wahrhaben-Wollens, der aufbrechenden Emotionen, des Suchens und Sich-Trennens sowie des neuen Selbst- und Weltbezugs. *Schibilsky* [4]1994, spricht von »Spiralwegen der Trauer« statt von Phasen.

c. In der Phase der Regression taucht der/die Trauernde in die Gefühle der Trauer und des Schmerzes ein, die bisherige psychische Organisiertheit zerbricht. Trauernde ziehen sich in dieser Phase auf sich selbst zurück, verweigern Nahrung oder reagieren mit erhöhtem Appetit, Rauchen oder Alkoholkonsum (orale Regression). Sie neigen dazu, komplexe Zusammenhänge zu vereinfachen und zu personalisieren, ein abgewogenes Urteil über den/die Verstorbene(n) ist nicht möglich, Gefühle von Angst und Schuld können auftauchen.

d. In der Phase der Adaptation tritt der/die Verstorbene langsam in den Hintergrund, und der/die Angehörige wird frei für ein Leben ohne die vertraute Person.

Neuere Forschungen gehen von diesem Schema ab und betonen die Komplexität und Vielschichtigkeit des Trauerprozesses. *Shuchter* und *Zisook* beispielsweise beschreiben sechs Dimensionen, die sich in der Regel beobachten lassen, aber nicht in einer bestimmten Reihenfolge auftreten:[89]

1. *emotionale und kognitive Reaktionen auf den Tod eines Partners / einer Partnerin.* Dazu gehören eine kürzere oder längere Zeit des Schocks, in der die Realität des Todes noch nicht aufgenommen werden kann; schmerzhafte Trauer, verbunden mit heftigen Körperreaktionen; Gefühle von Verlust, Ärger (da es unpassend erscheint, auf die verstorbene Person ärgerlich zu sein, wird der Ärger häufig auf andere verschoben), Schuldgefühle (es bestehen bewusste und unbewusste Ambivalenzen gegenüber dem/der Verstorbenen; Angehörige übernehmen Verantwortung für den Tod, indem sie fantasieren, dass sie ihn hätten verhindern können, wenn ...), Bedauern (z.B. wenn Wichtiges in der Beziehung offen und ungeklärt geblieben ist), Ängste, sich aufdrängende Bilder, Verwirrung, sich überwältigt fühlen, Schamgefühle, Erleichterung (vor allem nach langer Krankheit), Einsamkeit; auch positive Gefühle sind mitten in der Trauer möglich.

2. Eine Reihe von Verhaltensweisen dient dazu, die *Schmerzen zu bewältigen* und an der *Herstellung eines inneren Gleichgewichts* zu arbeiten: ein Gefühl, wie betäubt zu sein; das Geschehen nicht glauben können; die Gefühle kontrollieren wollen, aber ihnen auch Ausdruck geben; das Geschehen rationalisieren (»es war besser so« etc.); Humor; Aktivierung eines Glaubens etwa an Gottes Vorsehung; Vermeiden, an den Verstorbenen zu denken; aktiv werden, um sich abzulenken; den Verlust durch Essen oder Alkohol oder anderes kompensieren wollen.

---

89 *Shuchter/Zisook* 1993, 23–43; Vgl. auch *Mitchell/Anderson* 1983; *McDonald* 1993, 539–558.

3. *Die Beziehung zum Partner / zur Partnerin wird auf einer anderen Ebene fortgesetzt:* Viele haben das Gefühl, der/die Verstorbene sei noch irgendwie anwesend oder werde jederzeit wieder auftauchen; Gespräche mit der verstorbenen Person finden statt; Kleidungsstücke, ein Brief, das Bett werden zu wertvollen Symbolen für die Person; Angehörige identifizieren sich mit dem/der Verstorbenen und dessen Ideen und Zielen; Rituale wie die Bestattung, Jahrestage, Geburtstage erhalten besonderes Gewicht, um die reale Beziehung in eine erinnerte zu überführen; in Erinnerungen und Träumen bleibt die Person lebendig, die Erinnerungen sind selektiv und neigen dazu, die Person zu idealisieren.

4. *Veränderungen im Verhalten:* Gesundheitliche Einschränkungen, depressive Reaktionen, verstärkter Verbrauch von Medikamenten und Alkohol sind zu beobachten. Trauernde neigen dazu, sich von sozialen Kontakten zurückzuziehen (sie werden auch von der Umgebung gemieden!); bei intensiver Trauer ist auch das Arbeitsverhalten eingeschränkt.

5. *Veränderungen in Beziehungen:* Trauer innerhalb einer Familie verläuft unterschiedlich und kann zu Spannungen führen; Rollenveränderungen, Klärung wirtschaftlicher Fragen sind schwierig in einer so emotional belasteten Zeit. Freunde/Freundinnen sind jetzt besonders wichtig, wenn sie sich in der Lage fühlen, die Intensität der Trauer auszuhalten und mitzutragen. Das Entstehen neuer Beziehungen wird häufig sehr ambivalent erlebt: einerseits als notwendig um des eigenen Lebens willen, andererseits als Untreue gegenüber dem/der Verstorbenen.

6. *Veränderungen der Identität:* Der/die Hinterbliebene nimmt sich und die Welt um sich herum verändert wahr, erlebt sich als ängstlich, desorientiert, verwirrt, Zeiten der Regression, der Hilflosigkeit, der Unfähigkeit erschüttern das bisherige Selbstbild und das Selbstvertrauen; die kontinuierliche Abstimmung mit dem/der anderen bleibt aus, man muss das Leben jetzt allein bewältigen. Im Lauf der Zeit führt das zu neuer Stärke und Unabhängigkeit, Lebensziele verändern sich: Die Endlichkeit und Verwundbarkeit des eigenen Lebens wird anders wahrgenommen und führt zur Veränderung von Prioritäten und existentiellen, auch religiösen Orientierungen.

Trauer, das zeigen diese Dimensionen, ist ein komplexer und vielschichtiger Prozess, eine Zeit »normaler Verrücktheit«,[90] in der man als Seelsorger/Seelsorgerin sozusagen mit allem rechnen muss. Es lassen sich kaum normative Zeiträume für diesen Prozess festlegen; Trauer kann, in abgeschwächter Form, ein Leben lang immer wieder auftauchen. Allerdings gibt es auch Formen sogenannter »pathologischer Trauer«, in der keine allmähliche Ablösung von dem/der Ver-

---

[90] *Mitchell/Anderson* 1983, 72.

storbenen erfolgt, sondern eine Fixierung an einen bestimmten Stand der Beziehung zu beobachten ist.[91]
Trauer kann von unterschiedlichen psychologischen Ansätzen her jeweils unterschiedlich verstanden und beschrieben werden; die Vielschichtigkeit des Trauerprozesses wird dadurch besonders deutlich. Die verschiedenen Perspektiven sollen im Anschluss an *K. Lammer* knapp wiedergegeben werden:[92]

- Für *Freud* ist die Trauer die Reaktion auf einen Objektverlust, der zugleich als Ichverlust erlebt wird. Ziel der Trauerarbeit ist eine möglichst weitgehende Ablösung vom verlorenen Liebesobjekt. Risikofaktoren treten dann auf, wenn der Verlust ins Unbewusste abgedrängt, Ambivalenzkonflikte nicht bearbeitet werden und damit insgesamt Trauerarbeit vermieden wird.
- Für *John Bowlby* geht es in der Trauer um die Lösung von einer affektiv bedeutsamen Bindungsfigur. Im Unterschied zu *Freud* erscheint der Verlust nicht primär als innerpsychische Reaktion, sondern als Störung des Beziehungsnetzes der Betroffenen. Frühkindliche Bindungserfahrungen bestimmen mit, wie die Verlusterfahrung verarbeitet wird.
- Kognitionspsychologen verstehen den Tod eines nahestehenden Menschen als Störung und Zerbrechen bisheriger Sinn- und Bedeutungsstrukturen. Die Berechenbarkeit der Wirklichkeit, die Kontinuität ihrer Bedeutung ist zerbrochen. Ein wichtiger Teil von Trauerarbeit besteht folglich in der Reorganisation von Sinnstrukturen. Rekonstruktion von Lebensgeschichte bedeutet dann, mehrere Biographien gleichzeitig in den Blick zu nehmen, die der verstorbenen Person und die der Hinterbliebenen und sowohl ihre Verflechtung wie auch ihre Entflechtung zu thematisieren.[93]
- Die kognitive Stress-Theorie (*Stroebe* & *Stroebe*) beschreibt noch differenzierter, welche Verlusterfahrungen eine trauernde Person zu bewältigen hat: Instrumentelle Unterstützung (also Hilfe bei der Lebensbewältigung), validierender (Bestätigung der jeweiligen Weltsicht) und emotionaler Beistand (»Streicheleinheiten«) fallen aus, ein Verlust an sozialer Identität kommt hinzu (die bisherige soziale »Mini-Gruppe« existiert so nicht mehr). Aus der Beschreibung der Defizite ergeben sich Aufgaben für Trauer und Trauerbegleitung.

K. Lammer hat die meines Erachtens plausible These vertreten, dass professionelle Trauerbegleitung häufig viel zu spät einsetzt (nicht zuletzt wegen der Theorie der Schockphase, in der Trauernde sowieso nicht ansprechbar seien) und damit wichtige Chancen versäumt. Seelsorgliche Begleitung beginnt oft erst einige Tage nach Eintritt des To-

---

91 Dazu genauer *Spiegel* 1973, 83ff.
92 Vgl. ausführlicher *Lammer* 2004, 65ff.
93 *Lammer* 2004, 129.

des, wenn der Pfarrer / die Pfarrerin wegen der Bestattung benachrichtigt wird; therapeutische Begleitung setzt erst ein, wenn Menschen wegen einer deutlichen Trauerpathologie professionelle Hilfe suchen.
Die Aufgaben oder Zielsetzungen einer seelsorglichen Trauerbegleitung von Angehörigen eines/einer Verstorbenen, die im Umfeld des Todes, nach Möglichkeit noch am Sterbebett, einsetzt, bestehen nach *K. Lammer* darin,[94]
- den Tod zu realisieren helfen durch Berühren der toten Person, durch Erzählen des Sterbehergangs, durch direkte, nicht verschleiernde Sprache etc.;
- die Hinterbliebenen anzuerkennen als Menschen, die einen schweren Verlust erlitten haben. Das ist besonders wichtig bei Personen, die über kein soziales Netz verfügen, oder etwa bei Totgeburten, wo es noch keine Lebensgeschichte gegeben hat;
- Trauerreaktionen zu ermutigen und zu fördern;
- es ist sinnvoll, die Lebens- und Beziehungsgeschichte unter den veränderten Umständen zu rekonstruieren;
- den Abschied zu gestalten und zur Hinwendung zum Leben zu ermutigen;
- Bewältigungsressourcen und Risikofaktoren zu evaluieren.

Eine Trauerbegleitung, die früh einsetzt, möglichst noch im Krankenhaus, wo inzwischen etwa zwei Drittel der Menschen sterben, hat eine wichtige präventive Funktion, um spätere Pathologisierungen im Trauerprozess zu verhindern.
Eine solche Trauerbegleitung setzt voraus – neben Kenntnissen zur Trauerphänomenologie sowie möglichen Krisenfaktoren –, dass sich die Seelsorger und Seelsorgerinnen mit ihrem eigenen Verhältnis zu Abschied, Sterben, Tod und Trauer auseinander gesetzt haben. Ein gutes Maß an Selbsterfahrung gehört gerade auf diesem Gebiet zu den professionellen Voraussetzungen. Darüber hinaus fordert *Lammer* für die pastorale Trauerbebegleitung eine poimenisch-hermeneutische, eine systematisch-theologische und eine liturgisch-rituelle Kompetenz.

8.7.4.3 Die *Bestattung* ist ein markanter Punkt im Verlauf des Trauerprozesses. Sie stellt eine spezielle rituell-symbolische Kommunikation dar, um den Übergang vom Leben zum Tod und den Statusübergang der Hinterbliebenen zu begehen.
Der Bestattung voraus geht in manchen Fällen die *Aussegnung* im Krankenzimmer und zu Hause; die Bedeutung dieser Handlung unter ritualtheoretischen Aspekten ist neu ins Blickfeld gerückt: Aussegnung ist eine wichtige Möglichkeit, um Angehörigen einen ersten würdigen Abschied von dem/der Verstorbenen zu ermöglichen, die Wahrnehmung des Todes zu verstärken und den Trauerprozess einzuleiten.

---

94 *Lammer* 2004, 259ff. Vgl. auch *Lammer* 2000, 400–408.

Das Ritual der Bestattung erfüllt verschiedene Funktionen:
- Das Ritual verstärkt die Wahrnehmung des Verlustes und der Endgültigkeit des Todes: Der in der Kirche/Kapelle aufgestellte Sarg, der Weg von der Kapelle zum Grab, die Versenkung des Sarges, der Erdwurf: Diese rituellen Schritte, die bei der Feuerbestattung reduziert sind, führen zu einer emotional tiefgehenden Wahrnehmung des Todes.
- Die Erinnerung an den Verstorbenen in der Ansprache (vorbereitet durch Erinnerungen im vorangegangenen Seelsorgegespräch) vertieft den Erinnerungsprozess. Der Übergang von direkten Begegnungen zu Begegnungen in der Erinnerung wird eingeleitet bzw. fortgesetzt. Es geht darum, »verlässliche Bilder« des/der Verstorbenen zu schaffen.
- Der Ausdruck von Gefühlen, von Trauer und auch von Ambivalenzgefühlen (!), wird ermutigt und zugelassen. »... Schlechte Zeremonien ersticken die Trauer, wirksame befreien uns zum Geschenk der Tränen ... Bestattungen helfen uns, unsere Trauer zu finden, auch wenn die Trauer von einem anderen Todesfall übrig geblieben ist oder sich auf jemand anderen als den Verstorbenen bezieht.«[95]

Die Wahrnehmung von Ambivalenzgefühlen wird in neueren Agendentexten vorsichtig ermutigt, indem im Gebet auf mögliche Konflikte im Zusammenleben mit dem/der Verstorbenen angespielt wird.

- Das Erleben von Gemeinschaft der Familie, der Freunde, der Gemeinde hat eine wichtige unterstützende, haltende Funktion.
- Mit dem Ausscheiden eines Familienmitglieds stehen für die gesamte Familie wichtige Rollenveränderungen an. Dieser Prozess wird mit der Bestattung, wenn die Familie zusammenkommt, in Gang gebracht und ausprobiert. (Z.B.: Nach dem Tod des Vaters eröffnet die älteste Tochter die Nachfeier und dokumentiert damit den Anspruch, in Familienangelegenheiten die Stelle des Vaters einzunehmen.)
- Der Rollenwechsel beispielsweise von der Ehefrau zur Witwe wird öffentlich gemacht. (In früheren Zeiten wurde dieser Rollenwechsel auch durch schwarze Kleidung sichtbar gemacht; diese Sitte hatte eine entlastende Funktion, weil sie gewissermaßen einen Schonraum herstellte.)
- Das Ritual eröffnet einen Raum von Liminalität (⇒ Kap. 7.2), in dem bisherige Rollen und Status angesichts des Todes vorübergehend relativiert sind.
- In der Liturgie (Gebete, biblische Lesungen, Lieder) und durch die Ansprache wird der Tod des/der Verstorbenen in einen größeren

95 *Grimes* 2000, 279.

Sinnhorizont gestellt: Eine unbedingte Wertschätzung dieses Menschen von Gott, vom Geheimnis des Lebens her, unabhängig von der Lebensleistung des Verstorbenen, sollte formuliert werden; christliche Hoffnung setzt auf Kontinuität in der Diskontinuität und bindet die Hinterbliebenen ein in die Gemeinschaft der Lebenden.[96]
– Die Reorganisation des Lebens beginnt mit dem Weg vom Grab zurück in den Alltag.
– Auf diesem Weg zurück in den Alltag spielt die vielerorts übliche, an die Bestattung anschließende gemeinsame Mahlzeit eine wichtige Rolle. Sie ermöglicht intensive Gemeinschaft und Unterstützung, sie dient der gemeinsamen Erinnerung und ist Symbol des weitergehenden Lebens.

8.7.4.4 Die Bestattung ist ein Ereignis, das die *ganze Familie* betrifft.[97] Nichts ist für eine Familie so bedrohlich wie der Tod eines Mitglieds; das emotionale Gleichgewicht von Geben und Nehmen, das Gefüge der Rollenverteilung, das sich über eine lange Zeit eingespielt hat, wird abrupt und plötzlich durcheinander gebracht. Die Familie trauert als ganze, aber natürlich ist die Trauer jeweils unterschiedlich bei den einzelnen Familienmitgliedern je nach deren Persönlichkeitsstruktur und der Art und Qualität der Beziehung zu der verstorbenen Person; die Trauer Einzelner wird durch die Trauer der anderen mit beeinflusst, ermutigt und verstärkt, oder unterdrückt und verhindert. (Der auf den Tod seines ältesten Sohnes stoisch reagierende Vater gibt ein Modell der Trauerbewältigung für die Familie ab.) Eine Fülle von ambivalenten Emotionen und innerfamiliären Konflikten werden ausgelöst und verändern die weitere Interaktion der Familie u.U. tiefgreifend. Alte Familiengeschichten (z.B. frühere Triangulierungen) tauchen wieder auf und bestimmen möglicherweise den Fortgang der Beziehungen. Streitigkeiten über den Ablauf der Bestattung und das Erbe blockieren den Trauerprozess und können die emotionalen Kontakte lähmen. Gleichzeitig sind die Beteiligten in dieser Phase besonders offen, verletzlich und auch bereit, alte Konflikte anzusprechen und neue Beziehungsmuster zu suchen. Dazu ist die Anwesenheit einer dritten, neutralen Person, die sich nicht in die Angst- und Konfliktdynamik der Familie hinein ziehen lässt, von besonderer Bedeutung. *Friedman* weist auf die Chancen hin, die sich eröffnen, die Familie am Bett eines sterbenden Familienmitglieds zu versammeln und anstehende, noch offene Fragen, die sowohl die sterbende Person als auch die anderen Familienmitglieder belasten, zum Thema zu machen.[98]
Auch da, wo der Vorschlag von *Friedman* nicht realisierbar ist, kommt dem Kasualgespräch mit der ganzen Familie, soweit sie anwesend ist,

---

96 Vgl. ausführlicher *Gräb* 1998, 231ff.
97 Vgl. ausführlicher *Morgenthaler* 1999, 229ff.
98 *Friedman* 1985, 168ff.

eine weit größere Bedeutung zu als nur der Vorbereitung der eigentlichen rituellen Handlung.
Aus christlich-theologischer Sicht bekräftigt Seelsorge die Endlichkeit des Lebens, Verlust und Trauer als unabänderliche Bestandteile des Lebens. Wie kann vor diesem Hintergrund die Hoffnung auf die Zukunft Gottes zur Sprache kommen?
Die Seligpreisungen nehmen Trauer als aktiven Prozess ernst (»Selig sind, die da Leid tragen«) und verknüpfen sie mit einer Verheißung (»denn sie sollen getröstet werden.«). Die Frage ist dann nicht »Warum leiden wir?« (weil wir Menschen und Teil der Natur sind), sondern »Wer leidet mit uns?« Christen sind aufgefordert, Leiden und Trauer miteinander zu teilen in dem Vertrauen darauf, dass letztlich Gott mit uns leidet. »Trauernde können leichter glauben, dass Gott ihren Schmerz wahrnimmt und davon angerührt ist, wenn sie die Gegenwart von Menschen erleben, die bereit sind, ihr Leiden zu teilen.«[99]

Vertiefende Literatur:
- *Richard Riess*, Die Krisen des Lebens und die Kasualien der Kirche, in: *ders.*, Sehnsucht nach Leben, Göttingen 1987, 115–127.
- *Christoph Morgenthaler*, Systemische Seelsorge. Impulse der Familien- und Systemtherapie für die kirchliche Praxis, Stuttgart/ Berlin 1999. (Die Bedeutung einer systemisch-familienbezogenen Perspektive für die Seelsorge im Zusammenhang mit Kasualien wird besonders herausgestellt 171ff.)
- *Kerstin Lammer*, Den Tod begreifen. Neue Wege in der Trauerbegleitung, Neukirchen-Vluyn ²2004 (eine übersichtliche Darstellung der verschiedenen Ansätze in der Trauerforschung).

---

99 *Mitchell/Anderson* 1983, 170f.

Kapitel 9: Die Predigt

Predigt bezeichnet eine öffentliche Kommunikation des Evangeliums zwischen einem Prediger / einer Predigerin und einer Gruppe von Hörenden, in der Regel unter Bezugnahme auf einen biblischen Text und im Rahmen der symbolisch-rituellen Kommunikation eines Gottesdienstes. Unter dem Aspekt von Kommunikation kann Pastoralpsychologie eine Reihe von vertiefenden Analysen beitragen.

9.1 Predigt als Beziehungsgeschehen

Aus kommunikationstheoretischer Sicht (⇒ Kap. 1.3) kann man sagen: Predigt stellt einen vorwiegend monologischen, symbolisch-diskursiven, auf verbale Sprache fokussierten Kommunikationsprozess dar, der trotz seines monologischen Charakters auf Wechselseitigkeit der Kommunikationspartner angelegt ist. Es geht um Vermittlung von Inhalten und dabei, »in, mit und unter« der inhaltlichen Dimension, um die Wahrnehmung und Gestaltung von Beziehungen zwischen den Kommunikationspartnern. Die personale Beteiligung der miteinander in Beziehung stehenden Kommunikationspartner lässt sich nicht nur nicht ausklammern, sondern hat eine ausgesprochen wichtige Bedeutung für das Gelingen von Verständigung und die Qualifizierung von Beziehungen.

Wenn Menschen über das Wetter, Sportereignisse oder politische Vorkommnisse miteinander ins Gespräch kommen, definieren sie durch die Art ihres Redens gleichzeitig ihre Beziehung zueinander: Ich bin dir freundlich gesonnen, ich bin an dir interessiert, es lockt mich, mich ausführlicher mit dir zu unterhalten; oder: was du sagst, langweilt mich, ich kann mit deinen Meinungen nichts anfangen, ich betrachte dich als Gegner usw. Die Beziehungsebene verdeutlicht – vorwiegend nonverbal – wie das Gesagte gemeint ist: freundlich, warmherzig und einladend oder eher neutral und gleichgültig oder sogar abweisend, verachtend, aggressiv und Angst machend.

P. Watzlawick zufolge bestimmt die Beziehungsebene die Inhaltsebene (⇒ Kap. 10.1.2), d.h. wenn jemand Verstehen und Interesse spürt, wird er/sie offener sprechen und auch hören; während jemand da, wo er/sie sich angegriffen oder feindselig betrachtet fühlt, defensiv wird, sich zurück zieht, nicht länger zuhören mag bzw. darauf achtet, sich im Sprechen keine Blößen zu geben. Beziehung und Inhalt stehen in einem ständigen Wechselspiel.

Diese kommunikationstheoretischen Annahmen verkomplizieren sich, wenn man aus psychoanalytischer Sicht weitere Annahmen zugrunde legt: Predigtkommunikation hat bewusste und unbewusste Dimensionen, und zwar wiederum in mehrfacher Hinsicht: Zwischen dem biblischen Text und dem Prediger / der Predigerin gestaltet sich eine Beziehung ebenso wie zwischen Prediger/Predigerin und den Hörenden. Der Text selbst ist Ergebnis einer komplexen Beziehungsgeschichte beispielsweise zwischen Jesus und seinen Jüngern und zugleich zwischen dem Evangelisten, seinen redaktionellen Vorlagen und bestimmten Teilgruppen der Urgemeinde. Diese Beziehungsgeschichten sind von zwischenmenschlichen Grundmustern und Ambivalenzen wie Liebe und Hass, Wünschen und Angst-Haben, Regression und Progression geprägt; auch wenn das in den Texten explizit nicht vorkommt oder nur angedeutet ist, wird man es in jedem Fall unterstellen dürfen.[1]

Dem Text begegnen Predigende und Hörende mit spezifischen Übertragungen und Widerständen, d.h. ihr biographisches Gewordensein bestimmt die Art und Weise ihres Verstehens des Textes in erheblichem Maß mit. Prediger/Predigerin entwickeln im Dialog zwischen Text, der imaginierten Situation der Hörenden und ihrer eigenen Übertragung eine Predigt, die die Hörenden wiederum unvermeidlich durch die »Brille« ihrer Übertragungen wahrnehmen.

Das homiletische Dreieck ist also in mehrfacher Hinsicht ein komplexes Beziehungsdreieck – und Pastoralpsychologie als Konflikttheorie ist an den kreativen Spannungen, die sich daraus ergeben, interessiert.

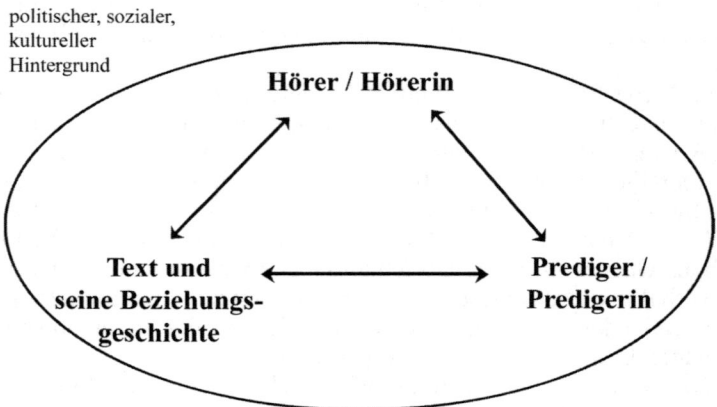

---

[1] Mit dieser Annahme arbeitet auch das Bibliodrama, wenn es die Beziehungsmuster eines Textes zu rekonstruieren sucht. Vgl. auch *Spiegel/Kutter* 1997, 26ff.

9.1 Predigt als Beziehungsgeschehen

Durch die Art und Weise, wie ein Prediger/ eine Predigerin predigt, definiert er/sie gleichzeitig – ob bewusst oder unbewusst, sei dahingestellt – die Beziehung zu den Hörenden und zum Text, idealtypisch etwa so:
- Mir liegt vorwiegend an der Weitergabe der biblischen Botschaft, sie muss zu Gehör gebracht werden, sie darf nicht dem Zeitgeist angepasst und geopfert werden. Der Text und seine Auslegung stehen für mich im Vordergrund.
- Ich bin als Prediger interessiert an euch als hörender Gemeinde, ich versuche, mich in eure Lebenssituation einzufühlen, ich möchte mit euch ins Gespräch kommen; mit diesem Interesse nehme ich die biblische Botschaft ernst, ich möchte versuchen, sie in euren privaten und beruflichen, in jedem Fall weitgehend säkular gestalteten Alltag einzuzeichnen und euch damit Hilfen zur Lebensdeutung und Lebensgestaltung anzubieten.

Den beiden von mir idealtypisch dargestellten Beziehungsmustern entsprechen zwei Typen von Predigern, die *Karl-Fritz Daiber* und seine Mitarbeiter in einer großen empirischen Studie, einer Gottesdienstbefragung aus dem Jahr 1976, die 1980 veröffentlicht worden ist, herausgearbeitet haben; der Zusammenhang von Typbeschreibung und Definition einer Beziehungsstruktur wird dabei sehr deutlich:
1. Persönlich-dialogischer Predigttyp
»Der Prediger läßt Unsicherheit zu, nimmt vermutete Einwände der Hörer auf, setzt sich mit diesen auseinander und bietet alternative Handlungsmöglichkeiten an ... Lösungsvorschläge zu diesen Predigten bleiben offen, sind keine direkten oder versteckten Behauptungen oder Aufforderungen, sondern regen den Höher zum Nachdenken an ... Die Predigten dieses Typs sind dialogisch und persönlich in ihrer sprachlichen Gestaltung. Dem entspricht die häufige Anwendung des lernpsychologischen Aufbauschemas für die Predigten, die vorwiegend repräsentativen, kommunikativen und dann erst regulativen und konstativen Sprechhandlungen. Auch die sonst verwendeten Aufbauschemata der Predigten entsprechen diesen Charakteristika, und sie enthalten deshalb stark emotionale und abgeschwächt auch pragmatische Elemente, während kognitive Passagen demgegenüber zurücktreten. Der Hörer wird auf der Ebene seiner individuellen und sozialen Erfahrung angesprochen und eingeladen, diese im Licht der christlichen Überlieferung zu bedenken. Die christliche Überlieferung kann so vielleicht in ihrer Bedeutung für das eigene Leben jeweils neu entdeckt werden. Die lebensdeutende Funktion der Predigt stimmt überein mit dem Predigtverständnis der Prediger dieses Predigttyps, die entsprechend persönlich, vor allem aber repräsentativ und kommunikativ, in ihren Predigten auch von sich selbst reden.«[2]
2. Dogmatisch bezeugender Predigttyp
»Die Prediger des »dogmatisch-bezeugenden« Predigttyps betonen ... teilweise entgegengesetzte Predigtmerkmale. Der Aufbau dieser Predigten bewegt sich innerhalb kognitiver Aufbauschemata. Den Predigern geht es offenbar zuerst darum, den Inhalt des Evangeliums und seinen Anspruch den Hörern zu erklären, zuzusprechen, sie zur Aufnahme dieses Anspruchs aufzufordern ... Die Predigten enthalten eine stark konstatierende, behauptende Sprache. Es überwiegen als Sprechhandlungen im Gegensatz zum persönlich-dialogische Predigttyp Konstativa und

---

2 *Daiber* 1983, Bd. 2, 258–264.

Regulativa. Der Alltag wird relativ allgemein beschrieben, damit jeder Hörer in seiner spezifischen Situation vom Prediger angesprochen werden kann. Der Wirklichkeitsbezug spitzt sich auf die Relation Gott – Mensch zu ... Das Fehlen einer dialogischen Struktur zeigt sich daran, daß der Prediger Unsicherheit nicht zuläßt, sich nicht mit Einwänden der Hörer auseinandersetzt und keine alternativen Handlungsmöglichkeiten anbietet, sich persönlich fast überhaupt nicht mitteilt. Der Hörer wird mit den Aussagen der Predigt konfrontiert, nicht auf seiner Erfahrungsebene, sondern fast ausschließlich auf der Verstandes- und Verhaltensebene angesprochen (kognitive und pragmatische Elemente).«[3]

Natürlich gibt es die beiden Typen selten in Reinkultur, trotzdem kann es anregend sein, sich in der eigenen Predigtpraxis auf diese Kriterien hin zu befragen, um bewusster eigene Einseitigkeiten bzw. Stärken und Schwächen wahrzunehmen.

Die Reaktion der Hörenden wiederum beeinflusst – im Moment und auch langfristig gesehen – die Predigtweise der predigenden Person: Die Hörenden spüren, ob sie angeredet werden oder ob über sie hinweg gepredigt wird, ob ihre Lebensfragen thematisiert oder nicht ernst genommen werden, ob ihnen der Prediger mit warmherziger Anteilnahme oder eher mit einer gewissen Gleichgültigkeit begegnet, ob es primär um Textauslegung geht oder ob auch ihr Leben mit seinen schönen und schmerzlichen Seiten gesehen wird. Und der Prediger / die Predigerin wiederum hat ein Empfinden dafür, ob die Hörerschaft »mitgeht« oder eher gleichgültig und gelangweilt auf Distanz verharrt. Die Bedeutung der beteiligten Personen und ihrer Beziehung zueinander ist nicht nur aus psychologischer und kommunikationstheoretischer Sicht bedeutsam, sondern auch aus theologischer Perspektive: Gottes Wort inkarniert sich in menschliches Wort, nicht nur historisch einmalig in Jesus Christus, sondern immer neu da, wo Menschen sich unbedingt angesprochen wissen. Gottes Wort unterwirft sich menschlichen Kommunikationsbedingungen, macht sich abhängig von den jeweiligen Kommunikationsfähigkeiten der Beteiligten, von deren Beziehungsmustern und persönlichen Eigenheiten. Es gibt »Wort Gottes« immer nur als kulturell und individuell geprägtes. So gesehen ist es nicht wünschenswert, dass sich der Prediger / die Predigerin mit ihren Persönlichkeitsanteilen, mit ihren subjektiven Gestimmtheiten aus der Predigt heraushalten. Die Sache des Wortes Gottes ergeht immer nur eingebunden in eine Beziehung, notwendigerweise verknüpft mit einer »persönlichen Note«.[4] Diese persönliche Note ist nicht als bedauerlicher Mangel anzusehen, sondern gibt der Botschaft gerade ihre unverwechselbare Lebendigkeit und Farbe. Die Notwendigkeit dieses Sachverhalts ist auch daran abzulesen, dass die Predigt und die Person Jesu von Nazareth nicht zu trennen sind, beide gehören unlösbar zueinander.

Der Charakter der Predigt als personale Kommunikation steht auch nicht im Gegensatz zur pneumatologischen Dimension. Personal be-

---

3 *Daiber* 1983, Bd. 2, 265–266.
4 Vgl. *Engemann* 2002, 121.

stimmte Kommunikation und die Wirkung des Geistes geraten nicht in Widerspruch zueinander, weil die Predigt als symbolisches Geschehen niemals eindeutig ist, sondern einen Spielraum, einen Möglichkeitsraum eröffnet, der jeweils von den Hörenden ganz unterschiedlich gefüllt werden kann und muss. Man könnte noch einmal ein anderes homiletisches Dreieck aufmachen, zwischen Gott als dem Subjekt seines Wortes, den Predigenden als Subjekt gegenwärtigen Redens von Gott und den Hörenden als Subjekten eigenverantwortlichen Hörens und Verstehens. Kann man den Heiligen Geist verstehen als das Geschehen, das diese drei Subjekte miteinander in Beziehung setzt und zu gegenseitigem Verstehen – wann es ihm gefällt – in Stand setzt?

9.2 Predigt als Kommunikation

Das klassische Modell der Kommunikation greift auf nachrichtentechnische Vorstellungen zurück und vereinfacht dadurch den Prozess in hohem Maß. Trotzdem erschließt es den Vorgang des Predigens in mehrfacher Hinsicht.

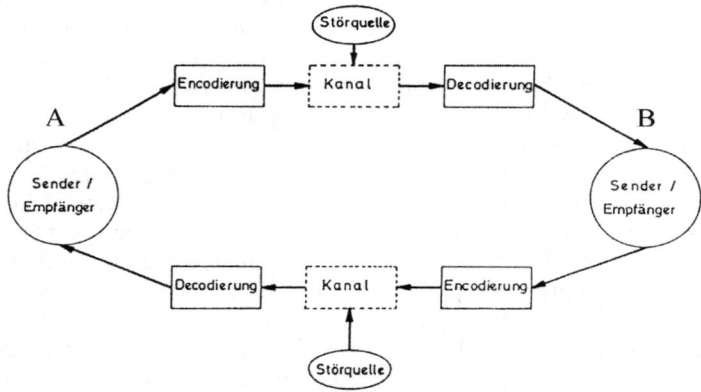

Aus: *Frey/Greif* ²1987, 197.

Die Komponenten dieses Grundmodells von Kommunikation sind:
1. Wer (Kommunikator, Sender)
2. teilt was (Nachricht, Botschaft, Information)
3. wem (Empfänger, Adressat)
4. womit (Worte, Geste, Bild)
5. durch welches Medium (Sprache, Morsecode, Film)
6. mit welcher Absicht (Intention, Motivation, Ziel)
7. und welchem Effekt mit?[5]

---

5 *Frey/Greif* 1987, Art. Kommunikation, 196.

A enkodiert eine Mitteilung, d.h. fasst sie in Worte, Bilder, einen Schriftsatz o.ä. Der Kanal bezeichnet das Medium, über das die Mitteilung weitergegeben wird, bei der technisch vermittelten Kommunikation ist das die Telefon- oder Satellitenleitung oder auch der Brief, in der direkten Kommunikation ist es die Sprache, verbunden mit Gestik und Mimik. Der Kanal wird zur Störquelle, wenn das Rauschen zu laut wird, d.h. wenn die Schrift unleserlich ist, wenn die Sprache nicht verstanden wird, wenn Diskrepanzen zwischen Sprechen und nonverbalem Verhalten (Gestik/Mimik etc.) auftreten etc. B muss die Mitteilung decodieren und trägt dabei unweigerlich Eigenes ein (aus psychoanalytischer Sicht könnte man hier von Übertragung sprechen.). Das Decodieren ist zunächst davon abhängig, dass B die Zeichen und ihre Bedeutung kennt, die A benutzt. Indem B Verstehen signalisiert (»Ja«, durch Kopfnicken, Fragen etc), wird er seinerseits zum Sender und A zum Empfänger.

Ein Zeichen ist eine materielle Erscheinung, der eine Bedeutung zugeordnet worden ist: Die erhobene Hand des Polizisten signalisiert »stopp«; die Lautfolge T-i-s-c-h bezeichnet im Deutschen ein bestimmtes Möbelstück. Ein Zeichen ist ein Bedeutungsträger. Diese Bedeutung ist in der Regel Ergebnis einer sozialen Übereinkunft, ist gesellschaftliche Konvention. Das Möbelstück »Tisch« könnte natürlich auch anders heißen; nur müssen sich alle auf die andere Bedeutung einigen, sonst ist keine Verständigung möglich.

Zeichen haben in der Regel nur *eine* Bedeutung, eine »eins-zu-eins-Beziehung« zu dem bezeichneten Gegenstand oder Phänomen.

Vom Zeichen zu unterscheiden ist das Symbol (⇒ Kap. 7.3). Ein Symbol bezeichnet nicht direkt den Gegenstand, auf den es verweist, sondern löst im Bewusstsein Vorstellungen, Gedanken, Gefühle im Blick auf das repräsentierte Objekt aus. Wenn ich das Wort »Kuchen« oder »Würstchen« benutze, verweise ich nicht auf entsprechende Objekte, die hier irgendwo deponiert wären, sondern löse bei den Lesenden oder Hörenden bestimmte Vorstellungen, Erinnerungen, Wünsche und Gefühle im Blick auf so etwas wie Kuchen oder Würstchen aus. Symbole haben keine ein für alle Mal feststehende Bedeutung, ihre Bedeutung variiert je nach historischem oder sozialem Kontext. Ein und dasselbe Objekt löst unterschiedliche Objektvorstellungen aus. Das heißt: Es gibt nicht das Ding an sich, sondern immer nur das Ding, das für mich oder für uns etwas bedeutet. Der symbolische Interaktionismus (*George Herbert Mead*) geht in diesem Zusammenhang von bestimmten Prämissen aus:[6]

1. Menschen handeln Dingen oder anderen Menschen gegenüber auf der Grundlage von Bedeutungen, die sie den Dingen oder Menschen geben.

---

6 Im Anschluss an *Burkart* ³1998, 51.

9.2 Predigt als Kommunikation

2. Die Bedeutung der Dinge wird abgeleitet aus den sozialen Interaktionen, die man mit seinen Mitmenschen eingeht. Die primäre Sozialisation ist besonders wichtig; hier lernt man die emotionalen Grundbedeutungen der Sprache und des Verhaltens. Sekundäre Sozialisation (Schule) vermittelt eine stärker sachbezogene und rationale Sprache. In der tertiären Sozialisation (Berufsausbildung) lernt man eine Spezialsprache, die in der Regel nur andere Spezialisten verstehen.
3. Diese Bedeutungen werden im Rahmen von Kommunikation in einem interpretativen Prozess aktualisiert, d.h. ausgewählt und verändert. Verstehen ist ein aktives Geschehen des Entschlüsselns, Auswählens, Weiterverwertens und Verwerfens. Jemand wählt das aus, was an Bekanntes anknüpft, was interessant erscheint, was in einem sympathischem Tonfall vermittelt wird etc.

Jeder Mensch besitzt einen bestimmten Vorrat an sprachlichen Symbolen. Einen Teil dieser Symbolwelt teilt man mit signifikanten Anderen, mit der Familie, den Kollegen und Kolleginnen bei der Arbeit, mit den Mitliedern des eigenen Volkes; ein anderer Teil ist privatsprachlich und höchst subjektiv gefärbt. Kommunikation bedeutet »gemeinsame Aktualisierung von Sinn« (*Luhmann*); jemand trägt individuelle Deutungen an ein Symbol heran; damit es zur gemeinsamen Aktualisierung von Sinn kommen kann, müssen sich privatsprachliche und kollektive Deutung wenigstens teilweise überschneiden.

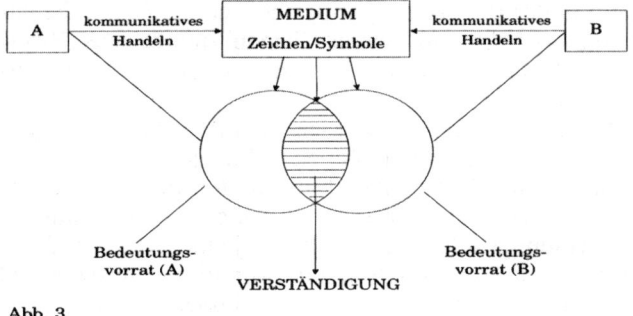

Abb. 3

Aus: *Burkart* 1998, 56.

Die Bedeutungsvorräte von A und B sind entscheidende Determinanten für gelingende Kommunikation. Nur wenn wenigstens Teile von ihnen übereinstimmen und sich überschneiden, können sich Menschen verstehen. Je größer die Schnittmenge, desto größer ist zumindest auf der sprachlichen Ebene die Chance gegenseitiger Verständigung – und umgekehrt. Vollkommene Übereinstimmung kann es nicht geben. Denn es geht nicht nur um Bedeutungsvorrat im semantischen Sinn, sondern vor allem um die emotionale Dimension, die Erlebnisqualität einer Mitteilung, die im Kontext eines sozialen oder milieu-abhängigen Rahmens immer auch eine unverwechselbare individuelle Dimension aufweist. Für die Kirche und ihre Predigt sind diese Einsichten von besonderer Bedeutung. *Ernst Lange* hat schon 1965 das Problem des Pfarramtes recht drastisch als Kommunikationsproblem beschrieben:

»Er (sc. der Pfarrer, M.K.) kann sich nicht verständlich machen. Er kann die gläserne Wand nicht durchbrechen, die ihn vom Hörer, vom Zeitgenossen trennt. Die Worte, die er spricht, stiften weder Ja noch Nein ... drinnen und draußen bleibt alles beim alten, als spräche man nicht.«[7]

Mit Hilfe des Kommunikationsmodells kann man das Problem genauer identifizieren: Pfarrer und Gemeindeglieder, Pfarrerin und Zeitgenossen sprechen unterschiedliche Sprachen, legen denselben Worten bzw. Symbolen unterschiedliche Konnotationen bei. Ihr gemeinsamer Bedeutungsvorrat ist gering, vor allem die Erlebnisdimension ist in hohem Maß unterschiedlich. Das hat zum einen mit der theologischen Fachsprache zu tun; in der theologischen Ausbildung wird nicht genügend Wert darauf gelegt, diese Fachsprache in erfahrungsbezogene Alltagssprache zu übersetzen.
Zum anderen spielt die Bildungsdifferenz (die sich auch im beruflichen Status niederschlägt) zwischen Pfarrer/Pfarrerin und Gemeinde eine Rolle. Theologen und Theologinnen gehören zu den ca. 10 % Akademikern in der Bevölkerung. Sie sind Teil der 35 %, die einen sog. »hochwertigen« Bildungsabschluss haben (mindestens Realschulabschluss), 65 % der Menschen dagegen haben einen Hauptschulabschluss oder weniger.
Aus den Bildungsdifferenzen werden Sprachbarrieren, vor allem zwischen den sozialen Schichten. Der Schichtbegriff ist zwar inzwischen problematisch geworden; im Anschluss an die Kultursoziologie von *G. Schulze* spricht man eher von unterschiedlichen Lebensstilen und Milieus.[8] Die Bildungsunterschiede bleiben jedoch auch in diesem Modell erhalten; auch *Schulze* definiert die von ihm identifizierten Milieus wenigstens teilweise über die Bildungsvoraussetzungen.

Einer der führenden Soziolinguisten der 70ger Jahre, *Basil Bernstein*, unterscheidet zwei Schichten: working class, Unterschicht, und middle class, Mittelschicht.[9] Als Unterschicht gelten alle Hauptschulabsolventen, als Mittelschicht alle besser Ausgebildeten. *Bernstein* schreibt der Mittelschicht einen »elaborated code« und der Unterschicht einen »restricted code« zu. Mit dem unterschiedlichen Sprachgebrauch gehen auch entsprechende Unterschiede im Verstehen und in der Weltsicht einher.

---

7 *Lange* 1982, 106f.
8 *Schulze* ^{5}1995, 191f u.ö.
9 Zum Folgenden *Öffner* 1979, 61ff; *Badura* 1973.

9.2 Predigt als Kommunikation

E. Öffner bringt dazu ein ausführliches Beispiel: Die Hausfrau und der Bischof.[10]
Erna E, Hausfrau, berichtet: »Meine Kinder solln alle 3 die Schule besuchen, dat sie was wern. Nämlich ich konnte dat nich, meine Eltern, die konnten das einfach nicht aufbringen, es ist keiner von uns auf e höhere Schule gegangen, aber meine Kinder solln das machen. Da soll keiner aufn Pütt. Die Zeche wird et dann sowieso nich mehr geben. Aber so, die sollen irgendwie wat anderes wern. Die sollen auf e Schule gehen. Dat hab ich auch schon zu meinem Mann gesagt: ›Dat kann ich nicht haben, dass die mal so arm wern wie wir. Die sollns mal n bisschen besser haben wie wir.‹ Nich, is doch wahr! Unsereiner, der maloocht und arbeitet und arbeitet und hat doch nichts ...«
Landesbischof D. Dr. D. predigt: »Wozu gibt es eigentlich Christen in der Welt? Wozu muß es sie geben in der heutigen Gesellschaft und auch in dieser Stadt? Natürlich, damit man einen inneren Halt hat im Leben und auch für das Sterben, und weil wir es von den Eltern überkommen haben, wollen wir es den Kindern weitergeben. Aber denken wir noch einmal an das Wort aus dem Epheserbrief. Da steht noch eine andere Antwort auf die Frage, wozu es Christen geben muß: ›Laßt uns wahrhaftig sein in der Liebe‹ d.h. lasst uns das Wahrheitszeugnis für Gott ausrichten in der Liebe, mit der Menschen überzeugt und gewonnen werden können. Die Welt darf doch nicht vergessen, wer ihr Schöpfer ist und der Geber aller guter Gaben ...«
Auch wenn die beiden Kommunikationssituationen nicht vergleichbar sind, wird doch überdeutlich: Der Bischof bleibt abstrakt, wirklichkeitsfern, schwer verständlich, er spricht mit großem sprachlichem Aufwand über wenig; die Hausfrau redet konkret, lebendig, emotional, sie vermittelt, mit viel Redundanz, ein intensives Wirklichkeitsbewusstsein. Der restringierte Code ist einfacher und konkreter, nah an der Wirklichkeit; der elaborierte Code des Bischofs dagegen ist von einem reduzierten Wirklichkeitsverhältnis geprägt!
Eine solche Gegenüberstellung kann niederschmetternd wirken, weil sie das Kommunikationsproblem der Kirche anschaulich vor Augen führt. Die Analyse ist dreißig Jahre alt und m.E. immer noch aktuell. Viele gegenwärtige Sonntagspredigten ähneln der des Bischofs!

Einige mir immer noch nützlich erscheinende Hinweise zur Verbesserung der Kommunikation in der Predigt zunächst auf der sprachlichen Ebene hat *Traugott Stählin* zusammen getragen:[11]
- Die Rezipientenforschung macht auf bestimmte *Selektionsmechanismen* aufmerksam, die mit der Art der Präsentation zusammenhängen. Danach behält ein Mensch im Durchschnitt 10 % dessen, was er liest, 20 % dessen, was er hört, 30 % dessen, was er sieht, 45 % dessen, was er hört und sieht, 65 % dessen, was er hört, sieht und in der Aussprache mit anderen verarbeitet und internalisiert, 75 % dessen, was er selber erforscht und in Erfahrung gebracht hat, und 85 % dessen, was er in einer Gruppe als gemeinsames Aktionsziel akzeptiert und wofür er zu kämpfen und zu leiden bereit ist.
Dass sich Predigt unterschiedlicher Präsentationsformen bedienen und aus der ausschließlich monologischen Situation aussteigen sollte, erscheint vor diesem Hintergrund beinahe zwingend.

10 *Öffner* 1979, 65f.
11 *Stählin* 1972, 297–308.

- Die Sprache der Predigt ist häufig schwerfällig, abstrakt und wegen ihrer syntaktischen Komplexität eher unverständlich. Kurze und klar strukturierte Sätze sind zum Verstehen hilfreich. Der Vergleich mit Zeitschriften hat das bestätigt, dort überwiegen mittellange Sätze: Die Zeitschrift »Stern« bringt durchschnittlich 13,7 Wörter pro Satz,»Bunte« 15,9,»Der Spiegel« 19,9.
- Das Phänomen der Redundanz gehört in diesen Kontext: »Redundanz bezeichnet das Verhältnis von informativ überflüssigen und dennoch unentbehrlichen Textabschnitten und Wörtern.«[12] Es gibt in den meisten Kommunikationsprozessen so etwas wie einen harten Informationskern – in einer Predigt beispielsweise der Satz »Gott rechtfertigt die Sünder«. Das Entscheidende ist nun, dass dieser Satz nicht einfach nur so vorgetragen, sondern vielfach variiert, in Bildern und Gleichnissen, in der Alltagssprache veranschaulicht und umschrieben wird. Diesen Prozess des Umschreibens, des Wiederholens, des Neuformulierens bezeichnet der Begriff der Redundanz. In der Umgangssprache liegt die Redundanz bei 50–75 %, d.h. auf jedes im Sinne der Nachricht im engen Sinn notwendige Wort kommen zwei bis drei zusätzliche, überflüssige Wörter, die jedoch um des Verstehens und der Beziehung willen notwendig sind.
In der Predigt spielt das Moment der Redundanz eine besondere Rolle, weil es nicht um die Mitteilung von Fakten geht, sondern um emotional gefärbte Lebenseinstellungen, die in der Regel tief verankert sind. Außerdem können die Hörenden in der Predigt nicht zurückfragen oder Widerspruch einlegen – der Prediger sollte eben dies schon in seiner Vorbereitung vorweg nehmen, also die möglichen Fragen oder Einwände der Hörenden seinerseits stellen und im Ablauf der Predigt darauf eingehen. Das erhöht das Maß der Redundanz, aber auch die Verständlichkeit.
Allerdings darf das Maß der Redundanz auch nicht zu hoch sein. Dann ist die Reaktion der Hörenden: Es war langweilig, er hat immer nur dasselbe gesagt, er hat nichts Neues gebracht. Es geht um eine ausgewogene Balance von Redundanz und Information.
- In Lehrbüchern der Homiletik findet *nonverbale Kommunikation* immer noch erstaunlich wenig Aufmerksamkeit; dabei ist seit langem bekannt, dass die nonverbale Dimension die Beziehungsebene bestimmt und damit die verbal-inhaltliche Ebene qualifiziert (⇒ Kap. 10.1.3). *Thomas Kabel* nennt Gestik und Mimik des Predigers / der Predigerin den »körpersprachliche(n) Ausdruck seines Glaubens. Wir können durch die Gesamtheit seiner Gesten, durch seinen Stand, durch seine Mimik und durch seine Stimme erkennen, welche Haltung er zu dem Gegenstand seiner Predigt hat.«[13] In der Re-

---

12 *Stählin* 1972, 305.
13 *Kabel* 2002, 94.

9.2 Predigt als Kommunikation

de baut sich Energie auf; wenn sie durch den, wie *Kabel* es nennt, zweiten Kanal, die Körpersprache, blockiert wird, wird der Kommunikationsfluss eingeschränkt oder abgelenkt; bei der Gemeinde kommt buchstäblich weniger oder Widersprüchliches (Diskrepanz von Inhalts- und Beziehungsebene) an. Stimme, Gestik und Mimik, Blickkontakt haben die doppelte Funktion, einerseits Energie zu übertragen, die Gemeinde etwas vom eigenen Engagement für den Gegenstand spüren zu lassen und damit Aufmerksamkeit zu erzeugen, andererseits den Inhalt zu strukturieren, Sequenzen zu eröffnen oder abzuschließen, Wichtiges von Unwichtigem zu unterscheiden, Akzentsetzungen zu verdeutlichen usw.

In der nonverbalen Kommunikation teilen sich viele dem Prediger / der Predigerin unbewusste Impulse mit. Eine Auseinandersetzung mit der eigenen Körpersprache sollte deswegen nicht nur als technische Optimierung des rhetorischen Prozesses ablaufen, sondern immer nach der Funktion eines bestimmten Ausdrucksverhaltens im Kontext des gegenwärtigen Systems und/oder ihren (biographischen) Hintergründen fragen.

– Jede Kommunikation stellt einen Regelkreis dar. Der Empfänger einer Kommunikation gibt unweigerlich eine Reaktion, ein *feed back*. Feedback ist als Hinweis auf die Qualität der Verständigung zu verstehen: Gelingt Kommunikation, oder gelingt sie nicht? Bei der face-to-face-Kommunikation sind solche Hinweise schon an den nonverbalen Reaktionen des Gegenübers abzulesen: Den aufmerksamen oder unaufmerksamen Blick des/der anderen, Zeichen von Müdigkeit etc. verstehen wir in der Regel sofort als deutliche Hinweise. Allerdings müssen diese nonverbalen feedbacks wiederum interpretiert werden: Ist die Müdigkeit des Gegenüber Reaktion auf die Langweiligkeit des Vortrags, oder hat der andere am Vorabend lange gefeiert? Hat der abwesende Blick mit der Abstraktheit der Ausführungen zu tun, oder denkt jemand gerade an seine Geliebte etc. Auch während des Predigens nehmen Prediger/Predigerin deutlich das nonverbale feedback der Zuhörerschaft wahr.

Vom ständig die Kommunikation begleitenden nonverbalen feedback ist das explizite feedback zu unterscheiden: »Was hast du gemeint?« »Ich habe deine Nachricht so verstanden. Ist das richtig?« Explizites, offenes feedback auf Predigten ist für Pfarrer und Pfarrerinnen ausgesprochen wichtig, um einen Eindruck davon zu gewinnen, wie sie bei den Hörenden »ankommen«. Predigtnachgespräche oder Gespräche mit anderen Mitarbeiten oder Kollegen sind Möglichkeiten, explizites feedback zu bekommen und sich damit auseinander zu setzen.

9.3 Predigt als offene symbolische Kommunikation

Horst Albrecht hat der Homiletik der reformatorischen Kirchen vorgeworfen, sie sei eine »Homiletik ohne Symbole«.[14] Es sei in den Kirchen der Reformation zu einer Entgegensetzung von Wort und Bild gekommen; das Wort sei das Eigentliche, das Bild eher ein Zugeständnis an die Schwachheit der Hörer, eben uneigentlich und im Grunde entbehrlich. Die Philosophie der Aufklärung habe diese Tendenz noch unterstützt, indem sie die sinnliche, intuitive Anschauung eher als Ausdruck eines intellektuellen Unvermögens verstand. So kommt *Albrecht* zu dem Schluss: »Protestantische Theologien und Homiletik haben sich weithin auf digitalische ... nichtsymbolische Kommunikationsweisen beschränkt, die Armut an Emotionen und Beziehungen ist für die evangelische Predigt genauso charakteristisch wie ihre oft kunstvolle logische Komplexität und ihr theologisches Abstraktionsvermögen.«[15]

Die Dialektische Theologie und *R. Bultmann*s Entmythologisierungsprogramm (»hinter« den Bildern, hinter dem Mythos das Eigentliche, das jeweilige Existenzverständnis entdecken) haben diesen Trend weiter verstärkt.

Mit der empirischen Wende in der Homiletik begann die genannte Tendenz sich zu verändern. Es wurde jetzt möglich, Predigt als einen Kommunikationsprozess zu verstehen, also zu analysieren, wie die Kommunikation vom Prediger zu den Hörern verläuft, welche Formen und Gestalten der Sprache, welche Beziehungsfaktoren, welche nonverbalen Elemente die Kommunikation fördern bzw. hemmen usw. (s.o.). Vor allem die Wiederentdeckung der Bedeutung von Symbolen in Pastoralpsychologie, Homiletik und Religionspädagogik hat die Predigthermeneutik verändert ($\Rightarrow$ Symboltheorie, Kap 7.3). Der reflektierte Umgang mit Symbolen in der Predigt beeinflusst sowohl den Prozess des Predigens als auch den des Hörens.

Einer der ersten praktischen Theologen, der Predigt als symbolische Kommunikation verstanden und dazu den Symbolbegriff aus der Tiefenpsychologie von *C.G. Jung* herangezogen hat, war *Otto Haendler* (1890–1981). Bereits in seiner Predigtlehre von 1941 betont er die Bedeutung von Bildern für das Verstehen und sagt: »Das Bild ... ermöglicht uns das *eigentliche* Verstehen. Rationales Denken ist diskursiv, alles wesenhafte Verstehen aber ist nicht diskursiv. Es erfaßt nicht die Einzelzüge nacheinander. Solange nur das geschieht, ist eben nicht Verstehen da, sondern erst, wenn die Einzelzüge sich zu einem lebendigen Ganzen zusammenschließen.«[16] Insofern kommt *Haendler* zu

---

14 *Albrecht* 1982, 122ff. Vgl. zum Folgenden auch *Klessmann* 1995 (b), 298ff.
15 *Albrecht* 1982, 127.
16 *Haendler* ²1949, 158f.

dem Schluss: Das grundlegende Erkennen und Verstehen geschieht in der »Bildschicht«, die begriffliche Erkenntnis baut darauf auf.
Haendler leitet daraus für die Predigt zwei Konsequenzen ab:
– Wenn eine Predigt nicht zu einer Vorlesung oder einem Vortrag werden soll, wenn sie nicht nur den Verstand, sondern auch die Gefühle, den ganzen Menschen ansprechen soll, muss sie mit Bildern, mit Symbolen arbeiten – nicht nur zur Veranschaulichung, sondern als eigentliches und zentrales Stilmittel.
– Die Bilder muss sich der Prediger in der Meditation erschließen. Meditation meint »die Kunst, in die Bildschicht einzugehen und ihre Erkenntnisse zu empfangen.«[17] Stille und entspannte Ruhe, eine aufrechte Sitzhaltung und Aufmerksamkeit auf das Atmen sind für *Haendler*, in Anknüpfung an fernöstliche Meditationspraktiken, die wesentlichen Voraussetzungen, um die Oberfläche des Alltags zu durchbrechen und offen zu werden »für die Begegnung mit den letzten Wirklichkeiten, für die Vertiefung in die Wahrheit der Offenbarung ...«[18]

Einsicht in die Bildgebundenheit des Verstehens ist uralt, sie findet sich bereits bei Jesus selbst bzw. bei den urchristlichen Tradenten: Die synoptischen Reich-Gottes-Gleichnisse etwa (»Mit dem Reich-Gottes ist es so, wie wenn ein Mensch Samen aufs Land wirft ...« Mk 4,26ff.) oder die »Ich bin ...« Worte im Johannes-Evangelium (»Ich bin der Weg ...«, Joh 14,6) zeigen, wie im Gleichnis, in dem verwendeten Bild, in der Metapher eine überraschende, ungewohnte Bedeutung aufscheint, die die Welt in neuem Licht sehen lehrt und darin etwas erfahrbar werden lässt von dem, wovon die Rede ist. Das Gemeinte könnte nicht genauso gut auf eine andere Weise ausgedrückt werden. Die symbolische Rede ist vom Inhalt her notwendig.

Ein pastoralpsychologisches Symbolverständnis haben *Joachim Scharfenberg* und *Horst Kämpfer* entwickelt (⇒ Kap. 7.3); ihre Überlegungen zur symbolischen Konfliktverarbeitung, die zunächst auf Seelsorge und bibliodramatische Arbeit mit Gruppen bezogen sind, lassen sich auch auf das Predigen anwenden.[19]

Die Autoren schlagen zwei Zugänge vor:
Der erste zielt darauf, den Symbolgehalt einer biblischen Geschichte in einer strukturell analogen Erzählung aus einem ganz andern Kontext lebendig werden zu lassen. Die Zielsetzung besteht darin, im Vollzug des Erzählens, Spielens und Zuhörens die eigenen Erfahrungen, Befürchtungen und Sehnsüchte der Hörenden anzusprechen; sie sollen zur Identifikation mit Personen oder dem Duktus der Erzählung eingeladen werden, es soll zu einem aktiven und existentiellen Mit- und Nachvollzug der Geschichte kommen. Dann besteht die Chance, dass

---

17 *Haendler* ²1949, 160.
18 *Haendler* ²1949, 170.
19 Zum Folgenden *Scharfenberg/Kämpfer* 1980, 250ff.

schlussendlich der Symbolgehalt der biblischen Geschichte konkret und erfahrungsbezogen lebendig geworden ist.

Beispiel:[20] Eine junge Frau erzählt von der Not der Nachkriegssituation 1945 und dem unvermutet eintreffenden großen Lebensmittelpaket aus den USA, um die Geschichte von der Speisung der 5000 zu aktualisieren. Wichtig ist, dass die Geschichte der jungen Frau nicht als Beispielsgeschichte für die biblische benutzt wird, sondern einen eigenständigen Erfahrungshorizont öffnet, der dann auch die biblische Geschichte neu erschließt.

Der andere Zugang setzt umgekehrt bei einer konkreten Lebensgeschichte ein und sucht für diese Geschichte ein möglicherweise passendes Symbol mit der Erwartung, dass das Symbol die Situation in neuer Weise deutet und verdichtet.

Beispiel: Ein junger Mann, der ein relativ schwaches Selbstbewusstsein hat und sich dafür selber nicht gut leiden kann, erfährt in einer Gruppe, dass seine Offenheit, die er nach längerer Zeit einmal riskiert, mit viel Sympathie und Annahme von Seiten anderer Gruppenteilnehmer beantwortet wird. Er ist davon sehr angerührt und sagt ungläubig und erstaunt: »Dass ihr mich so mögen könnt ...« Nach einer langen Pause sagt ein Gruppenmitglied: »Das hat man früher Gnade genannt.« Die Erfahrung wird so durch das Symbol vertieft, das Symbol mit Erfahrung gefüllt.

Ähnliche Anstöße können die vielen Berichte und methodischen Reflexionen der Symboldidaktik vermitteln.[21] Insgesamt geht es darum, Predigt zu einem offenen Kommunikationsprozess werden zu lassen, der dazu einlädt, die verschiedenen Bedeutungsebenen des Symbols kreativ abzuschreiten.
Allerdings ist darauf zu achten, dass das Symbol nicht zum Zeichen (zur bloßen Veranschaulichung eines feststehenden Sachverhalts) herunterkommt oder zum Klischee (dessen Bedeutung immer schon festliegt und keine Variation erlaubt) erstarrt und damit seine Vielschichtigkeit und den Anreiz zu eigenständiger Aneignung verliert. Dazu gehört auch, Konflikte, Ambivalenzen und offene Fragen als solche zu benennen und evtl. offen stehen zu lassen, statt immer zu einer Lösung zu kommen, die vielleicht theologisch richtig sein mag, aber die Hörenden unbefriedigt lässt.

Im Stichwort vom offenen Kommunikationsprozess trifft sich das pastoralpsychologische Anliegen mit semiotischen Ansätzen: *Marcel Martin* hat *Umberto Eco*s Verständnis des »offenen Kunstwerks« auf die Predigt bezogen.[22] Ein Kunstwerk

---

20 *Scharfenberg/Kämpfer* 1980, 259.
21 Vgl. dazu *Baldermann* ³1992; *Biehl* 1991; *Früchtel* 1991.
22 *Martin* 1984, 46ff. Vgl. auch Engemanns Unterscheidung zwischen obturierter (d.h. verstopfter, möglichst auf Eindeutigkeit zielender) und ambiguitärer Predigt. *Engemann* 1993.

9.3 Predigt als offene symbolische Kommunikation 383

bietet *Eco* zufolge eine »grundsätzlich mehrdeutige Botschaft«, ein »Feld von Relationen«, das »wesensmäßig offen ... für eine virtuell unendliche Reihe möglicher Lesarten« ist.[23] Das Kunstwerk ist nicht eindeutig, es eröffnet ein Bedeutungsfeld, das diejenigen, die das Kunstwerk betrachten, mit ihren Einfällen und Emotionen füllen können und müssen. Das Kunstwerk ist nicht abgeschlossen, ehe es nicht von einem Betrachter, von einer Hörerin wahrgenommen und interpretiert wird.
Predigt als Kunstwerk, als ein symbolischer Kommunikationsprozess bedeutet, dass sie nicht nur *eine* Botschaft zu vermitteln hat, nicht nur auf *ein* Ziel hinsteuert, sondern breit und offen angelegt ist und eine Vielzahl von Wirkungen und Verstehensmöglichkeiten auslöst und auslösen will. Die Bilder, Geschichten und Metaphern der Predigt bringen bei den Hörenden Unterschiedliches in Gang. Genau wie beim Kunstwerk kommen Gedanken und Gefühle in Bewegung, und jeder Hörer und jede Hörerin kann bei sich ganz eigene Reaktionen feststellen. Die jeweils höchst subjektiven Reaktionen fordern zum Austausch, zum Gespräch heraus.
Predigt als symbolischer Kommunikationsprozess bedeutet also, dass die Hörenden selber die Verknüpfung zwischen der Predigt und ihrem Leben herstellen. Das tun sie im Grunde in jedem Fall, hier wird es zum Programm erhoben. Es geht dann in der Predigt nicht mehr darum, einen einzigen Skopos als verbindlich zu vermitteln, sondern zur freien Assoziation, zu Nachdenken und Nachspüren anzuregen. Man könnte auch sagen: Glaube bedeutet in diesem Modell nicht mehr »Gehorsam« unter das vorgegebene Wort und seine einzig gültige Interpretation, sondern freie, offene Suche nach dem, was das Leben trägt. Wahrheit steht nicht schon fest und muss nur weitergegeben werden, sondern »Wahrheit ist eine Reise, die wir gemeinsam machen.«
Mit diesem Modell ist keiner grenzenlosen Beliebigkeit das Wort geredet. Die erwähnte Herausforderung des offenen Kunstwerks zum Gespräch beinhaltet, dass erst das Nebeneinander mehrerer Verstehensweisen die Bedeutungsfülle des Kunstwerks oder des Textes ausschöpft. Das offene Kunstwerk lädt dazu ein, die Vielfalt der Perspektiven auf das Leben wahrzunehmen und darüber in Kontakt zu treten.

Damit rückt neben die Produktionsästhetik, die nach den Bedingungen und Intentionen des Autors bei der Produktion eines Textes fragt, die Rezeptionsästhetik, die untersucht, wie ein Text von den Hörenden und Lesenden empfangen und verstanden wird. *Martin Walser* hat es zugespitzt formuliert: »Lesen ist nicht etwas wie Musikhören, sondern wie musizieren. Das Instrument ist man selbst.«[24] Verstehen, Exegese ist danach nicht nur ein Herauslesen, sondern immer auch ein Hineinlegen, ist aktive Konstruktion, die von den persönlichen Ausgangsbedingungen sowie von den sozialen und kulturellen Kontexten abhängt. Historisch-kritische Exegese versucht diesen Konstruktionsprozess zu begrenzen, indem sie nach den Ursprungsintentionen des Textes fragt und sie mit gegenwärtigem Verstehen konfrontiert.
Im Hören eines biblischen Textes und einer Predigt darüber werden die Hörenden zu Mitschöpfern des Sinns, indem sie Gehörtes beispielsweise visualisieren (sich eine Szene vorstellen), historisieren (Handlungs-

---

23 *Martin* 1984, 49.
24 Zitiert bei *Oeming* 1998, 89.

abläufe werden ergänzt und vervollständigt) und psychologisieren (den handelnden Personen werden Motive und Gefühle unterlegt).[25]
Wilfried Engemann hat zur Kennzeichnung dieses Prozesses den Begriff des Auredit (von audire = hören) geprägt: »Wie das Manuskript aus der Beschäftigung des Predigers mit dem Text hervorgeht, entsteht das Auredit als Resultat der Auseinandersetzung des Hörers mit der vernommenen Predigt.«[26]
Das aktive Hören oder Lesen im Sinn individueller Konstruktion (⇒ Konstruktivismus, Kap 2.3) ist demnach kein Hindernis, sondern geradezu erwünscht; sie ist Ausdruck der Mündigkeit und Selbstständigkeit des Subjekts.
Für das Anfertigen einer Predigt heißt das, dass die freien, spontanen Assoziationen des Predigers / der Predigerin erwünscht und sogar notwendig sind, um den eigenen Übertragungen und Widerständen im Blick auf den zugrunde liegenden biblischen Text auf die Spur zu kommen. Im Dialog mit der eigenen Lebenssituation und der der Hörenden sowie mit exegetischen Erkenntnissen (historisch-kritisch, sozialgeschichtlich) eröffnet sich ein Spielfeld, ein Wahrnehmungsraum, in dem Predigteinfälle entstehen können.

9.4 Predigt als Lebensdeutung

Eine Predigt kann unterschiedliche Ziele verfolgen: Vermittlung von Trost oder Glaubensstärkung, Anleitung zu einer bestimmten Lebensführung, Informationsvermittlung, Aufruf zur Befreiung etc. Aus pastoralpsychologischer Sicht ist das Ziel der Lebensdeutung besonders naheliegend. Danach ist Predigt als der Versuch zu verstehen, das Leben der Menschen vom Horizont der biblischen Traditionen her neu zu deuten (⇒ Deutung Kap. 4.1.1), neu zu rekonstruieren – etwa von der Perspektive »Gericht und Gnade« oder »Sünde und Vergebung« oder »Kreuz und Auferstehung« her.[27]
Der christliche Glaube stellt, wie alle Religionen, eine bestimmte Art der Wirklichkeitsdeutung dar. Der Glaube denkt und redet von dem her und auf das hin, was er als Grund und Ziel der Wirklichkeit versteht. Die Bibel als Kanon des christlichen Glaubens erzählt davon, wie dieser Grund der Wirklichkeit von Menschen eines kleinen Volkes in Palästina vor langer Zeit als beschützend und befreiend erfahren worden ist. Die Geschichten, Symbole und Rituale, in denen die Erfahrungen überliefert worden sind, bieten ein Deutungsraster an, von dem

---

25 *Theißen* 1994, 51ff. Psychoanalytische Textauslegung methodisiert diesen Ansatz, in dem sie gezielt die mögliche Beziehungsdynamik der handelnden Personen untersucht. Vgl. dafür als Beispiel *Spiegel/Kutter* 1997.
26 *Engemann* 2002, 172.
27 Vgl. zum Folgenden ausführlicher *Klessmann* 1996 (b), 425–441.

9.4 Predigt als Lebensdeutung

Christen überzeugt sind, dass es auch für gegenwärtige Lebenserfahrung tragend und befreiend sein kann. Die Predigt ist ein methodisch reflektierter und strukturierter Versuch der Kirche, christliche Wirklichkeitsdeutung zu vermitteln. »In der Predigt wird die religiöse Interpretation gegenwärtiger Lebenswirklichkeit, die der Prediger auf Grund seiner subjektiven Erfahrung formuliert, mit der Lebenssituation des Zuhörers verknüpft.«[28] Zieht man das psychoanalytische Verständnis des Begriffs der Deutung heran, werden die folgenden drei Punkte auch für die Predigt wichtig:[29]

1. *Alfred Lorenzer* hat die *Unterscheidung von logischem und szenischem Verstehen* eingeführt.[30] In der homiletischen Situation meint logisches Verstehen auf Seiten des Predigers, dass er die Zielsetzung des der Predigt zugrunde liegenden biblischen Textes exegetisch »korrekt« erfasst, die theologische Dimension angemessen auslegt etc. Szenisches Verstehen meint darüber hinaus, die Interaktionsstrukturen eines Textes szenisch, intuitiv, atmosphärisch zu erfassen. Die Interaktionsstrukturen sind in biblischen Texten nur in stark verdichteter und angedeuteter Form enthalten; umso wichtiger ist es, sie aufzugreifen und auszugestalten.

Ein Beispiel: Eine neutestamentliche Geschichte, die explizit von einer emotional dichten Begegnung erzählt, ist die vom reichen jungen Mann, Mk 10,17–22. Bei der Durchsicht von Predigten zu diesem Text fällt auf, dass sie fast alle am logischen Verstehen interessiert sind und dieses entfalten. Sie setzen sich mit dem schwierigen Problem von Nachfolge Jesu und Reichtum auseinander. Sie übergehen fast völlig die ungewöhnliche Interaktion dieser Geschichte, wonach Jesus den jungen Mann »lieb gewann« und jener dann »traurig« wegging. Was bedeuten diese Aussagen für das Verstehen der Geschichte? Sind sie eher zufällige oder wesentliche Bestandteile der Interaktion? Im letzteren Sinn würde man die Geschichte nur richtig verstehen, wenn man diesen emotional gefüllten Beziehungszusammenhang – *Kurt Lückel* nennt ihn in einer Predigt »Liebe und Zumutung«[31] – erfassen und nachfühlen kann.

2. Wie im therapeutischen Deutungsprozess sollten der Prediger / die Predigerin ihr logisches und szenisches Verstehen des Textes »in kleinen Schritten« und »probeweise«, gewissermaßen als Hypothese, die es zu bewähren gilt, vermitteln. Ein solches Vorgehen ist aus mehreren Gründen sinnvoll:
   – Die Hörenden müssen Zeit und Raum haben, das Gehörte auf ihre konkrete Lebenssituation und Lebenserfahrung zu beziehen.

---

28 *Steck* 1998, 993.
29 Der Begriff der Deutung bezieht sich zunächst auf die therapeutische Situation in der Psychoanalyse, kann m.E. aber auch auf die Predigtsituation übertragen werden.
30 *Lorenzer* 1973, 141.
31 *Lückel* 1993, 15ff.

- Das Deutungsangebot des christlichen Glaubens ist eine Möglichkeit des Weltverstehens unter vielen anderen; es muss seine Plausibilität erweisen, indem Anknüpfungspunkte und Erfahrungsanalogien aufgezeigt werden. Gerade psychologische Erkenntnisse über den Menschen bieten eine Fülle solcher Analogien. Die Widerständigkeit der christlichen Tradition gegenüber funktionalisierenden und marktabhängigen Lebensdeutungen muss darüber nicht verloren gehen.
- Prediger/Predigerin versuchen, die Hörenden in die Geschichte zu verwickeln, sie zum Mitdenken und Mitfühlen anzuregen. Zu diesem Zweck ist die Entfaltung eines szenischen Verstehens des Textes von Bedeutung: Was mag da geschehen sein, dass Jesus den Mann lieb gewinnt? Was bedeutet es, dass er traurig weggeht? Was geschieht in meinem Leben, wenn ich Ähnliches erlebe? Etc.
3. Es soll zu einem Prozess des impliziten Aushandelns zwischen den Hörenden und dem Text bzw. der Predigt kommen. Da dies nicht realiter stattfinden kann, muss ihn der Prediger / die Predigerin in der Predigtvorbereitung vorweg nehmen. Hierbei spielt das szenische Verstehen auch der Situation der Hörenden eine wichtige Rolle. Es geht dann nicht nur um die relativ allgemeine Frage »Welche Art von Hörern habe ich vor mir?«, sondern konkreter »In welchen Interaktionszusammenhängen leben die Hörenden? Welche Szenen prägen ihren Lebensalltag?« Damit wird die Zielrichtung der Predigt deutlicher und konkreter.

9.5 Predigt und Text

Die Predigt ist in der Regel die Auslegung eines biblischen Textes. Dem klassischen Modell »vom Text zur Predigt« lag die Annahme zugrunde, dass sich mit Hilfe historisch-kritischer Exegese ein gültiger Skopos des Textes erheben lasse, den es im Prozess der Meditation zu einer Predigt zu verwandeln gelte. Die Predigt wiederum sollte didaktisch so aufbereitet sein, dass sich der Inhalt der Verkündigung einprägt und die Hörenden das Anliegen verstehen und, gewissermaßen als Kontrolle, auch wiedergeben können. Dieses Verständnis ist inzwischen durch psychoanalytische und rezeptionsästhetische Einsichten zur Textinterpretation gründlich revidiert worden.
Die Metaphern von Zwischenraum und Übergangsobjekt, mit denen *D. Winnicott* einen Teil der Beziehungsstruktur zwischen Mutter und Kind beschreibt ($\Rightarrow$ Kap. 4.1.4), hat auch die Hermeneutik vielfältig angeregt. *Winnicott* hatte darauf aufmerksam gemacht, dass die Fähigkeit zur Symbolbildung in diesem Zwischenraum entsteht, wenn das Übergangsobjekt an die Stelle der abwesenden Mutter tritt. Das Übergangsobjekt ist vom Kind geschaffen und zugleich vorgefunden, es hat

den besonderen erkenntnistheoretischen Zwischenstatus einer Illusion, die *Winnicott* ganz anders versteht als *S. Freud*.
Hartmut Raguse geht in seiner theologisch-psychoanalytischen Hermeneutik davon aus, dass zwischen dem Text und seinem Leser zunächst ein leerer, metaphorischer Raum, ein intermediärer Raum liegt, den der Leser / die Leserin in der von *Winnicott* beschriebenen Spannung von »vorfinden« und »erfinden« füllen kann und muss. »Im Lesen erschafft eine Leserin oder ein Leser eine Welt, die einerseits durch den Text bestimmt ist und deshalb keineswegs völlig willkürlich aus dem Nichts erschaffen wird. Aber jede Lektüre desselben Textes ist anders, und in der Erschaffung einer Textwelt ist an keinem Element endgültig zu klären, wieweit es dem Objekt und wieweit es dem Subjekt entstammt. Immer sind beide beteiligt.«[32] Der Text ist und bleibt unverfügbar, und doch erhält er sein Leben vom Leser her. Der Text bzw. seine Interpretation gerät zu etwas Mittlerem, etwas Drittem zwischen einem Fremden und etwas ganz Subjektivem. »Damit gerät der Text in jenen Bezirk, der traditionell der des Spieles und der Kunst ist. Daß der Text dort seinen Ort findet, das hat seine Ursache in einer Aktivität des Lesers ...«[33]
Raguse unterscheidet unter Bezugnahme auf die sogenannte dreistellige Semiotik von *Charles Peirce* drei Grundkategorien eines Textverständnisses:[34]
Auf der Ebene der *Erstheit* geht es um einen sinnlich unmittelbaren Zugang zum Text, wie er in engagierten Lektüreformen (Bibliodrama, Narrative Theologie etc.) betrieben wird. Der Leser/ die Leserin geht in die Textwelt ein und wird per Identifikation ein Bestandteil von ihr.
Auf der Ebene der *Zweitheit* findet der Streit um das richtige Verständnis des Textes statt. Hier gibt es nur richtig oder falsch; Prediger oder Interpretin wissen hier genau, wie der Text zu lesen ist. Fundamentalismen jeder Couleur arbeiten nach diesem Muster und kreieren die entsprechenden Feindbilder.
Auf der Ebene der *Drittheit* erscheint die Auslegung eines Textes erkennbar als Leistung des interpretierenden Subjekts. »Die Textinterpretation in der Drittheit ... steht immer genau in der Mitte zwischen Subjektivität und Objektivität. Sie steht nie allein im Belieben des Auslegers, denn sie bezieht sich auf einen Text, der ein ›Anderer‹ ist, sie ist aber nie nur objektiv, denn der Zugang zur reinen Objektivität

---

32 *Raguse* 1994, 12. Raguse führt diesen Ansatz unter Rückgriff auf *Melanie Klein, Thomas H. Ogden* und *Donald Winnicott* sehr differenziert aus. Vgl. auch *Müller-Rosenau* 1995, 308–327.
33 *Raguse* 1994, 14.
34 *Raguse* 1994, 220ff. Ich gehe in der Wiedergabe nicht auf Raguses Bezugnahmen auf Melanie Klein und Thomas Ogden ein.

ist durch die Trennung endgültig versperrt.«[35] Jede Auslegung ist damit heilsam relativiert.

Raguse fasst die Interpretationsebenen so zusammen: »Die Erstheit ist dasjenige, was dem Kontakt mit dem Text sinnliche Unmittelbarkeit gibt. Diese geschieht zwar nur in der Imagination, aber in ihr können wir den See Genesareth sehen, den Sturm hören, den Berg besteigen, mit Jesus Angst haben, ihm zuhören und vielleicht sogar den Saum seines Gewandes fassen. In der Zweitheit erleben wir die Gewissheit, wie ein Text zu verstehen ist, wir kämpfen für oder gegen seinen Sinn, für oder gegen seine Gegner. In der Drittheit stehen wir einem Text gegenüber, dessen Verständnis wir immer von neuem symbolisieren müssen, ohne ihn je in einem endgültigen Sosein erreichen zu können.«[36]
Es dürfte deutlich sein, dass die Verstehensebene der Drittheit in mehrfacher Hinsicht einem theologisch und psychologisch verantworten Umgang mit dem Text in der Predigt am ehesten entspricht: Die Einsicht in die Vielfalt hermeneutischer Zugänge zur Bibel spiegelt die Vielfalt der Auslegungsmöglichkeiten wieder, die sich theologisch wiederum auf den unausschöpfbaren Reichtum des Wortes Gottes berufen kann. Symboltheoretische und rezeptionsästhetische Erkenntnisse kommen zu ganz ähnlichen Ergebnissen. Und last not least ist es für den Vollzug von Predigt wichtig, dass sich der Prediger in der Differenz zum Wort der Bibel bzw. dem Wort Gottes zu erkennen gibt und damit die Mündigkeit und Unterscheidungsfähigkeit der Hörenden unterstellt und herausfordert.

9.6 Predigt als Lernprozess

Aus der Sicht der Verhaltenspsychologie lässt sich Predigt als ein Lernprozess verstehen; diese Konzeption steht zwar Spannung zur vorangehenden Theorie von der Predigt als offenem Kommunikationsgeschehen, macht aber doch auf ein legitimes Anliegen aufmerksam. Predigt als Lebensdeutung bedeutet immer auch, etwas zu lernen, den Verstehenshorizont (über Gott, die Welt und den Menschen) zu erweitern, Anstöße zur eigenen Rekonstruktion der Lebensgeschichte zu bekommen und in der Folge hoffentlich auch zusätzliche Handlungsmöglichkeiten zu gewinnen.
Lernprozesse aber können und müssen geplant und strukturiert durchgeführt werden. Auf der einen Seite darf der Verweis auf das Wirken des Heiligen Geistes bzw. auf die Eigenaktivität der Hörenden nicht davon entbinden, sorgfältig Zielvorstellungen für eine Predigt zu entwickeln und sie entsprechend klar aufzubauen und zu strukturieren. Auf der anderen Seite muss jede Planung von Lernprozessen in Ver-

---

35 *Raguse* 1994, 224.
36 *Raguse* 1994, 225.

9.6 Predigt als Lernprozess

antwortung vor der Würde der betroffenen Menschen erfolgen und die Gefahr der Manipulation erkennen und zu vermeiden suchen.

Das lernpsychologische Grundmodell identifiziert für einen erfolgreichen Lernprozess in der Predigt fünf verschiedene Lernphasen:[37]

1. *Motivation*: Lernen erfordert Bereitschaft, Neugier, Interesse, kurz Motivation. Die Bereitschaft, sich auf ein bestimmtes Thema einzulassen, ist nicht schon selbstverständlich vorhanden, sie kann jedoch geweckt werden. Dazu ist es in der *Vorbereitung* notwendig, sich in die Lebenswelt der Hörenden hineinzuversetzen und von ihrem Erlebnishorizont her nach Anknüpfungspunkten für die vorgesehene Thematik zu suchen, so dass die Hörenden den Eindruck gewinnen können: Hier wird etwas verhandelt, was mich angeht, was mit meinen Fragen zu tun hat. Beim *Halten* der Predigt gehört es zur Motivationsphase, überhaupt erst einmal Kontakt zu den Hörenden herzustellen, ihre Aufmerksamkeit für das Folgende zu wecken. Kurze Erzählungen oder Geschichten aus dem Lebensalltag, verbunden mit einer lebendigen Weise der Präsentation, sind für den Einstieg besonders wichtig.
2. *Problemabgrenzung*: Die erzählenden Hinweise des Anfangs werden strukturiert und fokussiert: »Das ist heute unter Thema! Darum soll es im Folgenden gehen!« Der Lebens- oder Erfahrungsbezug sollte dabei deutlich markiert werden; daran hängt, ob die Zuhörenden aufmerksam bleiben oder nicht. (Hier knüpft das Bonmot an, dass die Kirche Antworten gibt auf Fragen, die niemand gestellt hat!)
3. *Versuch und Irrtum*: Die Fragestellung, das Problem wird vertieft, verschiedene Problemlösungsmöglichkeiten werden aufgezeigt, Scheinlösungen aufgedeckt. Die Hörenden sollen die Möglichkeit (und die Zeit!) erhalten, sich selbst in das Problem hineinzudenken und sich an der Suche nach Lösungen zu beteiligen. Die Skizzierung des Problems muss realitätsbezogen und lebensnah sein, sonst fühlen sich die Hörenden nicht ernst genommen. In vielen Predigten ist die Tendenz zu beobachten, in dieser Phase Scheinprobleme geradezu aufzubauen (indem z.B. die Schlechtigkeit der »Welt« oder der Menschen herausgestellt wird), um dann umso strahlender die Lösung des Evangeliums aufleuchten zu lassen. Ein solches Verfahren trägt nicht zur Glaubwürdigkeit einer Predigt bei!
4. *Lösungsangebot*: Eine neue Sichtweise, eine neue Deutung der vorher skizzierten Problemsituation wird vorgestellt. Aber das Lösungsangebot ist kein Patentrezept, keine autoritative Anweisung, keine Lösung, die *alle* Fragen beantwortet und alle Zwiespältigkeiten beseitigt. Im Zeitalter der Pluralisierung kann die Lösung nur ein Angebot sein, von dem der Prediger / die Predigerin überzeugt

---

[37] Zum Folgenden vgl. *Arens* 1972; *Bukowski* [2]1992, 26ff; *Engemann* 2002, 303ff.

sein muss und das die Hörenden in Selbstverantwortung und Mündigkeit abwägen, annehmen oder ablehnen können. Gelegentlich müssen auch offene Fragen als solche stehen bleiben; es gehört zum mündigen Hören, Spannungen und Ambivalenzen aushalten zu können – dazu kann Predigt anleiten.

5. *Lösungsverstärkung*: Das Lösungsangebot wird auf seine Tauglichkeit hin auf verschiedene Lebenssituationen bezogen; die Hörenden sollen ermutigt werden, dieses Angebot für ihr Leben in Erwägung zu ziehen und im Blick auf die möglichen Konsequenzen auszuprobieren.

Das lernpsychologische Schema kann auf die Grundeinsicht aufmerksam machen, dass Lernen, in welchem Kontext es auch immer geschieht, in einer gewissen Abfolge vor sich geht: Es braucht in jedem Fall Motivation, es braucht einen Lebens- oder Erfahrungsbezug (ein Problem schulischen und universitären Lernens besteht darin, dass der Lebensbezug häufig nicht erkennbar ist), es braucht die Möglichkeit, dass die Lernenden selbstständig unter verschiedenen Lösungsmöglichkeiten wählen können, es braucht in allem die Glaubwürdigkeit der Person, die den Lernprozess initiiert.

Wer die Predigt in dieser Weise als einen Lernprozess versteht, wird der Situation der Hörenden und dem Vermittlungsprozess gebührende Aufmerksamkeit schenken. Insofern hat das lernpsychologische Schema, an das man sich natürlich nicht *strikt* halten muss, schon um eine Schematisierung der Predigt zu vermeiden, auch theologische Implikationen: Es geht immer um die wechselseitige Auslegung eines historisch alten Textes und eines gegenwärtigen Lebenstextes, des »living human document« (⇒ Kap. 1.8).

9.7 Die Person des Predigers / der Predigerin

Im homiletischen Dreieck spielt die Person des Predigers / der Predigerin eine wichtige Rolle. Der subjektive Faktor bestimmt unvermeidlich das Verstehen und Auslegen des Textes mit. Die Person wirkt gewissermaßen wie ein Filter, durch den biblischer Text und Predigt hindurchgehen und von diesem Durchgang entsprechend gefärbt werden. Der subjektive Faktor sollte also nicht übergangen oder verleugnet, sondern gezielt und methodisch reflektiert aufgegriffen werden. Damit haben sich verschiedene Pastoralpsychologen ausführlich auseinander gesetzt. Ich greife zunächst auf die »Analyse des Kommunikationssystems Predigt« von *Karl-Wilhelm Dahm* zurück.[38]

---

38 *Dahm* 1971, 220. Vgl. auch die umfassende Problemanzeige bei *Riess* 1970, 295–321.

9.7 Die Person des Predigers / der Predigerin 391

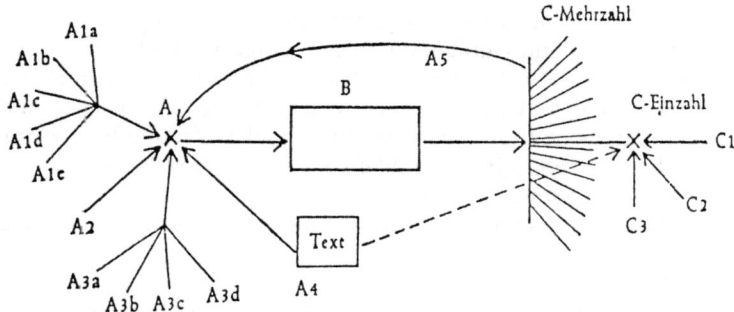

Aus: *Dahm* 1971, 225

In diesem Schema des Kommunikationsprozesses Predigt kommt zum Ausdruck, wie sich die Bedeutung der Person des Predigers / der Predigerin (A) für die Predigt aus einer Reihe verschiedener persönlicher Merkmale zusammensetzt: Dazu zählen die psychisch-emotionalen Charakteristika der betreffenden Person, ihre soziale und religiöse Biographie, ihre theologische und politische Grundeinstellung (A 1 a–e), die spezifische Berufsauffassung (A 2) sowie ihre Wahrnehmung und Deutung der aktuellen Tagesereignisse (A 3).

9.7.1 Zur Vorgeschichte der Fragestellung

Die Frage nach der Bedeutung der Person des Predigers für die Predigt hat eine wechselvolle Geschichte hinter sich. *Wilfried Engemann* identifiziert vier Phasen in der Problemgeschichte:[39]
1. Im 19. Jahrhundert wird die Person des Predigers im Gefolge von *Schleiermachers* Predigtverständnis relativ selbstverständlich als Chance, sogar als Notwendigkeit für gelingende Predigtkommunikation begriffen. »Vermittelst des Einflusses seiner lebendigen Persönlichkeit soll er [s.c.: der Prediger, M.K.] die gemeinsame Anregung leiten und ihr eine bestimmte Richtung geben.«[40]
Und bei *Christian Palmer* heißt es:

»Die ewige Wahrheit (wird) in der Predigt nicht in abstracter Weise, nicht als Depesche an die Menschen übermacht (...) wobei der Bote eine völlig gleichgültige Figur ist, da ein Telegraph oder eine Brieftaube dasselbe hätte leisten können; sondern das eben der Mann es ist, mit dem sich das Bibelwort aufs innigste verschmolzen hat, dass seine Person mich hinzieht zum Evangelium ... Der Prediger muß mit seiner Predigt in eigener Person vor der Gemeinde erscheinen (...). Sie (d.h. die Predigt) ist die volle Manifestation der Persönlichkeit.«[41]

---

39 *Engemann* 2002, 175ff.
40 *Schleiermacher* 1850, 204.
41 Zitiert bei *Engemann* 2002, 176f.

Um der Verständlichkeit, Glaubwürdigkeit und Wirksamkeit der Predigt willen bedarf es der ganzheitlichen Beteiligung, der personalen Präsenz und Authentizität des Predigers / der Predigerin.
2. Zum Ende des 19. Jahrhunderts hin wird das bewusste Einbeziehen der Persönlichkeit des Predigers zur prinzipiellen Aufgabe erklärt. Die eindrucksvolle, sittlich gebildete und vorbildhafte Persönlichkeit des Pfarrers wird zum Maßstab einer guten Predigt wie auch einer gelingenden Seelsorge.
In einem Lehrbuch der Homiletik von *Alfred Krauß* aus dem Jahre 1883 heißt es:

»Es ist überhaupt ein meistens irrtümliches Gerede, wenn verlangt wird, dass der Prediger, wie man sich ausdrückt, ›nichts von seinem Eigenen zum Gotteswort hinzutue‹. Wer tut denn nicht von seinem Eigenen hinzu? Nur der gedankenlose, ideenarme Abschreiber. Sobald (...) ich wirklich predige, verwerte ich das Gotteswort individuell. Eine jede praktische Auslegung des letzteren macht sich also gerade dadurch und nur dadurch, dass ich mein Eigenstes über das Schriftwort disponieren lasse.«[42]

Und *Helene Christaller* schreibt 1907:

»Der moderne Laie verlangt in erster Linie Natürlichkeit, in und außer dem Amt; das schließt Wahrhaftigkeit ein und bewahrt uns vor dem mit Recht verabscheuten Kanzelton ...«[43]

Allerdings geben die Autoren solcher Forderungen keinerlei methodische Hinweise, wie man denn diesen Appellen gerecht werden könne. Diesbezüglich hat man die Prediger weitgehend allein gelassen.
3. Die schrecklichen Erfahrungen des Ersten Weltkrieges lassen den kulturprotestantischen Optimismus und das Vertrauen in die Wirksamkeit der Persönlichkeit zerbrechen. Es kommt zu einer Konzentration auf die Verkündigung allein; angesichts dieser Konzentration erscheint der Prediger nun geradezu als Hindernis für die Übermittlung der Botschaft.
So sagt *Eduard Thurneysen* 1921:

Der Prediger »ist Zeuge vor Gericht, der eine Aussage macht, ... er redet nicht aus eigenem Antriebe, sondern in [sic!] Auftrag; wo aber Auftrag ist, da ist eigener Antrieb Nebensache und wirkt nur verdunkelnd, wenn er sich hervordrängt.«[44]

---

42 Zitiert bei *Engemann* 2002, 179.
43 Zitiert bei *Stahlberg* 1998, 59.
44 *Thurneysen* (1921) 1971, 112.

Zwischen dem Wort Gottes und dem Wort des Menschen besteht eine unendliche Kluft; deswegen ist Predigt eigentlich eine menschliche Unmöglichkeit. Sie ist nur möglich, weil Gott selber spricht und in der Predigt zu Wort kommen will. Den Tod des Menschen zu verkünden, damit Gott sprechen kann, darum geht es. Die Subjektivität des Predigers, seine Meinung, vor allem seine fromme Meinung, sollen so weit wie möglich außen vor bleiben.

Dietrich Bonhoeffer hat in seiner Homiletik folgenden Vergleich für die Predigt herangezogen: »Es ist, wie wenn ich einen Brief vorlese, den ein anderer schreibt. Ich richte aus in Sachlichkeit, was ein anderer sagt.«[45]

4. Erst seit den 70er Jahren entsteht eine neue Offenheit und Sensibilität für die Bedeutung der Person des Predigers / der Predigerin im Predigtprozess.

9.7.2 Otto Haendler

Diese Offenheit war vorbereitet durch die Homiletik von *Otto Haendler*. *Haendler* (⇒ Kap. 3) hat mitten in der Kriegszeit und in deutlichem Widerspruch zu dialektisch-theologischen Predigtvorstellungen eine Homiletik entworfen, die den Stellenwert des Subjekts für die Predigt in bisher nicht da gewesener Weise ausarbeitet.

»Die Tatsache, daß eine Predigt über einen Text gehalten wird und eine objektiv gegebene Wahrheit vermittelt, hat weithin hinweggetäuscht über das Ausmaß, in dem die Predigt dennoch Produkt des Subjektes ist. In wie hohem Maße das der Fall sein muß, ergibt sich schon ganz äußerlich aus der Länge der Predigt im Verhältnis zum Text. Denn es fragt sich nun, woher das kommt, was der Prediger »über« den Text sagt, und es muß deutlich werden, in wie umfassendem Maße die Predigt, unberührt von ihrer Objektivität und ohne diese zu schmälern, Produkt des Subjektes ist ... Es ist ein Irrtum zu meinen, man könne das Subjekt irgendwie in der Predigt ausschalten. Man kann es weder zurücktreten lassen noch durch Darbietung objektiver Wahrheiten überflüssig oder nebensächlich machen.«[46]

Haendler sagt damit nicht, dass es nur eine wünschenswerte Vervollständigung des Predigtprozesses wäre, wenn man der Person etwas mehr Aufmerksamkeit schenkte. Vielmehr betont er, dass es um der Objektivität der Sache, des Evangeliums, notwendig und unverzichtbar ist, »als Subjekt von der Sache getragen (zu) sein und als Subjekt die Sache (zu) tragen.«[47] Es gibt die Objektivität, die Wahrheit, die Lebendigkeit des Evangeliums nur durch die Subjektivität der Person hindurch. »Wir können das Evangelium lebendig verkündigen nur so, wie es uns lebendig geworden ist.«[48]

---

45 Zitiert bei *Josuttis* 1974, 75, Anm. 24.
46 *Haendler* ²1949, 46.
47 *Haendler* ²1949, 46.
48 *Haendler* ²1949, 49.

Wenn in dieser Weise die Bedeutung der Subjektivität des Predigers / der Predigerin für den Predigtprozess feststeht, dann müssen Kategorien und Möglichkeiten bereitgestellt werden, die den Predigenden eine bewusste Auseinandersetzung mit ihrer Person, eine Persönlichkeitsbildung und entsprechende Selbsterfahrung eröffnen. Diesen Schritt tut *Haendler* unter Rückgriff auf die Tiefenpsychologie von *C.G. Jung*. Der *Jung*sche Begriff des Selbst (⇒ Kap. 4.2) ist für ihn wegweisend: »Das Selbst ist der richtungsgebende Faktor, der die Person im Sinne des von vornherein gegebenen Urbildes leitet.«[49]

Das *Selbst* hat bei *Jung* eine doppelte Ausrichtung: Es repräsentiert zum einen die ganze Person mit ihren bewussten und unbewussten, ihren rationalen und emotionalen Anteilen, umfasst auch das Ich.
Zum anderen ist das Selbst bei *Jung* der zentrale Archetyp, der damit allen empirischen Phänomenen im Sinne eines Urbildes vorausliegt. »Als empirischer Begriff bezeichnet das Selbst den Gesamtumfang aller psychischen Phänomene im Menschen. Es drückt die Einheit und Ganzheit der Gesamtpersönlichkeit aus. Insofern aber letztere infolge ihres unbewussten Anteils nur zum Teil bewusst sein kann, ist der Begriff des Selbst eigentlich zum Teil potentiell empirisch und daher im selben Maße ein Postulat. Mit anderen Worten, er umfasst Erfahrbares und Unerfahrbares bzw. noch nicht Erfahrenes.«[50]
Der für *Jung* zentrale Begriff der *Individuation* meint den psychischen Entwicklungsprozess, mit dem ein Mensch sich seinem archetypischen Selbst mehr und mehr annähert. Das bedeutet auf der einen Seite, sich von der gesellschaftlichen Maske der Persona zu befreien, auf der anderen Seite, die unbewussten Bilder ins Bewusstsein zu integrieren, sie damit zu entmachten und dem Bewusstsein größere Tiefe zu geben.[51]

Der Prediger muss sich nach *Haendler* darum bemühen, sein Selbst zu entdecken und zu entwickeln.

»Es ist schon ein Ziel nach einem langen Wege erreicht, wenn jemand auch nur bis zu der Erkenntnis vorgedrungen ist, daß hinter seiner Persönlichkeit, wie sie jetzt ist, höchstwahrscheinlich ein Selbst liegt, das in mancherlei Richtung seinen wesenhaften Ausdruck in der jetzt so geprägten Persönlichkeit nicht gefunden hat. Und wer das erst erkannt hat, hat auch die Möglichkeit, auf einem verheißungsvollen Wege weiterzukommen, der ihn zu einer ungeahnten Einheitlichkeit des Wesens und Nachhaltigkeit des Wirkens zu führen vermag.«[52]

Was und wie jemand predigt und die Eigentümlichkeit der Person hängen unmittelbar zusammen; deswegen ist es nach *Haendler* für den Prediger notwendig, sich darüber Rechenschaft zu geben.

---

49 *Haendler* ²1949, 57.
50 *Jung*, GW 6, 512f.
51 Vgl. *Kolbe* 1986, 160.
52 *Haendler* ²1949, 59f.

9.7 Die Person des Predigers / der Predigerin 395

Eine Möglichkeit zu dieser Rechenschaft besteht darin, dass man beispielsweise die von *C.G. Jung* getroffene Unterscheidung zwischen extravertiert und introvertiert auf den Prediger bezieht:

»Der Typenunterschied ist zunächst deshalb von Bedeutung für die Arbeit an der Predigt, weil der Introvertierte und der Extravertierte die Quellen ihres Schaffens an anderen Stellen haben und das Material ihrer Predigt entsprechend an verschiedenen Stellen suchen. Der Introvertierte ist derjenige Typ, der in seiner stärksten Ausprägung in dem aus seinem eigenen Inneren schöpfenden, dichterischen bzw. künstlerischen Gestalter dargestellt ist. Er ist deshalb im wesentlichen auf sich angewiesen. ›Einfälle‹ kommen ihm dann, wenn er in sich selbst hineinschaut, und steigen aus den Tiefen seines eigenen Wesens herauf. Der Extravertierte dagegen schaut nicht vorwiegend in sich, sondern um sich. Ihn regt das an, was er sieht.«[53]

Haendler verallgemeinert diesen Ansatz dahingehend, dass es für den Prediger notwendig ist, sein eigenes Selbst, seine »Tiefenpersönlichkeit« zu finden und kennen zu lernen. Dies ist für ihn nicht möglich ohne eingehende Beschäftigung mit sich selbst, mit dem eigenen Gewordensein – wohlgemerkt als Prediger! Dazu gehört auch, die *religiöse* Dimension des Selbst zu erkunden: Die Auseinandersetzung mit der kirchlichen Tradition und der Art und Weise, wie sie den Prediger geprägt hat, ist wichtig: Nur durch diese Auseinandersetzung kommt jemand zur »Realisierung des eigenen Christentums«, also zu einer eigenständigen, persönlichkeitsspezifischen Form des Glaubens und der Verkündigung.[54]

Was *Haendler* in diesem Zusammenhang über die Gefahr der bleibenden Abhängigkeit sagt, erscheint mir nach wie vor höchst bedenkenswert:

»Da aber der Mensch eine Neigung zum Sohnbleiben hat ..., entsteht die Möglichkeit, dass er die Elternbindung auf die Kirche überträgt. Er ist dann eigentlich nie frei geworden, er hat weder die Herrlichkeit der echten Freiheit, noch ihre Einsamkeit und Furchtbarkeit erfahren, sondern er ist aus Verfügungsgewalt und Schutzgewalt der Eltern in kindhaft bleibender Abhängigkeit in Verfügungsgewalt und Schutzgewalt der Kirche übergetreten. Die Vaterbindung wird auf die Theologie, die Mutterbindung auf die Beheimatung in der Kirche übertragen. Dass der Mensch dann nicht ›freigeworden‹ ist, heißt hier, daß er nicht den Schritt aus der Freiheit in die echte Bindung vollzogen hat. Seine Theologie ist dann auch nicht frei und reif, seine Kirchlichkeit ebenfalls nicht. Wo ihm daher sonst zentrale Lebensprobleme begegnen, löst er sie ›als Sohn‹: er verkündet eine Theologie, die nicht gewonnen und erworben, sondern übernommen ist, und er überträgt diese unfreie Abhängigkeit unbewußt auf die Behandlung aller anderen Probleme, statt in ihnen und durch sie zu einer freien Hingabe heranzureifen. Das kann auch dann der Fall sein, wenn seine Theologie selbständig ist etwa gegenüber seinen akademischen Lehrern oder gegenüber seinem Vater, der Pfarrer ist. Sie ist dann nur innerhalb einer nie durchbrochenen patriarchalen Autoritätenreihe verändert. Er

---

53 *Haendler* ²1949, 62f.
54 *Haendler* ²1949, 69. Der Begriff »persönlichkeitsspezifisches Credo« stammt von *Klaus Winkler*, der ein Schüler von Otto Haendler war. Vgl. Kap. 13.2.

hat eine Kirchlichkeit, die nur Elternhaus, nicht Eigenheim ist, auch wenn er selbst darin wohnt. Das Ergebnis ist, dass viele Menschen unserer Zeit sich ihm überlegen fühlen an Selbständigkeit, an eigengewachsener Lebensart, an Erwachsensein. Und diesen fehlt dann die Führung in den Räumen, deren Durchschreiten sie diesem Prediger voraus haben.«[55]

An *Haendlers* Ansatz hat es massive theologische Kritik gegeben: Predigt sei Zeugenschaft, sie geschehe als Ausdruck des Amtes, sie sei nur biblisch-theologisch zu begründen, und es sei ein Irrweg, die Person des Predigers so in den Vordergrund zu stellen, wie *Haendler* das tue.[56] *Haendler* ist eine große Wirkung versagt geblieben; sein Ansatz war in mancher Hinsicht unzeitgemäß und ist erst später durch die Seelsorgebewegung neu entdeckt worden.

9.7.3 Vom Ich-Sagen in der Predigt
In den 70er Jahren ist die Frage nach der Bedeutung der Person des Predigers erneut aufgebrochen. Nicht zufällig kam die Frage zu diesem Zeitpunkt auf die Tagesordnung: In der Humanistischen Psychologie wurde die Spannung zwischen Gesellschaft und Individuum thematisiert, nicht zuletzt vor dem Hintergrund der Erfahrungen im Nationalsozialismus in Deutschland. Die Entwicklung der Gruppendynamik (⇒ Kap. 14) durch *Kurt Lewin* u.a. verdankte sich einem antiautoritären Impuls: *Lewins* Zielsetzung war, dass Menschen auf rationaler und emotionaler Ebene zu sich selbst finden und für sich selbst, in Austausch und Kooperation mit anderen, entscheiden, um möglichst frei von autoritären Bevormundungen zu werden. Die problemlose Anpassung des Einzelnen an gesellschaftliche Trends sollte gebrochen werden. Wer lernt, »Ich« zu sagen, passt sich nicht nahtlos an, stellt eingefahrene Machtstrukturen, auch eingefahrene Verkündigungsstrukturen in Frage. Eine solche Ich-Stärkung der Person gehörte zu den Zielen der Studentenbewegung; sie hat natürlich Auswirkungen auf Theologie und kirchliches Handeln gehabt.
1974 stellt *Manfred Josuttis* fest, dass die Prediger heute Schwierigkeiten haben, »Ich« zu sagen.[57] Sie haben nicht gelernt, sich mit der eigenen Person auseinander zu setzen und zu einer eigenständigen Position zu finden und diese entsprechend klar zu vertreten. Als mögliche Ursache für diesen Sachverhalt nennt *Josuttis* die nach wie vor bestehende Prägung durch die Dialektische Theologie, die im Blick auf die Predigt eine scharfe Ablehnung jeder Berücksichtigung der Person, der Subjektivität des Predigers formuliert hatte (s.o.).

---

55 *Haendler* ²1949, 67f.
56 Vgl. die Zusammenfassung der Kritik bei *Riess* 1970.
57 *Josuttis* 1974, 71. Die Diagnose von Josuttis trifft für die Gegenwart nicht mehr so uneingeschränkt zu, sie signalisiert aber ein immer noch wichtiges Problem.

9.7 Die Person des Predigers / der Predigerin

Auch die Realität des Theologiestudiums in Deutschland sei bisher wenig dazu angetan, dass die Studierenden lernen, »Ich« zu sagen: Sie lernten eher, fremde Anschauungen zu referieren, statt eigene, persönlich verantwortete und durchdachte Positionen zu formulieren und sich von anderen, auch von den Lehrenden, abzugrenzen.
Von diesem Ansatz her lag es nahe, in neuer Weise nach dem Subjekt der Predigt zu fragen: Aus kommunikationstheoretischer Sicht ist klar, dass eine Predigt nicht nur objektive Weitergabe von etwas Gehörtem ist, prinzipiell nicht sein kann, weil der Inhalt immer durch die Person hindurchgeht und dabei natürlich verändert wird. Dann wird es aber wichtig, diesen Veränderungsprozess zu reflektieren, ihn bewusst in die Entstehung der Predigt einzubeziehen. Der Prediger / die Predigerin sollte sich darüber Rechenschaft geben, an welchen Stellen die Auslegung durch ihre Person, ihre soziale und kulturelle Lage, ihre Charakterstruktur, ihre theologische Position geprägt und ausgerichtet ist. Das bewusste und gezielte »Ich-Sagen« ist dann nur ein kleiner Teil einer viel umfassenderen Berücksichtigung der Subjektivität der Person im Prozess des Predigens.
Wir geraten damit in eine zur Dialektischen Theologie genau entgegengesetzte Position: In dem die Predigenden »Ich« sagen, grenzen sie bewusst ihr Wort, ihre subjektive Rede von dem Wort der Tradition, von der Autorität Gottes ab: Die Predigt ist individuelle und subjektive Auslegung eines in der Vergangenheit ergangenen Wortes, nicht mehr, aber auch nicht weniger. Diese Auslegung kann nicht beanspruchen, objektiv zu sein, sie kann nicht beanspruchen, Gottes Wort zu sein, sie kann nicht beanspruchen, einen Sachverhalt unverändert weiterzugeben. Statt dessen: »Wer ich sagt, kann seine Meinung nicht mehr hinter der Autorität Gottes verstecken. Und wer Ich sagt, kann auch nicht einfach die ganze Gemeinde unter die eigene Meinung subsumieren. Demokratisch wird eine Predigt, die auf objektivierte Deus-dixit-Sätze verzichtet, weil erst auf dieser Basis ihre Aussagen diskussionsfähig werden. Und dialogisch wird sie deswegen, weil nicht das verallgemeinernde Wir, sondern erst das Ich zur Antwort mit einer eigenen Ich-Aussage einlädt.«[58]
Die Glaubwürdigkeit des Pfarrers / der Pfarrerin hängt in hohem Maß davon ab, ob und wie jemand Ich sagen kann, also in welchem Maß es ihnen gelingt, den Auftrag als persönliche Aufgabe mit eigenen, subjektiven Akzenten zu formulieren.
Josuttis nennt verschiedene Formen des Ich-Gebrauchs in der Predigt:[59]
Da ist zunächst das *verifikatorische Ich*. In der pietistischen Tradition kann man es häufig beobachten: Der Prediger beglaubigt mit seiner

---

58 *Josuttis* 1974, 83.
59 *Josuttis* 1974, 91ff.

persönlichen Erfahrung als frommer Zeitgenosse das, was die Bibel über Gottes Wirken sagt.
Davon zu unterscheiden ist ein *konfessorisches Ich*: Die Predigerin weist auf die Differenz der Sache Gottes und der menschlichen Wirklichkeit hin, indem sie zur Sprache bringt, was ihr beispielsweise in der Predigt über einen Text Schwierigkeiten bereitet.
Wer das *biographische Ich* gebraucht, berichtet eine Geschichte, eine Begegnung aus dem eigenen Leben, um etwas im Text zu veranschaulichen, um zu verdeutlichen, wie der biblische Text mit dem Leben verknüpft ist.
Das *repräsentative Ich* ist eine andere Form des Wir, es steht stellvertretend für alle Hörenden.
Mit dem *exemplarischen Ich* sagt der Prediger, was der Text für ihn persönlich bedeutet, um daran zu verdeutlichen, was er für die Hörenden bedeuten könnte.
Entscheidend ist, dass ein Prediger / eine Predigerin eine persönliche Auseinandersetzung mit dem biblischen Text wagt, die sich in Zustimmung und Ablehnung zu bestimmten Teilen des Textes äußert und gerade dadurch die Predigt lebendig und die Person selber glaubwürdig erscheinen lässt.

9.7.4 Die Persönlichkeit des Predigers / der Predigerin nach Riemann[60]
Die Persönlichkeitstypologie von *Fritz Riemann* kann in einem heuristischen Sinn auch auf die Person des Predigers / der Predigerin bezogen werden. *Riemann* selbst und dann in weit größerer Ausführlichkeit *Axel Denecke* (an Hand von vielen Predigtbeispielen) haben diese Verbindung hergestellt[61] (⇒ Kap. 6.4 und 13.10).
Die vier von *Riemann* herausgearbeiteten Typen bedeuten in diesem Zusammenhang:

9.7.4.1 Die schizoiden Prediger nennt *Axel Denecke* die »distanzierten Prediger der Erkenntnis«, deren Stärken in Eigenständigkeit, Tiefsinnigkeit und Unabhängigkeit bestehen, deren Schwächen in Kontaktarmut, intellektueller Kühle und Verbohrtheit zu sehen sind.[62] Sie sind die Rationalisten, die den logischen Zusammenhang und differenzierte Begründungen religiöser Lehren fordern bzw. deren Mangel an Vernünftigkeit aufdecken. Sie ironisieren alles Gefühlshafte, alles unmittelbar Erlebnishafte; ihre Stärke ist ihre Beobachtungsgabe, kühle Sachlichkeit, ein kritischer Blick auf die Tatsachen und der Mut, die Dinge so zu sehen, wie sie – vermeintlich – sind.

---

60 *Riemann* (1961) 1992. Einen weiteren psychologischen Zugang, nämlich die Transaktionsanalyse (TA), hat Wilfried Engemann für die Predigt nutzbar zu machen versucht: *Engemann* ²1992.
61 *Denecke* ²2001.
62 *Denecke* ²2001, 66.

9.7 Die Person des Predigers / der Predigerin

»Der Prediger mit vorwiegend dieser Persönlichkeitsstruktur wird folgende Merkmale aufweisen: Durch seine mitmenschliche Unbezogenheit hat er zu wenig Einfühlung in andere. Dadurch kann er die Wirkung seiner Worte nicht richtig einschätzen und – bewusst oder ungewollt – schockierend wirken. Er kann tief irritieren, die Toleranzgrenzen der anderen zu wenig beachten, verletzt daher leicht ihre Gefühle und hält sie für sentimental; er geißelt schonungslos alles, was ihm als Schwäche oder Naivität scheint. So ist er als Prediger oft unbequem, weil er Probleme des Glaubens und der menschlichen Existenz eher aufreißt als mildert, nichts beschönigend und den Menschen auf sich selbst zurückwerfend, ihn so verunsichernd. Er verspricht keine Geborgenheit, Mitleid verachtet er; es geht von ihm eine kühle Distanz aus, die andere in Distanz hält. Aus seiner mitmenschlichen Unbezogenheit heraus kann er wenig emotionale Zuwendung geben und auslösen; dafür fördert er Kritik und Eigenständigkeit des Denkens, furchtlose Erkenntnis ohne Rücksicht auf Traditionen – die Lebenshaltung, durch die er sich selbst am meisten geholfen hat. Für ihn ist die Erkenntnis der Wahrheit der Weg zu Gott.«[63]

9.7.4.2 Depressive Prediger nennt *Denecke* die »einfühlsamen Prediger der Liebe«.[64] Sie betonen im Kontext des christlichen Glaubens Liebe und Versöhnung; Gedanken von Schuld und Vergebung, von Leid und Erlösung sind ihnen vertraut; sie scheuen Konflikte, geben schnell nach, opfern sich auf, wirken demütig und bescheiden, stellen die eigenen Interessen in den Hintergrund – mit dem Risiko, dass sie leicht von anderen ausgenutzt werden. Ihre Frömmigkeit ist gefühlsbetont, oder das, was man früher »Herzensfrömmigkeit« genannt hat.

»Hier findet man den Pfarrer, der durch seine Person, Haltung und Lebensweise überzeugt, der verehrt und geliebt wird. Er versteht es, Hoffnungen zu erwecken, an die Vergebung und Erlösung glauben zu lassen, und lebt seinen Glauben in tätiger Hilfe. Glaube ist für ihn Gnade, deren man sich aber würdig machen kann. Er ist verständnisvoll gegenüber aller menschlicher Not und allem Leid, vielleicht zu bereit, diese als unumgänglich zu sehen oder unter der Vorstellung, dass Gott den züchtigt, den er liebt. So neigt er oft zu einer Leidensideologie, betont die Leidensbereitschaft und sieht die Leidensüberwindung zu sehr nur in der Selbstaufgabe. Das Böse im Menschen ist für ihn nur Irrtum; für ihn ist der Mensch primär gut, nur irregeleitet, und er ist überzeugt von der Gotteskindschaft des Menschen. Er glaubt an einen persönlichen Gott, der Liebe ist. Irren ist menschlich, Sünden sind daher verzeihlich und können vergeben werden, und ihm ist die Reue die wichtigste Form der Selbstbesinnung. Der Weg zu Gott geht für ihn über die Liebe.«[65]

9.7.4.3 Zwanghafte Pfarrer bezeichnet *Denecke* als die »verantwortungsvollen Prediger der Ordnung.«[66] Sie bewahren die Tradition, sind eher konservativ bis orthodox, halten ethisch an hergebrachten Positionen fest. Fragen und Zweifel verunsichern sie, und sind deswegen

---

63 *Riemann* 1974, 155.
64 *Denecke* 2001, 109ff.
65 *Riemann* 1974, 157f.
66 *Denecke* 2001, 71ff.

unerwünscht. Andererseits sind diese Menschen ausgesprochen verlässlich, genau, korrekt, gründlich und pünktlich.

»Gott ist dem guten Vertreter dieses Typus die göttliche Ordnung, das Gesetz und das moralische Prinzip, etwas objektiv Gültiges und die Zeiten Überdauerndes, für dessen Dauer er mit zu sorgen hat: er hat Garant dafür zu sein, dass alles beim alten und die Reinheit der Lehre gewahrt bleibt. Daher hat er eine Neigung zum Absoluten; er ist der Dogmatiker unter den Pfarrern. Man kann sich vorstellen, dass die Grenze zu den neurotischen Vertretern dieser Linie recht schmal ist. Dann neigt man zu orthodoxen, autoritären und intoleranten Verhaltensweisen, die zum großen Teil als Selbstschutz zu verstehen sind: denn es gehört menschliche Größe dazu, anderen das zuzugestehen, was man sich selbst verbieten muß, z.B. die Sexualität. So ist es dieser Typus, der immer wieder vor dem Bösen, dem Verführer und Versucher warnt und gegen ihn ankämpft, in sich und im anderen. Er spricht die Strafangst an, fordert Buße und Sühne, predigt vom Jüngsten Gericht mehr als daß er Vergebung zuspricht. Er erweckt in seinen Gemeindegliedern die Vorstellung, dass Gebote und Verbote prinzipiell und absolut eingehalten werden können, ja sollten, so dass manch einer aus den Schuldgefühlen gar nicht mehr herauskommt und der Pfarrer bzw. die Kirche ihn damit in der Hand haben.«[67]

9.7.4.4 Hysterisch strukturierte Pfarrer nennt *Denecke* die »wandlungsfähigen Prediger der Freiheit«.[68] Sie sind aufgeschlossen für neue Ideen, probieren gern etwas Neues aus, riskieren Ungewohntes, insofern sind sie für jede Institution unverzichtbar. Gleichzeitig können sie naiv und unzuverlässig sein, hören sich selbst gerne reden, sind von sich selbst überzeugt.

»Der Prediger mit vorwiegend dieser Persönlichkeitsstruktur kann in der Predigt mitreißen, begeistern, beschwingen und erheben; er hat oft etwas Suggestives, Pathetisches, mit deutlichem Selbstgenuß im Reden. Ihm ist die Wirkung, besonders seine persönliche Wirkung, oft wichtiger als das Inhaltliche, er kann auch Dinge überzeugend vertreten, an die er selbst nicht glaubt – wenn sie nur wirkungsvoll darzustellen sind, ihn zur Geltung bringen und ihm die Chance zu glänzen bieten. Er opfert also Sinn und Wert der Predigt leicht der Wirkung, die er erreichen will, und zieht oft eine ausgesprochene ›Schau‹ ab. Er hat überhaupt schauspielerische Fähigkeiten und keine sehr festgelegte Richtung und Auffassung, er ›kann‹ so und auch anders. Dadurch wirkt er farbig und interessant; er erreicht die Hörer, versteht sie zu packen, zu fesseln, zu erschüttern, ist stark im Improvisieren, dabei abhängig von seinen Stimmungen. Er ist oft der ausgezeichnete Redner, für den die Gemeinde schwärmt und von dessen Predigten man sich erzählt.«[69]

Der Sinn der Auseinandersetzung mit dieser Typenlehre von *Riemann* besteht nicht darin, die Unabänderlichkeit solcher Prägungen zu betonen, sondern im Gegenteil zu mehr Offenheit, zu mehr Freiheit gegenüber der erworbenen und »erlernten« Struktur anzuregen. Es geht darum, den eigenen Typus wahrzunehmen und kennen zu lernen

---

67 *Riemann* 1974, 160f.
68 *Denecke* 2001, 82ff.
69 *Riemann* 1974, 164.

(Selbsterfahrung!!) und sich der persönlichen Stärken und Schwächen bewusst zu werden. Das bedeutet zum einen ein Akzeptieren des eigenen Gewordenseins, eine größere Gelassenheit gegenüber den eigenen Persönlichkeitsmerkmalen; zum anderen wird es dadurch möglich, auf die jeweiligen Einseitigkeiten zu achten und vielleicht kompensatorische Maßnahmen zu ergreifen. Dazu gehört (im Blick auf die Predigt), auch über »fremde« Texte zu predigen, damit die eigene Persönlichkeitsstruktur nicht auch noch zur – unbewussten – theologischen Vorliebe wird. Auch die Bedeutung der Exegese kommt hier ins Spiel: Gerade die historisch-kritische Exegese arbeitet die Fremdheit der Texte, ihre historische Abständigkeit heraus und kann dadurch davor bewahren, Texte nur zu Bestätigung eigener Vor-Urteile zu missbrauchen.

9.8 Die Hörenden

Für die Hörenden gilt in analoger Weise, was im Kommunikationsschema von *Dahm* (s.o.) für die Person des Predigers / der Predigerin gesagt wurde: Sie bringen bestimmte Hintergrundvariablen mit: ihre sozial und kulturell bestimmte Lebenslage, ihre persönliche Biographie, ihre Einstellung zur Kirche im Allgemeinen und zu dieser Gemeinde, zu diesem Pfarrer im Besonderen (C 1–3); sie werden von dem Bibeltext, der der Predigt zugrunde liegt, und von der Predigt bzw. der Person des/der Predigenden in spezifischer Weise angesprochen.

Den eigentlichen *Vermittlungsprozess* zwischen Prediger/Predigerin und Hörenden stellt Dahm folgendermaßen dar:

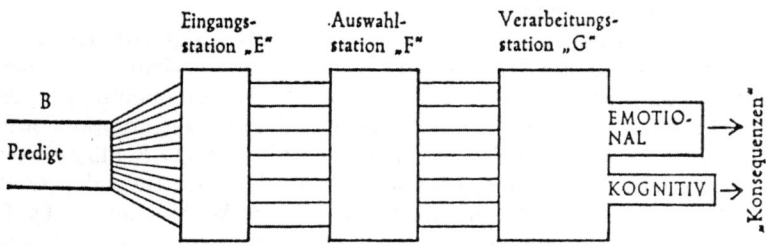

Aus: *Dahm* 1971, 229

Diese Darstellung ist stark schematisiert, sie bringt in ein zeitliches Nacheinander, was in der Realität beinahe unauflöslich ineinander verwoben ist.
Eine Predigt stellt eine Reihe von akustischen und emotionalen Signalen dar, mit denen der Prediger die Hörenden erreichen und bei ihnen etwas bewirken will: Er/sie will Stärkung des Glaubens bewirken oder

Information geben oder Lebensdeutung vermitteln etc. Allerdings legt das Schema die Gefahr nahe, es im Sinn einer Einbahnstrasse zu verstehen. Die aktive Konstruktionsleistung des Hörens und die daraus resultierende Rückkoppelung muss deutlicher unterstrichen werden, als *Dahm* das in seiner Beschreibung des Modells tut; die Bedeutung unbewusster Faktoren (Übertragungen, Widerstände) ist in jedem Fall zu veranschlagen.

Schon die *Eingangsstation* spielt eine wichtige Rolle, sie entscheidet darüber, ob die Signale der Predigt überhaupt aufgenommen werden oder nicht: Ein kalter Kirchenraum lässt die Hörenden sich fröstelnd zusammenziehen – keine gute Ausgangsbasis, um aufmerksam zuzuhören. Ein Konfirmand, der am Abend vorher mit seinen Freunden gefeiert hat und von den Eltern mit Druck zum Gottesdienst geschickt wird, wird kaum etwas von der Predigt aufnehmen usw. Dann spielt natürlich auch die Person des Predigers und der Stil seiner Predigt eine große Rolle: Die Pastorin, die in ihrer Gemeinde beliebt und anerkannt ist, wird es leichter haben, gehört zu werden, als jemand, der den Gemeindemitgliedern als streng und fordernd bekannt ist. Eine langsame, bilderreiche, konkrete Sprechweise wird die Ohren eher öffnen als eine schnelle, abstrakte und komprimierte Redeweise usw.

Die Signale, die an der Eingangsstation nicht schon gleich abgewiesen worden sind, erreichen die *Auswahlstation*: Hier werden noch einmal auf bestimmte Weise Signale aktiv ausgewählt und andere fallen gelassen. Dieser Auswahlprozess hängt wiederum von verschiedenen Faktoren ab, die sich folgendermaßen beschreiben lassen:
– Das soziale und kulturelle Bezugssystem, die Lebenswelt, das Milieu, in dem jemand lebt, geben die Koordinaten des Verstehens und Nicht-Verstehens vor.
– Das individuelle Bezugssystem des Hörers / der Hörerin, deren Vor-Verständnis ist darüber hinaus abhängig von dem, was jemand im Lauf seiner Lebensgeschichte, vor allem in Kindheit und Jugend gelernt hat, und von der jeweiligen aktuellen Bezugsgruppe. Für ein solches individuelles Bezugssystem sind bestimmte Schlüsselworte charakteristisch – wenn sie vorkommen, lösen sie entweder deutliche Zustimmung oder, im negativen Fall, starke Ablehnung aus. Da im Gottesdienst sehr unterschiedliche Menschen versammelt sind, geschieht es immer wieder, dass Begriffe und Bilder, die für die einen positiv besetzte Schlüsselworte sind, für die anderen eher negative Reizworte darstellen.

In einem Weihnachtsgottesdienst erzählt der Pfarrer von den hungernden Kindern in Afghanistan. Ein Lehrer, der sich bei den Grünen engagiert, kommt hinterher zum Pfarrer und bedankt sich dafür: Dieses Land und seine Menschen verschwänden völlig in der öffentlichen Aufmerksamkeit in Deutschland.

9.8 Die Hörenden

Eine ältere Frau sagt dem Pfarrer einige Tage nach Weihnachten, er hätte doch lieber nicht von diesen Kindern erzählen sollen; das würde immer ihre Weihnachtsstimmung verderben.

- Der Wunsch nach Bestätigung der eigenen Grundüberzeugungen spielt eine große Rolle: Man hört und behält in der Regel gerade das, was einen bestätigt und bestärkt, man will das eigene Bezugssystem bekräftigt finden. Daraus resultiert für alle Reformer und Neuerer immer wieder ein Frustrationserlebnis: Zum Gottesdienst kommen vorwiegend die, die Kirche sowieso schon wichtig finden; zur Wahlveranstaltung der CDU kommen vor allem CDU-Mitglieder usw. In der Sozialpsychologie hat man dieses Phänomen mit der Theorie von der kognitiven Dissonanz ($\Rightarrow$ Kap. 1.3) zu erklären versucht: Informationen, die im Widerspruch zueinander stehen, also dissonant sind, werden entweder gar nicht aufgenommen oder umgedeutet (das hat er nicht gemeint) oder entwertet (das denken doch nur ein paar Spinner) – mit dem Ziel, die Dissonanz zu reduzieren. Offensichtlich bedroht eine zu große Dissonanz das eigene Identitätsgefühl; diese Bedrohung muss also abgewehrt werden. Das heißt, dass man Neues nur begrenzt, in kleinen Schritten und Portionen und über eine längere Zeit verteilt, vermitteln kann.
- Die Zustimmung der Bezugsgruppe: Meistens wissen die Hörenden, was ihre Bezugsgruppe richtig oder falsch oder problematisch findet – und selbst wenn Einzelne auf den ersten Blick einer Überzeugung zustimmen würden: Wenn sie spüren, dass der Inhalt von der Meinung ihrer Bezugsgruppe abweicht, werden sie schnell auch ihre Zustimmung ändern.
- Das Bild des Predigers: Wenn der Prediger / die Predigerin sympathisch und glaubwürdig auf die Hörenden wirken, haben sie bessere Chancen, dass auch ihre Botschaft als glaubwürdig und relevant angenommen wird.

Die letzte Station im Kommunikationsprozess zwischen Prediger und Hörer bezeichnet Dahm als *Verarbeitungsstation*. Umfragen haben gezeigt, dass etwa dreiviertel der Hörenden einen guten Gesamteindruck von einer Predigt haben, also der Meinung sind, die Predigt habe ihnen etwas gegeben, ihnen geholfen – dass aber nur ein Viertel einigermaßen zutreffende inhaltliche Wiedergaben der Predigt liefern können. Das ist ein niederschmetterndes Ergebnis, *wenn* man von der Zielsetzung ausgeht, dass es die vorrangige Aufgabe der Predigt ist, Information (auch Glaubensinformation) zu vermitteln.
Wenn jedoch das Ziel der Predigt bzw. des Gottesdienstes als ganzem darin gesehen wird, Menschen Bestätigung, Unterstützung, Trost anzubieten, erscheint das Ergebnis in anderem Licht. Emotionale Stabilisierung geschieht u.U. schon allein durch den Gebrauch bestimmter Schlüsselworte: Wenn von Gottes Liebe die Rede ist, die allen Menschen gilt, von Vergebung, von Rechtfertigung und Annahme etc.,

dann können sich Menschen, die sich vielleicht eher am Rande des Lebens vorfinden (ein erheblicher Teil der sog. Kerngemeinde sind z.B. ältere Frauen) und sich nicht als besonders geliebt und angenommen empfinden, durchaus bestätigt und anerkannt fühlen. Die Argumentation der Predigt im Einzelnen interessiert sie nicht besonders, allein schon jene Schlüsselworte und die emotionale Qualität der Predigt – bzw. die Ausstrahlung des Predigers – bewirken diesen Effekt. Wir müssen uns, so *Dahm*, damit auseinander setzen, »daß eindeutig der stärkste Wirkungsgrad der Predigt im Bereich der existentiell-emotionalen Balance liegt.«[70] Er fügt dann allerdings gleich hinzu, dass auch dieser Effekt rückläufig ist, weil Menschen zunehmend Situationen aufsuchen, in denen ihnen Formen der aktiven und interaktiven Kommunikation angeboten werden. Von daher stellt sich die Frage, wie lange der Gottesdienst in seiner bisherigen Form und Gestalt, die den Hörenden weitgehende äußere Passivität zumutet, die Zentralveranstaltung der Kirche sein und bleiben wird.

Auch die Frage, ob Predigt dann überhaupt noch Gesellschaftskritik und eine prophetisch-befreiende Perspektive vermitteln kann, stellt sich vor diesem Hintergrund.

9.9 Predigtanalyse

Aus der Tatsache, dass die Person des Predigers / der Predigerin für die Entstehung und Ausführung der Predigt von großer Bedeutung ist, ergibt sich als Konsequenz eine bestimmte Form der Predigtanalyse, der Predigtnachbesprechung, wie sie sich in der Klinischen Seelsorgeausbildung (KSA) durchgesetzt hat und von dort auch in der zweiten Ausbildungsphase übernommen worden ist. Ging es bislang in Predigtnachgesprächen – und z.T. ist das immer noch so – um die theologischen Gehalte einer Predigt und wie biblisch-exegetisch angemessen oder unangemessen sie eingeschätzt wurden, so steht in diesem Modell die Beziehungsdynamik zwischen Prediger/Predigerin und Hörenden im Vordergrund.

Das Modell ist folgendermaßen strukturiert: In der Lerngruppe eines KSA-Kurses stellt jemand eine Predigt vor, entweder »live« – die Gruppe nimmt also am Gottesdienst teil – oder zu einem späteren Zeitpunkt per Tonband. Im Anschluss an Gottesdienst bzw. Predigt werden den Hörenden zwei Fragen gestellt:[71]

1. Wie habe ich den Prediger / die Predigerin und die Predigt (im Rahmen des Gottesdienstes) erlebt? Welche Empfindungen und Phantasien haben sie in mir ausgelöst?
2. Welche Botschaft habe ich aus der Predigt gehört?

---

70 *Dahm* 1972, 242.
71 Vgl. *Piper* 1976, 14ff. Vgl. auch *Andriessen/Miethner* 1985, 252ff, die das stärker durchstrukturierte holländische Modell vorstellen.

9.9 Predigtanalyse

Der Prediger / die Predigerin bekommt ebenfalls zwei Fragen:
1. Welche Befindlichkeit habe ich in den Hörenden auslösen wollen?
2. Welche Botschaft wollte ich vermitteln?

Zur Veranschaulichung des Prozesses gebe ich ein Beispiel einer Hörerreaktion auf eine Predigt über Mt 22,1–14 wieder:
Auf die Frage nach dem Erleben antwortet ein Hörer: »Zu Beginn war ich sehr stark motiviert. Ich hatte das Empfinden: Der spricht meine Sprache. Dann fühlte ich mich angegriffen: er zieht jetzt unheimlich vom Leder. Ich bekam ein Gefühl von Überforderung durch die vielen Bilder und Beispiele. Dann bin ich ausgestiegen. Zum Schluß hatte ich nur noch das Interesse: Wie löst er das? Ich habe den Schluß vergessen.«[72]
Auf die Frage nach der gehörten Botschaft sagt er: »Gott lädt euch ein, einfach Mensch zu sein, ohne euren übersteigerten Wünschen nachzujagen. Ihr sollt dazu stehen, wie ihr seid.«

Diskrepanzen zwischen Wahrnehmungen der Hörenden und Absichten des Predigers / der Predigerin können dann auf ihre Bedeutung hin befragt werden.
Im Hintergrund dieses Modells der Predigtanalyse steht das zweite Axiom zur interpersonalen Kommunikation von *Paul Watzlawick* (⇒ Kap. 10.1.2). Es bedeutet für diesen Zusammenhang: Wenn die Beziehung zwischen der predigenden Person und den Hörenden in emotionaler Hinsicht gestört ist, werden die Bereitschaft und die Möglichkeiten des Hörens beeinträchtigt. Zu Störungen kommt es, wenn Inhalts- und Beziehungsebene in Spannung zueinander stehen, wenn z.B. nonverbal etwas anderes vermittelt wird als durch die gesprochenen Worte. In der obigen Rückmeldung ist das die Diskrepanz zwischen einer freundlichen Einladung, die plötzlich in Angriff und Drängen umschlägt und entsprechende Abwehrreaktionen bei dem Hörer auslöst.
Die Konsequenzen für das Anfertigen und Halten von Predigten heißen: Es ist wichtig, dass sich die Predigenden über ihre eigene Beziehung zum Text, zu der Botschaft, die sie vermitteln wollen, im Klaren sind. Eigene uneingestandene und nicht wahrgenommene Sehnsüchte und Bedürfnisse, vor allem aber Vorbehalte, Ängste und Aggressionen im Blick auf den Text schlagen sich im Duktus der Predigt und in der Art, wie sie gehalten wird, in der Regel nieder. Die »Sache« der Kommunikation des Evangeliums ist nie ohne die sie vermittelnde Person zu haben.

»Der geängstigte Prediger, der seine Angst verdrängt, predigt entgegen seinem Text: Glauben ist das Gegenteil von Angst. Wie er sich die Angst selber verbietet, so auch seinen Hörern. Der Prediger, der sich seine resignierten und hoffnungslosen Gefühle nicht eingesteht, verbietet sich und seinen Hörern die Auseinandersetzung mit Gott ... Der gehorsame Prediger, für den jede Auflehnung gegen Gott unvorstellbar ist, verbietet sie auch seinen Hörern. Der Prediger, der sich nicht

---

72 *Piper* 1976, 70.

einladen lassen kann, verwehrt (ohne dass er es will) auch seinen Hörern den Zutritt zum Fest. Der ›fertige‹ Prediger gestattet es auch seinen Hörern nicht, Probleme zu haben ...«[73]

Der Prediger / die Predigerin neigt unbewusst dazu, gegen die eigene Emotionalität, gegen seine/ihre tatsächliche Beziehung zum Text, zur Kirche, zu Gott anzupredigen; daraus resultieren Spannungen und Irritationen, die sich den Hörenden mitteilen und von ihnen als Unstimmigkeit oder Unglaubwürdigkeit in der Predigt wahrgenommen werden.

»Der Hörer möchte in seiner Widersprüchlichkeit (die er oft mehr ahnt als weiß) akzeptiert werden: In seinem Glauben *und* Zweifel, in seinem Können *und* Versagen, in seiner Hoffnung *und* in seiner Resignation, in seiner Schwachheit *und* in seiner Stärke. Versucht der Prediger, das Positive (Glaube, Hoffnung, Liebe) zu stärken, indem er das Negative verwirft, so fühlt sich der Hörer in einem wichtigen Teil seiner Befindlichkeit verworfen. Er reagiert mit Abwehr oder Traurigkeit ...«[74]

Die Beschäftigung mit den Reaktionen der Hörenden auf Predigten führt zurück zur Person derer, die predigen, und der Notwendigkeit, dass sie sich mit ihren Einstellungen zu wichtigen Lebens- und Glaubensthemen immer wieder auseinander setzen, um nicht unbewusst in der Predigt zu agieren.
Kritik an der eigenen Predigt kann leicht als beschämend empfunden werden (»Ich bin den Erwartungen der Hörenden nicht gerecht geworden.«), deswegen ist eine besonders sensible Handhabung der Predigtanalyse und ihrer feedbackprozesse notwendig.

Kritisch ist zu diesem Modell der Predigtanalyse zu sagen, dass es noch zu stark mit einem einlinigen Kommunikationsprozess rechnet und die Konstruktionsleistungen der Hörenden zu wenig berücksichtigt. Die Reaktionen der Hörenden können auch aus der eigenen Übertragung entspringen; diese Möglichkeit sollte im Gespräch deutlich thematisiert werden.

Vertiefende Literatur:
- *Karl-Wilhelm Dahm*, Beruf Pfarrer, München 1971. (Daraus der Abschnitt »Hören und Verstehen. Die Predigt in kommunikationssoziologischer Sicht«, 218–244.)
- *Marcel Martin*, Predigt als offenes Kunstwerk? Ev. Theol. 44 (1984), 46–58.
- *Wilfried Engemann*, Einführung in die Homiletik, Tübingen/Basel 2002 (In dieser Einführung sind pastoralpsychologische Perspektiven vielfältig berücksichtigt).

73 Piper 1976, 129f.
74 Piper 1976, 132f.

Kapitel 10: Seelsorge

Seelsorge ist neben Gottesdienst, Predigt und Unterricht eine der Ausdrucksgestalten der Kommunikation des Evangeliums in der Kirche. Sie soll hier verstanden werden als eine Form der Lebensbegleitung und Lebensdeutung im Horizont des christlichen Glaubens. Seelsorge gehört in den Bereich der face-to-face-Kommunikation und kann als solche in ihrer Struktur, Dynamik und Funktion aus psychologischer und kommunikationswissenschaftlicher Perspektive analysiert werden. Seelsorge ist aus theologischer Sicht ein Charisma und eine Aufgabe der ganzen christlichen Gemeinde; sie ereignet sich als spontane Alltagsseelsorge dergestalt, dass Gemeindeglieder oder Nachbarn einander wechselseitig »mit Rat und Tat« sowie Mitgefühl zur Seite stehen. Besuchsdienstkreise und die in der Regel damit verbundene Zurüstung stellen Anfänge einer Qualifizierung von Seelsorge dar; hauptamtliche Seelsorger und Seelsorgerinnen, sei es im Gemeindepfarramt, sei es in Funktionspfarrstellen bis hin zu kirchlichen Beratungsstellen, repräsentieren eine notwendige Professionalisierung von Seelsorge, die Rechenschaft über Ziele und Methoden von Seelsorge abgeben können muss.

Seelsorge hat eine besondere Nähe zur Psychotherapie, weil es in beiden Verfahren um »zwischenmenschliche Hilfe mit seelischen Mitteln« (im Unterschied zu materiellen Mitteln in der Diakonie bzw. chemischen oder chirurgischen Mitteln in der Medizin) geht. In dieser Hinsicht hat *Dietrich Stollberg* die Seelsorge zu Recht als »ein Psychotherapieverfahren« bezeichnet.[1]

Das Arzt-Patient-Paradigma, das mit dem »Christus-medicus«-Motiv eine lange Tradition in der Kirchengeschichte hat,[2] ist von der Seelsorgebewegung neu entdeckt worden; verschiedene Psychotherapieverfahren, die im Lauf des zwanzigsten Jahrhunderts entstanden, boten sich an, Seelsorge auf eine methodisch solidere Basis zu stellen, als das bisher der Fall gewesen war. Der Vergleich mit Seelsorgeansätzen um 1900 (⇒ Kap. 3) macht schnell deutlich, welche Zunahme an Effektivität und Kompetenz die Rezeption verschiedener Psycho-

---

1 *Stollberg* 1978, 23f.
2 Vgl. ausführlicher *Schipperges* 1980, 40–55.

therapieverfahren für die Seelsorge seither mit sich gebracht hat.[3] Gleichzeitig ist zu betonen, dass Seelsorge keine Psychotherapie und in der Regel auch kein Psychotherapieersatz ist; der inhaltlich begründete Unterschied zwischen Seelsorge und Psychotherapie ist festzuhalten (s.u.).

10.1 Seelsorge als Kommunikation

Die spezifische Differenz der Seelsorge zu anderen religiösen bzw. kirchlichen Kommunikationsformen ist im Gespräch zu sehen. Das Gespräch ist in Philosophie und Theologie immer wieder besonders gewürdigt worden. *Hans Georg Gadamer* etwa charakterisiert es so:

»Wir sagen zwar, dass wir ein Gespräch ›führen‹, aber je eigentlicher ein Gespräch ist, desto weniger liegt die Führung desselben in dem Willen des einen oder anderen Gesprächspartners. So ist das eigentliche Gespräch niemals das, das wir führen wollten. Vielmehr ist es im allgemeinen richtiger zu sagen, dass wir in ein Gespräch geraten, wenn nicht gar, dass wir uns in ein Gespräch verwickeln. Wie da ein Wort das andere gibt, wie das Gespräch seine Wendungen nimmt, seinen Fortgang und Ausgang findet, das mag sehr wohl eine Art Führung haben, aber in dieser Führung sind die Partner des Gesprächs weit weniger die Führenden als die Geführten. Was bei einem Gespräch ›herauskommt‹, weiß keiner vorher. Die Verständigung oder ihr Misslingen ist wie ein Geschehen, das sich an uns vollzogen hat. So können wir dann sagen, dass es ein gutes Gespräch war, oder auch, dass es unter keinem günstigen Stern stand. All das bekundet, dass das Gespräch seinen eigenen Geist hat, und dass die Sprache, die in ihm geführt wird, ihre eigene Wahrheit in sich trägt, d.h. etwas ›entbirgt‹ und heraustreten lässt, was fortan ist.«[4]

Das Gespräch gilt hier als Ort der Wahrheitsfindung; als solches ist es zum Grundmodell kirchlicher Kommunikation geworden. Hintergrund dieser Hochschätzung des Gesprächs ist eine Hermeneutik des Einverständnisses, wie sie *Hans Georg Gadamer* u.a. entfaltet haben (⇒ Kap. 1.8).
Kommunikationstheoretische Reflexionen sowie die Erfahrungen mit interkulturellen Begegnungen haben diese Hochschätzung relativiert und in Frage gestellt. »In der Begegnung begegnen sich Gegner«, hat der Psychiater *Klaus Dörner* wiederholt gesagt und damit die anfängliche Fremdheit, ja Gegensätzlichkeit und das daraus resultierende Missverstehen der Gesprächspartner hervorheben wollen. Eine Hermeneutik des Fremden und des Missverstehens bildet dann die Grundlage kommunikativer Bemühungen. Jede/r kennt die Konflikte und Schmerzen, die aus Missverständnissen im Gespräch entstehen; das ist grundsätzlich im seelsorglichen Gespräch nicht anders. Allerdings

---

3 Zum Ganzen der Seelsorge verweise ich auf die neueren Gesamtdarstellungen von *Winkler* ²2000; *Ziemer* 2000; *Hauschildt* 1999, 31ff.
4 *Gadamer* 1975, 361.

10.1 Seelsorge als Kommunikation

können kommunikationstheoretische und therapeutisch-methodische Einsichten helfen, die Chancen und Schwierigkeiten von Kommunikation genauer wahrzunehmen und zu reflektieren und damit Missverständnisse mindestens zu minimieren.

10.1.1 Seelsorge und Methode

10.1.1.1 Seelsorge stellt in empirischer Hinsicht ein Verfahren dar, das sich methodischer Rechenschaft unterziehen muss. Die theologische Rede von der unverfügbaren Wirksamkeit des Heiligen Geistes steht dazu nicht in Widerspruch (s.u.). Einige grundlegende Einsichten zur Methodik des Gesprächs sind auch für die Seelsorge von Bedeutung:[5] Eine der wichtigsten Voraussetzungen für ein die Beteiligten zufrieden stellendes Gespräch, zumal ein nach professionellen Maßstäben geführtes, ist das *Zuhören*. Zuhören beschreibt *Udo Rauchfleisch* als ein »höchst aktives Verhalten«, »stets gekennzeichnet durch ein hellwaches Hinhören auf die verbalen und nonverbalen Signale unseres Gegenübers, ein In-sich-wirken-Lassen der Mitteilungen der anderen Person, eine gefühlsmäßige Anteilnahme und die daraufhin erfolgende Entscheidung, wie wir in dieser speziellen Situation sinnvollerweise auf das Gehörte reagieren wollen.«[6]

Die von *Sigmund Freud* für die Psychoanalyse beschriebene therapeutische Haltung der »gleichschwebenden Aufmerksamkeit« dürfte auch für die Seelsorge eine sinnvolle Grundhaltung anzeigen. Sie meint, im Prozess des Hörens nicht sogleich das Gehörte zu bewerten, auszuwählen, zu akzentuieren, sondern alles, Verbales wie Nonverbales, gleichermaßen auf sich wirken zu lassen.

»Indes ist diese Technik eine sehr einfache. Sie lehnt alle Hilfsmittel ... selbst das Niederschreiben ab und besteht einfach darin, sich nichts besonders merken zu wollen und allem, was man zu hören bekommt, die nämliche ›gleichschwebende Aufmerksamkeit‹ ... entgegenzubringen ... Sowie man nämlich seine Aufmerksamkeit absichtlich bis zu einer gewissen Höhe anspannt, beginnt man auch unter dem dargebotenen Material auszuwählen; man fixiert das eine Stück besonders scharf, eliminiert dafür ein anderes und folgt bei dieser Auswahl seinen Erwartungen oder seinen Neigungen. Gerade dies darf man aber nicht; folgt man bei der Auswahl seinen Erwartungen, so ist man in Gefahr, niemals etwas anderes zu finden, als was man bereits weiß ...«[7]

Seelsorge hat in der Gegenwart keine eigenständigen methodischen Verfahren entwickelt (im Unterschied etwa zur Seelsorge als Beichtgespräch im Mittelalter), sondern orientiert sich an unterschiedlichen therapeutischen Verfahren (s.u.). Das Einbeziehen von Bibel und Ge-

---

5 *Hauschildt* 1996, 21ff stellt sozial- und kulturgeschichtliche Komponenten in der neuzeitlichen Entstehung des Seelsorgegesprächs dar.
6 *Rauchfleisch* 2001, 14.
7 *Freud* (1912), St.A. Erg.bd., 171f.

sangbuch, von rituell-liturgischen Vollzügen (Gebet, Segen etc.) und der daraus abgeleiteten Lebensdeutung aus dem christlichen Glauben geben der Seelsorge inhaltlich ein eigenständiges Gepräge – die methodische Verantwortung ist auch im Blick auf diese Elemente dieselbe.

Unabhängig von der Wahl einer spezifischen Methode nennt *Jürgen Ziemer* einige »Ideale«, denen sich ein seelsorgliches Gespräch so weit wie möglich annähern sollte:[8] Die Beziehung sollte *herrschaftsfrei* sein (Grundsatz der Gleichwertigkeit der Gesprächspartner, des Nicht-Voneinander-Abhängig-Seins), *dialogisch* (ein Raum der Freiheit, in dem die Suche nach der Wahrheit eines Menschen frei von Beschämungsabsichten und Vereinnahmungsversuchen erfolgen kann) und *personzentriert* (das Gegenüber im Gespräch steht im Zentrum der Aufmerksamkeit).

Als hilfreiche und weiterführende Verhaltensweisen in der Seelsorge beschreibt *Ziemer* ein *verstehendes Verhalten* (Einfühlung, aktives Zuhören, Wahrnehmung nonverbalen Verhaltens), *annehmendes Verhalten* (Akzeptanz der Einmaligkeit der Person), *ermutigendes Verhalten* (Menschen auf ihre Möglichkeiten und Ressourcen hin ansprechen) und *authentisches Verhalten* (pastorale Identität, Verzicht auf pastorale Attitüden, begrenzte Transparenz). Solche Verhaltensweisen lassen sich grundsätzlich lernen; sie bedürfen immer wieder der Kontrolle durch Supervision.

Zielsetzungen eines seelsorglichen Gesprächs sind natürlich situationsabhängig; folgende grobe Unterscheidung bietet sich an:
Es geht in einigen Gesprächen um *Stabilisierung* eines Menschen, Unterstützung, Zuspruch, Trost. Aus psychotherapeutisch-methodischer Sicht sind hier tendenziell sogenannte zudeckende Verfahren sowie die rituellen Möglichkeiten der Seelsorge auszuschöpfen. Allerdings ist darauf zu achten, dass Trost nicht zur billigen Vertröstung (in Form von Verallgemeinerungen, Beschwichtigungen etc.) verkommt.[9]
Andere Gespräche zielen eher auf *Befreiung*, vermittelt durch Ermutigung zur Wahrnehmung der Lebenssituation, zur Differenzierung von Gefühlseinstellungen und Denkmustern, zur De- und Rekonstruktion, zur Veränderung und Kritik. Methodisch sind hier aufdeckende und konfrontative Verfahren sinnvoll einzusetzen.[10]

---

8 *Ziemer* 2000, 150ff.
9 Vgl. *Winkler* 2003, 200ff.
10 *Henning Luther* hat in diesem Zusammenhang die Unterscheidung von Alltagssorge (sie zielt auf »Wiedereingliederung, Realitätsertüchtigung und Anpassung«) und Seelsorge eingeführt: Seelsorge zielt auf Freiheit, ist kritisch gegenüber den Konventionen des Alltags und ergreift Partei für die noch nicht vorhandenen Möglichkeiten des Menschen. *Henning Luther* 1992, 224ff.

10.1 Seelsorge als Kommunikation

Beide Zielrichtungen entsprechen theologischen Grundannahmen über die Funktion von Glaube und Religion: Auch Glaube stabilisiert, tröstet, vermittelt Geborgenheit einerseits und ruft aus festgefahrenen Strukturen heraus, befreit, nimmt kritisch Stellung andererseits. In den meisten Fällen wird es zu Mischformen zwischen beiden Richtungen kommen. Vom Kriterium der Personzentriertheit ausgehend, ist die Methodik des Gesprächs am Gesprächsgegenüber auszurichten; dessen Bedürfnisse und spezifischen Widerstände sind unbedingt zu berücksichtigen.

10.1.1.2 In den USA hat *Seward Hiltner* Seelsorge von ihren *Funktionen* her beschrieben und damit die mögliche und sinnvolle methodische Vielfalt von Seelsorge integriert; er hat Formen der Seelsorge aus der Kirchengeschichte aufgegriffen und zugleich die für die deutsche Seelsorgediskussion charakteristischen Antithesen von kerygmatischer und therapeutischer Seelsorge gar nicht erst aufkommen lassen. Seelsorge im Sinne einer Dimension allen pastoralen Handelns, die *Hiltner* mit der altertümlichen Metapher des shepherding bezeichnet, umfasst die Funktionen des Heilens (»healing«), des Stützens (»sustaining«) und des Führens (»guiding«).[11] Andere Autoren haben noch die Dimension des Versöhnens (»reconciling«), des Stärkens (»nurturing«) und eine »liberativ-prophetic dimension« hinzugefügt.[12]
Der Vorteil dieser funktionalen Beschreibung von Seelsorge liegt darin, dass sofort offenkundig wird, dass seelsorgliches Handeln sich ganz unterschiedlicher psychologischer, pädagogischer und spiritueller Methoden bedienen kann und muss, um der Vielfalt menschlicher Wirklichkeiten gerecht zu werden.
- *Heilen* nimmt psychotherapeutische Methoden und spirituelle Heilungstraditionen in Gebrauch; es sollen, in theologischer Perspektive, nicht nur ein vergangener Zustand wiedergehterstellt, sondern neue Lebensmöglichkeiten eröffnet werden.
- *Stützen* meint tröstende und ermutigende Verhaltensweisen; es kann durch unterstützende Verfahren oder auch durch kurzfristige Kriseninterventionen geschehen; aufdeckende Verfahren sind im Rahmen dieser Funktion nicht angezeigt. Das traditionelle Bild der Seelsorge als Zuspruch an Hand biblischer Aussagen ist in dieser Dimension wiederzufinden.

---

11 *Hiltner* 1957, 89ff.
12 Die Dimension des reconciling haben *Clebsch* und *Jaeckle* eingeführt in ihrer Geschichte der Seelsorge 1967, 33ff. Vgl. auch den Klassiker der amerikanischen Seelsorgeliteratur, *Clinebell* 1984. (Der deutschen Übersetzung 1971 liegt die amerikanische Ausgabe von 1966 zugrunde). Die letzten beiden Dimensionen entnehme ich einem Vorlesungsmanuskript von Prof. William Clements an der School of Theology at Claremont. Vgl. dazu auch *Klessmann* 1997 (c), 413–428.

- *Führen* setzt beratend-pädagogische Akzente, um Menschen zu helfen, ihren eigenen Weg in einer schwierigen Lebenssituation zu finden.
- *Versöhnen* zielt auf die Wiederherstellung zerbrochener Beziehungen zu anderen Menschen, zur Umwelt, zu Gott; Versöhnung ist aber nur möglich, wenn der zugrunde liegende Konflikt aufgedeckt und benannt ist. Insofern sind konfrontative Methoden im Rahmen dieser Dimension möglich und sinnvoll. Im Versöhnen kommt auch die religiöse Dimension der Seelsorge besonders zum Tragen: In Erfahrungen von Versöhnung wird deutlich, in welchem Ausmaß wir angewiesen sind, wie sehr Versöhnung Geschenk und nicht herstellbar ist.
- *Stärken* zielt darauf ab, dass Menschen ihre von Gott gegebenen Potentiale auch entfalten und umsetzen können, meint also eine längerfristig angelegte Begleitung, die den Gedanken des Wachstums aus der biblischen und der pädagogisch-psychologischen Tradition aufgreift und umzusetzen versucht.
- Eine *befreiend*-prophetische *Dimension* will den status quo gesellschaftlicher und kirchlicher Verhältnisse und Institutionen bei Einzelnen wie bei Gruppen aufbrechen. Seelsorge will und darf Menschen nicht nur wieder an ihre Verhältnisse anpassen, sie zielt immer auch auf Transformation innerer und äußerer Gegebenheiten. Die theologische und die ethische Dimension der Seelsorge wird damit wieder stärker unterstrichen, eine Tendenz, die sich seit einigen Jahren deutlich sowohl in der US-amerikanischen wie in der deutschen Seelsorgediskussion abzeichnet.

10.1.2 Modelle interpersonaler Kommunikation

Methodisch reflektiertes Vorgehen setzt voraus, Kommunikationsstrukturen in Beziehungen wahrzunehmen. Dazu sind zwei Modelle interpersonaler Kommunikation ausgesprochen hilfreich, auch wenn sie die historischen Bedingungen sowie die unbewussten Dimensionen von Kommunikation vernachlässigen.

10.1.2.1 *Paul Watzlawick* gibt mit seinem Buch »Menschliche Kommunikation. Formen, Störungen, Paradoxien«[13] eine Einführung in die Pragmatik von Kommunikation. Man unterscheidet in der Kommunikationswissenschaft zwischen Syntax oder *Syntaktik* (dabei geht es um Fragen der Grammatik, mit der die Zeichen einander zugeordnet sind), *Semantik* (die Frage nach der inhaltlichen Bedeutung der Zeichen, der Übereinstimmung zwischen Zeichen und Bezeichnetem, dem gemeinsamen Zeichenvorrat zwischen Sender und Empfänger) und *Pragmatik* (Pragmatik bezieht sich auf das Verhalten der Teilnehmenden, d.h.

---

13 *Watzlawick* (1969), ³1972.

man untersucht, wie Sender oder Empfänger die Zeichen benutzen, welche Bedeutung sie ihnen geben). Ausgangspunkt ist die These, dass Kommunikation und Verhalten praktisch gleichbedeutend sind. Das wird in einem ersten Axiom so zum Ausdruck gebracht: »*Man kann nicht nicht kommunizieren*«.[14] Anders gesagt: Verhalten hat kein Gegenteil, man kann sich nicht nicht verhalten, jedes Verhalten teilt etwas mit, ob man will oder nicht.

- Wenn das Gegenüber im seelsorglichen Gespräch schweigt, teilt er/sie etwas mit. Allerdings ist die Interpretation dieses Verhaltens schwierig, weil sie prinzipiell mehrdeutig ist. D.h.: Verhalten ist immer vieldeutig und damit Ausgangspunkt für Kommunikationsstörungen. Deswegen ist es wichtig, mit eigenen Interpretationen zurückhaltend zu sein und das Gegenüber zu fragen, was ein bestimmtes Verhalten bedeuten könnte.
- Die psychosomatische Medizin geht davon aus, dass bestimmte Krankheitssymptome einen Kommunikationswert haben im Sinn von: »Ich brauche eine Zeit, in der ich Verantwortung abgeben und mich versorgen lassen kann«, »ich werde mit diesem Konflikt nicht fertig« etc.
- Nicht nur das unmittelbare Verhalten eines Menschen hat Kommunikationscharakter, sondern auch das mittelbare: Was für ein Haus jemand für sich baut, wie jemand die Wohnung einrichtet, welches Auto er fährt usw. Auch die Räumlichkeiten der Kirche, des Pfarrhauses teilen vieles mit: Ist eine Kirche eher ein heiliger Raum, auf Stille, Kontemplation, ehrfürchtiges Verhalten angelegt, oder eher multifunktional, auf Austausch und Begegnung abzielend? Ist das Dienstzimmer im Pfarrhaus, in dem ein Seelsorgegespräch stattfindet, warm und gemütlich, oder eher streng und kalt, oder unaufgeräumt-chaotisch?

Verhalten ist als Ganzes nie völlig bewusst, es fließen immer unbewusste Anteile ein. Da das Unbewusste aus psychoanalytischer Sicht zu einem großen Teil als triebmotiviert gelten kann, stellen solche unbewussten Anteile des eigenen Verhaltens die rationale Kontrolle und Entscheidungsfreiheit in Frage (ganz davon abgesehen, dass sie anderen Personen möglicherweise mehr über einen mitteilen, als einem selber lieb ist).

Diese Dynamik ist in folgender Abbildung wiedergegeben:

---

14 *Watzlawick* (1969), ³1972, 53.

	...weiß	...nicht weiß
...wissen	I Bereich meiner öffentlichen Aktivitäten (was ich z.b. zu sagen bereit bin)	II Bereich meiner blinden Flecke (z.b. meine belehrende Art, was man mir lange nicht sagte)
...nicht wissen	III Bereich des Vermeidens und Verbergens (meine Geheimnisse, Ideen, Gefühle und Reaktionsweisen, die ich noch nicht mitteilen mochte, d.h. meine soziale Fassade)	IV Bereich unbekannter Aktivität (Verhaltensweisen und Motive, von denen ich nie annehmen würde, daß ich sie habe)

Informationen über mich, die ich selber... (Spaltenüberschrift)
Informationen über mich, die andere... (Zeilenüberschrift)

Abb. 11: Das JOHARI-Fenster

Aus: *Delhees* 1993, 84.

Die Bereiche II, III und IV sollen möglichst verkleinert werden zugunsten der bewussten Wahrnehmung der Person und der möglichst angemessenen Verfügbarkeit über die eigenen Wünsche, Interessen und Ängste. Dazu ist feedback unabdingbar: In einer vertrauensvollen Beziehung ist es möglich, auf bestimmte Verhaltensweisen aufmerksam zu machen und damit zu einem erweiterten Verhaltensspielraum beizutragen. Selbstverantwortung und mündiges Verhalten werden gestärkt.

Das zweite Axiom von *Watzlawick* lautet: *»Jede Kommunikation hat einen Inhalts- und einen Beziehungsaspekt, derart, daß letzterer den ersteren bestimmt und daher eine Metakommunikation ist«.*[15]

Ein Beispiel: Frau X, ein Gemeindeglied, sucht den Pastor im Pfarrhaus unangemeldet zu einem Gespräch auf; der Pastor ist zeitlich in Druck wegen der Ansprache für eine Beerdigung, so fällt seine Begrüßung strenger aus, als ihm lieb ist. In beinahe barschem Ton sagt er »Kommen Sie herein«; Frau X. fühlt sich nicht wirklich eingeladen und weiß nun nicht recht, ob sie zu einem tiefergehenden Gespräch ansetzen soll oder nicht.
Die Beziehungsebene wird manchmal auch die Gefühlsebene genannt, um auszudrücken, dass jeder Inhalt mit einem bestimmten Gefühl vermittelt wird, welches wiederum die Beziehung bestimmt und prägt.

15 *Watzlawick* (1969), ³1972, 56.

10.1 Seelsorge als Kommunikation

Das zweite Axiom ist für alle Beziehungen, auch in der Kirche, von besonderer Bedeutung. Wir lernen in der Schule und im Theologiestudium, Texte zu interpretieren, ihren Inhalt zu analysieren und zu verstehen, die Bedeutung der Worte, der Sätze herauszuarbeiten. Daraus resultiert eine in mancher Hinsicht fatale Inhalts-Fixierung! Denn wir lernen in der Regel nicht, wie Inhalte durch die Beziehungen, in die sie eingebettet sind, eine neue und ganz überraschende Bedeutung bekommen können.

Bekannt ist die Karikatur, in der ein deprimierter Pastor mit ernster, trauriger Stimme Phil. 4,4 liest: »Freuet euch in dem Herrn alle Wege. Und abermals sage ich euch, freuet euch.«
Die Hörenden spüren sofort die Diskrepanz, sie spüren sie allerdings genau so, wenn er zu übertrieben fröhlich diesen Satz liest. Da wird dann erlebbar, dass er sich anstrengt, fröhlich zu erscheinen, und etwas anderes überspielt.
Lange, schwer verständliche Lesungen (z.B. Paulus-Texte) können bei den Hörenden das Gefühl erzeugen: »Ich verstehe nichts, ich bin nicht gemeint, geht es hier wirklich um mich? Ich kann doch auch wegbleiben, dann läuft alles trotzdem so weiter.« Der Inhalt des Textes wird durch diese Beziehungsdynamik völlig nebensächlich.

Im zweiten Teil seines Axioms nennt *Watzlawick* den Beziehungsaspekt eine Metakommunikation, also eine Kommunikation über die Kommunikation, eine Mitteilung darüber, wie der mitgeteilte Inhalt verstanden werden soll.

Jede/r kennt die Situation eines Gesprächs, in der A an B die Frage richtet: Wie hast du das gemeint? Das heißt: Der Sinn der einzelnen Worte ist klar, aber die Absicht des ganzen Satzes ist offenbar unklar und muss erst durch Rückfrage eruiert werden.

Wenn das der Fall ist, muss man über die Intentionen des Redens sprechen. *Watzlawick* sagt dazu: »Die Fähigkeit zur Metakommunikation ist ... eine conditio sine qua non aller erfolgreichen Kommunikation.«[16]

Die konstruktive Lösung eines Streits, eines Konflikt hängt häufig davon ab, ob es den Beteiligten gelingt, sich über ihre Kommunikation zu verständigen: »Ich habe es so gemeint ...«, »Ich habe es so verstanden ...«.

Exkurs zur Sprechakttheorie:[17]
Die Sprechakttheorie des englischen Sprachphilosophen *John L. Austin* geht davon aus, dass Sprechakte die kleinsten Einheiten sprachlicher Kommunikation darstellen. Eine Sprache zu sprechen heißt, Sprechakte auszuführen. Das klingt selbstverständlich, wird aber in dem Moment spannend, in dem deutlich wird, dass man unterschiedliche Sprechakte zu unterschiedlichen Zwecken benutzen kann.
Beispiel: Klaus sagt zu seiner Studienkollegin Claudia: Morgen komme ich zu dir. Was tut er, indem er diesen Satz ausspricht? Er macht vielleicht eine ganz neutrale Mitteilung. Oder er gibt ein Versprechen ab (morgen wirklich, nachdem ich es

---

16 *Watzlawick* (1969), ³1972, 56.
17 Vgl. *Burkart* 1998, 75ff.

schon ein paar Mal vergessen habe). Oder er droht ihr, im Sinn von: Morgen komme ich, und dann wirst du schon erleben, was passiert.
Austin unterscheidet ähnlich wie *Watzlawick* eine Ebene der Gegenstände (es geht um die mitzuteilenden Sachverhalte) von einer Ebene der Intersubjektivität: Hier muss Verständigung darüber erzielt werden, welche Art von Sprechakt gerade vollzogen wird: mitteilen, einladen, versprechen, warnen, drohen, werben etc.
Damit Kommunikation gelingt, muss aus der Sicht der Sprechakttheorie der vom Sprecher intendierte pragmatische Verwendungssinn seiner Aussage vom Empfänger angemessen wahrgenommen werden, sonst kommt es zu Missverständnissen.
Es gibt verschiedene Faktoren, die beeinflussen, ob dieser pragmatische Verwendungssinn angemessen aufgefasst werden kann:
- die nonverbale Dimension (da ähnelt *Austins* Ansatz dem von *Watzlawick*): In der Regel wird ein Sprechakt nicht ausdrücklich als ein solcher definiert, man muss seine Bedeutung aus der nonverbalen Dimension erschließen. Das ist manchmal eindeutig (in wütendem Tonfall »wenn du das noch einmal machst …«) und oft schwierig (jemand sagt mit freundlichem Gesicht und Tonfall: »Mach das nicht noch mal!« Droht er? Macht er Spaß?)
- Der Kontext, zu dem auch die Rolle oder die soziale Position des/der Sprechenden gehört: Es macht einen großen Unterschied, ob der genannte Satz von einer Studienkollegin, von einem Geliebten oder vom Vater gesprochen wird. Nur wenn der jeweilige Sprechakt identisch interpretiert wird, gelingt Kommunikation, andernfalls gibt es Missverständnisse. Dabei wird auch deutlich, dass Hörerin/Empfängerin ihrerseits jeden Sprechakt interpretiert und damit etwas heranträgt, was der Sender durchaus nicht gemeint haben mag.

Die Berücksichtigung der Sprechakte ist auch für Seelsorge und Verkündigung wichtig:
Eine alte Frau sagt beispielsweise zum Pfarrer: »Ich bin sehr vereinsamt«. Sie kann den Satz als Mitteilung einer Tatsache verstehen; sie kann ihn als Bitte gemeint haben: Hör mir zu, ich möchte dir mein Leid klagen. Sie kann ihn als Aufforderung benutzen: Leiste mir Gesellschaft oder organisiere für mich Gesellschaft etc.

Das dritte Axiom von Watzlawick lautet: »Die Natur einer Beziehung ist durch die Interpunktion der Kommunikationsabläufe seitens der Partner bedingt.«[18]

Ein Beispiel: Eine Frau sagt sinngemäß zu ihrem Mann: Du bist dauernd unzufrieden mit mir, du liebst mich nicht mehr, deswegen habe ich auch keine Lust mehr, mit dir ins Bett zu gehen.
Der Mann denkt seinerseits: Du gehst nicht mehr mit mir ins Bett, deswegen bin ich unzufrieden mit dir und liebe dich nicht mehr.
D.h. das zugrunde liegende Phänomen, die gegenseitige Entfremdung, ist unstrittig, aber die Art der Deutung und der Ursachenzuschreibung ist gegensätzlich. Für die Frau beginnt die Kommunikation bei 1 und 3, für den Mann bei 2 und 4.

Frau	1	3
Mann	2	4

---

18 *Watzlawick* u.a., 472, 61.

10.1 Seelsorge als Kommunikation

Die gesamte Kommunikation läuft nach diesem Muster gegenseitiger Schuldzuweisung ab, die wiederum auf einer unterschiedlichen Wahrnehmung und Interpretation der Situation beruht.
Eine Lösung gibt es nur, wenn die Partner in der Lage wären, über ihre gegensätzliche Interpunktion, über ihre widersprüchlichen Annahmen von Ursache und Wirkung in eine Metakommunikation einzutreten; leider sind viele dazu nicht in der Lage. Im Hintergrund steht die unausgesprochene Annahme, dass die eigene Wahrnehmung der Wirklichkeit die einzig mögliche und jede andere Interpretation dagegen entweder böswillig oder verrückt ist.

Man findet dies Phänomen in allen anderen Lebensbereichen auch: Die Jugendliche sagt: Weil die Eltern so zickig sind, komme ich so wenig wie möglich nach Hause. Die Eltern denken: Weil du so selten nach Hause kommst, sind wir unzufrieden mit dir.
Der Kalte Krieg lebte jahrzehntelang von diesem Muster: Weil die Russen nach der Weltherrschaft greifen, müssen wir Amerikaner eine starke Verteidigung haben. Umgekehrt: Weil die Imperialisten uns bedrohen, müssen wir aufrüsten.
In der Kirche gibt es das genauso: Die Menschen kommen nicht mehr zur Kirche, weil sie immer mehr säkularisiert sind und andere Sinnangebote suchen. Die Betroffenen wiederum sagen: Wir suchen andere, säkulare Angebote, weil die Kirche uns nicht mehr anspricht.

Solche gegenseitigen Schuldzuweisungen sind fruchtlos, schlimmer, sie sind in gewisser Weise tragisch, weil sie zu einer verzerrten Wahrnehmung der Realität führen und damit Änderungen direkt blockieren; man kommt nur heraus, wenn man das Problem zum Thema macht, also Metakommunikation betreibt. Dazu braucht es allerdings guten Willen und ein Minimum an Distanz zum Problem!

Das vierte Axiom lautet: »*Menschliche Kommunikation bedient sich digitaler und analoger Modalitäten. Digitale Kommunikationen haben eine komplexe und vielseitige logische Syntax, aber eine auf dem Gebiet der Beziehungen unzulängliche Semantik. Analoge Kommunikationen dagegen besitzen dieses semantische Potential, ermangeln aber die für eindeutige Kommunikationen erforderliche logische Syntax.*«[19]

Die Unterscheidung »digital« und »analog« kommt aus der Systemtheorie und aus der Elektronik: Ein digitaler Rechner arbeitet mit Zahlen, die willkürliche Festlegungen darstellen, während analoge Geräte mit physikalischen Größen operieren (z.B. Stärke und Spannung elektrischer Ströme), die in einer gewissen Analogie zu den vorgegebenen Daten stehen.
Das lässt sich auf die Kommunikation übertragen: Man kann eine Information durch eine Analogie (eine Geste, eine Zeichnung etc.) ver-

---

[19] *Watzlawick* u.a., 68.

mitteln oder durch ein Wort, einen Namen. Dieses Wort ist aber willkürlich gewählt. Dass ein bellendes, haariges, vierbeiniges Lebewesen in der deutschen Sprache mit der Buchstabenfolge H-U-N-D bezeichnet wird, ist willkürliche Übereinkunft.
Für den vorliegenden Zusammenhang ist wichtig, dass Informationen, Wissen, Lernstoff im engen Sinn nur digital zu vermitteln sind, die Beziehungsebene dagegen analog mitgeteilt wird durch Tonfall, Gestik und Mimik. Die analoge Kommunikation ist die ältere, archaischere Form der Kommunikation, wir haben sie von den Tieren übernommen, bei kleinen Kindern ist sie eine Zeit lang die vorherrschende Form: Ein Kind streckt die Arme nach der Mutter aus, oder wendet sich schreiend ab und teilt auf diese Weise mit, was es möchte oder nicht möchte.
Sobald es um Beziehungen geht, ist die analoge Kommunikation wichtiger als die digitale. Digitale Kommunikation ist gewissermaßen neutral, da kann man alles sagen, auch übertreiben und lügen – die Worte können sich nicht dagegen wehren. Analoge Kommunikation ist sehr sensibel im Blick auf authentisches bzw. unauthentisches, aufrichtiges oder unaufrichtiges Verhalten. Denn, wie gesagt, analoge Kommunikation lebt vom Blickkontakt, von der Mimik und der entsprechenden Gestik, und da haben Menschen in der Regel ein gutes Gespür für Echtheit und Ehrlichkeit.
Ein besonderes Problem ergibt sich daraus, dass wir dauernd analoge Kommunikation in digitale übersetzen müssen: Ist das Lächeln meines Gegenüber Ausdruck von Freundlichkeit oder Unsicherheit? Wendet sich der Kollege von mir ab, weil er mit mir nichts zu tun haben will, oder hat er nur den Kopf voll mit eigenen Sorgen? Ist der Verkäufer immer so freundlich, oder will er mich über den Tisch ziehen? usw. Bei diesen häufigen Übersetzungen gibt es viele Übersetzungsfehler und Missverständnisse, das liegt auf der Hand.

Das Thema der persönlichen Glaubwürdigkeit ist ein für den Bereich pastoralen Handelns besonders aktuelles Problem. Das Stichwort vom pastoralen Tonfall stellt in diesem Zusammenhang eine Problemanzeige dar. Da wird in der Predigt beispielsweise auf digitalem Weg eine Menge an biblischen oder theologischen oder zeitgeschichtlichen Informationen vermittelt. Aber wie steht es mit der analogen Kommunikation? Mit der Glaubwürdigkeit, mit der Echtheit des Pfarrers, der Pfarrerin? Wie lässt sie sich vermitteln?
Wenn man über den pastoralen Tonfall in eine Metakommunikation mit dem Prediger einträte, was würde er bedeuten?
– Ich will euch von etwas überzeugen, mit etwas beeindrucken, was mir selbst gar nicht so sicher ist? Ich übertöne meine eigenen Zweifel durch meine übertriebene Art zu reden?
– Ich will euch von mir, von meiner Person beeindrucken, was für ein großartiger Redner, was für ein begabter Theologe ich bin?
In einer vertrauensvollen Atmosphäre könnten die Betroffenen versuchen, durch gezielte Selbstreflexion sich Klarheit über ihre eigene, vielleicht bisher unbewusste Intention zu verschaffen; dann würde der pastorale Tonfall u.U. gegenstandslos.

10.1 Seelsorge als Kommunikation

Das fünfte Axiom lautet: »*Zwischenmenschliche Kommunikationsabläufe sind entweder symmetrisch oder komplementär, je nachdem, ob die Beziehung zwischen den Partnern auf Gleichheit oder Unterschiedlichkeit beruht.*«[20]

Symmetrische Beziehungen basieren darauf, dass man den anderen / die andere als prinzipiell gleichwertig (wenn auch als anders) akzeptiert und respektiert; komplementäre Interaktionen beruhen auf sich gegenseitig ergänzenden Unterschieden. Symmetrische Kommunikation ist nicht besser oder wertvoller als komplementäre, sie ist lediglich anders – und es entscheidet sich am Kontext, welche Form angemessen bzw. nicht angemessen ist.

Es gibt viele komplementäre Beziehungen, die »von Natur aus« oder auf Grund gesellschaftlicher Vereinbarungen so angelegt sind: Mutter – Kind, Lehrer – Schüler, Vorgesetzte – Untergebene, Arzt – Patient. Solche Beziehungen funktionieren, solange der komplementäre Charakter der Rollenverteilung eingehalten wird.

Viele Konflikte in der Zeit der Pubertät resultieren daraus, dass der/die Jugendliche nicht mehr die Rolle des abhängigen Kindes spielen, also aus der komplementären Rolle aussteigen will und mit den Eltern von gleich zu gleich, also symmetrisch kommunizieren will. Wenn die Eltern das nicht akzeptabel finden, kommt es zum Konflikt.
Oder: Der Patient muss eine gewisse Bereitschaft mitbringen, sich den Anordnungen des Arztes zu fügen; sonst kann das System nicht funktionieren.

Komplementäre Systeme können erstarren: Wenn die Eltern darauf bestehen, dass die Beziehungsstruktur zu ihrem Sohn so bleibt, wie sie in ihrer eigenen Jugend war, und nicht zur Kenntnis nehmen, dass sich die Rollen-Erwartungen geändert haben, ist das System erstarrt und wird dysfunktional.

Am Beispiel Ehe: Das klassische Eheverständnis ist ein komplementäres. Nach Gen 3 ist die Frau die Gehilfin des Mannes, nach Eph 5,22ff ist der Mann das Haupt, die Frau soll ihm untertan sein. Solange beide Ehepartner mit dieser Rollenverteilung einverstanden sind, funktioniert das System; will die Frau jedoch aus der komplementären Rolle aussteigen und eine symmetrische einnehmen, kommt es zum Konflikt.
Außerdem sieht man an diesem Beispiel, dass der Mann natürlich auch sein Rollenverständnis ändern muss: Solange er der komplementären Vorstellung verhaftet bleibt, gelingt die symmetrische Kommunikation nicht.

Komplementäre Systeme funktionieren manchmal ausgezeichnet: Man denke an das Sprichwort »Jeder berühmte Mann hat eine Frau im Hintergrund, die ihm den Rücken frei hält«. Sogar in pathologischer Form

---

20 *Watzlawick* u.a., 70.

funktionieren komplementäre Systeme sehr gut: So hat man bei Abhängigkeitskranken den Begriff des/der Co-Abhängigen geprägt, um damit zum Ausdruck zu bringen: Die Abhängigkeit des Mannes oder der Frau funktioniert nur, weil Familienmitglieder mitspielen, z.B. indem sie die Flaschen wegräumen oder die Gewalttätigkeit des Mannes kaschieren etc. In dem Moment, in dem die Familie aus dieser komplizenhaften, komplementären Rolle aussteigt, kann auch der Hauptbetroffene nicht mehr so weiterleben wie bisher.

In der Kirche gibt es im Blick auf dieses Axiom einen besonderen Konfliktpunkt: Ein Pfarrer ist als Vorsitzender des Presbyteriums Vorgesetzter für eine ganze Reihe von Gemeindemitarbeitern, eine Superintendentin ist Vorgesetzte für eine Anzahl von Pfarrern und Pfarrerinnen: Die Vorgesetzten-Rolle hat eindeutig eine komplementäre Struktur. Diese Struktur wird aber durchkreuzt von einer theologisch motivierten symmetrischen Struktur: Wir in der Kirche sind alle Brüder und Schwestern in Christus und deswegen alle gleich; deswegen gehen wir gleichberechtigt, freundlich und verständnisvoll miteinander um. Es gibt immer wieder Kollegen, die diese beiden Ebenen durcheinanderbringen und sich dann z.B. als Vorgesetzte um klare Anordnungen, Beurteilungen oder Stellungnahmen drücken; oder sie meinen, als Vorgesetzte gleichzeitig Seelsorger ihrer Untergebenen sein zu können. Dies ist ein Trugschluss mit manchmal recht unglücklichen Folgen! Man kann in der Regel nur davor warnen, Dienstvorgesetzte gleichzeitig als Seelsorger/Seelsorgerin in Anspruch zu nehmen!

10.1.2.2 Ein anderes Kommunikationsmodell stammt von *Friedemann Schulz von Thun*.[21] Sein Modell bezieht sich vor allem auf das zweite Axiom von *Watzlawick*, untersucht und differenziert den Zusammenhang von Inhalts- und Beziehungsebene. *Schulz von Thun* geht von der These aus, dass jede Nachricht vier Dimensionen oder Aspekte hat:

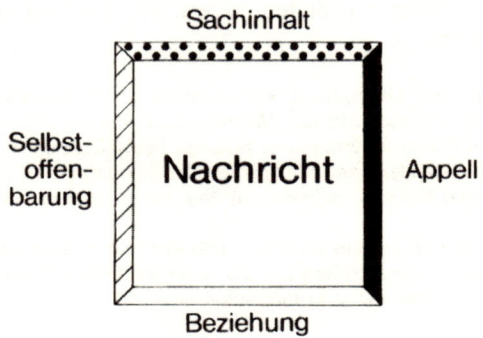

Die vier Seiten einer Nachricht. Aus: *Schulz von Thun* 1989, 14.

---

21 *Schulz von Thun* 1989.

10.1 Seelsorge als Kommunikation

Ein Beispiel aus einem seelsorglichen Besuch im Krankenhaus:
Eine 55jährige Frau sagt zum Pastor: »Mein Mann besucht mich so selten.«
Sie macht damit eine Sachaussage: So ist der Tatbestand.
Sie teilt etwas über sich selbst mit: »Ich fühle mich einsam«.
Sie sagt etwas über die Beziehung zu ihrem Mann: »Unsere Beziehung ist nicht gut«.
Sie äußert einen Appell: »Können Sie nicht vielleicht meinen Mann motivieren, dass er mich öfter besucht«?

In einem Gespräch eines Gemeindepastors mit einem Paar über deren Beziehungskrise beginnt die Frau zu weinen:
Eine spezifische Sachaussage entfällt.
Als Selbstmitteilung vermittelt die Frau: »Ich bin traurig«.
Auf der Beziehungsebene könnte die Nachricht heißen: »Du bist schuld, dass ich traurig bin, du hast es mal wieder so weit gebracht ...« In der Dreierkonstellation der Beratung hat die Beziehungsebene eine besondere Komplexität, sie könnte bedeuten, zum Pastor gewandt: »Sehen Sie mal, was mein Mann mit mir macht ...«.
Auf der Appellebene sagt sie: »Tröste mich«, oder auch: »Ändere dein Verhalten, damit ich nicht mehr traurig sein muss«. Und zum Pastor: »Tun Sie etwas, damit mein Mann sein Verhalten ändert«.
Der Appell kann in sich auch noch einmal gespalten sein: Das Weinen kann bedeuten: »Tröste mich« – und zugleich, »lass mich in Ruhe!« Der Adressat ist in der Zwickmühle, er muss entscheiden, auf welcher Ebene er antworten will, welchen Teil des Appells er ernst nimmt – und in der Regel ist es dann so, dass jede Entscheidung falsch ist; der Konflikt ist vorprogrammiert.

Dieses Modell macht deutlich, dass der Inhalt der Aussage viel weniger wichtig ist als das, was auf den drei anderen Ebenen implizit mitschwingt. Vor allem der Tonfall, aber auch begleitende Mimik und Gestik setzen Akzente, die deutlich in Spannung oder im direkten Widerspruch zur Informationsebene stehen.
Kommunikation wird noch einmal komplizierter dadurch, das auch der Empfänger / die Empfängerin die Nachricht gewissermaßen mit verschiedenen Ohren hört:

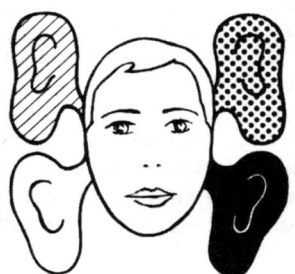

»Der vierohrige Empfänger«. Aus: *Schulz von Thun* 1989, 45.

Auf dem Sachohr zu hören, ist angemessen, wenn vom Sender auch die Sachinformation im Vordergrund steht; oft wird das Sachohr allerdings zur Abwehr von Gefühlen oder von Beziehungsklärung benutzt:

Die Pastorin zum Ratsuchenden: »Ich habe den Eindruck, dass Sie unter großem beruflichen Druck stehen«.
Der Mann: »Na ja, vielleicht müssten wir erst einmal klären, was Sie darunter verstehen«.

Manche Menschen sind besonders sensibel auf dem Beziehungsohr und hören in einer Nachricht vor allem diese Ebene heraus:

Der Gemeindepastor zur ehrenamtlichen Mitarbeiterin: »Vielleicht brauchen Sie mal eine Ruhepause«. Sie hört: »Er findet meine Arbeit nicht gut und will mich loswerden«.
Die jüngere Pfarrerin zum älteren Kollegen desselben Gemeindebezirks: »Unser Gottesdienstbesuch lässt langsam aber sicher nach«. Der ältere Pfarrer hört: »Ich bin ihr nicht mehr kreativ genug in meiner Arbeit«.

Andererseits: Auf dem Beziehungsohr zu reagieren, wenn dies auch intendiert ist, ist natürlich angemessen und richtig.

Das Selbstmitteilungsohr meint eine Sensibilität für das, was jemand mit einer Nachricht über sich selbst aussagt. Dafür offen zu sein kann wichtig sein, aber natürlich auch missbraucht werden.

Wenn der Chef im Büro besonders reizbar erscheint, kann es sinnvoll sein, dass die Sekretärin über das Selbstmitteilungsohr denkt: »Na, der hat wohl gerade Schwierigkeiten zu Hause« – statt sich Vorwürfe zu machen: »Ich mache meine Arbeit nicht gut genug«.

Gleichzeitig kann man sich auf diese Weise gegen jede Rückmeldung immunisieren; das ist vor allem beim Psychologisieren der Fall.

Der Lehrpfarrer sagt zur Vikarin nach ihrer ersten Predigt: »Ich fand Ihre Predigt zu anspruchsvoll, damit haben Sie über die Köpfe der Gemeinde weg gepredigt«. Die Vikarin kann das so hören: »Der hat etwas gegen Frauen, deswegen lässt er mich auf keinen grünen Zweig kommen.« Jede möglicherweise berechtigte Kritik ist damit abgewehrt.

In der Seelsorge/Beratung kann es wichtig sein, den Selbstmitteilungsaspekt herauszuhören, also zu verstehen, was jemand mit einer scheinbaren Sachaussage über sich selbst sagt, und dadurch dazu beizutragen, mehr über sich nachzudenken, die Selbstexploration zu vertiefen:

Frau H.: »Mein Mann kommt immer sehr spät nach Hause ...«
Seelsorger: »Und Sie sind unzufrieden damit, weil dann zu wenig Zeit für ihre Gemeinsamkeit bleibt?«

10.1 Seelsorge als Kommunikation

Herr G.: »Mein Sohn ist schlecht in der Schule, er wird wahrscheinlich sitzen bleiben ...«
Seelsorgerin: »Machen Sie sich Sorgen um seine Zukunft«?

Das Appell-Ohr meint die Bereitschaft des Empfängers, in den Aussagen des/der anderen einen Appell an sich selbst zu hören und darauf zu reagieren:

Die Pfarrerin sagt in der Dienstbesprechung: »Diese Woche ist viel los, ich habe zwei Beerdigungen und mehrere Geburtstagsbesuche ...« Die Vikarin spontan: »Soll ich Ihnen etwas abnehmen«?
Der Pfarrer zum Jugenddiakon: »Wir haben am Sonntag noch niemanden, der den Kindergottesdienst macht«. Der Jugenddiakon reagiert wie angestochen: »Ich mach das nicht schon wieder, ich bin nicht immer der Dumme, der hier die Lücken füllt.«

Man sieht aus den Beispielen, dass Missverständnisse viel damit zu tun haben, wie jemand in seiner Ursprungsfamilie Kommunikation gelernt hat: Es gibt Familien, in denen wird in der Regel klar und relativ eindeutig kommuniziert, Beziehungsfragen werden als solche angesprochen, Appelle direkt geäußert etc. In anderen Familien gibt es gehäuft versteckte Beziehungsbotschaften: »Wenn du mich liebtest, hättest du schon lange meinen Wunsch erraten ...« und geheime Appelle: »Du hättest doch spüren müssen, dass ich deine Hilfe brauchte ...«
Gerade ein schwach ausgeprägtes Selbstbewusstsein neigt dazu, abwertende Beziehungsbotschaften zu hören, wo sie nicht intendiert waren, oder Appelle zu hören, um ein besseres Gefühl über sich selbst zu bekommen.
Wie kann man sich überkreuzende Kommunikationssituationen lösen und klären? Die Fähigkeit und Bereitschaft zur Metakommunikation (s.o.) ist auch hier von Bedeutung: Das »Spiel« unterbrechen, auf Abstand gehen, rekonstruieren, was passiert ist. Das ist natürlich nicht leicht, gerade in einem emotional geladenen Schlagabtausch. Für gelingende Kommunikation ist es unentbehrlich, vor allem für die, die beruflich (in der Seelsorge) mit Kommunikation zu tun haben.

10.1.3 Nonverbale Kommunikation[22]

Die nonverbale Dimension hat ein solches Gewicht für jede Kommunikation, dass sie gesondert thematisiert werden muss.
Bestandteile nonverbaler Kommunikation sind:
- *Mimik* (visuelle Dimension): Vor allem der *Blick* ist hier zentral: Schaut jemand hin oder weg? Lächelt er, oder schaut er ernst? Angespannt oder entspannt?; Erscheinen die *Augenbrauen* locker oder hochgezogen? Ist die *Stirn* entspannt oder gerunzelt? Der *Mund* ge-

---

22 Vgl. zum Folgenden *Legewie/Ehlers* 1999, 166ff; *Naurath* 2000, 172ff; *Scherer/Wallbott* 1979; *Delhees* 1994.

öffnet oder geschlossen, entspannt oder zusammengekniffen? Die *Nase* entspannt oder gerümpft? Der *Kopf* als ganzer ruhig oder dauernd in Bewegung? Schräg oder gerade gehalten?
- *Gestik* bezieht sich auf das Körperverhalten, vor allem auf die Haltung der Arme, der Hände und des Kopfes.
- *Kinesik* betrachtet die Körperbewegungen, das Bewegungsverhalten insgesamt und einzelner Gliedmaßen wie der Arme und Beine: Ist die Bewegung ruhig fließend, oder hektisch, eckig, ruckhaft?
- *Proxemik* analysiert die Position der Personen im Raum: Wieviel Nähe oder Distanz stellen sie zueinander her?
- Die nonverale Dimension der *Sprache* (auditive Dimension) bezieht sich auf den *Tonfall* (hell – dunkel, hoch – tief, locker – gespannt), auf die *Sprechgeschwindigkeit* (langsam, schnell, hektisch); auf die *Lautstärke:* laut – leise, der Situation angemessen – nicht angemessen.
- *Äußere Aspekte* wie Körperbau (groß, klein, dick, dünn), Haare, Kleidung, Schmuck etc. haben eine ausgeprägt nonverbal-kommunikative Funktion; gerade bei Erstbegegnungen ist ihre Auswirkung kaum zu überschätzen.
- Die *olfaktorische Dimension* bezieht sich auf den Geruch, den ein Mensch ausstrahlt. Ein ganzer Industriezweig konzentriert sich darauf, diese Dimension möglichst anziehend zu gestalten.
- In der *taktilen Dimension* geht es um die Qualität der Berührung, etwa beim Hände-Schütteln in der Begrüßung.
- Die *gustatorische Dimension*, also der Geschmack einer anderen Person, spielt in intimen Beziehungen eine Rolle.

Einige Aspekte der Funktion nonverbaler Kommunikation sind besonders herauszuheben:
1. Es handelt sich bei der nonverbalen Kommunikation um ein komplexes Ensemble verschiedenster Faktoren, die mehr oder weniger ganzheitlich und vorbewusst wahrgenommen werden. Kulturelle Verschiedenheiten (z.B. Nähe – Distanz, Lautstärke etc.) spielen in diesem Bereich eine besondere Rolle und führen, wenn sie als solche nicht erkannt werden, zu Missverständnissen.
2. Die nonverbale Dimension vermittelt in Sekundenschnelle einen ersten Eindruck, der für den Fortgang der Begegnung entscheidend sein kann. Der erste Eindruck hält sich oft lange und ist an der Bildung von Vorurteilen beteiligt. In professioneller Beziehungsarbeit ist eine Überprüfung des ersten Eindrucks besonders wichtig.
3. Die nonverbale Dimension läuft kontinuierlich in jeder Kommunikation mit und hat in der Regel den gewichtigeren Anteil, bestimmt also in hohem Maß Fortgang und Qualität einer Begegnung (s.o. das zweite Kommunikationsaxiom von *Watzlawick*). Als grobe Faustregel gilt: Während 1/3 der Kommunikation auf verbaler Ebene abläuft, geschieht 2/3 auf nonverbaler Ebene! Körperliche Signa-

le werden in der Regel zur Verstärkung und Unterstützung der verbalen Kommunikation eingesetzt. Verbale Kommunikation ohne entsprechende nonverbale Begleitung ist weit weniger effektiv. (Das ist ein entscheidendes Argument für freies Reden etwa in der Predigt!) Auch die Strukturierung eines Dialogs (Reihenfolge des Sprechens etc.) wird vorwiegend nonverbal reguliert.
4. Nonverbale Kommunikation hat keine klaren Regeln und Strukturmerkmale, ist deswegen häufig uneindeutig und bedarf der Interpretation.
5. Nonverbale Kommunikation lässt sich nur begrenzt steuern und kontrollieren: Unsicherheit, Anspannung, Aufgeregtheit, Wut, Trauer, alle Begleiterscheinungen starker Emotionen sind z.T. autonome Reaktionen, die sich kaum verbergen lassen.
6. Verbale und nonverbale Signale in der Kommunikation geraten häufig in Spannung oder Widerspruch zueinander. (Jemand äußert einen freundlichen Inhalt, macht dabei ein grimmiges Gesicht und wirkt angespannt.) Der Empfänger der Mitteilung gerät in eine Zwickmühle. In der Regel folgt das Gegenüber den nonverbalen Signalen.

Dass Gefühlsebene/Körperebene/Körpersprache vor der Wortsprache Priorität haben, hängt mit ihrer entwicklungsgeschichtlichen Stellung zusammen. Phylo- und ontogenetisch bildet der Körperausdruck den Beginn jeder Kommunikation. Die lebenswichtige Kommunikation der ersten Lebensmonate läuft ausschließlich auf dieser Ebene ab. Während Wortsprache vorwiegend bewusst gebraucht wird, vollzieht sich Körperausdruck in hohem Maß unbewusst und unkontrolliert. Schamgefühle machen sich deswegen besonders leicht an körperlichem Ausdruck fest.

Im Blick auf Seelsorge im Krankenhaus hat *Elisabeth Naurath* die Bedeutung der nonverbalen Dimension herausgearbeitet; diese Einsichten sind auf andere Kontexte übertragbar:[23] Sie unterscheidet im Blick auf die nonverbale Kommunikation im Gespräch vier Phasen:
1. Das Gespräch beginnt mit einer *Zutritts-, Begrüßungs- und Etablierungsphase*. Die seelsorgliche Situation im Krankenhaus ist eine ungleichgewichtige Situation: Eine gesunde Person in Alltags- oder Berufskleidung tritt in ein Zimmer, in dem eine kranke Person im Bett liegt, in Bettkleidung, vielleicht mit Schmerzen, eingeschränkt in ihren Ausdrucksmöglichkeiten. Der erste Eindruck, der durch Mimik und Blickverhalten entsteht, ist oft entscheidend. Sympathie oder Antipathie, Offenheit oder Desinteresse lassen sich sofort an Gesichtsausdruck, Augenbewegung und Kopfhaltung ablesen. Der Blick des Seelsorgers / der Seelsorgerin ist besonders wichtig: Ist er freundlich-einladend oder eher zudringlich? Persönlich-zugewandt oder eher routiniert? Wie reagiert das Gegenüber: Erwidert er/sie

---

23 *Naurath* 2000, 180ff.

den Blick? Offen, freundlich oder eher abweisend, distanziert? Schaut er/sie weg? Dem ersten Blickkontakt folgt in Deutschland (anders als etwa in den USA) in der Regel ein Handkontakt; man bekräftigt, dass man miteinander in Kontakt treten will. Streckt die andere Person die Hand aus? Kann sie es evtl. nicht? Wie fühlt sich der Händedruck an? Lasch oder fest? Ist die Hand feucht oder trocken? Ist der Händedruck flüchtig oder langanhaltend? Die ersten nonverbalen Signale bestimmen in hohem Maß, wie das weitere Gespräch verläuft.

2. *Gesprächsphase:* Hier spielt zunächst die Stimme, Stimmlage, Sprechgeschwindigkeit eine wichtige Rolle. Gerade bei kranken Menschen sind sie Anzeichen für deren Befindlichkeit. Dann ist im Gespräch auf Widersprüche zwischen verbaler und nichtverbaler Kommunikation zu achten, auf sogenannte »widersprüchliche Diskordanz«:[24] Ein Patient sagt beispielsweise mit traurigem Gesicht, dass es ihm gut geht. Es ist wichtig, solche Diskordanzen wahrzunehmen und sie u.U., wenn die Beziehung tragfähig genug erscheint, anzusprechen. Das gilt auch für bestimmte Körperhaltungen oder wiederkehrende Bewegungen. Wenn man solche Beobachtungen nicht-wertend anspricht, kann es zu einer Vertiefung und Intensivierung des Kontakts kommen.

Der Blickkontakt hat beim Gespräch eine steuernde Funktion: »interessiertes Zuhören äußert sich in intermittierendem Blickkontakt, das heißt, der Zuhörer hält mit seinem Blick den Sprecher für kurze Zeit fest, schweift ab und kehrt wieder zum Sprecher zurück ...«[25] Wenn der Blickkontakt abreißt, hat das meistens störende Folgen. Der Blick aus dem Fenster oder auf die Uhr signalisieren, dass der/die andere nicht mehr aufmerksam dabei ist, gelangweilt ist, ermüdet, vielleicht auf einen anderen Besuch wartet. Die Interpretation solcher Signale ist nur aus dem Kontext heraus möglich.

3. Wenn das Gespräch eine *Ritualphase* – Gebet, Segen, Abendmahl – enthält, wird sie auch körpersprachlich eingeleitet: Abbruch des Blickkontakts, Schließen der Augen und Senken des Kopfes, Falten oder Ineinanderlegen der Hände signalisieren das Ende des zwischenmenschlichen Kontakts und den Übergang zur Kommunikation mit Gott / mit dem Heiligen. Ritualisierte Körpersprache ist sozial stereotypisiert und entindividualisiert.

4. *Aufbruchs- und Verabschiedungsphase:* Die erste und vierte Phase bilden den Rahmen der Kommunikation, in beiden spielt die nonverbale Dimension eine besondere Rolle. Die Art der Verabschiedung spiegelt die Qualität des vorangegangenen Kontakts: Ein ver-

---

24 *Naurath* 2000, 183.
25 *Naurath* 2000, 185.

längerter Händedruck gibt erfahrener Nähe und gegenseitigem Verstehen Ausdruck. Eine flüchtige Verabschiedung spiegelt die Flüchtigkeit des vorangegangenen Gesprächs. Ein Segenswort oder der Wunsch »Gott behüte Sie« wird in der Regel auch noch mit einem intensiven Handkontakt unterstrichen.

Die Bedeutung des Raumes für die seelsorgliche Kommunikation als eine weitere nonverbale Dimension ist gesondert zu reflektieren: Das Krankenhaus wird von vielen Patienten als »Nicht-Ort« erlebt.[26] Ein Nicht-Ort ist gekennzeichnet durch seine kalte, passagere, vorläufige und flüchtige Qualität. Nicht-Ort: Das ist Durchreise, Provisorium, Austauschbarkeit, Anonymität. Jedes Zimmer, jeder Flur im Krankenhaus ist dem anderen gleich, an der Einrichtung und Gestaltung lassen sich keine individuellen Erinnerungen festmachen; das Personal wechselt ständig, es stellen sich keine dauerhaften und tragfähigen Beziehungen ein. Ein Patient hat im Krankenhaus keine Privatsphäre, jederzeit kann jemand hereinkommen. Der Patient liegt in der Regel, Hereinkommende stehen zunächst; dadurch wird eine auch räumlich asymmetrische Beziehung geschaffen. Von daher ist es wichtig darauf zu achten, welche Zeichen ein Patient gibt, z.B. die Aufforderung, einen Stuhl zu nehmen oder nicht. Auch die Beobachtung von Nähe und Distanz ist wichtig: Wie nah kommt die Seelsorgerin dem Patienten? Ca. 50 cm Distanz gelten als Grenze für eine angemessene soziale Distanz. Die angemessene Nähe oder Distanz herzustellen, ist vorwiegend die Aufgabe des Seelsorgers / der Seelsorgerin. Der Patient kann sich nicht zurückziehen, kann die Distanz nicht seinerseits regulieren, ist der Situation mehr oder weniger ausgeliefert!.

Die Vielfalt der genannten Faktoren verdeutlicht, wie wichtig eine Sensibilität für die nonverbale Dimension der Kommunikation in der Seelsorge ist. Die Einübung von Selbst- und Fremdwahrnehmung ist deswegen Bestandteil jeder Seelsorgeausbildung (⇒ Kap. 16 Pastoralpsychologische Fort- und Weiterbildung).

10.2 Die Bedeutung verschiedener Psychotherapieverfahren für die Seelsorge

Seelsorge muss um der Menschen willen, mit denen sie zu tun hat, methodisch kompetent ausgeübt werden. Die Kirche kann es sich nicht leisten, professionell Seelsorge anzubieten, ohne diejenigen, die diese Tätigkeit ausüben, angemessen zu qualifizieren. Dieses Interesse steht auch im Hintergrund der Seelsorge-Definition von *Dietrich Stollberg* »Seelsorge ist Psychotherapie im kirchlichen Kontext.«[27]

---

26 *Auge* 1992; vgl. auch *Grözinger* 1995, 389–400.
27 *Stollberg* 1978, 29.

Mit dieser Definition wird Seelsorge eingereiht in die zwischenmenschlichen Hilfsmöglichkeiten »mit seelischen Mitteln«;[28] da Seelsorge wesentlich durch Gespräch geschieht, gehört sie, im Unterschied zu somatischen und sachbezogenen Hilfeverfahren, in die Reihe der *Psycho*therapien. Diese von *Stollberg* als generelles Proprium bezeichnete Seite der Seelsorge ist methodisierbar, lehrbar und lernbar und muss entsprechend fachlich qualifiziert verantwortet werden.

Die spezifische Differenz zwischen Seelsorge und anderer Psychotherapie besteht in deren »Glaubens-Vor-Urteil«[29] (spezifisches Proprium). In methodischer Hinsicht begründet Seelsorge kein eigenes Verfahren, in der Art ihrer Wirklichkeitsdeutung ist sie jedoch von anderen Psychotherapien zu unterscheiden: Sie versteht sich als Lebensdimension der Kirche, sie geschieht im Glauben an einen seelsorglich zugewandten Gott, sie geschieht im Glauben daran, dass Menschen ihr Leben in der Rechtfertigung zugesprochen bekommen und es nicht durch eigene Leistung und Tüchtigkeit verdienen müssen. Diese inhaltliche Ausrichtung, ihr »Interesse des Glaubens« ist mit dem Begriff des kirchlichen Kontextes bezeichnet.

Seelsorge hat sich in den 1970er und 80er Jahren dem Paradigma der Psychotherapie angeschlossen (⇒ Kap. 4). Die Zuordnung von Seelsorge und Psychotherapie allerdings ist immer wieder strittig, Modelle der Ablehnung, der Auslieferung sowie des Dialogs sind zu beobachten (⇒ Kap 1.4).[30] Innerhalb der Pastoralpsychologie hat sich das Dialog-Modell durchgesetzt; *Sabine Bobert-Stützel* hat es, unter Bezugnahme auf *Klaus Winkler* und *Heribert Wahl*, präzisiert als »Dialogmodell einer ›spannungsreichen Interaktion zweier Anderer‹.«[31]
Das therapeutische Paradigma wird inzwischen in seiner Bedeutung für die Seelsorge relativiert und in Frage gestellt. Seelsorge hat jedoch keine eigenständige Methodik;[32] sie ist darauf angewiesen, fremde Theoriemodelle aus Psychotherapie und Beratung zu gebrauchen, die einen reflektierten Umgang mit der Psychodynamik bzw. Beziehungsdynamik von Menschen ermöglichen. Auch das Einbeziehen religiöser Thematik, das die Seelsorge von der Psychotherapie unterscheidet, entbindet nicht von der Notwendigkeit, sie methodisch zu verantworten.

»Psychotherapie ist ein bewusster und geplanter interaktioneller Prozeß zur Beeinflussung von Verhaltensstörungen und Leidenszuständen, die in einem Konsensus (möglichst zwischen Patient, Therapeut und Bezugsgruppe) für behandlungsbedürftig gehalten werden, mit psychologischen Mitteln (durch Kommunikation) meist verbal aber auch nonverbal, in Richtung auf ein definiertes, nach Möglich-

---

28 *Stollberg* 1978, 23.
29 *Stollberg* 1972, 33.
30 Eine differenzierte Geschichte der Zuordnung von Seelsorge und Psychotherapie ist zu finden bei *Plieth* 1994.
31 *Bobert-Stützel* 2000, 107ff.
32 Metaphern wie »Alltagsseelsorge« (*Hauschildt* 1996) oder »Gespräch als Seelsorge« (*Nicol* 1990) geben für methodische Hinweise wenig Anregungen.

10.2 Die Bedeutung verschiedener Psychotherapieverfahren ...

keit gemeinsam erarbeitetes Ziel (Symptomminimalisierung und/oder Strukturveränderung der Persönlichkeit) mittels lehrbarer Techniken auf der Basis einer Theorie des normalen und pathologischen Verhaltens. In der Regel ist dazu eine tragfähige emotionale Bindung notwendig.«[33]

Im Unterschied zur Psychotherapie beschränkt sich psychotherapeutisch orientierte *Beratung* in der Regel auf wenige Gespräche und fokussiert deutlicher auf ein abgegrenztes Thema.

Während psychoanalytisch ausgerichtete Therapie intensiv die Biographie der Person durcharbeitet und mit den methodischen Mitteln der Übertragung und der Regression arbeitet, begrenzt sich Beratung stärker auf die gegenwärtige Problemsituation und bezieht sich auf das wahrnehmende und steuernde Ich des/der Betroffenen.

Psychotherapie wie Beratung gehen von der Annahme aus, »dass seelische Erkrankungen Arbeits- und Leistungsstörungen, neurotische und psychosomatische Symptome Beziehungsstörungen anzeigen und ausdrücken. Jedes Verhaltensproblem ist ein Beziehungsproblem.«[34] Entsprechend ist die Arbeit mit der Beziehungsebene und auf der Beziehungsebene zwischen Beraterin und Klient von zentraler Bedeutung.

Besonderheiten der Seelsorge gegenüber Psychotherapie und Beratung sind – stichwortartig – an Inhalten, Methoden, Zielsetzungen sowie am setting festzumachen:
- Die Grundlage der Seelsorge besteht in einem religiös motivierten Auftrag; er bildet den Rahmen, innerhalb dessen Seelsorge stattfindet, auch wenn er nicht explizit zur Sprache kommt.
- Die Person des Seelsorgers / der Seelsorgerin ist eine Symbolfigur, die den Horizont der Transzendenz oder des Heiligen in die Gesprächssituation hineinträgt.
- In der Regel verfügen Seelsorger und Seelsorgerinnen nicht über eine theoretisch und methodisch fundierte psychotherapeutische Ausbildung.
- Ziele der Seelsorge sind Trost und Stabilisierung einerseits sowie Veränderung und Befreiung in einem relativ allgemeinen Sinn andererseits; beide Ziele erwachsen aus der Art der Lebensdeutung und der Qualität der Lebensbegleitung, wie sie vom christlichen Glauben motiviert sind. Selten geht es Seelsorge um eine gezielte Symptomveränderung.
- Seelsorge ist im Vergleich zu Beratung und Psychotherapie ein niedrigschwelliges unstrukturiertes Angebot, das man unkompliziert in Anspruch nehmen und jederzeit auch wieder aufgeben kann.
- Seelsorge ist vorwiegend durch eine Geh-Struktur – im Unterschied zur im Gesundheitswesen vorherrschenden Komm-Struktur – gekennzeichnet: Seelsorger/Seelsorgerin gehen zu den Menschen hin (Besuche bei Kranken, aus Anlass von Geburtstagen oder Kasualien, im Zusammenhang mit Konfirmationsunterricht u.ä.) und do-

---

33 Zitiert bei *Rauchfleisch* 2001, 42.
34 *Lüders* 1974, 22.

kumentieren auf diese Weise etwas vom religiösen Auftrag der Seelsorge. Diese Struktur schließt natürlich nicht aus, dass Ratsuchende auch ihrerseits zu seelsorglichen Gesprächen ins Pfarrhaus kommen oder eine kirchliche Beratungsstelle aufsuchen.
- Seelsorge bezieht sich nicht nur auf Leidenszustände, sondern bietet Lebensbegleitung z.B. im Zusammenhang von Lebensübergängen (Geburtstage, Kasualien etc.) an.
- Seelsorge findet häufig in einem unklaren Setting statt, beispielsweise nach einem Gottesdienstbesuch, im Zusammenhang mit einer Geburtstagsgratulation etc.; das impliziert, dass es in den allermeisten Fällen keinen expliziten Kontrakt gibt, keine Verabredung über Ziele, keinen festen Zeitrahmen etc. Dieser unklare Rahmen ist Chance und Schwierigkeit zugleich.
- Seelsorge ist Bestandteil vielfältiger Hilfsmöglichkeiten der Kirche: diakonisch-materielle Hilfe, Angebot von Gruppengesprächen, Nachbarschaftshilfe, Netzwerke.
- Angesichts dieser Breite des Auftrags ist Seelsorge methodisch nicht festgelegt; sie muss, je nach Situation, methodisch eklektisch arbeiten.

Das in den USA und auch in Deutschland weit verbreitete Buch von *Howard Clinebell*, Basic Types of Pastoral Counseling[35] hatte die Zielsetzung, für die unterschiedlichen Seelsorge-Situationen nicht nur eine einzige Methode, sondern eine ganze Reihe unterschiedlicher Zugänge vorzustellen. Seither ist deutlich, dass sich die unterschiedlichen Zugänge nicht wechselseitig ausschließen, sondern eine Erweiterung und Bereicherung der pastoralen Kompetenz darstellen.

Jürgen Ziemer hat einige Kriterien formuliert, die bei der Rezeption therapeutischer Erkenntnisse für die Seelsorge zu berücksichtigen sind:[36]
- *Solidität*: Eine für die Seelsorge relevante Therapieform sollte im Kontext von Psychologie/Psychotherapie akzeptiert sein, ihre Effektivität durch Wirksamkeitsforschung nachgewiesen haben und über kohärente wissenschaftlich-theoretische Grundannahmen verfügen.
- *Menschenbild*: Die den verschiedenen Therapieformen zugrunde liegenden Menschenbilder sind z.T. sehr unterschiedlich. Seelsorge muss auswählen und aus der Sicht theologischer Anthropologie bestimmte Einsichten kritisch ins Gespräch bringen: Der Mensch gilt ihr als Geschöpf und als Schaffender, als »schlechthinnig abhängig« (*Schleiermacher*) und relativ autonom, als »Sünder und Gerechter zugleich« etc. Die Gefahr aller Menschenbilder besteht darin, dass sie beanspruchen, den Menschen in seiner Komplexität ganz und umfassend beschreiben zu können. Demgegenüber besteht die christliche Tradition mit den Worten von *Gabriel Marcel*

---

35 *Clinebell* 1984.
36 *Ziemer* 2000, 133ff.

darauf: »Wir haben die Doppeldeutigkeit anzuerkennen, die allem, was wir als an sich gleichbleibende Subjekte sind, dennoch anhaftet ... Ja und Nein, das ist die einzige Antwort dort, wo es um uns selbst geht. Wir glauben und wir glauben nicht, wir lieben und wir lieben nicht, wir sind und wir sind nicht; aber wenn das so ist, dann heißt das, dass wir auf dem Weg zu einem Ziel sind, das wir zugleich sehen und nicht sehen.«[37]

- Eine *Offenheit für religiöse Dimensionen* des Lebens und die Bereitschaft, sich mit entsprechenden Lebensdeutungen auseinander zu setzen, sollte gegeben sein.
- *Wünschenswert* ist, dass Seelsorge ein therapeutisches Konzept und seine Methodik nicht total übernehmen muss, sondern – unter der Voraussetzung entsprechender personeller Kompetenz – einzelne Elemente verwenden und einsetzen kann. Die Gefahr einer unkritischen und konzeptionell kaum verantwortbaren Verwendung verschiedenster Elemente sollte dabei nicht vergessen werden.

Aus der Übernahme einiger zentraler therapeutischer Paradigmata (⇒ Kap. 4) sind unterschiedliche Formen von Seelsorge entstanden; sie sollen im Folgenden kurz in ihrer Entwicklungsgeschichte dargestellt werden.

10.2.1 Psychoanalytisch orientierte Seelsorge

Das Konzept einer Seelsorge, die sich an den Grundannahmen der Psychoanalyse (Arbeit mit der Leitdifferenz »bewusst – unbewusst«, mit Übertragung, Gegenübertragung, Widerstand, Deutung) orientiert, hat zuerst *Oskar Pfister* entwickelt mit seinem Buch »Analytische Seelsorge« von 1927; seine Rezeption der Psychoanalyse war eklektisch, ihr ist aus einer Reihe von Gründen keine nennenswerte Wirkungsgeschichte beschieden gewesen (⇒ Kap. 3).
Den erneuten Versuch, Seelsorge methodisch von der Psychoanalyse her zu entwickeln, hat erst wieder 1972 *Joachim Scharfenberg* unternommen mit seinem Buch »Seelsorge als Gespräch«.[38]
In Abgrenzung von der seiner Meinung nach autoritären Gesprächsführung der kerygmatischen Seelsorge *Thurneysens* bestimmt *Scharfenberg* das Ziel der Seelsorge als Ermöglichung von Freiheit.

»Nehmen wir jedoch die Sprachstruktur des Gesprächs selber ernst ... so könnte sich vielleicht herausstellen, dass in dieser ... besonderen Struktur des Gesprächs das verborgen liegen könnte, was als das spezifisch Seelsorgerliche bezeichnet werden kann, weil das Gespräch befreien kann und zugleich diese Freiheit einzuüben vermag.«[39]

---

37 Zitiert bei *Piper* 1998, 83.
38 *Scharfenberg* 1972.
39 *Scharfenberg* 1972, 10.

Die dialogische Struktur des Gesprächs ermöglicht Freiheit: Der/die Ratsuchende macht sich in Begleitung des Seelsorgers / der Seelsorgerin auf den Weg, die eigene Wahrheit herauszufinden, wird dabei nicht vom Seelsorger gegängelt oder bevormundet. Seelsorge, die dem anderen Menschen eine solche Freiheit eröffnet und zutraut, kann sich an Lehre und Leben Jesu von Nazareth orientieren; schon bei ihm ist dieses Ziel der Befreiung des Menschen abgebildet.

Scharfenberg hatte bereits in seiner Dissertation über *Johann Christoph Blumhardt* und dessen Seelsorge mit der Gottliebin Dittus die Bedeutung der Sprache für die Heilung des Menschen wiederentdeckt und in dieser Seelsorgesituation Parallelen zur später entwickelten Psychoanalyse gefunden.

Blumhardt, so *Scharfenbergs* Interpretation, verlässt in der seelsorglichen Begleitung der von Wahnvorstellungen und Krämpfen heimgesuchten jungen Frau die damals übliche autoritäre Struktur des Seelsorgegesprächs, gibt Manipulations- und Suggestionsversuche auf und lässt sich auf einen Dialog mit der Frau ein. »Hier nun entschließt sich *Blumhardt* nach reiflicher Überlegung zu dem für die damaligen Seelsorgepraktiken ungewöhnlichen Schritt, ›in ein maßvollst gehaltenes Gespräch‹ einzutreten. Damit verändert sich die Situation aber entscheidend, weil all das, was die Gottliebin quält und umtreibt, seinen sprachlichen Ausdruck zu finden vermag und von *Blumhardt* deutend aufgenommen wird.«[40] In diesem Dialog können die unheimlichen Mächte, die die Frau besetzen, Sprache finden; die gesamte Erkrankung ist nicht länger nur hinzunehmendes Verhängnis, sondern rückt auch in den Bereich eigener Verantwortung. Die Sprache eröffnet Freiheit vom Wiederholungszwang der Vergangenheit, sie eröffnet neue Lebensmöglichkeiten und Zukunft.

Diese dialogische Grundstruktur findet *Scharfenberg* in der Psychoanalyse *Sigmund Freuds* wieder: Auch *Freud* hat sich von den frühen Versuchen der Hypnosebehandlung und der manipulativen Beeinflussung gelöst; er lässt sich auf ein Gespräch mit dem Patienten ein, in dem es darum geht, Träume, Krankheitssymptome etc. zu verstehen, d.h. ihre Entstehung in der Vergangenheit und damit ihren ursprünglichen Sinn, ihre Funktion zu begreifen. Wenn der Sinn im Gespräch durch das gemeinsame Bemühen von Patient und Arzt aufgedeckt werden kann, verschwindet oft das Symptom, der Wiederholungszwang wird aufgelöst, neue Verhaltensmöglichkeiten zeichnen sich ab. Daraus ergibt sich als Zielsetzung auch für eine psychoanalytisch orientierte Seelsorge: »Die Hilfe zur Selbsthilfe hat die Aufgabe, den Klienten zu besserem Selbstverständnis, zu reiferer Bewußtheit seiner inneren und äußeren Lebenssituation zu führen, damit er künftig sich selbst helfen kann.«[41]

---

40 *Scharfenberg* 1972, 38.
41 So *Ruth Bang*, zitiert von *Scharfenberg* 1972, 58.

Für die Seelsorge kommt etwas Besonderes hinzu: Sie stellt jenes Ziel in den Kontext der christlichen Überlieferung, allerdings nicht in der Form einer autoritativen Deutung, sondern in der Form eines offenen Gesprächs, in dem der Gesprächspartner abwägen, zustimmen und ablehnen kann. Grundlegende methodische Elemente der Psychoanalyse sind auch für eine psychoanalytisch orientierte Seelsorge, wie sie von entsprechend qualifizierten Seelsorgern/Seelsorgerinnen beispielsweise in Beratungsstellen durchgeführt wird, maßgebend:

Arbeit mit der *Leitdifferenz »bewusst – unbewusst«*: Unbewusst gewordene, verdrängte Inhalte und Beziehungsmuster sollen in der Übertragung wiederholt, durch Deutung erinnert und durchgearbeitet werden und damit wieder der bewussten Verfügung zugänglich gemacht werden.[42]

Die psychoanalytische Bedeutung der Erinnerung trifft sich mit deren Wertschätzung in der biblischen Tradition. Erinnerung hat heilende Dimensionen, weil sie zu verstehen hilft und erneut Hoffnung freisetzen kann.[43]

- *Freie Assoziation*: Die Ratsuchenden werden aufgefordert, frei zu assoziieren, also möglichst nicht zensierend und wertend den eigenen Einfällen, Gedanken und Phantasien zu folgen.
- Auf Seiten des Seelsorgers / der Seelsorgerin entspricht dem die Grundhaltung einer *»gleichschwebenden Aufmerksamkeit«* (s.o.). Damit verbunden ist die sog. Abstinenzregel, d.h. Seelsorger/Seelsorgerin sollen sich ganz auf das Material ihres Gegenüber und die Wahrnehmung der Beziehung konzentrieren, sich mit eigenen persönlichen Reaktionen (Trauer oder Freude, Zustimmung oder Widerspruch etc.) zurückhalten und keinen privaten Kontakt außerhalb der seelsorglichen Situation herstellen. Der letzte Punkt ist für die Seelsorge nicht konsequent durchführbar (der Pfarrer trifft z.B. Ratsuchende im Gottesdienst oder beim Elternabend im Kindergarten), doch sollten die Auswirkungen anderer Begegnungen für das seelsorgliche Geschehen sorgfältig wahrgenommen werden.
- Arbeit mit *Übertragung*:

Übertragung bedeutet »... das Erleben von Gefühlen einer Person gegenüber, die zu dieser Person gar nicht passen, und die sich in Wirklichkeit auf eine andere Person beziehen. Im wesentlichen wird auf eine Person in der Gegenwart reagiert, als sei sie eine Person in der Vergangenheit. Übertragung ist eine Wiederholung, eine Neuauflage einer alten Objektbeziehung.«[44]

---

42 Vgl. *S. Freud* (1914), St.A. Erg.bd. 205ff.
43 Vgl. *Ziemer* 2000, 139f; *Patton* 1992, 321–332; *Klessmann* 1995 (a), 306–321.
44 *Greenson* [7]1995, 163.

Diese »alten« Gefühle und Beziehungsmuster liegen bereit und werden leicht auf andere Menschen übertragen, vor allem auf Menschen, die durch ihre Funktion (Beratung, Therapie, Seelsorge) als warmherzig, verständnisvoll, freundlich oder umgekehrt – als Autoritätspersonen – streng, verbietend, Grenzen setzend erlebt werden. Das heißt, die in der Übertragung zum Ausdruck kommenden Gefühle gelten nicht wirklich der jetzigen Person, sondern einer idealisierten anderen.

Die Arbeit mit Übertragung/Gegenübertragung ist für die Dynamik von Therapie, Beratung, Seelsorge von besonderer Bedeutung, weil sie den hermeneutischen Zirkel präzisiert: Verstehen ist an ein Vorverständnis gebunden; wir projizieren immer und notwendig alte Vorstellungen und Gefühle auf einen anderen Menschen und der auf uns – und Verstehen heißt, diese Vorverständnisse durchzuarbeiten, sich permanent an ihnen abzuarbeiten und damit zu einer Unterscheidung zwischen den alten und den gegenwärtigen Vorstellungen zu kommen.

- *Wahrnehmung der Gegenübertragung*: Auf die Übertragung des Ratsuchenden reagieren der Seelsorger, die Seelsorgerin ihrerseits mit alten Gefühlen und Beziehungsmustern: Manche Gesprächspartner findet der Pfarrer spontan anziehend, andere abstoßend, auf einige reagiert er/sie mit Interesse und Neugier, auf andere mit Langeweile und Ablehnung. Das kann mit dem Gegenüber zu tun haben, aber eben auch mit den eigenen Übertragungsgefühlen. Darüber hinaus gilt die Gegenübertragung als diagnostisches Hilfsmittel, um zu erspüren, was im Gegenüber vorgeht. (⇒ vgl. das Beispiel Kap. 4.1)
- *Arbeit mit dem Widerstand:*

Frau X, die Mutter eines Konfirmanden von Pfr. Y, hatte angerufen und um ein Gespräch gebeten: Sie mache sich Sorgen um ihren Sohn. Zum vereinbarten Termin kommt Frau X und sagt: »Ich weiß nicht mehr recht, warum ich Sie angerufen habe – ich war vor zwei Tagen etwas in Panik wegen meines Sohnes, aber eigentlich, wenn ich es jetzt so aus der Distanz betrachte, ist es doch nichts Besonderes«.

Widerstand hat etwas mit Angst zu tun! Die Angst vor Veränderung setzt der Veränderung einen Widerstand entgegen! Der Widerstand verhindert Fortschritte in der Therapie, in der Seelsorge; er äußert sich häufig in versteckter Form: Der Termin wird vergessen; im Gespräch geht es nicht mehr weiter, der Betreffende sagt, er wüsste eigentlich nicht, was er noch besprechen sollte etc.
Es empfiehlt sich in aller Regel nicht, den Widerstand direkt anzugehen, ihn gewissermaßen aufbrechen zu wollen oder ihn mit aufmunternden Worten zu ignorieren.

Es hat keinen Zweck, Frau X zu sagen: »Es ist Ihnen vermutlich unangenehm, so ein persönliches Problem mit mir zu besprechen, deswegen machen Sie es jetzt kleiner, als es ist.« Das wäre eine direkte Konfrontation des Widerstandes – diese Konfrontation würde die Angst und damit den Widerstand von Frau X nur erhö-

10.2 Die Bedeutung verschiedener Psychotherapieverfahren ...

hen, statt ihn zu reduzieren. Wahrscheinlich wäre es das Beste, den Widerstand als solchen erst mal zu akzeptieren und zu sagen: »Das Problem kommt Ihnen jetzt gar nicht mehr so schwerwiegend vor; mögen Sie erzählen, was dazu geführt hat, dass Sie es jetzt anders sehen?«

- *Deutung* als Versuch, einzelne Bedeutungsfragmente zu einem sinnhaften Ganzen zusammenzufügen und eine neue Sicht der Dinge zu eröffnen, ist das entscheidende Instrument der Psychoanalyse, um Übertragung und Gegenübertragung, Widerstand und Wiederholungszwang aufzudecken, zu verstehen und ihrer schädigenden Wirkung zu berauben.

Psychoanalytisch orientierte Seelsorge nimmt den metapsychologischen Deutungsrahmen der Psychoanalyse auf und erweitert ihn von der biblischen Tradition her: *Dietrich Stollberg* hat die Differenz einmal so formuliert: »Nicht der tragische Mythos vom geblendet in die Fremde wandernden König Ödipus, sondern das Credo an den auferstandenen Christus bestimmt die seelsorgerliche Verständigungsarbeit.«[45]

Die anthropologischen Implikationen dieses christlichen Credo lassen sich beispielsweise so entfalten:[46]
- Der Mensch ist Geschöpf und nicht Schöpfer des Lebens. Begrenztheit und Endlichkeit des Lebens gilt es wahr- und anzunehmen.
- Der Mensch ist in seinem Wesen entfremdet und bedarf deswegen immer neu der Liebe, des Vertrauens, der Vergebung.
- Der Mensch lebt nicht allein, sondern ist auf tragende Gemeinschaft angewiesen.
- Der Mensch lebt in der Spannung von Freiheit und Abhängigkeit.

Der christlich-theologische Deutungsrahmen stellt die psychoanalytischen Annahmen eines Unbewussten, die Arbeit mit Übertragung und Widerstand nicht in Frage, aber er ermöglicht andere Zielrichtungen, von denen Christen überzeugt sind, dass sie eine andere Qualität des Lebens eröffnen. Trotzdem gibt es eine gewisse Nähe zu psychoanalytischen Annahmen; sie wird deutlich in der Formulierung *Freud*s »Das Geheimnis der Therapie besteht darin, durch Liebe zu heilen«.[47]

Auch eine nicht explizit psychoanalytisch arbeitende Seelsorge sollte bestimmte methodische Aspekte berücksichtigen:
- Jeder Seelsorger / jede Seelsorgerin muss mit Übertragungsgefühlen bei Ratsuchenden rechnen und sich hüten, auf ein Übertragungsangebot spiegelbildlich zu reagieren, d.h. auf liebevolle Gefühle mit Zuneigung und auf Aggression mit Konfrontation zu antworten. Diese Warnung ist angesichts der in der Humanistischen Psychotherapie hoch geschätzten Echtheit der Beratungsperson be-

---

45 *Stollberg* 1978, 60.
46 Vgl. zum Folgenden ausführlich *Eschmann* 2000; *Steffensky* 1989.
47 Zitiert bei *Schwermer* 1987, 48.

sonders zu betonen. Das Postulat der Humanistischen Psychologie, möglichst »echt« zu reagieren, kann dazu verführen, auf das äußerlich beobachtbare Verhalten eines Ratsuchenden zu reagieren; eine psychoanalytische Wahrnehmungseinstellung rechnet damit, dass einem beobachtbaren Verhalten eine andere unbewusste Dynamik zu Grunde liegen kann, z.b. die Wiederholung alter Beziehungsmuster. Die Abstinenz oder Zurückhaltung, die in der Psychoanalyse gefordert wird, dient u.a. dazu, bei solchen Übertragungen nicht »mitzuspielen«, nicht mit zu agieren; wo es doch geschieht, muss man von Missbrauch sprechen.[48]

Therapeutische Berufsverbände, auch die Deutsche Gesellschaft für Pastoralpsychologie haben inzwischen Ethikstandards verabschiedet, um Missbrauch in Therapie und Seelsorge so weit wie möglich vorzubeugen bzw. einzuschränken.

– Seelsorger und Seelsorgerinnen sollten so viel an Selbsterfahrung gemacht haben, dass sie um die Zwiespältigkeiten ihrer eigenen Motivation, z.b. um ihre Verführbarkeiten wissen. Wer eine Übertragung in der Seelsorge deutlich wahrzunehmen meint oder mit seiner Gegenübertragung Schwierigkeiten empfindet, sollte sich auf jeden Fall Supervision holen, evtl. auch den Klienten / die Klientin an entsprechende Fachleute überweisen.
– Wenn man diese Einsichten verallgemeinert, heißt das: Man sollte nach Möglichkeit nicht aus einer Situation eigener emotionaler Bedürftigkeit heraus Seelsorge betreiben. Wer beispielsweise in der eigenen Paarbeziehung dauerhaft frustriert ist, steht in der Gefahr, sich bei Ratsuchenden das holen zu wollen, was er/sie in der eigenen Beziehung vermisst. Arbeit an der eigenen privaten oder beruflichen Unzufriedenheit wäre in so einem Fall erst einmal notwendig.

Joachim Scharfenberg hat in diesem Zusammenhang eine Reihe von Fragen zur Selbstprüfung formuliert, die für alle in der Seelsorge Tätigen hilfreich sein können:[49]
– Welche Erwartungen hege ich den Ratsuchenden gegenüber?
– Muss ich mich unentbehrlich machen?
– Kann ich es riskieren, mich unbeliebt zu machen?
– Wo liegt der Bereich, auf dem ich in besonderer Weise zu Verdrängungen neige?
– Warum muss ich zu allen Leuten lieb sein?
– Warum und wann bin ich gesetzlich in meinen Gesprächen?
– Warum fühle ich mich zu den Schwächeren hingezogen?
– Warum finde ich andere Menschen so interessant?

---

48 Vgl. dazu *Houck* 1997, 57ff.
49 *Scharfenberg* 1972, 81ff.

Die Übernahme psychoanalytischer Theorien und Methoden hatte und hat tiefgreifende Auswirkungen für die Seelsorge: Sie rechnet mit der Ambivalenz menschlicher Motivation, gibt sich deswegen nicht mit vorschnellen, auf Harmonie bedachten Lösungen zufrieden; sie verfährt methodisch absichtslos, verfolgt nicht von vornherein ein bestimmtes Ziel (außer dem formalen Ziel, das Material des Patienten verstehen zu wollen und damit zu mehr Bewusstheit oder Ich-Stärke etc. beizutragen), sie stellt die Beziehung zum/zur Ratsuchenden ins Zentrum der Aufmerksamkeit, geht aufmerksam und begleitend mit und sucht mit Hilfe psychoanalytisch und biblisch motivierter Deutungen neue Lebensperspektiven zu eröffnen.

10.2.2 Gesprächstherapeutisch orientierte Seelsorge

Die Seelsorgebewegung sowohl in den USA als auch in Deutschland ist stark von der nichtdirektiven klientenzentrierten Gesprächspsychotherapie, wie sie *Carl Rogers* entwickelt hat, geprägt worden (⇒ Kap. 4.3.3). Das Stichwort von der begleitenden oder annehmenden Seelsorge wird vorwiegend mit diesem Ansatz identifiziert.
Das Buch »Praktikum des seelsorgerlichen Gesprächs« der beiden holländischen Autoren *Heije Faber* und *Ebel van der Schoot* war das erste, das die Gesprächstherapie für die Seelsorge in Deutschland fruchtbar zu machen suchte.[50] Die Arbeit stieß auf große Resonanz und fand erstaunlich weite Verbreitung. Das Besondere daran ist, dass es Ansätze der Gesprächstherapie vorstellt und gleichzeitig kleine Übungsprogramme enthält – ein Novum in der damaligen Seelsorgeliteratur.
Faber geht davon aus, dass jedes Gespräch eine Inhalts- und eine Beziehungsebene besitzt (ohne *Paul Watzlawick* zu zitieren!); die Inhaltsebene sei bisher viel zu ausschließlich thematisiert worden, es gehe jetzt darum, die Beziehungs- oder Gefühlsebene zu entwickeln. Das könne man in der Gesprächsführung von *Carl Rogers* lernen. Allerdings sei das eine psychotherapeutische Methode, und die könne in der Seelsorge nicht das letzte Wort haben. Seine Zielvorstellung erläutert *Faber* in einem Bild:

»Die Erfahrung lehrt, dass der Mensch zu einer tieferen Selbsterkenntnis kommt, wenn das Gespräch Gelegenheit bietet, alle Gefühle, auch verdrängte Gefühle, zu äußern, und daß dann auch der Seelsorger auf einmal viel deutlicher sieht, wo der wunde Punkt in diesem Menschenleben ist, an dem er seelsorgliche Arbeit zu verrichten hat. Es ist offenbar für Seelsorger ... eine schwer zu lernende Lektion, dass sie nicht zu früh mit einem Rat oder einem Urteil bei der Hand sein sollen und den anderen wirklich ganz ausreden lassen. Fosdick, der berühmte Prediger aus New York, soll einmal gesagt haben: ›Ein seelsorgliches Gespräch ist wie das Vorhaben einer Landung auf einer Insel: man muß erst die ganze Insel umfahren haben, ehe man sicher weiß, dass man den guten Landungsplatz gefunden hat.‹«[51]

50 *Faber / van der Schoot*, [5]1968.
51 *Faber / van der Schoot*, [5]1968, 24.

Faber ist der von *Rogers* betonte Begriff der Annahme wichtig: Die Annahme eines anderen Menschen hat ihre Wurzeln in der Annahme durch Gott. Annahme bedeutet, bei dem anderen zu sein, sich in ihn hineinzuversetzen, empathisch zu verstehen, was ihn/sie bewegt; Annahme schließt jedes Drängen, Moralisieren und Dogmatisieren aus. Die für *Rogers* wichtige Therapeutenvariable der Echtheit kommt dagegen bei *Faber/van der Schoot* nicht vor! Eine Hermeneutik des Einverständnisses und der Harmonie ist grundlegend.

Den Unterschied zwischen Seelsorge und *Rogers'* Psychotherapie sieht *Faber* darin, dass *Rogers* dem Menschen helfen will, sich selbst zu helfen bzw. zu sich selbst zu finden, »während der Seelsorger dem anderen helfen will, die rechte Beziehung zu Gott zu finden bzw. zu realisieren, daß er im Licht Gottes steht.«[52]

Ähnlich wie die Unterscheidung von Uneigentlichem und Eigentlichem in der kerygmatischen Seelsorge in der Tradition von *Eduard Thurneysen* oder *Hans Asmussen* bleibt *Faber* bei einer Art von Phasenverlauf der Seelsorge: «Wir könnten schematisch und verallgemeinernd sagen, daß ein seelsorgerliches Gespräch in zwei Etappen verläuft. Erst erfolgt ein mehr oder weniger langer Anlauf, in dem der Pastor durch sein empathisches Mitdenken dem anderen hilft, seine Situation zu überblicken, und in einer zweiten Phase öffnet sich die persönliche Perspektive auf Gott, wenn der Ratsuchende bemerkt, daß er im Licht steht und daß er dies bisher noch nicht oder nur unzureichend gesehen hat.«[53] Später spricht *Faber* auch von einem Übergang vom Spiegeln zum Verkündigen.[54]

Hier bleibt das Nacheinander von Uneigentlichem und Eigentlichem erhalten; die Gesprächstherapie bekommt eine vorbereitende, dienende Funktion auf das Eigentliche hin. *Faber* sieht sie als Hilfswissenschaft, nicht aber als eigenständiges Gegenüber für die Seelsorge.

Leider haben die Autoren den Eindruck erweckt, der Ansatz von *Rogers* sei im wesentlichen eine Methode, eine Technik, die man sich relativ leicht aneignen könne.[55] Sie haben empathisches Einfühlen immer wieder als »Spiegeln« bezeichnet und damit einem mechanistischen Gesprächsverhalten Vorschub geleistet: Seelsorger/Seelsorgerinnen wiederholen mit eigenen Worten das, was sie vom anderen gehört haben. Meistens bewegen sie sich damit nur auf der Inhaltsebene, nehmen die entscheidende Beziehungs- oder Gefühlsebene nicht auf;

---

52 *Faber / van der Schoot*, [5]1968, 41.
53 *Faber / van der Schoot*, [5]1968, 45.
54 *Faber / van der Schoot*, [5]1968, 80.
55 Dieser Eindruck entsteht auch in der Rezeption der Gesprächstherapie von Carl Rogers durch *Tausch* [4]1970.

dadurch gewinnt das »Spiegeln« eine unpersönliche, technische, stellenweise geradezu peinliche Qualität.[56]
Auf der einen Seite haben die beiden holländischen Autoren der neuen Seelsorge mit ihrem Buch einen kräftigen Anstoß gegeben, zusammen mit der Dissertation von *Dietrich Stollberg* »Therapeutische Seelsorge«.[57] Auf der anderen Seite bleiben sie deutlich im Bann der Dialektischen Theologie, indem sie eine Zweiteilung des seelsorglichen Gesprächs fordern und den therapeutischen Ansatz von *Rogers* auf eine Gesprächstechnik reduzieren.
Das Buch von *Matthias Kroeger* »Themenzentrierte Seelsorge« markiert im Vergleich dazu einen deutlichen Unterschied.[58] *Kroeger* stellt nicht die Gesprächsmethode, sondern die Echtheit des Seelsorgers oder Beraters in den Mittelpunkt – und nimmt damit *Rogers'* Anliegen angemessener auf.[59]

»Die Echtheit ist der Angelpunkt in der Methode; sie ist auch Dreh- und Angelpunkt im Verhalten des Beraters. Sie ist es darum, die die Freiheit auch *gegenüber* der Methode eröffnet.«[60]

Die Bedeutung der Echtheit hat damit zu tun, dass es *Rogers* nicht vorrangig um gezieltes Problemlösen geht, sondern darum, das Ich des Rat suchenden Menschen zu stärken und zu ermutigen; ein gestärktes Ich wird in die Lage versetzt, seine Probleme selbst zu meistern. Eine solche Stärkung und Heilung des Ich geschieht nicht durch Technik, sondern durch eine von Echtheit getragene Begegnung: In einer authentischen Begegnung erlebt sich der ratsuchende Mensch als Individuum wahrgenommen und wert geschätzt und kann sich dadurch in seinem So-Sein gestärkt und ermutigt fühlen.
Im Rahmen der Echtheit kommt nach *Kroeger* auch zum Ausdruck, dass der Seelsorger Christ und Pfarrer ist, also selber theologische Überzeugungen mitbringt, die zwar im Kontakt mit einem anderen Menschen in den Hintergrund treten, aber nicht völlig ausgeblendet werden sollen. Zur Echtheit gehört hinzu, dass man sich Rechenschaft gibt: Was ist meine Theologie? Was ist mir für mein Leben wichtig? Mit welchen Voraussetzungen trete ich einem anderen Menschen gegenüber? Wie können diese Voraussetzungen zur Sprache kommen?

56 Die Spiegel-Metapher stammt bereits aus der Psychoanalyse und wird dort kritisch diskutiert. Vgl. *Haubl*, 2002, 670–674. In der Entwicklungspsychologie wird der Mutter die Funktion zugeschrieben, dem Kind als spiegelndes Selbstobjekt zur Verfügung zu stehen ($\Rightarrow$ Kap. 11.2).
57 *Stollberg* 1969.
58 *Kroeger*, 1973.
59 Kroeger grenzt sich deutlich von der Rezeption Rogers' durch R. Tausch ab. Bei Tausch sei die Gesprächspsychotherapie zu einer verhaltenstherapeutischen Technik geworden. Stuttgart/Berlin 1973, 69.
60 *Kroeger*, 1973, 84.

Im Sinn der Themenzentrierten Interaktion (TZI) von *Ruth Cohn*, die *Kroeger* hier auch vertritt, geht es um die Frage: Was ist mein Thema als Seelsorger/Seelsorgerin? Mein Thema ist ein subjektives Thema, es ist nicht für alle gleichermaßen wichtig, aber ich bringe es in den Dialog ein, so wie der andere sein Thema einbringt.»Keiner ›hat‹ das wahre Thema, den unumstößlichen Text, keiner kennt bündig das wahre Leben, aber alle können es gemeinsam suchen, seinen Sinn erfragen und erstreiten. Das ›ich glaube‹ führt in die gemeinsame Suche und Frage.«[61]

»Es endet der Versuch, in der Seelsorge dem Ratsuchenden zu sagen, wie die Sache aussehe, und es beginnt die Freiheit und die Last des Christen, seinen eigenen Dekalog zu machen (Luther). Es endet – als Regelfall theologischen Denkens – die große existentielle Entscheidung christlichen Lebens, und es tritt in ihr Recht die Kategorie der Allmählichkeit und das langsame Hineinwachsen in neue Sprache und veränderte Identität im gemeinsamen Suchen und gemeinsamen Konsens unterm gemeinsamen Thema.«[62]

Ein solcher seelsorglicher Ansatz zeitigt theologische Konsequenzen: Nimmt man den Gesprächspartner wirklich ernst, dann verbietet sich die autoritative Struktur des traditionellen seelsorglichen Gesprächs, dann verbietet sich der Gestus des Amtes, der sich im Besitz der Wahrheit wähnt, dann bleibt nur die gemeinsame Suche – was überhaupt nicht ausschließt, dass der Theologe / die Theologin eine Sachkompetenz in der Auslegung der Bibel und der christlichen Wirklichkeitsdeutung mitbringen, die für die Suche fruchtbar zu machen ist.
Es verändert sich noch mehr: Der Begriff der *Annahme* impliziert, dass sie nicht nur verbal verkündigt werden kann, sondern dass sie für den Ratsuchenden erfahrbar wird. Im seelsorglichen Gespräch soll der/die andere die Annahme erleben, spüren und auf diese Weise eine Ahnung von der Annahme durch Gott bekommen.

Alwin Hammers hat es so formuliert: Der Pfarrer »selbst als Mensch und Christ ist das Instrument seiner Seelsorge, und seine Beziehung zum Partner ist das Medium, in dem die Verkündigung gelingt oder scheitert. Durch das, was er sagt und tut, kann und muß irgendwie transparent werden, was Gott für den Menschen bedeutet und was er an ihm wirkt. Indem er die Grundwerte christlicher Seelsorge in seinem Verhalten verwirklicht und seinem Partner mit Güte, Verständnis, Achtung, Menschenfreundlichkeit, Barmherzigkeit, Liebe, Wärme und Akzeptierung begegnet, wird er zum Zeichen für die Liebe, Barmherzigkeit und Menschenfreundlichkeit Gottes ...[63]

Der große Anspruch an die Person des Seelsorgers soll durch die nondirektive Gesprächstherapie eingelöst werden: Der Seelsorger soll die in diesem Ansatz enthaltene »humanistische Haltung« (*Hammers*) für

---

61 *Kroeger*, 1973, 213.
62 *Kroeger*, 1973, 220.
63 *Hammers* 1979, 86.

sich übernehmen; das gibt ihm die Chance, jene Annahme überzeugend und glaubwürdig zu vermitteln. Diese humanistische Haltung nennt *Helga Lemke*, noch einen Schritt weiter gehend, geradezu eine christliche Haltung.

Sie schreibt: »Für die Seelsorge hat sich aus dem Spektrum der verschiedenen Therapieformen die auf *Rogers* zurückgehende klientenzentrierte Gesprächsführung zunehmend bewährt. Sie verhindert, daß der Seelsorger in die Expertenrolle eines Psychologen hineingerät, weil jede Art der Diagnostik und Interpretation vermieden wird und statt dessen die Beziehung Kernstück des therapeutischen Prozesses ist.«[64] Und weiter: »Rogers' Gedanken zeigen neben wesentlichen Unterschieden eine auffallende Nähe zum christlichen Denken.« Später: »Die von Rogers entwickelte partnerzentrierte Haltung erweist sich somit als eine zutiefst christliche ...«[65]

Natürlich sieht *Lemke* Unterschiede: *Rogers'* Ziel besteht darin, Menschen zu ihrem eigentlichen Selbst zu helfen, Seelsorge dagegen lässt sich vom christlichen Vorverständnis nicht lösen. Nach biblischer Lehre ist der Mensch gut geschaffen, durch den Sündenfall hat er dies ursprüngliche Gut-Sein verloren. Trotzdem sagt Gott zum Menschen »Ja«: Die Menschwerdung Gottes in Jesus Christus ist Ausdruck der Gnade Gottes, seiner Rechtfertigung des Sünders. Und eben von dieser Voraussetzung her kann und muss christliche Verkündigung – auch die Seelsorge – auf neue Weise Vertrauen in die Fähigkeiten des Menschen setzen. Wenn wir wirklich daran glauben, dass Gottes Gnade in das Leben der Menschen hineinwirkt, dann ist auch Vertrauen in die Fähigkeiten des Menschen als eines Gerechtfertigten unaufgebbar.

»Der Theologe findet also von der Zeit des NT an bis heute die Voraussetzung für das Vertrauen in die Fähigkeiten des Menschen zu glauben und zu lieben in der Lehre von der Schöpfung sowie in der von der Rechtfertigung und Heiligung des Menschen ... in der Macht der Gnade. Der von Rogers geforderte Optimismus ist also auch theologisch abzuleiten und muß nicht auf ein humanistisches Menschenbild zurückgeführt werden.« Noch einmal anders: »Damit erübrigt sich die am Anfang gestellte Frage, ob nicht die Auffassung von der Fähigkeit des Menschen zur Selbstaktualisierung die Erlösungstat Christi überflüssig mache. Das Gegenteil ist der Fall: Dadurch, daß das Vertrauen in den Menschen aus Gnade und Erlösung abgeleitet wird, ist diese sogar Voraussetzung für einen Theologen, der die klientenzentrierte Gesprächsführung in die Seelsorge übernehmen möchte. Sein Tun macht das Handeln Gottes nicht überflüssig, sondern gründet darauf und macht es glaubhaft.«[66]

---

64 Lemke 1978, 11. Die These, dass jede Diagnostik und Interpretation vermeidbar sei, zeigt eine erstaunliche Naivität, die wohl auch mit dem Wunsch zu tun hat, sich von der Psychoanalyse abzugrenzen.
65 Lemke 1978, 44.
66 Lemke 1978, 42 und 43. Ähnlich formuliert *Lemke* 1995.

Man kann also mit *Lemke* sagen: Die Einschätzung des Menschen ist in der Gesprächstherapie und in der Seelsorge jeweils unterschiedlich, auch die Quelle ihrer Motivation ist unterschiedlich; im Ergebnis jedoch, also im Verhalten gegenüber Rat suchenden Menschen etwa, sind beide gleich. Deswegen kann die Seelsorge Methoden der Gesprächstherapie übernehmen, weil es mit ihrer Hilfe möglich ist, auch dem christlichen Anliegen gerecht zu werden.
Innerhalb der Personzentrierten Seelsorge hat eine Entwicklung stattgefunden:
1. Es gibt jetzt nicht mehr die Aufteilung des Seelsorgegeschehens in Eigentliches und Uneigentliches! Es kann sie nicht mehr geben, weil der Haltung des Seelsorgers / der Seelsorgerin die entscheidende Bedeutung zukommt. Und diese Haltung ist dieselbe, ob es sich nun um Alltagsfragen oder Glaubensthemen handelt.
2. Es ist davon auszugehen, dass die Haltung des Seelsorgers / der Seelsorgerin auch eine Botschaft vermittelt: Die annehmende Seelsorgerin vermittelt eine annehmende Kirche und einen annehmenden Gott; der moralisierende Seelsorger repräsentiert einen moralisierenden Gott.
3. Die Personzentrierung der Seelsorge ist ein Abbild des Gottes, der den einzelnen Menschen unbedingt ernst nimmt und wert schätzt.

Allerdings scheint es mir eine Überforderung für die Person des Seelsorgers / der Seelsorgerin sowie eine Verfälschung des dahinter stehenden theologischen Konzepts darzustellen, wenn vom Seelsorger verlangt wird, Gottes Annahme durch die Qualität der eigenen Annahme weiterzugeben. Die Zeichenhaftigkeit, von der *Hammers* gesprochen hat, müsste deutlicher herausgestellt werden. Die begrenzte seelsorgliche Annahme kann immer nur ein Abglanz, ein Hinweis auf die vollkommene Annahme bei und durch Gott sein. Aber in dieser begrenzten Gestalt ist sie dann ein wichtiges und nicht zu vernachlässigendes Zeugnis (vgl. 2Kor 3,3: »Ihr seid ein Brief Christi ...«).
Gesprächstherapeutisch orientierte Seelsorge ist zur Grundlage für Seelsorge überhaupt geworden. Eine nondirektive Haltung als Basis ist für die Seelsorge weitestgehend akzeptiert, nicht zuletzt deswegen, weil sie – im Unterschied zu einer psychoanalytischen Qualifikation – leichter zu erlernen und zu praktizieren ist. In den Predigerseminaren wird in der Regel eine nondirektive Haltung eingeübt; da die dafür zur Verfügung stehende Zeit kurz ist, wird die Methode allerdings häufig eher oberflächlich gelernt (unter Ausklammern der Echtheit und eher als inhaltsbezogenes »Spiegeln«) und wirkt dann gelegentlich wie eine Persiflage ihrer selbst.
In neuerer Zeit wendet sich sowohl in den USA wie in Deutschland das Interesse wieder stärker der theologischen Dimension der Seelsorge zu. *Peter Bukowski* geht es in seinem Buch »Die Bibel ins Gespräch

bringen«[67] darum, die »Errungenschaften« des personenzentrierten Ansatzes für die Seelsorge festzuhalten, aber frühe Einseitigkeiten zu korrigieren, indem nun auch die biblische Tradition mit ihrem lebensdeutenden und heilenden Potential wieder größeres Gewicht haben soll. *Charles Gerkin* will in ähnlicher Weise die Geschichten der biblischen Tradition und der gegenwärtigen Situation von Rat Suchenden in einen wechselseitigen Austausch bringen.[68]

10.2.3 Gestalttherapeutisch orientierte Seelsorge

Gestalttherapie (⇒ Kap. 4.3.2) und Integrative Therapie sind in der gegenwärtigen Seelsorge und Seelsorgeausbildung auf zweierlei Weise relativ einflussreich geworden. Zum einen gibt es einen sozusagen unspezifischen Einfluss dadurch, dass eine Reihe von anthropologischen Annahmen und methodischen Elementen der Gestalttherapie in die Seelsorge eingeflossen sind. Viele in der Seelsorgebewegung aktive Theologinnen und Theologen haben an gestalttherapeutischen Aus- und Fortbildungen teilgenommen und sind dadurch mit geprägt worden. Die Kritik, die *Fritz Perls* an der Psychoanalyse geübt hat (sie sei zu verkopft, zu wenig ganzheitlich, zu wenig leibbezogen), haben viele in der Seelsorge Tätige gleichsam nachempfunden, und zwar sowohl gegenüber der Psychoanalyse als auch gegenüber der Gesprächstherapie. Sie haben, bei einer prinzipiell nondirektiven Grundhaltung, selektiv Elemente der Gestalttherapie für ihre Arbeit übernommen, indem sie der nonverbalen, leibbezogenen Kommunikation intensive Aufmerksamkeit widmen und der Rolle des Seelsorgers / der Seelsorgerin Möglichkeiten zu mehr Initiative und zu größerer persönlicher Echtheit zuschreiben. In diesem Sinn hat die Gestalttherapie (zusammen mit dem Psychodrama *Jacob Morenos*) eine m.E. relativ starke, wenn auch im Einzelnen nicht genau nachweisbare und konzeptionell nicht reflektierte Wirkung auf die neuere Seelsorge in Deutschland ausgeübt.

Zum anderen hat sich auf der Grundlage des Konzeptes der Gestalttherapie nach *Fritz Perls* und der Integrativen Therapie nach *Hilarion Petzold* eine spezielle Gestaltseelsorge entwickelt. *Kurt Lückel* ist der erste gewesen, der beide Ansätze für die Seelsorge, in seinem Fall speziell die Sterbeseelsorge, übernommen und weiterentwickelt hat.[69] Einbeziehen der Leiblichkeit (Achten auf Körpersignale, Möglichkeiten und Grenzen von Berührung und Körperkontakt wahrnehmen), intensive Traumarbeit (Träume als »andere Sprache« für das Unsagbare) und die Ermutigung zur Lebensbilanz sind besonders charakteristische Kennzeichen dieser gestalttherapeutisch orientierten Sterbeseelsorge.

---

67 *Bukowski* 1994.
68 *Gerkin* 1997.
69 *Lückel* 1981.

Die Bedeutung der Gestalttherapie für die Seelsorgeausbildung reflektieren *Hilarion Petzold* und *Michael Klessmann*.[70]
Aus den philosophisch-therapeutischen Grundannahmen der Gestalttherapie ergeben sich bestimmte Methoden, die paradoxerweise nicht einfach als Handwerkszeug zu erlernen sind. Denn zentral ist die Annahme, dass eine direkte Begegnung zwischen einem Ich und einem Du notwendig ist, um Veränderung zu initiieren; und eine solche Begegnung lässt sich nicht methodisch herstellen, sie kann nur durch die volle Präsenz der Person des Therapeuten, der Seelsorgerin und aus dem Kontakt zwischen den beteiligten Personen wachsen; und diese Präsenz ist wiederum an die awareness seiner selbst, der anderen Person und des Umfeldes gebunden. Aus der awareness erwachsen methodische Prinzipien, die im Kontakt hilfreich sind: Dazu gehört das »hier und jetzt-Prinzip« (die gegenwärtige Beziehung steht im Vordergrund und alles, was aus der Vergangenheit zum Thema wird, ereignet sich in diesem Kontext!), kein »Reden über ...« (wer beispielsweise in einer Gruppe jemand anderem etwas sagen will, soll es direkt, von Angesicht zu Angesicht tun; Fragen sollen in Aussagen verwandelt werden etc.), ständige Wahrnehmung seiner Selbst, gerade auch der körperlichen Reaktionen, im jeweiligen Kontext etc.
Eine Reihe von Techniken hat sich entwickelt, die häufig mit Gestalttherapie identifiziert werden, z.B. der »leere Stuhl«. (In einer Konfliktsituation wird der Konfliktpartner imaginär auf diesen Stuhl gesetzt, und ein Dialog, mit Rollenwechsel, kann entstehen; in einer Situation der Ambivalenz werden die beiden in Spannung stehenden Gefühls- und Gedankenanteile personalisiert und miteinander ins Gespräch gebracht usw.) Es ist jedoch zu betonen, dass diese Techniken nicht mechanisch eingesetzt werden dürfen, sondern nur, sofern sie dazu beitragen, Begegnung zu fördern und zu unterstützen.
Gestaltseelsorge, so betont *Ward A. Knights*, praktiziert einen »ganzheitlichen« Ansatz.[71] Dazu gehört die Wahrnehmung und Einbeziehung einer spirituellen oder religiösen Dimension. Seelsorge findet im Horizont des christlichen Glaubens statt; dieser Horizont soll durch die Symbole und Rituale der christlichen Tradition dazu beitragen, dass Menschen sich und ihre Lebenssituation neu erleben und verstehen können. Gestaltseelsorge akzentuiert auch hier in besonderer Weise den Erlebensaspekt: In der spielerisch-kreativen Verschränkung von biblischen Geschichten mit Lebensgeschichten und Träumen der Seelsorge-Suchenden, durch vorübergehende Identifikation mit biblischen Personen und Beziehungsmustern können Menschen die Erfahrung machen, wie die Wahrheit, die konkret wird, sie befreien kann.

---

70 *Petzold* 1979, 113–135; *Klessmann* 1981, 33–46.
71 Vgl. zum Folgenden auch *Knights* 2002. Auf Analogien zwischen der Struktur des gestalttherapeutischen Prozesses und Traditionen christlicher Spiritualität hat *Frambach* 1993 hingewiesen.

10.2.4 Systemisch orientierte Seelsorge

Systemische Seelsorge übernimmt Erkenntnisse der systemischen Familientherapie für den Kontext von Religion und Kirche. Diese Erweiterung seelsorglicher Perspektive liegt ausgesprochen nahe, wenn man bedenkt, dass ein großer Teil der Seelsorge im Zusammenhang von Kasualien (⇒ Kap. 8.6) nicht nur mit Individuen, sondern mit Familien zu tun hat. In den USA gibt es eine Rezeption familientherapeutischer Konzepte für die Seelsorge schon seit vielen Jahren;[72] in Deutschland ist dieser Prozess durch die Arbeiten von *Peter Held* und *Christoph Morgenthaler* erst vor kurzem in Gang gekommen.[73]
Eine Schwierigkeit für die Übernahme familientherapeutischer Konzepte in die Seelsorge besteht darin, dass sich Familientherapie inzwischen in Theorie und Praxis in eine Fülle von unterschiedlichen Schulen und Richtungen ausdifferenziert hat, für die es naturgemäß auch kein einheitliches zugrunde liegendes theoretisches Konzept gibt. *J.C. Wynn* identifizierte schon 1987 in einer Übersichtsdarstellung fünf große Richtungen (experiential, systemic, multigenerational, psychodynamic und behavioral), die sich insgesamt noch einmal in 21 Schulen aufteilen lassen.[74]
Trotzdem kann man eine begrenzte Zahl allen Richtungen gemeinsamer praxisrelevanter Annahmen ausmachen:[75]
- Individuelle Psychopathologie hat interpersonale Ursachen.
- Familien neigen dazu, sich auf ein Familienmitglied als »identifizierten Patienten« (z.B. das bettnässende Kind oder der Jugendliche mit Schulschwierigkeiten) zu fokussieren und damit von der Interaktion des Systems als ganzem abzulenken.
- Eine Familie sucht ihr Gleichgewicht durch Rückkoppelungsschleifen zu halten (bestimmte Verhaltensweisen werden immer wieder positiv verstärkt oder negativ sanktioniert); auch auffälliges Verhalten eines Familienmitglieds kann Teil einer solchen Rückkoppelung sein. (Der Sohn, der nicht zur vereinbarten Zeit nach Hause kommt, bestätigt die negative Meinung des Vaters über ihn; in dieser Interaktion bestätigen sie sich wechselseitig negativ.)
- Kausalität ist zirkulär zu verstehen, d.h. alle Teile beeinflussen sich ständig wechselseitig.
- Die Strukturen der Kommunikation im System sind wichtiger als die Inhalte, über die kommuniziert wird.

---

72 Vgl. z.B. *Clinebell* 1984, Kap. 7, 120ff: »Family group therapy – the simultaneous treatment of an entire family – is one of the most promising developments in current methods of helping troubled persons.«(120)
73 *Morgenthaler* 1999; *Held* 1998; vgl. auch *Emlein* 2001, 158–178; *Götzelmann* 2000, 227–245; *Heszer* 1991, 77–93.
74 *Wynn* 1987.
75 Ich folge hier der Darstellung von *Olsen* 1993, 17ff.

- Meistens unausgesprochene und vielleicht schon seit mehreren Generationen wirksame Familienregeln organisieren die familiäre Interaktion.
- Die Beobachtung von Grenzen (Grenzen zwischen den Generationen, zwischen den Subsystemen, zur Außenwelt hin) und Dreiecken (Triangulierung: Welche dritte Person wird beispielsweise in der Krise der Paarbeziehung auf welche Weise einbezogen, um das Paar-System zu stabilisieren?) gibt viele Informationen über das Funktionieren des familiären Systems.
- Eine Berücksichtigung des Lebenszyklus der Familie ist wichtig.
- Es gibt verschiedene »Grundmodelle« von Familie: In der *geschlossenen Familie* wird die Interaktion innerhalb der Familie und mit der Außenwelt streng kontrolliert und begrenzt; eine *offene Familie* zeichnet sich durch ein weitgehend demokratisches, frei wählbares Miteinander aus, innerhalb dessen die Zusammengehörigkeit jedoch gewahrt bleibt; die *strukturlose Familie* gleicht einer Ansammlung von Individuen ohne einen gemeinsamen Fokus, ohne eine alle verbindende Struktur.

Gegenüber einer Individuum-zentrierten Seelsorge psychoanalytischer oder gesprächstherapeutischer Art ist in der systemischen Seelsorge die Veränderung der Wahrnehmungseinstellung entscheidend: »Ging es in vielen Entwürfen von Seelsorge bisher um Stärkung von Identität, um Versöhnung und Berufung eines einzelnen Menschen vor Gott, geht es in systemischer Seelsorge um Berufung und Versöhnung von Menschen in Beziehungssystemen und damit zusammenhängende systemische Veränderungen. Standen methodisch bisher Empathie, Echtheit und Wertschätzung in dialogischer Begegnung mit einem einzelnen Menschen im Zentrum seelsorglicher Arbeit, werden nun Interpathie, Zirkularität des Verstehens und Selbstdifferenzierung in Beziehungssystemen betont.«[76]

Die Vernetzung der Einzelnen mit ihren Familiensystemen, den kulturell-gesellschaftlichen Systemen und dem Ökosystem als Ganzem rückt ins Zentrum der Aufmerksamkeit; die Verknüpfung von individuellen und politischen Perspektiven ist damit methodisch reflektiert möglich. Systematische Seelsorge wendet sich nicht nur Einzelnen in ihren jeweiligen Beziehungssystemen zu, sondern beteiligt sich auch an der Gestaltung von solidarischen Beziehungen zwischen Gruppen und Institutionen.

Für die Seelsorge und ihren kirchlichen Auftrag erscheinen zwei Aspekte besonders relevant:
- Der Zusammenhang von Ritual und Seelsorge wird aus systemischer Sicht thematisch. Kasualien sind im familiären Lebenszyklus verwurzelt, sie gestalten eine Station dieses Zyklus in rituell-sym-

---

[76] Morgenthaler 1999, 17.

bolischer Weise, bilden dabei Familienstrukturen und -interaktionen ab bzw. tragen auf die eine oder andere Weise zur Veränderung der Familienstruktur bei. Um diese Aspekte wahrzunehmen und bei der Gestaltung von Kasualien und der seelsorglichen Begleitung angemessen zu berücksichtigen, ist eine systemische Perspektive hilfreich.
- Auf der Basis der konstruktivistischen Annahmen der systemischen Therapie ist es möglich, die Glaubensannahmen einer Familie bzw. von Einzelnen in ihr in ihrer systemischen Funktion zu verstehen.[77] Menschen haben und brauchen Wirklichkeits- und Gotteskonstrukte, die wiederum in bestimmte lebensgeschichtliche Konfliktkonstellationen eingelagert sind und Auswirkungen auf das Verhalten haben. Familienseelsorge – im Unterschied zur Familientherapie – kann darauf verstehend eingehen, gegenüber bestimmten Konstrukten eine kritische Haltung einnehmen und narrativ andere Geschichten aus der biblischen Tradition einspielen: Geschichten, die davon erzählen, dass Leben trotz Versagens möglich ist, dass angesichts von Schuld Vergebung und Versöhnung geschehen kann etc.
- »Beziehungsgerechtigkeit« wird zu einem ethisch relevanten Kriterium der Seelsorge. Eine Möglichkeit, auf dieses Ziel hin zu arbeiten, besteht in der Analyse von Machtverhältnissen, in der Wahrnehmung von Konflikten und ihren Auswirkungen im Gemeinwesen, in der Unterstützung von Selbstorganisation und wechselseitiger Fürsorge.[78]

Aus dem großen Repertoire familientherapeutischer Techniken seien hier zwei genannt, die besonders charakteristisch auch für systemische Seelsorge erscheinen: *Reframing* bedeutet, dass der Seelsorger / die Seelsorgerin einem Ereignis, einer Beziehungsstruktur eine andere Bedeutung gibt, als sie sie bisher für die Familie gehabt hat.

Eine Frau kommt in die Erziehungsberatung, weil der ältere Sohn (7) ihr hyperaktiv erscheint und der kleineren Tochter (3) häufig weh tut. Durch das Fernsehen hat die Mutter die Information bekommen, dass man den Jungen medikamentös beruhigen könnte. Im Verlauf des Familiengesprächs regt die Beraterin an, das Verhalten des Jungen als Versuch zu verstehen, seinem Ärger Ausdruck zu geben darüber, dass in seinen Augen die Eltern ihre Aufmerksamkeit in ungerechter Weise vorwiegend der »kleinen, süßen Schwester« zuwenden.

Ein solches Reframing enthält verschiedene Aspekte:
- Das Problem wird nicht mehr als individuelles Defizit gesehen, sondern als Systemproblem.
- Es wird keine Schuldzuweisung vorgenommen.

---

77 Vgl. dazu ausführlicher *Morgenthaler* 1999, 76ff.
78 Ausführlicher dazu *Schneider-Harpprecht* 2003 und *Graham* 1992.

- Die Schwierigkeit verliert ihre Konnotation von »böse« o.ä., sondern erscheint als Ausdruck einer Not, eines Mangels im System.
- Das auf neue Weise verstandene Problem ist beeinflussbar und behandelbar.

Ein amerikanischer Seelsorgeautor, der sich ausführlich dieses Themas angenommen hat, ist *Donald Capps* in seinem Buch »Reframing«.[79] Im Anschluss an *Paul Watzlawick* und seine Co-Autoren unterscheidet *Capps* Veränderungen erster und zweiter Ordnung. Eine Veränderung erster Ordnung findet im bestehenden System statt, eine Veränderung zweiter Ordnung sucht das gesamte System, den bisher als selbstverständlich angenommenen Rahmen, zu verändern. Das Reframing hat solche Veränderungen zweiter Ordnung im Blick; es stellt die bisherigen Lösungsversuche einer Schwierigkeit in Frage und schlägt radikale oder paradoxe Perspektivenwechsel vor. Im Grunde, so *Capps*, entspricht das Reframing der Figur des Narren, der durch seine Vereinfachungen und Verfremdungen unvermutet die Wahrheit einer Situation aufdecken kann. Der Narr löst Lachen und damit eine neue Sichtweise aus. »Die Leichtigkeit der Berührung und die befreiende Kraft des Lachens sind entscheidend für die Kunst des Reframing«.[80] Im Wissen um die paradoxen Wege Gottes (die *Capps* am Beispiel des Buches Hiob auslegt) kann sich auch Seelsorge paradoxer Methoden bedienen, um Menschen aus ihren eingefahrenen Problemsituationen herauszuholen.

Eine weitere Technik, die auf konstruktivistischen Grundannahmen beruht, ist das *zirkuläre Fragen*.

In der Begegnung eines Pastors mit einer Familie beginnt die Mutter zu weinen. Als gesprächstherapeutisch orientierter Seelsorger würde der Pastor das Weinen der Mutter vorübergehend zum Thema machen; er würde versuchen sich einzufühlen, und allmählich würde man an den Punkt kommen, wo die Bedeutung des Weinens für die Frau und die anderen Familienmitglieder durchsichtig wird. Im systemischen Ansatz dagegen geht es darum, die Kommunikationsmuster der ganzen Familie und ihre unterschiedlichen Wirklichkeitskonstruktionen kennen zu lernen und ihre traditionelle Eingespieltheit zu stören. Deswegen bietet es sich hier an, etwa den Mann oder die Kinder zu fragen, was sie empfinden, wenn seine Frau / ihre Mutter weint. Wenn dann z.B. der Mann sagt: »Ich kriege immer Schuldgefühle, wenn meine Frau weint« – dann wird ein wichtiges Beziehungsmuster deutlich. Es wird klar: Die Frau drückt nicht einfach nur ihre Traurigkeit aus, sondern sie teilt den anderen etwas mit bzw. die anderen lesen etwas aus ihrer Traurigkeit, hören darin einen Appell etc. Es kann für eine Familie höchst instruktiv sein, solche Kommunikations- und Verhaltensmuster zu erkennen – sie funktionieren dann nicht mehr automatisch weiter, und es besteht die Chance, dass sich etwas ändert.

Kritisch ist zu familientherapeutischen/familienseelsorglichen Ansätzen vor allem von feministischer Seite angemerkt worden:[81]
- Die systemische Annahme gleicher Verantwortlichkeit aller Beteiligter ist kaum haltbar. Wenn man davon ausgeht, dass patriarchale

---

79 *Capps* 1990.
80 *Capps* 1990, 180.
81 Vgl. zum Folgenden *Nichols/Schwartz* 1995, 132ff.

10.2 Die Bedeutung verschiedener Psychotherapieverfahren ... 449

Strukturen auch heute noch Frauen an der Entfaltung ihrer Möglichkeiten hindern, kommt die Annahme einer gleichen Verantwortlichkeit einer Unterstützung des patriarchalen Systems gleich.
- Solange die Mutter als primäre Bezugsperson für das Kind gesehen wird, werden Probleme der Kinder vorwiegend den Müttern vorgeworfen – statt dafür zu sorgen, dass Väter sich stärker in der Begleitung und Erziehung der Kinder engagieren und dafür die notwendigen gesellschaftlichen Voraussetzungen bereitgestellt werden.
- Die »gender-Perspektive« und damit die In-Frage-Stellung der traditionellen Rollenstereotype muss insgesamt eine durchgehende Sichtweise sein.
- Therapeutische Neutralität und die Theorie zirkulärer Kausalität sind schwer aufrechtzuerhalten angesichts des weit verbreiteten Vorkommens männlicher Gewalt in Familien: Nach einer Pressemitteilung des Bundesministerium für Familie, Senioren, Frauen und Jugend aus dem Jahr 2001 berichten 30 % der Frauen und 10 % der Männer von unfreiwilligen sexuellen Kontakten vor dem 18. Lebensjahr – bei einer hohen Dunkelziffer! Parteilichkeit des Seelsorgers / der Seelsorgerin ist hier methodisch reflektiert nötig.

Mit der Erweiterung und Veränderung der grundlegenden Wahrnehmungseinstellung stellt systemische Seelsorge trotz dieser Kritikpunkte eine große Chance für die Kirche dar.

10.2.5 Verhaltenstherapeutisch orientierte Seelsorge

Verhaltenstherapeutische Konzepte und Methoden sind bisher in der Seelsorge wenig eingesetzt worden. Eine der Ursachen dafür ist in dem mechanistischen und positivistischen Menschenbild des frühen Behaviorismus zu suchen, in dem Fragen nach Sinn und Bedeutung keinen Platz haben, das insofern schwer mit theologischen Menschenbildern zu vereinbaren ist.[82]

Auf der anderen Seite ist klar, dass sich manche Konzepte des Behaviorismus sinnvoll auch auf Kommunikationsprozesse in der Seelsorge beziehen lassen.

Die Grundannahme der verschiedenen verhaltenstherapeutischen Richtungen besteht darin, dass Verhaltenseinschränkungen oder -störungen mit entsprechenden eingeschränkten oder gestörten Lernprozessen zu tun haben. Die Probleme und Schwierigkeiten, die Menschen in Beratung oder Seelsorge zum Ausdruck bringen, werden als die tatsächlichen Probleme verstanden, man sucht nicht, wie in den psychodynamischen Therapien, nach verborgenen Störungen, die hinter den Symptomen liegen. Das Ziel besteht darin, das wahrnehmbare gestörte Verhalten bzw. die für eine Lebenssituation unangemessenen Denkstruk-

---

82 Vgl. *Stollberg* 1978, 48ff.

turen, die wiederum das Verhalten steuern, so zu verändern, dass ein Mensch relativ störungsfrei leben kann.
Aus der Breite der Möglichkeiten verhaltenstherapeutischer Interventionen in der Seelsorge soll hier nur auf zwei Aspekte hingewiesen werden:
1. Jede Psychotherapie, jede Seelsorge kann als Lern- und Konditionierungsprozess verstanden und analysiert werden. Alle drei in der Verhaltenstherapie (⇒ Kap. 4.4) beschriebenen Lernformen spielen eine Rolle:
– Wenn eine seelsorgliche Begegnung konstruktiv und für die Ratsuchende »erfolgreich« verlaufen ist, wird sie auf jeden Fall mit diesem Pastor und seiner Seelsorge, möglicherweise aber überhaupt mit Kirche und ihren Angeboten, positive Assoziationen verknüpfen (assoziatives Lernen).
– Schon die nonverbalen Reaktionen des Seelsorgers / der Seelsorgerin (zustimmender oder fragender Blick, Kopfnicken, Augenbrauen hochziehen, Hmm-Reaktionen etc.) haben für bestimmte Themen, Gefühle und Verhaltensweisen verstärkende und für andere Themen neutrale oder löschende Funktion. Die Erkenntnisse zur Bedeutung nonverbaler Kommunikation (s.o.) lassen keinen anderen Schluss zu: Die implizite Verstärkung oder Nicht-Verstärkung bestimmter Verhaltensweisen bei einem Rat suchenden Gegenüber durch kleinste Ausdrucksnuancen des Seelsorgers / der Seelsorgerin lässt sich nicht vermeiden. Umgekehrt ist ein Rat Suchender unbewusst daran interessiert, sich den in diesen Verstärkungsmustern implizit deutlich werdenden Vorstellungen des Seelsorgers anzupassen, um gemocht und akzeptiert zu werden (operantes Lernen; es ist bekannt, dass Patienten in *Freud*scher oder *Jung*scher Analyse auch die jeweils zu dieser Therapierichtung »passenden« Träume produzieren; in psychoanalytischer Perspektive kann man das damit erklären, dass die Übertragungsbeziehung natürlich Auswirkungen auf das Unbewusste des Patienten hat).
– Die Person des Seelsorgers / der Seelsorgerin hat in mehrfacher Hinsicht eine Vorbildfunktion, die zur Nachahmung einlädt: In der Art und Weise, wie Seelsorger/Seelsorgerinnen auftreten, wie sie mit Emotionen umgehen, wie sie Probleme handhaben, wie sie als religiöse Menschen in Erscheinung treten, können sie für Rat Suchende anziehend sein und zur bewussten und unbewussten Nachahmung einladen (Imitatives Lernen).
Die genannten Lernprozesse sind nicht negativ zu bewerten; sie sollten wahrgenommen und wenn nötig bewusst gemacht werden.
Darüber hinaus ist es durchaus üblich, im Beratungsprozess gezielte Lernsequenzen einzusetzen, indem beispielsweise eine schwierige soziale Situation im Rollenspiel vorbereitet und ausprobiert wird, indem Verhaltensweisen möglichst konkret und wiederholt eingeübt werden,

indem Bestandteile aus Konfliktlösungsstrategien oder Selbstbehauptungstrainings übernommen und eintrainiert werden.
2. Konzepte aus der kognitiven Verhaltenstherapie haben sich vielfach, vor allem in der Behandlung von Depressionen und Angststörungen, bewährt. Kognitive Therapie, wie auch die Rational-Emotive Therapie von *Albert Ellis*,[83] gehen davon aus, »dass die Affekte und das Verhalten eines Individuums zu einem großen Teil bestimmt sind von der Art und Weise, wie er seine Welt strukturiert.«[84] Die Kognitionen, die aus vergangenen Erfahrungen stammen und sich zu Einstellungen oder Haltungen generalisiert haben, beeinflussen Gefühle und Verhalten und setzen auf diese Weise häufig einen negativen Regelkreis in Gang. *Albert Ellis* spricht in diesem Zusammenhang von »irrationalen Einstellungen«, die entsprechende belastende Gefühle und Verhaltensweisen auslösen. Auch religiöse Weltdeutungsmuster (z.B. in fundamentalistischen Gruppierungen) können Bestandteile solcher irrationaler Einstellungen sein.

Depressive oder mit Angststörungen belastete Menschen neigen dazu, ihre Erfahrung »falsch« zu konstruieren, indem sie willkürliche und einseitige Schlussfolgerungen aus bestimmten Erfahrungen ziehen, Eindrücke generalisieren, sie vergrößern oder verkleinern, in Dichotomien von entweder/oder, ganz oder gar nicht etc. verfallen. Hier haben kognitive Therapieverfahren, die ansatzweise auch in der Seelsorge praktiziert werden können, gute Chancen.[85] Die therapeutischen Techniken (kognitive Umstrukturierung) zielen darauf ab, die bisherigen Denkmuster aufzudecken, sie an der Realität zu testen und in einem längeren Prozess (z.B. auch durch Rollenspiele) veränderte Muster einzuüben.[86] Im Rahmen der Arbeit mit kognitiven Techniken in der Seelsorge können auch Anregungen zu bestimmten spirituellen Übungen eingebaut werde. Entspannungsübungen (z.B. nach *Jacobson*, oder Autogenes Training) sind mit guten Erfolgen leicht zu vermitteln.[87]

Seelsorge sollte ihre Scheu vor verhaltenstherapeutischen Ansätzen verlieren. Vor allem kurzfristige Interventionen sind im Pfarramt möglich und sinnvoll. Der Zusammenhang von Denken bzw. symbolischen Repräsentationen und Verhalten ist fundiert erforscht und belegt. Daraus muss allerdings nicht das wissenschaftstheoretische Credo, wie es z.B. *Besier* und *Sons* vertreten haben, folgen, wonach Verhaltensthera-

---

83 *Ellis* 1977.
84 *Beck/Rush/Shaw/Emery* 1979, 3.
85 Artikel »Depression«, in: *Wicks/Parsons/Capps* 1993, Bd. 2, 415–446. Vgl. auch *Stone* 1980. Dies ist m. W. das einzige Buch, dass explizit behavioristische Therapieverfahren für die Seelsorge fruchtbar zu machen sucht.
86 Zu den einzelnen Techniken vgl. *Stone* 1993, 440ff.
87 Dazu ausführlicher *Stone* 1980, 13ff.

pie den allein gültigen Standard für empirische Wissenschaft und für Seelsorge aufstellt.[88]

10.2.6 Seelsorge und Krisenintervention

Im Blick auf die Seelsorge in Krisensituationen lassen sich zwei gegenläufige Tendenzen ausmachen, die den gegenwärtig widersprüchlichen Stellenwert von Kirche in unserer Gesellschaft kennzeichnen: Zum einen verliert das Pfarramt in zunehmendem Maß den direkten Kontakt zu den Menschen ihrer Parochie; das zeigt sich am deutlichsten daran, dass bei Todesfällen in der Regel nicht mehr der Pfarrer / die Pfarrerin als erste gerufen werden, sondern der Bestatter. Pfarrer/ Pfarrerin werden häufig erst viel später informiert und einbezogen. Das heißt: Religion und Kirche und ihre Vertretungen sind in der Bevölkerung nicht mehr die primären Krisenagenturen.
Auf der anderen Seite wird in vielen Gegenden Deutschlands eine Notfallseelsorge von den Kirchen in Kooperation mit Feuerwehr und Polizei aufgebaut und vielfältig in Anspruch genommen.[89] Dahinter steht allerdings wohl eher das Bedürfnis des Personals von Feuerwehr und Polizei, in schwierigen menschlichen Situationen Entlastung und Unterstützung zu finden. Gleichwohl ist die Seelsorge durch diesen Umstand wieder relativ häufig mit Krisensituationen und posttraumatischen Belastungsreaktionen konfrontiert.

10.2.6.1 Seelsorge als Krisenintervention

Der Begriff Krise bezeichnet einen Höhe- oder Wendepunkt, an dem ein Geschehen, z.B. eine Krankheit, sich zum Guten oder zum Schlimmeren verändern kann. Aus sozialpsychologischer Sicht wird eine Krise als plötzlich auftretendes Ungleichgewicht zwischen der Bedeutung eines Problems, einer Veränderung und den Bewältigungsmöglichkeiten, die einer Person zur Verfügung stehen, verstanden. Das bisherige Gleichgewicht (Homöostase) in der Bewältigung des Lebens eines einzelnen Menschen oder einer Gruppe ist – aus welchen Gründen auch immer – tiefgreifend gestört, die bisher üblichen Problemlösungsmöglichkeiten greifen nicht mehr, der Betreffende gerät in einen Zustand erhöhter Verletzlichkeit, Irritation und Desorientierung. Wenn in diesem Zustand noch eine kleine zusätzliche Belastung auftritt, kann es zu einer Krise, einer akuten Dekompensation kommen.

Beispiel: Ein junger Mann fühlt sich von seinem Studium zunehmend überfordert, er zieht sich mehr und mehr zurück, vereinsamt, fühlt sich dadurch noch mehr belastet, weil entlastende, entspannende Kontakte mit Kommilitonen seltener werden, ein negativer Regelkreis hat eingesetzt. Wenn sich jetzt auch noch seine Freundin von ihm trennt, oder, viel harmloser, der Professor seine Seminararbeit als mangelhaft bewertet, kann das der Auslöser für eine akute Krise sein.

88 Besier 1980; Sons 1995.
89 Müller-Lange 2001.

10.2 Die Bedeutung verschiedener Psychotherapieverfahren ...

Aus lerntheoretischer Perspektive heißt das: Eine Krise entsteht, »wenn eine Situation zu neu, zu schnell, zu selten, zu ungewohnt, zu fremd, zu schwer, zu schmerzhaft ist, so daß das bisher gelernte Verhalten unbrauchbar wird, keine Bestätigung (reinforcement) mehr bekommt.«[90] *Verena Kast* unterscheidet zwischen Entwicklungskrisen (von der Pubertäts- bis zur Alterskrise), Anforderungskrisen (Überforderungserleben durch familiäre oder berufliche Situationen) und Verlustkrisen (durch Trennung oder Scheidung, Krankheit, Unfall und Tod).[91] In der Krise empfindet der betroffene Mensch seine Identität, sein Selbstwert- und Kohärenzgefühl und sein bisheriges Unterstützungssystem (einschließlich seines Sinnsystems, seines Glaubens) als bedroht oder schon verloren.[92] Außenstehende müssen sich klarmachen, dass dieses Gefühl des Bedroht-Seins die subjektive Bedeutungsgebung einer Situation durch die betroffene Person wiederspiegelt; andere Personen mögen dasselbe Ereignis ganz anders betrachten. Für die Krisenintervention ist jedoch ausschließlich die Sicht des/der Betroffenen entscheidend. Vor allem ist für Außenstehende zunächst nicht erkennbar, ob nicht eine Kumulation von mehreren krisenhaften Ereignissen zu der akuten Krise geführt hat.

In einer Krise befindet sich ein Mensch körperlich wie seelisch in Aufruhr, ist entweder hektisch und ungezielt aktiv oder wie gelähmt; seine Stimmung, sein Verstand sind gestört, desorientiert; er ist wie fixiert auf die Geschehnisse, die die Krise ausgelöst haben. Ähnlichkeiten zu Trauerreaktionen sind auffallend (⇒ Trauer Kap 8.7.4).

Der Psychiater *Gerald Caplan* hat 1964 den Krisenbegriff in seiner auf Homöostase bezogenen Bedeutung definiert und vier Phasen eines typischen Krisenverlaufs unterschieden:[93]

1. Angesichts einer belastenden Lebenssituation versucht ein Mensch, durch Rückgriff auf gewohnte Problemlösungsmuster Wohlbefinden wieder herzustellen.
2. Wenn jedoch Unbehagen, Anspannung, Angst weiter zunehmen, realisiert die Person, dass sie mit dem Ereignis nicht fertig wird – was die Anspannung verstärkt.
3. Das inzwischen hohe Maß an Unbehagen führt zur Mobilisierung aller inneren und äußeren Ressourcen. Ungewohnte Verhaltensweisen werden ausprobiert.
4. Die bedrängende Wirklichkeit wird ausgeblendet und verdrängt; Rat- und Orientierungslosigkeit setzen ein und führen zum »Zusammenbruch« der Steuerungsfähigkeiten der Person.

Schon diese kurze Beschreibung einer Krise macht deutlich, dass man in der seelsorglichen Begleitung methodisch in einem solchen Fall an-

---

90 *Dörner/Plog* [8]1994, 332.
91 *Kast* 1987, 15f.
92 *Switzer* 1993, 132ff.
93 Zum Folgenden vgl. *Kulessa* 1982, 67–93.

ders vorgehen muss. Einige Andeutungen aus einem ansonsten umfangreichen Katalog müssen genügen:
Auf der einen Seite bleibt eine annehmende und einfühlende Grundhaltung unverzichtbar, um ein möglichst angstfreies Klima herzustellen; auf der anderen Seite muss das seelsorgliche Handeln aktiv, direktiv und zielgerichtet sein. D.h.:
- Kontakt herstellen: ins Gespräch kommen, im Gespräch bleiben, Vertrauen aufbauen;
- evtl. Körperkontakt anbieten: Die Person am Arm, an der Schulter berühren, in den Arm nehmen etc. Körperkontakt kann eine beruhigende und Sicherheit gebende Wirkung haben;
- Konzentration auf die Krisensituation und nichts anderes; es geht in dieser Situation nicht darum, biographische Zusammenhänge o.ä. zu eruieren;
- Bedeutung der krisenauslösenden Faktoren identifizieren;
- erste emotionale Entlastung durch Aussprechen ermöglichen, z.B. auch bei Suizidabsichten (das Ansprechen von Suizidabsichten ist in der Regel für die Betroffenen entlastend!);[94]
- Klärung stützender Systeme bzw. Aktivierung von tragfähigen Beziehungen (wer ist bei Ihnen? Wen können Sie bitten, herzukommen?); der/die Betroffene sollte nicht alleine gelassen werden;
- Selbstgefährdung ausschließen;
- vorübergehende Übernahme von Ich-Funktionen (z.B. stellvertretend notwendige Entscheidungen treffen etc.);
- Anregung zu kleinen, erfolgversprechenden Schritten (Ich-Stärkung) ausprobieren; welche Ressourcen stehen der Person noch zur Verfügung?
- neuen Termin in einem überschaubaren Zeitraum vereinbaren.
Eine wirklich bewältigte Krise kann als Beitrag zur inneren Stärkung und Flexibilität betrachtet werden; eine nur verdrängte Krise stellt die Grundlage für neue und möglicherweise schwerere Krisenerfahrungen dar. Das Bemühen um eine Rekonstruktion der durch die Krise in Frage gestellten Identität bzw. des Sinngefüges der Person gehört nicht in die unmittelbare Krisenintervention, sondern sollte einer späteren seelsorglichen Begleitung vorbehalten bleiben.

10.2.6.2 Posttraumatische Belastungsstörung
Notfallseelsorge arbeitet auch mit Theorien aus dem Bereich der Psychotraumatologie, die von der posttraumatischen Belastungsstörung spricht. Aus den verschiedenen Erklärungsansätzen[95] erscheint mir der

---

94 Zum Thema Suizid vgl. *Christ-Friedrich* 1998. Die Autorin stellt aus pastoralpsychologischer Perspektive dar, dass Suizid als Versuch der Kommunikation zu verstehen ist, als eine verzweifelte Ich-Leistung zur Veränderung einer anscheinend ausweglosen Lebenssituation.
95 Vgl. dazu *Müller-Lange* 2001, 71ff.

10.2 Die Bedeutung verschiedener Psychotherapieverfahren ...

kognitive Ansatz besonders wichtig und gut nachvollziehbar. Danach führt das Erleben einer traumatischen Situation (Unfall, Gewalterfahrung etc.) zu einer massiven Veränderung des Selbstbildes und des Rollengefüges einer Person (z.b.»ich bin nicht nur der selbstverständlich kompetente Erwachsene, der sein Leben erfolgreich meistert; ich bin auch der verletzliche, ohnmächtige, extrem geängstete Mensch ...«), verbunden mit intensiven Gefühlen von Angst, Schuld und Scham. Diese veränderten Muster bestimmen so lange Denken, Empfinden und Verhalten, bis durch deren Verarbeitung neue Schemata an die Stelle der alten treten können.

Auch im Rahmen der posttraumatischen Belastungsstörung wird häufig ein phasenhafter Verlauf beobachtet: Das Erleben des traumatischen Ereignisses wird mit einer Phase des Aufschrei (Angst, Wut, Trauer), aber auch der Vermeidung, Verleugnung und emotionalen Taubheit (die Erinnerung an das Ereignis möglichst nicht wahrnehmen) beantwortet. Es folgen Zeiten der Intrusion, in denen sich die schrecklichen Erinnerungen geradezu aufdrängen und der/die Betroffene zwischen Verleugnung und Wiederholung in der Erinnerung hin und her schwankt. Die Belastung kann Motivation sein, sich der Realität des Ereignisses zu stellen, seine Bedeutung durchzuarbeiten, die Veränderungen im Selbstbild zu überdenken und nach neuen Lebensdeutungsmustern zu suchen. Auf diese Weise kann es gelingen, das Ereignis in die Biographie zu integrieren; wenn das nicht möglich ist, sind bestimmte pathologische Persönlichkeitsveränderungen wahrscheinlich die Folge.

Notfallseelsorge hat in der Regel nur mit der akuten traumatischen Belastungsreaktion zu tun. Sie gilt, ähnlich wie Trauer, als normale Reaktion auf ein extremes Ereignis und sollte nicht pathologisiert werden.

Seelsorge hat in Zeiten von krisenhafter und hoher Belastung mit ihren stabilisierenden symbolisch-rituellen Angeboten (Gebet, Segen, Handauflegen etc.) besondere Möglichkeiten.

Für die Seelsorge insgesamt bedeutet die Auseinandersetzung mit Krisenintervention und Psychotraumatologie eine erhebliche Ausweitung des methodischen Instrumentariums. Eine non-direktive, personzentrierte Grundhaltung ist in jedem Fall wichtig; darüber hinaus ist aber in bestimmten Situationen gezieltes Eingreifen und direktives Vorgehen notwendig. Die diagnostische Fähigkeit, unterscheiden zu können, welches Verhalten in welcher Situation angezeigt ist, stellt eine wichtige seelsorglich-pastoralpsychologische Kompetenz dar.

10.2.7 Narrative Therapie in der Seelsorge[96]

Unsere alltägliche Wahrnehmung von Welt – im Unterschied zur wissenschaftlichen Wahrnehmung – ist narrativ strukturiert. Wir legen dem, was wir mit den Sinnen wahrnehmen, Sinn und Bedeutung bei, indem wir es mit Hilfe verschiedener Kategorien (Raum: da und dort; Zeit: damals, jetzt, demnächst; Kausalität: aus diesem oder jenem Grund) dem bereits vorhandenen Bedeutungsfundus zuordnen. Der kontinuierliche, vielfältige und häufig verwirrende Strom der Wahrnehmungen wird durch »stories« strukturiert, die eine gewisse Ordnung herstellen.

Individuelle Bedeutungsgebung ist immer eingebettet in einen größeren gesellschaftlichen und kulturellen Kontext, der den Bedeutungsrahmen, die dominanten Motive vorgibt, innerhalb dessen sich die einzelnen ansiedeln können. Stories werden also nur in begrenztem Maß von den Individuen erfunden; sie bilden das Ergebnis kultureller Selbstverständlichkeiten (oder »dominanter Diskurse«), familiärer Geschichten, in denen wir aufgewachsen sind, und individueller »Zutaten«.

Stories erzählen wir anderen; der Prozess des Erzählens ist in mehrfachem Sinn ein performativer Akt: Die erzählende Person konstituiert sich als handelnde, im Prozess des Zuhörens entsteht eine Beziehung, und das, was erzählt wird, wird Wirklichkeit.[97]

Das Adjektiv »performativ« meint, dass durch den Prozess der Sprache eine Wirklichkeit konstituiert wird. Wenn der Standesbeamte bei der Eheschließung sagt »Ich erkläre euch hiermit zu Mann und Frau«, ist durch diesen Satz formal die Wirklichkeit der Ehe hergestellt. Der Satz »Ich liebe dich« lässt die Liebe gewissermaßen anwesend sein usw.

Unsere Geschichten sind unsere Welt, sind wir selbst. »Wir träumen in Geschichten, tagträumen in Geschichten, erinnern, antizipieren, hoffen, verzweifeln, glauben, zweifeln, planen, revidieren, kritisieren, konstruieren, tratschen, lernen, hassen und lieben durch Geschichten. Um leben zu können, entwickeln wir Geschichten über uns selbst und andere, über die persönliche und die soziale Vergangenheit und Zukunft.«[98]

Geschichten entwickeln einen selektiven Fokus, der als Auswahlkriterium benutzt wird, um zu entscheiden, was der Geschichte hinzugefügt wird und was nicht. Geschichten neigen dazu, sich selbst in einer bestimmten Richtung zu verstärken und in dieser einen Richtung »dichter« zu werden.

---

96 Zum Folgenden vgl. *Cozad Neuger* 2001; *Rosen/Kuehlwein* 1996; eine besonders praxisbezogene Einführung geben *Winslade/Monk* 1999; zum story-Konzept vgl. auch *Ritschl* 1988.
97 *Russell/Wandrei* 1996, 307ff.
98 *B. Hardy*, zitiert bei *Gerkin* 1986, 29.

Geschichten mit unterschiedlichen, sich teilweise sogar widersprechenden Strängen bilden das Narrativ einer Person. Dem Ganzen liegen einige wenige Grundannahmen zugrunde, denen im Lauf des Lebens weitere Episoden und Geschichten angefügt werden. Erfahrungen, die den Geschichten widersprechen, werden in der Regel ignoriert oder vergessen oder so umgearbeitet, dass sie zu den Grundannahmen passen. Die Wahl- und Veränderungsmöglichkeiten dieser Geschichten sind dadurch begrenzt. Jemand kommt zu Seelsorge oder Beratung, wenn das Narrativ so problemgeladen ist, dass keine Zukunftsmöglichkeiten mehr sichtbar sind.

Narrative Therapie als psychotherapeutische Theorie und Intervention hat zum Ziel, die Stories und das zugrunde liegende »core narrative« zu verändern: Die Betroffenen können und sollen eine neue Sprache, neue Interpretationsweisen finden, und dadurch ihre Sicht des Lebens erweitern und ihr Leben verändern.[99]

Die Anthropologie der Narrativen Therapie geht davon aus, dass Menschen die Ressourcen und Möglichkeiten haben, produktiv und weniger Problem-beladen zu leben. Menschen *sind* nicht ihre Probleme, sind nicht ihre Defizite; sie *haben* Probleme und sind grundsätzlich in der Lage, sich von ihren Problemen zu distanzieren.

Ein wichtiger erster methodischer Schritt auf diesem Weg besteht im »dekonstruktiven Zuhören«. Damit ist gemeint, dass der Seelsorger / die Seelsorgerin der Klientin hilft, ihr Problem zu externalisieren, sich nicht länger mit dem Problem zu identifizieren. Am Beispiel der Depression würde das bedeuten, nicht zu sagen, ich *bin* eine depressive Frau, sondern ich *habe* Depressionen, ich schlage mich mit Depressionen herum. Das Problem »Depression« wird auf diese Weise zu einem begrenzten Teil im Leben der Frau und definiert nicht mehr die ganze Person.

Die Externalisierung kann noch verstärkt werden, wenn die Schwierigkeit, um die es vorrangig geht, personalisiert wird, also einen Namen bekommt. Das Problem wird damit in aller Deutlichkeit zu einem Gegenüber, mit dem man sich auseinander setzen kann, dem man nicht hilflos ausgeliefert ist.

Zum dekonstruktiven Zuhören gehört, dass die dominanten Erzählmotive der Familie oder der Kultur, die der Klientin gewissermaßen übergestülpt wurden und die zur Entstehung dieser problemgeladenen Geschichte beigetragen haben, aufgedeckt werden. Dass Frauen schwach und abhängig und auf männliche Unterstützung angewiesen sind, ist eine Geschichte, gegen die sich Frauen vielleicht nicht wehren konnten, die sie aber durchschauen müssen, um sich von ihr zu lösen und ihre eigene Stimme, ihre eigene Aktivität zu entdecken.

Schließlich ist es eine wichtige Aufgabe des Beraters / der Beraterin, nach Punkten in der story der Klientin Ausschau zu halten, wo das dominante Motiv durchbrochen ist, wo eine Inkonsequenz, eine Ausnahme auftaucht. Da ergeben sich Ansatzpunkte, um Eigenständigkeit und neue Bedeutungszuschreibungen in der Lebensgeschichte zu ermutigen.

---

99 Vgl. auch *Schneider-Harpprecht* 2001. Ein Abschnitt ist überschrieben: »Narrativität als ›Leitmetapher‹ in Anthropologie und Theologie«, 127ff.

Mit Hilfe dieser Schritte kann es gelingen, dass die Klientin neue stories entwickelt; *Neuger* nennt das »restorying«: »Restorying bezeichnet den Prozess, in dem jene ›Ungeschichten‹, die in der Erfahrung vorhanden waren, aber bisher keine Aufmerksamkeit gefunden haben, in die Kern-Erzählung hineingenommen werden.«[100]
An dieser Stelle wird der systemische Aspekt dieses Ansatzes deutlich: Individuelle Geschichten sind immer eingebunden in familiäre und kulturelle Geschichten; wenn Einzelne beginnen, ihre story zu verändern, hat das Auswirkungen auf diejenigen, die Mitakteure dieser Geschichte sind bzw. deren eigene Geschichte mit dieser verzahnt sind. Auch sie müssen ihre Geschichten verändern.
Manchmal sind »counterstories« hilfreich, um die eigene Geschichte in neuem Licht zu sehen; hier kommt für die Seelsorge die biblische Tradition ins Spiel, die in durchaus ähnlicher Weise Geschichten erzählt, damit Menschen ihr Leben durch sie neu verstehen und sich ändern können (traditionell gesagt: umkehren und Buße tun können). Schon *Albrecht Grözinger* hatte auf die Möglichkeit hingewiesen, in die Rekonstruktion der Lebensgeschichte die Geschichte Gottes mit den Menschen gewissermaßen einzuflechten.[101] Alttestamentliche und neutestamentliche Befreiungsgeschichten oder die Parabeln Jesu, die so überraschend die Dinge des Alltags in ein neues Licht stellen, bieten sich dafür besonders an.
Aber *Neuger* warnt mit Recht vor der Gefahr, dass Seelsorger oder Seelsorgerinnen zu schnell (und vielleicht sogar noch aus apologetischem Interesse!) eine neue story finden und ausarbeiten wollen und zu stark den Prozess selber dirigieren;[102] dann wiederholt sich eine Fremdbestimmung, die schon in der Entstehung der alten story mitbeteiligt war. Die neue Geschichte muss von der betreffenden Person selbst ausgearbeitet sein; der Seelsorger, die Seelsorgerin ist dazu Katalysator, der auf der Basis einer tragfähigen Beziehung durch neugieriges Fragen und mit großem Respekt und Vertrauen in die positiven Möglichkeiten der Entwicklung Raum schafft.[103]
Heilung oder Besserung bedeutet im Rahmen der narrativen Therapie, dass eine nicht mehr »passende« und deswegen belastende, schmerzliche Realitätskonstruktion durch eine passendere, weniger schmerzvolle ersetzt wird. Die Nähe zum in der Familientherapie eingesetzten Reframing ist offenkundig. Eine Klientin drückt die Veränderung so

---

100 *Neuger* 2001, 145f.
101 *Grözinger* 1986.
102 *Neuger* 2001, 188f.
103 Die Wichtigkeit der Haltungen des Beraters / der Beraterin betonen *Winslade/ Monk* 1999, 28ff besonders: Optimismus und Respekt, Neugier und Hartnäckigkeit und der Beginn bei einem »bewussten Nichtwissen« im Bezug auf den Klienten / die Klientin.

10.2 Die Bedeutung verschiedener Psychotherapieverfahren ...

aus: »Das Problem bestand darin, wie ich die Situation gesehen habe. Jetzt sehe ich sie anders, und das Problem besteht nicht mehr.«[104]
Über die Seelsorgesituation im engeren Sinn hinausgehend hat *Charles Gerkin* ein von ihm so genanntes »narrativ-hermeneutisches Modell« entwickelt.[105] *Gerkin*s Interesse war schon 1984 in seinem Buch »The Living Human Document«, wieder stärker die theologischen Wurzeln der Seelsorge herauszuarbeiten.[106] Auch die Narrative Theologie geht davon aus, dass menschliches Leben narrativ verfasst ist; die biblischen Geschichten und die Kirche mit ihren Traditionen haben für Jahrhunderte den narrativen oder metaphorischen Rahmen zur Verfügung gestellt, innerhalb dessen sich Gemeinschaften und Einzelne verorten konnten.

Gerkin erzählt, wie in seiner Erfahrung als Krankenhausseelsorger im rassistisch geprägten Süden der USA das biblische Bundes-Motiv »Ich bin euer Gott, und ihr sollt mein Volk sein« gerade afro-amerikanische Menschen in der Situation von Unterdrückung und Benachteiligung gestärkt und ermutigt hat.[107]

In seinem Seelsorgebuch von 1997 greift *Gerkin* Ansätze der narrativen Therapie auf und siedelt die Seelsorge zwischen den Geschichten der christlichen Gemeinschaft und ihrer Tradition auf der einen Seite und den einzelnen Lebensgeschichten in der Gemeinde auf der anderen Seite an.[108] Es geht ihm nicht nur um die Funktion von stories in problembezogenen Beratungen mit Einzelnen, sondern um die grundsätzliche Chance, in diesem Modell die Geschichten der Tradition mit denen der Gemeinde und mit denen der Menschen in der Gemeinde zu verzahnen. Hier verschränken sich Seelsorge und Predigtaufgabe. Dem Pastor / der Pastorin kommt nach *Gerkin* die Funktion einer »interpretive guidance« zu; in dieser Funktion ist es seine/ihre Aufgabe, auf beide Geschichten aufmerksam zu sein, dadurch einerseits die biblischen Geschichten zu kontextualisieren und andererseits die individuellen Lebensgeschichten zu verfremden bzw. sie counterstories auszusetzen. Das von *A. Boisen* artikulierte Interesse, Tradition und Situation sich wechselseitig auslegen zu lassen, steht hier im Hintergrund (⇒ Kap. 1.8.2). Ähnlichkeiten kann man auch erkennen mit den von *H. Tacke* und *Peter Bukowski* vertretenen Interessen, die Bibel wieder verstärkt ins seelsorgliche Gespräch zu bringen.
Dabei ist zu berücksichtigen, dass die biblischen Geschichten und ihre Art, die Welt und das Leben zu deuten, schon lange nicht mehr den unhinterfragten Rahmen gegenwärtiger Welt- und Selbstauslegung abgeben; wenn sie erst mühsam erklärt werden müssen, taugen sie kaum

---

104 *Watzlawick*, in: *Rosen/Kuehlwein* 1996, 69.
105 *Gerkin* 1997.
106 *Gerkin* 1984. Gerkin setzt diese Linie fort mit dem Buch von 1986.
107 *Gerkin* 1986, 38ff.
108 *Gerkin* 1997, 110ff.

zur Deutung einer Situation. Außerdem repräsentieren sie *eine* Variante in der Vielfalt gegenwärtiger kultureller und religiöser Narrative; Auseinandersetzung mit anderen religiösen und wissenschaftlich-säkularen Geschichten ist deswegen ständige Aufgabe.
Der Ansatz der Narrativen Therapie ist nicht nur für die Seelsorge fruchtbar, sondern für alle Kommunikationsprozesse in Religion und Kirche. In den Ausführungen zur Hermeneutik der Pastoralpsychologie war bereits davon die Rede, dass Menschen sich ständig selbst auslegen; dieser Prozess der Selbstauslegung wird auch durch Religion und ihre Deutungsmuster beeinflusst; es gilt darauf zu achten, ob die Geschichten der christlichen Tradition inhaltlich und durch die Art, wie sie erzählt werden, dazu beitragen, dass Menschen selbstständig ihre eigene story finden und erzählen können, oder ob ihnen fremde stories aufgezwungen werden. »Freiheit in Beziehung« erscheint als ein sinnvolles Ziel und Kriterium narrativer Seelsorge.

10.3 Gender-Perspektiven

Zur Kontextualität von Seelsorge gehört, dass sie die Geschlechtsrollen der Beteiligten differenziert berücksichtigt. Die Gender-Perspektive hängt mit konstruktivistischen Prämissen zusammen: Es ist deutlich geworden, dass Geschlecht (sex) nicht eine unveränderbare und eindeutige biologische Gegebenheit darstellt, sondern in seinen Ausdrucksformen immer von sozialen Vorstellungen und Rollenerwartungen (gender) her konstruiert wird.
Pastoralpsychologie greift die gender-Debatte auf, weil die Theorien zur unterschiedlichen Geschlechtersozialisation ($\Rightarrow$ Kap. 11) natürlich Konsequenzen für die Praxis religiöser Kommunikation in der Kirche haben. Das geschieht nach meinem Eindruck in der Seelsorge stärker als in anderen praktisch-theologischen Teildisziplinen. Vielleicht hängt es damit zusammen, dass in Psychologie und Psychotherapie die Fragen nach geschlechtspezifischer Sozialisation von Frauen und Männern aufgebrochen sind und auch die Seelsorge beeinflussen.
Die Konsequenzen der gender-Debatte zeigen sich darin, dass gezielt Seelsorge- und Beratungsstrategien entwickelt werden, die den unterschiedlichen Ausgangslagen und Bedürfnissen von Frauen und Männern in der Gesellschaft Rechnung zu tragen suchen.[109]

10.3.1 Feministische Seelsorge
»Feministische Seelsorge kann definiert werden als ein Verständnis von Seelsorge, in dem die Kategorie ›Geschlecht‹ eine wichtige Rolle spielt. Sie nimmt die Bedeutung des Geschlechts in unserer Gesell-

---

109 Vgl. *Riedel-Pfäfflin / Strecker* ²1999. In den Lehrbüchern der Seelsorge von Ziemer 2000 und *Winkler* 2000 schlägt sich diese Perspektive allerdings noch kaum nieder.

10.3 Gender-Perspektiven

schaft und ihre jeweiligen Konsequenzen für die einzelnen Menschen sensibel wahr. Sie achtet mit erhöhter Wahrnehmung darauf, von welchen gesellschaftlichen Rollenerwartungen eine Person geprägt ist und welche Auswirkungen diese auf ihr Leben hatten und haben. Das Geschlecht wird als Deutungskategorie für individuelle Lebenssituationen betrachtet.«[110]
Differenzierter definieren *U. Riedel-Pfäfflin / J. Strecker*:

»... wir identifizieren Botschaften und soziale Konstruktionen, die das Verhalten und die Geschlechtsrollen prägen; ... wir entwickeln ein Bewusstsein für das sexistische Denken, das die Möglichkeiten der Frauen einschränkt ... wir erkennen das Dilemma und die Konflikte an, die für Frauen auftauchen, wenn sie Kinder bekommen und sie aufziehen ... wir bestärken die Werte und Verhaltensweisen, die charakteristisch für Frauen sind ... wir erkennen das grundlegende Prinzip an, dass keine Intervention frei von dem Einfluß der Geschlechterbeziehungen, der ökonomischen Situation und eigener Weltanschauungen oder Glaubensüberzeugungen geschieht ...«[111]

Im Hintergrund steht eine kritisch-rekonstruktive Auseinandersetzung mit verschiedenen Psychotherapieformen aus feministischer Perspektive. Psychotherapeutische Theorien und Methoden werden daraufhin durchmustert, ob und wie sie der Situation von Frauen in den westlichen Gesellschaften Rechnung tragen oder nicht. Für eine feministisch orientierte Seelsorge ergeben sich aus dieser Auseinandersetzung einige Hauptakzente (und darin tauchen Verwandtschaften zur Systemischen und Narrativen Therapie und Seelsorge auf):[112]
- *Erinnerungsarbeit*: Auf einer kollektiven Ebene geht es um Erinnerung an die Geschichte des weiblichen Geschlechts und dessen eigener Traditionen. Auf der individuellen Ebene sollen die eigenen Geschichten erinnert werden, Geschichten von Erfolgen und Kränkungen, vor allem auch dessen, was Frauen bisher schamhaft verschwiegen haben.
- *Analyse von Macht und Wissen*: Es gibt ein dominantes Wissen (männliches Wissen, männliche Gottesbilder in Kirche und Theologie), innerhalb dessen das Wissen von Frauen unterdrückt wurde. In der US-amerikanischen Diskussion wird besonders intensiv auf den Zusammenhang von Wissen, Macht und Gewalt gegenüber Frauen hingewiesen.[113]

---

110 *Pohl-Patalong* 1998, 42. Vgl. *Neuger* 2001, 2f. In der US-amerikanischen Diskussion spielt die Unterscheidung von feminism und womanism eine wichtige Rolle. Die letztere Perspektive bezieht sich auf die Bedeutung vor allem der Rasse auf das Leben von Frauen. Weitere Sammelbände zur amerikanischen Diskussion sind *Glaz/Moessner* 1991; *Moessner* 1996.
111 *Riedel-Pfäfflin / Strecker* 1999, 54f. Vgl. auch *Pfäfflin* 1987, 226–335.
112 *Riedel-Pfäfflin / Strecker* 1999, 27ff.
113 Vgl. *Poling* 1991.

- *Ressourcenorientierung*: Nicht nur die Defizite und gegenwärtigen Probleme sollen aufgedeckt werden; es geht darum, dass Frauen ihre eigenen Möglichkeiten realisieren und sich gegenseitig stärken (empowerment).
- *Parteilichkeit*: Die Beraterin ist nicht neutral, sondern parteilich, um bei der »Wiederherstellung der Autorinnenschaft über das eigene Leben«[114] Hilfestellung zu leisten.

Ein solcher Ansatz hat Konsequenzen bis in die Methoden der Aus- und Fortbildung hinein. So ist vor diesem Hintergrund z.B. wichtig, dass sich Seelsorger und Seelsorgerinnen in der Selbsterfahrung Klarheit darüber zu verschaffen suchen, mit welchen Geschlechtsstereotypen, welchen Vorstellungen von Mann-Sein und Frau-Sein sie aufgewachsen sind und wie sie vielleicht heute noch von diesen Stereotypen unbewusst bestimmt werden. Wer mit einer latenten Abwertung von Frauen groß geworden ist und sich mit dieser Prägung nicht irgendwann gezielt auseinander setzt, wird es schwer haben, Frauen in der Seelsorge angemessen – d.h. ohne sie latent abzuwerten – zu begegnen.

Feministische Seelsorge zielt letztlich auf Befreiung: Wenn die Geschichte der Frauen in unseren westlichen Gesellschaften, auch in den Kirchen, als Geschichte der Unterdrückung begriffen wird, muss jede Bewegung, die sich mit dieser Unterdrückung auseinander setzt, eine Bewegung auf Befreiung hin sein. *Elisabeth Schüssler-Fiorenza* spricht von einer Hermeneutik der Befreiung, die letztlich nicht nur die Befreiung der Frauen aus ihren Rollenstereotypen anstrebt, sondern unvermeidlich auch der Männer aus den ihrigen.

Verbunden mit der Befreiung von Frauen und Männern ist eine Befreiung der Theologie insgesamt aus vorgegebenen Klischees und Stereotypen angestrebt. *Schüssler-Fiorenza* formuliert das so: »In letzter Hinsicht zielt ein solches Projekt nicht nur auf die Befreiung der Frauen, sondern auch auf die Emanzipation der christlichen Gemeinschaft von patriarchalen Strukturen und androzentrischen Vorstellungen, so dass das Evangelium wieder eine Kraft zur Rettung von Frauen wie von Männern werden kann.«[115]

Feministische Theologie und Seelsorge verstehe ich als Form einer erfahrungsbezogenen, kontextualisierenden Theologie, wie sie auch in der Pastoralpsychologie angestrebt wird. Feministische Theologie und Seelsorge fragen immer wieder »Was bedeutet diese theologische Aussage für das Leben von Frauen? Aus welchem Kontext ist sie entstanden? Worauf zielt sie ab? Welche Lebenserfahrungen sind darin enthalten?« Der Erfahrungsbezug theologischer Aussagen wird auf diese Weise intensiver und greifbarer.

---

114 *Riedel-Pfäfflin / Strecker* 1999, 47.
115 *Schüssler-Fiorenza* 1983, 31.

10.3.2 Seelsorge mit Männern

Seelsorge, die sich gezielt an Männer wendet, nimmt die Kategorie »Geschlecht« in analoger Weise ernst und arbeitet mit der Leitfrage, was es bedeutet, in der gegenwärtigen Gesellschaft als Mann zu leben, welche Konsequenzen daraus für Lebensstil, Partnerschaft und Familie, Beruf und auch Spiritualität erwachsen: Zum einen sind die gesellschaftlichen Strukturen immer noch stark patriarchal und androzentrisch geprägt, zum anderen sind die kritischen Anfragen des Feminismus weit verbreitet und verunsichern viele Männer in ihrem Selbstverständnis und Rollenbild.

Männer werden von Frauen herausgefordert, sich wirklich auf Beziehungen einzulassen, offener ihre Gefühle mitzuteilen, sich an der Kindererziehung und an der Hausarbeit gleichgewichtig zu beteiligen, Sexualität und Liebe zu integrieren, Neigungen zu Aggression und Gewalt im Zaum zu halten, die Bedeutung von Leistung und Erfolg in ihrem Leben zu relativieren. Übereinstimmend berichten die Autoren und Autorinnen des Bandes »The Care of Men«,[116] dass einerseits viele Männer verunsichert erscheinen angesichts der genannten Herausforderungen, dass andererseits unverändert eine weit verbreitete Angst unter Männern anzutreffen ist gegenüber allem, was weiblich erscheint und das traditionelle Männlichkeitsbild in Frage stellen könnte.

Neuger/Poling schlagen für die Seelsorge mit Männern mehrere Perspektiven vor:

Zunächst sollen Männer Gelegenheit finden, ihre Erfahrungen, d.h. ihre Ängste und die sich abzeichnenden Möglichkeiten im Zusammenhang der Veränderungen um sie herum auszuloten und zu verstehen. Dazu gehört, sich über die unterschiedlichen Männlichkeitskonstruktionen in unserer Gesellschaft Rechenschaft abzugeben (Was sind die normativen Modelle von Männlichkeit in den unterschiedlichen Milieus unserer Gesellschaft? Wie ordnen sich einzelne Männer dem zu? Wie erleben sie sich in dieser Zuordnung?)

Seelsorger/Seelsorgerin sollen die Geschichten von Männern einfühlsam begleiten, aber auch »listen behind the lies«:[117] Damit ist gemeint, dass Männer zunächst nur Teile der Wahrheit erzählen, weil die Wahrheit meistens schambesetzt ist. Veränderung ist aber nur möglich, wenn die Wahrheit der eigenen Geprägtheit durch die patriarchalen Normen ans Licht kommt. Seelsorger/Seelsorgerin müssen aufmerksam auf solche Teilwahrheiten achten.

Zur seelsorglichen Arbeit mit Männern gehört ferner, sich Rechenschaft zu geben über theologische und spirituelle Traditionen, die fast alle seit Jahrhunderten von Männern geprägt sind.[118] Feministische Theologie arbeitet seit langem an der Entwicklung neuer theologischer

---

116 *Neuger/Poling* 1997.
117 *Culbertson*, zitiert bei *Neuger/Poling* 1997, 234.
118 Vgl. dazu *Culbertson* 2002; *Boyd/Longwood/Muesse* 1996.

Konzepte, die der Wirklichkeit und den Interessen von Frauen gerecht werden. Männer können das als Anregung verstehen, ihrerseits theologisch in einer Weise zu denken, die der Situation von Männern gerecht wird, ohne in den alten Alleinvertretungsanspruch zurückzufallen, nach dem »Mann« mit »Mensch« gleichgesetzt wurde und auf diese Weise Frauen übersehen wurden.

In dem Maß, in dem Männer Klarheit über sich, ihre Beziehungen und ihre Umwelt gewinnen, wird es ihnen möglich, konstruktive Veränderungen vorzunehmen.

Die seelsorgliche Arbeit mit Männern sollte auf Zusammenarbeit mit Frauen angelegt sein, um eine Polarisierung der Bewegungen zu verhindern. Und sie sollte einen deutlich erwachsenenbildnerischen Akzent haben, weil es um die Veränderung von Rollenbildern geht. Individuelle und soziale Veränderung greifen ineinander.

Um in der angedeuteten Weise mit Männern in Seelsorge und Erwachsenenbildung arbeiten zu können, müssen Seelsorger und Seelsorgerinnen zunächst ihr eigenes Selbstverständnis und Rollenbild in dieser Hinsicht erkunden. Die Auseinandersetzung mit der gender-Perspektive muss insofern ein wichtiger Teil jeder Fortbildung sein.[119]

Eine pastoralpsychologisch sensible Seelsorge, die aufmerksam auf die Situation von Frauen und Männern reagiert und die gender-Frage reflektiert, hat theologische Konsequenzen.[120]

- Die Gottesbilder verändern sich und werden vielfältiger; exklusiv männliche Gottesbilder treten in den Hintergrund; der Aspekt der Bezogenheit Gottes auf die Schöpfung und seiner Immanenz in der Schöpfung wird stärker hervortreten.
- In der Christologie wird die befreiende und Frauen wie Männer stärkende Kraft Gottes in Jesus (empowerment) wichtig.
- Die Lehre vom Sühnopfer Christi wird zunehmend kritisch gesehen, weil damit Geschichten von sadistischer Macht und Gewalt im Zentrum des christlichen Glaubens angesiedelt sind.
- Die Konstruktion der Bedeutung von Sünde und dem Bösen kann sich nicht nur im männlichen Muster auf Stolz, Selbstbehauptung und Ungehorsam (»Sein wollen wie Gott«) beziehen, sondern muss die Neigung von Frauen zur Selbstverleugnung sowie die systemische Perspektive von Sünde als Verletzung von Beziehungen und Machtmissbrauch einschließen.[121]

10.4 Wirkungsforschung in Psychotherapie und Seelsorge

Die Seelsorgebewegung hat begonnen, Seelsorge in einer bestimmten Weise empirisch überprüfbar zu machen; die Wirkungsforschung in

---

119 Vgl. *Burbach/Schlottau* 2001.
120 Vgl. zum Folgenden *Neuger/Poling* 1997, 29ff.
121 Vgl. *Sölle* ³1990, 77ff.

10.4.1 Wirkungsforschung in der Psychotherapie

Der Autor eines der wichtigsten Werke zur Psychotherapieforschung der letzten Jahre, *Klaus Grawe*, sagt zu Beginn seiner Studie: »Über Jahrzehnte hin herrschten in der Psychotherapie gleichsam mittelalterliche, vorwissenschaftliche Verhältnisse. In den letzten zwei bis drei Jahrzehnten hat so etwas wie eine Aufklärung begonnen, eine im eigentlichen Sinne wissenschaftliche Psychotherapie. Glauben wird allmählich durch Wissen ersetzt, abergläubische Rituale durch professionelles Handeln ... Glaubens- und Interessengemeinschaften, die an der Erhaltung der bestehenden Verhältnisse interessiert sind, sperren sich gegen den Einzug aufgeklärter Vernunft und Professionalität in ihre Bastion sorgsam gehüteter geheimnisvoller Undurchsichtigkeit und verschleierter Ineffizienz.«[123]

Grundsätzliche Zweifel an der Wirksamkeit von Psychotherapie überhaupt hält *Grawe* für ausgeräumt. Die Autoren haben in einem immensen Arbeitsaufwand alle bis 1983 erschienenen Psychotherapiestudien gesichtet und ausgewertet. Sie kommen zu dem Schluss: »Die Wirkung von Therapien der großen Therapierichtungen geht also sehr deutlich über das Ausmaß spontaner Remissionen hinaus. Die generellen Zweifel, ob Psychotherapie überhaupt etwas bewirkt, können damit eindeutig als widerlegt gelten. Patienten mit psychischen Störungen der verschiedensten Art befinden sich nach einigen Monaten in einem weit besseren Zustand, wenn sie inzwischen eine Psychotherapie erhalten haben als wenn sie keine erhalten haben, und diese Wirkungen sind auf die therapeutischen Interventionen zurückzuführen.«[124]

Zu den *unspezifischen Wirkfaktoren* wird gezählt, was allen Heilmethoden gemeinsam ist: »die Errichtung eines gemeinsamen Erklärungssystems für die Ursachen der Schwierigkeiten des Patienten; die vom Heiler ausgestrahlte Überzeugung, helfen zu können; die Erwartung des Patienten, wirksame Hilfe zu erhalten; die Verwendung bestimmter Techniken. Für die Psychotherapie wird noch speziell die Bedeutung des Wirkfaktors hervorgehoben, dass dem Patienten eine Beziehung angeboten wird, in der er Interesse an seiner Person und seinen Problemen erfährt.«[125]

Zu den *spezifischen Wirkungsfaktoren* zählen die Länge einer Therapie, das Setting und vor allem natürlich der spezifisch methodische Ansatz der einzelnen Psychotherapieformen. Dabei schneiden die kognitiv-behavioralen Therapien am besten ab. Mit diesen Therapieformen

---

122 Vgl. zum Folgenden *Klessmann* 2002 (b), 144–154.
123 *Grawe/Donati/Bernauer* 1994, 1.
124 *Grawe/Donati/Bernauer* 1994, 708f.
125 *Grawe/Donati/Bernauer* 1994, 709.

sind die klassischen Verhaltenstherapien und die kognitiven Therapien gemeint. Weitere Therapieformen, die eindeutig positive Wirkungen zeigen, sind die Gesprächspsychotherapie und die Psychoanalyse – letztere nach *Grawe* allerdings am wenigsten. Sie eignet sich ihm zufolge am besten für relativ leicht gestörte Patienten und für sog. YAVIS-Patienten (young, attractive, verbal, intelligent, succesful). Bei einigen anderen Therapieformen, wie der Gestalttherapie, deutet sich ein positives Ergebnis an, aber es liegen bisher zu wenige Wirksamkeitsstudien vor. Für andere Formen gibt es überhaupt keine Wirksamkeitsuntersuchungen, so z.b. für die Tiefenpsychologie nach *C.G. Jung* oder für die Logotherapie. Das ist bedauerlich, weil diese Ansätze gerade auch in der Seelsorge und in der Pastoralpsychologie zum Teil sehr geschätzt werden.

Als Konsequenz aus seiner Untersuchung formuliert *Grawe* »Umrisse einer allgemeinen Psychotherapie«, also eine schulenübergreifende Perspektive:

1. Eine *Problembewältigungsperspektive.* »... der Therapeut nimmt die Schwierigkeiten des Patienten ernst als ein Nicht-Können und hilft dem Patienten aktiv, diese Schwierigkeiten besser bewältigen zu können als bisher. Er sucht weder nach geheimen Motiven für diese Probleme noch unterstellt er ihnen eine andere Bedeutung, als der Patient sie sieht. Er nimmt die Probleme als das, als was der Patient sie erlebt: als Schwierigkeiten, die er gerne überwinden möchte, die er aber ohne Hilfe nicht überwinden konnte.«[126]

Diese Formulierung richtet sich natürlich gegen die Psychoanalyse und zeigt deutlich die Problematik der wissenschaftstheoretischen Einstellung von *Grawe*. Für psychoanalytische Sicht ist es selbstverständlich, einem Problem, einem Symptom eine in der Regel unbewusste Bedeutung beizumessen – sie gilt es herauszufinden und zu verstehen.

2. Die zweite Perspektive nennt *Grawe* die *Klärungsperspektive.* Hier geht es darum, dass der Therapeut dem Patienten hilft, sich selbst, sein eigenes Erleben und Verhalten besser zu verstehen, sich mit seinen Motiven, Werten und Zielen auseinander zu setzen. Damit ist das bezeichnet, was man sonst auch Introspektion oder Selbstexploration genannt hat.
3. Die dritte Perspektive wird als *Beziehungsperspektive* bezeichnet: Wahrscheinlich ist diese Beziehungsperspektive die am besten überprüfte und gesicherte; sie besagt, dass die Qualität der therapeutischen Beziehung sehr großen Einfluss auf das Therapieergebnis hat – und zwar durchgängig in den unterschiedlichen Therapieformen.

---

126 *Grawe/Donati/Bernauer* 1994, 750.

10.4 Wirkungsforschung in Psychotherapie und Seelsorge

Grawe fasst seine Ausführungen so zusammen:

»Man kann diese drei Perspektiven gewissermaßen als Dimensionen betrachten, die den Raum aufspannen, in dem das psychotherapeutische Geschehen stattfindet. Alles, was in einer Psychotherapie geschieht, hat eine Bedeutung auf jeder der drei Dimensionen ... Wir stellen uns daher vor, dass ein Psychotherapeut grundsätzlich für jede Therapie eine reflektierte Position auf jeder der drei Dimensionen einnehmen sollte ... Eine Psychotherapieausbildung auf dem heutigen Stand der wissenschaftlichen Erkenntnis sollte auf jeden Fall alle drei Perspektiven umfassen ...«[127]

10.4.2 Was wirkt in der Seelsorge?

10.4.2.1 Welche Stellung nimmt in der von *Grawe* herausfordernd beschriebenen Problemlage die Seelsorge ein? Ist ihr ebenfalls der Vorwurf »geheimnisvoller Undurchsichtigkeit« und mangelnder Professionalität zu machen? Oder ist sie mit dieser Fragestellung gar nicht zu erfassen, weil ihre Wirkung letztlich nur im Glauben an die Wirkung des Heiligen Geistes beschrieben werden kann?
Gibt es Kriterien, um eine bessere von einer schlechteren Seelsorge zu unterscheiden? Welche Rolle spielt die Person des Seelsorgers / der Seelsorgerin? Welche Rolle spielt die Beziehung und die Methode, die jemand benutzt?
Solche und ähnliche Fragen hat man lange in der Seelsorge überhaupt nicht gestellt oder sie gar als unstatthaft abgewiesen. Bis in die 60er Jahre des 20. Jahrhunderts war es noch strittig, ob Seelsorge überhaupt lehr- und lernbar sei.[128] In dem Maß jedoch, in dem das Gespräch zwischen Seelsorge und Psychotherapie offener geführt wird und Seelsorge von der Psychotherapieforschung Kenntnis nimmt, lässt sich die Frage nach den Wirkfaktoren auch in der Seelsorge nicht mehr grundsätzlich abweisen.[129]

Allerdings besteht eine grundlegende Schwierigkeit darin, dass Seelsorge, im Unterschied zu Beratung und Psychotherapie, eine sehr unstrukturierte Tätigkeit ist. Insofern sind Fragen nach der Konzept-, Struktur-, Prozess- und Ergebnisqualität, wie sie in Beratung und Psychotherapie diskutiert werden, für die Seelsorge viel schwerer zu beantworten.[130]

Es sind in der neueren Geschichte der Seelsorge verschiedene Zugänge zu dieser Frage diskutiert worden:

---

127 *Grawe/Donati/Bernauer* 1994, 784ff.
128 Vgl. *Müller* (1961) 1985, 125ff.
129 Vgl. auch *Winkler* 1997, 402–413. Natürlich ist zwischen Qualität und Wirkung noch einmal zu unterscheiden. Das, was von Betroffenen als wirkungsvoll erlebt wird (z.B. suggestive oder manipulative Kommunikationsformen), muss noch nicht mit bestimmten Qualitätskriterien übereinstimmen. Woher gewinnen wir diese Kriterien? Welche Rolle müsste ethische Reflexionen in diesem Zusammenhang spielen?
130 Diese Qualitätsfaktoren sind ausgeführt von *Dietzfelbinger* 2000, 174ff.

1. *Eduard Thurneysen* geht in seiner Seelsorgelehre von 1948 davon aus, dass sowohl das Reden des Seelsorgers als auch das Hören des/der Ratsuchenden unter dem Vorbehalt des Heiligen Geistes stehen. Ob das Gegenüber in der Seelsorge das Wort von Gericht und Gnade hören, annehmen und auf sich beziehen, also glauben kann, steht nicht in unserer Macht, es ist Wirkung des Heiligen Geistes.[131] Allerdings zieht *Thurneysen* aus dieser Feststellung nun eine überraschende und modern anmutende Schlussfolgerung: Sich auf den Heiligen Geist zu berufen, heißt eben nicht, alle menschlichen Hilfeversuche als irrelevant zu betrachten. Gerade umgekehrt: »Eben weil wir des Beistandes des Heiligen Geistes gewiß sind, werden wir uns aufmachen, um als seine Werkzeuge alles einzusetzen zur Gewinnung des Menschen für das Wort Gottes ...« Und weiter: Von daher erscheint es als sachgemäß, »daß wir im Auftrage des Geistes und Wortes Gottes alle psychologischen und pädagogischen Mittel aufbieten und anwenden, um jener Anknüpfung und Vermittlung zu dienen.«[132] Das Vertrauen auf die unverrechenbare Wirkung des Heiligen Geistes befreit also zu einer psychologisch-methodisch gut reflektierten und verantworteten Seelsorge. *Thurneysen* selbst hat diese Schlussfolgerung nicht wirklich ausgeführt, sie hätte zu einer anderen Sichtweise der Psychologie insgesamt führen müssen. Und in der Wirkungsgeschichte *Thurneysens* ist dieser Ansatz allemal verloren gegangen.
2. Einen Rückschritt gegenüber *Thurneysen* könnte man es nennen, wenn *Reinhard Schmidt-Rost* 1988 das Ziel einer »Lebensgewißheit aus dem Wort« einer »Lebensgewißheit durch Wissenschaft« gegenüberstellt und damit m.E. eine falsche Alternative konstruiert. Die moderne Seelsorge mache sich mit ihren Tendenzen zur Institutionalisierung, zur Professionalisierung und zur Lösungs- und Ergebnisorientierung vom sozialwissenschaftlichen Paradigma abhängig; entsprechend lautet die von *Schmidt-Rost* kritisch gemeinte Zusammenfassung: »Beratende Seelsorge dient der Konfliktlösung, der Problembearbeitung, der psychischen Gesundheit.«[133] Dem stellt er gegenüber eine Seelsorge im Sinne Luthers, die »die Bedeutungen sichten und vorstellen (müßte), die die christliche Botschaft dem einzelnen in seinem Leben zu gewinnen verheißt und zu ergreifen zumutet.« Eine solche Seelsorge ist »von empfangenem, empfundenem Heil erfüllt ...« In einer so verstandenen Seelsorge erscheint die Frage nach möglichen Wirkfaktoren oder Qualitätskriterien als unsachgemäß.[134]

---

131 *Thurneysen* 1948, 162ff.
132 *Thurneysen* 1948, 163.
133 *Schmidt-Rost* 1988, 125.
134 Eine etwas gewundene Fußnote (121, Anm. 10) weist darauf hin, dass man auf psychologische Kenntnisse denn doch nicht ganz verzichten könne.

3. Eine quasi empirische Gegenposition findet sich in der Seelsorgebewegung: Durch die Arbeit mit Gesprächsprotokollen (»verbatim«), Fallberichten und Tonbandmitschnitten wird eine seelsorgliche Begegnung, vor allem das Verhalten des Seelsorgers / der Seelsorgerin, ansatzweise empirisch überprüfbar. Fehler werden identifizierbar, mögliche Veränderungen für die Zukunft können durchgesprochen und ausprobiert werden. Auf der Theorieebene hat *Dietrich Stollberg* diesen Ansatz entfaltet mit seiner Definition von Seelsorge als »Psychotherapie im kirchlichen Kontext«.[135] Seelsorge als Hilfe mit psychischen Mitteln ist in diesem allgemeinen Sinn ein Psychotherapieverfahren und als solches methodisierbar, d.h. lehrbar, lernbar und überprüfbar. Aus dieser Sicht ist rigoros darauf zu bestehen, dass Seelsorger und Seelsorgerinnen sich qualifizieren und den Qualitätsstandards der erlernten Methodik (sei es psychoanalytisch orientierte Beratung oder Gesprächspsychotherapie oder Gestalttherapie oder Systemische Beratung) genügen. Dazu gehört auch die Frage, ob und wie sie im seelsorglichen Kontakt eine theologische Deutung ins Spiel bringen (die *Stollberg* als das spezifische Proprium der Seelsorge bezeichnet). Auch hier ist methodische und theologische Überprüfung möglich und nötig. In welcher Weise dann in der Annahme und Deutung durch den Seelsorger / die Seelsorgerin Gottes Liebe transparent wird, ist eine Sache des Glaubens und nicht mehr der Empirie.

4. Einen Schritt weiter geht ein kleines Forscherteam (ein Psychologe, ein Sprachwissenschaftler und ein Theologe), die gezielt zu einer »reflektierten Einschätzung und Kritik institutioneller Praxis« beitragen wollen, indem sie Seelsorgegespräche mit todkranken Patienten empirisch exakt (mit Hilfe von Transskripten) untersuchen und Kriterien für die Qualität eines Seelsorgegesprächs entwickeln.[136] Sie gehen von der theologischen Leitvorstellung der Erfahrung des mitgehenden Gottes aus. »Dieser Leitvorstellung entspringen das ›theologische Kriterium der Freiheit‹ und das ›methodische Kriterium der partnerschaftlichen Gegenseitigkeit‹ ...«[137] Diese beiden Kriterien kann man an Hand der Transskripte eines Seelsorgegesprächs konkret auswerten und einschätzen und so zu einer Bewertung kommen, »ob es gelungen ist, die Erfahrung des ›mitgehenden Gottes‹, den für die Seelsorge mit einem sterbenskranken Patienten vordringlichen ›Einspruch der Liebe gegen den Tod‹, kurz ›Freiheit‹ in einem umfassenden Sinn im Gespräch zur Geltung zu bringen.«[138]

---

135 *Stollberg* 1978, 29.
136 *Bliesener/Hausendorf/Scheytt* 1988.
137 *Bliesener/Hausendorf/Scheytt* 1988, VII.
138 *Bliesener/Hausendorf/Scheytt* 1988, VIIIf.

10.4.2.2 Die von *Grawe* genannten Qualitätskriterien für Psychotherapie verstehe ich als Leitfragen (zu denen ich eine weitere hinzufüge), an Hand derer auch Seelsorge in ihrer Qualität und Professionalität überprüft werden kann.[139]

1. Wie sieht die Qualität einer *Beziehung* in der Seelsorge aus? In welchem Ausmaß ist sie von positiver Wertschätzung, Wärme, Interesse und Respekt, vom Versuch der Einfühlung in die Situation des anderen Menschen, von Annahme und Echtheit geprägt? Ich übernehme mit diesen Charakterisierungen die Grundhaltungen, die *C. Rogers* als Basisvariablen für eine gelingende Psychotherapie benannt hat; sie scheinen mir auch für die Seelsorge unverzichtbar, weil sie zutiefst einem christlichen Verständnis des Menschen entsprechen. Bewusste Beziehungsgestaltung muss ein Bestandteil der Seelsorge sein. Auch in der Seelsorge ist die Qualität der Beziehung nicht nebensächlich, sondern eine (nicht die einzige) wichtige Bedingung der Möglichkeit dafür, dass Heilsames geschehen kann. Und diese Beziehungsgestaltung ist lernbar und überprüfbar.

2. Gelingt es, dass der/die Andere durch den seelsorglichen Kontakt sich selbst und seine Lebenssituation besser versteht (*Klärungsperspektive*)? Das kann sicher nicht für alle seelsorglichen Kontakte eine Leitfrage sein; doch in vielen Begegnungen ist es sinnvoll, dass der Seelsorger / die Seelsorgerin Klarheit darüber zu bekommen sucht, was eigentlich die ausgesprochene und die unausgesprochene Frage (letztere ist meistens die wichtigere) des anderen ist. Gelingt es im Gespräch, diese Frage voranzutreiben, sie zu klären? Lebensfragen, die dann meistens auch eine religiöse Tiefendimension haben, lassen sich nicht einfach beantworten, sie sind häufig auch gar nicht auf eine Antwort angelegt. Aber wenn der/die Betreffende das Gefühl bekommen hat, mit seiner Frage gehört worden zu sein, wenn sich im Gespräch eine gemeinsame Suche nach einer Antwort ergeben hat, wenn sich vielleicht die Frage in Klage und Trauer (etwa bei der Theodizeefrage) verwandelt hat, ist schon viel geschehen.

3. Im Unterschied zur Psychotherapie und über die Psychotherapie hinaus kommt für die Seelsorge noch eine weitere Perspektive hinzu, ich nenne sie herkömmlich die *Trostperspektive*. (Sie berührt sich eng mit der Klärungsperspektive) Seelsorge hat es häufig mit Lebenssituationen zu tun, in denen sich – oberflächlich gesehen – nichts verändern lässt, in denen nichts geklärt und schon gar keine Probleme gelöst werden können. Ich denke beispielsweise an die Begleitung Schwerkranker und sterbender Menschen. Hier geht es darum, da zu sein, Zeit zu haben, den anderen Menschen und seine Angehörigen nicht allein zu lassen, das Leiden, die schwere Situati-

---

[139] Vgl. auch *Ziemer* 2000, 136ff.

on, die Hilflosigkeit in Grenzen mitzutragen. Hier kommt besonders die rituell-sakramentale Dimension der Seelsorge zum Tragen: durch Gebet und Bibelwort, durch Abendmahl, Handauflegung und Segen Gottes Mitgehen transparent werden zu lassen. Hier unterscheidet sich Seelsorge am deutlichsten von einer lösungs- und zielorientierten Psychotherapie oder Beratung.

4. Die *Problemlösungsperspektive* kommt nicht so häufig in der Seelsorge vor; sie wird dann aktuell, wenn jemand ein relativ klar definiertes Problem mitbringt, wie z.B. bei ethischen Fragen (»Soll ich meine pflegebedürftige Mutter in ein Pflegeheim geben oder nicht?«) oder bei Fragen des Verhaltens in konflikthaften Lebenssituationen (»Soll ich mich von diesem Mann trennen oder nicht?«); hier kann die Leitfrage lauten: In welchem Maß trägt Seelsorge dazu bei, dass jemand ein Problem als solches genauer beschreiben, die unterschiedlichen daran beteiligten Motive und Faktoren benennen kann oder erste Schritte zu ihrer Lösung unternimmt? Hier ist es wichtig, dass der Seelsorger / die Seelsorgerin keine Lösungen vorschlagen, sondern die Problemlösungsfähigkeiten des Gegenüber ermutigen und stärken.

Alle vier Punkte formulieren Zielperspektiven, die sich zumindest ansatzweise in der Seelsorgeausbildung bzw. in begleitenden Fallbesprechungs- und Supervisionsgruppen überprüfen lassen: Ein mündlicher Bericht von einem Gespräch, ein schriftliches Erinnerungsprotokoll, eine Tonband- oder (in seltenen Fällen) Videoaufnahme lassen in der Regel ziemlich deutlich werden, wie die Beziehung zwischen den Gesprächspartnern aussieht, wo es Anstöße gibt, dass der Andere seine Situation anders zu sehen beginnt, wo und wodurch sich jemand getröstet und vergewissert fühlt und wo und wie jemand ein Problem in Angriff nimmt.

10.4.2.3 Die Arbeit an diesen Perspektiven beruht auf bestimmten Voraussetzungen, die sich als Qualitätsmerkmale genauer beschreiben lassen (ausführlicher ⇒ Kap. 16, pastoralpsychologische Fort- und Weiterbildung):

– Auseinandersetzung mit der eigenen Person und Biographie, Erarbeitung einer differenzierten Selbst- und Fremdwahrnehmung;
– Erwerb von Grundkompetenzen der Gesprächsführung;
– Fähigkeit, mit liturgisch geprägten Formen (Gebet, Segen etc.) in der seelsorglichen Situation angemessen umzugehen;
– Fähigkeit, Deutungen ins Gespräch einzubringen.

Deutung geschieht notwendigerweise in jedem Gespräch von beiden Seiten: Der Klient / die Klientin erzählt selektiv, stellt jenes in den Vordergrund, verschweigt anderes oder schwächt es in seiner Bedeutung ab; und auch der Seelsorger / die Seelsorgerin hört selektiv, verstärkt im nonverbalen Verhalten (Blickkontakt, Kopfnicken, »Hmm«-Sagen) und im Antworten unbewusst dies oder jenes und an bestimmten Punkten gezielt und bewusst, wenn er/sie das Gehörte und Wahrgenommene mit eigenen Worten wiedergibt, Fragen stellt, mit Beobachtungen konfrontiert, Zusammenhänge aufdeckt und bei all dem natürlich Akzente setzt. Die Kunst der Deutung liegt darin, dass sie sowohl die Situation, die Fragen und Gefühle des Klienten hinreichend aufnimmt, (darin auch immer vermittelt: »Ich gehe mit, ich suche dich zu verstehen, ich bin interessiert an dem, was du sagst«) als auch an bestimmten Punkten über das, was der/die andere sagt und empfindet, hinausgeht, weiterführt, neue, dem Klienten noch unbekannte Zusammenhänge aufzeigt und insofern fremde Perspektiven ins Spiel bringt. Die Bedeutung von Seelsorge/Psychotherapie liegt immer in diesem doppelten: Dass der/die Andere sich verstanden und angenommen fühlt und sich ihm/ihr gleichzeitig (auf dieser Basis) neue Sichtweisen eröffnen.[140]

Der christliche Glaube kann in diesem kontinuierlichen Deutungsprozess explizit zur Sprache kommen, wenn von Gott, vom Sinn des Lebens die Rede ist, wenn die Bibel ins Gespräch gebracht wird; und er kommt implizit zum Tragen in einer bestimmten christlichen Sicht des Menschen und der Welt. Zwei Beispiele mögen das verdeutlichen:

- Ein 45jähriger Abteilungsleiter einer großen Firma liegt mit unklaren Herzbeschwerden im Krankenhaus zur Abklärung der Diagnose. Im Gespräch mit dem Seelsorger geht es um seine Arbeit, die Freude, aber vor allem den Druck, die sie ihm macht. In diesem Zusammenhang sagt er abschließend, als wollte er von dem Thema weg: »Hauptsache gesund! Darauf kommt jetzt für mich alles an.« Der Seelsorger antwortet: »Ich verstehe Ihren Wunsch natürlich gut – und gleichzeitig kommt mir die Frage, ob nicht die Erfahrung, krank zu sein und nichts leisten zu können, für Sie im Moment ganz wichtig ist.« Es entwickelt sich ein Gespräch über die Bedeutung von Leistung und Aktiv-Sein einerseits und von Schwach-Sein und Hilfe-Brauchen andererseits für das Selbstgefühl und Selbstbild dieses Mannes.
- Eine 23jährige Studentin, die schon seit längerem mit einer Seelsorgerin im Gespräch ist, erzählt davon, dass sie keinen Freund findet, und sagt in dem Zusammenhang: »Ist ja auch kein Wunder, ich kann mich selbst nicht leiden, ich mag es nicht, wie ich aussehe. Wahrscheinlich muss ich mich erst selbst akzeptieren, bevor mich andere mögen können.«
Die Seelsorgerin: »Sie haben schon öfter gesagt, dass Sie sich selbst nicht gut leiden können. Stimmt eigentlich die Reihenfolge, die Sie da aufstellen, erst muss ich mich selbst akzeptieren, und dann können andere mich lieben? Erzählen Sie doch mal, wer Sie in der Vergangenheit geliebt hat.« Daraus entwickelt sich ein sehr dichtes, mit Trauer und Enttäuschung erfülltes Gespräch darüber, dass der Vater sie nie als Mädchen und Frau wertgeschätzt und geliebt hat und wie sie seither die Erwartung an sich selbst richtet, sie müsste anders sein, um liebenswert zu werden.

Man kann, das sollen diese Episoden zeigen, im Nachhinein jeweils drei Aspekte überprüfen:

---

140 Die Wiederentdeckung der Kategorie des Bruchs bei *E. Thurneysen* in einem nicht platten methodischen Sinn durch *Kurz* 1985, 436–451 und *Grözinger* 1996, 283 ist in diesem Sinn zu verstehen.

a. Man kann zu überprüfen suchen, wie die Seelsorgenden auf der *Beziehungsebene* reagieren, ob sie im emotionalen Kontakt mit ihrem Gegenüber bleiben oder, indem sie lehrhaft werden und eine Art Minipredigt halten, aus dem Kontakt aussteigen. Viele Gesprächsprotokolle weisen das letztere aus.
b. Wie sieht die Deutung der Lebenssituation des anderen Menschen *inhaltlich* aus? In beiden Beispielen kommt die Deutung unauffällig und in säkularer Sprache daher und speist sich doch eindeutig aus einer christlich geprägten Anthropologie: Gesundheit ist in christlicher Sicht nicht alles, sie ist nicht mit dem Heil zu verwechseln; und sie ist keine Voraussetzung für Gottes Güte oder für ein erfülltes Leben. Und Selbstannahme erwächst aus der Fremdannahme, und nicht umgekehrt; das ist eine zentrale theologische Konsequenz aus der Rechtfertigungslehre (die im übrigen auch entwicklungspsychologisch richtig ist.).
c. Man kann den *Prozess* der Lebensdeutung betrachten: Wie geht der Seelsorger methodisch vor? In kleinen Schritten? Offen, in Form einer Hypothese, die der/die andere für sich verifizieren oder falsifizieren kann? Oder im geschlossenen System? Benutzt er/sie Bilder oder Symbole, eröffnet dadurch mehrschichtiges Verstehen? Auf welche Weise benutzt die Seelsorgerin einen Satz, eine Geschichte aus der Bibel? *Meyer-Blank* unterscheidet fünf Formen, in denen die Bibel im Gespräch vorkommen kann: kerygmatisch, empathisch, auffordernd, alternativ, diskursiv.[141] Erscheint die verwendete Form, einschließlich der Sprachform, der jeweiligen Person und Situation angemessen? Stimmen Inhalts- und Beziehungsebene einigermaßen überein?

Insofern gehört es zur Seelsorgeausbildung, an den eigenen Deutungsmotiven und der eigenen Deutungskompetenz zu arbeiten: Was ist für meinen Glauben, für meine Sicht des Menschen und der Welt, für mein Gottesverständnis wichtig, und womit tue ich mich schwer? Bin ich mit den entsprechenden biblischen Bildern und Aussagen so vertraut, dass ich sie zur Sprache bringen kann? Und finde ich eine sprachliche Form, die dem anderen nicht nur verständlich ist, sondern auch an seine Erfahrungen anknüpft und zugleich einen neuen Erfahrungshorizont eröffnet?[142]

Um eines verantwortlichen Umgangs mit anderen Menschen willen, mit deren Lebensgestaltung, muss man auch im Blick auf die Theologie des Seelsorgers/der Seelsorgerin und wie sie jeweils zur Sprache gebracht wird, eine überprüfbare Qualität einfordern. Teilnahme an

---

141 *Meyer-Blanck* 1999, 32f.
142 Eine Auseinandersetzung mit den »Grundmotiven biblischen Glaubens«, wie sie *Theißen* 1994, 29ff. vorlegt, erscheint mir an diesem Punkt hilfreich, weil hier ein Sprachwechsel zwischen religiöser und säkularer Sprache eingeübt werden kann. Vgl. dazu auch *Scharfenberg/Kämpfer* 1980.

einer Seelsorgeausbildung und Teilnahme an Supervisions- oder Fallbesprechungsgruppen im weiteren Verlauf des Berufslebens sind um der Psychologie und Theologie der Seelsorge willen unverzichtbar.

10.4.2.4 *Ernst Lange* hat im Blick auf die Predigtvorbereitung gesagt, dass sie geschehen müsse »etsi deus et spiritus sanctus non daretur« (als ob es Gott und den heiligen Geist nicht gäbe);[143] das lässt sich auf die Seelsorge übertragen. Das Bemühen um personale und fachliche Kompetenz und deren Überprüfung einerseits und das Vertrauen auf den Heiligen Geist andererseits schließen sich nicht aus, sondern fordern einander. Das Machbare und das Wunderbare durchdringen sich; der Geist bedient sich unserer Fähigkeiten.[144] Es ist wieder eine Frage der Deutungsperspektive: Der Glaube sieht in dem, was mit Kompetenz gemacht wird, zugleich das Wunderbare, sieht das, was einem zukommt oder geschenkt wird – in, mit und unter aller Kompetenz. Wer Gott oder den Heiligen Geist ins Spiel bringt, redet auf der theologischen Ebene, die von der empirisch-psychologischen Ebene zu unterscheiden, aber nicht zu trennen ist. Diese Dimension des Geschenks, der Gnade, des Unverdienten spielt gerade im Beziehungsbereich eine besondere Rolle und darf gleichzeitig kein Alibi sein, um fachliche Kompetenz überflüssig zu finden.

Ein Pfarrer erzählt in der Supervision von der jahrelangen mühsamen Begleitung einer schwer depressiven und immer wieder suizidalen Frau. Die Frau scheint jetzt über den Berg zu sein, der Pfarrer freut sich sehr, er ist auch stolz auf dieses Ergebnis, zu dem er viel beigetragen hat – und er ist zugleich realistisch genug zu wissen, dass seine Kompetenz eben nur zu einem im Einzelnen gar nicht zu quantifizierenden Teil zu diesem Ergebnis beigetragen hat. Das Machbare und das Wunderbare durchdringen einander – und es ist auch hier wieder eine Frage der Deutung, ob er in einem solchen Ausgang mehr seine eigene Tüchtigkeit oder eher ein nur begrenzt verdientes Geschenk erblickt.

10.5 Seelsorgliche Diagnostik

Wer eine pastoralpsychologisch kompetente Seelsorge anstrebt, kommt an seelsorglicher Diagnostik nicht vorbei, auch wenn das Stichwort zunächst zwiespältige Assoziationen auslöst, weil es an den objektivierenden medizinischen Prozess der Diagnose erinnert, der für die Seelsorge so nicht Vorbild sein kann. In der Seelsorge geht es um einen Vorgang der notwendigen und sinnvollen Klärung bestimmter Fragen, ein Vorgang, der vor, während und nach einer seelsorglichen Begegnung abläuft und den Seelsorger / die Seelsorgerin ebenso einschließt wie den Ratsuchenden / die Ratsuchende. *Paul Pruyser*, der zu diesem Thema ein grundlegendes Buch geschrieben hat, spricht von einer

---

143 *Lange* 1982, 19.
144 So formuliert *Bohren* 1980, 77.

10.5 Seelsorgliche Diagnostik

»diagnostischen Partnerschaft« zwischen Seelsorgerin und Klient mit dem Ziel, die Beziehung und das Gegenüber genauer zu erfassen.[145]
In der US-amerikanischen Seelsorge wird die Fragestellung in der Regel abgehandelt unter der Überschrift »Pastoral Assessment«.[146] Drei Fragerichtungen sind zu unterscheiden:
1. Wer ist mein Gegenüber? Mit wem habe ich es zu tun? Was möchte er/sie von mir? Was sind seine/ihre Wünsche und Zielvorstellungen?
2. Was bringe ich als Seelsorger/Seelsorgerin in die Begegnung ein? Wie weit kann und will ich mich auf diese Ziele einlassen? Wo liegen meine Grenzen?
3. Wie gestaltet sich die Beziehung? Was fällt mir bei mir und bei meinem Gegenüber auf?

Ad 1: Die erste Fragerichtung hat wiederum zwei Ebenen. Zum einen ist sie unbedingt mit der anderen Person zusammen zu klären: Warum kommt jemand zu einem seelsorglichen Gespräch? Welche offenen und vielleicht auch weniger offenen Erwartungen bringt er/sie mit? Zum anderen hat der Seelsorger / die Seelsorgerin natürlich immer schon selbst einen eigenen Eindruck; diesen Eindruck kritisch zu überprüfen und zu differenzieren eröffnet hilfreiche Möglichkeiten.

Die Auseinandersetzung mit den drei Fragerichtungen ist ein Vorgang der subjektiven Interpretation und Konstruktion, keine »objektive« Diagnose. Die Interpretation ist immer in die jeweilige Beziehung eingebunden und von ihr abhängig. Sie bestimmt den weiteren Verlauf der Begegnung in erheblichem Maß. *Eine gezielte Bewusstmachung ist wichtig, damit unbewusste Voreinstellungen so weit wie möglich überprüft und korrigiert werden können.*

Gerade wenn eine längere seelsorgliche Begleitung ansteht, ist es wichtig, nicht einfach in die Begleitung hineinzustolpern und sie sich »irgendwie« entwickeln zu lassen, sondern im Gespräch mit der anderen Person die Ziele zu klären versuchen.

In der Integrativen Therapie gibt es das *Konzept der fünf Säulen der Identität*, das sich auch für die Seelsorge heranziehen lässt:[147] Danach gibt es fünf Lebensbereiche, die für die Ausbildung einer Identität und die Lebensführung von zentraler Bedeutung sind: Diese Bereiche sind
- die Leiblichkeit eines Menschen
- das Beziehungsnetz
- Arbeit und Leistung
- die materielle Situation
- Werte und Normen.

Im Blick auf diese Bereiche kann man versuchen, einen Eindruck von einem Menschen zu gewinnen:

---

145 Pruyser 1976, 85.
146 Vgl. *Draper/Steadman* 1993, 118–131; *Schlauch* 1993, 51–101.
147 *Rahm/Otte* 1993, 155 und 464ff.

1. Wie sieht ein Mensch äußerlich aus? Wie bewegt er sich? Wie angespannt oder locker ist er? Was nehme ich wahr in Mimik und Gestik? Was fällt besonders ins Auge? Gibt es Beeinträchtigungen, Behinderungen, Krankheiten? Welchen Eindruck macht der Mensch in emotionaler und intellektueller Hinsicht? Wie drückt er seine Emotionen aus? Wie differenziert und flexibel erscheint er in seinen Gefühlsprozessen und Denkoperationen?
Wichtig ist, solche Beobachtungen nicht distanziert stehen zu lassen, sondern die Frage anzuschließen: Was lösen die Beobachtungen in mir als Seelsorger/Seelsorgerin aus? Letzteres ist meine Gegenübertragung, sie gilt es zu überprüfen: Fühle ich mich zu dem Menschen hingezogen oder abgestoßen? Macht mir ein Mensch Angst? Welche Bilder fallen mir ein zur Situation des Anderen? Daraus können sich Hinweise ergeben, die bei einer rein distanzierenden Betrachtung nicht zum Zuge kämen.
2. Wie sind die Beziehungen dieses Menschen? Hat er ein soziales Netz, Familie, Freunde, Nachbarn – oder nicht? Gibt es Beziehungen, die unterstützenden oder belastenden Charakter haben?
3. Welchen Beruf hat die andere Person? Ist sie darin ausgefüllt oder nicht? Wie steht es in diesem Bereich mit Stärken und Schwächen, mit Anerkennung, Ängsten und Hoffnungen? Wie ist das Verhältnis von Arbeit und Freizeit? Wie leistungsbetont ist jemand?
4. Wie ist die materielle Situation? Einkommen? Wohnung? Kommt jemand gut zurecht oder »gerade so«? Welche Belastungen (Schulden!) stehen im Hintergrund? Gibt es in der Familie Streit ums Geld?
5. Welchen Werten und Normen fühlt sich der/die Andere verpflichtet? Welche religiösen Überzeugungen spielen eine Rolle? Geht er/sie offen und flexibel oder strikt und rigide damit um? Helfen die Werte und Normen zur Lebensbewältigung, oder empfindet der Andere sie eher als Belastung und Einengung?
6. Hinzuzufügen ist eine historische Dimension: Was weiß ich über die Vergangenheit dieser Person? Wie ist sie zu dem geworden, was sie jetzt ist? Was und wer hat sie geprägt? Welche Zukunftsperspektiven hat sie? An welchem Punkt in der Persönlichkeitsentwicklung bzw. im familiären Lebenszyklus steht dieser Mensch?

Paul Pruyser schlägt vor, auch religiöse Kategorien heranzuziehen: Woran glaubt ein Mensch? Wie sehen seine Gottesbilder aus? Wofür ist jemand dankbar? Welche Bedeutung haben Erfahrungen von Schuld und Vergebung? Etc.[148]
All diese Fragen wird man in den wenigsten Fällen direkt stellen. Aber es kann nützlich sein, sich nach einem Gespräch darüber Rechenschaft zu geben. Die Beantwortung der Fragen soll nicht dazu führen, sich ein fertiges Bild von der anderen Person zu machen. *Aber es kann ein Bei-*

---

148 Zum Folgenden *Pruyser* 1976, 64ff.

trag sein, sich besser in das Gegenüber und seine/ihre Lebenssituation einzufühlen; zum anderen merkt man schnell, wo man noch nicht genügend Klarheit hat, was man noch fragen und ansprechen möchte. Je klarer der Rahmen, desto klarer ist hinterher das Ergebnis. Es ist m.E. eins der großen Probleme der Seelsorge, dass sie in den allermeisten Fällen unstrukturiert und ziellos verläuft. Bei einmaligen Besuchen ist das kaum zu ändern; wenn es jedoch zu einer längeren Begleitung kommt, kann und sollte man klarere Strukturen entwickeln.

An dieser Stelle müsste eine Darstellung möglicher Problembereiche folgen, mit denen man in der Seelsorge häufig konfrontiert ist: Leichte und schwere psychische Störungen (Neurosen, Psychosen etc.), Angststörungen, Depressionen, Abhängigkeitsphänomene (Drogen, Alkohol), Suizid etc.
Seelsorger/Seelsorgerinnen sollen Menschen mit solchen Problemen nicht therapieren können, sie sollten aber in der Lage sein, den Schweregrad der Störung ungefähr abzuschätzen und diese Personen dann an Fachleute zu überweisen. Deswegen muss der seelsorgliche Kontakt in der Regel nicht abbrechen (in Absprache mit den behandelnden Fachleuten!).
Darauf so einzugehen, dass es für die Praxis brauchbar und hilfreich wäre, erfordert ein anderes Buch; deswegen muss hier der Hinweis auf weiterführende Literatur genügen:
- U. Rauchfleisch 2001.
- Clinical Handbook of Pastoral Counseling, ed. by Robert J. Wicks, Richard D. Parsons, Donald Capps. Vol. 1 und 2. New York / Mahwah 1993.
- Klaus Dörner, Ursula Plog, Irren ist menschlich. Lehrbuch der Psychiatrie/Psychotherapie. Bonn 1998.

Ad 2: Jede seelsorgliche Begegnung stellt ein wechselseitiges Geschehen dar. In ihrem Buch »Pastoral Diagnosis« regt *Nancy Ramsay* dazu an,[149] sich als Seelsorger/Seelsorgerin Rechenschaft darüber abzugeben, welche anthropologischen Annahmen (auf Grund eines bestimmten psychotherapeutischen Paradigmas), welche ethischen Normen und Werte und welche theologischen Urteile man in eine seelsorgliche Begegnung einbringt und welche Auswirkungen sie auf den Kontakt und die Beziehung haben.
Ad 3: Wie gestaltet sich unsere Beziehung? Ist sie von Freundlichkeit und Sympathie, Neutralität oder eher Distanz und wechselseitigem Befremden geprägt? Welche Faktoren sind dafür ausschlaggebend? Was nehme ich bei der anderen Person und bei mir selbst wahr? Bin ich darauf bedacht, es dem/der anderen möglichst Recht zu machen, oder fühle ich mich genügend unabhängig?[150]

10.6 Die Person des Seelsorgers / der Seelsorgerin

Seelsorge geschieht nicht durch die Handhabung verschiedener Methoden und Techniken, sondern primär aus einer seelsorglichen Hal-

---
149 *Ramsay* 1998.
150 Vgl. die Fragen zur Selbstprüfung von J. Scharfenberg. S.o. 10.2.1.

tung heraus. Um zu einer solchen Haltung zu gelangen, bedarf es der Beschäftigung mit der eigenen Person:
Der Seelsorger / die Seelsorgerin ist das Instrument der Seelsorge; wir haben in der Seelsorge keine anderen Mittel zur Verfügung. *Joseph Mayer-Scheu* hat von der Instrumentenlosigkeit der Seelsorge gesprochen; was er speziell mit Blick auf die Krankenhausseelsorge gesagt hat, gilt, denke ich, cum grano salis für jede Seelsorge: »Er ist zunächst ein Mitarbeiter ohne sichtbares Instrumentarium und steht mitunter recht wehr- und hilflos vor dem Patienten, an (!) dem er ja zunächst einmal nichts zu messen, zu fühlen, zu injizieren, zu reiben, zu stechen, zu reißen, zu füttern, zu klopfen, kurzum nichts zu hantieren hat. Er kann bei persönlichen Fragen auch nicht in das aufmerksame Hinhorchen auf den Blutdruck oder Pulsschlag ausweichen. Er kann sogar weggeschickt werden. Denn sein Angebot steht unter dem Gesetz freier Annahme oder Ablehnung.«[151]
Man müsste hinzufügen: Er/sie sollte auch nicht auf Bibel, Gesangbuch oder Gebet ausweichen. Natürlich haben ein Bibelvers, eine biblische Geschichte, ein Liedvers, ein Gebet, ein Segen ihren Platz überall da, wo sie dazu dienen, einen Menschen zu trösten, wo sie eine neue Perspektive öffnen, wo sie den Glauben eines Menschen bestärken usw. In diesem Sinn stellen sie wichtige religiöse »Mittel« zur Kommunikation des Evangeliums dar. Aber sie können immer auch Abwehrmechanismen sein, Mittel, um dem direkten Kontakt auszuweichen, um sich dem wirklichen Einfühlen, dem Mit-Leiden, der »Solidarität der Ratlosen« (*Henning Luther*) zu entziehen. Diese grundsätzliche Ambivalenz des Gebrauchs auch von »religiösen Mitteln« sollte nicht übersehen werden.
In der seelsorglichen Begegnung ist der Pfarrer / die Pfarrerin als Person herausgefordert, als Person mit einer spezifischen Biographie, einer besonderen Gestalt des Glaubens, mit unverwechselbaren Stärken und Schwächen. Die Person ist das Instrument der Seelsorge. Jeder Handwerker geht sorgsam mit seinem Werkzeug um, erwirbt genaue Kenntnis der Funktionen des Werkzeug, setzt es gezielt und überlegt nur da ein, wo es von seiner Zweckbestimmung her sinnvoll ist, pflegt das Werkzeug, um es funktionsfähig zu halten etc.
Was heißt das für die Seelsorge? Welche Konsequenzen ergeben sich aus dieser Metapher?

Wer Seelsorge ausübt, trägt Verantwortung für die eigene Person. Dazu gehören:

- Kenntnis der eigenen biographischen Entwicklung: Wie bin ich aufgewachsen? Wer und was hat mich geprägt? Wie ging meine Familie mit Gefühlen um? Welche besonderen Prägungen, welche Stärken und Schwächen, welche Ein-

[151] *Mayer-Scheu* 1977, 57.

10.6 Die Person des Seelsorgers / der Seelsorgerin

seitigkeiten resultieren daraus für meine Person? Mit welchen Menschen komme ich gut und leicht zurecht, in welche Situationen kann ich mich gut einfühlen? Umgekehrt: Welche Menschen machen mir Mühe? Welche Situationen sind mir fremd und weitgehend uneinfühlbar?
- Kenntnis der eigenen religiösen Entwicklung: In welchen religiösen Traditionen und Ritualen bin ich aufgewachsen? Was sind die frühen biblischen Geschichten, die mich geprägt haben? Welche Bilder und Symbole erinnere ich noch lebendig? Wie hat sich das im Lauf der Jahre verändert? Wie hat das Theologiestudium meinen Glauben verändert? Wie sieht meine religiöse Einstellung / mein Glaube / meine Spiritualität jetzt aus? Kann ich das konkret und einfach ausdrücken? Was sind jetzt meine Lieblingsgeschichten? Welche Bilder und Symbole sind mir wichtig? Was tue ich, um meine Spiritualität zu pflegen und zu vertiefen?
- Kenntnis der eigenen moralischen Entwicklung: Mit welchen Normen und Werten bin ich groß geworden? Wie streng oder wie locker und großzügig sind meine Erziehungspersonen mit mir umgegangen? Wie haben mich deren Normen und Werte geprägt? Was hat sich im Lauf der Jahre verändert? Was ist unverändert geblieben? Was sind heute meine Einstellungen zu wichtigen moralischen Fragen? Was denke und fühle ich, und was kann ich sagen, wenn ich in der Seelsorge mit Fragen der Paar-Beziehung, Ehe und Sexualität zu tun bekomme, wenn mir von Gewalt und Missbrauch erzählt wird, wenn mir selbstmordgefährdete Menschen begegnen, wenn ich im Blick auf Organtransplantation und Sterbebegleitung gefragt werde?

Wer Seelsorge ausübt, trägt Verantwortung für die eigene Kommunikationsfähigkeit:

Jede/r hat spezifische Fähigkeiten in der Kommunikation; jede/r hat persönliche Vorlieben und Ängste etc. Sie beeinflussen die Art und Weise, wie ich mich im Kontakt mit anderen Menschen verhalte, wie offen oder zurückhaltend ich bin bzw. erlebt werde, wie authentisch oder fassadenhaft.
Es ist wichtig, diese Persönlichkeitsprägung einigermaßen in ihrer Auswirkung auf die Kommunikation zu kennen. Kommunikationsfähigkeit wird einem nicht von Geburt an mitgegeben, sie ist erlernbar.

Wer Seelsorge ausübt, trägt Verantwortung für den Umgang mit den eigenen Grenzen:

- Jeder Mensch stößt mit seinen Fähigkeiten an Grenzen, niemand kann allen gerecht werden. Es gibt Menschen, mit denen kommt Person A nicht zurecht, aber vielleicht Person B; dann ist es wichtig, sich dies bewusst zu machen und den Ratsuchenden an jemand anderen zu verweisen.
- Es gibt Ratsuchende mit schweren Störungen, die den nicht besonders ausgebildeten Seelsorger überfordern; dann ist es notwendig, eine solche Person an andere Fachleute oder Institutionen zu überweisen. Dazu wiederum ist Voraussetzung, dass man sich in der eigenen Stadt auskennt, von Beratungsstellen (Familien- und Erziehungsberatung, Suchtberatung, Schuldnerberatung) und psychotherapeutischen Praxen weiß, um in einem solchen Fall weiterhelfen zu können.

Wer die eigenen Grenzen nicht respektiert, steht in einer doppelten Gefahr: den Ratsuchenden nicht gerecht zu werden und sich selbst zu überfordern.

480   Kapitel 10: Seelsorge

Wer Seelsorge ausübt, trägt Verantwortung für die Beziehungsgestaltung:

In der Begegnung zwischen einem Seelsorger / einer Seelsorgerin mit einem/einer Ratsuchenden entsteht eine Beziehung, deren Charakter nicht dem Zufall überlassen bleiben (wie in einem Alltagsgespräch), sondern bewusst gestaltet werden sollte. Dazu gehört, dass das Gegenüber im Zentrum der Aufmerksamkeit steht; der/die Andere soll sich in seiner Einzigartigkeit und Würde wahrgenommen, respektiert und wertgeschätzt fühlen; er/sie soll zunächst sein dürfen, wie er/sie ist, soll seine Lebenssituation darstellen und die dazugehörigen Gedanken und Gefühle zum Ausdruck bringen können. Seelsorge will den anderen Menschen nicht vorrangig verändern, sondern ihm/ihr, als Spiegel der Annahme durch Gott, Wertschätzung vermitteln. Aus der Erfahrung, so sein zu dürfen, wie man gerade ist, kann Veränderung erwachsen.

So verstandene Beziehungsgestaltung hat Konsequenzen für die Wahrnehmung der Rolle als Seelsorger / als Seelsorgerin (Zurücknahme der eigenen Person, Zuhören, sich Einfühlen etc.); die unterschiedlichen methodischen Ansätzen stellen diese Konsequenzen mit unterschiedlichen Akzenten dar (s.o.).

Wer Seelsorge ausübt, trägt Verantwortung für Ort und Zeit der Seelsorge (als Bestandteil der Beziehungsgestaltung):

Wenn ein seelsorgliches Gespräch im Dienstzimmer des Pfarramtes stattfindet, sollten Pfarrer/Pfarrerinnen dafür sorgen, dass das Gespräch möglichst ungestört (Telefon, Lärm von außen, aber auch Schallisolierung nach außen!) vonstatten gehen kann und in einer Atmosphäre geschieht, in der sich jemand wohl fühlen kann. Ein Gespräch im Krankenhaus oder in der Wohnung von Menschen, die vom Pfarrer besucht werden, ist schwieriger zu strukturieren: Umso wichtiger ist es, auf die nonverbalen Signale des Gegenüber zu achten.

Wenn der Seelsorger einen Hausbesuch macht, und sein Gegenüber lädt ihn zu einer Tasse Kaffee oder einem Glas Wein ein, dann kann das bedeuten »wir wollen uns mal gemütlich unterhalten« – die vermutlich unbewusste Intention wäre die Abwehr eines ernsthaften Gesprächs. Es könnte aber auch bedeuten: »Ich brauche erst mal einen Anlauf, um mich an das schwierige Gespräch heranzutasten«.

Wenn bei einem Hausbesuch dauernd die Kinder herein kommen und die Eltern nichts dagegen unternehmen, kann es die Absicht des Paares sein, ein intensives Gespräch zu verhindern. Pfarrer/Pfarrerin können dann überlegen, ob sie das hinnehmen wollen oder ob sie es ansprechen und die Eltern bitten, die Kinder für eine Zeit rauszuschicken.

Seelsorger/Seelsorgerinnen sind ebenfalls für die Zeit verantwortlich.

Wer jemanden besucht oder zu einem vereinbarten Termin zu sich eingeladen hat, sollte auch wirklich Zeit zur Verfügung haben und nicht schon nach einer Viertelstunde aufbrechen müssen. Eine Angabe des Zeitrahmen am Anfang »Ich habe jetzt etwa eine Stunde Zeit für Sie« ist hilfreich. Eine ¾ Stunde bis zu einer vollen Stunde ist eine Menge Zeit; es gibt wenige Anlässe, die mehr Zeit brauchen. Nach einer Stunde aufmerksamen Zuhörens ist man ermüdet und das Gegenüber vermutlich auch. Es ist sinnvoller, evtl. einen weiteren Termin zu vereinbaren.

Um den Zeitrahmen einhalten zu können, ist es wichtig, das Gespräch zu strukturieren, d.h. z.B. in einer längeren Erzählung nach dem tieferen

10.6 Die Person des Seelsorgers / der Seelsorgerin

Anliegen zu fragen, Gehörtes zusammenzufassen, Zielsetzungen herauszuarbeiten etc. Das Gespräch in diesem Sinn zu führen steht nicht im Widerspruch zur nondirektiven oder personzentrierten Ausrichtung.

Wer Seelsorge ausübt, ist zur Verschwiegenheit verpflichtet.

In den Pfarrerdienstgesetzen der Landeskirchen ist die Pflicht, das Beichtgeheimnis zu wahren und Verschwiegenheit zu üben, immer wieder formuliert. Dabei ist noch einmal zu unterscheiden zwischen einer Situation, die ausdrücklich als Beichtsituation definiert ist, in der das Beichtgeheimnis unverbrüchlich gilt und gelten muss, und einer »normalen« seelsorglichen Situation, die auch Verschwiegenheit verlangt, die dann aber auf ein Team ausgedehnt werden kann. Für die Bearbeitung der eigenen Seelsorgepraxis in Einzel- oder Gruppensupervision ist diese Möglichkeit von Bedeutung.

Auch für Ehrenamtliche gilt die Pflicht zur Verschwiegenheit. Im rechtlichen Sinn gelten sie als Helfer und Helferinnen des Pfarrers und partizipieren an dessen Pflicht zur Verschwiegenheit.

Schriftliche Aufzeichnungen sind zu anonymisieren und so aufzubewahren, dass sie von niemand anderem eingesehen werden können.

Wer Seelsorge ausübt, ist zur Einhaltung weiterer ethischer Normen verpflichtet:

Eine seelsorgliche Begleitung kann, gerade in Zeiten einer Krise des/der Ratsuchenden, tiefe Emotionen auslösen. Gefühle von Hilflosigkeit und Angewiesensein aus der Kindheit können wieder belebt werden, übergroße Hoffnungen und Erwartungen werden auf den Pfarrer projiziert, Übertragungen von Interaktionsmustern zwischen Kindern und Eltern der Pfarrerin entgegengebracht. Die besondere Verletzlichkeit der anderen Person und der seelsorglichen Beziehung ist unbedingt zu schützen, um nicht psychischem und physischem Missbrauch Vorschub zu leisten. Dazu gehört vor allem:

Ratsuchende dürfen auf keinen Fall benutzt werden, um die narzisstischen Bedürfnisse des Seelsorgers / der Seelsorgerin nach Anerkennung, Macht und emotionaler Nähe zu erfüllen. Sexuelle Kontakte mit Ratsuchenden haben destruktive Folgen und sind als sexueller Missbrauch zu werten; die Beziehung muss auf einer distanziert-professionellen Ebene bleiben.[152]

Die Weltanschauung oder Glaubenseinstellung des Gesprächspartners ist zu respektieren; Seelsorge darf nicht dazu dienen, jemanden zu missionieren. Evtl. finanzielle Absprachen (z.B. bei längerfristigen Beratungen) müssen transparent gehandhabt werden.

Vertiefende Literatur:
- *Dietrich Stollberg*, Wahrnehmen und Annehmen, Gütersloh 1978.
- *Klaus Winkler*, Seelsorge, Berlin / New York ²2000.
- *Jürgen Ziemer*, Seelsorgelehre, Göttingen 2000.

---

[152] Für den Bereich der Psychotherapie vgl. *Becker-Fischer/Fischer* 1996; *Pokorny* 1996.

Kapitel 11: (Religiöse) Entwicklungs- und Lernprozesse

11.1 Entwicklung und Lernen

Menschliches Leben ist immer in Bewegung und entwickelt sich im Ablauf der Zeit; Entwicklung bedeutet, dass sich die in einem Menschen angelegten Möglichkeiten in Interaktion mit der Umwelt entfalten. Entwicklung vollzieht sich meistens nicht gleichmäßig, sondern eher in Sprüngen: Der Körper verändert sich, Gefühle und Einstellungen ebenso, Beziehungen und die Umwelt wandeln sich; es entstehen Spannungen und Ungleichgewichte in der Person-Umwelt-Interaktion. Diese Ungleichgewichte lösen zunächst Unbehagen und Schmerzen aus, enthalten aber auch die Chance weiterer Entwicklungsschritte. Dezentrierung oder Differenzierung bedeutet den Verlust des bisherigen emotionalen und kognitiven Gleichgewichts; Rezentrierung oder Integration auf einer neuen Ebene wird dadurch möglich.

Religion und Glaube bezeichnen kommunikative Dimensionen des Lebens; es geht in der Religion, wie in Kapitel 1 ausgeführt, um Anerkennen, Verstehen und Deuten dessen, »was es mit dieser Welt und unserem Leben in letzter Instanz auf sich hat, von woher wir also kommen und wohin wir gehen«,[1] was wir glauben und hoffen können. Kognitive, emotionale und leibliche Prozesse durchdringen sich, Kenntnisnahme, Engagement und Ausdruck gehören zusammen.

Verstehen und Deuten genauso wie Vertrauen und Glauben sind Prozesse, die sich mit der Entwicklung der Person und der Interaktion mit der Umwelt verändern. Es ist auch aus theologischer Sicht bedeutsam, den Menschen als jemanden zu betrachten, der nicht von vornherein fertig auf der Welt ist, sondern seine Möglichkeiten zur Kommunikation mit anderen, mit der Welt, mit dem Grund des Seins, mit Gott, entwickelt und entfaltet. Glaube im Sinn von Lebensdeutung ist als psychologisch beschreibbare Aktivität des Menschen anzusehen, die auch der Entwicklungsdynamik von De- und Rezentrierung unterliegt und an der Entwicklung der ganzen Person teil hat. Gleichzeitig legt die christliche Tradition mit dem Topos vom Sündenfall Wert auf die Einsicht, dass eben solche Entwicklungsmöglichkeiten begrenzt sind, häu-

---

1 *Gräb* 1998, 39.

11.1 Entwicklung und Lernen

fig verzerrt verlaufen und insofern keineswegs immer im Sinn einer linearen Höherentwicklung zu verstehen sind.

Karl Ernst Nipkow hat es als eine Grundaufgabe der Kirche bezeichnet, den Menschen »lebensbegleitende, erfahrungsnahe Identitätshilfe« anzubieten.[2] Der gesamte Lebenszyklus sowie alle Aktivitäten der Kirche sind unter dieser Aufgabenstellung im Blick. Religiöse Kommunikation in ihrer ganzen Breite muss kontextuell sein, d.h. konkret auf bestimmte Menschen in bestimmten Altersstufen und Entwicklungsphasen und spezifischen Lebensumständen bezogen.

Pastoralpsychologie als Teildisziplin der Praktischen Theologie muss sich deswegen mit der Entwicklungsperspektive auseinander setzen; in der bisherigen Pastoralpsychologie geschah das im Wesentlichen nur durch die psychoanalytische Entwicklungspsychologie. Ich will im Folgenden auch Entwicklungsperspektiven aus der kognitiven Psychologie aufnehmen, weil sie in zunehmendem Maß für das Verstehen und Fördern religiöser Kommunikationsprozesse von Bedeutung sind. Ein multiperspektivischer Zugang kann auch auf diesem Gebiet nur ein Gewinn sein.

Nach *Donald E. Miller* besteht der Prozess menschlicher Entwicklung aus fünf miteinander verschränkten Elementen:[3]

1. Es gibt in jeder Person eine zugrunde liegende Struktur, einen genetisch angelegten Grundplan; bei *Freud* und *Erikson* sind das die psychosexuellen bzw. psychosozialen Entwicklungsstadien, die jeder Mensch durchläuft; bei *Piaget* sind es die Stadien der kognitiven Entwicklung.
2. Dieser Grundplan entfaltet sich in einer festliegenden Sequenz: Jedes Stadium setzt ein anderes voraus und führt auf ein nächstes hin. Störungen in einer Phase ziehen in der Regel Störungen in der nächsten nach sich.
3. Jede Entwicklungsphase stellt eine zunehmend komplexe und individuell-einzigartige Integration (und nicht einfach eine Addition) verschiedener Elemente dar.
4. Entwicklung ist von der Interaktion zwischen Subjekt und Umgebung abhängig. Körperlich-emotionale Ungleichgewichte in der Person sowie Veränderungen in der Umgebung rufen Ungleichgewichte in der Person-Umwelt-Interaktion hervor, die durch neue Entwicklungsschritte bewältigt werden.
5. Entwicklung strebt ein Ziel an – eine Vorstellung, die allerdings schwer mit dem offenen Prozesscharakter von Entwicklung zu vereinbaren ist.

Man kann so verstandene Entwicklung auch als Lernprozess bezeichnen, wenn man sich von einem reduzierten Begriff des schulischen

---

2 *Nipkow* [4]1990, 101ff.
3 *D.E. Miller* 1982, 75ff.

Lernens löst. Danach bezeichnet Lernen den Erwerb neuer Fähigkeiten und Differenzierungen im Bereich des Verhaltens, Fühlens, Denkens und Glaubens. Lernen steht immer in der Spannung von Reproduktion und Emanzipation: Die Gesellschaft reproduziert sich selbst, ihre Normen und Lebenstechniken, indem sie für ihre Mitglieder Lernprozesse initiiert und fordert; Lernen hat hier den Charakter von Anpassung. Zugleich zielt Lernen aber darüber hinaus auf »die Öffnung des Menschen zu sich selbst«, auf Bewusstmachung, Freiheit und Veränderung.[4] Lernen und Entwicklung bezeichnen dann synonyme Vorgänge.

11.2 Grundlinien psychoanalytischer Entwicklungspsychologie

Es gibt zwei große Richtungen der Entwicklungstheorie, zum einen die Theorie des Lebenszyklus, wie sie sich in der psychoanalytischen Tradition herausgebildet hat, zum anderen die strukturell-kognitive Entwicklungstheorie, die durch *Jean Piaget* grundgelegt worden ist. Diese Entwicklungstheorien unterstellen idealtypische Abläufe und Muster, die es in der menschlichen Realität so natürlich nicht gibt, weil Verhalten immer überdeterminiert ist und über eine große Variationsbreite verfügt. In der Postmoderne werden idealtypische Verläufe besonders fragwürdig: Was Kindheit, Jugend und Erwachsensein ausmacht, welche Entwicklungschancen und -aufgaben jede Phase hat, variiert inzwischen nicht nur im interkulturellen Vergleich, sondern auch innerhalb ein und derselben Bezugsgruppe, so dass jene Theorien natürlich nur Annäherungswert besitzen. Als solche bleiben sie von Bedeutung; denn um Differenz und Variation wahrnehmen zu können, bedarf es eines Bezugspunktes.

Die amerikanischen Psychoanalytiker *Phyllis* und *Robert Tyson* haben ein integriertes entwicklungspsychologisches Modell vorgelegt, dessen Besonderheit darin zu sehen ist, dass die Autoren die verschiedenen psychischen Strukturen und Entwicklungslinien als Systeme begreifen, die in ständiger Interaktion miteinander stehen und nur aus Gründen der notwendigerweise diskursiven Darstellung nacheinander beschrieben werden können. Die Entwicklung von Triebimpulsen, von Objektbeziehungen, des Selbst, der Affekte, der Kognitionen, des Über-Ich und des Ich, alle diese Entwicklungslinien noch einmal differenziert nach dem Gender-Aspekt, stellen ein hoch komplexes Geflecht dar, das als Ganzes die Entwicklung der Person ausmacht. »Somit vollzieht sich Entwicklung über die Differenzierung, Organisation, Transformierung und Neuorganisation verschiedener in Interrelation stehender Systeme. Jedes System wird auf jeder Stufe von der Entwicklung aller anderen Systeme, in Interaktion mit der Umwelt, beeinflusst. Das Kind beginnt sein Leben mit einer Anzahl angeborener Potenziale. Die Be-

---

4 *Heydorn* 1970, 131.

11.2 Grundlinien psychoanalytischer Entwicklungspsychologie

ziehung zwischen Mutter und Kind wird allmählich zu einem stabilen interaktionellen System, dessen organisierender Einfluß den angeborenen physiologischen Funktionen psychologische Bedeutung verleiht.«[5] Nicht nur die verschiedenen psychologischen Perspektiven sind hier aufeinander abgestimmt, auch Beobachtungen aus der neueren Säuglingsforschung werden berücksichtigt.

Aus pastoralpsychologischer Perspektive erscheint es mir wichtig, wenigstens einige markante Eckpunkte dieser Entwicklungstheorien zu referieren. Sie ergänzen die anthropologischen Perspektiven der verschiedenen psychotherapeutischen Schulen, die in Kap. 4 dargestellt wurden.

Außerdem: Wenn religiöse Entwicklung untrennbar mit der Gesamtentwicklung der Person verknüpft ist,[6] dann muss Pastoralpsychologie sich mit dem Entwicklungsprozess der Person auseinandersetzen. Frühkindliche Lebens- und Beziehungserfahrungen sind grundlegend für die spätere Lebensbewältigung, auch für die Gestaltung eines religiösen Glaubens; frühkindliche Konflikterfahrungen bilden nach psychoanalytischer Auffassung die Grundlage für spätere Lebens- und Glaubenskonflikte. Und Lebenskonflikte bilden sich ab auf der Ebene des Glaubens. Insofern trägt das Wissen um frühkindliche Entwicklungs- und Lernprozesse viel zum Verstehen Erwachsener bei ($\Rightarrow$ Kap. 8.2).

11.2.1 Beobachtungen belegen, dass sich die biologisch angelegte *Trieb- oder Motivationsstruktur* mit Beginn der Geburt langsam ausdifferenziert. *S. Freud* hat eine erste Entwicklungsphase als orale Phase bezeichnet,[7] weil die Lust- und Unlusterfahrungen in der frühen Mutter-Kind-Interaktion vorwiegend mit Saugen und Ernähren zu tun haben, also in hohem Maß auf den Mund zentriert sind. Allerdings haben die Hospitalismusforschungen von *René Spitz* verdeutlicht,[8] dass diese Interaktionen gleichzeitig der affektiven Stimulation dienen, die ein Säugling zum Überleben so nötig braucht wie die Nahrung.

In der zweiten Hälfte dieser Phase verschafft sich der Säugling auch durch die Fähigkeit, zu kauen und zu beißen, Befriedigung; Erwachsene bringen diese Fähigkeit mit Aggression in Zusammenhang und unterliegen damit nach *Tyson & Tyson* einem »adultomorphen Missverständnis«. Auch wenn, wie die Säuglingsforschung gezeigt hat, der Säugling durchaus schon eine Reihe von aktiven Fähigkeiten besitzt, im Vordergrund steht in dieser Phase die Rezeptivität, das Aufnehmen und Annehmen.

---

5 *Tyson & Tyson* ²2001, 45.
6 Vgl. *Grom* ³1989. Grom greift auf Lerntheorie, kognitive Theorie von Piaget und psychoanalytische Entwicklungspsychologie zurück.
7 *Freud* 1905, St.A. V, 37ff.
8 Vgl. *Tyson & Tyson* 2001, 63f.

Im zweiten Lebensjahr, wenn das kleine Kind laufen gelernt hat, verbinden sich Lustempfindungen in besonderem Maß mit der Ausscheidung von Urin und Kot sowie mit der Fähigkeit, diese willentlich zurückzuhalten oder herzugeben (analae Phase). Konflikte mit den Erziehungspersonen wegen als notwendig angesehener »Sauberkeit« waren in der ersten Hälfte des 20. Jahrhunderts sicher häufiger als in der Gegenwart; in jedem Fall verfügt das Kleinkind in diesem Alter über eine ausgeprägte Fähigkeit zu Ärger und Aggression, die eine wichtige Funktion im Blick auf Abgrenzung von anderen und damit zur Wahrnehmung eines abgegrenzten Selbst erfüllen.

Das Alter von etwa drei bis sechs Jahren hat *Freud* ursprünglich als infantil genitale Phase bezeichnet; diese Bezeichnung ist angemessener als der Terminus »phallische Phase«, weil nicht nur kleine Jungen, sondern natürlich auch Mädchen in dieser Zeit ein ausgeprägtes Interesse an ihren Genitalien entwickeln. Verbunden sind damit Phantasien und Ängste über das eigene Geschlecht und die Kleinheit der Geschlechtsorgane im Vergleich zu denen der Eltern. Intensive Wünsche beziehen sich auf den gegengeschlechtlichen Elternteil, während der gleichgeschlechtliche Teil als Konkurrenz erlebt wird; gleichzeitig fürchtet das Kind von letzterem Liebesverlust und Bestrafung – heftige innere Konflikte resultieren daraus (Ödipuskomplex), deren »erfolgreicher« oder nicht erfolgreicher Lösung *Freud* sehr große Bedeutung für die spätere seelische Gesundheit zuschrieb. Die Lösung liegt schließlich in der Identifikation mit dem gleichgeschlechtlichen Elternteil; aus der Idealisierung dieser Person erwächst ein großer Teil des Ich-Ideals.

Der Begriff der Latenzzeit bezeichnet das Alter von etwa sechs bis zu zehn Jahren; *Freud* bezieht ihn auf die Annahme, dass in dieser Zeit sexuell bzw. libidinös getönte Wünsche und Impulse in den Hintergrund treten und Raum geben für schulische Lernprozesse, die wiederum die Grundlage für ein positives Selbstgefühl abgeben.

Die Pubertät und Adoleszenz beginnen mit physiologischen Veränderungen (u.a. Ausprägung sekundärer Geschlechtsmerkmale), unter denen der Beginn der Monatsblutung beim Mädchen und die erste Ejakulation beim Jungen besonders deutliche Einschnitte markieren. Die sexuelle Reifung des Körpers setzt sexuelle Gefühle und Fantasien frei, die als reizvoll und bedrohlich zugleich erlebt werden und mit den gesellschaftlich akzeptierten Verhaltensregeln in Einklang gebracht werden müssen. Oft vollziehen sich die biologischen Veränderungen schneller als die psychischen: Die Eltern stehen nicht mehr wie bisher als Identifikationsobjekte und Sicherheit gebend zur Verfügung, und das Ich als eigenständige Steuerungsinstanz ist noch nicht genügend entwickelt; aus dieser Spannung kann eine intensive emotionale Beunruhigung erwachsen.

11.2 Grundlinien psychoanalytischer Entwicklungspsychologie

11.2.2 Die Entwicklung von Triebstrukturen ist eingebettet in die *Entwicklungen der Objektbeziehungen* (⇒ Objektbeziehungstheorie, Kap. 4.1.4).[9]

Die erste Zeit nach der Geburt des Kindes bezeichnen *Tyson & Tyson* als »primäre Wechselseitigkeit«, in der die Systeme von Mutter und Kind sehr genau aufeinander abgestimmt sind, um ein größtmögliches Gleichgewicht des Wohlbefindens herzustellen. Ab dem zweiten Monat sind »Anfänge des Dialogs« zu beobachten. Der Säugling »beginnt nun aktiv, den reziproken Austausch mit der Bezugsperson zu antizipieren und ebenso aktiv nach sozialer Interaktion zu verlangen; gleichzeitig legt er eine zunehmende Fähigkeit zur Selbstregulierung an den Tag.«[10] Der Blickaustausch zwischen Mutter und Kind ist besonders wichtig und trägt zur Entstehung eines positiven Selbstwertgefühls bei. *D. Stern* spricht von Interaktionsrepräsentanzen (RIGS = **R**epresentations of **I**nteractions that have been **G**eneralized): Interaktionen oder Szenen werden im Gehirn gespeichert und bilden die Grundlage für innere Repräsentanzen (= emotional getönte Abbilder) des Selbst, die wiederum die Basis für ein sich langsam entwickelndes Selbstwertgefühl abgeben.

Am mangelnden »Zu-einander-Passen« in der Wechselseitigkeit von Kind und bemutternder Person macht *Michael Balint* die sog. »Grundstörung« fest: Neben angeborenen sind es vor allem milieubedingte Ursachen, »wenn etwa die Versorgung des Säuglings mangelhaft, nachlässig, unregelmäßig, überfürsorglich, übermäßig beschützend, grob, starr, sehr inkonsequent, übermäßig stimulierend oder verständnislos und gleichgültig war.«[11]
Die Grundstörung manifestiert sich in tiefgehenden Charakterproblemen und narzisstischen Störungen, die nur schwer heilbar sind. Chronifizierte Psychotherapie- oder Seelsorgebeziehungen sind von diesem Hintergrund her zu verstehen.[12] Für den Therapeuten oder die Seelsorgerin erwächst daraus die hohe Anforderung, sich solchen Menschen gegenüber wie eine auf deren Bedürfnisse sensibel abgestimmte Mutter zu verhalten.

Margaret Mahler hat auf der Basis intensiver Beobachtungen von Mutter-Kind-Interaktionen die dann folgende Phase der »Separation und Individuation« mit ihren Subphasen beschrieben:[13] »Differenzierungsphase« (ab 4–6 Monate) bedeutet, dass der Säugling auf der Basis eines Urvertrauens, einer sicheren Bindung an die Mutter beginnt, sich von ihr weg zu bewegen; das Übergangsobjekt (⇒ Kap. 4.1.4) kann zeitweise an die Stelle der mütterlichen Präsenz treten, bis das Bild der Mutter konstant verinnerlicht ist. In der »Übungs-Subphase« scheint das Kind schon stabilere Selbst- und Objektrepräsentanzen zu

---

9 *Tyson & Tyson* 2001, 106ff.
10 *Tyson & Tyson* 2001, 108.
11 *Balint* ²1997, 33.
12 Vgl. dazu *Weimer* 2001, 156ff.
13 *Mahler/Pine/Bergmann* 1980.

besitzen, so dass es seine wachsenden motorischen Fähigkeiten nutzen und sich vorübergehend von der Mutter entfernen kann. Die »Wiederannäherungsphase« (ab dem 16. Monat) ist durch heftige Ambivalenzgefühle von Liebe und Hass gekennzeichnet, das Streben nach Autonomie und Selbstständigsein einerseits, die zunehmende Erkenntnis des eigenen Kleinseins, der Ohnmacht, damit verbundener Ängste und Wutgefühle und dem Wunsch, sich der Liebe der Bezugspersonen zu versichern, andererseits. Wichtig ist, ob es dem Kind gelingt, die versagende Mutter auch als die liebende zu erkennen und festzuhalten und damit beide Repräsentanzen und Gefühle zu integrieren, oder ob es hier zu einer Spaltung in »gute« und »böse« Selbst- und Objektbilder kommt.

Der Begriff der *Spaltung* bezeichnet in der Tradition *Melanie Kleins* einen Abwehrvorgang, in dem sowohl Objektbilder wie auch Selbstbilder in »nur gut« und »nur böse« gespalten und ein Teil dann projiziert oder verleugnet wird. Der Stellenwert der Theorie der Spaltungsphänomene ist umstritten.[14] Im klinischen Alltag werden Spaltungsvorgänge und entsprechend manipulative Verhaltensweisen als charakteristisch für Borderline-Persönlichkeiten bezeichnet. Die Welt der Borderline-Persönlichkeit ist in Helden und Bösewichte aufgeteilt; sie sind kaum in der Lage, Ambivalenzen, also die gleichzeitige Anwesenheit sich widersprechender Gefühle, auszuhalten.[15]
In diesem Zusammenhang ist auch auf den von *M. Klein* u.a. beschriebenen Abwehrmechanismus der *projektiven Identifikation* hinzuweisen: »Danach ist die projektive Identifikation ein (psychotischer) Abwehrvorgang, der aus drei Schritten besteht: Zuerst wird ein Teil des Selbst abgespalten und in unbewusster Phantasie projiziert ... Dann wird die Objektrepräsentanz, die die abgespaltene Projektion enthält, so in ein äußeres Objekt externalisiert, dass, im dritten Schritt, das Objekt dazu gebracht wird, sich der Projektion entsprechend zu verhalten.«[16] Auch unter starkem Stress reagieren Menschen in dieser Weise, das hat *W. Wiedemann* anschaulich beschrieben für vorübergehende, quasi psychotische Verhaltensweisen von Personen beispielsweise bei der Aufnahme ins Krankenhaus. Kurz gesagt heißt das: »Der Patient, der projektiv identifiziert, bewirkt, dass ich seine Angst oder seine Wut spüre, und tröstet oder fürchtet mich.«[17]

Das Ziel der Entwicklung besteht in einer »Konsolidierung der Objektkonstanz« (3. Lebensjahr); damit ist die Fähigkeit des Kindes gemeint, trotz unvermeidlicher Frustrationen und der damit verbundenen wütenden oder enttäuschten Empfindungen eine konstante und sichere Beziehung zur Mutter aufrechtzuerhalten. Mit der Objektkonstanz einher geht eine sich entwickelnde Selbstkonstanz, also die zunehmende Fähigkeit des Ich zur Impulskontrolle und Selbstreflexion.

---

14 Vgl. *Reich* 2002, 666–669.
15 Zum Stichwort »Borderline-Persönlichkeit« vgl. *Rohde-Dachser* ⁵1995 (darin zum Abwehrmechanismus der Spaltung 79ff); *Kreisman/Straus* 1992.
16 *Wiedemann* 1996, 57.
17 *Wiedemann* 1996, 59.

11.2 Grundlinien psychoanalytischer Entwicklungspsychologie

Triadische Objektbeziehungen (die Dyade Mutter – Kind erweitert sich zur Triade Mutter – Vater – Kind) treten mit der infantil-genitalen Phase in den Vordergrund, erweitern und verkomplizieren das Beziehungsfeld des Kindes erheblich: Rivalität und Todeswünsche gegenüber dem gleichgeschlechtlichen Elternteil, verbunden mit entsprechenden Ängsten und Schuldgefühlen, stellen den Kern des ödipalen Dramas dar. Durch seine Auflösung trägt es zur Über-Ich und Ich-Bildung bei (durch Identifizierung und Idealisierung mit dem gleichgeschlechtlichen Teil); gleichzeitig ist eine narzisstische Kränkung des Kindes (das Kind muss seine Omnipotenzphantasien aufgeben und das eigene Kleinsein, das im Vergleich zu den Eltern immer wieder schmerzlich erfahren wird, annehmen) nicht zu vermeiden. Sie kann durch wachsende kognitive und körperliche Fähigkeiten des Kindes z.T. ausgeglichen werden.

In der Latenzzeit distanziert sich das Kind zunehmend innerlich von den Eltern und engagiert sich als Kompensation mehr und mehr in gleichgeschlechtlichen Peer-Gruppen, die nun auch ihre eigenen moralischen Maßstäbe entwickeln. Die Adoleszenz bedeutet eine zweite Individuation, in der sich die Aufgabe der Entidealisierung der elterlichen Objektrepräsentanzen stellt. Heftige Ambivalenzen gehen damit einher, bevor eine realistischere Beziehung zu den Eltern möglich wird, nicht zuletzt dadurch, dass die Peer-Gruppe und eigene Liebesbeziehungen die Eltern weniger wichtig erscheinen lassen.

11.2.3 Die *Entwicklung eines Selbst* im Sinne eines erfahrungsnahen subjektiven Selbstempfindens ist an Körpererfahrungen, Beziehungserfahrungen mit anderen und affektive Erfahrungen gebunden.[18] Der Kontext einer angemessenen, affektiv liebevollen Wechselseitigkeit zwischen Mutter und Kind gibt den Rahmen ab, innerhalb dessen das Kind seinen Körper lustvoll erleben und ein Empfinden eines Kern-Selbst (einschließlich einer Kerngeschlechtsidentität) und eines Kern-Anderen spüren kann. Die Entstehung von Objektkonstanz und Selbstkonstanz gehen Hand in Hand, wobei man sich Selbstkonstanz aus einer Anzahl von Selbstbildern zusammengesetzt vorstellen muss, die jeweils zu unterschiedlichen Zeiten in den Vordergrund treten. Ein im Grunde positives Selbstempfinden ist davon abhängig, ob immer wieder »libidinöses Auftanken«[19] möglich ist. In der Phase des ödipalen Konflikts kommt es zu einem ersten Gefühl eigener Identität, verbunden mit einer »Inbesitznahme des eigenen Körpers«. Für das weitere Selbstempfinden ist die Lösung des ödipalen Konflikts von Bedeutung: Suche nach narzisstischer Vollkommenheit mit den unvermeidli-

---

18 Der Begriff des Selbst, in Abgrenzung und teilweiser Übereinstimmung mit Begriffen wie Ich und Identität, wird sehr unterschiedlich verstanden. Vgl. dazu *Ludwig-Körner* 2002, 645–650.
19 *Tyson & Tyson* 2001, 135.

chen Enttäuschungen einerseits oder Identifikation mit dem gleichgeschlechtlichen Elternteil und damit Konsolidierung des Über-Ich als innere Autorität sind zwei mögliche Entwicklungswege. Während der Latenzzeit steht die Selbstwertentwicklung durch Leistung und gruppenbezogene Aktivitäten im Vordergrund. In der Adoleszenz kommt es, durch die Identitätskrise hindurch, zur weiteren Integration und Stabilisierung des Selbstempfindens.

11.2.4 *Affekte* sind zu verstehen als »psychische Strukturen, die sich aus motivationalen, somatischen, expressiven, kommunikativen, sowie emotionalen Komponenten zusammensetzen und an eine bestimmte Vorstellung oder einen bestimmten kognitiven Inhalt gebunden sind.«[20]

Affekte sind also nicht als rein irrationale und leidenschaftliche Zustände zu begreifen; sie stehen in engem Zusammenhang mit kognitiven Einschätzungen sowie mit gesellschaftlich-sprachlichen Regeln und vorgegebenen Formen. Das erklärt die unterschiedlichen Ausdrucksformen von Affekten oder Emotionen sowohl bei unterschiedlichen Menschen als auch in verschiedenen Kulturkreisen. Psychoanalytische Entwicklungspsychologie und konstruktivistische Emotionsforschung stimmen an diesem Punkt überein.[21]

Die Signal- und Steuerungsfunktionen der Affekte sind besonders wichtig. Das Schreien des Neugeborenen sowie der affektive Ausdruck der Gesichtsmimik stellen angeborene Formen der Kommunikation dar, die entsprechende affektive Reaktionen der Mutter auslösen. Gelingende affektive Wechselseitigkeit ist für die weitere Entwicklung von großer Bedeutung. Besonders das soziale Lächeln verfügt über eine kommunikativ-affektive Macht. Die wiederholte als lustvoll empfundene Bedürfnisbefriedigung formiert sich im Säugling zu einem affektiven Gedächtnis.

Die Fremdenangst des Säuglings geht einher mit einem »social referencing«: Der affektive Ausdruck der Mutter (aufmunterndes Lächeln oder besorgtes Stirnrunzeln) gibt ihm Orientierung und bestimmt das weitere Verhalten; damit wird die Grundlage gelegt, dass das Kind die Signalfunktion seiner eigenen Affekte kennen und zu nutzen lernt. Das Erleben von begrenzter Angst, die auf Grund der sensiblen Intervention der Mutter nicht zu einer überschwemmenden Angst und damit traumatisch wird, ist ein wichtiger Schritt zur Wahrnehmung der eigenen Affekte. Die Signalfunktion der Affekte prägt sich deutlicher aus, wenn Vorstellungen und Erinnerungen mit affektivem Verhalten verknüpft und schließlich in Sprache gefasst werden können. In dieser Entwicklung ist entscheidend, dass die Mutter zu einer konstanten, Si-

20 *Tyson & Tyson* 2001, 141.
21 Zur konstruktivistischen Emotionsforschung vgl. *Harre* 1986.

11.2 Grundlinien psychoanalytischer Entwicklungspsychologie

cherheit gebenden inneren Präsenz im Kind geworden ist; ihre regulierende Funktion wird langsam zu einer stabilen Ich-Funktion.

11.2.5 In der *kognitiven Entwicklung* sind aus psychoanalytischer Sicht die Systeme des Primärprozesses (gekennzeichnet durch Assoziation, Konkretismus, Verdichtung, Verschiebung und magisches Denken, wie wir es aus Träumen kennen) und des Sekundärprozesses (gekennzeichnet durch ratio und Logik) zu berücksichtigen.[22] Die Säuglingsforschung hat darauf aufmerksam gemacht, dass das »soziale Lächeln«, das im Alter von zwei bis drei Monaten auftritt, als Organisator nicht nur von Beziehungen, sondern auch für die Entstehung von Denkprozessen verstanden werden muss. Konzepte von Objekten werden gebildet und in der Erinnerung gespeichert, Wahrnehmungen von Objekten, von Gesicht und Stimme der Mutter miteinander verglichen etc. Zur Differenzierung von Primär- und Sekundärvorgang kommt es mit dem Gebrauch von Übergangsobjekten und dem damit verbundenen Beginn der Symbolisierung. Repräsentatives Denken setzt mit dem Gebrauch der Sprache ein, der auch die Wahrnehmung eigener innerer Zustände fördert. Denken, Spielen und der Gebrauch von Sprache sind in der Folgezeit eng verknüpft und fördern sich gegenseitig. Sprachfähigkeit stärkt auch die Wahrnehmungs- und Ausdrucksfähigkeit im Blick auf Emotionen.

Erst in der Latenzzeit setzt das konkret-operationale Denken ein, das *Piaget* genauer untersucht und beschrieben hat (s.u. 11.3).

11.2.6 Mit dem Begriff des *Über-Ich* bezeichnet *Freud* ein hypothetisches Konstrukt, mit dem Imperative, moralische Normen und Werte sowie ideale Wunsch- und Zielvorstellungen in der Person zusammengefasst werden. Die Repräsentanzen gesellschaftlicher und elterlicher Regeln, Verbote und Gebote sind zunächst als Introjekte aufzufassen, die im Lauf der weiteren Entwicklung angeeignet, also zu persönlichen Vorstellungen umgewandelt werden müssen.

Ein Introjekt bezeichnet in Analogie zur Nahrungsaufnahme eine ins Innere der Person aufgenommene Vorstellung mit der dazugehörigen Emotion, die als fremde erhalten bleibt und nicht in eine eigene umgewandelt (»verdaut«) und integriert wird.

Daneben gehören Ideale zum Über-Ich, ideale Objektrepräsentanzen (die frühen Eindrücke eines Kindes von den vollkommenen und mächtigen Eltern), ideale Kindrepräsentanzen (so sollte das Kind nach den Wünschen der Eltern sein) und ideale Selbstrepräsentanzen (»so möchte ich sein«). Die Idealnormen des Über-Ich müssen mit der Realität des Selbst, seinen Möglichkeiten und Grenzen in einen Austausch treten und entsprechende Kompromisse finden. Das Über-Ich hat die

---

22 *Tyson & Tyson* 2001, 181.

Funktionen der Selbstbeobachtung und Selbstbeurteilung sowie der Aktivierung von Abwehrmaßnahmen (z.B. angesichts »unpassend« erscheinender Triebimpulse); neben diesen eher bestrafenden, Minderwertigkeits- und Schuldgefühle auslösenden Funktionen hat das Über-Ich aber auch (aus der Identifikation mit den Eltern) liebevoll-fürsorgliche und richtungsgebende Aspekte.

Das Über-Ich bildet sich keinesfalls erst im ödipalen Konflikt, sondern hat eine viel früher beginnende Entwicklungsgeschichte. Die Aufnahme von lustvollen und frustrierenden Mutterrepräsentanzen hat bereits mit der Bildung von Introjekten und Idealen zu tun. Die Entwicklungskonflikte der analen Phase (»Trotzphase«) rufen die Angst des Kindes hervor, die Zuneigung der Eltern zu verlieren; sich-fügen, sich anpassen, eigene Triebimpulse abwehren (»brav sein«) sind Bestandteile eines Prozesses, in dem das Kind die Kontrolle der Eltern zu einer intrapsychischen Kontrolle umwandelt. Die Fähigkeit der Eltern, ihre Forderungen in empathischer Weise den Fähigkeiten des Kindes anzupassen, fördert eine realitätsbezogene Anpassung, während harte und willkürliche Forderungen das Kind verunsichern und entsprechend harte und sadistische Introjekte schaffen. Idealisierung der Eltern und die Liebe zu ihnen hilft dem Kind, die unvermeidlich schmerzlichen Ambivalenzgefühle zu ertragen und zu bewältigen.

Kognitive Fortschritte des Kindes erhöhen dessen Fähigkeit, sich die Konsequenzen seines Verhaltens auszumalen, und tragen dazu bei, den Forderungen des Introjekts nachzukommen. Mit der ödipalen Phase kommt es zu intrasystemischen Konflikten, weil das Kind es kaum beiden Eltern gleichermaßen Recht machen kann. Die Identifikation mit den Forderungen und Idealen der Eltern fördert die Ausbildung des Über-Ich und ersetzt allmählich die Angst vor äußerem Liebesverlust oder körperlicher Beschädigung durch die Angst vor innerer Missbilligung. Diese Missbilligung kann besonders scharf ausfallen, insofern das Über-Ich auch durch aggressive Impulse, die ursprünglich einem Elternteil gelten, gespeist wird und nicht zwischen Absicht und Handlung unterscheidet. Auf der anderen Seite steigert sich durch die Identifizierung mit dem Ideal das kindliche Selbstwerterleben. Am Ausgang der ödipalen Phase kann man vom Über-Ich als kohärenter psychischer Funktion sprechen, die aber natürlich einer lebenslangen weiter gehenden Veränderung unterliegt.

In der Latenzzeit setzt eine Lockerung des kindlich strengen und strafenden Über-Ich ein; die elterlichen Normen und Ideale werden mit anderen aus der Peer-Gruppe oder von Lehrern verglichen, eigene Normvorstellungen konsolidieren sich langsam. In der Adoleszenz kommt es noch einmal zu heftigen Konflikten zwischen elterlichen Normvorstellungen und Idealen und denen des/der Jugendlichen; durch Identifizierung mit Normen der Bezugsgruppe kann es gelingen, zunehmend Verantwortung für sich selbst zu übernehmen und realistische Normen und Ideale zu entwickeln. Aber auch ein reifes und flexibles Über-Ich behält in der Regel einen archaischen Kern, der in Stresssituationen feindselige Selbstanklagen, Schuldgefühle oder Projektionen frei setzen kann.

Exkurs: Gewissen und Religion
Die Beschreibung des Über-Ichs und seiner Entstehung ist für die christliche Tradition von Bedeutung, weil es die vermeintliche Objektivität und Ungeschichtlichkeit des Gewissens in Frage stellt (⇒ Kap. 15.2.2). Das Gewissen wird gemeinhin verstanden als Instanz der moralischen Beurteilung einzelner Handlungen, als Ort der Moralfähigkeit (*Kant* spricht von einem inneren Gerichtshof, einem inneren Gesetzgeber und Richter, der anklagt, verurteilt und freispricht); dieser Ort ist im Lauf der Geschichte immer wieder absolut gesetzt worden als Präsenz Gottes im Menschen; deswegen gilt die Stimme des Gewissens als unbedingt bindend und zu respektieren.
Mit *Freuds* Analyse des Über-Ich erscheint dieser Ort nicht mehr absolut, nicht mehr unableitbar, sondern als Teil der Sozialisation: Das Gewissen ist etwas im Menschen, das sich entwickelt und das die jeweiligen kulturellen Bedingungen in der Vermittlung durch die Eltern widerspiegelt.
Welche Rolle spielt dann Religiosität in der Entstehung des Über-Ich? In der Vergangenheit haben Eltern ihre Erziehungsmaßnahmen häufig durch Berufung auf Gott legitimiert. Es entsteht eine Art von Über-Ich-Religion, in der ein strafender, zorniger Gott im Vordergrund steht, der als Verlängerung und religiöse Überhöhung einer autoritären elterlichen Erziehung benutzt wird (»der liebe Gott sieht alles«), eine Religion, die vorwiegend durch Gebote und Verbote wirksam wird, die Angst und Schuldgefühle auslöst. Nicht umsonst ist das Christentum z.B. von *Friedrich Nietzsche* als Schuldkultur kritisiert worden. In der Religionspädagogik hat es eine Phase gegeben, die ausgesprochenermaßen das Thema von Schuld, Strafe und Gehorsam auf ihre Fahnen geschrieben hatte:[23]
Ein inzwischen schon klassisch zu nennendes Zeugnis dafür ist das von *T. Moser* geschriebene Bekenntnis unter dem Titel »Gottesvergiftung«(1976).
»Aber weißt du, was das Schlimmste ist, das sie mir über dich erzählt haben? Es ist die tückisch ausgestreute Überzeugung, daß du alles hörst und alles siehst und auch die geheimen Gedanken erkennen kannst. Hier hakte es sehr früh aus mit der Menschenwürde; doch dies ist ein Begriff der Erwachsenenwelt. In der Kinderwelt sieht das dann so aus, daß man sich elend fühlt, weil du einem lauernd und ohne Pausen des Erbarmens zusiehst und zuhörst und mit Gedankenlesen beschäftigt bist. Vorübergehend mag es gelingen, lauter Sachen zu denken oder zu tun, die dich erfreuen, oder die dich zumindest milde stimmen. Ganz wahllos fallen mir ein paar Sachen ein, die dich traurig gemacht haben, und das war ja immer das Schlimmste: dich traurig machen – ja, die ganze Last der Sorge um dein Befinden lag beständig auf mir, du kränkbare, empfindliche Person, die schon depressiv zu werden drohte, wenn ich mir die Zähne nicht geputzt hatte. Also, Hosen zerreißen hat dir nicht gepaßt; im Kindergarten mit den anderen Buben im hohen Bogen gegen die Wand zu pinkeln, hat dir nicht gepaßt, obwohl gerade das ohne dich ein eher festliches Gefühl hätte vermitteln können; die Mädchen an den Haaren ziehen hat dich verstimmt; an den Pimmel fassen hat dich vergrämt; die Mutter anschwindeln, was manchmal lebensnotwendig war, hat dir tagelang Kummer gemacht; den Brüdern ein Bein stellen brachte tiefe Sorgenfalten in dein sogenanntes Antlitz.«[24]

---

23 Vgl. *Scharfenberg* 1972, 198f.
24 *Moser* 1976, 13f. Vgl. auch *Hark* 1994.

Hier wird spontane Lebensfreude, ein unmittelbares gutes Selbstgefühl durch Berufung auf ein moralisiertes Gottesbild unterminiert und damit das Ich geschwächt. *Erich Fromm* spricht in diesem Zusammenhang von einer autoritären Religion, deren Kennzeichen vor allem die Gehorsamsforderung ist, die den Menschen klein und abhängig macht. Fromm stellt dem eine »humanitäre Religion« gegenüber, die die Eigenkräfte des Menschen stärkt.[25]
Solche Erziehungspraktiken, auch unter dem Stichwort »Schwarze Pädagogik« bekannt,[26] sind sicher seltener geworden – trotzdem finden sich bei älteren Menschen immer noch Reste solcher Erfahrungen, z.b. Reste von strengen, strafenden Gottesbildern, die den Menschen das Leben schwer machen.

Kritisch ist zu *Freud*s Konzeption des Über-Ich und eines entsprechenden Gewissenbegriffs zu sagen, dass es nur als Reproduktion gesellschaftlicher Zustände und ihrer Normen in den Blick kommt. Religion, verstanden als »Weltabstand«, enthält aber auch utopische Elemente, die »kritische Unruhe kultivieren«, die einen Widerspruch gegen den Status quo der Weltwirklichkeit enthalten.[27]
Im Übrigen zeigt die Forschung zum Zusammenhang von Religion und Gesundheit auch, dass Glaube als Vertrauen in einen liebevollen und haltgebenden Grund des Seins durchaus entlastende, stabilisierende, das Ich stärkende Wirkungen haben kann.[28] Die geglaubte Annahme durch Gott kann die Selbstannahme fördern, die Strenge des Über-Ich ermäßigen und insofern insgesamt zum Wohlbefinden beitragen.[29]

11.2.7 Auch die *Geschlechtlichkeit* des Menschen unterliegt einem Entwicklungsprozess. Um die Komplexität dieses Prozesses angemessener erfassen zu können, unterscheiden *Tyson & Tyson* zwischen einer *Kerngeschlechtsidentität* als Teil eines frühen gefühlsmäßigen »Wissens« um die eigene Geschlechtsidentität, das sich wiederum zusammensetzt aus der Physiologie der Geschlechtlichkeit und den sozialen Faktoren (Erwartungen und Umgangsstil der Eltern etc.), einer *Geschlechtsrollenidentität*, die sich aus den Interaktionsrepräsentanzen, also auch den kulturell determinierten und erlernten Zuschreibungen und Verhaltensweisen bildet, sowie der *Geschlechtspartnerorientierung*, die in frühe Entwicklungszeiten zurückreicht, auch wenn sie sich erst in der Adoleszenz manifestiert.
Beim *Mädchen* sind frühe Identifikationen mit der Mutter und der Aufbau eines narzisstisch besetzten Körperbildes von großer Bedeutung für die Entwicklung einer Kerngeschlechtsidentität. Mit der Wiederannäherungsphase wird das Verhältnis zur Mutter stärker ambivalent erlebt, die Entdeckung des anatomischen Geschlechtsunterschieds zu Jungen löst Erstaunen oder auch Verwirrung aus, einer Annäherung an den Vater kommt besondere Bedeutung zu. Das Stichwort vom Penisneid interpretieren *Tyson & Tyson* als Entwicklungsmetapher für

---

25 Fromm 1966, 46ff.
26 Vgl. dazu *A. Miller* 1980.
27 Vgl. *H. Luther* 1992, 22ff.
28 Vgl. die zusammenfassende Darstellung bei *Grom* 2002, 196ff.
29 Vgl. *Grom* 1994, 102–110.

11.2 Grundlinien psychoanalytischer Entwicklungspsychologie

ein mögliches Gefühl von Wertlosigkeit, narzisstischer Verletzbarkeit und Unzulänglichkeit. Gleichzeitig kann daraus ein Rivalisieren mit Jungen erwachsen, das für die Entwicklung des eigenen Körperbildes wichtig ist. Eine gewisse Konsolidierung der eigenen Geschlechtsrolle ist Voraussetzung für die ödipale Auseinandersetzung, in der der Vater stärker zum Liebesobjekt gemacht wird, die Identifikation mit der Mutter sich zwar lockert, in der Regel aber nicht aufgegeben wird. Die Angst vor dem Verlust der Liebe der Mutter sowie wachsender Über-Ich-Druck veranlassen das Mädchen, seine libidinösen Wünsche an den Vater zu verdrängen. In der Latenzzeit trägt die Gruppe der Gleichaltrigen viel zur Ausbildung einer Geschlechtsidentität bei, bevor die Entwicklungskrise der Adoleszenz mit ihren physiologischen Veränderungen eine Neubearbeitung des Selbst- und Körperbildes herausfordert und zu einer deutlichen Geschlechtsrollenidentität und auch einer Geschlechtspartnerorientierung beiträgt. Allerdings sind Ergänzungen und Veränderungen durch Partnerbeziehungen, durch die Geburt eines eigenen Kindes und andere Ereignisse immer möglich.

Deutlicher als *Tyson & Tyson* haben andere Autorinnen (*Nancy Chodorow* u.a.) die Konsequenzen der Geschlechtsgleichheit zwischen Mutter und Tochter herausgestellt. Das weibliche Kind wird von der Mutter tendenziell stärker als Teil ihrer selbst wahrgenommen, wechselseitige Empathie und Identifikation gestalten sich besonders intensiv. Da sich das Mädchen auf dem Weg zu seiner Geschlechtsrollenidentität nicht von der Mutter entidentifizieren muss, ist die Erfahrung gegenseitiger Empathie, von emotional In-Beziehung-Sein besonders ausgeprägt und bestimmend für das weitere Leben. Mädchen entwickeln deutlicher eine Identität in Bezogenheit, während Jungen auf Grund der primären Andersheit gegenüber der Mutter und der später notwendigen Ent-Identifikation von ihr stärker eine auf Abgrenzung basierende Identität aufbauen. Vor diesem Hintergrund wird erklärlich, warum sich Mädchen und Frauen schwer tun mit Abgrenzung und Aggression und Jungen und Männer mit Bezogenheit und Einfühlung eher Schwierigkeiten haben. Dazu kommt, dass Erziehungsstile in unserem Land immer noch Aggression bei Mädchen deutlich negativer bewerten als bei Jungen.[30]

Auch die Geschlechtsentwicklung des *Jungen* hängt von der Einstellung der Eltern zu seinem Geschlecht und der Wahrnehmung der eigenen Körperlichkeit im Zusammenhang der Interaktion mit der Mutter (z.B. Lust am Urinieren in ihrer Gegenwart) ab. Der Penis stellt eine Quelle der Lust, aber mit der Entdeckung des Geschlechtsunterschieds auch der diffusen Angst dar. Das Stichwort von der Kastrationsangst kann wiederum als Entwicklungsmetapher für Ängste um die eigene Männlichkeit und genitale Potenz verstanden werden. Die Identifikation mit dem Vater ist nahe liegender Weise von besonderer Bedeutung; sie trägt entscheidend zur Entidentifizierung von der Mutter und zur Ausbildung einer männlichen Geschlechtsrolle bei. Während der ödipalen Phase wird aus der Identifikation mit dem Vater eine Rivalität:

---

30 Vgl. *Rohde-Dachser/Menge-Herrmann* o.J., 73–96; *Rohde-Dachser* 1991, 257ff.

Der Junge möchte der Mutter als Mann imponieren und den Platz des Vaters einnehmen. Diese Position endet in einer unvermeidlichen Enttäuschung und narzisstischen Kränkung, verbunden mit Schuldgefühlen und Ängsten für den Jungen, die in eine neue Identifikation mit dem Vater im Sinn eines Ich-Ideals einmündet. Die Adoleszenz bringt mit ihren biologischen Veränderungen tiefe Verunsicherungen mit sich, die durch Ausprobieren heterosexueller und häufig auch homosexueller Kontakte überwunden wird zugunsten einer stabilen Geschlechtsidentität, in die im Idealfall männliche und weibliche Anteile integriert sind.[31]

Im Feminismus ist es eine entscheidende Streitfrage, welche Konsequenz der Tatsache der physiologischen Unterschiedlichkeit von Männern und Frauen zukommt. Konstruktivistische Positionen betonen die gesellschaftlich-kulturelle Formbarkeit des Körpers und der Körpersymbolik; essentialistische Ansätze legen Wert auf die Feststellung, dass die physiologischen Gegebenheiten objektiv unterschiedlich sind und den Konstruktionen mindestens Grenzen setzen.

11.2.8 Das *Ich* im Sinn eines hypothetischen Konstrukts bezeichnet das organisierende Prinzip der Persönlichkeit; es ist verantwortlich für das psychische Gleichgewicht, indem es die oben beschriebenen verschiedenen Entwicklungsstränge koordiniert und integriert. Die Funktionen des Ich werden zunächst in der Wechselseitigkeit zwischen Mutter und Kind grundgelegt. Die regulativen und organisierenden Funktionen der Mutter werden in einem langen Prozess vom Ich des Kindes übernommen und zu eigenen regulativen Fähigkeiten gemacht. Eine Reihe von Entwicklungsschritten lässt sich beobachten:
- Anzeichen für die Ich-Entwicklung sind im frühen »sozialen Lächeln« als Teil eines sich entwickelnden Dialogs zu erkennen;
- die zwischen dem siebten und neunten Monat auftretende Fremdenangst weist auf die Fähigkeit hin, zwischen Vertrautem und Fremdem unterscheiden zu können;
- die Trotzphase zeigt unabhängiges psychisches Funktionieren, das durch die Sprachfähigkeit deutlich verstärkt wird;
- das Auftreten von Scham und Angst deutet auf Anfänge einer Über-Ich-Entwicklung hin; äußere Konflikte beispielsweise zwischen Mutter und Kind werden damit zu intrapsychischen Konflikten; Konflikte und Affekte können in zunehmendem Maß toleriert werden, nicht zuletzt, weil sie über die Sprache in ihrer Signalfunktion genutzt werden können;

---

31 Zur Entstehung von Homosexualität sagen die Autoren: »Die homosexuelle Orientierung eines Jungen wird von den verschiedensten Einflussfaktoren bestimmt, von denen zahlreiche auf frühere Entwicklungsphasen zurückgehen und deren Tragweite wir erst ganz allmählich zu erfassen beginnen« (*Tyson & Tyson* 2001, 294).

11.2 Grundlinien psychoanalytischer Entwicklungspsychologie

- in der ödipalen Phase findet eine erste Integration verschiedener Konflikte und Strebungen statt; die Möglichkeit, Schuld zu empfinden, ist dafür ein Kennzeichen;
- in der Latenz stabilisieren sich auch durch die wachsenden kognitiven Fähigkeiten die Über-Ich-Normen; Triebkontrolle und Sublimierung wird durch Lust an der eigenen Leistung besser möglich;
- in der Adoleszenz fällt dem Ich die schwierige Aufgabe zu, angesichts der tief greifenden physiologischen und affektiven Veränderungen das psychische Gleichgewicht wieder herzustellen: Ein zweiter Individuationsprozess beginnt.»Der Heranwachsende entwickelt ein Gefühl für Triebfreiheit sowie für eine freie Objektwahl, freie Gedanken, Gefühle und Handlungen; er gewinnt an Autonomie und Unabhängigkeit von äußeren Einflüssen sowie dem Druck eines archaischen Ichs und Über-Ichs.«[32] Diese Entwicklung mündet im Idealfall in eine Vorherrschaft des Ich und relative affektive Stabilität.

11.2.9 Für pastoralpsychologische Arbeit ist es wichtig, wenigstens ansatzweise um die verschiedenen Linien in der Entwicklung der menschlichen Person und ihr Konfliktpotential zu wissen. Umgang mit Menschen erfordert immer auch Wissen um ihr Gewordensein, um das konstruktive wie destruktive Potential, das sich mit ihrer Geschichte verbindet. Die Bedeutung narzisstischer oder objektbeziehungs-orientierter psychischer Strukturen, die Funktion von Ich- und Über-Ich-Entwicklungen für menschliches Leben, für interpersonale Beziehungen ist immer wieder thematisiert worden.
Zusammenfassend ist noch einmal zu unterstreichen, was sich wie ein roter Faden durch die verschiedenen Entwicklungslinien zieht: Die Konstitutionsbedingungen menschlicher Subjektivität sind durch und durch sozial strukturiert; der/die Einzelne ist auf Interaktion und Sozialität angewiesen, um überleben und sich entwickeln zu können. Gleichzeitig wird die Konflikthaftigkeit und Verletzlichkeit menschlicher Entwicklung, menschlichen Lebens auf Grund mangelnder Abstimmung der Interaktionen und Entwicklungslinien aufeinander erschreckend deutlich.
In der Darstellung der verschiedenen Entwicklungslinien aus psychoanalytischer Sicht fehlt naturgemäß eine Bezugnahme auf die Bedeutung religiöser Deutungssysteme oder Symbole für die Entwicklung der Person. Können religiöse Lebensdeutungen die vielfältigen Entwicklungsprozesse begleitend unterstützen, sowohl stabilisierend als auch befreiend auf die Interaktionsprozesse wirken? Auf einige mögliche Anknüpfungspunkte für religiöse Symbolbildung und Lebensdeutung will ich hinweisen. (»Anknüpfungspunkt« bedeutet hier, dass be-

---

[32] Tyson & Tyson 2001, 320.

stimmte Beziehungskonstellationen lebenslang virulent bleiben und immer wieder grundlegende Fragen freisetzen, die von der Religion / den Religionen aufgegriffen und thematisiert werden.):
- Wie und woher ist Urvertrauen möglich?
  Nach *E. Erikson* stellt Religion den Grund und das Sinnsystem dar, das es Eltern ermöglicht und erleichtert, ihren Kindern ein Urvertrauen ins Leben zu vermitteln.
- Identitätsentwicklung ist nur möglich durch Prozesse der Trennung, des Sich-Abgrenzens, des Aufgebens symbiotischer Wünsche.
  Dieses Thema erscheint in der jüdisch-christlichen Tradition dergestalt, dass Gott vorgestellt wird als der, der aus der Symbiose des Paradieses herausruft, der in Jesus von Nazareth in die Nachfolge, in die Freiheit ruft.[33] Die »Vertreibung aus dem Paradies« ist Voraussetzung für die Fähigkeit zur Symbolbildung, durch die an Gott als der schützenden und der emanzipierenden »Urmatrix des Lebens« (*D. Funke*) festgehalten werden kann (zur Symbolbildung ⇒ Kap. 4.1.4 und 7.3).
- Zur Identitätsentwicklung gehört ebenfalls, frühe Größen- und Allmachtsphantasien aufzugeben und umzuwandeln.
  Auch diese Entwicklungsaufgabe wird in der jüdisch-christlichen Tradition thematisiert durch die betonte Unterscheidung von Gott und Mensch, Schöpfer und Geschöpf. Die Unterscheidung dient der Entlastung des Menschen und einer realitätsbezogenen Wahrnehmung seiner Fragmenthaftigkeit und Begrenztheit. In der Identifizierung mit dem Göttlichen, wie sie in New-Age-Formen von Religiosität nahe gelegt wird, werden dagegen narzisstische Größenvorstellungen in problematischer Weise aufrechterhalten.
- Der lebenslang bleibende Wunsch nach Geborgenheit, Schutz und Abhängigkeit wird religiös vielfach thematisiert. Hier sollte man kritisch darauf achten, ob damit benigne oder maligne Regressionsprozesse unterstützt werden (⇒ Kap. 7.5).
  Die Symbolisierungen des Glaubens können mehr Ich-orientiert oder stärker Über-Ich-orientiert sein. Religiöse Symbole können von Erwachsenen als religiöse Überhöhung des Über-Ich missbraucht werden. Das Ziel eines mündigen Christseins erfordert die selbstständig-kreative Ausbildung eines »persönlichkeitsspezifischen Credo« (*K. Winkler*).
- Das Über-Ich neigt in seiner Entwicklung dazu, den gesellschaftlichen Status quo zu reproduzieren. Religiöse Symbole bieten jedoch auch vielfältige prophetische Perspektiven an, die zu einer kritischen Widerständigkeit gegenüber gesellschaftlichen Funktionalisierungen und Systeminteressen anregen sollten.

---

33 Vgl. *Funke* 1986, 23ff. Funke spricht von Jahwe als der »Mutter der Trennung« und der »Mutter der Verbindung«, *Funke* 1986, 121ff.

- Die Fähigkeit zur Symbolbildung ist nicht nur formal ein wichtiger Entwicklungsschritt; ihre Inhalte können ein »identitätsstiftendes Lebenswissen« (*Funke*) sein, wenn sie in der Spannung von Stabilisierung und Befreiung, von Symbiose und Trennung, von Affirmation und Kritik zur Individuation, zur Entwicklung eines eigenen Weges, auch im Glauben, ermutigen.

11.3 Kognitive Entwicklung nach *Jean Piaget*

Die Entwicklung der emotional-motivationalen Dimensionen der Person geht einher mit der Entwicklung kognitiver Fähigkeiten. Der Begriff Kognition bezeichnet den Prozess, durch den Menschen Erfahrung und Wissen erwerben und verarbeiten. Eine ganze Reihe unterschiedlicher Aktivitäten fließen in diesem Prozess zusammen: Wahrnehmen, Erkennen, Vorstellen, Symbolisieren, Erinnern, Denken. Kognitive Psychologie – im Unterschied zu Emotions- und Motivationspsychologie – versucht zu verstehen, wie derartige kognitive Prozesse ablaufen und ineinander greifen.[34]

Aus diesem inzwischen großen und hochgradig ausdifferenzierten Forschungsbereich der wissenschaftlichen Psychologie hat die Theorie der kognitiven Entwicklung im Bereich der Pädagogik und Religionspädagogik besondere Aufmerksamkeit gefunden. Sie ist auch über den pädagogischen Bereich hinaus von Bedeutung beispielsweise in der Seelsorge, in der Gruppenarbeit mit Jugendlichen und Erwachsenen. Deswegen sollen einige Grundlinien auch für den pastoralpsychologischen Zusammenhang skizziert werden: Wer mit Bildungsprozessen im weitesten Sinn zu tun hat, sollte eine Vorstellung davon haben, wie sich altersgemäß Wissens- und Lernprozesse vollziehen. Es geht nicht darum, *was* Menschen denken und wissen, sondern *wie* sie denken, wie sie Wissen erwerben und Erfahrung verarbeiten und wie sich diese Fähigkeit im Laufe des Lebens verändert und entwickelt.

Aus psychoanalytischer Perspektive ist hier allerdings noch einmal an die Unterscheidung und Vermischung von Primärprozess und Sekundärprozess zu erinnern: In der Symbolisierung z.B. findet man häufig »unter« dem verbalen Symbol primärprozesshafte Bilder; und das logische Denken ist häufig von unbewussten Impulsen in Zielrichtung und Inhalt mitbestimmt.
Dieser Aspekt wird jedoch von der kognitiven Psychologie kaum berücksichtigt.

Einer der führenden Theoretiker der kognitiven Entwicklung ist der schweizerische Epistemologe, Philosoph und Psychologe *Jean Piaget* (1896–1980). Seine Theorie der strukturell-kognitiven Entwicklung (oder auch genetische Epistemologie) geht davon aus, dass das Denken des Kindes eine Reihe von grundlegenden Veränderungen durchmacht.

---

34 Vgl. zum Folgenden *Eysenck* 1993; *ders.*, 1984.

Jede Stufe baut auf der vorangehenden auf; der Gesamtprozess bewegt sich in Richtung zunehmender logischer Klarheit. In Verbindung mit der kognitiven Entwicklung sieht *Piaget* auch eine Entwicklung des moralischen Urteils beim Kind.

Piagets Ausgangspunkt ist in der Philosophie *Kants* zu finden: In der Wahrnehmung bilden wir die Realität nicht einfach ab, sondern konstruieren sie mit Hilfe apriorischer Kategorien wie Raum, Zeit und Kausalität. *Piaget* fügt dieser Erkenntnis die Einsicht hinzu, dass die kognitiven Strukturen nicht einfach gegeben sind, sondern sich mit der Zeit entwickeln und verändern. *Piaget* gehört damit zu den wichtigen Theoretikern des Konstruktivismus.[35]

Die Interaktion zwischen Individuum und Umwelt befindet sich in einer flexiblen Balance; *Piaget* bezeichnet sie als Equilibration; sie wird aufrechterhalten durch die beiden zu unterscheidenden, aber nicht zu trennenden Prozesse der Assimilation und der Akkomodation: In der Assimilation wird ein äußeres Objekt an die vorhandenen kognitiven Strukturen angepasst (ein Kind, das gelernt hat, ein vierbeiniges haariges Wesen als »Wauwau« zu bezeichnen, nennt zunächst auch die Katze so); in der Akkomodation verändert sich die bisherige kognitive Struktur, um den äußeren Umständen gerecht zu werden. (Das etwas ältere Kind erweitert seine Vorstellungswelt, indem es die Kategorie Katze aufnimmt.)

Equilibration geschieht ständig als dynamisches Hin und Her von Assimilation und Akkomodation, nicht nur bei Kindern, auch bei Erwachsenen. Wir bringen zu jeder Zeit bestimmte kognitive Strukturen in die Interaktion mit der Umwelt ein. In vielen Fällen besteht ein Gleichgewicht, d.h. es scheint, als ob das kognitive Rüstzeug ausreicht, um die Realität zu bewältigen. Zu einem Ungleichgewicht kommt es entweder in Zeiten des Wachstums oder wenn uns Erfahrungen begegnen, für die wir bisher keine Kategorien entwickelt haben (z.B. in Krisensituationen). Dann bleibt nur die Alternative, der Begegnung mit dem Fremden auszuweichen, psychoanalytisch gesagt, es abzuwehren (⇒ Kap. 4.1.2 Abwehrmechanismen; ⇒ kognitive Dissonanz, Kap. 1.3), oder sich dem Fremden auszusetzen und die kognitiven Strukturen zu akkomodieren.

Veränderung der kognitiven Strukturen geschieht regelmäßig im Zusammenhang mit dem Wachstum des Kindes; *Piaget* postuliert auf der Basis seiner ausführlichen Beobachtungen und Befragungen von Kindern, dass die beschriebene Entwicklungssequenz zwangsläufig und überall gleichmäßig abläuft und sich jeweils auf ein höheres strukturelles Niveau zu bewegt.

---

35 Vgl. *Rosen* 1996, 3–51.

11.3 Kognitive Entwicklung nach Jean Piaget

Der Problematik einer Phasentheorie trägt *Piaget* Rechnung, indem er in jeder Phase eine gewisse Bandbreite der Entwicklungsmöglichkeiten einräumt, die er als »horizontal decalage« bezeichnet.[36]

Piaget unterscheidet vier Stadien der kognitiven Entwicklung, die jeweils in sich noch einmal mehrfach differenziert sind (auf diese Sub-Differenzierungen gehe ich hier nicht ein):[37]
- Die erste *senso-motorische Phase* (von der Geburt an bis etwa zum Alter von 2 Jahren), die noch in sechs Subphasen unterteilt ist, bezeichnet eine Art »Handlungsintelligenz«: Kinder können in diesem Alter noch keine Abstraktionen vornehmen, sondern nur handelnd auf die Umwelt einwirken. Diese Phase mündet in die Fähigkeit des Kindes, Objekte als von sich selbst getrennt und als konstant (wenn sie vorübergehend nicht zu sehen sind) wahrnehmen zu können.
- In der Zeit von zwei bis etwa sieben Jahren setzt *Piaget* die *Phase des prä-operationalen Denkens* an; es zeichnet sich durch beginnendes symbolisches Denken aus (Spracherwerb, symbolisches Spiel, zeichnerische Darstellung von Sachverhalten), das jedoch durch »Egozentrismus« stark eingeschränkt wird. Egozentrismus bedeutet in diesem Zusammenhang, dass das Kind noch nicht zwischen psychischen und physischen Ursachen unterscheiden kann: Es neigt zu einem Realismus, der psychischen Erscheinungen, z.B. einem Traum, eine reale Existenz zuschreibt, zu Animismus, in dem physischen Objekten psychologische Qualitäten unterstellt werden (das Brett empfindet Schmerz, wenn ein Nagel eingeschlagen wird) und zu Artifizialismus (es betrachtet Objekte oder Ereignisse als von Menschen gemacht).
- Zwischen sieben und elf Jahren setzt die Fähigkeit zum *konkret-operationalen Denken* ein, d.h. Kinder können Denken und Vorstellen an die Stelle des Handelns setzen; sie denken weniger egozentrisch; sie beginnen Klassen von Objekten zu begreifen (Rosen und Nelken gehören beide zur Gattung der Blumen), das Denken löst sich von der Wahrnehmung. Dem liegt nach Piaget die Fähigkeit zu logisch-mathematischen Operationen zugrunde.
- Zu *formalen Denkoperationen* ist ein Kind / eine Jugendliche ab elf oder zwölf Jahren fähig: In diesem Stadium werden verschiedene Lösungen zu einem Denkproblem hypothetisch (also losgelöst von der gegebenen Realität) vorstellbar, die Jugendliche kann systematisch die verschiedenen Faktoren einer Problemstellung durchdenken und zu einer Lösung kombinieren, kann über das eigene Denken reflektieren.

---

36 *Eysenck* 1984, 233.
37 Zum Folgenden *Piaget/Inhelder* ³1976; *Eysenk* 1984, 233ff referiert auch die vielfältigen kritischen Auseinandersetzungen mit Piaget.

Es kann im Folgenden nicht darum gehen, *Piagets* Erkenntnisse auf religionspädagogisches Handeln zu beziehen;[38] vielmehr sollen einige Punkte genannt werden, die aus pastoralpsychologischer Perspektive zur Auseinandersetzung mit *Piagets* impliziter Anthropologie wichtig sind:

1. *Piaget* vertritt letztlich ein biologisches Lernkonzept: Die kognitiven Fähigkeiten entfalten sich beinahe zwangsläufig und nur in einer Richtung und sind als universal gültig zu betrachten. Kulturelle und soziale Faktoren werden zu wenig berücksichtigt.
2. Aus theologischer Perspektive gesehen vertritt *Piaget* ein ausgesprochen positives Bild vom Menschen, indem er eine lineare Weiter- und Höherentwicklung der kognitiven und logischen Fähigkeiten des Menschen postuliert und mögliche Entfremdungsprozesse auch im kognitiven Bereich nicht in Rechnung stellt.
3. Aus psychoanalytischer Perspektive formuliert heißt das, dass *Piaget* zu wenig berücksichtigt, in welchem Ausmaß kognitive Fähigkeiten permanent durch unbewusste und bewusste emotionale Faktoren mitbestimmt, entweder verstärkt oder beeinträchtigt und verzerrt werden können. Es gibt letztlich keine isolierte kognitive Entwicklung.
4. Lernprozesse im Bereich von Religion sollten die Priorität nicht so sehr auf die Vermittlung von Inhalten, sondern auf die Struktur des Lernens legen. Nicht *was* Kinder und Erwachsene lernen (die Inhalte) ist nach *Piaget* entscheidend, sondern *wie* sie lernen, wie sie ihre kognitiven Strukturen ausbilden und ausdifferenzieren. Grundsätzlich ist diese Unterscheidung wichtig, doch sind die Strukturen des Lernens nicht völlig losgelöst von den Inhalten zu betrachten.
5. Lernen setzt voraus, dass Menschen bestimmten Dissonanzen ausgesetzt werden, die sie motivieren, ihre kognitiven Fähigkeiten weiterzuentwickeln. Wer Religion vorwiegend als Stabilisierung versteht, verschließt damit auch Lernmöglichkeiten. Es ist also situativ (in Verkündigung, Seelsorge, Bildungsprozessen) darauf zu achten, dass Menschen angemessenen Herausforderungen und Dissonanzen ausgesetzt werden.
6. Aus konstruktivistischer Perspektive betrachtet bezieht sich *Piagets* Theorie nicht nur auf die kognitive Entwicklung von Kindern und Jugendlichen, sondern hat darüber hinaus Bedeutung für die Art und Weise, wie Erwachsene ihre Welt konstruieren: Viele Menschen glauben, dass ihre Wahrnehmung die Realität spiegelt, wie sie ist; erst mit einem höheren Reflexionsgrad erscheinen mehrere, vielleicht sogar sich widersprechende Sichtweisen möglich; es bleibt jedoch letztlich die egozentrische Grundüberzeugung bestehen, dass nur die eigene Sicht der Realität die angemessene ist und

---

38 Vgl. dazu *Schweitzer* 1987.

andere Perspektiven korrigiert werden müssen. Es bedarf einer relativ hohen Abstraktionsfähigkeit, um zu erkennen, dass es keinen objektiven Maßstab für die Realität gibt, dass vielmehr die Vielfalt möglicher Wahrnehmungsperspektiven immer nur relatives Wissen zulässt, das Zweifel und Ambiguität einschließt.

Viele Menschen erreichen diese Stufe differenzierten Denkens nicht; in der Struktur von Vorurteilen, in fundamentalistischen Strömungen kann man leicht frühe, von *Piaget* beschriebene kognitive Strukturen wiedererkennen.

In der protestantischen Tradition spielt die Zielvorstellung eines selbstverantworteten, mündigen Glaubens eine wichtige Rolle; dann muss es im Interesse der Kirchen liegen, *Piagets* Erkenntnisse zu berücksichtigen und nach Möglichkeiten zu suchen, wie eine Weiterentwicklung kognitiver Strukturen möglich ist. Religiöse Kommunikation muss sich, aus dieser Perspektive gesehen, zum Ziel setzen, kognitive Differenzierung zu fördern; sie kommt damit einer Differenzierung des Glaubens entgegen. Sie entspricht damit der Forderung, in der Postmoderne Differenzwahrnehmung einzuüben.

Die Betonung des »sündig und gerechtfertigt zugleich« in der Rechtfertigungslehre oder das Ineinander von »schon« und »noch nicht« im Glauben (wir haben die Erlösung schon im Glauben, aber noch nicht im Schauen, in der empirischen Realität) sind Beispiele für die Förderung einer solchen Differenzierung im Denken und Glauben.

11.4 Moralische Entwicklung

Die Entwicklung der Person beinhaltet immer auch eine Entwicklung ihrer Normen und Werte. Das hat die Übersicht über die psychosoziale Entwicklung verdeutlicht. Gewissen und Moral sind nicht zeitlos und a priori gegeben, nicht die Stimme Gottes im Inneren, sondern kulturell und individuell unterschiedlich geprägt. Dann ist es möglich und notwendig, die Veränderung der Strukturen moralischen Urteilens zu beschreiben. Diese Strukturen stellen gewissermaßen die Formen bereit, innerhalb derer sich die gegenwärtige Vielfalt moralischer Inhalte oder Werturteile (»Wertewandel«) artikuliert.

»Moral« bezeichnet die Lebenspraxis normativer Einstellungen und Verhaltensweisen; »Ethik« meint demgegenüber die Metatheorie zur Begründung und Reflexion eben dieser Praxis.

Bereits *Piaget* hat den Zusammenhang von kognitiven, affektiven und moralischen Prozessen untersucht.[39] Die Phase des präoperationalen Denkens geht einher mit einer heteronomen Moral; sie zeichnet sich aus durch einen »moralischen Realismus«, der sich an äußerer Autori-

---

39 Vgl. *Piaget/Inhelder* 1976, 124ff.

tät und dem Wortlaut des Gesetzes orientiert, und situative Umstände oder subjektive Absichten in der Bewertung einer Handlung nicht berücksichtigt.

Beispielsweise wird eine Lüge nach dem Grad ihrer Abweichung von der Wahrheit als mehr oder als weniger schlimm beurteilt, nicht nach der Täuschungsabsicht.

In der nächsten Phase entstehen die Anfänge einer autonomen Moral, die sich an gegenseitigem Respekt, an einem Sinn für Gerechtigkeit und an Regeln orientiert, die u.U. auch im Konsens mit anderen verändert werden können.

11.4.1 Lawrence Kohlberg[40]

Lawrence Kohlberg (1927–1987) hat den Ansatz *Piagets* zur Moralentwicklung aufgegriffen und weiter ausdifferenziert. Auf der Basis ausführlicher Interviews ist er zu der Unterscheidung von sechs deutlich unterscheidbaren Stadien moralischer Entwicklung gekommen. Die Versuchspersonen wurden mit moralischen Dilemmata konfrontiert: Sie sollten im Blick auf diese Situationen Empfehlungen für moralisches Verhalten abgeben und wurden dabei über Gründe für ihre Empfehlungen genauer befragt. *Kohlbergs* Theorie bezieht sich also nicht auf tatsächliches moralisches Verhalten, sondern auf die theoretischen Begründungen für ein vorgestelltes Verhalten. Die Tatsache, dass jemand beispielsweise nicht stiehlt, sagt noch nichts über das diesem Verhalten zugrunde liegende moralische Urteil; nur in der Erkundung der Begründung eines Verhaltens werden Unterschiede in der moralischen Entwicklung greifbar.

Ähnlich wie *Piaget* hält *Kohlberg* die Stadien für invariant (also unabhängig von historisch-kulturellen Umständen); sie bauen notwendigerweise aufeinander auf; und es ist jeweils ein kognitives Ungleichgewicht, das den Anstoß zur Entwicklung einer höheren Urteilsstufe abgibt.

Kohlberg unterscheidet ein präkonventionelles, ein konventionelles und ein postkonventionelles moralisches Urteil; jedes Niveau ist noch einmal in zwei Stufen unterteilt, so dass insgesamt von sechs Stufen auszugehen ist. Die Einstellungen lassen sich bestimmten Altersphasen zuordnen, doch ist im Bereich des moralischen Urteils die Bandbreite viel größer als bei den kognitiven Entwicklungsstufen; auch Erwachsene operieren in moralischer Hinsicht manchmal auf sehr einfachen Grundlagen.

In der *präkonventionellen Moral* (die *Kohlberg* in der Präadoleszenz, also im Alter von 10–13 Jahren ansiedelt) orientiert sich ein Kind in Verhalten und Urteil ganz und gar an den vorgegebenen Regeln bzw. an den möglichen Konsequenzen. In der ersten Subphase ist es die Angst vor Strafe, und nicht irgendeine moralische Überlegung, die

---

40 Vgl. zum Folgenden *Kohlberg* 1981; *Duska/Whelan* 1975, 42ff; *Sapp* 1986.

11.4 Moralische Entwicklung

Gehorsam gegenüber bestimmten Werten motiviert. In der zweiten Subphase spielen Gegenseitigkeit und formale Fairness auf der einfachen Ebene »wie du mir, so ich dir« eine Rolle. Die egoistisch verstandene Aussicht auf Ausgleich und Belohnung ist der moralische Imperativ in diesem Alter.

Auf der *konventionellen Stufe* relativiert sich der Ich-bezogene Blickwinkel, die Werte, Regeln und Praktiken der größeren Bezugsgruppe rücken ins Blickfeld.

»Auf dieser Stufe wird es als ein Wert in sich anerkannt, die Erwartungen der eigenen Familie, Gruppe oder Nation zu erfüllen, unabhängig von direkten und offenkundigen Konsequenzen. Die Haltung drückt nicht nur Konformität mit persönlichen Erwartungen und sozialer Ordnung aus, sondern ist Ausdruck von Loyalität, von aktiver Unterstützung und Rechtfertigung der Ordnung, von Identifikation mit den Personen und Gruppen, die darin involviert sind. Diese Phase enthält zwei Stufen: ›Guter Junge – nettes Mädchen‹ und eine Orientierung an ›Gesetz und Ordnung‹.«[41]

Voraussetzung dieser Stufe ist die kognitive Fähigkeit, sich in die Rolle eines anderen Menschen zu versetzen, eine Angelegenheit aus seiner/ihrer Perspektive zu betrachten; daraus entsteht das Gefühl, dass «wir uns alle in einem Boot befinden» und dass es von daher sinnvoll und notwendig ist, für die Menschen dieser Gruppe u.U. auch gewisse Opfer zu bringen. Gleichwohl ist die dritte Stufe noch stark von naiven und einfachen Stereotypen bestimmt: Soziale Anerkennung zu bekommen, motiviert moralisches Verhalten, wobei dann in den Augen des Subjekts nicht nur das tatsächliche Verhalten, sondern auch schon die gute Absicht zählt.

Die Identifikation mit den Werten der Bezugsgruppe stößt schnell an Grenzen, wenn man andere Gruppen und deren von den eigenen abweichende Werte kennen lernt. Die vierte Stufe bezieht sich deswegen auf »Gesetz und Ordnung« als einer abstrakteren und die einzelnen Gruppen übergreifenden Kategorie. »Die Phase ist gekennzeichnet von Ehrfurcht vor dem Gesetz und legitimer Autorität, denn das Gesetz wird gesehen als letztgültige Garantie des Friedens, der Ordnung und individueller Rechte. In diesem Stadium insistiert man darauf, dass kein Mensch und keine Gruppe über dem Gesetz steht.«[42]

Man kann davon ausgehen, dass die Mehrzahl der Erwachsenen dieser Stufe der moralischen Entwicklung zuzuordnen sind: Subjektive Absichten, Erwägungen möglicher Vor- oder Nachteile treten vor der Autorität des für alle gültigen Gesetzes zurück. Allerdings stellt sich dann schnell die Frage, welches Gesetz, welche Ordnung angesichts der Vielzahl der Vorstellungen denn gemeint ist.

---

41 *Kohlberg*, zitiert nach *Duska/Whelan* 1975, 59 (Übersetzung von M.K.).
42 *Duska/Whelan* 1975, 65.

Mit der Frage nach einem möglichen kritischen Prinzip, das hinter einzelnen Gesetzen und Ordnungen steht und diesen ihren Sinn, ihre Zielsetzung gibt, ist der Übergang zum *postkonventionellen moralischen Urteil* markiert. Es ist ein Schritt zur unabhängigen autonomen Urteilsbildung, die sich zunächst einmal außerhalb gegebener sozialer Regeln stellt und diese von übergeordneten Prinzipien und Einsichten her beurteilt. Gesetz und Ordnung werden nicht mehr als einfach gegeben akzeptiert; auch die Gesetze werden als von Menschen gemacht durchschaut und nun vom Standpunkt sozialer Nützlichkeit her, soweit sie in einem demokratischen Prozess akzeptiert sind, kritisch relativiert.

Die sechste und letzte Stufe, die kaum jemand erreicht, die *Kohlberg* auch nicht mehr empirisch erhoben, sondern an historischen Figuren wie *Gandhi* oder *Martin Luther King* veranschaulicht, bezeichnet er als »Orientierung an einem universalen ethischen Prinzip«. »Diese Prinzipien sind abstrakt und ethisch (die goldene Regel, der kategorische Imperativ) und keine konkreten moralischen Regeln wie die zehn Gebote. Im Grunde handelt es sich um universale Prinzipien der Gerechtigkeit, der Wechselseitigkeit und Gleichheit der Menschenrechte sowie des Respekts vor der Würde der Menschen als individuellen Personen.«[43] Den Unterschied zwischen den letzten beiden Stufen könnte man darin sehen, dass auf der fünfte Stufe eine utilitaristische und auf der sechsten eine deontologische Ethik (= Pflicht-Ethik) vertreten wird.

11.4.2 Carol Gilligan[44]

C. Gilligan und andere haben darauf aufmerksam gemacht, dass *Kohlberg* in seinen Untersuchungen die männliche Moralentwicklung zur unausgesprochenen Norm gemacht hat. *Gilligan* kommt durch eigene Interviews mit Frauen und auf der Basis der Untersuchungen von *Nancy Chodorow* zur Gender-Sozialisation zu dem Schluss, dass Männer und Frauen moralische Urteile jeweils unterschiedlich konstruieren. Während *Kohlberg* für Männer das Ziel einer ethischen Urteilsfähigkeit an Hand der Maßstäbe von Autonomie und abstrakter Gerechtigkeit postuliert, orientieren sich Frauen nach *Gilligan* an einer Ethik der Fürsorge und der Beziehung. Eine solche Orientierung ist jedoch in *Kohlbergs* Raster nicht vorgesehen, was dazu führt, dass Frauen seiner Meinung nach häufig auf Stufe zwei oder drei stehen bleiben und damit als moralisch relativ defizitär und unreif erscheinen.

Mädchen und Frauen, so zeigt *Gilligan* in einer Revision der *Kohlberg*schen Dilemmata, interpretieren diese Situationen offenbar anders als Jungen und Männer.

Ein Beispiel aus den zahlreichen Interviewausschnitten, die *Gilligan* vorstellt:
Auf die Frage, wie sie sich entscheiden würden, wenn Verantwortung sich selbst

---

43 *Duska/Whelan* 1975, 76.
44 Zum Folgenden *Gilligan* 1982.

11.4 Moralische Entwicklung

gegenüber und gegenüber anderen unvereinbar erscheinen, antwortet der 11jährige Jake kurz und bündig: »Ein Viertel gucke ich nach anderen, drei Viertel nach mir selbst.« Die ebenfalls 11jährige Amy sagt: »Nun, es kommt auf die Situation an. Wenn man Verantwortung für jemand hat, so sollte man sie auch ein Stück weit einhalten, aber nur so weit, wie es dir nicht weh tut oder dich daran hindert, etwas zu tun, was du wirklich gerne selbst tun möchtest ... Es hängt eben davon ab, was du für eine Person bist und was du für die andere Person, die beteiligt ist, empfindest.«[45]

Frauen, so fasst *Gilligan* zusammen, orientieren sich in ihrer Urteilsbildung am Bild des Netzwerkes, Männer eher am Bild der Hierarchie von Werten und Personen.

»Die Bilder von Hierarchie und Netz ziehen verschiedene Modalitäten der Durchsetzung und des Reagierens nach sich: Einerseits den Wunsch, allein an der Spitze zu stehen, und die entsprechende Angst, andere könnten einem zu nah kommen; andererseits der Wunsch, im Zentrum von Beziehungen zu stehen, und die entsprechende Angst, zu sehr an den Rand zu rücken. Diese unterschiedlichen Ängste ... führen zu verschiedenen Vorstellungen von Leistung und Zugehörigkeit, die wiederum zu verschiedenen Verhaltensweisen und unterschiedlichen Einschätzungen der Konsequenzen von Entscheidungen beitragen.«[46]

Zwar benutzen Frauen und Männer dieselben Begriffe, verstehen sie aber jeweils anders, so dass es zwangsläufig zu Missverständnissen kommt. Die »different voices of women« sind deswegen auch für Männer wichtig, weil als Ziel moralischer Urteilsbildung nun nicht nur das Bild des autonomen und für sich entscheidenden Erwachsenen auftaucht, sondern auch eine »maturity of interdependence«[47] (»Reife der wechselseitigen Abhängigkeit«), die das moralische Urteil entsprechend beeinflusst. Letztlich geht es also um eine unterschiedliche Art und Weise, Ethik und Moral zu denken und entsprechend den Weg der moralischen Urteilsbildung zu interpretieren.

11.4.3 Zur Auseinandersetzung mit *Kohlberg* aus pastoralpsychologischer Perspektive sind mir folgende Punkte wichtig:
1. Eine Begrenzung der Moral auf kognitive Prozesse erscheint als eine unangemessene Verengung. Moral ist immer ein ganzheitliches Phänomen, schließt Emotionen, Willen und die Bereitschaft, das als richtig Erkannte in Handlung umzusetzen, ein. Die Trennung von Denken und Handeln ist besonders im Bereich der Moral problematisch.
2. Es bleibt unklar wie die Entwicklung des moralischen Urteils und die psychosoziale Entwicklung der Person zusammenhängen. Gibt es Parallelen etwa zu der von *Erikson* beschriebenen Ich-Entwick-

---

45 *Gilligan* 1982, 35f.
46 *Gilligan* 1982, 62.
47 *Gilligan* 1982, 153.

lung, oder verlaufen beide Prozesse ganz getrennt (⇒ Kap. 4.1.2 und 8.2)?

3. Es erscheint mir als ein Rückschritt, wenn die von *Freud* aufgezeigte Spannung zwischen bewusstem und unbewusstem Wollen nicht berücksichtigt wird. Das reife und autonome moralische Urteil kann sich in einer konkreten Situation als weitgehend untauglich erweisen, wenn man bei einer Person bestimmte Abwehrmechanismen wie z.b. die Abspaltung unbewusster Impulse oder archaische Introjekte annehmen kann.

4. *Kohlberg* stellt, ähnlich wie *Piaget*, ein optimistisches Bild vom Menschen in Rechnung, wenn er mit einer kontinuierlichen Höherentwicklung des moralischen Urteils rechnet und die sozialen Zwänge und Verführungen nicht berücksichtigt.

5. Eine Orientierung des moralischen Urteils am Begriff der Gerechtigkeit ist einerseits sicher sinnvoll, andererseits zu eng: Moralisches Urteilen und Verhalten ist mehrdimensional zu sehen und neben Gerechtigkeit auch mit Werten wie Liebe, Vertrauen, Vergebung in Zusammenhang zu bringen. Die Kritik von *C. Gilligan* ist bei der Bestimmung von Zielvorstellungen moralischer Entwicklung unbedingt zu berücksichtigen.

11.5 Entwicklung des Glaubens nach *James Fowler*[48]

11.5.1 Glaube ist aus theologischer Sicht gesehen ein unverfügbares Geschenk Gottes; gleichzeitig ist Glaube auch eine Aktivität des Menschen. Glaube kann als Antwort des Menschen auf transzendente Anrede bezeichnet werden; aus sozialpsychologischer Sicht ist diese Antwort ein Prozess der Wahrnehmung und Deutung, der symbolischen Konstruktion dessen, was einen Menschen unbedingt angeht. *James Fowler*, Praktischer Theologe an der Emory University in Atlanta, definiert den Glaubensbegriff, wie er ihn in seinen Forschungen benutzt, folgendermaßen: Glaube als ein dynamischer Prozess erwächst aus unseren Interaktionen mit anderen Menschen, mit der Umwelt und dem Unbedingten, mit Gott. »Glaube ... erfasst die unbedingten Gegebenheiten unserer Existenz und vereinheitlicht sie zu einem umfassenden Bild; im Licht dieses Bildes gestalten wir unsere Antworten und Initiativen, unsere Handlungen.«[49] In seinen späteren Veröffentlichungen zum Thema unterstreicht *Fowler* noch deutlicher

---

48 Ich beziehe mich im folgenden nur auf James Fowler; die Theorie von Fritz Oser und Paul Gmünder 1984 berücksichtige ich nicht, weil deren Grundansatz noch stärker, als das bei Fowler der Fall ist, eine Integration der kognitiven Dimension mit der emotionalen vermissen lässt. Zur Darstellung und Kritik vgl. *Schweitzer* 1987, 121ff.

49 *Fowler* (1981) 2000, 46.

11.5 Entwicklung des Glaubens nach James Fowler

die emotionale und in Beziehungen eingebundene Qualität des Glaubens.[50]
Die in der englischen Sprache mögliche Unterscheidung von Belief und Faith ermöglicht eine weitere Klärung: Belief bezieht sich auf bestimmte Glaubens*inhalte*, während Faith eine Orientierung der ganzen Person meint, also auch Emotionen und Verhalten mit einbezieht. Faith ist in diesem Sinne ein universales Phänomen, das den unendlich vielen Religionen und Glaubensrichtungen (beliefs) zugrunde liegt. Faith ist ein Akt der Konstruktion, des »meaning-making«, der Sinngebung; dieses Konstruieren erwächst aus Beziehungen zu anderen Menschen und zu »Zentren übergeordneter Werte«;[51] es ist ein Prozess des Wissens, der jedoch Gefühle einschließt: »Es gibt keinen Gedanken ohne Gefühl und kein Gefühl ohne Gedanken.«[52] Das Wissen beinhaltet auch ein emotional getöntes Bewerten, schließt Imagination und Symbolbildung ein.
Glaube wird von *Fowler* also als formale Größe bestimmt, deren Strukturentwicklung beschreibbar ist; die unterschiedlichen Inhalte des Glaubens sind zunächst unabhängig von dieser Form zu sehen. *Fowler* trägt damit der multireligiösen Situation gegenwärtiger Gesellschaften Rechnung: Auch Menschen, die sich als nicht religiös bezeichnen, haben ein Bedürfnis nach Sinngebung; die Entwicklung ihres Sinn-Konstruierens lässt sich dann ebenfalls nach dieser Phasentheorie verstehen.

11.5.2 *Fowler* knüpft an die Entwicklungstheorien von *Piaget* und *Kohlberg* an; von ihnen übernimmt er die Vorstellung, dass es sich bei den Stadien der Glaubensentwicklung um invariante und sich hierarchisch entfaltende Phasen handelt; es sind aktive Konstruktionsprozesse. Sie entwickeln sich jeweils weiter in Situationen des Ungleichgewichts, die vor allem durch die Interaktionen mit der Umwelt hervorgerufen werden. Im Hintergrund stehen auch die Theorien von *Erikson* und *Levinson*; das Element des Vertrauens bildet für *Fowler* die entscheidende Grundlage für alle späteren Glaubensvorstellungen.[53]
Fowler rekonstruiert aus seinen zahlreichen Interviews sechs Phasen;[54] der Übergang von einer Phase zur nächsten hat viel mit krisenhaften

---

50 Vor allem in seinem letzten Buch 1996 bezieht Fowler viel stärker als bisher Ansätze aus der neueren Säuglingsforschung (*D. Stern*), aus der psychoanalytischen Entwicklungs- und Religionspsychologie (*A.M. Rizzuto*) ein und nimmt damit wiederkehrende Kritik an der einseitigen kognitiven Orientierung seines ersten grundlegenden Werkes von 1981 auf.
51 *Fowler* 1986, 15ff.
52 *Fowler* 1986, 22.
53 Vgl. *Fowler* 2000, 125ff, in dem Fowler seine Entwicklungsstadien und die von Erikson parallel darstellt.
54 Zum Folgenden vgl. auch *Fowler* 1987; *Fowler/Osmer* 1993, 171–212. In beiden Beiträgen wird deutlich, dass Fowler die Beschränkung auf den kognitiven

Veränderungen im äußeren Umfeld, im Beziehungsbereich, in der jeweils eigenen emotionalen Befindlichkeit zu tun; solche Veränderungen machen der Person deutlich (wobei das häufig unbewusst abläuft), dass die bisherige Sinnkonstruktion nicht mehr zu den veränderten inneren und äußeren Umständen »passt«; ähnlich wie in der Ritualtheorie unterstellt *Fowler* einen Dreischritt des Übergangs: Das Alte kommt zu Ende, jemand löst und trennt sich langsam von dem bisher für wichtig Gehaltenen, es gibt eine Zeit der Leere, der Verwirrung, der Desorientierung, bevor dann eine neue Orientierung wachsen kann.[55]

0. Am Anfang des Lebens wird ein *primärer oder undifferenzierter Glaube* grundgelegt, wenn nach den Angst erregenden Erlebnissen der Geburt eine vertrauensvolle Gegenseitigkeit zwischen Mutter und Kind erste Eindrücke (»pre-images«) eines mächtigen und verlässlichen Grundes des Lebens entstehen lässt.
1. Mit dem Spracherwerb im Alter von ungefähr zwei Jahren entsteht ein *intuitiv-projektiver Glaube*. Einbildungskraft und Phantasie, die Fähigkeit zu einfachen Symbolisierungen stehen im Vordergrund, verbunden mit stark schwankenden Gefühlen und einem naiven Egozentrismus. Fragen nach Identität, Tod, Sexualität und Gott tauchen auf und werden in Bildern und Geschichten episodisch und situativ beantwortet.
2. Mit der Fähigkeit zu neuen logischen Denkoperationen im Alter zwischen sechs und acht Jahren kann man von einem *mythisch-wörtlichen Glauben* sprechen. Kinder denken in diesem Alter konkret, wörtlich, in episodischen Geschichten. Sie unterstellen einen unmittelbaren Zusammenhang von Ursache und Wirkung und kennen nur eindimensionale Bedeutungen. Sie haben noch keinen Zugang zu einem psychischen Inneren, das sich vom äußerlich beobachtbaren Verhalten unterscheidet. Gott stellen sie sich anthropomorph als gerechten Richter, als Erweiterung eines Elternteils vor, mit dem man nach dem »do ut des«-Prinzip (»ich gebe, damit du gibst«) verhandeln kann.
3. In der Zeit zwischen elf und dreizehn Jahren beginnt die Fähigkeit zu abstraktem Denken; es entsteht ein *synthetisch-konventioneller Glaube*. In dieser Zeit der Vorpubertät sind die Jugendlichen zum ersten Mal in der Lage, sich in die Rolle und Sichtweisen eines/einer anderen hineinzuversetzen (»mutual interpersonal perspective taking«); sie beginnen ihre Identität zu konstruieren, indem sie Perspektiven anderer aufnehmen. Damit ist zugleich der Wunsch verbunden, es den anderen Recht machen zu wollen. Gott wird als Freund und Begleiter gesehen, auch ihm und seinen Forderungen gilt es gerecht zu werden; religiöse Themen bekommen eine

---

Aspekt im engen Sinn durch Einbeziehung psychosozialer Theorien zu überwinden sucht.
55 *Fowler* 1996, 67ff.

11.5 Entwicklung des Glaubens nach James Fowler

ideologische Qualität, die noch nicht selbstkritisch betrachtet werden kann.

4. Die nächste Stufe, die *Fowler* im jungen Erwachsenenalter ansiedelt, setzt voraus, dass jemand das bisherige System an Glaubensvorstellungen und Werten kritisch überprüft und im Geflecht der bisherigen Beziehungen deutlicher Verantwortung für sich selbst, für das eigene Selbstverständnis übernimmt, indem er/sie sich und andere aus der vorgestellten Perspektive einer dritten Person betrachtet. Ein *individuierend-reflektierender Glaube* wächst, der die bisherigen Glaubenssätze und Werte gewissermaßen entmythologisiert. Dadurch entstehen Ansätze zu einem persönlich verantworteten und reflektierten Glauben, der aber in der Gefahr steht, rationalistisch reduziert zu sein, weil ihm die symbolische Dimension des Glaubens verloren gegangen ist.

5. Das Selbstvertrauen der vergangenen Phase stellt sich im weiteren Verlauf des Lebens möglicherweise als zerbrechlich heraus; Menschen im mittleren Erwachsenenalter nehmen deutlicher wahr, in welchem Maß sie von unbewussten Impulsen in sich selbst und von den Kräften der Gesellschaft abhängig sind. In einem *verbindenden Glauben* kann die Dialektik des Lebens und auch Gottes wahrgenommen und angenommen werden: Gott als der Allmächtige und zugleich als der, der Mensch wird und sich seiner Macht begibt. Symbole können in einer zweiten Naivität neu angeeignet werden, Auseinandersetzung mit dem Fremden und der eigenen Endlichkeit kann stattfinden, persönliche oder soziale Ideologien werden relativiert.

6. In der letzten Phase eines *universalisierenden Glaubens* wird das Selbst dezentriert oder aufgegeben zugunsten einer Begründung in Gott und einer Umwertung der bisherigen Werte. »Weil Herz und Wille lebendig mit dem göttlichen Geist verbunden sind, leben sie, als ob Gottes Reich der Liebe und Gerechtigkeit schon maßgebliche Realität unter uns sei ... Ein solches Selbst lebt jenseits der üblichen Formen des Defensiv-Seins und legt eine Offenheit an den Tag, die im Sein, in der Liebe und Wertschätzung Gottes ihren Grund hat.«[56] *Fowler* hat die Beschreibung dieser Phase nicht mehr empirisch erhoben, sondern aus der Betrachtung von Personen aus der Religionsgeschichte (*Gandhi, Martin Luther King*) rekonstruiert.

11.5.3 Für unseren Zusammenhang besonders interessant ist, dass *Fowler* in dem Buch »Faith Development and Pastoral Care« seine Theorie auf die Entwicklung des Glaubens in der Gemeinde bezieht und damit den engeren religionspädagogischen Rahmen verlässt.[57] Der

---

[56] *Fowler* 1987, 76.
[57] Zum Folgenden *Fowler* 1987, 79ff.

verbindende Glaube erscheint ihm als wünschenswertes Ziel christlicher Existenz; und gleichzeitig betont er, dass eine solche Entwicklung immer als Ergebnis sowohl der eigenen Anstrengung als auch der Wirkung des Heiligen Geistes anzusehen ist. In jedem Gottesdienst begegnen dem Pastor / der Pastorin Menschen, die aus ganz unterschiedlichen Stadien der Glaubensentwicklung heraus den Sinn ihres Lebens konstruieren und damit auch von ganz unterschiedlichen Positionen her die Liturgie mit vollziehen oder die Predigt hören. Mit der Begrifflichkeit der oben genannten Stadien lässt sich das so darstellen:

Ein *intuitiv-projektiver Glaube* ist natürlich vor allem bei den Kindern in der Gemeinde anzutreffen; ihre Vorstellungskraft wird durch die biblischen Geschichten herausgefordert. Diese Geschichten können »tiefgehende Bilder« evozieren, die den Kindern helfen, die verwirrende und manchmal ängstigende Vielfalt ihrer Erfahrungen zu ordnen und zu zentrieren und damit auch einen Gegenpol gegen die kommerzialisierten Bilder der Medien zu setzen. »Fürsorge beinhaltet, dass wir sorgfältig zuhören, was sie mit den Geschichten in ihren Konstruktionen anfangen.«[58] Damit ist ein Ziel benannt, das Seelsorge zur Dimension allen pastoralen Handelns, nicht nur im Umgang mit Kindern, macht: Sensibel darauf zu hören, wie Menschen ihre Geschichte(n) (re-)konstruieren.

Aber nicht nur Kinder sind in dieser Phase der Glaubensentwicklung anzutreffen; bei Erwachsenen begegnen uns gelegentlich, etwa im Zusammenhang psychotischer Prozesse, tiefe Regressionsvorgänge, in denen magisch-projektive Mechanismen zu beobachten sind. Und im Bereich eines extremen Fundamentalismus verhalten sich ganze Gruppen nach dem so beschriebenen Muster.

Mythisch-wörtlicher Glaube ist in Gemeinden der Mittelklasse in der Regel bei den pubertierenden Jugendlichen anzutreffen; in Unterschicht-Gruppen findet man dieses Entwicklungsstadium in stärkerem Ausmaß auch bei Erwachsenen, etwa bei fundamentalistischen oder pfingstlerischen Gruppen. Sie konstruieren eine einfache, auf wörtlicher Annahme der Bibel beruhende Sicht der Welt und des Menschen; sie beurteilen Menschen weitgehend nach deren äußerlichem Verhalten, sie haben wenig Einfühlungsfähigkeit in die Komplexität innerer Vorgänge; Gott ist für sie der berechenbare Repräsentant von Gesetz und Ordnung. Sie neigen – trotz beruflicher Differenziertheit – zu einfachen, autoritär geprägten Beziehungsmustern.

Eine große Zahl von Gemeindegliedern hat nach *Fowler* Vorstellungen von Gott, Glauben und Gemeinde, die *synthetisch-konventionellen* Charakter haben. Glaube und Gemeinde haben für sie vor allem eine das Selbst bestätigende Funktion; es ist deswegen wichtig, keine Konflikte zu haben, miteinander in Harmonie zu leben, die Wahrnehmung von

---

[58] Fowler 1987, 84.

Unterschieden und Kritik zurückzustellen. Die Gemeinde wird als vergrößerte Familie, die Unterstützung gibt, idealisiert. Solche Menschen sind verlässlich in ihrer Mitarbeit in der Gemeinde, solange klare Strukturen und entsprechende Anerkennung durch Autoritätspersonen wie den Pastor gegeben sind. Gott wird als Garant der Ordnung gesehen, als einer, mit dessen Hilfe Veränderung abgewehrt werden kann. Von der Verkündigung der Kirche wird erwartet, dass sie diesem Bedürfnis nach Stabilität im individuellen wie sozialen Maßstab gerecht wird.

Menschen mit einem *individuierend-reflektierenden* Glauben erwarten von der Kirche einerseits, dass sie ihre Autonomie und Selbstverantwortung stärkt, andererseits, dass im Bereich der Gemeinde ein Loslassen von der dauernden Anstrengung im Kontext der Leistungsgesellschaft möglich sein soll. Intellektuelle oder künstlerische Anregungen, aber zugleich auch stärkende Gemeinschaft sind erwünscht. Glaube ist für diese Menschen kritisch, individualistisch, eher Suche als Gewissheit; sie wollen als Partner ernst genommen und nicht als Objekte autoritativer Belehrung betrachtet werden. Solche Individualisten tun sich eher schwer mit konventionell eingestellten Menschen. Da liegt eine häufige Quelle für Konflikte.

Menschen mit einem *verbindenden Glauben* haben ein Gespür für das Geheimnis Gottes und des Menschen; sie nehmen die Symbole und Rituale des Glaubens ernst und wissen zugleich, dass es unvollkommene Annäherungen an Gott als den »ganz anderen« sind. Sie sind offen und sensibel für andere Ausprägungen des Glaubens, gleichzeitig besteht die Gefahr, dass sie selber sich eher allein und nicht wirklich verstanden fühlen.

Dass die Phase des *universalisierenden Glaubens* sich nicht mehr für eine Übertragung auf die Situation der Gemeinde eignet, dürfte offensichtlich sein.

Mit dieser Übertragung der Entwicklungsphasen des Glaubens auf die Situation von Erwachsenen in der Gemeinde eröffnet sich ein Verständnis von Gemeinde als einem Raum, in dem Menschen mit ganz unterschiedlichen Glaubensentwicklungen und Glaubensausprägungen Platz finden können und sich in ihrer Verschiedenheit gegenseitig anerkennen und respektieren. Außerdem stellt die Beschreibung der Phasen eine Art von »Diagnostik« dar, die sinnvolle, kontextuell angemessene Angebote im Bereich der religiösen Erwachsenenbildung ermöglicht.

11.5.4 *Fowlers* Theorie hat eine wahre Flut von zustimmenden und kritischen Reaktionen ausgelöst, die sich vor allem auf methodologische und theologische Anfragen beziehen;[59] hier sollen nur einige pastoralpsychologische Aspekte zur Sprache kommen.

---

59 Vgl. exemplarisch *Dykstra/Parks* 1986; *Schweitzer* 1987, 159ff.; *Fowler/Nipkow/Schweitzer* 1991; Heft 3 des »The International Journal for the Psychology

1. Es erscheint mir ausgesprochen wichtig, dass *Fowler* das Prozesshafte des Glaubens hervorhebt; Glauben ist immer ein Werden! Vertrauen ist immer durch Misstrauen angefochten, und die symbolischen Ausdrucksformen des Glaubens ändern sich mit Alter und Lebenserfahrungen. Das ist theologisch unstritig (vgl. 1Kor 13,11), droht aber im kirchlichen Bewusstsein verloren zu gehen. Der theologische Gedanke, dass Glaube ein Geschenk Gottes und kein Werk des Menschen ist, erweckt den Eindruck, als ob Glauben ein unveränderbares Ganzes sei, auf bestimmte zeitlose Wahrheiten bezogen, das man irgendwie »hat« oder eben nicht hat. Demgegenüber ist mit *Fowler* die Veränderbarkeit, die Prozesshaftigkeit, die Vielschichtigkeit und Kontextgebundenheit des Glaubens und seiner Ausdrucksformen zu betonen. Das bedeutet für die Kirchen und für pastorale Tätigkeit, dass sie Bedingungen und Anregungen zur Verfügung stellen muss, um Entwicklung im Glauben zu unterstützen und zu fördern.
2. Mit *Piaget* und *Kohlberg* teilt *Fowler* die Vorannahme, dass Menschen in ihrem Glauben von den Lehren der Religion, der Kirche nicht einfach passiv beeindruckt und geprägt werden, sondern aktiv konstruierend und rekonstruierend das auswählen und aufnehmen, was ihnen entgegenkommt. Dieser Gedanke der Rekonstruktion ist in seiner Bedeutung nicht nur für die Religionspädagogik, sondern auch für Homiletik, Liturgik und Poimenik noch lange nicht ausgeschöpft (⇒ Konstruktivismus, Kap. 2.3).
3. *Fowler* konzentriert sich auf die Glaubensentwicklung des/der Einzelnen, die in die Interaktion mit anderen, mit ihrer Umwelt eingebunden ist. *Fowler* stärkt damit die Subjektorientierung, die *Henning Luther* für die Praktische Theologie insgesamt eingefordert hat und die ein besonderes Anliegen der Pastoralpsychologie ist (⇒ Kap 2.6.). Der Bezug aller pastoralen Tätigkeit auf einzigartige Individuen, die in konkreten Entwicklungsstadien ihres Glaubens leben, kann helfen, kirchliche Verkündigung zu kontextualisieren.
4. Die Entwicklung, die *Fowler*, wie schon *Piaget* und *Kohlberg* vor ihm, konzipiert, verläuft einlinig im Sinn immer weitergehender Differenzierung, immer weitergehenden Forschritts; das wird in der Übertragung der Stadien auf die Gemeinde besonders deutlich. Damit berücksichtigt Fowler zu wenig, dass es natürlich auch Regression im Glaubensurteil gibt, z.B. wenn einem Menschen krisenhafte Ereignisse begegnen. Auch bleibt die Frage nach der Legitimität der Kriterien für diesen Fortschrittsgedanken letztlich ungeklärt.

of Religion« 11 (2001) widmet sich ausschließlich dem Thema des Faith Development; *Klappenecker* 1998.

5. Das Verhältnis von Glaube als Vertrauen in einen letzten, liebevollen Grund einerseits, Glaube als kognitive Struktur der Sinngebung andererseits, und schließlich Glaube als Fähigkeit zur Symbolisierung dessen, was unbedingt angeht, bleibt offen. Die dahinter stehende Spannung zwischen psychologischer und theologischer Perspektive erscheint letztlich nicht auflösbar: Glaubensstrukturen und -vorstellungen verändern sich und differenzieren sich weiter aus; die Unmittelbarkeit zu Gott kann jedoch nicht von einem bestimmten Entwicklungsstand abhängig gemacht werden, wie man etwa am Beispiel von Kindern oder geistig behinderten Menschen sieht.
6. Das Verhältnis von Kognition und Emotion, von Bewusstsein und Unbewusstem, von Kognition und Einbildungskraft/Fantasie bleibt unbefriedigend bestimmt; obwohl *Fowler* ihren Zusammenhang unterstreicht, kommt er in der Beschreibung der Stufen zu wenig zum Tragen. Eine sich auf diesen Zusammenhang beziehende weitergehende Kritik formuliert *Günther Bittner*, wenn er sagt, *Fowler* bekäme nur die ansozialisierten religiösen Vorstellungen zu Gesicht, während doch die eigentlichen religiösen Bilder in den Bereich der vegetativen, narzisstischen Fantasien gehörten, die sich spontan und situativ einstellen und nicht im Interview systematisch abgefragt werden können.[60]

11.6 Zusammenfassung

Der Gedanke des Wachstums und der Entwicklung des Glaubens ist der christlichen Tradition nicht fremd; Leben und Glauben der Christen wird vielfältig mit Wachstumsbildern beschrieben (vgl. Ps 1,3; 1Kor 13 u.ö.). Pastoralpsychologie kann zur Entfaltung dieser Perspektive beitragen, indem sie entwicklungspsychologische Konzepte heranzieht.
– Es scheint mir angesichts der postmodernen Pluralisierung von Bedeutung, auf die Vielfalt der Entwicklungslinien des Menschen hinzuweisen. Vielfalt der Lebens- und Glaubensformen ist ein Phänomen, das seine Grundlegung bereits in den sich früh verzweigenden und potentiell sehr konflikthaften Strängen der Entwicklung der Person erfährt.
– Glaube als menschliche Antwort auf transzendente Anrede, auf die Erfahrung schlechthinniger Abhängigkeit (*Schleiermacher*) ist menschliche Konstruktion; diese Konstruktion lässt sich als Entwicklungs- und Lernprozess in seinen vielfältigen Dimensionen darstellen und kritisch bearbeiten. Die religiöse Dimension ist ständig auf die anderen Lebensdimensionen zurückzubeziehen.

---

[60] *Bittner* 1991, 180–191.

- Aus pastoralpsychologischer Sicht bezeichnet religiöse Entwicklung oder Glaubensentwicklung die Ausdifferenzierung von Symbolisierungsprozessen, die einerseits in das komplexe Beziehungs- und Entwicklungsgeflecht einer Person eingebunden sind, andererseits in ihrer inhaltlichen Ausdrucksgestalt auf die religiöse Tradition bezogen bleiben.
- Die von *Klaus Winkler* wiederholt aufgestellte Forderung nach der Entwicklung eines »persönlichkeitsspezifischen Credo«[61] wird aus der Sicht der verschiedenen entwicklungspsychologischen Linien eingeholt und kann auf diese Weise in begrenztem Maß methodisch angeleitet werden.
- Religiöse Einstellung oder Glaube stehen in einem zwiespältigen Verhältnis zur Entwicklung der Person: Auf der einen Seite sind sie unvermeidlich eingebettet in die Beziehungserfahrungen, die Menschen im Lauf ihre Lebens machen, spiegeln deren Entwicklungslinien wieder. Auf der anderen Seite relativieren sie durch ihre Bezugnahme auf Transzendenz die tatsächlichen Beziehungserfahrungen, weisen ihnen »im Angesicht« des Letztgültigen einen vorletzten Stellenwert zu.
- Die genannte Ambivalenz wird reflektiert im doppelten Verständnis von Religion als »Identitätssuche des Menschen durch Ursprungsvergewisserung« (das Göttliche ist hier die Tiefendimension der Lebenserfahrung) einerseits (»Religion 1«), als Erinnerung an noch uneingelöste Zukunft, als Befreiung, als Weltabstand (»Religion 2«) andererseits.[62] Diese Funktionen von Religion finden Ausdruck in entsprechenden Symbolisierungen, die wiederum von der motivationalen, emotionalen und kognitiven Entwicklung der Person abhängen.

Vertiefende Literatur:
- *Phyllis* und *Robert L. Tyson*, Lehrbuch der psychoanalytischen Entwicklungspsychologie, Stuttgart/Berlin ²2001.
- *Friedrich* Schweitzer, Lebensgeschichte und Religion. Religiöse Entwicklung und Erziehung im Kindes- und Jugendalter, München 1987.
- *Dieter Funke*, Im Glauben erwachsen werden. Psychische Voraussetzungen der religiösen Reifung, München 1986.

---

61 *Winkler* 1982.
62 Vgl. *Otto* 1988, 25ff unter Bezug auf *Hans Ekkehard Bahr*.

Kapitel 12: Helfen / Diakonie

12.1 Motivation zum Helfen

Helfen – sei es als spontanes individuelles Handeln, sei es als institutionalisierte Hilfe in Diakonie oder Caritas – gilt zweifellos als eine Form der Kommunikation des Evangeliums. Die helfende Zuwendung zum Nächsten gibt dem Glauben an die Zuwendung Gottes zum Menschen Ausdruck.
Helfen ist ein urmenschliches Thema, weil der Mensch ein zutiefst hilfebedürftiges Wesen ist. Ein Blick auf den Lebenslauf macht das sofort deutlich: Ein Kind könnte ohne die Hilfe der Eltern oder anderer betreuender Personen nicht überleben; auch im Alter brauchen Menschen in zunehmendem Maß Hilfe; bei Krankheit oder in Notlagen ist die Hilfe anderer notwendig. In agrarischen Zeiten war es den Menschen selbstverständlich, dass sie auf nachbarschaftliche Hilfe angewiesen waren: Das Einbringen der Ernte war nur möglich durch die gemeinsame Anstrengung aller, bei besonderen Gelegenheiten und Festen war es selbstverständlich, dass Nachbarn mithalfen und mitbeteiligt waren.
In unserer Gesellschaft wird die Unabhängigkeit, die Autonomie des Menschen immer stärker zur entscheidenden Zielkategorie: Sein Leben selbst in die Hand nehmen, etwas erreichen im Leben, eine eigene Identität herstellen, zum Planungsbüro des eigenen Lebens werden (*U. Beck*), und möglichst unabhängig von anderen sein. Einerseits erscheint das als ein sinnvolles Ziel, etwa wenn es darum geht, dass behinderte oder alte Menschen Bedingungen zur Verfügung gestellt bekommen, mit denen sie so weit und so lange wie möglich selbstständig leben können; auf der anderen Seite wird das Ziel der Unabhängigkeit und Autonomie jedoch überwertig erlebt: Abhängigkeit und Hilfsbedürftigkeit gerät zum Makel, wird zu einem Defizit und gehört nicht mehr zur »normalen« menschlichen Grundbefindlichkeit. Das führt im Extrem dazu, dass Schwerkranke manchmal ein schlechtes Gewissen bekommen, weil sie ihren Angehörigen zur Last fallen; nicht wenige möchten aus diesem Grund ihr Leben vorzeitig beenden.

Hilfsbedürftigkeit begründet einen unmittelbaren moralischen Anspruch: Wir fühlen uns von einem notleidenden Menschen angesprochen und herausgefordert.

Emmanuel Levinas hat diesen Anspruch radikalisiert, wenn er vom prinzipiellen Vorrang des Anderen spricht. Die Gegenwart des Anderen ist als Aufforderung zur Antwort zu verstehen. »Die Phänomenologie des Antlitzes verdichtet sich in der Verantwortung für den Anderen, in der ethischen Beziehung. Diese Beziehung ist eine radikal asymmetrische: der Andere begegnet mir gerade als Bedürftiger in einer Hoheit, die mich zu seiner Geisel macht. Die Verantwortung ist eine unendliche.«[1]
Es ist zu bezweifeln, ob diese philosophische Analyse unmittelbar in die Empirie von Seelsorge oder Diakonie überführt werden sollte. *H. Wahl* spricht wohl zu Recht von der Gefahr eines »altruistischen Empathiezwangs«,[2] den die Diskussion um das Thema Helfen gerade überwinden wollte.

Helfen oder prosoziales Verhalten werden gesellschaftlich hoch bewertet; zu helfen gilt als hohe Tugend: Helfer des roten Kreuzes, ehrenamtliche Mitarbeiter und Mitarbeiterinnen in der Kirche, bei der Telefonseelsorge und an vielen anderen Orten genießen ein relativ hohes Ansehen. Hilfsbedürftig zu sein dagegen wird von vielen eher als beschämend erlebt.
Helfen kann man einfach definieren als ein Verhalten, das einem anderen gut tut. Verschiedene Dimensionen sind dabei zu unterscheiden:
- Hilfe als materielle Unterstützung (durch Geld oder Nahrungsmittel);
- Hilfe als Veränderung der Lebenssituation (z.B. dazu beitragen, dass ein Obdachloser eine Wohnung findet);
- Hilfe mit psychologischen Mitteln: (zuhören, ermutigen, jemanden nicht allein lassen).

Die christliche Tradition hat sehr viel zur Wertschätzung des Helfens beigetragen: Verhaltensweisen wie Nächstenliebe, Feindesliebe, Barmherzigkeit, Dienen etc. haben mit Helfen zu tun im Sinn von »dem anderen Menschen Gutes tun«. Ein solches Verhalten wird den Christen geboten, es ist Ausdruck ihres Glaubens, es ist eine Form der Nachfolge. Das Gleichnis vom barmherzigen Samariter oder das Gleichnis vom großen Weltgericht (Mt 25,40: »Was ihr getan habt einem meiner geringsten Brüder, das habt ihr mir getan ...«) geben diesem Zusammenhang Ausdruck. Das spontane und das regelmäßige Helfen Einzelner wie auch der ganzen institutionellen Diakonie lebt zuallererst von dieser Motivation und stellt insofern eine Kommunikation des Evangeliums dar.
Der Begriff der »Motivation« (⇒ Kap. 13.6) ist im pastoralpsychologischen Zusammenhang ein wichtiges Stichwort, weil er dazu herausfordert, auf der Grundlage der psychoanalytischen Unterscheidung von bewussten und unbewussten Motiven nach verschiedenen Ebenen der

---

1 *Neumann* 2000, 16.
2 *Wahl* 2002, 523.

12.1 Motivation zum Helfen

Motivation zu fragen. Diese verschiedenen Motivationsebenen sollten erst einmal wahrgenommen und nicht sogleich bewertet werden.

- Es gibt Helfen aus Ratlosigkeit: Ich halte es nicht aus, bei dem Schwerkranken, der vielleicht kaum sprechen kann, zu sitzen; deswegen fange ich an, etwas zu tun. Ich frage ihn z.B., ob er etwas trinken möchte oder ob ich mal lüften soll etc. Helfen erfüllt hier die Funktion der eigenen Spannungsreduktion: Ich tue mit dieser Form der Hilfe im Grunde etwas für mich!
- Es gibt Helfen als Kontaktersatz: Klienten werden die wichtigsten Gesprächspartner, sie werden zum Ersatz für Freunde. Man hat das Gefühl, man sei im intensiven Kontakt mit Menschen, man führt tiefgehende und bewegende Gespräche – aber es sind professionelle Kontakte mit einer asymmetrischen Struktur.
- Es gibt Helfen als Mittel, um einen guten Eindruck zu machen – vor sich selbst (»was bin ich für ein guter Mensch«), vor anderen (Eltern, Autoritäten) – und damit den eigenen Selbstwert zu stabilisieren.
- Es gibt Helfen als Machtausübung: Die helfende Person erscheint fast immer als diejenige, die in der Hilfe-Situation stärker, kompetenter, überlegener ist. Diese Überlegenheit auszuspielen und zu demonstrieren kann ein gutes Gefühl auslösen; darüber hinaus kann der Helfende den Hilfsbedürftigen bestimmen, dirigieren, beeinflussen und steuern. *Dietrich Stollberg* hat in diesem Zusammenhang die eingängige Formel geprägt: Helfen heißt Herrschen![3]
- Es gibt Helfen als Abwehr eigener Probleme: Solange ich mit der Not anderer Menschen beschäftigt bin, brauche ich meine eigenen Schwierigkeiten und Probleme nicht wahrzunehmen; ich kann sie mit helfendem Engagement überdecken.

Solche Motivationen zum Helfen können spontan in einzelnen Situationen, in denen jemand zur Hilfe herausgefordert wird, wirksam werden; sie können aber auch viel weitergehender als Motivation, einen bestimmten helfenden Beruf zu ergreifen, von Bedeutung sein. Wer Krankenschwester/-pfleger wird, wer den Beruf des Psychologen oder der Ärztin ergreift, wer sich bei der Telefonseelsorge oder in einem gemeindlichen Besuchsdienst engagiert, braucht eine starke Motivation zum Helfen.
Auch Theologiestudierende geben an, dass der Wunsch, anderen Menschen zu helfen, eine wesentliche Quelle ihrer Motivation für das Theologiestudium darstellt.
Richard Riess hat die Motivation von Theologiestudierenden vor etwa zwanzig Jahren untersucht.[4] Er kommt zu dem Ergebnis, dass die Motivgruppe »Helfen/soziales Engagement« mit großem Abstand vor anderen Motiven das führende ist.[5]

---

3 *Stollberg* 1979 (b), 167–173.
4 *Riess* 1986.
5 *Riess* 1986, 194. In einer von mir vorgenommenen, nicht repräsentativen Umfrage unter 31 Studierenden im Jahr 1996 an der Kirchlichen Hochschule Bethel

In helfenden Beziehungen entstehen leicht Idealisierungen, die dem Helfer / der Helferin Macht geben. Diese Macht kann in emotionalem und sexuellem Missbrauch Ausdruck finden. Der Tatbestand des Missbrauchs ist gegeben, wenn einerseits die Idealisierung der Helferperson durch den Klienten / die Klientin spiegelbildlich aufgenommen und beantwortet, damit zur Befriedigung persönlich-emotionaler Bedürfnisse der Helferperson gebraucht wird; wenn andererseits die Hilfe gebende Person von sich aus ihre emotionalen und sexuellen Bedürfnisse an die hilfsbedürftige Person heranträgt und mit ihr in irgendeiner Weise auslebt. Sexueller Missbrauch ist eindeutig zu verurteilen und strafbar; emotionaler Missbrauch ist nicht weniger ethisch zu verurteilen, aber in der Regel viel schwerer zu entdecken (⇒ Kap. 10.6).[6]

12.2 Das Helfersyndrom / berufliche Deformation

Wolfgang Schmidbauer hat 1977 mit seinem Buch »Die hilflosen Helfer«[7] auf die Ambivalenz des Phänomens »Helfen« hingewiesen. Er hat das Stichwort vom Helfersyndrom geprägt, mit dem man – entgegen seiner Absicht – eine Zeit lang alles Helfen diskreditiert hat. *Schmidbauers* Intention war es dagegen, verborgene Motivationen aufzudecken und damit etwas Doppeltes zu erreichen: Zum einen die Hilfsbedürftigen vor Machtmissbrauch zu schützen und zum anderen die Helfenden vor möglicher Überforderung und burn-out zu bewahren.
Schmidbauer definiert das Helfer-Syndrom als »die zur Persönlichkeitsstruktur gewordene Unfähigkeit, eigene Gefühle und Bedürfnisse zu äußern, verbunden mit einer scheinbar omnipotenten, unangreifbaren Fassade im Bereich der sozialen Dienstleistungen.«[8]

Eine Sozialarbeiterin z.B. sagt: »Früher habe ich mich oft schier zerrissen ... Wenn um Mitternacht ein Anruf kam, bin ich hingegangen und habe mit den Leuten geredet. Ich dachte einfach, ich darf nicht nein sagen, wenn es jemandem schlecht geht ... Ich dachte, ich muss immer nur für die anderen da sein.«[9]

Dazu *Schmidbauer*: »Gerade darin drückt sich das Helfer-Syndrom besonders deutlich aus, daß Schwäche und Hilflosigkeit, offenes Eingestehen emotionaler Probleme nur bei anderen begrüßt und unterstützt

verschieben sich die Ergebnisse deutlich. Nach Riess geben im Jahr 1981/82 82 % der Studierenden an, Theologie zu studieren, »weil sie anderen Menschen helfen möchten«, ca. 15 Jahre später ist dieser Wert auf 70 % gesunken; umgekehrt ist das Motiv »weil sie der christlichen Botschaft dienen wollen« von 62 % auf 77 % gestiegen. Auch das Motiv »weil sie sich dazu berufen fühlen« ist von 27 % im Jahr 1981/82 auf 45 % im Jahr 1996 gestiegen; dem korrespondiert wiederum, dass das Motiv »weil sie an gesellschaftlichen Problemen interessiert sind«, in seiner Bedeutung von 69 % auf 48 % zurückgegangen ist.

6 Eine sehr differenzierte Analyse des Missbrauchs-Themas legt *Schmidbauer* 1997 vor.
7 *Schmidbauer* 1977.
8 *Schmidbauer* 1977, 12.
9 *Schmidbauer* 1977, 13.

12.2 Das Helfersyndrom / berufliche Deformation

wird, während demgegenüber das eigene Selbstbild von solchen ›Flecken‹ um jeden Preis freigehalten werden muß.«[10]
Helfende haben häufig ein hohes Ich-Ideal, hohe Ansprüche an sich selbst; hinter der idealen Fassade verbirgt sich manchmal eine große emotionale Bedürftigkeit, die jedoch verleugnet und mit gegenteiligen Mitteln, also mit Hilfe geben, Macht ausüben, kompetent sein etc., kompensiert wird. Statistiken zum Arztberuf zeigen beispielsweise, dass Ärzte in besonders hohem Maß suizid- und suchtgefährdet sind; *Schmidbauer* interpretiert dieses Gefährdung von der großen Diskrepanz zwischen Ideal oder Anspruch und Wirklichkeit her.

Der Traum eines Arztes: »Ich war mit einer Gruppe anderer Studenten vor dem Haus von Prof. X. Wir sollten eine Glocke an dies Haus montieren. Ich sehe noch die hohen, aus Kalkstein gemauerten Wände vor mir. Die Sache mit der Glocke klappte aber nicht gut. Wir brauchten noch Material, Seile und so. Deshalb ging ich zu einem Schuppen in der Nähe. Als ich herankam, hörte ich in dem Schuppen ein leises Weinen. Ich öffnete die Tür. Da sah ich etwas ganz Schreckliches: Ein halb verdurstetes, abgemagertes Kind, ganz verdreckt und mit Spinnweben überzogen, steckte eingeklemmt zwischen dem Gerümpel.«[11]

Der Traum, so *Schmidbauer*, beleuchtet den Gegensatz zwischen der prächtigen, abweisenden Fassade, die nichts braucht, und dem verwahrlosten, hungrigen Baby, das seine Bedürftigkeit nach Zuwendung und Geborgenheit jedoch nicht zum Ausdruck bringen kann.
Schmidbauer bringt diesen Konflikt mit einer frühen narzisstischen Störung in Zusammenhang (⇒ Narzissmus, Kap 4.1.3): Ein Kind muss die Frustrationen, die ihm unweigerlich in der frühen Entwicklung zugemutet werden (ein langsam größer werdender Abstand von der Mutter) bewältigen; es tut das, indem es zunächst Größenphantasien und Idealisierungen bildet. Im Laufe der Entwicklung müssen die Größenphantasien und Idealisierungen reduziert und aufgegeben werden; das kann aber nur geschehen, wenn das Kind genügend Wärme und Anerkennung von außen, von seinen Eltern bekommt. Wenn es zu wenig Zuwendung erfährt, wenn es gar abgelehnt wird (bzw. sich abgelehnt fühlt – was aus vielerlei Gründen der Fall sein kann: Überforderung der Eltern, Zeitmangel, Beziehungsprobleme etc.), muss er an den Größenphantasien und Idealisierungen festhalten und sich im späteren Leben das zu holen versuchen, was es früher nicht genügend bekommen hat. Es entsteht ein unersättliches Bedürfnis nach Anerkennung und Zuwendung.
Ein Weg, dieses Bedürfnis zu befriedigen, besteht in rastloser, aufopferungsvoller Tätigkeit. Sie wird gespeist von der unbewusst grandiosen Vorstellung, was man durch diese Tätigkeit alles an Hilfe und Nutzen für andere bewirken könne; und sie ist gleichzeitig getrieben von der

---

10 *Schmidbauer* 1977, 14.
11 *Schmidbauer* 1977, 15.

Angst, es könnte doch nicht genug sein oder es könnte nicht das Richtige sein. Kritik an einem Detail seines Verhaltens wertet ein solcher Mensch als Kritik an seiner ganzen Person: Dann ist alles Bemühen umsonst, seine Fähigkeiten und Talente nutzlos. Ein ständiges Schwanken stellt sich ein zwischen Allmachts- und Ohnmachtsgefühlen, die durch immer neue Aktivitäten beschwichtigt werden müssen.
Die narzisstische Struktur geht häufig einher mit einem ausgeprägten Ich-Ideal, das hohe moralische Normen im Blick auf das Helfen und Für-andere-da-Sein, vertritt.

Ein Beispiel: »In einer Selbsterfahrungsgruppe schildert Agnes, eine junge, sportlich gekleidete Frau, sie sei der seelische Mülleimer aller Freunde und Bekannten. Jeder würde ihr seine Probleme erzählen, sie höre immer verständnisvoll zu. Wenn es ihr selbst aber einmal schlecht geht, findet sie niemand, dem sie das sagen kann. Allmählich wird deutlich (ich fasse die Ergebnisse einiger Sitzungen zusammen, in denen Agnes immer wieder an ihren Schwierigkeiten arbeitet), dass sie selbst es darauf anlegt, keine Hilfe zu bekommen, stets stark und mächtig zu bleiben, obwohl sie dahinter ihre eigenen Zuwendungsbedürfnisse deutlich spürt – aber auch als unersättlich spürt ... Allmählich schälen sich die einzelnen Komponenten ihres Helfer-Syndroms heraus:
Das abgelehnte Kind ...
Die Identifizierung mit dem Über-Ich ...
Die versteckte orale Bedürftigkeit ...
Die Angst vor Nähe und Gegenseitigkeit ...
Indirekte Aggression gegen Nicht-Hilfsbedürftige ...«[12]

Bei christlich sozialisierten Menschen kann eine solche Struktur noch verstärkt werden durch die Betonung des Dienens, der Barmherzigkeit als Ausdruck des Glaubens und der Nachfolge. Das Helfen-Müssen und -Wollen ist dann auch religiös gefordert.
Neuere Autoren sprechen inzwischen nicht mehr vom Helfersyndrom, um der erwähnten Diskreditierung des Helfens insgesamt vorzubeugen, sondern von der Gefahr »beruflicher Deformation«.[13] Ausprägungen dieser Deformation sind berufliche Scheuklappen, die bewirken, dass jemand alle Themen und Fragen des Lebens nur noch aus der Perspektive seines Berufes sieht und sie mit den Mitteln seines Berufes angeht.
Auch die privaten Beziehungen werden davon beeinflusst: Therapeuten beginnen, ihre Partner oder Partnerinnen oder ihre Freunde wie Klienten zu behandeln; gegenüber Klienten werden sie zunehmend routiniert, sie verlieren einen Teil ihrer Kreativität, weil ihnen nichts Neues mehr einfällt, und sie alles nur durch ihr schon gut bekanntes Raster sehen. Sie haben oft auch kein Interesse mehr an Neuem! Ihre Sprache erstarrt, sie wiederholen bestimmte Wendungen häufig, sie entwickeln bestimmte wiederkehrende Verhaltensweisen.

12 *Schmidbauer* 1977, 65f.
13 *Fengler* 1994.

12.2 Das Helfersyndrom / berufliche Deformation

Auch bei Pfarrern und Pfarrerinnen kann man diese berufliche Deformation häufig beobachten: Sie bewegen sich vornehmlich im Kreis von Kollegen, Kolleginnen und Kerngemeinde, sie bekommen kaum explizites feedback, theologische Sprachklischees, die nicht mehr konkretisiert und kontextualisiert werden, schleifen sich ein, ein pastoraler Tonfall entsteht.

Fengler bietet drei Verstehensmöglichkeiten für eine solche berufliche Deformation an:

1. Psychoanalytisch gesehen – darin schließt sich *Fengler Schmidbauers* These an – kann es sich um narzisstisch geschädigte, abgelehnte Kinder handeln, die diese narzisstische Wunde als Erwachsene durch übermäßiges Helfen und Kümmern für andere zu kompensieren suchen und sich dabei auf die Länge überfordern.
2. Man kann die berufliche Deformation auch als Ergebnis eines Lernprozesses verstehen: Man lernt einen bestimmten Beruf, erarbeitet bestimmte Methoden und theoretische Ansätze und bewegt sich mit diesem Instrumentarium über viele Jahre vorwiegend in einem begrenzten Kreis derselben Menschen und Situationen. Wenn man sich nicht gezielt um Ausgleich und neue Erfahrungen bemüht, wird man notwendigerweise einseitig.
3. Die dritte Verstehensmöglichkeit nennt *Fengler* die Belastungstheorie der beruflichen Deformation:[14] Helfende sind oft überdurchschnittlich belastet, und zwar wiederum durch verschiedene Momente:
   – Selbstbelastung auf Grund eines hohen Helferideals;
   – Belastung durch Partnerschaft, Familie und Freunde (dazu zählt die Neigung von Helfern, sich durch zu große Fürsorge mehr Lasten als nötig aufzubürden);
   – Belastung durch schwierige Klienten;
   – Belastung durch Kollegen und Kolleginnen, wenn z.B. das Team von destruktiver Konkurrenz und mangelnder Kooperationsbereitschaft geprägt ist;
   – Belastung durch die Institution: unklare oder autoritäre Leitungsstrukturen und Aufgabenverteilung, mangelnde Anerkennung durch Vorgesetzte und Kollegen, das Gefühl, mit der Arbeit wenig oder nichts bewirken zu können etc.

Gerade bei Pfarrern und Pfarrerinnen sollte man das Gewicht solcher unklarer Strukturen im Pfarramt nicht unterschätzen: Ein bedeutender Teil der häufig beklagten Arbeitsüberlastung hat damit zu tun, dass es den Betroffenen angesichts der großen Fülle an Aufgaben und Erwartungen nicht gelingt, halbwegs klare Arbeitsstrukturen zu entwickeln.

---

14 *Schmidbauer* 1977, 46ff.

12.3 Burnout

Wenn sich die Belastungen summieren, entsteht ein Burnout, ein inneres Ausbrennen, besser »Erschöpfungssyndrom« genannt.

»Unter Burnout versteht man ›... den Zustand physischer oder seelischer Erschöpfung, der als Auswirkung langanhaltender negativer Gefühle entsteht, die sich in Arbeit und Selbstbild des Menschen entwickeln‹.«[15]

Das Erschöpfungssyndrom bildet sich über einen langen Zeitraum im Beruf aus; *E. Müller* unterscheidet fünf Phasen der Entstehung:[16]

1. »Enthusiasmus und Idealismus«: Da beginnt jemand nach der Ausbildung mit hohem Enthusiasmus und großer Einsatzbereitschaft seinen Beruf und nimmt die eigene Selbstüberschätzung, die überhöhten Erwartungen an sich selbst nicht wahr.
2. »Realismus und Pragmatismus«: Der Enthusiasmus pendelt sich langsam auf Normalmaß ein, die Wahrnehmung der Arbeitswelt und ihres Stellenwertes wird realistisch.
3. »Überdruss und Stagnation«: Erster Überdruss und Selbstzweifel stellen sich ein, man ist häufiger angespannt, müde und erschöpft von der Arbeit. Der Mangel an spontaner Motivation wird durch erhöhte Anstrengung ausgeglichen.
4. »Rückzug und Depression«: Arbeit wird zu einem täglichen Kampf, Müdigkeit, Gereiztheit, Bitterkeit und ständige Unzufriedenheit werden für Außenstehende wahrnehmbar; Krankheitsepisoden häufen sich.
5. »Apathie und Verzweiflung«: Alkohol- und Medikamentenkonsum dienen dazu, die innere Leere und Hoffnungslosigkeit, das Gefühl von Sinnlosigkeit und Desillusionierung zu überdecken. Die Isolation der Betroffenen wächst und mündet u.U. in suizidale Impulse.

Burnout können Menschen aller Berufsarten erleiden. Besondere Gefährdungen scheinen jedoch da zu bestehen, wo jemand eine interessante, anregende und herausfordernde Tätigkeit ausübt und wo hohe Ideale und Ansprüche zu rastloser Arbeit herausfordern. Die Beschäftigung mit Problemen und Sorgen der Mitmenschen bildet einen besonderen Nährboden für das Erschöpfungssyndrom: Wer anderen Menschen »helfen« möchte (im Sinne von »sie verändern«, »sie bessern«), steht in erhöhtem Maß in der Gefahr, sich zu verausgaben.

Als Warnsignale für ein Erschöpfungssyndrom in helfenden Berufen – durchaus vergleichbar mit den von *Müller* beschriebenen Phasen – nennt *Fengler* folgende Punkte:

1. »Nicht zur Arbeit gehen wollen
2. Fortgesetztes Klagen wegen Arbeitsunlust oder Überforderung

---

15 *Schmidbauer* 1977, 104.
16 *Müller* 1994, 17ff.

12.3 Burnout

3. Sich wie abgeschnitten von der Welt fühlen
4. Das Leben schwer und dumpf erleben
5. Steigende Zahl negativer Gegenübertragungen mit Klienten
6. Irritierbarkeit, Ablenkbarkeit, Gereiztheit und Unduldsamkeit zu Hause
7. Häufige Erkrankungen ohne erkennbare Ursache
8. Flucht- und Selbstmordgedanken.«[17]

Zugespitzt auf die Situation von Pfarrern und Pfarrerinnen oder anderen Hauptamtlichen in der Kirche hat T.U. Schall einige Bedingungen, die zum Burnout führen, benannt:[18]

- *Hohe Erwartungen und Ansprüche* im Sinn von »ein Christ ist immer im Dienst«, »ein Pfarrer muss Vorbild sein« usw.
- *Überforderung durch nicht ausreichende Kompetenz*: Gerade Pfarrer und Pfarrerinnen haben oft wenig methodisches Rüstzeug für ihre vielfältige Tätigkeit gelernt und versuchen, dieses methodische Defizit durch umso mehr persönliches Engagement wettzumachen.
- *Erfahrungen von Misserfolg*: Wie viel Wertschätzung für konkretes Handeln erfährt ein Pfarrer / eine Pfarrerin? Welches Ansehen genießt jemand in seinem Beruf sowohl individuell wie kollektiv? Die Tatsache, dass der Pfarrberuf im öffentlichen Ansehen an Prestige verliert (und Pfarrer in den Medien häufig als weltfremde Tölpel dargestellt werden) und sich mit seinen zentralen Glaubensanliegen oft nur schwer verständlich machen kann, ist in diesem Zusammenhang nicht zu unterschätzen.
- *Fragwürdige Arbeitsbedingungen*: Der Pfarrberuf bietet wenig klare Struktur (Zeitstruktur, Prioritäten etc.), Teamarbeit gelingt häufig nicht, die Beziehung zu Kolleginnen und Kollegen ist oft durch negative Konkurrenz belastet und verhindert einen möglicherweise entlastenden und anregenden Austausch; eine klare Trennung von Beruf und Privatleben ist fast unmöglich.
- *Veränderungen im Glauben*: Im Lauf des Lebens verändert sich die eigene religiöse Einstellung, neue Fragen, Zweifel und Unsicherheiten können auftauchen. Da sie von der vermeintlichen Rollenerwartung her wenig Platz haben, werden sie durch doppelte Anstrengung nach außen kompensiert, verursachen nach innen aber Schuldgefühle und Irritierbarkeit.

Welche Möglichkeiten der Psychohygiene, der Vorbeugung oder Bewältigung solcher Entwicklung gibt es?
- Der erste Schritt besteht in wacher Aufmerksamkeit auf möglicherweise belastende, schädigende Arbeitszusammenhänge.

---

17 *Fengler* 1994, 106.
18 *Schall* 1993.

- Eine bewusste Alltags- und Freizeitgestaltung im Gegenüber zur Arbeit (inkl. Möglichkeiten des Rückzugs) ist unbedingt notwendig; wer nie einen Tag frei macht, wer nie Zeit hat, ins Kino oder Theater zu gehen etc., sollte das im Sinn der oben genannten Warnsignale verstehen und nach Änderungsmöglichkeiten suchen. »Keine Zeit zu haben« ist nie eine objektive Gegebenheit, sondern immer eine Frage der bewussten und unbewussten Prioritäten. Keine Zeit zu haben für sich selbst, für die Familie, für Freizeitaktivitäten heißt, es sich innerlich nicht leisten zu können, einmal nicht etwas für andere, für die Institution zu tun. Welche Ängste und Befürchtungen tauchen da auf?
- Manchmal ist eine bessere Abgrenzung von der Gemeinde, von den Menschen, mit denen man ständig zu tun hat, sinnvoll; dazu gehört auch, das eigene Helferideal zu überprüfen.
- Eine wichtige Frage bezieht sich auf das berufliche Umfeld: Geht von den Kollegen und Kolleginnen bzw. vom Team der haupt- und nebenamtlich Mitarbeitenden genügend Entlastung, Unterstützung und Ermutigung aus? (Der eigene Partner / die Partnerin ist kein Ersatz für ein funktionierendes berufliches Umfeld!!)
- Pastorale Supervision und/oder Psychotherapie sind nicht als letzter Rettungsanker zu sehen, sondern von vornherein mit in die Überlegungen zur Gestaltung des Berufs einzubeziehen. In einem so hoch komplexen Arbeitsfeld wie dem Pfarramt kann es nur sinnvoll sein, eine dritte, neutrale Person regelmäßig zu Rate zu ziehen, um Strukturen und Zielsetzungen, das eigene Rollenverständnis usw. zu klären und auf diese Weise manche Konflikte und Belastungen gar nicht erst entstehen zu lassen.

12.4 Diakonie als institutionalisiertes Hilfehandeln[19]

Diakonie als Sammelbezeichnung bezieht sich auf institutionalisiertes, auf Dauer gestelltes Hilfehandeln (Diakonische Werke der Kirchen, Diakonische Anstalten), das sich aus dem biblischen Gebot zur Nächstenliebe und Barmherzigkeit gegenüber den Schwachen und Notleidenden ableitet. Diakonisches Handeln hat also eine überindividuelle Dimension, bezieht strukturell-gesellschaftliche Probleme (z.B. die Bekämpfung von Arbeitslosigkeit oder Obdachlosigkeit und ihren Folgen etc.) gezielt in ihr Handeln mit ein.

Diakonie ist ein in besonderem Maß mit hohen Idealen besetztes Tätigkeitsfeld der Kirche. Zwei exemplarische Äußerungen mögen das belegen:

»Nur dann bezeichnen wir unser Handeln im weiten und engen Sinn legitim als Dienst, als Diakonie – und eben nicht als Sozialarbeit in

---

19 Vgl. zum Folgenden *Klessmann* 1991, 113–125.

kirchlicher Trägerschaft –, wenn unser Handeln wie unser gemeinsames Leben wie unsere persönliche Existenz transparent für Christus, theophan geblieben sind.«[20]
Unter der Überschrift »Diakonie der Christen: Wenn Gott aufscheint in unseren Taten« formuliert *I. Baumgartner*: »So erweist sich die dienende Zuwendung zu den Schwestern und Brüdern, und gemeint sind zuallererst die ›Geringsten aller Brüder‹, als Kennzeichen der Jünger Christi. Gleichförmig werden mit ihm bedeutet deshalb nichts anderes, als gleichförmig zu werden mit seiner liebenden Gesinnung.«[21]
Diese und ähnliche Sätze atmen etwas vom »Pathos des Helfens«, das sich vor allem in offiziellen Äußerungen zur Diakonie nach wie vor findet. Hier wird ein großer Arbeitszweig der Kirche einer Idealbildung unterworfen, die in der Regel – weil die Ideale unerreichbar bleiben – destruktive Konsequenzen nach sich zieht und zur häufig beschworenen »Krise des Helfens« beigetragen hat. Erst wenn die Zwiespältigkeit des Helfens offen zum Ausdruck kommen darf, kann helfendes Handeln wieder ein neues, realistisches »Pathos« bekommen; dazu kann Pastoralpsychologie Wichtiges beitragen, indem sie die Schattenseiten der Diakonie bzw. des Helfens benennt.

12.4.1 Die Geschichte der Diakonie als Geschichte einer Doppelbindung

Diakonie als »Wesensäußerung der Kirche« wird biblisch begründet, das ist unstrittig. Ein Blick auf die biblischen Begründungen zeigt, dass die Grundspannung von Diakonie hier bereits enthalten ist. Der Ausgangspunkt des Gleichnisses vom barmherzigen Samariter ist die Frage des Schriftgelehrten: »Was muss ich tun, dass ich das ewige Leben ererbe?« (Lk 10,25). Und Jesus antwortet ihm unter Verweis auf das Doppelgebot der Liebe: »Tu das, so wirst du leben.«
Wie merkwürdig, dass hier Leben durch Tun, durch Leistung zu gewinnen ist! Als ob es herstellbar und machbar wäre! Wo doch Jesus an anderen Stellen sagt: »Wer sein Leben erhalten will, der wird's verlieren; und wer sein Leben verliert um meinetwillen, der wird's finden« (Mt 16,25). Das scheint doch die Grundaussage Jesu, dass Leben eben nicht mit einer Willensanstrengung, mit guten Absichten und guten Taten zu gewinnen ist. Und hier jetzt doch?
Die anschließende Geschichte vom barmherzigen Samariter könnte als Beleg dafür dienen, dass Jesus die spontane Hilfe, die unmittelbare, nicht geplante Liebe meint; aber indem er sie als Beispielgeschichte erzählt mit dem anschließenden »tue desgleichen«, verschiebt sich das Problem nur: Wie ist denn Nächstenliebe, aus Spontaneität geboren, aus dem unmittelbaren Mitleiden in die Tat umgesetzt, zu empfehlen oder gar anzuordnen? Sie entsteht doch aus dem Augenblick, oder sie ist nicht Ausdruck einer liebevollen Gesinnung.

20 *Ruhbach* 1990, 78.
21 *Baumgartner* 1990, 337.

Jemanden zu spontanem Verhalten aufzufordern, ist der klassische Fall einer Doppelbindung, wie sie *P. Watzlawick* diagnostiziert und beschrieben hat. Er charakterisiert sie folgendermaßen: Eine Doppelbindung wird durch eine Mitteilung herbeigeführt, »die a) etwas aussagt, b) etwas über ihre eigene Aussage aussagt und c) so zusammengesetzt ist, daß diese beiden Aussagen einander negieren bzw. unvereinbar sind.«[22]

Als Beispiel wird immer wieder auf die Anordnung von Emotionen verwiesen: Du sollst lieben, du sollst dich freuen, du sollst dankbar sein. Entweder empfinde ich spontan das genannte Gefühl, wann und wo es sich gerade einstellt, dann unterlaufe ich die Anordnung; oder ich befolge die Anordnung, dann empfinde ich die Emotion nicht aus mir selbst heraus, und sie wirkt aufgesetzt und angestrengt. Spontaneität und Anordnung schließen sich also gegenseitig aus – und *Watzlawick* sagt, dass eine Kommunikation, die chronisch durch diese Struktur geprägt ist, pathogen wirkt.

Nun kann man im Blick auf den barmherzigen Samariter noch sagen, dass die Aufforderung zur Hilfe oder zur Nächstenliebe in dieser Geschichte nicht total, sondern eingeschränkt und damit handhabbar ist: Die Hilfe, die der Samariter leistet, ist begrenzt; er verlässt den unter die Räuber Gefallenen wieder und kauft für gutes Geld einen weiteren Helfer, den Wirt, und entlastet damit sich selbst.[23] Und sein eigener minderer Status als Angehöriger einer verachteten Glaubensgemeinschaft wird durch diese Tat deutlich aufgewertet.
Eine solche wohl tuende Realitätsbezogenheit und damit das Bewusstsein der notwendigen und unvermeidlichen Grenzen diakonischen Handelns ist in anderen Zeiten nur allzu leicht verloren gegangen, vor allem in den gewissermaßen enthusiastischen Gründerzeiten der Inneren Mission:
Das wird beispielsweise deutlich, wenn man *Wilhelm Löhes* Diakonissenspruch, der als Selbstdefinition einer Diakonisse gedacht war und den auch *Friedrich von Bodelschwingh* gerne heranzog, daneben stellt.

»Was will ich? Dienen will ich. – Wem will ich dienen? Dem Herrn Jesus in seinen Elenden und Armen. – Und was ist mein Lohn? Ich diene weder um Lohn noch um Dank, sondern aus Dank und Liebe; mein Lohn ist, daß ich dienen darf! – Und wenn ich dabei umkomme? Komme ich um, so komme ich um, sprach Esther, die Königin, die doch Ihn nicht kannte, dem zuliebe ich umkäme und der mich nicht umkommen läßt. – Und wenn ich dabei alt werde? So wird mein Herz doch grünen wie ein Palmbaum und der Herr wird mich sättigen mit Gnade und Erbarmen. Ich gehe mit Frieden und fürchte nichts.«[24]
Natürlich wird man solche Sätze erst einmal auf dem Hintergrund einer tiefen, von der Erweckung geprägten Frömmigkeit hören müssen. Und doch wird darin ein totaler Anspruch beklemmend deutlich. Selbst für damalige Zeiten ist es erschreckend, wie hier mit frommen Worten menschliches Leben aufs Spiel gesetzt wurde, wohlgemerkt, um der Liebe willen!

22 *Watzlawick* 1972, 194ff (Zitat 196).
23 Vgl. *Theißen* 1990, 46ff.
24 *Gerhardt/Adam* 1958, 51 und 68.

12.4 Diakonie als institutionalisiertes Hilfehandeln

Darin liegt wohl – aus heutiger Sicht – die eigentliche Problematik, wie hier jungen Frauen schwerste, gefährlichste Arbeit zugemutet wurde, verbunden mit der Forderung, eben diese Arbeit auch noch allezeit fröhlich und dankbar zu tun. »Laßt es euch gern sauer werden«, soll ein Lieblingsspruch *Bodelschwinghs* gewesen sein.[25] Und er konkretisierte diese Aufforderung z.B. in der folgenden Beschreibung der Existenz der Diakonisse: »Sie ist beständig nicht nur bereit, das Leben für die Brüder zu lassen, sondern sie opfert wirklich beständig das eigne Leben hin, die eigne Gesundheit, Bequemlichkeit, Ehre, Freude, die liebsten Wünsche und Hoffnungen, kurz alles gibt sie freudig hin, um des willen, der uns geliebt und Sein Leben für uns gelassen hat.«[26]

Es bleibt aus heutiger Sicht festzuhalten, dass hier ein totaler Anspruch formuliert wird, der durch seine Institutionalisierung die Funktion einer Doppelbindung bekommen muss: Entweder gehen Menschen ganz darin auf und haben dann kaum noch ein Eigenleben; oder sie leiden beständig an der Spannung und werden zynisch.

Dazu kommt ein anderes: Dienen und Helfen wird hier als ein völlig selbstloser Vorgang beschrieben, allein um der Liebe Christi willen. Damit wird m.E. der Charakter des Dienens oder Helfens verfälscht: Es sieht dann so aus, als ob einer gibt und der andere empfängt, eine ist die Helferin, die andere die Hilfsbedürftige. Da wird Dienst oder Hilfe zum einklagbaren Anspruch, zu einer Leistung, die man zu erbringen hat, die man dann ggf. erfüllt oder an der man scheitert. In jedem Fall ist der Hilfsbedürftige das Objekt, es kommt zu keiner Begegnung zwischen beiden und d.h. auch zu keiner gegenseitigen Bereicherung. Dabei wissen Helfende doch, wie auch die schwerste Pflege eines Menschen den oder die Pflegende in seinem Verständnis von Leben bereichern und vertiefen kann, wenn es zu einem Kontakt zwischen beiden kommt.

Gibt es einen Ausweg aus dem Dilemma der Doppelbindung? Zwei Punkte erscheinen mir wichtig:
- Zunächst sind Bewusstmachung und Metakommunikation über diese Struktur hilfreich. Man sitzt der Doppelbindung dann nicht einfach unbewusst auf. Es kann sich eine zweite Naivität einstellen, die im Wissen um die Zusammenhänge und ihre Gefahren dann doch spontan das tut, was im Moment notwendig und angezeigt erscheint.
- Darüber hinaus gilt es, sich die Struktur der Erzählung z.B. vom barmherzigen Samariter klar zu machen. Da wird kein Befehl formuliert, sondern eine Erfahrung erzählt mit der Intention an die, die das hören: Lasst euch auf die Bewegung dieser Geschichte ein; wenn ihr das tut, werdet ihr einen Gewinn an Lebendigkeit davontragen. Eine solche Einladung muss man nicht blind befolgen, man kann sie ausprobieren.

---

25 *Gerhardt/Adam* 1958, 55.
26 *Gerhardt/Adam* 1958, 68f.

Mit diesen Überlegungen lässt sich die Doppelbindung relativieren. Gleichwohl bleibt die Frage, warum in der Diakonie immer wieder totale Ansprüche formuliert werden, was damit bewirkt und auch vermieden werden soll.

12.4.2 Der Anspruch der Diakonie als Versuch einer Abwehr

Im *Evangelischen Kirchenlexikon* von 1986 heißt es zum Stichwort Diakonie: »Auch der professionelle Mitarbeiter ist in seinem Christsein besonders gefordert ... Fachlichkeit und Frömmigkeit bilden für ihn keine Gegensätze. ›Vielmehr bilden sie zusammen das Fadenkreuz für jede Ortsbestimmung diakonischen Handelns, wobei in diesem geistlichen Koordinatensystem die Vertikale Zuspruch, Vollmacht und Entlastung, die Horizontale aber Hörfähigkeit in der Zuwendung zu dem jeweiligen Partner, methodisch richtige Anwendung des Evangeliums in der Praxis des theologischen Alltags und differenzierende Annahme des anderen ohne Vorurteile bedeuten‹ (*Theodor Schober*).«[27] Aus pastoralpsychologischer Perspektive stellt sich die Frage, warum hier in der Definition von Diakonie ein so hohes Ideal aufgebaut wird, das von seiner theologischen Begründung her fast unangreifbar erscheint und unter dem Mitarbeitende häufig leiden? Was wird hier abgewehrt, wenn Autoren so idealisierend und normativ formulieren? Was ist, mit *C.G. Jung* gesprochen, der *Schatten,* den sie nicht sehen bzw. nicht sehen wollen?

Der Schatten repräsentiert nach *Jung* (⇒ Kap 4.2) all das, was mit den religiös-moralischen Anforderungen unserer selbst und unserer Gesellschaft nicht übereinstimmt, was wir an uns selbst nicht leiden können, wofür wir uns – wenn wir uns dessen bewusst werden – schämen. Es ist der Teil unserer Gefühle und Einstellungen, den wir verdrängt haben, wodurch aber auch ein Teil der Lebendigkeit unserer Person, unseres Handelns mit ausgeschlossen worden ist. Was bedeutet es, diese Figur des Schattens auf die Diakonie anzuwenden?

– *In der Diakonie wird der Wunsch nach Macht, Stärke und Herrschaft abgewehrt.*

Für die Mitarbeitenden an der Basis, die direkt etwa mit pflegebedürftigen Menschen zu tun haben, wird ein solcher Satz in der Regel auf der psychodynamischen Ebene interpretiert, d.h. dass sie möglicherweise unbewusst in ihrem Helfen ein subjektives Gefühl von Stark-Sein, von Macht und Herrschen-Können kompensatorisch für ihre aufopferungsvolle Arbeit erleben. Ein solches Erleben sollte zugelassen und nicht als unpassend angesehen werden.

Die Mitarbeitenden auf der Leitungsebene haben dagegen in anderer Weise Macht, Einfluss und Entscheidungsbefugnis (⇒ Macht, Kap

---

27 Boeckler [3]1986, 851f.

12.4 Diakonie als institutionalisiertes Hilfehandeln

6.5). Als Leiter diakonischer Werke und Anstalten, als Repräsentanten der Institution nach außen haben sie oft entscheidende und meinungsbildende Funktionen. Als Pastoren und Theologen stehen sie jedoch eben dieser Leitungsfunktion häufig kritisch gegenüber, weil aus theologischer Sicht Macht und Herrschaft einem negativen Verdikt verfallen, etwa im Anschluss an Mt 20,25–27:

»Ihr wisst, dass die Herrscher ihre Völker niederhalten und die Mächtigen ihnen Gewalt antun. So soll es nicht sein unter euch; sondern wer unter euch groß sein will, der sei euer Diener, und wer unter euch der Erste sein will, der sei euer Knecht.«

In diesem Jesus-Zitat wird eine paradoxe Struktur deutlich: Groß-Sein bzw. Erster-sein-Wollen wird nicht als solches abgelehnt, aber es lässt sich eben nur durch sein Gegenteil, durch Dienen und Niedrig-Sein, realisieren. Die geheime Konkurrenz und der geheime Stolz, wer denn nun der Größte sei, ist damit nicht aus der Welt geschafft, sie werden lediglich auf einer anderen Ebene ausgetragen.[28]
Vor diesem Hintergrund wird verständlich, dass Diakonie auch in der Gegenwart nach wie vor so idealisierend und anspruchsvoll definiert wird: Macht und Einfluss werden abgewehrt, der Wettbewerb wird auf der idealen Ebene ausgetragen.
Dazu kommt ein Weiteres: Viele Leitungsfunktionen in der Diakonie sind mit Theologen besetzt; in ihrer Leitungsfunktion erleben sie Macht und Bedeutung. Als Pastorinnen oder Seelsorger sind sie zunehmend mit der Unwichtigkeit von Kirche, ihrer »strukturelle(n) Bedeutungslosigkeit« konfrontiert.[29] Es kommt zu einer deutlichen Differenz zwischen Status und Kompetenz.[30]
Die Idealisierung der Diakonie erscheint als ein Ausweg aus diesem Dilemma: Es geht ja, theologisch gesprochen, nicht um die eigene Macht, sondern um die Macht Gottes oder Christi – und darin ist dann auch die eigene Ohnmacht aufgehoben. Anders gesagt: Die theologische Definition dient dazu, die Realität von Macht und Ohnmacht nicht genau wahrnehmen zu müssen.

– *In der Diakonie wird der Wunsch, selbst geliebt und gebraucht zu werden, abgewehrt.*
Bei den Mitarbeitenden an der Basis ist die Dynamik relativ deutlich: Sie beraten oder pflegen andere Menschen, sorgen für sie, kümmern sich um sie und erleben dabei das positive Gefühl, wie gut es tut, gebraucht zu werden bzw. in solchem liebevollen Tun selber geliebt zu

---

28 Vgl. *Rohr/Ebert* ³1990. Die Autoren nennen den Stolz die Wurzelsünde des Helfertyps.
29 Dazu ausführlicher *Klessmann* 1986, 410ff.
30 Darauf hat *Daiber* 1985, 178ff hingewiesen.

werden. Vielen Mitarbeitenden ist diese Dynamik bekannt, es ist ja auch nichts Verwerfliches dabei, es geht lediglich darum, solche Aspekte des Helfens zu kennen und damit auch kontrollieren zu können – statt unbewusst von ihnen kontrolliert zu werden (s.o.).
Anders sieht es auf der Leitungsebene aus. Je idealer der Anspruch an die Diakonie und damit an das eigene Verhalten, desto schwieriger ist es, den Wunsch, gebraucht und geliebt zu werden, bei sich selbst überhaupt wahrzunehmen. Die Karriere selbst ist Ausdruck dessen, dass dieser Wunsch abgewehrt wird. Denn je höher jemand in der Hierarchie aufgestiegen ist, desto schwieriger wird es, auch einmal eine entsprechende Erfahrung zu machen: Leitungspersonen erhalten als Autoritätspersonen häufiger negative Übertragungen; sie müssen viele auch unangenehme Entscheidungen fällen, mit denen sie sich nicht beliebt machen. Das heißt, ihre Distanz zu Menschen wird durch die Leitungsfunktion in der Regel vergrößert, so dass sie sich tendenziell eher einsam und ungeliebt erleben.
Während Mitarbeitende an der Basis diesen Wunsch, selbst geliebt und gebraucht zu werden, mehr oder weniger direkt ausleben können, müssen leitende Mitarbeiter etwas abwehren, was sie in der Realität häufig nicht einmal bekommen könnten, selbst wenn sie es wollten. Insofern dient die Idealisierung der Diakonie auch der Abwehr von Schmerz und Einsamkeit.

– *In der Diakonie wird die Angst vor der Brüchigkeit und Unsicherheit, vor Zweifel und Mutlosigkeit im eigenen Wollen und Handeln abgewehrt.*
Die C.G. Jung-Schülerin *Maria Kassel* sagt zum Thema »Schatten«: »Auch die menschliche Grunderfahrung und Grundtatsache der Endlichkeit gehört zum Schatten ... Das Faktum der Vergänglichkeit des Lebens stellt für jeden Menschen ein zu bewältigendes Grundproblem dar, aber nicht erst mit dem Tod am Ende des Lebens, sondern das ganze Leben begleitend in sich wiederholendem Versagen, in der schmerzhaften Erfahrung der Abhängigkeit und Begrenzung durch sich selbst, durch andere, durch die Lebensverhältnisse, im Schuldigwerden.«[31]
Mitarbeitende an der Basis erleben tagtäglich und in besonderem Maß in der Arbeit mit Rat suchenden oder behinderten Menschen oder mit Suchtkranken die Grenze ihrer Bemühungen und die Begrenztheit des Lebens überhaupt. Solche Erfahrungen sind schwer auszuhalten; aus der Arbeit entstehen beunruhigende Fragen nach der eigenen Identität, nach Sinn und Zweck des Helfens und des Lebens überhaupt. Wo finden solche Fragen und Unsicherheiten angesichts des idealen kollektiven Selbstverständnisses ein verständnisvolles Forum?

---

31 *Kassel* 1980, 136f.

12.4 Diakonie als institutionalisiertes Hilfehandeln

Konkret: Wird sich ein Mitarbeiter trauen, davon zu reden, dass er froh ist, nach sieben Stunden Arbeit mit behinderten Menschen nach Hause gehen zu können, oder dass er es manchmal kaum aushält und große Wut auf bestimmte Patienten oder auf Kollegen in sich unterdrücken muss? Wird er sich trauen, das auszusprechen, wenn im Selbstverständnis von Diakonie vom »ganzen Einsatz des Lebens« die Rede ist?

12.4.3 Die Annahme des Schattens als Möglichkeit zum »besseren Leben«

Aus der Annahme des Schattens, aus der Versöhnung mit den nicht akzeptierten Seiten kann die Möglichkeit zu einem »besseren Leben« erwachsen – »besser« im Sinn von: weniger von Idealen und Ansprüchen gedrückt, freier im Annehmen der Zwiespältigkeiten des Lebens. Die berufliche Existenz kann dadurch realistischer und gelassener werden. In diesem Sinn könnte Versöhnung mit dem Schatten in der Diakonie folgendes heißen:

– *Diakonische Motivation zeichnet sich nicht durch ein »mehr« an Professionalität und Engagement (mehr Liebe, mehr Barmherzigkeit u.a.) aus, sondern durch einen anderen Umgang mit Grenzen und Schwächen.*

Dazu ein psychologischer und ein theologischer Gedankengang:
Paul Watzlawick hat darauf hingewiesen, dass die Lösung eines Problems häufig nicht in der Devise »mehr desselben« liegt, sondern oft gerade in einem anscheinend gegenteiligen, paradox anmutenden Verhalten.[32]
Der vermehrte Ansporn an die Mitarbeitenden zu größerer Freundlichkeit im Umgang mit Behinderten, zu mehr Engagement in der Beratung usw. verschärft dann gerade das Problem, statt es zu lösen. Von diesem Ansatz her geht es also darum, den idealen Anspruch der Diakonie zu hinterfragen.
An diesem Punkt wird die theologische Argumentation wichtig, die Unterscheidung von Gesetz und Evangelium: Jeder diakonische Mitarbeiter / jede diakonische Mitarbeiterin ist als Mensch gefordert, fachliche Kompetenz optimal zu entwickeln und einzusetzen um der Menschen willen, die sie zu betreuen haben. Solche Arbeit gehört, theologisch gesprochen, in den Bereich der Geschöpflichkeit und ist als solche in ihrem Legitimationsanspruch begrenzt. Wenn nun unter der Hand die fachlich gute Arbeit den Charakter einer alleinigen Legitimation für den Einzelnen / die Einzelne oder für das ganze Unternehmen bekommt, dann wird die gesetzliche Versuchung, die in ihrer Ge-

---

32 *Watzlawick/Weakland/Fisch* 1974. Ein häufiges Motiv, das diesen Sachverhalt illustriert: Ein Mann liebt eine Frau, die seine Zuneigung aber nicht erwidert. Je mehr der Mann sie nun bedrängt, desto stärker wird in der Regel ihre Abwehr. Erst wenn es ihm gelingt, sie innerlich loszulassen, kann sich eine vielleicht neue Konstellation eröffnen, in der sie evtl. ihre Zuneigung zu ihm entdecken kann.

schöpflichkeit steckt, deutlich: Das, was als gute Grundlage des Lebens gedacht war, wird plötzlich zur Legitimation des (christlichen) Lebens und damit zu einem maßlosen Ideal und Anspruch. Demgegenüber bedeutet das Evangelium in diesem Zusammenhang, dass wir das Leben durch Arbeit und Kompetenz, auch durch fromme, diakonische Professionalität, eben nicht herstellen können, und es auch nicht brauchen! Gottes vorausgehende Gnade lässt Menschen gelten mit und ohne diakonische Motivation. Gottes Gnade enthebt uns der Notwendigkeit, uns mit solchen Anstrengungen selber legitimieren zu müssen.

Dietrich Stollberg hat mit Engagement vertreten, dass der Begriff »Glaubwürdigkeit« – und ich füge hinzu: der Begriff »Vorbildlichkeit« – keine christliche, keine evangelische Kategorie ist; sie hat letztlich den Charakter der Werkgerechtigkeit.[33]

Die Konsequenz aus dieser These ist, dass sich Christen in der Gewissheit der vorausgehenden Gnade Gottes – vielleicht – leichter ihrer Grenzen und ihrer Schwächen bewusst werden können. Gerade wenn das, was jemand leistet, aus der Sicht des Glaubens den letztgültigen Charakter der Identitätsvergewisserung, der Legitimation des eigenen Lebens verliert, ist es leichter möglich, die eigenen Grenzen des Glaubens, der Liebe und des Mutes anzuerkennen und mit ihnen zu leben. Der ausgesprochene und vor allem der unausgesprochene Vollkommenheitswahn darf fallengelassen werden. Das könnte für alle entlastend sein.

– *Die Dimension der Grenze, der Brüchigkeit, der Entfremdung allen Lebens und Handelns müsste dann in das Selbstverständnis von Diakonie mit aufgenommen werden; diese Dimension bezeichnet einen unverzichtbaren Bestandteil christlichen Denkens und Handelns und nicht einen bedauerlichen Mangel.*

Die anfangs zitierte Definition von Diakonie müsste dann etwa so umformuliert werden: Das Miteinander von Fachlichkeit und Frömmigkeit könnte für diakonische Mitarbeiter und Mitarbeiterinnen bedeuten, dass sie sich der Vorläufigkeit ihrer Fachlichkeit bewusst sind; dass sie den Mut haben, die Begrenztheit und Brüchigkeit ihres eigenen Lebens und des Lebens derer, die sie zu begleiten haben, zu sehen; dass sie wissen, wie leicht sie in ihrem Tun schuldig werden; und dass sie ihre Arbeit nicht zu einer letzten Legitimation ihres Lebens (miss-)brauchen.

Auch diakonische Arbeit geschieht im Zeichen der Entfremdung, ist insofern immer bruchstückhaft, vorläufig, begrenzt, manchmal auch eher Zeichen des Unheils als des Heils.[34] Diese Begrenzung hat ganz wesentlich mit der eigenen Person der Helfenden zu tun und ist immer

---

33 *Stollberg* 1979 (a), 39ff.
34 Vgl. *Ringeling* 1985, 200: »Diakonie ist Zeugnis für das Heil, kann aber nicht den Anspruch erheben, Heil zu schaffen.«

wieder schwer hin zu nehmen. C.G. Jung hat diesen Zusammenhang folgendermaßen beschrieben:

»Daß ich den Bettler bewirte, daß ich dem Beleidiger vergebe, daß ich den Feind sogar liebe im Namen Christi, ist unzweifelhaft hohe Tugend ... Wenn ich nun aber entdecken sollte, daß der Geringste von allen, der Ärmste aller Bettler, der Frechste aller Beleidiger, ja der Feind selber in mir ist, daß ich selber des Almosens meiner Güte bedarf, daß ich mir selber der zu liebende Feind bin, was dann? Dann dreht sich in der Regel die ganze christliche Wahrheit um, dann gibt es auf einmal keine Liebe und Geduld mehr ... Wer mit Hilfe der modernen Psychologie nicht nur hinter die Kulissen seiner Patienten, sondern vor allem hinter seine eigenen geblickt hat ..., der muß gestehen, daß es das Allerschwierigste, ja das Unmöglichste ist, sich selbst in seinem erbärmlichen So-Sein anzunehmen.«[35]

– *Zur Versöhnung mit dem Schatten gehört, Nächstenliebe und Selbstliebe bzw. Selbstverwirklichung nicht in einem sich ausschließenden Gegensatz zu sehen.*

Von einer an hohen Ansprüchen orientierten Betrachtungsweise her hat man lange gemeint, der Gedanke der christlichen Nächstenliebe und die Kategorie der Selbstverwirklichung aus der Humanistischen Psychologie schlössen einander prinzipiell aus. Nun zeigt bereits der zweite Teil des Doppelgebots »Du sollst deinen Nächsten lieben wie dich selbst« (Mk 12,31), dass damit eine falsche Alternative aufgebaut wird. Martin Bubers Übersetzung »er ist wie du« macht das deutlich: Nächstenliebe schließt Selbstliebe ein.

Entwicklungspsychologische Erkenntnisse (⇒ Kap. 11.2) zeigen sehr deutlich: Ein Kind ist zunächst darauf angewiesen, dass ihm die Liebe und sensible Zuwendung der Mutter entgegenkommt, um ein stabiles Selbstwertgefühl aufbauen zu können. Nur in dem Maß, in dem das gelingt, ist das Kind und später der/die Erwachsene wiederum in der Lage, selber unverkrampft und offen Liebe und Zuneigung an andere weiterzugeben. Wenn ein Kind kein einigermaßen stabiles Selbstwertgefühl entwickeln kann, wird es kaum liebesfähig, sondern wird dazu neigen, erlittene Frustrationen und Verletzungen in späteren Beziehungen zu wiederholen.

Der Zusammenhang zwischen erlittener Schädigung und Gewalt, der damit verbundenen Selbstunsicherheit und der aktiven Ausübung von Gewalt gegenüber anderen ist inzwischen gut belegt. »Wer als Kind psychisch geschädigt wurde, schädigt später zwangsläufig sich selbst und andere ein Leben lang.«[36]

Ein gutes Maß an Selbstliebe und Selbstwertgefühl stellt also die Ausgangsbasis dar, um auch anderen liebevoll und einfühlsam begegnen zu können. Wahrnehmung eigener Gefühle und Phantasien setzt dazu

---

35 *Jung* 1977, 187f.
36 *Bauriedl* ³1993, 116.

in Stand, die Gefühle anderer – in ihrer Andersartigkeit und Gleichartigkeit – zu spüren und aufzunehmen. Je unsicherer sich jemand fühlt, je mehr sich jemand selbst abwertet, desto eher wird er/sie dazu neigen, sich von anderen zurückzuziehen und sie ebenfalls abzuwerten. Aus diesem Grund beginnt jede therapeutische oder seelsorgliche Qualifizierung mit Eigentherapie bzw. Selbsterfahrung: Ich muss, durch die Rückmeldungen anderer, mich selbst besser kennen lernen, um anderen hilfreich sein zu können; ich muss durch die Erfahrung der Annahme durch andere lernen, mich selbst anzunehmen, damit ich wiederum andere annehmen kann ($\Rightarrow$ Kap. 16 Pastoralpsychologische Fort- und Weiterbildung).

Diese Einsichten wehren einer falschen Idealisierung und einem diakonischen Vollkommenheitsideal; sie weisen uns hin auf unsere Menschlichkeit und die Ambivalenz aller Motive: Nächstenliebe gibt es nicht ohne Anteile von Eigenliebe und Eigennutz, Güte nicht ohne Beimengung von Berechnung, das Streben nach Gerechtigkeit nicht ohne Elemente von Selbstrechtfertigung. Das könnte eine heilsame Enttäuschung sein: Nächstenliebe ist dann nicht mehr völlig eindeutig als gute Tat identifizierbar. Und, auf der nächst höheren Ebene: Diakonie ist dann auch nicht mehr prinzipiell von Sozialarbeit in kirchlicher Trägerschaft zu unterscheiden.

Ist das zu bedauern? Ich meine nicht, und zwar aus einem theologischen Grund: Die Aussage, dass Gott Mensch geworden ist, beinhaltet den weitergehenden Gedanken, dass Gott verwechselbar geworden ist. Bereits die Person Jesu ist offensichtlich für seine Zeitgenossen hochgradig verwechselbar gewesen, und es gehört zu den Grundtendenzen seiner Predigt, dass es keine Trennung zwischen Religiösem und Weltlichem, zwischen dem nur Weltlichen und »dem Eigentlichen« gibt. Wir müssen dann nicht krampfhaft darauf bedacht sein, diakonische Motivation möglichst rein zu verwirklichen und sie dadurch von anderer Motivation zu unterscheiden.

– *Wenn die Brüchigkeit und Begrenztheit diakonischen Wollens und Handelns zur Sprache kommt, kann eine neue Form der Solidarität sowohl unter den Mitarbeitenden als auch zwischen Helfenden und Hilfsbedürftigen entstehen.*

Wenn die Helfenden nicht immer nur stark und liebevoll sein müssen, wenn sie sich selbst und einander auch mehr von ihrer Brüchigkeit und Schwäche zeigen und mitteilen können, entsteht neue Gemeinsamkeit unter den Helfenden und mit denen, die im Moment Hilfe brauchen. Das Diktum von *Ulrich Bach* »Boden unter den Füßen hat keiner«[37] rückt da etwas näher: Die Unterschiede zwischen Gesundheit und Krankheit, zwischen Behindert-Sein und Nicht-Behindertsein relativie-

---

37 Bach²1986.

12.4 Diakonie als institutionalisiertes Hilfehandeln 537

ren sich, es kann leichter deutlich werden, dass wir alle nicht so sind, wie wir eigentlich sein könnten oder sollten.
In jedem Helfer steckt ein Hilfsbedürftiger, in jeder Hilfsbedürftigen steckt eine Helferin: Wenn wir für diese Dynamik sensibler werden, kommen wir heraus aus der traditionellen Einbahnstraße von Geben und Nehmen (der starke Helfer gibt, der schwache Hilfsbedürftige nimmt) hin zu einem Prozess, der auf Gegenseitigkeit beruht: Im Verlauf des Gebens nehme ich auch, und das geht nur, weil der, der anscheinend nur nimmt, gleichzeitig auch gibt.

Das Prinzip der Wechselseitigkeit gehört zu den Grundprinzipien der Entwicklungspsychologie. ($\Rightarrow$ Kap 11.2): Das zunächst weitgehend hilflose Baby beispielsweise motiviert mit seinem Lächeln die Mutter, bestärkt deren Wunsch, dem Baby nahe zu sein und seine Bedürfnisse zu erfüllen.

Wenn die Schattenseiten des spontanen wie des institutionalisierten Helfens in der Diakonie nicht verschwiegen werden müssen, sondern offen wahrgenommen und angesprochen werden, kann sich eine neue unverkrampfte Wertschätzung des Helfens einstellen. Dann zeigt sich, dass und wie Fürsorge für andere und Selbstsorge durchaus zusammengehören. Kommunikation des Evangeliums durch diakonisches Handeln kann dann unverkrampfter geschehen.

Vertiefende Literatur:
– *Wolfgang Schmidbauer*, Die hilflosen Helfer, Reinbek 1977.
– *Jörg Fengler*, Helfen macht müde. Zur Analyse und Bewältigung von Burnout und beruflicher Deformation, München ³1994.
– *Traugott Ulrich Schall*, Erschöpft – müde – ausgebrannt. Überforderung und Resignation: vermeiden – vermindern – heilen, Würzburg 1993.

Kapitel 13: Beruf »Pfarrer / Pfarrerin«

13.1 Person und Amt

Kommunikation des Evangeliums geschieht in den deutschen Kirchen (im Unterschied etwa zu vielen amerikanischen Kirchen) fast ausschließlich durch die Pfarrer und Pfarrerinnen. Die deutschen Kirchen sind ausgeprägte Pastorenkirchen – obwohl das Predigtamt aus reformatorischer Sicht der Gemeinde als ganzer gegeben ist (alle Getauften sind nach Luther Priester!) und die Übertragung dieses Amtes an Einzelne eher pragmatischer Natur ist. Vor allem in den letzten drei Jahrzehnten etwa hat sich eingespielt, was G. *Lämmermann* in der paradoxen Formel zum Ausdruck bringt: »Der Pfarrer hat die Kirche weitgehend verdrängt.«[1] Das soll heißen: Die Kirche als Institution, auch die Gemeinde am Ort, ist für kirchlich distanzierte Menschen unanschaulich geworden; der Pfarrer / die Pfarrerin repräsentiert die Institution, nur noch in ihm/ihr wird sie anschaulich und lebendig. Das Amt als rechtlich umschriebene, öffentliche Funktion der Institution Kirche ist aus sich selbst heraus für die meisten Zeitgenossen nicht mehr überzeugungskräftig, es muss vielmehr von der Glaubwürdigkeit der Person getragen sein. Das Amt trägt nicht mehr die Person, wie das bis in die Mitte des 20. Jahrhunderts selbstverständlich der Fall war, sondern die Person muss das Amt beglaubigen und überzeugend repräsentieren.

Diese These wird trotz des Einspruchs von *I. Karle*[2] bestätigt durch die Beobachtung des englischen Soziologen *Anthony Giddens*, dass abstrakte Systeme an Vertrauenswürdigkeit verlieren, wenn das Vertrauen nicht über personale, gesichtsabhängige Zugangspunkte wieder gestärkt werden kann. »Zugangspunkte sind Stellen, an denen eine Verbindung zustande kommt zwischen Einzelpersonen oder Kollektiven ohne Fachkenntnisse und den Vertretern abstrakter Systeme. Dies sind Orte, an denen abstrakte Systeme verwundbar sind, aber zugleich Kreuzungspunkte, an denen Vertrauen gewahrt oder aufgebaut werden kann.«[3] Vertrauen muss in einem längeren »wechselseitigen Prozess der Selbstoffenbarung«[4] erworben werden.

---

1 *Lämmermann* 1988, 42.
2 *Karle* 2001, 12f.
3 *Giddens* 1996, 113.
4 *Giddens* 1996, 152.

13.1 Person und Amt

Die Arbeit des Pfarramtes besteht ganz überwiegend aus Beziehungsarbeit; seine primäre Aufgabe, die Kommunikation des Evangeliums, ist an erfolgreiche zwischenmenschliche Kommunikation und gelingende, transparente Beziehungen geknüpft. Selbst- und Fremderwartung zielen darauf ab, dass der Inhalt der Berufstätigkeit, die Kommunikation des Evangeliums, die Weitergabe der Liebe Gottes, sich wenigstens ansatzweise in der Art der Beziehungsgestaltung widerspiegeln soll.
Dabei kommt es im Pfarramt, anders als bei den medizinischen und juristischen Professionen, zu einer noch intensiveren Verschränkung von Person und Amt: Das Amt gibt den strukturellen Rahmen der Berufstätigkeit ab, schützt mit seinen Verhaltensregeln (Kirchenordnung, Pfarrerdienstgesetz) die Klienten wie die Professionellen vor Missbrauch und Übergriffen und ermöglicht vorhersehbare und gesicherte Kommunikationsstrukturen. Aber diese formalen Rahmenbedingungen bedürfen immer neu der personal glaubwürdigen und überzeugenden Ausfüllung: Die Tatsache, dass jemand die Anstellung als Pastor bekommen hat und weiß, wie man einen Gottesdienst hält oder in der Seelsorge die Schweigepflicht beachtet etc., heißt ja noch lange nicht, dass die Menschen sich von der Predigt angesprochen fühlen oder die Gelegenheit zum seelsorglichen Gespräch suchen. Die professionelle Kompetenz im Sinn von formaler Zuständigkeit muss gefüllt werden mit einer personalen Kompetenz (s.u.), Beziehungen müssen immer neu authentisch gestaltet, die Predigt überzeugend und anregend vermittelt werden.
Im Unterschied zu *Isolde Karle*, die die Regeln professioneller Kommunikation hauptsächlich durch Takt, Höflichkeit, Ehrerbietung und Benehmen charakterisiert sieht,[5] behaupte ich aus pastoralpsychologischer Perspektive, dass die Kompetenz zur interaktiven Kommunikation durch deutlich darüber hinaus gehende Fähigkeiten gekennzeichnet ist. Wenn mit *Watzlawick* die Vermittlung der Inhaltsebene von der Beziehungsebene entscheidend mitbestimmt wird (⇒ Kap. 10.1.2), dann ist Beziehungsgestaltung eine grundlegende Fähigkeit für das Pfarramt. Beziehungsgestaltung ist an Selbst- und Fremdwahrnehmung (die angemessene Situationswahrnehmung einschließt) und die Fähigkeit zur selektiven Authentizität gebunden. Zweifellos stellen, wie *Karle* betont, Takt und Höflichkeit Grundvoraussetzungen professioneller interpersonaler Kommunikation dar; diese Verhaltensweisen stellen anfängliches Vertrauen und Sicherheit für das Gegenüber her. Wenn es jedoch auf dieser Ebene gegenseitiger Höflichkeit und gesellschaftlicher Konvention bleibt, sind Gespräche mit Einzelnen in der Seelsorge, aber auch in Gruppen (z.B. im Presbyterium, im Unterricht etc.) wohl eher dazu angetan, oberflächlich zu bleiben. Takt im Sinn von »taktvoll ist,

---

5 So *Karle* 2001,14.

wer Störungen vermeidet oder ignoriert ...«[6] gehört zu den zudeckenden Verhaltensweisen, die in vielen alltäglichen sozialen (z.B. in geschäftlichen) Situationen angemessen sind, weil sie der Versicherung des gegenseitigen Wohlwollens dienen und Differenzen oder Konflikte situativ verdecken. Als Zielsetzung für die Pfarramtsführung scheint mir diese Maxime ungeeignet; man wird mit einiger Sicherheit sagen können, dass die »Wiederkehr des Verdrängten«, also die Wiederkehr der ignorierten Konflikte, Störungen und Differenzen auf einer anderen Ebene und in anderer Form nicht lange auf sich warten lassen wird.

Psychotherapie und Kommunikationstheorie und mit ihnen Pastoralpsychologie sind daran interessiert, über die konventionellen Muster von Kommunikation gerade hinauszugehen, die alltäglichen Mechanismen des Auswählens, Andeutens und Verschleierns gerade nicht mitzumachen. *Watzlawick* hat die Fähigkeit zur Metakommunikation als entscheidenden Bestandteil jeder Kommunikationsfähigkeit beschrieben: Es geht dabei um die Fähigkeit, Störungen der Kommunikation nicht zu ignorieren, sondern sie, je nach Situation, zu thematisieren und aufzudecken. Eine der Interaktionsregeln der Themenzentrierten Interaktion (TZI) nach *Ruth Cohn* lautet »Störungen haben Vorrang«,[7] weil die Erfahrung lehrt, dass nicht beachtete Störungen auf indirektem Weg die Kommunikation weit wirkungsvoller stören, als wenn sie vorübergehend zum Thema gemacht werden. Auch die Beachtung von Diskrepanzen zwischen Inhalt- und Beziehungsebene, die Berücksichtigung von Übertragungen und Gegenübertragungen gehören zu diesen kommunikativ-personalen Fähigkeiten. Mit ihrer Hilfe wird es möglich, Störungen im Gespräch oder Probleme in der Biographie und/oder im Lebensalltag anderer Personen aufzudecken und hilfreich mit ihnen umzugehen.

Unter dem Aspekt der gezielten Beziehungsgestaltung wird aus pastoralpsychologischer Perspektive die Person des Pfarrers / der Pfarrerin zum entscheidenden Werkzeug im Prozess der Kommunikation und damit zum Medium, um die Zielsetzungen und Vorgaben des Amtes personal überzeugend zum Ausdruck zu bringen. Die Sachthematik (Kommunikation des Evangeliums) sowie der institutionelle Rahmen des Pfarramtes (Auftrag, Amt) werden bei dieser Betrachtungsweise nicht vernachlässigt; sie kommen jedoch immer individuell-personal vermittelt und gefüllt ins Spiel.

13.2 Personale Kompetenz[8]

Der Begriff der Kompetenz ist zwiespältig: Er bezeichnet einerseits eine formale Zuständigkeit (»das fällt in meine Kompetenz«, also in

---

6 *Karle* 2001, 119.
7 *Cohn* 1975, 122.
8 Vgl. zum Folgenden *Klessmann* 2001 (b).

13.2 Personale Kompetenz

meinen Zuständigkeitsbereich), andererseits die Fähigkeit, eine bestimmte Tätigkeit angemessen und ohne Fehler auszuüben. Zwischen beiden Bedeutungen kommt es immer wieder zu Differenzen: Pfarrer und Pfarrerinnen haben die Zuständigkeit, das Evangelium, das »Lebenswissen Jesu« (*Zulehner*) weiterzugeben; aber haben sie auch die Fähigkeit dazu? Sind sie in der Lage, dieses Wissen so weiterzugeben, dass es den Menschen als für ihr Leben bedeutsam und wichtig erscheint? Um diese Fragen geht der Streit!

Im Theologiestudium erwirbt man eine theologische Kompetenz: Die Fähigkeit, biblische Texte in die heutige Lebenswirklichkeit hinein auszulegen und gegenwärtige Fragen nach dem Sinn von Lebensereignissen im Gespräch zwischen Tradition und Situation weiterzuführen. So, wie das Theologiestudium angelegt ist, ist diese theologische Kompetenz eine vorwiegend historische und theoretisch-intellektuelle Kompetenz – wenngleich immer wieder betont wird, dass natürlich die persönliche Durchdringung und Aneignung dessen, was man da lernt, unverzichtbar sei. Aber diese persönliche Aneignung leistet das Studium in der Regel nicht.[9]

Spätestens im Pfarramt wird deutlich, dass die intellektuelle Kompetenz nicht ausreicht. Dementsprechend hat man sich bemüht aufzulisten, was an weiteren Fähigkeiten für eine Pfarramtsführung notwendig sei. Die rheinische Landeskirche hat ein »Pfarrbild 2000« herausgegeben, in dem eine lange Liste von Anforderungen und Qualifikationen genannt wird: Missionarische, apologetische, seelsorgliche, kybernetische, spirituelle Kompetenz etc.[10]

Die einzelnen Punkte sind wahrscheinlich kaum strittig; aber die Auflistung vermittelt einen eher technischen Eindruck. Es wird zu wenig berücksichtigt, dass jede dieser Kompetenzen gewissermaßen durch die Person hindurchgehen und persönlich angeeignet werden muss; erst durch das unverwechselbare Individuum, das eine solche Fähigkeit besitzt, gewinnen die einzelnen Kompetenzen ihren überzeugenden und glaubwürdigen Charakter.

Als Beispiel greife ich die seelsorgliche Kompetenz heraus: Jemand mag gesprächstherapeutische Methoden nach *Rogers* gut beherrschen und insofern die »Regeln der Kunst« angemessen ausüben; wenn er/sie aber dem Gegenüber keine persönlich getragene Wärme, Wertschätzung und Offenheit vermitteln kann, bleibt die methodische Kompetenz äußerlich, und es kommt zu keinem Gespräch, in dem sich der/die andere angenommen fühlt, sich öffnen und »sein Herz ausschütten« mag.

Deswegen bevorzuge ich den Begriff der »personalen Kompetenz«, in dem die genannten Kompetenzen gebündelt werden, um damit anzuzeigen: Es geht zutiefst um Beziehungsfähigkeit, um die Fähigkeit, auf

---

9 Vgl. zu dieser Frage *Bukowski* 2000, 474ff.
10 Ausführungen zum Berufsbild 1999.

Menschen zugehen zu können, mit Menschen in Kontakt zu kommen. Kontakt heißt Berührung, Verbindung, Fühlungnahme, meint also ein Geschehen, in dem zwei getrennte Individuen sich gegenseitig wahrnehmen und sich emotional berühren; ein Geschehen, in dem etwas hin und her geht, wie wir dann sagen, und aus dem man belebt hervorkommt, in dem man sich gesehen fühlt, in dem man ein wenig mehr »man selbst«, ein wenig mehr Subjekt des eigenen Lebens wird.[11]

Ein Pfarrer blickt auf seine Tätigkeit bei Kasualien zurück und sagt: »Wenn wirklich Kontakt entsteht zwischen mir und den Betroffenen, im vorbereitenden Gespräch und in der eigentlichen Amtshandlung, dann ist das Entscheidende geschehen, dann merke ich, dass die Menschen angesprochen sind, dann geht oftmals sogar hinterher noch etwas weiter ...«
Der Kontaktbegriff erscheint so beinahe als Gegenbegriff zum Begriff des Taktes und der Höflichkeit, wie sie *Karle* benutzt: Takt und Höflichkeit vermitteln gegenseitiges Wohlwollen und wahren die gesellschaftlich angemessene Distanz; im Kontakt begegnet man sich auf einer tiefer gehenden, offeneren und direkteren Ebene, die u.U. schmerzlich, aber auch weiterführend, befreiend und erleichternd sein kann.

Diese Fähigkeit, in den verschiedenen pastoralen Handlungsfeldern, in der Predigt, in der Seelsorge, im Unterricht, in Begegnungen auf der Straße mit Menschen in Kontakt zu kommen, bezeichne ich mit dem Begriff »personale Kompetenz«. Sie setzt voraus, dass der Pfarrer / die Pfarrerin selber Subjekt des eigenen Lebens ist und eine offene und flexible, aber zugleich klar umrissene Identität erworben hat.

Im Managementbereich wird in diesem Zusammenhang von den »soft skills«, der Sozialkompetenz gesprochen, im Unterschied zu den »hard skills«, den fachlichen Kompetenzen. Die fachlichen Kompetenzen sind in jedem Fall durch die sozialen vermittelt; deswegen legen Personalabteilungen zunehmend größeres Gewicht auf die Persönlichkeit von Angestellten und deren Beziehungsfähigkeit, nicht nur in Leitungsfunktionen, sondern auch überall da, wo Teamarbeit gefordert wird.

Eine von verschiedenen Möglichkeiten, die Bedeutung der »personalen Kompetenz« zu erläutern und zu konkretisieren, ergibt sich aus dem Begriff der Begegnung, wie er, im Anschluss an *Martin Buber*, gelegentlich für die Psychotherapie herangezogen worden ist.[12] Hier werden Beobachtungen zusammengetragen, die auch für die Person des Pfarrers / der Pfarrerin und für die Beziehungsarbeit, die sie ständig leisten müssen, relevant sind:
Beziehungen im Pfarramt sind in der Regel professionell zu gestaltende Beziehungen; das heißt, dass sie durch eine gewisse Asymmetrie gekennzeichnet sind (Wissens- und Kompetenzvorsprung der Pfarrperson in »religiösen Fragen«, Distanz in der Rollenverteilung, Schwei-

---

11 Zum Kontaktbegriff in der Psychotherapie vgl. *E.* und *M. Polster* 1975, 127ff.
12 Vgl. zum Folgenden *Petersen* 1980, 13ff.

13.2 Personale Kompetenz

gepflicht etc.).[13] Gleichzeitig ist die professionelle Beziehung im psychosozialen Feld dadurch charakterisiert, dass persönliche Qualitäten erwartet werden, die man in alltäglichen Begegnungen häufig nicht voraussetzen kann. Dazu gehören:
- Die Bereitschaft und die Fähigkeit, *Beziehungen zweckfrei zu gestalten*; den anderen Menschen um seiner selbst willen wahrzunehmen und gelten zu lassen; ihn/sie nicht von eigenen oder fremden Zwecken – und seien es religiöse Zwecke – und Zielvorstellungen her in eine bestimmte Richtung drängen und verändern zu wollen. *Carl Rogers* hat diese Fähigkeiten in seiner klientenzentrierten Gesprächspsychotherapie als die vorbehaltlose Annahme und die positive Wertschätzung, den unbedingten Respekt vor der anderen Person bezeichnet. (⇒ Kap. 4.3.3)
- Die Bereitschaft und die Fähigkeit *zuzuhören* in dem spezifischen Sinn, vor allem die emotionale Dimension einer Mitteilung aufzunehmen und sich von ihr auch anrühren zu lassen. (*Petersen* hat in diesem Zusammenhang den schönen Begriff der »Feinhörigkeit« geprägt.[14]) Ein solches Sich-Anrühren-Lassen ist vielleicht eine der wichtigsten Voraussetzungen dafür, dass eine Begegnung zwischen zwei Menschen nicht nur als sach- und zielbezogen, sondern als »persönlich« wahrgenommen wird, als gefühlsmäßig bereichernd und erfüllend.
- Die Bereitschaft und die Fähigkeit, in einer Beziehung *sich als Person zu erkennen zu geben*, also zumindest in einem begrenzten Maß als echt und authentisch aufzutreten. So schwierig es ist, ein solches Verhalten mit professionellen Erwartungen in Einklang zu bringen, es trägt entscheidend dazu bei, dass sich der/die andere als individuelle Person (und nicht als austauschbares Gemeindeglied) wahr- und ernst genommen fühlt.

Die Wirksamkeitsforschung in der Psychotherapie hat herausgestellt, dass neben und jenseits aller methodischen Kompetenz diese »Beziehungsperspektive« für gelingende und heilsame Prozesse die entscheidende Bedeutung hat.[15] Sollte das im Pfarramt anders sein?

Einen weiteren geeigneten Zugang zum Begriff der personalen Kompetenz hat der katholische Pastoralpsychologe *Hermann Stenger* vorgelegt;[16] ich interpretiere seinen Ansatz noch etwas weitergehend. Personale Kompetenz heißt:
- *Man muss etwas vom Leben verstehen*, d.h. man sollte die eigene Biographie bearbeitet und – in Grenzen – angeeignet haben; man sollte ansatzweise die

---

13 Diese Asymmetrie auf der empirischen Ebene schließt natürlich eine Symmetrie in theologischer Sicht nicht aus: Vor Gott sind Seelsorger/Seelsorgerin und Ratsuchende gleichermaßen »allesamt Sünder und ermangeln des Ruhmes, den sie bei Gott haben sollten« (Röm 3,23).
14 *Petersen* 1980, 26.
15 Vgl. *Grawe/Donati/Bernauer* ³1994, 749ff.
16 *Stenger* 1983, 57–93.

eigenen Stärken und Schwächen kennen und sich als diese unverwechselbare Person annehmen können. So verstandene Selbsterfahrung und Selbstannahme ist ein wichtiger Bestandteil personaler Kompetenz. *C.G. Jung* hat darauf hingewiesen, wie leicht wir durch »die geschäftige Bekümmerung um andere«[17] dieser schwierigen, aber notwendigen Aufgabe ausweichen. Außerdem: Wer sich selbst erfahren hat, kann auch vertiefter erfahrungsbezogen von Gott reden.
- *Man muss etwas vom Lieben verstehen*, d.h. man sollte in der Lage sein, »innige«, vertraute und verbindliche Beziehungen herzustellen. Lieben wird heutzutage leider viel zu schnell mit Sexualität gleichgesetzt; *Stenger* meint jedoch die Erfahrung, einem anderen Menschen wirklich nahe zu kommen, sich zu öffnen, das Risiko einzugehen, zu vertrauen und sich verletzlich zu machen, aber auch die Schmerzen der letztlich nicht überwindbaren Distanz, der verborgenen Vorbehalte, des Misstrauens und des Missverstehens zu kennen. Dass solche Erfahrungen nicht an die Form der Ehe gebunden sind, sondern etwa auch in einer intensiven Freundschaft zu machen sind, dürfte klar sein.
- *Man muss etwas vom Glauben verstehen*, d.h. man sollte nicht nur historische und systematische Kenntnisse über den Glauben haben, sondern selber auch glauben und vertrauen, hören und sich getragen wissen von der Zusage Gottes, eine Lebensgestalt des Glaubens für sich finden, in der man sich verwurzelt und heimisch fühlen kann – für sich allein und im Zusammensein mit anderen, mit der Gemeinde. *Klaus Winkler* hat das Stichwort vom »persönlichkeitsspezifischen Credo« geprägt: Er meint damit ein unverwechselbar persönliches Credo, in dem biblische Traditionen und biographische Erfahrungen einander durchdringen und zu einer auch äußerlich erkennbaren persönlichkeitsspezifischen Gestalt zusammenfinden.[18]

Personale Kompetenz in diesem Sinn lässt sich nur begrenzt zielstrebig herstellen und aufbauen; sie ist Aufgabe lebenslangen Lernens, in dieser Hinsicht ist niemand fertig. Sie ist an gelingende Wechselseitigkeit, an glückende Interaktion gebunden – und deren Gelingen ist nie nur vom Einzelnen, sondern immer von zwei oder mehr Personen abhängig. Aber es lassen sich sehr wohl Hindernisse und Defizite aus dem Weg räumen, um die Bedingungen der Möglichkeit einer solchen Kompetenz bereitzustellen.

Es gibt eine Reihe von Untersuchungen aus den 70er und 80er Jahren, die solche Hindernisse beschreiben.[19]
- Danach haben viele Theologen und Theologinnen ein ausgeprägtes Bedürfnis nach sozial erwünschtem Verhalten, d.h. sie wollen durch ihr Verhalten gemocht und anerkannt werden, und sie verwenden viel Energie darauf, solche Anerkennung nicht zu gefährden. So sehr ein solches Verhalten auf den ersten Blick der Kontaktpflege gerade entgegenzukommen scheint, bei genauerem Hinsehen macht es die Betroffenen letztlich unfrei und erschwert die Möglichkeit, Beziehungen klar und transparent zu gestalten, notwendige Abgrenzungen vorzunehmen oder sich auf Konflikte ein-

---

17 Zitiert bei *Stenger* 1983, 72.
18 *Winkler* 1982 (b), 159ff.
19 Vgl. die Zusammenstellung dieser Ergebnisse bei *Klessmann* 1992, 100ff.

13.2 Personale Kompetenz

zulassen und sie durchzuarbeiten. Anpassung leistet unklarer Kommunikation Vorschub und belastet damit auf die Länge alle Beziehungen.
– Ein ausgeprägtes »prosoziales Verhalten« (*Riess*) macht viele Theologen und Theologinnen zu freundlichen, zugewandten und hilfsbereiten Mitmenschen; dieses Verhalten kann aber nur als wirkliche Stärke zur Geltung kommen, wenn die Betreffenden um die Grenzen des Helfen-Wollens wissen und es entsprechend praktizieren, also auch in der Lage sind, sich abzugrenzen. Prioritäten zu setzen, nach ihnen zu handeln und entsprechend auch »nein« sagen zu können zu bestimmten eigenen und fremden Erwartungen erscheint immer wieder als ein besonders wichtiges Lernfeld für viele Theologen und Theologinnen.

Solche und ähnliche Hindernisse können in personbezogenen Fort- und Weiterbildungen angesprochen und bearbeitet werden. Darum zu wissen ist der erste Schritt, um wenigstens in begrenztem Maß Veränderungen einzuleiten.

Über diese konkrete Zielsetzung hinaus müsste die theologische Ausbildung so gestaltet werden, dass Studierende der Theologie auf den Weg gebracht werden, neben dem Erwerb wissenschaftlicher Kenntnisse sich auch mit der eigenen Person, mit dem eigenen Glauben, mit seiner Bedeutung für die Selbstwerdung auseinander zu setzen und damit von Anfang an persönliche Entwicklungschancen zu nutzen. Und diejenigen, die bereits im Pfarramt tätig sind, müssten immer wieder die Gelegenheit erhalten (und sie auch wahrnehmen!), durch Fortbildung, durch begleitende Supervision, durch Seelsorge an sich selbst, an ihren Stärken und Schwächen, an ihrem Glauben und ihren Zweifeln, an ihren Visionen und ihrer persönlichen und beruflichen Realität zu arbeiten.[20]

Allerdings gibt es personale Kompetenz nur fragmentarisch, mit Brüchen und Verwerfungen, Defiziten und blinden Flecken. Es bleiben mehr oder weniger große Reste von Schüchternheit und Unbeholfenheit, von Dominanz oder Ehrgeiz, von Nicht-Zuhören-Können; sich selbst als ein solcher / eine solche anzunehmen, gelingt immer nur begrenzt und vorübergehend; Kontakt zu anderen Menschen aufzunehmen, lässt sich nur bedingt gezielt herstellen, weil ich über den Anderen und das, was zwischen uns entsteht, nicht verfügen kann; und auch der eigene Glaube lässt sich nicht kontrollieren und sichern.

All dies ist kein bedauerlicher Mangel, sondern, wenn es bewusst wahrgenommen wird, Chance zu wirklicher Menschlichkeit. Bereits in der Alten Kirche hat es die Metapher vom verwundeten Heiler gegeben:[21]

---

20 Ein anregendes Modell einer den Zusammenhang von Identität und Religion fokussierenden religiös-existentiellen Beratung stellen *Morgenthaler/Schibler* 2002 vor.
21 Vgl. *Zerfaß* 1985, 100ff.

Heilende Fähigkeiten entwickeln nicht diejenigen, die heil, bruchlos, immer stark und heiter, nie schwach und hilfsbedürftig durchs Leben gegangen sind, sondern umgekehrt gerade die, die Schmerzen und Wunden erlitten, Ohnmacht, Schwachheit und Hilfsbedürftigkeit erlebt haben. Die Figur des Jakob, der mit lahmender Hüfte aus dem Kampf mit Gott und den Menschen hervorgeht (Gen 32,29), ist dafür ein Symbol. Weisheit erwächst aus einem bewussten Erleben und Verarbeiten solcher Erfahrungen: Eigener Schmerz kann sensibler machen für fremden Schmerz, die Erfahrung eigener Grenzen nachsichtiger für die Begrenzungen anderer, das Wissen um eigene Hilfsbedürftigkeit mitfühlender für die Schwachheit anderer.

13.3 Identität im Pfarramt

Pastoraltheologische Entwürfe haben in der Vergangenheit eine »gereifte pastoral-theologische Identität« als Ziel der beruflichen pastoralen Existenz beschrieben.[22] Im Hintergrund steht das Identitätskonzept von *Erik Erikson* mit einer Akzentuierung der Elemente Stabilität und Kontinuität. Bis in die 70er Jahre hinein erschienen die gesellschaftlichen und kirchlichen Strukturen noch so übersichtlich, dass man dieses Modell auch für die pastorale Identität als angemessen betrachten konnte. Seither hat sich die Gesellschaft in der Postmoderne so rasant ausdifferenziert, pluralisiert und individualisiert, dass sich auch der sozialpsychologische Identitätsdiskurs einschneidend verändert (⇒ Identität, Kap. 4.1.2). *Heiner Keupp* u.a. haben die These aufgestellt, dass, genau entgegengesetzt zu der Position von *Erikson*, »zu viel« Identität angesichts der Vielfalt der Lebenswirklichkeit eher eine Belastung sein könne. »Wer sich in wechselnden Sinnsystemen bewegen, sich unter divergenten Lebensaspekten bewähren muß, der darf sich nicht durch zuviel ›Identität‹ belasten; d.h. er darf sich nicht festlegen, sondern muß beweglich bleiben, offen und anpassungsfähig.«[23] Im Anschluss an *Adorno* ist von einem Identitätszwang die Rede, der durch die Postmoderne heilsam aufgebrochen werde.[24] Gemeint ist mit dieser Beschreibung, dass eine zu einseitige Betonung der Dimensionen von Stabilität, Festigkeit, Einheitlichkeit und Kontinuität im Begriff der Identität die notwendige Offenheit zur Kommunikation mit ganz anders orientierten Menschen, mit dem Fremden überhaupt, eher hindert als fördert.

Der inzwischen populär gewordene Begriff der Patchwork-Identität oder der Identitätscollage beschreibt Identität jetzt nicht mehr als Ziel und Ergebnis eines Prozesses, sondern als den Prozess selbst, nämlich als »die zentrale integrative Verknüpfung von individueller und gesell-

---

22 *Steck* 1979, 266–284.
23 *Bernd Guggenberger*, zitiert bei *Keupp* 1988, 145.
24 *Grözinger* 1998, 118f. Ähnlich *Keupp/Höfer* 1997, 33f.

13.3 Identität im Pfarramt

schaftlicher Ebene.«[25] Je pluraler gesellschaftliche Wirklichkeit sich darstellt, desto mehr ist diese Integrationsleistung von individueller und gesellschaftlicher Ebene herausgefordert. Sich in wechselnden Sinn-Systemen zu bewegen und in und mit ihnen zu leben, erfordert die Fähigkeit, sowohl ihre Differenzen wahrzunehmen als auch Verknüpfungen herzustellen – die Fähigkeit dazu wird mit dem Identitätsbegriff bezeichnet. Er meint die Fähigkeit, Analogien und Differenzen zuzuordnen und zu deuten, die unterschiedlichen emotionalen Aspekte zu spüren, wahrzunehmen und auf ihre Bedeutung hin abzufragen und daraus Konsequenzen für das jeweilige Handeln und Verhalten zu ziehen.

Um diese Fähigkeit zu erwerben, ein »vielheitsfähiger Mensch«[26] zu werden, ist »Identitätsarbeit« notwendig,[27] d.h. so verstandene Identität stellt sich nicht von selbst ein, sie muss immer wieder erarbeitet und auf die sich verändernden Bedingungen bezogen werden. Diese Identitätsarbeit erfolgt in Form ständiger »situativer Selbstthematisierungen«, in denen verschiedene Identitätsperspektiven oder Teilidentitäten zum Thema werden.[28]

Für das Pfarramt mit seinen ausgesprochen vielfältigen und divergenten Aufgabenbereichen und Rollenanforderungen erscheint die These von einer Reihe von Teilidentitäten oder Identitätsperspektiven, die es zusammenzuhalten und auszubalancieren gilt, plausibel und weiterführend.

Am Beispiel eines 35jährigen Pfarrers in einer Gemeinde am Rand einer Großstadt: Herr M. macht besonders gern Jugendarbeit; er fühlt sich den Jugendlichen nah, glaubt noch, ihre Musik, ihre Sprache zu kennen, und kann sie für verschiedene Projekte begeistern, in denen er selber auch auflebt (Identitätsperspektive »Jugend und Jugendarbeit«); im Gottesdienst am Sonntagmorgen, bei Kasualien und bestimmten Gemeindegruppen sieht er sich als Theologe vor allem von älteren Menschen gefordert, als jemand, der sich auskennt in Glaubens- und Religionsfragen; diese Identitätsperspektive »Glaube und Theologie« nimmt er ernst, hier fühlt er sich auch kompetent. Anders geht es ihm in der Seelsorge: Die unmittelbare Begegnung mit Menschen in z.T. schwierigen Lebenssituationen bereitet ihm oft Unbehagen und Angst, z.B. bei Besuchen im Krankenhaus (Identitätsperspektive »Begegnung mit schwierigen Lebenssituationen«). Seine Frau ist von Beruf Gymnasiallehrerin, sie steht der Kirche und seiner Berufsausübung relativ skeptisch gegenüber, an vielen Punkten gibt er ihrer Kritik innerlich Recht, und gleichzeitig tut sie ihm weh (Identitätsperspektive »Partnerschaft«). In seiner Freizeit spielt er mit Engagement und Begeisterung Volleyball in einer Mannschaft des Stadtteils; gelegentlich wird er dort von den Sportskameraden leicht ironisch auf seinen Beruf angesprochen, meistens spielen berufliche Dinge jedoch keine Rolle (Identitätsperspektive »außerkirchliche Freizeit«). Herr M. stammt aus konservativ kleinbürgerlichem Milieu; seine Eltern sind einerseits stolz auf ihn, stehen andererseits seinem Beruf ziemlich fremd gegenüber (Identitätsperspektive »Herkunft/Biographie«).

25 *Keupp/Höfer* 1997, 28.
26 *Zaepfel/Metzmacher* 1996, 458.
27 Vgl. *Keupp/Höfer* 1997.
28 *Straus/Höfer* 1997, 273.

Diese verschiedenen Teilidentitäten stehen offenkundig in Spannung zueinander und fordern zwei Fragen heraus:

1. Gelingt es Herrn M., eine Art von innerem Dialog zwischen diesen unterschiedlichen Perspektiven zu führen? Kann er beispielsweise die Erfahrungen aus der Jugendarbeit für seine Predigten nutzbar machen? Oder kann er die Skepsis seiner Frau oder das Befremden seiner Eltern nachvollziehen und mit seiner Theologie ins Gespräch bringen? Kann er die Begegnung mit schwierigen Lebenssituationen als notwendige Herausforderung an sich selbst begreifen, der er sich als Person und in seiner Pfarrerrolle stellen muss? Gelingt es ihm also, auf diese Weise die verschiedenen Identitäts-Perspektiven miteinander in Beziehung zu setzen, oder stehen sie unverbunden nebeneinander, und Herr M. erscheint an unterschiedlichen Orten als jeweils ein anderer?
2. Gelingt es ihm, in dieser Vielfalt der Identitätsperspektiven ein eigenes, unverwechselbares Profil und eine innere Kohärenz zu entwickeln?

Beide Fragen stellen sich prinzipiell jedem Menschen; in einer Profession jedoch, in der nicht bestimmte technische Fähigkeiten, sondern die Person selbst das wichtigste Handlungs- und Steuerungsinstrument der gesamten Berufstätigkeit bildet, sollte ihre Beantwortung nicht zufällig und beliebig bleiben; vielmehr ist es ausgesprochen wünschenswert, dass die genannten situativen Selbstthematisierungen immer wieder explizit und damit einer regelgeleiteten Bearbeitung zugänglich gemacht werden. Nur so scheint es möglich, dass sich eine überzeugende, nach außen hin unverwechselbare und zugleich in der Vielfalt der Lebenswelten flexible Identität entwickeln kann. *Identität als Dialogfähigkeit und Kohärenz in unterschiedlichen Kontexten* – so könnte man pastorale Identität beschreiben und damit ein Ziel umreißen, das der Vielfalt der Lebenswelten, in denen sich ein Pfarrer / eine Pfarrerin bewegt, angemessen Rechnung trägt.[29]

Die Identitätsfrage gewinnt ein besonderes Gewicht, weil es in der Gegenwart deutlich mühsamer und anstrengender erscheint, eine persönliche und berufliche Identität als Theologe/Theologin auszuarbeiten, als für frühere Generationen. Ein wichtiger Unterschied besteht darin, dass für die gegenwärtige Generation von Theologiestudierenden ein klares Gegenüber fehlt, von dem sie sich abgrenzen und sich gerade dadurch selber deutlicher definieren könnten.
Angesichts postmoderner Pluralität gibt es für Jugendliche und junge Erwachsene in der Regel weder eine klare biographisch verankerte Abgrenzung gegenüber ihrer Elterngeneration noch in beruflicher Hinsicht eine entsprechende Absetzung von der Generation ihrer Lehrer und Lehrerinnen, sei es an der Universität, sei es in Gemeinden und Landeskirchen. Identität zu gewinnen im Sinn der oben beschriebenen Dialogfähigkeit wird dadurch einerseits ein offeneres und freieres, andererseits ein anstrengenderes und schwierigeres Projekt. Deswegen – noch einmal – sollte die Bearbeitung dieser Dimension, Identitätsarbeit, nicht in das Belieben der Einzelnen gestellt, sondern Bestandteil der theologischen Ausbildung von Anfang an werden.

29 Vgl. *Klessmann* 2000, 3–19.

Die sozialpsychologische Perspektive zur multiplen Identität kommt der theologisch begründeten Einschätzung von Identität als Fragment durch *Henning Luther* entgegen (s.u.).

13.4 Zur Glaubwürdigkeit des Pfarrers / der Pfarrerin

Gesellschaftliche Erwartungen und pastoraltheologische Theorie fordern immer wieder das glaubwürdige und überzeugende Auftreten des Pfarrers / der Pfarrerin, deren vorbildhafte Existenz und Identität. In einer Umfrage unter Presbytern und Presbyterinnen und anderen Ehrenamtlichen aus dem Jahr 1998 über deren Erwartungen an die Gestaltung des Pfarrberufs kommt zum Ausdruck, dass die Laien große Erwartungen an den exemplarischen und vorbildhaften Charakter der Lebensführung der Pfarrer stellen.»Der Pfarrer und die Pfarrerin sollen glaubwürdig sein, ihr Handeln soll mit ihrer Predigt übereinstimmen, sie sollen für die christlichen Wertmaßstäbe einstehen und sich daran auch in ihrem eigenen Lebenswandel halten.«[30] Für die Pfarrer und Pfarrerinnen dagegen steht die Vorbildhaftigkeit ihrer Lebens- und Amtsführung nicht im Vordergrund ihres Selbstverständnisses.
Die Umfrage belegt einmal mehr, dass viele Menschen Sehnsüchte nach einer heilen Beziehungswelt und integrierter Lebensgestaltung, die sie selbst längst nicht mehr leben können und auch in ihrem Umfeld nicht mehr erleben, auf den Pfarrer / die Pfarrerin projizieren. Die sollen etwas verloren Gegangenes unverändert repräsentieren: gelingendes ganzheitliches Leben in einer zunehmend fragmentierten und pluralisierten Welt.
Allerdings sind solche Projektionen nachvollziehbar, denn die Berufsstruktur des Pfarramts lädt geradezu dazu ein: Die Pfarramtsrolle ist eine »Totalrolle«,[31] in der man nur schwer zwischen beruflichem und privatem Leben unterscheiden kann, deren Inhaber also »immer im Dienst« und als Generalisten für alles zuständig sind: Predigerin und Lehrerin, Freizeitanimateur und Verwaltungsbeamter, Bauherrin und Vorgesetzte von zwanzig oder mehr Mitarbeiterinnen etc. Die Undifferenziertheit dieser Berufsstruktur, die natürlich auch Chancen enthält, verführt zu jenen überzogenen Erwartungen, die leicht auch zu den eigenen werden können (s.u.).
Auch das soziologische Stichwort vom »Weltanschauungs- oder Gesinnungsberuf« zielt in eine ähnliche Richtung: Die Weltanschauung oder die Gesinnung des Berufsinhabers prägt das ganze Leben, die gesamte Lebensführung. Persönliche und berufliche Meinung lassen sich kaum auseinanderhalten; der Lebensstil als ganzer muss wenigstens in etwa den Normen und Werten der vertretenen Tradition entsprechen.

---

30 *Dahm* 1999, 21.
31 Vgl. *Steck* 2000, 570ff.

Vor diesem Hintergrund ist eine Auseinandersetzung mit dem Begriff der Glaubwürdigkeit oder des Vorbildes aus psychologischer wie theologischer Perspektive unabdingbar.

Aus der Entwicklungspsychologie wissen wir um die große Bedeutung von Identifikationsprozessen: Die Entwicklung von Selbstrepräsentanzen, Über-Ich-Strukturen und Geschlechtsidentität wird von früher Kindheit an, im besonderen Maß in der ödipalen Phase, durch Identifikationen mit den Eltern oder anderen Personen gefördert (⇒ Kap. 11.2). In der Pädagogik hat man seit langem darum gewusst, dass Lehren und Lernen ohne Vorbildcharakter der Lehrperson deutlich erschwert wird; gleichzeitig ist der Begriff kritisiert worden, weil er einer emanzipatorischen Intention im Weg stehe. Verhaltenstherapeutische Theorien wiederum messen dem Modelllernen erhebliche Bedeutung zu.

Aus theologischer Sicht ist der Begriff der Glaubwürdigkeit in Frage gestellt worden, weil damit die Vermittlung des Evangeliums an die verkündigende Person und ihre moralische Qualität gebunden werde. Artikel VIII der Confessio Augustana stellt denn auch ausdrücklich fest, dass Wort und Sakrament gültig seien, auch wenn sie von nicht vorbildlichen Pfarrern (»per malos«) ausgeteilt würden.

Wie ist mit dieser Spannung, derzufolge Glaubwürdigkeit und Vorbildlichkeit des Pfarrers / der Pfarrerin sowohl Ermöglichung als auch Hindernis für Kommunikation- und Lernprozesse darstellt, umzugehen?

Die Begriffe »Glaubwürdigkeit« und »Vorbildlichkeit« könnten neue Akzeptanz finden, wenn man sie in paradoxer Weise thematisierte, dergestalt, dass ihre Begrenztheit und Brüchigkeit immer schon mitreflektiert wird. Das kann geschehen unter Bezugnahme auf den Begriff des Schattens von *C.G. Jung* und das Stichwort »Identität als Fragment«, wie es *Henning Luther* ausgearbeitet hat.

Der *Begriff des Schattens* nach *C.G. Jung* (⇒ Kap. 4.2) repräsentiert die ungeliebten, verachteten, unmoralischen, im privaten und öffentlichen Leben nicht zugelassenen Seiten und Wünsche eines Menschen. Auch das, was man an sich selbst nicht leiden kann, eigene Schwächen und Unvollkommenheiten, Süchte und Abhängigkeiten, destruktive Impulse, Gier, Neid, Eifersucht, das Böse – all das ist Bestandteil des teils bewussten, teils unbewussten Schattens.

Je ausgeprägter Wunsch- und Idealbilder sind, desto stärker droht der nicht integrierte Schatten zu werden – das ist für jedes moralische und religiöse System von großem Belang. Kritische Aufmerksamkeit auf eigene wie fremde Vollkommenheitsvorstellungen ist deswegen wichtig, um möglichen verdrängten Schattenphänomenen auf die Spur zu kommen. Gleichzeitig wird das nie in einem absoluten Sinn möglich sein.

Henning Luther hat betont herausgearbeitet, dass Identität nie vollständig sein kann, weil unsere Endlichkeit das Leben immer zum Bruchstück werden lässt. Jeder Entwicklungsprozess ist immer von Verlusten und Brüchen begleitet.

13.4 Zur Glaubwürdigkeit des Pfarrers / der Pfarrerin

»Wir sind immer zugleich auch gleichsam Ruinen unserer Vergangenheit, Fragmente zerbrochener Hoffnungen, verronnener Lebenswünsche, verworfener Möglichkeiten, vertaner und verspielter Chancen. Wir sind Ruinen aufgrund unseres Versagens und unserer Schuld ebenso wie aufgrund zugefügter Verletzungen und erlittener und widerfahrener Verluste und Niederlagen.«[32]

Die Fragmenthaftigkeit menschlicher Identität wird durch eine Reihe von Aussagen des christlichen Glaubens unterstrichen:
- Gott ist Schöpfer, wir Menschen sind Geschöpfe, also endlich, abhängig, begrenzt. Pred 5,1 heißt es: »Gott ist im Himmel, und du bist auf Erden ...«; das ist kränkend für menschlichen Größenwahn und gleichzeitig entlastend.
- Sünde bedeutet, wie Gott sein zu wollen, also die Tatsache der begrenzten, fragmentarischen Identität gerade nicht anerkennen zu wollen.
- Die Rede von Kreuz und Auferstehung verweist darauf, dass Leben nicht durch stetigen Erfolg und Glück, durch ständige Verbesserung und Höherentwicklung gekennzeichnet ist, sondern eben auch durch Leiden, Schmerzen, Krankheit und Tod. Diese Erfahrungen wiederum müssen nicht immer nur Defizit und Scheitern bedeuten, sondern können auch Ansätze zu neuem Leben enthalten.
- Und die Rechtfertigungslehre besagt, dass wir nicht aus uns selbst heraus mit uns identisch werden, sondern dass uns Identität als Geschenk und Gnade begegnet und zugesprochen wird.

Welche Konsequenzen haben diese Gedanken für das Selbst- und Rollenbild des Pfarrers? Was wird aus der gereiften pastoral-theologischen Identität, aus der Vorbildhaftigkeit und Glaubwürdigkeit des Pfarrers / der Pfarrerin? Sind solche Idealbilder noch zu halten?

Dietrich Stollberg hat vor dem Hintergrund der Unterscheidung *Martin Luthers* zwischen Person und Werk den Vorbildgedanken gewissermaßen auf den Kopf gestellt:

»... ich meine, daß in der Tat jedes Gemeindeglied, aber insbesondere der Pfarrer, der die Grundüberzeugungen der Christenheit öffentlich vertreten, weitergeben und auch rein erhalten soll, ein Vorbild sein – darf ... Du darfst Mensch sein und bist befreit von der teuflischen Versuchung, wie Gott, nämlich vollkommen, werden zu müssen und dabei zu verzweifeln. Darin darfst du Vorbild sein, daß du mit deiner Schwäche anders umgehst als man das sonst in der Welt tut ...«[33]

Natürlich kann man sagen, dass damit ein neues Ideal aufgebaut wird, so dass man letztlich diesem Zirkel nicht entkommen kann. Anders als in manchen pastoraltheologischen Entwürfen ist hier jedoch die Unabgeschlossenheit, die Brüchigkeit und Wandelbarkeit der pastoralen Identität einschließlich ihrer theologischen Überzeugungen von Anfang

---

32 *H. Luther* 1992, 168f.
33 *Stollberg* 1979 (a), 53.

an mit einbezogen; die Unabgeschlossenheit soll gezielt zum Gegenstand persönlicher und berufsbezogener Wahrnehmung werden; auf diese Weise kann das Vorbild- und Glaubwürdigkeitsideal doch mindestens relativiert werden. Man kann von diesem Ansatz her etwas gelassener leben und arbeiten, weil man weiß:
– Diskrepanzen zwischen Anspruch und Wirklichkeit sind unvermeidbar;
– Fehler, Irrtümer, Situationen der Ratlosigkeit kommen auch im beruflichen Alltag vor; die Vorstellung eines vollkommenen Funktionierens kommt aus der Technik und ist unmenschlich;
– wenn nicht alles an der eigenen Person hängt, fällt es vielleicht auch leichter zu kooperieren, Aufgaben zu delegieren etc.;
– man muss und kann es nicht allen Menschen Recht machen;
– Glaube ist keine Sicherheit, kein depositum fidei, sondern eine immer neue Suchbewegung.

13.5 Frauen und Männer im Pfarramt

Kommunikation des Evangeliums ist, wie personale Kompetenz auch, nicht geschlechtsneutral! Die Geschlechtsdifferenzierung spielt für jede Beziehungsgestaltung und Kommunikation eine nicht zu übersehende Rolle. In der Kirche wurde daraus in der ersten Hälfte des 20. Jahrhunderts die strukturelle Konsequenz gezogen, dass die Theologen den Theologinnen ein Amt »sui generis« zugeschrieben haben (und die Frauen haben es anfänglich selbst so gewollt).[34] Erst im Laufe einiger Jahrzehnte hat sich daraus eine rechtliche Gleichstellung entwickelt, innerhalb derer nun die Geschlechterdifferenz einer besonderen Aufmerksamkeit und Gestaltung bedarf.
Geschlecht ist keine rein physiologische Gegebenheit (sex), sondern auch gesellschaftliche Konstruktion und Konvention (gender). Ein Blick in die Geschichte und den interkulturellen Vergleich zeigt das deutlich. »Durch Kleidung, Frisuren, Schminke, Blickkonventionen und die Anschaulichkeit körperlicher Routinen bringen wir nicht nur unser vorgängiges Geschlecht zum Ausdruck, wir stellen es allererst her – es existiert in diesen Praktiken. Soziale Interaktionen sind damit nicht nur Medium, sondern formende Prozesse eigener Art, in denen Geschlechtlichkeit hergestellt und bestätigt wird.«[35]
Gerade in der Berufsgestaltung wirken sich gender-Stereotypien aus: Immer wieder geht man davon aus, dass typische Frauenberufe mit dem »Wesen« der Frau zu tun hätten, dass sie – von ihrer Mutterrolle her – bevorzugt Lehrerinnen oder Krankenschwestern sein sollten, während Männer, mit ihrer stärkeren Verstandes- und Tatsachenorien-

---

34 Zur Geschichte der Theologinnen in den deutschen Kirchen vgl. *Wagner-Rau* 1992, 18ff; *Enzner-Probst* 1995, 11ff; *Köhler/Herbrecht/Erhart* 1996.
35 *Karle* 1996, 181.

tierung, eher für wissenschaftliche oder technische Berufe geeignet seien. Die Unterscheidung von (männlichem) »Amt« und (weiblichem) »Dienst« spiegelt nach *Enzner-Probst* diese Stereotypen.[36]

Ein Blick in die Geschichte zeigt schnell, dass diese Zuordnungen nicht stimmen: Der Beruf des Lehrers war in früheren Generationen eine von Männern ausgeübte Tätigkeit (»Schulmeister«!), heute ist er dagegen zumindest in den Grundschulen ein fast ausschließlich weiblicher Beruf. Früher gab es den Beruf des Sekretärs, heute ist daraus ein weiblicher Beruf geworden. Zuschreibungen angeblich unveränderlicher, vom Geschlecht abhängiger Wesensmerkmale entpuppen sich also eher als historisch bedingt und marktabhängig. Die Kirche hat diese Wesensmerkmale dann allerdings auch noch religiös überhöht bzw. biblisch legitimiert!

Vor diesem Hintergrund stellt sich die Aufgabe, angesichts der rechtlichen Gleichstellung die faktischen Geschlechterdifferenzen auszuloten und ihre Chancen und Grenzen für eine wechselseitige Ergänzung von Frauen und Männern auszuarbeiten. Ich nenne einige Punkte, die sich aus pastoralpsychologischer Perspektive nahe legen und bereits von pastoralpsychologischen Autorinnen bearbeitet worden sind:

13.5.1 Nicht nur Theologie, sondern auch Psychoanalyse und Entwicklungspsychologie sind lange Zeit hindurch von männlichen Prämissen ausgegangen, die unreflektiert auf Frauen übertragen wurden. Erst die feministische Sozialisationsforschung hat deutlich gemacht, dass Mädchen und Frauen mit anderen Gegebenheiten und Zielen aufwachsen als Jungen und Männer, so dass sich daraus notwendig unterschiedliche Identitätskonzepte ergeben.
Die Beschreibungen der Interaktions- und Identitätsmuster von Männern und Frauen fasst *Wagner-Rau* unter Bezugnahme auf *Nancy Chodorow* und *Christiane Olivier* so zusammen (⇒ Kap. 11.2):

»Frauen finden und bewahren ihre Identität, indem sie sich in Beziehung setzen. Indem sie die Beziehungsgeflechte unter Menschen stark berücksichtigen, finden sie auch ihre Maßstäbe für Verantwortung und die Ursachen für Aggression. Stärken dieser bezogenen Identität sind der Zugang, den Frauen dadurch zur Gefühlswelt haben, und damit zur Einfühlung in andere. Weil die frühen Erfahrungswelten nicht verdrängt wurden, sind Körpererfahrungen bewusstseinsnäher als beim Mann. Schwierigkeiten machen Abgrenzung und Unterscheidung von anderen ...«
»Männer finden und bewahren ihre Identität, indem sie sich abgrenzen und unterscheiden, wenn ihnen eine Bindung zu nahe kommt. Abgrenzung ist auch ihr Mittel, um Übergriffe in der Gemeinschaft zu verhindern.
Stärken dieser durch Abgrenzung gewonnenen Identität sind die Unabhängigkeit der Männer und ihre Fähigkeit, sich ganz identifiziert einer Sache zuzuwenden, ohne beziehungsmäßige Irritationen zuzulassen.

---

36 *Enzner-Probst* 1995, 190f.

Schwierigkeiten haben Männer damit, ihre Gefühle wahrzunehmen oder sie wichtig zu nehmen, weil die Auseinandersetzung damit die Angst vor emotionaler Abhängigkeit reaktiviert ...«[37]
Kritisch hat *Sabine Bobert-Stützel* angemerkt, ob mit solchen Beschreibungen nicht doch wieder die alten Klischees und Stereotype reproduziert würden, nun auch noch im Gewand empirischer Forschung.[38] Sie plädiert für eine Dekonstruktion aller normativen oder deskriptiven Vorstellungen, wie Frauen sein sollten, und will den Begriff »Frau« offen lassen, die Vielfalt der Frauen nicht neu normativ einengen, sondern spannungsvoll nebeneinander stehen lassen und aushalten. Die Variation innerhalb eines Geschlechtes sei viel größer als die Differenzen zwischen den Mittelwerten, die man für jedes Geschlecht konstruiert.

Aus der Wahrnehmung unterschiedlicher Interaktions- und Identitätsmuster folgt, dass Frauen ihren eigenen Weg in der Kirche, im Pfarramt suchen und finden müssen. Sie können sich nicht an die von Männern vorgegebenen Strukturen der Berufsausübung halten, sie müssen eigene Leitbilder und Sprachformen entwickeln, die nicht äußerlich bleiben, sondern auch die Inhalte verändern. *Wagner-Rau* spricht von der Notwendigkeit eines Prozesses des Abschieds, des Exodus aus den vertrauten Mustern und Formen, den Mut, sich zu unterscheiden und neue Wege zu gehen, dabei das Risiko einzugehen, Konflikte anzuzetteln und auch einsam zu werden oder zu bleiben.

13.5.2 Eine feministische Symbolkritik macht sich vor allem an den in der christlichen Tradition verwendeten Gottesbildern fest.
Für den Bereich der Seelsorge hat *Ursula Pfäfflin* diesen Zusammenhang herausgearbeitet. Nach einer Untersuchung verschiedener Seelsorgekonzepte kommt sie zu dem Schluss: Es ist »bei allen Positionen (sc.: *Barth, Thurneysen, Stollberg, Browning* und *Smith*) deutlich, daß sie in dieser Thematik in traditionellen, kulturellen und sozialen Strukturen verfangen bleiben oder sich der gegenwärtigen Diskussion über die Beziehung der Geschlechter nicht explizit stellen.«[39] Die traditionellen Denkstrukturen zeigen sich nach Pfäfflin darin, dass die alten Über- bzw. Unterordnungen immer wieder auftauchen, »deren Gleichung dann heißt: Gott-Mann-Herr-Geist-Oben-Ordnung-Licht versus Volk Gottes-(Gemeinde)-Frau-Natur-... Fleisch-Unten-Chaos-Dunkel.«[40] Die vielfältige Realität des Frauseins ist in diesen Ansätzen reduziert auf einige Klischees, und dementsprechend sind auch die Gottesbilder auf einseitig männlich Attribute eingeengt. »Gott ist der ganz andere, Allmächtige, Vater, der Schöpfer, Erhalter, Befreier und Herrscher. Damit fallen alle vorgestellten Theologen sogar hinter den biblischen Symbolgebrauch zurück, in welchem wir unter vielen anderen Bilder der Weisheit, der

---

37 *Wagner-Rau* 1992, 69.
38 *Bobert-Stützel* 1997, 112–128.
39 *Pfäfflin* 1992, 168.
40 *Pfäfflin* 1992, 161.

13.5 Frauen und Männer im Pfarramt

beschützenden Henne, der gebärenden Mutter, der Prophetin, der ihr Recht einfordernden Witwe, der das verlorene suchenden Hausfrau, der Initiatorin, der Lehrenden, der Begleiterin durch Leben und Tod, der liebenden Freundin, der Missionarin und der Verkündigerin finden.«[41] Die Reduzierung des Frauenbildes zieht eine Reduzierung der Gottesbilder nach sich! Demgegenüber wird Gott von Frauen als »Macht in Beziehung« gedacht, als »Quelle beziehungshafter dynamis«,[42] im Unterschied zu einem eher männlichen Gottesverständnis, das den Abstand und die Unerkennbarkeit Gottes im Verhältnis zum Menschen herausstellt (⇒ Kap. 10.3.1).

13.5.3 Aus veränderten Leitbildern ergeben sich natürlich auch Konsequenzen für die Art und Weise der Gemeindearbeit, des Umgangs mit Gemeindemitgliedern und Mitarbeitenden. Stichworte sind »kommunikative Theologie« und »kommunikative Kompetenz«: Wer sich selber stärker in Beziehung, in Verbundenheit und wechselseitiger Abhängigkeit mit anderen versteht, wird nach partizipativen Strukturen der Zusammenarbeit suchen, wird Macht nicht als »herrschen über ...« verstehen, sondern als Empowerment, als Versuch, andere zu befähigen und sich mit ihnen gemeinsam auf einen Weg zu machen. Das gruppenpädagogische Modell der Themenzentrierten Interaktion (TZI) nach *Ruth Cohn* stellt für *Wagner-Rau* ein Modell dar, in dem die gemeinschaftliche Suche nach Wahrheit und Sinn auch methodisch eingelöst ist.[43] Es liegt auf der Hand, dass sich hier auch Chancen für Männer auftun, andere Formen der Zusammenarbeit einzuüben und neue Aspekte in der Theologie zu entdecken.
Welche Konsequenzen für die Gestaltung des Pfarramtes ergeben sich aus der zunehmenden Arbeit von Frauen im Pfarramt?[44]
1. Die männliche Berufsbiographie in der Kirche ist in der Regel gekennzeichnet durch ständige Vollzeitarbeit, beginnend mit dem Vikariat, endend mit dem Ruhestand. In dieser Zeit ist der Amtsinhaber ständig aktiv und immer verfügbar. Wenn Frauen Beruf und Familie miteinander verbinden wollen, entstehen notwendigerweise durch Schwangerschaft und Geburt Bruchstellen, die mit dem klassischen Modell männlicher Berufsbiographie nicht vereinbar sind und entsprechende Konsequenzen fordern: Entweder müssen die Männer gleichberechtigt einbezogen werden in den Prozess der Entstehung, des Wachsens und Gestaltens einer Familie. Oder es muss verbesserte Teilzeit- und Urlaubsregelungen geben, um eine Fortführung oder einen Wiedereinstieg in den Beruf zu ermögli-

---

41 *Pfäfflin* 1992, 168.
42 *Wagner-Rau* 1992, 162.
43 *Wagner-Rau* 1992, 196ff.
44 Zum Folgenden *Bartsch* 1996, 133ff.

chen. Lange Zeit galt das Pfarramt als unteilbar; durch die Arbeit von Frauen ist es teilbar geworden. Damit hat eine Entmythologisierung des Pfarramtes begonnen!
2. Die Erwerbstätigkeit von Frauen, auch im Bereich von Kirche, ist inzwischen weitgehend akzeptiert. Allerdings sind die damit verbundenen Schwierigkeiten gerade für Frauen erheblich: In der Regel müssen sie das Dilemma tragen, entweder zwischen Partnerschaft/Familie und Beruf alternativ zu wählen oder die doppelte Belastung auf sich zu nehmen, beides miteinander zu verbinden. *Enzner-Probst* nennt als ein Ergebnis einer Umfrage unter Pfarrerinnen, dass sie bei vielen im Blick auf diese Spannung ein Gefühl von Ohnmacht, Versagen, ja Schuldigwerden feststellen konnte.[45] Hier müsste sich strukturell und auf der Ebene der Leitbilder etwas ändern, damit die Verknüpfung von Erwerbsarbeit und Fürsorgearbeit (oder Reproduktionsarbeit) nicht allein eine Aufgabe der Frauen bleibt. Ein anderer Umgang mit Zeit wäre dazu ein wichtiger Beitrag: Muße, Zeitwohlstand müssten als etwas Erstrebenswertes begriffen werden.
3. Die Institution Pfarrhaus hat sich tiefgreifend verändert. Das traditionelle Pfarrhaus lebte von der Anwesenheit einer Pfarrfrau: Sie ist immer da, öffnet die Haustür, wenn Besuch kommt, beantwortet das Telefon, hält dem Pfarrer den Rücken frei, kümmert sich um die Kinder, macht ehrenamtliche Arbeit in der Gemeinde. Wenn die Pfarrfrau selber Pfarrerin ist oder einer anderen Berufstätigkeit nachgeht, gibt es diese Möglichkeit nicht mehr. Das Pfarrhaus verliert seinen Charakter als »Sozialstation«,[46] als Zuflucht für Gestrandete, und wird zu einem Haus neben anderen.
4. Frauen übernehmen in zunehmender Zahl Leitungspositionen in der Kirche und verändern damit das Selbstverständnis und das Bild von Kirche; gleichzeitig zögern viele andere, in diese als besonders männlich verschriene Domäne hineinzugehen.
5. Eine Zielperspektive auch für die Zusammenarbeit von Männern und Frauen in der Kirche ist in Gal 3,28 formuliert: »... hier ist nicht Mann noch Frau; denn ihr seid allesamt eins in Christus Jesus.« Damit ist nicht ein neues Einerlei gemeint, sondern eine Transformation der bisherigen Dualismen und Hierarchien hin zu einer Gleichheit in der Differenz.

13.6 Motivation zum Pfarramt

Die Frage nach der Motivation, dem »warum und wozu studiere ich Theologie?« bzw. »warum und wozu bin ich Pfarrer/Pfarrerin geworden?« ist eine zentrale und bleibende Frage in jeder Berufsbiographie.

---

45 *Enzner-Probst* 1995, 198.
46 So nennt es *Schober* 1984, 379ff.

13.6 Motivation zum Pfarramt

In freikirchlichen Kontexten wird sie mit dem Hinweis auf eine Berufung zu diesem Amt beantwortet; die psychologisch orientierte Frage nach den biographisch auszumachenden Motiven ist damit nicht erledigt.[47]
Motivation bezeichnet fast immer einen mehrschichtigen Prozess, in dem ein ganzes Bündel verschiedener Motive zusammenfließen. Um sich Rechenschaft zu geben über die eigene Motivation zum Theologiestudium bzw. Pfarramt, ist es notwendig, diese Vielfalt von Motivationsperspektiven zu unterstellen und in ihrer Wechselwirkung zu klären.
– Aus biologischer Sicht geht es bei der Motivation um die Aufhebung eines Spannungszustandes. D.h. der Zustand vor einer Entscheidung ist spannungsvoll; wenn eine Entscheidung getroffen ist, tritt eine Entspannung (Erleichterung) ein, während eine erneute Infragestellung der Motivation wieder Spannung auslöst. Von daher erklärt sich, dass Studierende eine Infragestellung ihrer einmal gewählten und ausgesprochenen Motivation zunächst erst einmal abwehren. Sie lassen sich nicht gern in Frage stellen – und wenn, dann setzt das einen unbedingt vertrauensvollen, sicheren Rahmen voraus, in dem Denken und Fühlen nicht gleich Konsequenzen im Handeln erfordern (Denken als »Probehandeln«).
– Motivation ist ein kognitiver Vorgang, in dem Denken, Werten und Planen, sich Entscheiden und Prioritäten-Setzen eine große Rolle spielen. D.h. die Vorstellung vom Pfarramt, von dem, was man dort tut und wer man in dieser Funktion ist und sein kann, ist ein wichtiger Teil der Motivation. Die jeweiligen Annahmen über das Pfarramt und die eigene Person sollten also immer mit Aspekten der Außenwahrnehmung ins Gespräch gebracht werden. Vor allem die narzisstischen Anteile solcher Vorstellungen (also Ideen von eigener Größe und herausragender Fähigkeit, die schnell in Gefühle von Kleinheit und Unbedeutendheit umschlagen) sollten einer gründlichen Betrachtung unterzogen werden.
– Psychodynamisch betrachtet sind die bewussten Motive immer von unbewussten Motiven durchzogen; letztere gelten als die wichtigeren und bestimmenderen, die bewussten Motive dienen häufig nur zu ihrer Rationalisierung. Die unbewussten Motive ihrerseits werden als Ergebnis vergangener und gegenwärtiger Beziehungskonstellationen angesehen. Es geht also darum, folgende Fragen zu bearbeiten: Welche Motive sind mir bewusst? Welche unbewussten Motive lassen sich erschließen, etwa durch die weitergehenden Fragen: Wem tue ich mit dieser Berufswahl einen Gefallen bzw. wen hätte ich enttäuscht, wenn ich nicht Theologie studiert hätte? Wem möchte ich etwas beweisen? Was ermöglicht mir dieser Beruf? Was verhindert er?

---

47 Vgl. zum Folgenden *Riess* 1986, 22ff.

Eugen Drewermann geht in seiner großen Studie »Kleriker« davon aus, dass viele katholische Geistliche in ihrer frühen Sozialisation eine »ontologische Unsicherheit« erfahren haben, die nun ihr weiteres Leben unbewusst prägt. Eine Mutter, die in ihrer subjektiven Wahrnehmung ihr Leben dem Wohl des Kindes geopfert hat, löst im Sohn massive unbewusste Schuldgefühle aus, die wiederum dazu führen können, dass der Sohn meint, sein Leben Gott oder der Kirche opfern zu müssen.[48]

- Sozialpsychologisch gesehen ist Motivation das Ergebnis einer Beziehungsgeschichte, speziell der Familienkonstellation, aber sicher auch der individuellen Lerngeschichte in Gruppen, in der Schule etc. Also: welche Erfahrungen, welche Vorbilder haben mich beeindruckt und beeinflusst (lebende Vorbilder, Gestalten aus der Vergangenheit, aus der Kirchen- und Theologiegeschichte, Familienvermächtnisse)? Welche Vorbilder sind nach langen Jahren im Pfarramt noch leitend?
- Man kann zwischen intrinsischer und extrinsischer Motivation unterscheiden. Ergreife ich diesen Beruf, weil ich mir für mein Leben davon etwas verspreche? Erwarte ich soziale Anerkennung, eine gesicherte berufliche Position, gutes Einkommen, oder sind meine Motive weitgehend unabhängig von solchen äußeren Faktoren? Was ist aus den Anfangserwartungen im Lauf der Berufstätigkeit geworden?
- *Abraham Maslow* unterscheidet Defizit- und Wachstums-Motive. Die Defizit-Motive beziehen sich auf die grundlegenden biologischen Bedürfnisse nach Nahrung, Schlaf, Sexualität und Sicherheit. Die Wachstumsmotive meinen die von ihm so genannten Selbstverwirklichungsbedürfnisse: der Wunsch nach Erweiterung und Vertiefung des Lebens, nach Selbstaktualisierung, nach Transzendenz und Einheit. Im Blick auf Theologiestudium und Pfarramt geht es hier um den Wunsch, im Glauben zu wachsen, eine eigene Spiritualität zu entwickeln, zu einer überzeugenden, integrierten theologischen Existenz zu finden, in der die drängenden Lebensfragen eine schlüssige Antwort finden.

Theologiestudierende, aber auch Pfarrer und Pfarrerinnen, denen im Lauf ihrer Berufsentwicklung die eigene Motivation fraglich wird, sollten sich mit diesen verschiedenen Perspektiven auseinander setzen. Studienberatung oder Supervision sollten Gelegenheit bieten, zu einer (erneuten) Klärung der Berufsmotivation beizutragen.

13.7 »Der Pfarrer ist anders«

Mit diesem Titel hat *Manfred Josuttis* 1982 eine Pastoraltheologie veröffentlicht, die für Aufsehen sorgte.[49] Das Aufsehen hatte nicht nur

---
48 *Drewermann* 1991.
49 *Josuttis* ²1983.

13.7 »Der Pfarrer ist anders«

damit zu tun, dass sich ein Praktischer Theologe dem lange vernachlässigten Thema der Pastoraltheologie widmete, sondern auch damit, wie der Autor gezielt und konsequent das Anderssein des Pfarrers in den Vordergrund stellte. Die Andersartigkeit des Pfarrers / der Pfarrerin rührt nach *Josuttis* letztlich daher, dass sie die Andersartigkeit Gottes repräsentieren. In der Terminologie der Religionsphänomenologie ausgedrückt: Der Pfarrer vollzieht die heiligen Riten; er/sie erzählt die heiligen Mythen; deswegen muss er/sie auch ein heiliges Leben führen.[50]
Aus pastoralpsychologischer Perspektive ist vor allem die Frage interessant, was das Anderssein für das Selbstbild des Pfarrers / der Pfarrerin bedeuten kann: Die Stichworte »Größenvorstellungen« (1) und »Scham« (2) sind hier relevant.

13.7.1 *Manfred Josuttis* berichtet den Traum eines Theologen:

»Ich predige auf der Kanzel der Martinskirche. Die Kirche ist brechend voll. Ich höre mich sagen: In Südafrika geschieht unsägliches Leid. Botha ist ein Schwein, er hat viele Menschen auf dem Gewissen. Er darf nicht länger regieren. Die Menge tobt und applaudiert, die Kirchenmauern werden transparent und sind weg. In der ganzen Umgebung bis hin zu den Bergen jubeln die Leute: Endlich einmal ganz klar die Wahrheit gesagt! Unter der Kanzel steht die Kirchenleitung. Ihnen ist es zu unruhig, ich soll herabgezerrt werden, sie kommen hoch. Ich trete auf den Boden der Kanzel. Sie wirkt wie ein Trampolin, ich schwebe hoch, niemand kann nach, ich lache sie aus. Ich lande auf dem Dachfirst der Kirche, frei, unbeschwert. Um wieder auf Gottes Erdboden zu kommen, springe ich auf die Sakristei, sie federt mich ab, ein weiterer Sprung, ich stehe auf dem Boden. Vor mir steht jemand und sagt: Willkommen im Kreis der Revolutionäre. Wir reden nicht vom Brudersein, wir praktizieren es. Wir stehen jeder für jeden mit seinem Leben ein. Wenn du dazugehören willst, brauchen wir deine Parole. Ich antworte: ›Ich warte auf das Reich Gottes‹ und erwache.«[51]

Neben allen biographischen und zeithistorischen Bezügen ist die narzisstische Thematik dieses Traumes unübersehbar (⇒ Narzissmus, Kap. 4.1.3): Allmachtswünsche mit deutlich prophetisch-messianischen Zügen werden im Traum sichtbar. Die Sehnsucht nach dem harmonischen Primärzustand mit seinen Empfindungen von Wohlbehagen, Allmacht und Größe ist in »grandiosen Menschen« besonders virulent:

»Der ›grandiose‹ Mensch wird überall bewundert, und er braucht diese Bewunderung, kann gar nicht ohne sie leben. Er muß alles, was er unternimmt, glänzend machen ... Auch er bewundert sich – seiner Eigenschaften wegen: seiner Schönheit, Klugheit, Begabung, seiner Erfolge und Leistungen wegen. Wehe aber, wenn etwas davon aussetzt, die Katastrophe einer schweren Depression steht dann vor der Türe.«[52]

50 So *Josuttis* 1987, 199ff.
51 *Josuttis* 1988, 11.
52 *Miller* 1982, 68f.

Viele Menschen bleiben an diesem Punkt anfällig: Der Umschlag von Größenvorstellungen in Schamgefühle und Depression kann leicht geschehen. Dieser Zusammenhang scheint für die Inhaber des Pfarramtes von besonderer Bedeutung:
Die Identifikation mit einer Rolle, die nicht nur als eine gesellschaftlich anerkannte Profession beschrieben wird, sondern die einen Auftrag Gottes repräsentiert, hinter der Gott selber steht, in der Gott und sein Wort zur Sprache kommen wollen, eignet sich in besonderer Weise für die Entwicklung und Verstärkung solcher Größenvorstellungen. Sie bietet eine Eindeutigkeit an, die über jeden Zweifel erhaben scheint, eine Autorität, die mit subjektiv-persönlichen Mitteln nie herbeizuführen wäre: Wer sonst kann schon Gericht und Gnade ansagen, binden und lösen, Letztgültiges zur Sprache bringen?
Vor allem ein prophetisches Selbstverständnis kann ein solches Sendungsbewusstsein kultivieren, kann das Selbstbewusstsein mit einer unhinterfragbaren Autorität ausstatten und Unsicherheiten beseitigen. Die Chance dieses Selbstverständnisses liegt sicher darin, dass Menschen auf dieser Basis den Mut finden, unbequem zu sein, ungerechte Zustände aufzudecken, unangenehme Wahrheiten zu sagen, gerade das anzusprechen, was im gesellschaftlichen Diskurs gern verdrängt wird. Das Amt und die mit ihm assoziierten Vorstellungen können in diesem Sinn die Unabhängigkeit des Pfarrers / der Pfarrerin begründen und fördern.
Die Gefahr besteht umgekehrt darin, dass Amtspersonen mit einem solchen Selbstverständnis meinen, der Kritik entnommen zu sein, unhinterfragbar zu sein, damit unbewusst eine Kluft zur Gemeinde aufbauen, unreflektiert ihre Machtgelüste ausleben und unter dem Mantel des Auftrags Gottes ihre eigenen Interessen durchsetzen. Das geschieht unter Berufung auf die Sache, auf das Evangelium. Dabei wird ausgeblendet, dass die Sache nie ohne Beziehungen zu haben ist. In der Vergangenheit waren Pfarrer, die in ihrer Gemeinde herrschten, die ein autoritäres, religiös legitimiertes Selbstverständnis hatten, keine Seltenheit; in Beschreibungen ihrer Rolle und ihres Amtsverständnisses ist der Genuss an der Macht durchaus spürbar.

Unter der Überschrift »Predigen als Leidenschaft« schreibt *Rudolf Bohren*: »Vier Dinge tue ich leidenschaftlich gern: das Aquarellmalen, das Skifahren, das Bäumefällen und das Predigen. Eine Leidenschaft empfindet man als schön, beglückend, sie eröffnet Seligkeit: ein weißes Blatt, ein Pinsel und Farben, Farben vor allem, eine neue Welt entsteht, und man ist dabei. – Ein Steilhang, Pulverschnee. Von den Brettern getragen scheint man die Schwerkraft zu verlieren, man fährt und fährt, Herr über Raum und Zeit, frei von aller Erde und doch mitten drin, stiebend im Schnee. – Ein stolzer Baum, Widerstand leistend, ein kleiner Schlachtplan wird erforderlich, ihn anzugehen, List und dann vor allem Zähigkeit; denn der Bursche kann sich wehren, es wird Augenblicke geben, wo er unbesieglich scheint, bis sein

13.7 »Der Pfarrer ist anders« 561

Stolz krachend niedergeht ... Die drei genannten Tätigkeiten gelten mir als Metaphern für das Predigen.«[53]
In der folgenden Interpretation hebt Bohren auf die Freude, die ihm diese Tätigkeiten machen, ab; Vorstellungen eigener Größe und Macht in diesen Tätigkeiten bleiben unerwähnt.

Hinter den grandiosen Selbstvorstellungen, so die Narzissmustheorie, ist oftmals ein bedürftiges und eher schwaches Ich zu vermuten. Je schwächer und zerbrechlicher das Ich ist, desto schwerer ist es, solche Größenvorstellungen aufzulockern und zu hinterfragen; Teilkritik wird schnell als Totalkritik, als Infragestellung der ganzen Person verstanden und insofern als sehr bedrohlich erlebt.

Untersuchungen aus den 70er Jahren belegen, dass viele Theologen/Theologinnen über ein erstaunlich niedriges Selbstwertgefühl verfügen; sie neigen zu Depressivität und Unterwürfigkeit.[54] Neuere empirische Untersuchungen sind mir nicht bekannt. Der Rabbiner und Psychoanalytiker *Guy David Hall*, der die deutsche theologische Ausbildung ziemlich gründlich kennen gelernt hat, schreibt im Jahr 2001: »Überrascht hat mich immer aufs Neue, in welchem Ausmaß depressive Züge bei Pfarrer/innen anzutreffen sind ...«[55]

Pfarrer/Pfarrerinnen müssen lernen, so hat es *Josuttis* formuliert, ihre Andersartigkeit von der Andersartigkeit Gottes zu unterscheiden;[56] das heißt konkret, sie müssen lernen, Kritik anzunehmen; Teilkritik an einem konkreten Verhalten nicht als Infragestellung ihrer ganzen Person und ihrer beruflichen Qualifikation zu begreifen; sie müssen lernen zu unterscheiden, wo Kritik angemessen und berechtigt ist und wo sie sich davon abgrenzen sollten. Pfarrer/Pfarrerinnen, die keine Kritik annehmen können, verlieren den Kontakt zu den Menschen, mit denen sie es zu tun haben, und begeben sich vieler Chancen, an den Herausforderungen, die jede Kritik enthält, zu wachsen.

13.7.2 Des öfteren habe ich in der Seelsorgeausbildung Träume von Theologen und Theologinnen gehört, die intensive Gefühle von *Scham* zum Ausdruck bringen: Da träumt jemand, er stehe plötzlich nackt auf der Kanzel, und fühlt sich den unbarmherzigen Blicken der Gemeinde ausgesetzt. Da träumt ein anderer, dass ihm das Manuskript von der Kanzel flattert und er nun beschämt und hilflos nicht weiter weiß.
Das Anders-Sein, die herausgehobene Position wird von Pfarrern und Pfarrerinnen auch als beschämend erlebt. Die Ambivalenz ist ausgeprägt: Neben der Lust, sich von anderen zu unterscheiden, steht der

---

53 *Bohren* [4]1980, 17.
54 Vgl. *Klessmann* 1992, 105f.
55 *Hall* 2001, 422.
56 *Josuttis* 1983, 17.

Wunsch, man möchte doch auch dazugehören und sein, wie alle sind.[57]
Scham ist ein sehr komplexer Affekt; er entsteht aus dem Gefühl des Bloß-gestellt- Werdens: »Der sich Schämende nimmt an, dass er rundherum allen Augen ausgesetzt ist, er fühlt sich unsicher und befangen ... Scham drückt sich frühzeitig in dem Impuls aus, das Gesicht zu verstecken, am liebsten jetzt und hier in die Erde zu versinken.«[58] Es sind häufig geringfügige Anlässe, die ein intensives Schamgefühl auslösen, das die ganze Person erfasst (während sich Schuldgefühl auf eine konkrete, einzelne Tat bezieht): Ich habe mich von einer Seite gezeigt, die ich nicht öffentlich sichtbar machen wollte, weil sie mit den eigenen Selbstvorstellungen oder den Normen und Werten der Familie bzw. der Gesellschaft nicht übereinstimmt. Scham macht sich fest an der Diskrepanz von Anspruch oder Ideal und Wirklichkeit.

Die Sängerin verpasst ihren Einsatz; ein Mann hat vergessen, seine Hose zu schließen; die sonst immer gute Schülerin schreibt eine schlechte Klassenarbeit; jemand erzählt einen Witz und merkt an den Reaktionen der Zuhörenden, dass der Witz in dieser Situation gänzlich unpassend war usw.

Scham bedroht das Gefühl der eigenen Identität; der Boden, auf dem man bis dahin fraglos zu stehen glaubte, erweist sich als schwankend. Die häufig mit Scham verbundene Redewendung: »Ich hätte im Boden versinken mögen«, bedeutet also nicht nur: Ich wünschte, niemand könnte mich mehr sehen, sondern auch: Meine Einschätzung der Realität hat sich als trügerisch erwiesen. Eine schmerzliche Selbsterkenntnis findet statt: Ich bin nicht so, wie andere und ich selbst dachten, ich bin nicht über bestimmte Fehler, über bestimmte Defizite erhaben etc.
Die Scham des Pfarrers / der Pfarrerin macht sich an der Diskrepanz zwischen dem Beruf und der persönlichen Motivation dazu auf der einen Seite und der Einschätzung der Gesellschaft auf der anderen Seite fest. In einer Zeit, in der das, was Pfarrer oder Pfarrerin verkörpern, vielen nicht mehr verständlich ist und als Relikt vergangener Zeiten gilt; in der in den Medien Geistliche eher als kuriose und weltfremde Gestalten dargestellt werden, gibt es viele, die sich ihres Berufes schämen. Sie möchten nicht gleich als Pastor oder Pastorin erkennbar sein, fassen es als Kompliment auf, wenn sie von Außenstehenden als möglichst wenig »pastoral« angesehen werden, bleiben in berufsfremden Kontexten gern inkognito.

An einer psychotherapeutischen Fortbildung für Psychologen, Sozialarbeiterinnen und Ärztinnen nehme ich als einziger Theologe teil. Am dritten Tag, abends beim Bier, fragt mich jemand, was ich denn beruflich mache. Als er die Antwort »Ich

---

57 Diese Ambivalenz beschreibt sehr lebendig und anschaulich für die vergangene Generation von Pfarrerskindern *Rehmann* 1979, 38f.
58 *Erikson* [4]1971 (c), 246f.

bin Pfarrer« hört, stutzt er, die Nachbarn rechts und links unterbrechen ebenfalls überrascht ihr Gespräch, und einer sagt lachend: »Du bist doch sonst ganz nett«. Ich fühle mich beschämt, weil aus der Reaktion der anderen hervorgeht: Du repräsentierst etwas, was in unseren Kreisen eigentlich als überholt gilt; du übst einen Beruf aus, den wir für skurril halten usw.

Erfahrungen von Scham sind nicht leicht mitzuteilen, sie werden am liebsten verschwiegen; im Erzählen wird ja die Situation und damit die Scham wieder neu belebt.

Donald Capps hat darauf hingewiesen, dass das Gebet ein angemessener Ort sein kann, um sich mit Erfahrungen von Scham auseinander zu setzen und dadurch die Wahrnehmung des Selbst zu schärfen.[59] Am Beispiel von *Augustins* Konfessionen zeigt er, wie es im Gebet möglich ist, die Scham, die man auch anderen nicht erzählen möchte, vor Gott zu bringen und sich darin als der zu erkennen, der man wirklich ist. Das ist einerseits ein schmerzlicher Vorgang, andererseits auch entlastend, weil im Gebet die nicht verurteilende, die annehmende Reaktion Gottes unterstellt wird. Eine Integration auch dieser Seite des Selbst wird dadurch möglich.

Größenvorstellungen und Scham stellen zwei mögliche Reaktionsweisen auf das Anderssein des Pfarrers / der Pfarrerin dar; solange sie gelegentliche Reaktionen sind und bleiben, sind sie wichtige Hinweise zur genaueren Selbstwahrnehmung und richten keinen Schaden an. Wenn sie jedoch zu habituellen Verhaltensweisen werden, haben sie problematische Konsequenzen: Dauerhafte Größenvorstellungen verstellen den Kontakt zur Realität, Scham untergräbt das Selbstbewusstsein, macht unsicher und führt in einen Zirkel von Rückzug und neuer Unsicherheit hinein.
Aus pastoralpsychologischer Perspektive müssen Pfarrer und Pfarrerinnen lernen, die Zwiespältigkeit ihrer Selbstbilder zu durchschauen, um die unbewusste Seite nicht zu agieren.[60]

13.8 Rollenbilder im Pfarramt

Eine Rolle bezeichnet ein Bündel von Verhaltenserwartungen. Gesellschaftliche Rollenerwartung und individuelle Rolleninterpretation stimmen häufig nicht überein und führen zu Rollenkonflikten. Das Pfarramt mit seinen Wurzeln im Priesteramt und dessen archetypischen Konnotationen ist besonders dazu angetan, divergente und widersprüchliche Rollenerwartungen und entsprechende Kommunikationsprobleme auszulösen.
Individuelle Rolleninterpretationen haben in der Regel mit bewussten und unbewussten Vorstellungen von der Rolle zu tun. Bilder und Fan-

---

59 Vgl. zum Folgenden auch *Capps* 1983, 81ff.
60 Der Begriff des Agierens bezeichnet in der Psychoanalyse ein unbewusstes Wiederholen alter Verhaltensmuster.

tasien bestimmen die Art und Weise, wie jemand seine/ihre Rolle wahrnimmt und ausfüllt. In pastoralpsychologischen Fortbildungen ist es deswegen ein wichtiger Bestandteil, sich mit den eigenen Bildern vom Pfarramt und der eigenen Person darin auseinander zu setzen. Die christliche Tradition stellt eine Reihe von Bildern zur Verfügung: der Hirte, der Prophet, der Priester und der Lehrer; darüber hinaus gibt es andere, die eine gewissermaßen archetypischen Stellenwert haben. Alle diese Bilder enthalten sowohl allgemeine und traditionelle Konnotationen als auch ganz individuelle Zuschreibungen; gerade die letzteren können nur persönlich exploriert werden, indem man sie ausführlich meditiert; eine solche Meditation über Herkunft und Funktion dieser Rollenbilder kann Wichtiges und bisher vielleicht Unbewusstes über das eigene Selbst- und Berufsbild zu Tage fördern. Einführende Reflexionen zu ausgewählten Bildern können Anregungen abgeben, sich mit den eigenen Rollenvorstellungen zu befassen.

Seit neutestamentlichen Zeiten ist der *Hirte* die Ursprungsmetapher für den Pfarrberuf, natürlich unter Aufnahme alttestamentlicher Traditionen (Ps 23). Der Hirte ist jemand, der sich ganz und gar dem Wohlergehen, der Fürsorge und der Sicherheit der Schafe widmet. Erste Assoziationen rufen Eigenschaften wie Freundlichkeit, Warmherzigkeit, Zugewandtheit, aber auch Einsatzbereitschaft und die Fähigkeit zu leiten und zu führen in Erinnerung. In der amerikanischen Seelsorgeliteratur hat die Metapher des »Sheperding« seit langem eine große Rolle gespielt. *Seward Hiltner* hat sie seinerzeit erläutert durch die Dimensionen des Heilens, des Tröstens und des Führens (healing, sustaining, guiding, ⇒ Kap. 10.1.1.2).[61] Die Chance dieses Selbstverständnisses ist in der Nähe zu den Menschen zu sehen, in fürsorglicher Zugewandtheit, Hilfsbereitschaft und Offenheit. Eine Gefahr liegt zum einen in einer patriarchalen Antiquiertheit, die gleichberechtigte Kommunikation mit den Gemeindegliedern verhindert, zum anderen darin, dass jemand mit diesem Rollenverständnis von der Anteilnahme am Leiden anderer lebt und sich selber möglicherweise nicht genügend abgrenzen kann.

Das *Bild des Propheten* betont die Widerständigkeit der Rolle: Der Prophet gilt als der unbequeme und unzeitgemäße Mahner und Warner im Auftrag Gottes. Seine Aufgabe besteht darin, unter die Oberfläche der Verhältnisse zu schauen, die Ungerechtigkeit und Korruptheit der Herrschenden aufzudecken und, parteinehmend für die Armen und Schwachen, mit dem Gericht Gottes zu konfrontieren. Das Vorhersehen des Zukünftigen ist da eher ein Nebenaspekt.

Der Prophet passt sich nicht an, lässt sich nicht vereinnahmen, sondern widerspricht und kritisiert um seines größeren Auftrags willen. Ein solches Selbstverständnis tut der Kirche immer wieder Not, gleichzei-

---

61 *Hiltner* 1957, 64ff.

13.8 Rollenbilder im Pfarramt

tig ist es hoch problematisch, weil es sich weitgehend der Kritik entzieht: Der Prophet steht über der Gemeinde, sieht sich beinahe notwendig als einsam und umstritten.
Der *Priester* ist der Verwalter des Heiligen, Verwalter der letzten Geheimnisse, der im Kultus die Gegenwart Gottes herbeiruft. Er ist Stellvertreter Gottes; als solcher hat er besonderen Anteil an der Heiligkeit Gottes, auch wenn wir das in protestantischer Tradition gern bestreiten. Zwei Aspekte sind wichtig: Zum einen werden Pfarrer/Pfarrerin in der priesterlichen Rolle von vielen Menschen als religiöse Übertragungsfiguren und nicht als Privatpersonen wahrgenommen (s.u.); zum anderen fördert auch die priesterliche Rolle narzisstische Größenvorstellungen, auf deren Ambivalenz ich schon hingewiesen habe.

Ein Beispiel: In der EKU-Agende von 1963 heißt es bei der Ordination eines Pfarrers: »Wir ermahnen dich, ein Leben des Gebetes unter dem Worte Gottes zu führen, mit den Brüdern und Schwestern im Amt Gemeinschaft zu halten, der Gemeinde in einem christlichen Wandel voranzugehen und darauf bedacht zu sein, dich und dein Haus unanstößig zu bewahren, damit du nicht andern predigst und selbst verwerflich wirst.
In Summa: Wir ermahnen dich durch die Barmherzigkeit Gottes, die Kräfte deiner Seele und deines Leibes in diesem Amt dem Herrn zu opfern, das Kreuz, das er seinen Dienern auferlegt, gehorsam zu tragen und allezeit dessen eingedenk zu sein, daß du mit deinem Tun und Lassen dermaleinst vor dem Richterstuhl Christi offenbar werden mußt.«[62]

Das Bild des Priesters wird gegenwärtig neu belebt in der von *Manfred Josuttis* entwickelten Metapher vom Pfarrer / von der Pfarrerin als Führer und Führerin in das Heilige.[63] Welche Auswirkungen hat ein solches Selbstverständnis auf die Zusammenarbeit zwischen Pfarrer und Gemeinde, zwischen Pfarrerin und anderen kirchlichen Mitarbeitenden?
Pfarrer waren im reformatorischen Verständnis auch *Lehrer*. Das Evangelium selbst wurde als doctrina bezeichnet, seine Verkündigung hatte angesichts des religiösen Unwissens der Mehrzahl der Bevölkerung immer einen lehrhaften Charakter. Diese Dimension ist in der zweiten Hälfte des 20. Jahrhunderts stark in den Hintergrund getreten: Lehren wurde mit schulischem, frontalem und hierarchisch strukturiertem Wissensvermitteln gleichgesetzt und damit desavouiert. Das therapeutische Paradigma der Seelsorgebewegung speist sich aus dem humanistischen Ansatz, dass Menschen selber finden müssen und können, was ihnen für ihr Leben wichtig und nützlich ist. Erst in jüngster Zeit scheint sich das Bild des Pfarrers / der Pfarrerin als Lehrende wieder deutlicher zu beleben. Wer beispielsweise in Predigt oder Unterricht die Subjektivität der Hörenden, die Mündigkeit ihres Glaubens

---

62 Agende für die EKU, Bd. II. 1964, 139.
63 *Josuttis* 1996.

fördern will, setzt einen Bildungsprozess in Gang, der dann auch pädagogisch zu verantworten ist.
Frauen verwenden das Bild der *Hebamme* für ihr Rollenverständnis als Pfarrerin.[64] Die Metapher enthält zum einen die Elemente der Fürsorge, der aktiven Präsenz sowie der beruflichen Kompetenz und Autorität, zum anderen die Zielrichtung der Zusammenarbeit zwischen Hebamme und der gebärenden Frau. Die Hebamme will die gebärende Frau in die Lage versetzen (»empowerment«), den Geburtsprozess so weit wie möglich in eigener Initiative zu steuern und zu gestalten. Die Hebamme hat eine initiierende, fördernde, unterstützende und stärkende Rolle. Dabei verläuft der Geburtsprozess nie ohne Schmerzen; die Hebamme ermutigt zu einem aktiven Durch-den-Schmerz-Hindurchgehen. Vor allem für die seelsorglichen Funktionen des Pfarramtes liegen in dieser Metapher viele konstruktive Anregungen.
Die Metapher des *Dieners* wird nicht mehr so häufig verwendet, obwohl sie vielfachen biblischen Anhalt hat (z.B. Joh 13). Die Rolle des Dieners ist von seiner Aufgabe her definiert, die Person tritt hinter der Aufgabe weitgehend zurück, der Diener kann jederzeit für die Ausübung seiner Tätigkeit zur Verantwortung gezogen werden. Das Bild des Dieners gehört zunächst in eine ständische Gesellschaftsstruktur, in der eine Zusammenarbeit zwischen Gleichen nicht vorgesehen ist. Im übrigen ist die Metapher wegen des offenkundigen Missbrauchs die ganze Kirchengeschichte hindurch diskreditiert worden: Jeder Kirchenfürst hat sich als Diener des Volkes Gottes bezeichnet und die offensichtliche Diskrepanz zwischen diesem Selbstanspruch und dem tatsächlichen Verhalten nicht bemerkt oder nicht bemerken wollen. Gleichwohl ist vor allem in der Diakonie der Auftrag zum Dienen weiterhin lebendig; der Auftrag ist wichtig und notwendig, wenn zugleich seine Schattenseiten bedacht werden.

Unübertroffen hat *Sören Kierkegaard* die Diskrepanz zwischen Anspruch und Wirklichkeit des Amtes zum Ausdruck gebracht: »In der prächtigen Domkirche tritt der hochwohlgeborene, hochwürdige geheime General-Oberhofprediger auf, der auserwählte Günstling der vornehmen Welt, er tritt auf vor einem auserwählten Kreis von Auserwählten, und predigt gerührt über den von ihm selbst ausgewählten Text: ›Gott hat auserwählt das Geringe vor der Welt und das Verachtete‹ – und da ist niemand der lacht.«[65]

Verwandt mit der Vorstellung des Dieners ist das *Bild des Helfers / der Helferin*: Die Motivation, anderen Menschen zu helfen, ist ein wichtiger Bestandteil der Motivation zum Pfarramt überhaupt (s.o.). Bibel und Kirchengeschichte sind voll von Versprechungen der Belohnung, die auf die Helfenden warten. Anderen zu helfen bringt in der

---

64 Vgl. *Ramsay* 1998, 119ff.
65 Zitiert nach *Bastian* 1965, 47.

13.8 Rollenbilder im Pfarramt

Regel eine Menge Anerkennung, es ist eine machtvolle Position, und sie hilft, von eigenen Problemen abzulenken (⇒ Kap. 12). Häufig kommen die Helfenden selbst zu kurz, ihre eigenen Bedürfnisse oder die ihrer Familie müssen immer hinten anstehen; auf diese Weise können sie sich nur begrenzt selbst entwickeln, bleiben in einer merkwürdigen Gegenabhängigkeit gebunden an die Menschen, die auf Hilfe angewiesen sind.

Das *Bild des Freundes / der Freundin* ist speziell für die seelsorgliche Rolle des Pfarrers / der Pfarrerin wiederholt verwendet worden, zuletzt wohl in der Seelsorgekonzeption von *Martin Nicol*.[66] Der Freund / die Freundin ist dem/der anderen nahe, sieht sich prinzipiell auf einer gleichen, partnerschaftlichen Ebene, ist jederzeit zugänglich, offen, verständnisvoll, einfühlend, zugleich darauf bedacht, den Freund / die Freundin selbstständig und selbstverantwortlich zu halten. Die Metapher suggeriert Nähe und enthält die latente Versuchung, den professionellen Aspekt und damit die Asymmetrie fast aller Beziehungen im Pfarramt zu leugnen. Asymmetrie in Bezug auf Rollenverteilung (der Seelsorger erzählt nicht aus seiner Lebensgeschichte, wie er das in einer Freundschaft tun würde!) und Kompetenz (die Pastorin hat hoffentlich seelsorgliche Gesprächsführung gelernt) ist in einer helfenden Beziehung kein Defizit, sondern eine sinnvolle und notwendige Voraussetzung; die Asymmetrie stellt Distanz her und macht den Pfarrer / die Pfarrerin u.U. einsam; deswegen ist die Versuchung, sich an der Metapher des Freundes zu orientieren, groß.

Allerdings wird die Asymmetrie in theologischer Betrachtungsweise aufgehoben durch die Gleichheit beider vor Gott: Beide können sich im Glauben verstehen als sündig und gerechtfertigt zugleich. Ob diese Betrachtungsweise jedoch unmittelbar methodische Auswirkungen auf das berufliche Rollenverhalten hat, möchte ich bezweifeln.

Das *Bild vom alten weisen Mann / der alten weisen Frau* setzt ein gehöriges Maß an Lebenserfahrung voraus; für den älteren Pfarrer / die ältere Pfarrerin bietet es sich an, weil sie in der Begleitung von Menschen vieles Schweres und Schönes gesehen und erlebt haben, durch Krisen gegangen sind und gelernt haben, das Leben mit einer hoffentlich humorvollen Distanz zu sehen, darüber (hoffentlich) selber gereift sind. Die positiven Seiten des Bildes sind unübersehbar; die Schattenseiten könnten darin liegen, dass jemand mit diesem Selbstbild sich nicht mehr wirklich engagiert, sondern den Lauf der Dinge eher abgeklärt aus der Entfernung betrachtet. Nähe zur Resignation ist in diesem Zusammenhang eine Gefahr.

Diese Rollenbilder spiegeln einerseits Facetten eines bewussten Selbstbildes des Pfarrers / der Pfarrerin. Aus ihnen leiten die Betref-

---

66 *Nicol* 1990. Das Seelsorgegespräch, so Nicol, »findet daher sein Paradigma im existentiellen Gespräch zwischen Freunden.« *Nicol* 1990, 162.

fenden bestimmte Verhaltenskonsequenzen im Blick auf ihr Auftreten, auf ihren Kommunikationsstil etc. ab. Die unbewussten Dimensionen solcher Bilder, ihrer Entstehung und Herkunft, gilt es zu erkunden; viel hilfreiche Selbsterkenntnis kann sich in der assoziativen Beschäftigung mit solchen Bildern einstellen.

Andererseits werden dem Pfarrer / der Pfarrerin die Rollenbilder von außen gezielt oder latent angetragen. Dann steht eine Auseinandersetzung mit diesen Fremderwartungen an: Wie weit kann und will ich den Erwartungen entsprechen, und wo und wie will ich mich abgrenzen? Die entstehenden Rollenkonflikte müssen wahrgenommen und durchgearbeitet werden. Pastoralpsychologische Fort- und Weiterbildung bzw. Supervision stellen dafür einen geeigneten Rahmen bereit.

13.9 Der Pfarrer / die Pfarrerin als religiöse Übertragungsfigur

Übertragungen (⇒ Kap. 4.1.1) ereignen sich ständig in Beziehungen zwischen Menschen und beeinflussen die Kommunikation in spezifischer Weise. Bei Pfarrern und Pfarrerinnen ist jedoch mit einer zusätzlichen religiösen Dimension zu rechnen, die einer Begegnung einen besonderen Charakter verleihen kann.

Pfarrer und Pfarrerin bringen mit ihrer Selbstvorstellung als »Pfarrer X« oder »Pfarrerin Y« immer den religiösen Horizont, der sie in ihrem Beruf legitimiert, mit. Pfarrer/Pfarrerin werden betrachtet, so beschreibt *J. Scharfenberg* den Vorgang der religiösen Übertragung, »als seien sie Symbole von etwas anderem, tiefer liegendem Unbekannten.«[67] Sehnsüchte nach heilem, ungebrochenem Leben, Hoffnungen auf ein »jenseits« unserer konflikthaften und bruchstückhaften Lebenswirklichkeit, »wo alle Tränen abgewischt werden« (Apk 21), aber auch Erschrecken und Ängste im Zusammenhang mit ungelösten Lebensfragen, verbinden sich mit dem Auftreten dieser Berufsinhaber.

Joachim Scharfenberg erzählt folgende Begegnung:[68]

»Frau B. erscheint nach einem Gottesdienst in der Sakristei, um mir in bewegten Worten für diesen Gottesdienst zu danken. Sie habe seit vielen Jahren keine Kirche mehr von innen gesehen, aber heute habe ihr die Verzweiflung bis zum Hals gestanden, sie habe ständig mit Selbstmordgedanken kämpfen müssen, und da sei sie einfach den Glocken gefolgt und habe die Kirche aufgesucht. Sie müsse ehrlich gestehen, dass sie sich zunächst gar nicht wohl gefühlt habe, alles sei ihr so fremd und ungewohnt gewesen. Auch von der Predigt habe sie leider wenig verstanden, sie sei wohl zu sehr mit sich selbst beschäftigt gewesen. Schon habe sich ihrer ein tiefes Enttäuschungsgefühl bemächtigt, aber da ganz am Schluß, da habe sie mich mit erhobenen Händen am Altar stehen sehen, und da habe ich etwas gesagt, was sie wie ein Lichtblitz getroffen habe, und auf einmal sei ein ganz tiefer Friede in ihr eingekehrt, das Gefühl, dass ihr ja eigentlich doch nichts passieren könne. Es

---

67 *Scharfenberg* 1985, 117.
68 *Scharfenberg* 1985, 61.

13.9 Der Pfarrer / die Pfarrerin als religiöse Übertragungsfigur

sei ein Gefühl gewesen, wie sie es seit ihrer Kindheit nicht mehr erlebt habe, und sie möchte doch gern, dass ich ihr das aufschreibe, was ich da gesagt habe, es sei etwas mit einem leuchtenden Angesicht gewesen, und vom Frieden, und sie habe an den Erzengel Michael denken müssen, als sie mich da so habe stehen sehen. Wenn ich ihr jetzt die wenigen Worte, die sie so tief getroffen haben, aufschreiben würde, dann könnte sie das sicher auswendig lernen, und sie sei sicher, dass sie besser mit ihren Schwierigkeiten würde umgehen können, wenn sie sich diese Worte ins Gedächtnis riefe.«

Aus der Sicht der Objektbeziehungstheorie (⇒ Kap. 4.1.4) lässt sich religiöse Übertragung so verstehen, dass die andere Person im Pfarrer / in der Pfarrerin ein Bild vorfindet, das sich als »Anknüpfungspunkt« eignet, um daraus nun eine eigene Vorstellung zu schaffen. Der Pfarrer / die Pfarrerin wird als »Selbstobjekt«, d.h. als ein das eigene Selbst stützendes und bekräftigendes, oder auch in Frage stellendes, Selbstbild in Gebrauch genommen.[69] Der Pfarrer / die Pfarrerin evoziert ein Gottes-Bild, eine Sehnsucht, eine Hoffnung, aber auch Erschrecken oder Dankbarkeit in der anderen Person, und es wäre gut, wenn es gelingt, darüber ins Gespräch zu kommen. Das Gottes-Bild hat Anteil am Selbstbild der Person und vielleicht auch am Pfarrer, aber es ist zugleich mehr, es repräsentiert etwas Neues, etwas Drittes. Ein Zwischenraum, ein »Möglichkeitsraum« öffnet sich, den es auszuloten gilt. Das Bild vom »Totenvogel« etwa oder vom »gütigen Priester«, das Erschrecken einer Frau, die beim Hereinkommen des Pfarrers gleich an eine lange zurückliegende Abtreibung denkt – all das gilt nicht direkt dem Pfarrer. Er muss zwischen sich und dem Bild/Gefühl unterscheiden können, hier also nicht zurückweisen oder schnell zu korrigieren versuchen, sondern sich mit dem/der anderen gemeinsam auf den Weg machen, dieses Symbol zu erkunden und der Vielfalt seiner Bedeutungen nachzugehen. Dann kann es dazu beitragen, dem Selbst des/der anderen Stärkung und Klärung zu sein.

Für pastorales Handeln ist es von großer Bedeutung, diese Dimension der religiösen Übertragung, auch wenn sie nicht explizit zum Thema wird, zu berücksichtigen. Vor allem in der Seelsorge, aber nicht nur dort, stellt sich die Frage nach dem christlichen Proprium, nach dem, was Seelsorge etwa von Sozialarbeit oder psychologischer Beratung unterscheidet. Der Hinweis auf die religiöse Übertragung verdeutlicht, dass allein schon dadurch, dass der Seelsorger / die Seelsorgerin in der Rolle als Geistliche/r auftritt, ein wichtiger Unterschied gegeben ist. Mit Hilfe konstruktivistischer Kategorien könnte man sagen: Jemand konstruiert seine Lebensgeschichte oder einen Teil von ihr anders in Gegenwart eines Pfarrers im Vergleich zur Psychologin oder zum Rechtsanwalt. Die Rolle des Pfarrers / der Pfarrerin stellt eine Begegnung zwangsläufig in einen religiösen Kontext; damit relativiert sich

---

[69] Vgl. *Gestrich* 1998, 176.

die immer wieder strittige Frage nach dem Proprium der Seelsorge. Wenn eine Pastorin als eine solche religiöse Übertragungsfigur wahrgenommen wird, bildet das religiöse Proprium der Seelsorge – im Unterschied zur Beratung oder Psychotherapie – von Anfang an den Horizont des Gesprächs.

13.10 Die Person des Pfarrers / der Pfarrerin und die Grundformen der Angst nach *Fritz Riemann*

Wenn der Person des Pfarrers / der Pfarrerin für die Kommunikation des Evangeliums großes Gewicht zukommt, wie ich es oben ausgeführt habe, müssen methodische Möglichkeiten bereitgestellt werden, um sich mit der eigenen (religiösen) Biographie, ihren Stärken und Grenzen kritisch und konstruktiv auseinander zu setzen. (⇒ Kap. 16, Fort- und Weiterbildung in Pastoralpsychologie). Selbsterfahrung und/oder eine eigene Therapie stellen die bisher besonders akzeptierten und geeigneten Mittel dar, um an der eigenen Person zu arbeiten. Modelle aus dem Bereich der Persönlichkeitspsychologie können in diesem Zusammenhang hilfreich sein, weil sie auf bestimmte Erfahrungskonstellationen aufmerksam machen und die Wahrnehmung für die Eigenheiten der eigenen Person und ihrer Geschichte schärfen. Die Persönlichkeitstypologie von *Fritz Riemann* (1902–1977) gehört zu den Theorien, die in ihrem heuristischen Wert für die Beschäftigung mit der eigenen Person von vielen geschätzt werden – auch wenn sie in vielen entwicklungspsychologischen Details von der neueren psychoanalytischen Entwicklungspsychologie nicht bestätigt wird.[70]

In seinem Buch »Grundformen der Angst« (1961) geht *Riemann* davon aus, dass Angst unausweichlich zu unserem Leben gehört. Jede Veränderung – und Leben ist ein ständiger Veränderungsprozess – löst neben dem Reiz des Neuen auch Angst aus: Jeder »normale« Entwicklungsschritt – z.B. Schulbeginn, Studienbeginn, Berufsbeginn, Eingehen einer Partnerschaft, Altwerden – ist nicht nur reizvoll und anregend, sondern auch bedrohlich; Angst ist so gesehen untrennbar mit Entwicklung und Reifung verbunden. Darüber hinaus gibt es unvorhersehbare Geschehnisse in der Umwelt, die Angst einflößen: Unfälle, Umweltschäden, Konflikte zwischen Menschen, Gewaltausübung, Krieg usw.

Dabei fällt auf: Was dem einen Angst macht, ist für den anderen harmlos oder sogar reizvoll, was die eine als bedrohlich erlebt, zieht die andere an.

Trotzdem kann man bestimmte Grundformen von Angst abstrahieren, die zwar immer in individueller Ausprägung auftreten, aber eben doch ein Grundmuster erkennen lassen. Dieses Grundmuster des Angsterle-

---

[70] *Riemann* (1961) 1992; vgl. auch *König* 1999; von *Viebahn* [4]1989.

13.10 Die Person des Pfarrers / der Pfarrerin und die Grundformen ...

bens und dann auch der Angstbewältigung bringt *Riemann* mit bestimmten Grundforderungen in Verbindung, die jeder Mensch im Lauf seines Lebens bewältigen muss:
1. Da ist zunächst die Forderung, ein *einmaliges Individuum zu werden*, die persönliche Eigenheit zu bejahen, sich damit von anderen abzugrenzen und zu unterscheiden. Diese Forderung ist verbunden mit der Angst, aus der Geborgenheit der Gemeinschaft herauszufallen, sich zu isolieren und einsam zu werden.
2. Dem steht gegenüber die Forderung, dass wir uns der Welt, dem Leben und den Mitmenschen *vertrauend öffnen, uns einlassen, uns hingeben* – verbunden wiederum mit der Angst, angesichts dieser Forderung unser Eigensein nicht genügend entwickeln zu können, uns selbst zu verlieren, abhängig zu werden und uns auszuliefern.
3. Eine dritte Forderung zielt darauf, *Dauer anzustreben*. Um leben zu können, müssen wir so tun, als ob die Welt, als ob das Leben stabil wäre: Wir richten uns ein, rechnen damit, dass das einmal Erreichte auch bleiben wird, planen ganz unbesorgt für die Zukunft; dabei verdrängen wir die Angst vor der Vergänglichkeit des Lebens, vor der Unberechenbarkeit jedes Tages, jeder Beziehung, jedes Projekts.
4. Dem steht gegenüber die Forderung, *uns ständig zu wandeln*, uns lebendig weiter zu entwickeln, Vertrautes aufzugeben, Traditionen und Gewohnheiten loszulassen, von Liebgewordenem Abschied zu nehmen – verbunden mit der Angst, dass die Vergangenheit, dass Ordnungen und Traditionen uns festhalten und festlegen könnten; letztlich erscheint der Tod als Symbol von Erstarrung und fataler Endgültigkeit.

So kommt *Riemann* zu den 4 Grundformen der Angst:

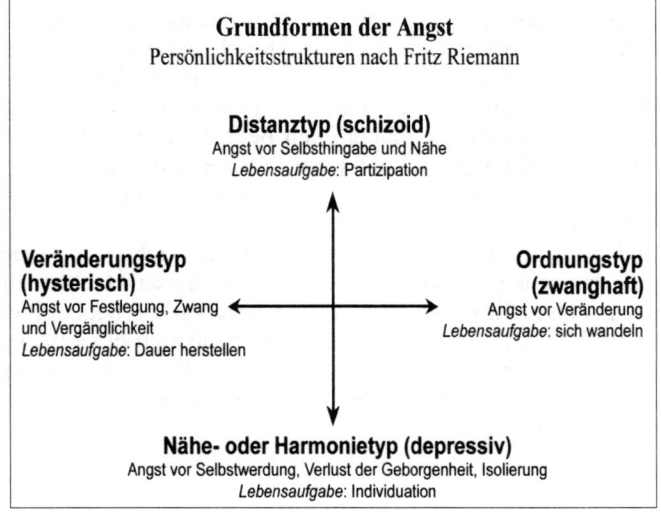

Wir haben Anteile aller Grundformen in uns; das Ziel von *Riemanns* Anthropologie besteht darin, dass jeder Mensch die vier Formen möglichst ausgewogen leben soll, dass er/sie jeden dieser Impulse kennt und etwas davon zum Ausdruck bringen kann. In der Regel steht jedoch *eine* Ausprägung im Vordergrund; es handelt sich dabei, trotz der klinifizierenden Terminologie, um »normale« Persönlichkeitsprägungen. Erst wenn eine Ausprägung sehr extrem und einseitig im Vordergrund steht und alles andere in den Hintergrund drängt, kann man von krankhafter Störung reden.

Auf den ersten Blick wirkt diese Typologie rein individualistisch, als würden hier gewissermaßen endogen unveränderliche Charakteristika der Person beschrieben. Bei genauerem Hinsehen zeigt sich, dass die Typologie durchgehend beziehungsorientiert entwickelt ist: Die genannten Grundformen entstehen in der Interaktion mit anderen, primär in der Kindheit, doch sind auch spätere Akzentverschiebungen möglich, wenn jemand in ein anderes Beziehungsgefüge hineingerät, in dem veränderte Herausforderungen auf ihn/sie zukommen.

Riemann stellt die vier Grundformen ausführlich und differenziert dar; das kann hier nur verkürzt nachgezeichnet werden. Von der möglichen Bedeutung dieser Typologie für die Person des Predigers / der Predigerin und für Leitungsverhalten war bereits die Rede (⇒ Kap. 6.4 und 9.7.4).

13.10.1 Die schizoiden Persönlichkeitstypen (Distanz-Typen)

Schizoide Menschen wirken nach *Riemann* distanziert, kühl, sachlich, unpersönlich bis kalt. Sie meiden Nähe und Vertrautheit, tun sich schwer, sich zu öffnen, sich hinzugeben. Gefühle bei sich selbst und bei anderen sind ihnen fremd, sie wissen nicht genau, ob sie eine Emotion fühlen oder denken. Sie gehen rational-distanziert an die Welt und das Leben heran, während sie alles Emotionale eher verunsichert.

Schizoide Persönlichkeiten haben Angst vor der Liebe, vor Bindung und Hingabe, vor dauerhafter Nähe, sie fühlen sich leicht eingeengt, sehen ihre Freiheit und Unabhängigkeit bedroht. Sie neigen deswegen eher zu unverbindlichen, vielleicht aufs Sexuelle begrenzte Beziehungen und verteidigen auch in der Theorie eher die unkonventionellen Lebensformen.

Ärger und Aggression auszudrücken fällt ihnen leichter, als Liebe und Zuneigung zu geben – und doch ist auch auf diesem Gebiet eine Art Abspaltung dieser Emotion vom Gesamterleben zu beobachten. Die Wut bricht plötzlich aus ihnen heraus, wenn sie sich etwa beengt fühlen: Es ist eine Form, Distanz herzustellen oder aufrechtzuerhalten, oder auch das Mittel, Kontakt aufzunehmen – was dann nicht zum erwünschten Resultat führt.

13.10.2 Die depressiven Persönlichkeitstypen (Harmonie- bzw. Nähe-Typen)

Für depressive Persönlichkeiten steht die Angst, aus der Geborgenheit herauszufallen, im Vordergrund.[71] Distanz assoziieren solche Menschen mit Allein-Gelassen werden. Deswegen streben sie nach Nähe und Harmonie, nach Abhängigkeit, Bindung und Geborgenheit. »Für die erstrebte Harmonie und ungetrübte Nähe muß der Depressive nun seinerseits ›gut‹ sein, und befleißigt sich daher aller altruistischen Tugenden: Bescheidenheit, Verzichtbereitschaft, Friedfertigkeit, Selbstlosigkeit, Mitgefühl und Mitleid ... Überwertige Bescheidenheit, die für sich selbst nichts fordert, Überanpassung und Unterordnung bis zur Selbstaufgabe ... All das läßt sich auf den gemeinsamen Nenner bringen: durch das Aufgeben eigener Wünsche, durch den Verzicht auf das Eigen-Sein, die Verlustangst, die Angst vor der Einsamkeit zu bannen, und sich der deshalb gefürchteten Individuation zu entziehen.«[72]
Depressive Menschen haben mit diesen Eigenschaften leicht den Touch moralischer Überlegenheit, gleichzeitig üben sie damit einen Erwartungsdruck auf andere aus: Sie können nicht fordern, sondern erwarten stillschweigend, dass ihr selbstloses Verhalten entsprechend belohnt wird.
Lieben und Geliebt werden ist depressiven Menschen das Wichtigste im Leben; Spannungen und Konflikte sind ihnen schwer erträglich. Sie haben eine große Liebesfähigkeit, die – dank guter Einfühlungsgabe – bis zur Verschmelzung mit dem anderen gehen kann. Sie wissen manchmal nicht so genau, wo sie selbst aufhören und der/die Andere anfängt. Gleichzeitig kann diese große Liebe auch eine Art von Erpressung für den Partner bedeuten, wenn er nicht das Bedürfnis nach ebenso großer Nähe und Verschmelzung hat. Sexualität ist ihnen weniger wichtig als Nähe und Zärtlichkeit.
Aggression wird von ihnen als beängstigend erlebt; depressive Menschen gehen eher in die Opferrolle und üben subtil und passiv Aggression aus. Das geringe Selbstwertgefühl hat seinen Grund in der nicht gelebten Aggression; die Aggression kehrt sich nach innen in Form von Selbstvorwürfen und Selbstbestrafungstendenzen.

13.10.3 Die zwanghaften Persönlichkeitstypen (Ordnungstypen)

Angst vor der Vergänglichkeit und Streben nach Dauer ist das Grundmuster dieses Typus. Möglichst alles soll bleiben, wie es ist, daraus erwächst die notwendige Sicherheit, während alles Neue und sich Verändernde sie ängstigt und beunruhigt. Demgegenüber sind Regeln, Gesetze, Traditionen Garanten dessen, was war und was so bleiben soll; wenn man sich an ihnen festhält, kann man das gefahrvolle Neue ein-

---

71 Hier ist nicht von Depression im Sinn einer klinischen Diagnose die Rede!
72 *Riemann* 1992, 62f.

grenzen und überschaubar halten. Diese Menschen haben auf der einen Seite ein starkes Kontrollbedürfnis; solange sie die Kontrolle haben, besitzen sie – scheinbar – die Macht über das, was im Letzten natürlich unkontrollierbar bleibt; auf der anderen Seite können sie ganz zögerlich und zaudernd sein, weil mit jeder Entscheidung das Chaos ausbrechen könnte. Aus diesem Wunsch, das Leben zu kontrollieren und in überschaubaren Grenzen zu halten, erwächst dann eine zunehmende Einengung, ein Verlust an Spontaneität und lebendiger Vielfalt bis hin in neurotischen Formen, zu Zwangssymptomen.

Gefühle sind den zwanghaften Menschen bedrohlich, weil Gefühle eine schwer kontrollierbare Kraft und Dynamik entwickeln. Ihre Beziehungen sind mehr sachlich strukturiert oder aus Vernunftgründen eingegangen; Verlässlichkeit und Treue sind unumstößliche Werte – er/sie erwartet sie im gleichen Maß vom Anderen und kann sich schwer auf dessen Anderssein einstellen. Erotik und Sexualität werden geplant, von bestimmten äußeren oder inneren Bedingungen abhängig gemacht oder sind mit Scham- und Schuldgefühlen behaftet.

Aggression verbieten sich zwanghafte Menschen: Selbstbeherrschung, Selbstzucht sind ihnen wichtige Werte, mit denen sie die Angst vor heftigen Emotionen rationalisieren. Die Rationalisierung der Aggression kann sich auch in der Art des Umgangs mit Macht manifestieren: Da ist es von der Rolle als Vater / als Vorgesetzter etc. her u.U. ganz legitim, kraftvoll-aggressiv aufzutreten, da geht es um die Ausübung der Rolle und nicht um das persönliche Gefühl.

13.10.4 Die hysterischen Persönlichkeitstypen (Veränderungstypen)

Für hysterische Menschen ist das Neue das Reizvolle, das sie suchen: Veränderung, Freiheit, Abwechslung, Risiko – all das lenkt sie ab vom Endgültigen, vom Unausweichlichen, vom festgelegten Schicksal. Verbunden mit dem Wunsch nach Veränderung ist das Bestreben, Wünsche möglichst schnell in die Realität umzusetzen; alles, was dem im Wege steht, erscheint als lästig: Die Zeit macht einen Warten – warum nicht gleich? Pünktlichkeit ist doch nicht so wichtig. Ethik und Moral erscheinen etwas kleinkariert, wenn sie einen an der Umsetzung der Wünsche hindern.

Hysterische Menschen erscheinen äußerst lebendig, können faszinierend auftreten und überzeugend reden, und sind gleichzeitig weniger berechenbar, nicht besonders verlässlich, und schnell übertreibend. In einer Partnerschaft oder in der Zusammenarbeit beanspruchen sie den größten Teil der Aufmerksamkeit, alles muss sich um sie drehen, ihr Narzissmus bedarf der ständigen Nahrung und Bestätigung. Ihr Geltungsstreben ist ausgeprägt, auch Aggression kann dazu dienen: Etwas für sich zu erreichen, für diesen Zweck latent aggressiv – raumgreifend, übertreibend, dramatisierend, intrigierend – aufzutreten, erscheint ihnen selbstverständlich. Dahinter steht eine ausgeprägte Labilität und

Unsicherheit in der Selbsteinschätzung: Wenn der Narzissmus nicht bestätigt wird, wenn Kritik geäußert wird, fühlen sie sich leicht tief gekränkt, ganz als Person in Frage gestellt.
Die Stärken dieser Menschen liegen in ihrer Lebendigkeit, sie sind charmant, originell, farbig, unternehmungslustig, risikofreudig, können mitreißen und begeistern. Die Kunst ist zweifellos ein wichtiges Betätigungsfeld hysterischer Persönlichkeiten.
Ihre Schwäche liegt darin, dass sie wenig verlässlich sind, manchmal naiv und unreflektiert erscheinen, mal so, mal so auftreten, mal die, mal jene Idee vertreten; das Neue, das sie beginnen, führen sie nicht gern zu Ende, und mit allem, was unabwendbar erscheint – z.B. mit dem eigenen Altwerden – tun sie sich schwer.

Riemanns Typologie kann als Anregung verstanden werden, sich selbst und die eigenen Beziehungs- und Kommunikationsstrukturen im Beruf wie im Privatleben genauer wahrzunehmen und biographische Zusammenhänge besser zu verstehen.

Im Blick auf die Riemann'sche Typologie haben wir in der Seelsorgeausbildung gelegentlich mit folgendem Verfahren zur Selbsteinschätzung gearbeitet: In einer Gruppe, die sich schon eine Weile kennt, bilden sich Dreiergruppen, in denen zunächst jede/r eine Art *Selbsteinschätzung* auf einem Fadenkreuz der Riemann'schen Typologie vornimmt: So sehe ich mich *z.Zt.* mit mehr oder weniger ausgeprägten Anteilen an schizoidem und/oder depressivem Verhalten etc. Gleichzeitig nehmen die jeweils anderen beiden eine *Fremdeinschätzung* vor: So sehen wir dich im Moment. Anschließend werden beide Einschätzungen *verglichen* und die jeweiligen *Stärken und Schwächen* dieses Profils besprochen. Es geht nicht darum, zu einer festlegenden Diagnose zu kommen, sondern Anregungen zu gewinnen, sich selber besser wahrzunehmen und die eigenen Fähigkeiten und Grenzen, Stärken und Schwächen, sei es im Blick auf Seelsorge, sei es im Blick auf Predigt oder Unterricht, genauer in den Blick zu bekommen.

Vertiefende Literatur:
- *Ulrike Wagner-Rau*, Zwischen Vaterwelt und Feminismus. Eine Studie zur pastoralen Identität von Frauen, Gütersloh 1992.
- *Michael Klessmann*, Pfarrbilder im Wandel. Ein Beruf im Umbruch, Neukirchen-Vluyn 2001.
- *Guy W. Rammenzweig*, Coram. Ein Handbuch für die Arbeit von Pfarrerinnen und Pfarrern auf dem Weg ins nächste Jahrhundert, Presseverband der EKiR e.V., Düsseldorf 2001.

Kapitel 14: Gruppe und Gruppendynamik

Kommunikation ist immer kontextuell, an gesellschaftliche und kulturelle Kontexte sowie an Bezugsgruppen gebunden. Die Erforschung der Bedeutung von Bezugsgruppen für die Entwicklung und Kommunikationsfähigkeit des Menschen ist ein wesentlicher Bestandteil der Sozialpsychologie.
In den 1960er und 70er Jahren hatten Gruppenforschung und Gruppendynamik Hochkonjunktur; seither ist diese Bewegung vorbei; sowohl der Enthusiasmus des damaligen Aufbruchs (Encounter-Gruppen, Training-Gruppen, Wachstums-Gruppen, Selbsterfahrungsgruppen etc.) als auch der heftige Kampf gegen die Gruppendynamik von Seiten evangelikaler Christen gehören der Vergangenheit an. Geblieben ist, dass in vielen Bereichen der Bildungsarbeit, auch der kirchlichen, und in der Selbsthilfearbeit ganz selbstverständlich Zielvorstellungen und methodische Elemente aus der gruppendynamischen Forschung und ihren Anwendungen eingesetzt werden. Geblieben ist die Erkenntnis, dass eine personenbezogene Dimension (neben der sachbezogenen) in jeder Gruppenarbeit die subjektive Zufriedenheit der Beteiligten erhöht und damit auch das Ausmaß der Arbeitseffektivität steigern kann.
Gemeinsam ist den verschiedenen Varianten der personbezogenen Gruppenarbeit:
Sie setzt kleine Gruppen mit acht bis zu zwölf (max. sechzehn) Mitgliedern voraus, so dass eine face to face Begegnung (»encounter«) möglich ist; ein oder zwei Personen haben offiziell die Leitungsfunktion inne; die Gruppe arbeitet innerhalb eines begrenzten Zeitrahmens und zielt darauf ab, angesichts der im gesellschaftlichen Alltag anscheinend notwendigen Fassaden mehr Offenheit und Echtheit zu wagen, um dadurch persönliches Wachstum und mehr Selbstaktualisierung zu ermöglichen[1] ($\Rightarrow$ Humanistische Psychologie, Kap. 4.3).
Bestimmte Grundannahmen dieser aus der Psychoanalyse, der Feldtheorie *Kurt Lewins* sowie der Humanistischen Psychologie erwachsenen Bewegung behalten ihre Gültigkeit für jede offene Gruppenarbeit; sie sollen im Folgenden, ohne auf die verwirrende Vielfalt der thera-

---

1 Vgl. dazu *Rogers* 1970.

peutischen und nichttherapeutischen Gruppenverfahren im Einzelnen einzugehen, knapp vorgestellt werden.[2]

14.1 Gruppenforschung

Der Mensch ist ein soziales Wesen, das gilt es bei aller Selbstverständlichkeit zu betonen, weil wir in den westeuropäischen Gesellschaften von einer jahrhundertealten Tradition geprägt sind, die den Menschen als Einzelwesen, als autonomes Entscheidungs- und Wahrnehmungszentrum sieht.
Der Mensch als Einzelwesen ist ganz und gar auf Gruppen und soziale Beziehungen angewiesen ist (⇒ Kap. 4 und 11): Das Kind braucht die Primärgruppe einer Familie, um seine körperlichen, seelischen und geistigen Bedürfnisse befriedigen, wachsen und sich entwickeln zu können; es braucht neben der Familie die Sekundärgruppen der Freunde und Freundinnen, des Kindergartens, der Schule, später die Tertiärgruppen der Arbeitskollegen, um sich unter wechselnden äußeren Umständen jeweils weiterentwickeln zu können und eine »bezogene Identität« zu finden.[3] Das Wort vom »sozialen Uterus« führt deutlich vor Augen, dass wir Zeit unseres Lebens an den Nabelschnüren verschiedener Gruppen hängen:
Was wir denken und sprechen, was wir sehen, hören und riechen, unsere Wahrnehmung, hängt zu einem erheblichen Teil davon ab, in welchem Kulturkreis, in welcher sozialen Schicht, in welcher Art von Familie wir aufgewachsen sind und noch leben. Die Entscheidungen, die wir treffen, die Wünsche und Ängste, die wir äußern bzw. mit uns herumtragen, sind in hohem Maß davon beeinflusst, in welcher Gruppe von Menschen mit welchen (ausgesprochenen und unausgesprochenen) Normen und Regeln wir leben.

Beispielhaft ist dieses Phänomen zu beobachten bei Menschen, die in einer Familie aufgewachsen sind, in der es nicht üblich war, Gefühle zu äußern und zu zeigen; solche Menschen nehmen kaum Gefühle bei sich selbst oder bei anderen wahr. Wenn sie jedoch längere Zeit in einer Gruppe leben und arbeiten, in der stärker auf Gefühle geachtet wird, fangen sie an, bei sich selbst und anderen deutlicher Gefühle wie Freude, Traurigkeit, Ärger etc. zu spüren und bewusst wahrzunehmen.

Allerdings handelt es sich nicht um eine Wirkung, die im Sinn einer Einbahnstraße von der Gruppe auf den Einzelnen ausgeht; der/die Ein-

---

2 Grundlegende Literatur: *Rechtien* [3]1999; *Battegay* 1970 Bd. I–III; *Schütz* 1989 (a); *ders.* 1989 (b); *Stollberg* 1971 (b); *Knowles*, 1971.
3 Der Begriff der »bezogenen Identität« soll zum Ausdruck bringen, dass wir Identität nicht abstrakt und zeitlos entwickeln, sondern immer nur im Bezug auf eine jeweils relevante Umwelt. Der Begriff der »bezogenen Identität« ist charakteristisch für die von *Helm Stierlin* (Heidelberger Modell) entwickelte systemische Familientherapie. Vgl. dazu *Held* 1998.

zelne beeinflusst wiederum durch seine/ihre Gefühle und Reaktionen die anderen und trägt damit zur Entwicklung einer Gruppe bei. Das einfachste und zugleich eindrücklichste Beispiel dafür ist das Lächeln des Säuglings, mit dem er die Liebe und Fürsorge der Mutter hervorlockt bzw. verstärkt und damit sein Teil zu einem Klima der Wärme und Fürsorge beisteuert, das dann auch auf die weitere Familie ausstrahlt.

Dies Verhältnis zwischen dem Einzelnen und der Gruppe wird mit dem Begriff der *Reziprozität* oder der *Interaktion* beschrieben. Wo Menschen zusammenkommen, beeinflussen sie sich, wirken aufeinander ein, ob sie wollen oder nicht. Hier gilt der Grundsatz der Kommunikationsforschung (⇒ Kap. 10.1.2): Man kann nicht nicht kommunizieren,[4] d.h. jede(r) kommuniziert, teilt etwas mit, schon durch die Art und Weise des Da-Seins, durch Verhalten, Gestik und Mimik, und übt damit eine Wirkung auf andere aus; das Verhalten der Anderen wird dadurch beeinflusst, wie umgekehrt die jeweilige Gruppe das Verhalten ihrer Mitglieder mitbestimmt.

Kommunikation und Interaktion sind immer kontextuell: Der Jugendliche, der allein gegenüber Erwachsenen schüchtern und unsicher wirkt, erscheint im Kreis von vier oder fünf Gleichgesinnten laut und wortstark. Der erfolgsgewohnte Chef, der in seinem Büro selbstsicher und beherrschend auftritt, benimmt sich in einer Kindergruppe unsicher und linkisch etc.

Lassen sich solche Interaktionen in ihrem Ablauf verstehen, vielleicht auch steuern und verändern? Gibt es Grundlinien oder Regelmäßigkeiten, nach denen Kommunikation und Dynamik in einer Gruppe ablaufen?

14.1.1 Der aus Berlin stammende und später in die USA emigrierte Psychologe *Kurt Lewin* hat die sozialwissenschaftlichen Grundlagen für die Entwicklung der Gruppendynamik gelegt mit der Hypothese, dass alles Verhalten eine Funktion der Person und ihrer Umwelt ist. Person und Umwelt sind danach interdependente Variablen.[5]

Diese grundlegende Erkenntnis der sog. Feldtheorie bildete den Ausgangspunkt für zahlreiche psychologische Untersuchungen zum Thema sozialer Probleme: *Lewin* führte u.a. Forschungsvorhaben zum Problem des von ihm selbst erlebten Antisemitismus durch, er untersuchte während des Zweiten Weltkriegs Ernährungsgewohnheiten bestimmter Bevölkerungsgruppen und die Möglichkeiten zur Veränderung solcher Gewohnheiten, und er führte die berühmte Autokratie-Demokratie-Studie durch, die erweisen sollte, wie unterschiedliche Führungsstile das Gruppenverhalten, ihre Leistung und ihre Kooperationsfähigkeit beeinflussen (s.u.).

---

4 *Watzlawick/Beavin/Jackson* ³1972, 50ff.
5 Vgl. *Lewin* 1969; *Marrow* 1977, 41f. Eine kurze Zusammenfassung der Entdeckungen von *Lewin* gibt *Yalom* ³1985, 489ff. Als Begründer der Gruppen*psy*chotherapie gilt *Jakov Levi Moreno* (1889–1974). Vgl. *Rechtien* ³1999, 20ff.

14.1 Gruppenforschung

Aufgrund dieser empirischen Forschungen erreichten *Lewin* Anfragen aus der Industrie mit der Bitte, bei Spannungen zwischen Management und der Arbeiterschaft, die zu Produktionsschwierigkeiten führten, Hilfestellung zu geben. Während der Untersuchung dieser Schwierigkeiten kamen *Lewin* und seine Mitarbeiter zu der Einsicht, dass den Entscheidungsprozessen über Produktions- und Kooperationsformen größte Bedeutung zukommt, dass außerdem nicht nur eine isolierte Verhaltensweise eines Arbeiters untersucht werden sollte, sondern das gesamte Verhaltenssystem der Arbeiterschaft bzw. Firma in Betracht zu ziehen ist. *Lewin* wurde zunehmend deutlicher, dass in solch einem sozialen Organismus eine Fülle von positiven und negativen Kräften am Werk ist:
Das Ganze der Gruppe oder der Organisation ist mehr als die Summe seiner Teile, der Mitglieder; die Gruppe beeinflusst und verändert ihre Mitglieder, die Mitglieder verändern aber auch die Gruppe als ganze. »Gruppenverhalten ist eine Funktion sowohl der individuellen Person als auch der sozialen Situation.«[6]
Ein spezielles Anliegen *Lewins* bei der Erforschung dieser Prozesse war es, bessere Einsichten in die legitimen und nicht-legitimen Aspekte der Macht zu gewinnen.
Um auf diesem Sektor systematisch forschen zu können, gründete *Lewin* das Research-Center for Group Dynamics am MIT (Massachusetts Institute of Technology) mit dem Ziel der »Entwicklung wissenschaftlicher Methoden zur Untersuchung und Veränderung des Gruppenlebens« und der »Entwicklung von Begriffen und Theorien der Gruppendynamik«.[7]
Die wichtigsten Forschungsfragen dieses Instituts waren:
1. Von welchen Bedingungen hängt die Produktivität einer Gruppe ab?
2. Nach welchen Gesetzlichkeiten verläuft die Kommunikation in einer Gruppe?
3. Wie beeinflussen Gruppenrollen und Mitgliedschaften einer Person die Art und Weise ihrer Selbst- und Fremdwahrnehmung?
4. Welche Dynamik ist für die Beziehungen zwischen verschiedenen Gruppen typisch?
5. Wie hängen Selbstgefühl bzw. Selbstachtung und Gruppenmitgliedschaft zusammen?
6. Welchen Einfluss hat der Leiter auf die Gruppe?
7. Wie kann man Gruppenprozesse zur Verhaltensänderung nutzen?[8]

Wichtig ist in diesem Zusammenhang, dass *Lewin* solche Fragestellungen immer auch auf sozial-politische Zusammenhänge anwandte, also auf die Fragen nach der Diskriminierung von Minderheiten, der Rassenintegration in den USA, auf Bandenverhalten etc.

---
6 *Marrow* 1977, 192.
7 *Marrow* 1977, 194.
8 Vgl. *Marrow* 1977, 204ff.

Das Konzept der T-Gruppe (Training-Gruppe, Sensivity-Training) entstand erst später, als es um die Aus- und Fortbildung von Gruppenleitern ging. Bei der Gründung der National-Trainings-Laboratories und des Tavistock Institute of Human Relations (beide seit 1947) bestand das Ziel darin, Menschen die Möglichkeit anzubieten zu lernen, angemessener und bewusster mit komplexen menschlichen Beziehungen und Problemen umzugehen. Hier entwickelte sich das Konzept des »Feedback« (Gruppenteilnehmer bekommen Rückmeldung auf ihr Verhalten, wie es die anderen beobachten konnten), das in vielen gruppendynamischen Ausbildungsformen ein grundlegendes Element darstellt (⇒ Kap. 16).

Das zentrale politische Ziel dieser Art von Gruppenforschung und Gruppenarbeit bestand für *Lewin* darin, die Mitglieder einer Gruppe oder eines Volkes in Stand zu setzen, mündig, unabhängig und selbstverantwortlich leben und arbeiten zu können. *Lewin* war auf Grund seiner Erfahrungen in Deutschland geprägt von der Angst, dass Menschen leicht der totalitären und fundamentalistischen Versuchung anheim fallen: Es ist so viel einfacher, mit allen mitzulaufen, zu denken, zu glauben und zu tun, was alle denken, glauben und tun. Gruppendynamik zielt darauf ab, die Einzelnen zu stärken, ihr individuelles Potential herauszulocken, ihre Selbst- und Fremdwahrnehmung, ihre Kommunikationsfähigkeit zu verbessern, vor allem aber sie in ihrer Fähigkeit zu stärken, selbstständig zu denken, zu fühlen, zu glauben und zu handeln und sich eben nicht in den Sog dessen, was »alle« denken und tun, hineinziehen zu lassen. Ein großer Teil der Methodik der Gruppendynamik (s.u.) dient diesem Ziel.[9]

14.1.2 Aus dem historischen Rückblick geht bereits hervor, dass der Begriff Gruppendynamik in einem dreifachen Sinn zu verstehen ist: Er bezeichnet
1. das alltägliche Phänomen der Dynamik und Interaktion, die in jeder Gruppe ablaufen. So wie es im Inneren des menschlichen Körpers interdependente Stoffwechselvorgänge gibt, so gibt es interdependente Interaktionen zwischen Menschen, die eine Gruppe bilden. Jeder Beobachter kann dies von außen feststellen;
2. einen interdisziplinären, empirisch ausgerichteten Forschungsbereich, in dem es um die systematische und kontrollierte Erhellung der Gesetzlichkeiten geht, nach denen das lebendige, dynamische Kommunikationsgeflecht zwischen Menschen in einer Gruppe (intragruppale Dynamik) und zwischen Gruppen bzw. Institutionen (intergruppale Dynamik) abläuft.

---

9 Details zur geschichtlichen Entwicklung der Gruppendynamik in den USA und Europa vgl. *Rechtien* 1999.

In dieser sogenannten Kleingruppenforschung gibt es eine sehr große Zahl von Spezialuntersuchungen, die sich einmal um eine präzise Terminologie bemühen (z.B. der Begriff der Gruppe), zum anderen empirisch-wissenschaftliche Antworten suchen auf die Fragen, wie aus einer Ansammlung von Menschen eine Gruppe wird und unter welchen Bedingungen und mit welchen Konsequenzen die Interaktion abläuft;

3. eine Reihe von methodisch-technischen Ansätzen, die die Kommunikationsprozesse in der Gruppe bewusst erlebbar machen und nutzen wollen mit dem Ziel, zu einer Klärung und Verbesserung der Kommunikationsstrukturen durch die verbesserte Selbst- und Fremdwahrnehmung der Teilnehmenden beizutragen. Je nach therapeutischer oder pädagogischer Ausrichtung wird die Dynamik unterschiedlich kategorisiert; entsprechend unterschiedlich fallen die Ziele und Interventionsstrategien der Leitungspersonen aus.

14.2 Gruppenprozess

14.2.1 Der Begriff »Gruppe«

»Unter Gruppe verstehen wir ein im Gegensatz zu Masse und Menge durchstrukturiertes überschaubares soziales Gebilde aus einer meist kleinen Zahl aufeinander bezogener einzelner, von denen jeder eine bestimmte Funktion innerhalb dieser Gemeinschaft ausübt.«[10]

Hier wird die Gruppe mit einem Organismus verglichen, in dem verschiedene, klar voneinander abgegrenzte Teile zueinander in Beziehung treten und verschiedene aufeinander bezogene Funktionen ausüben. Entscheidend sind dabei die Elemente der *Struktur* und der *Beziehung* bzw. *Interdependenz.* Sie bilden die differentia specifica zur *Masse* als einer niedrig organisierten Anhäufung von Menschen, in der außer der Differenzierung von Führer und Geführten keine Funktions- und Rollendifferenzierung vorhanden ist, und zur *Menge* als einer zufälligen und beziehungslosen Anhäufung von Menschen.[11]

Der Vergleich mit einem Organismus macht weiterhin deutlich, dass die Gruppe mehr und etwas anderes darstellt als die Summe ihrer Teile, der Mitglieder. Das heißt, die Charakteristika einer Gruppe können nicht aus den Einzelcharakteren erhoben werden: Menschen verhalten sich in einer Gruppe partiell anders, als wenn sie für sich alleine sind. Dies gilt nicht nur für künstlich zusammengestellte Gruppen etwa im Rahmen eines gruppendynamischen Trainings, sondern genauso für die Primärgruppe »Familie« wie für die Sekundärgruppen »Schulklasse«, »Arbeitsgruppe«, »Bande« etc.

---

10 *Stollberg* 1971 (b), 19.
11 Vgl. dazu *Battegay* Bd. 1, [5]1976, 15f; Zu den Schwierigkeiten einer exakten Definition des Begriffs »Gruppe« vgl. *Sbandi* 1973, 94f und *Schneider* 1975, 14f.

Gerade im Blick auf zielorientierte Gruppen wie Schulklasse oder Arbeitsgruppe bedeutet diese Erkenntnis, dass die zielgerichtete Arbeit (Lernen eines bestimmten Inhalts, gemeinsame Lösung eines Sachproblems, Herstellung eines Produkts) immer überlagert und durchdrungen wird von den emotional gefärbten Beziehungen der Gruppenteilnehmenden untereinander. Diese Erkenntnis wird von manchen als störend empfunden, weil sie eine ausschließlich sach- und zielorientierte Arbeit als Illusion ausweist; sie enthält jedoch umgekehrt die Chance, durch entsprechende Berücksichtigung der Beziehungsebene, des Klimas die Leistungsfähigkeit der Gruppe optimieren zu können.

14.2.2 Die Beziehungsebene in einer Gruppe

In jeder Gruppe, und sei sie noch so sach- und lernorientiert, geht es für die Mitglieder (bewusst und unbewusst) um eine Reihe von grundlegenden Fragen, die immer neu überprüft und geklärt werden müssen.

Zunächst steht die Frage nach der eigenen *Identität* im Vordergrund: Wer bin ich im spezifischen Kontext dieser anderen Menschen? Wie nehmen die anderen mich wahr? Wie nehme ich sie wahr? Bin ich hier der, als der ich mich kenne? Was hat uns zusammengeführt? Welche gemeinsamen Hoffnungen, Befürchtungen, Ziele etc. haben wir? Was trennt und unterscheidet uns?

Es stellt sich die Frage nach der *Macht:* Wer hat hier das Sagen? Wer hat nichts zu sagen? Wer sind die Starken und die Schwachen? Welche anderen Rollen gibt es? Wie stehen sie in Beziehung zur Gruppenleitung und der Macht, die sie durch ihre Funktion hat?

Raoul Schindler hat auf der Basis soziometrischer Untersuchungen vier Positionen und die entsprechenden Rollen identifiziert, die in den meisten Gruppen zu finden sind und sowohl das Verhalten der Einzelnen als auch die Dynamik der Gruppe bestimmen:[12]

Die Führung der Gruppe oder das stärkste Mitglied bezeichnet *Schindler* mit der Alpha-Position (»Führer«). Der/die Alpha repräsentiert die Ziele der Gruppe, ist mit ihr identifiziert und verhält sich in der (inoffiziellen) Leitungsfunktion gleichzeitig unabhängig und frei. Wenn die Leitungsfunktion undeutlich wird, fühlt sich die Gruppe verunsichert.

Die Beta-Position (»Fachmann«) repräsentiert Kompetenz und Sachkenntnis, die einerseits von Alpha unterstützt und gefördert wird und gleichzeitig für Alpha gefährlich werden kann. Beta ist Exponent einer latenten Gegengruppe bzw. eines Führungswechsels.

Die Gamma-Position (»Mitglied«) wird von der Mehrzahl der Gruppenmitglieder eingenommen, sie nehmen keine besondere Verantwortung wahr, sie leben aus der Identifikation mit Alpha.

Die Omega-Position (»Prügelknabe«) repräsentiert jemanden, der in der Gruppe fremd oder neu ist, der (noch) nicht wirklich dazu gehört, der ängstlich und schwach ist und sich damit im Gegensatz zu den Emotionen der Gruppe befindet.

---

12 Zum Folgenden *Schindler* 1957–1958, 308–314.

14.2 Gruppenprozess

Die Aggressionen der Gruppe richten sich auf den Omega, weil er unbewusst auch den Gegner der Gruppe repräsentiert und sich in der Rolle befindet, die man selbst nicht haben möchte.
Aus der ständigen Interaktion dieser Positionen entsteht die Dynamik der Gruppe.

Eine deutlicher auf die Ziele der jeweiligen Gruppe bezogene Rollendifferenzierung hat *Tobias Brocher* vorgeschlagen mit der Unterscheidung von *Aufgabenrollen* (Mitglieder ergreifen Initiativen, suchen Information, formulieren Regeln, tragen zur Klärung unklarer Situationen bei, benennen Gefühle etc.), *Erhaltungs- und Aufbaurollen* (Mitglieder werten aus und analysieren, vermitteln, reduzieren Spannungen etc.) und *dysfunktionalen Rollen* (Mitglieder spielen sich in den Vordergrund oder ziehen sich zurück, blockieren Offenheit oder Zusammenarbeit, geben sich als Clown etc.). Diese Rollen sind nicht statisch zu verstehen, sie können je nach Situation wechseln. Vor allem dysfunktionale Rollen sollten nicht individualisiert, sondern als Hinweis auf gestörte Kommunikation in der Gesamtgruppe gewertet werden.[13]

In der Frage nach der möglichen *Intimität* einer Gruppe geht es darum, wie persönlich und offen die Mitglieder miteinander umgehen wollen: Wie weit können wir einander vertrauen, so dass wir uns auch unangenehme und schwache Seiten zeigen können? Wie schützen wir uns voreinander? Welche Nähe wollen und können die Einzelnen ertragen? Wie viel Distanz brauchen sie?
Besonders wichtig ist die Frage nach den *Normen:* Wie viel Freiheit lässt die Gruppe den Einzelnen? Welche Sicherheiten kann sie gewähren? Wie werden Konflikte und ihre Lösung gewertet? In welchem Maß werden Gefühle, speziell Aggressionen und andere sozial wenig akzeptierte Gefühle aufgenommen? Welchen Stellenwert haben Intelligenz und Bildung? Übt die Gruppe im Blick auf Leistung und Engagement ihrer Mitglieder Druck aus?
Und schließlich die Fragen nach *Interessen* und *Zielen:* Welche Wünsche, Bedürfnisse und Lerninteressen haben die Teilnehmenden? Wie setzen sie ihre Interessen durch? Was wollen sie damit erreichen? Welche kurzfristigen und welche langfristigen Ziele hat jede/r Einzelne, haben alle zusammen?
In jeder Gruppe bestimmen diese Fragenkreise, ausgesprochen und unausgesprochen, das Verhalten der Mitglieder mit; jede/r Einzelne muss sich selbst in Relation zu den Anderen finden und bestimmen, ehe er/sie sich voll mit den ihm/ihr zur Verfügung stehenden Fähigkeiten einbringen kann.
Das setzt jedoch voraus, dass jene genannten Fragenkreise angesprochen und mindestens ein Stück weit bearbeitet werden. Denn sonst kann es beispielsweise geschehen,
– dass sich, scheinbar orientiert an der zu verhandelnden Sache, ein permanenter Macht- und Rivalitätskampf etabliert, der am Konflikt als solchem und nicht mehr an einem bestimmten Ziel orientiert ist;

[13] *Brocher* 1967, 137ff.

- dass aus zu großer Angst eine scheinbare Übereinstimmung und Harmonie zwischen den Gruppenmitgliedern entsteht, die sich dann aber doch immer wieder als wenig tragfähige Grundlage für gemeinsame Arbeitsvorhaben erweist;
- dass Gruppenmitglieder plötzlich nach Sündenböcken innerhalb oder außerhalb der Gruppe suchen, um ihren eigenen Anteil an einem Problem nicht wahrnehmen zu müssen;
- dass Minoritäten durch Druck und formal demokratische Verfahren überstimmt und an den Rand gedrängt werden, statt sich mit ihren Argumenten und mit ihrer Kritik wirklich auseinander zu setzen. Damit geht das Potential der Minorität verloren.

Dies sind Beispiele für gruppendynamische Prozesse, die immer wieder ablaufen, die jedoch ihre destruktive Kraft verlieren, wenn sie durchschaut, angesprochen und bearbeitet werden können.

14.2.3 Phasen des Gruppenprozesses

Die Bedeutung der Beziehungsebene lässt sich auch erkennen an den verschiedenen Entwicklungsphasen, die eine Gruppe in der Regel und mehr oder weniger deutlich wahrnehmbar durchläuft.

In einer *ersten Phase* des Kennen Lernens gehen die Mitglieder einer neuen Gruppe vorsichtig-distanziert miteinander um. In diesem Stadium sind die oben genannten Fragen (14.2.2) alle noch offen und unbeantwortet. Die Angst um die eigene Identität, d.h. abgewiesen und verunsichert zu werden, ist groß; alle Themen und Fragen haben zunächst die Funktion, erste Klärungen im Blick auf die Normen, Ziele und Machtverhältnisse in dieser Gruppe zu erreichen.

Zu viel Angst z.B. durch ein völlig unstrukturiertes Setting oder sehr unklare Ziele wirkt desintegrierend, löst Widerstände aus, die der Selbstfindung und gemeinsamen Arbeit nicht zuträglich sind; zu wenig Angst bewirkt andererseits, dass jemand kaum Motivation entwickelt, um ein gewohntes Verhalten ändern zu wollen. »Das Konzept des optimalen Angstzustandes schließt einen gewissen Grad von Unbehagen zwischen diesen beiden Extremen ein; etwas Angst oder Unbehagen ist für eine Veränderung notwendig.«[14]

Erst wenn die Normen und Ziele und damit die eigene Identität in diesem Kontext etwas klarer erscheinen, wird es in einer *zweiten Phase* möglich, die wirklichen Differenzen der Gruppenmitglieder deutlicher wahrzunehmen und herauszuarbeiten: Durch sachbezogene oder direkte Aggression, durch ausgesprochene und unausgesprochene Rivalitätskämpfe klären sich die Machtverhältnisse, die Rollenverteilungen und die Normen.

In einer *dritten Phase* kommen die sich langsam herauskristallisierenden Normen stärker zum Tragen und prägen zunehmend die Interaktion der Gruppe. Das kann z.B. die Norm sein, dass man in dieser Grup-

---

14 *Bradford/Gibb/Benne* 1972, 340.

pe Gefühle zeigen darf und sogar soll, dass man sich echt geben, eigene Schwächen und Stärken offen zum Ausdruck bringen kann und dafür von den anderen akzeptiert wird. Es kann aber auch die Norm sein, dass diese Gruppe möglichst sachbezogen und thematisch orientiert arbeiten will, Gefühle, vor allem Aggressionen nicht angesprochen und gezeigt werden sollen. Jede Gruppe erarbeitet sich ihre eigenen Normen, meistens eher unausgesprochen, und beeinflusst das Verhalten ihrer Mitglieder im Sinn dieser Normen. Jedoch ist die Normfestlegung als ein ständiger Prozess und nicht als eine einmalige und starre Festschreibung zu verstehen.

In einer *vierten Phase* gelingt es den Mitgliedern, ihre Identität im spezifischen Kontext dieser Gruppe zu finden und sich ihrer einigermaßen sicher zu fühlen. Gegenseitiges Vertrauen und mehr oder weniger deutlich ausgeprägte Zuneigungen, aber natürlich auch Abneigungen unter den Gruppenmitgliedern sind zu beobachten. Die Gruppenstruktur ist nun einigermaßen klar, eine bestimmte Rollen- und Machtverteilung hat sich eingespielt; die Beziehungen sind bis zu einem gewissen Grad geklärt, die Kommunikationskanäle bekannt, die Kommunikation läuft eindeutiger, so dass auch eine bessere Arbeitsorientierung möglich ist. Inhalts- und Beziehungsebene interferieren nicht mehr so stark; die Sache, die zu bearbeiten ist, kann nun deutlicher im Vordergrund stehen. Der sogenannte »Leistungsvorteil der Gruppe«[15] kann jetzt erst voll zum Tragen kommen.

Diese Phasen sind nicht starr und statisch zu verstehen, sie laufen auf verschiedenen Ebenen immer wieder von neuem ab und haben einen heuristischen Wert zur Einschätzung des gerade stattfindenden Gruppenprozesses.

Im Lauf des Gruppenprozesses verändert sich das Verhalten der einzelnen Gruppenmitglieder; *Lewin* hat den Veränderungsprozess in einem Dreischritt beschrieben:
– Phase des Auftauens (»unfreezing«) bisheriger, eingeschliffener Verhaltensweisen;
– Phase der Veränderung (»change«) und
– Phase der Stabilisierung neuerworbener Verhaltensweisen (»refreezing«).

Ein wichtiges Ergebnis dieser Beobachtungen zum Verlauf von Gruppen gerade für die kirchliche Gruppenarbeit sehe ich darin, dass in einer Gruppe Vertrauen, Zuneigung und Gemeinschaftsgefühl wachsen, wenn man ihr Gelegenheit gibt, die Unterschiede, Fremdheiten und Andersartigkeiten gezielt wahrzunehmen, sich darüber auseinander zu setzen und zu streiten. Vertrauen, ein gewisses Maß an Einigkeit und Sympathie sind nur herstellbar auf dem schmerzlichen Weg über die Anerkennung der Differenzen und den Streit, den sie zwangsläufig

---

15 Vgl. *Hofstätter* 1971, 29.

auslösen. Angesichts in der Kirche verbreiteter Appelle zu Einheit und Harmonie, die zu einer Verdrängung von Verschiedenheit und von Konflikten führen, ist diese Einsicht bedeutsam (⇒ Kap. 6, Kirche). Einige weitere, für das Verstehen gruppendynamischer Abläufe wichtige Erkenntnisse der Kleingruppenforschung sollen nur noch stichwortartig genannt werden:[16]
- Die Häufigkeit der Interaktion der Mitglieder einer Gruppe fördert in der Regel ihre gegenseitige Sympathie.
- Die Mitglieder einer Gruppe tendieren zu einer gewissen Konformität im Verhalten, Denken und Fühlen.
- Die Gruppe verstärkt die Gefühle ihrer Mitglieder (»Verstärkerwirkung der Gruppe«[17]) und ermöglicht dadurch häufig eine besondere Erlebnistiefe. In Großgruppen (mit mehr als 20 Mitgliedern) kann diese Verstärkerwirkung verheerende destruktive Konsequenzen haben, weil sich die Einzelnen dem emotionalen Sog nur schwer entziehen können.[18]

14.3 Gruppenleitung

Je nach Zielen und Arbeitsweise einer Gruppe lassen sich verschiedene Leitungsstile unterscheiden.
In der psychoanalytisch orientierten Gruppenarbeit wird in der Regel ein abstinenter Leitungsstil praktiziert, der Übertragungen auf die Leitungsperson und Regression der Teilnehmenden fördern soll; Übertragungen und Regression werden im Prozess der Gruppenarbeit gedeutet und durchgearbeitet.
In der Encounter-Bewegung, in Gestalt- und Psychodrama-Gruppen hat sich ein stärker partizipativer Leitungsstil durchgesetzt. Die Leitungspersonen sollen als individuelle Personen erkennbar werden, sich auf direkte Begegnungen mit den Gruppenmitgliedern einlassen und in ihrem Kommunikationsverhalten modellhaft auf die Teilnehmenden wirken.
Von *Kurt Lewin* stammt die in Gruppenexperimenten erhärtete Unterscheidung von autoritärem, demokratischem und laissez faire Leitungsstil.[19] Danach bringt die *autoritäre Führung* einer Gruppe zu Anfang höhere Leistungen, fördert aber auch Aggression, Feindseligkeit, Unzufriedenheit, Verlust von Eigeninitiative und die Neigung, diese Unzufriedenheit an Sündenböcken auszulassen; ein *demokratischer Führungsstil* ermöglicht mehr Kreativität, Zufriedenheit und Gemeinschaftsgefühl. Ein *laissez-faire-Stil* verwirrt die Gruppe, führt zu einer vagen Unzufriedenheit und minimiert die Leistungsfähigkeit.

16 Vgl. zum Folgenden *Schneider* 1975, 107 ff.
17 Vgl. *Battegay* Bd. 1, 1976, 89 f.
18 Zur Dynamik von Großgruppen vgl. *Königswieser/Keil* (Hg.) ²2002.
19 Dazu ausführlicher *Marrow* 1977, 140ff.

Lewin schreibt einem Kollegen: Ich denke, »dass die Beweise sehr deutlich dafür sprechen, dass die Verhaltensunterschiede in der autokratischen und demokratischen Situation nicht auf Unterschiede in den Individuen zurückzuführen sind. Wenige Erfahrungen haben mich so beeindruckt wie der Ausdruck in den kindlichen Gesichtern am ersten Tag unter einem autokratischen Führer. Die Gruppe, die zuvor freundlich, offen, kooperativ und voller Leben gewesen war, wurde in einer knappen halben Stunde eine sehr apathisch wirkende Versammlung ohne Initiative.«[20]

In einer Untersuchung der Bedeutung von Leitungsstilen in Encountergruppen identifizierten *Irvin Yalom* und seine Mitarbeiter vier distinkt beschreibbare Leitungsfunktionen, denen sie entsprechende Wirkungen in der Gruppe zuordnen konnten:[21]
– *Emotional stimulation* (Herausfordern, Konfrontieren, durch eigene große Offenheit modellhaft wirken);
– *Caring* (Unterstützung geben, Zuneigung ausdrücken, loben, schützen, Wärme und Annahme vermitteln, Echtheit und Interesse zeigen);
– *Meaning attribution* (Erklären, Interpretieren, Deuten, einen kognitiven Rahmen bereitstellen, Gefühle und Erfahrungen in Gedanken übertragen);
– *Executive function* (Grenzen, Regeln, Normen und Ziele setzen, die Zeit einhalten, Verfahren vorschlagen und auf die geregelte Durchführung achten).

Für positive Veränderungen innerhalb von Gruppenerfahrungen erwiesen sich die zweite und dritte Verhaltensweise der Gruppenleitung am wichtigsten. »Je intensiver die Fürsorge und das Deuten, desto häufiger sind positive Ergebnisse zu beobachten ... Erfolgreiche Leitung übt in Maßen Stimulation und exekutive Funktionen aus, ist dagegen stark in Fürsorge und Deutung. Beides, Fürsorge und Deuten, scheinen notwendig zu sein; keine Verhaltensweise ist für sich hinreichend für einen Erfolg.«[22] *Yalom* fügt an, dass diesen Ergebnissen zufolge die Therapeutenvariablen nach *Rogers* – Empathie, Echtheit und unbedingte positive Wertschätzung – ergänzt werden müssten um den Faktor der Bedeutungsgebung. Der sei es, der es den Teilnehmenden ermögliche, das Erlebte zu integrieren, es zu generalisieren und in andere Lebenssituationen zu übertragen.

14.4 Ziele der Gruppendynamik

Einsicht in die Regel- und Gesetzmäßigkeiten von Gruppenabläufen hat von Anfang an zu dem Versuch geführt, diese Gesetzmäßigkeiten bewusst zu benutzen, um die Dynamik einer Gruppe zu steuern bzw.

---

20 *Marrow* 1977, 144.
21 Zusammengefasst *Yalom* ^{3}1985, 497ff.
22 *Yalom* 1985, 502.

zu verändern und damit das Verhalten von Menschen zu beeinflussen.[23]

Der gegenwärtige Sprachgebrauch reserviert den Begriff Gruppendynamik fast ausschließlich für diese dritte Bedeutungsvariante, der stark der Aspekt des Technisch-Manipulativen anhaftet; dabei wird leicht übersehen, dass Gruppendynamik in diesem Sinn nur das bewusst und gezielt zum Einsatz bringt, was sowieso, meistens eher unbewusst, in einer Gruppe an Dynamik abläuft.

Nun ist die so verstandene Gruppendynamik ein äußerst disparates Phänomen. Neben psychoanalytisch ausgerichteter Gruppenarbeit steht gestalttherapeutisch, kommunikationstheoretisch oder lernpsychologisch orientierte Arbeit; pädagogisch-didaktischen Fragen und Problemen kommt ein großes Gewicht zu, z.b. in der themenzentrierten Interaktion nach *Ruth Cohn*.[24]

Trotz dieser Verschiedenheiten ist es möglich, von bestimmten übergreifenden Zielsetzungen zu sprechen, die den verschiedenen methodischen Ansätzen gemeinsam sind und auf Impulse *Kurt Lewins* zurückgehen.[25] *Lewin* und seine Mitarbeiter verfolgten in der Entwicklung einer Theorie und Praxis der Gruppendynamik und in kommunalen Aktionsforschungsprogrammen in den USA das Ziel, die Autonomie des/der Einzelnen angesichts vielfältiger Anpassungszwänge in Wirtschaft, Politik, Bildung und Kultur zu stärken. Vor allem Angehörige von diskriminierten Minoritäten (z.B. Afro-Amerikaner oder Juden) sollten lernen zu durchschauen (und gruppendynamische Verfahren geben dazu Hilfsmittel an die Hand), wie autoritäre Strukturen und Sündenbockprojektionen entstehen, wie daraus Selbstdiskriminierungen und Autoritätshörigkeit erwachsen, die die Betroffenen wiederum daran hindern, selbstbestimmt und selbstverantwortlich und gleichzeitig in Bezogenheit auf Andere zu leben. Diese Intention bildet die eigentliche politische Stoßrichtung der Gruppendynamik.

Die von Außenstehenden häufig karikierte Frage in der Gruppenarbeit »Wie fühlst du dich?«, »Was empfindest du gerade?« beabsichtigt, Unterscheidungen einzuüben: Ich fühle mich jetzt anders als vor 20 Minuten oder vor zwei Tagen; ich empfinde anders, als es mein Vater von mir als Kind erwartete, und noch einmal anders als die Nachbarin, die neben mir in der Gruppe sitzt. Mündigkeit und Selbstverantwortung, Einstehen für die eigene Überzeugung und das eigene unverwechselbare Gefühl, Wahrnehmen der persönlichen Interessen, des So-und-nicht-anders-Seins – angesichts vielfältiger Erwartungen, sich anzupassen, doch lieber den angenehmen Kompromiss zu suchen. Mündigkeit und Unabhängigkeit setzen voraus, dass man

---

23 Dass mit dieser Zielsetzung auch die Möglichkeit zur Manipulation von Menschen eröffnet ist, spricht nicht gegen die Zielsetzung als solche. Fast alle technischen und sozial-psychologischen »Erfindungen« können missbraucht werden; es ist also immer auch eine ethische Dimension zu berücksichtigen.
24 Vgl. dazu *Cohn* 1975.
25 Vgl. *Marrow* 1977.

14.4 Ziele der Gruppendynamik

die Unterschiede überhaupt wahrnimmt, sie spürt und benennt und dann in einem zweiten Schritt den Mut aufbringt, sich zu diesen Unterschieden zu bekennen und den evtl. daraus resultierenden Konflikt auszutragen – und dabei gleichzeitig in Kontakt und Austausch mit den anderen zu bleiben. Gruppendynamische Arbeit übt Unterscheidung und Differenzwahrnehmung in Bezogenheit ein.

Dieses übergreifende Ziel lässt sich in Teilziele differenzieren:

Verbesserung der Selbstwahrnehmung
In unserem westlichen Kulturkreis ist eine deutliche Überbewertung des Intellekts gegenüber der Emotionalität zu beobachten, emotionale Vorgänge werden in die Privatsphäre bzw. ins Unbewusste abgedrängt. Dadurch kommt es häufig in der Selbstwahrnehmung zu Verzerrungen und blinden Flecken: Eigene Gefühle, Wünsche, Ängste und Bedürfnisse werden nicht wahrgenommen, es bestehen große Differenzen zwischen dem, was Menschen bewusst wollen (ihre Absichten, ihre Ideale), und dem, was sie tatsächlich tun.
Gruppendynamische Methoden beziehen bevorzugt die Gefühle und die Beziehungsebene in die Interaktion ein mit dem Ziel, die Wahrnehmung der eigenen Emotionalität zu verbessern, zu den eigenen Wünschen, Ängsten und Bedürfnissen besser stehen zu können, eine größere Kongruenz von Denken, Fühlen und Handeln zu erreichen.[26]

Verbesserung der Fremdwahrnehmung
Selbst- und Fremdwahrnehmung sind interdependente Phänomene. Eine verbesserte Wahrnehmung eigener Gefühle und Bedürfnisse ist nur möglich, wenn gleichzeitig die Gefühle und Wünsche der Anderen genauer wahrgenommen werden – und umgekehrt. Insofern sind die folgenden drei Teilziele nur gemeinsam und nicht isoliert voneinander zu erreichen.

Ich-Stärkung der Person
Die genauere und adäquatere Wahrnehmung der eigenen Person und anderer Menschen führt auch zu einer differenzierteren Sicht der eigenen Fähigkeiten und der eigenen Schwächen und damit zu einer Ich-Stärkung der Person. Solange die eigene Person in pauschaler Weise als stark oder schwach, als gut oder schlecht erlebt wird, ist das Ich besonders leicht verletzlich, es muss sich vor allen möglichen realen und eingebildeten Gefahren schützen.
Der Beginn einer differenzierteren Wahrnehmung in der Gruppe geht einher mit der Erfahrung: »Ich zerbreche nicht, wenn ich bestimmte Schwächen bei mir zulasse und ansehe, ich entdecke vielmehr in neuer Weise auch meine Fähigkeiten und Stärken«. Das Ich ist also nicht mehr als Ganzes gefährdet und verletzlich, vielmehr gibt es nun ein-

---

[26] Vgl. dazu das sog. Johari-Fenster ⇒ Kap. 10.1.2.1.

zelne Bereiche, die besonders empfindlich, andere, die weniger empfindlich sind und von daher schneller und offener in die Kommunikation einbezogen werden können. Spannungen, Ambivalenzen können besser ausgehalten werden, statt sie möglichst schnell nach einer Seite hin aufzulösen. In diesem Sinn trägt eine differenziertere Wahrnehmung eigener Gefühle und Bedürfnisse, eigener Fähigkeiten und Schwächen zu einer Stärkung und Reifung des Ich bei.

Kommunikations- und Kooperationsfähigkeit
Die Verzahnung von Selbst- und Fremdwahrnehmung weist darauf hin, dass Ich-Stärkung immer ein sozialer Prozess ist, der an Kommunikationsfähigkeit im umfassenden Sinn gebunden ist.
Wahrnehmung wird nur relevant, wenn sie sprachlich wird: Ich teile anderen etwas über mich mit, andere teilen mir mit, was sie an meinem Verhalten beobachten, sie teilen mir etwas von sich mit – in diesen Prozessen der Versprachlichung von Wahrnehmung erkenne ich mehr von mir selbst.
Wenn Wahrnehmung dergestalt an Kommunikation gebunden ist, ist es ein wichtiges Ziel, Wahrgenommenes auch sprachlich *adäquat* mitzuteilen, d.h. so, dass ich mich selbst ganzheitlich, auf kognitiver und emotionaler Ebene mitteile, dass ich dieses in einer kongruenten Form tue und dass es andere aufgrund ihrer eigenen emotionalen Befindlichkeit aufnehmen und hören können. Die ungefähre Abschätzung der aktuellen Situation der Kommunikationspartner ist ein wichtiger Bestandteil des Kommunikationsprozesses. (So ist es beispielsweise relativ sinnlos, einem akut trauernden Menschen bestimmte Sachinformationen mitteilen zu wollen.)
Von der Kommunikationsfähigkeit nicht zu trennen ist die Kooperationsfähigkeit: Ein gemeinsames Arbeitsvorhaben etwa gelingt umso besser, je mehr die Mitglieder des Arbeitsteams in der Lage sind, die eigenen Interessen und Wünsche, spezielle Fähigkeiten im Blick auf das Arbeitsziel zu artikulieren (und dann auch zeitweilig eventuell zurückzustellen), wenn sie den Mut haben, Schwierigkeiten, Konflikte und Konkurrenzen, aber auch Übereinstimmungen und gegenseitige Sympathien anzusprechen.

Adäquater Umgang mit Macht (⇒ Kap. 6.5)
Obwohl dieses Ziel in den vorher genannten Zielen im Grunde schon enthalten ist, soll es hier noch einmal ausdrücklich genannt werden: Es entspricht einmal dem besonderen Anliegen *Kurt Lewins*, es macht zum anderen den politischen Aspekt der Gruppendynamik deutlich.
Jeder Mensch übt in irgendeiner Weise, sei es durch seine Funktion, sei es durch seine spezifische Persönlichkeitsstruktur, durch seine Fähigkeiten oder auch Schwächen, Macht auf andere Menschen aus, z.B. auf den Ehepartner, auf Kinder, auf Arbeitskollegen und Freunde.

Macht soll hier umgangssprachlich verstanden werden im Sinn von »Einfluss auf jemand ausüben«. In diesem Sinn ist niemand ohne Macht! Gerade »schwache« Personen können durch ihre Schwäche viel Einfluss auf andere ausüben. Davon zu unterscheiden ist ein Begriff von Macht, wie ihn *Max Weber* verwendet hat, nämlich als ein Verhalten, durch das jemand gezwungen wird, etwas zu tun, was er nicht tun möchte ($\Rightarrow$ Kap. 6.5).

Eine differenzierte Selbst- und Fremdwahrnehmung schließt die Wahrnehmung dieses Phänomens ein: Wodurch (durch welches Verhalten, durch welche Funktion) übe ich Macht aus? Über wen? Was erreiche ich damit? Wozu brauche ich diese Machtausübung? Wer übt Macht über mich aus? Lasse ich das zu? Was erreiche ich dadurch? etc.

Das Ziel besteht also einerseits darin, die eigene Macht, die eigenen Einflussmöglichkeiten differenzierter und kritischer wahrzunehmen und ihre Ausübung zu modifizieren bzw. bewusst zu verantworten, andererseits darin, die Macht anderer zu prüfen, zu hinterfragen und sich gegebenenfalls gegen sie zur Wehr zu setzen.

Unter dem Aspekt dieser Zielsetzung erscheint die Gruppendynamik als ein ganz wesentliches Element zur Demokratisierung des privaten und des öffentlichen einschließlich des kirchlichen Lebens.

14.5 Methoden der Gruppendynamik

Aus der verwirrenden Vielzahl von methodischen Ansätzen und Techniken können wiederum nur einige wesentliche Aspekte herausgegriffen werden, die mir jedoch für die meisten Formen gruppendynamischer Arbeit als grundlegend und charakteristisch erscheinen.

Selbstbestimmung
Die Mitglieder einer Gruppe entscheiden selbst über das Ziel ihrer Arbeit bzw. Zusammenkunft und über den Weg, auf dem dieses Ziel erreichbar ist. In manchen Arbeits- oder Therapiegruppen mag das Ziel bereits vorgegeben sein; auch hier bleibt die Entscheidung über den einzuschlagenden Weg, über die Methodik und Organisation nicht einer einzelnen Person, sondern der ganzen Gruppe vorbehalten.
Im Kontext der Gruppe gibt es kein hierarchisches Schema von oben und unten, von Weisung und Ausführung; das zugrunde liegende Lernprinzip ist vielmehr das von Versuch und Irrtum.
So verstandene Selbstbestimmung der Gruppe, in der also der Weg, die Methodik des Vorgehens, die dazu nötige Rollenverteilung etc. von den Mitgliedern in einem oft mühevollen Prozess des Sich-Zusammenraufens (s.o. Phasen des Gruppenprozesses) entschieden wird, ist nur möglich, wenn die Selbstbestimmung der einzelnen Teilnehmenden respektiert wird. Die in der TZI formulierte Grundregel »Sei dein eigener chairman«[27] drückt dies angemessen aus.

---

27 *Cohn* 1978, 121.

Achten auf Inhalts- und Beziehungsebene
Es gehört zu den grundlegenden Einsichten der für die Gruppendynamik wichtigen Kommunikationstheorie, dass jede inhaltliche Aussage von einem Beziehungsaspekt überlagert und damit in spezifischer Weise emotional geprägt ist. Wenn Kommunikation klar sein und gelingen soll, ist es notwendig, beide Ebenen bewusst zu berücksichtigen, d.h. immer auch Metakommunikation zu betreiben ($\Rightarrow$ Kap. 10.1.2).
Wenn es also in einer Gruppe darum geht, über bestimmte Ziele zu entscheiden und an ihrer Verwirklichung zu arbeiten, ist es methodisch notwendig, neben der Sachebene immer auch die Beziehungen innerhalb der Gruppe in ihrer Bedeutung für das jeweilige Arbeitsvorhaben zu thematisieren. Ein solches Thematisieren der Beziehungen bzw. ihrer Störungen ist, abgesehen von reinen Selbsterfahrungsgruppen, nicht ein Ziel an sich, sondern bleibt dem jeweiligen Arbeitsziel untergeordnet. Wenn die Arbeitsfähigkeit (wieder)hergestellt ist, kann der Beziehungsaspekt in den Hintergrund treten.
Auch dieser Aspekt kommt in der Themenzentrierten Interaktion in der Weise zum Ausdruck, dass ständig die Interaktion und Balance zwischen der zu bearbeitenden Sache, dem »Ich« der einzelnen anwesenden Personen und dem »Wir« der Gruppe berücksichtigt wird. Das Prinzip »Störungen haben Vorrang« gibt dem methodisch reflektierten Ausdruck:

»Störungen haben de facto den Vorrang, ob Direktiven gegeben werden oder nicht. Störungen fragen nicht nach Erlaubnis, sie sind da: als Schmerz, als Angst, als Zerstreutheit; die Frage ist nur, wie man sie bewältigt. Antipathien und Verstörtheiten können den einzelnen versteinern und die Gruppe unterminieren; unausgesprochen und unterdrückt bestimmen sie die Vorgänge in Schulklassen, in Vorständen, in Regierungen ...«[28]

Konzentration auf das »Hier und Jetzt«
Alle Themen, Probleme oder Beziehungen, die in der Gruppe zur Sprache kommen, werden in der Gegenwart angesprochen, haben im »Hier und Jetzt« zunächst ihre Relevanz. Das Ziel dieses methodischen Ansatzes ist es, die Betroffenheit eines Menschen von einem Thema, einem Problem, einem anderen Menschen in der Gegenwart festzustellen und mit dieser Betroffenheit weiterzuarbeiten, statt sich in unverbindliches »Reden über ...« eine vergangene oder zukünftige Sache zu flüchten. Vergangene Erfahrungen und ihre belastenden Aspekte werden relevant in der Gegenwart und sollen als solche zur Sprache kommen. Methodisch ist das leicht möglich, indem jemand aufgefordert wird, von einem vergangenen Ereignis in der Sprachform des Präsens zu erzählen; das Thema wird dadurch eher gegenwärtig und entsprechend auch emotional aktuell.

28 *Cohn* 1978, 122.

Rückmeldung über Verhaltensweisen (Feedback)
Im Blick auf die genannten Ziele der Selbst- und Fremdwahrnehmung ist die Rückmeldung über Verhaltensweisen von besonderer Bedeutung. Die Teilnehmenden beobachten sich selbst und die anderen und teilen einander mit, wie sie aufeinander wirken, wie sie ihr Verhalten, ihre Kommunikation erleben und verstehen. Dadurch wird die Möglichkeit gegeben, das eigene Selbstbild immer wieder kritisch zu prüfen, d.h. z.b. stereotype, widersprüchliche und unklare Verhaltens- und Redeweisen zu erkennen, aufzulockern und ggf. zu korrigieren. Übertragungen und Projektionen können bewusst gemacht und abgebaut werden. Insofern ist das Feedback ein wichtiges Mittel, um Selbst- und Fremdwahrnehmung zu sensibilisieren und zu differenzieren.[29]

Da Feedback eine der wichtigsten Methoden der Metakommunikation darstellt und einen Gruppenprozess entweder deutlich fördern oder behindern kann, sollen hier Anregungen für gelingendes Feedback genannt werden:[30]
- Feedback beschreibt ein bestimmtes Verhalten und die eigene Reaktion darauf und formuliert keine Anklagen oder Verurteilungen;
- Feedback bezieht sich auf konkrete Geschehnisse, nicht auf vermutete Eigenschaften des Gegenüber, und vermeidet Verallgemeinerungen;
- Feedback ist eine persönliche Stellungnahme und wird nicht stellvertretend für andere abgegeben;
- Feedback bezieht sich sowohl auf als positiv und hilfreich empfundene Verhaltensweisen als auch auf als störend wahrgenommene. Die Verstärkung als positiv empfundener Verhaltensweisen ist häufig wirkungsvoller als der Versuch, störende zu verändern und abzubauen.

Eine spezielle Form des Feedback ist die Prozessanalyse, die in der Regel anhand eines Fragebogens erhoben wird.[31] Die Mitglieder werden gebeten, entweder nach einer Gruppensitzung oder nach einem längeren Gruppenprozess Fragen nach ihrer Einschätzung des Prozesses (z.B. wie fühle ich mich in dieser Gruppe? Wie weit waren die Gruppenziele klar? Wie arbeitete die Gruppe? Wie habe ich die Gruppenleitung wahrgenommen?) durch entsprechendes Ankreuzen auf einer Skala von 1–10 zu beantworten. Die Auswertung einer solchen Prozessanalyse in kleinen Untergruppen gibt wertvolle Hinweise für die Weiterarbeit der Gruppe.

14.6 Zur Wirkung der Gruppendynamik

Irvin Yalom nennt für Therapie-Gruppen eine Reihe von Wirkfaktoren,[32] die sich zum Teil auch auf andere, nicht explizit therapeutisch arbeitende Gruppen übertragen lassen:

---

29 Dazu im einzelnen *Fritz* 1974, 50 ff.
30 Im Anschluss an *Langmaack/Braune-Krickau* [6]1998, 110f.
31 Vgl. die Beispiele bei *Langmaack/Braune-Krickau* 1998, 152ff.
32 Yalom 1985.

- Die Beteiligten entdecken, dass sie mit ihren Problemen, Unsicherheiten und Fragen nicht allein sind; es kann eine deutlich entlastende Wirkung haben zu erleben, dass es anderen ähnlich geht.
- Die Beteiligten machen die Erfahrung, dass sie, obwohl sie vielleicht ein labiles Selbstwertgefühl haben, anderen etwas geben können und dadurch selbst bereichert werden. Sie erleben, dass sie von anderen in der Gruppe angenommen und gemocht werden, gerade auch mit den Seiten, die sie selber an sich nicht leiden können, und dass diese Annahme ihnen unverdient begegnet. Dieser Teil einer Gruppenerfahrung ist deswegen vielfach als Erfahrungsgrundlage für die theologische Aussage von der Rechtfertigung des Sünders allein aus Gnade herangezogen worden.[33]
- Beziehungsstrukturen aus der Herkunftsfamilie werden zunächst unbewusst wiederholt, können dann aber durch Feedback und immer neues Bearbeiten in kleinen Schritten neuen Verhaltensweisen Platz machen.
- Sozial unangemessene Verhaltensweisen können bewusst gemacht und durch angemessenere ersetzt werden.
- Das stellvertretende Miterleben von Problemen und Problemlösungen bei anderen Gruppenmitgliedern hat entlastende und anregende Wirkungen.
- Die Vermittlung von Information über bestimmte Problembereiche (z.B. bei Selbsthilfegruppen über die allen gemeinsame Krankheit bzw. das geteilte Krisenerleben) wird als hilfreich erlebt und trägt zur Integration bei.
- Diese verschiedenen Faktoren lassen sich zusammenfassen: Die Teilnahme an einer personbezogen arbeitenden Gruppe vermittelt Hoffnung, weil die Beteiligten immer wieder erleben, wie andere in der Problembewältigung Fortschritte machen und wie die Solidarität der Gruppenmitglieder sie stärkt und ermutigt.

Diese Ausführungen über das, was Gruppendynamik ist und bewirken kann, sollten zwei zu unterscheidende, aber doch eng miteinander verbundene Aspekte dieses Phänomens deutlich werden lassen:
Erstens geht es darum, zu erkennen und zu verstehen, dass überall da, wo Menschen zu einer Gruppe zusammenkommen, spezifische Interaktionen ablaufen, deren zugrunde liegende Regelmäßigkeiten erkannt und beschrieben werden können. Gruppendynamik in diesem Sinn ist also ein natürlicher und notwendiger Teil des menschlichen Soziallebens.
Zweitens geht es darum, die Erkenntnisse über de facto ablaufende Prozesse und Interaktionen in Gruppen bewusst und kontrolliert aufzunehmen und sie zur Gestaltung von Gruppenarbeit, zur Sensibilisie-

---

33 Vgl. z.B. *Piper* ²1973 (b), 35ff.

rung von Menschen, zur Verbesserung ihrer Kommunikations- und Kooperationsfähigkeit und damit nicht zuletzt zur Demokratisierung des privaten und öffentlichen Lebens einzusetzen. Es kann der Kommunikation des Evangeliums in der Kirche nur nützlich sein, wenn die Kommunikationsformen, wie sie in Gruppen ablaufen, bekannt sind und gezielt und verantwortungsbewusst eingesetzt werden.

14.7 Gemeinde als Ensemble von Gruppen?

Koinonia (Gemeinschaft) gilt schon immer als eines der Kennzeichen von Kirche. Dabei durchdringen sich geistliche und empirische Gemeinschaft: Einerseits geht Kirche aus theologischer Sicht nicht in wahrnehmbarer Gemeinschaft auf; andererseits wäre die Behauptung einer geistlichen Gemeinschaft im Glauben ohne alle Hinweise auf empirisch beobachtbare Gemeinschaft unglaubwürdig.

Die Kommunikation des Evangeliums in Gestalt von Gottesdienst, Verkündigung und Diakonie geschieht gemeinschaftlich, wird getragen von der Gemeinschaft der Glaubenden. Gemeinschaft wiederum vollzieht sich in Gruppen; bereits die Anfänge der Kirchengeschichte belegen das. Kindergruppen, Jugendgruppen, Frauen- und Männergruppen, Gruppen alter Menschen, Selbsthilfegruppen sind kennzeichnend für Kirche am Ort, für Gemeinde. Gruppen sind offenkundig genuine Ausdrucksformen der Gestaltwerdung von Kirche.

Umso mehr fällt auf, dass das Thema »Gruppe« im Bereich der Praktischen Theologie keinen wirklichen Ort hat (wenn man von einem kurzen Boom dieses Themas in den 70er Jahren absieht). Es kommt vor in der Fort- und Weiterbildung der Mitarbeitenden, natürlich in der Religionspädagogik, gelegentlich noch in der Seelsorge. In der ekklesiologischen Diskussion dagegen wird das Stichwort Gruppe verdrängt durch die systemische Perspektive und den Gedanken konziliarer Gemeinschaft (das Konzil als Urbild der Wahrheitssuche).[34] Eben darin bleibt die Ekklesiologie merkwürdig abstrakt, beispielsweise wenn *Lindner* zwar die Ortsgemeinde als »Ausgangspunkt des Glaubens für viele« benennt,[35] aber die Ausdifferenzierung dieser Ortsgemeinde in unterschiedliche Gruppen nicht berücksichtigt. Nicht die Zugehörigkeit zur Ortsgemeinde allein, sondern innerhalb dieses Rahmens wiederum zu einer spezifischen Gruppe ist Ausdruck eines Grundbedürfnisses nach Zugehörigkeit und Identifikation.

Religionssoziologische Erhebungen haben gezeigt, dass die Menschen ihren Lebensbeziehungen zunehmendes Gewicht beimessen und darin auch ihren Lebenssinn finden. Was traditionellerweise als Heil bezeichnet worden ist, wird in der Gegenwart verstärkt als »Bewahrung

---

34 Vgl. *Lindner* 1994.
35 *Lindner* 1994, 134.

von Leben in den personalen Beziehungen« und als Geborgenheit in Primär- und Sekundärgruppen verstanden.[36] Wenn traditionelle Familienstrukturen zerbrechen, die Einzelnen verstärkt vor der Notwendigkeit stehen, sich selbst Halt gebende und zugleich frei lassende Netzwerke zu suchen, dann wird die Bedeutung einer sich als Ensemble von Gruppen verstehenden Gemeinde offenkundig.

Gruppen und ihre Arbeit zu pflegen heißt aus pastoralpsychologischer Perspektive, ihre Dynamik gezielt zu berücksichtigen und immer wieder bewusst zum Thema zu machen. Die Lebendigkeit einer Gruppe ist einerseits Geschenk, andererseits Ergebnis der ständigen Reflexion ihres Entwicklungsverlaufs und gelingender Feedbackprozesse.

Vertiefende Literatur:
- *Klaus-Volker Schütz*, Gruppenarbeit in der Kirche. Methoden angewandter Sozialpsychologie in Seelsorge, Religionspädagogik und Erwachsenenbildung, Mainz 1989.
- *Klaus-Volker* Schütz, Gruppenforschung und Gruppenarbeit. Theoretische Grundlagen und Praxismodelle, Mainz 1989.
- *Barbara Langmaack, Michael Braune-Krickau*, Wie die Gruppe laufen lernt. Anregungen zum Planen und Leiten von Gruppen. Ein praktisches Lehrbuch, Weinheim [6]1998.

---

36 *Jörns* 1997, 220ff.

Kapitel 15: Menschliche Erfahrungsfelder aus pastoralpsychologischer Sicht

Kommunikation des Evangeliums vollzieht sich im Kontext mehr oder weniger alltäglicher Lebenserfahrungen. Es gibt eine Reihe von Erfahrungen, die besonders charakteristisch für das Menschsein sind: Vertrauen und Misstrauen, Liebe und Hass, Hoffnung und Verzweiflung, Angst, Schuld, Entfremdung, um nur einige zu nennen. Theologie wie auch Philosophie und Psychologie haben diese Existentialien immer wieder zum Thema gemacht. Eine pastoralpsychologische Perspektive lässt manche Phänomene in einem neuen Licht erscheinen, eröffnet spezifische Zugänge zu ihrem Erfahrungsgehalt und verändert dadurch auch die theologische Interpretation. Dieser Zusammenhang soll im Folgenden exemplarisch anhand von zwei Erfahrungsfeldern vorgestellt werden.

15.1 Schuld / Sünde und Vergebung / Rechtfertigung

Die Rede von Schuld und Sünde, von Vergebung und Rechtfertigung erscheint in der Gegenwart unzeitgemäß. Wer spricht noch im öffentlichen oder privaten Leben von Schuld? Schuld haben doch immer nur die anderen. Der Gedanke der Schuld als persönliche Verantwortungsübernahme für ein bestimmtes Verhalten hat sich aus einer Reihe von Gründen im öffentlichen Bewusstsein weitgehend verflüchtigt.

- Wir wissen durch die Humanwissenschaften, vor allem durch die Psychoanalyse, dass immer ein ganzes Bündel von Motiven und Umständen am Zustandekommen einer bestimmten Handlung beteiligt sind – wie kann man da noch von einer individuell eindeutig zurechenbaren Schuld sprechen? Ist nicht der Täter vielfach seinerseits Opfer von Schuldzusammenhängen, die die Rede von einer selbstverantwortlichen Tat höchst fragwürdig werden lassen?
- Im kybernetisch-systemischen Denken wird die Vorstellung einer linearen Kausalität aufgegeben zugunsten einer »zirkulären Kausalität«.[1] An die Stelle der Vorstellung eines Ursache-Wirkungs-Zusammenhangs tritt die Beschreibung von Mustern von Beziehungen und Wechselwirkungen, »innerhalb derer keiner Größe eine determinierende Stellung zugeordnet werden kann.«[2] Kann man dann überhaupt noch von individueller oder auch kollektiver Schuld sprechen?

---

1 Vgl. *von Schlippe / Schweitzer* ²1996, 90ff.
2 *von Schlippe / Schweitzer* ²1996, 91.

- Im Prozess der Globalisierung verwischt jede persönliche Verantwortung: Weltumspannende Konzerne und anonyme Spekulanten an der Börse steuern auf undurchsichtige Weise riesige Geld- und Warenströme. Alle verstehen sich als Räder im Getriebe, als Subsysteme im Gesamtsystem; von persönlich zu übernehmender Verantwortung und entsprechender Schuld ist nicht mehr die Rede.
- Die Unvorstellbarkeit und Ungeheuerlichkeit der Schuld, die Deutsche im Holocaust auf sich geladen haben, und die nicht aufzuhebende Mitverantwortung aller späteren Generationen hat paradoxerweise einen zwiespältigen Effekt: Wenn alle schuldig und mitverantwortlich sind, fühlt sich niemand mehr schuldig und mitverantwortlich.
- Und schließlich: Der religiöse Gedanke, dass der Mensch in einem letztgültigen Sinn für sich selbst, sein Leben und seine Taten verantwortlich ist, verliert an Plausibilität, weil die Vorstellung eines letzten Gerichtes und Gottes als eines gerechten Richters sich immer mehr verflüchtigt – wirkungsgeschichtlich nicht zuletzt auch deshalb, weil es Zeiten gegeben hat, in denen die Kirche Schuldgefühle geradezu erzeugt und in der Manier der schwarzen Pädagogik ausgebeutet hat.[3]

Auf der anderen Seite ist in den Medien, in Talkshows und in öffentlichen Stellungnahmen geradezu eine »Entschuldigungsseuche« zu beobachten,[4] die auf die anthropologische und theologische Notwendigkeit der Rede von Schuld und Vergebung verweist.
Die Begriffe Schuld und Sünde einerseits wie auch Vergebung und Rechtfertigung andererseits sind zu unterscheiden, aber nicht zu trennen. Auf der sprachlichen Ebene kann man sagen: Sünde und Rechtfertigung stellen theologische Kategorien dar, die im humanwissenschaftlichen Diskurs keine Verwendung finden, während die Phänomene Schuld und Vergebung sehr wohl auch sozialpsychologisch thematisiert werden.
Ein genaueres Bedenken des inhaltlich Gemeinten zeigt eine Reihe von Bedeutungsüberschneidungen:
Im Blick auf den Begriff der Schuld wird in der Regel unterschieden zwischen einer existentiellen Schuld und einer Tatschuld:[5] Die *existentielle Schuld*, lateinisch debitum, bezeichnet das, was wir dem Leben, uns selbst, anderen Menschen, der Natur oder Gott immer wieder und unvermeidlich schuldig bleiben. Wir sind nie so, wie wir sein könnten und sein sollten; immer wieder stoßen wir an die Grenzen unserer Liebesfähigkeit, an die Grenzen unserer Menschlichkeit, an die Grenzen dessen, was andere von uns brauchen und erwarten. Häufig verkehren sich gute Absicht und vernünftiges Kalkül ins Gegenteil; wie oft ist Leben nur auf Kosten anderen Lebens möglich (z.B. in der Nahrungsaufnahme!). Auch Unwissenheit über die Folgen eines Verhaltens schützt nicht davor, sich in Schuld zu verstricken (vgl. Mt 25,31–46).

---

3 Vgl. *Scharfenberg* 1972, 196ff. Zur schwarzen Pädagogik *Miller* 1980.
4 Vgl. dazu ausführlicher *Dahlgrün* 2002, 308–321.
5 Vgl. *Funke* 2000, 64ff.

15.1 Schuld / Sünde und Vergebung / Rechtfertigung

Um die Unausweichlichkeit dieser existentiellen Schuld zu wissen, macht die Tragik und die Freiheit des Menschen aus.
Die *Tatschuld*, culpa, meint demgegenüber die konkrete Tat (oder das Unterlassen), die als individuell zurechenbar und moralisch verwerflich identifizierbar ist. So sinnvoll die Unterscheidung von existentieller Schuld und Tatschuld ist, so wenig ist sie in der Lebenserfahrung durchzuhalten. Man könnte sagen: Existentielle Schuld konkretisiert sich immer wieder in der Tatschuld (so wie sich »Sünde« in der Vielzahl von »Sünden« manifestiert); und ein angemessener Umgang mit einer Tatschuld und Einsicht in die Notwendigkeit von Vergebung ist fast nur auf dem Hintergrund des Wissens um existentielle Schuld möglich. Der Begriff der »Schuldfähigkeit« bezieht sich auf dieses Ineinander beider Phänomene: in der Auseinandersetzung mit dem eigenen Leben zu der schmerzlichen Erkenntnis zu kommen, wie begrenzt und unvollkommen wir grundsätzlich sind, wie sehr das Widersprüchliche und Konflikthafte zum Leben gehört, wie eine Tendenz zum Bösen in uns wohnt, wie unser Leben nicht ohne Verstrickung in Schuld und deswegen nicht ohne die Notwendigkeit von Vergebung gelebt werden kann.
Der theologische Begriff der Sünde bezeichnet eben diesen Sachverhalt. Paulus hat es in Röm 7,19 unüberbietbar knapp auf den Punkt gebraucht: »Denn das Gute, das ich will, das tue ich nicht; sondern das Böse, das ich nicht will, das tue ich.«
Der theologische Begriff der Sünde und der Begriff der existentiellen Schuld, wie er in Philosophie und Humanistischer Psychologie thematisiert wird, erscheinen mir verwandt – allerdings fügt die christliche Theologie hinzu, dass die Tiefe der Schuld nur im Glauben erkannt werden kann.
Ähnlich verhält es sich mit den Phänomenen Vergebung und Rechtfertigung. Vergebung bedeutet: Ein schuldhaftes Verhalten wird dem/der Anderen nicht länger zugerechnet und vorgehalten; die Schuld wird nicht geleugnet, aber sie bestimmt nicht mehr die Beziehungswirklichkeit. Während Vergebung zwischen Menschen immer bruchstückhaft und begrenzt bleibt, schreibt der Glaube Gott die unbegrenzte, vollkommene Fähigkeit zu, den Menschen trotz und mit seiner Sünde zu rechtfertigen und anzunehmen.
Die christliche Rede von menschlicher Sünde und göttlicher Rechtfertigung ist m.E. in der Gegenwart nur noch vermittelbar, wenn sie anthropologisch plausibilisiert wird. Es muss Anknüpfungspunkte und Analogien aus dem Bereich der lebensweltlichen Erfahrung geben, die die Möglichkeit eröffnen, Sünde und Rechtfertigung wenigstens vom Ansatz her zu verstehen.
In einem ersten Durchgang möchte ich versuchen, mit Hilfe psychologischer Zugänge den theologischen Gehalt der Phänomene Sünde und Rechtfertigung vertieft zu verstehen; in einem zweiten Durchgang geht

es darum, den Umgang mit Schuld und Vergebung in Seelsorge, Unterricht und Verkündigung durch psychologische Erkenntnisse zu differenzieren.

Zuvor sei noch darauf verwiesen, dass psychologische Zugänge dazu neigen, Schuld als Tatschuld (und damit letztlich auch als existentielle Schuld) zu verharmlosen: Der psychologische Verweis auf die Verstrickung in unbewusste Motivationszusammenhänge oder in systemische Strukturen wird fast immer als Entlastung individueller Verantwortlichkeit verstanden. So berechtigt das im Einzelfall sein mag – hier besteht eine Aufgabe der Theologie darin, zu einer Schuldfähigkeit beizutragen, d.h. dazu zu ermutigen, vorhandene Schuld als solche wahrzunehmen und anzuerkennen.

15.1.1 Sünde

Der Begriff der Sünde, so sagt es die christliche Tradition, bezeichnet nicht nur die Summe einzelner moralischer Verfehlungen, sondern eine Macht, ein überindividuelles Verhängnis, in das jeder Mensch von Beginn seiner Existenz an verstrickt ist. Sie meint, mit *Paul Tillich* gesagt, einen »Zustand der Entfremdung ... vom Grund des Seins«: »Der Mensch als ein Existierender ist nicht, was er essentiell ist und darum sein sollte.«[6] Sünde ist Verletzung und Zerstörung des Lebens und der Liebe, Unterbrechung und Pervertierung der Beziehungen, in und von denen wir leben: zu anderen, zur Welt, zum Grund des Lebens. Sünde bezeichnet ein Leugnen der »schlechthinnigen Abhängigkeit« *(Schleiermacher)* und statt dessen den Versuch, sich selber zum Herrn des Lebens und der Welt aufzuschwingen. Sünde ist überindividuelle Verstrickung und Entfremdung, die sich immer wieder in konkreten individuellen und kollektiven Handlungen und Verfehlungen konkretisiert. Ein solches Sündenverständnis lässt sich auf vielfältige Weise veranschaulichen; aus psychologischer Perspektive sind folgende Punkte bedeutsam:
- *S. Freud* hat herausgestellt, wie Menschen in die Wiederholungszwänge neurotischer Strukturen verstrickt sind.[7] Dabei spielen nicht nur krankhafte (neurotische) Prozesse eine Rolle; auch die alltäglichen Übertragungen und Abwehrmechanismen etwa sorgen für ständige Verzerrungen in der zwischenmenschlichen Kommunikation und entsprechende Missverständnisse und Beziehungsgefährdungen. Nicht zufällig machte *Freud* die antike Tragödie vom König Ödipus zu seinem erkenntnisleitenden Mythos, weil in ihm das Verhängnis des Menschen und die Illusion seiner Freiheit so klar und drastisch Ausdruck finden.[8]

---

6 *Tillich* 1958, Bd. II, 52f.
7 Darauf verweist *Tillich* 1970 (a), 304ff.
8 Eine der schrecklichsten Veranschaulichungen solcher Wiederholungszwänge ist die inzwischen auch empirisch gut belegte Tatsache, dass Eltern, die als Kinder Gewalterfahrungen welcher Art auch immer gemacht haben, dazu nei-

15.1 Schuld / Sünde und Vergebung / Rechtfertigung

Eduard Thurneysen sagt in seiner Seelsorgelehre, nachdem er die Entdeckung des Unbewussten bei *Freud* und *Jung* und deren Betonung der Unfreiheit des Ich referiert hat:
»Das alles bedeutet noch einmal eine unerhörte Veranschaulichung, Konkretisierung und Bestätigung dessen, was wir, wiederum aus dem Menschenverständnis des Glaubens heraus gesehen, als ›Sünde‹ kennen und namhaft machen müssen ... Kann es treffender beschrieben werden, in was für eine Knechtschaft der Mensch als Täter seiner Sünde gerät, als durch ein paar Seiten in einem Psychologiebuch von heute, auf denen die unheimliche Gewalt dargestellt ist, mit der die neurotische Gebundenheit infolge ungelenkter Triebe und Affekte über den Menschen hereinbricht? Der Seelsorger wird darum gut daran tun, diese Anschauung zu sich reden zu lassen.«[9]
Dabei meint das Stichwort von der neurotischen Gebundenheit nicht nur die offensichtlich kranken und beeinträchtigten Menschen, sondern eben auch das »normale neurotische Elend«, dem wir alle unterliegen.

- Die Rede von Sünde bezieht sich in der christlichen Tradition immer wieder auf den Stolz des Menschen, auf das »Sein wollen wie Gott«, sich zum Herrn des Lebens machen wollen. Die psychoanalytische Narzissmustheorie ($\Rightarrow$ Kap. 4.1.3) hat die Psychodynamik dieses Wunsches nachvollziehbar gemacht: Narzisstische Allmachtsphantasien dienen in der frühen Kindheit der Abwehr von Angst, von Winzigkeits- und Ohnmachtsgefühlen. Wenn eine ausreichend sichere Elternbeziehung gegeben ist, kann eine Ablösung und umwandelnde Verinnerlichung der narzisstischen Vorstellungen erfolgen. Das Dilemma bleibt jedoch bestehen: Immer wieder wehren Menschen ihre Angst- und Ohnmachtsgefühle ab durch deren Gegenteil, indem sie sich stark und mächtig phantasieren und gebärden. Aus einer solchen Abwehr der Angst entsteht das Böse, sagt *E. Drewermann* (s.u.).
- Von der Narzissmustheorie her wird Sünde nicht mehr primär vom Begriff der Schuld her ausgelegt, sondern eher von der Erfahrung der Scham: Der amerikanische Pastoralpsychologe *Donald Capps* unterscheidet im Zusammenhang gesellschaftlicher Veränderungen verschiedene Erfahrungsstrukturen von Scham:[10] Das »gespaltene Selbst« (divided Self) erlebt die Spaltung zwischen dem idealen und dem realen, dem falschen und dem wahren Selbst und quält sich selbst angesichts unerreichbarer Ansprüche. Das »defensive Selbst« sucht andere zu beschämen, statt selbst beschämt zu werden. »Die Erfahrung der Scham wird nicht als unsere Erfahrung, als integraler Teil unserer Selbst aufgenommen, sondern verleugnet,

---

gen, selber wieder ihren Kindern Gewalt anzutun. Ihre Gewaltausübung ist der Versuch der Bewältigung erlittener Gewalt, erlittener Angst und Schmerzen. Vgl. *Bauriedl* ³1992.
9 *Thurneysen* 1948, 207f.
10 *Capps* 1993.

abgewehrt und auf andere projiziert.«[11] Das »leere Selbst« (»depleted Self«) erlebt sich als erschöpft, ausgelaugt und bedürftig. Die namenlose Scham rührt her von dem vermeintlichen Versagen, ein bedeutungsvolles Leben gelebt zu haben. Die Wahrnehmung von Sünde, von Entfremdung artikuliert sich in diesen Formen der Scham. »Die Erfahrung der Leere ist für eine Theologie der Scham das, was Angst ... für eine Theologie der Schuld bedeutete.«[12]

Aus diesem Verständnis erhellt, welche Bedeutung der »self-affirmation«, der Bestätigung des Selbst des Menschen (im Gegensatz zur traditionellen christlichen Abwertung des Selbst) im Rahmen christlicher Verkündigung zukommt. »Der Hunger des leeren Selbst ist im Grunde der Hunger zu lieben und geliebt zu werden.«[13] Das kann nur gelingen, wenn Sünde prinzipiell als nicht-moralische, sondern als existenzielle Kategorie interpretiert wird.

- Sünde wird in der christlichen Tradition sowohl als überindividuelle Macht, als Verhängnis, das Menschen ergreift und überwältigt, wie auch als individuelle Tat, für die jemand Verantwortung trägt, verstanden. Ein Blick in die Entwicklungspsychologie und in die Systemische Psychologie konkretisiert diese Dialektik: Jeder Mensch wird in ein bestimmtes Milieu hineingeboren, bekommt eine Fülle von genetischen und sozialen Vorgaben, die den Charakter von lebensbestimmenden Mächten haben, in die man unausweichlich hineinverwoben ist. Gleichzeitig ist jede/r Einzelne herausgefordert, diese Vorgaben im Lauf des Lebens aktiv zu gestalten, etwas daraus zu machen, sie persönlich anzueignen. Aktivität und Passivität, Freiheit und Verwickelt-Sein liegen kaum unterscheidbar ineinander; und doch werden Erfolg oder Scheitern dem Individuum als seine/ihre Tat oder Unterlassung, als persönliche Verantwortung zugerechnet.
- Sünde als Streben nach Vollkommenheit und Leugnen der Begrenztheit und Abhängigkeit konkretisiert sich in der Analyse der Fragmenthaftigkeit von Identität wie des Lebens überhaupt. Identität bezeichnet niemals einen abgeschlossenen Zustand, sondern immer einen Prozess, der beständig in Bewegung bleibt und sich einem definierbaren Ziel immer nur annähert. Leben ist in systemischer Perspektive eine ständige fragile Balance zwischen den unterschiedlichsten Impulsen und Kräften.
- Aus kommunikationstheoretischer Sicht kann man Sünde begreifen als Verstricktsein in einen Kommunikationszusammenhang, der – durchaus gegen den Willen der Beteiligten – immer wieder misslingt und gerade nicht Verstehen und Vertrauen auslöst, sondern Miss-

---

11 *Capps* 1993, 96.
12 *Capps* 1993, 98.
13 *Capps* 1993, 166.

trauen, Hoffnungslosigkeit und Lieblosigkeit bewirkt.[14] *S. Freuds* Beschreibung des Konflikts zwischen bewusstem und unbewusstem Seelenleben oder die kommunikationstheoretischen Modelle von *Watzlawick* oder *Schulz von Thun* verdeutlichen, warum und wie Kommunikation so häufig nicht ihr Ziel erreicht ($\Rightarrow$ 10.1.2.1 und 10.1.2.2).

15.1.2 Rechtfertigung

Der wegen seiner Sünde beschuldigte Mensch wird von Gott gerechtfertigt, aus Gnade, um Christi willen, im Glauben, durch das Wort (sola gratia, solus Christus, sola fide, solo verbo). Rechtfertigung heißt: Der sündige Mensch wird anerkannt, wird angenommen, seine Sünde wird nicht angerechnet, ihm nicht länger vorgehalten. Im Vertrauen auf Gottes Rechtfertigung bleiben wir »Sünder und Gerechtfertigte zugleich«, immer wieder sind wir in die Dialektik des »schon und noch nicht« eingebunden: Wir können ansatzweise neu leben, weil wir letztlich nicht nach unserer Sünde beurteilt werden; gleichzeitig ist dieses neue Leben immer nur Bruchstück, Andeutung, Hinweis auf ein Leben in Fülle. Wir selbst können jene Annahme nicht leisten, sie muss uns von außen, von extra nos, entgegengebracht werden. Für diesen Zusammenhang gibt es eine Reihe von entwicklungspsychologischen Analogien:

- Jedes kleine Kind muss zunächst Liebe, Anerkennung und Vertrauen von seinen Eltern oder Bezugspersonen erfahren, um ein eigenständiges Individuum zu werden. Die Hospitalismusforschungen haben gezeigt, in welchem Maß Kinder Schaden nehmen, wenn sie nicht genügend Liebe, Geborgenheit und zugleich auch sensorische Stimulation erfahren.[15]
- Die Fähigkeit, mit einem »Urvertrauen« den Menschen und der Welt zu begegnen, setzt die Erfahrung voraus, dass sich Mutter und Vater als grundlegend zuverlässig und vertrauenswürdig erwiesen haben: Eltern geben immer wieder, und in der Regel gerne, einen großen Vertrauens-»Vorschuss«, den sich das Kind nicht durch Wohlverhalten verdienen kann und muss.
- Empathie als eine für jede Kommunikation grundlegende Dimension erfordert die Bereitschaft und Fähigkeit der Mutter (der bemutternden Person), sich in die Stimmungslage des kleinen Kindes hineinzuversetzen und aus dieser vorübergehenden Identifikation heraus zu reagieren. Ein Kind entwickelt langsam Selbstwertgefühl, »weil es wieder und wieder ›stimmig‹ empathiert worden ist.«[16]
- *H. Kohut* spricht von der »›Gnade‹ der lebenserhaltenden elterlichen Freude am Kind«. Diese Freude bezeichnet er als das lebenserhaltende »göttliche Echo«, ohne das ein Mensch im Grunde nicht leben kann ($\Rightarrow$ Kap. 4.1.3).[17]
- Sprache bildet sich aus, wenn ein Kind kontinuierlich angesprochen wird, so dass es in die Lage versetzt wird, das Gehörte nachzuahmen.[18] Sprache entsteht im Wesentlichen durch Nachahmungsprozesse.

---

14 Vgl. dazu ausführlicher *Brandt* 1997.
15 Vgl. *Legewie/Ehlers* 1999, 179ff.
16 *Petzold* 1997, 431.
17 *Kohut* 1977, 67f.
18 Vgl. *Legewie/Ehlers* 1999, 346f.

Immer wieder zeigt sich dieselbe Struktur: Die entscheidenden, die Person prägenden Lebenserfahrungen sind Widerfahrnisse, die einem begegnen, die einem zukommen, die man nicht selber herstellen kann. Das Subjektive entsteht nicht aus sich selbst heraus, sondern ist intersubjektiv bedingt.

Auch im Erwachsenenleben hält sich diese Struktur in zwischenmenschlichen Beziehungen durch, obwohl sie durch bestimmte Verhaltensmuster leichter zu überspielen ist: Vertrauen wird uns entgegengebracht, Liebe und Wohlwollen wird uns geschenkt, wir können eine solche Einstellung im Gegenüber weder herstellen und erzwingen noch in jedem Fall verdienen.

Die reformatorische Einsicht, dass es sich im Rechtfertigungsgeschehen um eine iustitia passiva handelt, »die wir nur empfangen, wenn wir nichts wirken, sondern einen anderen, nämlich Gott, in uns wirken lassen«,[19] und dass der Mensch nicht Täter, sondern Empfänger seines Lebens ist, wird auf der anthropologischen Ebene eindrucksvoll bestätigt. Das Deutungsangebot des Glaubens an die Rechtfertigung des Sünders allein durch die Gnade Gottes greift – so könnte man sagen – diese Erfahrungsanalogien auf und weitet sie ins Grundsätzliche aus: Wir bedürfen als entfremdete Menschen immer neu der Zusage, der Erfahrung der Rechtfertigung, der Annahme, der Liebe und Vergebung, sonst können wir nicht leben. Nur von Gott und um Christi willen wird uns diese Rechtfertigung wirklich bedingungslos und vollkommen gewährt[20] – während jede menschliche Rechtfertigung und Annahme bruchstückhaft und vorläufig bleibt. Trotzdem ist uns die Grundstruktur aus der Alltagserfahrung vertraut, sie könnte insofern auch die Glaubensaussage leichter verstehbar und plausibel machen.

Glaube als ein Sich-verlassen auf einen Größeren, als wir es selbst sind, erweist sich somit als notwendige und sinnvolle Grundstruktur des Lebens.

15.1.3 Rechtfertigung als Erfahrung von Annahme in der Seelsorge

Der Begriff der Annahme, wie ihn *Carl Rogers* entwickelt hat ($\Rightarrow$ Kap. 4.3.3), ist für die frühe Seelsorgebewegung zu dem entscheidenden theologischen Charakteristikum geworden. Es ist das Verdienst der Seelsorgebewegung gewesen, deutlich zu machen, dass die Zusage der Rechtfertigung, der Annahme zwar an das Wort, an Sprache gebunden ist, zugleich aber viel mehr als die verbale Sprache umfasst und immer nonverbale Elemente einschließt. Da nach *P. Watzlawick*

---

19 *Martin Luther* in der Galater-Brief-Vorlesung von 1531, zitiert nach *Link* 1984, 315.

20 *Erich Fromm* 1980 (b), 60f weist darauf hin, dass die Schöpfungsgeschichte eine mütterliche Qualität der Liebe Gottes zum Ausdruck bringt: Fürsorge und Verantwortungsgefühl auf der einen Seite, Vermittlung des Gefühls »es ist gut zu leben« auf der anderen Seite.

15.1 Schuld / Sünde und Vergebung / Rechtfertigung

die Beziehungsebene die Inhaltsebene bestimmt, ist darauf zu achten, dass Verkündigung und Verhalten einigermaßen übereinstimmen. Die kirchliche Verkündigung der Rechtfertigung muss diesen Zusammenhang berücksichtigen, will sie nicht unglaubwürdig wirken. *Paul Tillich* hatte schon 1955 beschrieben, wie die Theologie von der Psychotherapie lernen könne.

»Es darf in der Tat nicht übersehen werden, daß die heutige Theologie von der analytischen Psychotherapie erst wieder lernen mußte, was Gnade und was Vergebung als die Annahme derer, die im Grunde unannehmbar sind, eigentlich bedeuten ... Das Wort Gnade, das völlig sinnlos geworden war, hat einen neuen Sinn erhalten durch die Art, wie der Psychotherapeut mit seinem Patienten umgeht. Er sagt nicht, ›Sie können angenommen werden‹, sondern er nimmt ihn einfach an. Und das ist die Art, wie – in der Sprache des religiösen Symbols – Gott mit uns verfährt. In derselben Weise sollte sich auch jeder Geistliche und jeder Christ seines Nächsten annehmen.«[21] (⇒ Kap. 1.5).

Diese Aufforderung hat die Seelsorgebewegung aufgegriffen und mit Hilfe der nicht-direktiven Gesprächspsychotherapie von *C. Rogers* umzusetzen versucht. Rechtfertigung/Annahme soll nicht nur zugesprochen, sondern ansatzweise auch im Verhalten des Seelsorgers, der Seelsorgerin spürbar werden; oder, noch bescheidener formuliert: Sie sollte nicht durch ein moralisierendes, belehrendes Verhalten des Pfarrers / der Pfarrerin konterkariert werden. *Dietrich Stollberg* formuliert: »Seelsorge will Annahme ... verkündigen, *indem sie sie erlebbar macht.*«[22] An anderer Stelle spricht er vom »Tatzeugnis der Annahme«.[23] Der Titel seines wichtigsten Seelsorgebuchs ist Programm: »Wahrnehmen und Annehmen.«[24]

Im Seelsorgegespräch lässt sich die Erfahrung der Annahme häufig daran ablesen, dass ein Mensch ab einem bestimmten Punkt plötzlich beginnt, etwas zentral Wichtiges aus seinem Leben zu erzählen. So berichtet *Hans van der Geest* von einem Gespräch mit einem 60jährigen Mann nach dessen Suizidversuch.[25] Zunächst macht der Mann nur Andeutungen, wirft dem Seelsorger gewissermaßen Brocken hin, bleibt undeutlich und vage – ein Suizidversuch ist ja eine sehr schambesetzte Angelegenheit, und er muss erst einmal testen, wie der Seelsorger dazu steht; der Seelsorger ist mit seinen Reaktionen offenbar einfühlsam mit der Verzweiflung des Mannes mitgegangen, denn plötzlich streckt der Mann, der mit geschlossenen Augen im Bett liegt, seine Hand nach der des Seelsorgers aus und beginnt zu erzählen, was ihn wirklich umtreibt: von seiner Angst, nach einem Herzinfarkt im Betrieb und im Leben überhaupt nicht mehr mitzukommen, von seinen verzweifelten und immer wieder scheiternden Anstrengungen, mit jüngeren Kollegen mitzuhalten.

---

21 *Tillich*, 1970 (a), 314.
22 *Stollberg* 1972, 43 (Sperrung von mir, M.K.).
23 *Stollberg* ³1971 (a), 16.
24 Gütersloh 1978.
25 *van der Geest* ⁵1995, 46ff.

An diesem Beispiel wird dreierlei deutlich:
- Die Erfahrung von Annahme (oder Nichtannahme) vermittelt sich entscheidend auch durch die Haltung des Seelsorgers, durch Mimik und Gestik, durch die Art und Weise seines Zuhörens, durch das, was er sagt, und vor allem dadurch, *wie* er es sagt. Annahme ist Ausdruck der Beziehungsqualität zwischen den beiden Menschen. Die Beziehung verkündigt mindestens so wirkungsvoll wie die verbale Rede, um was es dem Pfarrer eigentlich geht: Ob er jemanden ermahnen, zurechtweisen, belehren oder wirklich die Botschaft von der Annahme und Rechtfertigung des Sünders weitergeben will.
- Die Annahme bezieht sich auf den Menschen als Sünder. Als ein Entfremdeter, als ein verzweifelt sich Bemühender und ein immer wieder Scheiternder erlebt er sich als angenommen; in dieser fragmentarischen Annahme durch den Seelsorger leuchtet etwas von der vollkommenen Gnade Gottes auf, die seine Tat von seiner Person unterscheidet und ihn in und trotz seiner Verzweiflung als liebenswerten Menschen deklariert.[26]
- Die Erfahrung der Annahme ist Bedingung der Möglichkeit, Angst, Versagen, Schuld einzugestehen und damit aus dem Zirkel von Selbstanklage und erneuten Anstrengungen zur Selbstvergewisserung auszubrechen. »Nur was du annimmst, kannst du verändern«, sagt ein asiatisches Sprichwort. Aber manches ist zu groß, als dass wir es selbst annehmen könnten, wenn es nicht zuvor durch einen anderen, letztlich durch Gott, angenommen ist. »Ohne die Gewißheit, in der Schuld (sc.: und Angst, MK) angenommen zu sein, so als existierte diese Schuld eigentlich nicht, gelingt kaum ein Schuldbekenntnis.«[27]

Die seelsorgliche Annahme ist ein Zeugnis, das in seiner Bruchstückhaftigkeit und Vorläufigkeit auf die umfassende und vollkommene Annahme durch Gott verweist, und gleichzeitig eine Ahnung davon vermittelt, was mit Gnade und Rechtfertigung gemeint sein könnte.

15.2 Schuld

Für den Umgang mit Schuld und Vergebung sind pastoralpsychologische Differenzierungen unverzichtbar.

15.2.1 Adäquate und neurotische Schuldgefühle

Schuld geht fast immer einher mit Schuldgefühlen, also mit einer inneren, subjektiven, emotionalen wie kognitiven Verarbeitung des Geschehens; die Unterscheidung von adäquaten und neurotischen Schuld-

---

26 Die Annahme bezieht sich also auf den Menschen als simul peccator et justus und ist von einem simplifizierenden »Du bist o.k., so wie du bist« zu unterscheiden.
27 *Beintker* 1998, 23.

15.2 Schuld

gefühlen ist in diesem Zusammenhang von Belang.[28] Es gibt konkrete Schulderfahrungen, die Menschen durch aktives Tun oder Unterlassen auf sich laden, z.b. durch Gewaltausübung, Betrug, Normverletzungen, Unvorsichtigkeit, unterlassene Hilfeleistung; andere Schulderfahrungen kommen dadurch zustande, dass man in bestimmte Situationen hineingerät und nicht schuldlos aus ihnen herauskommen kann. (Abtreibung als Konflikt zwischen den Lebenswünschen der Mutter und dem Lebensrecht des werdenden Kindes scheint mir dafür ein besonders eindrückliches Beispiel.) Wie werden solche Schulderfahrungen subjektiv verarbeitet?

Ein alltägliches Beispiel: Frau H. (71 Jahre alt) pflegt ihren um einige Jahre älteren Mann zu Hause (mit Unterstützung eines Pflegedienstes), nachdem der vor zwei Jahren einen Schlaganfall erlitten hatte. Frau H. hat unter den Anforderungen dieser Pflege manchmal geseufzt, aber sie doch pflichtbewusst und regelmäßig getan. Eines Abends, als sie für etwa eine Stunde eine Nachbarin besucht, stirbt ihr Mann an einem erneuten Schlaganfall.
Hat Frau H. in diesem Falle Schuld auf sich geladen? Empfindet sie Schuldgefühle? Idealtypisch gesehen sind drei Reaktionsweisen vorstellbar:
a. Frau H. lässt keine besonderen Probleme mit den Umständen des Todes ihres Mannes erkennen. Sie ist traurig über seinen Tod – aber im Blick auf die Tatsache, dass sie zum Zeitpunkt seines Sterbens gerade nicht bei ihm war, hat sie keine Schuldgefühle. »Es war ja immer damit zu rechnen«, sagt sie – »und dass ich gerade nicht da war, als er einen erneuten Schlaganfall bekam, dafür kann ich nichts; es hätte ja auch nachts passieren können, wenn ich geschlafen hätte. Dann hätte ich auch nichts gemerkt.«
b. Frau H. ist erschüttert und traurig; sie malt sich aus, dass ihr Mann vielleicht noch nach ihr gerufen haben könnte; sie macht sich Vorwürfe, dass sie ausgerechnet zu dem Zeitpunkt weggegangen ist; vielleicht hätte sie den Notarzt rufen und damit seinen Tod noch hinauszögern können; in jedem Fall wäre sie bei ihm gewesen, er hätte in ihren Armen sterben können. An diesem Punkt hat sie ein deutliches Schuldempfinden im Sinne von »Ich bin ihm etwas schuldig geblieben«. Gleichzeitig macht sie sich bewusst, dass sie nicht 24 Stunden bei ihm sein und letztlich sein Sterben nicht verhindern konnte. Sie ist die ersten Tage und Wochen stark mit diesen Gedanken beschäftigt – allmählich aber verblassen sie; sie kommt langsam dahin, den Tod ihres Mannes und ihr Verhalten dabei anzunehmen.
c. Frau H. kommt überhaupt nicht mehr los von Selbstvorwürfen; sie steigert sich in die quälende Vorstellung, dass sie seinen Tod wahrscheinlich hätte verhindern können, wenn sie da gewesen und den Schlaganfall bemerkt hätte. Insofern fühlt sie sich als die eigentlich Schuldige am Tod ihres Mannes. Wochen und Monate hindurch kann sie kaum etwas anderes denken, ihre psychische Schwingungsfähigkeit ist deutlich eingeschränkt, ihr ganzes Leben wird von nun an von dieser Erfahrung überlagert. Um aus dieser quälenden Situation herauszufinden, braucht sie seelsorgliche oder therapeutische Begleitung.

---

28 *Hartmann* 1993, 102ff. spricht von realistischem und unrealistischem Schuldbewusstsein. Schon Buber 1965 (b) unterscheidet zwischen authentischen (im Gefolge einer »Existenzialschuld«) und neurotischen Schuldgefühlen.

Die Unterscheidung von adäquaten und neurotischen Schuldgefühlen wird an diesem Beispiel schnell einsichtig: Als adäquat kann man Schuldgefühle dann bezeichnen, wenn sie in einer erkennbaren Verbindung zu einem schuldhaften Geschehen stehen, wenn der/die Betroffene das Geschehen und die eigene Verantwortung in diesem Zusammenhang benennen und in einer für Außenstehende nachvollziehbaren Art und Weise darauf emotional reagiert (dazu gehört Trauer, auch Reue im Sinn von »es tut mir leid«, das Abwägen der verschiedenen Faktoren etc.).

Als neurotisch kann man ein Schuldgefühl bezeichnen, wenn es entweder die zugrunde liegende Schuld *bagatellisiert* oder sie *dramatisiert*.[29] In beiden Fällen hat der/die Betreffende keine realitätsnahe Wahrnehmung des Schuldgeschehens, so dass die Psychoanalyse die Hypothese gebildet hat: Im Falle neurotischer Schuldgefühle sind die tatsächlichen Quellen für diese Gefühle dem Betroffenen unbewusst; sie liegen in der Reaktivierung eines anderen tiefer liegenden Konflikts, der entweder schon aus der Kindheit stammen oder auch aus relativ kurz zurückliegender Zeit herrühren kann.

Die *Bagatellisierung* könnte auf einer unterentwickelten Über-Ich oder Gewissensstruktur beruhen oder auch auf einem schon länger vorhandenen aggressiven Konflikt, der nun in der Abwehr jeder tieferen Anteilnahme zum Ausdruck kommt. Im Fall der *Dramatisierung* könnte man auf andere Weise abgewehrte Aggression vermuten: Die lange Pflege hat Frau H. sicherlich belastet, sie hat viele Klagen und Vorwürfe im Blick auf ihren Mann unterdrückt (wer mag sich schon ärgern über einen schwerkranken Mann!); sie war schon immer anfällig für entsprechende Schuldgefühle (sie könne nicht genug getan haben etc.). Jetzt wenden sich die ursprünglich gegen ihren Mann gerichteten Aggressionen gegen sie selbst und quälen sie erbarmungslos – was ihr gleichzeitig eine gewisse Genugtuung bereitet, da sie ja auf diese Weise für ihre aggressiven Regungen büßt.

Im Hintergrund der Tendenzen sowohl zur Bagatellisierung wie zur Dramatisierung kann man unbewusste Größenvorstellungen und damit die Abwehr eigener Begrenztheit vermuten: Im Falle der Bagatellisierung ist es die Vorstellung »Ich bin für nichts wirklich verantwortlich, ich stehe über den moralischen Regeln«; im Falle der Dramatisierung ist es die kindlich-magische Annahme «Ich bin für alles verantwortlich».

Die Unterscheidung von adäquaten und neurotischen Schuldgefühlen ist für Seelsorge und Beratung in methodischer Hinsicht aus verschiedenen Gründen wichtig:
1. In der seelsorglichen Begleitung von Menschen mit solchen neurotischen Schuldgefühlen bringt es nichts, Frau H. z.B. zu erklären,

---

[29] Vgl. *Rauchfleisch* 1990, 53ff.

dass sie doch eigentlich keine Schuld treffe, sie habe ihren Mann aufopfernd gepflegt, sie habe auch das gute Recht, etwas für ihr eigenes Wohlbefinden zu tun etc., kurz, ihr Verhalten zu verharmlosen. Hier wäre es eher sinnvoll, sie zum Erzählen über die Jahre der Pflege zu ermuntern und kleine Hinweise auf die damit verbundene Belastung, auf Gefühle von Überforderung und Unwillen zu verstärken, um auf diese Weise einen Ausdruck evtl. vorhandenen Ärgers auf ihren Mann zu ermöglichen. Das Erzählen und damit das Konkretisieren (weder Dramatisieren noch Bagatellisieren) von Schuld ist das wichtigste Mittel, um zu einer Schuldverarbeitung anzuleiten. Im Erzählen wird ein Abwägen der verschiedenen Schuldfaktoren möglich.
2. Im Abwägen der Schuldfaktoren geht es darum herauszufinden: Wofür bin ich wirklich verantwortlich und wofür nicht? Woran bin ich wirklich schuld und woran nicht? Dazu gehört, verschiedene Schuldzuweisungen zu überprüfen. Die Zurückweisung »falscher« Schuldzuweisungen geht in der Regel einher mit der Annahme und Anerkennung berechtigter Schuld.

Ein Mädchen hat lange Zeit in der Vorstellung gelebt, es sei für den Tod seines kleineren Bruders verantwortlich. Erst als Erwachsene findet sie in einer Beratung heraus, dass sie eine Schuldzuweisung der Mutter übernommen hat, von der sie sich nun, im Licht einer erwachsenen Überprüfung, abgrenzen muss: Sie ist und war nicht schuld am Tod des Bruders.
Bei Menschen, die dazu neigen, sich schnell und undifferenziert für alles Mögliche schuldig zu fühlen, ist die Frage hilfreich: Woran bist du *nicht* schuld? Wofür bist du *nicht* verantwortlich? Auf diese Weise kann ein Prozess der Differenzierung und Abgrenzung beginnen, der zu einer realistischen Schuldübernahme führt.[30]

3. In Schuldgefühlen, auch in deren Bagatellisierung oder Dramatisierung, steckt in der Regel so etwas wie ein Schuldkern. Den gilt es herauszufinden.
4. Die religiöse Vorstellung eines richtenden (und damit auch eines rechtfertigenden) Gottes trägt zur Schuldfähigkeit bei: Die religiöse Vorstellung symbolisiert die Erfahrung, dass es ein »zu spät« gibt, dass jedes Verhalten Konsequenzen zeitigt, die möglicherweise unwiderruflich und nicht wieder gutzumachen sind. Das Gegenüber eines richtenden Gottes schärft die Endlichkeit des Menschen ein.
5. Bei neurotischen Schuldgefühlen eines depressiven Menschen als Pastor von Vergebung zu sprechen, kann kontraproduktiv sein: Die Rede von Vergebung setzt eine vorhandene Schuld voraus, also – so lautet die implizite Schlussfolgerung des/der Ratsuchenden – muss doch ein schuldhaftes Verhalten vorgelegen haben. Da der Seelsorger / die Seelsorgerin aber die subjektiv empfundene Schwere des schuldhaften Verhaltens nicht zu erkennen scheint, muss die

---

30 Diesen Hinweis verdanke ich meiner Kollegin *Elisabeth Hölscher*.

Betroffene die Schwere ihrer Schuld, die Dramatik ihres Schuldgefühls noch steigern, um endlich die angemessene Aufmerksamkeit dafür zu finden.[31]

6. Wenn ein Seelsorger / eine Seelsorgerin den Eindruck hat, einen Menschen mit neurotischen Schuldgefühlen vor sich zu haben, und wenn sich nach einem oder zwei Gesprächen der Eindruck verfestigt, dass die Klagen und Schuldgefühle des anderen Menschen stereotyp immer wiederkommen, sollte man auf vorsichtige Weise versuchen, die Person zu einer Psychotherapie zu bewegen. Die seelsorgliche Begleitung sollte weitergehen, aber andere Akzente bekommen (z. B. durch Konzentration auf religiöse Fragen).

15.2.2 Schuld als Normübertretung

Die klassische Theorie zur Entstehung von Schuld und Schuldgefühlen sieht eine Normübertretung und insofern die klare Unterscheidung von gut und böse, richtig und falsch im Hintergrund. Wer gegen eine gesellschaftliche oder religiöse Norm verstößt, z.B. gegen das Gebot »Du sollst nicht stehlen«, lädt Schuld auf sich. Ob diese Schuld auch ein Schuldgefühl (Gewissensbisse, Angst vor Strafe, vor Nicht-Akzeptiert-Werden) auslöst, hängt davon ab, ob der betreffende Mensch eine entsprechende Gewissensstruktur entwickelt hat oder nicht.

In der reformatorischen Theologie wird das Gewissen verstanden als »der Ort der Erfahrung des Gottesverhältnisses«, nämlich als der Ort, wo sich der Mensch vom Gesetz angeklagt und vom Evangelium freigesprochen weiß.[32] *Schleiermacher* hat das Gewissen definiert als »die Stimme Gottes im Gemüt als eine ursprüngliche Offenbarung Gottes«;[33] in beiden Vorstellungen ist das Gewissen der zentrale anthropologische Ort des Glaubens. Die populäre Meinung löst das Gewissen aus dem Glaubenszusammenhang und macht es zu einer rein ethischen Instanz: Das Gewissen ist die verhaltensregulierende Stimme Gottes im Menschen; in ihrer säkularisierten Variante hat sie *Rousseau* verstanden als die dem Menschen von Natur aus gegebene Stimme der Seele.

Diesen Begriffsbestimmungen ist gemeinsam, dass das Gewissen »irgendwie« als transzendental gegeben angenommen wird: Es ist von Gott eingegeben oder von Natur aus gesetzt, es repräsentiert »sittliche Urgewissheit« oder den »Personkern« des Menschen – als ein solches ist das Gewissen a priori vorhanden, vielleicht verdunkelt, aber letztlich nicht hinterfragbar.

Demgegenüber war es die Entdeckung *Sigmund Freuds*, die Gewissensstruktur als in die Sozialisation des Menschen eingebunden und damit als ein historisch und kulturell relatives, empirisch überprüfbares

---

31 Eine entsprechende Geschichte berichtet *Scharfenberg* 1985, 15.
32 *Krüger* 1984, 222ff.
33 *Weyer* 1984, 228.

15.2 Schuld

Phänomen anzusehen. Im Rahmen der Annahme einer dreigeteilten psychischen Struktur (⇒ Kap. 4.1.1) hat das Über-Ich oder das Gewissen die Funktion, das Ich zu beobachten und im Zweifelsfall, wenn es Impulse aus dem Es nicht abwehrt, zu bestrafen.

»Es gibt kaum etwas anderes in uns, was wir so regelmäßig von unserem Ich sondern und so leicht ihm entgegenstellen wie gerade das Gewissen. Ich verspüre die Neigung, etwas zu tun, wovon ich mir Lust verspreche, aber ich unterlasse es mit der Begründung: mein Gewissen erlaubt es nicht. Oder ich habe mich von der übergroßen Lusterwartung bewegen lassen, etwas zu tun, wogegen die Stimme des Gewissens Einspruch erhob, und nach der Tat straft mich mein Gewissen mit peinlichen Vorwürfen, läßt mich die Reue ob der Tat empfinden. Ich könnte einfach sagen, die besondere Instanz, die ich im Ich zu unterscheiden beginne, ist das Gewissen, aber es ist vorsichtiger, diese Instanz selbstständig zu halten und anzunehmen, das Gewissen sei eine ihrer Funktionen und die Selbstbeobachtung, die als Voraussetzung für die richterliche Tätigkeit des Gewissens unentbehrlich ist, sei eine andere. Und da es zur Anerkennung einer gesonderten Existenz gehört, daß man dem Ding einen Namen gibt, will ich diese Instanz im Ich von nun an als das ›Über-Ich‹ bezeichnen.«[34]

Das Über-Ich entwickelt sich im Laufe der Sozialisation des Kindes (⇒ Kap. 11.2). Es ist nicht mehr a priori gegeben, sondern unterliegt Wandlungen und Veränderungen. *Freud* geht davon aus, dass ein Kind zunächst amoralisch ist, es kennt kein Gut und Böse, sondern nur ein Streben nach Lust, d.h. nach Wärme, Geborgenheit und Nahrung. Erst langsam lernt es am Verhalten der Eltern abzulesen, was als gut bzw. als böse einzuschätzen ist. Dabei ist Maßstab das Ausmaß der Angst: Angst vor Strafe bzw. vor Liebesverlust diktiert das Verhalten des Kindes. Wenn diese »Realangst« internalisiert ist, wenn also ein Kind in der Vorstellung vorwegnehmen kann, welches Verhalten etwa eine Strafe oder Unzufriedenheit der Eltern auslösen würde, entsteht die sog. »Gewissensangst«. Sie ist ein Spiegel oder Abbild der moralischen Vorstellungen der Eltern bzw. der größeren gesellschaftlichen Umgebung.
Dieser Prozess findet seinen vorläufigen Abschluss im Zusammenhang mit dem Ödipus-Komplex in der Identifizierung des Kindes mit dem gleichgeschlechtlichen Elternteil: So zu sein und zu werden wie der Vater oder die Mutter bedeutet, auch deren Wertmaßstäbe zu verinnerlichen und nach ihnen zu handeln.
Die Entwicklung und Ausdifferenzierung des Gewissens geht jedoch weiter. *L. Kohlberg*[35] (⇒ Kap. 11.4) bringt das aus der Identifikation mit den Eltern geborene Gewissen mit einer *präkonventionellen Moral* in Zusammenhang; sie orientiert sich an der Befolgung vorgegebener

---

34 *Freud* 1933, St.A. I, 498f.
35 Vgl. *Schweitzer* 1987, 112ff. Eine sehr differenzierte Entwicklungspsychologie des Schulderlebens gibt *Auchter* 1996, 41ff.

Gebote und der Vermeidung von Strafe. Die *konventionelle Moral* als zweite Stufe richtet sich aus an den Erwartungen anderer und den Werten, die »man« in einer Gesellschaft oder einer bestimmten Untergruppe für notwendig und erstrebenswert hält. Solche Menschen bleiben angepasst und autoritätshörig; der Kinderanalytiker *H. Zulliger* sagt von diesem Typus: »Wer nur aus Angst vor der Strafe – einer von den Mitmenschen kommenden Strafe oder der ›Strafe Gottes‹ – gut ist, ist nicht gut, sondern feige.«[36] Erst die *postkonventionelle Moral* beruht auf einer eigenständigen, individuellen Wertung und Entscheidung: Angesichts der Vielzahl möglicher Werthaltungen und entsprechender Verhaltensweisen wird *eine* bewusst gewählt und auch gegen andere argumentativ verteidigt. Ein gutes Maß an Selbstsicherheit und Unabhängigkeit ist notwendig, um begründet »Nein« sagen zu können und den notwendigen Mut zum Ungehorsam und zur Civilcourage aufzubringen. Mit einer solchen Beschreibung ist auch klar, dass leider nur wenige Menschen diese letzte Entwicklungsstufe erreichen.

Für unser Thema entscheidend ist nun, wie rigide/streng oder offen/flexibel sich ein Über-Ich entwickelt hat: Eine strenge, autoritäre Erziehung, vielleicht religiös grundiert, fördert ein strenges und strafendes Über-Ich, das nicht nur alle Normverstöße, sondern auch schon den Gedanken daran unnachgiebig durch Schuldgefühle ahndet. Handlung und Phantasie sind vor dem Über-Ich identisch. Deswegen sind für skrupulöse Menschen schon bestimmte Phantasien ausgesprochen bedrohlich und angsterregend.

Ich erinnere in diesem Zusammenhang an das lutherische Sündenbekenntnis, in dem es heißt: »Ich bekenne, dass ich gesündigt habe mit Gedanken, Worten und Werken ...« Die Unterscheidung von Denken oder Phantasieren und Handeln, die für die Psychoanalyse wichtig ist, ist hier aufgehoben und trägt zur Strenge des Über-Ich und zur Verschärfung der Gewissenskonflikte bei. Schon jeder Gedanke an ein bestimmtes Verhalten wird unnachsichtig vom Über-Ich verfolgt.
Tilman Moser hat das anschaulich beschrieben: »›Was wird der liebe Gott dazu sagen‹? Durch diesen Satz war ich früh meiner eigenen inneren Gerichtsbarkeit überlassen worden. Im Grunde mußten die Eltern gar nicht mehr viel Erziehungsarbeit leisten, der Kampf um das, was ich tun und lassen durfte, vollzog sich nicht mit ihnen als menschliche Instanz, mit der es einen gewissen Verhandlungsspielraum gegeben hätte, sondern die ›Selbstzucht‹, wie das genannt wurde, war mir überlassen ...«[37]

Was ist das Ziel einer seelsorglichen oder therapeutischen Arbeit mit gewissensstrengen, skrupulösen Menschen? *Freud* hat das Ziel der Psychoanalyse beschrieben mit dem inzwischen berühmten Diktum »Wo Es war, soll Ich werden«; *Otto Fenichel* hat hinzu gefügt: »Wo Über-Ich war, soll Ich werden.«[38] Die Stärkung eines vernünftigen,

---

36 Zitiert nach *Auchter* 1996, 87.
37 *Moser* 1978, 17f.
38 Zitiert bei *Auchter* 1996, 101.

emotional flexiblen und doch zugleich starken Ich, das sich sowohl von der eigenen Triebhaftigkeit als auch von einem überstrengen Gewissen distanzieren kann, ist ein Ziel, das nicht nur für die Psychotherapie, sondern auch für Seelsorge und Verkündigung von Bedeutung ist. Menschen mit einem stark ausgeprägten, strengen Über-Ich sollten daran arbeiten, ihr Normsystem vorsichtig zu hinterfragen und aufzulockern; es könnte ihnen deutlich werden, dass sie das Normsystem ihrer Eltern internalisiert und nicht für ihre eigene Lebenssituation umgewandelt haben; sie könnten ermutigt werden, zwischen Denken/Phantasieren und Handeln zu unterscheiden und damit ihr strenges Gewissen zu entlasten; und sie brauchten Begleitung auf dem langen Weg, ihre eigenen Werte kennen zu lernen und zu entwickeln, damit sie ein persönliches Gefühl für Recht und Unrecht, ein »wahres Gewissen« (*Winnicott*) bekommen.

Veranschaulicht am oben zitierten Beispiel: *T. Moser* hatte als Kind gelernt, sein Gewissen zu identifizieren mit der Stimme der Eltern und der Stimme Gottes. Im Prozess der Therapie oder der Seelsorge müsste es darum gehen, diese drei Instanzen wieder zu differenzieren und sein »wahres Gewissen« zu finden, also das, wofür er nach reiflichem Abwägen verantwortlich sein kann und will.[39]

Das andere Extrem repräsentieren Menschen, deren Lebensumstände wir als verwahrlost bezeichnen, die keine klaren Strukturen in der Familie, in ihrem Leben kennen gelernt, Gewalt und mangelnde Frustrationstoleranz erlebt haben, die deswegen kaum eine Über-Ich-Struktur entwickeln konnten. In der Diskussion zur Entstehung von Kriminalität spricht man diesbezüglich von Dissozialität: Ein wichtiger Bestandteil einer solchen Dissozialität ist ein schwach ausgebildetes Über-Ich: Diese Menschen haben keine klaren (oder ganz archaische) Wertvorstellungen und entwickeln an manchen Stellen kaum und an anderen Stellen wiederum ganz starke Schuldgefühle (die sie dann u.U. zu neuen Verbrechen führen).[40] Ein Ziel von Psychotherapie und Seelsorge besteht hier darin, Menschen zu einer Schuldfähigkeit zu verhelfen, d.h. ein strukturiertes Ich auszubilden, das die Realität einigermaßen wirklichkeitsnah aufnehmen, die eigenen Grenzen wahrnehmen und akzeptieren und dann auch entsprechend Verantwortung übernehmen kann.

15.2.3 Schuld als Problem des Selbstbewusstseins
Das Konzept der Schuld als Normübertretung ist an gesellschaftliche Strukturen gebunden, in denen noch relativ klar war und ist, was als richtig und gut bzw. falsch und böse zu gelten hat. In der postmoder-

---
39 Ein besonders eindrückliches Beispiel für einen solchen Prozess der Differenzierung verschiedener Schuldzuschreibungen gibt *Lückel* 1990 in einem ausführlichen Fallbericht.
40 Vgl. *Möller* 1996, 39ff.

nen, pluralisierten, narzisstischen Gesellschaft (⇒ Kap. 2.3) verwischen diese Konturen immer mehr. Die neuen Normen bestehen nicht mehr in der Anwendung richtiger und guter Prinzipien, sondern die anzustrebenden Ideale heißen: Offenheit, Flexibilität, Authentizität und Selbstverwirklichung.

Die tief greifenden gesellschaftlichen Veränderungen ziehen Veränderungen im Selbstverständnis der Menschen der Postmoderne nach sich; auch das Schuldverständnis ist davon betroffen. Man kann es auf die Kurzformel bringen: Die Probleme des Selbstbewusstseins, die Fragen nach der eigenen Identität treten an die Stelle eines Schuldgefühls im Sinn einer Normübertretung.[41] Das Schuldgefühl, das jetzt entsteht, hat eine besondere emotionale Färbung und verlangt eine andere Art des Umgangs.

»Narzisstisch gestörte Menschen« (⇒ Kap. 4.1.4) kennzeichnet eine tief greifende Unsicherheit im Blick auf ihr eigenes Selbst. Fragen wie »Wer bin ich?«, »Was will ich eigentlich?«, »Was muss ich tun, um mein Leben optimal zu verwirklichen?« stehen im Vordergrund. Diese Menschen schwanken zwischen einem grandiosen Selbstbild und permanentem Selbstzweifel, wenn die nötige Anerkennung von außen einmal ausbleibt; Detailkritik wird leicht als Infragestellung der ganzen Person erlebt.

Schuldgefühl entsteht hier nicht mehr am Über-Ich, sondern am Selbst, verstanden als dem umfassenden inneren Bild, das man im Lauf der Sozialisation aus der Interaktion mit anderen von sich entwickelt; und dieses Selbst enthält in unserer Kultur unausgesprochen die Forderung, dass man sich immer weiter entfalten und verwirklichen solle, dass man die angelegten Fähigkeiten nutzen und ausbauen solle, mit einem Wort, dass man »mehr man selbst« werden solle. Diese Forderung ist tendenziell grenzenlos; so entsteht leicht ein diffuses Schuldgefühl, ein Gefühl von Leere, Ungenügen und Mangel angesichts eines letztlich unerreichbaren Ideals. Denn man hat natürlich nie »genug« getan! Noch einmal: Nicht »ich habe etwas falsch gemacht« ist jetzt das Problem, sondern das vage Gefühl »Ich bin nicht der/die, die ich sein könnte«; »ich bin mir selbst und meinen Lebensmöglichkeiten etwas schuldig geblieben!« An die Stelle des schuldigen Menschen, wie ihn *Freud* beschrieben hat, tritt der tragische Mensch.[42]

Der folgende Ausschnitt aus einer längeren seelsorglichen Beratung illustriert die Problematik:
»Julian, ein junger Sozialarbeiter, kommt zum Seelsorger, um über seine Partnerprobleme zu reden. Seit fünf Jahren ist er mit Iris verheiratet, sie haben zwei Kinder. Iris beschäftigt sich ganz mit dem Haushalt und ist scheinbar zufrieden damit. Sie scheint überhaupt wohlauf zu sein. Julian ist unzufrieden. Er findet Iris viel zu

---

41 Vgl. *van der Geest* 1984, 315ff.
42 Vgl. *Kohut* 1981, 120f.

15.2 Schuld

passiv, er braucht mehr Echo und Anstoß von der Partnerin. Seit einiger Zeit hat er eine sehr lebendige Freundin. Soll er sich von Iris trennen?
S: Was hält dich zurück?
J: Ich weiß es nicht. Ich bin ängstlich, ich wage nicht viel.
S: Es ist natürlich auch ein großer Schritt, aus einer Ehe mit Frau und zwei Kindern auszusteigen.
J: Eben. Aber der Unterschied ist für mich so schlagend. Bei Karin bin ich ganz entspannt und fühle mich wohl, wie es im Grunde bei Iris nie war. Sie engt mich ein, ihr ewiges Abwarten lähmt mich einfach.
S: Dann ist dir von daher klar, dass du mit Karin leben kannst. Mit Iris bist du an einem toten Punkt angelangt.
J: Ja, und wir kommen auch nicht weiter. Wir haben es schon so oft versucht. Sie kann einfach nicht aus der Haut, das Passive gehört zu ihr. In gewissem Sinne liebe ich sie sogar damit, es gehört wirklich zu ihr. Ja, ich liebe sie trotzdem, aber für eine Partnerschaft ist es zu wenig, für mich.«[43]

Das Problem für Julian ist nicht ein schlechtes Gewissen über die Beziehung zu dieser Freundin, sondern die Unzufriedenheit über seine Lebenssituation, seine Unsicherheit über das, was er braucht, um er selbst zu sein, was ihm gut tut, seine Unsicherheit über seine Identität. In der Seelsorge mit einem solchen Mann von Schuld und Vergebung zu reden, wäre vordergründig. Er würde nicht verstehen, wovon der Seelsorger redet. Der »Ehebruch« ist für ihn legitimiert, weil er den Eindruck hat, dass er von seiner Frau nicht das bekommt, was ihm eigentlich zusteht. Es geht für Julian eher um Scham als um Schuld. Julian schämt sich, weil deutlich wird, dass er seinen eigenen Ansprüchen – die immer auch gesellschaftliche sind – nicht gerecht wird.
Was sind die seelsorglichen und theologischen Konsequenzen in so einem Fall? Zwei Aspekte scheinen mir bedeutungsvoll:
– Julian muss in der seelsorglichen Beziehung erleben, dass er angenommen ist, gerade mit und in seinen Schamgefühlen! Mit seinem illusionären Ich-Ideal, trotz und mit den enttäuschten Größenphantasien ist und bleibt er ansehnlich! Im Gespräch muss es um seine Gefühle der Scham, der Leere, seinen inneren Leistungsdruck gehen. Nur so kommt er aus dem Teufelskreis der Anstrengung und der Angst vor dem immer neuen Entdeckt-Werden heraus.

Die Frage des Seelsorgers »Was hält dich zurück?« dient dazu, notwendige Differenzierungen anzuregen. Erst wenn das geschehen ist, wenn die Scham erkundet und zum Ausdruck gekommen ist, kann »dahinter« eine Schuld im Verhältnis zu seiner Frau zum Vorschein kommen.

– Die Erfahrung der Annahme ist theologisch zu deuten unter Hinweis auf die Liebe und Treue Gottes: Gott sieht uns an, mit unseren Schwächen und unserem Versagen, und liebt uns. Die Zielsetzung

---

43 *Van der Geest* 1984, 324f.

bleibt, dass dieser Mann sein So-Sein anzunehmen lernt und dadurch vielleicht jener fatalen Vorstellung von »Ich bin nicht genug«, »ich muss mehr für mich tun« entkommen kann.
Man sieht an diesem Punkt auch, wie die Erfahrung und Zusage der Gnade, der Treue Gottes (zunächst in der Gestalt und Vermittlung des Seelsorgers) die Voraussetzung dafür ist, dass Schuld wahrgenommen und benannt werden kann. Das Evangelium – sei es in verbaler, sei es in nonverbaler Gestalt – ermöglicht die Erkenntnis der Schuld.

15.3 Vergebung als Prozess

Der Begriff der Vergebung[44] kommt aus einem juristisch-forensischen Kontext und meint ein Verzichten auf eine Buße oder Strafe, die aufzuerlegen man berechtigt wäre. »Ich vergebe dir« heißt: »Ich rechne dir nicht an, was du getan oder unterlassen hast«. Eine erlittene Verletzung beispielsweise wird nicht vergessen, aber sie wird dem anderen nicht mehr entgegengehalten, sie wird innerlich losgelassen. Es handelt sich um einen mentalen, zunächst kognitiven Prozess, der in der Folge dann auch die Gefühle verändert. Vergebung bedeutet Entlastung, Erleichterung für beide Betroffene. Jemand kann neu beginnen, eine Beziehung kann wieder aufgenommen werden; das, was trennend zwischen den beiden stand, ist weggenommen – evtl. kann es dann sogar zu einer Versöhnung kommen.
Bei dem Phänomen Vergebung ist zu unterscheiden zwischen Vergebung gewähren und Vergebung annehmen. Oftmals ist das zweite schwerer als das erste. Vergebung annehmen impliziert, in der Folge der zugesprochenen Vergebung sich selbst vergeben zu können, d.h. sich selbst wieder in der deutlich gewordenen Begrenztheit, Fehlbarkeit und Bosheit annehmen zu können. Das ist z.B. bei Menschen mit einem strengen, strafenden Über-Ich ausgesprochen schwierig.
Damit Vergebung glaubhaft geschehen kann, müssen mehrere Voraussetzungen erfüllt sein: Der schuldig Gewordene muss Schuld anerkennen und bereuen und die Vergebung selber erlangen wollen; die vergebende Person muss es ihrerseits ernst meinen mit der Vergebung, also wirklich vergeben wollen; und die Vergebung darf nicht erzwungen werden, sie muss freiwillig geschehen. (So darf beispielsweise an die Opfer von Gewalterfahrungen nicht die Erwartung gerichtet werden, sie müssten nun auf jeden Fall dem Täter vergeben.[45])
In der Scholastik hat sich im Zusammenhang mit der Beichte die – psychologisch durchaus kluge – Typologie herausgebildet: Die contritio cordis (Reue des Herzens) findet ihren Ausdruck in der confessio

---

44 Zum Folgenden vgl. *Tausch* 1999, 39ff.
45 Vgl. *L. Jung* 1999, 27: »Es gibt in christlichen Kreisen eine Vergebungspflicht.«

15.3 Vergebung als Prozess

oris (mündliches Bekenntnis), das durch Taten der Genugtuung, der Wiedergutmachung (satisfactio operis) bekräftig wird. Der vielleicht wichtigste Aspekt an diesem Dreischritt ist, dass Vergebung einen langen, durchaus schmerzvollen und schwierigen Prozess darstellt.[46] Vergebung wird nicht leichthin, »mal eben so«, zugesprochen, sondern nur, nachdem Einsicht in die Schuld und Auseinandersetzung mit ihr stattgefunden hat. Der Schlusssatz der Geschichte von Jakobs Kampf am Jabbok steht exemplarisch für diese Erfahrung: »Du hast mit Gott und mit Menschen gekämpft und hast gewonnen« (Gen 32,29). Man muss sich auf eine Art von Kampf mit der Schuld einlassen, mit dem, was man getan oder unterlassen hat, mit dem Bild von sich selbst, das in diesem Verhalten erkennbar wird und vom bisherigen Selbstbild abweicht, mit den Normen, die dahinter stehen. Es ist ein »Kampf um die Erinnerung« (*A. Mitscherlich*), der leider nur zu oft so ausgeht, wie es *F. Nietzsche* beschrieben hat: »›Das habe ich getan‹, sagt mein Gedächtnis. ›Das kann ich nicht getan haben‹ – sagt mein Stolz und bleibt unerbittlich. Endlich – gibt das Gedächtnis nach.«[47] Bestandteil dieses Kampfes ist auch die wenigstens vorübergehende Identifikation mit dem Opfer des eigenen Verhaltens, um das Ausmaß der Schuld angemessen abzuschätzen.

In diesem Zusammenhang sehe ich ein Problem in der sogenannten »offenen Schuld« im Gottesdienst, also dem liturgischen Nacheinander von Sündenbekenntnis und Gnadenzusage: der automatisierte und in der Regel schnelle Ablauf droht zur mehr oder weniger belanglosen Gewohnheit zu werden. Auch wenn es sich um ein Ritual handelt – und Ritual bedeutet in diesem Zusammenhang: Es muss nicht jeder Schritt von den Teilnehmenden rational und emotional nachvollzogen werden, sondern sie können sich vom Ablauf tragen lassen –, es muss doch daran gelegen sein, wenigstens ansatzweise die Dramatik von Sündenbekenntnis und Vergebungszusage nachvollziehbar zu machen. Das war so in der Alten Kirche im zweiten und dritten Jahrhundert, als der reuige Sünder vor der Gemeinde seine Sünden bekannte und dann durch das absolutorische Gebet mit Handauflegung die Vergebung empfing.[48] Das neue Gottesdienstbuch versucht diesem Anliegen Rechnung zu tragen, indem es situationsbezogene Sündenbekenntnisse vorschlägt, auf die jeweils eine Gebetsstille folgt, so dass Zeit und Raum für eine individuelle Aktualisierung möglich wird. Darauf kann dann die Absolution erfolgen und als solche auch aufgenommen werden. Die liturgische Dramaturgie nimmt auf diese Weise die psychologische Spannung auf.

Die Wahrnehmung der eigenen Schuld stellt den entscheidenden Anfangspunkt dieses Kampfes dar: In der Gefängnisseelsorge hat mich

---

46 *Tausch* 1999 weist auf Grund einer empirischen Untersuchung darauf hin, dass Menschen oft sehr lange Zeiträume benötigen, um zum Vergeben bereit zu werden. Ganz ähnlich die These von *Weingardt* 2000. Die Autorin zitiert die französische Theologin und Philosophin *J. Basset* mit dem Satz: »Die Blume des Vergebens hat ein langes Wachstum hinter sich« (*Weingardt* 2000, 110).
47 *Nietzsche* 1973, 625.
48 Vgl. *Lins* ²1995, 355f.

immer wieder beeindruckt, mit wie viel Energie und Raffinement Menschen sich darum bemühen, Schuld von sich wegzuschieben, sich herauszureden, sich durch Projektion und Rationalisierung selbst zu ent-schuldigen. Solange jemand aber nicht wirklich sieht, was er/sie getan oder unterlassen hat und welche Konsequenzen dies Verhalten für andere gehabt hat, solange ist eine Auseinandersetzung, geschweige denn Reue nicht möglich.

In der Auseinandersetzung mit der Schuld wird sie benannt – wir wissen, wie wichtig es ist, Dinge in Worte zu fassen und ihnen damit Klarheit und Beständigkeit zu geben. In der Benennung kann die Tat oder Unterlassung als meine Tat, als meine Unterlassung übernommen werden; ich bekenne mich dazu. Im Prozess der Wahrnehmung und Benennung entsteht Reue (»Es tut mir leid ...«), in der der »Schmerz der Sünde«, wie es *Luther* genannt hat, spürbar wird. Auf ein solches Bekenntnis hin kann Vergebung zugesprochen werden; der Testfall für die Ernsthaftigkeit des Bekenntnisses ist möglicherweise die Bereitschaft zur Wiedergutmachung – im Justizwesen lässt sich diese Dimension beim Täter-Opfer-Ausgleich studieren. (Manche Menschen haben geradezu das Bedürfnis nach Wiedergutmachung, nach Buße; man kann dies als Hinweis darauf interpretieren, dass sie einer »unverdienten« Vergebung nicht wirklich trauen und deswegen selber ihren Beitrag leisten wollen.)

Die Wiedergutmachung kann auch einen erleichternden Effekt und damit den Charakter einer Abwehr der Schuldwahrnehmung haben: Sie mildert gewissermaßen die Schuld nachträglich.

Wenn Menschen vergeben können oder Vergebung empfangen und angenommen haben, berichten sie eine große Erleichterung.[49] Sie fühlen sich entlastet, befreit, dankbar, weil eine Last, die in negativer Weise ihre Gedanken und Gefühle besetzt hat, von ihnen genommen ist. Und gleichzeitig hat sich ihr Leben verändert: Die Tat ist geschehen, nicht mehr rückgängig zu machen, sie ist unwiderruflicher Teil der Lebensgeschichte geworden. Auch der Täter kehrt durch die Vergebung nicht zurück zu einem Lebenszustand »wie vorher« und »als ob nichts gewesen wäre«. Es ist zu hoffen, dass er/sie durch die Erfahrung von Schuld und Vergebung wenigstens an einem Punkt ein anderer Mensch geworden ist. Im Bild gesprochen: Die offene Wunde ist verheilt, aber es bleibt eine Narbe.[50]

Auch für das Opfer einer schuldhaften Tat kann Vergebung zu gewähren einen wichtigen Schritt zur Bewältigung der traumatischen Erfahrung darstellen: An den Punkt zu kommen, wo man vergeben kann, setzt intensive Auseinandersetzung mit dem vorausgegangenen Ge-

---

49 Vgl. *Tausch* 1999, 53ff.
50 Vgl. *Wachinger* 1996, 35. Wachinger zitiert hier T. Moser.

15.3 Vergebung als Prozess

schehen voraus; dadurch kann das Opfer wieder Subjekt seines Lebens werden, aus der Opferrolle herausfinden. Allerdings darf es nicht zu einem Vergebungs- oder Versöhnungszwang kommen; moralischer Druck ist hier kontraproduktiv. Und: Vergebung heißt nicht, auf Zorn und Wut zu verzichten, im Gegenteil: »Die echte Vergebung führt nicht am Zorn vorbei, sondern durch ihn hindurch. Erst wenn ich mich über das Unrecht, das mir angetan wurde, empören kann, die Verfolgung als solche erkenne, den Verfolger als solchen erleben und hassen kann, erst dann steht mir der Weg offen, ihm zu verzeihen.«[51] Es ist der unterdrückte, abgewehrte Zorn, der untergründig weiterwirkt und eine Lösung des Konflikts verhindert.

Noch einmal: Vergebung stellt den Endpunkt eines längeren und für den Betroffenen schwierigen Prozesses dar. Das Verschwinden der Beichte im Protestantismus hat m.E. mit dieser Einsicht zu tun: Eigene Schuld in einem einmaligen Akt zu bekennen und sie dann rituell als vergeben deklariert zu bekommen, kann m.E. aus psychologischen Gründen häufig nicht mehr glücken: Ich kann es nicht glauben, dass mir schon wirklich vergeben sein sollte. Erst die Schwere oder Härte der Auseinandersetzung mit der eigenen Schuld bereitet darauf vor, nun auch Vergebung wirklich anzunehmen. Nicht zufällig sprechen Psychologen in diesem Zusammenhang auch von Schuld- und Vergebungs- bzw. Versöhnungsarbeit.[52] Die reformatorische Erkenntnis, dass Reue und Sündenbekenntnis nicht notwendige Voraussetzungen der Vergebung sind, sondern allein der Glaube an die Vergebung Gottes, ist aus theologischer Sicht zwar richtig, gerät aber aus psychologischer Sicht zu einer Überforderung – wenn sie nicht schrittweise und im Bewusstsein der Strittigkeit zwischen Glaube und Alltagserfahrung vermittelt wird.

Rituelle Beichte sollte aus einem seelsorglichen Gespräch erwachsen und dessen Schlusspunkt darstellen; dann kann sie, als ritualisiertes Geschehen, vielleicht auch wieder Bedeutung gewinnen. Der rituelle, gewissermaßen objektive Rahmen der Beichthandlung ermöglicht Distanz und Kontrolle von Emotionen; gleichzeitig bietet das Ritual eine Sprache an, die das Benennen der Schuld in einem die vorangegangenen seelsorglichen Gespräche zusammenfassenden Sinn erleichtert. Und schließlich wird durch den rituellen Rahmen die religiöse Dimension der Vergebung glaubhaft: Nicht der freundliche Pfarrer vergibt mir hier, sondern in seiner Handlung Gott selbst. Von dieser Zusage her kann ich neu leben. Die Vergebung bekommt durch die liturgische Gestaltung einen besonderen Ernst, sie vermittelt die Zusage in sinnlicher Gestalt (etwa in der Handauflegung oder im Abendmahl durch Essen und Trinken), und sie fügt ein in die Gemeinschaft und Solidarität derer, die ebenfalls auf dem Weg sind.

---

51 *Miller* 1980, 286.
52 Z.B. *Auchter* 1996, 116ff.

Zu diesem Verständnis von Vergebung und Beichte passt der Bericht eines Pfarrers aus Berlin, der die Bedeutung der Beichte wieder neu entdeckt hat: »Frauen kamen nach einer Abtreibung zu mir und suchten das Gespräch, weil sie mich kannten ... Sie hatten mit Freunden und Freundinnen über den Abbruch geredet, mit der Familie, manche auch mit einem Therapeuten. Doch war eine Last geblieben. Und darüber wollten sie mit mir, dem Seelsorger, sprechen ... Sie wünschten sich einen rituellen Schlußpunkt unter eine schwierige, sie sehr belastende Lebensphase.«[53]
Die Ausführungen dieses Pfarrers machen deutlich: Die rituelle Beichte bildet den Endpunkt eines langen Prozesses. Es geht um einen Schlusspunkt, in dem nun auch in spezifischer Weise Gott als letztgültige Instanz angerufen wird, weil nur Gott – gerade im Fall einer Abtreibung ist das besonders einleuchtend – Herr über Leben und Tod ist.

15.4 Hilfe zur Schuldfähigkeit

Horst Eberhard Richter hat für unsere gegenwärtige Gesellschaft die »Krankheit Unverantwortlichkeit«[54] diagnostiziert. Wer nicht verantwortlich ist, kann auch keine Schuld auf sich laden. Wenn aber in der Fähigkeit, Schuld zu empfinden, die differentia specifica zwischen Mensch und Tier zu sehen ist, wie es *Max Frisch* beschrieben hat,[55] dann kommt es darauf an – und das greift weit über die Seelsorge im engen Sinn hinaus, ist ebenso Aufgabe der Bildungsbemühungen der Kirche wie auch der Predigt –, Menschen wieder dazu zu befähigen.
Schuldfähigkeit kann heißen, so formuliert es der Psychoanalytiker *Thomas Auchter*, ein Bewusstsein um die Versehrtheit des Menschen, das Unheilbare in ihm, und die Gewissheit seines Sterbenmüssens zu stärken. »Die Aneignung von Begrenzungen, Fehlbarkeit und Schwächen statt ihrer Verachtung fördert die Fähigkeit zur Verantwortungsübernahme.«[56] Dazu erscheint die Auflösung von Selbsttäuschungen wichtig: Wer sich selbst einschließlich des eigenen Schattens (*C.G. Jung*) einigermaßen realistisch wahrnehmen kann, wird eher in der Lage sein, Verantwortung und Schuld als je eigene zu übernehmen und, wie es *W. Loch*, eine Bemerkung *Freuds* variierend, ausgedrückt hat, »neurotische Schuldgefühle in gemeine Schuld zu verwandeln.«[57]
Schuldfähigkeit in diesem Sinn äußert sich dann auch in der erhöhten Bereitschaft, Vergebung zu gewähren bzw. anzunehmen. In beidem, in der Fähigkeit, die eigene Schuldverstrickung wahrzunehmen, wie in der Bereitschaft, Vergebung zu empfangen bzw. zu gewähren, werden Menschen wahrhaft menschlich.

---

53 Publik Forum Nr. 17, 2000, 42.
54 *Richter* 1993, 121.
55 Vgl. *Kuschel* 1997, 108ff.
56 *Auchter* 1996, 126.
57 Zitiert nach *Auchter* 1996, 111.

15.5 Angst und Glaube[58]

15.5.1 Angst als Grunddimension menschlicher Existenz

Angst als Gefühl von Enge und Beklemmung gehört zu den Grundgegebenheiten menschlicher Existenz. Kleine Kinder erleben äußerst bedrohliche Ängste, weil sie noch nicht in der Lage sind, die zeitweilige Abwesenheit der Mutter in ihren Konsequenzen »realistisch« abzuschätzen. Das Erleben von Hunger oder Schmerzen kann sie mit Angst überschwemmen. Angst vor Liebesverlust bleibt ein lebenslanges Thema, ebenso die Angst, zu versagen oder sich zu blamieren, die Angst, Arbeit und die materiellen Existenzgrundlagen zu verlieren, die Angst vor Vergänglichkeit, Unfällen, Krankheit und Tod.

Während existenzphilosophische Entwürfe herausarbeiten, wie die Auseinandersetzung mit Angst ein Ruf an uns selbst sein kann, zur »Eigentlichkeit der Existenz«, zu uns selbst zu finden, galt und gilt Angst im Alltagsbewusstsein unserer Gesellschaft als Zeichen von Schwäche und Unfähigkeit. Männern z.B. fällt es nach wie vor relativ schwer, das Empfinden von Angst in einer bestimmten Situation zuzugeben. Dementsprechend ist das Erleben von Angst meistens mit dem Versuch gekoppelt, diese Emotion loszuwerden, sie nicht wahrzunehmen, sie zu verleugnen. Große Teile der menschlichen Kulturentwicklung bis hin zu den Wissenschaften und den Religionen können verstanden werden als Versuche, die alltägliche Lebensangst in den Griff zu kriegen und zu begrenzen – die Literatur zum Thema ist völlig unüberschaubar geworden.

Angst als Grunddimension menschlichen Lebens enthält einerseits immer und überall wiederkehrende Elemente (Angst vor Dunkelheit, vor lauten Geräuschen, vor Schmerzen, vor Krankheit und Tod), andererseits gibt es spezifisch neuzeitliche Ausprägungen (⇒ Kap. 2):

a. *Angst und Naturbeherrschung:* Die Angst vergangener Zeiten vor den unberechenbaren Naturgewalten kennen wir heutzutage kaum noch; an ihre Stelle ist die Angst vor den Folgen der Naturbeherrschung getreten, z.B. die Angst vor einem nuklearen Krieg in den 60er und 70er Jahren oder die Angst vor einer ökologischen Katastrophe, deren Möglichkeit uns seit den 80er Jahren vor Augen steht. In diesem Zusammenhang wird der Signalcharakter der Angst deutlich sichtbar: Die Angst leitet zu einer hellsichtigen Wahrnehmung der Realität an und mobilisiert Energien, um die Quellen der Angst aufzudecken und möglicherweise zu beseitigen. *Hans Jonas* hat in seiner Ethik der Verantwortung[59] von einer »Heuristik der Furcht« als ethischer Basisqualifikation gesprochen. D.h. bei allen zukunftsrelevanten Entscheidungen soll eine »überlegte Furcht« die

---

58 Vgl. zum Folgenden *Strian* 1995; *Flöttmann* ³1993; *Klessmann* 1998 (a).
59 *Jonas* 1984.

schlimmstmöglichen Konsequenzen in das Kalkül einbeziehen und handlungsleitend sein. Nur wer die Gefahr der Weltzerstörung realistisch sieht, ist fähig, etwas zu ihrer Abwendung beizutragen. Auf diese Weise wird Angst, wie *Horst Eberhard Richter* formuliert hat, geradezu »heilvoll«.[60]

b. *Angst und Individualität:* Der Mensch der Neuzeit lebt nicht mehr in einer alle Angst letztlich umgreifenden Ordnung; befreit von der Fürsorge göttlicher Vorsehung, muss er seine Identität selbst herstellen – mit allen Chancen und Risiken einer solchen prometheischen Selbstverwirklichung. An die Stelle eines religiös fundierten Geborgenheitsgefühls tritt eine tief greifende existentielle Angst und Ohnmacht, die sich vor allem in Zeiten wirtschaftlicher und politischer Krisen manifestiert. *Ein* Bewältigungsmechanismus dieser Ohnmachtserfahrung ist der Sprung in ihr Gegenteil, in narzisstische Allmachtsvorstellungen, in die Illusion der Beherrschbarkeit des Lebens, in die Leugnung der natürlichen Grenzen und Abhängigkeiten.

c. *Angst und Pluralisierung:* Der postmoderne Verlust an Eindeutigkeit, Vorhersehbarkeit und Kontrollierbarkeit wird von vielen Zeitgenossen als ängstigende Überforderung erlebt. Die massenhafte Hinwendung zu fundamentalistischem Gedankengut, zu Esoterik und Rechtsradikalismus ist als entsprechende Angstabwehr zu verstehen, als Flucht in eine Scheinsicherheit, in eine Reduzierung von Komplexität, in ein regressiv-autoritäres Milieu. Dabei wird gerade der »reife« Umgang mit Angst und Unsicherheit zu einer »zivilisatorischen Schlüsselqualifikation«.[61]

15.5.2 Zum Umgang mit Angst
15.5.2.1 Zur Entstehung von Angst
Es gibt eine ganze Reihe von psychologischen Erklärungsansätzen zur Entstehung von Angst.

– Angesichts äußerer Bedrohung, Angst zu empfinden, gilt als lebensnotwendig und lebensrettend; Real- oder Signal-Angst stellt ein hochfunktionales Warnsignal dar (und bestimmte Probleme der modernen Zivilisation rühren daher, dass Menschen Signal-Ängste, z.B. vor den Gefahren im Straßenverkehr, nicht wahrnehmen).

– Statt solche Realangst zu empfinden, kann das Ich, das *Sigmund Freud* als Ort der Angstwahrnehmung bezeichnet, auch Angst vor zu starken aggressiven oder sexuellen Triebimpulsen gegenüber einem strengen Über-Ich empfinden:[62] Die Gefahr ist jetzt weitgehend verinnerlicht und unabhängig von den äußeren Umständen. Damit lässt sich auch erklären, warum im Fall neurotischer Ängste

---

60 *Richter* [4]1997, 293.
61 *Beck* 1986, 102.
62 Vgl. *Freud* 1926, St.A. VI, 270f.

15.5 Angst und Glaube

oder Angststörungen die affektive Reaktion im Verhältnis zur tatsächlichen Bedrohung übertrieben heftig ausfällt und die Funktionsfähigkeit der Person u.U. erheblich einschränkt.
- Entstehung von Angst wird auch durch eine allgemeine Ich-Schwäche, die durch frühe Traumatisierungen entstanden sein kann, erklärt.
- Aus der Sicht der Bindungstheorie (*John Bowlby*) führen frühe unsichere, nicht konsequent Halt gebende Bindungen zu den wichtigen Bezugspersonen zu erhöhter Angstanfälligkeit.
- Andererseits kann auch ein Übermaß an frühkindlicher Bindung Loslösungskonflikte veranlassen, die ständig von Angst begleitet sind. *H.B. Flöttmann* vertritt die These, dass symbiotisches Verhalten Auslöser von Angst ist: Angst hält Menschen davor zurück, Autonomie zu wagen! Die Angst steht für den Ruf der Mutter, doch bei ihr zu bleiben und sich nicht von ihr zu lösen.[63]
- Angst wird schließlich in einem ängstlichen Lebensmilieu immer wieder verstärkt und ist insofern auch Ergebnis eines Lernprozesses.
- Aus kognitionstheoretischer Sicht sind es auch die Angst*vorstellungen*, die Befürchtungen und Bewertungen einer Situation, eines Verhaltens, die die Intensität der Angst mit bestimmen.

15.5.2.2 Aspekte zur Bewältigung von Angst

Angst wird als eine unangenehme, bedrohliche Emotion mit entsprechenden körperlichen Korrelaten (Gefühl von Enge und Beklemmung, Anspannung der Muskeln, Herzklopfen, Schweißausbruch etc.) empfunden. Angst reduziert die Wahrnehmungsfähigkeit und schränkt auch die kognitiven Fähigkeiten ein. Deswegen wird sie fast immer, individuell wie kollektiv, abgewehrt und verleugnet. Man will das nicht wahrnehmen und ansprechen, was sich unangenehm anfühlt und an die dunklen und gefahrvollen Seiten des Lebens erinnert.
Auf individueller Ebene wird die alltägliche Angst ausgeblendet mit Hilfe der von *Anna Freud* beschriebenen Abwehrmechanismen ($\Rightarrow$ Kap. 4.1.2); Verdrängung und Verleugnung von Angst sind vor allem zu beobachten. Besonders hervorzuheben ist auch der Mechanismus der Verkehrung ins Gegenteil: Gerade Männer verdecken gern ihre Angst, ihre Gefühle von Ohnmacht, indem sie gewalttätig, laut und brutal auftreten, indem sie riskante Extremsportarten ausüben etc.
Angst kann auch noch tiefer absinken auf die sprachlose Ebene neurotischer oder psychosomatischer Symptome. Der angstneurotisch geplagte Mensch kann keine seelischen Ursachen für seine Angst benennen; die Angst bleibt gewissermaßen in den dramatischen körperlichen Symptomen stecken.
Auf kollektiver Ebene sind andere Mechanismen zu beobachten:

[63] *Flöttmann* [3]1993.

- die Kompensierung der Angst durch narzisstische Allmachtsvorstellungen: Die Übernahme grandioser Objektvorstellungen (⇒ Kap. 4.1.3) gilt als ein typisches Kennzeichen der Abwehr von Angst und Schuld;
- die Ästhetisierung der Angst durch exzessiven Gebrauch der Medien;
- das Agieren der Angst durch ziellosen Konsum, der keine wirklichen Bedürfnisse mehr stillt, sondern der Beruhigung einer unklar gespürten Verunsicherung dient.

Wo Angst verleugnet wird, geht die Sprache für sie verloren; wovon man nicht sprechen kann, das kann man bald nicht mehr oder nur noch ganz diffus empfinden. Das Nicht-Wahrnehmen der Angst, die kollektive Angstverleugnung, wird in der Gegenwart zur zentralen Bedrohung.

Auch der christliche Glaube hat sich zweifellos immer wieder an einer Angstverleugnung beteiligt, indem Angst als Zeichen des Un- oder Kleinglaubens gebrandmarkt wurde und nach wie vor wird. Auseinandersetzung mit Angst wird auf diese Weise nicht ermutigt. Andererseits haben der Glaube an Gott als einen letztlich liebevollen Grund des Seins sowie die Gemeinschaft derer, die ihm vertrauen, deutlich Angst-mindernde Auswirkungen. Religiöse Symbolsprache gibt der Angst überindividuell Ausdruck und bindet sie damit in einen größeren Zusammenhang ein.[64]

Bei leichten, mehr oder weniger alltäglich vorkommenden, weit verbreiteten Ängsten (Angst vor Krankheit, Angst vor Versagen im Beruf etc.) sind bereits Gespräche mit nahe stehenden Menschen hilfreich und erleichternd; das Gefühl, mit der Angst nicht allein zu sein, und das Erleben von Solidarität tragen dazu bei, die Angst aushalten zu können. Entspannungsverfahren und körperliche Bewegung werden ebenfalls als hilfreich erlebt.

Krankhafte Ängste werden heute bevorzugt medikamentös und/oder verhaltenstherapeutisch behandelt; bei Ängsten, die mit Persönlichkeitsstörungen einhergehen, werden auch psychodynamische Verfahren wie die Psychoanalyse empfohlen.

Verhaltenstherapeutische Verfahren arbeiten mit dem Grundprinzip der Angstkonfrontation; es besteht darin, »dass sich der Patient der Angst bzw. den angstauslösenden Situationen wiederholt (gewissermaßen vorsätzlich) aussetzt, dabei aber, meist unter Kontrolle des Therapeuten, zuvor erlernte und eingeübte angstmindernde Techniken benutzt.«[65]

---

64 *Scharfenberg* 1993 betont die Bedeutung des religiösen Symbolangebots für den Umgang mit phasenspezifischen Ängsten.
65 *Strian* 1995, 117.

15.5.3 Angstbewältigung im christlichen Glauben

15.5.3.1 Verschiedene biblische Traditionsstränge repräsentieren unterschiedliche Einstellungen zum Phänomen der Angst.
In den Psalmen wird die Angst als Ausdruck eines In-Bedrängnis-Seins sehr direkt angesprochen; in elementaren Bildern (z.B. Ps 22: »gewaltige Stiere haben mich umgeben ..., ich bin ausgeschüttet wie Wasser ...«) wird die Angst ausgebreitet. Die Bilder ermöglichen den Betenden, die Angst aus sich herauszustellen, sie auf Distanz zu bringen und dann Gegenbilder (Ps 6,9: »Du hörst mein Weinen ...«) aufzurufen. Die bedrängenden Erfahrungen werden ausdrücklich benannt; sie erscheinen als Ausdruck eines Ringens zwischen gegenwärtiger Lebensbedrohung und erinnerter oder verheißener Rettung. Im Kampf zwischen den Bildern der Angst und der Rettung wird Entlastung erfahrbar. Der Glaube an Gottes Rettung bleibt verwickelt in diese Auseinandersetzung, denn die Bedrängnisse des Lebens verschwinden nicht grundsätzlich, sondern müssen immer neu bewältigt werden.
Bei *Paulus* gehört Angst zu den eschatologischen Bedrängnissen, denen die Christen ausgesetzt sind. Aber darüber hinausgehend drückt sich in der Angst auch die Einsicht in die Abhängigkeit und Angewiesenheit des Menschen »vor Gott« aus. »Vor Gott« realisiert der Mensch die Flüchtigkeit und Bruchstückhaftigkeit seines Lebens. Das Gegenteil dieser Angst ist der Stolz, die Überheblichkeit. Insofern steht diese Angst, die um die Ungesichertheit des Lebens vor Gott weiß, nicht im Gegensatz zum Glauben, sondern ist gewissermaßen sein Bestandteil, eine Angst *im* Glauben. Diese Angst schwemmt den Glaubenden nicht weg, die Angst ist durch eine letzte Zuversicht zwar nicht beseitigt, aber eingegrenzt.

15.5.3.2 In der praktisch-theologischen Literatur dieses Jahrhunderts gibt es einige wenige Beispiele eines pastoralpsychologisch reflektierten Umgangs mit dem Thema Angst.
Oskar Pfister geht in seiner großen Monographie »Das Christentum und die Angst« von 1944 von einem Gegensatz von Angst und Liebe aus. Mit Joh 4,18 beharrt *Pfister* darauf, dass Furcht und Liebe nicht zusammenpassen: »Die vollkommene Liebe wirft die Furcht hinaus«, übersetzt er.[66] Wenn doch Angst auftritt, resultiert sie aus einem Mangel an Liebe, an Selbst-, Nächsten- und Gottesliebe. Aus der Diagnose ergibt sich die Therapie: »Die christliche Angstbehandlung erfordert eine Frömmigkeit, die der Liebe im Sinne Jesu Christi ... bestmöglichen Einfluß auf Glauben und Leben verschafft.«[67] In diesem Kontext kommt auch der Psychoanalyse bzw. einer psychoanalytisch arbeitenden Seelsorge eine große Bedeutung zu, weil sie nach *Pfisters* Mei-

---

[66] *Pfister* 1944, 18f.
[67] *Pfister* 1944, 471.

nung die Intentionen Jesu methodisch reflektiert verwirklicht. Freiheit von Angst durch Liebe ist das Ziel *Pfisters*.

Eugen Drewermann versteht die Angst als Ausdruck des Wissens um die menschliche Endlichkeit und Freiheit. Angst motiviert verzweifelte Kompensationsversuche: Der Mensch verliert sein Maß, er meint, wie Gott werden zu müssen, er verstrickt sich in Größenwahn und überhöhte Selbstansprüche; Angst wird zur Quelle des Bösen. Dieser circulus vitiosus kann nur durch Vertrauen gebrochen werden. Da die Angst prinzipiell unendlich ist, muss auch das »Objekt« des Vertrauens grenzenlos sein, also über menschliche Vertrauensangebote grundsätzlich hinausgehen. Religiöse Symbole stellen »Felder der Geborgenheit« bereit,[68] sie verweisen auf eine schlechterdings erfahrungstranszendente Wirklichkeit. Erlösung von der Angst durch Vertrauen, so lautet das Programm *Drewermanns*.

Otto Haendler begreift Angst letztlich immer als Angst vor Gott oder Schicksalsangst; alle Versuche der Selbst- und Fremdhilfe müssen scheitern; auch den Glauben sieht er nicht einfach als Gegenpol und Überwindung der Angst. Es ist doch offenkundig: »Auch wer wirklich glaubt und ehrlich fromm ist, kann doch von Angst befallen werden.«[69] *Haendler* formuliert als Ziel: Es geht um Reifung und Wandlung jener Urangst in Gottesfurcht. Das heißt in paradoxer Weise, »dass die Angst nur dann überwunden und gelöst werden kann, wenn wir ihre tiefste Wurzel erreichen«:[70] Die Angst vor dem schrecklichen Gott macht den Weg frei zur Erkenntnis seiner Gnade. Diesen Weg nennt *Haendler* Gottesfurcht. Es gibt also keinen Weg an der Angst vorbei, sondern nur durch sie hindurch; man muss sich ihr auch im Glauben wirklich aussetzen, dann kann sie gewandelt werden.

Wegweisend erscheint mir *Haendlers* Ansatz, Angst und Glaube nicht mehr als einander ausschließend zu verstehen, nicht die Beseitigung der Angst, sondern ihre Umwandlung und Reifung im Glauben anzustreben.

15.5.3.3 Von diesem Ziel sind wir in der Praxis der Kirche weit entfernt. Beispielhaft kann man das an Predigten über die Stillung des Sturmes (Mk 4,35–41) zeigen.[71] Angst wird in der Auslegung dieser Geschichte häufig beschwichtigt und bagatellisiert oder als beschämender Mangel an Glauben dargestellt; oder sie wird verteufelt und mit Hilfe von Appellen zu beseitigen versucht. Nur selten wird sie ernst genommen als notwendiger Bestandteil des In-der-Welt-Seins des Menschen. Aus theologischer Sicht bezeichnen wir eine solche Einstellung als gesetzlichen Umgang: Die Angst soll nicht sein! Sie

---

68 *Drewermann* 1993, Bd. 1, 385.
69 *Haendler* 1950, 114.
70 *Haendler* 1950, 144.
71 Vgl. dazu ausführlicher *Klessmann* 1998 (a), 18ff.

gilt als Ausdruck der Sünde und des Kleinglaubens. Aus psychologischer Sicht muss man von »kontraphobischem Verhalten« sprechen,[72] ein kollektiver Abwehrmechanismus, der angesichts der großen Bedrohungen des Lebens und der Welt geradezu gefährlich erscheint.
Auch in der Seelsorge, so hat *Hans-Christoph Piper* beobachtet,[73] ist eine solche Abwehr der Angst häufig anzutreffen. Dem liegt, so sagt er, ein reduziertes Menschenbild zugrunde: ein Mensch ohne Angst! Die Nicht-Wahrnehmung und Verleugnung der Angst bei anderen hat mit der unbearbeiteten Angst bei dem Seelsorger / der Seelsorgerin selbst zu tun.

15.5.3.4 Aus pastoralpsychologischer Sicht erscheint es als ein lohnenswertes Ziel, in allen Praxisfeldern der Kirche zu einer *Angstfähigkeit im Glauben* beizutragen. Das bedeutet,
– »falsche«, weil vermeidbare, gesellschaftlich produzierte Angst machende Zustände zu entlarven (z.B. alles, was in unangemessener Weise die Angst vor Kriminalität im Alltag anheizt und ausbeutet);
– »falsche«, die Komplexität der Weltverhältnisse unzulässig reduzierende Angstbeschwichtigungsstrategien aufzudecken (z.B. die Aufteilung der Welt in Gute und Böse, der vereinfachende Ruf nach schärferen Gesetzen, die Projektion der Angst auf Sündenböcke etc.);
– sinnvolle, funktionale Angst ernst zu nehmen und wertzuschätzen, u.a. indem eine Sprachfähigkeit für die Angst im Glauben gefördert wird.

Welche Schritte sind denkbar auf diesem Weg?
Ausgangspunkt ist die reformatorische Unterscheidung von Gesetz und Evangelium: Evangelium wird konkret in der unverstellten Wahrnehmung dessen, was ist. »Vor Gott« kann jemand es wagen, sich als geängsteten Menschen zu sehen, der zu Recht vor der Ungesichertheit des Lebens und der Welt Angst hat. Evangelium heißt, sich der Angst stellen zu können, weil sie schon von Gott umfasst (aber nicht beseitigt) ist.
Angesichts dieser Zwiespältigkeit ist auch der Streit um die Wirklichkeit notwendig; denn an der Deutung der Wirklichkeit entscheidet sich der Umgang mit Angst: Kann sie als Bestandteil des Lebens und Glaubens wahrgenommen werden, oder muss sie, weil sie das Leben und den Glauben an Gott bedroht, um jeden Preis abgewehrt werden?
Der Streit um die Wirklichkeit schließt den Streit um die Gottesbilder ein: Wer ist dieser Gott, der einerseits Angst macht, dann aber auch wieder vor ihr in Schutz nimmt? »Er verletzt und verbindet; er zerschlägt, und seine Hand heilt«, heißt es Hi 5,18. Der zugewandte Gott

---

72 *Kast* 1996, 43ff.
73 *Piper* 1981, 386–393.

widerstreitet dem abwesenden, der liebende dem zornigen, der im Kreuz offenbare dem im Alltag verborgenen Gott. Die Erfahrung der Angst führt direkt in die Ambivalenz des Glaubens, in die Anfechtung, ohne die Gotteserfahrung nicht zu haben ist.

Sich der Angst im Glauben zu stellen heißt auch, geeignete Sprache, geeignete Bilder für sie zur Verfügung zu stellen. *H.G. Soeffner* hat den Umgang mit Symbolen als »Arbeit am Widerspruch«[74] bezeichnet: Im Symbol des Kreuzes beispielsweise kommt die Strittigkeit Gottes auf den Punkt – als Ausdruck der tiefsten Schmach, Schande und Angst und zugleich als deren Überwindung.

Die Psalmen stellen seit alters Bilder für die Klage von Not und Angst zur Verfügung, konkret, anschaulich, emotional gefüllt; sie bringen die Ängste und Sehnsüchte der Menschen in drängender Weise zur Sprache. Das Aussprechen der Angst »vor Gott« trägt dazu bei, die Angstfähigkeit im Glauben zu stärken.

Erfahrungen aus Psychotherapie und Seelsorge zeigen, dass es nicht vorrangig die Gegenbilder der Hoffnung, des Vertrauens oder des Mutes sind, die die Angst zu bewältigen helfen. Die Möglichkeit, Angst auszusprechen und mitzuteilen, ist ein entscheidendes Mittel, sie zu lösen und einzugrenzen. Glaube ermutigt in dieser Sichtweise zur Angst, er behauptet, dass Gott auch in der Angst da ist – aber er nimmt die Angst nicht weg.

Vertiefende Literatur:
- *Gert Hartmann*, Lebensdeutung. Theologie für die Seelsorge, Göttingen 1993.
- *Verena Kast*, Vom Sinn der Angst. Wie Ängste sich festsetzen und wie sie sich verwandeln lassen, Freiburg/Basel ²1996.
- *Dieter Funke*, Das Schulddilemma. Wege zu einem versöhnten Leben, Göttingen 2000.

---

74 *Soeffner* 1991, 73.

Kapitel 16: Fort- und Weiterbildung in Pastoralpsychologie

16.1 Einleitung

Bis in die 60er Jahre hinein wurden die Kommunikationsprozesse der Kirche – Predigt, Seelsorge, Unterricht, Arbeit mit Gruppen etc. – vorwiegend als Bestandteile eines Verkündigungsgeschehens begriffen, dessen Wirkungen, so meinte man, sich einer empirischen Analyse entziehen. So sehr sich beispielsweise *Eduard Thurneysen* mit der Bedeutung des Redens und Zuhörens in der Seelsorge auseinander setzt, Seelsorge gilt ihm letztlich als »pfingstliche Wirklichkeit«:[1] »Unser Sprechen ... muß sich usurpieren, es muß sich beherrschen lassen von diesem fremden Geist und Wort; es soll ein Nach-Sprechen sein wollen ... Es soll dieses, das fremde Wort, und nicht seine eigenen Worte sprechen wollen.«[2]
Bestimmte kommunikative Fähigkeiten als sinnvolle Voraussetzungen für die Seelsorge werden zwar erwähnt,[3] ihr Stellenwert ist jedoch angesichts der Notwendigkeit einer geistlichen Zurüstung zur Seelsorge höchst sekundär.
Vor diesem Hintergrund wird verständlich, warum Seelsorge lange Zeit als nicht lehr- und lernbar gegolten hat.[4] Die Ausbildung in Seelsorge – und ebenso in Homiletik – an den Universitäten und Predigerseminaren bestand vorwiegend in der Vermittlung von Theorie in Gestalt von Vorlesungen und der Weitergabe von Ratschlägen durch erfahrene Praktiker.
Diese Situation hat sich seit den späten 60er Jahren grundlegend gewandelt; (⇒ Kap. 3); neue Formen pastoralpsychologisch orientierten Lehrens und Lernens entstanden, die nicht nur für die Seelsorge, sondern genauso für Predigtlehre und Religionspädagogik wichtig wurden.
Die Pastoralpsychologie hat keine völlig eigenständige Didaktik entwickelt; Lehr- und Lernverfahren aus verschiedenen Psychotherapieformen und aus der von der Humanistischen Psychologie beeinflussten Pädagogik (Themenzentrierte Interaktion, gruppendynamische Lern-

---

1 *Thurneysen* 1948, 102.
2 *Thurneysen* 1948, 92.
3 Z.B. *Thurneysen* 1948, 300.
4 Vgl. zu dieser Frage *Müller* (1961), 1985, 125–133.

formen) wurden in der Pastoralpsychologie übernommen und für Lernprozesse im pastoralen Kontext modifiziert.

Die zentralen Elemente jeder Psychotherapiefortbildung sind auch für pastoralpsychologische Fort- und Weiterbildung charakteristisch geworden:
- Selbsterfahrung/Eigentherapie;
- Vermittlung einer therapeutischen Methodik sowie des dazugehörigen Theorierahmens;
- Ausbildungssupervision;
- Klinische Erfahrung.

Diese vier Elemente durchdringen sich und bilden einen integrierten Lernprozess. Die Auseinandersetzung mit der eigenen Person als Therapeut/Therapeutin steht in den tiefenpsychologisch orientierten Verfahren stark im Vordergrund, weil die Arbeit an der sich zwischen Klient/Klientin und Therapeut/Therapeutin konstellierenden Beziehung einen Schwerpunkt der Therapie bildet. Die eigene Biographie soll durchgearbeitet, Übertragungen, Widerstände und »blinde Flecken« erkannt sowie kommunikative Fähigkeiten methodisch reflektiert und weiterentwickelt werden, bevor jemand selber mit Hilfe Suchenden eine therapeutische Arbeit beginnt. Auch die Erfahrung, selber in der Rolle eines/einer Ratsuchenden zu sein, ist für die spätere Berufsausübung von großer Bedeutung.

Was das im Einzelnen bedeutet, soll im Folgenden entfaltet werden.

16.2 Zielsetzungen pastoralpsychologischer Fort- und Weiterbildung

Drei übergreifende Zielsetzungen pastoralpsychologischer Fort- und Weiterbildung lassen sich identifizieren:
1. Pastoralpsychologische Fort- und Weiterbildung intendiert Prozesse von *Bildung und Selbstbildung* und hat insofern Anteil am umfassenden Bildungsauftrag der Kirche. Bildung – bei aller Problematik des Begriffs – zielt auf »die Öffnung des Menschen zu sich selbst«,[5] auf »eine wachsende Selbstgestaltung und Selbstverfügung des Menschen«, auf »Konstitution von Subjektivität«[6] in kritischer Auseinandersetzung mit gesellschaftlichen (auch religiösen!) Verwertungs- und Funktionalisierungstendenzen. Pastoralpsychologie thematisiert in diesem Zusammenhang sowohl die religiösen (»welche religiösen/kirchlichen Traditionen haben mich geprägt?«, »welche Bedeutung hat mein Glaube / meine Frömmigkeit für meine gegenwärtige Lebens- und Berufsgestaltung?« etc.) als auch die psychologischen Dimensionen, z.B. in Gestalt vor- oder unbewusst gewordener Zusammenhänge (»durch welche familiären Bezie-

---

5 *Heydorn* 1970, 131.
6 *Pongratz* 2001, Bd. 1, 193.

16.2 Zielsetzungen pastoralpsychologischer Fort- und Weiterbildung

hungsmuster bin ich beeinflusst?«, »welche Faktoren haben meine Gewissensbildung bestimmt?« etc.).

2. Der Auftrag des Pfarramtes, die Kommunikation des Evangeliums, geschieht immer durch die Vermittlung der Person des Pfarrers / der Pfarrerin; deswegen rückt in der Pastoralpsychologie die *Arbeit an der eigenen Person / an der Biographie* des Pfarrers / der Pfarrerin in den Vordergrund. Person und Sache oder Auftrag (»Kommunikation des Evangeliums«, »Vermittlung der christlichen Tradition im Kontext gegenwärtiger Kirche«) sind unlöslich miteinander verknüpft und werden als solche aus psychologischer Sicht thematisiert mit dem Ziel einer reflektierten und integrierten professionellen Identität. Die Thematisierung erfolgt nicht nur auf einer kognitiven Ebene, sondern mündet in die Ausbildung einer Haltung, in der Denken, Fühlen, Glauben (Spiritualität, Frömmigkeit) und methodisches Handeln zu einer Integration finden.

3. Pastoralpsychologisches Lernen ist *selbstbestimmtes und freiwilliges Lernen*; es setzt die Selbstverantwortlichkeit der Beteiligten voraus, ihre Bereitschaft und Neugier zur Introspektion sowie ihre Fähigkeit, im Gespräch mit anderen (peers und Lehrenden) die Fragen und Ziele zu finden, die zur Weiterentwicklung ihrer Person und ihrer Professionalität von Bedeutung sind. Die in der pastoralpsychologischen Fort- und Weiterbildung eingesetzten Lernverfahren sind so ausgerichtet, dass sie die Selbstbestimmung der Ziele und Prozesse fördern und verstärken. Pastoralpsychologisches Lehren und Lernen ist deswegen Person- und Prozess-orientiert.

Diese übergreifenden Zielsetzungen lassen sich in einzelne Teilziele differenzieren:

16.2.1 Es geht um verbesserte Beziehungs- und Kommunikationsfähigkeit in der pastoralen Arbeit insgesamt

Der Begriff der Beziehung ist äußerst vielschichtig und komplex. Hier soll damit der wechselseitige, mit verbalen und nonverbalen Mitteln vollzogene Austausch zwischen Menschen gemeint sein. Um wachsen und leben zu können, sind Menschen auf Interaktion mit anderen angewiesen; die verschiedenen Humanwissenschaften beschreiben Charakter und Funktion von Beziehungen je unterschiedlich aus ihrer Sichtweise.

Pastoralpsychologie rückt den Beziehungsaspekt in aller Kommunikation ins Zentrum: Beziehungsfähigkeit bezeichnet die Fähigkeit, den Austausch zwischen Menschen so gestalten zu können, dass er von den Beteiligten möglichst als wohltuend und hilfreich erlebt wird. Als wohltuend und hilfreich wird Kommunikation in der Regel dann empfunden, (a) wenn sich der/die Ratsuchende wahrgenommen und verstanden fühlt, und (b) neue Impulse, neue Sichtweisen für sein Selbstverständnis oder eine spezifische Problemlage erlebt.

Zur Realisierung dieser Zielsetzung ist es notwendig, dass der Pfarrer / die Pfarrerin in der Lage ist, das jeweilige Gegenüber aufmerksam und sensibel wahrzunehmen, dessen/deren Gefühle zu spüren und dabei sich selbst, die eigenen Gefühle und Phantasien in der Interaktion nicht aus dem Blick zu verlieren. *Hans Christoph Piper* hat das Musizieren als Bild für die Seelsorge, für pfarramtliches Handeln überhaupt herangezogen:[7] Um im Duett oder im Orchester musizieren zu können, muss ein Musiker ständig die eigene Stimme und die der anderen im Ohr haben und aufeinander abstimmen. Ein musikalischer Wohlklang kommt nur zustande, wenn diese dauernde Abstimmung zwischen der eigenen und den fremden Stimmen gelingt. Das Bild trifft für jede Beziehungsarbeit zu: Es geht darum, den eigenen und den fremden Beziehungsanteil – so weit sie mir zugänglich sind – wahrzunehmen und in eine für die gegebene Situation angemessene Balance zu bringen. Kommunikation misslingt regelmäßig, wenn jemand den eigenen Anteil nicht genügend wahrnimmt (z.B. pausenlos selber redet oder vorwiegend Informationsfragen stellt) und/oder nicht spürt, wie es um sein Gegenüber bestellt ist (ob der/die z.B. traurig oder abgelenkt wirkt).

In der sozialpsychologischen Arbeit spricht man abgekürzt von der *Fähigkeit zur Selbst- und Fremdwahrnehmung*. Ein wichtiger Teil jeder Selbst- und Fremdwahrnehmung besteht in der Wahrnehmung von Gefühlen, und dabei speziell wiederum in der Wahrnehmung von Ambivalenzen. Die Wahrnehmung von Emotionen ist deswegen so wichtig, weil sie nach *Watzlawick* die face-to-face-Kommunikation in viel größerem Maß bestimmen, als wir in der Regel annehmen (⇒ Kap. 10.1.2).

Zur Beziehungsfähigkeit gehört weiter die *Fähigkeit zur Abgrenzung*: Jemand muss wissen, was die eigenen Wünsche, Erwartungen und Vorstellungen im Blick auf die eigene Person und die berufliche Tätigkeit sind; und er/sie muss sie unterscheiden können von dem, was andere einem an Erwartungen und Wünschen entgegenbringen. Fähigkeit zur Abgrenzung heißt zunächst einmal, die Differenz zwischen sich selbst und anderen wahrzunehmen; u.U. heißt es dann auch, sich aktiv und deutlich von den Erwartungen anderer abzusetzen.

Konfliktfähigkeit ist ebenfalls ein Bestandteil der Beziehungsfähigkeit. Es gehört zur professionellen Kompetenz im Pfarramt, Konflikte, also sich widerstreitende Handlungstendenzen zwischen Personen und/oder in Gremien, wahrzunehmen und sie mit Hilfe möglichst klarer Kommunikation ansprechen und einer Lösung zuführen zu können (⇒ Kap. 6.6).

Beziehungs- und Kommunikationsfähigkeit kann nicht nur theoretisch gelernt werden, sie bedarf immer der Praxis, der Einübung. Die ameri-

---

[7] *Piper* 1998, 29.

kanische Seelsorgebewegung hat das Prinzip des »learning by doing« umgesetzt (klinisches Lernen): Man lernt nicht etwas »über ...« Beziehungen, sondern begibt sich in Beziehungen (in der Lerngruppe, im beruflichen Kontext) und wertet die Erfahrungen unter Supervision (unter Berücksichtigung relevanter Theorie) aus. Lehren und Lernen wird auf diese Weise person-, erfahrungs- und prozessbezogen. Diese Merkmale sind charakteristisch für pastoralpsychologische Fort- und Weiterbildung. Inzwischen mehren sich die Stimmen, die eine Reform auch des theologischen Studiums im Sinn einer deutlicheren Person- und Erfahrungsbezogenheit fordern.[8]

16.2.2 Das bisher genannte Beziehungs- und Kommunikationslernen ist stark an Zweier-Beziehungen oder Beziehungen in Kleingruppen orientiert. Darüber hinaus ist es wichtig, die Einbettung von Beziehungen in *strukturelle, institutionelle und gesellschaftliche Zusammenhänge* wahrzunehmen und zu reflektieren. Viele Problemkonstellationen, die in der pastoralen Tätigkeit begegnen, sind nicht nur individuell-biographisch-familiär verursacht, sondern auch strukturell zumindest mitbedingt oder verstärkt: Man denke an die Auswirkungen, die Arbeitslosigkeit auf das Befinden eines Menschen hat, an die Bedeutung von Einkommensverhältnissen, von Schichtzugehörigkeit, von Familienstrukturen etc.

Die Fähigkeit, systemisch-strukturelle Zusammenhänge in Beziehungskonstellationen wahrzunehmen und zu berücksichtigen, gehört mit zum Beziehungs- und Kommunikationslernen.

16.2.3 Pastoralpsychologisches Lernen zielt auf eine Integration von Leben und Glauben, von persönlicher und beruflicher Identität, von Person und Rolle. Um professionell Beziehungsgestaltung im pastoralen Berufsalltag leisten zu können, ist sowohl eine Kenntnis der eigenen Person, der Beziehungs- und Frömmigkeitsmuster, die sie im Lauf der Biographie geprägt haben, ihrer Stärken und Schwächen grundlegend als auch die Fähigkeit, das angeeignete theologische und spirituelle Wissen sowie ein bestimmtes methodisches Repertoire kompetent und durch die individuelle Person vermittelt einzusetzen.

Biographisches Lernen bedeutet die Auseinandersetzung mit folgenden Fragestellungen: Wie bin ich zu dem/der geworden, der/die ich jetzt bin? Wie bin ich geprägt von meiner Herkunftsfamilie? Was sind die speziellen Merkmale meiner persönlichen Identität?

Bestandteil des biographischen Lernens sind Fragen nach Entstehung, Funktion und Gestalt der eigenen Frömmigkeit: In welchen Frömmigkeitstraditionen bin ich aufgewachsen? Wie gewinnen Glaube/Spiritualität Gestalt in meinem Leben, in meinem Beruf? Wie gut sind Alltag

---

[8] Z.B. in dem EKD-Papier »Ökumenisches Lernen und theologische Ausbildung«, Hannover 2000.

und Glauben integriert? Wo erkenne ich Dissonanzen oder Abspaltungen? Woran liegt das?
Biographisches Lernen geschieht nicht um seiner selbst willen, sondern im Blick auf die gegenwärtige oder zukünftige Ausübung der beruflichen Rolle als Pastor/Pastorin. Welche der vielen Teilrollen (Seelsorger, Predigerin, Animateur in der Jugendarbeit, Vorsitzende des Presbyteriums, Dienstvorgesetzter, Mitglied in Ausschüssen, Ehemann/ Ehefrau, Elternteil, Freund/Freundin) übe ich gerne aus? Welche machen mir Schwierigkeiten? Wo kommt es zu Rollenkonflikten? Welche Bedeutungen hat das in der ersten und zweiten Ausbildungsphase gelernte Wissen (wissenschaftliche Theologie, Methoden der Gesprächsführung, der Gruppenarbeit etc.) für die Ausübung einzelner Teilrollen? Wie sind Glaube/Spiritualität in die Ausübung der beruflichen Rolle integriert? Wie steht es um die theologische Sprachfähigkeit, also die Fähigkeit, theologische Aussagen in eine alltags- und erfahrungsnahe Sprache zu übersetzen?
Zusammenfassend kann man als Lernziel pastoralpsychologischer Aus- und Fortbildung bestimmen: Es geht um die Förderung und Differenzierung personaler Kompetenz ($\Rightarrow$ Kap. 13) im Pfarramt. Pastorale Tätigkeit verlangt eine große Vielzahl an Einzelkompetenzen (Pfarrer/Pfarrerin als Generalisten), die in der personalen Kompetenz gebündelt und integriert erscheinen sollten.

16.3 Methoden pastoralpsychologischer Fort- und Weiterbildung

Aus den Lernzielen leiten sich bestimmte person- und erfahrungsbezogene, interaktionelle Methoden pastoralpsychologischen Lernens ab.[9] Dabei ist eine große Vielfalt in der Ausführung der Methoden und der im Hintergrund stehenden psychologischen und theologischen Theorieansätze in Rechnung zu stellen. Eine allein gültige pastoralpsychologische Lehr- und Lernmethode gibt es nicht.

16.3.1 Einzel- und Gruppentherapie
Verschiedene Formen der Einzel- und Gruppentherapie sind vor allem in der tiefenpsychologisch orientierten pastoralpsychologischen Ausbildung von Bedeutung: Hier geht es um die Aufarbeitung biographischer Erfahrungen und Konflikte, das Erkennen von Widerständen und charakteristischen Abwehrmechanismen, von Übertragungen und Gegenübertragungen, Möglichkeiten der Deutung etc. Eigene Therapie bekommt den Charakter von Ausbildung, wenn sie nicht (oder nicht mehr) aus rein therapeutischen Gründen notwendig erscheint (Lehr- oder Ausbildungstherapie). Im Erleben der Bearbeitung eigener Lebens- und Beziehungsthemen werden die Methoden der jeweiligen the-

---
9 Vgl. zum Folgenden *Klessmann* 1993 (a), 92ff.

rapeutischen Ausrichtung gelernt; die Eigentherapie wird als exemplarisch für therapeutische Prozesse überhaupt reflektiert.

16.3.2 Selbsterfahrungsgruppen

Selbsterfahrungsgruppen (gruppendynamisches Training, sensitivity training) dienen sowohl der Bearbeitung biographischer Konflikte und der Bewusstmachung unbewusster Verhaltensweisen als auch der Verbesserung der Kommunikation im »Hier und Jetzt« der tatsächlichen Beziehungen. In der beobachteten, immer wieder durch Metakommunikation und Feedbackprozesse unterbrochenen Interaktion der Gruppenmitglieder kann es gelingen, mehr über sich selbst zu erfahren, die Wiederholung alter Muster in gegenwärtigen Beziehungen zu entdecken, Wünsche, Ängste, Phantasien wahrzunehmen und zu verarbeiten, Aggressionen auszudrücken, Konflikte konstruktiv auszutragen, mit Macht und Autorität angemessener umzugehen, an der eigenen Glaubenseinstellung zu arbeiten. Angesichts einer stark intellektuell ausgerichteten schulischen und beruflichen Sozialisation erscheint es unvermindert wichtig, die Wahrnehmung eigener und fremder Emotionalität einzuüben und Möglichkeiten, Kommunikation klarer und eindeutiger zu gestalten, zu erproben.

Selbsterfahrung im Rahmen gruppendynamischer Verfahren (⇒ Kap. 14) ist in der Regel noch einmal durch eine therapeutische Methodik »eingefärbt«, also beispielsweise psychoanalytisch, gestalttherapeutisch, psychodramatisch oder körpertherapeutisch ausgerichtet. Psychoanalytisches Vorgehen zielt stärker auf die Bewusstmachung unbewusster Übertragungs- und Widerstandsphänomene, arbeitet stärker mit Regression; Verfahren in der Tradition der Humanistischen Psychologie vermeiden tiefe Regressionsprozesse und bleiben vorrangig auf der Interaktionsebene im »Hier und Jetzt«.

Im pastoralpsychologischen Kontext steht die Selbsterfahrung nicht nur im Deutungsrahmen eines bestimmten therapeutischen Verfahrens, sondern auch im Deutungshorizont der christlichen Tradition. Die Frage nach der Bedeutung von Glaube und Frömmigkeit in der Interaktion der Gruppenmitglieder und in der Gestaltung der Lernprozesse ist ständig präsent, auch wenn sie in unterschiedlichem Maß explizit thematisiert wird.

Exkurs: Gruppenarbeit in der Klinischen Seelsorgeausbildung

Pastoralpsychologische Aus- und Fortbildung, speziell die Klinische Seelsorgeausbildung (KSA/CPE), geschieht von Anfang an in Gruppen (⇒ Kap. 3). Eine amerikanische Forschungsarbeit von *Joan Hemenway*[10] stellt nach der Durchsicht von Ausbildungsmaterialien fest, dass es im Kontext der CPE eine große Vielfalt verwendeter Methoden gibt, die sich von der Grundstruktur her in vier Modelle aufteilen lassen:

---

10 *Hemenway* 1996.

1. Das professionelle Verhalten der Lernenden steht im Vordergrund (pädagogischer Fokus).
2. Biographische Themen und Beziehungsfragen der Lernenden bilden den Fokus (therapeutischer Fokus).
3. Der Supervisor / die Supervisorin steht mit seinem/ihrem Leitungsverhalten im Vordergrund (Fokus beim Supervisor).
4. Die Gruppe als ganze (»group as a whole«) bildet den Fokus der Aufmerksamkeit: Das »Hier und Jetzt« der Gruppendynamik und deren unbewusste Dimensionen stehen im Vordergrund.

Von der Häufigkeit der verwendeten Modelle her folgert die Autorin, dass die primäre Fokussierung bei vielen Supervisoren und Supervisorinnen auf das Individuum und dessen Biographie ausgerichtet ist, also quasi therapeutischen Charakter trägt. Die professionelle Funktionsfähigkeit (Modell 1) steht in der Regel nicht im Vordergrund; ebenso nicht die Wahrnehmung und Arbeit mit der Gruppe als ganzer (Modell 4). Das dritte Modell stellt zweifellos einen Missbrauch der Gruppe dar, kommt aber trotzdem gelegentlich vor.

Hemenway entwickelt selber im Anschluss an *W. Bion* und die Objektbeziehungstheorie ein Modell von Gruppenarbeit, das die Balance zwischen Individuum und Gruppe sowie zwischen therapeutischem und pädagogischem Fokus wieder herzustellen versucht. Die unorganisierte Gruppe lebt nach *Bion* von bestimmten unbewussten »basic assumptions«, die die Individuen an der Entwicklung ihrer Fähigkeiten hindern.

– Die »dependency group« macht sich in ihrer Angst von der Leitung abhängig;
– die »fight/flight group« bewältigt ihre Angst durch ständiges Kämpfen mit der Leitungsperson (und flüchtet dann);
– die »pairing group« lenkt sich ab durch Aufmerksamkeit auf ein Paar in der Gruppe und erwartet durch sie neue Leitung.

Den Wert des Ansatzes von *Hemenway* sehe ich in ihrer Absicht, wieder die Gruppe als ganze zum Ausgangspunkt für Leitungsinterventionen zu machen und damit von individualistischen und vorwiegend therapeutischen Zielsetzungen wegzukommen; ob dazu allerdings die spekulative Theorie von *Bion* notwendig ist, erscheint mir zweifelhaft.[11]

In zunehmendem Maß spielen systemische Perspektiven eine Rolle in pastoralpsychologischen Ausbildungsgruppen. Die Arbeit mit Familienrekonstruktion und Genogrammen dient beispielsweise in diesem Zusammenhang dazu, sowohl die Interaktionsmuster der eigenen Herkunftsfamilie und wie sie gegenwärtiges Verhalten prägen, zu verstehen als auch auf diesem Weg die Methoden familientherapeutischer Arbeit kennen zu lernen.[12]

16.3.3 Berufspraxis unter Supervision

Pastoralpsychologisches Lernen ist immer in einen intensiven Theorie-Praxis-Regelkreis eingebunden. Deswegen gehört Praxis in einem beruflichen Tätigkeitsfeld unter Supervision (Einzelsupervision oder Supervision durch Fallbesprechungsgruppen) unabdingbar zur pastoralpsychologischen Weiterbildung. Berufliche Praxis ist das Lernmateri-

---

11 Zur Kritik an Bions Annahmen vgl. auch *I. Yalom* ³1985, 194ff.
12 Vgl. *von Schlippe / Schweizer* 1996, 127ff; *Morgenthaler* 1999, 96ff.

al, an Hand dessen eine kritische Überprüfung des eigenen professionellen Verhaltens sowie der zugrunde liegenden Theorie möglich ist. Der Bericht über eine berufliche Situation, sei es in Gestalt eines mündlichen oder schriftlichen Fallberichts, sei es in Gestalt eines Gesprächsprotokolls, stellt Distanz zu der betreffenden Begegnung her und ermöglicht mit Hilfe von Feedbacks aus der Gruppe bzw. vom Supervisor / von der Supervisorin ein vertieftes Verstehen der Interaktion, eine Überprüfung des Rollenverhaltens als Pfarrer/Pfarrerin sowie der darin implizit und explizit deutlich werdenden beruflichen Zielvorstellungen.

16.3.4 Balint- und Fallbesprechungsgruppen

Die verschiedenen Arten von Fallbesprechungsgruppen (die sich nicht nur auf Seelsorgegespräche beziehen müssen, sondern auch Konfliktkonstellationen in einer Gemeinde, im Presbyterium, in der Jugendarbeit, aus dem Kreis der Kollegen und Kolleginnen zum Thema machen können) haben den Zweck, die Kommunikation und die (unbewusste) Beziehungsstruktur zwischen einer Ratsuchenden und einem Seelsorger im aktuellen Kontext in den Blick zu nehmen: Was ist in einer Begegnung abgelaufen? Lassen sich bestimmte Muster erkennen? An welchen Stellen und warum gab es Störungen und Missverständnisse? Was hat das mit den Personen und der Situation, mit den Biographien sowie den familiären und beruflichen/gesellschaftlichen Kontexten der Beteiligten, mit deren spezifischen Wünschen und Ängsten etc. zu tun? Was ist das theologische Thema einer Begegnung? Wie ist es zur Sprache gekommen?

Während sich die Balintgruppenarbeit[13] stärker darauf konzentriert, die unbewusste Dynamik in einer Beziehung zu deuten und zu erhellen, wird in Fallbesprechungsgruppen in der Klinischen Seelsorgeausbildung (KSA) vornehmlich mit schriftlichen Erinnerungsprotokollen gearbeitet, aus denen die Interaktion des Gesprächs und der emotionale Anteil des Seelsorgers / der Seelsorgerin im Verlauf der Gruppenarbeit nachvollzogen und verstehbar werden. Elemente aus der Personzentrierten Therapie nach *Rogers* sind hilfreich, um akzeptierendes Zuhören und nicht wertendes Antworten einzuüben; stärker direktive Interventionen aus der Gestalttherapie können herangezogen werden, um Begegnung und Konfrontation in der Seelsorge zu lernen und als Person erkennbar zu werden; Elemente aus der narrativen Therapie helfen, biblische Inhalte angemessen (»gesprächsgerecht«) ins Gespräch zu bringen; systemische Ansätze können dazu dienen, die familiäre Interaktion oder die institutionelle Einbindung einer Begegnung zu berücksichtigen. Insgesamt geht es nicht darum, eine bestimmte, für alle verbindliche Gesprächsmethode in der Seelsorge einzuüben und zu handhaben,

---

13 Vgl. dazu ausführlicher *Mario Muck* 1976, 166–174.

sondern die einzelnen Seelsorger und Seelsorgerinnen zu einem persönlichen Stil zu ermutigen, der sowohl methodisch reflektiert ist als auch der jeweils eigenen beruflich-religiösen Identität entspricht.

Anschauliche und unverändert gut brauchbare Einführungen in den Umgang mit Gesprächsprotokollen, in deren äußere Form sowie die Methodik der Interpretation bieten *Piper* und *van der Geest*.[14]

16.3.5 Rollenspiel

An Stelle oder auch in Ergänzung und Fortführung eines Gedächtnisprotokolls kann man mit Rollenspielen arbeiten. Statt beispielsweise über ein Konfliktgespräch zu berichten, kann es im szenischen Spiel wiederholt werden und als solches den Ausgangspunkt für eine kritische Bearbeitung bilden. Das Rollenspiel hat drei Vorzüge:
1. Man kann neues Verhalten ausprobieren. Die Gruppensituation oder die Einzelsupervision stellen einen geschützten Raum dar, in dem sich der/die Einzelne relativ sicher und angstfrei fühlen kann. Hier kann man noch einmal das durchspielen, was man bereits erlebt hat, kann Alternativen ausprobieren, spielerisch versuchen herauszufinden, wie man es, rückblickend, gerne gemacht hätte, wie es für die eigene Person und die Person des Gesprächspartners angemessen erscheint; und man kann vorbereitend ausprobieren, was in einer bestimmten Situation auf einen zukommen wird. Die anderen Gruppenmitglieder können ihren Eindruck mitteilen (feedback); dadurch verbreitet sich das Wahrnehmungspotential, und es eröffnet sich die Chance, es ein zweites Mal anders und »besser« zu machen.

Mit Kursteilnehmenden in der KSA haben wir zu Beginn eines Kurses z.B. die Anfangssituation im Krankenhaus durchgespielt. Es kommt auf jede/jeden zu, sich bei Patienten, beim Pflegepersonal, beim Stationsarzt vorstellen zu müssen: Wie trete ich auf? Welche Worte wähle ich? Wie sage ich, wer ich bin und in welcher Funktion ich komme? Wer neu und unvorbereitet in die Situation hineingeht, riskiert, unsicher und unklar zu wirken.

2. Im Rollenspiel kann der Pfarrer / die Pfarrerin die Rolle des Gegenüber im Gespräch spielen und sich auf diese Weise in dessen/deren Situation hineinversetzen.

Plötzlich spürt jemand aus der Sicht eines Patienten, wie es empfunden werden kann, dass da ein fremder Mensch kommt und ein Gespräch führen will, während man selbst mit Schmerzen im Bett liegt. Oder: Im Blick auf ein Konfliktgespräch im Presbyterium ist es erhellend, die Lage des Konfliktpartners einzunehmen und dessen Interessen per Identifikation nachzuvollziehen.

Indem man das Gegenüber durch eine solche Möglichkeit der vorübergehenden Identifikation besser versteht, kann man sich auch genauer auf ihn/sie einstellen.

14 *Piper* 1973 (a); *van der Geest* [5]1995.

3. Man lernt im Rollenspiel viel über sich selbst! Das fängt an mit der Frage: Spiele ich gerne eine andere Rolle? Manche scheuen sich davor und haben eher Angst. Warum? Was fürchten sie? Was könnte passieren? Könnte ich eine Seite von mir zeigen, die ich selber nicht gern mag? Fürchte ich, im Spiel die Kontrolle zu verlieren? etc. Schon die Suche nach Antworten auf diese Fragen kann ergiebig sein. Dann: Welche Rollen spiele ich besonders gerne bzw. welche fallen mir leicht; welche spiele ich ungern, wo fällt es mir schwer, mich einzufühlen? Im Spiel kann jemand ungelebte, wenig entwickelte Seiten von sich zum Ausdruck bringen: Die schüchterne Frau kann einmal versuchen, fordernd und aggressiv aufzutreten, der immer freundliche Pfarrer kann ausprobieren, wie er ein dringend überfälliges Konfliktklärungsgespräch einleiten und durchführen kann etc. Das Spiel kann Anregungen vermitteln, auf bisher wenig entwickelte Seiten seiner selbst zu achten und sie über das Spiel hinaus auch im Alltag zu leben.

Um ein Rollenspiel anzufangen, braucht man nur wenige Informationen zu einigen grundlegenden Fragen: Wer begegnet sich? Was wollen sie voneinander/miteinander? Wo treffen sie sich? und wann? Für ein Seelsorgegespräch etwa reicht es zu sagen: Sie sind Herr Bauer, Sie sind 58 Jahre alt und verheiratet, von Beruf technischer Zeichner. Sie liegen im Krankenhaus in einem Dreibettzimmer, Sie hatten eine schwere Nierenkolik, es geht Ihnen im Moment besser, aber Sie haben Angst, dass eine weitere Kolik kommen könnte. In dieser Situation besucht Sie ein junger Pfarrer.

16.3.6 Bibliodrama

Bibliodramatische Methoden werden inzwischen vielfältig in der pastoralpsychologischen Fort- und Weiterbildung eingesetzt mit dem Ziel, Glaube und Theologie der Beteiligten erfahrungsnah zu vertiefen und zu differenzieren.[15]

Bibliodrama kann man als den Versuch charakterisieren, einen biblischen Text in seinen Strukturen und Rollen neu in Szene zu setzen, um die in ihm komprimiert enthaltene Lebens- und Glaubenserfahrungen wieder neu nachvollziehbar zu machen und zu entfalten. Bibliodrama ist nicht mit Bibeltheater zu verwechseln; es ist in der Regel nicht zur Aufführung vor anderen gedacht, sondern dient der Auseinandersetzung mit eigenen Glaubenserfahrungen in der identifikatorischen Begegnung mit einem biblischen Text.

Bibliodrama gehört zu den interaktionalen oder engagierten Lektüreformen, deren Gemeinsamkeit darin besteht, dass sie über den historisch-kritischen Zugang hinausgehend wieder nach spontanem, unmittelbarem Verstehen suchen. Spezialisierte Texthermeneutik wird ergänzt und herausgefordert durch eine Lebenshermeneutik, Schreibtischhermeneutik durch Erfahrungshermeneutik.[16]

---

15 Vgl. *Warns/Fallner* 1994; *Martin* 1995; *Kiehn* u.a. (Hg.) 1987.
16 Vgl. *Berg* 1991, 169ff.

Die Wurzeln des Bibliodrama sind im Psychodrama, wie es *Jacob L. Moreno* entwickelt hat, in der Theaterpädagogik und in der Körpertherapie zu suchen. Aus jedem dieser Ansätze lassen sich spezifische Akzente für das Bibliodrama ableiten:
Indem die Beteiligten eine Geschichte und ihre Rollen in der Tradition des Psychodrama neu inszenieren, sich mit Personen und Gegenständen des Textes identifizieren und deren mögliche Beziehungsdynamik im Spiel zum Ausdruck bringen, tragen sie unvermeidlich ihre eigene Biographie, ihre Lebenserfahrungen in die Ausgestaltung der Rollen ein; auf diese Weise durchdringen sich die Lebenserfahrung der Mitspielenden mit dem Erfahrungsgehalt eines biblischen Textes. In theaterpädagogischer Tradition geht es darum, die dramatischen Strukturen des Textes mit allen nur denkbaren kreativen Mitteln (Bewegung, Gestik, Farbe, Klang etc.) ästhetisch umzusetzen. Das Einbeziehen der körperlichen Dimension schließlich soll die Reduktion auf intellektuelles Verstehen überwinden und zu einem leibhaften, emotionalen Verstehen führen.

Das Bibliodrama ist für pastoralpsychologische Fort- und Weiterbildung besonders wichtig, weil es eine Reihe von hermeneutischen Einsichten vermittelt, die auch für die Beziehungsgestaltung mit Menschen von Bedeutung sind:

− Es gibt kein allgemein gültiges, objektives und für alle gültiges Verstehen; Auslegung ist immer subjektiv-kreative Gestaltung.
− Verstehen ist ein aktiver Prozess der Konstruktion, des Hinzufügens und keinesfalls nur ein Rezipieren eines vorgegebenen Sinnes. Der Anteil der subjektiven Konstruktion kann in der Auswertung des Bibliodrama ansatzweise bewusst gemacht werden.
− Verstehen ist nie nur ein rationaler Vorgang, sondern immer auch leibhaft, emotional und intuitiv begründet. Das ist für die Entwicklung eines »*persönlichkeitsspezifischen Credo*« (*K. Winkler*) von besonderer Bedeutung.
− Verstehen vollzieht sich zirkulär, in einer Bewegung vom Subjekt zum Objekt und zum Subjekt zurück. D.h. wenn jemand etwas Neues an einem Text verstanden hat, bereichert und verändert das die eigene Wahrnehmungseinstellung, was sich wiederum auf das weitere Verstehen auswirkt.
− Verstehen ist ein offener, nie abgeschlossener Prozess. Das Bibliodrama eröffnet einen Text-Raum, der auf vielfältige Weise erschlossen und abgeschritten werden kann.
− Die Gefahr eines spontanen, intuitiven und engagierten Verstehens besteht darin, dass man nur das schon Bekannte wiederholt und die Fremd- und Andersartigkeit eines Textes übersieht. Um ein solches kolonialisierendes Verstehen zu vermeiden, ist eine gründliche Auswertung des bibliodramatischen Spiels notwendig. In der Auswertung können die kultur- und persönlichkeitsspezifischen Akzente des Spiels − auch durch Konfrontation mit Ergebnissen historisch-kritischer oder sozialgeschichtlicher Exegese − herausgearbeitet werden.

16.3.7 Gesprächsmethodik
Unterschiedliche Modelle pastoralpsychologischer Fort- und Weiterbildung akzentuieren die Bedeutung von Gesprächsmethodik unter-

schiedlich. Gemeinsam dürfte allen sein, dass die Fähigkeit, einem anderen Menschen zuzuhören, eine der pastoralpsychologischen Grundkompetenzen darstellt.
Stichworte wie »gleichschwebende Aufmerksamkeit« (*Freud*) oder »aktives Zuhören« sollen deutlich machen: Zuhören bezeichnet kein rein rezeptives Verhalten, sondern eine zu erlernende und einzuübende Aktivität, die im aufmerksamen Hinhören die verbalen und nonverbalen Signale der anderen Person, die inhaltlichen und emotionalen Anteile der Kommunikation auf sich wirken lässt und zugleich bedenkt, wie auf das Wahrgenommene angemessen zu reagieren ist ($\Rightarrow$ Kap. 10.1).
Der nicht-direktive oder personzentrierte Ansatz nach *Carl Rogers* bildet für viele Pastoralpsychologen und Pastoralpsychologinnen die Grundeinstellung, mit der sie anderen Menschen begegnen und in der sich das aktive Zuhören methodisch konkretisiert. Darauf aufbauend ist es sinnvoll, andere methodische Ansätze wenigstens ansatzweise zu kennen: von Übertragung, Gegenübertragung und dem Umgang mit Widerständen zu wissen, Elemente nonverbaler, körperbezogener Kommunikation zu berücksichtigen, einfache systemische Zusammenhänge zu erkennen.
Gesprächsmethodische Kompetenzen können in gesondert dafür vorgesehenen Arbeitseinheiten methodisch angeleitet eingeübt werden, sie können aber auch gewissermaßen mitlaufend immer wieder in den Zusammenhängen einer Selbsterfahrungs- oder Fallbesprechungsgruppe thematisiert werden.[17]

16.3.8 Spiritualität

In den letzten Jahren ist verstärkt kritisiert worden, dass die Dimension des Glaubens / der Spiritualität in der pastoralpsychologischen Fort- und Weiterbildung zu wenig explizit zum Tragen komme.[18] In Aufnahme dieser Kritik wird in pastoralpsychologischen Weiterbildungszusammenhängen verstärkt auf die Bedeutung von Glaube/Spiritualität sowohl für das Selbstverständnis von Pfarrern und Pfarrerinnen als auch für ihr professionelles Handeln in der Seelsorge und anderen Arbeitsfeldern geachtet. Das kann geschehen, indem zum einen in den vorhandenen Fort- und Weiterbildungsformen die latent oder manifest auftauchenden religiösen Themen aufgegriffen und bearbeitet werden (z.B. in der Interaktion der an der Weiterbildung Teilnehmenden oder in Fallbesprechungen anhand der Frage »Was ist hier das theologische Thema?«), indem zum anderen besondere Angebote wie Bibelgespräche, Arbeit mit Elementen aus dem Bibliodrama oder Beschäftigung mit der eigenen religiösen Biographie gemacht werden. Es geht also sowohl um Einübung in Spiritualität als auch um deren kritische Re-

---

17 Es gibt sehr viele Anleitungen zur Einübung in Gesprächsführung, ich nenne nur *Weinberger* [8]1998.
18 Für die Vikariatsausbildung formuliert die Kritik z.B. *Wohlgemuth* 2001, 22–29.

flexion. Zielsetzung ist die Förderung einer reflektierten Integration der religiösen/spirituellen Dimension in die berufliche Identität des Pfarrers / der Pfarrerin.

16.3.9 Ausbildungssupervision
Ausbildungssupervision stellt eine weitere Möglichkeit dar, die Ausbildungs- und Praxiserfahrungen des/der Auszubildenden unterstützend und kritisch zu begleiten. Die Zielsetzungen von Ausbildungssupervision sind strittig;[19] m.E. dient sie nicht nur der Überprüfung und Optimierung der methodischen Kompetenzen des Ausbildungskandidaten / der Ausbildungskandidatin, sondern auch der Bearbeitung der personalen Integration der Ausbildungsinhalte. Pastoralpsychologische Fort- und Weiterbildung zielt immer darauf ab, methodische Elemente persönlich zu verankern und zu integrieren: Vergewisserung der eigenen beruflichen und spirituellen Identität im Rahmen des stattfindenden Lernprozesses, Verknüpfung von beruflichen und persönlichen Perspektiven, Reflexion des Zusammenhangs der unterschiedlichen Weiterbildungselemente etc. können Inhalte von Ausbildungssupervision sein. Eine solche Arbeit geschieht natürlich auch in anderen pastoralpsychologischen Lernformen (z.B. in der Selbsterfahrungsgruppe). Trotzdem hat es sich bewährt, gerade für diesen integrativen Aspekt einen besonderen Raum, eben das Einzelgespräch mit einem Supervisor / einer Supervisorin zur Verfügung zu stellen. So verstandene Ausbildungssupervision bekommt dann auch gelegentlich den Charakter von Seelsorge an Seelsorgern/Seelsorgerinnen.

16.3.10 Theoriebildung
Berufliches Handeln, auch das Verstehen eines anderen Menschen, ist immer auf einen Deutungsrahmen, d.h. auf Theorie angewiesen: Subjektives, momenthaftes Erleben muss ausgewertet, zugeordnet, in einem größeren Bezugsrahmen sinnhaft gedeutet, mit umfassenden theoretischen Konzepten verknüpft werden, um zu einer Erfahrung zu werden, mit deren Hilfe gezieltes und verantwortetes Handeln möglich ist. Erlebte Praxis stellt Fragen an die Theorie, erhält von der Theorie her Leitlinien und Zielvorstellungen und stellt andererseits auch die Theorie in Frage bzw. bereichert und vertieft sie. Insofern ist Theoriebildung ein unverzichtbarer Bestandteil pastoralpsychologischer Fort- und Weiterbildung. Das gilt vor allem angesichts der häufig zu beobachtenden Tatsache, dass sich mit der »Entdeckung der Gefühle« bei Gruppenteilnehmern und -teilnehmerinnen so etwas wie ein antikognitiver Affekt einstellt. Beispiele für die Bedeutung von Theorie im pastoralpsychologischen Lernen:

---

19 Vgl. die kurzen Bemerkungen von *Pühl* [2]2000, 10f.

- Die plötzlich zu beobachtende Unlust eines Klienten / einer Klientin im Seelsorgegespräch kann aus psychoanalytischer Sicht Ausdruck eines Widerstandes sein; Widerstand wiederum hat in der Regel die Funktion der Angstvermeidung. Eine solche Deutung eröffnet andere Umgangsmöglichkeiten, im Unterschied zu einem Verständnis der Unlust als einfache Unwilligkeit oder gar als persönlicher Affront gegenüber dem Seelsorger. Die Theorie der Abwehrmechanismen leitet zu einem solchen veränderten Verstehen an (⇒ Abwehrmechanismen, Kap. 4.1.2).
- Der offenkundig überschießende Ärger einer Pfarrerin gegenüber ihrem Kollegen erscheint in anderem Licht, wenn er als Ausdruck einer Übertragung begriffen werden kann. Ärger, der aus einer vergangenen Beziehungskonstellation stammt, wird in einer gegenwärtigen Situation wiederholt und ausagiert, wirkt dementsprechend deplaziert und unbezogen. Die Theorie von Übertragung und Gegenübertragung eröffnet ein hilfreiches Verstehen, um mit solchen Affekten in Zukunft vielleicht anders umzugehen (⇒ Übertragung, Kap. 4.1.1).
- Das Weinen einer Klientin während einer Paarberatung ist aus Sicht klientenzentrierter Gesprächspsychotherapie zunächst Ausdruck ihrer individuellen Emotion. Aus der Perspektive der Systemischen Therapie ist aber auch zu berücksichtigen, dass das Weinen möglicherweise eine Funktion innerhalb der Paarbeziehung und auch innerhalb des Dreiecks der Paarberatung hat.
- Theologische Theoriebildung innerhalb pastoralpsychologische Fort- und Weiterbildung zielt darauf ab, theologische Aussagen aus ihrer objektivierenden Abstraktheit heraus zu holen und als Deutungsangebot im Zusammenhang konkreter Lebenserfahrung zu entfalten.

Die Beispiele verdeutlichen, wie Theoriebildung integriert ist in einen ganzheitlichen, erfahrungsnahen Lernprozess, der die emotionalen und aktionalen Dimensionen gezielt mit einbezieht. Die Themenzentrierte Interaktion stellt ein gelungenes Beispiel dar, wie ein solcher Lernprozess methodisch strukturiert werden kann, um den verschiedenen Dimensionen gleichgewichtig Raum zu geben und sie in ein kreatives Wechselspiel zu bringen.

16.3.11 Fortbildungsstrukturen

Pastoralpsychologische Fort- und Weiterbildung findet in z.T. recht unterschiedlichen Ausbildungsstrukturen statt. Weit verbreitet sind berufsbegleitende Angebote (drei- bis fünftägige Ausbildungseinheiten, verteilt über einen Zeitraum von ein bis vier Jahren) oder, speziell im Fall der Klinischen Seelsorgeausbildung (KSA), zwölf- oder sechswöchige Ausbildungsblöcke. Anbieter pastoralpsychologischer Fort- und Weiterbildung sind kirchliche Weiterbildungsinstitute; daneben geschieht Fort- und Weiterbildung in der Verantwortung einzelner Sektionen der Deutschen Gesellschaft für Pastoralpsychologie (DGfP). Die Standards dieser Sektionen (s.u.) sind maßgebend für die Qualifikation der Ausbilder und Ausbilderinnen sowie für Inhalte und Struktur der Angebote.

Die amerikanische Seelsorgeausbildung hat den zwölfwöchigen Seelsorgeausbildungskurs eingeführt. Die Berufspraxis findet in einem Kontext statt, der intensive Begegnungen mit menschlichen Krisensituationen ermöglichen soll; aus diesem

Grund wurden zunächst Krankenhaus oder Gefängnis als Arbeitsfelder gewählt. Die Teilnehmenden machen für die Dauer eines dreimonatigen Kurses in dem neuen Setting ganz andere berufliche Erfahrungen: Darin liegt eine große Chance und Herausforderung.
Die Fraktionierung der Ausbildung in kürzere Ausbildungsabschnitte setzt voraus, dass die eigene berufliche Praxis »zu Hause« das Lernmaterial abgibt; dadurch wird eine größere Nähe zur vorhandenen Berufspraxis und ein länger dauernder Lernprozess erreicht.

16.4 Deutsche Gesellschaft für Pastoralpsychologie (DGfP)

1972 ist die Deutsche Gesellschaft für Pastoralpsychologie e.V. als ein ökumenisch ausgerichteter Berufsverband gegründet worden. Der Verein sieht seine Aufgaben u.a. darin,[20]
- Konzeptionen, Standards und Organisationsformen pastoralpsychologischer Fort- und Weiterbildung zu entwickeln und zu koordinieren;
- sozial- und humanwissenschaftliche Theorien und Methoden kritisch zu rezipieren und eine eigenständige pastoralpsychologische Theoriebildung weiter zu entwickeln;
- die Zusammenarbeit verschiedener pastoralpsychologischer Richtungen, Ansätze und Fortbildungsangebote zu fördern;
- pastoralpsychologische Interessen und Sichtweisen gegenüber Kirchen, anderen Institutionen und vergleichbaren Fachverbänden zu vertreten.

Die Mitglieder der DGfP sind Ausbilder/Ausbilderinnen bzw. Supervisoren/Supervisorinnen im Bereich der Pastoralpsychologie.
Die DGfP hat fünf Fachsektionen mit insgesamt über 600 Mitgliedern (2002). Jede Sektion hat Standards entwickelt, die Aufnahmekriterien sowie ein Ausbildungsniveau definiert, das sowohl für sach- und zeitgemäße Seelsorge in verschiedenen Bereichen der Kirche als auch für pastorale Supervision als notwendig erachtet wird. Grundlage ist in allen Sektionen eine theologische Qualifikation, in der Regel ein abgeschlossenes theologisches Studium. Darauf baut eine pastoralpsychologische Weiterbildung auf, die noch einmal differenziert zwischen einer Grundausbildung (mit der die außerordentliche Mitgliedschaft erworben wird) und einer Aufbauausbildung, die zunächst die Befähigung zur Supervision und in einem weiteren Schritt zur Kursleitung bzw. Lehrsupervision vermittelt. Die Akzeptanz dieser Ausbildungskriterien ist in den Gliedkirchen der EKD bzw. in den katholischen Bistümern unterschiedlich: In einigen Kirchen wird die Arbeit der DGfP unterstützt und gefördert, die Ausbildungsrichtlinien werden als sachlich richtig und notwendig akzeptiert; in anderen Kirchen werden die Richtlinien eher ignoriert.[21]

---

20 Vgl. die Satzung der DGfP e.V. in der Fassung vom Mai 1997.
21 Zu den Details der einzelnen Ausbildungen vgl. die entsprechenden Broschüren, die über die Geschäftsstelle der DGfP zu beziehen sind: www. pastoralpsychologie.de

Sektion Tiefenpsychologie

Die Mitglieder dieser Sektion haben eine Zusatzausbildung in Psychoanalyse in der Tradition S. Freuds oder in der Tiefenpsychologie nach C.G. Jung in Form einer Einzel- und/oder Gruppenlehranalyse mit entsprechender Theoriebildung absolviert. Sie sind damit befähigt, »tiefenpsychologisch fundierte Seelsorge, Beratung und Supervision durchzuführen.«[22] Die Mitgliedschaft in dieser Sektion ist nicht an ein bestimmtes Arbeitsfeld gebunden, sondern an die Arbeitsweise. Die Berücksichtigung und Bearbeitung unbewusster Prozesse und Konfliktkonstellationen, der Umgang mit Übertragung und Gegenübertragung, Widerstand und Deutung im Kontext der christlichen Tradition sind zentrale methodische Anliegen.

Tätigkeiten, die eine spezielle tiefenpsychologische Wahrnehmungseinstellung voraussetzen und erfordern, sind vor allem Beratungsarbeit in kirchlichen Beratungsstellen, die Leitung von Balintgruppen und die Weiterbildung von Seelsorgern und Seelsorgerinnen.

Sektion Klinische Seelsorgeausbildung (KSA)

Die aus den USA und den Niederlanden übernommene Klinische Seelsorgeausbildung stellt ein Organisationsmodell von Fort- und Weiterbildung für Seelsorge dar mit dem Ziel, durch begleitete und reflektierte Praxis (»learning by doing«) an der Identität und beruflichen Kompetenz von Seelsorgern und Seelsorgerinnen zu arbeiten. Die Art und Weise der methodischen Durchführung ist in der Regel eklektisch und greift Elemente verschiedener therapeutischer Verfahren (psychoanalytisch, gestalttherapeutisch etc.) auf. Der Terminus »klinisch« lehnt sich an das amerikanische Original »Clinical Pastoral Education« (CPE) an und bedeutet so viel wie »empirisch« oder praxisbezogen (Vgl. den Sprachgebrauch »Klinische Psychologie« oder »klinisches Lernen«). Die klassische Kursform, wie sie in den USA vorwiegend praktiziert wird, ist der zwölf Wochen dauernde Weiterbildungskurs; in Deutschland hat sich ein sechswöchiger Kurs eingebürgert, entweder en bloc oder in bestimmte Untereinheiten (z.B. 3 x 2 Wochen oder 6 x 1 Woche im Lauf von 1 ½ Jahren) aufgeteilt.

Zweierlei ist für dieses Modell charakteristisch:
a. Die Teilnehmenden sollen in einem bestimmten Praxisfeld (traditionellerweise im Krankenhaus,[23] inzwischen werden auch Gemeinden oder Altenheime einbezogen) neue Erfahrungen mit sich selbst in ihrer Funktion als Seelsorger/Seelsorgerin für die jeweiligen Rat Suchenden und deren spezifisches Umfeld (z.B. das Personal im Kran-

---

22 Standards der Sektion T vom Mai 1999, 1.
23 Das Krankenhaus wurde von A. Boisen als besonders geeignet für die Seelsorge-Ausbildung betrachtet, weil es die Auszubildenden in sehr konzentrierter Weise mit menschlichen Krisensituationen konfrontiert. Es handelt sich bei der KSA nicht um eine Fortbildung speziell für Krankenhausseelsorge.

kenhaus oder die Familie eines Kranken zu Hause) machen. KSA geschieht also weder vorwiegend durch Theorievermittlung noch durch Lehrtherapie, sondern von Anfang an in Auseinandersetzung mit beruflichen Praxiserfahrungen. Bei den aufgeteilten Kursen wird in der Regel das eigene Berufsfeld als Praxisfeld des Kurses beibehalten.

b. Die in der seelsorglichen Praxis gemachten Erfahrungen werden in Lerngruppen reflektiert und analysiert, und zwar in der doppelten Ausrichtung auf Fallbearbeitung (anhand von Gesprächsprotokollen und/oder Fallberichten, zur Methodik und Zielsetzung ⇒ Kap. 16.3.4) und auf Selbsterfahrung. In jedem Fall geht es darum, das Gegenüber und seine spezifische Situation besser zu verstehen, den Kontext angemessen zu berücksichtigen und sich selbst, das berufsbezogene Selbstverständnis sowie die durch die Begegnung aktivierten eigenen Fragen und Konflikte wahrzunehmen und zu bearbeiten (⇒ Kap. 3).

In den US-amerikanischen Standards aus dem Jahr 2001 heißt es:
Clinical Pastoral Education wurde von *Richard C. Cabot* entwickelt »als eine Methode, pastorale Praxis in einem klinischen Kontext unter Supervision zu lernen ...«[24]
Die Ziele der CPE werden in den US-Standards wie folgt bestimmt:
1. »Sich selbst als Pastor wahrnehmen, und wie das eigene pastorale Handeln Menschen beeinflusst.
2. Fähigkeiten entwickeln, um intensive und extensive Seelsorge und Beratung mit Menschen in Krisensituationen und unterschiedlichen Lebenssituationen auszuüben.
3. Die klinische Methode des Lernens verstehen und nutzen können.
4. Die Peer-Gruppe mit ihren Möglichkeiten der Unterstützung, Konfrontation und Klärung für die Integration persönlicher Eigenschaften und pastoraler Funktionen akzeptieren und nutzen.
5. Einzel- und Gruppensupervision in Anspruch nehmen für persönliches und berufliches Wachstum und um die Fähigkeit zu entwickeln, die eigene Pfarramtspraxis auswerten zu können.
6. Die Fähigkeit entwickeln, das eigene religiöse/spirituelle Erbe, theologisches Verstehen und Kenntnisse aus den Verhaltenswissenschaften effektiv zu nutzen für die pastorale Arbeit mit Einzelnen und Gruppen.
7. Wahrnehmen, wie die eigenen Einstellungen, Werte und Annahmen, Stärken und Schwächen die seelsorgliche Tätigkeit prägen und beeinflussen.
8. Die Bedeutung der pastoralen Rolle in interdisziplinären Beziehungen wahrnehmen und wirkungsvoll als pastorales Mitglied in einem interdisziplinären Team mitarbeiten.
9. Wahrnehmen, wie Personen, soziale Bedingungen, Systeme und Strukturen die Lebensführung von einem selbst und von anderen beeinflussen, und mit diesen Fragen im Pfarramt wirkungsvoll umgehen können.
10. Die Fähigkeit, die eigenen pastoralen und prophetischen Perspektiven in der Vielfalt pastoraler Funktionen – Predigen, Unterrichten, Leitung, Management, Seelsorge und Beratung – zum Ausdruck bringen.«[25]

---

24 The Standards of the Association for Clinical Pastoral Education. Decatur, Georgia 2001, 1.
25 The Standards of the Association for Clinical Pastoral Education. Decatur, Georgia 2001, 8.

16.4 Deutsche Gesellschaft für Pastoralpsychologie

Sektion Gruppe, Organisation, System (GOS)
Die Arbeit dieser Sektion orientiert sich an den Konzepten der Gruppendynamik ($\Rightarrow$ Kap. 14), der Systemtheorie, der Organisationstheorien und der Rollentheorie. Die Mitglieder der Sektion müssen neben der theologischen Qualifikation eine abgeschlossene Weiterbildung haben in einem der Bereiche »Gruppendynamik« bzw. »Gruppenorientierte Beratungs- und Therapieverfahren«, »Systemische Beratung«, »Supervision« oder »Organisationsentwicklung«. Der systemischen Kompetenz kommt dabei ein besonderes Gewicht zu. Die Mitglieder der Sektion sind in der Lage, Gruppen, Systeme und Organisationen beratend zu begleiten.

Sektion Personzentrierte Psychotherapie und Seelsorge (PPS)
Die Sektion sieht sich dem Ansatz der Humanistischen Psychologie, wie er besonders von *Carl Rogers* begründet und innerhalb der Pastoralpsychologie theologisch-hermeneutisch weiter entwickelt und modifiziert worden ist, verpflichtet ($\Rightarrow$ Kap. 4.3.3). Die Mitglieder praktizieren eine personzentrierte, ressourcenorientierte Seelsorge, Beratung, Therapie und Supervision. In einer durch Empathie, Akzeptanz und Kongruenz geprägten Beziehung sollen Rat Suchende Zugang erhalten zu ihren Wachstumsmöglichkeiten und zu ihren bisher nicht wahrgenommenen Persönlichkeitsanteilen. Die Mitglieder der Sektion sind in vielen Fällen auch Mitglieder der Wissenschaftlichen Gesellschaft für Gesprächspsychotherapie (GwG). Tätigkeitsfelder der Sektionsmitglieder sind vor allem Beratungsstellen, Funktionspfarrstellen, Weiterbildung kirchlicher Mitarbeiter und Mitarbeiterinnen sowie Tätigkeit in Forschung und Lehre an Hochschulen.

Sektion Gestaltseelsorge und Psychodrama in der Pastoralarbeit (GPP)
Die anthropologischen und methodischen Ansätze aus Gestalttherapie, Integrativer Therapie und Psychodrama werden modifizierend auf die Pastoralarbeit übertragen ($\Rightarrow$ Kap. 4.3.2). Gegenüber anderen in der Pastoralpsychologie praktizierten Verfahren ist in Gestalttherapie und Psychodrama der szenisch-spielerische und der körperbezogene Anteil der Arbeit besonders intensiv. Die Wahrnehmung des Kontakts und möglicher Störungen zwischen zwei oder mehr Menschen spielt eine besondere Rolle; dazu trägt vor allem die Beachtung der nonverbalen Kommunikation bei. Erlebnisaktivierende Methoden aus diesen Therapieverfahren lassen sich für die Seelsorge, aber auch für andere Aufgabenbereiche des Pfarramtes wie Gottesdienstgestaltung, Meditationsanleitung oder Jugendarbeit heranziehen.

Auf der psychodramatischen Bühne bzw. in der gestalttherapeutisch strukturierten Begegnung werden sowohl frühe kindliche Traumata als auch aktuelle Lebensthemen spielerisch wiederholt und durchgearbeitet. In der Wiederholung des Traumatischen durch die Handlung liegt das, was in der Psychoanalyse mit *Durchar-*

beiten gemeint ist: das bewusste Noch-Einmal-Erleben mit dem Ziel, den Konflikt aus seiner unbewussten (neurotischen) Kompromissbildung ins Bewusstsein zu heben, um dann hoffentlich neuen Handlungsspielraum zu gewinnen. In diesem Sinne ist für *Moreno* »jedes wahre zweite Mal die Befreiung vom ersten.«

16.5 Pastorale Supervision[26]

Supervision bezeichnet eine Form von Beratung, in der die berufliche Praxis des Supervisanden / der Supervisandin thematisiert wird. Supervision ist zunächst im amerikanischen Raum entstanden: Dort war es in Wirtschaft und Verwaltung und auch im psycho-sozialen Bereich, z.B. in der Psychotherapieausbildung, üblich, dass ältere, erfahrene Kollegen neue unerfahrene Mitarbeiter anleiten, einarbeiten, beaufsichtigen und kontrollieren. In diesem Sinn bezeichnete Supervision eine besondere Funktion und Rolle, in die man durch langjährige Erfahrung hineinwachsen konnte, für die man aber keine besondere Ausbildung brauchte.

Inzwischen ist die Ausgangslage eine grundlegend andere geworden: In vielen Berufen ändern sich die Rahmenbedingungen und die Anforderungen an die berufliche Tätigkeit ständig und so tiefgreifend, dass das einmal in der ersten Ausbildung Gelernte nicht mehr ausreicht, um mit der gegenwärtigen Berufssituation fertig zu werden. Es bedarf eines lebenslangen Lernens, um sich immer wieder mit veränderten Bedingungen und Zielsetzungen in ihrer Auswirkung auf berufliches Handeln auseinander zu setzen; außerdem vermittelt, gerade im psycho-sozialen Bereich, die Berufsausbildung eher eine Theorie der Praxis als eine tatsächliche Begleitung der Praxis; eben dies soll und kann Supervision leisten.

Seit den 80er Jahren gibt es einen immer weiter expandierenden, kaum noch überschaubaren Markt von Supervision, weil sowohl die Nachfrage nach Supervision sehr gestiegen ist als auch sich das personelle und methodische Angebot enorm erweitert hat. Berufsverbände wie die Deutsche Gesellschaft für Supervision (DGSv) oder die European Association for Supervision (EAS) haben sich das Ziel gesetzt, den Supervisionsmarkt nicht dem Wildwuchs zu überlassen, sondern Ausbildungs- und Qualifikationsstandards aufzustellen, die verbindlich sind für alle, die in diesem Bereich arbeiten. Speziell für den kirchlichen Bereich ist der Berufsverband der DGfP (s.o.) zu nennen, deren Mitglieder vorrangig pastorale Supervision anbieten.

Pastorale Supervision unterscheidet sich von allgemeiner Supervision durch eine besondere *Feldkompetenz*, die eine theologische Qualifikation voraussetzt. D.h.

---

26 Zum Folgenden vgl. *Andriessen* 1978; *Andriessen/Miethner* 1985; *Schreyögg* 1991; *Pühl* (Hg.) ²2000; *Rappe-Giesecke* ²1994; *Jacobs/David/Meyer* 1995.

16.5 Pastorale Supervision

a. Pastorale Supervisoren und Supervisorinnen kennen die pastorale Rolle, die kirchlichen Arbeitsfelder und ihre besondere Geschichte sowie ihre theologischen Anforderungen und sind von daher in der Lage, auf kirchliche Mitarbeitende, speziell auf Theologinnen und Theologen, einzugehen in Kenntnis von deren beruflichem Selbstverständnis und deren Arbeitsstrukturen.

b. Pastorale Supervisorinnen und Supervisoren sind in der Lage, berufliches Handeln in der Kirche aus theologischer Perspektive zu verstehen und zu deuten. Fragen des christlichen oder pastoralen Selbstverständnisses der Supervisanden und Supervisandinnen (Fragen des eigenen Glaubens, theologischer und didaktischer Vermittlung im beruflichen Alltag etc.) können sie sowohl aus theologischer wie aus humanwissenschaftlicher Sicht bearbeiten.

Christlich-theologische Deutung von Lebens- und Arbeitszusammenhängen kann sich an bestimmten Grundmotiven orientieren, wie sie *Gerd Theißen* identifiziert hat.[27] Ich nenne einige Beispiele:
- Das Schöpfungsmotiv sieht das Leben unter dem Aspekt des Geschaffenseins, also auch seiner Abhängigkeit und Begrenztheit.
- Das Wundermotiv begreift die Geschehensabläufe der Welt als offen für überraschende Wendungen; nichts ist völlig determiniert.
- Das Glaubensmotiv verdeutlicht, dass Gott sich durch Menschen erschließt, denen wir vertrauen, und nicht durch Theorien oder Institutionen.
- Das Inkarnationsmotiv sieht Gott in der Welt der Menschen in verborgener, verwechselbarer Gestalt anwesend.
- Das Gerichtsmotiv betrachtet den Menschen als einen, der an dem gemessen wird, was er tut bzw. getan hat; es gibt ein endgültiges Urteil und ein »zu spät«.
- Das Rechtfertigungsmotiv steht dazu in Spannung, indem es darauf verweist, dass der Mensch sein Dasein nicht selbst legitimiert, sondern sich von außerhalb seiner selbst empfängt und verdankt.

Pastorale Supervision begreift berufliche und private Lebenszusammenhänge also aus einer doppelten Perspektive: Zum einen geht es darum, die Psychodynamik einer Situation, einer Beziehung, eines Konflikts zu erfassen und zu bearbeiten; zum anderen geht es auch darum, die anstehende Situation im Licht der theologischen Perspektive zu sehen und zu deuten.

Ein Beispiel: Ein junger Pfarrer thematisiert in der Supervision seinen Ehrgeiz, der ihn zu vielen Aktivitäten motiviert, ihn aber auch quält. Ein Gespräch über seinen beruflichen Kontext, über familiäre und biographische Hintergründe bietet sich an. Zugleich ist auch ein Bedenken der theologischen Frage von Bedeutung: Dient der Ehrgeiz letztlich der Selbstrechtfertigung? Es ist ein wichtiger Schritt, die Spannung zwischen der von ihm gepredigten Rechtfertigung allein aus Glauben und seinem Ehrgeiz wahrzunehmen und sich damit auseinander zu setzen. Kann er es zulassen, sich der Rechtfertigung »extra nos« anzuvertrauen? Wie würde sich das konkretisieren? Welche Konsequenzen hätte es? etc.

27 *Theißen* 1994, 30ff.

Rein formal kann man verschiedene *Formen der Supervision* unterscheiden:
In der *Einzelsupervision* treffen sich ein Supervisand und eine Supervisorin in der Regel für eine oder eineinhalb Stunden im Abstand von ein, zwei oder vier Wochen: Der Supervisand thematisiert einen Aspekt seines Berufs, der ihm Schwierigkeiten macht, den er klären und verbessern möchte. Die Supervisorin arbeitet mit ihm daran mit Hilfe verschiedener Methoden aus Beratung, Psychotherapie und Organisationsberatung.

Beispiele:
Ein Gemeindepfarrer sucht Einzelsupervision, weil er sich überlastet fühlt und den Eindruck hat, seine Arbeit nicht angemessen strukturieren zu können.
Eine Gemeindepädagogin sieht zunehmende inhaltliche und strukturelle Schwierigkeiten in der Jugendarbeit im Kirchenkreis, für die sie zuständig ist; sie möchte die Ursachen verstehen und nach Lösungswegen suchen.
Eine Superintendentin möchte die Leitungsstrukturen und -prozesse ihres Kirchenkreises genauer in den Blick nehmen und optimieren.
Coaching stellt eine Form der Leitungsberatung für Führungskräfte dar, ist also in der Regel eine Spezialform der Einzel- oder Gruppensupervision, die vorrangig und gezielt effektives Leitungsverhalten bedenkt und einübt.[28] Psychologische Reflexion der Leitungstätigkeit kann Bestandteil des Coaching sein, kann aber auch ausgeklammert bleiben. Die Berücksichtigung der Leitungs*strukturen* ist besonders wichtig.

In der *Gruppensupervision* kommen Mitglieder einer Berufsgruppe zusammen. Ein Mitglied der Gruppe bringt eine berufliche Situation als Thema ein; die anderen Gruppenmitglieder haben dabei eine doppelte Funktion: Rückfragen, Einfälle, kritische Rückmeldungen aus der Gruppe erweitern und differenzieren den Wahrnehmungshorizont und das Problemlösungspotential; zum anderen aktiviert der Fall eines Gruppenmitglieds bei allen anderen eigenes Material, eigene Erinnerungen, so dass die anderen gewissermaßen stillschweigend auch für sich dabei lernen.

Zum Beispiel: Pastoren und Pastorinnen aus dem Bereich der Gemeinde und/oder des Krankenhauses kommen regelmäßig für 2 oder 3 Stunden im Abstand von 2 oder 4 Wochen zusammen. Themen können sein: Konflikte zwischen Kollegen verschiedener Gemeindebezirke; die Leitungstätigkeit des Presbyteriums; Begegnungen mit Rat Suchenden in der Seelsorge; Entwicklungen neuer Zielsetzungen in der Gemeindearbeit etc.

In der *Teamsupervision* thematisieren die Mitglieder eines Teams aus unterschiedlichen Berufsgruppen z.B. einer Klinik oder einer Beratungsstelle die Dynamik, d.h. die Schwierigkeiten und die Chancen ihrer Zusammenarbeit. Das sind zum einen individuelle Faktoren: X kann schlecht mit Y zusammenarbeiten; Y und Z verstehen sich sehr

---

28 Vgl. *Pühl* 2000, 100ff; *Fengler* 1996, 248ff.

16.5 Pastorale Supervision

gut, was wiederum A ärgert; usw. Daneben gibt es strukturelle Probleme, die aus institutionellen Unklarheiten oder Rollenkonflikten erwachsen: Welchen Arbeitsauftrag hat das Team als Ganzes? Welchen Arbeitsauftrag haben die Vertreter der einzelnen Berufsgruppen? Wofür ist das Pflegepersonal zuständig, wofür die Sozialarbeiterin, wofür der Psychologe? Wer sorgt dafür, dass diese Aufträge eingehalten werden? Und wenn es Überschneidungen gibt, die sich nicht vermeiden lassen: Wie geht es mit der wechselseitigen Kommunikation und Kooperation? Ist der Leitungsstil der Person, die die Teamleitung hat, angemessen? Wie verhält sich Teamleitung zur ärztlichen Leitung? Wie sieht die Einbindung dieses Teams und seines Arbeitsbereiches in das Ganze der Institution und die übergreifenden Ziele aus? usw.

In der Supervision eines Stationsteams im Krankenhaus ist es gut denkbar, dass auch der für diese Station zuständige Krankenhausseelsorger an der Supervision teilnimmt.

Ein Team kann sich auch für *Fallsupervision* entscheiden: Dann geht es in der Supervision darum, wie ein Team mit den Klienten, die es zu begleiten hat, arbeitet, welche Ziele abgesprochen werden, mit welchen methodischen Mitteln sie die Ziele erreichen, wie die Kooperation auf dem Weg dahin klappt, und/oder auch um die notwendige Fachlichkeit: Was ist im Umgang/in der Behandlung dieses Patienten / dieser Patientin fachlich richtig und notwendig? usw.

Supervision thematisiert das Zusammenspiel zwischen der Person des Supervisanden / der Supervisandin, seiner/ihrer Berufsrolle, dem Arbeitsfeld oder organisatorischen Rahmen und der jeweiligen Klientel.

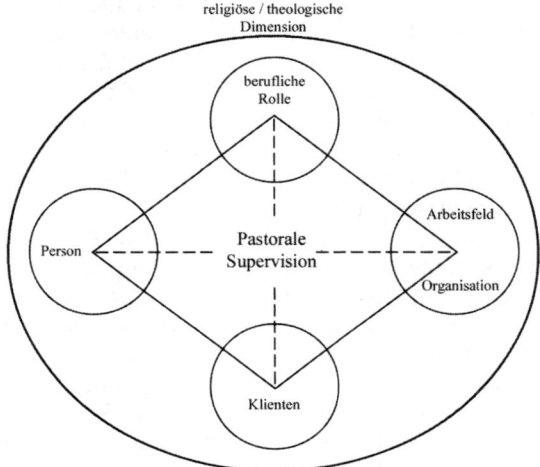

Modell »Pastorale Supervision«

Das Modell soll an einem Beispiel verdeutlicht werden:
Eine junge Krankenhausseelsorgerin (sie ist Berufsanfängerin) erzählt in der Einzelsupervision, wie schwer ihr die Besuche auf der Intensivstation fallen. Die vielen intubierten Patienten dort sind nicht in der Lage zu sprechen; darüber hinaus ist offenbar ihr Kontakt zum Personal gestört. Sie fühlt sich belächelt bis abgelehnt und kann das schwer ertragen.
Die Supervisandin bringt also ein berufliches Problem zur Sprache und bestimmt damit das Thema des Supervisionsgesprächs. Ein erstes Ziel der Supervision besteht darin, das Konfliktfeld und seine verschiedenen Dimensionen genauer zu erhellen.
Das kann, unter Berücksichtigung des oben abgebildeten Supervisionsmodells, auf verschiedenen Ebenen geschehen:
Da stellt sich zunächst die Frage, wie die Seelsorgerin ihre Berufsrolle versteht und ausübt. Sie ist Pastorin: Wie steht sie zu ihrem Beruf? Wie kommt ihr Pastorin-Sein in ihrem Arbeitsfeld zum Ausdruck? Wie stellt sie sich dem Personal bzw. den Patienten vor? Ist ihr Beruf irgendwie äußerlich wahrnehmbar (etwa dadurch, dass sie bei sprachunfähigen Patienten einen Segen spricht o.Ä.)? Spiegelt sich in der Art ihres beruflichen Auftretens viel Unsicherheit? Wie sieht und fühlt sie sich selbst in ihrer Rolle? Welche Erwartungen an sich selbst hat sie? Wie kann sie in ihrer Berufsrolle mehr Selbstsicherheit, Klarheit und Gelassenheit lernen? Ist den Ärzten und Pflegekräften auf der Intensivstation klar, wer sie ist, in welcher Funktion sie kommt, was sie tut und wie sie es tut?
Eng verbunden mit der Berufsrolle ist der Aspekt der *Person der* Seelsorgerin. Eine Frage, die diese Ebene anspricht, könnte lauten: Was trägt die Supervisandin durch ihre Person, durch die Art und Weise, wie sie sich fühlt und auftritt, zu dem bestehenden Problem bei? Da die Seelsorgerin dem Supervisor relativ schüchtern erscheint, könnte er sie darauf ansprechen und fragen, was diese Schüchternheit in der Interaktion mit dem Personal im Krankenhaus bewirkt; es wäre dann ein mögliches Teilziel, an dieser Schüchternheit zu arbeiten. Da müsste zur Sprache kommen, warum sie schüchtern ist, sie könnte die Wurzeln dieses Verhaltens z.B. in ihrer Herkunftsfamilie reflektieren; in einer längerfristigen Arbeit an diesem Thema könnte sich ihr Selbstwertgefühl stabilisieren, sie könnte lernen, mehr Sicherheit zu gewinnen und das entsprechend zum Ausdruck zu bringen.
Dann gibt es eine *strukturelle oder institutionelle Ebene:* Wie ist die Krankenhausseelsorgerin in die Institution eingebunden? Gibt es eine Absprache z.B. zwischen dem Superintendenten des Kirchenkreises und dem leitenden Arzt und dem Verwaltungsleiter, so dass sie eine offizielle Arbeitsanweisung und entsprechende Rückendeckung hat? Oder hat man sie »einfach so« in die Institution hineingeschickt? Und da sie sich nicht auskennt und nicht weiß, was in institutioneller Hinsicht wichtig ist, hat sie bisher nur einen Chefarzt gesehen, ihre Exis-

16.5 Pastorale Supervision

tenz wird also eher zufällig zur Kenntnis genommen. Es könnte sein, dass eine Klärung auf dieser Ebene eine Reihe von positiven Konsequenzen hätte.
Auf der direkten Arbeitsebene geht es um den *Kontakt der Seelsorgerin zu den Patienten / Patientinnen* und dem Personal im Krankenhaus, hier speziell auf der Intensivstation. Hier wäre es wichtig, genau wahrzunehmen: Wie gestaltet sie den Kontakt zu einem Menschen, der bei Bewusstsein ist, aber wegen der Intubierung nicht sprechen kann? Was fällt ihr da besonders schwer? Und warum? Welche Erfahrungen hat sie mit nonverbaler Kommunikation? Was gelingt ihr gut? Welche Möglichkeiten gibt es, die sie vielleicht nicht kennt? Wo und wie kann sie sich Hilfe oder Fortbildung holen? Was sollte sie ausprobieren? Was sollte sie besser lassen etc.? Wie sieht ihr Kontakt mit Schwestern, Pflegern und Ärzten aus?
Schließlich gibt es eine *theologische oder religiöse Dimension;* die Thematisierung dieser Dimension ist das Spezifikum pastoraler Supervision. Das könnte hier die Frage sein: Welche religiöse Dimension hat für sie die Begleitung von Menschen auf der Intensivstation? Was ist das implizite theologische Thema? Wie wirkt es sich aus? Wie kommt es möglicherweise zur Sprache?

Darüber hinaus: Wie nimmt die Pastorin die liturgischen Möglichkeiten der Seelsorge wie Gebet und Segen, die sich gerade in solchen Extremsituationen anbieten, wahr?
Die religiöse Dimension kann gesondert bearbeitet werden, sie ist jedoch auch immer verknüpft mit den anderen Ebenen: Der Glaube der Pastorin ist in ihrer Person verankert. Wie kommt das zum Ausdruck? Welche biographischen Erfahrungen sind hier relevant? Das berufliche Selbstverständnis, die Ausübung ihrer Rolle als Pastorin ist theologisch fundiert; wie zeigt sich dieser Zusammenhang? Auch die Gestaltung von Beziehungen zu Patienten und Patientinnen bzw. zum Personal des Krankenhauses sowie die Wahrnehmung der Kommunikationsstrukturen in der Institution haben eine theologisch relevante Dimension. Wie geht die Pastorin damit um?

Beispielsweise macht es für die Einschätzung und den Umgang mit schwerst kranken und sterbenden Patienten und Patientinnen einen erheblichen Unterschied, ob man – mit der utilitaristischen Ethik eines *Peter Singer* – deren Menschsein an »Eigenschaften wie Rationalität, Autonomie und Selbstbewusstsein« bindet[29] oder ob man darauf vertraut, dass jeder Mensch, ganz unabhängig vom Grad seiner Krankheit oder Behinderung, von Gott geliebt und wertgeschätzt ist.

Die Supervisandin präsentiert ihr Problem, ihre Fragestellung; das ist in jedem Fall der Ausgangspunkt. Der Supervisor hört aufmerksam zu,

---

29 *Singer* 1984, 179.

versucht durch einfühlsame Fragen die Supervisandin zu weiterem und differenzierterem Erzählen zu ermutigen; schon im Erzählen einer Problemstellung beginnt ein Prozess der Distanzierung von der unmittelbaren emotionalen Involviertheit und damit der Klärung.

Darüber hinaus ist es Aufgabe des Supervisors, auch nach den der Supervisandin nicht bewussten Dimensionen des Problems zu suchen; die genannten fünf Problemdimensionen gehören zusammen, haben aber je nach Person und Situation unterschiedliches Gewicht. Wenn beispielsweise die Supervisandin ihr Problem vorwiegend unter dem persönlich-biographischen Aspekt sieht, kann es notwendig sein, die strukturelle Dimension und die der beruflichen Rolle kompensatorisch mit ins Spiel zu bringen. Wenn sie nur die institutionelle Ebene anspricht, ist es möglicherweise sinnvoll, auch die persönliche Dimension zu thematisieren. Es geht darum, das in Rede stehende Problem möglichst umfassend, und das heißt: aus der Vielfalt der Perspektiven, wahrzunehmen.

Durch das Zusammenspiel der fünf Ebenen unterscheidet sich Supervision von Psychotherapie, von Praxisanleitung und von Organisationsberatung. In der Psychotherapie geht es vorrangig nur um den persönlich-biographischen Aspekt; Praxisanleitung thematisiert primär die berufliche Praxis und Kompetenz; Organisationsberatung hat vor allem den organisatorisch-institutionellen Rahmen im Blick. Supervision arbeitet mit dem Zusammenspiel der verschiedenen Faktoren und stellt deswegen eine besonders anspruchsvolle Tätigkeit dar.

Die *Ziele* von Supervision (wiederum abgeleitet aus den genannten Aspekten) lassen sich so benennen: Es geht darum,
– eine Klärung von beruflicher Rolle und persönlicher Identität im vorgegebenen institutionellen Rahmen herbeizuführen;
– durch Konfliktlösungen und Überprüfung der Aufgabenbeschreibungen zu einer verbesserten Kooperation mit den Berufskollegen anzuleiten;
– durch Einübung von Selbst- und Fremdwahrnehmung die Kommunikation und Interaktion mit den jeweiligen Klienten zu verbessern;
– letztendlich zu einer Verbesserung der Arbeit insgesamt und zur Psychohygiene des Supervisanden beizutragen.

In der pastoralen Supervision geht es auch darum, die Glaubenseinstellung oder die theologische Ausrichtung und deren Auswirkungen auf das berufliche Handeln zu thematisieren.

Die *Methoden* der Supervision stammen alle mehr oder weniger aus dem Bereich der verschiedenen Psychotherapieformen und der angewandten Sozialwissenschaften. Bei der Anwendung solcher Methoden ist darauf zu achten, dass die Arbeit subjektorientiert und annäherungsweise »herrschaftsfrei« geschieht. D.h. es darf keine Manipulation geben, und die Effektivität der Arbeit des Supervisanden darf nicht alleiniges und oberstes Kriterium sein. Wenn sich ein Mensch gewissermaßen »verbiegen« und seine persönlichen Wertvorstellungen verleugnen müsste, um ein bestimmtes berufliches Ziel zu erfüllen, kann es nicht Aufgabe der Supervision sein, unkritisch und angepasst an der Umsetzung solcher Ziele zu arbeiten. Supervision hat immer auch eine ethische, eine kritische Dimension: kritisch im Blick auf gesellschaftliche und familiäre Normen und Wertvorstellungen, kritisch auch im Blick auf Institutionen (wie Kirche oder Krankenhaus) und ihre Rollenvorgaben.

Ausbildung zur Supervision geschieht vorwiegend berufsbegleitend an Instituten in privater Trägerschaft oder in bestimmten Studiengängen an Fachhochschulen.[30]

In der Kirche hat sich die Einsicht in die Notwendigkeit von Supervision in den letzten Jahren durchgesetzt. Das Wort Supervisor ist die lateinische Übersetzung des Wortes episkopos; damit ist jemand bezeichnet, der »drauf schaut« (»epi« und »skopeo«) oder der den Überblick hat. Insofern bezeichnet dieses Wort einen in der Kirche uralten Vorgang, der allerdings in der Vergangenheit vornehmlich eine hierarchisch strukturierte Aufsichtsfunktion und weniger partnerschaftliche Beratungsfunktion hatte. In dieser Weise kann Supervision nicht mehr ausgeübt haben. Auch kann der Bischof oder die Superintendentin nicht Supervisor / Supervisorin im modernen Sinn sein, weil sie Dienstvorgesetzte sind und Weisungsbefugnis haben – Funktionen, die mit der gebotenen Neutralität von Supervision in Konflikt geraten. Diese Problematik verweist darauf, wie wichtig es ist, dass Supervisor-/Supervisorin und Supervisand/Supervisandin nicht in einer dienstlichen oder privaten Beziehung zueinander stehen.

16.6 Seelsorge für Pfarrer und Pfarrerinnen

Berufsgestaltung im Rahmen der Kirche, die ständig hohe Ansprüche an die Kommunikations- und Interaktionsfähigkeit der haupt- und nebenamtlich Mitarbeitenden stellt, muss Möglichkeiten der Entlastung und Distanzierung anbieten. Das traditionelle Stichwort für ein solches Angebot im Raum der Kirche heißt »Seelsorge an Seelsorgern und Seelsorgerinnen«. Obwohl dies Angebot von Supervision oder Beratung schwer abgrenzbar ist, soll doch gesondert darauf verwiesen werden. Seelsorge an Seelsorgern und Seelsorgerinnen dient primär der Entlastung und Stärkung der Pfarrer und Pfarrerinnen; trotzdem gehört das Thema in das Kapitel über pastoralpsychologische Fort- und Weiterbildung, weil es indirekt wichtige Lernerfahrungen vermittelt:
Es ist für die eigene Selbstwahrnehmung ausgesprochen relevant, erlebt zu haben, wie es ist, in der Helferrolle selber hilfsbedürftig zu sein

---

30 Genauere Informationen sind bei den oben genannten Berufsverbänden zu erfragen.

und Hilfe in Anspruch genommen zu haben. Wer regelmäßig Hilfe anbietet, sollte selber auch Hilfe beanspruchen und annehmen können. Die seelsorgliche Bearbeitung von Themen, die bei Pfarrern und Pfarrerinnen eine Rolle spielen – um nur einige zu nennen: Erschöpfung, Konkurrenz mit Kolleginnen und Kollegen, Glaubensunsicherheiten und -zweifel, Partner-, Ehe- und Familienprobleme – hat wiederum Konsequenzen für deren Umgang mit Menschen, für deren Seelsorge. Wenn man beispielsweise im Blick auf Glaubensfragen oder Partnerkonflikte für sich selbst etwas hat klären und durcharbeiten können, ist man an solchen Stellen sensibler für die Komplexität der Problemlage bei anderen geworden.

16.7 Organisationsberatung

Pastorales Handeln ist eingebunden in die Institution Kirche. In der Bearbeitung kirchlicher Kommunikation ist es immer wieder notwendig, nicht nur einzelne Personen oder Gruppen zu beraten, sondern den institutionellen, den organisatorisch-strukturellen Aspekt in der Beratung eines Presbyteriums, eines Kreissynodalvorstandes, eines Diakonischen Werkes in den Vordergrund zu stellen (⇒ Kap. 6). Gemeindeberatung ist eine Form der Organisationsberatung für kirchliche Teilsysteme.

»Institutionen sind regelmäßige Formen gemeinsamen menschlichen Handelns«,[31] die auf bestimmte menschliche Bedürfnisse antworten. Wenn Interaktion und Kommunikation auf Dauer gestellt werden, wenn sich Ansätze zu Aufgabenteilung und Rollenzuweisung abzeichnen, spricht man von einer Organisation. Organisationen könnte man als verfestigte Institutionen bezeichnen. Das Gefüge der Positionen ist meistens hierarchisch gegliedert; die zugrunde liegenden Regeln bestimmen auch den internen Kommunikationsfluss und dessen Struktur.
Organisationsentwicklung besteht aus sieben grundlegenden Funktionen:[32]
1. Planung: Es geht um die Identifikation der grundlegenden Ziele einer Organisation und der dazugehörigen Schritte, um diese Ziele kurz-, mittel- und langfristig zu erreichen.
2. Organisation: Ziele und physische sowie personelle Ressourcen werden in Beziehung zueinander gesetzt mit der Absicht, die Schritte und Verantwortlichkeiten auf dem Weg zur Erreichung der Ziele festzulegen und umzusetzen.
3. Personalplanung: Einstellung und Fortbildung des Personals ist einer der zentralen Faktoren zur Erreichung der festgelegten Ziele. Nur das richtig qualifizierte Personal ist in der Lage, Planungspro-

---

31 *Preul* 1997, 129.
32 Vgl. *Wright* 1990, 813ff.

zesse in die unternehmerische Wirklichkeit umzusetzen. Die Bedeutung der Personalentwicklung gewinnt besonderes Gewicht, wenn eine Organisation sich veränderten Zielperspektiven anpassen muss.
4. Leitung: Die Leitung der Organisation hat die Aufgabe, an den definierten Zielen festzuhalten, die Aufgaben zu koordinieren und zu verteilen, die Belegschaft zu motivieren, die interne Kommunikation zu optimieren, für effektive Konfliktlösung zu sorgen.
5. Entscheidung: An vielen Stellen im Planungs- und Umsetzungsprozess tauchen Probleme auf, für die es in der Regel mehrere Lösungsmöglichkeiten gibt. In Voraussicht der möglichen Konsequenzen für das Ganze des Prozesses müssen auf allen Ebenen entsprechende Entscheidungen gefällt werden.
6. Kontrolle: Standards müssen aufgestellt werden, an denen die tatsächliche Arbeit und der Fortschritt in Richtung Zielsetzung gemessen werden kann. Teil jeder Kontrolle ist ein effektives Evaluations- und Feedback-System.
7. Kommunikation: Die verschiedenen Dimensionen der Organisation, alle Personen, Funktionen und Ebenen sind durch Kommunikation miteinander verbunden. Wenn die Kommunikation gestört, wenn sie zu stark von Projektionen belastet ist, wenn es Kommunikationsbarrieren gibt, kann die Organisation nicht wirksam arbeiten. Insofern stellt die Optimierung der Kommunikation immer eine wesentliche Aufgabe jeder Organisationsberatung dar.

Kirche als Gegenstand des Glaubens gewinnt Gestalt als eine Vielzahl von Organisationen auf unterschiedlichen Ebenen, angefangen vom gemeindlichen Pfarramt über den Kirchenkreis und die Landeskirche bis hin zu großen kirchlichen Zusammenschlüssen wie der EKD oder dem Weltkirchenrat. Kirche als Organisation steht immer in der besonderen Spannung, dass ihr theologisches Selbstverständnis als Ideal fungiert, angesichts dessen die Realität leicht als defizitär oder als uneigentlich erscheint. Man muss sich jedoch klarmachen, dass Kirche als Glaubensgegenstand zu unterscheiden ist von ihrer organisationalen Form; weil sich aber beide Perspektiven ständig durchdringen, erscheint es unbedingt sinnvoll, an einer Optimierung der Organisationsform und ihrer Abläufe zu arbeiten.

Im Übrigen haben fast alle Organisationen mit der Spannung zwischen Zielsetzung und vorfindlicher Realität zu kämpfen; der unter Punkt 1 genannte Planungsaspekt hat geradezu die Aufgabe, visionäre Ziele zu formulieren, die einen entsprechenden Anreiz auf alle Beteiligten ausüben. Außerdem müssen Organisationen sich verändern, um den ständigen gesellschaftlichen Wandlungen, vor allem den Herausforderungen des Marktes sowie den Erwartungen der Öffentlichkeit, gerecht zu werden. Das gilt auch für die Kirche und ihre Organisationen, Landeskirchenämter, Superintendenturen, Diakonische Werke etc. Solche Veränderungen muss die Organisation aus sich selbst heraus leisten;

sie können dazu aber auf die Initiative und Beratung von externen Fachleuten zurückgreifen, die – ähnlich wie in therapeutischen oder supervisorischen Situationen – auf Grund ihrer distanzierten Außensicht Prozesse anders wahrnehmen als die in der Organisation selbst tätigen Mitglieder.
Die Einsicht, dass Organisationsberatung sinnvoll ist, z.b. in Form von Gemeindeberatung, Leitungsberatung oder Leitbildentwicklung, beginnt sich langsam durchzusetzen.[33]
Organisationsentwicklung oder Organisationsberatung, wie sie als Gemeindeberatung im Bereich von Kirche konkretisiert, verfolgt eine Reihe von Zielsetzungen, die sich so beschreiben lassen: Es geht um
– die Verbesserung der Qualität des Produkts;

Im sogenannten »Evangelischen München-Programm«, der Organisationsberatung des evangelisch-lutherischen Dekanats München durch die Unternehmensberatung *McKinsey & Company*, wird dieser Punkt charakterisiert als Stärkung und Neuausrichtung der kirchlichen Kernkompetenz, der Bezeugung des Evangeliums in Wort und Tat.[34]

– Beratung in Situationen struktureller und personeller Konflikte;
– Entwicklung von Umstrukturierungsmaßnahmen;
– Leitbildentwicklungen und
– Personalentwicklungsmaßnahmen, die aus Leitbildentwicklungen möglicherweise folgen.

Einige beispielhafte Fragen sollen die Arbeitsrichtung andeuten:
– Entsprechen Organisationsstruktur und Personalbesetzung den Leitvorstellungen der Organisation, oder kommt es zu Diskrepanzen, die sich dann wiederum auf die Arbeitsfähigkeit und -zufriedenheit der dort Beschäftigten auswirken?
– Wie klar und eindeutig – und zugleich wie flexibel und offen – sind Rollen- und Funktionsbeschreibungen der Mitarbeitenden?
– Wie wird Leitung ausgeübt? Klar und transparent oder versteckt und eher heimlich oder offen autoritär?
– Wie laufen Planungsprozesse und deren Umsetzung ab?
– Wer kontrolliert die Ergebnisse bestimmter Arbeitsprozesse? Wie geschieht das (Qualitätssicherung)?

Organisationsberatung kann gezielt und direkt mit der Leitung einer Organisation vereinbart werden; sie kann sich eher indirekt über Team- oder Leitungssupervisionsprozesse vollziehen.

---

33 Den Leitbildprozess des Kirchenkreises Lennep in der EKiR beschreibt *Martin Dutzmann* 2001, 45–58.
34 Vgl. dazu epd-Dokumentation 38/96, 7ff.

16.8 Schluss

Pastoralpsychologische Fort- und Weiterbildung, das hat die Übersicht dieses Kapitels gezeigt, umfasst ein komplexes Feld von Zielsetzungen und Methoden. Diese Vielfalt wird zusammengehalten von der Ausrichtung auf die Person des Pfarrers / der Pfarrerin als dem entscheidenden Medium pastoraler Tätigkeit und von der Akzentuierung eines erfahrungs- und prozessbezogenen ganzheitlichen Lernens.

Vertiefende Literatur:
- *Werner Becher* (Hg.), Seelsorgeausbildung, Göttingen 1976.
- *Isidor Baumgartner* (Hg.), Handbuch der Pastoralpsychologie, Regensburg 1990, 135–213.
- *Michael Klessmann*, Aus- und Fortbildung in Pastoralpsychologie, in: *Reimund Blühm* u.a. (Hg.), Kirchliche Handlungsfelder, Stuttgart/Berlin 1993, 92–104.

Literatur

Abromeit, Hans Jürgen / Hoburg, Ralf / Klink, Annette, Pastorale Existenz heute. FS für Hans Berthold, Waltrop 1997.
Adler, Alfred, Menschenkenntnis (1926), Frankfurt a.M. 1987.
Adorno, Theodor W. u.a., Der Positivismusstreit in der deutschen Soziologie, Neuwied ³1974.
Agende für die EKU. II. Band. Die kirchlichen Handlungen. Beschlossen durch die *Synode der EKU* 1963, Witten 1964.
Albrecht, Horst, Arbeiter und Symbol, München 1982.
Andriessen, Herman, Pastorale Supervision, München/Mainz 1978.
Andriessen, Herman / Miethner, Reinhard, Praxis der Supervision. Beispiel: Pastorale Supervision, Eschborn 1985.
Appignanesi, Lisa / Forrester, John, Die Frauen Sigmund Freuds, München 1994.
Arens, Heribert, Predigt als Lernprozess, München 1972.
Asquith, Glen H., The Clinical Method of Theological Inquiry, Minneapolis 1976.
Auchter, Thomas, Von der Unschuld zur Verantwortung, in: *Fuchs/Auchter/Wachinger* 1996, 41–138.
– Das Halten und seine Bedeutung in der allgemeinen und psychotherapeutischen Entwicklung, WzM 52 (2000), 464–476.
Auge, Marc, Orte und Nicht-Orte, Frankfurt a.M. 1992.
Ausführungen zum Berufsbild der Gemeindepfarrerinnen und Gemeindepfarrer, hg. vom Landeskirchenamt der EkiR, Düsseldorf 1999.
Bach, George, Streiten verbindet, Gütersloh 1970.
Bach, Ulrich, Boden unter den Füßen hat keiner. Plädoyer für eine solidarische Diakonie, Göttingen ²1986.
Bachmann, Claus Henning (Hg.), Psychoanalyse und Verhaltenstherapie, Frankfurt a.M. 1972.
Badura, Bernhard, Sprachbarrieren, Stuttgart 1973.
Baldermann, Ingo, Wer hört mein Weinen? Kinder entdecken sich selbst in den Psalmen, Neukirchen-Vluyn ³1992.
Balint, Michael, Die Urformen der Liebe und die Technik der Psychoanalyse, München 1966.
– Therapeutische Aspekte der Regression. Die Grundstörung, Stuttgart ²1997.
Bartsch, Gabriele (Hg.), Theologinnen in der Männerkirche, Stuttgart 1996.
– Jeder zehnte Bruder im Amt ist eine Schwester, in: *Dies.* 1996, 133–145.
Bastian, Hans Dieter, Verfremdung und Verkündigung, ThExh 127, München 1965.
Battegay, Raymond, Der Mensch in der Gruppe, Bd. I–III, Bern/Stuttgart 1970ff.
Baumgarten, Otto, Die persönlichen Erfordernisse des geistlichen Berufs, Tübingen 1910.
Baumgartner, Isidor, Pastoralpsychologie. Einführung in die Praxis heilender Seelsorge, Düsseldorf 1990 (a).
– (Hg.), Handbuch der Pastoralpsychologie, Regensburg 1990 (b).
Bauriedl, Thea, Wege aus der Gewalt. Analyse von Beziehungen, Freiburg/Basel ³1993.
Becher, Werner (Hg.), Klinische Seelsorgeausbildung. Schriften der Ev. Akademie in Hessen und Nassau, H. 98, Frankfurt a.M. 1972.
– (Hg.), Seelsorgeausbildung. Theorien, Methoden, Modelle, Göttingen 1976.
Beck, Aaron T. / Rush, A. John / Shaw, Brian F. / Emery, Gary, Cognitive Therapy of Depression, New York 1979.

Beck, Ulrich, Risikogesellschaft, Frankfurt a.M. 1986.
- Gesamtkunstwerk Ich, in: *van Dülmen* 1998, 637–654.

Beck, Ulrich / Beck-Gernsheim, Elisabeth, Riskante Freiheiten, Frankfurt a.M. 1994.

Becker-Fischer, Monika / Fischer, Gottfried, Sexuelle Übergriffe in Psychotherapie und Psychiatrie, in: *Hutterer-Krisch* 1996, 447–459.

Becks, Hartmut, Gemeinde als Erlebnis. Die Milieutheorie G. Schulzes als Aufgabe und Begrenzung für eine Gemeindekulturpädagogik, in: *Fermor* 2001, 75–89.

Beintker, Martin, Schuld und Verstrickung in der Neuzeit, in: *Ders.*, Rechtfertigung in der neuzeitlichen Lebenswelt, Tübingen 1998, 18–32.

Benn, Gottfried, Sämtliche Gedichte, Stuttgart [2]1999.

Berg, Horst Klaus, Ein Wort wie Feuer, München/Stuttgart 1991.

Berger, Klaus, Hermeneutik des Neuen Testaments, Tübingen/Basel 1999.

Berger, Peter L., Der Zwang zur Häresie, Freiburg/Basel 1992.
- Robert Musil und die Errettung des Ich, in: *Ders.*, Sehnsucht nach Sinn, Frankfurt a.M. / New York 1994, 111–127.

Berkel, Karl, Konflikttraining, Heidelberg [4]1995.

Bernet, Walter, Weltliche Seelsorge. Elemente einer Theorie des Einzelnen, Zürich 1988.

Besier, Gerhard, Seelsorge und Klinische Psychologie, Göttingen 1980.

Bieger, Eckard / Mügge, Jutta, Hinter Konflikten stecken Energien, Hamburg 1995.

Biehl, Peter, Symbole geben zu lernen, Neukirchen-Vluyn [2]1991.

Bieritz, Karl-Heinrich, Die Predigt im Gottesdienst. Handbuch der Praktischen Theologie, Bd. 3, Gütersloh 1982, 112–134.
- Gegengifte. Kirchliche Kasualpraxis in der Risikogesellschaft, ZdZ 46 (1992), 3–10.

Bittner, Günter, Against the Religious Headbirths: A Psychoanalytic Critique, in: *Fowler/Nipkow/Schweitzer* 1991, 180–191.

Bizer, Christoph u.a. (Hg.), Theologisches geschenkt. Festschrift für Manfred Josuttis, Bovenden 1996.

Bliesener, Thomas / Hausendorf, Heiko / Scheytt, Christoph, Klinische Seelsorgegespräche mit todkranken Patienten, Berlin/Heidelberg 1988.

Blühm, Reimund u.a. (Hg.), Kirchliche Handlungsfelder. Grundkurs Theologie, Bd. 9, Stuttgart 1993.

Bobert-Stützel, Sabine, »Man is broken, God's grace is glue«?, in: *Henkys* 1996, 41–76.
- Von »der Frau« zum »freien Spielfeld von Bedeutungen«, in: *Abromeit* u.a. (Hg.) 1997, 112–128.
- Frömmigkeit und Symbolspiel. Ein pastoralpsychologischer Beitrag zu einer evangelischen Frömmigkeitstheorie, Göttingen 2000.

Bodenheimer, Aron Ronald (Hg.), Freuds Gegenwärtigkeit, Stuttgart 1989.

Boeckler, Richard, Art. Diakonie. EKL I, Göttingen [3]1986, 850–862.

Bohren, Rudolf, Predigtlehre, München [4]1980.

Boisen, Anton T., The Exploration of the Inner World (1936), Philadelphia 1971.

Bonhoeffer, Thomas, Ursprung und Wesen christlicher Seelsorge, München 1985.

Bormann, Claus von, Art. Hermeneutik I, TRE 15, Berlin / New York 1986.

Boudewijne, H. Barbara, The Ritual Studies of Victor Turner, in: *Heimbrock, H.G. / Dies.*, 1990, 1–17.

Boyd, Stephen B. / Longwood, W. Merle / Muesse, Mark W. (Hg.), Redeeming Men. Religion and Maculinities, Louisville 1996.

Bradford, Leland P. / Gibb, Jack R. / Benne, Kenneth D., Gruppentraining. T-Gruppentheorie und Laboratoriumsmethode, Stuttgart 1972.

Brandt, Sigrid, Sünde. Ein Definitionsversuch, in: *Brandt, Sigrid / Suchocki, Marjorie H. / Welker, Michael* (Hg.), Sünde, Ein unverständlich gewordenes Thema, Neukirchen-Vluyn 1997, 13–34.
Bregman, Lucy, Baptism as Death and Birth: A Psychological Interpretation of it's Imagery, Journal of Ritual Studies 1 (1987), 31–46.
Breitenbach, Günter, Gemeinde leiten, Stuttgart/Berlin 1994.
Brocher, Tobias, Gruppendynamik und Erwachsenenbildung, Braunschweig 1967.
Browning, Don S., Religious Thought and the Modern Psychologies. A Critical Conversation in the Theology of Culture, Philadelphia ³1989.
Brunner, Heinz, Menschenbilder in Psychologie und Psychotherapie, in: *Baumgartner* 1990 (b), 63–85.
Buber, Martin, Die Erzählungen der Chassidim, Zürich 1949.
– Das dialogische Prinzip, Heidelberg 1965 (a).
– Schuld und Schuldgefühl, in: *Sborowitz* 1965, 106–117 (b).
Bukowski, Peter, Kirche und Konflikt, PTh 80 (1991), 332–351.
– Predigt wahrnehmen, Neukirchen-Vluyn ²1992.
– Die Bibel ins Gespräch bringen, Neukirchen-Vluyn 1994.
– Rückfragen an die akademische theologische Ausbildung, PTh 89 (2000), 474–482.
Burbach, Christiane / Schlottau, Heike (Hg.), Abenteuer Fairness. Ein Arbeitsbuch zum Gendertraining, Göttingen 2001.
Burkart, Roland, Kommunikationswissenschaft, Wien/Köln ³1998.
Confessio Augustana, BELK, Göttingen ⁵1963.
Cannon, Walter B., The Wisdom of the Body, New York (1932) 1963.
Capps, Donald W., Life Cycle Theory and Pastoral Care, Philadelphia 1983.
– Reframing. A new Method in Pastoral Care, Minneapolis 1990.
– The Depleted Self in a Narcisstic Age, Mineapolis 1993.
– Pastoral Counseling for Middle Adults: A Levinsonian Perpective, in: *Wicks/Parsons/Capps* 1993, Bd. 1, 213–232.
Carter, Betty / Goldrick, Monica Mc (Hg.), The Changing Family Life Cycle, Boston/London ²1989.
Chopp, Rebecca S. / Taylor, Mark Lewis (Hg.), Reconstructing Christian Theology, Minneapolis 1994.
Christ-Friedrich, Anna, Der verzweifelte Versuch zu verändern. Suizidales Handeln als Problem der Seelsorge, Göttingen 1998.
Clarke, Thomas E., Jungian types and forms of prayer, in: *Francis/Astley* 2001, 111–127.
Clebsch, William A. / Jaeckle, Charles R., Pastoral Care in Historical Perpective, New York / London 1967.
Clinebell, Howard, Modelle der Seelsorge, München 1971.
– Basic Types of Pastoral Counseling. Revised and enlarged Edition 1984.
– Wachsen und Hoffen 1, Theorie und Praxis der wachstumsorientierten Beratung in Erziehung, Seelsorge und psychischer Lebenshilfe, München 1982.
Cobb, John B., Postmodernism and Public Policy, Albany 2002.
Cohn, Ruth, Von der Psychoanalyse zur themenzentrierten Interaktion, Stuttgart 1975.
Corsini, Raymond J. (Hg.), Handbuch der Psychotherapie, Bd. 1 und 2, Weinheim ⁴1994.
Culbertson, Philip (Hg.), Spirituality of Men, Minneapolis 2002.
Dahlgrün, Corinna, »Sorry, du, dumm gelaufen!« Beobachtungen zur Kultur des Beichtrituals, PTh 91 (2002), 308–321.
Dahm, Karl-Wilhelm, Beruf Pfarrer, München 1971.

- Pfarrberuf zwischen Selbstbild und Gemeindeerwartung, in: Ausführungen zum Berufsbild 1999, 19–49.
Daiber, Karl-Fritz, Die Trauung als Ritual, in: EvTheol 33 (1973), 578–597.
- u.a., Predigen und Hören, Bd. 2, München 1983.
- Die Zusammenarbeit von Theologen und Nichttheologen in der Diakonie, WzM 37 (1985), 178–188.
Deconstruction in a nutshell: A Conversation with J. Derrida, hg. von *John D. Caputo*, New York 1997.
Delhees, Karl H., Soziale Kommunikation, Opladen 1994.
Denecke, Axel, Persönlich Predigen, Münster ²2001.
Deutsch, Morton, Konfliktregelung. Konstruktive und destruktive Prozesse, München/Basel 1976.
Dietzfelbinger, Maria, Qualitätsmanagment in psychologischen Beratungsstellen evangelischer Träger, in: *Schneider-Harpprecht, Chr.* (Hg.) 2000, 174–183.
Dilthey, Wilhelm, Ideen über eine beschreibende und zergliedernde Psychologie. Ges. Schriften V, Stuttgart/Göttingen ²1957, 139–240.
Dörner, Klaus / Plog, Ursula, Irren ist menschlich. Lehrbuch der Psychiatrie/Psychotherapie, Bonn ⁸1994.
Draper, Edgar / Steadman, Beavan, Assessment in Pastoral Care, in: *Wicks/Parsons/Capps* 1993, Bd. 1, 118–131.
Drechsel, Wolfgang, Pastoralpsychologische Bibelarbeit, Stuttgart/Berlin 1994.
- Auslegungshorizonte. Zu einigen Grundfragen pastoralpsychologischer Hermeneutik in Theorie und Praxis (Unveröffentlichtes Manuskript 2001).
- Lebensgeschichte und Lebens-Geschichten. Seelsorge aus biographischer Perspektive, Gütersloh 2002.
Drehsen, Volker (Hg.) u.a., Wörterbuch des Christentums, Gütersloh/Zürich 1988.
Dreitzel, Hans Peter, Der Körper als Medium der Kommunikation, in: *Imhof* 1983, 179–196.
Drewermann, Eugen, Psychoanalyse und Moraltheologie, Bd. 1, Mainz ⁴1984.
- Kleriker. Psychogramm eines Ideals, München 1991.
- Glauben in Freiheit oder Tiefenpsychologie und Dogmatik. Bd. 1: Dogma, Angst und Symbolismus, Solothurn/Düsseldorf 1993.
Drews, Sybille / Brecht, Karen, Psychoanalytische Ich-Psychologie, Frankfurt a.M. 1975.
Driver, Tom F., Growing up Christian and Male: One Man's Experience, in: *Krondorfer* 1996, 43–64.
Durkheim, Emile, Die elementaren Formen des religiösen Lebens, Frankfurt a.M. 1981.
Duska, Ronald / Whelan, Mariellen, Moral Development. A Guide to Piaget and Kohlberg, New York / Toronto 1975.
Dutzmann, Martin, Am Anfang einer neuen kybernetischen Kultur in der evangelischen Kirche. Was die Kirche um das Jahr 2000 bewegt: Leitbildprozesse, Konzeptionsüberlegungen, Strategiedebatten, in: *Fermor* 2001, 45–58.
Dykstra, Craig / Parks, Sharon (Hg.), Faith Development and Fowler, Birmingham 1986.
Ebeling, Gerhard, Die Klage über das Erfahrungsdefizit in der Theologie als Frage nach ihrer Sache, in: *Ders.* Wort und Glaube, Bd. 3, Tübingen 1975, 3–28.
- Dogmatik des christlichen Glaubens, Bd. I, Tübingen 1979.
Eco, Umberto, Das offene Kunstwerk, Frankfurt a.M. 1977.
Eichler, Ulrike / Müllner, Ilse (Hg.), Sexuelle Gewalt gegen Mädchen und Frauen als Thema der feministischen Theologie, Gütersloh 1999.
Ellis, Albert, Die rational-emotive Therapie, München 1977.

Emlein, Günther, Seelsorge als systemische Praxis, WzM 53 (2001), 158–178.
Engelhardt, Klaus u.a. (Hg.), Fremde Heimat Kirche. Die dritte EKD-Erhebung über Kirchenmitgliedschaft, Gütersloh 1997.
Engemann, Wilfried, Persönlichkeitsstruktur und Predigt. Homiletik aus transaktionsanalytischer Sicht, Leipzig ^{2}1992.
– Semiotische Homiletik, Tübingen/Basel 1993.
– Einführung in die Homiletik, Tübingen/Basel 2002.
Enzner-Probst, Brigitte, Pfarrerin. Als Frau in einem Männerberuf, Stuttgart/Berlin 1995.
Erik H. Erikson, Das Traummuster der Psychoanalyse. Psyche VIII (1954–55), 561–604.
– Die Ontogenese der Ritualisierung. Psyche XXII (1968), 481–502.
– Jugend und Krise, Stuttgart 1970.
– Kindheit und Gesellschaft, Stuttgart ^{4}1971 (a).
– Einsicht und Verantwortung, Frankfurt a.M. 1971 (b).
– Gandhis Wahrheit, Frankfurt a.M. 1971 (c).
– Identität und Lebenszyklus, Frankfurt a.M. 1973.
– Der junge Mann Luther (1958), Frankfurt a.M. 1975.
– Kinderspiel und politische Phantasie. Stufen in der Ritualisierung der Realität, Frankfurt a.M. 1978.
Eschmann, Holger, Theologie der Seelsorge, Neukirchen-Vluyn 2000.
Evangelisches Gottesdienstbuch. Agende für die EKU und die VELKD, hg. von der *Kirchenleitung der VELKD* und der *Kirchenkanzlei der EKU*, Berlin 1999.
Evers, Tilman, Mythos und Emanzipation. Eine kritische Annäherung an C.G. Jung, Hamburg 1987.
Eysenck, Michael W., A Handbook of Cognitive Psychology, London/Hillsdale 1984.
– Principles of Cognitive Psychology, Hove/Hillsdale 1993.
Federschmidt, Karl u.a. (Hg.), Handbuch Interkulturelle Seelsorge, Neukirchen-Vluyn 2002.
Fengler, Jörg, Helfen macht müde. Zur Analyse und Bewältigung von Burnout und beruflicher Deformation, München 1994.
– Konkurrenz und Kooperation in Gruppe, Team und Partnerschaft, München 1996.
Fermor, G., u.a. (Hg.), Gemeindekulturpädagogik, Rheinbach 2001.
Fichtner, Horst, Kompendium der Krankenhausseelsorge. Berlin 1957.
Finn, Mark / Gartner, John (Hg.), Object Relations Theory and Religion, Westport/London 1992.
Finsterbusch, Karin / Müller, Helmut A. (Hg.), Das kann ich dir nie verzeihen!? Theologisches und Psychologisches zu Schuld und Vergebung, Göttingen 1999.
Flöttmann, Holger Bertrand, Angst. Ursprung und Überwindung, Stuttgart/Berlin ^{3}1993.
Fowler, James, Stufen des Glaubens. Die Psychologie der menschlichen Entwicklung und die Suche nach Sinn (1981), Gütersloh 2000.
– Faith and the Structuring of Meaning, in: *Dykstra/Parks* 1986, 15–42.
– Faith Development and Pastoral Care, Philadelphia 1987.
– Faithful Change. The Personal and Public Challenges of Postmodern Life, Nashville 1996.
Fowler, James / Nipkow, Karl Ernst / Schweitzer, Friedrich (Hg.), Stages of Faith and Religious Development: Implications for Church, Education and Society, New York 1991.
Fowler, James / Osmer, Richard, Childhood and Adolescence – A Faith Development Perspective, in: *Wicks/Parsons/Capps* 1993, Bd. 1, 171–212.

Fraas, Hans-Jürgen, Die Religiosität des Menschen. Ein Grundriß der Religionspsychologie, Göttingen ²1993.

Frambach, Ludwig, Identität und Befreiung in Gestalttherapie, Zen und christlicher Spiritualität, Petersberg 1993.

Francis, Leslie J. / Astley, Jeff (Hg.), Psychological Perspectives on Prayer, Herfordshire 2001, 111–127.

Frankl, Victor E., Ärztliche Seelsorge, Wien ⁸1971.

– Der Mensch auf der Suche nach Sinn, Freiburg 1973.

Frettlöh, Magdalene, Segen setzt Wirklichkeit, in: *Zschoch* 1998, 77–101.

Freud, Anna, Das Ich und die Abwehrmechanismen (1936), München, Kindler Taschenbücher, 6. Aufl. o.J.

Freud, Sigmund, Die Traumdeutung (1900), Studienausgabe Frankfurt a.M. 1969–1975, II.

– Drei Abhandlungen zur Sexualtheorie (1905), St.A. V, 37–145.
– Der Wahn und die Träume in W. Jensens Gradiva (1907), St.A. X, 9–85.
– Über ›wilde‹ Psychoanalyse (1910), St.A. Erg.bd., 133–141.
– Einige Bemerkungen über den Begriff des Unbewußten in der Psychoanalyse (1912), St.A. III, 25–36 (a).
– Ratschläge für den Arzt bei psychoanalytischer Behandlung (1912), St.A. Erg.bd., 169–180 (b).
– Erinnern, Wiederholen und Durcharbeiten (1914), St.A. Erg.Bd., 205–215.
– Triebe und Triebschicksale (1915), St.A. III, 75–102 (a).
– Das Unbewußte (1915), St.A. III, 119–173 (b).
– Vorlesungen zur Einführung in die Psychoanalyse (1916-17), St.A. I, 34–445.
– Trauer und Melancholie (1917), St.A. III, 193–212.
– Das Ich und das Es (1923), St.A. III, 273–330 (a).
– Kurzer Abriß der Psychoanalyse (1923) GW XIII, 403–428 (b).
– ›Psychoanalyse‹ und ›Libidotheorie‹ (1923), GW XIII, 209–234 (c).
– Hemmung, Symptom und Angst (1926), St.A. VI, 227–308.
– Die Zukunft einer Illusion (1927), St.A. IX, 135–189.
– Das Unbehagen in der Kultur (1930), St.A. IX, 191–270.
– Neue Folge der Vorlesungen zur Einführung in die Psychoanalyse (1933), St.A. I, 448–608.
– Abriß der Psychoanalyse (1938), GW XVII, 63–140.

Freud, Sigmund / Breuer, Joseph, Studien über Hysterie, GW I, 75–312.

Freud, Sigmund / Breuer, Joseph, Studien über Hysterie, Frankfurt a.M. 1970.

Freud, Sigmund / Pfister, Oskar, Briefe 1909–1939, Frankfurt a.M. 1963.

Frey, Dieter / Greif, Siegfried (Hg.), Sozialpsychologie. Ein Handbuch in Grundbegriffen, München/Weinheim 1987.

Friedman, Edwin H., Generation to Generation. Family Process in Church and Synagogue, New York / London 1985.

– Systems and Ceremonies: A Family View of Rites of Passage, in: Carter/Goldrick ²1989, 111–138.

Fritz, Jürgen, Emanzipatorische Gruppendynamik, München 1974.

Fromm, Erich, Psychoanalyse und Religion, Zürich 1966.

– Haben oder Sein. Die seelischen Grundlagen einer neuen Gesellschaft, Stuttgart 1976.
– Ihr werdet sein wie Gott, Reinbek 1980 (a).
– Die Kunst des Liebens, Frankfurt a.M. 1980 (b).

Früchtel, Ursula, Mit der Bibel Symbole entdecken, Göttingen 1991.

Fuchs, Josef / Auchter, Thomas / Wachinger, Lorenz, Theologie und Psychologie im Dialog über die Schuld, Paderborn 1996.

Fuller, Robert C., Erikson, Psychology and Religion. Pastoral Psychology 44 (1996), 371–383.
Funke, Dieter, Im Glauben erwachsen werden. Psychische Voraussetzungen der religiösen Reifung, München 1986.
– Das Schulddilemma, Göttingen 2000.
Furger, Franz / Heigl-Evers, Anneliese / Willutzki, Ulrike, Theologie und Psychologie im Dialog über ihre Menschenbilder, Paderborn 1997.
Gabriel, Karl, Art. »Organisation«, in: *Drehsen* 1988, 917–918.
Gadamer, Hans-Georg, Wahrheit und Methode, Tübingen [4]1975.
Gastager, Heimo (Hg.), Hilfe in Krisen, Wien/Göttingen 1982.
Gay, Peter, Freud. Eine Biographie für unsere Zeit, Frankfurt a.M. 1989.
Gendlin, Eugene T., Focusing-Oriented Psychotherapy, New York / London 1996.
Gennep, Arnold van, Übergangsriten, Frankfurt a.M. / New York 1986.
Gerhardt, Martin / Adam, Alfred, Friedrich von Bodelschwingh, Bd. 2, Bielefeld 1958.
Gerkin, Charles V., The Living Human Document, Nashville 1984.
– Widening the Horizons, Philadelphia 1986.
– An Introduction to Pastoral Care, Nashville 1997.
Gerson, Gary S., Grief and Mourning. The Chicago Theological Seminary Register 74 (1984), 1–13.
Gestrich, Reinhold, Die Seelsorge und das Unbewusste, Stuttgart/Berlin 1998.
Gewalt gegen Frauen als Thema der Kirche. Im Auftrag des Rates der EKD hg. vom Kirchenamt der EKD, Gütersloh 2000.
Giddens, Anthony, Konsequenzen der Moderne, Frankfurt a.M. 1995.
Gilligan, Carol, In a Different Voice. Psychological Theory and Womens Development, Cambridge/London 1982.
Glasl, Friedrich, Selbsthilfe in Konflikten, Stuttgart/Bern [3]2002.
Glaz, Maxine / Moessner Jeanne, Women in Travail and Transition, Minneapolis 1991.
Götzelmann, Arndt, Seelsorge zwischen Subjekt und System. Die Entdeckung familientherapeutischer Ansätze in der Pastoralpsychologie, PrTh 35 (2000), 209–227.
Goffmann, Erving, Interaktionsrituale, Frankfurt a.M. 1971.
Gorday, Peter J., The Self Psychology of Heinz Kohut: What's It All About Theologically?, Pastoral Psychology 48 (2000), 445–467.
Gordon, Thomas, Familienkonferenz, Hamburg 1972.
– Managerkonferenz, München [13]1995.
Gorman, Margaret, Midlife Transitions in Men and Women, in: *Wicks/Parsons/Capps* 1993, Bd. 2, 297–312.
Gräb, Wilhelm, Neuer Raum für Gottesdienste – Raum für neue Gottesdienste?, in: *Stolt* 1996, 172–184.
– Lebensgeschichten, Lebensentwürfe, Sinndeutungen. Eine Theologie gelebter Religion, Gütersloh 1998.
Graham, Larry Kent, Care of Persons, Care of Worlds, Nashville 1992.
Grawe, Klaus / Donati, Ruth / Bernauer, Friederike, Psychotherapie im Wandel. Von der Konfession zur Profession, Göttingen / Bern [3]1994.
Greenson, Ralph, Technik und Praxis der Psychoanalyse, Stuttgart [7]1995.
Greider, Kathleen J., Reckoning with Aggression. Theology, Violence and Vitality, Louisville 1997.
Greiffenhagen, Martin, Das evangelische Pfarrhaus, Stuttgart 1984.
Grethlein, Christian, Grundfragen der Liturgik. Ein Studienbuch zur zeitgemäßen Gottesdienstgestaltung, Gütersloh 2001.

Grethlein, Christian / Ruddat, Günter (Hg.), Liturgisches Kompendium, Göttingen 2003.
Griffin, William, Family Therapy. Fundamentals of Theory and Practice, New York 1993.
Grimes, Ronald L., Deeply into the Bone. Re-Inventing Rites of Passage, Berkley / Los Angeles 2000.
Grözinger, Albrecht, Die Sprache des Menschen, München 1991.
– Differenzerfahrung. Seelsorge in der multikulturellen Gesellschaft, Waltrop 1994.
– Seelsorge im multikulturellen Krankenhaus, WzM 47 (1995), 389–400.
– Eduard Thurneysen, in: *Möller* 1996, Bd. 3, 277–294.
– Die Kirche – ist sie noch zu retten? Gütersloh 1998.
Grözinger, Albrecht / Luther, Henning (Hg.), Religion und Biographie. Perspektiven zur gelebten Religion, München 1987.
Grom, Bernhard, Religionspädagogische Psychologie, Düsseldorf ³1989.
– Religionspsychologie, München / Göttingen 1992.
– Religiosität und das Streben nach positivem Selbstwertgefühl, in: *Klosinski* 1994, 102–110.
– Wie froh macht die Frohbotschaft?, WzM 54 (2002), 196–204.
Gurman, Alan S. / Kniskern, David P. (Hg.), Handbook of Family Therapy, Bd. 1 und 2, New York ³1981.
Gutman, Hans Martin, Art. »Ritual«, in: LexRP 2001, Bd. 2, 1854–1858.
Habermas, Jürgen, Erkenntnis und Interesse, Frankfurt a.M. 1973.
Haendler, Otto, Die Predigt (1941), Berlin ²1949.
– Angst und Glaube, Berlin 1950.
– Tiefenpsychologie, Theologie und Seelsorge, hg. von *Joachim Scharfenberg* und *Klaus Winkler*, Göttingen 1971.
Hall, Charles E., Head and Heart. The Story of the Clinical Pastoral Education Movement, Journal of Pastoral Care Publications 1992.
Hall, Guy David, Die Person und Persönlichkeit von Pfarrkandidaten/innen – Ein psychoanalytischer Blick, in: *Rammenzweig* 2001, 414–448.
Hammers, Alwin, Gesprächspsychotherapeutisch orientierte Seelsorge, in: *Scharfenberg* 1979, 83–101.
Hark, Helmut, Religiöse Neurosen. Neurotisierung durch angstmachende Gottesbilder, in: *Klosinski* 1994, 151–158.
Harre, Rom, The Social Construction of Emotions, New York 1986.
Hartmann, Gert, Lebensdeutung. Theologie für die Seelsorge, Göttingen 1993.
Haubl, Rolf, Art. »Spiegeln«, in: *Mertens/Waldvogel* 2002, 670–674.
Hauschildt, Eberhard, Was ist ein Ritual? Versuch einer Definition und Typologie in konstruktivem Anschluss an die Theorie des Alltags, WzM 45 (1993), 24–35.
– Alltagsseelsorge, Göttingen 1996.
– Milieus in der Kirche, PTh 87 (1998), 392–404.
– Art. »Seelsorge II, Praktisch-Theologisch«, TRE Bd. 31, Berlin / New York 1999, 31–54.
– Zur Seelsorge zwischen Spezialisierung und Globalisierung, in: *Schneider-Harpprecht* 2000, 12–18.
Hartmann, Heinz, Ich-Psychologie und Anpassungsproblem (1939), Neu hg. Stuttgart, ²1970.
Heiler, Friedrich, Das Gebet, München ⁵1923.
Heimbrock, Hans-Günter, Phantasie und christlicher Glaube, München/Mainz 1977.
– Ritual als religionspädagogisches Problem, in: JRP 5 (1988), 45–81.

- Ritual and Transformation. A psychoanalytic perspective, in: *Heimbrock/Boudewijne* 1990, 33–42.
- Gottesdienst: Spielraum des Lebens, Weinheim 1993.
- Rituale: Symbolisches und leibhaftes Handeln in der Seelsorge. Eine Problemanzeige, in: *Klessmann/Liebau* 1997, 123–134.

Heimbrock, Hans-Günter / Boudewijne, H. Barbara, Current Studies of Rituals, Amsterdam/Atlanta 1990.

Held, Peter, Systemische Praxis in der Seelsorge, Mainz 1998.

Helson, Ravenna, Is there Adult Development Distinctive of Women?, in: *Hogan/Johnson/Briggs*, 1997, 291–314.

Hemenway, Joan E., Inside the Circle. A Historical and Practical Inquiry Concerning Process Groups in Clinical Pastoral Education, Journal of Pastoral Care Publications, Decatur 1996.

Hemminger, Hans Jörg, Sein im Design, ZZ 11/2000, 30–31.

Henkys, Jürgen (Hg.), Einheit und Kontext, Festschrift für P. Bloth, Würzburg 1996.

Henseler, Heinz, Religion – Illusion?, Göttingen 1995.

Hentze, Jürgen / Brose, Peter, Personalführungslehre, Bern/Stuttgart 1986.

Hermelink, Jan, Die Konfirmation als Ritual heilsamer Verstörung. Systemische Sichtweisen auf die Kasualliturgie, WzM 53 (2001), 481–500.

Heszer, Gabor, Wo einer leidet, sind alle betroffen, in: *Klessmann/Winkler* 1991, 77–93.

Heydorn, Hans-Joachim, Art. Erziehung, in: *Gert Otto* (Hg.), Praktisch-Theologisches Handbuch, Hamburg 1970, 131–153.

Hiltner, Seward, Preface to Pastoral Theology, New York / Nashville 1957.

Hölscher, Elisabeth / Klessmann, Michael, Die Auferstehung einer Geschichte. Eine bibliodramatische Bearbeitung von Lk 24, 13–35, Ev. Theol. 54 (1994), 391–399.

Hofstätter, Peter R., Gruppendynamik, Hamburg 1971.

Hogan, Robert / Johnson, John / Briggs, Stephen (Hg.), Handbook of Personality Psychology, San Diego / London 1997.

Houck, John B., Leiblichkeit und Grenzen in der Praktischen Theologie., in: *Klessmann/Liebau* 1997, 57–68.

Houtepen, Anton W.J., Gott – eine offene Frage, Gütersloh 1999.

Hoyt, Michael F. (Hg.), Constructive Therapies, Vol. 2, New York / London 1996.

Huber, Wolfgang, Kirche in der Zeitenwende, Gütersloh 1999.

Hüffmeier, Wilhelm (Hg.), Modell Volkskirche. Kritik und Perspektiven, Bielefeld 1995.

Hummel, Gert (Hg.), Aufgabe der Predigt, Darmstadt 1971.

Hunter, Rodney J. (Hg.), Dictionary of Pastoral Care and Counseling, Nashville 1990.

Hurrelmann, Klaus / Ulich, Dieter, Handbuch der Sozialisationsforschung, Weinheim/Basel ^{5}1998.

Hutterer-Krisch, Renate (Hg.), Fragen an die Ethik der Psychotherapie, Wien / New York 1996.

Imber-Black, Evan, Indiosyncratic Life Cycle. Transitions and Therapeutic Rituals, in: *Carter / McGoldrick* 1989, 149–163.

Imhof, Arthur. E. (Hg.), Der Mensch und sein Körper, München 1983.

Jacobs, Daniel / David, Paul / Meyer, Donald Jan, The Supervisory Encounter, New Haven / London 1995.

Jacobs, Janet Liebman / Capps, Donald (Hg.), Religion, Society and Psychoanalysis, Boulder/Oxford 1997.

Jaschke, Helmut, Dunkle Gottesbilder. Therapeutische Wege der Heilung, Freiburg 1992.

Jellouscheck, Hans, Die Kunst als Paar zu leben, Stuttgart 1992.
Jetter, Werner, Symbol und Ritual, Göttingen 1978.
Jilek, August, Die Taufe, in: *Schmidt-Lauber / Bieritz* ²1995, 294–332.
Jochheim, Martin, Die Anfänge der Seelsorgebewegung in Deutschland, ZThK 90 (1993), 462–493.
– Seelsorge und Psychotherapie, Bochum 1998.
Jörns, Klaus-Peter, Die neuen Gesichter Gottes. Was die Menschen heute wirklich glauben, München 1997.
Jonas, Hans, Das Prinzip Verantwortung, Frankfurt a.M. 1984.
Jones, James W., Playing and Believing. The Uses of D.W. Winnicott in the Psychology of Religion, in: *Jacobs/Capps* 1997, 115–126.
Jordan, Judith V. / Kaplan, Alexandra G. (Hg.), Women's Growth in Connection, New York / London 1991.
Josuttis, Manfred, Praxis des Evangeliums zwischen Politik und Religion, München 1974 (a).
– Der Vollzug der Beerdigung – Ritual oder Kerygma?, in: *Ders.* 1974, 188–206 (b).
– Kommunikation im Gottesdienst. Lernen oder Trösten?, in: *Ders.* 1974, 164–187 (c).
– Der Prediger in der Predigt, in: *Ders.* 1974, 70–94 (d).
– Der Pfarrer ist anders. Aspekte einer zeitgenössischen Pastoraltheologie, München ²1983.
– Der Gottesdienst als Ritual, in: *Wintzer* ²1985, 40–53.
– Das heilige Leben, in: *Grözinger/Luther* 1987, 199–209.
– Der Traum des Theologen. Aspekte einer zeitgenössischen Pastoraltheologie 2, München 1988.
– Der Weg in das Leben. Eine Einführung in den Gottesdienst auf verhaltenswissenschaftlicher Grundlage, München 1991.
– Petrus, die Kirche und die verdammte Macht, Stuttgart 1993.
– Die Einführung in das Leben. Pastoraltheologie zwischen Phänomenologie und Spiritualität, Gütersloh 1996.
Jung, Carl Gustav, Antwort auf Hiob, Zürich 1952.
– Psychologische Typen, GW 6, Zürich/Stuttgart 1967.
– Erinnerungen, Träume, Gedanken, Zürich/Stuttgart 1963.
– Der Mensch und seine Symbole, Olten 1968.
– Die Beziehungen der Psychotherapie zur Seelsorge (1932), in: *Läpple/Scharfenberg* 1977, 175–196.
Jung, Lisa, Sexuelle Gewalt gegen Mädchen und Frauen, in: *Eichler/Müllner* 1999, 13–39.
Jüttemann, Gerd / Sonntag, Michael / Wulf, Christoph (Hg.), Die Seele. Ihre Geschichte im Abendland, Weinheim 1991.
Kabel, Thomas, Handbuch Liturgische Präsenz, Gütersloh 2002.
Khan, Masud R., Erfahrungen im Möglichkeitsraum, Frankfurt a.M. 1993.
Kamper, Dietmar / Wulf, Christoph (Hg.), Die Wiederkehr des Körpers, Frankfurt a.M. 1982.
Kanyoro, Musimbi R.A. (Hg.), In Search of a Round Table. Gender, Theology and Church Leadership, Genf 1997.
Karle, Isolde, Seelsorge in der Moderne. Eine Kritik der psychoanalytisch orientierten Seelsorgelehre, Neukirchen-Vluyn 1996.
– Der Pfarrberuf als Profession. Eine Berufstheorie im Kontext der modernen Gesellschaft, Gütersloh 2001.
Kassel, Maria, Biblische Urbilder, München 1980.
Kast, Verena, Phasen und Chancen des psychischen Prozesses, Stuttgart 1982.

- Der schöpferische Ursprung. Vom therapeutischen Umgang mit Krisen, Olten 1987.
- Vom Sinn der Angst, Freiburg/Basel 1996.
- Die Dynamik der Symbole. Grundlagen der Jungschen Psychotherapie, München ²1997.

Kegan, R., The Evolving Self, Cambridge/London 1982.
Kelly, George A., The Psychology of Personal Constructs, New York 1955.
Kernberg, Otto F., Psychoanalytische Objektbeziehungstheorien, in: *Mertens* ²1995, 96–104.
Keupp, Heiner, Riskante Chancen, Heidelberg 1988.
- Ambivalenzen postmoderner Identität, in: *Beck/Beck-Gernsheim* 1994, 336–350.

Keupp, Heiner / Höfer, Renate, Identitätsarbeit heute. Klassische und aktuelle Perspektiven der Identitätsforschung, Frankfurt a.M. 1997.
Kiehn, Antje u.a. (Hg.), Bibliodrama, Stuttgart 1987.
Kießling, Klaus, Religion als Risiko? Transformationen H. 1, München 2001.
Klappenecker, Gabriele, Glaubensentwicklung und Lebensgeschichte, Stuttgart/ Berlin 1998.
Klaus, Bernhard (Hg.), Kommunikation in der Kirche, Gütersloh 1979.
Klessmann, Michael, Identität und Glaube. Zum Verhältnis von psychischer Struktur und Glaube, München/Mainz 1980.
- Gestalttherapie in der Klinischen Seelsorgeausbildung (KSA)?, WzM 33 (1981), 33–46.
- Aggression in der Seelsorge, WzM 38 (1986), 410–421.
- Art. Identität. II Praktisch-theologisch, TRE 16, Berlin / New York 1987, 28–32.
- Von der Annahme der Schatten. Diakonie zwischen Anspruch und Wirklichkeit, in: *Schibilsky* 1991, 113–125.
- Ärger und Aggression in der Kirche, Göttingen 1992.
- Menschenbilder – Gottesbilder. Zum Verhältnis von Theologie und Psychologie im Religionsunterricht. PTh 82 (1993), 102–118 (b).
- Aus- und Fortbildung in Pastoralpsychologie, in: *Blühm* 1993, 92–104 (a).
- Erinnerung und Erwartung. Dimensionen christlicher Praxis aus pastoralpsychologischer Sicht, Ev. Theol. 55 (1995), 306–321 (a).
- Predigt als symbolischer Kommunikationsprozeß, PT 30 (1995), 291–305 (b).
- Liebe Sünde. Zum Verhältnis von Kirche und Sexualität, Una Sancta 51 (1996), 3–16 (a).
- Predigt als Lebensdeutung, PTh 85 (1996), 425–441 (b).
- Zur Ethik des Leibes – am Beispiel des Körperschemas, in: *Klessmann/Liebau* 1997 (a), 80–90.
- Leitung in der Kirche als kommunikatives Handeln, in: *Abromeit* 1997, 174–200 (b).
- Die prophetische Dimension der Seelsorge, WzM 49 (1997), 413–428 (c).
- Angst und Angstbewältigung als Gegenstand praktisch-theologischer Reflexion, Waltrop 1998 (a).
- Über die Seelsorgebewegung hinaus ..., PTh 87 (1998), 46–61 (b).
- Theologische Identität als Dialogfähigkeit zwischen Tradition und Situation. Praktisch-theologische Perspektiven zum Studium der Theologie, PT 35 (2000), 3–19.
- Pfarrbilder im Wandel. Ein Beruf im Umbruch, Neukirchen-Vluyn 2001 (a).
- Personale Kompetenz im Pfarramt. Chancen und Schwierigkeiten eines neuen Ideals, in: *Ders.* 2001 (a), 67–84.
- Gewalt erkennen – Gewalt überwinden. Soziologische, psychologische und religiöse Aspekte, in: Männerarbeit, hg. vom Männerwerk der EKiR, August 2001, 5–13 (b).

- Konkurrenz und Kooperation im Pfarramt, PTh 90 (2001), 368–383 (c).
- »Selbstvergewisserung und Rechtfertigung in der Erlebnisgesellschaft«, in: *Kreuzer / von Lüpke* (Hg.) 2002, 25–46 (a).
- Qualitätsmerkmale in der Seelsorge oder: Was wirkt in der Seelsorge?, WzM 54 (2002), 144–154 (b).
- Trauung, in: *Grethlein/Ruddat* 2003, 348–370.
- Seelsorge im Zwischenraum / im Möglichkeitsraum WzM 55 (2003), 411–426.

Klessmann, Michael / Liebau, Irmhild (Hg.), Leiblichkeit ist das Ende der Werke Gottes, Göttingen 1997 (a).

Kleßmann, Christoph, Zwei Staaten, eine Nation. Deutsche Geschichte 1955–1970, Bonn 1988.

Klosinski, Gunther (Hg.), Religion als Chance oder Risiko, Bern/Göttingen 1994.

Knights, Ward A., Pastoral Counseling. A Gestalt Approach, New York / London 2002.

Knowles, Joseph W., Gruppenberatung als Seelsorge und Lebenshilfe, München/Mainz 1971.

Koch, Traugott, Freuds Entdeckung und ihre Bedeutung für die gegenwärtige Theologie, in: *Bodenheimer* 1989, 284–310.

Köhler, Heike / Herbrecht, Dagmar / Erhart, Hannelore, Dem Himmel so nah – dem Pfarramt so fern. Erste evangelische Theologinnen im geistlichen Amt, Neukirchen-Vluyn 1996.

Kölsch, Ruth Erika, Pastoralpsychologie als Suchbewegung und Erfüllung in Begegnung und Verantwortung, Münster/Hamburg 2001.

König, Karl, Kleine psychoanalytische Charakterkunde, Göttingen 1999.

Königswieser, Roswitha / Keil, Marion (Hg.), Das Feuer großer Gruppen. Konzepte, Designs, Praxisbeispiele für Großveranstaltungen, Stuttgart ^{2}2000.

Körner, Jürgen, Art. Abstinenz, in: *Mertens/Waldvogel* ^{2}2002, 1–5.
- Art. Regression-Progression, in: *Mertens/Waldvogel* 2002, 603–609.

Körtner, Ulrich, Der inspirierte Leser, Göttingen 1994.

Kohlberg, Lawrence, Essays on Moral Development, Vol 1: The Philosophy of Moral Development, San Francisco 1981.

Kohut, Heinz, Formen und Umformungen des Narzissmus, Psyche 20 (1966), 561–587.
- Narzissmus, Frankfurt a.M. 1976.
- Die Heilung des Selbst, Frankfurt a.M. 1981.

Kolbe, Christoph, Heilung oder Hindernis. Religion bei Freud, Adler, Fromm, Jung und Frankl, Stuttgart 1986.

Krappmann, Lothar, Soziologische Dimensionen der Identität, Stuttgart 1973.

Kraus, Wolfgang, Das erzählte Selbst. Die narrative Konstruktion von Identität in der Spätmoderne, Pfaffenweiler 1996.

Kreisman, Jerold J. / Straus, Hal, Ich hasse dich – verlass' mich nicht. Die schwarzweiße Welt der Borderline-Persönlichkeit, München 1992.

Kreller, Helmut, Die Wahrheit der Seele durch Handeln ergründen. Psychodramatische Arbeit in der Seelsorge, in: *Pohl-Patalong/Muchlinsky* 1999, 167–180.

Kreuzer, Siegfried / von Lüpke, Johannes (Hg.), Gerechtigkeit glauben und erfahren. Beiträge zur Rechtfertigungslehre, Neukirchen-Vluyn 2002.

Kriz, Jürgen, Grundkonzepte der Psychotherapie, 5. vollständig überarbeitete Auflage, Weinheim 2001.

Krondorfer, Björn (Hg.), Men's Bodies, Men's Gods. Male Identities in a (Post-)Christian Culture, New York / London 1996.

Krüger, Friedhelm, Art. Gewissen III, Mittelalter und Reformationszeit, TRE 13, Berlin / New York 1984, 219–225.

Kübler-Ross, Elisabeth, Interviews mit Sterbenden, Stuttgart/Berlin 1972.
Kulessa, Christoph, Zur Theorie der Krise, in: *Gastager, Heimo* (Hg.), Hilfe in Krisen, Wien/Göttingen 1982, 67–93.
Kurz, Wolfram, Der Bruch im seelsorgerlichen Gespräch, PTh 74 (1985), 436–451.
Kuschel, Karl, Im Spiegel der Dichter, Düsseldorf 1997.
Ladenhauf, Karl Heinz, Integrative Therapie und Gestalttherapie in der Seelsorge. Grundfragen und Konzepte für Fortbildung und Praxis, Paderborn 1988.
Lammer, Kerstin, Den Tod begreifen. Neue Wege in der Trauerbegleitung, Neukirchen-Vluyn ²2004.
Lämmermann, Godwin, Überlegungen zu Gemeindeprinzip, Volkskirche und Pfarrerrolle, ThPr 23 (1988), 33–49.
– Die Konfirmation – ein familien- und psychodynamisches Ritual, EvErz 49 (1997), 308–321.
LaMothe, Ryan, Performances of Faith: A Relation Between Conscious and Unconscious Organizations of Faith, Pastoral Psychology 49 (2001), 363–377.
Lanczkowski, Günter, Art. »Gottesdienst« I, TRE 14, Berlin / New York 1985, 1–5.
Lange, Dietz (Hg.), Religionen, Fundamentalismus, Politik, Frankfurt a.M. 1996.
Lange, Ernst, Was nützt der Gottesdienst?, in: *Ders.*, Predigen als Beruf, München 1982, 83–95 (a).
– Der Pfarrer in der Gemeinde heute (1965), in: *Ders.* 1982, 96–141 (b).
Langmaack, Barbara / Braune-Krickau, Michael, Wie die Gruppe laufen lernt. Anregungen zum Planen und Leiten von Gruppen, Weinheim ⁶1998.
Laplanche, J. / Pontalis, J.B., Das Vokabular der Psychoanalyse, Bd. 1 und 2, Frankfurt a.M. 1972.
Läpple, Volker / Scharfenberg, Joachim (Hg.), Psychotherapie und Seelsorge, Darmstadt 1977.
Lasch, Christopher, The Culture of Narcissism, New York 1979.
Lawler, Michael G., Christian Rituals: An Essay in Sacramental Symbolisms, Horizons 7 (1980), 7–35.
Lee, Cameron, The Good-Enough Family, Journal of Psychology and Theology 13 (1985), 182–189.
Legewie, Heiner / Ehlers, Wolfram, Handbuch moderne Psychologie, Augsburg 1999.
Lemke, Helga, Theologie und Praxis annehmender Seelsorge, Stuttgart/Berlin 1978.
– Personzentrierte Beratung in der Seelsorge, Stuttgart/Berlin 1995.
Levinson, Daniel J., The Seasons of a Man's Life, New York 1978.
Lewin, Kurt, Grundzüge der topologischen Psychologie, übertragen und herausgeben von *Raymund Falk* und *Friedrich Winnefeld*, Bern/Stuttgart 1969.
Lindner, Herbert, Kirche am Ort. Eine Gemeindetheorie, Stuttgart/Berlin 1994.
Link, Christian, Theologische Perspektiven nach Marx und Freud, Stuttgart/Berlin 1971.
– Vita passiva. Rechtfertigung als Lebensvorgang, Ev. Theol. 44 (1984), 315–351.
Lins, Hermann, Buße und Beichte – Sakrament der Versöhnung, in: *Schmidt-Lauber / Bieritz* ²1995, 354–370.
Löhmer, Cornelia / Standhardt, Rüdiger (Hg.), TZI. Pädagogisch-therapeutische Gruppenarbeit nach Ruth C. Cohn, Stuttgart 1992.
Lorenzer, Alfred, Sprachzerstörung und Rekonstruktion, Frankfurt a.M. 1973.
– Das Konzil der Buchhalter. Die Zerstörung der Sinnlichkeit, Frankfurt a.M. 1984.
Lowen, Alexander, Bioenergetik, Reinbek 1979.
– Der Verrat am Körper, Reinbek 1982.

Ludwig-Körner, Christian, Art. Selbst, Selbstgefühl, in: *Mertens/Waldvogel* 2002, 645–650.
Lückel, Kurt, Begegnung mit Sterbenden. »Gestaltseelsorge« in der Begleitung sterbender Menschen, München/Mainz 1981.
- Sündige hinfort nicht mehr – sündige tapfer! Seelsorge als Lebens- und Glaubenshilfe ist Anwältin der am System Scheiternden und zugleich Angriff auf unterdrückende Normen des Systems – ein Fallbericht, in: *Raab* 1990, 194–219.
- Geschichten erzählen vom Leben, Göttingen 1993.
Lüders, Wolfram, Psychotherapeutische Beratung. Theorie und Technik, Göttingen 1974.
Luft, Joseph, Einführung in die Gruppendynamik, Stuttgart 1974.
Luther, Henning, Religion und Alltag. Bausteine zu einer Praktischen Theologie des Subjekts, Stuttgart 1992.
- Alltagssorge und Seelsorge. Zur Kritik am Defizitmodell des Helfens, in: *Ders.* 1992, 224–238 (a).
- Religion als Weltabstand, in: *Ders.* 1992, 22–29 (b).
- Identität und Fragment. Praktisch-theologische Überlegungen zur Unabschließbarkeit von Bildungsprozessen, in: *Ders.* 1992, 160–182 (c).
McCann, Joseph, Church and Organisation. A Sociological and Theological Inquiry, London/Toronto 1993.
McDargh, John, Psychoanalytic Object Relations Theory and the Study of Religion, Lanham / New York 1983.
- The Deep Structure of Religious Representations, in: *Finn/Gartner* 1992, 1–19.
McDonald, Coval B., Loss and Bereavment, in: *Wicks/Parsons/Capps* 1993, Bd. 1, 539–558.
McFague, Sallie, Human Beings, Embodiment, and our Home the Earth, in: *Chopp/Taylor* 1994, 141–169.
Mahler, Margaret / Pine, Fred / Bergmann, Anni, Die psychische Geburt des Menschen. Symbiose und Individuation, Frankfurt a.M. 1980.
Maletzke, Gerhard, Kommunikationswissenschaft im Überblick, Opladen/Wiesbaden 1998.
Marcel, Gabriel, Leibliche Begegnung, in: *Petzold* 1985, 15–46.
Marcuse, Herbert, Der eindimensionale Mensch, Neuwied ²1967.
Marcuse, Ludwig, Sigmund Freud. Sein Bild vom Menschen, Zürich 1972.
Marrow, Alfred J., Kurt Lewin – Leben und Werk, Stuttgart 1977.
Martin, Gerhard Marcel, Predigt als offenes Kunstwerk?, Ev. Theol. 44 (1984) 46–58.
- Sachbuch Bibliodrama, Stuttgart/Berlin 1995.
- Die Bedeutung der Tiefenpsychologie C.G. Jungs für die praktisch-theologische Hermeneutik, in: *Zilleßen* 1991, 255–264.
Maslow, Abraham, Toward a Psychology of Being, New York ²1968.
Matthes, Joachim (Hg.), Erneuerung der Kirche. Stabilität als Chance?, Gelnhausen 1975.
- Volkskirchliche Amtshandlungen, Lebenszyklus und Lebensgeschichte, in: *Ders.* 1975, 83–112.
Matzdorf, Paul / Cohn, Ruth, Das Konzept der Themenzentrierten Interaktion, in: *Löhmer/Standhardt* 1992, 39–92.
May, Rollo, Power and Innocence. A Search for the Sources of Violence, New York 1972.
Mayer-Scheu, Joseph, Seelsorge im Krankenhaus, Mainz 1977.
Mayer-Scheu, Joseph / Kautsky, Rudolf (Hg.), Vom Behandeln zum Heilen. Die vergessene Dimension im Krankenhaus, Wien/Göttingen 1980.

Mead, George H., Geist, Identität und Gesellschaft, Frankfurt a.M. 1973.
Meerwein, Fritz, Neuere Überlegungen zur psychoanalytischen Religionspsychologie, in: *Nase/Scharfenberg* 1977, 343–369.
Meng, Wilhelm, Narzissmus und christliche Religion, Zürich 1997.
Merrell, Floyd, Deconstruction reframed, West Lafayette 1985.
Mertens, Wolfgang (Hg.), Schlüsselbegriffe der Psychoanalyse, Stuttgart ²1995.
– Ödipuskomplex, in: *Ders.* ²1995, 209–223.
– (Hg.), Psychoanalytische Grundbegriffe, Weinheim ²1998.
Mertens, Wolfgang / Waldvogel, Bruno (Hg.), Handbuch psychoanalytischer Grundbegriffe, Stuttgart ²2002.
Mette, Norbert / Steinkamp, Hermann, Sozialwissenschaften und Praktische Theologie, Düsseldorf 1983.
Mette, Norbert / Rickers, Folkert (Hg.), Lexikon der Religionspädagogik, Bd. 1 und 2, Neukirchen-Vluyn 2001.
Meyer, Thomas, Der fundamentalistische Rückfall, in: *Szanya* 1993, 35–63.
Meyer-Blanck, Michael, Inszenierung des Evangeliums, Göttingen 1997 (a).
– Inszenierung und Präsenz. Zwei Kategorien des Studiums Praktischer Theologie, WzM 49 (1997), 2–16 (b).
– Entdecken statt Verkündigen, in: *Pohl-Patalong/Muchlinsky, Frank* (Hg.) 1999, 32–35.
Miller, Alice, Im Anfang war Erziehung, Frankfurt a.M. 1980.
– Das Drama des begabten Kindes und die Suche nach dem wahren Selbst, Frankfurt a.M. 1982.
Miller, Donald E., The Developmental Approach to Christian Education, in: *Seymour/Miller* 1982, 73–102.
Miller, Jean Baker, The Development of Women's Sense of Self, in: *Jordan/Kaplan* 1991, 11–26.
Mitchell, Kenneth R. / Anderson, Herbert, All Our Losses, All Our Griefs, Philadelphia 1983.
Mitscherlich, Alexander, Der Kampf um die Erinnerung, München 1984.
Moberg, David O., The Church as a Social Institution, Grand Rapids 1984.
Möller, Christian (Hg.), Geschichte der Seelsorge in Einzelporträts, Bd. 3, Göttingen 1996.
Möller, Heidi, Menschen, die getötet haben, Opladen 1996.
Moessner, Jeanne Stevenson, Through the Eyes of Women. Insights for Pastoral Care, Minneapolis 1996.
Moltmann, Jürgen, Kirche in der Kraft des Geistes, München 1975.
Morgenthaler, Christoph, Der religiöse Traum, Stuttgart/Berlin 1992.
– Der unvollendete Pullover. Pastoralpsychologische und -theologische Betrachtungen zu Kreuz und Auferstehung Jesu, Ev. Theol. 57 (1997), 242–258.
– Systemische Seelsorge. Impulse der Familien- und Systemtherapie für die kirchliche Praxis, Stuttgart/Berlin 1999.
– Von der Pastoralpsychologie zur empirischen Religionspsychologie?, WzM 54 (2002), 287–300.
Morgenthaler, Christoph / Schibler, Gina, Religiös-existentielle Beratung. Eine Einführung, Stuttgart/Berlin 2002.
Moser, Tilman, Gottesvergiftung, Frankfurt a.M. 1976.
Moss, David M., Narzißmus, Empathie und die Fragmentierung des Selbst: Ein Gespräch mit Heinz Kohut, WzM 29 (1977), 49–68.
Moss, Lauree E., Feminist Body Psychotherapy, in: *Rosewater/Walker* 1985, 80–95.
Muck, Mario, Balintgruppen mit Gemeindepfarrern im Sigmund-Freud-Institut Frankfurt a.M., in: *Becher* 1976, 166–174.

Müller, Alfred Dedo, Ist Seelsorge lehrbar? (1961), wieder abgedruckt in: *Wintzer* 1985, 125–133.
Müller, Eckart H., Ausgebrannt – Wege aus der Burnout-Krise, Freiburg 1994.
Müller-Lange, Joachim (Hg.), Handbuch Notfallseelsorge, Edewecht/Wien 2001.
Müller-Pozzi, Heinz, Gott – Erbe des verlorenen Paradieses, WzM 33 (1981), 191–203.
– Psychoanalytisches Denken, Bern/Göttingen ²1997.
Müller-Rosenau, Franziska, Im Zwischenraum. Der homiletische Ort zwischen Text und Predigt in pastoralpsychologischer Perspektive, WzM 47 (1995), 308–324.
Musil, Robert, Der Mann ohne Eigenschaften, Reinbek 1988.
Nase, Eckart, Oskar Pfisters Analytische Seelsorge, Berlin 1993.
Nase, Eckart / Scharfenberg, Joachim (Hg.), Psychoanalyse und Religion, Darmstadt 1977.
Naurath, Elisabeth, Seelsorge als Leibsorge, Stuttgart/Berlin 2000.
Neel, Ann F., Handbuch der psychologischen Theorien, München ²1974.
Neidhart, Walter, Aporien aushalten – dennoch handeln. Gesammelte Aufsätze zur Praktischen Theologie, Stuttgart/Berlin 1997.
– Die Rolle des Pfarrers beim Begräbnis (1968), in: *Ders.* 1997, 218–230.
Nelson, James B., Body Theology, Louisville 1992.
– Male Sexuality and the Fragile Planet: A Theological Reflection, in: *Boyd/Longwood/Muesse* 1996, 273–284.
Neuger, Christie Cozad, Counselling Women. A Narrative, Personal Approach, Minneapolis 2001.
Neuger, Christie Cozad / Poling, James Newton (Hg.), The Care of Men, Nashville 1997.
Neuger, Christie Cozad / Poling, James Newton, Gender and Theology, in: *Dies./ Ders.* 1997, 29–45.
Neumann, Ingo, ›Bitte nach Ihnen‹. Der Vorrang des Anderen in der Ethik von Emmanuel Levinas als Herausforderung für Seelsorge und Beratung, Zeitschrift »Interkulturelle Seelsorge und Beratung«, H. 5, 2000.
Neuner, Peter, Art.»Loisy«, TRE Bd. 21, Berlin / New York 1991, 453–456.
Nichols, Michael P. / Schwartz, Richard C., Family Therapy. Concepts and Methods, Boston/London ³1995.
Nicol, Martin, Gespräch als Seelsorge. Theologische Fragmente zu einer Kultur des Gesprächs, Göttingen 1990.
Niebergall, Friedrich, Wie predigen wir dem modernen Menschen? Erster Teil, Tübingen 1920.
Nietzsche, Friedrich, Jenseits von Gut und Böse. Werke Bd. II, hg. von *Karl Schlechta*, Darmstadt 1973.
Nipkow, Karl Ernst, Grundfragen der Religionspädagogik. Das pädagogische Handeln der Kirche, Bd. 2, Gütersloh ²1978.
– Jugendliche und junge Erwachsene vor der religiösen Frage, in: *Klosinski* 1994, 111–136.
Öffner, Ernst, Pastoralpsychologische Grundlegung: Der Pfarrer und sein Kommunikationsproblem, in: *Klaus* 1979, 57–110.
Ökumenisches Lernen und theologische Ausbildung. Erfahrungen, Grundsätze, Modelle, hg. vom Kirchenamt der EKD, Hannover 2001.
Oelkers, Jürgen / Wegenast, Klaus (Hg.), Das Symbol – Brücke des Verstehens, Stuttgart/Berlin 1991.
Oeming, Manfred, Biblische Hermeneutik, Darmstadt 1998.
Olsen, David C., Integrative Family Therapy, Minneapolis 1993.

Oser, Fritz / Gmünder, Paul, Der Mensch – Stufen seiner religiösen Entwicklung, Zürich/Köln 1984.
Otscheret, Elisabeth, Ambivalenz. Geschichte und Interpretation der menschlichen Zwiespältigkeit, Heidelberg 1988.
Otto, Gert, Handlungsfelder der Praktischen Theologie, Bd. 2, München 1988.
– Zur Zukunft des Gottesdienstes, PT 32 (1997), 132–144.
Pannenberg, Wolfhart, Anthropologie in theologischer Perspektive, Göttingen 1983.
Parisius, Peter, Der Mensch ist auch anders. Zum Menschenbild in der Psychotherapie, in: *Bizer* 1996, 328–339.
Patton, John, Auf der Grenze zur Vergangenheit. Seelsorge als Erinnerungsarbeit, WzM 44 (1992), 321–332.
Pence, Gary, Infant Baptism as a Family Rite of Passage, Pastoral Psychology 46 (1998), 185–205.
Perls, Frederick S., Gestalt-Therapie in Aktion, Stuttgart 1976.
Petersen, Peter, Übertragen und Begegnen im therapeutischen Dialog, in: *Petzold* 1980, 13–36.
Petzold, Hilarion, Die neuen Körpertherapien, Paderborn 1977.
– Psychotherapie und Körperdynamik, Paderborn ³1979 (a).
– Integrative Gestalttherapie in der Ausbildung von Seelsorgern, in: *Scharfenberg* 1979, 113–135 (b).
– Die neuen Körpertherapien, Paderborn ²1980 (a).
– (Hg.), Die Rolle des Therapeuten und die therapeutische Beziehung, Paderborn 1980 (b).
– Integrative Therapie. Modelle, Theorien und Methoden für eine schulenübergreifende Psychotherapie, Paderborn 1993.
– Frühe Schädigungen – späte Folgen? Psychotherapie und Babyforschung, Bd. 1, Paderborn 1997.
Petzold, Hilarion / Loy J.M. Goffin / Jolanda Outhof, Protektive Faktoren und Prozesse – die »positive« Perspektive in der longitudinalen, »klinischen Entwicklungspsychologie« und ihre Umsetzung in die Praxis der Integrativen Therapie, in: *Petzold* 1997, 345–498.
Pfäfflin, Ursula, Frau und Mann. Ein symbolkritischer Vergleich anthropologischer Konzepte in Seelsorge und Beratung, Gütersloh 1992.
Pfister, Oskar, Analytische Seelsorge. Einführung in die praktische Psychanalyse [sic!] für Pfarrer und Laien, Göttingen 1927.
– Psychotherapie und Seelsorge (1929), in: *Läpple/Scharfenberg* 1977, 87–98.
– Das Christentum und die Angst, Zürich 1944.
Phillips, Don Z., The Concept of Prayer, London 1965.
Piaget, Jean / Inhelder, Bärbel, Die Psychologie des Kindes, Olten/Freiburg ³1976.
Pine, Fred, Drive, Ego, Object, and Self, New York 1990.
Piper, Hans Christoph, Gesprächsanalysen, Göttingen 1973 (a).
– Klinische Seelsorge-Ausbildung. Clinical Pastoral Training. Berliner Hefte für evangelische Krankenhausseelsorge. Nr. 30, Berlin ²1973 (b).
– Predigtanalysen. Göttingen 1976.
– Das Menschenbild in der Seelsorge. in: *Ders.*, Einladung zum Gespräch. Themen der Seelsorge, Göttingen 1998, 73–85.
Plieth, Martina, Die Seele wahrnehmen. Zur Geistesgeschichte des Verhältnisses von Seelsorge und Psychologie, Göttingen 1994.
Pohl-Patalong, Uta, Seelsorge zwischen Individuum und Gesellschaft, Stuttgart/ Berlin 1996.
– Seelsorge und Geschlechterverhältnis. Lernort Gemeinde 16 (1998), 42.
Pohl-Patalong, Uta / Muchlinsky, Frank, Seelsorge im Plural, Hamburg 1999.

Pokorny, Michael R., Wie ist mit Mißbrauch durch Psychotherapeuten umzugehen?, in: *Hutterer-Krisch* 1996, 460–466.
Poling, James Newton, The Abuse of Power, Nashville 1991.
Polster, Erving und *Miriam*, Gestalttherapie, München ²1975.
Pompey, Heinrich, Zur Geschichte der Pastoralpsychologie, in: *Baumgartner* 1990 b, 23–40.
Pongratz, Ludwig, Art. Bildung, LexRP, Bd. 1, 2001, 192–198.
Preul, Reiner, Kirchentheorie, Berlin / New York 1997.
Pruyser, Paul W., The Minister as Diagnostician, Philadelphia 1976.
Pühl, Harald (Hg.), Handbuch der Supervision 2, Berlin ²2000.
Quitmann, Helmut, Humanistische Psychologie. Zentrale Konzepte und philosophischer Hintergrund, Göttingen/Toronto 1985.
Raab, Peter (Hg.), Psychologie hilft glauben, Freiburg 1990.
Raguse, Hartmut, Der Raum des Textes. Elemente einer transdisziplinären theologischen Hermeneutik, Stuttgart/Berlin 1994.
Rahm, Dorothea / Otte, Hilka u.a., Einführung in die Integrative Therapie, Paderborn 1993.
Ramin, Gabriele (Hg.), Inzest und sexueller Missbrauch, Paderborn 1993.
Rammenzweig, Guy W., Coram. Ein Handbuch für die Arbeit von Pfarrerinnen und Pfarrern auf dem Weg ins nächste Jahrhundert, Düsseldorf 2001.
Ramsay, Nancy J., Pastoral Diagnosis. A Resource for Ministries of Care and Counseling, Minneapolis 1998.
Rappe-Giesecke, Supervision. Gruppen- und Teamsupervision in Theorie und Praxis, Berlin/Heidelberg ²1994.
Rauchfleisch, Udo, Beziehungen in Seelsorge und Diakonie, Mainz 1990.
– Arbeit im psychosozialen Feld. Beratung, Begleitung, Psychotherapie, Seelsorge, Göttingen 2001.
Rebell, Walter, Psychologisches Grundwissen für Theologen, München 1988.
Rechtien, Wolfgang, Angewandte Gruppendynamik. Ein Lehrbuch für Studierende und Praktiker, Weinheim ³1999.
Rehmann, Ruth, Der Mann auf der Kanzel, München/Wien 1979.
Reich, Günter, Art. Spaltung, in: *Mertens/Waldvogel* 2002, 666–669.
Reich, Wilhelm, Charakteranalyse, Frankfurt a.M. 1973.
– Christusmord, Olten/Freiburg 1978.
Reichard, Stefan, Art. Wiederholungszwang, in: *Mertens/Waldvogel* ²2002, 802–806.
Reik, Theodor, Dogma und Zwangsidee. Eine psychoanalytische Studie zur Entwicklung der Religion, Stuttgart/Berlin 1973.
Reller, Helmut (Hg.), Zeitgerechte Seelsorge, Berlin/Hamburg 1971.
Rexilius, Günther / Grubitzsch, Siegfried (Hg.), Handbuch psychologischer Grundbegriffe, Reinbek 1981.
Rey, Karl Guido, Gotteserlebnisse im Schnellverfahren. Suggestion als Gefahr und Charisma, München 1985.
Richter, Horst Eberhard, Der Gotteskomplex, Reinbek 1979.
– Wer nicht leiden will, muss hassen. Zur Epidemie der Gewalt, Hamburg 1993.
– Umgang mit Angst, Düsseldorf ⁴1997.
Ricœur, Paul, Die Interpretation, Franfurt 1974.
– Der Atheismus der Psychoanalyse Freuds, in: *Nase/Scharfenberg* 1977, 206–218.
Ricœur, Paul / Jüngel, Eberhard, Metapher. Zur Hermeneutik religiöser Sprache, München 1974.
Riedel-Pfäfflin, Ursula, Pastoralpsychologische Aspekte feministischer Seelsorge und Beratung, WzM 39 (1987), 226–335.

Riedel-Pfäfflin, Ursula / Strecker, Julia, Flügel trotz allem. Feministische Seelsorge und Beratung, Gütersloh ²1999.
Riemann, Fritz, Grundformen der Angst. Eine tiefenpsychologische Studie (1961), München/Basel 1992.
– Die Persönlichkeit des Predigers aus tiefenpsychologischer Sicht, in: *Riess* 1974, 152–166.
Riess, Richard, Zur pastoralpsychologischen Problematik des Predigers, in: Praxis Ecclesiae. FS für Kurt Frör, München 1970, 295–321.
– Seelsorge, Göttingen 1973.
– (Hg.), Perspektiven der Pastoralpsychologie, Göttingen 1974.
– Pfarrer werden? Zur Motivation von Theologiestudenten, Göttingen 1986.
– Sehnsucht nach Leben, Göttingen 1987.
– Die Krisen des Lebens und die Kasualien der Kirche, in: *Ders.* 1987, 115–127.
Riess, Richard / Fiedler, Kirsten (Hg.), Die verletzlichen Jahre. Handbuch zur Beratung und Seelsorge an Kindern und Jugendlichen, Gütersloh 1993.
Ringeling, Hermann, Der diakonische Auftrag der Kirche – Versuch eines Konzeptes, WzM 37 (1985), 199–216.
Ringleben, Joachim, Art.»Gebet«, in: *Drehsen* 1988, 385–386.
Ritschl, Dietrich, Zur Logik der Theologie. Kurze Darstellung der Zusammenhänge theologischer Grundgedanken, München ²1988.
Rizzuto, Ana Maria, The Birth of the Living God. A Psychoanalytic Study, Chicago/London 1979.
Röckle, Gerhard (Hg.), Diakonische Kirche. Sendung – Dienst – Leitung. Versuch einer theologischen Orientierung, Neukirchen-Vluyn 1990.
Rogers, Carl R., Client-Centered Therapy (1951), Boston 1965.
– Carl Rogers on Encounter Groups, New York 1970.
– Entwicklung der Persönlichkeit, Stuttgart 1973.
– Die Kraft des Guten, München ²1978.
Rohde-Dachser, Christa, Expeditionen in den dunklen Kontinent, Berlin/Heidelberg 1991.
– Das Borderline-Syndrom. Bern/Göttingen ⁵1995.
Rohde-Dachser, Christa / Menge-Hermann, Karin, Weibliche Aggression aus psychoanalytischer Sicht, in: Evas Biss. Weibliche Aggressivität und ihre Wirklichkeiten, hg. vom *Hamburger Arbeitskreis für Psychoanalyse und Feminismus*, Hamburg o.J., 73–96.
Rössler, Dietrich, Grundriß der Praktischen Theologie. Berlin / New York ²1994.
Rohr, Richard / Ebert, Andreas, Das Enneagramm, München ³1990.
Rosen, Hugh, Meaning-Making Narratives: Foundations for Constructivist and Social Constructionist Psychotherapies, in: *Ders. / Kuehlwein, Kevin T.*, Constructionist Realities. Meaning-Making Perspectives for Psychotherapists, San Francisco 1996, 3–51.
Rosewater, Lynne Bravo / Walker, Lenore E.A. (Hg.), Handbook of Feminist Therapy, New York 1985.
Ruhbach, Gerhard, Den Dienst geistlich leben, in: *Röckle* 1990, 77–85.
Russel, Robert / Wandrei, Mary L., Narrative and the Process of Psychotherapy, in: *Rosen/Kuehlwein* 1996, 307–329.
Sapp, Gary L. (Hg.), Handbook of Moral Development, Birmingham 1986.
Saussy, Carroll, Pastoral Care and Counseling and Issues of Self-Esteem, in: *Wicks/Parsons/Capps* 1993, Bd. 2, 363–389.
Sbandi, Pio, Gruppenpsychologie, München 1973.
Sborowitz, Arie, Der leidende Mensch, Darmstadt 1965.

Schall, Traugott U., Mitarbeiterführung in Kirche und Kirchengemeinde, Würzburg 1991.
- Erschöpft – müde – ausgebrannt. Überforderung und Resignation: vermeiden – verhindern – heilen, Würzburg 1993.

Scharf, Kurt, Die Ausbildung der Krankenhausseelsorger und die Krankenhausseelsorger als Ausbilder der Gemeindepfarrer nach Reiseeindrücken in den USA, Berliner Hefte Nr. 21, 1967.

Scharfenberg, Joachim, Sigmund Freud und seine Religionskritik als Herausforderung für den christlichen Glauben, Göttingen 1968.
- Jenseits des Schuldprinzips?, in: *Ders.*, Religion zwischen Wahn und Wirklichkeit. Gesammelte Beiträge zur Korrelation von Theologie und Psychoanalyse, Hamburg 1972, 189–208 (a).
- Seelsorge als Gespräch, Göttingen 1972 (b).
- (Hg.), Freiheit und Methode, Göttingen 1979.
- Einführung in die Pastoralpsychologie, Göttingen 1985.
- Die Wahrnehmung des ›Fremden‹ als Grenzerfahrung innerhalb der Pastoralpsychologie, WzM 44 (1992), 332–337.
- Hier haben Wölfe keinen Zutritt. Angst und Hemmungen bei Kindern und Jugendlichen, in: *Riess/Fiedler* 1993, 209–227.

Scharfenberg, Joachim / Kämpfer, Horst, Mit Symbolen leben, Olten/Freiburg 1980.

Schenk-Danzinger, Lotte, Entwicklungspsychologie, Wien [6]1972.

Scherer, K.R. / Wallbott, H.G., Nonverbale Kommunikation: Forschungsberichte zum Interaktionsverhalten, Weinheim/Basel 1979.

Schibilsky, Michael (Hg.), Kursbuch Diakonie, Neukirchen-Vluyn 1991.
- Trauerwege. Beratung für helfende Berufe, Düsseldorf [4]1994.

Schieder, Rolf, Seelsorge in der Postmoderne, WzM 46 (1994), 26–43.

Schindler, Raoul, Grundprinzipien der Psychodynamik in der Gruppe. Psyche XI (1957–1958), 308–314.

Schipperges, Heinrich, Die Entwicklung der »Cura« im Verständnis der therapeutischen Dienste, in: *Mayer-Scheu/Kautsky* 1980, 40–55.

Schlauch, Chris R., Re-Visioning Pastoral Diagnostics, in: *Wicks/Parsons/Capps* 1993, Bd. 2, 51–101.
- »Mapping the Terrain of Pastoral Psychology«. Pastoral Psychology 44 (1996), 237–249.
- Rethinking Selfobject and Self: Implications for Understanding and Studying Religious Matters, Pastoral Psychology 48 (1999), 57–78.

Schleiermacher, Friedrich, Die praktische Theologie nach den Grundsätzen der evangelischen Kirche, Berlin 1850.
- Hermeneutik. Nach den Handschriften neu herausgegeben und eingeleitet von *Heinz Kimmerle*, Heidelberg 1959.

Schlippe, Arist von / Schweitzer, Jochen, Lehrbuch der systemischen Therapie und Beratung, Göttingen 1996.

Schmid, Hans Heinrich (Hg.), Mythos und Rationalität, Gütersloh 1988.

Schmid, Peter F., Personale Begegnung, Würzburg [2]1995.

Schmidbauer, Wolfgang, Die hilflosen Helfer. Über die seelische Problematik der helfenden Berufe, Reinbek 1977.
- Wenn Helfer Fehler machen. Liebe, Missbrauch und Narzissmus, Reinbek 1997.

Schmidt, Eva Renate / Berg, Hans Georg, Beraten mit Kontakt, Frankfurt a.M. 2002.

Schmidt-Lauber, Hans-Christoph / Bieritz, Karl Heinrich, Handbuch der Liturgik, Leipzig [2]1995.

Schmidt-Lauber, Hans-Christoph / Heinrich, Klausjürgen, Art. »Gottesdienst und Diakonie«, in: *Schmidt-Lauber/Bieritz* 1995, 656–665.
Schmidt-Rost, Reinhard, Seelsorge zwischen Amt und Beruf, Göttingen 1988.
– Oskar Pfister. Der erste Pastoralpsychologe, in: *Möller* 1996, 185–200.
Schneider, Hans-Dieter, Kleingruppenforschung, Stuttgart 1975.
Schneider, Susanne, »... zu schauen die schönen Gottesdienste des Herrn«. Die heilsame Kraft des Gottesdienstes, unveröffentlichte Graduierungsarbeit am Fritz Perls Institut, Ludwigshafen 2000.
Schneider-Flume, Gunda, Narzissmus als theologisches Problem, ZThK 82 (1985), 88–110 (a).
– Die Identität des Sünders, Göttingen 1985 (b).
Schneider-Harpprecht, Christoph (Hg.), Zukunftsperspektiven für Seelsorge und Beratung, Neukirchen-Vluyn 2000.
– Interkulturelle Seelsorge. Göttingen 2001.
– Seelsorge als systemische Praxis. Der soziale und politische Auftrag der Seelsorge. WzM 55 (2003), 427–443.
Schober, Theodor, Das Pfarrhaus als Sozialstation, in: *Greifenhagen* 1984, 379–394.
Schrey, Heinz-Horst, Art. Leib / Leiblichkeit, TRE 20, Berlin 1990, 638–643.
Schreyögg, Astrid, Supervision. Ein integratives Modell, Paderborn 1991.
Schulz von Thun, Friedemann, Miteinander reden, Bd. 1–3, Reinbek 1989.
Schulze, Gerhard, Die Erlebnisgesellschaft. Kultursoziologie der Gegenwart, Frankfurt a.M. ^{5}1995.
Schüssler Fiorenza, Elisabeth, In Memory of Her, Crossroad 1983.
– Discipleship of Equals: Reality and Vision, in: *Kanyoro* 1997, 1–11.
Schütz, Alfred / Luckmann, Thomas, Strukturen der Lebenswelt, Neuwied/Darmstadt 1975.
Schütz, Klaus-Volker, Gruppenforschung und Gruppenarbeit. Theoretische Grundlagen und Praxismodelle, Mainz 1989 (a).
– Gruppenarbeit in der Kirche. Methoden angewandter Sozialpsychologie in Seelsorge, Religionspädagogik und Erwachsenenbildung, Mainz 1989 (b).
Schuster, Robert, Was sie glauben. Texte von Jugendlichen, Stuttgart 1984.
Schwarzkopf, Wolfgang, Logotherapie im seelsorgerlichen Kontext, Hamburg 2000.
Schweitzer, Friedrich, Lebensgeschichte und Religion, München 1987.
– Wer sind die Konfirmanden?, PTh 82 (1993), 119–136.
– Das Recht des Kindes auf Religion, Gütersloh 2000.
– Practical Theology and Postmodern Life. Do we need a New Paradigma?, IJPT 5 (2001), 169–183.
Schweizer, Jochen / von Schlippe, Arist, Lehrbuch der systemischen Therapie und Beratung, Göttingen, ^{2}1996.
Schwermer, Josef, Den Menschen verstehen, Paderborn 1987.
Sennett, Richard, Der flexible Mensch, New York ^{6}1998.
Seymour, Jack L. / Miller, Donald E. (Hg.), Contemporary Approaches to Christian Education, Nashville 1982.
Shawchuck, Norman / Heuser, Roger, Managing the Congregation, Nashville 1996.
Shea, John J., The Superego God, Pastoral Psychology 43 (1995), 333–351 (a).
– The God Beyond, Pastoral Psychology 43 (1995), 411–431 (b).
Shuchter, Stephen R. / Zisook, Sidney, The Course of Normal Grief, in: *Stroebe/Stroebe/Hansson* 1993, 23–43.
Singer, June, Boundaries of the Soul. The Practice of Jung's Psychology, Garden City 1973.
Singer, Peter, Praktische Ethik, Stuttgart 1984.

Soeffner, Hans Georg, Zur Soziologie des Symbols und des Rituals, in: *Oelkers/ Wegenast* 1991, 63–81.
Sölle, Dorothee, Gott denken. Eine Einführung in die Theologie, Stuttgart ³1990.
Sons, Rolf, Seelsorge zwischen Bibel und Psychotherapie, Stuttgart 1995.
Spiegel, Yorick, Kirche als bürokratische Organisation, ThExhnF 160, München 1969.
- Neue Art von Heilsarmee, in: *Becher* 1972, 147–152.
- Erinnern – Wiederholen – Durcharbeiten. Zur Sozialpsychologie des Gottesdienstes, Stuttgart/Berlin 1972.
- Erinnern, Wiederholen und Durcharbeiten – Therapeutische Modelle und neuer Gottesdienst, in: *Ders.* 1972, 9–33.
- Der Prozess des Trauerns. Analyse und Beratung, München 1973.
- Glaube wie er leibt und lebt, Bd. 1, München 1984.
Spiegel, Yorick / Kutter, Peter, Kreuzwege. Theologische und psychoanalytische Zugänge zur Passion Jesu, Stuttgart/Berlin 1997.
Stählin, Traugott, Kommunikationsfördernde und -hindernde Elemente in der Predigt, WPKG 61 (1972), 297–308.
Stahlberg, Thomas, Seelsorge im Übergang zur ›modernen Welt‹, Göttingen 1998.
Steck, Wolfgang, Der Pfarrer zwischen Beruf und Wissenschaft, ThExh 183, München 1974.
- Die Ausbildung einer pastoral-theologischen Identität im Vikariat, WzM 31 (1979), 266–284.
- Art.»Predigt«, in: *Drehsen* 1998, 993–994.
- Praktische Theologie, Bd. I, Stuttgart/Berlin 2000.
Steffensky, Fulbert, Wo der Glaube wohnen kann, Stuttgart 1989.
- Segnen. Gedanken zu einer Geste, PTh 82 (1993), 2–11.
Steinkamp, Hermann, Solidarität und Parteilichkeit. Für eine neue Praxis in Kirche und Gemeinde, Mainz 1994.
- Die sanfte Macht der Hirten. Die Bedeutung Michel Foucaults für die Praktische Theologie, Mainz 1999.
Steinke, Peter L., How your church family works, New York 1994.
Stenger, Hermann, Wenn wir so wenige sind. Die Sorge um die personal-redemptive Kompetenz des Priesters in einer Zeit wie dieser, in: Gemeinde ohne Priester – Kirche ohne Zukunft?, hg. von der Solidaritätsgruppe katholischer Priester der Diözese Speyer, Frankfurt a.M. 1983, 57–93.
Stern, Daniel N., Die Lebenserfahrung des Säuglings, Stuttgart ²1992.
Stevens, Paul / Collins, Phil, The Equipping Pastor, Washington 1993.
Stevensen Moessner, Jeanne, Through the Eyes of Women. Insights for Pastoral Care, Minneapolis 1996.
Stollberg, Dietrich, Therapeutische Seelsorge, München 1969.
- Seelsorge praktisch, Göttingen ³1971 (a).
- Seelsorge durch die Gruppe, Göttingen 1971 (b).
- Mein Auftrag – deine Freiheit, München 1972.
- Was ist Pastoralpsychologie?, in: *Läpple/Scharfenberg* 1977, 350–359.
- Wahrnehmen und Annehmen. Seelsorge in Theorie und Praxis, Gütersloh 1978.
- Von der Glaubwürdigkeit des Predigers, in: *Ders.,* Predigt praktisch, Göttingen 1979, 39–56 (a).
- Helfen heißt Herrschen. Zum Problem seelsorgerlicher Hilfe in der Kirche, WuD 15 (1979), 167–173 (b).
Stolt, Peter u.a. (Hg.), Kulte, Kulturen, Gottesdienste, Göttingen 1996.
Stone, Howard W., Using Behavioral Methods in Pastoral Counseling, Philadelphia 1980.

Storz, W., Mit Kindern arbeiten, Artikel i.d. Frankfurt a.M.er Rundschau vom 20.3.2002.
Straus, Florian / Höfer, Renate, Entwicklungslinien alltäglicher Identitätsarbeit, in: *Keupp/Höfer* 1997, 270–307.
Strian, Friedrich, Angst und Angstkrankheiten, München 1995.
Stroebe, Margaret S. / Stroebe, Wolfgang / Hansson, Robert O., Handbook of Bereavement, Cambridge 1993.
Suchocki, Marjorie Hewitt, God, Sexism, and Transformation, in: *Chopp/Taylor* 1994, 25–48.
Sundermeier, Theo, Den Fremden verstehen. Eine praktische Hermeneutik, Göttingen 1996.
Switzer, David, Crisis Intervention and Problem Solving, in: *Wicks/Parsons/Capps* 1993, Bd. 1, 132–161.
Symington, Neville, Emotion and Spirit, London 1994.
Szanya, Anton (Hg.), Religion auf der Couch, Wien 1993.
Tannen, Deborah, Du kannst mich einfach nicht verstehen, Hamburg 1991.
Tausch, Reinhard, Gesprächspsychotherapie, Göttingen ⁴1970.
– Vergeben, ein bedeutsamer seelischer Vorgang, in: *Finsterbusch/Müller* 1999, 39–66.
Taylor, Shelley E., Health Psychology, Boston ⁴1999.
The ACPE Directory 2001–2002, Decatur, Georgia.
The Standards of The Association For Clinical Pastoral Education, hg. von der Association für Clinical Pastoral Education (Copyrighted Material), Decatur, Georgia 2001.
Theißen, Gerd, Psychologische Aspekte paulinischer Theologie, Göttingen 1983.
– Die Legitimitätskrise des Helfens und der barmherzige Samariter, in: *Röckle* 1990, 46–76.
– Zeichensprache des Glaubens. Chancen der Predigt heute, Gütersloh 1994.
Themenheft »zum Gedenken an Otto Haendler«, WzM H. 4, 34 (1982), 131–170.
Themenheft »Traumhochzeit«. Kasualien in der Mediengesellschaft, PTh H. 1, 88 (1999), 2–76.
Thierfelder, Constanze, Gottes-Repräsentanz. Kritische Interpretation des religionspsychologischen Ansatzes von Ana-Maria Rizzuto, Stuttgart 1998.
– Gott im Werden, IJPT 5 (2001), 227-248.
Thilo, Hans Joachim, Ehe ohne Norm? Eine evangelische Ehe-Ethik in Theorie und Praxis, Göttingen 1978.
– Die therapeutische Funktion des Gottesdienstes, Kassel 1985.
Thornton, Edward E., Professional Education for Ministry. A History of Clinical Pastoral Education, Nashville / New York 1979.
Thurneysen, Eduard, Die Lehre von der Seelsorge, München 1948.
– Die Aufgabe der Predigt (1921), wieder abgedruckt in: *Hummel* 1971, 105–118.
– Rechtfertigung und Seelsorge (1928), in: *Wintzer* 1985, 73–94.
Tillich, Paul, Systematische Theologie, Bd. 2, Stuttgart 1958.
– Religiöser Symbolismus. Gesammelte Werke Bd. V, Stuttgart 1964, 187–244.
– Die theologische Bedeutung von Psychoanalyse und Existentialismus. Ges. Werke VIII, Stuttgart 1970, 304–315 (a).
– Der Einfluss der Psychotherapie auf die Theologie. Ges. Werke VIII, Stuttgart 1970, 325–335 (b).
– Wesen und Wandel des Glaubens. Gesammelte Werke Bd. VIII, Stuttgart 1970, 111–196 (c).
– Symbol und Wirklichkeit, Göttingen ³1986.
Trillhaas, Wolfgang, Der Dienst der Kirche am Menschen, München 1958.

Turner, Victor, The Forest of Symbols. Aspects of Ndembu Ritual, Ithaca/London 1967.
- Das Ritual. Frankfurt a.M. / New York 2000.

Turner, Victor / Turner, Edith, Image and Pilgrimage in Christian Culture, New York 1978.

Tyson, Phyllis / Tyson, Robert L., Lehrbuch der psychoanalytischen Entwicklungspsychologie, Stuttgart/Berlin ²2001.

Uhsadel, Walter, Evangelische Seelsorge, Heidelberg 1966.

Ulanov, Ann and *Barry*, Primary Speech. A Psychology of Prayer, Atlanta 1982.

Vaillant, George E., Aging Well. Boston / New York 2002.

van de Spijker, Herman, Narzisstische Kompetenz, Selbstliebe, Nächstenliebe, Freiburg/Basel 1993.

van der Geest, Hans, Die Ablösung der Schuldfrage durch das Problem des Selbstbewusstseins, ThPr 19 (1984), 315–330.
- Unter vier Augen. Beispiele gelungener Seelsorge, Zürich ⁵1995.

van Dülmen, Richard, Erfindung des Menschen. Schöpfungsträume und Körperbilder, Wien/Köln 1998.

Vergote, A., Religionspsychologie, Olten/Freiburg 1970.

Visionen Erden – Der Vielfalt Gestalt geben. Anregungen und Materialien zur Erarbeitung von Gesamtkonzeptionen gemeindlicher Aufgaben, hg. von der *EKiR*, Düsseldorf 2001.

Voigt, Kerstin, Otto Haendler – Leben und Werk, Frankfurt a.M. 1993.

von Viebahn, Ilsabe, Seelische Entwicklung und ihre Störungen, Göttingen ⁴1989.

Wagner-Rau, Ulrike, Zwischen Vaterwelt und Feminismus. Eine Studie zur pastoralen Identität von Frauen, Gütersloh 1992.

Wachinger, Lorenz, Der Schuld-Prozeß zur Versöhnung, in: *Fuchs/Auchter/Wachinger* 1996, 9–39.

Wahl, Heribert, Selbstpsychologische Fragmente zum Thema »Feindesliebe«, WzM 37 (1985), 68–78.
- Pastoralpsychologie – Teilgebiet und Grunddimension Praktischer Theologie, in: *Baumgartner* 1990 b, 41–61.
- Soll der christliche Glaube die menschliche Angst »beruhigen«?, WzM 45 (1993), 262–279.
- Glaube und symbolische Erfahrung. Eine praktisch-theologische Symboltheorie, Freiburg/Basel 1994.
- Plädoyer für eine empathisch-diakonische Pastoral, WzM 54 (2002), 521–531.

Warns, Else Nathalie / Fallner, Heinrich (Hg.), Bibliodrama als Prozess, Bielefeld 1994.

Watson, Jeanne C. / Greenberg, Leslie S., Emotion and Cognition in Experiential Therapy, in: *Rosen/Kuehlwein* 1996, 141–165.

Watzlawick, Paul / Beavin, Janet H. / Jackson, Don, Menschliche Kommunikation, Bern/Stuttgart ³1972.

Watzlawick, Paul / Weakland, John H. / Fisch, Richard, Lösungen. Zur Theorie und Praxis menschlichen Wandels, Bern/Stuttgart 1974.

Weaver, Andrew J. / Revilla Linda A. / Koenig, Harold G. (Hg.), Counseling Families Across Stages of Life, Nashville 2002.

Weber, Doris, Was uns böse macht, Public forum 17/2000, 56–60.

Weber, Max, Grundriß der Sozialökonomik. III. Abt., 1. Halbbd., Tübingen ³1947.

Weimer, Martin, Das Verdrängte in der Hirtenmetapher, WzM 47 (1995), 61–76.
- Psychoanalytische Tugenden. Göttingen 2001.

Welsch, Wolfgang, Identität im Übergang. Philosophische Überlegungen zur aktuellen Affinität von Kunst, Psychiatrie und Gesellschaft, in: *Ders.*, Ästhetisches Denken, Stuttgart ⁵1998, 168–200.
Weingardt, Beate M., »...wie auch wir vergeben unseren Schuldigern«. Der Prozeß des Vergebens in Theorie und Empirie, Stuttgart/Berlin 2000.
Weinberger, Sabine, Klientenzentrierte Gesprächsführung. Eine Lern- und Praxisanleitung für helfende Berufe, Weinheim/Basel ⁸1998.
Werbick, Jürgen, Art. Gesellschaft, LexRP, Bd. I, Neukirchen-Vluyn 2001, 699–704.
Werthmann, Hans-Volker, Psychoanalytische Deutung, in: *Mertens* ²1995, 315–321.
Weyer, Adam, Art. Gewissen IV. Neuzeit/Ethisch, TRE 13, Berlin / New York 1984, 225–234.
Wicks, Robert J. / Parsons, Richard D. / Capps, Donald, Clinical Handbook of Pastoral Counseling, Vol. 1 und 2, New York / Mahwah 1993.
Wiederkehr-Benz, Katrin, Kohut im Überblick, Psyche 36 (1982), 1–16.
Wiedemann, Wolfgang, Krankenhausseelsorge und verrückte Reaktionen. Das Heilsame psychotischer Konfliktbewältigung, Göttingen/Zürich 1996.
Willutzki, Ulrike, Von der Lerntheorie zur kognitiven Verhaltenstheorie: Die Entwicklung des Menschenbildes der Verhaltenstherapie, in: *Furger/Heigl-Evers/ Willutzki* 1997, 67–99.
Winkler, Klaus, Die Funktion der Pastoralpsychologie in der Theologie, in: *Riess* 1974, 105–121.
– Pastoralpsychologische Aspekte der Rede von Gott, ThLZ 107 (1982), 866–876 (a).
– Das persönlichkeitsspezifische Credo, WzM 34 (1982), 159–163 (b).
– Die Zumutung im Konfliktfall. Luther als Seelsorger in heutiger Sicht, Hannover 1984.
– Eduard Thurneysen und die Folgen für die Seelsorge, WPKG 77 (1988), 444–456 (a).
– Symbolgebrauch zwischen Partizipation und Regression. C.G. Jung und die Folgen für die Seelsorge, in: *Schmid* 1988, 334–350 (b).
– Was hat die Theologie von Freud gelernt?, in: Herrenalber Protokolle, Bd. 64, 1989, 37–52.
– Werden wie die Kinder? Christlicher Glaube und Regression, Mainz 1992 (a).
– Alter als Verzichtleistung?, WzM 44 (1992), 386–395 (b).
– Ist Seelsorge überprüfbar?, WzM 49 (1997), 402–413.
– Ambivalenz als Grundmuster der Seele, in: Stollberg, D. u.a. (Hg.), Identität im Wandel in Kirche und Gesellschaft. Festschrift für Richard Riess, Göttingen 1998, 110–117.
– Seelsorge, Berlin / New York ²2000.
– Trost und Vertröstung in der Begleitung Sterbender, in: *Ders.*, Grundmuster der Seele. Pastoralpsychologische Perspektiven, hg. von *Elisabeth Hölscher* und *Michael Klessmann*, Göttingen 2003. 200–214.
Winnicott, Donald W., Vom Spiel zur Kreativität, Stuttgart 1973.
– Reifungsprozesse und fördernde Umwelt, unveränderte Aufl. der dt. Ausgabe von 1974, Gießen 2002.
Winslade, John / Monk, Gerald, Narrative Counseling in Schools, Thousand Oaks 1999.
Wintzer, Friedrich (Hg.), Seelsorge, München 1985 (a).
– (Hg.), Praktische Theologie, Neukirchen-Vluyn ²1985 (b).
Wittrahm, Andreas, Seelsorge, Pastoralpsychologie und Postmoderne, Stuttgart/ Berlin 2001.

Wohlgemuth, Michael, Bewegung in der Seelsorge – und die Vikariatsausbildung?, PTh 90 (2001), 22–29.
Wolff, Hans Walter, Anthropologie des Alten Testaments, München ³1977.
Wright, Walter C., Art. Organization Development, in: *Hunter* 1990, 813–814.
Wunderer, Reinhard / Grundwald, Winfried, Führungslehre, Bd. 1 und 2, Berlin / New York 1980.
Wynn, J.C., The Family Therapist, Old Tappan 1987.
Yalom, Irvin D., The Theory and Practice of Group Psychotherapy, New York ³1985.
Zaepfel, Helmut / Metzmacher, Bruno, Postmoderne Identitätsbildung, ein Leben mit riskanten Freiheiten oder: Psychotherapie und die Macht der Verheißung, Integrative Therapie 22 (1996), 451–488.
Zerfaß, Rolf, Menschliche Seelsorge, Freiburg 1985.
Ziemer, Jürgen, Seelsorgelehre, Göttingen 2000.
Zilleßen, Dietrich u.a. (Hg.), Praktisch-theologische Hermeneutik, Rheinbach 1991.
Zimbardo, Philip G., Psychologie. Berlin / Heidelberg / New York ⁶1995.
Zschoch, Helmut (Hg.), Liebe – Leben – Kirchenlehre. Beiträge zur Diskussion um Sexualität und Lebensformen, Trauung und Segnung, Neukirchen-Vluyn 1998.
Zweite, Armin, Ich ist etwas Anderes, in: *Ders.* u.a. (Hg.), Ich ist etwas Anderes. Kunst am Ende des 20. Jahrhunderts, Düsseldorf 2000, 27–50.

Namensregister

Adler, Alfred	173, 267		Cabot, Richard	108
Adorno, Theodor W.	59, 105, 194		Caplan, Gerald	453
Albrecht, Horst	380		Capps, Donald	336, 338, 448, 601
Allport, Gordon	173		Cassirer, Ernst	296
Allwohn, Adolf	102		Chodorow, Nancy	495, 506, 553
Andreas-Salome, Lou	231			
Auchter, Thomas	620		Christaller, Helene	392
Austin, John L.	415		Christ-Friedrich, Anna	454
Bach, Ulrich	536		Clinebell, Howard	184, 430
Bacon, Francis	59		Cobb, John	203
Baker Miller, Jean	339		Cohn, Ruth	173, 440, 540, 555
Balint, Michael	147, 229, 319, 487			
Baumann, Zygmunt	60		Dahm, Karl-Wilhelm	390
Baumgarten, Otto	91		Daiber, Karl-Fritz	371
Bauriedl, Thea	86		Darwin, Charles	122
Beck, Ulrich	58, 67, 72, 517		Denecke, Axel	398
			Derrida, Jaques	54, 68
Benn, Gottfried	59		Dilthey, Wilhelm	42
Berger, Klaus	44, 73		Dörner, Klaus	408
Berger, Peter	60		Drewermann, Eugen	160, 225ff, 558, 626
Berkel, Karl	275			
Bernstein, Basil	376		Drews, Paul	91
Besier, Gerhard	193, 451		Driver, Tom	210
Bieritz, Karl-Heinrich	315		Durkheim, Emile	280
Bion, Wilfred R.	636		Dutschke, Rudi	105
Blumhardt, Johann Christoph	432		Ebeling, Gerhard	31
Bobert-Stützel, Sabine	29, 152, 428, 554		Eco, Umberto	382
			Ellis, Albert	451
Bodelschwingh, von Friedrich	528		Engemann, Wilfried	384, 391
Bohren, Rudolf	292, 560		Enzner-Probst, Brigitte	553
Boisen, Anton	46, 108, 459, 645		Erikson, Erik H.	77, 142ff, 228ff, 238, 287, 330ff, 339, 498, 509, 546
Bonhoeffer, Dietrich	393			
Bonhoeffer, Thomas	90			
Bowlby, John	364, 623			
Brandt, Willy	105			
Breitenbach, Günter	249		Faber, Heije	111, 437
Breuer, Josef	130		Fairbairn, Ronald	153
Brocher, Tobias	583		Fengler, Jörg	523, 524
Browning, Don S.	33, 183, 336		Ferenczi, Sandor	204
			Festinger, Leon	23
Buber, Martin	170, 542		Flöttmann, Holger Bertrand	623
Bukowski, Peter	442, 459			
Bultmann, Rudolf	300		Foucault, Michel	265

Fowler, James	508ff
Frankl, Viktor	173, 174
Freud, Anna	140, 623
Freud, Sigmund	42, 92, 97, 103, 112, 118, 147, 153, 160, 166, 173, 204, 217ff, 230, 274, 281, 301, 318, 321, 332, 339, 360, 364, 409, 432, 435, 485, 493, 600, 610, 622
Friedman, Edwin	252, 340, 367
Fromm, Erich	86, 134, 170, 173, 182, 494, 604
Funke, Dieter	498
Gadamer, Hans Georg	43, 408
Gandhi, Mahatma	506, 511
Geest, van der Hans	605
Gennep, van Arnold	282
Gendlin, Eugene	207
Gerkin, Charles	336, 443, 459
Giddens, Anthony	82, 538
Glasl, Friedrich	271, 274
Goffman, Erving	285
Goldstein, Kurt	179
Gordon, Thomas	268
Gorman, Margaret	340
Graham, Larry K.	86
Grawe, Klaus	181, 465
Grimes, Ronald	353
Grözinger, Albrecht	60, 72, 458
Gruen, Arno	76
Guntrip, Harry	153
Habermas, Jürgen	42, 105, 113, 130
Hacker, Friedrich	302
Haendler, Otto	98, 380, 393, 626
Hall, Charles	111
Hall, Guy David	561
Hammers, Alwin	440
Hark, Helmut	215
Hartmann, Heinz	141
Hauschildt, Eberhard	115
Heidegger, Martin	170
Heiler, Friedrich	240
Heimbrock, Hans-Günter	285, 320
Heinemann, Gustav	105
Held, Peter	445
Hemenway, Joan	635
Hiltner, Seward	109, 411, 564
Horkheimer, Max	105
Huber, Wolfgang	83
Husserl, Edmund	57
Jaschke, Helmut	216
Jellouschek, Hans	358
Jetter, Werner	289, 309
Jonas, Hans	621
Jones, Ernest	301
Josuttis, Manfred	266, 312, 396, 558, 565
Jung, Carl Gustav	97, 99, 102, 103, 126, 159ff, 173, 220ff, 226, 302, 340, 380, 394, 530, 535, 544, 550
Kabel, Thomas	378
Kämpfer, Horst	381
Kant, Immanuel	70, 493
Karle, Isolde	85, 539
Kassel, Maria	532
Kast, Verena	160, 361, 453
Kelly, George A.	207
Keupp, Heiner	60, 76, 546
Kierkegaard, Sören	170, 566
King, Martin Luther	506, 511
Klein, Melanie	153, 488
Knights, Ward A.	444
Köberle, Adolf	98, 102
Kohlberg, Lawrence	504ff, 509, 611
Kohut, Heinz	32, 148ff, 230ff, 603
König, Karl	258

Namensregister

Kopernikus, Nikolaus 122
Krappmann, Lothar 144
Krauß, Alfred 392
Kroeger, Matthias 439
Kübler-Ross,
  Elisabeth 359

Lammer, Kerstin 364
Lämmermann,
  Godwin 538
Lange, Ernst 19, 84, 106, 279, 285, 317, 376, 474
Langer, Susanne 296, 302
Lasch, Christopher 75
Lee, Cameron 344
Lemke, Helga 441
Levinas, Emmanuel 518
Levinson, Daniel J. 336, 339, 509
Lewin, Kurt 110, 172, 396, 578
Lindemann, Friedrich
  Wilhelm 34
Lindner, Herbert 249
Loisy, Alfred 245
Lorenz, Konrad 273
Lorenzer, Alfred 133, 294, 302, 303, 351, 385
Lowen, Alexander 205
Lückel, Kurt 443, 613
Luther, Henning 22, 56, 85, 220, 336, 411, 478, 514, 550
Luther, Martin 263, 278, 279, 350, 551

Mahler, Margaret 487
Marcel, Gabriel 206, 430
Marcuse, Herbert 105
Marcuse, Ludwig 136
Martin, Marcel 382
Maslow, Abraham 171, 173, 558
Matthes, Joachim 345
May, Rollo 173, 262, 274
Mayer-Scheu, Joseph 478
Mc Cann, Joseph F. 247
Mc Dargh, John 216, 234
Mead, George Herbert 144, 286, 296, 374

Meerwein, Fritz 232
Merleau-Ponty,
  Maurice 170
Metz, Johann Baptist 106
Meyer-Blanck,
  Michael 291, 324, 473
Miller, Donald E. 483
Mitscherlich,
  Alexander 86
Moberg, David 246
Moltmann, Jürgen 253
Moreno, Jacov Levy 172, 443, 578, 640
Morgenthaler,
  Christoph 47, 445
Moser, Tilman 215, 493, 612
Müller, Alfred Dedo 98
Müller, Erich 524
Musil, Robert 59

Naurath, Elisabeth 425
Neidhardt, Walter 292
Nelson, James 210
Neuger, Christie C. 458
Nicol, Martin 567
Niebergall, Friedrich 91, 327
Nietzsche, Friedrich 617
Nipkow, Karl Ernst 144, 193, 483

Öffner, Ernst 377
Olivier, Christiane 553
Otto, Rudolf 288

Palmer, Christian 391
Pannenberg, Wolfhart 116, 335
Paulus 625
Pawlow, Ivan P. 187
Peirce, Charles 387
Perls, Fritz 173, 174, 443
Petersen, Peter 543
Petzold, Hilarion 178, 208, 321, 443
Pfäfflin, Ursula 554
Pfister, Oskar 34, 92, 431, 625
Piaget, Jean 499, 509ff
Picasso, Pablo 59
Pine, Fred 119
Piper, Hans-
  Christoph 111, 627, 632

Pohl-Patalong, Uta	78	Schneider-Flume, Gunda	230
Poling, James	262	Schoot, van der Ebel	437
Pruyser, Paul	474	Schulz von Thun, Friedemann	420
Raguse, Hartmut	387	Schulze, Gerhard	74, 173, 376
Ramsay, Nancy	477	Schüssler-Fiorenza, Elisabeth	462
Ramshaw, Elaine	346	Schütz, Alfred	57
Rank, Otto	173	Sennet, Richard	52, 60
Rauchfleisch, Udo	409	Shaull, Richard	106
Reich, Wilhelm	86, 205, 313	Shawchuck, Norman	251, 261
Rensch, Adelheid	102	Shea, John J.	237
Richter, Horst Eberhard	75, 620, 622	Shuchter, Stephen R.	362
Ricœur, Paul	43, 134, 219, 302, 310	Skinner, Burrhus F.	187
Riedel-Pfäfflin, Ursula	461	Soeffner, Hans Georg	628
Riemann, Fritz	24, 239, 258, 398, 570	Sons, Rolf	194, 451
Riesman, David	58	Spiegel, Yorick	84, 322
Riess, Richard	29, 519, 545	Spitz, Rene	21, 154, 485
Rizzuto, Ana Maria	233	Stählin, Traugott	377
Rogers, Carl	110, 173, 179ff, 437, 470, 541, 543, 587, 604, 641, 647	Steck, Wolfgang	107
		Steffensky, Fulbert	60
		Steinkamp, Hermann	29, 255, 265
		Steinke, Peter L.	251
		Stenger, Hermann	543
		Stern, Daniel	150, 487
		Stollberg, Dietrich	26, 107, 112, 407, 427, 435, 439, 469, 519, 534, 551, 605
Rohde-Dachser, Christa	208		
Sabatier, Paul	305	Stortz, Martha E.	264
Sartre, Jean Paul	170	Stroebe, Margaret S. & Wolfgang	364
Satir, Virginia	173	Suchocki, Marjorie	209
Schall, Traugott U.	525		
Scharf, Kurt	107		
Scharfenberg, Joachim	50, 52, 85, 97, 100, 112, 241, 303, 307, 381, 431, 436, 568	Tacke, Helmut	459
		Theißen, Gerd	190, 194, 473, 649
		Thilo, Hans-Joachim	102, 112, 113, 320, 323
Schellenbaum, Peter	160	Thurneysen, Eduard	96, 103, 106, 392, 468, 601, 629
Schibilsky, Michael	361		
Schindler, Raoul	582		
Schleiermacher, David Friedrich	41, 291, 316, 391, 515, 610	Tillich, Paul	32, 55, 100, 110, 137, 297ff, 600, 605
Schmidbauer, Wolfgang	520	Turner, Victor	234, 283
Schmidt-Rost, Reinhard	468	Tyson, Phyllis u. Robert	484, 494

Uhsadel, Walter	98, 101
Wagner-Rau, Ulrike	553
Wahl, Heribert	29, 254, 304, 428, 518
Walser, Martin	383
Warhol, Andy	76
Watson, John B.	185
Watzlawick, Paul	22, 253, 351, 369, 405, 412, 528, 533
Weber, Max	59, 262, 591
Welsch, Wolfgang	70
White, Michael	54, 69
Wiedemann, Wolfgang	488
Winkler, Klaus	28, 29, 56, 100, 112, 138, 304, 428, 499, 516, 544
Winnicott, Donald W.	153, 155ff, 233, 234ff, 255, 285, 317, 351, 386
Wittrahm, Andreas	29, 85
Wolff, Christa	78, 254
Wolff, Hans Walter	90
Yalom, Irvin	587
Ziemer, Jürgen	410, 430
Zijlstra, Wybe	111
Zisook, Sidney	362

Begriffsregister

aaronitischer Segen	229, 349
Abendmahl	285, 290
Abhängigkeit	420
Abstinenz	204
Abwehr / Abwehrmechanismen	24, 140ff, 149, 478, 508, 519, 530, 600, 623
Adoleszenz	239, 486, 489, 492, 496, 497
Affekte	490
Aggression / Aggressionen	140, 267, 269, 272ff, 486, 572, 574, 608
Agieren, das	322
Aktualisierungstendenz	179
Alltag	23, 285
Alter	343
Ambiguitätstoleranz	78
Ambivalenz	81, 124, 244, 288, 293, 310, 352, 366, 520, 536, 561
Amplifikation	165, 224
Amt	101, 538
Angst / Angstfähigkeit	128, 186, 218, 225, 227, 251, 266, 281, 328, 338, 405, 434, 497, 570, 584, 601, 621ff, 627
Animus / Anima	167
Annahme	438, 440, 535, 604, 605, 615
Anpassung	307
Anthropologie / anthropologisch	89, 206, 208, 212, 278, 430, 502
Archetyp / Archetypen	164, 223, 226, 394
Ärger	140, 273, 360
Auferstehung	48, 551
Augen	143, 151
Aussegnung	365
Authentizität	392
Autonomie	238, 307, 332, 339, 517
Autopoiese	197, 248
awareness	176, 444
Balintgruppe	637
Befreiung / befreien	113, 134, 302, 410, 412, 462
Begegnung	172, 408, 439, 444, 542
Behaviorismus	185ff, 449
Beichte	93, 616, 619
Beratung	429, 608
berufliche Deformation	522
Bestattung	35ff, 359ff, 365
bewusst / unbewusst	42, 120, 162, 370, 433, 518, 557
Bewusstsein	169
Beziehung	20, 89, 112, 252, 369, 415, 418, 441, 466, 467, 470, 480, 542, 582, 592, 606, 631, 637
Bild / Bilder	99, 117, 294, 380, 563, 625
Bildung	499, 630
Bindungstheorie	623
Bioenergetik	205
Biographie	347, 631
Böse, das	183, 226
Borderline	488
Bruch im Seelsorgegespräch	106
Burnout	524ff
Charakter / Charakterstruktur	205
Christus	224, 435
Clinical-Pastoral-Education (CPE)	108ff
Coaching	650
Communitas	283
Dekonstruktion	54, 68, 80
Depression / depressiv	259, 360, 399, 573
Deutsche Gesellschaft für Pastoralpsychologie (DGfP)	114, 644ff

Deutsche Gesellschaft für Supervision (DGSv)	648	Ethik / ethisch	146, 201, 213, 481, 507
Deutung / deuten	32, 43, 93, 113, 133, 166, 328, 347, 385, 435, 471, 482, 508	European Association for Supervision (EAS)	648
Diagnose	474	Evangelisches Gottesdienstbuch	288
Diakonie	517ff, 526		
Dialektische Theologie	96, 100, 292	Evangelium	293, 393, 533, 627
dienen	518, 528, 531	Exodus	307
Differenzwahrnehmung	82, 254, 503	extra nos	214
digital	417	extravertiert	395
Dissozialität	613		
Doppelbindung	527	face to face-Kommunikation	407
Echtheit	438, 439	falsches Selbst	155
Ehe	357, 419	Familie	340, 354, 355, 366, 367, 445
Einfühlung	45		
Einzelne, der, die	55, 87	Familientherapie	445ff
elaborierter Code	377	Feedback	201, 251, 379, 414, 580, 593, 635, 638
Eltern	342		
Emotionen / Emotionalität	89, 112, 203, 509, 515, 528	Fehlleistungen	121
Empathie	148, 151, 603	Feindbilder	271
Encounter-Bewegung	179, 586	Feldkompetenz	34, 648
		Feldtheorie	578
Entwicklung	53, 142, 478, 482, 497, 515	Feminismus / feministisch	339, 448, 496
Epigenese / epigenetisches Prinzip	142, 331	feministische – Bibelauslegung	44
Erfahrung	31, 55, 81, 109, 181, 183, 206, 284, 462, 473, 529, 597, 604, 642	– Seelsorge	460
		focusing	207
		Fort- und Weiterbildung	545, 629ff
		Fragment	336, 551, 602
Erinnerung / erinnern	154, 324, 361, 366, 433	Frau / Frauen	204, 337, 460, 506, 552, 553
erinnern, wiederholen, durcharbeiten	321	freie Assoziation	131
		Freiheit	30, 136, 192, 193, 218, 225, 238, 306, 395, 400, 431, 469, 626
Erlebnisgesellschaft	74		
Erschöpfungssyndrom	524		
Erwachsene / Erwachsenenalter	336, 342, 506, 512	Fremdwahrnehmung	589, 632
		Frömmigkeit	399
Erzählung / erzählen	345, 381, 456	Frustrations-Hypothese	274
Es	124	Führen, das	412

Begriffsregister

Fundamentalismus	80, 219, 512	Glaubens- und Lebensdeutung	40
Fürsorge	146, 156	Glaubwürdigkeit	390, 397, 418, 534, 538, 549
Ganzheitlichkeit	170	gleichschwebende Aufmerksamkeit	131, 409, 433
Gebet	240ff, 563	Gnade	32, 534, 603, 605, 606
Gefühle	111, 574, 577, 589	Gott	97, 159, 208, 209, 215, 221, 232, 234, 236, 237, 243, 255, 300, 349, 442, 498, 511, 512, 536, 599, 620, 627
Gegenseitigkeit ⇒Wechselseitigkeit	510		
Gegenübertragung	132, 434		
Gemeinde	184, 201, 249, 512, 538, 555, 595		
Gemeindeberatung	253, 656		
Gemeinschaft	253, 290, 306, 311, 353, 595	Gottes Wort	372, 397
		Gottesbild, Gottesbilder	152, 215ff, 235, 237ff, 265, 464, 554
gender	74, 204, 207, 338, 339, 449, 460ff, 506, 552	Gottesdienst	212, 278ff, 512, 617
Generativität	239	Gotteserfahrung	243
Geschichten	456, 512	Grenzen	251, 342, 479, 533, 534, 546
Geschlecht / Geschlechtersozialisation	24, 460, 494	Größenphantasien	498, 521
		Größenselbst	148
Gesellschaft	57ff, 88, 142, 396	Größenvorstellung	559, 565, 608
		Grundambivalenzen	307
Gesicht	143, 151, 350	Grundstörung	147, 487
Gespräch	408, 425, 431	Gruppe / Gruppen	88, 172, 178, 245, 254, 576ff, 635
Gesprächs- – methodik	640		
– protokoll	469	Gruppenarbeit	179
– psychotherapie	437ff, 466	Gruppendynamik	396, 576ff, 580, 647
Gestaltpsychologie / Gestalttherapie	174ff, 443ff, 647	Gruppenleitung	586
		Gruppenprozess	254, 584
Gestik	211	Halten, das	155
Gesundheit	473, 536	Harmonie	139
Gewalt	273, 449, 535, 600	Heilen, das	411
		Heilige, das	278, 291, 305
Gewissen	126, 493, 503, 610	Heiliger Geist	373
		Heilung	129
Glaube	98, 219, 234, 236, 272, 278, 290, 294, 306, 311, 348, 384, 411, 447, 472, 503, 508, 514, 516, 544, 604, 621, 624, 635, 639	Helfen / Helfersyndrom	86, 517ff, 520ff
		Hermeneutik / hermeneutisch	41ff, 44, 130, 186, 219, 308, 386, 408, 639
		hermeneutischer Zirkel	43, 50, 434

Hier und jetzt-Prinzip	172	Inhaltsaspekt	414
		Inkarnation	211
Hilfswissenschaft	103, 438	Institution	245
Homiletik	24, 71, 98, 112, 380, 393	Inszenierung	291, 326
		integrale Amtshandlungspraxis	345
Homöostase	197	Integrative Therapie	174ff, 178, 443
Homosexualität	496		
Hörende	370, 401	Integrität	239
Hospitalismus / Hospitalismusforschung	21, 603	Interaktion	286, 287, 497, 578, 578
Humanistische Psychologie	170ff	intermediärer Raum	156, 351
Humanwissenschaften	106, 114, 116	interpersonale Kommunikation	22, 412
hysterisch	260, 400, 574	Intimität	239
Ich	59, 127, 135, 139, 142, 143, 145, 228, 396, 496, 612, 622	Introjekt / Introjektion	175, 302, 491
		introvertiert	395
		Jesus von Nazareth	307
Ich-Ideal	127, 521	Jugendliche	343, 355, 510, 512
Ich-Psychologie	139ff		
Ich-Stärke	268		
Ideal / Idealisierung	491, 521, 526, 530, 614	Jungen	495
idealisierte Elternimago	148	Kasualien / Kasualgespräch	288, 327ff, 345, 367, 446
Identifikation	127, 308, 492, 496, 550, 639	Kathartische Methode	131
Identität / Identitätsarbeit / Identitätsbildung	20, 59, 63, 76, 77, 108, 115, 143, 178, 203, 230, 239, 272, 279, 286, 333, 347, 475, 495, 498, 542, 546ff, 547, 553, 577, 577, 582, 614, 633, 642	Kerygma	292
		Kerygmatische Seelsorge	103
		Kirche / Kirchen	19, 79, 105, 116, 245ff, 395, 538, 595, 656
		Kirchen- und Religionskritik	56
		Klientenzentrierte Gesprächspsychotherapie	437ff
Identität, multiple	59	Klinische Seelsorgeausbildung (KSA/CPE)	111, 404, 635, 638, 644
Identitätskrise	355		
Ideologie	144		
Illusion	156, 217, 234, 317	Klinische Theologie	109
		Klischee	303, 382
Image	286	Körpertherapie	202ff
Individualisierung	72, 82, 145, 329	Kognition / Kognitionstheorie	274, 515
Individuation	168, 220, 224, 353, 355, 394, 497, 499	kognitive	
		– Dissonanz	23, 403
Individuum	87, 396	– Entwicklung	491, 499

Begriffsregister

– Psychologie	483	Krankenhaus-	
– Therapien	451, 466	seelsorge	106
kollektives Unbe-		Krankheit	233, 536
wusstes	162, 221	Kränkung	121, 149
Kommunikation	17ff, 20, 45, 54,	Kreuz	48, 304, 551
	57, 78ff, 79, 89,	Krise / Krisen	108, 452
	106, 138, 176,	Krisenintervention	452ff
	184, 201, 203,	Kritische Theorie	105
	211, 246, 277,	Kultur	158
	279, 286, 297,		
	373ff, 408ff,	learning by doing	46
	460, 479, 490	Leben	278, 352
	578, 590, 592,	Lebensbezug	30
	629, 632, 635,	Lebensdeutung	317, 384, 498
	637, 657	Lebensgefühl	216
Kommunikation	19, 25, 327, 369,	Lebensgeschichte	348
des Evange-	407, 478, 517,	Lebenswelt	57
liums	539, 595, 597,	Lebenszyklus	330, 340
	631	Leib / Leiblichkeit	90, 176, 184,
Kommunikations-			202ff
– fähigkeit	631	Leib-seelische	
– wissenschaft	22	Ganzheit	175
kommunikatives		Leiden	233
Handeln	22	Leitbild	248
Kompetenz	525, 539, 540,	Leitung	255, 582, 586
	634	Leitungspersön-	
komplementär	419	lichkeit	258
Komplexe	167	Leitungsstil	256, 586
Konditionierung	187	Lernen	188, 390, 482,
Konfirmation	328, 354ff		629, 633
Konflikt /	43, 52, 120, 128,	– assoziatives	188, 450
Konflikte /	254, 267, 269ff,	– imitatives	450
Konfliktbear-	274, 292, 303,	– operantes	189, 450
beitung	308, 322, 331,	Lernen am Modell	127
	497, 632	Lernprozess	388, 449, 523
Konflikte, innere	36	Lerntheorie	274
Konfluenz	175	Libido	95, 97,
Konstrukte	45		126, 361
Konstruktion /	509, 514, 515,	Liebe	95, 233, 357,
konstruieren	640		358, 399, 535,
Konstruktivismus	70, 175, 199,		544, 625
	207, 500	Liebe Gottes	147, 233
Konsumorien-		Liminalität	234, 283, 366
tierung	65	Liturgie	286, 310, 325
Kontakt	176, 542	living human	
Kontextuali-		documents	46, 108
sierung	30, 116		
Körper /	65, 202, 203,	Macht	261ff, 519, 520,
Körperbild	207, 489, 494,		530, 560, 582,
	496		590
Körpersprache	210, 379	Mädchen	494
Körpertherapie	202	Manipulation	389

Mann / Männer	204, 337, 460, 463, 506, 552f	nondirektiv	442
Meditation	381	nonverbal / nonverbale Kommunikation	312, 378, 416ff, 450
Mensch / Menschen	20, 198, 217, 220, 225, 278, 441	Notfallseelsorge	452
		Numinose, das	288
Menschenbild / Menschenbilder	117ff, 182, 191, 212, 430	Objektbeziehung	487
Menschenkenntnis	103	Objektbeziehungstheorie	130, 153ff, 233, 254, 304, 569
Metakommunikation	197, 415, 418, 529, 540, 592, 593, 635	Objektliebe	147
		Objektstufe	165
Methode	409, 634	Ödipuskomplex	486, 611
Methodenpluralismus	29	offenes Kunstwerk	382
Milieu	74, 272	Ordinarium	310
Mimik	211	Ordnung	290
Missbrauch	344, 436, 481, 520	Organisation	245, 247
		Organisationsberatung	656
Modelllernen	191	Organismus	581
Möglichkeitsraum	157, 233, 317		
Moral / moralische Entwicklung	503, 507	Partizipation	307
		Partnerwahl	167
Motivation	389, 518, 556	Pastoralmacht	265
multikulturelle Gesellschaft	71	Pastoralpsychologie	17ff, 26ff, 30, 34, 69, 80, 84ff, 86, 91, 102, 114ff, 173, 185, 212, 279, 307, 483, 558
Musik	40		
Mutter	238, 287, 487, 494, 496		
Mutter-Kind-Beziehung	332	Pastoralpsychologische Hermeneutik	46
Mythos	137	Pastoralsoziologie	245
Nächstenliebe	535	Pastoraltheologie	19
Narrative		Patchwork-Identität	77, 145, 546
– Theologie	459	Person	390, 467
– Therapie	456ff	– des Seelsorgers / der Seelsorgerin	450, 477ff
Narzissmus / narzisstisch	147ff, 152, 230, 244, 258, 521, 523, 557, 559, 624	– des Pfarrers / der Pfarrerin	570, 631
		Person und	
Narzissmustheorie	32, 254, 601	– Amt	539
Narzisstische		– Werk	551
– Gesellschaft	75, 614	Persona	166, 220
– Störungen	149	Persönlichkeit	392
Nationalsozialismus	100	persönlichkeitsspezifisches Credo	28, 56, 499, 544
Natur	211		
Naturwissenschaft / naturwissenschaftlich	129, 186	Persönlichkeitsstruktur	258
Neurose	128		

Begriffsregister

Personzentrierte Psychotherapie	179ff
Pfarramt	114, 546ff
Pfarrbild	116
Pfarrer, Pfarrerin	115, 261, 267, 315, 359, 376, 452, 523, 525, 538ff, 641
Pfarrhaus	556
Phänomenologie	23
Phantasie	307
Pluralisierung	72, 145
Pluralismus	105, 306
Positivismusstreit	194
Postmoderne / postmodern	58ff, 68ff, 77, 138
posttraumatische Belastungsstörung	454
Praktische Theologie	19, 91, 106, 112, 114, 116
Prediger, Predigerin	98, 370, 390ff
Predigt	91, 98, 316, 369ff
Predigtanalyse	404
Primärprozess	121, 499
Produktionsästhetik	383
Professionalisierung	115, 116
Progression	307, 318
Projektion	141, 175, 302
projektive Identifikation	488
psychische Struktur	238
Psychoanalyse	28, 69, 92, 112, 118ff, 129, 217, 281, 301, 466, 553, 645
Psychoanalytische Entwicklungspsychologie	484ff
Psychodrama	443, 640
Psychologie	25, 26, 91, 101, 103, 106, 186
Psychologiekritik	56
Psychologische Anthropologie	213
Psychotherapie	31, 71, 179, 407, 428, 465, 542, 654
Psychotherapieforschung	181
Pubertät	333
Qualität	467, 471
Raum	427
Rechtfertigung / Rechtfertigungslehre	152, 441, 473, 503, 551, 597, 603ff, 649
Redundanz	378
Reframing	447, 458
Regression (benigne o. maligne)	152, 218, 229, 244, 307, 318, 319ff, 362, 499, 586
Rekonstruktion / rekonstruieren	345, 347, 458
Religion	17ff, 67, 71, 146, 152, 162, 173, 202, 218, 220, 227, 229, 231, 233, 243, 278, 288, 289, 294, 305, 318, 331, 348, 359, 493, 502, 516
Religion und Glaube	18, 215ff, 411, 482
Religionshermeneutik	244
Religionskritik / religionskritisch	217ff, 282
Religions- – pädagogik	112
– psychologie	19
religiöse – Erfahrung	108, 223
– Erziehung	191
– Kommunikation	19, 79, 287, 483, 503
– Selbsterfahrung	239
– Sozialisation	215
– Übertragungsfigur	51, 565, 568, 570
religiöses Lernen	193, 482
Religiosität	48, 243
Repräsentanz	154, 228, 235, 302, 487, 491
Ressourcenorientierung	199
restringierter Code	377

Retroflektion	175	Seelsorgebewegung	104ff, 407
Rezeptionsästhetik	383	Segen	327, 349, 354
Reziprozität	578	Sehnsucht	218
rites de passages	282	Sekundärprozess	121, 499
Ritual / Rituale	39, 236, 280ff, 297, 322, 327, 340, 344, 345, 351, 356, 357, 366, 617	Selbst	99, 143, 147, 150, 162, 168, 221, 224, 231, 233, 242, 339, 394, 489, 511, 602, 614
Ritualisierung	333		
Rollen / Rollenkonflikte	36, 313, 563	Selbst- und Fremdwahrnehmung	27, 51, 589
Rollenspiel	450, 638	Selbstauslegung	48
Rückkoppelung	201	Selbsterfahrung / Selbsterfahrungsgruppe	27, 110, 436, 462, 535, 570, 630, 635
Säkularisierung	289		
Säugling / Säuglingsforschung	287, 485	Selbstliebe	32, 147, 182, 232
Scham	33, 150, 238, 332, 497, 561, 601, 615	Selbstobjekt	148, 254, 569
		Selbstpsychologie	147ff
Schatten	166, 168, 530, 532, 550	Selbstvergewisserung	63
Scheidung	344	Selbstverwirklichung	170, 182, 535
Schichtzugehörigkeit	23	Selbstwahrnehmung	632
schizoid	258, 398, 572	Selbstwertgefühl	487, 535
Schuld / Schuldgefühl	33, 137, 239, 332, 493, 597ff, 606, 613, 616	Semiotik	387
		Sexualität	126, 161, 169, 204, 209, 357
Schuldfähigkeit	599, 613, 620	Singen, das	311
Seele	90, 202, 203	Sinn	49, 290
Seelsorge und Psychotherapie	103, 428ff	Sozialisation	493
		Soziologie	106
Seelsorge	71, 91, 92, 101, 114, 330, 336, 338, 345, 368, 407ff, 512, 604, 608, 625, 629, 642, 655	Spaltung	488
		Spiegeln	150, 151, 438
		Spiel	280, 315, 322
		Spiritualität	340, 479, 641
		Sprache / sprechen	21, 40, 112, 129, 136, 200, 289, 297, 297, 311, 316, 375, 378, 432, 491, 497, 603
– psychoanalytisch	431ff		
– gesprächstherapeutisch	437ff		
– gestalttherapeutisch	443		
– systemisch	445ff	Sprachphilosophie	296
– verhaltenstherapeutisch	449ff	Sprechakttheorie	415
		Stabilisierung	410
Seelsorge im Krankenhaus	425	Sterben	359
		Stolz	225
Seelsorgeausbildung	239, 444, 471, 473	Struktur der Psyche	123
		Stützen, das	411

Begriffsregister

Subjekt / Subjekte	64, 70, 74, 79, 393, 397
Subjektstufe	165
Sublimation	141
Suizid	454
Sünde	32, 182, 464, 597, 600f
Supervision	526, 545, 630, 636, 642, 648ff
Symbiose / symbiotisch	358
Symbol, Symbole	39, 43, 100, 134, 165, 169, 226, 236, 238, 283, 295ff, 297, 304, 374, 380, 510, 516, 626, 628
Symbolbildung	157, 228, 386, 498
Symboldidaktik	300, 304, 382
symbolische	
– Dimension	55
– Erfahrung	305
– Kommunikation	304, 309
Symbolischer Interaktionismus	144, 286, 374
symbolisch-rituelle Kommunikation	19
symmetrische Beziehungen	419
Symptomträger	252
System / systemisch	82, 195, 248, 341, 355, 484, 538, 636
Systemische	
– Familientherapie	195ff
– Seelsorge	445ff
Systemtheorie	195, 647
Taufe	328, 351ff
Text, Texte	51, 370, 386
Themenzentrierte Interaktion	440, 540, 555, 591, 643
Theologen und Theologinnen	544
Theologie	30, 48, 88, 103, 112, 138, 225, 605, 639
Theologie der Leiblichkeit	209

Theologie und Humanwissenschaften	29
Theologiestudium	519, 541
Theologische Anthropologie	116, 214
Theoriebildung	642
Theorie-Praxis	109, 636
Therapeut, Therapeutin	177
Tod	233, 352
Totalrolle	549
Tradition	290
Tragödie	137
Transversalität	70
Transzendenz	225, 348
Trauer / Trauerarbeit	37, 359, 360ff, 368
Trauerbegleitung	364
Trauergespräch	36
Trauerphasen	361
Traum / Traumdeutung	42, 121, 161, 165, 177, 301, 443
Trauung	328, 356
Trennung	344, 361
Triangulierung	252
Trieb / Triebpsychologie	120, 125, 485
Trost	304, 317, 410, 470
Übergänge	327, 344
Übergangsobjekt	156, 235
Übergangsriten	329
Über-Ich	126, 489, 491, 497, 608, 610
Über-Ich-Religion	493
Übertragung	93, 113, 124, 131, 136, 322, 370, 406, 433, 586, 600, 643
Übertragungsfigur	568
Umstrukturierung	338
Unbewusstes / unbewusst	93, 168, 217, 226, 413
Urvertrauen	228, 238, 331, 498, 603
Vater	239, 495
Verbale / nonverbale Kommunikation	310ff, 423

Verdrängung	93, 113; 140, 302, 360	Zirkularität	195
Vergebung	597, 605, 609, 616ff, 620	Zorn	360, 619
		Zuhörer / zuhören	409, 543, 641
Verhalten	22, 186, 413	zwanghaft	259, 399, 573
Verhaltenspsychologie	185ff, 388	Zwangsneurose	281
Verhaltenstherapeut	449		
Verkündigung	106, 386, 392		
Vernunft	137		
Verschwiegenheit	481		
Verstehen	41, 100, 117, 306, 375, 383, 434, 482, 640		
– logisches	385		
– szenisches	134, 385		
Vertrauen	509, 538, 626		
Verzicht	268		
Versöhnen, das	412		
Volkskirche	83, 328		
Vorgesetzter	420		
Vorverständnis	51		
Wachstum	171, 184, 515		
Wahrheit	306, 399		
Wahrnehmung / wahrnehmen	23, 55, 99, 117, 123, 175, 176, 203, 207, 271, 330, 456, 508, 590, 617, 627, 632		
Wasser	352		
Wechselseitigkeit	146, 156, 230, 335, 487, 489, 496, 537, 544		
Widerstand	93, 133, 434, 643		
Wiederholen / Wiederholungszwang	30, 130, 600		
Wiederkehr des Verdrängten	540		
Wirklichkeit	200, 201		
Wirklichkeitskonstruktionen	270		
Wirkung / Wirkungsforschung	464ff, 593		
Wort	185, 380		
Zeichen	296, 374, 382		
Ziele der Seelsorge	429		